HENRY CHARLES LEA

GESCHICHTE DER INQUISITION IM MITTELALTER

2

HENRY CHARLES LEA

GESCHICHTE DER INQUISITION IM MITTELALTER

AUTORISIERTE ÜBERSETZUNG,
BEARBEITET VON
HEINZ WIECK UND MAX RACHEL

REVIDIERT UND HERAUSGEGEBEN VON
JOSEPH HANSEN

In 3 Bänden

BAND 2

DIE INQUISITION
IN DEN VERSCHIEDENEN CHRISTLICHEN LÄNDERN

Vito von Eichborn GmbH + Co. Verlag KG,
Frankfurt am Main, April 1997.
Umschlaggestaltung: Christina Hucke.
Foto: Archiv für Kunst und Geschichte Berlin
Gesamtherstellung: Ebner Ulm.
ISBN 3-8218-0507-2

Inhalt.

Zweiter Band.

Die Inquisition in den verschiedenen christlichen Ländern.

Erstes Kapitel.

Languedoc.

Zweites Kapitel.

Frankreich.

Drittes Kapitel.

Die spanische Halbinsel.

Viertes Kapitel.

Italien.

Fünftes Kapitel.

Die slavischen Katharer.

Sechstes Kapitel.

Deutschland.

Siebentes Kapitel.

Böhmen.

Anhang.

Druckfehler, Berichtigungen und Zusätze zu Band I und II.

Erster Band.

Die in diesem Werk sehr häufig citirte 'Collection Doat' ('Doat XXI' usw.) beruht in der Bibliothèque Nationale zu Paris. Sie umfasst 258 Bände, und zwar Abschriften von Urkunden und Akten aus südfranzösischen Archiven, welche um 1670 Jean de Doat hat anfertigen lassen. Die Bände 21—37 betreffen die Inquisition. Die Originale der hier abgeschriebenen Stücke sind jetzt zum grossen Teile verloren (vgl. Tanon, Histoire des tribunaux de l'Inquisition en France, 1893, S. 157).

I, 49 Zeile 21 l. 'Johann XXII.' statt 'XXIII.'
85 „ 26 v. u. l. 'Kanonikus' statt 'Kanon'.
91 „ 11 l. 'Mainz' statt 'Köln'.
129 ff. Vgl. neuerdings Guiraud, Cartulaire de Notre Dame de Prouille, précédé d'une étude sur l'Albigéisme languedocien au 12. et 13. siècles. (1907).
150 Zeile 22 l. 'verbannt' statt 'verbrannt'.
— „ 23 l. 'werden' statt 'worden'.
202 „ 9 l. 'einschliesslich d. G.' statt 'abgesehen v. d. G.'
207 „ 4 l. '16. Juli' statt '20. Juli'.
249 Anm. Z. 8 l. 'gesetzlich' statt 'geschichtlich'.
322 Zeile 2 v. u. l. '1265' statt '1264'.
363 „ 22 l. 'Annibaldo' statt Annibado'.
396 „ 15 l. '1677' statt '1676'.
632 „ 18 l. '1233' statt '1234'.
644 „ 34 l. '1304 Januar 24' statt '23'.
— „ 35 l. '1330' statt '1329'.
646 „ 7 v. u. l. '1273' statt '1272'.

Zweiter Band.

II, 1 ff. Zu Languedoc und Frankreich vgl. neuerdings Cauzons, Histoire de l'Inquisition en France, I: Les origines de l'Inquisition (1909).
26 Anm. 1, Zeile 3 l. 'Coll. Doat XXI, 146 (abgedruckt im Anhang dieses Bandes Nr. I)'.
146 Anm. 1, Zeile 4 l. 'IX Kal. Aug.' statt 'Kal. Aug.'.
193 Anm. 1, Zeile 3 ist am Schlusse beizufügen: O. Clemen im Archiv f. Kulturgeschichte VII (1909), 137.
236 Zeile 7 v. u. l. '1227' statt '1228'.
359 „ 3 v. u. statt '1212' ist wahrscheinlich richtiger '1211' (so auch S. 362 Z. 22).
370 Für Konrad von Marburg vgl. neuerdings P. Braun, Der Beichtvater der h. Elisabeth und deutsche Inquisitor Konrad von Marburg (Dissert. Jena, 1909).
448 Zeile 6 v. u. l. 'Alexander' statt 'Albert'.

Erstes Kapitel.

Languedoc.

Die Männer, welche die Inquisition in Languedoc begründeten, sahen sich vor eine anscheinend unlösbare Aufgabe gestellt. Musste doch die ganze Organisation und das ganze Prozessverfahren der Inquisition neu geschaffen werden, und zwar auf Grund dessen, was die Erfahrung erst lehren sollte; denn Beispiele, die als Richtschnur hätten dienen können, gab es nicht. Dazu kam, dass die ungewissen und unklaren Machtvollkommenheiten, womit man die neue Institution ausstattete, noch mit ganz besonderen Schwierigkeiten zu kämpfen hatten. Auf Schritt und Tritt begegnete man der Ketzerei, die in alle Lebensverhältnisse eingedrungen war. Ein zwar unbekannter, aber doch sicherlich grosser Teil der Bevölkerung gehörte zu den Katharern oder Waldensern; auf die Sympathie und die Hilfe der Rechtgläubigen aber konnte man sich in den meisten Fällen nicht verlassen. Die Ketzerei war so viele Generationen hindurch geduldet worden und zählte in so vielen Familien Anhänger, dass die breite Masse in dem frommen Abscheu vor Glaubensirrungen erst erzogen werden musste. Ausserdem hatte das Nationalgefühl und die Erinnerung an das gemeinsame, während des zwanzigjährigen Kampfes mit den ins Land einbrechenden Kreuzfahrern erduldete Unrecht — eines Kampfes, in welchem der Katholik Seite an Seite mit dem Katharer sein Vaterland verteidigt hatte, — die stärksten Bande der Sympathie zwischen den verschiedenen Sekten geknüpft. Die Behörden der Städte waren, wenn auch nicht selbst Ketzer, so doch zur Duldung geneigt und eifersüchtig auf die Wahrung ihrer städtischen Rechte und Freiheiten bedacht. Überall im Lande gab es mächtige Adlige, die offen oder im geheimen Ketzer waren, und selbst Raimund von Toulouse galt für wenig besser als

ein Ketzer. Als Symbol einer verhassten Fremdherrschaft konnte 2
die Inquisition bei keiner Gruppe auf eifrige Unterstützung hoffen. Sie war zwar denjenigen Franzosen willkommen, denen es gelungen war, sich in dem Lande festzusetzen, aber diese waren zerstreut und selbst verhasst bei ihren Nachbarn. Von der Stimmung des Volkes geben die Troubadours Zeugnis. Sie gefallen sich in Ausdrücken der Verachtung für die Franzosen und der Gegnerschaft wider die Mönche und ihr Gebaren. So sagt Wilhelm von Montanagout: „Jetzt sind die Kleriker Inquisitoren geworden und richten über die Menschen nach ihrem Belieben. Ich hätte nichts gegen ihr Verfahren einzuwenden, wenn sie nur die Irrtümer mit sanften Worten verurteilen, die Verirrten ohne Zorn zum Glauben zurückführen und die Bussfertigen Gnade finden lassen würden.“ Der kühnere Pierre Cardinal schildert die Dominikaner, wie sie nach dem Mittagessen über die Güte des Weines disputieren, und bemerkt dabei: „Sie haben einen Gerichtshof geschaffen und erklären jeden, der sie angreift, für einen Waldenser. Sie suchen in die Geheimnisse aller Menschen einzudringen, um sich gefürchtet zu machen“ [1]).

Auch waren die Länder, die man dem Grafen Raimund gelassen hatte, durch die gewaltigen beim Friedensschlusse ihm auferlegten Summen vollständig ausgesogen. Damit er diesen Forderungen gerecht werden konnte, wurde er ermächtigt, die Untergebenen der Kirche ungeachtet ihrer Abgabenfreiheit zu besteuern. Dieses Mittel sowie die anderen, zu denen Raimund griff, um seinen Verpflichtungen nachzukommen, mussten unfehlbar überall Unzufriedenheit mit der Einrichtung selbst und Feindschaft gegen alle erzeugen, die sie verkörperten. Die Schwierigkeiten, solche Zahlungen von einer durch einen zwanzigjährigen Krieg erschöpften Bevölkerung zu erpressen, liegen klar auf der Hand; hatte doch im Jahre 1231, zwei Jahre nach dem Vertrage von Paris, die Abtei Citeaux noch keinen Pfennig von den zweitausend Mark bekommen, die ihren Anteil an der Beute bilden sollten; sie musste daher in ein Abkommen einwilligen, wonach Raimund jährliche Abschlagszahlungen von zweihundert Mark zu leisten versprach und zu diesem Zwecke seine Einkünfte von der Herrschaft Marmande verpfändete [2]).

Die Kirche begrüsste zwar zunächst die Inquisition mit grosser

---

1) Diez, Leben und Werke der Troubadours, pp. 450, 576. — Millot, Hist. Littéraire des Troubadours, III, p. 244—50 (*vgl. Bd. I, 60).

2) Teulet, Layettes, II, 185, 226—8. Im Jahre 1239 bittet Raimund um eine halbjährige Frist für eine der Abschlagszahlungen (ibid. p. 406).

Freude; aber sie hatte selbst während der Ereignisse der letzten fünfzig Jahre soviel von ihrem Ansehen verloren, dass ihr Einfluss geringer war als in irgend einem andern Gebiet der Christenheit. Sogar in Aragon sah sich im Jahre 1238 das Konzil von Tarragona genötigt, die Exkommunikation gegen diejenigen auszusprechen, die Schmähschriften gegen den Klerus verfassten oder verbreiteten. Die missbräuchliche Anwendung des Interdiktes hatte solchen Umfang angenommen, dass Innocenz IV. im Jahre 1243 und von neuem im Jahre 1245 seine Anwendung für ganz Südfrankreich und alle der Ketzerei verdächtigen Städte verbieten musste, weil dadurch den Ketzern mannigfaltige Gelegenheit zu der Behauptung geboten werde, das Interdikt würde nur zu Privatzwecken und nicht zur Rettung der Seelen benutzt. In den auf den Kreuzzug Ludwigs VIII. folgenden Wirren hatten die Bischöfe viele Ländereien, auf die ihnen kein Anspruch zustand, an sich gerissen; dadurch wurden sie in den dem Könige gehörenden Gebieten in endlose Streitigkeiten mit dem Fiskus verwickelt, während in den Gebietsteilen, die Raimund verblieben waren, Ludwig der Heilige für diesen einschreiten musste, um ihm zu seinem Eigentum zu verhelfen, dessen Herausgabe die Bischöfe hartnäckig verweigerten. Ja, selbst die Kirche war stark von der Ketzerei angesteckt, und die Gläubigen empörte es sehr, dass die ketzerischen Kleriker tatsächlich straffrei blieben, und zwar deshalb, weil man die zu ihrer Verurteilung und Absetzung nötige Anzahl von Bischöfen nicht zusammenbringen konnte. Daher sah sich im Jahre 1233 Gregor IX. genötigt, zu bestimmen, dass in solchen Fällen ein einziger Bischof im Verein mit einigen von seinen Äbten das Recht haben sollte, die Schuldigen der heiligen Weihen zu entkleiden und dem weltlichen Arme zur Verbrennung zu überliefern — eine Bestimmung, welche er später in das kanonische Recht aufnahm. Innocenz IV. musste sogar im Jahre 1245 seinen Legaten in Languedoc beauftragen, darüber zu wachen, dass niemand, der der Ketzerei verdächtig sei, zum Bischof gewählt oder konsekriert würde. Andrerseits fanden die Priester, welche der Inquisition eifrige Dienste leisteten, dass sie sich dadurch den Hass der Bevölkerung zuzogen und infolgedessen oft nicht in ihren Pfarren wohnen bleiben konnten; dies war im Jahre 1246 bei einem Priester Wilhelm Pierre zu Narbonne der Fall, dem man deshalb erlaubte, sich einen Vikar zu halten, und der auf diese Weise in den Genuss mehrerer Pfründen gelangte. Um dieselbe Zeit gibt Innocenz IV. seinem Befremden darüber Ausdruck, dass die Bischöfe seinen

wiederholten Befehlen, der Inquisition beizustehen, nicht gehorchten. Er habe zuverlässige Kunde, dass sie es nicht täten. Er drohte ihnen mit seiner Ungnade, wenn sie in Zukunft keinen grösseren Eifer bekundeten. Bernard Guidonis bezeichnet die Bischöfe, welche den Grafen Raimund begünstigten, als die verschlagensten und gefährlichsten Feinde der Inquisitoren. Auch wurde die natürliche Feindschaft zwischen den Bettelmönchen und dem Weltklerus noch gestei- 4
gert durch die Anmassung der Inquisitoren, die für sich das Recht beanspruchten, die Priesterschaft zu kontrollieren und darüber zu wachen, dass diese in allen die Ausbreitung des Glaubens angehenden Dingen ihre so lange versäumte Pflicht erfüllte. Unter solchen Umständen ist es leicht begreiflich, dass die zu dem frommen Werke verwandten Dominikaner beständigen Unbilden ausgesetzt waren, und dass die Erklärung des Papstes, dies sei die Schuld des Erzfeindes, ganz überflüssig war[1]).

Ein anderes ernstes Hindernis für die Wirksamkeit der Inquisition war der Mangel an Arrestlokalen für die Angeklagten und an Gefängnissen für die Verurteilten. Wir haben schon gesehen, wie sich die Bischöfe ihrer Pflicht, Gefängnisse für die zahlreichen Gefangenen zu beschaffen, entzogen, bis Ludwig der Heilige einschritt und Kerker bauen liess. Der in der langen Zwischenzeit häufig vorkommende Fall, dass nach einem vorläufigen Verhöre die Verurteilung in contumaciam erfolgte, beweist, wie unmöglich es oft war, verhaftete Ketzer auch festzuhalten[2]).

Für die unter solchen Verhältnissen anscheinend hoffnungslose Aufgabe, die Ketzerei zu unterdrücken, waren daher Männer von aussergewöhnlichen Charaktereigenschaften erforderlich. Und es fehlte nicht an solchen. Wie sehr ihre Handlungen unsern Widerspruch erregen, so können wir doch der Unerschrockenheit ihres Fanatismus die Anerkennung nicht versagen: keine Mühe war zu schwer für ihren unbeugsamen Eifer, keine Gefahr zu gross für ihren un-

---

1) Concil. Tarraconens ann. 1238 c. 11 (Mart. Ampl. Coll. VII. 134). — Ripoll I. 120, 145, 165. — Potthast Nr 9452, 11092, 11094, 11515. — Vaissette, III. Pr. 365. — Teulet, Layettes, II, 262. — Arch. des Frères Prêcheurs de Toulouse (Doat, XXXI, 19). — C. 1 Sexto V. 2. — Raynald. ann. 1243, Nr. 30. — Arch. de l'Inq. de Carc. (Doat, XXXI, 69). — Bern. Guidon. de Trib. Grad. Praedicat. (Bouquet, XXI, 739). — Practica super Inquisit. (MSS. Bibl. Nat., fonds latin, Nr. 14930, fol. 224).

Als Kardinal Wolsey die englische Kirche zu reformieren suchte (um 1525), stiess er auf dieselbe Schwierigkeit, Bischöfe zu finden, welche die geistlichen Verbrecher des Amtes entsetzten; er erlangte von Clemens VII. dasselbe Heilmittel (Rymer XIV, 239).

2) Coll. Doat, XXI. 149, 153, 156, 158. — MSS. Bibl. Nat., fonds latin Nr. 9992.

erschütterlichen Mut. Da sie sich für auserwählt hielten, das Werk Gottes zu vollbringen, so übernahmen sie es mit einem erhabenen Selbstvertrauen, welches sie über die Schwachheit der Menschen hinaushob. Der von Almosen lebende Bettelmönch sprach im Namen Gottes zu Fürsten und Völkern mit der ehrwürdigen Autorität der Kirche, er forderte Gehorsam und strafte die Widerspänstigen ohne Zögern
5 und ohne Schonung. Männer wie Peter Cella, Wilhelm Arnaud, Arnold Catala, Ferrer der Catalane, Pontius von Saint-Gilles, Pontius de l'Esparre und Bernhard von Caux waren ebensosehr bereit zu dulden wie erbarmungslos zu strafen. Echte Makkabäer in dem Vernichtungskampfe gegen die Ketzerei, waren sie andrerseits voll Güte und Mitleid gegen die Elenden und voller Tränen in ihren Gebeten und Reden. Sie stellten den Gipfelpunkt der Entwicklung jener Kräfte dar, die die Ecclesia militans des Mittelalters hervorbrachte. In ihren Händen war die Inquisition das wirksamste Mittel, um die Obergewalt der Kirche zu behaupten. Ein weiteres Ergebnis ihrer Tätigkeit war die vollständige Unterwerfung des Südens unter den König von Paris und seine Verschmelzung mit dem übrigen Frankreich.

Wenn sich die Gläubigen eingebildet hatten, dass der Vertrag von 1229 den Streit mit der Ketzerei beendet habe, so sollten sie schnell eines anderen belehrt werden. Wohl wurde das Blutgeld, das Graf Raimund für die Gefangennahme der Ketzer versprochen hatte, tatsächlich auch bezahlt, sobald es verdient war; dafür sorgte schon die Inquisition. Aber das Verdienen selbst war mit Gefahren verknüpft. Adlige und Bürger beschützten und verteidigten in gleicher Weise die Geächteten, und wer Jagd auf sie machte, wurde erbarmungslos erschlagen, wenn die Gelegenheit sich darbot. So blieben die Ketzer ebenso zahlreich wie vorher. Wie fruchtlos die Bemühungen des Kardinallegaten Romano und des Konzils von Toulouse waren, haben wir schon gesehen. Selbst die Universität, welche Raimund zur Ausbreitung des Glaubens in seiner Hauptstadt zu errichten versprochen hatte, verfehlte anfangs ihren Zweck. Gelehrte Theologen von Paris bestiegen ihre Lehrstühle, aber ihre scholastischen Spitzfindigkeiten wurden von den spottlustigen Südländern als abgeschmackte Neuerungen verlacht. Ja, die Ketzer waren kühn genug, sich mit ihnen in Erörterungen religiöser Streitfragen einzulassen. Da nach einigen Jahren Raimund keine Gehälter mehr bezahlte, so ging die Universität für eine Zeitlang wieder ein[1]).

1) Practica super Inquisit. (MSS. Bibl. Nat., fonds latin, Nr. 14930, fol

In dieser Lage gab nur das stetige Anwachsen des Dominikanerordens Hoffnung und Mut für die Zukunft. Er war weit über die bescheidene Kirche von S. Romano, die ihm der Bischof Fulco angewiesen hatte, hinausgewachsen, und im Jahre 1230 verschaffte ihm ein angesehener Bürger von Toulouse, Pontius von Capdenier, bequemere Quartiere in einem ausgedehnten Garten, der teils in der Stadt, teils in den Vororten lag. Die Insassen des Klosters, etwa vierzig an der Zahl, waren stets bereit, Kämpfer des Kreuzes zu stellen, deren glühender Eifer weder Mühe noch Gefahr scheute. Und als im Jahre 1232 der fanatische Bischof Fulco starb und der noch weit fanatischere Dominikanerprovinzial Raimund von Felgar sein Nachfolger wurde, war der Orden vollständig vorbereitet, den hundertjährigen Vernichtungskampf gegen die Ketzerei aufzunehmen[1]).

In ihrem Feuereifer warteten die Mönche nicht ab, bis die Inquisition organisiert und sie mit den nötigen Machtvollkommenheiten ausgerüstet waren; ihre vornehmste Pflicht war, die Ketzerei auszurotten, sie erfüllte sie mit unermüdlichem Kampfeseifer. Im Jahre 1231 erklärte ein Mönch in einer Predigt, Toulouse sei ganz mit Ketzern angefüllt, die Versammlungen abhielten und ihre Irrtümer ungehindert ausbreiteten. Offenbar war die Stadtverwaltung schon lange über die frommen Bemühungen des Ordens verstimmt; denn sie nahm die angeführte Behauptung zum Anlass, um einen entschiedenen Versuch zur Unterdrückung dieser Bemühungen zu machen. Die Bürgermeister kamen in dem Rathaussaale zusammen und forderten den Prior Peter von Alais vor sich; dort machten sie ihm heftige Vorwürfe, wiesen die Behauptung,

---

224). Guill. Pelisso Chron. (Ed. Molinier, Anicii, 1880, pp. 6, 15). — Epistt. Saecul. XIII. T. I. Nr. 688 (Monumenta German. Hist.). — Bern. Guidon. Vit. Greg. PP. IX (Muratori S. R. I. III. 573).

Eine von den Klagen, welche Gregor IX. im Jahre 1236 gegen Raimund erhob, war die, dass er es unterlassen habe, den Professoren die Gehälter zu zahlen, und dass die Schule von Toulouse aufgelöst worden sei (Teulet, Layettes II. 315). Im Jahre 1239 jedoch wurde dem päpstlichen Legaten eine von den Professoren ausgestellte vollwertige Quittung vorgelegt (ib. p. 397), und im Jahre 1242, als Raimund im Agenois in Todesgefahr schwebte, war sein Leibarzt ein Professor der Medizin an der Universität, der Spanier Loup (ib. p. 466). -- Um die Universität lebensfähig zu machen, musste man schliesslich ein ganz ungewöhnliches Verfahren einschlagen Man erlaubte ihr, durch ein Rundschreiben zum Besuche aufzufordern mit dem Hinweise, dass sie durch die Freigebigkeit des Kardinallegaten in den Stand gesetzt sei, allen Professoren und Studenten einen vollkommenen Ablass zu gewähren. — Denifle, Cartul. Univ. Parisiensis, I. 129—31.

1) Pelisso, Chron. pp. 7—8.

dass in der Stadt Ketzer wären, als falsch zurück und verbaten sich für die Zukunft alle derartigen Äusserungen. So unbedeutend dieser Vorfall an sich auch war, so zeigt er doch, welcher Gegensatz zwischen den Behörden von Toulouse und der Inquisition allmählich aufkeimte und wie gross das stolze Gefühl der Unabhängigkeit war, das in den Städten des Südens noch herrschte. Trotzdem bedurfte es nur eines Kampfes von wenigen Jahren, um die bürgerlichen Freiheiten, die sich gegen den Feudalismus noch behauptet hatten, in Fesseln zu schlagen: dem schlaueren Despotismus der Kirche waren sie eben nicht gewachsen[1]).

Selbst in dieser ersten Zeit liessen sich die eifrigen Dominikaner eine solche Zurechtweisung nicht gefallen. Als Magister Roland von Cremona, der erste Dominikaner, dem die Universität Paris die Würde eines Lizentiaten verlieh, nach Toulouse geschickt wurde, um an der
7 jungen Universität Theologie zu lehren, und hier von der anmassenden Sprache der Konsuln hörte, war er darüber empört und erklärte sie nur für einen Grund, den Kampf gegen die Ketzerei heftiger als je zu führen. Seinem Beispiel folgten zahlreiche seiner Mitbrüder. Auch fand er bald eine Gelegenheit, die Behauptung der Bürgermeister als falsch zu beweisen. Es wurde nämlich ruchbar, dass Johann Peter Donat, ein Kanonikus der alten Kirche Saint-Sernin, der kurz vorher gestorben und in dem Kreuzgang begraben war, auf dem Totenbette heimlich häretisiert worden sei. Ohne dazu berechtigt zu sein und anscheinend auch, ohne vorher eine gesetzmässige Untersuchung angestellt zu haben, versammelte Roland einige Brüder und Geistliche, liess den Leichnam aus dem Kreuzgang ausgraben, schleifte ihn durch die Strassen und verbrannte ihn öffentlich. Bald darauf hörte er von dem Tode eines hervorragenden waldensischen Geistlichen, namens Galvan. Nachdem er die Leidenschaft des Volkes durch eine Predigt entflammt hatte, zog er an der Spitze eines bunten Haufens nach dem Hause, wo der Ketzer gestorben war, und machte es dem Erdboden gleich. Dann ging er nach dem Kirchhof von Villeneuve, wo der Leichnam begraben lag, grub diesen aus und schleifte ihn vor den Augen einer grossen Menge Menschen zur Stadt hinaus auf den öffentlichen Richtplatz, wo er feierlich verbrannt wurde[2]).

Das alles war aber ein willkürliches Vorgehen; denn bis dahin war der bischöfliche Gerichtshof in solchen Dingen allein

---

1) Ibid. pp. 9—10.

2) Pelisso, Chron. pp. 10—11. — Preger, Vorarbeiten zu einer Geschichte der deutschen Mystik, p. 17.

zuständig gewesen, und auch dieser konnte, wie wir gesehen haben, nichts anderes tun, als den weltlichen Arm zur Erfüllung seiner Henkerspflicht anzurufen. In den beiden erwähnten Fällen scheint indessen der bischöfliche Gerichtshof gar nicht angerufen worden zu sein, und ebensowenig wird von einem Einspruch desselben gegen eine solche von dem Pöbel ausgeübte Vergewaltigung des Gesetzes berichtet. Tatsächlich gab es noch keine Organisation für die ständige Unterdrückung der Ketzerei. Auch Bischof Raimund scheint sich mit einem gelegentlichen Streifzug gegen die Ketzer ausserhalb der Stadt begnügt und den innerhalb derselben Wohnenden Freiheit unter dem Schutze der Verwaltung gewährt zu haben, obgleich er kraft seines Amtes alle zu dem Zwecke erforderlichen Machtvollkommenheiten besass und die für ihre wirksame Anwendung dienlichen Mittel leicht hätten gefunden werden können. Von solchen gelegentlichen Betätigungen des Glaubenseifers waren aber keine dauernden Erfolge zu erwarten, und so schien man von der Unterdrückung der Ketzerei noch recht weit entfernt zu sein.

So dringend indessen offenbar das Bedürfnis nach einer ausschliesslich der Ketzerverfolgung sich widmenden organisierten Körperschaft war, so legte man anscheinend der Ernennung der ersten Inquisitoren im Jahre 1233 noch keine besondere Bedeutung bei. Es 8
war ein blosser Versuch, von dem man sich nicht viel versprach. Selbst in den Augen des Mönches Wilhelm Pelisson, der die Mühen und Gefahren der entstehenden Inquisition teilte und begeistert Buch darüber führte, war die Ernennung offenbar keine Neuerung, die eine besondere Aufmerksamkeit verdiente. Man ahnte damals noch nicht, welche Wichtigkeit das neue Amt in Zukunft bekommen würde. Den Zeitgenossen erschien es als das natürliche Ergebnis der Verhältnisse, und daher geht auch Pelisson über die Gründung der Inquisition mit wenigen Worten hinweg; es war ein Ereignis, das in seinen Augen weit weniger wichtig war als die Wahl eines Priors von Toulouse. „Bruder Pontius von Saint-Gilles“, sagt er, „wurde zum Prior von Toulouse gemacht. Als solcher kämpfte er eifrig und erfolgreich für den Glauben gegen die Ketzer, zusammen mit dem Bruder Peter Cella von Toulouse und Bruder Wilhelm Arnaud von Montpellier, die der Papst zu Inquisitoren gegen die Ketzer in den Diözesen Toulouse und Cahors gemacht hat. Auch hat der Legat und Erzbischof von Vienne den Bruder Arnold Catala, der damals dem Konvent von Toulouse angehörte, zum Inquisitor

gegen die Ketzer ernannt.“ Mit diesen farblosen Worten erzählt der einzige zeitgenössische Bericht die Gründung des hl. Offiziums[1]).

Als Beleg dafür, wie wenig die Aufgabe dieser neuen Beamten zuerst verstanden wurde, kann ein Ereignis dienen, das zugleich die damalige Spannung der Gemüter treffend kennzeichnet. Zwei Bürger hatten einen Streit miteinander. Im Laufe desselben nannte der eine von ihnen, Bernard Peitevin, den andern, Bernard de Solier, einen Ketzer. In den Ruf eines solchen zu kommen, war bedenklich, weshalb der Beleidigte seinen Gegner bei den Konsuln verklagte. Die Ketzerpartei, so heisst es, hatte aber im Stillen die Oberhand in Toulouse, und die Richter waren entweder selbst Ketzer oder sympathisierten wenigstens mit ihnen. Bernard Peitevin wurde zu mehrjähriger Verbannung und zu einer Geldbusse an den Kläger und an die Stadt verurteilt und musste öffentlich im Rathaus schwören, dass er gelogen habe und dass de Solier ein guter Katholik sei. Das Urteil war ein Racheakt. Peitevin holte sich daher Rat bei den Dominikanern, die ihm empfahlen, an den Bischof zu appellieren. Zwar war die Kompetenz der bischöflichen Jurisdiktion in diesem Falle vielleicht zweifelhaft, aber Raimund von Felgar nahm trotzdem die Berufung an. Einige Jahre später würde die Inquisition einen solchen Fall in die Hand genommen haben. Jetzt dagegen erscheinen die Inquisitoren Peter Cella und Wilhelm Arnaud nur als Verteidiger des Klägers vor dem bischöflichen Gerichtshofe und bewiesen so klar und deutlich die Ketzerei des de Solier, dass der Unglückliche nach der Lombardei floh[2]).

Ebenso formlos war das Verfahren in einem anderen Falle. Die Inquisitoren Peter und Wilhelm hatten eine Untersuchung in der Stadt angestellt und zahlreiche Verdächtige vorgeladen, die indessen sämtlich Verteidiger unter den ersten Bürgern fanden. Die Verhöre fanden in Gegenwart beider Inquisitoren statt und waren, wie es scheint, öffentlich gewesen. Hierbei behauptete einer der Angeklagten, namens Johann Teisseire, er sei ein guter Katholik, unter Hinweis darauf, dass er eheliche Beziehungen zu seiner Frau unterhalte, Fleisch esse, lüge und schwöre. Zugleich machte er warnend die Menge darauf aufmerksam, dass ihnen wahrscheinlich eines Tages dieselbe Anklage blühen werde, und dass es deshalb

---

1) Pelisso, Chron. p. 13. — Bern. Guidon. Vit. Gregor. PP. IX (Muratori S. R. I. III, 573). — *Tanon, Histoire des tribunaux de l'Inquisition en France (1893) 52 ff.

2) Pelisso, pp. 10—17.

klüger für sie sei, gemeinsame Sache mit ihm zu machen, als ihn im Stiche zu lassen. Als er verurteilt war und der Viguier, der amtliche Vertreter des Grafen, ihn zum Scheiterhaufen führen wollte, erhob sich ein so drohendes Geschrei, dass der Gefangene schleunigst in das Gefängnis des Bischofs gebracht wurde, wo er noch fortwährend seine Rechtgläubigkeit beteuerte. Tiefe Erbitterung ergriff die Stadt, und es wurden offen Drohungen ausgestossen, man werde das Dominikanerkloster zerstören und alle Mönche steinigen, welche die Unschuldigen verfolgten. Im Gefängnisse stellte sich Teisseire totkrank und bat um die Sakramente. Als jedoch der Bailli von Lavaur einige „vollkommene“ Ketzer nach Toulouse brachte und sie dem Bischof überlieferte, liess sich Teisseire von ihnen im Gefängnisse häretisieren. Infolge ihrer Ermahnungen wurde er zuletzt so eifrig im ketzerischen Glauben, dass er sie vor die Schranken des Gerichtshofes begleitete und erklärte, er wolle ihr Schicksal teilen. Der Bischof versammelte nun die Richter und viele Bürger und verhörte in ihrer Gegenwart die Gefangenen. Sie wurden alle mit Einschluss von Teisseire, welcher durchaus nicht widerrufen wollte, verurteilt und verbrannt, ohne dass sich ein weiterer Widerstand regte [1]).

Bis dahin war also die Jurisdiktion der Inquisitoren derjenigen des Bischofs vollkommen untergeordnet. Als die ersteren jedoch bald darauf Toulouse verliessen, um anderswo Untersuchungen anzustellen, handelten sie völlig unabhängig. Wenigstens hören wir
nichts davon, dass der Bischof einschritt, als sie zu Cahors 10
eine Anzahl Tote verurteilten, ihre Leichname ausgruben und verbrannten und dadurch solche Bestürzung erregten, dass ein angesehener rechtgläubiger Bürger, Raimund von Broleas, nach Rom floh. In Moissac verurteilten sie Johann du Gard, der nach Montségur flüchtete. Desgleichen luden sie einen gewissen Folquet vor, der, von Schrecken ergriffen, als Cisterziensermönch in das Kloster Belleperche eintrat und, als er fand, dass ihm das nichts nützte, nach der Lombardei floh. Mittlerweile kamen Bruder Arnold Catala und unser Chronist, Wilhelm Pelisson, nach Albi, wo sie ein Dutzend Bürger zu einem Pilgerzuge nach Palästina verurteilten und in Verbindung mit einem anderen Inquisitor, Wilhelm de Lombers, zwei Ketzer, Peter von Puechperdut und Peter Bomassipio, verbrannten [2]).

Die Entfernung der Inquisitoren von Toulouse tat jedoch dem

---

1) Ibid. pp. 17—20.
2) Pelisso, Chron. p. 20—1.

guten Werke in dieser Stadt keinen Abbruch; denn ihre Aufgabe übernahm der Prior des Klosters, Pontius von Saint-Gilles. Wer ihm das Recht dazu erteilte, erfahren wir nicht; wohl aber wird berichtet, dass er in Verbindung mit einem anderen Bruder einen gewissen Arnaud Sancier verhörte und verurteilte, der verbrannt wurde, trotzdem er bis zum letzten Augenblicke beteuerte, ein guter Katholik zu sein. Der Fall verursachte zwar grosse Aufregung in der Stadt, aber es kam zu keinem Aufstand[1]).

Der Schrecken, den, wie Pelisson rühmt, dieses Verfahren im ganzen Lande hervorrief, war gross. Man erkannte, dass die Verfolgung nunmehr systematisch und fest organisiert sei und daher weit wirksamer als bisher sich betätigen könne. Als „Ketzer“ galt derjenige lehrende „perfectus“, der es verschmähte, seinen Glauben abzuleugnen. Sein Feuertod wurde ebenso wie der desjenigen „credens“ oder Gläubigen, der trotzig und halsstarrig war und standhaft seinen Glauben zugab und bekannte, von jedermann als etwas Selbstverständliches angesehen. Bis dahin scheint dagegen derjenige „credens“, welcher seine Rechtgläubigkeit beteuerte, bei der Unvollkommenheit der richterlichen Mittel in der Führung des Schuldbeweises meistens ohne Strafe davon gekommen zu sein. Die in den Spitzfindigkeiten der Disputation geschulten und im bürgerlichen wie im kanonischen Rechte bewanderten Mönche waren indessen trefflich geeignet für die Entdeckung dieses so gefährlichen geheimen Unglaubens. Und die Ausdauer, womit sie ihre Opfer bis auf den Tod peinigten, war darauf berechnet, Schrecken zu verbreiten nicht nur unter den Schuldigen, sondern auch unter den Unschuldigen[2]).

Wie begründet die Befürchtungen waren, welche dieses abgekürzte und formwidrige Rechtsverfahren gegen Ketzer einflössen musste, lehrt vortrefflich ein Vorfall aus dem Jahre 1234. In Tou-
11 louse sollte durch eine feierliche Messe in dem Dominikanerkloster von Bischof Raimund die Kanonisation des hl. Dominikus gefeiert werden. Der Heilige aber wünschte offenbar bei dieser Gelegenheit einen besonders erbaulichen Beweis von seinen Machtvollkommenheiten zu geben; denn in dem Augenblicke, da der Bischof aus der Kirche trat, um in dem Refektorium das Mahl einzunehmen, liess er

1) Ibid. p. 22.

2) *Über die „credentes“ und „perfecti“ vgl. jetzt Ch. Molinier, L'église et la société cathares (1907, 12 ff. — Aus der Revue historique besonders abgedruckt).

ihm die Mitteilung zukommen: in einem Hause nebenan, in der Strasse de l'Olmet sec, sei eben eine Frau häretisiert worden. Sofort begab sich der Bischof mit dem Prior und einigen anderen dahin. Es war das Haus von Peitavin Borsier, dem gewöhnlichen Boten der Ketzer von Toulouse, dessen Schwiegermutter an einem Fieber im Sterben lag. Die Eindringlinge erschienen so plötzlich in dem Hause, dass die Freunde der Frau ihr nur noch sagen konnten: „Der Bischof kommt!" Mühelos gelang es daher Raimund, die Frau, die den Besuch ihres häretischen Bischofs erwartete, dahin zu bringen, dass sie ihre Ketzerei offen zugab und beteuerte, darin verharren zu wollen. Dann sich zu erkennen gebend, befahl ihr Raimund zu widerrufen. Als sie sich dessen weigerte, liess er den Viguier kommen, verurteilte sie als Ketzerin und hatte die Genugtuung, zu sehen, wie die Unglückliche sterbend auf ihrem Bette weggetragen und auf dem Richtplatze verbrannt wurde. Borsier selbst und sein Amtsgenosse, Bernard Aldric von Drémil, wurden verhaftet und verrieten viele ihrer Freunde. Dann kehrten Raimund und die Mönche zu ihrer unterbrochenen Mahlzeit zurück und dankten Gott und dem hl. Dominikus dafür, dass sie den rechten Glauben so offensichtlich begünstigt hatten[1]).

Ein Gedicht aus jener Zeit, das von Isarn, dem Dominikanerprior von Villemier, herrührt, spiegelt das wilde Frohlocken über dieses aussergerichtliche Schreckensverfahren wieder. Er stellt sich vor, dass er mit Sicard von Figueras, einem Katharer-Bischof, disputiere, und bekräftigt jedes seiner theologischen Argumente mit einer Drohung:

„E' s'aquest no vols creyre vec te 'l foc aizinat
Que art tos companhos.
Aras vuelh que m'respondas en un mot o en dos,
Si cauziras et foc o remanras ab nos."

„Wenn Du das nicht glauben willst, dann blicke auf jenes wütende Feuer, welches Deine Kameraden verzehrt. Jetzt will ich, dass Du mir in einem oder zwei Worten antwortest; denn Du wirst entweder in dem Feuer verbrennen oder unser sein." Und ferner: „Wenn Du nicht sofort bekennst: schon lodern die Flammen zum Himmel; Dein Name ist unter Trompetenstössen in der Stadt ver- 12
kündet worden, und das Volk strömt zusammen, um Dich verbrennen zu sehen." In diesem furchtbaren Gedichte setzte Isarn nur das in

1) Pelisso, Chron. p. 23—5.

Verse, was er in seinem Herzen fühlte und fast täglich unter seinen Augen vorgehen sah[1]).

In dem Masse, wie das heilige Werk sich weiter ausgestaltete und seine Aussichten auf Erfolg ermutigender wurden, nahm auch der Eifer der Menschenjäger zu, während andrerseits die Furcht und der Hass der Gejagten immer drohender wurden. Auf beiden Seiten wuchs die Glut der Leidenschaft zu einer Flamme. Schon im Jahre 1233 wurden zwei Dominikaner, die nach Cordes geschickt worden waren, um Ketzer ausfindig zu machen, von den erschreckten Bürgern erschlagen. Und in Albi, wo die Bürger schon über den Feuertod der beiden erwähnten Ketzer erbittert waren, brach am 14. Juni 1234 ein Aufstand aus, als Arnold Catala dem bischöflichen Bailli befahl, die Gebeine einer von ihm verurteilten Ketzerin, namens Beissera, auszugraben. Der Bailli liess erwidern, dass er es nicht wage. Da verliess Arnold die bischöfliche Synode, an der er grade teilnahm, ging kaltblütig nach dem Kirchhofe, tat selbst die ersten Spatenstiche, befahl dann den Beamten, die Arbeit zu vollenden und ging wieder zur Synode zurück. Die Beamten kamen aber alsbald hinter ihm hergerannt und erklärten, der Pöbel habe sie von der Begräbnisstätte fortgejagt. Sofort kehrte Arnold wieder um und fand den Kirchhof „von den heulenden Söhnen Belials“ besetzt; diese drängten sich dicht an ihn heran, schlugen ihn ins Gesicht und stiessen ihn von allen Seiten mit dem Rufe: „Tötet ihn, er hat kein Recht zu leben!“ Einige versuchten, ihn zu den nächsten Läden zu schleppen, um ihn dort zu erschlagen; andere wollten ihn in den Tarn werfen. Er wurde aber aus ihren Händen befreit und zur Synode zurückgebracht unter den wilden Rufen der Menge: „Tötet ihn“. Die ganze Stadt schien in der Tat einmütig zu sein, und viele der angesehensten Bürger waren Anführer des Tumultes. Es ist erbaulich zu erfahren, dass, während Arnold den gegen die rebellische Stadt geschleuderten Bannfluch in Gnaden zurücknahm, sein Nachfolger, Bruder Ferrer, das Urteil Gottes über die Schuldigen herabrief und viele von ihnen einkerkerte, andere verbrannte[2]).

13 In Narbonne entstanden noch ernstere Störungen, obgleich be-

---

1) Millot, Troubadours, II. 65—77. — Mary-Lafon, Histoire du Midi de la France, III. 396—399.

2) Vaissette III, 403. — Martene, Thesaurus I. 985. — Pelisso, Chron. pp. 13—14, 52—9. — Chabanaud (Vaissette, Ed. Privat. X. 330) hält es für wahrscheinlich, dass dieser Arnold Catala mit dem Troubadour desselben Namens identisch ist, und dass er sich, wie Folquet von Marseille und andere, vom Dichter zum Verfolger entwickelt habe.

sondere Inquisitoren noch nicht dahin gesandt worden waren. Im März 1234 veranstaltete der Dominikanerprior Franz Ferrer aus eigener Machtvollkommenheit eine Inquisition und warf einen Bürger namens Raimund d'Argens ins Gefängnis. Nun hatten fünfzehn Jahre vorher die Handwerker der Vorstadt einen Bund zu gegenseitiger Unterstützung gegründet, der die „Amistance" hiess. Diese Körperschaft erhob sich jetzt wie ein Mann und befreite gewaltsam den Gefangenen. Der Erzbischof Peter Amiel und der Vicomte Aimery von Narbonne versuchten, ihn wieder zu verhaften, fanden aber sein Haus von der Amistance bewacht. Unter dem Rufe: „Tötet sie, tötet sie!" stürzten sich die Mitglieder derselben auf ihre Gegner und trieben sie nach einem kurzen Scharmützel, in welchem dem Prior böse mitgespielt wurde, auseinander. Der Erzbischof nahm nun seine Zuflucht zur Exkommunikation, aber mit geringem Erfolge; denn die Amistance bemächtigte sich seiner Besitzungen und jagte ihn zur Stadt hinaus. Beide Parteien suchten Bundesgenossen. Gregor IX. wandte sich an den König Jakob von Aragon, die Konsuln von Narbonne an ihre Amtsgenossen in Nîmes. Nach der Klage zu schliessen, die sie an dieselben richteten, bemühten sie sich, gegen die Inquisition, von deren Willkür und ungesetzlichem Vorgehen sie viel zu erzählen wissen, ein Bündnis zwischen beiden Städten zu vermitteln. Im Oktober kam eine Art Waffenstillstand zustande. Allein die Unruhen brachen wieder aus, als der Prior auf den Befehl seines Provinzials eine neue Inquisition begann und eine Anzahl Verhaftungen vornahm. Im Dezember erlangten die Bürger zunächst eine Unterbrechung der Verfolgungen, indem sie sich an den Papst, den König und den Legaten wandten. Aber im Jahre 1235 erhob sich das Volk gegen die Dominikaner, trieb sie aus der Stadt, plünderte ihr Kloster und vernichtete alle Prozessakten, die zu dem gegen die Ketzer eingeleiteten Verfahren gehörten. Erzbischof Peter hatte kluger Weise die Stadt von der Vorstadt getrennt — sie waren ungefähr gleich an Bevölkerung, — indem er die Inquisition auf die letztere beschränkte, was ihm die bewaffnete Unterstützung der ersteren sicherte. Die Vorstadt stellte sich unter den Schutz des Grafen Raimund. Dieser, durchaus nicht abgeneigt, die Wirren zu vermehren, begab sich dorthin und beauftragte Olivier de Termes und Guiraud de Niort, zwei notorische Beschützer der Ketzer, mit der Führung des Volkes. Die Folge war ein blutiger Bürgerkrieg, welcher bis zum April 1237 dauerte. Dann schloss man einen Waffenstillstand auf ein Jahr, worauf im folgenden August der

Graf von Toulouse und der Seneschall von Carcassonne als Schiedsrichter angerufen wurden und im März 1238 den Frieden vermittelten. Dass die Kirche triumphierte, ergibt sich aus den Bedingungen:
14 einigen Teilnehmern an den Unruhen wurde nämlich ein einjähriger Dienst in Palästina oder gegen die Mauren in Spanien auferlegt[1]).

In Toulouse, dem Mittelpunkte sowohl der Ketzerei als auch der Verfolgung, beschränkte man sich lange Zeit auf Murren und Drohungen gegen die Inquisition; der offene Kampf gegen dieselbe wurde hier länger als anderswo aufgeschoben. Obgleich die kirchliche Partei den Grafen Raimund beständig als den Hauptgegner des heil. Offiziums hinstellte, so ist es doch wohl nur seinen Bemühungen zu verdanken, dass der unvermeidliche Bruch so lange unterblieb. Zwar waren seine harten Erfahrungen von Jugend auf kaum geeignet, aus ihm einen eifrigen Katholiken zu machen. Aber sie hatten ihm gezeigt, dass die Gunst und der Schutz der Kirche unentbehrlich waren, wenn er das, was man ihm von seinem Gebiete und seiner Macht gelassen hatte, behalten wollte. Niemals konnte er aus Überzeugung ein Ketzerverfolger werden; aber er durfte auch nicht wagen, der Kirche feindselig gegenüberzutreten. Und wie wichtig es für ihn auch sein mochte, sich die Liebe und den guten Willen seiner Untertanen zu erhalten und seine Städte und Güter vor Verheerung zu schützen, so war es doch für ihn noch wichtiger, den Vorwurf der Ketzerbegünstigung zu vermeiden, um den Sturm, in welchem er beinahe umgekommen wäre, nicht von neuem auf sein Haupt herabzubeschwören. Wenige Fürsten sind in einer schwierigeren Lage gewesen. Auf allen Seiten war er von Gefahren umgeben. Und wenn er auch in dem Rufe eines schwankenden, überzeugungslosen Charakters stand, so sind dieser Ruf und die Behauptung seiner Stellung bis zu seinem Tode vielleicht der beste Beweis dafür, dass der gewundene Gang seiner Politik im Grunde von weiser Einsicht geleitet war. Der Troubadour Pierre Cardinal schildert ihn als einen Mann, der sich gegen die Angriffe der schlimmsten Menschen wehrte, der weder die Franzosen noch die Geistlichen fürchtete und nur den Guten gegenüber demütig war [2]).

1) Vaissette, III. 402—03, 406; Pr. 370—1, 379—81. — Coll. Doat, XXXI. 33. — Teulet, Layettes, II. 321, 324.

2) „Car del pejors homes que son
Se defend et de tot le mond;
Que Franses ni clergia
Ni las autras gens ne l'affront;

Mit seinen Bischöfen lag er beständig im Streite. Verwickelte Fragen wegen der Temporalien waren die Ursache. Infolgedessen lebte er unter einer unaufhörlich erneuerten Exkommunikation; denn er war so lange im Kirchenbanne gewesen, dass kein Bischof einen Augenblick Bedenken trug, das Anathem gegen ihn auszusprechen. Dazu kam, dass in dem Frieden vom Jahre 1229 ihm die Bedingung gestellt worden war, innerhalb zweier Jahre nach Palästina zu ziehen und dort fünf Jahre lang mit den Ungläubigen Krieg zu führen. Die zwei Jahre waren verstrichen, ohne dass er sein Versprechen eingelöst hatte. Die Rücksicht auf die Sicherheit des Landes verbot ihm anscheinend eine so lange Abwesenheit, und so war es denn jahrelang das leitende Ziel seiner Politik, entweder die Aufschiebung seines Kreuzzuges oder Straffreiheit für die Nichterfüllung seines Gelübdes zu erlangen. Endlich bemühte er sich vom Frieden von Paris an bis zum Ende seines Lebens ebenso eifrig wie vergeblich, von Rom die Erlaubnis zur Bestattung der Gebeine seines Vaters zu erlangen. Das waren die Schwierigkeiten, welche ihn in mannigfacher Weise in seinem Kampfe mit der Hierarchie hemmten und schädigten.

Schon 1230 hatte er von dem Legaten den Vorwurf zu hören bekommen, dass er die Bedingungen des Friedens nicht beobachte, und hatte Besserung versprechen müssen. Im Jahre 1232 war es Gregor IX. selbst, der ihm gebieterisch die nachdrückliche Verfolgung der Ketzer zur Pflicht machte. Anscheinend kam er in demselben Jahre diesem Befehle nach, indem er den Bischof Raimund von Toulouse auf einem nächtlichen Zuge in die Berge begleitete; der Zug endete mit der Ergreifung von neunzehn „vollkommenen" Ketzern, Männern und Frauen, darunter eines ihrer wichtigsten Führer, des Herrn Pagan von Bécède, dessen Schloss, wie wir gesehen haben, im Jahre 1227 erobert wurde. Sie alle büssten ihre Verirrungen auf dem Scheiterhaufen. Trotzdem versammelte nicht lange darauf der Bischof von Tournai als päpstlicher Legat die Bischöfe von Languedoc und forderte Raimund in aller Form vor den König Ludwig, um sich wegen seiner Lauheit in der Ausführung der Bestimmungen des Vertrages zu verantworten. Das Ergebnis war, dass scharfe Verfügungen gegen die Ketzer erlassen wurden, die der Graf im Februar 1234 verkünden musste. Trotzdem und obwohl Gregor den Bischöfen

---

Mas als bos s'humilia
Et l' mal confond."
(Peyrat, Les Albigeois et l'Inquisition, II. 394.)

brieflich befahl, nicht mehr so schnell mit der Exkommunikation gegen ihn bei der Hand zu sein, wurde er innerhalb eines Jahres zweimal von neuem exkommuniziert, und zwar aus rein weltlichen Gründen. Dann kam ein wiederholter dringender Befehl vom Papste, die Ketzerei auszurotten, dem Raimund auch zweifellos Folge leistete, da er damals von Rom die Rückgabe der Grafschaft Provence zu erlangen suchte. Hierbei wurde er kräftig unterstützt von König Ludwig, dessen Bruder Alfons Raimunds Erbe werden sollte. Gegen Ende
16 des Jahres suchte der Graf eine Unterredung mit Gregor nach, die ihm auch bewilligt wurde, und er söhnte sich dabei anscheinend vollkommen mit dem Papste aus. Da Raimund ein hohes militärisches Ansehen besass, so benutzte der Papst den Besuch, um ihn zum Führer über die päpstlichen Truppen in einem Feldzuge gegen die rebellischen Bürger von Rom zu machen, die das Oberhaupt der Kirche aus ihrer Stadt vertrieben hatten. Zwar gelang es ihm nicht, den Papst zurückzuführen, aber sie trennten sich im besten Einvernehmen, und als geliebter Sohn der Kirche, der bereit war, ihrem Geheiss in allen Punkten zu gehorchen, kehrte Raimund in die Heimat zurück[1]).

Hier gingen die Dinge schnell einer Krisis entgegen, in welcher sich seine Geschicklichkeit im Lavieren aufs glänzendste bewährte. Die Leidenschaften stiegen auf beiden Seiten zu zügelloser Höhe. Ostern 1235 kamen infolge der für ein freiwilliges Schuldbekenntnis bewilligten Gnade eine solche Menge von bussfertigen Ketzern herbei, dass die Dominikaner nicht hinreichten, alle Erklärungen entgegenzunehmen, vielmehr alle Franziskaner und Pfarrpriester der Stadt zu Hilfe ziehen mussten. Hierdurch ermutigt, liess Pontius von Saint-Gilles diejenigen ergreifen, welche sich nicht aus freien Stücken eingefunden hatten. Darunter befand sich auch ein gewisser Arnold Dominique, der, um sein Leben zu retten, elf in einem Hause zu Cassers wohnende Ketzer verriet und dafür wieder freigelassen wurde. Von den Verratenen entkamen vier mit Hilfe der benachbarten Bauern. Endlich aber war auch die Geduld der Ketzer erschöpft. Arnold wurde bald darauf in seinem

1) Bern. Guidon. Vit. Greg. P. P. IX (Muratori, S. R. I. III. 573). — Archives Nat. de France J. 430, Nr. 17, 18. — Guill. Pod. Laur. c. 42. — Peyrat, Hist. des Albigeois, I, 287. — Harduin. Concil. VII, 203 - 08. — D'Achery Spicileg. III 606. — Potthast Nr. 9771. — Epistt. Saeculi XIII. T. I. Nr. 577 (Mon. Germ. Hist.). — Matt. Paris ann. 1234 p. 280. — Vaissette, III. 399—400, 406. — Hist. Diplom. Frid. II. T. IV. pp. 485, 799—802.

Bette zu Aigrefeuille von den Freunden der von ihm Verratenen er-
mordet. Die gefährliche Stimmung im Volke trat noch deutlicher
zutage, als ein Pöbelhaufe unter der Führung von zwei angesehenen
Bürgern das Gefängnis erstürmte und Peter Wilhelm Delort mit Ge-
walt aus den Händen des Viguier und des Abtes von Saint Sernin be-
freite. Die Lage war schon sehr gespannt, als die Leichen einiger toten
Ketzer feierlich durch die Strassen geschleppt und verbrannt wurden.
Das erregte eine allgemeine Aufregung. In dieser Gefahr liess man den
Grafen Raimund rufen in der Hoffnung, dass sein Eingreifen noch 17
schlimmere Folgen abwenden würde. Obwohl er vielleicht nie rechte
Lust zur Ketzerverfolgung gezeigt hatte, so konnte man doch keine
stichhaltigen Anklagen gegen ihn erheben. Seine Beamten, seine
Baillis, seine Viguiers waren allen Aufforderungen der Inquisitoren
nachgekommen und hatten zur Ergreifung und Verbrennung der
Ketzer sowie zur Konfiskation ihres Eigentums den weltlichen Arm
geliehen. Als der Graf aber nach Toulouse kam und die Inquisitoren
bat, eine Zeitlang ihr Vorgehen einzustellen, fand er taube Ohren.
Daher wandte er sich an den päpstlichen Legaten, den Erzbischof
Johann von Vienne, und beklagte sich insbesondere über Peter Cella,
von dem er glaubte, dass er von persönlichem Hass gegen ihn erfüllt
und der Haupturheber der Unruhen sei. Sein Gesuch, Cellas Tätig-
keit auf das Quercy zu beschränken, wurde gewährt. Der Inquisitor
wurde nach Cahors geschickt, wo er mit Unterstützung von Pontius
Delmont und Wilhelm Pelisson einen nachdrücklichen Streifzug
durch das Land unternahm und viele zum Bekenntnis ihrer Schuld
zwang[1]).

Dieser Ausweg blieb aber ohne Wirkung. Die Verfolgung blieb so heftig wie je, und der Unwille des Volkes stieg beständig. Die unvermeidliche Entscheidung darüber, ob die Inquisition wie so viele frühere Unternehmungen zur Bedeutungslosigkeit herabsinken oder über allen Widerstand triumphieren und die herrschende Macht im Lande werden sollte, kam dann bald.

Wilhelm Arnaud liess sich durch die Verbannung seines Amtsgenossen in keiner Weise einschüchtern. Von einem kurzen Aufenthalt in Carcassonne, wovon gleich noch näher die Rede sein wird, zurückgekehrt, forderte er zwölf der ersten Bürger von Toulouse, darunter einen Konsul, unter der Beschuldigung, dass sie „Gläubige"

---

1) Pelisso, Chron. 25—8.

seien, zum Verhör vor sich. Sie weigerten sich zu erscheinen, und drohten ihm mit Gewalt, wenn er von seinem Vorhaben nicht abstehen würde. Da er indessen hartnäckig blieb, so wurde ihm mit Zustimmung des Grafen Raimund mitgeteilt, dass er entweder die Stadt verlassen oder seine Tätigkeit als Inquisitor aufgeben müsse. Er beriet sich mit den übrigen Dominikanern, und man kam überein, dass er unbeirrt in seiner Pflicht fortfahren solle. Da jagten ihn die Konsuln mit Gewalt zur Stadt hinaus. Alle Brüder begleiteten ihn bis zur Brücke über die Garonne. Bei seinem Scheiden lasen ihm die Konsuln nochmals eine Erklärung vor dahinlautend, er könne bleiben, wenn er von der Inquisition Abstand nehmen wolle; andernfalls untersagten sie ihm im Namen des Grafen wie in ihrem eigenen Namen den ferneren Aufenthalt in der Stadt. Arnold ging nach
18 Carcassonne, von wo er dem Prior von Saint-Etienne und den Pfarrpriestern befahl, die von ihm erlassenen Vorladungen zu wiederholen. Diesem Befehle kam man trotz Drohungen mutig nach. Da liessen die Konsuln den Prior und die Priester holen, hielten sie einen Teil der Nacht im Stadthause fest, trieben sie dann aus der Stadt hinaus und machten öffentlich bekannt, dass jeder, der es wage, die Vorladungen zu wiederholen, mit dem Tode bestraft werden und jeder, der den Befehlen eines Inquisitors nachkomme, diesen Ungehorsam an Leib und Gut büssen solle. Es folgte noch eine zweite Proklamation, durch welche im Namen des Grafen Raimund verboten wurde, dem Bischof, den Dominikanern und den Domherren von Saint-Etienne etwas zu geben oder zu verkaufen. Dadurch sah sich der Bischof genötigt, die Stadt zu verlassen. Es wird berichtet, dass niemand auch nur einen Laib Brot für ihn zu backen wagte und das Volk sogar in sein Haus eindrang, seine Kleriker prügelte und seine Pferde stahl. Die Dominikaner kamen besser weg, da sie Freunde hatten, die so kühn waren, sie mit dem Notwendigen zu versehen. Als die Konsuln Wächter um ihr Haus herumstellten, wurden ihnen, trotz einiger dabei vorgenommenen Verhaftungen, Brot, Käse und andere Nahrungsmittel über die Mauern zugeworfen. Aber die Mönche litten hauptsächlich Mangel an Wasser; es musste von der Garonne hergeholt werden, und als dieser Weg ihnen verschlossen wurde, konnten sie ihr Gemüse nicht mehr kochen. Drei Wochen lang ertrugen sie fröhlichen Herzens ihr Leiden für eine heilige Sache. Die Angelegenheit spitzte sich unterdessen weiter zu. Von Carcassonne aus sandte der unbeugsame Wilhelm Arnaud an den Prior einen Brief, worin er erklärte: da niemand die trotzigen Bürger vorzuladen wage, so

sei er genötigt, zwei Mönche mit der Vorladung zu beauftragen; zwei andere sollten sie als Zeugen begleiten. Da läutete der Prior die Klosterglocke, versammelte die Brüder und sagte ihnen mit begeisterter Miene: „Meine Brüder, freut euch, denn ich muss vier von euch als Märtyrer zum Throne des Allmächtigen schicken. Hier sind die Befehle unseres Bruders, des Inquisitors Wilhelm; wer ihnen gehorcht, wird gemäss den Drohungen der Konsuln auf der Stelle getötet werden. Diejenigen, die bereit sind, für Christum zu sterben, mögen um Verzeihung für ihre Sünden bitten." Von demselben Gedanken getrieben, warf sich die ganze Schar zu Boden, wie es bei den Dominikanern Brauch war, wenn sie um Verzeihung baten, und der Prior wählte vier aus: Raimund von Foix, Johann von Saint-Michel, Guido von Navarra und Wilhelm Pelisson. Diese erfüllten unerschrocken ihre Pflicht, indem sie nötigenfalls sogar in die Schlafzimmer der Angeklagten eindrangen. Nur in einem Hause wurden sie übel 19
empfangen, selbst da aber schritten die Umstehenden ein, als die Söhne des Vorgeladenen mit Messern auf die Mönche losgingen.

Es war offenbar nichts zu machen gegen Männer, welche in dieser Weise nach dem Martyrium strebten. Ihnen nachzugeben, wäre indessen Selbstmord gewesen, und so beschlossen die Konsuln, sie auszuweisen. Als der Prior Kunde davon erhielt, verteilte er die Bücher, die heiligen Gefässe und die Kleider des Klosters unter zuverlässige Freunde. Am nächsten Tage (5. oder 6. November 1235) setzten sich die Mönche nach der Messe zu einem einfachen Mahle nieder, während dessen die Konsuln, von einer grossen Menge begleitet, herankamen und die Türe zu erbrechen drohten. Nun begaben sich die Mönche in Prozession nach ihrer Kirche und nahmen dort ihre Sitze ein. Aber auch hier erschienen alsbald die Konsuln und forderten sie auf wegzugehen. Als sie sich dessen weigerten, wurde jeder einzelne ergriffen und mit Gewalt von dannen geführt. Zwei von ihnen warfen sich in der Nähe der Türe auf den Boden und mussten an Händen und Füssen aufgehoben und hinausgetragen werden. Dann führte man sie durch die Stadt, ohne sie weiter zu misshandeln. Sie aber gaben ihrem Auszuge den Charakter einer Prozession, indem sie zu zwei und zwei gingen und das Te Deum und Salve Regina anstimmten. Zuerst zogen sie nach einer Meierei, die der Kirche von Saint-Etienne gehörte. Als aber die Konsuln dort Wachen aufstellten, um zu verhindern, dass ihnen etwas gegeben wurde, verteilte sie der Prior am nächsten Tage in die Klöster der Provinz. Dass ihnen die ganze Angelegenheit die Sympathie der Gläubigen einbrachte, beweist das

Verhalten zweier angesehenen Persönlichkeiten, die sich ihnen anschlossen und im Laufe dieser Ereignisse in den Orden eintraten [1]).

Wilhelm Arnaud hatte sich durch seine Standhaftigkeit ein derartiges Ansehen erworben, dass er damit beauftragt wurde, die gegen die Immunität der Kirche verübten Kränkungen zu strafen. Bischof Raimund hatte sich ihm in Carcassonne angeschlossen, ohne gegen die Urheber seiner Vertreibung das Anathem auszusprechen. Jetzt aber, am 10. November 1235, belegte der Inquisitor unter Berufung auf das zustimmende Zeugnis der Bischöfe von Toulouse und Carcassonne die Konsuln sofort mit dem Bann. Dieser traf zwar zunächst nur die Konsuln, aber auch Graf Raimund sollte der Verantwortlichkeit nicht entgehen. Das Exkommunikationsdekret wurde den Franziskanern von Toulouse zur Veröffent-
20 lichung zugesandt. Als sie dem Befehle nachkamen, wurden sie gleichfalls, und zwar recht unsanft, vertrieben, und die aufrührerische Stadt war auf diese Weise tatsächlich ohne Mönche. Weitere Exkommunikationen folgten und trafen jetzt auch den Grafen. Zugleich eilte der Prior Pontius von Saint-Gilles nach Italien, um dem teilnahmsvoll zuhörenden Papste und dem heiligen Kollegium die Geschichte seiner Leiden vorzutragen. Gregor hielt sich an den Grafen als den Hauptübeltäter und machte ihn in einem vom 28. April 1236 datierten und in den heftigsten Ausdrücken abgefassten Briefe verantwortlich für die Kühnheit der Konsuln. Zugleich erinnerte er ihn nachdrücklich an das Gelübde eines Kreuzzuges, das Raimund noch immer nicht erfüllt habe. Er habe sein Wort, die Ketzer auszurotten, nicht nur nicht gehalten, sondern sei sogar ihr offenbarer Freund und Beschützer, und seine Günstlinge und Beamten seien der Ketzerei verdächtig; er beschütze selbst die schon verurteilten Ketzer. Seine Länder seien eine Zufluchtsstätte für die, welche der Verfolgung zu entgehen suchten, so dass sich die Ketzerei täglich weiter ausbreite und Übertritte von Katholiken häufig seien, während eifrige Kirchenfreunde, die dem Übel zu steuern suchten, ungestraft misshandelt und erschlagen würden. Es wird ihm strenge anbefohlen, alles das zu bessern und sich im kommenden März mit seinen Rittern der sog. gemeinschaftlichen Fahrt nach dem Heiligen Lande anzuschliessen. Zuletzt erinnert ihn der Papst an die Mühen, deren sich die Kirche und ihre Kreuzfahrer unterzogen hätten, um seine Länder

---

1) Pelisso, Chron. pp. 30—40. — Bern. Guidon. Hist. Fundat. Convent. Praedicat. (Martene, Thesaur. VI. 460—1). — Epistt. Saeculi XIII. T. I. Nr. 688 (Mon. Germ. Hist.). — Guill. Pod. Laur. c. 43.

von der Ketzerei zu säubern. Freilich hätte es dieser Erinnerung nicht bedurft. Denn dem Grafen stand der Abgrund, dem er entronnen war, zu lebhaft vor Augen, als dass er von neuem einen Sprung hätte wagen wollen. Er war in der Beschützung seiner Untertanen so weit gegangen, als er eben durfte, und es wäre Wahnsinn gewesen, hätte er auf sein und seiner Untertanen Haupt von neuem das Unheil jener Räuber herabbeschwören wollen, die ein einziges Wort des Papstes wider ihn aufhetzen konnte, um mit dem Schwerte ihr ewiges Heil zu erkämpfen[1]).

Mit dem Briefe an Raimund sandte der Papst gleichzeitig einen solchen an seinen Legaten, worin er diesen anwies, er solle den Grafen zwingen, Busse zu tun und den Kreuzzug endlich auszuführen. Dem Kaiser Friedrich II. verbot der Papst, Raimund um Lehnsdienste anzugehen, da der Graf exkommuniziert und tatsächlich ein Ketzer sei, worauf der Kaiser verständig genug erwiderte, dass, so lange Raimund Lehen von dem Reiche besitze, die Exkommunikation ihn nicht von den Verpflichtungen gegen seinen Lehnsherrn 21 befreien könne. Auch König Ludwig wurde angerufen und gedrängt, die Heirat zwischen seinem Bruder Alfons und Raimunds Tochter Johanna zu beschleunigen. Angesichts dieser Notlage, die ihm das Gespenst eines bewaffneten Europa vor Augen führte, blieb dem Grafen nichts anderes übrig als nachzugeben. Als ihn daher der Legat aufforderte, zu den Inquisitoren nach Carcassonne zu kommen, begab er sich folgsam dorthin und beriet mit ihnen und den Bischöfen, was zu tun sei. Die Konferenz endete damit, dass er versprach, den Bischof, die Mönche und den Klerus wieder nach Toulouse zurückzuführen, und dieses Versprechen erfüllte er auch. Nach einer zehnmonatigen Abwesenheit wurden die Mönche am 4. September ordnungsmässig wieder in ihren Besitz eingesetzt. Dass Wilhelm Arnaud mit ihnen zurückkehrte, versteht sich von selbst[2]).

Peter Cella war noch immer auf die Diözese Cahors beschränkt, und als Wilhelm einen Amtsgenossen brauchte, wählte der Legat, der Stimmung des Volkes Rechnung tragend, hierzu einen

---

1) Martene, Thesaur. I. 992. — Epistt. Saeculi XIII. T. I. Nr. 688 (Mon. Germ. Hist.). — Teulet, Layettes, II. 314.

Dass der Bischof den Inquisitoren untergeordnet war, ergibt sich weiter aus dem Exkommunikationsdekret gegen den Viguier und die Konsuln von Toulouse vom 24. Juli 1237, worin Bischof Raimund und andere Prälaten als Beisitzer der Inquisitoren erwähnt werden (Doat, XXI, 148).

2) Potthast Nr. 10152. — Epistt. Saecul. XIII. T. I. Nr. 700 (Mon. Germ. Hist.). — Hist. Dipl. Frid. II, T. IV, P. II, p. 912. — Vaissette, III, 408. — Pelisso, Chron. pp. 40—1.

Franziskaner, da man annahm, dass die verhältnismässig milde Haltung dieses Ordens dazu mitwirken könnte, den Hass gegen die Dominikaner zu besänftigen. Der Posten wurde dem Provinzialminister Johann von Notoyra übertragen. Da dieser aber den doppelten Pflichten nicht gewachsen war, so nahm er den Bruder Stephan von Saint-Thibery, der in dem Rufe eines bescheidenen und freundlichen Mannes stand, zum Stellvertreter. In der Hoffnung jedoch, dass durch die Ernennung des Franziskaners die Strenge der Inquisition gemildert werden würde, sah man sich getäuscht. Die beiden Männer, von demselben Geiste beseelt, strebten in vollkommener Übereinstimmung nach demselben Ziele hin[1]).

Wilhelm Arnaud war unermüdlich in seiner Tätigkeit. Die Musse seiner Verbannung in Carcassonne benutzte er dazu, eine Untersuchung gegen die Herren von Niort einzuleiten, die im Februar und März 1236 mit deren Verurteilung endigte[2]). Und in den ersten Monaten des Jahres 1237 wirkte er, wie wir hören, mit Peter Cella zusammen im Quercy, wo er den Ketzern von Montauban nachstellte. Während er noch von Toulouse abwesend war, trat dort ein Ereignis von durchgreifender Bedeutung ein, das die Ketzer in starken Schrecken versetzte und bedeutend zu ihrer Schwächung beitrug. Raimund Grossi, der mehr als zwanzig Jahre ein „vollkommener" Ketzer und einer der beliebtesten und zuverlässigsten Führer der Sekte gewesen war, bekehrte sich nämlich plötzlich. Die Über-
22 lieferung erzählt, dass er fünfundzwanzig Jahre vorher schon einmal verhaftet und für den Scheiterhaufen bestimmt, aber von dem hl. Dominikus in prophetischer Voraussicht, dass er zur Kirche zurückkehren und der Sache Gottes glänzende Dienste leisten würde, vor den Flammen bewahrt worden sei. Dieser klopfte am 2. April, ohne sich angemeldet zu haben, an die Pforten des Dominikanerklosters und bat demütig um Aufnahme in die Kirche, indem er versprach, alles zu tun, was man von ihm verlangen werde. Mit dem Eifer eines leidenschaftlichen Bekehrten enthüllte er sodann alles, was sein lebenslänglicher Verkehr mit den Katharern zu seiner Kenntnis gebracht hatte, und seinen Lippen strömten die Erinnerungen so reichlich zu, dass es einiger Tage bedurfte, um alle Namen und Tatsachen niederzuschreiben. Die Listen waren lang und enthielten hervorragende Adlige und Bürger. Sie bestätigten in vielen

---

1) Pelisso, Chron. p. 41–2.
2) Coll. Doat, XXI, 163. — Vgl. unten S. 29 ff.

Fällen vorhandenen Verdacht und enthüllten die Tatsache, dass auch da, wo man es gar nicht vermutet hatte, die Ketzerei in Blüte stand.

Wilhelm Arnaud eilte schleunigst von Montauban herbei, um diese gnädige Fügung der Vorsehung allseitig auszunutzen. Die Ketzer waren wie betäubt. Keiner von ihnen wagte es, die von Raimund Grossi erhobenen Beschuldigungen abzuleugnen. Viele flohen; die Namen einiger von ihnen erscheinen wieder in dem Blutbade von Avignonet und der Schlusskatastrophe von Montségur. Andere widerriefen und lieferten weitere Enthüllungen. Es wurden auch lange Listen von denjenigen aufgestellt, die auf ihrem Todesbette häretisiert worden waren, und viele Leichname wurden wieder ausgegraben und verbrannt; die Konfiskationen brachten reichen Ertrag. Man kann kaum die Schwere des Schlages überschätzen, den die Ketzerei hierdurch erhielt. Toulouse war ihr Hauptquartier. Hier waren die Adligen und Ritter, die Konsuln und reichen Bürger, die bis dahin dem scharfen Auge der Inquisition entgangen waren und ihre weniger glücklichen Genossen beschützt hatten. Jetzt zerstreut und verfolgt, zum Widerruf gezwungen oder zum Scheiterhaufen geführt, sahen die Ketzer die Kraft ihrer geheimen Organisation für immer gebrochen. Wir können wohl das fromme Frohlocken des Chronisten verstehen, der seinen Bericht über die Bestürzung und die Vernichtung der ketzerischen Gemeinschaft mit den Worten schliesst: „Ihre Namen stehen nicht geschrieben in dem Buche des Lebens; ihre Leiber aber werden hier verbrannt und ihre Seelen werden in der Hölle gepeinigt!“ Ein einziges Urteil vom 19. Februar 1238, durch welches mehr als zwanzig Reumütige auf einmal zu lebenslänglicher Gefangenschaft verurteilt wurden, zeigt die Grösse der Ernte und die Eile der Schnitter[1]). 23

So hatte die Inquisition triumphiert trotz des Schreckens, den ihr Verfahren dem Volke einflösste; sie hatte den Widerstand der weltlichen Behörden gebrochen und festen Fuss im Lande gefasst.

---

1) Pelisso, Chron. p. 43–51. — Coll. Doat, XXI, 149. Wahrscheinlich kam unter diesen Opfern auch Vigoros von Bocona, ein Bischof der Katharer, um. Alberich von Trois Fontaines verlegt den Feuertod desselben in Toulouse ins Jahr 1233 (Chron. ann. 1233), aber es liegt der Beweis vor, dass er im Jahre 1235 oder 1236 (Doat, XXII, 222) noch lebte und wirkte. Ums Jahr 1229 ordinierte ihn zu Montségur zum „filius major“ ein Bischof der Katharer, Guillabert von Castres (Doat, XXII, 226), und sein Name als der eines verehrten Lehrers kommt noch viele Jahre lang in den Bekenntnissen von reumütigen Ketzern vor.

Nachdem in Toulouse ein so erfolgreicher Schlag gelungen war, glaubten die Inquisitoren in unermüdlichem Tatendrang ihrer Aufgabe am besten zu dienen, wenn sie die ihrer Jurisdiktion unterworfenen Städte aufsuchten und dort Gerichtssitzungen abhielten, ein Verfahren, das sie sogar als ein Entgegenkommen bezeichneten gegen diejenigen, die es für eine Härte ansahen, nach fernen Orten vorgeladen zu werden. Ihre unaufhörliche Arbeit brachte reiche Frucht. Die Ketzer verliessen schliesslich das Land Raimunds und suchten anderswo Zuflucht. Einige scheinen in den Besitzungen der Krone Deckung gefunden zu haben; denn in demselben Jahre macht Gregor den königlichen Beamten Vorwürfe wegen des laxen Eifers, womit sie die gegen die mächtigen Ketzer ausgesprochenen Urteile ausführten. Sonstwo aber gab es kein Bleiben mehr für sie. In der Provence machte sich in jenem Jahre Pontius de l'Esparre einen Namen durch die energische Tatkraft, womit er die Feinde des Glaubens verfolgte. In Montpellier wandten sich die Einwohner, beunruhigt über den Zufluss von Ketzern und die erfolgreiche Ausbreitung ihrer Irrtümer, an Gregor mit der Bitte um Hilfe, damit sie dem Steigen der Flut wirksam entgegentreten könnten; der Papst beauftragte sofort seinen Legaten Johann von Vienne, dorthin zu gehen und die notwendigen Massregeln zu treffen[1]).

Doch sollte der Fortschritt der Inquisition noch eine Unterbrechung erleiden. Graf Raimund, der sich offenbar aus den zahlreichen über ihn verhängten Exkommunikationen nichts machte und nicht daran dachte, im März nach Palästina zu segeln, hatte Marseille erobert, das sich gegen seinen Lehnsherrn, den Grafen der Provence, empört hatte. Das erregte von neuem den Unwillen des Papstes, weil durch solche Streitigkeiten zwischen den christlichen Fürsten nicht nur der Krieg gegen die Sarazenen in Spanien und die Ungläubigen in dem Heiligen Lande vernachlässigt, sondern auch die Verfolgung
24 der Ketzer weniger eindringlich betrieben wurde. Er forderte daher den Grafen kategorisch auf, von seinem Unternehmen gegen Marseille abzulassen und sein Kreuzzugsgelübde zu erfüllen. Raimund wandte sich an den König Ludwig und die Königin Blanche, die ihm einen Aufschub seines Kreuzzuges um ein weiteres Jahr bewirkten und den Papst bewogen, dass er auf das Gesuch des Grafen hin seinen Legaten ermächtigte, die Inquisition den Dominikanern gänzlich

1) Guill Pod. Laur. c. 43. — Arch. de l'Evêché de Béziers (Doat, XXXI, 35). — Bern. Guid. Libell. de Magist Ord. Praedic. (Martene, Ampl. Coll. VI. 422). — Raynald. ann. 1237, Nr. 32.

zu entziehen, wenn sich bei näherer Prüfung die Behauptung Raimunds, dass sie von Hass gegen ihn getrieben würden, als richtig erweise. Inzwischen waren neue Wirren in Toulouse ausgebrochen. Am 24. Juli 1237 hatten die Inquisitoren den Viguier und die Konsuln abermals exkommuniziert, weil sie Alaman de Roaix und einige andere „in absentia“ verurteilte Ketzer nicht verhaftet und verbrannt hatten. Dies bestärkte Raimund in dem Entschlusse, alles aufzubieten, um sich und seine Untertanen von dem furchtbaren auf ihnen lastenden Drucke zu befreien[1]).

Seine Bemühungen waren dieses Mal mit unerwartetem Erfolge gekrönt. Am 13. Mai 1238 erlangte er die Vertagung aller Inquisitionsprozesse für drei Monate, damit während dieser Zeit seine Gesandten von Gregor gehört werden könnten. Die letzteren scheinen sehr überzeugende Gründe vorgebracht zu haben; denn Gregor schrieb dem Bischof von Toulouse, dass er die Vertagung verlängere, bis der neue Legat, der Kardinal-Bischof von Praeneste, die Klagen gegen die Dominikaner geprüft und erwogen habe, ob man, dem Gesuche Raimunds entsprechend, das Geschäft der Verfolgung wie früher wieder den Bischöfen vorbehalten solle. Auch wurde Raimunds Kreuzzug auf drei Jahre verkürzt, die er nach Belieben verwenden dürfe, wenn er nur König Ludwig genügende Sicherheit dafür biete, dass er im folgenden Jahre absegeln werde. Wenn er das tue und das der Kirche zugefügte Unrecht wieder gut mache, solle er von seinen zahlreichen Exkommunikationen absolviert werden[2]).

Die Vertagung wurde unerwarteterweise verlängert; denn in- 25
folge des Kriegs der Kurie mit Kaiser Friedrich II. verschob sich die Abreise des Kardinallegaten um ein Jahr. Als er schliesslich im Jahre 1239 kam, brachte er besondere Befehle an die Inquisitoren mit, seinen Geboten zu gehorchen. Welche Untersuchung er anstellte, und welche Folgerungen er daraus ableitete, können wir nicht feststellen; aber soviel ist sicher, dass die Inquisition 1241 vollständig lahmgelegt war und keine Spur von ihrer Tätigkeit während dieser Jahre zu finden ist. Katholiken und Katharer konnten daher endlich wieder

---

1) Epistt. Saeculi XIII, T. I, Nr. 706 (Mon. Germ. Hist.). — Potthast Nr. 10357, 10361. — Raynald. ann. 1237, Nr. 33, 37. — Teulet, Layettes, II, 339, Nr. 2514. — Vaissette, III, 410. — Coll. Doat, XXI, 146.

Eine Zeugenaussage Raimund Johanns von Albi vom 30. April 1238 (Doat, XXIII, 273) bezeichnet wahrscheinlich den Termin der letzten Massregel der Inquisition, bevor sie suspendiert wurde.

2) Teulet, Layettes, II, 377, 386. — Epistt. Saeculi XIII, T. I, Nr. 731 (Mon. Germ. Hist.). — Raynald. ann. 1239, Nr. 71—73. — Arch. du Vatican T. XIX (Berger, Actes d'Innocent IV, p. XIX).

einmal freier atmen, da sie erlöst waren von der Furcht vor der allgegenwärtigen Kontrolle und der anscheinend übermenschlichen Energie der Mönche [1]).

Die Gründe für die Wiederherstellung der Inquisition sind aber leicht zu erraten. Zweifellos waren die Bischöfe ebenso nachlässig wie früher, und ihre Gedanken waren so vollständig auf ihre Temporalien gerichtet, dass sie ihrer Pflicht, über die Reinheit des Glaubens zu wachen, kaum gedachten. Zweifellos wurden auch die Ketzer, durch die tatsächliche Duldung ermutigt, wieder kühner und erhofften die Rückkehr der guten alten Zeiten, wo sie, ihren eingeborenen Fürsten unterstellt, dem fernen Paris und dem noch ferneren Rom ohne Gefahr Trotz bieten konnten. Der Zustand des Landes war in der Tat keineswegs beruhigend, besonders in den Gegenden, welche Besitzungen der Krone geworden waren. Das Land war voll von Rittern und Baronen, die mehr oder weniger offene Ketzer waren und nicht wussten, wann ihr Schicksal sie ereilen werde; von Adligen, die wegen Ketzerei geächtet waren; von gewaltsam Bekehrten, die sich im Stillen danach sehnten, ihren geheimen Glauben zu bekennen und ihre konfiszierten Besitzungen wieder zu erlangen; von Büssern, die danach dürsteten, die ihnen auferlegten Kreuze abzuwerfen und sich für die erlittenen Demütigungen zu rächen. Flüchtlinge, Faidits und Ketzerlehrer wanderten in den Bergen umher und wohnten in Höhlen und den Schlupfwinkeln der Wälder. Es gab kaum eine Familie, die nicht einen im Kriege gefallenen oder auf dem Scheiterhaufen umgekommenen Verwandten zu rächen hatte. Infolge des Mangels an Gefängnissen und der Sparsamkeit der Bischöfe hatte man von der Einkerkerung nur geringen Gebrauch gemacht, aber auch die Scheiterhaufen hatte man nicht häufig genug angezündet, um die Zahl derjenigen, welche aus Not geschworene Feinde der bestehenden Ordnung wurden, merklich zu verringern. Plötzlich, im Jahre 1240, brach ein Aufstand aus unter der Führung von Trencavel, des Sohnes jenes Vicomte von Béziers, der, wie wir gesehen haben, von Simon von Montfort in eine Falle gelockt und unter Um-
26 ständen gestorben war, die den Verdacht einer Vergiftung nicht ausschlossen. Dieser Trencavel führte eine Schar geächteter Ritter und Edelleute aus Katalonien herbei und wurde von den Vasallen und Untertanen seines Hauses begeistert willkommen geheissen. Graf

---

1) Arch. Nat. de France J. 430, Nr. 19, 20. — Guill. Pod. Laurent. c. 43. — Vaissette, III, 411.

Raimund, sein Vetter, blieb zwar fern; aber sein zweideutiges Verhalten zeigte klar, dass er gewillt war, sich auf die eine oder andre Seite zu schlagen, je nachdem Sieg oder Niederlage es ratsam machte. Zuerst schien der Aufstand von Erfolg begleitet zu sein. Trencavel belagerte seine Vaterstadt Carcassonne; die Gesinnung seiner Gefährten zeigte sich bei der Übergabe der Vorstadt, wo sie kalten Blutes dreissig Geistliche erschlugen, die doch die feierliche Zusicherung freien Abzugs nach Narbonne bekommen hatten[1]).

Es bedurfte aber nur einer kleinen Zahl königlicher Truppen unter Johann von Beaumont, um den Aufstand ebenso schnell, wie er entstanden war, zu unterdrücken und eine Rache zu nehmen, welche den kleinen Adel jener Gegend vernichtete. Aber nichtsdestoweniger durfte die Lehre, die der Aufstand gegeben hatte, nicht unbeherzigt bleiben. Die bürgerliche Ordnung, wie sie jetzt im südlichen Frankreich herrschte, war augenscheinlich auf die religiöse gegründet, deren Aufrechterhaltung kräftigere und wachsamere Hände verlangte als die der selbstsüchtigen Bischöfe. Eine im Jahre 1241 an dem Ufer der Arnette unter dem Vorsitz des häretischen Bischofs von Albi, Aimery de Collet, abgehaltene Versammlung der Katharer zeigte, wie kühn diese geworden waren, und wie vertrauensvoll sie in die Zukunft blickten. Kirche und Staat konnten jetzt, wenn nicht früher, einsehen, dass die Inquisition ein notwendiger Faktor war für die Sicherstellung der Vorteile, die beide in den Kreuzzügen gegen die Albigenser errungen hatten[2]).

Gregor IX., der Gründer der Inquisition, starb am 22. August 1241. Wahrscheinlich hat er ihr vor seinem Tode die Freiheit des Handelns zurückgegeben, die Hunde sozusagen von der Leine wieder losgelassen; denn sein unmittelbarer Nachfolger, Coelestin IV., erfreute sich des Pontifikates nur neunzehn Tage, vom 20. September bis zum 8. Oktober, und dann folgte ein Interregnum bis zur Wahl Innocenz' IV., am 28. Juni 1243, so dass der päpstliche Thron bei- 27
nahe zwei Jahre lang unbesetzt war. Raimunds Politik war für den Augenblick darauf gerichtet, dem Papsttum zu Willen zu sein; denn er wünschte von Gregor nicht nur die Aufhebung seiner vier Exkom-

1) Guill. Pod. Laur. c. 43. — Guill. Nangiac. Gest. S. Ludov. ann. 1239. — Vaissette, III, 420 — Bern. Guidon. Vit. Gregor. P. P. IX (Muratori S. R. I. III, 574). — Teulet, Layettes, II, 457. Erst 1247 befreite Trencavel die Konsuln von Béziers von ihrer Treupflicht gegen ihn. — Mascaro, Libre de Memorias, ann. 1247.

2) A. Molinier (Vaissette, Ed. Privat, VII, 448—61). — Douais, Les Albigeois, Paris 1879; Pièces justif. Nr. 4.

munikationen und Nachsicht hinsichtlich des Kreuzzuges, sondern auch Dispens zu einem Ehebündnis mit Sanche, der Tochter und Erbin des Grafen der Provence. Er ahnte nicht, dass die Königin Blanche ihm hierin zuvorkommen würde, indem sie ihrem Sohne Karl die glänzende Partie sicherte, hierdurch den Grund zu dem Hause Anjou-Provence legte und für die königliche Familie einen weiteren grossen Teil des Südens erwarb. Erfüllt von diesen Plänen, die so vortrefflich die Wiederherstellung seiner Macht in Aussicht stellten, unterzeichnete Raimund am 18. April 1241 mit Jakob I. von Aragon einen Vertrag zur Verteidigung des Hl. Stuhles und des katholischen Glaubens gegen die Ketzer. Unter solchen Umständen konnte er sich einer Wiederaufnahme der Verfolgung nicht wohl widersetzen. Hatte er sich doch ohnehin schon bei dem Aufstande Trencavels blossgestellt und am 14. März, von König Ludwig zur Verantwortung vorgeladen, einen Eid ablegen müssen, dass er die Faidits und die Feinde des Königs aus seinen Landen verbannen und ohne Verzug das Schloss Montségur, die letzte Zufluchtsstätte der Ketzerei, besetzen wolle [1]).

Besondere Beachtung verdient der Fall der Herren von Niort, jener mächtigen Adligen von Fenouillèdes, die an Trencavels Aufstand teilgenommen hatten, weil er zeigt, nicht nur wie eng damals Religion und Politik zusammenhingen, und welche Schwierigkeiten die Inquisition in ihrem Kampfe gegen halsstarrige Ketzerei und Vaterlandsliebe zu überwinden hatte, sondern auch, welchen Schaden dieser vorzeitige Aufstand der Sache der Ketzerei zufügte.

Auf die drei Brüder — Wilhelm Gerhard, Bernhard Otto und Gerhard Bernhard — sowie ihre Mutter Esclarmonde war sowohl von den Inquisitoren als auch von dem königlichen Seneschall von Carcassonne schon lange eifrig Jagd gemacht worden. Wilhelm hatte in den Kreuzzugskämpfen den Ruf eines tapfern Ritters erworben, und seine Brüder hatten ihre Schlösser und ihre Macht in allen Wechselfällen der Zeit zu behaupten verstanden. Bei der allgemeinen vom Kardinal Romano im Jahre 1229 angestellten Untersuchung wurden sie für Hauptanführer der Ketzer erklärt, und das Konzil von Toulouse bezeichnete um dieselbe Zeit zwei von ihnen als Feinde des Glaubens; es bedrohte sie mit der Exkommunikation, wenn sie sich
28 nicht innerhalb vierzehn Tagen unterwerfen würden. Kurz vor dem Jahre 1233 hatten sie das Gebiet des Erzbischofs Peter Amiel von Narbonne mit Feuer und Schwert verwüstet und ihn selbst auf dem Wege zum Hl. Stuhle angegriffen und verwundet. Gregor IX.

1) D'Achery, Spicileg. III, 621. — Vaissette, III, 424; Pr. 400.

befahl darauf dem Erzbischof, in Verbindung mit dem Bischof von
Toulouse energisch gegen die Brüder vorzugehen, während er zu-
gleich durch ein dringendes Gebot an den Grafen Raimund den welt-
lichen Arm anrief. Wahrscheinlich auf Grund dieser Ermächtigung
hielten der Bischof Raimund von Felgar und der Richter von Tou-
louse ein Verhör über sie ab, in welchem Peter Amiel und einhundert-
undsieben andere Personen als Zeugen auftraten. Das Ergebnis
war widersprechend. Der Erzbischof klagte eindringlich über
die Missetaten seiner Feinde: sie seien alle Ketzer und hätten
einmal in ihrem Schlosse Dourne nicht weniger als dreissig „voll-
kommene“ Ketzer gehabt; Andreas Chaulet, den Seneschall von
Carcassonne, hätten sie ermorden lassen, weil er versucht habe, Be-
weise gegen sie zu bekommen. Auch andere Zeugen brachten
schwere Anschuldigungen vor. Bernhard Otto habe bei einer Ge-
legenheit einem Priester in dessen eigener Kirche das Wort verboten,
einen Ketzer auf die Kanzel gestellt und diesen der Gemeinde pre-
digen lassen. Doch fehlte es auch nicht an solchen Zeugen, die un-
erschrocken für die Brüder eintraten. Der Provisor des Hospitals
zu Puységur beschwor die Rechtgläubigkeit Bernhard Ottos und er-
klärte, dass das, was er für den Glauben und den Frieden getan hätte,
tausend Ketzern den Tod gebracht habe. Ein Priester bezeugte,
dass er ihn bei der Ergreifung von Ketzern habe Beistand leisten
sehen, und ein Archidiakon erklärte, dass er nicht im Lande hätte blei-
ben können, wenn er nicht durch das Heer, welches Bernhard nach
dem Tode des verstorbenen Königs ausgehoben habe, beschützt wor-
den wäre; seiner Meinung nach geschehe aber Verfolgung mehr aus
Hass als aus Liebe. Dieser erste Versuch missglückte also; im Jahre
1234 finden wir Bernhard Otto als Zeugen bei einem Vertrage, den
der königliche Seneschall von Carcassonne und das Kloster Alet
abschlossen. Als aber die Inquisition eingeführt war, richtete sie
sich sofort gegen diejenigen Adligen, die ihre Unabhängigkeit hart-
näckig wahrten, trotzdem der König jetzt ihr unmittelbarer Herr ge-
worden war. Während der Inquisitor Wilhelm Arnaud im Jahre 1235
in Carcassonne weilte, lud er unter Assistenz des dortigen Archi-
diakons die drei Brüder und ihre Mutter zur Verantwortung vor sich.
Bernhard Otto und Wilhelm kamen der Aufforderung nach, wollten
aber nichts eingestehen. Da liess der Seneschall sie verhaften, und
Wilhelm legte auf der Folter ein umfassendes Geständnis ab, auf 29
Grund dessen der Inquisitor das Recht zu haben glaubte, ihn zu
lebenslänglichem Gefängnis zu verurteilen (am 2. März 1236). Bern-

hard dagegen blieb standhaft und wurde als widerspenstiger Ketzer (am 13. Februar 1236) verurteilt, worauf der Seneschall die Vorbereitungen zu seiner Verbrennung traf. Gerhard und seine Mutter Esclarmonde wurden gleichfalls am 2. März in contumaciam verurteilt. Gerhard jedoch, der sich in kluger Voraussicht der Verhaftung entzogen hatte, befestigte seine Schlösser und rüstete so entschieden zum Kriege, dass die im Lande zerstreuten Franzosen Angst bekamen. Zwar hielt sich der Marschall von Foix, Levis von Mirepoix, zum Kampfe bereit; aber die übrigen wirkten derart auf den Seneschall ein, dass die beiden Brüder freigegeben wurden und der Inquisitor nur die dürftige Genugtuung hatte, die ganze Familie auf dem Papier verurteilt zu sehen — eine Enttäuschung, die er sich freilich dadurch milderte, dass er unter den weniger zu fürchtenden Ketzern, Klerikern wie Laien, eine reiche Ernte für den Scheiterhaufen hielt. Ebenso vergeblich war ein Versuch, den zwei Jahre später die Inquisitoren machten, um den Grafen Raimund zu zwingen, dass er ihr Urteil vollstreckte und die Länder der trotzigen Adligen konfiszierte. Das Misslingen der Empörung Trencavels nötigte die Brüder jedoch, um Frieden zu bitten. Bernhard Otto wurde wieder vor die Inquisition gestellt, und Wilhelm von Niort leistete Unterwerfung für sich und seine Brüder, indem er dem Könige ihre Schlösser übergab unter der Bedingung, dass er ihnen und seiner Mutter, seinen Neffen und Verbündeten die Versöhnung mit der Kirche verschaffe, und dass er, wenn ihm das bis zum nächsten Pfingstfest nicht gelinge, die Schlösser wieder zurückgebe und ihnen einen einmonatigen Waffenstillstand gewähre, damit sie sich in Verteidigungszustand setzen könnten. König Ludwig bestätigte den Vertrag im Januar 1241, weigerte sich aber, als die Zeit kam, die Schlösser wieder herauszugeben, indem er nur in die Bezahlung der Einkünfte einwilligte, vorausgesetzt, dass die Brüder ihren Wohnsitz ausserhalb Fenouillèdes nehmen würden. Wilhelm starb im Jahre 1256, und Ludwig behielt fortan beides, Schlösser und Einkünfte, unter dem Vorwande, der Vertrag sei mit Wilhelm persönlich geschlossen worden. Mittlerweile hatte die neue Ordnung der Dinge so festen Fuss gefasst, dass ein weiterer Widerstand nicht zu fürchten war. Die Vernichtung dieser mächtigen Familie ist ein typisches Beispiel für die Art und Weise, wie die Unabhängigkeit des einheimischen Adels allmählich mit Hilfe der Inquisition gebrochen und die Autorität von Krone und Kirche über das Land ausgedehnt wurde[1]).

1) Guillem de Tudela v. 8980, 9183. — Trésor des Chartes du Roi à

Während der Reaktion, die auf das Misslingen von Trencavels 30
Unternehmen folgte, kehrten die Inquisitoren, ermutigt durch die Vernichtung der örtlichen Beschützer des Volkes, mit neuer Tatkraft und verdoppeltem Eifer zu ihrer Arbeit zurück. Ein glückliches Geschick hat uns eine Liste der Urteile erhalten, welche Peter Cella während eines Zeitraumes von einigen Monaten, vom Advent 1241 bis Pfingsten 1242, im Quercy aussprach. Diese Liste gewährt uns einen lehrreichen Einblick in einen besondern Zweig der Inquisitionstätigkeit. Wir haben gesehen, dass, wenn ein Inquisitor eine Stadt besuchte, er eine „Gnadenfrist“ verkündete. Demjenigen, welcher während derselben freiwillig erschien und gestand, blieben die härteren Strafen der Gefangenschaft, der Konfiskation oder des Scheiterhaufens erspart. Die Inquisition fand dieses Auskunftsmittel ausserordentlich wirksam nicht nur wegen der Zahl der sich meldenden Bussfertigen, sondern auch wegen der Aussagen, die von diesen gegen die hartnäckigeren Ketzer gemacht wurden. Die fragliche Liste enthält solche Fälle. Ihre grosse Anzahl ist ein Beweis für die Ergiebigkeit dieser Methode[2]).

Es werden aufgezählt:

In Gourdon . .	219	in der Adventszeit 1241 ausgesprochene Urteile.
„ Montcucq .	84	„ „ Fastenzeit 1242 „ „
„ Sauveterre .	5	
„ Belcayre .	7	
„ Montauban .	254	in der Woche vor Himmelfahrt, vom 21—28. Mai 1242, ausgesprochene Urteile.
„ Moissac . .	99	in der Himmelfahrtswoche (28. Mai bis 5. Juni 1242) ausgesprochene Urteile.
„ Montpezat .	22	in der Fastenzeit 1242 ausgesprochene Urteile.
„ Montaut . .	23	„ „ „ „ „ „
„ Castelnau .	11	„ „ „ „ „ „

In Summa 724 Urteile.

Carcassonne (Doat, XXII, 34—49). — Vaissette, Ed. Privat. VIII, 975. — Teulet, Layettes, II, 252, Nr. 2241. — Vaissette. III, 383, 422—3; Pr. 385, 397—99. — Ripoll, VII, 9. — Potthast Nr. 9024. — Pelisso, Chron. pp. 28—9. — Coll. Doat, XXI, 163—164, 166; XXIV, 81.

2) Das Dokument befindet sich in der Collection Doat, XXI, 185 sqq. Obgleich es nicht ausdrücklich angibt, dass es sich um Fälle von freiwilligen Bussfertigen während der Gnadenfrist handelt, so dürfen wir das wohl unbedenklich annehmen. Die Strafen sind alle solche, wie sie für Bussfertige vorgesehen waren. In einem Falle (fol. 220) wird erwähnt, dass der Betreffende nicht in der festgesetzten Zeit erschienen sei, woraus folgt, dass die übrigen es getan hatten. Auch steht die ausserordentliche Schnelligkeit, womit das Geschäft abgewickelt wurde, in gar keinem Einklang mit einer Verurteilung von angeklagten Personen, die ihre Unschuld darzutun suchten.

31 Vierhundertundsiebenundzwanzig dieser Bussfertigen wurde die Pilgerreise nach Compostella im nordwestlichen Winkel Spaniens, durch gebirgiges Land etwa vier- oder fünfhundert Meilen weit, auferlegt. Einhundertundacht wurden nach Canterbury geschickt. In allen ausser drei oder vier Fällen kam diese Reise noch zu derjenigen nach Compostella hinzu. Nur zwei Büsser sollten Rom aufsuchen. Neunundsiebzig jedoch mussten in den Kreuzzügen ein bis acht Jahre lang dienen.

Das erste, was an dieser Liste auffällt, ist die ausserordentliche Schnelligkeit, mit welcher das Geschäft erledigt wurde. Vollzog es sich doch in der kurzen Zeit von sechs Monaten, wobei noch zu berücksichtigen ist, dass die Tätigkeit der Inquisitoren keine ununterbrochene sein konnte; denn der Inquisitor musste von einem Platze zum andern ziehen, musste die notwendige Frist gewähren und seine Arbeit häufig unterbrechen, um gegen diejenigen, welche den verlangten Eid verweigerten, die nötigen Aussagen zu sammeln. Mit welcher Rücksichtslosigkeit die Strafen auferlegt wurden, zeigen die Fälle der zweihundertundneunzehn Bussfertigen in Gourdon. Innerhalb der vier Adventswochen wurden ihre Geständnisse entgegengenommen und die Urteile gefällt. Das wird aber noch übertroffen von dem Zeitmass der einhundertundzweiundfünfzig Urteile von Montauban, wo in der Woche vor Himmelfahrt an jedem Wochentage zweiundvierzig Bürger verurteilt wurden, in mehreren Fällen zwei in einem Urteil.

Noch lehrreicher als die Schnelligkeit des Verfahrens sind die gewaltigen Zahlen: zweihundertundneunzehn Verurteilungen für eine kleine Stadt wie Gourdon und vierundachtzig für Montcuq! Darunter waren unzweifelhaft viele wirkliche Ketzer, Katharer oder Waldenser, ein Beweis, wie tief die Ketzerei in die Bevölkerung eingedrungen war. Weit mehr waren indessen gute Katholiken, und ihre Fälle beweisen, wie freundschaftlich die verschiedenen Sekten miteinander verkehrten, und wie unmöglich es den Rechtgläubigen war, den Verkehr mit Ketzern, der sie doch der Gefahr der Bestrafung aussetzte, zu vermeiden. Ein bemerkenswertes Beispiel hierfür bietet der Fall eines Priesters, welcher eingestand, mit einigen Ketzern freundnachbarlich in einen Weinberg gegangen zu sein, in ihren Büchern gelesen und mit ihnen Birnen gegessen zu haben. Diese Unvorsichtigkeit musste er schwer büssen: er wurde von seinem Amte suspendiert und nach Compostella und von da nach Rom gesandt — mit Briefen, welche die Inquisitoren ihm mitgegeben hatten,

und die zweifellos nicht gerade sehr wohlwollend abgefasst waren. Augenscheinlich fühlten sie sich ausserstande zu entscheiden, wie ein so grosses Vergehen zu strafen sei. Selbst die kleinste derartige 32
Unachtsamkeit wurde schwer gebüsst. Ein Bürger von Sauveterre hatte drei Ketzer in das Haus eines kranken Mannes treten sehen und hatte dann durch andere vernommen, dass sie diesen häretisiert hätten. Obwohl er nichts mit eignen Ohren gehört und mit eignen Augen gesehen hatte, musste er sich der entehrenden Busspilgerfahrt nach Puy unterziehen. Ein anderer von Belcayre hatte eine Botschaft zwischen zwei Ketzern vermittelt; er wurde nach Puy, St. Gilles und Compostella geschickt. Ein Arzt aus Montauban hatte einem Ketzer den Arm verbunden und musste diese Menschenfreundlichkeit mit drei Pilgerfahrten wieder gut machen; die nämliche Strafe wurde einer Frau auferlegt, die an demselben Tische mit Ketzern gegessen hatte; desgleichen mehreren Bootsleuten, weil sie Ketzer, die sie teils erst unterwegs, teils erst am Ende der Reise als solche erkannten, gefahren hatten. Eine Frau, die mit einer andern, von der sie hörte, dass sie eine Ketzerin sei, gegessen und getrunken hatte, musste die Pilgerfahrten nach Puy und St. Gilles machen; ebenso ein Mann, welcher einmal Ketzer besucht, und eine Frau, die einen Waldenser wegen ihres kranken Sohnes konsultiert hatte. Die Waldenser standen nämlich als geschickte Ärzte in hohem Ansehen. Zwei Männer, welche solche für ihre Frauen und Kinder hatten rufen lassen, mussten das mit Pilgerfahrten nach Puy, St. Gilles und Compostella büssen. Ein Mann, der zwei- oder dreimal bei Ketzern gewesen war und durch ein Geschenk an ein Kloster die Vergebung bereits erkauft hatte, wurde trotzdem zu einer Anzahl Pilgerfahrten, einschliesslich der nach Compostella und Canterbury, verurteilt und musste ausserdem ein Jahr lang das gelbe Kreuz tragen. Einer wurde nach Compostella gesandt, weil er einst in einem Boote mit Ketzern zusammengewesen war, obwohl er sie verlassen hatte, als er erfuhr, wer sie seien; ein anderer, weil er in seiner Kindheit einmal einen Teil eines Tages und einer Nacht mit Ketzern verbracht hatte. Einer, der im Alter von zwölf Jahren Ketzer besucht hatte, wurde nach Puy geschickt, und eine Frau, die solche in ihres Vaters Hause gesehen hatte, musste nach Puy und St. Gilles pilgern. Ein Mann, der zwei Ketzer aus einem von ihm gemieteten Hause hatte kommen sehen, musste nach Compostella wandern, und ein andrer, der den Besuch seiner Mutter, einer Waldenserin, empfangen und ihr eine Elle Tuch gegeben hatte, musste dieses Verbrechen mit

Pilgerfahrten nach Puy, St. Gilles und Compostella büssen [1]. Die Liste könnte fast ins Unendliche verlängert werden; aber diese Fälle werden genügen, um uns einen Begriff davon zu geben, welcher Art
33 die Vergehen waren, die gesühnt werden mussten, und was es mit der Gnade, die man für ein freiwilliges Geständnis gewährte, für eine Bewandtnis hatte. Es liegt kein Grund vor, anzunehmen, dass diese Verbrecher nicht durchaus rechtgläubige Personen waren; aber dem Volke sollte gezeigt werden, dass es mit der Generationen hindurch geübten Duldung vorbei sei, dass der nachbarliche Verkehr, den die Katholiken mit den Katharern und Waldensern gepflogen hatten, an sich eine Sünde sei, und dass der Ketzer wie ein wildes Tier verfolgt und ergriffen oder doch wenigstens wie ein Aussätziger gemieden werden müsse.

Wenn die eben aufgezählten Strafen schon über solche Büsser verhängt wurden, die sich innerhalb der Gnadenfrist aus freiem Antriebe meldeten, während für die später Entdeckten weit härtere Strafen vorbehalten waren, dann können wir leicht die Gefühle begreifen, welche die Inquisition der ganzen Bevölkerung ohne Unterschied des Glaubens einflösste, und können uns den Schrecken ausmalen, der alle in gleichem Masse befiel, wenn es hiess, dass die Inquisitoren im Anzuge seien. Es gab kaum jemanden, der sich nicht irgend einer Handlung, wenn auch nur der nachbarlichen Nächstenliebe, bewusst war, durch die er dem furchtbaren Fanatismus des Peter Cella oder Wilhelm Arnaud zum Verbrecher wurde. Den Ketzern selbst stand lebenslängliche Einkerkerung, Vermögenskonfiskation oder der Feuertod bevor, wofern sie nicht nach Konstantinopel geschickt wurden, um das wankende lateinische Kaiserreich beschützen zu helfen. Aber auch die Katholiken waren auf den weiten Pilgerfahrten, zu denen sie verurteilt wurden, kaum besser daran, selbst wenn ihnen die strengeren Strafen oder die Demütigung des gelben Kreuzes erspart blieben. Solch ein Besuch der Inquisition musste selbst den Gläubigen als eine verheerende Pest erscheinen. Die Inquisitoren zogen ruhig ihres Weges weiter, nachdem sie eine Gegend fast entvölkert, Väter und Mütter für Monate und Jahre nach fernen Heiligtümern geschickt, arme Familien dadurch dem Hunger preisgegeben, uneingebrachte Ernten zur Beute des ersten Besten gemacht und alle Beziehungen eines an sich schon harten

---

1) Coll. Doat, xxi, 210. 215, 216, 227, 229, 230, 238, 265, 283, 285, 293, 299, 300, 301, 305, 307, 308, 310.

Lebens gestört und vernichtet hatten. Zudem zeigt eine solche Liste, wie die der innerhalb der Gnadenfrist gefällten Urteile Peter Cellas, nur einen Teil der Arbeit. Ein oder zwei Jahre später ersuchte das Konzil von Narbonne die Inquisitoren, ihren Einkerkerungsurteilen Einhalt zu tun. Denn die Zahl derer, die nach Ablauf der Gnadenfrist herbeiströmten, um Vergebung nachzusuchen, war so gross, dass es an Mitteln zu ihrem Unterhalt fehlte und selbst in jener Gebirgsgegend nicht Steine genug herbeigeschafft werden konnten, um Gefängnisse für sie zu bauen[1]). Dass eine ganze Gegend, 34
wenn sie beizeiten benachrichtigt wurde, sich verband, um den Inquisitoren Trotz zu bieten, wie es in Castelnaudary geschah, mag häufig vorgekommen sein, und früher oder später musste die Verzweiflung eine Katastrophe wie das Blutbad von Avignonet herbeiführen.

Montségur war Jahre lang der Berg Tabor für die Katharer gewesen, — ein Zufluchtsort, wo sie sich, wie der Name besagt, geborgen fühlen konnten, wenn sonst nirgends mehr auf Sicherheit zu rechnen war. Das Schloss war zerstört, aber schon im Anfange des Jahrhunderts von Raimund von Péreille wieder aufgebaut worden, der es vierzig Jahre lang den Ketzern als Zufluchtsstätte zur Verfügung stellte und sie während dieser Zeit mit der ganzen Kraft seiner Geschicklichkeit verteidigte. Als nun die Katharerbischöfe Tento von Agen und Guillabert de Castres von Toulouse, sowie eine Anzahl Geistliche erkannten, dass der Druck der Verfolgung täglich stärker und eine feste Zufluchtsstätte immer notwendiger wurde, trafen sie im Jahre 1232 mit Raimund das Abkommen, dass er dort alle Flüchtlinge der Sekte aufnehmen und beschützen und den gemeinsamen Schatz verwahren solle. Das Schloss, das in dem Gebiete der Marschälle von Mirepoix gelegen war, hatte den Franzosen niemals seine Tore geöffnet. Die fast unzugängliche Bergspitze war mit allem, was militärische Erfahrung ersinnen und ernste Sorgfalt ausführen konnte, befestigt worden. Sobald daher die Inquisitionsverfolgungen begannen, flohen, wie wir hören, manche, auf die sich des Inquisitors Hand zu legen drohte, nach Montségur. Besitzlose Ritter, Faidits jeglicher Art, stellten ihr Schwert zu seiner Verteidigung zur Verfügung. Hartbedrängte Bischöfe und Geistliche der Katharer suchten das Schloss auf oder machten es zum Ruheplatze in ihrem

---

1) Concil. Narbonn. ann. 1244 c. 19.

schwierigen und gefahrvollen Missionswerk. Auch Raimund von Péreille, den die Enthüllungen des Raimund Grossi blossgestellt hatten, floh im Jahre 1237 aus Toulouse und suchte mit seiner Gattin Corba den Schutz der Burg auf. Übrigens bewies das Schicksal seiner Tochter Esclarmonde, die um des Glaubens willen auf dem Scheiterhaufen umkam, und die Tätigkeit seines Bruders, des Katharerbischofs Arnold Roger, wie eifrig sein Geschlecht der Ketzerei ergeben war. Solch eine Feste in den Händen von Verzweifelten, welche von dem wildesten Fanatismus erfüllt waren, war für die Festigkeit der neuen Staatsordnung eine Gefahr. In den Augen der Kirche war sie ein verfluchter Ort, von dem aus die Ketzerei in jedem Augenblick hervorbrechen konnte, um das Land von neuem zu überschwemmen. Sie zerstört zu sehen, war daher lange der Wunsch aller guten Katholiken gewesen, und das Versprechen, das Raimund am 14. März
35 1241 dem König Ludwig gab, sich ihrer zu bemächtigen, war eine der Bedingungen, unter welchen man ihm seine verdächtigen Beziehungen zu Trencavel verziehen hatte. In der Tat gab er sich noch in demselben Jahre den Anschein, als ob er die Feste belagere, aber ein Erfolg in dieser Hinsicht wäre den Plänen, die er hegte, höchst nachteilig gewesen; daher können seine Bemühungen kaum etwas anderes gewesen sein, als der Deckmantel für militärische Vorbereitungen zu einem ganz anderen Zwecke. Nach der Unterdrückung des Aufstandes begann auch das französische Heer, Montségur zu belagern, ohne es indessen erobern zu können[1]).

Plötzlich, am Himmelfahrtsabend (28. Mai) 1242, während Peter Cella ruhig sein Werk zu Montauban vollendete, wurde die Welt mit der Nachricht überrascht, dass die verhassten Inquisitoren zu Avignonet, einem Städtchen ungefähr zwölf Meilen von Toulouse, einem Blutbade zum Opfer gefallen seien. Der grimmige Wilhelm Arnaud und der freundlichere Stephan von Saint-Thibery machten wie ihr Amtsgenosse Peter Cella eine Rundreise durch das ihnen unterstellte Gebiet. Im November 1241 waren sie, wie aus einigen ihrer uns erhalten gebliebenen Urteile hervorgeht, in Lavaur und Saint-Paul de Caujoux an der Arbeit und kamen im Frühjahr 1242 nach Avignonet[2]). Raimund d'Alfar war dort Bailli; durch seine Mutter Guillemetta, eine natürliche Tochter Raimunds VI., war er ein Neffe des Grafen. Als er hörte, dass die Inquisitoren und ihre Gehülfen im An-

1) Pelisso, Chron. pp. 49—51. — Coll. Doat, XXII, 216—17, 224, 228. — Schmidt, Cathares I, 315, 324.

2) Coll. Doat, XXI, 153, 155, 158.

zuge seien, traf er sofort Anstalten zu ihrer Beseitigung. Er schickte einen Eilboten zu den Ketzern von Montségur und forderte Peter Roger von Mirepoix auf, sofort mit einer Anzahl von Rittern und ihren Knechten den Inquisitoren entgegenzuziehen. Das geschah. Sie machten Halt in dem Walde von Gaiac, in der Nähe von Avignonet, wohin ihnen Nahrung gebracht wurde. Ihnen schlossen sich noch etwa dreissig Bewaffnete aus der Umgegend an. Man wartete, bis die Nacht hereinbrach. Für den Fall, dass der Plan fehlschlug, sollte sich d'Alfar auf dem Wege nach Castelnaudary in einen Hinterhalt legen. Dass eine so ausgedehnte Verschwörung auf der Stelle organisiert werden konnte, ohne dass sich ein Verräter fand, zeigt, wie allgemein der Hass gegen das grausame Werk der Inquisition war. Nicht minder bedeutsam ist die andere Tatsache, dass die Mörder auf ihrem Rückwege nach Montségur von einem Priester, der um ihre Bluttat wusste, in dem Schlosse Saint-Félix gastlich bewirtet wurden.

Die Opfer gingen ahnungslos in die Falle. Es waren ihrer im gan- 36
zen elf: die beiden Inquisitoren und zwei andere Dominikanermönche, ein Franziskaner, der Benediktinerprior von Avignonet, der Archidiakon von Lézat Raimund von Castiran, ein früherer Troubadour, von dessen Versen nur noch ein einziges obszönes Lied vorhanden ist, ein Gehilfe des Archidiakons, ein Notar und zwei Gerichtsdiener, — kurz ein Gerichtshof, der für die Erledigung seiner Aufgabe vollständig besetzt war. Sie wurden in dem Schlosse des Grafen gastlich aufgenommen und beherbergt. Hier wollten sie am nächsten Morgen ihr Schreckensgericht über die zitternden Einwohner eröffnen. Mit Einbruch der Nacht verliess eine auserlesene Schar von zwölf mit Äxten bewaffneten Männern den Wald und schlich sich verstohlen bis zu einem der Schlosstore, wo ein Kamerad d'Alfars, Golairan, sie erwartete, der sich zunächst vergewisserte, dass alles in Ordnung war, und dann zurückkehrte, um zu sehen, was die Inquisitoren machten. Er kam wieder und berichtete, sie wären am trinken; als er dann ein zweites Mal nachschaute, brachte er die willkommene Nachricht, dass sie zu Bett gingen. Doch waren sie, gleich als ob sie Gefahr fürchteten, zusammen in der grossen Halle geblieben und hatten die Tür verrammelt. Das Tor wurde geöffnet, und die Männer von Montségur drangen ein. Zu ihnen stiessen d'Alfar, der mit einer Keule bewaffnet war, und fünfundzwanzig Männer von Avignonet. Da sich ein im Dienste der Inquisitoren stehender Knecht bei ihnen befand, so war offenbar Verrat

im Spiel. Die Hallentür wurde schnell erbrochen, die wilde Schar der Mörder stürzte herein und erhob, nachdem sie ihre Opfer ins Jenseits befördert hatte, ein rohes Geschrei befriedigter Rache, wobei jeder seines Anteils an dem blutigen Werke sich rühmte, besonders d'Alfar, der frohlockend ausrief: „Va be, esta be“ und erklärte, dass seine Keule ihre Schuldigkeit bei dem mörderischen Werke vortrefflich getan habe. Durch die Zertrümmerung der Hirnschale Wilhelm Arnauds hatte sie Peter Roger von Mirepoix, den zweiten Befehlshaber in Montségur, um den Trinkbecher gebracht, den er sich als Belohnung für seinen Beistand gefordert hatte. Die Opfer wurden schnell ausgeplündert und die Beute, wie ihre Pferde, Bücher, Kleidung, ja selbst ihre Skapuliere, verteilt. Als die Nachricht nach Rom gelangte, erklärte das Kardinalskollegium sofort, dass die Opfer Märtyrer für die Sache Jesu Christi geworden seien, und eine der ersten Handlungen Papst Innocenz' IV. nach seiner Thronbesteigung im Juni 1243 bestand in der Wiederholung dieser Erklärung. Aber trotz wiederholter an den Hl. Stuhl gerichteter Gesuche und trotz zahlreicher Wunder, durch welche sie ihre Heiligkeit in den Augen des Volkes dartaten, wurden sie erst im Jahre 1866 von Pius IX. kanonisiert[1]).

37 Das Blutbad von Avignonet war ein ebenso verhängnisvoller Fehler wie die Ermordung des Legaten Peter von Castelnau im Jahre 1208. Der Verstoss wider die herkömmliche Unverletzlichkeit der Geistlichen rief Abscheu selbst bei denen hervor, die mit der Grausamkeit der Inquisition wenig einverstanden waren. Zugleich gab die Art und Weise, wie der Plan angelegt, und die Wildheit, womit er ausgeführt worden war, dem Glauben, dass die Ketzerei nur mit Gewalt auszurotten sei, eine Stütze. Das Mitleid konnte in der Tat die Stimmung eine Zeitlang beeinflussen; denn das Blutbad

---

1) Vaissette, III, 431; Pr. 438–42. — Doat, XXII, 107. XXIV, 160. — Guill. Pod. Laur. c. 45. — Pevrat, Les Albigeois et l'Inquisition II, 304. — Diez, Leben und Werke der Troubadours, p. 491. — Ripoll, I, 117. — Analecta Franciscana, Quaracchi, 1887, II, 65. — *Percin, Monumenta conv. Tolos. fratrum Praedicatorum IV, 75, 198 ff.

Die Tradition in Avignonet berichtet, dass einige von den Begleitern der Inquisitoren in die Kirche flüchteten, wo sie mit einer Anzahl katholischer Bürger, die dort Zuflucht gesucht hatten, niedergemacht wurden. Infolge dieser Entweihung blieb die Kirche vierzig Jahre lang unbenutzt. Die Wiederkehr des Jahrestages ihrer Reinigung — der erste Dienstag im Juni — wurde noch im 18. Jahrhundert mit Illumination und einem Volksfeste gefeiert. Im Jahre 1538 gewährte Paul III. allen, welche an jenem Tage ihre Andacht daselbst verrichten würden, einen vollkommenen Ablass (Ripoll, IV, 565).

blieb ungerächt. Bruder Ferrer, der Inquisitor von Carcassonne, untersuchte wohl die Angelegenheit ordnungsgemäss, auch gestanden im Jahre 1244 nach der Einnahme von Montségur einige Teilnehmer alle Einzelheiten, aber die wirklichen Schuldigen entkamen. Wohl liess auch Graf Raimund, als er keine dringenden Geschäfte hatte, einige untergeordnete Personen aufknüpfen, aber Raimund d'Alfar wurde nichtsdestoweniger im Jahre 1247 zum Viguier von Toulouse befördert. Er war es auch, der im Namen seines Herrn die Verhandlungen mit der Kirche wegen des Begräbnisses des alten Grafen führte, und er gehörte endlich zu den neun Zeugen, die Raimunds letzten Willen entgegennahmen. Ein anderer Rädelsführer, Wilhelm von Mas-Saintes Puelles, leistete dem Grafen Alfons im Jahre 1249, nach dem Tode Raimunds, den Lehnseid. Wilhelms Teilnahme an den Mordtaten hat insofern ein besonderes Interesse, als sie zeigt, welche Gegensätze die Gewalttaten der Inquisition erzeugten; denn noch 1233 hatte er als Bailli von Lavaur pflichtgemäss einige Ketzer ergriffen und nach Toulouse gebracht, wo sie sofort verbrannt wurden[1]).

Das Blutbad von Avignonet kam dem Grafen Raimund höchst ungelegen. Weitausschauende Pläne, mit denen er sich trug, um sein Haus und die Unabhängigkeit seines Landes wieder herzustellen, waren reif zur Ausführung. Und nun sollte er sich verantworten 38
für diese Katastrophe, die ihm die öffentliche Meinung allgemein zuschrieb. Obwohl er noch kurz vorher, am 14. März, als er sich tödlich erkrankt fühlte, den bischöflichen Offizial zu Agen um Absolution gebeten und dabei geschworen hatte, die Ketzerei mit aller Strenge zu verfolgen, war es doch bekannt, dass er die Dominikaner als Inquisitoren ablehnte und heftigen Widerstand geleistet hatte, als man ihnen ihre Funktionen zurückgeben wollte. Am 1. Mai, grade vier Wochen vor dem Ereignisse, hatte er vor zahlreichen Prälaten und Adligen die feierliche Erklärung abgegeben, er habe in Rom Verwahrung dagegen eingelegt, dass der Provinzial die Dominikaner in seinen Gebieten mit den Inquisitionsgeschäften betraut habe, und er wolle diese Berufung weiter verfolgen. Er beteuerte, dass er ernstlich die Ausrottung der Ketzerei wünsche, und ersuchte die Bischöfe, ihre ordnungsmässigen Machtmittel zu diesem Zwecke energisch anzuwenden. Zugleich versprach er ihnen seine volle Hilfe

---

1) Vaissette, III, 456. — Guill. Pod. Laur. c. 45. — Molinier ap. Pelisso, Chron. p. 19. — Molinier, L'Ensevelissement de Raimond VI., p. 21. — Vaissette, Ed. Privat., VIII, 1258.

sowohl bei der Konfiskation wie auch bei der Verhängung der Todesstrafe. Er wollte sogar die Mönche als Inquisitoren zulassen, falls sie unabhängig von ihren Orden und nicht auf Befehl der Provinziale handelten, und einer von seinen Baillis drohte in der Kirche von Moissac, sich der Person und des Vermögens aller derjenigen zu bemächtigen, welche sich den Strafen der nicht vom Grafen bestätigten Inquisitoren unterwerfen würden. Unter solchen Umständen braucht man sich nicht zu wundern, dass er der Mordtaten für mitschuldig gehalten wurde, und dass infolgedessen die von ihm vertretene Sache unter dem Rückschlag des Volksempfindens schweren Schaden litt [1]).

Raimund hatte ein ausgedehntes Bündnis zustande gebracht, wodurch dem Hause Capet die in den letzten fünfundzwanzig Jahren gemachten Eroberungen wieder abgenommen werden sollten. Mit ihm hatten sich die Könige von England, Kastilien und Aragonien und der Graf von La Marche verbunden. Er hatte also die beste Aussicht auf Wiedererlangung seiner Besitzungen. Da kam das Blutbad von Avignonet als höchst unwillkommener Vorläufer der sofort nachher ausbrechenden Empörung. Es erschütterte die Treue einiger seiner Vasallen, welche sich zurückzogen. Um den schlimmen Eindruck zu verwischen, musste er die Scheinbelagerung von Montségur in eine wirkliche verwandeln und dazu Truppen verwenden, die er nicht entbehren konnte. Trotzdem schien es eine Zeitlang, als ob sein Aufstand den gewünschten Erfolg haben sollte, und Raimund
39 nahm sogar seinen alten Titel eines Herzogs von Narbonne wieder an. König Ludwig jedoch zeigte sich der Situation gewachsen und liess den Verbündeten keine Zeit, ihre Streitkräfte zusammenzuziehen. Seine am 19. und 23. Juli über die Engländer und Gascogner bei Taillebourg und Saintes erfochtenen Siege nahmen Raimund jegliche Hoffnung auf Beistand von dieser Seite. Zwar zwang die Pest den König, das Hauptheer zurückzuziehen, aber eine Streitmacht unter dem alten Imbert von Beaujeu operierte so wirksam gegen den Grafen, dass dieser, seiner Verbündeten beraubt und von vielen seiner Vasallen verlassen, am 22. Dezember 1242 die Waffen strecken musste. Um Frieden zu erlangen, verpflichtete er sich, die Ketzerei auszurotten und die Mörder von Avignonet zu bestrafen. Die überschwenglichen Worte, die er bei dieser Gelegenheit brauchte, lassen

1) Teulet, Layettes, II, 466. — Maj. Chron. Lemovicens. ann. 1242 (Bouquet, XXI, 765). — Vaissette, III, Pr. 410. — Guill. Pod. Laur. c. 45. — Schmidt, Cathares, I, 320. — Bern. Guidon. Vit. Coelestin. IV. (Muratori, S. R. I. III, 589).

die Wichtigkeit erkennen, welche man dieser Zusage beilegte. Der Scharfblick und die Mässigung König Ludwigs gewährten ihm im übrigen leichte Bedingungen. Aber eine derselben verpflichtete jeden männlichen Einwohner über fünfzehn Jahren, unter Eid zu versprechen, dass er die Kirche gegen die Ketzerei und den König gegen Raimund im Falle einer neuen Empörung unterstützen wolle. So war wiederum bestätigt, dass die Reinheit des Glaubens und das Übergewicht der fremden Herrschaft miteinander unzertrennlich verbunden waren [1]).

Der Sieg beider Mächte war somit gesichert worden, und damit endete der letzte ernste Versuch des Südens, seine Unabhängigkeit wiederzugewinnen. Im Vertrage von Paris ging das Land unwiderruflich in die Hände der Fremden über, und die Inquisition konnte fortan ungehindert die Einheit der Religion erzwingen. Vergebens forderte Raimund auf dem Konzil von Béziers, am 20. April 1243, die Bischöfe seiner Länder, nämlich die von Toulouse, Agen, Cahors, Albi und Rodez, nochmals auf, entweder persönlich oder durch geeignete Vertreter, seien es Cisterzienser oder Dominikaner oder Franziskaner, der Ketzerei fleissig nachzuspüren, und versprach er den Beistand des weltlichen Armes zur Ausrottung derselben. Vergebens machten ferner, unmittelbar nach der Thronbesteigung Innocenz' IV. im Juni, die durch das Blutbad von Avignonet erschreckten und gewarnten Dominikaner durch eine Deputation in Rom viele Gründe dafür geltend, dass die schwere Last von ihren Schultern genommen würde. Der Papst lehnte die Bitte rundweg ab und befahl ihnen, das heilige Werk fortzusetzen, selbst auf die Gefahr hin, dabei zu Märtyrern zu werden [2]).

Trotz dieses vereinzelten Beweises einer schwankenden und 10
schwachen Haltung fehlte es dem Orden keineswegs an Männern, deren Fanatismus stark genug war, um die gefährliche Aufgabe entschlossen in die Hand zu nehmen. Die Gefahr war auch tatsächlich mehr scheinbar als wirklich. Mit dem Umschlag in der Stimmung des Volkes, der durch das nutzlose Blutvergiessen von Avignonet und das Misslingen der Empörung Raimunds veranlasst wurde, war sie verschwunden. Die Flut stieg damals zugunsten der Orthodoxie. Eine

1) Vaissette, III, 434–7, 439. — Teulet, Layettes, II, 470, 481—2, 484, 487, 488, 489, 493, 495 etc.

2) Vaissette, III, Pr. 425. — Ripoll, I, 118. — Die Bulle des Papstes Innocenz ist vom 10. Juli 1243 datiert, vierzehn Tage nach seiner Wahl. Die Abordnung war also offenbar an Cölestin IV. geschickt, diese Bulle schon vorher fertiggestellt und nur bis zur Wahl des Nachfolgers zurückgehalten worden.

von dem Bischof Durand von Albi im Oktober 1243 organisierte Brüder-
schaft ist wahrscheinlich nur ein Beispiel dessen, was an vielen
Orten vorging. Unter dem Patronate der hl. Cäcilia vereinigt, ver-
pflichteten sich die Mitglieder nicht nur, sich gegenseitig zu be-
schützen, sondern auch den Bischof in seinem Richteramte über die
Ketzer, Waldenser und deren Freunde und Gönner zu unterstützen
und die Inquisitoren ebenso zu verteidigen wie sich selbst. Jedes
der Ketzerei verdächtige Mitglied sollte sofort ausgeschlossen und
für jeden gefangenen und der Gesellschaft ausgelieferten Ketzer eine
Belohnung von einer Mark Silber gezahlt werden. Ausserdem verfehlte
die unzweideutige Antwort des neuen Papstes ihre Wirkung nicht.
Seine Weigerung, den Dominikanern das Inquisitionsamt abzunehmen,
war begleitet von dem kategorischen Befehle an alle Prälaten jener
Gegend, die Inquisitoren in ihren Mühen und Beschwerden zu be-
günstigen, zu unterstützen und zu beschützen. Jede Nachlässigkeit
hierin wurde mit Strafe von seiten des Papstes bedroht, während
den Eifrigen als Belohnung seine besondere Gunst versprochen
wurde. Den Dominikanern wurde befohlen, mit neuen Kräften dem
bedrohlichen Wachstum der Ketzerei Einhalt zu tun. Endlich wurde
auch ein neuer Legat, Zoen, erwählter Bischof von Avignon,
nach Languedoc entsandt mit dem Auftrag, energisch vorzugehen.
Ueber seinen Vorgänger hatten die Inquisitoren die Klage geführt,
dass er trotz ihrer Vorhaltungen viele ihrer Gefangenen wieder auf
freien Fuss gesetzt und unterschiedslos Strafen erlassen habe. Alle
solche übelangebrachten Gnadenerweise wurde für null und nichtig
erklärt, und Zoen erhielt den Befehl, alle diese Strafen in letzter
Instanz wieder aufzuerlegen [1].

Noch gefährlicher für die Sache der Ketzerei war die schliess-
liche Aussöhnung Raimunds mit dem Papste. Im September 1243
besuchte der Graf Italien, wo er in Apulien eine Zusammenkunft
mit Friedrich II. und in Rom eine solche mit Innocenz IV. hatte. Zehn
41 Jahre lang war er exkommuniziert und in einen nutzlosen Kampf
verwickelt gewesen. Er konnte nicht länger seinen trügerischen
Hoffnungen nachhängen und war unbedingt bereit, alle von ihm
verlangten Zusicherungen zu geben. Andererseits war der neue
Papst frei von den Vorurteilen, welche der lange Kampf bei Gregor IX.
erzeugt hatte. Es scheint nicht schwer gewesen zu sein, ein Ein-

---

1) Archives de l'Évêché d'Albi (Doat, XXXI, 47). — Archives de l'Inq. de Carcassonne (Doat, XXXI, 63, 65, 97). — Berger, Registres d'Innocent IV., Nr. 31, 102.

verständnis zu erreichen. Die guten Dienste Ludwigs IX. trugen erfolgreich dazu bei. Am 2. Dezember wurde Raimund von den verschiedenen Exkommunikationen losgesprochen, und am 1 Januar 1244 dem König und den Prälaten des Reiches die Absolution des Grafen mit dem Auftrage mitgeteilt, sie in allen Kirchen verkünden zu lassen. Am 7. Januar wurde der Legat Zoen angewiesen, den Grafen mit väterlicher Liebe zu behandeln und nicht zu dulden, dass er belästigt würde. Doch war die Absolution nur ad cautelam, d. h. unter Vorbehalt, erteilt worden. Denn nach dem Blutbade von Avignonet hatten die Inquisitoren Ferrer und Wilhelm Raimondi eine besondere Exkommunikation über ihn als Freund und Gönner der Ketzer verhängt. Hiergegen hatte er im April 1243 eine besondere Berufung an den Hl. Stuhl gerichtet. Am 16. Mai 1244 wurde auch sie in einer besonderen Bulle zurückgenommen, ohne dass ihm, wie es scheint, weitere Bedingungen hinsichtlich des lange aufgeschobenen Kreuzzuges auferlegt wurden. Von da an lebte Raimund in vollkommener Harmonie mit dem Hl. Stuhle und wurde nun mit Gunstbezeugungen überhäuft. Eine Bulle vom 18. März 1244 gewährte ihm das Vorrecht, dass er fünf Jahre lang nicht durch apostolische Briefe zur gerichtlichen Verantwortung ausserhalb seiner Besitzungen gezogen werden konnte. Eine andere vom 27. April 1245 stellte ihn, seine Familie und seine Länder unter den besonderen Schutz des h. Petrus und des Papsttums. Und noch eine weitere vom 12. Mai 1245 bestimmte, dass kein Abgesandter des Apostolischen Stuhles Gewalt haben sollte, ohne ausdrücklichen Befehl die Exkommunikation oder irgend ein anderes Urteil gegen ihn auszusprechen. Ausserdem legte eine Bulle vom 21. April 1245 der Gewalt der Inquisitoren Beschränkungen auf, an die sie sich indessen nie gekehrt zu haben scheinen. Raimund war also vollständig gewonnen. Er war offenbar entschlossen, sich den Bedürfnissen der Zeit zu fügen, und fürderhin hatte weder der Ketzer etwas von ihm zu hoffen noch der Inquisitor etwas zu fürchten. Die Vorbereitung einer gesteigerten und systematischen Wirksamkeit der Inquisition geht aus den sorgfältig ausgearbeiteten Bestimmungen des um jene Zeit (1244) in Narbonne abgehaltenen Konzils hervor, auf die wir wiederholt hingewiesen haben [1]).

---

1) Vaissette, III, 443; Pr. 411, 435–4. — Potthast Nr. 10943, 11187, 11218, 11390, 11638. — Teulet, Layettes, II, 523, 524, 528, 534. — D'Achery, III, 621. — Berger, Registres d'Innocent IV., Nr. 21, 267, 360, 364, 594, 697, 1283. — Douais, Les sources de l'histoire de l'Inquisition (loc. cit., p. 415). —

42 So lange der Ketzerei indessen die Feste Montségur als Zufluchtsort und Sammelpunkt diente, konnte ihre geheime und mächtige Organisation nicht gebrochen werden. Diesen Schlupfwinkel der Geächteten musste man also vor allen Dingen einnehmen. Sobald sich daher die durch den Aufstand von 1242 erzeugte Verwirrung gelegt hatte, wurde zu diesem Zweck ein Kreuzzug unternommen, nicht von Raimund, sondern von dem Erzbischof von Narbonne, dem Bischof von Albi, dem Seneschall von Carcassonne und einigen Adligen, die der Eifer für die Sache oder die Hoffnung auf ihr Seelenheil leitete. Aber auch die Ketzer waren nicht untätig. Einige Baillis des Grafen Raimund sandten ihnen den in der Herstellung von Kriegsmaschinen geschickten Bertrand de la Bacalairia, um ihnen in der Verteidigung beizustehen. Dieser behauptete offen, er komme mit Zustimmung des Grafen. Von allen Seiten strömten Geld, Lebensmittel, Waffen, Kriegsmunition in die Festung. Die Belagerung begann im Frühling des Jahres 1243. Sie wurde mit unermüdlichem Eifer von den Belagerern geführt und mit verzweifelter Entschlossenheit von den Belagerten ausgehalten. Wie in den früheren Kämpfen zu Toulouse unterstützten die Frauen die Krieger, und der ehrwürdige Katharerbischof Bertrand Martin feuerte ihren frommen Mut mit dem Versprechen der ewigen Seligkeit an. Für die allgemeine Stimmung ist es bedeutsam, dass die Sympathie mancher unter den Angreifenden den Belagerten ziemlich freien Verkehr mit ihren Freunden gestattete und ihnen Warnungen bezüglich der Angriffspläne zukommen liess. Selbst der Schatz, der in Montségur aufgehäuft war, wurde um Weihnachten 1243 sicher durch die Linien der Einschliessenden in die Hände von Pontius Arnaud von Châteauverdun im Savartès gebracht. Es wurden geheime Verbindungen mit dem Grafen Raimund unterhalten, und in den Belagerten die Hoffnung genährt, dass, wenn sie bis Ostern 1244 aushielten, er ihnen mit Streitkräften, die Kaiser Friedrich II. zur Verfügung stelle, Entsatz bringen würde. Alles war vergebens. Die Belagerung schleppte sich beinahe ein Jahr lang hin, bis in der Nacht des 1. März 1244 die Kreuzfahrer unter Führung einiger verräterischer Hirten auf fast unwegsamen Pfaden zwischen Felsen hindurch eins der Aussenwerke überraschten und wegnahmen. Da war das Schloss nicht länger zu halten. Nach kurzer Unterhandlung

---

*Vgl. auch die Anweisung für die Prozessführung der Inquisitoren Wilhelm Raimondi und Peter Duranti (d. d. Narbonne 1244 October 21) bei E. Vacandard, L'Inquisition (1907) S. 313 ff.

willigte die Besatzung ein, sich beim Morgengrauen zu ergeben und dem Erzbischof alle „vollkommenen“ Ketzer unter ihnen auszuliefern unter der Bedingung, dass das Leben der übrigen geschont würde. 43
Einige wurden mit Stricken an der Festungsmauer herabgelassen und entkamen noch, dann wurde die Kapitulation vollzogen. Die Beicht beim Erzbischof war kurz. Am Fuss des Berges wurden Scheiterhaufen hoch aufgerichtet, eingefriedigt und angezündet. Die „Vollkommenen“ wurden aufgefordert, ihren Glauben abzuschwören, und als sie dies verweigerten, in die Flammen geworfen. So kamen zweihundertundfünf Männer und Frauen um. Die Sieger aber konnten frohlockend an den Papst schreiben: „Wir haben dem Drachen den Kopf zertreten“ [1]).

Den übrigen Gefangenen war zwar das Leben zugesichert worden, aber sie wurden bis zum äussersten ausgenutzt. Monatelang bemühten sich die Inquisitoren Ferrer und Peter Duranti, durch Verhöre, die sie mit ihnen anstellten, Beweise gegen nahe und ferne, tote und lebendige Ketzer zu bekommen. Von dem betagten Raimund von Péreille an bis zu einem zehnjährigen Kinde wurden sie wiederholt verhört und mussten jeden Fall von Adoration und Häretisierung, dessen sie sich erinnerten, namhaft machen. Eine Seite nach der anderen wurde mit endlosen Reihen von Namen derjenigen bedeckt, welche in den letzten dreissig oder vierzig Jahren im ganzen Lande bis nach Katalonien hin den Predigten oder den „Consolamenta“ beigewohnt hatten. Selbst diejenigen, welche Lebensmittel nach Montségur gebracht oder verkauft hatten, wurden sorgfältig aufgespürt und notiert. Man kann sich leicht vorstellen, in wie ausgedehntem Masse diese gefährlichen Akten der Inquisition ausgenutzt wurden, und wie schätzbare Einsicht man in die Verzweigungen erlangte, welche die Ketzerei im ganzen Lande während mehr als einer Generation gefunden hatte, — wie eifrig auf Grund der gewonnenen Kenntnisse Gebeine ausgegraben und Güter konfisziert werden konnten, und mit wie unfehlbarer Sicherheit die Inquisitoren ihre Opfer zu ergreifen und ihrem Leugnen zu begegnen vermochten. Wir können nur ahnen, mit welchen Mitteln den Gefangenen diese Mitteilungen entrissen wurden. Die Folter war noch nicht eingeführt; das Leben war ihnen zugesichert, aber lebenslängliche Gefangenschaft war für solche offenkundigen Ketzer selbstver-

---

1) Guill. Pod. Laur. c. 46. — Coll. Doat, XXII, 204, 210; XXIV, 76, 80, 168—72, 181. — Schmidt, Cathares, I, 325. — Peyrat, Les Albigeois et l'Inquisition, II, 363 sqq.

ständlich. Wenn wir sehen, wie selbst Raimund von Péreille, der ungebeugt die Gefahren der Kreuzzüge erduldet und tapfer bis zum letzten Augenblicke ausgehalten hatte, sich das Gedächtnis zermarterte, um alle diejenigen zu verraten, die er jemals einen Geistlichen hatte adorieren sehen, so können wir uns ein Bild machen von den
44 Schrecken der zweimonatigen Gefangenschaft, die seinen Widerstand bis zu diesem Grade gebrochen hatten. Selbst ein „vollkommener" Ketzer, Arnold von Bretos, den man auf der Flucht nach der Lombardei ergriff, wurde dahingebracht, dass er die Namen aller derer angab, die ihm während seiner Missionswanderungen Schutz gewährt und seinem Gottesdienst beigewohnt hatten [1]).

Von nun an konnten die Katharer ihre Hoffnung nur noch auf Gott setzen. Jede Aussicht auf Widerstand war vorüber. Ihre Stützen waren eine nach der anderen gebrochen, und es blieb ihnen nur der passive Widerstand des Märtyrertums übrig. Die Inquisition konnte ihre Opfer nach Belieben verfolgen und ergreifen, und König und Graf konnten Konfiskationsbeschlüsse folgen lassen, durch welche die Länder des Südens den rechtgläubigen und königstreuen Untertanen allmählich übertragen wurden. Das stärkste Zeugnis, das man für den lebendigen Glaubensernst der Katharer anführen kann, ist die weitere Fortsetzung dieses Kampfes noch durch drei hoffnungslose Generationen hindurch. Trotzdem ist es nicht zu verwundern, wenn die unmittelbaren Folgen dieser sich drängenden Ereignisse die Ketzer mit Verzweiflung erfüllten In einem Gedichte, das Isarn von Villemur um diese Zeit geschrieben hat, sagt ein Ketzer, Sicard von Figueras, dass ihre besten und zuverlässigsten Freunde sich gegen sie wendeten und sie verrieten. Wie viele unter solchen Verhältnissen ihre Religion preisgegeben haben, selbst auf die Gefahr hin, lebenslänglich eingekerkert zu werden, können wir nicht mit Sicherheit abschätzen. Aber ihre Zahl muss sehr gross gewesen sein, nach der Aufforderung zu urteilen, welche, wie wir wissen, das Konzil von Narbonne um diese Zeit an die Inquisitoren ergehen liess, sie sollten ihre Urteile aufschieben, da es unmöglich sei, ausreichende Gefängnisse zu bauen für die Menge derjenigen, welche herbeiströmten, um sich selbst anzuklagen und Vergebung zu suchen, nachdem die Gnadenfrist verstrichen war, die Innocenz IV. im Dezember 1243 von neuem hatte festsetzen lassen [2]).

1) Coll. Doat, xxii, 202, 214, 237; xxiv, 68, 160, 182, 198.
2) Millot, Troubadours, ii, 77. — Berger, Registres d'Innocent IV., Nr. 37.

Dennoch blieb in einer von der Ketzerei so gründlich angesteckten Bevölkerung trotz dieser Tausende von freiwillig Bussfertigen für den Eifer der Inquisitoren noch viel zu tun übrig. Jeder, der ein Geständnis ablegte, musste die Namen aller Personen angeben, die er bei ketzerischen Handlungen gesehen hatte, sowie aller derjenigen, welche auf dem Todesbette häretisiert worden waren. So erlangte man zahllose Handhaben, um die zu fassen, welche die Selbstanklage unterlassen hatten, und die Gebeine derer auszugraben und zu verbrennen, welche nicht mehr widerrufen konnten. Für die nächsten paar Jahre hatten die Inquisitoren ein sehr arbeits- 45
reiches Leben. Die erschreckte Bevölkerung leistete keinen Widerstand mehr; sie gewöhnte sich an die Verzweiflung der zu lebenslänglicher Gefangenschaft Verurteilten, an den Anblick der in Verwesung übergegangenen Leichname, die durch die Strassen geschleppt wurden, und an die Schrecken der Scheiterhaufen, auf denen die Opfer durch das zeitliche in das ewige Feuer hinübergingen. Und doch gibt es leise Anzeichen dafür, dass der Dienst auch jetzt nicht ganz frei war von den Gefahren der Rache und des Mutes der Verzweiflung. Im Jahre 1246 ordnet das Konzil von Béziers Untersuchungen von Ort zu Ort an, nimmt aber diejenigen Orte aus, deren Besuch für die Inquisitoren mit Lebensgefahr verknüpft wäre. Und Innocenz IV. ermächtigt im Jahre 1247 die Inquisitoren, die Angeklagten vor sich kommen zu lassen angesichts der Gefahren, die von den im Hinterhalte liegenden Ketzern drohten[1].

Die unerschrockenen und unermüdlichen Männer, welche die Inquisition in Languedoc ausübten, werden nur selten dieses der Schwäche gemachte Zugeständnis benutzt haben. Um jene Zeit war Bernhard von Caux, der mit Recht der Ketzerhammer genannt wurde, die leitende Seele der Inquisition in Toulouse, nachdem er eine Zeitlang in Montpellier und Agen gewirkt hatte; sein Amtsgenosse, Johann von Saint-Pierre, war von demselben Geiste erfüllt. Sie hielten über die Bevölkerung der ganzen Provinz eine so gründliche Untersuchung ab, dass nur wenige schuldige Gewissen unverhört geblieben sein können. Es existiert noch ein die Jahre 1245 und 1246 umfassendes Bruchstück von dem Protokoll dieser Untersuchung. Darnach wurden während jener Zeit nicht weniger als sechshundert Orte, d. h. ungefähr halb Languedoc, untersucht. Von der Grösse des unternommenen Werkes und von der unglaublichen

1) Concil. Biterrens. ann. 1246, Consil. ad Inquis. c. 1. — Ripoll I, 179.

Energie, womit es betrieben wurde, gibt die gewaltige Zahl der aus den kleinen Städten überlieferten Verhöre eine Anschauung. So kommen auf Avignonet zweihundertunddreissig, auf Fanjeaux einhundert, auf Mas-Saintes-Puelles vierhundertundzwanzig. Die gesamte Zahl ist nicht genau festgestellt, bleibt aber nicht weit unter sechstausend. Wenn man erwägt, was hier alles zu prüfen und miteinander zu vergleichen war, so ist man erstaunt, welch übermenschliche Tatkraft diese Gründer der Inquisition besassen. Aber man darf auch, wie bei den Urteilen Peter Cellas, annehmen,
46 dass über das Schicksal der aus dieser Masse von Zeugenaussagen herausgegriffenen Opfer mit nicht allzu grosser Gewissenhaftigkeit entschieden wurde. Doch werden diese Opfer wenigstens die langen und qualvollen Verzögerungen der späteren Zeit, wo die Inquisition mehr Musse für ihre Untersuchungen hatte, nicht zu erdulden gehabt haben. Angesichts solch eines Protokolls können wir kaum die im Jahre 1245 erhobene Klage der Bischöfe von Languedoc begreifen, die Inquisition sei zu gnädig, die Ketzerei nehme zu, die Inquisitoren müssten zu grösseren Anstrengungen angetrieben werden. Möglicherweise geschah es infolge des nicht guten Einvernehmens zwischen dem Episkopat und der Inquisition, dass im April desselben Jahres Innocenz IV. den Inquisitoren von Languedoc befahl, in Fällen offenbarer Ketzerei und bei solchen Vergehen, auf denen leichte Strafen ruhten, so vorzugehen, wie sie es bisher getan hätten, aber da, wo Gefängnis, Kreuze, lange Pilgerfahrten und Konfiskation als Busse in Frage kämen, das Verfahren so lange einzustellen, bis das Konzil von Lyon, das er zu eröffnen im Begriffe stand, endgültige Regeln aufgestellt habe. Diese Fragen wurden jedoch auf dem Konzil von Béziers geregelt, das im Jahre 1246 zusammentrat und ein neues Prozessverfahren einführte[1]).

An all dem nahm Graf Raimund, der sich jetzt vollständig dem Katholizismus ergeben hatte, ernstlichen Anteil. Als sein stürmisches Leben zu Ende ging, war ihm das gute Einvernehmen mit der Kirche ein zu grosses Trost- und Heilsmittel, als dass er Bedenken getragen hätte, es mit dem Blute von einigen seiner Untertanen

1) Doat, XXII, 217. — Molinier, L'Inquisition dans le Midi de la France, pp. 163—190. — Douais, Les sources de l'histoire de l'Inquisition S. 419, berechnet die Zahl der Verhöre auf 5804. *Vgl. dazu Douais, Les hérétiques du comté de Toulouse 1245 (1891), S. 5 ff.; das Protokoll beruht handschriftlich in der Bibliothèque publique zu Toulouse, Msc. 609 (alte Nummer 155). — Vgl. auch Peyrat, Les Albigeois et l'Inq. III, 467—73. — Vaissette, III, Pr. 446—8. — Teulet, Layettes, II, 566.

zu erkaufen, die er übrigens kaum hätte retten können, selbst wenn er gewollt hätte. Er gab daher unzweideutige Beweise von seiner Abneigung gegen die Ketzerei. Im Jahre 1247 befahl er seinen Beamten, in allen Städten und Dörfern, welche die Mönche besuchten, die Aufmerksamkeit der Einwohner auf ihre Predigten zu lenken. Im Jahre 1249 liess er zu Berlaiges in der Nähe von Agen achtzig Personen, die an die Lehren der Ketzer glaubten und ihre Irrtümer in seiner Gegenwart eingestanden hatten, kaltblütig verbrennen, ein Akt von einer Grausamkeit, welche die der Inquisitoren weit übertraf. Um dieselbe Zeit bewirkte der König Jakob von Aragon in dem Gebiete von Narbonne einen Wechsel in der Inquisition. Möglicherweise steht das im Zusammenhang mit der Ermordung zweier, ihrer Beamten durch zwei Bürger und mit der 17
Vernichtung ihrer Protokolle, was endlose Mühen bei der Wiederherstellung der Urteilslisten und des unschätzbaren Beweismaterials gegen Verdächtige verursachte. Wie dem auch sei, auf das Gesuch des Königs hin verbot Innocenz IV. dem Erzbischof und den Inquisitoren, weiter gegen die Ketzer vorzugehen, und ermächtigte dann den Dominikanerprovinzial von Spanien und Raimund von Pennaforte, neue Inquisitoren für die französischen Besitzungen von Aragon zu ernennen [1]).

Als Ludwig der Heilige seinen unglücklichen Kreuzzug nach Damiette unternahm, wollte er einen so gefährlichen Vasallen wie Raimund nicht zurücklassen. Das Gelübde des Dienstes in Palästina war diesem zwar schon lange von Innocenz IV. erlassen worden, allein der Graf zeigte sich willig, und die ihm angebotenen Geschenke lassen sofort erkennen, welchen Wert man darauf legte, dass er bei dem Heere und fern von der Heimat war. Der König versprach ihm zwanzig- bis dreissigtausend Pfund für seine Ausgaben und die Rückgabe des Herzogtums Narbonne bei seiner Heimkehr. Der Papst willigte darein, ihm zweitausend Mark bei seiner Landung jenseits des Meeres zu zahlen. Ausserdem sollten ihm alle aus dem Loskauf von Gelübden sich ergebenden Einkünfte, sowie alle zugunsten des Kreuzzuges gemachten Legate zufallen. Auch wurde zu seinen Gunsten das Verbot aufgehoben, bekehrten Ketzern Busskreuzzüge aufzuerlegen, während die übrigen langen Pilgerfahrten, die gewöhnlich als Bussstrafen angewandt wurden, während seiner Dienstzeit

---

1) Vaissette, III, 457, 459; Pr. 467. — Guill. Pod. Laur. c. 48. — Baluz et Mansi I, 210. — Arch. de l'Inqu. de Carcassonne (Doat, XXXI, 105, 149). — Ripoll, I, 184.

nicht verhängt werden sollten. Angefeuert durch diese verlockenden Belohnungen, nahm er allen Ernstes das Kreuz und legte einen glühenden Eifer für die Reinheit des Glaubens an den Tag. Selbst die unermüdliche Tätigkeit Bernhards von Caux vermochte ihn jetzt nicht zu befriedigen. Obwohl dieser Verfolger, dessen Eifer nicht seinesgleichen hatte, seine ganze Tatkraft aufbot, um die Ergebnisse seiner umfassenden Untersuchungen aufzuarbeiten, beklagte sich Raimund im Anfange des Jahres 1248 bei Innocenz, dass die Inquisition ihre Pflicht nicht tue, dass Ketzer, lebende wie tote, ungestraft blieben, und dass andere von auswärts in sein eignes und das ihm benachbarte Gebiet kämen und so ihr Gift ausbreiteten, wodurch das Land, welches beinahe ganz gereinigt gewesen, nun wieder voll von Ketzerei sei [1]).

Der Tod ersparte Raimund die Bitterkeiten des unglücklichen Kreuzzuges. Als seine Vorbereitungen fast beendet waren, wurde er
48 von einer tödlichen Krankheit ergriffen und starb am 27. September 1249. Mit seinem letzten Atemzuge befahl er seinen Erben, die Summen, welche er für den Kriegszug empfangen hatte, zurückzugeben und fünfzig Ritter auf ein Jahr zum Dienst nach Palästina zu senden. Wir können leicht glauben, dass die Untertanen seinen Tod allgemein beklagten, nicht nur, weil das grosse Haus erlosch, das seine Stellung von den Zeiten der Karolinger an tapfer behauptet hatte, sondern auch, weil das Volk fühlte, dass die letzte Schutzwehr zwischen ihm und den verhassten Franzosen gefallen war. Die Erbin Johanna war an dem königlichen Hofe erzogen worden und war in allem bis auf die Geburt französisch. Sie scheint ausserdem ganz unbedeutend und ohne irgend welchen Einfluss gewesen zu sein. Die Herrschaft über den Süden ging vollständig in die Hände des Alfons von Poitiers, eines geizigen aber staatsklugen Fürsten, über, dessen Eifer für die Rechtgläubigkeit durch die aus der Verfolgung erwachsenden Konfiskationen mächtig angestachelt wurde. Raimund hatte wiederholt ermuntert werden müssen, diese gefürchtete Strafe mit der notwendigen Strenge anzuwenden. Eine solche Ermunterung war bei Alfons nicht notwendig. Als die reiche Erbschaft fällig wurde, waren er und seine Gemahlin bei seinem Bruder, dem König Ludwig, in Ägypten. Aber die wachsame Regentin, Königin Blanche, nahm in deren Namen sofort Besitz davon, und bei ihrer

1) Vaissette, III, 455—6; Pr. 468, 469. — Arch. de l'Inq. de Carc. (Doat, XXXI, 77, 79, 80) — Martene, Thesaur. I, 1040.

Rückkehr im Jahre 1251 empfingen sie persönlich die Huldigung ihrer Untertanen. Mit spitzfindiger Umdeutung entzog Alfons sich der Bezahlung der frommen Legate, die Raimund in seinem Testamente ausgesetzt hatte, und zahlte dafür bei seinem Aufbruch nach dem Norden eine grosse Summe zur Bestreitung der Kosten der Inquisition und des für die Vollstreckung ihrer Urteile notwendigen Holzes. Bald darauf ermahnte er seine Bischöfe, den Arbeiten der Inquisitoren eine wirksamere Unterstützung zuteil werden zu lassen. In seiner Kanzlei gab es ein Formular zur Beauftragung von Inquisitoren, das nur ausgefüllt und an den Papst zur Ausfertigung geschickt zu werden brauchte, und die zwanzig Jahre seiner Regierung hindurch ist er kein einziges Mal von dieser Politik abgewichen. Der Nachdruck, womit er im Dezember 1268 Pontius von Poyet und Stephan von Gâtine brieflich aufforderte, den Eifer zu verdoppeln, um seine Besitzungen von Ketzern zu säubern, war gänzlich überflüssig; aber er ist bezeichnend dafür, wie zielbewusst er seine Anschauungen zur Ausführung zu bringen suchte[1]).

Das Schicksal von Languedoc war jetzt endgültig besiegelt. Bis dahin hatte man die Hoffnung gehabt, Raimund könnte, wankel- 49
mütig wie er war, wieder den Weg betreten, den er in den letzten paar Jahren verfolgt hatte. Ausserdem hatten seine Untertanen den seinen verschiedenen Heiratsplänen zugrunde liegenden Wunsch geteilt, dass er einen Sohn bekommen möge, der alle die seiner Tochter nicht zugesprochenen Länder erben würde. Er stand erst in seinem einundfünfzigsten Jahre, und die Erwartung, dass sein Stamm weiter fortleben und die Nationalität des Südens erhalten bleiben könnte, war nicht unvernünftig. Aber alles war, wie man jetzt sah, eine Täuschung, und selbst die zuversichtlichsten Katharer konnten nur noch auf ein Leben in der Verborgenheit rechnen, das im Gefängnis oder Feuer enden würde. Und doch behauptete die Kirche der Ketzer noch hartnäckig ihre Stellung, wenn auch die Zahl ihrer Mitglieder bedeutend vermindert war. Viele von ihnen flohen nach der Lombardei, wo nach dem Tode Friedrichs II. die Streitigkeiten unter den Bürgern und die Politik der Stadtherren, wie des Ezzelino da Romano, einen gewissen Schutz vor der Inquisition gewährten. Allein viele blieben doch und setzten ihre Missionen unter den Gläubigen fort, beständig von den Inquisitionsspionen verfolgt, aber

1) Martene, Thesaur. I, 1044. — Vaissette, III, 465. — Vaissette, Éd. Privat, VIII, 1255, 1292, 1333, 1583. — Guill. Pod. Laur. c. 48. — Mary-Lafon, Hist. du Midi de la France, III, 33, 39. — Arch. de l'Inq. de Carc. (Doat, XXXI, 250).

selten verraten. Diese demütigen und selbstlosen Männer, die in dem, was sie für die Sache Gottes hielten, hoffnungslos allen Mühseligkeiten und Gefahren trotzten, waren wahrhafte Märtyrer, deren standhafter Heldenmut ein Beweis dafür ist, wie wenig die Wahrheit einer Religion mit der Aufopferung ihrer Bekenner zu tun hat. Rainerio Sacchoni, der bekehrte Katharer, der am besten die Tatsachen auf ihre Richtigkeit prüfen konnte, schätzt die Zahl der um diese Zeit in der Lombardei vorhandenen aus Frankreich geflohenen „Vollkommenen" auf einhundertundfünfzig, während die Kirchen von Toulouse, Carcassonne und Albi mit Einschluss der damals beinahe vernichteten von Agen zwei weitere Hundert zählten. Diese Ziffern besagen, dass trotz der systematischen und rücksichtslosen Ächtung der letzten zwanzig Jahre noch eine stattliche Gemeinde von Gläubigen vorhanden war. Ihr Ernst wurde wachgehalten nicht nur durch die gelegentlichen und hochgeschätzten Besuche der umherreisenden Diener Gottes, sondern auch durch die regen mit der Lombardei unterhaltenen Beziehungen. Erst mit dem Verschwinden der Sekte diesseits der Alpen hören auch in den Geständnissen der Bussfertigen die regelmässigen Anspielungen auf diese Pilgerfahrten auf, die zur Aufrechterhaltung der Beziehungen zwischen den Flüchtlingen und den in der Heimat Gebliebenen dienten. So berichtet Wilhelm Fournier im J. 1254 in einem Verhör vor der Inquisition von Toulouse über die Reise, die er mit fünf Gefährten, darunter zwei Frauen, nach Italien unternahm. Die erste Station war Coni, wo er viele Ketzer
50 traf, die zweite Pavia, wo er von Raimund Mercier, dem früheren Diakon von Toulouse, häretisiert wurde. Dann lebte er ein Jahr lang in Cremona bei Vivien, dem vielgeliebten Bischof von Toulouse, bei dem er eine Anzahl adliger Flüchtlinge fand. In Pisa blieb er acht Monate. In Piacenza traf er Vivien wieder, und schliesslich kehrte er zurück mit Botschaften von den Flüchtlingen an ihre alten Freunde in der Heimat Toulouse. Im Jahre 1300 gesteht Stephan Mascot zu Albi, dass Meister Raimund Calverie ihn nach der Lombardei gesandt habe, um Raimund André oder einen anderen „vollkommenen" Ketzer zurückzubringen. In Genua traf er Bertrand Fabri, welcher in demselben Auftrage für Wilhelm Golfier die Reise machte. Sie setzten zusammen den Weg fort und trafen andere alte Bekannte, Flüchtlinge, die sie an einen Ort führten, wo in einem Walde mehrere Zufluchtshäuser für Ketzer waren. Der Herr des Ortes gab ihnen einen Lombarden, Wilhelm Pagani, mit, der mit ihnen zurückkehrte. Im Jahre 1309 gestand Wilhelm Falquet zu

Toulouse, dass er viermal in Como und selbst in Sizilien gewesen sei, um die Kirche zu organisieren. Er wurde während eines Besuches bei einem kranken Gläubigen gefangen genommen und zu schwerem Kerker verurteilt, entkam aber im Jahre 1313. Zu derselben Zeit wurde Raimund von Verdun verurteilt, der gleichfalls viermal in der Lombardei gewesen war[1]).

Die geächteten Ketzer, die so ihren Glauben im geheimen pflegten, gaben den Inquisitoren vollauf zu tun. In dem Masse, wie sich ihre Reihen lichteten durch Verfolgung und Flucht, und ihre Geschicklichkeit im Verstecken durch die Erfahrung wuchs, wurde natürlich auch die Zahl der Bussfertigen kleiner, als sie früher ein Peter Cella und Bernhard von Caux verzeichnen konnten. Aber es gab noch Ketzer genug, um die Tatkraft der Mönche zu belohnen und die Geschicklichkeit ihrer Spione herauszufordern. Ausserdem 51
war die Inquisition immer besser organisiert worden. Im Jahre 1254 nahm das Konzil von Albi eine sorgfältige Revision der bezüglichen Verordnungen vor. Es wurden ständige Inquisitionsgerichtshöfe eingerichtet und die Bezirke ihrer Zuständigkeit genau festgesetzt. Für die Provence und das Gebiet östlich von der Rhône wurde Marseille das Hauptquartier und dieses in der Folge den Franziskanern übertragen. Der übrige Teil der infizierten Gegenden wurde den Dominikanern überlassen mit den Gerichtshöfen in Toulouse, Carcassonne und Narbonne. Nach den Bruchstücken von Dokumenten, die auf uns gekommen sind, zu urteilen, wetteiferte um diese Zeit die Inquisition von Carcassonne in bezug auf Tatkraft und Erfolg mit derjenigen von Toulouse. Vorübergehend suchten die Ketzer Sicherheit in Nordfrank-

---

1) Rainerii Summa (Martene, Thesaur. v. 1768). — Molinier, L'Inquis. dans le Midi de la France, pp. 254—255. — MSS. Bib. Nat., fonds latin, Nr. 11847. — Lib Sententt. Inq. Tolos. pp. 13, 14. — Vgl. auch den sorgfältigen Bericht Ivos von Narbonne bei Matt. Paris, ann. 1243, p. 412—413 (Ed. 1644).

In seiner Inhaltsangabe der Bruchstücke des „Registre de l'Inquisition de Toulouse" vom Jahre 1254 und 1256 erwähnt Douais, dass das Register die Namen von sechshundertunddreizehn Angeklagten enthalte, die in den Departements Aude, Ariège, Gers, Aveyron und Tarn-et-Garonne wohnten. Der grössere Teil von ihnen seien „Vollkommene" gewesen. Dass das offenbar ein Irrtum ist, geht aus der Statistik von Rainer Sacchoni, auf die wir in unserm Texte hinweisen, hervor. Um diese Zeit hatte die ganze Kirche der Katharer von Konstantinopel bis nach Aragon in der Tat nur viertausend „Vollkommene". Immerhin ist die Zahl der Angeklagten ein Beweis dafür, dass die Ketzer noch immer einen erschreckend hohen Bruchteil der Bevölkerung bildeten, und zugleich, dass die Inquisition ihnen erfolgreich nachsetzte. In diesem Register liefern acht Zeugen einhundertundsieben Namen für die Liste der Angeklagten (Douais, Sources de l'hist. de l'Inquisition S. 432—33).

reich, aber infolge der gesteigerten Tätigkeit, die die Inquisition dort entfaltete, wurden die unglücklichen Flüchtlinge zurückgetrieben. Im Jahre 1255 ermächtigte eine Bulle Alexanders IV. den Provinzial von Paris und seine Inquisitoren, die Flüchtlinge in den Gebieten des Grafen von Toulouse zu verfolgen. Zu gleicher Zeit wurden die besonderen Befugnisse der Inquisitoren eifersüchtig gegen alle Eingriffe geschützt. Wir haben gesehen, wie die Inquisition in der ersten Zeit der Kontrolle der päpstlichen Legaten unterstand. Aber jetzt, wo sie sicher und gründlich organisiert war, wurde sie auch unabhängig. Als der Legat Zoen, Bischof von Avignon, im Jahre 1257 kraft seiner Autorität als Legat, die vierzehn Jahre vorher unbeschränkt gewesen war, die Inquisition auszuüben versuchte, wurde er schroff von Alexander IV. dahin bedeutet, dass er das, wenn es ihm beliebe, in seiner eigenen Diözese tun könne, aber ausserhalb derselben der Inquisition nicht vorgreifen solle. In dieser Zeit wurden auch alle weltlichen Beamten den Befehlen der Inquisitoren unterstellt. Die Frömmigkeit Ludwigs des Heiligen und die Habgier des Alfons von Poitiers und des Karl von Anjou wetteiferten miteinander, alle Machtmittel des Staates dem Heiligen Offizium zur Verfügung zu stellen und für die Ausgaben desselben zu sorgen. Es war tatsächlich die oberste Gewalt im Lande und gab sich, wie wir gesehen haben, selbst seine Gesetze[1]).

Der letzte Rest von offenem Widerstande wurde im Jahre 1255 beseitigt. Nach dem Falle von Montségur hatten die geächteten
52 und enterbten Adligen, die Faidits, zusammen mit den Ketzern in den Bergen eine Feste gesucht, wo sie sich einen Augenblick sicher fühlen konnten. Von einem Schlupfwinkel in den andern vertrieben, hatten sie schliesslich von dem Schlosse Quéribus, in den Pyrenäen von Fenouillèdes, Besitz genommen. Dieser letzte Zufluchtsort wurde im Anfang des Frühjahrs 1255 von Peter von Auteuil, dem königlichen Seneschall von Carcassonne, belagert. Er wurde hartnäckig verteidigt. Am 5. Mai wandte sich der Seneschall um Beistand an die in Béziers tagenden Bischöfe, die so kräftig bei Montségur mitgewirkt hatten. Die Prälaten gaben eine lobenswert vorsichtige Antwort: sie seien dem Könige nicht zu militärischen Dienstleistungen verpflichtet, und wenn sie ihm ihre Streit-

1) MSS. Bib. Nat. fonds latin, Nouv. Acquis. 139. — Molinier, op. cit. p. 404. — Ripoll, I, 273—4. — Arch. Nat. de France, J. 431, Nr. 34. — Arch. de l'Inqu. de Carc. (Doat, XXXI, 239, 250, 252). — Vaissette, III, Pr. 528. 536. — Arch. di Napoli, Registro 6, Lettera D, fol. 180.

kräfte zur Verfügung gestellt hätten, so sei es auf Befehl eines Legaten oder ihres Primas, des Erzbischofs von Narbonne, geschehen. Gleichwohl wollten sie, da Quéribus als ein Schlupfwinkel für Ketzer, Diebe und Räuber allgemein bekannt sei und die Besetzung des Schlosses dem Glauben und dem Frieden in gleicher Weise zugute komme, ohne ihren Rechten etwas zu vergeben jeder für sich in dem Masse Hilfe bringen, wie es ihnen angemessen scheine. Hieraus darf man wohl schliessen, dass der Seneschall das Werk allein tun musste. Tatsächlich beklagte er sich bei dem Könige, dass ihm die Prälaten eher Schwierigkeiten bereiteten als Hilfe brächten. Aber im August war das Schloss in seinen Händen, und den Geächteten blieb nichts als der Wald und die Höhlen. In jener wilden Gegend gewährte das dichte Gebüsch manches Versteck. Man machte daher den Versuch, die hohen Brombeer- und Dornsträucher, welche dem ruinierten Adligen wie dem gehetzten Katharer als Schutz dienten, zu beseitigen. Das Werk wurde von einem gewissen Bernhard unternommen, der davon den Namen 'Espinasser' oder Dornenschneider bekam. Der Volkshass hat sein Andenken bewahrt in der Sage, dass er im Monde am Galgen hange[1]).

Nachdem sie das Land unterworfen hatte und auf der Höhe ihrer Macht stand, trug die Inquisition kein Bedenken mehr, auch die höchsten Adligen anzugreifen; denn vor dem Allmächtigen waren alle Menschen gleich, und das Heilige Offizium war die Rache Gottes. Der mächtigste Vasall der Häuser Toulouse und Aragon war der Graf von Foix, der weite Gebiete auf beiden Seiten der Pyrenäen besass und in seinen Bergfesten beinahe unabhängig war. Graf Roger Bernhard II., der Grosse genannt, war einer der tapfersten und hart- 53
näckigsten Verteidiger des Landes gewesen. Nach der Herstellung des Friedens vom J. 1229 hatte ihn Raimund mit Krieg bedrohen müssen, um ihn zur Unterwerfung zu zwingen. Sein Name behielt einen stolzen Klang in dem Lande als „Rogier Bernat lo pros et sens dengun reproche“. Seine Familie war aber stark von der Ketzerei angesteckt. Seine Frau und eine seiner Schwestern waren Waldenser, eine andere Schwester gehörte zu den Katharern, und ihn selbst bezeichnet der Mönch von Vaux Cernay als einen Feind Gottes und einen grausamen Verfolger der Kirche. Im Jahre 1229 unterwarf er sich. Aber seinen Eid, die Ketzerei in seinen Besitzungen zu verfolgen, scheint er trotz-

---

1) Concil. Biterrens. ann. 1255. — Vaissette, III, 482—3; IV, 17. — A. Molinier (Vaissette, Éd. Privat. VI, 843). — Peyrat, op. cit. III, 54.

dem nicht mit Nachdruck erfüllt zu haben; denn im Jahre 1233 kam er, wie wir erfahren, persönlich mit dem ketzerischen Bischof Bertrand Martin zu Aix zusammen. In anderer Hinsicht war er aber ein treuer Untertan und gehorsamer Sohn der Kirche. Im Jahre 1237 riet er seinem Sohne, der damals Vicomte von Castelbo in Aragon war, die Inquisition in seinen Ländern zu gestatten. Infolgedessen wurden viele Ketzer verurteilt. Trotzdem weigerte sich der Bischof Pontius von Urgel, sein persönlicher Feind, ihn von der Exkommunikation zu befreien, die ihn als Freund und Gönner der Ketzerei getroffen hatte. Erst 1240 unterwarf sich der Graf den ihm auferlegten Bedingungen, schwur die Ketzerei ab und wurde wieder in den Schoss der Kirche aufgenommen. Bei seinem Tode im Jahre 1241 vermachte er der Kirche freigebig Legate, besonders der von seinen Vorfahren gegründeten Cisterzienserabtei Bolbonne, in welcher er im Mönchsgewande starb, nachdem er die Sakramente ordnungsgemäss empfangen hatte. Sein Sohn Roger IV. gab dem Aufstand von 1242 den Gnadenstoss dadurch, dass er sich unter die unmittelbare Oberherrschaft der Krone stellte und Raimund besiegte, nachdem schon die Engländer und Gascogner durch die Siege Ludwigs des Heiligen zurückgetrieben worden waren. Er hatte einige Schwierigkeiten mit der Inquisition, aber eine Bulle Innocenz' IV. vom Jahre 1248 lobt seine Ergebenheit gegen den Hl. Stuhl und überträgt ihm zum Lohne dafür das Recht, nach seiner Wahl sechs Reumütige von dem gelben Kreuze zu befreien. Im Jahre 1261 befahl er in einem Edikte die Durchführung der Vorschrift, dass in seinen Besitzungen niemand ein Amt bekleiden dürfe, der zum Kreuztragen verurteilt, der Ketzerei verdächtig oder der Sohn eines so Beleumdeten sei [1]).

Alles das schien eine volle Bürgschaft für die Rechtgläubigkeit und Loyalität des Hauses Foix zu bieten. Allein die Inquisition
54 konnte ihm seine frühere Vaterlandsliebe und Duldsamkeit nicht verzeihen. Ausserdem konnte, wenn Roger Bernhard der Grosse der Ketzerei überführt wurde, die Konfiskation der stattlichen Erbschaft von grosser politischer Bedeutung sein und für alle, die dabei mitwirkten, einen reichen Ertrag abwerfen. Daher wurde zweiundzwanzig Jahre nach seinem Tode, im Jahre 1263, das Verfahren gegen sein

1) Miguel del Verms, Chronique Bearnaise. — P. Sarnaii Hist. Albigens. c. 6. — Guill. Pod. Laur. c. 8. — Schmidt, Cathares, I, 299. — Vaissette, III, 426, 503; Pr. 383—5, 392—3. — Teulet, Layettes, II, 490. — Bern. Guidon. Vit. Coelestin. P. P. IV. (Muratori, S. R. I. III, 589). — Berger, Registres d'Innocent IV., Nr. 3530.

Andenken eingeleitet. Nun lebte noch ein treuer Diener des alten Grafen, Raimund Bernhard de Flascan, Bailli von Mazères, der während der Krankheit Tag und Nacht um seinen Herrn gewesen war. Wenn er dahin gebracht werden konnte, zu schwören, dass er dessen Häretisierung auf dem Todesbette gesehen habe, war der gewünschte Zweck zu erreichen. Daher ging Bruder Pontius, der Inquisitor von Carcassonne, nach Mazères, erkannte aber, dass der alte Mann kein willfähriger Zeuge war. Er liess ihn deshalb in das Gefängnis werfen, wo er in Fesseln gelegt, dem Hunger unterworfen und mit der erfinderischen Grausamkeit der Inquisition gequält, sowie in Zwischenräumen verhört wurde, ohne dass man aber seine Hartnäckigkeit brechen konnte. Das dauerte zweiunddreissig Tage. Da entschloss sich Pontius, ihn nach Carcassonne zu bringen, wo die Mittel, widerspenstige Zeugen gefügig zu machen, möglicherweise wirksamer waren. Vor der Reise, die der treue Bailli für seine letzte hielt, wurde ihm in der Abtei Bolbonne ein Tag Ruhe gegeben, den er dazu benutzte, um am 26. November 1263 eine von zwei Äbten und einer Anzahl Mönche bekräftigte notarielle Urkunde ausfertigen zu lassen. Hierin zählte er die bereits erduldeten Verhöre auf und erklärte feierlich, dass er den alten Grafen nie etwas gegen den römischen Glauben habe tun sehen, sondern dass derselbe als guter Katholik gestorben sei. Wenn er selbst unter den harten Folterqualen, denen er vermutlich ausgesetzt werden würde, in menschlicher Schwachheit etwas anderes behaupten sollte, so sei er ein Lügner und Verräter, und seinen Worten dürfe kein Glaube geschenkt werden. Man kann sich kaum eine grössere Schändlichkeit als das hier offenbarte Inquisitionsverfahren ausdenken. Und doch würden fünfzig Jahre später, als dieses noch weiter vervollkommnet war, alle, die mit der Abfassung des Dokuments, sei es als Notar sei es als Zeugen, irgend etwas zu tun gehabt hatten, als Behinderer der Inquisition verfolgt und als Begünstiger der Ketzerei streng bestraft worden sein [1]).

Was aus dem Unglücklichen wurde, erfahren wir nicht. Vermutlich brachten ihn Krankheit, Folter und Hunger zugleich in dem furchtbaren Gefängnis von Carcassonne um. Der an ihm verübte Justizmord hatte jedoch keinen Erfolg, denn dem Andenken des alten
Grafen konnte man nichts anhaben. Was Roger Bernhard III. an- 55
geht, so war er trotz der päpstlichen Gunst und trotz der Beweise,

1) Vaissette, III, Pr. 551—3.

die er für die Anerkennung der neuen Ordnung der Dinge gegeben hatte, den bösen Anschlägen der Inquisition beständig ausgesetzt. Als er im Dezember 1264 todkrank in Mazères daniederlag, schickte ihm Stephan von Gâtine, der damalige Inquisitor von Narbonne, den kategorischen Befehl, seinen Amtmann von Foix, Peter André, der als der Ketzerei verdächtig vorgeladen worden, aber geflohen war, auszuliefern, und drohte ihm mit Verfolgung, wenn er dem Befehle nicht nachkomme. In seiner Antwort wagte der Graf nur seine Überraschung zu erkennen zu geben, dass man ihm die Vorladung seines Bailli nicht mitgeteilt habe, und fügte hinzu, dass er Befehl zu dessen Verhaftung gegeben und persönlich an der Verfolgung teilgenommen haben würde, hätte nicht Krankheit ihn daran gehindert. Zu gleicher Zeit ersuchte er um „Apostoli" und beschwerte sich beim Papste, dass die Inquisitoren ihn unaufhörlich verfolgten. Unter dem Vorwande, nach Ketzern zu suchen, verheerten sie an der Spitze bewaffneter Leute gewohnheitsmässig sein Land und brächten in ihrem Gefolge und unter ihrem Schutze seine persönlichen Gegner mit, bis seine Gebiete nahezu ruiniert und seine Gerichtsbarkeit zunichte gemacht sei. Daher stelle er sich und seine Besitzungen unter den Schutz des Hl. Stuhles. Wahrscheinlich blieb er von weiteren persönlichen Belästigungen verschont; denn er starb zwei Monate später, im Februar 1265, wie sein Vater im Cisterziensergewande und in der Abtei Bolbonne. Dennoch wurde im Jahre 1292 sein Andenken vor Bertrand von Clermont, dem Inquisitor von Carcassonne, angegriffen, allerdings vergebens; denn im Jahre 1297 gab Bertrand seinem Sohne Roger Bernhard IV. eine Erklärung, dass die Anklage widerlegt worden sei, und dass darum weder er noch sein Vater persönlich oder an ihrem Eigentum Schaden leiden sollten [1]).

Wenn solchen Verfolgungen die Grössten ausgesetzt waren, so kann man leicht begreifen, welche Tyrannei die unverantwortliche Macht der Inquisitoren über das ganze Land ausübte. Kein Mensch war so hoch gestellt, dass er von ihnen nicht erreicht worden wäre, niemand zu gering, um ihren Spionen zu entgehen. Hatten sie einmal Grund zur Feindseligkeit gegen jemand, so war es mit seinem Frieden für immer vorbei. Es gab von ihnen nur eine Berufung, nämlich die an den Papst, und Rom war nicht nur weit weg, sondern auch der Weg dorthin führte, wie wir gesehen haben, durch ihre Vermittlung. Die menschliche Bosheit und Torheit haben in der Weltgeschichte

1) Vaissette, III, Pr. 575—77; IV, Pr. 109.

wohl gewalttätigern Despotismus ausgeübt, doch niemals einen, der 56
grausamer und lähmender gewesen wäre und in solchem Masse in alle menschlichen Lebensverhältnisse eingegriffen hätte.

Aus den nächsten zwanzig Jahren ist über die Tätigkeit der Inquisition von Languedoc wenig bekannt, was eine besondere Beachtung verdiente. Ihre Arbeit ging stetig weiter mit gelegentlich verstärkter Tatkraft. Stephan von Gâtine und Pontius von Poyet, die Jahre lang den Vorsitz bei den Untersuchungen führten, entfalteten eine rastlose Tätigkeit, die denn auch von 1273 bis 1275 mit einer reichen Ernte belohnt wurde. Obgleich infolge dieser jahrelangen unermüdlichen Verfolgung die Ketzer naturgemäss seltener wurden, so gab es doch noch eine unerschöpfliche Liste von Toten, deren Ausgrabung dem Pöbel eindrucksvolle Schauspiele darbot, während die den frommen Fürsten so willkommenen Konfiskationen eine in politischer Hinsicht für das Land sehr bedeutungsvolle Verschiebung der Besitzverhältnisse herbeiführten. Aber obgleich die Schwierigkeit, sich den Augen der Inquisition zu entziehen, immer grösser und die Sicherheit und Anregung, die Italien darbot, immer geringer wurde, so behauptete sich die Ketzerei doch mit unglaublicher Hartnäckigkeit[1]).

Alfons und Johanna, die Ludwig den Heiligen auf seinem unglücklichen Kreuzzuge nach Tunis begleitet hatten, starben im Jahre 1271 auf der Heimkehr ohne Nachkommen. Die Linie Raimunds war somit erloschen, und das Land fiel unwiderruflich der Krone zu. Philipp der Kühne nahm sogar Besitz von den Gebieten, welche Johanna, wie ihr Recht war, testamentarisch einem andern hatte übertragen wollen. Zwar musste er das Agenois an Heinrich III. zurückgeben, aber es gelang ihm, das Quercy zu behalten. Der Besitzwechsel stiess auf keinen Widerstand. Als am 8. Oktober 1271 Wilhelm von Cobardon, der königliche Seneschall von Carcassonne, seine Verordnungen in bezug auf das neue Regime erliess, war mit das erste, woran er dachte, die Konfiskation. Alle Schlösser und Dörfer, welche wegen Ketzerei verwirkt waren, fielen in die Hände des Königs, ohne Präjudiz für das Recht des legitimen Besitzers, dessen Sache es war, für seine Ansprüche Beweise zu erbringen. Jede Rechtsnachfolge auf dem Wege der Übertragung wurde ausgeschlossen. Im Jahre 1272 wollte Philipp seinen neuen Besitzungen einen Besuch abstatten, und zwar sollte es ein friedlicher sein. Aber Gewalttaten,

1) Coll. Doat, xxv, xxvi. — Martene, Thesaur. v, 1809.

die Roger Bernhard IV. von Foix beging, veranlassten ihn, an der Spitze eines Heeres zu erscheinen, mit welchem er ohne Mühe den Widerstand des Grafen brach, seine Länder besetzte und ihn selbst ins Gefängnis warf. Im Jahre 1273 freigelassen, leistete der Graf
57 1276 bei dem Angriff auf Navarra so tatkräftigen Beistand, dass Philipp ihn liebgewann und ihm seine Schlösser zurückgab unter der Bedingung, dass er eine Lehnspflicht gegen Aragon nicht länger anerkenne. So wurde die letzte Regung nach Unabhängigkeit im Süden gebrochen und auf den Ruinen die Monarchie fest begründet[1]).

Diese Unterwerfung von Südfrankreich unter die Herrschaft der Könige von Paris hatte aber auch ausgleichende gute Wirkungen. Der Monarch erlangte schnell seine Zentralgewalt, welche sehr verschieden war von der Herrschaft eines Lehnsherrn. Das Studium des römischen Rechtes trug allmählich Früchte, sowohl für den Staat wie für die Kirche, und die auf das Königtum angewandten Lehren von der Unumschränktheit der Macht des Kaisers änderten nach und nach alle Verhältnisse. Der königliche Gerichtshof drang in die Sphäre des Parlaments ein, und so entstand eine Schule von spitzfindigen und entschlossenen Juristen, die keine Gelegenheit vorübergehen liessen, die königliche Jurisdiktion weiter auszudehnen und dem ganzen Lande auf dem Wege der Urteilsfällung Gesetze zu geben. Bei den Berufungen, welche immer häufiger aus allen Landesteilen an das Parlament erfolgten, sah sich der eisenbepanzerte Ritter hoffnungslos verstrickt in den verschlungenen Wegen des Rechtsgangs, die ihn seiner lehnsherrlichen Rechte beraubten, fast ohne dass er es gewahr wurde. Und die Ordonnanzen oder allgemeinen Verordnungen, welche vom Throne ausgingen, griffen beständig in alte Vorrechte ein, schwächten die örtliche Gerichtsbarkeit und gaben dem ganzen Lande eine Rechtsverfassung, wonach sowohl die gesetzgebende als auch die ausführende Gewalt der Krone zugeschrieben wurde. So wurde diese befähigt, zu unterdrücken und zugleich nachdrücklicher zu verteidigen, während die gewaltige mit dem 13. Jahrhundert begonnene Ausdehnung ihrer Besitzungen sie in den Stand setzte, ihren wachsenden Rechtsansprüchen auch Geltung zu verschaffen.

Diese Verschiebung der nationalen Machtverhältnisse musste jedoch auch eine Änderung in den Beziehungen zwischen Kirche und

1) Vaissette, IV, 3—5, 9—11, 16, 24—5. — Baudouin, Lettres inédites de Philippe le Bel, Paris, 1886, p. 125. — *Deprez, Les préliminaires de la guerre de Cent ans, 1328—42 (Paris 1902) S. 20 ff.

Staat herbeiführen. So scheute sich selbst Ludwig der Heilige nicht, sich und seine Untertanen vor kirchlichen Übergriffen zu schützen, und zwar mit einem Eifer, wie ihn kein französischer Monarch seit den Tagen Karls des Grossen zu bekunden gewagt hatte. Die Veränderung zeigte sich noch deutlicher unter seinem Enkel, Philipp dem Schönen. Dieser war zwar erst siebzehn Jahre alt, als er im Jahre
1286 den Thron bestieg, besass aber Geistes- und Charakterstärke 58
genug, um seine königliche Macht bald in entschiedener Weise geltend zu machen. Innerhalb der Grenzen seines Reiches erkannte er keine Macht über sich an, weder eine weltliche noch eine geistliche. Hätte er irgend welche Gewissensbedenken gekannt, so würden sie seine juristischen Ratgeber leicht beschwichtigt haben. Für Männer wie Peter Flotte und Wilhelm von Nogaret hatte die Kirche die Dienerin des Staates zu sein, wie sie es unter den Nachfolgern Konstantins gewesen war, und in ihren Augen war Bonifaz VIII. für ihren Herrn kaum mehr, als was Papst Vigilius für Justinian gewesen war. Es gibt wenige historische Vergeltungen, die eine solche Genugtuung gewähren wie die Katastrophe von Anagni im Jahre 1303, wo Nogaret und Sciarra Colonna Hand an den Stellvertreter Gottes legten und Bonifaz VIII. auf die Vorwürfe Nogarets leidenschaftlich antwortete: „Ich kann es geduldig ertragen, von einem Patariner verurteilt und abgesetzt zu werden.“ Nogaret war nämlich zu St. Felix de Caraman geboren, und seine Vorfahren sollen als Katharer verbrannt worden sein. Wenn dem so ist, so müsste er kein Mensch gewesen sein, hätte er nicht eine besondere Befriedigung in dem Augenblick empfunden, als er auf das Geheiss seines Herrn vor Clemens V. mit einer formellen Anklage wegen Ketzerei gegen Bonifaz erschien und verlangte, dass die Gebeine des toten Papstes ausgegraben und verbrannt würden. Die Bürger von Toulouse sahen in ihm den Rächer für das ihnen zugefügte Unheil und stellten seine Büste in dem Rathause in der Galerie berühmter Männer auf [1]).

An diese unumschränkt gewordene Staatsgewalt wandte sich die Bevölkerung unwillkürlich um Erlösung von der Tyrannei der

---

1) Raynald. 1303, Nr. 41. — Vaissette, IV, Note XI. — Guill. Nangiac. Contin. ann. 1303, 1309, 1310. — Nich. Trivetti Chron. ann. 1306. — La Faille, Annales de Toulouse I, 284. — *R. Holtzmann, Wilhelm von Nogaret (1898); H. Finke, Zur Charakteristik Philipps des Schönen (Mitt. des Instituts für österreichische Geschichtsforschung XXVI (1905), 201 ff., 212); K. Wenck, Philipp der Schöne von Frankreich, seine Persönlichkeit u. das Urteil der Zeitgenossen (1905).

Das unwiderstehliche Eindringen der königlichen Jurisdiktion trotz beständigen Widerspruchs wird deutlich veranschaulicht in den von Ad. Baudouin gedruckten königlichen Briefen (Lettres inédites de Philippe le Bel, Paris 1886).

Inquisition, die nachgerade unerträglich wurde. Die der Inquisition übertragene Machtbefugnis war eine so willkürliche und so unverantwortliche, dass sie selbst bei den reinsten Absichten den Unwillen des Volkes erregen musste, und in den Händen von Unwürdigen bot sie unbeschränkte Gelegenheit zur Bedrückung und zur Befriedigung der niedrigsten Leidenschaften. Obgleich jede Bekundung von Unzufriedenheit mit ihr gefährlich war, raffte die Bevölkerung von Albi und Carcassonne, durch die Grausamkeit der Inquisitoren Johann Galande und Johann Vigoureux zur Verzweiflung gebracht, all ihren Mut zusammen und reichte ihre Klagen 1280 bei Phi-
59 lipp dem Kühnen ein. Es war aber keine leichte Sache, die Anklagen mit bestimmten Beweisen zu stützen, weshalb nach einer kurzen Prüfung die wiederholten Gesuche um Erlösung als leichtfertig abgewiesen wurden. An dieser gegen die Inquisition unternommenen Agitation hatten — das dürfen wir nicht vergessen — die Ketzer wenig Anteil. Sie waren in dieser Zeit vollständig zum Schweigen gebracht und waren ganz zufrieden, wenn sie ihrem Glauben im geheimen leben konnten. Die Opposition ging aus von guten Katholiken, von den Stadtverwaltungen und wohlhabenden Bürgern, welche die Blüte des Landes unter der todbringenden Tyrannei des Heiligen Offiziums dahinwelken sahen und fühlten, dass kein Mann sicher war, dessen Wohlstand die Begierde erregen oder dessen Unabhängigkeit Rachegedanken erwecken konnte. Die Einführung des Gebrauchs der Folter machte auf die Phantasie des Volkes einen besonders grauenvollen Eindruck, und man glaubte weit und breit, dass reichen Leuten, deren Glaube makellos war, durch unerträgliche Qualen doch Geständnisse entlockt zu werden pflegten. Ausserdem waren die Nachwirkungen, welche die Konfiskationen über die Nachkommen von Ketzern verhängten, besonders hart und grausam; denn der Ruin bedrohte einen jeden, gegen welchen der Inquisitor aus seinen Protokollen Beweise für die Ketzerei seiner Vorfahren erbringen wollte. Gegen diese Protokolle wurde der nächste Angriff unternommen. Getäuscht in ihrer Hoffnung auf die Berufung an den Thron, verbanden sich insgeheim die Konsuln von Carcassonne und einige der hervorragendsten Geistlichen im Jahre 1283 oder 1284, um die Bücher der Inquisition, welche die Geständnisse und Aussagen enthielten, zu vernichten. Wie weit diese Verschwörung ging, ist heute schwer zu sagen. Die Aussagen der Zeugen sind in wesentlichen Punkten, selbst in bezug auf Daten, so widerspruchsvoll, dass man sich wenig auf sie verlassen darf. Sie waren

offenbar auf der Folter erzwungen. Will man ihnen aber glauben, so waren die Konsuln der Stadt und der Archidiakon Sanche Morlana, der bischöfliche Kaplan Wilhelm Brunet, andere bischöfliche Beamte und viele Mitglieder des Weltklerus nicht nur an der Verschwörung beteiligt, sondern waren selbst Ketzer, die mit den Katharern in enger Fühlung standen. Ob wahr oder falsch, diese Aussagen beweisen immerhin, dass zwischen der Inquisition und der Ortskirche der schärfste Gegensatz bestand. Die Aussagen tragen zwar den Schein der Unwahrheit an sich, so dass es bedenklich ist, ihnen Glauben zu schenken, aber etwas Wahres muss doch wohl darin stecken. Allem Anscheine nach wurde Bernhard Garric, ein ehemaliger „vollkommener“ Ketzer und „filius major“, aber nun nach der Bekehrung ein Vertrauter der Inquisition, als Werkzeug ausgewählt. Man näherte sich ihm, und nach einigem Han- 60
deln willigte er ein, gegen zweihundert Pfund Turnosen, für deren Zahlung die Konsuln Sicherheit boten, die Bücher auszuliefern. Wie es kam, dass der Anschlag misslang und entdeckt wurde, ist nicht festzustellen, aber wahrscheinlich machte Bernhard nach den ersten Eröffnungen seinen Vorgesetzten Mitteilung von der Verschwörung und stürzte die Teilnehmer derselben ins Verderben[1]).

Die ganze Stadt war jetzt in den Händen der Inquisition, die nicht geneigt war, als Siegerin Milde walten zu lassen. Während die Verhöre weitergingen, wandten sich die Bürger von neuem an Peter Chalus, den königlichen Kanzler, der einen Auftrag des Hofes von Paris an den Hof von Aragon zu überbringen hatte und auf der Durchreise gerade in Toulouse weilte. Dieser Mann liess sich schnell von den Inquisitoren gewinnen. Am 13. September 1285 führten sie ihm triumphierend Bernhard Garric vor, damit er das eine Woche vorher gemachte Geständnis wiederholte. Er hatte seine Lektion vortrefflich gelernt, und der einzige Schluss, zu dem der Vertreter des Königs kommen konnte, war, dass Carcassonne ein

---

1) Bern. Guidon. Gravam. (Doat, xxx, 93, 97). — Molinier, op. cit. p. 35. — Doat, xxvi, 197, 245, 265, 266. — Lib. Sententt. Inq. Tolos. p. 282.

Sanche Morlana, der Archidiakon von Carcassonne, von dem es heisst, dass er eine führende Rolle in der Verschwörung hatte, gehörte einer der edelsten Familien der Stadt an. Sein Bruder Arnald, der frühere Seneschall von Foix, war gleichfalls in die Verschwörung verwickelt und starb einige Jahre später im Schosse der Kirche. Im Jahre 1328 erlangte Johann Duprat, der damalige Inquisitor, die Gewissheit, dass Arnald während einer Krankheit und später noch einmal auf seinem Todesbette häretisiert worden war (Doat, xxviii, 128), eine Tatsache, die der Anklage wegen Ketzerei den Schein des Rechtes verlieh, aber doch nicht für ausreichend angesehen wurde, um eine Verurteilung herbeizuführen.

hoffnungsloses Nest von Ketzern sei, welches die strengste Züchtigung verdiene. Als letzte Hoffnung nahm man seine Zuflucht zu Honorius IV., aber das einzige Ergebnis war ein Breve des Papstes an die Inquisitoren, worin er seinem Schmerze Ausdruck darüber gab, dass die Bewohner von Carcassonne der Inquisition aus allen Kräften Hindernisse bereiteten, und befahl, die Widerspenstigen ohne Rücksicht auf ihre Stellung, ihren Rang oder ihre Lage zu bestrafen, ein Ausdruck, welcher beweist, dass der Widerstand nicht von Ketzern ausgegangen war[1]).

Auf diese Klagen hin konnten die Inquisitoren mit einiger Berechtigung geltend machen, dass die Ketzerei, wenn auch im verborgenen, noch immer tätig sei. Zwar waren die ketzerischen Herren und Adligen um diese Zeit sozusagen vernichtet und ihre Besitzungen in andere Hände übergegangen, aber die Städte und Dörfer waren immer noch verseucht. Es ist ferner ein bemerkenswerter
61 Zug des Katharismus, dass es ihm niemals während seines ganzen Daseins an ernsten und hingebungsvollen Männern fehlte, die, ihr Leben in die Schanze schlagend, im geheimen unter den Gläubigen herumwanderten, um geistlichen Rat und Unterricht zu erteilen, um zu bekehren, wo es ging, um die jungen zu ermahnen und die alten zu häretisieren. Unter Mühen, Beschwerden und Gefahren verfolgten sie ihr Werk, bei Nacht von einem Versteck zum andern schlüpfend, wobei die jüngeren den älteren in dieser Hingebung an ihre Sache nicht nachstanden. Man vermag sich kaum rührendere Erzählungen zu denken, als sie in den ungekünstelten Geständnissen der den Inquisitoren in die Hände gefallenen Bauern überliefert sind. Die kleinen Gaben, Stücke Brot, Fische, Lappen von Tuch und kleine Münzen, die Verstecke, welche sie in ihren Hütten herrichteten, die Führung bei Nacht an gefährlichen Stellen und, mehr als alles, die standhafte Treue, welche sich weigerte, die Geistlichen zu verraten, wenn plötzlich der Inquisitor erschien und nun die Wahl stellte zwischen Verzeihung oder Kerker und Konfiskation: das alles redet deutlich genug. Mit der Selbstverleugnung der Geistlichen hielt der ruhige Heroismus der Gläubigen gleichen Schritt. Dieser Treue und dieser das ganze Land wie mit einem Netze überziehenden geheimen Organisation muss es zugeschrieben werden, dass viele die-

---

1) Doat, xxvi, 254. — Bern. Guidon. Gravam. (Doat, xxx, 93). — Arch. de l'Inq. de Carc. (Doat, xxxii, 132).

ser Geistlichen ihre Bekehrungsreisen so erstaunlich lange fortsetzen konnten. Zwei der damals hervorragendsten von ihnen, Raimund Delboc und Raimund Godayl oder Didier, waren schon 1276 von der Inquisition von Carcassonne als „vollkommene“ Ketzer und Flüchtlinge verurteilt worden; aber sie blieben bis zu der Katastrophe von 1300 ihrem Werke in ungeschwächter Tätigkeit treu, die Inquisitoren stets hinter ihnen, aber nie imstande, sie zu fassen. Wilhelm Pagès ist ein anderer, dessen Name beständig wiederkehrt in den Geständnissen über Häretisierungen, die während einer fast gleich langen Zeit vorkamen. Wohl durften die Inquisitoren geltend machen, dass sie ihre Kräfte bis zum äussersten anspannen müssten, um ihre Aufgabe zu erfüllen; allein die Mittel und Wege, die sie einschlugen, hätten selbst bei den besten Absichten nicht verhindern können, dass die Unschuldigen mit den Schuldigen litten[1]).

Die heimlich Schuldigen besassen genügend Einfluss und die Unschuldigen hatten hinreichend Furcht, um die Erregung, welche begonnen hatte, wachzuhalten. Und schliesslich trug sie Früchte. Ein neuer Inquisitor von Carcassonne, Nikolaus von Abbeville, war genau so grausam und willkürlich wie seine Vorgänger. Als die 62
Bevölkerung einen Appell an den König vorbereitete, warf er den Notar, welcher das Schriftstück aufsetzte, kurzer Hand ins Gefängnis. In seiner Verzweiflung kehrte man sich nicht an diese Warnung, sondern schickte eine Deputation an den Hof, die diesmal auch wirklich Gehör fand. Am 13. Mai 1291 richtete König Philipp der Schöne einen Brief an seinen Seneschall von Carcassonne und wies diesen auf das Unrecht hin, welches die Inquisition gegen die Unschuldigen durch das vor kurzem erfundene System der Folterung verübe. Hierdurch würden Lebende und Tote auf betrügerische Art überführt, die Bevölkerung empört und das ganze Land verödet. Die königlichen Beamten sollten daher auf das Geheiss der Inquisitoren nur dann noch Verhaftungen vornehmen, wenn der Angeklagte gestanden habe, oder wenn vertrauenswürdige Personen bezeugten, dass er öffentlich im Rufe der Ketzerei stehe. Einen Monat später wiederholte er diese Befehle noch bestimmter und kündigte seine Absicht an, Vertreter mit Vollmachten auszurüsten und nach Languedoc zu schicken, um dauernde Bestimmungen in dieser Angelegenheit zu treffen. Diese Kundgebungen

---

1) MSS. Bib. Nat., fonds latin, Nr. 11847. — Doat, xxvi, 197. — Lib. Sententt. Inq. Tolos. pp. 54, 109, 111, 130, 137, 138, 139, 143, 144, 146, 147.

sind Marksteine für eine neue Periode in den Beziehungen zwischen den weltlichen und geistlichen Behörden, und ihre Bedeutung als solche kann nicht hoch genug angeschlagen werden. Für weit geringfügigere Dinge hatte man einst der Blüte der Ritterschaft und dem Abschaum Europas das Seelenheil versprochen, wenn sie Raimund von Toulouse aus seinem Erbe verjagen würden[1]).

Wahrscheinlich, um bis zu einem gewissen Grade die Bedeutung dieses unerhörten Eingriffes in die Allgewalt der Inquisition zu brechen, befahl im September 1292 Wilhelm von Saint-Seine, der Inquisitor von Carcassonne, allen Pfarrpriestern in seinem Bezirk, drei
63 Wochen lang an Sonn- und Festtagen die Exkommunikation über alle zu verkünden, welche die Tätigkeit der Inquisition hindern, desgleichen über alle Notare, welche in böser Absicht Ketzern den Widerruf von Geständnissen aufsetzen würden. Das hatte keine grosse Wirkung; und auch das Parlament aller königlichen Beamten und Inquisitoren von Toulouse und Carcassonne, das am 14. April 1293 zu Montpellier unter dem Vorsitz des königlichen Kämmerers Alfons von Ronceyrac zusammentrat, um die Missbräuche aller Jurisdiktionen abzustellen, vermochte nichts auszurichten[2]).

Kurz darauf, im September 1293, ging Philipp noch einen Schritt weiter und hielt seinen Schild über die unglücklichen Juden. Obgleich sie als Volksklasse keine Verfolgung von der Inquisition zu erleiden hatten, so wurden sie doch in den Augen der Kirche zu Ketzern und als solche der Jurisdiktion der Inquisitoren unterworfen

---

1) Es hat seither Unklarheit geherrscht in betreff des Jahres, wo Philipp in dieser Weise vorging. Die Ordonnanz, so wie sie bei Laurière und Isambert gedruckt ist, rührt aus dem Jahre 1287 her; so wie sie Vaissette gibt, (IV, Pr. 97—8) aus dem Jahre 1291. Eine Kopie in der Sammlung Doat, XXXI, 266 (aus den Regist. Curiae Franciae de Carcass.) ist dagegen datiert 1297. Schmidt (Cathares I, 342) nimmt 1287 an; A. Molinier (Vaissette, Ed. Privat, IX, 157) bestätigt die Jahreszahl 1291. Diese stimmt auch am besten mit der Reihenfolge der Ereignisse überein. 1287 würde offenbar unmöglich sein, da Philipp am 6. Januar 1286 im Alter von siebzehn Jahren gekrönt wurde und schwerlich nach fünfzehn Monaten gewagt haben würde, eine so kühne Massregel gegen alles, was man für heilig hielt, zu ergreifen. Auch würde Nikolaus IV. dann im Jahre 1290 seinen Eifer für die Förderung der Inquisition (Ripoll, II, 29) nicht gelobt haben, während das Jahr 1297 nicht in Einklang zu bringen ist mit der Stellung, die Philipp später in dieser Angelegenheit einnahm. — *Vgl. Tanon a. a. O. S. 67.

Im Jahre 1292 verbot der König den Capitouls von Toulouse, die Folter gegen Kleriker anzuwenden, die der Jurisdiktion eines Bischofs unterständen, ein Verbot, das im Jahre 1307 wiederholt werden musste. — Baudouin, Lettres inédites de Philippe de Bel, pp. 16, 73.

2) Arch. de l'Inq. de Carc. (Doat, XXXII, 251). — Chron. Bardin. ann. 1293 (Vaissette, IV, Pr. 9).

und dem weltlichen Arme überlassen, sobald sie, einmal bekehrt, wieder zum Judentum zurücktraten oder unter den Christen Proselyten zu machen suchten oder vom orthodoxen Christentume abfielen. Alles das war eine Quelle endloser Verlegenheiten für die Kirche, besonders die „Neophyten" oder bekehrten Juden; denn Scheinbekehrungen kamen häufig vor, entweder um weltlicher Vorteile willen, oder um den unaufhörlichen Verfolgungen, denen die unglücklichen Kinder Israels ausgesetzt waren, zu entgehen[1]). Die Bulle 'Turbato corde', die den Inquisitoren befahl, tätig und wachsam zu sein in der Verfolgung aller derer, die dieser Vergehen schuldig seien, wurde im Jahre 1268 von Clemens IV. erlassen und von den folgenden Päpsten immer wieder verkündet mit einer Zähigkeit, die ein Beweis ist für die Wichtigkeit, die man ihr beilegte. Und wenn Bruder Bertrand de la Roche im Jahre 1274 amtlich bezeichnet wird als „Inquisitor in der Provence gegen Ketzer und böse Christen, die das Judentum annehmen", und Bruder Wilhelm von Auxerre 64
im Jahre 1285 als „Inquisitor der Ketzer und der abtrünnigen Juden in Frankreich", so geht daraus klar hervor, dass solche Fälle einen grossen Teil der Inquisitionstätigkeit bildeten. Da die Juden besonders schutzlos waren, so gab diese Jurisdiktion häufig Gelegenheit zu Missbrauch und Erpressung, wovon man zweifellos umfangreichen Gebrauch machte. Philipp war ihnen Schutz schuldig; hatte er ihnen doch im Jahre 1291 ihre eigenen Richter versagt und ihnen befohlen, ihre Rechtsstreitigkeiten vor den königlichen Gerichtshöfen auszufechten. Er begann sie nun in der nachdrücklichsten Weise zu beschützen. Dem Seneschall Simon Brisetête von Carcassonne schickte er eine Kopie der Bulle 'Turbato corde' zu und befahl, dass diese unbedingt zu befolgen sei, dass kein Jude aus irgend einem darin nicht besonders angegebenen Grunde verhaftet

1) Im Jahre 1278 ersuchten die französischen Inquisitoren Nikolaus III. um Verhaltungsmassregeln. Sie teilten ihm mit, dass vor einiger Zeit, während einer allgemeinen Verfolgung der Juden, viele von ihnen aus Furcht, wenn auch nicht wirklich gezwungen, die Taufe empfangen hätten und auch ihre Kinder hätten taufen lassen. Sobald der Sturm vorüber gewesen sei, wären sie in ihre jüdische Blindheit wieder zurückgekehrt und deshalb von ihnen ins Gefängnis geworfen und von Rechtswegen exkommuniziert worden. Aber weder diese Strafe an sich, noch der „squalor carceris" habe genützt; sie seien länger als ein Jahr lang in diesem Zustande geblieben. Daher legten die ratlosen Inquisitoren dem Heiligen Stuhle die Frage vor, was sie weiter tun sollten, und Nikolaus befahl ihnen, solche Juden als Ketzer zu behandeln, d. h. sie wegen hartnäckiger Ketzerei zu verbrennen. — Archives de l'Inq. de Carcassonne (Doat, XXXVII, 191). — *Vgl. Tanon a. a. O. 243 f.; Douais L'Inquisition (1906) S. 358 f.; Bibliothèque de l'Ecole des chartes LXVIII (1907), 130 ff.

werden dürfe, und dass, wenn irgend welche Zweifel beständen, die Angelegenheit dem königlichen Rate berichtet werden solle. Er fügte zugleich eine Ordonnanz bei, dass in Frankreich kein Jude auf Ersuchen irgend eines Angehörigen eines Ordens, gleichgültig welches Amt dieser verwalte, verhaftet werden dürfe, ohne dass dem Seneschall oder dem Bailli Anzeige erstattet würde. Dieser solle dann entscheiden, ob der Fall klar genug sei, um erledigt zu werden, ohne dass man an den königlichen Rat Bericht erstatte. Darauf befahl Simon Brisetête allen Beamten, die Juden zu beschützen, keine Erpressungen gegen sie zu dulden, wodurch sie in ihrer Steuerkraft geschädigt werden könnten, und keinen auf irgend jemandes Befehl hin zu verhaften, ohne ihm den Grund mitzuteilen. Schwerlich hätte man der Macht, die den Inquisitoren in die Hand gegeben war, um eine verachtete Klasse zu bedrücken, einen wirksameren Riegel vorschieben können[1]).

So war Philipp in der entschiedensten Weise aufgetreten, und das bedrückte Volk von Languedoc durfte von ihm eine dauernde Erlösung erhoffen; aber die spätere Politik des Königs strafte diese Hoffnungen wieder Lügen. Sie schwankte in einer Weise, die sich,
65 soweit wir sehen, nur zum Teil aus den wechselnden politischen Bedürfnissen jener Zeiten erklären lässt. In demselben Jahre 1293 weist der Seneschall von Carcassonne den Vicomte Aimeric von Narbonne an, gemäss den Anweisungen königlicher Briefe den Inquisitoren beizustehen. Doch mag dies eine bloss lokale Angelegenheit gewesen sein; denn Philipp blieb wenigstens eine Zeitlang seiner Haltung treu. Gegen Ende des Jahres 1295 wurde eine Ordonnanz des königlichen Gerichtshofes bekannt gemacht, die für das ganze Königreich bestimmt war und verbot, dass überhaupt jemand auf das Verlangen eines Mönches irgend eines Ordens verhaftet werden dürfe, ganz gleich, welche Stellung der Mönch innehabe, es sei denn, dass der Seneschall oder Bailli damit einverstanden sei und die Person, die die Verhaftung verlange, einen päpstlichen

---

1) Mag. Bull. Roman. I, 151, 155, 159. — Archivio di Napoli, Registro 20, Lett. B, fol. 91. — MSS. Bib. Nat., fonds latin, Nr. 14930, fol. 227—8. — Wadding. ann. 1290, Nr. 5, 6. — C. 13, Sexto V, 2. — Coll. Doat, XXXII, 127; XXXVII, 193, 206, 209, 242, 255, 258. - Wadding. ann. 1359, Nr. 1—3. — Lib. Sententt. Inq. Tolos. p. 230.

Schon im J. 1288 hatte Philipp dem Seneschall von Carcassonne befohlen, die Juden gegen Vorladungen und andere Chikanen seitens der geistlichen Gerichtshöfe zu schützen (Vaissette, Ed. Privat, IX, Pr. 232). Jedoch liess er im Jahre 1306 alle Juden des Königreiches ergreifen und vertreiben und ihre Rückkehr bei Todesstrafe verbieten (Guill. Nangiac. Contin. ann. 1306).

Auftrag vorweisen könne. Diese Verordnung wurde an alle königlichen Beamten geschickt mit dem strengen Befehl, ihr zu gehorchen. Liege Fluchtverdacht vor, so dürfe der Gefangene in Haft behalten, aber nicht ausgeliefert werden, bis die Entscheidung des Gerichtshofes eingeholt sei. Ferner sollten alle Personen, die etwa den Bestimmungen dieser Verordnung entgegen noch in Gewahrsam wären, auf freien Fuss gesetzt werden. Selbst diese Massregel erfüllte ihren Zweck nicht genügend; denn einige Monate später, im Jahre 1296, beklagte sich Philipp bei seinem Seneschall von Carcassonne, dass die königlichen Beamten so viele Bürger auf unzureichende Gründe hin festgenommen und in den königlichen Gefängnissen eingekerkert hätten. Das errege Erbitterung und füge Unschuldigen den schweren Makel der Infamie zu. Um das zu verhüten, wurden alle solche Verhaftungen verboten und nur in denjenigen Fällen gestattet, wo der Verdacht der Ketzerei zu stark war, um eine Verzögerung zu rechtfertigen. Die Beamten wurden angewiesen, die Inquisitoren, die sie um Verhaftungen angingen, mit Ausflüchten hinzuhalten. Diesen Befehlen wurde gehorcht. Denn als um jene Zeit Fulco von Saint-Georges, der Viceinquisitor von Carcassonne, den stellvertretenden Seneschall Adam von Marolles aufforderte, mehrere Verdächtige zu verhaften, trug dieser die Angelegenheit seinem Herrn Heinrich von Elisia vor. Dieser lehnte die Aufforderung ab, nachdem er seinerseits mit Robert von Artois, dem Stellvertreter des Königs in Languedoc und der Gascogne, die Sache beraten hatte[1]).

Niemals vorher hatte es ein Herrscher gewagt, in solcher Weise der Inquisition Fesseln anzulegen, durch die sie tatsächlich machtlos wurde. Denn eine ganz selbständige Organisation hatte sie nicht. Selbst ihre Gefängnisse gehörten dem Könige und konnten ihr zu jeder Zeit entzogen werden. Und in bezug auf die physische Gewalt war sie 66
durchaus auf den weltlichen Arm angewiesen. An einigen Orten, z. B. in Albi, konnte sie sich auf bischöflichen Beistand verlassen, aber sonstwo vermochte sie nichts aus eigenen Kräften. Philipp hatte es ausserdem vorsichtigerweise vermieden, die Unzufriedenheit seiner Bischöfe zu erregen. Seine Ordonnanzen und Instruktionen sprachen nur von den Mönchen; sie entzogen auf diese Weise der Inquisition die Unterstützung des Königs, ohne das Institut selbst mit Namen zu erwähnen. Um diese Zeit begann sein Streit mit Bonifaz VIII.

---

1) Regist. Curiae Franciae de Carc. (Doat, xxxii, 254, 267, 268, 269). – Vaissette, iv, Pr. 99.

Zwischen Januar 1296 und Februar 1297 erschienen die berühmten Bullen 'Clericis laicos', 'Ineffabilis amoris', 'Excitat nos' und 'Exiit ad te', deren anmassende Übergriffe in die Befugnisse der weltlichen Autorität seinen Widerstand herausforderten und seinen Wunsch, die Macht einer so rein päpstlichen Einrichtung, wie die Inquisition es war, in seinen Ländern zu mindern, noch lebhafter werden liessen. Der scharfsinnige Fürst erkannte schnell, welche Bedeutung sie als ein päpstliches Angriffsmittel hatte, da die Kirche dem Worte Ketzerei jede beliebige Bedeutung beilegen konnte. Und Bonifaz trug kein Bedenken, dem Könige eine deutliche Warnung zukommen zu lassen. Im Oktober 1297 befahl er nämlich dem Inquisitor von Carcassonne, gegen gewisse Beamte in Béziers, die sich in den Augen des Papstes der Ketzerei verdächtig gemacht hatten, vorzugehen: sie seien wegen Besteuerung des Klerus exkommuniziert worden, hätten aber diese Exkommunikation ruhig auf sich sitzen lassen, ja sie hätten sich noch obendrein gerühmt, dass trotz dieses Anathems die Speisen noch nicht ihren Wohlgeschmack und der Schlaf noch nicht seine Erquickung für sie verloren habe, und hätten es ausserdem gewagt, mit ihren schmutzigen Lippen den Hl. Stuhl zu beschimpfen. Bei einer solchen Ausdehnung der päpstlichen Jurisdiktion war Philipp möglicherweise selbst nicht sicher, und wir brauchen uns nicht zu wundern, dass die in den Jahren 1296 und 1297 gemachten Versuche, Mittel und Wege zu finden, um die jüngsten königlichen Erlasse mit der frühern Allgewalt der Inquisition in Einklang zu bringen, erfolglos blieben[1]).

Die Ereignisse der italienischen Politik zwangen indessen den Papst einzulenken, und sein Streit mit den Kardinälen Jacob und Peter Colonna liess es ihm ratsam erscheinen, Philipp günstig zu stimmen. Im Mai 1297 bewilligte er deshalb den Zehnten, den dem König seine Bischöfe zugestanden hatten. Und in seiner Bulle 'Noveritis' (Juli 1297) hob er die Gültigkeit der früheren Bulle 'Clericis laicos' für Frankreich auf, während er in einer neuen 'Licet per speciales' (Juli 1298) auf das von ihm beanspruchte Recht, den Waffenstillstand
67 zwischen Frankreich und England durch sein Machtwort zu verlängern, verzichtete. So kam ein notdürftiger Friede mit Philipp zustande, und dieser brachte seine guten Beziehungen zum Heiligen Stuhle als-

---

1) Du Puy, Histoire du différend entre Boniface VIII. et Philippe le Bel (1655) Pr. 14, 15, 23, 24. — D'Argentré, Collect. Judic. de novis Error. I, i, 125. — Vaissette, iv, Pr. 99. — Arch. de l'Inq. de Carc. (Doat, xxxii, 264). — Faucon, Registres de Boniface VIII. Nr. 2140.

bald dadurch zum Ausdruck, dass er seine Untertanen von neuem den Inquisitoren preisgab. In den am 3. März 1298 veröffentlichten Liber Sextus der Dekretalen nahm Papst Bonifaz VIII. mit seiner gewohnten Überhebung einen Kanon auf, der allen weltlichen Beamten gebot, den Befehlen der Inquisitoren unbedingt zu gehorchen bei Strafe der Exkommunikation, die, wenn sie ein Jahr lang bestehen blieb, die Verurteilung wegen Ketzerei nach sich zog. Das war die Antwort auf die kühnen Gesetze, welche der französische Monarch erlassen hatte. Philipp aber war in diesem Augenblick nicht geneigt, gegen den päpstlichen Befehl zu protestieren. Im September liess er ihn gehorsam seinen Beamten zukommen mit der Weisung, demselben in jeder Beziehung Folge zu leisten, alle von den Inquisitoren oder den Bischöfen namhaft Gemachten zu verhaften und einzusperren, sowie die von ihnen Verurteilten zu bestrafen. Ein Brief des Bruders Arnold Johannes, des Inquisitors von Pamiers, vom 2. März desselben Jahres versichert den Juden, dass sie keine neuen harten Massregeln zu fürchten brauchten, woraus folgen dürfte, dass ihnen der königliche Schutz vorher entzogen worden war. Das gute Einverständnis zwischen König und Papst dauerte bis 1300, wo der Streit von neuem heftiger denn je ausbrach. Im Dezember dieses Jahres wurden die Bestimmungen der Bulle 'Clericis laicos' erneuert durch die Bulle 'Nuper ex rationabilibus', auf welche die kurze 'Scire te volumus' folgte, deren Echtheit bestritten wird. Sie bestand auf der Unterwerfung Philipps in weltlichen Dingen und forderte deshalb dessen berühmte Erwiderung heraus: 'Sciat tua maxima fatuitas'. Der Streit dauerte mit wachsender Heftigkeit, bis der Papst am 8. September 1303 zu Anagni gefangen genommen wurde und in dem folgenden Monat starb[1]).

Unter dieser schwankenden Politik hatten natürlich die Bewohner von Languedoc viel zu leiden. Nikolaus von Abbeville, der Inquisitor von Carcassonne, ein Mann von unbeugsamer Härte, trieb in seiner Anmassung seine Rechte auf die Spitze. In Fulco von Saint-Georges, dem Prior des Klosters zu Albi, das unter seiner Jurisdiktion stand, fand er einen würdigen Helfer, desgleichen in dem Bischof Bernhard von Castaignet, der, von Fanatismus wie von Habgier getrieben, die Funktionen eines Inquisitors mit Behagen

1) Du Puy, op. cit. Pr. 39, 41, 42, 44. — Faucon, Registres de Boniface VIII. Nr. 1822–3, 1829, 1830–1, 1930. — C. 18, Sexto v, 2. — Isambert, Anc. Loix Franç. II, 718. — Vaissette, Éd. Privat, x, Pr. 317. — Archives de l'Évêché d'Albi (Doat, xxxii, 275). — *Tanon a. a. O. S. 67, 210.

68 erfüllte; fiel doch, wie wir gesehen haben, infolge einer besonderen Abmachung mit Ludwig dem Heiligen den Bischöfen von Albi die Hälfte dessen zu, was die Konfiskationen einbrachten. Vor seiner Beförderung im Jahre 1276 war Bernhard Auditor der päpstlichen Kammer gewesen, woraus folgt, dass er ein gründlicher Rechtskenner war. Er beschützte auch die Kunst und Literatur, lebte aber in beständiger Uneinigkeit mit seinem Volk. Schon im Jahre 1277 hatte er es derartig erbittert, dass sein Palast von einem heulenden Pöbelhaufen erstürmt wurde und er nur mit dem nackten Leben davonkam. Im Jahre 1282 begann er den Bau des Domes der hl. Cäcilia, eines Riesengebäudes, das, halb Kirche halb Festung, gewaltige Summen verschlang und infolgedessen seine Feindschaft gegen die Ketzer aufstachelte mit Rücksicht auf den frommen Gebrauch, den er von ihrem Vermögen machen konnte[1]).

Solchen Männern kam der Schutz, den Philipp eine Zeitlang seinen Untertanen angedeihen liess, begreiflicherweise höchst ungelegen. Die Ketzer machten sich natürlich die der Inquisition auferlegten Einschränkungen zunutze und verdoppelten ihre Tätigkeit. Sie mochten in der Tat auf den Gedanken kommen, dass es mit der Allgewalt der Kirche vorbei sei, und dass mit der Unabhängigkeit der weltlichen Macht eine Ära verhältnismässiger Duldung anheben würde, in welcher ihre verfolgte Religion schliesslich die langersehnte Gelegenheit finden könnte, die Menschheit zu bekehren, ein Traum, dem sie bis zum letzten Tage nachhingen. Noch deutlicher, ja ernster war die Stimmung, welche die königliche Politik in Carcassonne hervorrief. Die Ordonnanzen hatten der Inquisition nicht nur Fesseln angelegt, sondern hatten ihr auch gezeigt, wie unsympathisch sie dem Könige war. Daher wurde es im Jahre 1295 einigen der führenden Bürger, die in den Prozessen von 1285 blossgestellt gewesen waren, nicht schwer, das Volk zum offenen Widerstande aufzureizen. Eine Zeitlang waren sie Herren der Stadt, zum grossen Nachteile der Dominikaner und aller derer, die diese zu unterstützen wagten. Nikolaus von Abbeville wurde während der Predigt von der Kanzel gejagt, mit Steinen geworfen und mit

1) C. Molinier, L'Inq. dans le Midi de la France, p. 92. — A. Molinier (Vaissette, Éd. Privat, IX, 307). Für den Charakter und die Macht der Bischöfe von Albi bietet ein Nachfolger Bernhards von Castaignet, Bischof Geraldus, ein geeignetes Beispiel. Um einen Streit mit dem Herrn von Puygozon beizulegen, hob er im Jahre 1312 ein Heer von fünftausend Mann aus, rückte mit demselben gegen das königliche Schloss Vieux d'Albi vor und richtete grosse Verwüstung an. — Vaissette, IV, 160.

gezückten Schwertern verfolgt. Bei einer anderen Gelegenheit waren die Richter des königlichen Gerichts froh, mit dem Leben davonzukommen, während die Mönche geschlagen und beschimpft wurden, wenn sie sich öffentlich zeigten. Man mied sie wie Exkommunizierte. Bernhard Guidonis, ein Augenzeuge, führt das natür- 69
lich auf den Einfluss der Ketzerei zurück. In Wirklichkeit ist es unmöglich zu beurteilen, wieviel dabei auf die religiösen Gegensätze und wieviel auf Rechnung der natürlichen Reaktion zu setzen ist, die unter den Rechtgläubigen gegen den unerträglichen Druck des Inquisitionsverfahrens Platz griff [1]).

Die Inquisition von Carcassonne wurde für einige Jahre unterbrochen. Sobald die weltliche Hilfe versagte, wurde die öffentliche Meinung zu stark, und sie musste dem Druck weichen. Das dauerte, bis infolge des Waffenstillstandes zwischen König und Papst den Inquisitoren die königliche Macht wieder zur Verfügung gestellt wurde. In ihrer Verzweiflung schickten nun die Bürger Gesandte an Bonifacius VIII. Ihr Führer war Aimeric Castel, ausserdem schloss sich ihnen eine Anzahl Franziskaner an. Der Papst hörte ihre Klagen an und erbot sich, den Bischof von Vicenza als Kommissar zu entsenden, um die Sache zu prüfen und Bericht zu erstatten. Aber der päpstliche Referendarius, der spätere Kardinal von S. Sabina, verlangte als vorläufiges Geschenk die Summe von zehntausend Gulden. Sie wurden ihm versprochen. Aimeric jedoch, der sich die guten Dienste des Peter Flotte und des Herzogs von Burgund gesichert hatte, glaubte sein Ziel billiger erreichen zu können und verweigerte die Zahlung der Summe. Als der Papst von der Weigerung hörte, rief er erzürnt aus: „Wir wissen, auf wen sie sich verlassen; aber bei Gott! alle Könige der Christenheit werden das Volk von Carcassonne nicht vor der Verbrennung retten, und besonders nicht den Vater dieses Aimeric Castel!“ Die Unterhandlung zerschlug sich, und Nikolaus von Abbeville triumphierte. Ein grosser Teil der Bürgerschaft, der Unbequemlichkeiten überdrüssig, ertrug nur unwillig die Exkommunikation, welche auf der ganzen Bevölkerung lastete. Der Wohlstand der Stadt ging zurück, und es fehlte nicht an solchen, die ihren baldigen Ruin voraussagten. Weiterer Widerstand war offenbar hoffnungslos, eine Verständigung erschien als das beste. So veranstaltete man am 27. April 1299 eine feierliche Ver-

---

1) Bernard. Guidon. Hist. Conv. Praed. (Martene, Coll. Ampl. vi, 477—8). — Ejusd. Gravam. (Doat, xxx, 94).

sammlung, bestehend aus den Vertretern der städtischen Behörde, dem Inquisitor, den Bischöfen von Albi und Béziers, dem Inquisitor von Toulouse Bertrand von Clermont, den königlichen Beamten, verschiedenen Äbten und andern Notabeln. Nikolaus diktierte selbst die Bedingungen für die erbetene Absolution; sie waren anscheinend nicht hart. Diejenigen, welche offenbare Ketzer oder als Ketzer verrufen oder durch einen rechtsgültigen Beweis überführt waren, mussten ihr Schicksal erwarten; die übrigen dagegen sollten
70 so büssen, wie die Bischöfe und der Abt von Fontfroide es für gut befinden würden; doch sollten Konfiskation, körperliche oder erniedrigende Bussen ausgeschlossen sein. Das alles war vom kirchlichen Standpunkte sehr massvoll. Aber das Misstrauen sass so tief, oder der Einfluss der Ketzer war so stark, dass sich das Volk vierundzwanzig Stunden Bedenkzeit ausbat und, als man am nächsten Tage wieder zusammenkam, die Bedingungen ablehnte. Sechs Monate vergingen, während deren die Hilflosigkeit und Vereinsamung der Stadt von Tag zu Tag zunahm. Da versammelte man sich am 8. Oktober von neuem, und nun baten die Konsuln im Namen der Gemeinde um Absolution. Nikolaus war nicht streng. Als Busse wurde der Stadt die Erbauung einer Kapelle zu Ehren des hl. Ludwig auferlegt. Sie wurde im Jahre 1300 vollendet und kostete neunzig Pfund Tournosen. In geheimer Sitzung schworen sodann die Konsuln im Namen der Bürgerschaft die Ketzerei ab. Den schuldigsten Bürgern, zwölf an der Zahl, wurden besondere Strafen vorbehalten. Es waren vier frühere Konsuln, vier Räte, zwei Advokaten und zwei Notare, denen ohne Frage ein beklagenswertes Los bevorstand. Der Zufall hat uns das Urteil gegen einen der Urheber der Wirren, Wilhelm Garric, erhalten. Wir ersehen daraus, dass dieser zweiundzwanzig Jahre lang in dem furchtbaren Kerker von Carcassonne schmachtete, bevor im Jahre 1321 sein Urteil gesprochen wurde. In Anbetracht der langen Gefangenschaft liess man ihm die Wahl zwischen Kreuzzug und Verbannung; da fiel der gebrochene alte Mann auf die Knie und dankte Jesus Christus und den Inquisitoren für die ihm erwiesene Gnade. Als einige Jahre später Bruder Bernhard Délicieux Einsicht in die schriftlichen Abmachungen nahm, entdeckte er, dass danach die Konsuln eingestanden hatten, die ganze Bürgerschaft habe offenkundigen Ketzern Hilfe geleistet, und dass sie im Namen aller abgeschworen hatten; infolgedessen seien, so schloss er hieraus, alle Bürger unfähig, ein Amt zu bekleiden und würden im Falle wei-

terer Unruhen der Strafe des Rückfalls unterliegen. Diese Enthüllung rief indessen eine so allgemeine Erbitterung hervor, dass der Inquisitor Gottfried von Ablis sich genötigt sah, am 10. August 1303 feierlich zu erklären, er denke durchaus nicht an die Verwertung dieser Aufzeichnungen. Nichtsdestoweniger wurden sie im Jahre 1305, als König Philipp nach Carcassonne kam, für betrügerisch erklärt, und der Seneschall Gui Caprier wurde entlassen, weil er sein Siegel darunter gesetzt und eingestanden hatte, von Nikolaus von Abbeville mit tausend Pfund Tournosen bestochen worden zu sein[1]).

Ermutigt durch die Untätigkeit der suspendierten Inquisition, 71
hatten die Katharer das Werk der Propaganda mit neuer Kraft wieder aufgenommen. Den Anstoss zu erneuter Verfolgung gab im Jahre 1299 das Konzil von Béziers, indem es erklärte, es seien wieder „vollkommene“ Ketzer im Lande erschienen, man solle sorgfältig nach ihnen fahnden. Zu Albi lag Bischof Bernhard, wie gewöhnlich, mit seiner Gemeinde im Zwist. Sie erhob Klage gegen ihn beim königlichen Gerichtshofe, um ihre Rechte zu behaupten. Das gab dem Bischof eine willkommene Gelegenheit, die Inquisitoren Nikolaus von Abbeville und Bertrand von Clermont zu Hilfe zu rufen. Diese versetzten gegen Ende des Jahres 1299 die Stadt in die grösste Bestürzung durch die Verhaftung von fünfundzwanzig der wohlhabendsten und angesehensten Bürger, die über jeden Verdacht der Ketzerei erhaben waren, da sie der Messe regelmässig beiwohnten und alle religiösen Pflichten erfüllten. Die Prozesse wurden mit ungewöhnlicher Schnelligkeit betrieben. Die Angeklagten leugneten anfangs ihre Schuld, wurden aber in so kurzer Zeit zum Geständnis und zur Anzeige ihrer Genossen gebracht, dass man es nur durch eine rücksichts- und schonungslose Anwendung der Folter erklären kann. In der Tat lassen die in dem Endurteil Wilhelm Calveries, eines der Opfer, gemachten Andeutungen keinen Zweifel in dieser Hinsicht bestehen. Abschwörung rettete sie vor dem Scheiterhaufen, aber die Strafe lebenslänglicher Gefangenschaft in Ketten war doch nur eine zweifelhafte Gnade für die Verurteilten, während die übrigen auf unbestimmte Zeit im Gefängnisse schmachteten und auf den Urteilsspruch noch warteten[2]).

---

1) MSS. Bib. Nat., fonds latin, Nr. 4270, fol. 18, 119–23, 129, 135–6, 292. — Archives de l'Inq. de Carc. (Doat, XXXII, 283). — Vaissette, IV, 91; Pr. 100–2. — Lib. Sententt. Inq. Tolos. pp. 282–5. — Coll. Doat, XXXIV, 21

2) Conc. Biterrens. ann. 1299, c. 3 (Vaissette, IV, 96) — MSS. Bib. Nat.,

Das ganze Land war reif zur Empörung. Der Wiederausbruch des Streites zwischen Philipp und Bonifaz erweckte von neuem die Hoffnung auf Unterstützung von Seiten der Krone. Sollte diese aber ausbleiben, so stand zu erwarten, dass sich das verzweifelte Volk eines Tages nach einem andern Herrscher umsehen werde, der seinen Klagen willigeres Gehör schenken würde. Die Verhaftung und der Prozess des Bischofs von Pamiers, der im Jahre 1301 wegen Verrats angeklagt wurde, zeigen uns, in welcher Stimmung die damalige Bevölkerung von Languedoc war. Der Franzose galt daselbst noch immer als ein verhasster Fremdling, der König als ein fremder Despot, das Volk war unzufrieden und bereit, entweder England oder Aragon zu huldigen, sobald ihm dies vorteilhafter erschien. Um die schwankende Politik Philipps zu verstehen, müssen
72 wir daran denken, wie locker noch das Band war, welches das Land mit den Pariser Königen verband [1]).

Die Verfolgungen in Albi verbreiteten allgemeinen Schrecken; denn die Opfer wurden überall für gute Katholiken gehalten, die man nur ausgewählt habe, um sich ihres Reichtums zu bemächtigen. Weit und breit war man überzeugt, dass solche Inquisitoren wie Johann von Faugoux, Wilhelm von Mulceone, Johann von Saint-Seine, Johann Galande, Nikolaus von Abbeville und Fulco von Saint-Georges sich schon lange kein Gewissen mehr daraus machten, durch Drohungen und Folter die gewünschten Aussagen gegen jeden, den sie verderben wollten, zu erlangen, dass ferner ihre Protokolle gefälscht und mit erfundenen Angaben angefüllt waren. Schon einige Jahre vorher hatte Bruder Johann Martin, ein Dominikaner, den Erzbischof von Narbonne, Peter von Montbrun († 1286), gebeten, gegen dieses unbillige Treiben einzuschreiten. Man stellte eine Untersuchung an, welche die Wahrheit der Beschwerden ergab und zeigte, dass sich diese Geier besonders die Toten als Beute wählten und zu dem Zwecke ihre Betrügereien von langer Hand vorbereiteten. Selbst die strenge Rechtgläubigkeit der Marschälle von Foix konnte Guido de Levis von Mirepoix nicht vor einem Angriffe nach dem Tode retten. Als der Bischof von Carcassonne, Walter von Montbrun, im J. 1280 starb, wiesen die Inquisitoren aus ihren Registern nach, dass er Ketzer ver-

---

fonds latin, Nr. 4270, fol. 264, 270. — Archives de l'Evêché d'Albi (Doat, xxxv, 69). — MSS. Bib. Nat., fonds latin, Nr. 11847. — Lib. Sententt. Inq. Tolos. p. 266.

1) Du Puy, Hist. du différend, Pr. 633 sqq., 653—4. — Martene, Thesaur. I, 1320—36.

ehrt habe und auf dem Todesbette häretisiert worden sei. In diesem Falle wusste der Erzbischof zufällig, dass einer der Zeugen, Jourdain Ferrol, zu der Zeit, wo er nach seiner Aussage den Adorationsakt gesehen haben wollte, abwesend gewesen war. Bruder Johann Martin ersuchte daher den Erzbischof dringend, alle Protokolle zu vernichten und den Dominikanern ihre Funktionen entziehen zu lassen. Der Prälat machte auch in Rom einen Versuch in dieser Richtung, begnügte sich aber mittlerweile damit, einige Verordnungen zu erlassen und einige von den Büchern zu beschlagnahmen. Vermutlich infolge dieses Sturmes zogen sich die Inquisitoren von Carcassonne und Toulouse, Nikolaus von Abbeville und Peter von Mulceone, als sie erfuhren, dass sie wahrscheinlich des Betruges überführt werden würden, mit ihren Protokollen nach dem sicheren Zufluchtsorte Prouille zurück; hier fertigten sie eifrig eine Abschrift an, in welcher sie die kompromittierenden Stellen ausliessen, und banden dieselbe schlauerweise in die von den alten Bänden abgelösten Decken[1]).

Um diese Zeit ereignete sich ein Fall, der den Glauben des 73
Volkes an die Bosheit der Inquisitoren bestätigte, und dessen Folgen von weit grösserer Bedeutung waren, als seine Urheber ahnten. Als der enttäuschte Bonifaz VIII. schwur, dass er den Vater des Aimeric Castel verbrennen lassen wolle, war das keine eitle Drohung. Nikolaus von Abbeville stand als geeignetes Werkzeug zur Ausführung derselben bereit. Ihm übertrug der Papst mündlich die nötigen Befehle. Castel Fabri, der Vater, war ein Bürger von Carcassonne und sowohl wegen seiner Frömmigkeit und Menschenfreundlichkeit als auch wegen seines Reichtums bekannt gewesen. Ein Freund des Franziskanerordens, war er nach dem ordnungsmässigen Empfange der Sakramente im Jahre 1278 in den Händen dieser Mönche gestorben. Sechs von ihnen hatten in dem Krankenzimmer bis zu seinem Tode Wache gehalten, und er war dann auf dem Franziskanerfriedhofe begraben worden. Wir haben indessen in dem Falle der Grafen von Foix gesehen, wie leicht es für die Inquisition war, alle solche Vorkehrungen hinfällig zu machen. Tatsächlich gelang es auch Nikolaus ohne Schwierigkeit, das, was er wünschte, zu entdecken oder zu erfinden[2]). Im Jahre 1300 wurden plötzlich die

---

1) MSS. Bib. Nat., fonds latin, Nr. 4270, fol. 125—8, 139.

2) In einer Reihe von Aussagen des Arnold Matha, eines Klerikers von Carcassonne, aus dem Jahre 1285, befinden sich zwei, nämlich vom 4. und 10. Oktober, worin er alle Einzelheiten der Häretisierung Castel Fabris auf seinem Todesbette 1278 beschreibt (Doat, xxvi, 258—60). Wenn diese

Bewohner von Carcassonne durch ein in allen Pfarrkirchen angeschlagenes Plakat überrascht, wonach jeder, der das Andenken Castel Fabris zu verteidigen wünschte, aufgefordert wurde, an einem bestimmten Tage vor der Inquisition zu erscheinen, da es erwiesen sei, dass der Tote auf seinem Todesbette häretisiert worden wäre. Der Augenblick war gut gewählt, da Aimeric Castel, der Sohn, abwesend war. Die Franziskaner, für welche der Angeklagte in seinem Testamente zweifellos freigiebig gesorgt hatte, fühlten sich berufen, die Verteidigung zu übernehmen. Sie hielten schnell eine Beratung ab und beschlossen, ihren Lektor Bernhard Délicieux auf das damals in Marseille versammelte Generalkapitel ihres Ordens zu senden, um Verhaltungsmassregeln einzuholen, da bei dem dauernden Gegensatz zwischen den Bettelorden die Angelegenheit als ein Angriff auf den Franziskanerorden angesehen werden konnte. Die Gattin des Aimeric Castel bestritt die Ausgaben der Reise. Bernhard kehrte zurück mit der Anweisung des Provinzials, das Andenken des Verstorbenen zu verteidigen, während Eleazar von
74 Clermont, der Syndikus des Klosters, von dem Guardian von Narbonne den Auftrag erhielt, ihm helfend zur Seite zu stehen. Mittlerweile war Nikolaus zur Verurteilung geschritten. Als sich nun am 4. Juli 1300 Bernhard und Eleazar meldeten, um das Zeugnis der Mönche, die den Sterbenden bewacht hatten, beizubringen, empfing er sie stehend und weigerte sich, sie anzuhören, ja, als sie auf der Beibringung des Beweises bestanden, machte er ihnen verächtlich die Türe vor der Nase zu. Am Nachmittage kamen sie wieder, um sich ihr Anerbieten und ihre Abweisung bescheinigen zu lassen, fanden aber die Türe der Inquisition verschlossen und konnten keinen Eintritt erlangen.

Das nächste war, dass sie Berufung bei dem Heiligen Stuhle einlegten und um „Apostoli" ersuchten; aber das war leichter gedacht als getan. Der Schrecken, den Nikolaus einflösste, war so allgemein, dass selbst Johann von Penne, ein Doktor der Dekretalen, der das Schriftstück anfertigen sollte, dies nur unter der Bedingung tat, dass sein Name absolut geheim bleibe. Und noch neunzehn Jahre

---

auch nicht mit Bestimmtheit für Unterschiebungen erklärt werden können, so sehen sie doch so aus. Und man kann mit Sicherheit annehmen, dass, zumal bei einer so reichen Beute, ein solcher Fall unmöglich fünfzehn Jahre hätte unentdeckt bleiben können. Es handelt sich unzweifelhaft um eines der gefälschten Protokolle, wie sie nach dem Glauben des Volkes bei der Inquisition herkömmlich waren.

später lehnte es Bernhard bei seinem Verhöre ab, ihn zu nennen, solange er nicht dazu gezwungen würde. Einen Notar zu erlangen, der die Berufung beglaubigte, war noch schwerer. In Carcassonne schlugen es alle rundweg ab; man musste daher einen von auswärts holen, so dass die Urkunde erst am 16. Juli fertig war. Mit welchem Ernst alle Parteien die Sache ansahen, die doch eine einfache Formalität war, beweist der Schluss der Berufungsurkunde, wo bis zur Entscheidung nicht nur der Leichnam Castel Fabris, sondern auch die Appellanten und das ganze Franziskanerkloster unter den Schutz des Heiligen Stuhles gestellt werden. Als man Nikolaus die Urkunde vorlegen wollte, fand man die Türe wie früher verschlossen und den Eintritt verwehrt. Man las sie daher auf der Strasse vor und heftete sie dann an die Tür. Die Inquisitoren aber nahmen sie davon ab, legten sie ins Archiv und brachten sie im Jahre 1319 als Beweis gegen Bernhard vor. Weitere Nachrichten über den Fall sind nicht vorhanden. Doch war die Berufung erfolglos; das beweist die Tatsache, dass nach den Rechnungen des Arnold Assalit aus den Jahren 1322—23 die königliche Schatzkammer aus dem konfiszierten Vermögen Castel Fabris noch immer ein Einkommen bezog. Die unersättliche Rache der Inquisition aber ordnete im Jahre 1329 auch die Ausgrabung der Gebeine seiner Gattin Rixende an[1]).

Der Fall Castel Fabris wäre wohl unbemerkt vorübergegangen 75
wie tausend andere, wenn er nicht zufällig zu einem Konflikte zwischen dem Lektor des Klosters von Carcassonne und der Inquisition geführt hätte. Bernhard Délicieux war kein gewöhnlicher Mann. Ein Zeitgenosse versichert uns, dass es in dem ganzen Franziskanerorden nur wenige seinesgleichen gab. Um 1284 trat er in den Orden ein, seine Stellung als Lektor oder Lehrer zeigt, wie hoch man seine Gelehrsamkeit zu schätzen wusste; denn die Bettelmönche waren sorgfältig in der Wahl derjenigen, denen sie ein solches Amt übertrugen. Ausserdem stand er mit den führenden Geistern seiner Zeit, z. B. Raimund Lullus und Arnald von Villanova, in Beziehung.

---

1) MSS. Bib. Nat., fonds latin, Nr. 4270, fol. 14—16, 29—30, 35, 120, 148. — Coll. Doat, xxvii, 178; xxxiv, 123, 189. — *Hauréau, Bernard Délicieux et l'Inquisition Albigeoise (1877) S. 167 ff.; Tanon a. a. O. S. 69 ff.

Noch im Jahre 1338 war das konfiszierte Haus Castel Fabris zu Carcassonne der Gegenstand einer Reklamation durch Peter von Manse. Dieser behauptete nämlich, Philipp der Schöne habe es seiner Gemahlin geschenkt und durch die Königin sei es auf ihn gekommen. Die königlichen Beamten dagegen behaupteten, die Schenkung hätte nur für Lebenszeit gegolten, und hatten es von neuem beschlagnahmt. Philipp von Valois überliess es jedoch dem Reklamanten. Vaissette, Éd. Privat, x, 831—3.

Er war ein sehr gesuchter Prediger; seine Reden besassen eine solche Überzeugungskraft, dass er alle, mit denen er in Berührung kam, beherrschte, und sein Enthusiasmus befähigte ihn, für eine Sache, für die er sich einmal erwärmt hatte, jedes Opfer zu bringen. Er war kein Freigeist oder Heuchler; denn als sein Orden sich spaltete, schlug er sich, zu seinem eigenen Verderben, auf die Seite der Franziskanerspiritualen, mit der nämlichen Selbstlosigkeit, die er auch der Inquisition gegenüber an den Tag gelegt hatte. Duldung liebte er nicht, vielmehr wünschte er inbrünstig die Ausrottung der Ketzerei; aber Erfahrung und Beobachtung hatten ihn überzeugt, dass die Inquisition in den Händen der Dominikaner nur ein Werkzeug der Unterdrückung und Erpressung war, und er glaubte, dass, wenn sie den Franziskanern übertragen würde, ihr Nutzen bleiben, aber ihre Übelstände verschwinden würden. Um diese Zeit ersetzte Bonifaz VIII., wie wir gesehen haben, die Franziskanerinquisitoren von Padua und Vicenza durch Dominikaner, um dadurch ähnliche Missbräuche zu beseitigen, und bei der Eifersucht und dem Gegensatz zwischen den beiden Orden mochte das umgekehrte Verfahren in Languedoc eines Versuches wert erscheinen. Von der Hoffnung erfüllt, die Leiden des Volkes zu erleichtern, widmete Bernhard dieser Aufgabe viele Jahre seines Lebens, Verleumdung, Verfolgung und Undankbarkeit dafür erntend. In seiner Aufopferung für andere ging er soweit, dass er, um jemandem einen Dienst zu leisten, seine Bücher verkaufte und sich in Schulden stürzte, während die Feindschaften, die er sich zuzog, ihn erbarmungslos in den Tod trieben. In diesem Kampfe blieb ihm jedoch die Sympathie seines eigenen
76 Ordens treu zur Seite, der in ganz Languedoc der Inquisition der Dominikaner feindlich gegenüberstand. Schon im Jahre 1291 hatten Franziskaner in Carcassonne versucht, in Sachen der Ketzerei zu vermitteln, waren aber auf das Drängen des Inquisitors Wilhelm von Saint-Seine von Philipp dem Schönen scharf getadelt worden. Im Jahre 1298 unterstützten sie die Berufung, welche die Bürger von Carcassonne an Bonifaz VIII. richteten, und während der ganzen Dauer der Tätigkeit Bernhards waren die Franziskanerklöster tatsächlich die Sammelpunkte der Opposition. Dort hielt er seine feurigen Reden, dort wurden Versammlungen veranstaltet, um den Widerstand zu organisieren. Einmal während der Wirren in Carcassonne zog Fulco von Saint-Georges mit fünfundzwanzig Männern nach dem Franziskanerkloster, um die Gegner der Inquisition vorzuladen. Die Brüder jedoch liessen sie nicht ein, sondern zogen die Glocke und griffen

von innen die Eindringlinge mit Worten und Steinen an. Als dann die Menge erbittert herbeiströmte, konnte Fulco mit seinen Genossen froh sein, mit dem Leben davonzukommen[1]).

Vergebens führten die Inquisitoren bei den Oberen des Franziskanerordens Beschwerde über Bernhard und klagten ihn an wegen Behinderung der Inquisition. Man hätte gewiss eine Art Prozess durchführen können. Die Dominikaner aber nahmen wohl selbst davon Abstand, da sie vermuteten, dass der Angeklagte Briefe beibringen würde, die seine Unschuld bezeugten; sie begnügten sich damit, ihren Gegnern vorzuwerfen, dass nur Eifersucht die Triebfeder ihres Vorgehens sei. Die Franziskaner dagegen behaupteten, dass ihre Freunde ganz besonders der Verfolgung durch die Inquisition ausgesetzt seien. Dieser Gegensatz herrschte sogar an dem Hofe in Paris. Der Beichtvater des Königs Philipp war ein Dominikaner, der der Königin Johanna ein Franziskaner, und die beiden Hofmönche nahmen für und wider die Inquisition Partei mit einem Eifer, der sie zu wichtigen Faktoren in dem Streite machte. Die dauernde Feindschaft zwischen den beiden Orden veranlasste sie, sich immer und in allen Fragen des Dogmas oder der Praxis auf den entgegengesetzten Standpunkt zu stellen, und die Inquisitionsfrage war eine, welche dem bitteren Hasse reiche Nahrung bot[2]).

Der gegen die sogenannten Ketzer von Albi im Dezember 1299 und den ersten Monaten des Jahres 1300 ausgeführte Handstreich hatte eine zu allgemeine Bestürzung hervorgerufen, als dass die Angelegenheit hätte ohne Folgen bleiben können. Da der Streit zwischen Philipp und Bonifaz VIII. von neuem ausbrach, so mochte der König den Wunsch haben, seinen Untertanen zu zeigen, dass sie an dem Throne einen Beschützer hätten. Daher wurde der Ansicht des Kron- 77
rats gemäss eine Untersuchung angeordnet, und die Bischöfe von Béziers und Maguelonne wurden damit betraut. Aber die Inquisitoren, anmassend und hartnäckig wie sie waren, lehnten es ab, sich in die Geheimnisse ihres Amtes blicken zu lassen. Das war nicht danach angetan, das Volk zu beruhigen. Deshalb schickte im Jahre 1301 Philipp zwei mit den höchsten Vollmachten ausgerüstete Beamte

1) Historia Tribulationum (Archiv für Literatur- und Kirchengeschichte, II, 1886, p. 145 ff.). — MSS. Bib. Nat., fonds latin, Nr. 4270, fol. 231. — Vaissette, Éd. Privat, x, 268. — *Eubel im Bullarium Franciscanum v, 1898, S. 20 Anm., S. 171 Anm.

2) MSS. Bibl. Nat., fonds latin, Nr. 4270, fol. 9, 19, 22, 24, 26, 32, 40, 63, 70, 73, 81, 82, 84, 119, 128, 149, 155, 163. — Bern. Guidon. Hist. Conv. Albiens. (D. Bouquet, xxi, 748). — Coll. Doat, xxxiv, 26.

unter dem Namen „Reformatoren“ nach Languedoc. Die Massregel war nicht ungewöhnlich. Bei der immer zunehmenden Ausdehnung und Befestigung der königlichen Autorität kam es öfters vor, dass besondere Beamte zur Untersuchung und Abstellung von Missbräuchen in die Provinzen entsandt wurden. In dem gegenwärtigen Falle hatten die nach Languedoc Bevollmächtigten vor allem den Auftrag, den wegen verräterischer Umtriebe angeklagten Bischof von Pamiers zu verhaften, während die Abstellung der Inquisitionsmissbräuche daneben als Vorwand diente. Einer von ihnen, Johann von Pequigny, Vidame von Amiens, stand in hohem Ansehen wegen seiner Redlichkeit und seines Scharfsinns. Der andere war Richard Neveu, Archidiakon von Lisieux, von dem wir in den folgenden Jahren nur hören, dass er in aller Stille auf den freigewordenen Bischofsstuhl von Béziers schlüpfte. Er muss jedoch in gewissem Sinne seine Pflicht getan haben, denn Bernhard Guidonis erzählt uns, dass im Jahre 1309 Gott ihn zur Strafe für seine Feindseligkeit gegen die Inquisition am Aussatz habe sterben lassen [1]).

Die „Reformatoren“ liessen sich in Toulouse nieder, wo Fulco von Saint-Georges seit Michaelis (29. September) 1300 Inquisitor war, und in kurzer Zeit brachten sie viel Belastungsmaterial gegen ihn zusammen. Er wurde beschuldigt, nicht nur Personen zum Zwecke der Erpressung ungesetzlich gefoltert, sondern auch seiner Sinnenlust gefrönt zu haben durch Verhaftung von Frauen, deren Tugend er anders nicht beikommen konnte. Abgesandte von Albi eilten mit den Frauen und Kindern der Gefangenen herbei und flehten die Vertreter
78 des Königs um Gerechtigkeit an, indem sie Enthüllungen versprachen, wenn denjenigen, welche Näheres mitteilen würden, Schutz- und Geleitsbriefe ausgestellt würden. Denn die Inquisition verbreitete solche Furcht um sich, dass niemand es wagte, Aussagen über sie zu machen, wenn ihm nicht Schutz gegen ihre Rache zugesichert

1) MSS. Bib. Nat., fonds latin, Nr. 4270, fol. 163. — Guillel. Nangiac. Contin. ann. 1303. — Grandes Chroniques, T. v, pp. 156—7. — Girard de Fracheto, Chron. contin. ann 1203 (D. Bouq. xxi, 23). — Vaissette, iv, 112. — Bern. Guidon. Hist. Fund. Conv. Praed. (Martene, Ampl. Coll. vi, 514).

Als man nach langen Jahren, 1319, Bernhard Délicieux von Avignon nach Toulouse brachte zu dem Verhöre, das zu seinem Tode führte, spielte einer aus dem Gefolge, ein Notar namens Arnold von Nogaret, zufällig auf ein Gerücht an, wonach Pequigny mit tausend Livres bestochen worden sei, um der Inquisition entgegenzutreten. Da flammte des alten Mannes Zorn auf, und zur Verteidigung seines dahingegangenen Freundes rief er: „Das lügst Du in Deinen Hals, der Vidame war ein ehrlicher Mann“. — MSS. Bib. Nat., fonds latin, Nr. 4270, fol. 263.

wurde. Der Bischof von Albi kam auch, um sich zu rechtfertigen. Bei seiner Rückkehr nach Albi machten seine durch das Erscheinen der Reformatoren ermutigten Diöcesanen ihren lange zurückgehaltenen Gefühlen gegen ihn Luft. Als seine Annäherung gemeldet wurde, eilten viele Männer und Frauen vor die Tore und riefen ihm ins Angesicht: „Tod, Tod, Tod dem Verräter!“ Man darf vielleicht bezweifeln, dass er, wie berichtet wird, die Drohungen und Beschimpfungen mit der Geduld Christi hinnahm und seinen Begleitern befahl, ihre Waffen zu senken. Sicher ist, dass ihm arg mitgespielt wurde, und dass er nur mit Mühe seinen Palast erreichte. Es bildete sich eine Verschwörung, um den bischöflichen Palast anzustecken und während der Verwirrung die Gefangenen zu befreien; aber den Verschwörern schwand der Mut, und der Plan wurde aufgegeben. Noch drohender war die Haltung mehrerer angesehenen Bürger, die sich notariell verpflichteten, ihn und Nikolaus von Abbeville vor dem königlichen Gerichtshofe zu belangen. Die Folge war, dass dem Bischof die Temporalien mit Beschlag belegt wurden und dass ihm durch die enorme Eventualstrafe von zwanzigtausend Pfund zum Besten des Königs ein Teil des schnöden Gewinnes wieder abgesprochen wurde. Dem Könige machte allerdings Bernhard Délicieux den bitteren Vorwurf, dass er auf diese Weise das Geld der Gerechtigkeit vorziehe. Bernhard von Castaignet behielt seinen unbehaglichen Sitz bis zum Jahre 1308. Als sich auch unter Clemens V. keine Aussicht auf bessere Zeiten bot, liess er sich nach dem ruhigeren Le Puy versetzen. Eins der ersten Anzeichen des Umschwungs unter Johann XXII. war seine im Dezember 1316 erfolgende Ernennung zum Kardinal von Porto; jedoch nur acht Monate, bis zu seinem Tode im August 1317, bekleidete er diese Würde [1].

Die Bevollmächtigten hatten mittlerweile Bernhard Délicieux kommen lassen, der damals ruhig sein Amt als Lektor in dem Kloster Narbonne versah. Er musste wohl schon in der Angelegenheit Castel 79
Fabris hervorgetreten sein, denn er wurde offenbar als willkommener Bundesgenosse in dem schwebenden Streite angesehen. Nach seinem eigenen Berichte riet er Pequigny, die Inquisition in Ruhe zu lassen, da die Erfahrung gezeigt habe, dass Schritte gegen sie nutzlos seien. Als er aber in Angelegenheiten der Priorie von Daurade nach

1) Bern. Guidon. Hist. Fund. Conv. Praed. (Martene, Ampl. Coll. VI, 510–11). — Arch. de l'Inq. de Carc. (Doat, XXVII, 7). — MSS. Bib. Nat., fonds latin, Nr. 4270, fol. 6, 7, 11, 42, 45, 48, 71, 161, 270. — Arch. de l'hôtel de Ville d'Albi (Doat, XXXIV, 169). — Vaissette, IV, 143.

Toulouse gerufen wurde und nach dem Willen des Bischofs Ludwig von Toulouse auch Paris aufsuchen sollte, nahm er den Vorschlag Pequignys an, sich einer Deputation anzuschliessen, die die Bürger von Albi an den König schickten, um diesen um tatkräftige Hilfe zu bitten. Der Hof befand sich damals zu Senlis. Dorthin begaben sie sich. Auch Pequigny erschien daselbst, um sich zu rechtfertigen, sowie Bruder Fulco mit mehreren Dominikanern, um die Unschuld der Inquisition darzutun[1].

Der Streit wurde vor dem Könige ausgefochten. Bernhard verlangte, dass die Inquisitoren, solange die Untersuchung schwebe, von ihrem Amte suspendiert würden, oder dass die Dominikaner bis zur endgültigen Entscheidung durch den Hl. Stuhl dauernd das Recht verlieren sollten, zu dem Amt eines Inquisitors gewählt zu werden. Unterstützt von dem Dominikaner Wilhelm, dem Beichtvater des Königs, brachte Fulco Anschuldigungen gegen Pequigny vor, konnte aber keine Beweise vorlegen. Pequigny antwortete mit Anschuldigungen gegen Fulco. Es wurde eine Kommission eingesetzt, die aus dem Erzbischof von Narbonne und dem Connétable von Frankreich bestand und beide Parteien verhören sollte. Nach pflichtgemässer Beratung fiel der Bericht zugunsten Pequignys aus, und der König tat das Unerhörte: er setzte den Inquisitor ab. Zunächst allerdings richtete er an den Dominikanerprovinzial von Paris, der das Recht zur Absetzung besass, das Ersuchen, den Inquisitor abzuberufen. Dieser aber berief ein Kapitel, welches sich damit be-

1) In dem Regestum Clementis PP. V., das 1885—92 von den Benediktinern veröffentlicht worden ist (II, pp. 52, 165; III, pp. 3, 255), finden sich mehrere Briefe, welche Licht verbreiten über die schlimme Lage Bernhards von Castaignet. Im Jahre 1307 klagten ihn zwei seiner Domherren, Sicard Aleman und Bernhard Astruc, zahlreicher Verbrechen vor dem Papste an. Nachdem Berengar, der Kardinal von SS. Nereus und Achilles, der zum Bericht über die Sache aufgefordert wurde, die Anklageartikel geprüft hatte, enthob er ihn, so lange die Untersuchung schwebte, aller seiner Funktionen. „Exekutoren“ mussten nach Albi gehen, um die Zeugenaufnahmen zu machen. Sie bewilligten drei Monate für die Beweisaufnahme, darauf zwei für die Verteidigung und schliesslich noch zwei für die Widerlegung der Verteidigung. Am 31. Juli wurde ein Generalvikar ernannt, um das Bistum zu verwalten, und drei Prokuratoren, um die Einkünfte desselben zu erheben. Einer der Exekutoren war Arnald Novelli, der Abt von Fontfroide, der, wie wir (S. 94) sehen werden, auf Befehl Philipps des Schönen den Bischof in seiner Eigenschaft als Inquisitor zu vertreten hatte. Arnald wurde bald darauf zum Vizekanzler der Kurie ernannt. Infolge dieser Ernennung sowie anderer Hinderungsgründe wurde die Untersuchung aufgeschoben, und am 20. November wurden nochmals zwei Monate für die Erhebung der Anklage bewilligt. Die Untersuchung hatte offenbar kein anderes Ergebnis, als dass der Wunsch Bernhards, seinen dornigen Bischofsstuhl aufzugeben, noch lebhafter wurde.

1) MSS. Bib. Nat., fonds latin, Nr. 4270, fol. 16, 149.

gnügte, einen Stellvertreter zu ernennen und Fulco zu befehlen, sein Amt bis Mittfasten zu behalten, um die bereits begonnenen Prozesse zu Ende zu führen. Hierdurch fühlte sich Philipp schwer verletzt und drückte seinen Unmut unzweideutig in Briefen an seinen Kaplan und den Bischof von Toulouse aus, denen er bittere Vorwürfe machte, weil sie die Annahme dieser Bestimmungen angeraten hatten. Und er begnügte sich nicht mit Worten. Denn gleichzeitig, am 8. Dezember 1301, schrieb er an den Bischof, den Inquisitor von Toulouse und die Seneschalle von Toulouse und Albi und erklärte, dass die Hilferufe seiner Untertanen, darunter Prälaten, Geistliche, Grafen, Barone und andere Vornehme, ihn davon überzeugt hätten, dass Fulco der gegen ihn erhobenen Anklagen und selbst solcher Verbrechen schuldig sei, die allgemein Abscheu erregten. Er bedrücke das 80
Volk mit Abgaben und Erpressungen und pflege sein Prozessverfahren mit unerhörten und unglaublichen Foltern zu beginnen, um dadurch den Unglücklichen, gegen die er Verdacht hege, ein Geständnis zu entlocken. Gelinge ihm das nicht, so besteche er Zeugen, die falsch aussagen müssten. Seine abscheulichen Vergehen hätten einen so allgemeinen Schrecken verbreitet, dass ein Aufstand des Volkes zu fürchten sei, wenn nicht sofort Abhilfe erfolge. Es wurde zwar noch weiterer Einspruch gegen Fulcos Absetzung erhoben, aber das nützte nichts. Die Ernennung Wilhelms von Morières, welcher ihm früher auch in der Würde eines Priors von Albi gefolgt war, zu seinem Nachfolger brachte indessen den Bürgern keinen grossen Gewinn. Fulco aber wurde durch das wichtige Priorat Avignon entschädigt; als er später in Armut zu Lyon starb, galt er in seinem Orden fast als ein Märtyrer[1]).

Philipp hatte sich nicht damit begnügt, Fulco zu entfernen, sondern hatte auch versucht, Reformen einzuführen, die bedeutsam sind, weil sie einerseits die Oberhoheit, die der König beanspruchte, beweisen und andrerseits vorbildlich wurden für alle späteren Versuche zur Abstellung der Missbräuche der Inquisition. Die natürliche Folge dieser Massregeln war die Wiederherstellung der bischöflichen Autorität, welche durch die Inquisition vollständig unterdrückt worden war. Zunächst sollte das Gefängnis, das die Krone auf ihrem eigenen Grund und Boden in Toulouse für den Gebrauch des hl. Offiziums errichtet hatte, unter die Aufsicht eines von dem Bischof und dem In-

1) MSS. Bib. Nat., fonds latin, Nr. 4270, fol. 121, 125, 132, 150, 159, 165. — Vaissette, iv, Pr. 118—120. — Bern. Guid. Hist. Conv. Praedic. (Martene, Ampl. Coll. vi, 510). — Arch. de l'hôtel-de-ville d'Albi (Doat, xxxiv, 169).

quisitor gemeinsam zu wählenden Beamten gestellt werden. Würden sie nicht einig, so sollte die Wahl dem königlichen Seneschall zustehen. Dem Inquisitor wurde ferner das Recht, willkürlich Verhaftungen vorzunehmen, entzogen. Er sollte den Bischof zu Rate ziehen und, wenn sie verschiedener Meinung wären, die Frage in einer Versammlung von Vertretern des Bischofs und des Franziskaner- und Dominikanerklosters durch Stimmenmehrheit zur Entscheidung bringen. Ausser in dem Falle, dass es sich um fremde Ketzer handelte, bei denen Fluchtverdacht vorliege, sollte unter Beobachtung dieser Vorbedingungen nur der Seneschall Verhaftungen vornehmen können. Würde Bürgschaft angeboten, so sollte darüber in derselben Weise wie über die Verhaftung entschieden werden. In keinem Falle aber könnten der Bischof oder der Inquisitor Gehorsam fordern, wenn sie für sich allein vorgingen. „Denn", sagte der König, „wir können nicht
81 dulden, dass Leben und Tod unserer Untertanen dem freien Ermessen eines einzelnen preisgegeben wird, der, wenn auch frei von habsüchtigen Beweggründen, doch nicht ausreichend unterrichtet sein kann." So ungenügend diese Reformen sich später auch erwiesen, so hatten sie für den Augenblick doch eine vortreffliche Wirkung. Die Inquisition war eine Zeitlang lahmgelegt, und die Verhaftungen, die sonst jede Woche vorkamen, hörten plötzlich auf. Auch wurden im Laufe des Jahres 1302 diese Bestimmungen zu einer allgemeinen Verordnung zusammengefasst, und das zum Schutz der Juden im Jahre 1293 gegebene Gesetz wurde wiederholt. Gleichzeitig war indessen Philipp darauf bedacht, öffentlich darzutun, dass ihm die Unterdrückung der Ketzerei wohl am Herzen liege; er veröffentlichte zu dem Zwecke am 11. Juni 1305 von neuem das scharfe Edikt Ludwigs des Heiligen. Und bei der Ernennung Wilhelms von Morières zum Inquisitor von Toulouse wies er seinen Seneschall schriftlich an, dem Inquisitor die königlichen Gefängnisse zur Verfügung zu stellen, ihm das übliche Gehalt zu zahlen und ihn bis auf weiteres in jeder Weise zu unterstützen [1]).

Während die neuen Verordnungen an anderen Orten eine Besserung erwarten liessen, nützten sie wenig zu Albi, wo der Bischof durch sein Inquisitionsverfahren die ganze Unruhe heraufbeschworen hatte. Die Bürger von Albi schmachteten noch immer in dem Gefängnis der Inquisition von Carcassonne. Daher wurde eine aus

1) Vaissette, IV, Pr. 118—21. — MSS. Bib. Nat., fonds latin, Nr. 4270, fol. 69. — Isambert, Anc. Loix Franc. II, 747, 789. — *Douais, L'Inquisition (1906) S. 361.

Männern und Frauen bestehende zahlreiche Deputation an den König geschickt, die begleitet war von zwei Franziskanern, Johann Hector und Bertrand von Villedelle. Wiederum war Bernhard Délicieux anwesend. Er war grade um diese Zeit gewählt worden, um seinen Orden bei der Beratung zu vertreten, welche auf Wunsch des Königs über seinen Streit mit Papst Bonifaz VIII. stattfand. Sie folgten alle dem Könige nach Pierrefonds und dann nach Compiègne. Er gab ihnen schöne Worte, verhiess ihnen, in nächster Zeit Languedoc zu besuchen und die Angelegenheiten daselbst zu ordnen, und tröstete sie mit einem Geschenke von tausend Pfund, was er um so leichter tun konnte, als das konfiszierte Vermögen der Gefangenen in seinen Händen war und niemals zurückgegeben wurde[1]).

Alles das gewährte wenig Befriedigung. Auch war das Volk nicht beschwichtigt durch die Absetzung des Nikolaus von Abbeville; denn ihm folgte als Inquisitor von Carcassonne Gottfried von Ablis, der ebenso tatkräftig und rücksichtslos war wie sein Vorgänger. Er 82
legte Briefe des Königs, datiert vom 1. Januar 1303, vor, worin allen Beamten befohlen wurde, ihm den herkömmlichen Gehorsam zu erweisen. Die Aufregung des Volkes nahm eine immer drohendere Gestalt an, und da Albi keine eigenen Ortsinquisitoren besass, — es gehörte zum Inquisitionsbezirk Carcassonne — machte sich die Unzufriedenheit Luft gegen die Dominikaner, die als die Vertreter des verhassten Gerichtshofes angesehen wurden. Als am ersten Adventssonntage, dem 2. Dezember 1302, die Mönche wie gewöhnlich in den Kirchen predigen wollten, wurden sie mit Gewalt hinausgetrieben und mit dem Rufe: „Tod den Verrätern!" angefallen, so dass sie ihrem Schöpfer danken konnten, als sie schliesslich ihr Kloster wieder erreichten. Dieser Zustand dauerte mehrere Jahre, während deren sie sich kaum in den Strassen zu zeigen wagten und nie sicher vor Beschimpfungen waren. Alle Almosen und Begräbniskosten wurden ihnen entzogen, und das Volk weigerte sich sogar, der Messe in ihrer Kirche beizuwohnen. Die Namen des Dominicus und des Peter Martyr auf dem an dem Haupttore der Stadt errichteten Kruzifixe wurden beseitigt und durch die Namen Pequignys und Neveus und zweier Bürger, des Arnold Garsia und des Peter Probi von Castres, ersetzt, welche die Führer im Streite waren[1]).

1) Arch. de l'hôtel-de-ville d'Albi (Doat, xxxiv, 169). — MSS. Bib. Nat., fonds latin, Nr. 4270, fol. 16, 70, 134, 151. — Coll. Doat, xxxiii, 207—72; xxxiv, 189.

2) Vaissette, Ed. Privat, x, Pr. 409. — MSS. Bib. Nat., fonds latin, Nr. 4270, fol. 165. — Bern. Guidon. Hist. Conv. Praedic. (Martene, Ampl. Coll. vi, 511).

Die Gefangenen von Albi harrten unterdessen noch ebenso sehnsüchtig wie früher ihrer Befreiung. Bernhard Délicieux forderte Pequigny dringend auf, nach Carcassonne zu kommen, um die Angelegenheit an Ort und Stelle zu untersuchen. Als er im Sommer 1303 erschien, zogen ihm viele Einwohner von Albi, Männer und Frauen, entgegen und baten ihn um Freilassung der Gefangenen. Im Laufe der Untersuchung fand er die Urkunde, welche Nikolaus von Abbeville und die Konsuln von Carcassonne im Jahre 1299 über den miteinander abgeschlossenen Friedensvertrag aufgesetzt hatten. Bruder Bernhard teilte sie dem Volke in einer feurigen Rede mit, und die Kenntnis der Friedensbedingungen entflammte die Wut des Volkes aufs höchste. Sie rief Aufstände hervor, wobei die Häuser einiger der früheren Konsuln sowie derjenigen, die man als die Freunde der Inquisition ansah, zerstört, die Dominikanerkirche belagert, ihre Fenster zertrümmert, die Bildsäulen in der Halle umgeworfen und die Mönche misshandelt wurden. Die Verletzung der Inquisitionsgefängnisse war eine so ernste Sache, dass Pequigny anscheinend den Rückhalt einer wütenden Bevölkerung
83 wünschte, ehe er zu einem so kühnen Unternehmen überging. Er sah Widerstand so sicher voraus, dass, bevor er zur Tat schritt, im geheimen Einverständnis mit ihm Bernhard achtzig Männer, darunter eine Reihe geschickter Handwerker, in dem Franziskanerkloster zusammenkommen liess, die bereit waren, wenn nötig, die Gefängnisse zu erbrechen. Man bedurfte indessen ihrer Dienste nicht, da Gottfried von Ablis nachgab. Im August 1303 führte Pequigny die Gefangenen von Albi weg, jedoch nicht, um ihnen die Freiheit zu schenken, sondern nur, um sie den königlichen Gefängnissen zu überliefern. Dem Rate Bernhards, sie dem Könige vorzuführen, leistete er nicht Folge. Möglicherweise wurden die Gefangenen eine Zeitlang milder behandelt, aber dauernden Vorteil brachte ihnen die Revolte nicht. Die Gewalt der Inquisition war noch unerschlafft, bekam die Gefangenen wieder in ihre Hände und hielt sie, wie wir sehen werden, bis zum letzten Augenblicke fest[1]).

Inzwischen hatte man sich Zugang zu ihnen verschafft und sich die Folterqualen erzählen lassen, die sie erduldet hatten. Zugleich wurden die Namen derer, die sie als Ketzer zu bezeichnen gezwungen

---

1) MSS. Bib. Nat., fonds latin, Nr. 4270, fol. 8, 17, 19, 20, 32, 44, 49, 58. 156, 162, 229. — Pequigny soll auch einige an der Inquisition beteiligte Mönche verhaftet haben (La Faille, Annales de Toulouse I, 31). Aber ich halte das für unmöglich.

worden waren, in Listen zusammengestellt und — besonders durch die Franziskaner — in dem ganzen Lande bekanntgemacht. Allgemeine Aufregung war die Folge. Der Inquisitor Gottfried von Ablis war indessen der Situation gewachsen. Er lud Pequigny vor seinen Richterstuhl, um sich wegen Behinderung der Inquisition zu verantworten. Als er sich weigerte zu erscheinen, exkommunizierte er ihn am 29. September und liess, sobald er Gelegenheit zu einer Botschaft nach Paris hatte, die Exkommunikation daselbst von den Dominikanern verkünden. Ein so kühnes Vorgehen brachte allen Parteien die ganze Schwere des Kampfes zum Bewusstsein, der zwischen Kirche und Staat sich erhoben hatte. Die Konsuln und Bewohner von Albi richteten an die Königin ein ernstes Gesuch mit der dringenden Bitte, den König zu bestimmen, dass er sie nicht im Stich lasse durch Abberufung der Reformatoren, die schon so viel Gutes gestiftet und auf die sie ihre letzte Hoffnung gesetzt hätten. Man machte auch einen nutzlosen Versuch, die Veröffentlichung der Exkommunikation zu verhüten. In Castres verkündete sie Johann Ricoles, Benefiziat an der Marienkirche, am 13. Oktober pflichtgemäss von der Kanzel; er wurde sofort von dem Vertreter des königlichen Viguier von Albi verhaftet und in das Franziskanerkloster gebracht, wo man ihn bedrohte und misshandelte. Zugleich bemühten 81
sich die Mönche, ihn zur Zurücknahme der Exkommunikation zu bewegen. Das war an und für sich eine gröbliche Verletzung der Immunität der Geistlichen, und man erkannte daher bald, dass solche Vorgänge die Lage eher verschlimmerten als besserten. Pequignys Amtsgewalt war lahmgelegt, so lange die Exkommunikation nicht zurückgenommen war. Und dies konnte nur durch den Papst selbst oder durch den Mann geschehen, welcher sie ausgesprochen hatte[1]).

Die Aussicht auf Zurücknahme wurde durch die am 21. Oktober erfolgte Wahl Benedikts XI. getrübt. Er war selbst Dominikaner und stand infolgedessen auf Seiten der Inquisition. Offenbar waren besondere Anstrengungen erforderlich, wenn nicht alles wieder verloren gehen sollte, was man gewonnen hatte, und ein Prozess in Rom

1) MSS. Bib. Nat., fonds latin 4270, fol. 27, 272. — Arch. de l'Inq. de Carc. (Doat XXXII, 114). Bernhard Guidon. Hist. Conv. Praedic. (Martene Ampl. Coll. VI. 511). — Vaissette, IV. Pr 128. — Coll. Doat XXXIV, 26.

Die Dominikanerpartei erklärte die von den Gefangenen herrührenden Aussagen für betrügerisch, und Bernhard Guidonis erzählt mit roher Befriedigung, dass ein Mönch, namens Raimund Baudier, der sich an ihrer Sammlung beteiligt hatte, sich wie Judas erhängte (l. c. p. 514).

war im günstigsten Falle eine kostspielige Sache. Pequigny hatte Berufung beim Papste eingelegt, und er bat am 29. Oktober die Städte in Languedoc von Paris aus brieflich um Hilfe bei der Verfolgung, die er sich um ihrer Sache willen zugezogen hatte. Bernhard Délicieux warb sofort um Beistand, und nicht vergeblich; denn dank seinen Bemühungen schlossen die drei Städte Carcassonne, Albi und Cordes ein Bündnis und verpflichteten sich, die Summe von dreitausend Pfund zusammenzubringen; die eine Hälfte sollte Carcassonne, die andere sollten Albi und Cordes zahlen, und in demselben Verhältnis sollte weitergezahlt werden, so lange die Angelegenheit dauern würde. Nach Pequignys Tode erneuerten sie seinem ältesten Sohne Renaud das Versprechen. Aber da sich die Sache sehr in die Länge zog, wurden sie überdrüssig, und Bernhard, welcher auf eigene Verantwortung Geld erhoben hatte, belastete sich dadurch mit schweren Schulden, um deren Deckung er die undankbaren Städte vergeblich ersuchte[1]).

So wurde also der Streit für eine Zeitlang nach Rom übertragen. Um seine Sache zu vertreten, brach Pequigny mit Abgesandten des Königs und der Städte Carcassonne und Albi nach Italien auf, wo er Wilhelm von Morières, den Inquisitor von Toulouse, antraf, der dorthin geschickt war, um den Fall gegen ihn zu vertreten.
85 Benedikt zeigte sofort, auf welcher Seite seine Sympathien lagen. Als er am 17. Mai 1304 zu Perugia den Pfingstgottesdienst abhielt, wagte es Pequigny, in die Kirche einzutreten. Der Papst sah ihn und mit dem Finger auf ihn weisend, sagte er zu seinem Marschall Peter von Brayda: „Weise jenen Patariner hinaus", worauf der Marschall dienstbeflissen dem Befehle nachkam. Dieser Zwischenfall hatte keine geringe Bedeutung. Nachdem beide, Benedikt und Pequigny, gestorben waren, liess Gottfried von Ablis eine den Sachverhalt darstellende notarielle Urkunde aufsetzen und in die Prozessakten aufnehmen. Das Klima Italiens war für die jenseits der Berge Geborenen wenig gesund. Morières starb zu Perugia, und Pequigny folgte ihm in den Abruzzen am 29. September 1304, dem Jahrestage seiner Exkommunikation. Nachdem er ein Jahr lang wegen Behinderung der Inquisition unter dem Kirchenbann geblieben, war er von Rechts wegen ein Ketzer, und sein Begräbnis in geweihter Erde lässt sich nur durch den kurz vorher erfolgten Tod Benedikts erklären. Gottfried

1) MSS. Bib. Nat., fonds latin, 4270, fol. 63, 153—155, 272—73. — Hauréau, Bern. Délicieux pp. 187, 190.

von Ablis verlangte, dass seine Gebeine ausgegraben und verbrannt würden; Pequignys Söhne aber führten die Berufung weiter, um das Andenken ihres Vaters wieder zu Ehren zu bringen. Die Angelegenheit zog sich in die Länge, bis Clemens V. sie einer Kommission von drei Kardinälen übertrug, welche beide Parteien willig anhörte. Diese setzten, unter Vorlegung aller notwendigen Schriftstücke, die Angelegenheit gründlich auseinander, und die Richter gaben schliesslich, am 23. Juli 1308, ihre Entscheidung dahin ab, dass das Exkommunikationsurteil ungerecht und unbillig gewesen sei, und dass es an allen Orten, wo es früher bekanntgemacht worden, ebenso öffentlich zurückgenommen werden müsse. Gottfried suchte vergebens Berufung gegen diesen Spruch einzulegen, welcher alles vollkommen rechtfertigte, was gegen die Inquisition gesagt und geschehen war. Das Urteil erhielt noch eine besondere Bedeutung durch die scharfen Worte, womit Clemens V. sich weigerte, die Beweisgründe des Inquisitors anzuhören. „Es ist falsch,“ rief er, „das Land hat sich nie empören wollen, das unheilvolle Tun und Treiben der Inquisition hat es dahin gebracht“, und einer der Kardinäle erklärte Gottfried, dass das Volk durch die fünfzig Jahre dauernden Ausschreitungen seiner Vorgänger zum Widerstande gereizt worden sei; so oft man die bessernde Hand anzulegen versucht habe, hätten sie nur neue Übel zu den alten hinzugefügt [1]).

Benedikt XI. hatte noch andere Beweise seiner Parteilichkeit gegeben. Er hatte zwar als Antwort auf die Klagen des bedrückten Volkes eine Kommission von Kardinälen eingesetzt, die die Ange- 86
legenheit untersuchen sollte, aber es findet sich keine Spur ihrer Tätigkeit, die vermutlich durch seinen Tod am 7. Juli 1304 ein schnelles Ende fand. Es ist auch wenig wahrscheinlich, dass ein von ihm ausgewählter Bevollmächtigter ungünstig gegen die Inquisition berichtet haben würde. Hatte er doch seinen Standpunkt schon dadurch zu erkennen gegeben, dass er dem Provinzialminister der Franziskaner von Aquitanien bei Strafe des Verlustes seines Amtes sowie des Rechtes, in Zukunft jemals wieder ein Amt zu bekleiden, am 16. April 1304 befahl, den Bernhard Délicieux ohne vorherige Warnung zu verhaften und unter sicherer Bedeckung nach Rom zu schicken, da er ein Begünstiger der Ketzer und mutmasslich selbst ein Ketzer sei. Die ersten Bürger von Albi sowie der Viguier G. von Pesenches und der

1) Arch. de l'Inq. de Carc. (Doat, xxxi, 10; xxxii, 114). — Bern. Guidon. Hist. Conv. Praedic. (Martene, Ampl. Coll. vi, 510—11). — MSS. Bib. Nat., fonds latin No. 4270, fol. 88, 109, 122.

königliche Richter Gaillard Etienne, welche Pequigny zu unterstützen versucht hatten, wurden in die päpstliche Verurteilung eingeschlossen. Der Provinzialminister beauftragte den Bruder Johann Rigaud mit der Ausführung der Verhaftung. Dieser vollzog sie auch ordnungsmässig im Juni 1304 im Kloster zu Carcassonne und fügte noch die Exkommunikation hinzu, als Bernhard, ermutigt durch die sympathische Haltung des Volkes, zögerte, der päpstlichen Vorladung Folge zu leisten. Tatsächlich ist Bernhard nie in Rom erschienen. Es wirft ein eigenes Licht auf die Haltung der Franziskaner, dass der Minister ihn von der Exkommunikation lossprach, und das zu Albi abgehaltene Provinzialkapitel seines Ordens entschied, er habe alles Erforderliche getan. Vielleicht brauchten sie nach dem im Juli eingetretenen Tode Benedikts die unmittelbaren Folgen ihres Ungehorsams nicht mehr zu fürchten[1]).

Inzwischen hatte Philipp der Schöne das Versprechen ausgeführt, seine südlichen Provinzen persönlich zu besuchen und das Unrecht, über das sich seine Untertanen so lange beklagt hatten, an Ort und Stelle wieder gutzumachen. Er hatte schon Unterhandlungen mit Benedikt über die Zurücknahme der Exkommunikation, die Bonifaz VIII. gegen ihn selbst, seine Untertanen und seine Bevollmächtigten geschleudert hatte, angeknüpft und erwartete einen günstigen Ausgang derselben. In dieser Erwartung täuschte er sich nicht. Am 13. Mai 1304 wurden die Censuren, bis auf die über Wilhelm von Nogaret und Sciarra Colonna verhängten, zurückgenommen. Als er daher am Weihnachtstage 1303 Toulouse erreichte, hatte er keine Lust, Benedikts Unwillen unnötigerweise zu erregen. Von Albi und Carcassonne aber strömten die Menschen in Scharen herbei und flehten ihn um Hilfe und Schutz an. Pequigny war ihr beredter Wortführer; die Inquisitoren dagegen waren vertreten durch den
87 Dominikanerprovinzial Wilhelm Pierre. Auch Bernhard Délicieux stand vorne an in den Verhandlungen. Bei dieser Gelegenheit stellte er den berühmten Satz auf: Auch der heilige Petrus und der heilige Paulus wären, wenn man sie nach der Methode der Inquisition verhört hätte, der Ketzerei überführt worden. Als der empörte Bischof von Auxerre ihm diese Aeusserung scharf verwies, hielt er sie trotzdem mutig aufrecht. Auch versuchte er, das Ansehen des

1) Arch. de l'hôtel-de-ville d'Albi (Doat, xxxiv, 45). — Arch. de l'Inq. de Carc. (Doat, xxxvi, 14). — MSS. Bib. Nat. fonds latin, Nr. 4270, fol. 23, 25, 31, 86, 132, 137, 140—1, 152, 153. — *Hauréau a. a. O. S. 190; Bullarium Franciscanum ed. Eubel V (1898) S. 19 Nr. 34.

Dominikaners Nikolaus, des Beichtvaters des Königs, der in dem Verdachte stand, einen ungebührlichen Einfluss zugunsten der Inquisition auszuüben, dadurch zu erschüttern, dass er ihn anklagte, alle Geheimnisse des königlichen Kronrates den Vlamändern verraten zu haben. Andrerseits verstand es Gottfried von Ablis, der Inquisitor von Carcassonne, sich durch geschickte Unterhandlungen bei Philipp in Gunst zu setzen, indem er seine Versöhnung mit Rom zu fördern suchte[1]).

Philipp hörte beide Parteien geduldig an und gab seine Entscheidung in einem Edikt vom 13. Januar 1304. Es war eine Art Kompromiss und erklärte, der König sei nach Languedoc gekommen in der Absicht, das Land, das durch die Wirksamkeit der Inquisition in Aufregung versetzt sei, zu beruhigen. Zu dem Zwecke habe er mit allen, die ein Recht darauf hätten, ihre Meinung zum Ausdruck zu bringen, lange Beratungen gepflogen und sei zu dem Ergebnis gekommen, dass die Inquisitionsgefangenen von Abgesandten des Königs und den Inquisitoren besucht und sicher bewacht, aber nicht gequält werden sollten; des weiteren sollten alle Prozesse, in denen das Urteil noch ausstehe, von den Bischöfen und Inquisitoren zusammen geprüft und erledigt werden. Dieses Zusammenwirken sollte in Zukunft überall stattfinden, mit Ausnahme von Albi, wo der verdächtig gewordene Bischof durch Arnald Novelli, den Cisterzienserabt von Fontfroide, ersetzt werden sollte. Den königlichen Beamten wurde strenge befohlen, auf Verlangen den Inquisitoren und bischöflichen Ordinarien in jeder Weise beizustehen und die Dominikaner, ihre Kirchen und Häuser vor Unrecht und Gewalt zu schützen[2]).

In Albi hatte der Bischofswechsel die gewünschte Wirkung. Es wurden keine Ketzer mehr entdeckt, und es waren deshalb auch keine Verfolgungen mehr nötig. Die Weigerung des Königs, auf irgendeinen andern Reformplan einzugehen als den eben genannten, wodurch die Inquisition scheinbar der Oberaufsicht der Bischöfe unterstellt 88
wurde, verursachte indessen eine schwere Enttäuschung. Mit Recht machte man geltend, dass die Dominikaner, wenn sie richtig gehandelt hätten, nicht durch die beabsichtigte bischöfliche Mitwirkung be-

1) Grandjean, Registres de Benoît XI. Nr. 1253–60, 1276. — MSS. Bib. Nat., fonds latin, Nr. 4270, fol. 21, 73, 74, 138 (abgedr. im Anhang dieses Bandes Nr. II), 162, 278. — Molinier, l'Inq. dans le Midi de la France, p. 126–7. — Gottfried von Ablis besass genügend Einfluss auf den König, um ihn zu bestimmen, das Kloster der Dominikaner zu Poissy zu gründen.

2) Vaissette IV. Pr. 130–1. — MSS. Bib. Nat. fonds latin, 4270, fol. 139

leidigt zu werden brauchten; wenn sie aber unrecht getan hätten, müssten sie durch andere ersetzt werden. Wenn eine Änderung nötig war, so war die beabsichtigte unzureichend. Auf die Anwesenheit des Königs im Lande waren so viele Hoffnungen gesetzt worden, dass dieses dürftige Ergebnis eine allgemeine Bestürzung hervorrief, deren Folgen durch die späteren Taten Philipps nicht wieder gut gemacht werden konnten. Bei seinem Besuch in Carcassonne drängte man ihn, sich die unglücklichen Gefangenen anzusehen, deren Verfolgung die Hauptursache der Unruhen gewesen war; aber er lehnte es ab und schickte seinen Bruder Ludwig hin, um nach ihnen zu sehen. Schlimmer als alles aber war die kränkende Zurückweisung der Geschenke, die ihm die Bürger, um seine Gunst zu gewinnen und ihre Ergebenheit zum Ausdruck zu bringen, in Gestalt von einigen Gefässen aus getriebenem Silber angeboten hatten. Diese waren noch in den Händen der Goldschmiede von Montpellier, als der königliche Zug nach Carcassonne kam. Deshalb wurden sie ihm nach Béziers nachgesandt und der eine Teil dem Könige, das Übrige der Königin überreicht. Diese nahm das Geschenk an, er aber wies das seinige zurück und veranlasste sogar seine Gemahlin, das ihrige ebenfalls wieder zurückzusenden. Das brachte die Konsuln von Carcassonne zur Verzweiflung. Derartige Geschenke von Stadtbehörden an den Herrscher waren etwas so Übliches und ihre huldvolle Annahme etwas so Selbstverständliches, dass man in einer solchen Ablehnung nur höchst unfreundliche Absichten des Königs vermuten konnte. Und hierin täuschte man sich nicht. Als Elias Patrice, einer der ersten Bürger von Carcassonne, ihm offen erklärte, wenn er ihnen nicht bald Gerechtigkeit gegen die Inquisition widerfahren lasse, so seien sie gezwungen, sich nach einem anderen Herrn umzusehen, verbannte ihn Philipp aus seinen Augen. Patrice aber forderte nun die Bürger auf, allen Schmuck aus den Strassen zu entfernen, und es wurde ihm Folge geleistet. Erfüllt von dem entsetzlichen Gedanken, dass der König von den Dominikanern gewonnen sei und ihnen seinen Schutz entziehen würde, und dass sie so der Inquisition auf Gnade und Ungnade wieder preisgegeben wären, erklärten die Bürger in voller Verzweiflung, sie würden die Stadt in Brand stecken und einen andern Zufluchtsort aufsuchen, wenn sie keinen Herrn fänden, der sie beschützen wolle. Darauf beratschlagten sie mit Bernhard Délicieux und beschlossen in aller Eile, Ferrand, dem Sohne des Königs von Mallorka, ihre Huldigung anzubieten.

Dem jüngern Zweige des Hauses Aragon, der seinen Titel von den Balearischen Inseln ableitete, gehörten die Ueberreste der alten französischen Besitzungen der Katalaner mit Einschluss von Montpellier und Perpignan. Er hatte alte Ansprüche auf einen grossen Teil 89
des Landes, und seine Herrschaft wäre dem Volke wahrscheinlich willkommener gewesen als die fremde, der es sich nur ungern gebeugt hatte. Wäre nun das ganze Land einig gewesen, diesem neuen Fürsten zu huldigen, so hätte der König, um es zum Gehorsam zurückzuführen, wahrscheinlich einen Kampf zu bestehen gehabt, der infolge der beständigen, durch die Vlamänder ihm bereiteten Verlegenheiten durchaus keinen sicheren Erfolg für ihn versprochen hätte. Allein als man den Männern von Albi den Plan vorlegte, lehnten sie es kurzerhand ab, sich an der Ausführung zu beteiligen. Die Verzweiflung der Bürger von Carcassonne war indessen so gross, dass sie sich nun entschlossen, auf eigene Faust den Plan auszuführen. Ferrand und sein Vater weilten damals in Montpellier, wo sie dem französischen Hofe ein Fest gaben, um ihn dann nach Nîmes zu begleiten. Ferrand hörte die Eröffnungen, die ihm dort gemacht wurden, mit grossem Interesse an und bat den Bruder Bernhard, mit ihm nach Perpignan zu kommen. Dieser begab sich auch dorthin und zwar mit einem Beglaubigungsschreiben von den Konsuln, das er jedoch unterwegs vorsichtigerweise vernichtete. Als aber der König von Mallorka von dem Anerbieten hörte, gab er seinem ehrgeizigen Sprössling ein paar derbe Ohrfeigen, riss ihn an den Haaren herum und schmeichelte sich bei seinem mächtigen Nachbar dadurch ein, dass er Philipp den Plan mitteilte[1]).

Obgleich ein so toller Plan unmöglich gefährlich werden konnte, war doch das Verhältnis zwischen den südlichen Provinzen und der Krone zu gespannt, als dass der König nicht gerne die Gelegenheit ergriffen hätte, Rache zu nehmen und für immer ein warnendes Beispiel zu geben. In Carcassonne trat ein Gerichtshof zusammen,

---

1) MSS. Bib. Nat. fonds latin, 4270, fol. 26, 74 - 8, 88—9, 98, 103—8, 198, 200—3, 226, 233, 265, 279. — Mascaro, Memorias de Bezes ann. 1336, 1389.

Für Montpellier als Besitz der Könige von Mallorka, siehe Vaissette, IV. 38, 42, 77—8, 151, 235—6. Erst 1349 kaufte Philipp von Valois Jakob II. die Rechte ab, und im Jahre 1352 musste sein Sohn Johann die von Pedro IV. von Aragonien noch immer erhobenen Ansprüche tilgen (ebd. 247, 268, Pr. 219).

Bernhard wurde wahrscheinlich aufmerksam auf das Haus Mallorka infolge der starken Anhänglichkeit, die dasselbe dem Franziskanerorden bewiesen hatte. Ferrands älterer Bruder starb im Jahre 1304 im Franziskanergewande unter dem Namen Bruder Jayme. Ein anderer Bruder, Philipp, wurde, wie wir später sehen werden, Franziskanerspiritual.

der während des ganzen Sommers 1305 Sitzungen abhielt und bei seinen Untersuchungen freien Gebrauch von der Folter machte. Albi, das an der Verschwörung nicht teilgenommen hatte, entging der Untersuchung durch ein Geschenk von tausend Pfund an den Seneschall Johann von Alnet. Die harte Busse aber, die dem Franziskanerkloster auferlegt wurde, zeigt, dass die Dominikaner scharfe Vergeltung übten für das, was sie erlitten hatten. Die Stadt Limoux, die gleichfalls in die Angelegenheit verwickelt war, wurde mit einer Geld-
90 strafe belegt, ihrer Rechte und Freiheiten beraubt, und vierzig Bürger wurden aufgehängt. In Carcassonne starben sämtliche acht Konsuln, Elias Patrice an der Spitze, und sieben andere Bürger in ihren Amtskleidern am Galgen, der Stadt wurde die Selbstverwaltung genommen und ihr die gewaltige Geldstrafe von sechzigtausend Pfund auferlegt; vergeblich appellierte sie wegen dieses Urteils an das Parlament. So wurden, wie Bernhard Guidonis mit wildem Frohlocken bemerkt, diejenigen, welche wie die Raben gegen die Dominikaner gekrächzt hatten, den Raben preisgegeben. Aimeric Castel, der sich für das Unrecht gegen das Andenken und Vermögen seines Vaters hatte entschädigen wollen, entkam durch die Flucht, wurde aber ergriffen und büsste sein Vergehen mit langer Gefangenschaft, erkaufte sich jedoch schliesslich den Frieden durch ein schweres Lösegeld. So hielt der königliche Fiskus eine reiche Ernte, da auch alle diejenigen, die der geheimen Teilnahme angeklagt werden konnten, mit Geldstrafen belegt wurden. Bernhard Délicieux, der eine Abordnung von Bürgern von Albi, die ihre Unschuld beteuern wollten, mutig nach Paris geführt hatte, erhielt hier schon früh durch Bruder Durand, den Beichtvater der Königin, Kunde von der Entdeckung der Verschwörung. Als ihnen Durand mitteilte, dass Albi verschont bleiben würde, liessen die Abgesandten Bernhard im Stich und kehrten zurück. Auf das Ersuchen des Königs gab Clemens V. den Befehl zu seiner Verhaftung und liess ihn nach Lyon bringen. Von dort wurde er mit dem päpstlichen Hof nach Bordeaux geführt. Als dieser nach Poitiers übersiedelte, wurde er in dem Kloster St. Junian zu Limoges eingeschlossen. Im Mai 1307 verkündete Philipp auf das Ersuchen des Papstes für alle, die in die Angelegenheit verwickelt gewesen waren, eine Amnestie und erliess Carcassonne den noch nicht bezahlten Teil der Strafe. Während der Fasten 1308 erlaubte man Bernhard, nach Poitiers zu kommen. Als auch der König dahin kam, beklagte sich Bernhard lebhaft bei ihm über seine Verhaftung und über die Strafe, welche die Unschuldigen mit den Schuldigen

getroffen habe. Da er noch immer keine Erlaubnis hatte, den päpstlichen Hof zu verlassen, musste er mit diesem nach Avignon ziehen, wo er endlich mit des Königs Zustimmung befreit wurde — vielleicht infolge der schweren Summen, welche seine Freunde zu Albi an drei Kardinäle bezahlt hatten. Er kehrte nach Toulouse zurück und beobachtete hinfort eine vorsichtige Zurückhaltung. Wahrscheinlich hatten die Gefahren, die er durchgemacht hatte, seine rastlose Begeisterung abgekühlt. Als sodann Clemens V. die Reform der Inquisition entschlossen in die Hand nahm, mochte Bernhard wohl glauben, dass fernerhin für ihn kein Grund mehr vorhanden sei, sich aufzuopfern [1]).

Das Ableben Benedikts XI. im Juli 1304 erfüllte diejenigen, 91
welche von der Inquisition zu leiden hatten, mit neuen Hoffnungen. Es dauerte fast ein ganzes Jahr, bis sein Nachfolger Clemens V. am 5. Juni 1305 gewählt wurde. Während dieser Zeit hatten siebzehn religiöse Körperschaften in Albi, mit Einschluss der Domgeistlichen, derjenigen der St. Salvikirche und des Klosters Gaillac, dem Kardinalskollegium eine Bittschrift überreicht und in den flehendsten Ausdrücken um Beseitigung der furchtbaren die Gemeinde bedrohenden Gefahren gebeten. Das Land, erklärten sie, ist katholisch, das Volk ist gläubig, es verehrt die Religion Roms im Herzen und bekennt sie mit den Lippen. Allein seine Erbitterung gegen die Inquisitoren ist so gross, dass es danach brennt, sie mit dem Schwerte umzubringen, weil es sie nur als Feinde ansehen kann. Zweifellos hatten die Inquisitoren den Stimmungsumschlag, der dem fruchtlosen Verrat der Stadt Carcassonne und der veränderten Haltung des Königs folgte, benutzt. Philipp selbst aber schritt von da ab nicht mehr gegen sie ein; vielmehr ermahnte er seine Vertreter, stets sorgsam darüber zu wachen, dass die Gesetze gegen die Ketzer durchgeführt und ihren Nachkommen keine öffentlichen Ämter anvertraut würden. Es war indessen nicht bloss der Verrat der Stadt Carcassonne, was ihn vom Einschreiten abhielt; vielmehr brauchte er vom Jahre 1307 ab unbedingt die Hilfe der Inquisition, um seine Absichten gegen die Tempelritter durchzuführen, und darum durfte er sich ihr weder

---

1) MSS. Bib. Nat., fonds latin, 4270, fol. 78—80, 90–1, 196, 247, 252—3, 257–9. — Bern. Guidon. Hist. Conv. Praedic. (Martene, Ampl. Coll. VI, 479—80). — Vaissette, IV, 129—30. — Vaissette, Ed. Privat, X, Pr. 461.

Wenn Bernhard Guidonis erzählt, dass diejenigen, die sich auf die Strassen wagten, mit dem Geschrei „Coac, Coac!" „ad modum corvi" empfangen wurden, so spielt er damit auf die Beschimpfungen an, welche die Dominikaner während der Wirren von Carcassonne zu erdulden hatten. — MS. Nr. 4270, fol. 281.

feindlich gegenüberstellen noch ihre Machtvollkommenheiten beschränken [1]).

Das Heilige Kollegium jedoch, dessen Aufmerksamkeit ganz auf die Wahlintriguen gerichtet war, schenkte den demütigen Bitten der Geistlichkeit von Albi keine weitere Beachtung. Als indessen das aufgeregte Jahr vergangen und mit der Wahl Clemens' V. der Sieg der französischen Partei errungen war, schienen die Hoffnungen, die man an den Tod seines Vorgängers geknüpft hatte, berechtigte Aussicht auf Erfüllung zu haben. Bertrand du Got, Kardinal-Erzbischof von Bordeaux, war von Geburt ein Gascogner und, obwohl ein englischer Untertan, zweifellos besser als die Italiener mit dem Elend und der Not in Languedoc vertraut. Die durch ihn bewirkte Verpflanzung des Papsttums auf französischen Boden war also von
92 guter Vorbedeutung. Kaum war daher die Nachricht von seiner Wahl nach Albi gelangt, als Bernhard Délicieux eifrig eine Gesandtschaft organisierte, um ihm im Namen der Stadt die Notwendigkeit der Erlösung von dem Joche der Inquisition vorzustellen, und als der Papst Toulouse besuchte, mussten sich die Frauen der noch in dem Gefängnisse Schmachtenden dorthin begeben, um ihm eindringlich ihre Leiden vor Augen zu führen. Kaum war er in Lyon konsekriert worden, als die Klagen sich mehrten und von zwei Dominikanern, Bertrand Blanc und Franz Aimeric, mit Beweisstücken belegt wurden. Diese eiferten gegen das Verfahren und die Missbräuche der Inquisition ebenso nachdrücklich wie die Vertreter von Albi. Um sich zu rechtfertigen, eilte Gottfried von Ablis so schnell von Carcassonne herbei, dass er noch nicht einmal einen Stellvertreter zurückliess und am 29. September 1305 von Lyon aus Johann von Faugoux und Gerald von Blumac schriftlich beauftragen musste, in seinem Namen die Geschäfte weiterzuführen. In diesem Schreiben gibt er gleichzeitig seinem fanatischen Eifer gegen die furchtbaren und grausamen wilden Tiere Ausdruck, die den Weinberg des Herrn verheeren, und die bis in ihre Höhlen hinein verfolgt und mit erbarmungsloser Strenge ausgerottet werden müssten [2]).

---

1) Arch. de l'hôtel-de-ville d'Albi (Doat, xxxiv, 42, abgedruckt im Anhang dieses Bandes Nr. III). — Arch. de l'Evêché d'Albi (Doat, xxxii, 81). — *Finke, Papsttum und Untergang des Templerordens I (1907), 141 ff.

2) MSS. Bib. Nat. fonds latin, 4270, fol. 10—11, 84, 128, 166—7. — Arch. de l'Inq. de Carc. (Doat, xxxii, 83).

Gottfrieds Aufenthalt in Lyon zog sich in die Länge. Am 29. November schickte er Befehle an die von seinen Stellvertretern ernannten Kommissare (Doat, xxxii, 85). Johann von Faugoux hatte wenigstens zwanzig Jahre lang in Beziehungen zu der Inquisition gestanden (Doat, xxxii, 125).

Seine Versuche, die Inquisition zu rechtfertigen, waren nutzlos, vielleicht vor allem deshalb, weil die Einwohner von Albi den Kardinal Raimund du Got, den Neffen des Papstes, mit zweitausend Pfund Tournosen, den Kardinal von Santa Croce mit ebensoviel und den Kardinal Peter Colonna mit fünfhundert Pfund bestochen hatten. Am 13. März 1306 befahl Clemens zwei Kardinälen, Peter von San Vitale (später von Palestrina) und Berengar von SS. Nereus und Achilles (später von Frascati), nach Languedoc aufzubrechen, um die Verhältnisse zu prüfen und diejenigen Veränderungen zu treffen, die sie für notwendig halten würden. Die Bewohner von Carcassonne, Albi und Cordes hatten sich erboten zu beweisen, dass gute Katholiken durch die Qualen der Folter und die Schrecken der Gefängnisse zum Bekenntnis der Ketzerei gezwungen worden, und dass die Protokolle der Inquisition geändert und gefälscht worden seien. Bis zum Abschluss der Untersuchung durften die Inquisitoren keinen in strengen Gewahrsam nehmen oder foltern, ausser in Gemeinschaft mit dem 93
Diözesanbischof. An Stelle des Bischofs von Albi wurde der Abt von Fontfroide berufen.

Am 16. April 1306 hielten die Kardinäle eine öffentliche Sitzung zu Carcassonne in Gegenwart aller Notabeln der Stadt ab. Die Konsuln der Stadt und die Delegierten von Albi brachten ihre Klagen vor und wurden von den beiden Dominikanern Blanc und Aimeric, denselben, die auch vor dem Papste erschienen waren, unterstützt. Auf der Gegenseite verteidigten sich Gottfried von Ablis und der Deputierte des Bischofs von Albi und beklagten sich über die Tumulte und die Misshandlungen, denen sie ausgesetzt gewesen seien. Nachdem beide Parteien verhört waren, vertagten die Kardinäle das weitere Verfahren bis zum 25. Januar nach Bordeaux, wohin Carcassonne, Albi und Cordes je vier Bevollmächtigte senden sollten, um ihre Sache zu vertreten. Da dieses Amt sehr gefährlich war, gaben ihnen die Kardinäle für die Dauer desselben Sicherheit gegen die Inquisition. Das war keine überflüssige Vorsichtsmassregel; denn Aimeric Castel, einer der Vertreter von Carcassonne, schwebte in solcher Gefahr, dass er sich im September 1308 eine besondere Bulle von Clemens V. erwirken musste, die den Inquisitoren verbot, bis zur Beendigung der Angelegenheit gegen ihn vorzugehen. Noch grössere Gefahr schwebte über allen Zeugen, welche vorgeladen waren, um die Unrichtigkeit der Protokolle zu beweisen; denn sie hatten sich eidlich zum Schweigen verpflichtet und liefen Gefahr, als rückfällige Ketzer dem Scheiterhaufen überliefert zu werden, wenn sie ihre früheren

Aussagen andern mitteilten. Die Kardinäle wurden daher ersucht, sie von diesen Eiden zu entbinden[1]).

Weitere Schriftstücke aus diesem Prozesse, welcher so ganz die Form eines Kampfes zwischen dem Volke und der Inquisition annahm, sind nicht auf uns gekommen. Bevor jedoch die Kardinäle ihre Reise fortsetzten, trafen sie einige Massregeln, welche zeigen, dass sie von der Richtigkeit der Anklagen überzeugt waren. Sie besuchten nämlich das Gefängnis von Carcassonne und liessen die Gefangenen, vierzig an der Zahl, darunter drei Frauen, vor sich bringen. Einige von ihnen waren krank, andere vom Alter erschöpft; alle beklagten sich unter strömenden Tränen über die Schrecken ihres Loses, über die unzureichende Nahrung, die Lagerstätten und die Grausamkeit ihrer Wächter. Die Kardinäle sahen sich veranlasst,
94 alle Schliesser und Aufseher bis auf den Inspektor zu entlassen und das Gefängnis unter die Oberaufsicht des Bischofs von Carcassonne zu stellen. Es ist bedeutsam, dass die neuen Beamten eidlich verpflichtet wurden, niemals mit einem Gefangenen zu sprechen, ausser in Gegenwart eines Begleiters, und nichts von der Nahrung an sich zu nehmen, welche für die ihrer Obhut Anvertrauten bestimmt war. Einer von den Kardinälen besuchte das Gefängnis des Bischofs von Albi, wo er zwar Gutes von den Schliessern hörte, aber über die Lage der Gefangenen entsetzt war. Viele von ihnen lagen in Ketten, alle in engen, dunklen Zellen. Einige waren schon fünf Jahre oder länger dort, ohne bis dahin verurteilt worden zu sein. Er liess alle Ketten abnehmen, Licht in den Zellen anbringen und neue und weniger unmenschliche Zellen innerhalb eines Monats errichten. Hinsichtlich der Verbesserung des Inquisitionsverfahrens im allgemeinen bestätigten die Kardinäle nur die Verfügung Philipps, dass der Inquisitor an die Mitwirkung des Diözesanbischofs gebunden sei. Aber diese Bestimmung wurde von Clemens V. am 12. August 1308 in einer apologetischen Bulle wieder zurückgenommen, worin er erklärte, die Kardinäle seien über seine Absichten hinausgegangen[2]).

Obwohl man somit das Vorhandensein der beklagten Übelstände zugeben musste, schrak die Kirche dennoch vor der Anwendung eines Heilmittels zurück, und trotz des jahrelangen Kampfes war die Hoff-

---

1) MSS. Bib. Nat., fonds latin, Nr. 4270, fol. 254. — Arch. de l'hôtel-de-ville d'Albi (Doat, XXXIV, 45). — Arch. de l'Inq. de Carc. (Doat, XXXIII, 48).

2) Arch. de l'hôtel-de-ville d'Albi (Doat, XXXIV, 45). — Arch. de l'Inq. de Carc. (Doat, XXXIV, 89, 112, abgedruckt im Anhang dieses Bandes Nr. IV). — Bern. Guidon. Gravam. (Doat, XXX, 95—6). — Ripoll II. 112. — *Tanon a. a. O S. 360, 488.

nung auf Besserung noch ebenso trügerisch wie zuvor. Selbst
wider den schreienden und unverzeihlichen Missbrauch, Gefangene
jahrelang in diesen furchtbaren Höhlen festzuhalten, ohne sie
ihrer Schuld zu überführen oder zu verurteilen, sah sich Clemens V.
ausserstande, auch nur in den dringendsten Fällen eine Besserung
eintreten zu lassen. Die Inquisitoren bargen in ihren Archiven eine
Bulle Innocenz' IV., wodurch sie ermächtigt wurden, das Urteil ins
Endlose aufzuschieben, wenn sie der Meinung waren, dass der Auf-
schub im Interesse des Glaubens liege; und von dieser Erlaubnis
machten sie ausgiebigen Gebrauch. Von den Gefangenen, die der
Bischof von Albi im Jahre 1299 hatte verhaften lassen, waren viele
noch nicht verurteilt, als der Kardinal von San Vitale 1305 seine Ge-
fängnisse untersuchte. Dieser Besuch hatte indessen gar keine Wir-
kung. Denn fünf Jahre später, 1310, schrieb Clemens an den Bischof
von Albi und Gottfried von Ablis, dass einige Bürger von Albi, die 95
er namhaft machte, sich nach einer mehr als achtjährigen Gefangen-
schaft an ihn gewandt hätten mit dem Gesuch, ihren Prozess beenden
und entweder Verurteilung oder Freisprechung eintreten zu lassen.
Er befahl daher, die Untersuchung sofort wieder aufzunehmen und
das Ergebnis seinen früheren Kommissaren, den Kardinälen von
Palestrina und Frascati, zur Bestätigung zu unterbreiten. Bertrand
von Bordes, Bischof von Albi, und Gottfried von Ablis störten sich
indessen nicht an diesen Befehl unter dem Vorgeben, dass von den
darin genannten Gefangenen einige schon vor Abfassung des Briefes
gestorben waren; hieraus folgerten sie, dass der päpstliche Brief er-
schlichen worden sei. Als Clemens V. ein oder zwei Jahre später von
diesem Ungehorsam hörte, schrieb er an Geraldus, den damaligen Bi-
schof von Albi, und Gottfried und wiederholte kategorisch seine Be-
fehle, die Prozesse der Lebenden wie der Toten durch ein Urteil zu
beenden. Trotzdem verharrte Gottfried bei seinem starrsinnigen Un-
gehorsam. Über das Schicksal der Unglücklichen besitzen wir keine
Urkunden; wahrscheinlich kamen sie elendiglich in ihren Verliessen
um, noch ehe ihr Prozess beendigt war. Von einigen jedoch kann
man, wie wir in einem früheren Kapitel erzählt haben, noch
weitere Spuren verfolgen. Als Clemens und seine Kardinäle das Zeit-
liche gesegnet hatten und ein Eingriff nicht mehr zu fürchten war,
wurden im Jahre 1319 zwei Überlebende, Wilhelm Salavert und Isarn
Colli, zu weiterem Verhör ans Tageslicht gebracht, wobei der erste
sein Geständnis erneuerte, während der andere es als ein auf der
Folter erzwungenes zurücknahm. Sechs Monate später wurde Wil-

helm Calverie von Cordes, der im Jahre 1301 eingekerkert worden war, dem weltlichen Arme übergeben, weil auch er (wahrscheinlich vor den Kardinälen des Papstes Clemens) sein Geständnis zurückgenommen hatte. Wilhelm Salavert kam mit dem Kreuztragen davon in Anbetracht dessen, dass er schon neunzehn Jahre, ohne überführt zu sein, im Gefängnisse geschmachtet hatte. Die im Jahre 1328 auf Befehl des königlichen Richters zu Carcassonne hergestellten und beglaubigten Abschriften von den Inventaren des persönlichen Vermögens von Raimund Calverie und Johann Baudier, zwei Gefangenen aus den Jahren 1299—1300, beweisen, dass ihr Prozess damals noch immer unentschieden war. Noch deutlicher zeigt sich der hartnäckige Ungehorsam der Inquisition im Falle des Wilhelm Garric, welcher wegen Teilnahme an dem im Jahre 1284 unternommenen Versuche, die Protokolle in Carcassonne zu vernichten, gefangen gehalten wurde. Königliche Briefe aus dem Jahre 1312 erwähnen, dass Clemens V. ihm wegen seiner Verdienste und seiner Frömmigkeit vollkommene Verzeihung gewährt habe, und dass deshalb der König ihm und seinen Nachkommen das konfiszierte Schloss Monteirat zurückgebe. Die Inquisition jedoch liess ihre Beute nicht fahren, sondern wartete bis zum Jahre 1321, wo Bernhard Guidonis den unglücklichen alten Mann aus dem Gefängnis herausholte und
96 in Anbetracht seiner Reue zu ewiger Verbannung begnadigte mit der Bestimmung, dass er Frankreich binnen dreissig Tagen für immer zu verlassen habe[1]).

Clemens V. machte noch einen weiteren Versuch, die Missbräuche der Inquisition zu unterdrücken. Er entzog ihr nämlich die Jurisdiktion über die Juden der Provinzen Toulouse und Narbonne, wegen der beständigen ungesetzlichen Belästigungen, denen diese durch die Inquisitoren ausgesetzt waren, und übertrug sie den Bischöfen. Diese Massregel wurde auch auf die noch schwebenden Fälle ausgedehnt. Nach dem Tode des Papstes Clemens legte man indessen eine Bulle vor, durch welche die frühere aufgehoben und die Jurisdiktion der Inquisition wieder hergestellt wurde[2]).

---

1) Arch. de l'Inq. de Carc. (Doat, XXXI, 74; XXXIV, 89, abgedruckt im Anhang dieses Bandes Nr. V). — MSS Bib. Nat., fonds latin, Nr. 11 847. — Lib. Sententt. Inq. Tolos. pp. 228, 266—7, 282—5. — Coll. Doat, XXXII, 309, 316. — Vaissette, Ed. Privat, X, Pr. 526.

2) Archives de l'Inq. de Carcassonne (Doat, XXXVII, 255).

Die Inquisition scheint durch gewisse nicht näher bekannte Mittel die Jurisdiction über die Juden von Languedoc erlangt zu haben. Aus dem Jahre 1279 ist eine Urkunde vorhanden, die der Abt Bernhard von S. Antonin zu Pamiers den Juden von Pamiers ausstellte. Darin bestätigt er gewisse

Das Ende dieses langen Kampfes und dieser Untersuchung ergibt sich aus den Reformmassregeln, welche auf die Vorstellungen des Papstes Clemens V. hin das Konzil von Vienne annahm. Die fünf Bücher des kanonischen Rechtes, die als die „Clementinen“ bekannt sind und die von dem Konzil anerkannt wurden, hatte Clemens zur Prüfung zurückbehalten und wollte sie eben veröffentlichen, als er am 20. April 1314 starb. Während des darauffolgenden langen Interregnums unterblieb ihre Veröffentlichung, und erst Johann XXII. verlieh ihnen am 25. Oktober 1317 Gesetzeskraft. Die auf die Inquisition bezüglichen Kanones haben wir oben schon angeführt. Der Leser wird sich erinnern, dass sie die Machtbefugnisse des Inquisitors nur insofern beschränkten, als sie die bischöfliche Mitwirkung bei Anwendung der Folter und der der Folter gleichkommenden strengen Haft, sowie bei der Überwachung der Gefängnisse vorschrieben und über diejenigen, welche ihre Machtvollkommenheit aus Hass, Gunst oder Habgier missbrauchten, die Exkommunikation verhängten. Die Bedeutung dieser ganzen Vorschriften liegt weit weniger in den darin vorgeschlagenen Heilmitteln, als vielmehr in der durch diese Vorschriften bestätigten Tatsache, dass die dem Inquisitionsverfahren zugeschriebenen Grausamkeiten und 97
Schlechtigkeiten wirklich vorkamen. Vergebens erhob Bernhard Guidonis seine Stimme zu einem ernsten und ausführlichen Protest gegen die Verkündigung der neuen Gesetze. Nach ihrer Veröffentlichung trug er kein Bedenken, seinen Amtsbrüdern offen zu erklären, dass sie von dem Heiligen Stuhle entweder verändert oder vollständig aufgehoben werden müssten. Sein Einspruch war jedoch ganz überflüssig, da die Verordnungen sowieso tote Buchstaben blieben. Eine genaue Untersuchung des Inquisitionsverfahrens, wie es vor und nach der Verkündigung der Clementinen gehandhabt wurde, zeigt, dass diese nicht den geringsten Einfluss weder zum Guten noch zum Bösen hatten. Ebensowenig findet sich eine Spur dafür, dass man praktisch den Versuch machte, sie zur Durchführung zu bringen. Die Inquisitoren übten vielmehr nach wie vor ihr Amt mit jener Willkür aus, zu der es ihnen so reiche Gelegenheit bot[1]).

von ihnen gefassten Beschlüsse über ihre inneren Angelegenheiten. Demnach waren sie damals der Jurisdiktion des Abtes unterworfen. Aus dem Jahre 1297 aber haben wir einen Brief von dem Inquisitor Bruder Arnald Johann, worin dieser den Juden von Pamiers befiehlt, nach den Sitten ihrer Glaubensgenossen von Narbonne zu leben, und ihnen verspricht, „aliquas graves et insolitas novitates“ nicht einzuführen. In der Zwischenzeit waren sie also unter die Gerichtsbarkeit der Inquisition gekommen. Coll. Doat, xxxvii, 156, 60.

1) Martin. Fuldens. Chron. ann. 1312. — C. 1, 2, 3. Clement. v, 3. —

Indessen kann auch ein Fall angeführt werden, wo die Inquisition ein mildes Verfahren gegen Ketzer beobachtete. Philipps des Schönen Hass gegen Bonifaz VIII. war unauslöschlich, und selbst das elende Ende seines Feindes konnte ihn nicht stillen. Er hatte mit Hilfe seiner Kreatur auf dem päpstlichen Stuhle, Clemens V., alles erreicht, was er wollte. Eines aber gelang ihm nicht, nämlich die Verurteilung des toten Feindes als eines Ketzers herbeizuführen. Nach wiederholten Versuchen zwang er Clemens, eine Beweisaufnahme in dieser Richtung zu veranstalten; Scharen von Zeugen traten auf, die mit allen Einzelheiten beschworen, dass der verstorbene Papst weder an die Unsterblichkeit der Seele noch an die Lehre von der Menschwerdung und Genugtuung geglaubt, dass er die Dämonen verehrt, dass er schändlichen, widernatürlichen Lastern gefrönt und allgemein für einen ungläubigen und ausschweifenden Menschen gegolten habe. Die Zeugen waren zum grössten Teil angesehene Geistliche, ihre Aussagen lauteten bestimmt. Schon der zehnte Teil dieser Aussagen würde genügt haben, um die Gebeine von zwanzig gewöhnlichen Angeklagten dem Scheiterhaufen zu überliefern und ihre Nachkommen zu enterben. Aber diesmal wurden die üblichen Prozessvorschriften nicht befolgt, und Philipp der
98 Schöne musste von der Verfolgung Abstand nehmen. Doch erklärte Clemens in der Endbulle vom 27. April 1311, dass der König und seine Zeugen sich einzig und allein von dem Eifer für die Kirche hätten leiten lassen. Der Schlag war missglückt. Es wurden aber die von Bonifaz VIII. in seinen aggressiven Dekretalen erhobenen Ansprüche in aller Form zurückgenommen, und Wilhelm von Nogaret erlangte die ihm lange vorenthaltene Absolution[1]).

Clemens starb am 20. April 1314 zu Carpentras, er nahm die Schmach und die Mitschuld an dem Untergange der Templer mit sich

---

Bern. Guidon. Gravam. (Doat, xxx). — Bern. Guidon. Practica, P. iv, c. 1 (ed. Douais, 1886, S. 174). — *Vgl. Tanon a. a. O. S. 139.

Wir sind es Clemens V. schuldig, festzustellen, dass er zweifellos eine viel gründlichere Revision beabsichtigte, und dass die Dürftigkeit des Ergebnisses wahrscheinlich der Endrevision unter Johann XXII. zuzuschreiben ist. Angelo da Clarino schrieb um 1313 von Avignon aus über die neuen Canones, von denen man damals vermutete, dass sie zur Veröffentlichung fertig waren: „Inquisitores etiam heretice pravitatis restringuntur et supponuntur episcopis“, woraus hervorgeht, dass die Verordnungen ursprünglich viel entschiedener waren als bei ihrem Erscheinen. — Franz Ehrle im Archiv für Litteratur- und Kirchengeschichte i (1885) p. 545.

1) Du Puy, Histoire du Différend, Preuves pp. 522–602. — *Finke, Aus den Tagen Bonifaz' VIII. (1902) S. 227 ff; R. Scholz in der Historischen Vierteljahrsschrift ix (1906) S. 485 ff.

ins Grab. Ungefähr sieben Monate später, am 29. November, folgte ihm sein Versucher und Mitschuldiger Philipp der Schöne. Unter den Kardinälen, denen die Wahl eines Nachfolgers für den Stuhl Petri zufiel, herrschte Uneinigkeit und Zwietracht. Die Italiener verlangten, dass die Wahl in der Ewigen Stadt vorgenommen werden sollte. Die Franzosen oder Gascogner, wie sie genannt wurden, bestanden dagegen auf der Beobachtung der Regel, dass die Wahl an dem Orte stattfinden musste, wo der letzte Papst gestorben war; denn sie wussten wohl, dass sie in Italien denselben Beschimpfungen und Belästigungen ausgesetzt sein würden, welche die Italiener in Frankreich zu ertragen hatten. Das in dem bischöflichen Palaste zu Carpentras eingeschlossene Konklave wartete vergeblich auf die Inspiration des Heiligen Geistes, obwohl die draussen Befindlichen das sanfte Mittel versuchten, den Mitgliedern die Nahrung abzuschneiden und ihre Häuser zu plündern. Die Situation wurde so unerträglich, dass schliesslich die gascognische Partei unter der Führung der Neffen des verstorbenen Papstes am 23. Juli 1314 zu einem letzten verzweifelten Mittel griff: sie steckte den Palast in Brand und bedrohte die Italiener mit dem Tode, so dass diese nur mit Mühe ihr Leben retten konnten, indem sie sich einen Weg durch die Hinterwand bahnten. Zwei Jahre vergingen, ohne dass ein sichtbares Oberhaupt der Kirche gewählt war, und die Gläubigen konnten wohl fürchten, dass sie den letzten der Päpste gesehen hatten. Dem französischen Hofe jedoch hatte sich ein französischer Papst so nützlich erwiesen, dass die Wiederbesetzung des Stuhles Petri im Interesse seiner Politik unerlässlich war. Deshalb schickte im Jahre 1316 Ludwig der Zänker seinen Bruder Philipp den Langen, den damaligen Grafen von Poitiers, nach Lyon mit dem Befehle, die Kardinäle zusammenzubringen. Zu diesem Zwecke musste Philipp schwören, dass er ihnen nie Gewalt antun, noch sie einkerkern wolle. Nachdem sie sich indessen auf diese Weise ihre Unabhängigkeit gesichert hatten, waren sie ebensowenig zur Eintracht gestimmt als vorher. Sechs Monate lang zog sich das Wahlgeschäft hin ohne eine Aussicht auf Erfolg; da erhielt Philipp die Nachricht, dass sein Bruder plötzlich gestorben sei
und die verwitwete Königin angeblich in gesegneten Umständen 99
sich befinde. Die Aussicht auf einen erledigten Thron oder wenigstens auf eine Regentschaft machte ihm ein längeres Verweilen in Lyon unerträglich. Doch konnte er nicht gut abreisen, ohne seinen Auftrag zu einem glücklichen Ende geführt zu haben. Er fragte deshalb schnell seine Rechtsgelehrten um Rat, und diese entdeckten,

dass sein Eid ungesetzlich sei und folglich nicht gehalten zu werden brauche. So lud er die ehrwürdigen Väter zu einer Besprechung in das Dominikanerkloster ein, und als sie alle glücklich im Käfige waren, erklärte er ihnen mit allem Ernst, dass sie nicht eher wieder frei würden, bis sie einen Papst gewählt hätten. Er liess alle Eingänge durch seine Wachen besetzen und eilte fort nach Paris, die Kardinäle als Gefangene zurücklassend. In ihrer Falle machten sie schliesslich aus der Not eine Tugend und wählten, allerdings erst nach vierzig Tagen, Jakob Deuza, den Kardinal von Porto, zum Stellvertreter Christi. Die Italiener hatte dieser gewonnen durch die eidliche Versicherung, dass er niemals ein Pferd oder einen Maulesel besteigen wolle, ausser zur Reise nach Rom. Diesen Eid hielt er auch während seines achtzehnjährigen Pontifikates; denn in einem Schiffe fuhr er die Rhone hinab nach Avignon, ging dann zu Fuss nach seinem Palast hinauf und verliess ihn nur noch, um den benachbarten Dom zu besuchen. Nach einer solchen Wahl konnte man natürlich in dem Gewählten keinen Heiligen erwarten, und Johann XXII. entsprach denn auch ganz diesen Umständen. Seine ausgezeichnete Gelehrsamkeit und seine energischen Fähigkeiten hatten ihn aus der niedrigsten Herkunft emporgehoben, während sein schrankenloser Ehrgeiz und sein herrschsüchtiger Charakter endlose Streitigkeiten hervorriefen, vor denen sein kühner Geist niemals zurückbebte [1]).

Mit seiner Wahl nahmen die Unruhen, mit denen die Inquisition in Languedoc zu kämpfen gehabt hatte, ein Ende. Obgleich er die Clementinen veröffentlichte, liess er bald erkennen, dass die Inquisitoren von ihm nichts zu fürchten hätten; daher beeilten sich diese, ihrem lang aufgespeicherten Rachegefühl Luft zu machen. Sie wählten als erstes Opfer Bernhard Délicieux. Dieser hatte während des Pontifikates Clemens' V. und des päpstlichen Interregnums in Frieden gelebt und durfte daher annehmen, dass seine Begeisterung für die Bewohner von Languedoc vergessen sei. Seine ernste Natur hatte ihn veranlasst, sich demjenigen Zweige seines Ordens anzuschliessen, der unter dem Namen der Spiritualen bekannt ist. Er

---

1) Joann. canon. S. Victor. Chron. ann 1314–16. — Rymer, Foedera, III, 494–5. — Grandes Chroniques, ann. 1314–16. — Bern. Guidon. Vit. Joann. PP. XXII. — Ptolemaei Lucens. Append.

Johann XXII. hat immer für den Sohn eines Schuhmachers in Cahors gegolten. Neuere Forschungen jedoch machen es wahrscheinlich, dass er einer gutsituierten Bürgerfamilie angehörte. — A. Molinier (Vaissette, éd. Privat, x, 363).

hatte in den Vorgängen, durch welche diese während der Vakanz des 100
Heiligen Stuhles Besitz von den Klöstern von Béziers und Narbonne erlangt hatten, eine hervorragende Rolle gespielt. Eine der ersten Sorgen Johanns XXII. war nun, die Spaltung in dem Orden zu heilen. Er liess daher die Brüder von Béziers und Narbonne sofort vor sich kommen. Bernhard hatte seinerzeit kein Bedenken getragen, eine Berufung an den Papst zu unterzeichnen, und erschien auch jetzt mutig an der Spitze seiner Brüder vor ihm. Als er es unternahm, ihre Sache zu verteidigen, wurde er angeklagt, die Inquisition behindert zu haben, und sofort verhaftet. Ausser dieser Anklage wurden noch andere gegen ihn erhoben, z. B. durch Zauberkünste den Tod Benedikts XI. herbeigeführt und an dem verräterischen Unternehmen von Carcassonne teilgenommen zu haben. Eine päpstliche Kommission wurde zur Untersuchung der Sache eingesetzt und Bernhard länger als zwei Jahre in engem Gewahrsam gefangen gehalten, während die Untersuchung langsam weiterging. Endlich war sie abgeschlossen. Am 3. September 1319 trat ein Gerichtshof, bestehend aus dem Erzbischof von Toulouse und den Bischöfen von Pamiers und Saint-Papoul, zu Castelnaudary zusammen. Der Erzbischof entschuldigte sich und überliess die Angelegenheit seinen Amtsgenossen. Diese verlegten den Gerichtshof am 12. September nach Carcassonne. Welche Wichtigkeit man dem Prozesse beilegte, ergibt sich aus der Tatsache, dass die Inquisition dabei durch den Inquisitor Johann von Beaune, der König aber durch seinen Seneschall von Carcassonne und Toulouse und seine „Reformatoren", den Bischof Raoul von Laon und den Grafen Johann von Forez, vertreten war[1]).

Der amtliche Bericht über den Prozess ist uns mit all seiner unendlichen Weitschweifigkeit erhalten geblieben. Es gibt wenig Urkunden aus jener Zeit, die uns besser lehren könnten, was man damals unter Gerechtigkeit verstand. Einige von Bernhards alten Genossen, wie Arnold Garsia, Wilhelm Fransa, Peter Probi und andere, welche die Inquisition schon festgenommen hatte, wurden vorgeführt, um mit ihm verhört zu werden. Gleichzeitig benutzte man sie aber auch als Zeugen, und als solche schwuren sie, um ihr eigenes Leben zu retten, ihren Freund in den Tod. Der alte Mann wurde,

1) Joann. can. S. Victor. Chron. ann. 1311, 1316—19. — Historia Tribulationum (Archiv für Litteratur- und Kirchengeschichte II, 1886, pp. 145—8). — Wadding ann. 1318, Nr. 26—7. — MSS. Bib. Nat., fonds latin, Nr. 4270, fol. 1, 39.

nachdem er durch eine zweijährige Untersuchungshaft vollständig erschöpft war, zwei Monate hindurch dem schärfsten Kreuzverhör unterworfen. Hierbei ging man auf Dinge ein, die zwölf bis achtzehn
101 Jahre zurücklagen, und vermengte die verschiedenen Anklagepunkte künstlich auf die mannigfaltigste Weise miteinander. Unter dem Vorgeben, seine Seele retten zu wollen, erinnerte man ihn feierlich und wiederholt daran, dass er vor dem Gesetz ein Ketzer sei, weil er länger als ein Jahr in der Exkommunikation verharrt wäre, die er sich durch Behinderung der Inquisition ipso facto zugezogen habe; daher könne ihn nichts vor dem Scheiterhaufen retten als vollständige Unterwerfung und ein umfassendes Geständnis. Zweimal wurde er gefoltert, das erstemal am 3. Oktober, wo er wegen Verrats, und das zweitemal am 20. November, wo er wegen Nekromantie befragt wurde. Obgleich die Folter in milder Weise angewandt werden sollte, berichten die Notare, die dabei zugegen waren, sorgfältig, dass die Schmerzensschreie des Opfers ihre genügende Schärfe bewiesen. In keinem der beiden Fälle bekam man etwas aus ihm heraus. Wie wirksam aber dieses kombinierte System bei einem durch Alter und Leiden schon geschwächten Manne war, ersieht man aus der Art und Weise, wie er allmählich dahin gebracht wurde, sich in seinen Aussagen immer mehr zu widersprechen und zu verwickeln, bis er sich schliesslich dem Gericht auf Gnade und Ungnade ergab und demütig um Absolution bat[1]).

Das am 8. Dezember erfolgte Urteil sprach ihn zwar von der Anklage, einen Anschlag auf das Leben Benedikts XI. unternommen zu haben, frei, erkannte ihn aber der übrigen Anklagen für überführt; seine Schuld wurde verschlimmert durch nicht weniger als siebzig während des Verhörs geleistete Meineide. Nachdem er abgeschworen hatte, wurde er absolviert, der priesterlichen Weihen verlustig erklärt, zu lebenslänglichem schwerem Kerker in Ketten bei Wasser und Brot verurteilt und in das Inquisitions-Gefängnis von Carcassonne eingesperrt. Dieses Urteil war aber den Vertretern Philipps des Langen noch zu milde, und sie legten gegen dasselbe Berufung bei dem Papste ein, was um so mehr befremdet, als im Jahre 1307 Philipp

---

1) MSS. Bib. Nat., fonds latin, Nr. 4270, fol. 5, 81, 103—4, 146—7, 169. — *Vgl. Tanon a. a. O. S. 77 ff., 158.

Arnald Garsia und Peter Probi blieben bis 1325 im Gefängnisse. Dann wurden sie gegen Bezahlung von zweitausend Goldgulden und gegen eine Busse, die ihnen der Inquisitor Johann Duprat auferlegen sollte, freigelassen. Ihr mit Beschlag belegtes Vermögen musste ihnen zurückgegeben werden. — Vaissette, éd. Privat x, Pr. 645.

der Schöne eine Amnestie verkündet hatte und Bruder Bernhard im Jahre 1308 auf freien Fuss gesetzt worden war. Die Richter waren nicht so mitleidslos. Denn bei der Auslieferung des Verurteilten an Johann von Beaune gaben sie den Befehl, dass die Strafe des Gefangenen wegen seines Alters, seiner Gebrechlichkeit und besonders der Schwäche seiner Hände, die zweifellos in der Folterkammer gebrochen worden waren, gemildert, die Ketten ihm abgenommen und Brot und Wasser durch bessere Nahrung ersetzt werden sollten. Man kann es Johann von Beaune verzeihen, wenn er ein grimmiges Behagen empfand, als er den alten Feind seines Amtes, unter dessen Angriffen seine Vorgänger so viel zu leiden hatten, in seine Hände gegeben sah. Vielleicht steigerte sich sein Frohlocken noch, als am 26. Februar 1320 der erbarmungslose Papst, 102
möglicherweise um dem Könige einen Gefallen zu erweisen, den humanen Befehl der Bischöfe aufhob und verlangte, dass das Urteil in seiner ganzen Strenge ausgeführt würde. Solchen Drangsalen war der schwächliche Körper, den ein so unerschrockener Geist belebt hatte, nicht gewachsen. Nach einigen Monaten schon erlöste ein sanfter Tod diesen einzigen Mann, der es gewagt hatte, die Inquisition offen zu bekämpfen, von seinen Qualen[1]).

Die Reaktion machte schnelle Fortschritte. Im Jahre 1315 erliess Ludwig der Zänker ein Edikt, in das er die meisten Bestimmungen der Gesetze Kaiser Friedrichs II. aufgenommen hatte. Dieses Stück Gesetzgebung, das in Anbetracht des achtzigjährigen Waltens der Inquisition in den Ländern des Königs vollständig überflüssig war, ist nur insofern von Interesse, als es zeigt, welchen Einfluss die Dominikaner schon während des päpstlichen Interregnums erlangt hatten. Mit der Wahl Johanns XXII. war jegliche Besorgnis vor Eingriffen geschwunden, mochte auch der Papst die Clementinen veröffentlichen. Die Bevölkerung sah sich von neuem der ungeschwächten Gewalt der Inquisitoren preisgegeben. Das zeigte sich schon, als der neue Papst am 30. März 1318 die Immunität aufhob, die die Kardinäle Clemens' V. dem Aimeric Castel und den übrigen Bürgern von Carcassonne, Albi und Cordes, welche die Sache ihrer Städte gegen die Inquisitoren führen sollten, verliehen hatten. Die Inquisitoren wurden sogar angewiesen, die Verfolgung derselben mit Eifer zu betreiben. So sah denn die Inquisition, dass

---

1) Lib. Sentent. Inq. Tolos. p. 268—73. — MSS. Bib. Nat., fonds latin, Nr. 4270, fol. 186—92. — Joannes a S. Victore Memor. Historiale ann. 1319 (Bouquet, xxi, 664).

endlich die Stunde des Triumphes gekommen war. Das sollten bald
alle diejenigen erfahren, welche fünfzehn Jahre vorher in den da-
maligen Unruhen eine hervorragende Rolle gespielt hatten und noch
am Leben waren. Die nicht überführten Gefangenen aus den Jahren
1299 und 1300, welche die Inquisition trotz der wiederholten Gebote
des Papstes Clemens in ihrer Gewalt behalten hatte, wurden, soweit
sie in ihren Kerkern noch nicht zugrunde gegangen waren, vor-
geführt und verurteilt. Noch nachdrücklicher machte das hl. Offi-
zium die wiedergewonnene Autorität bei der Unterwerfung und
„Versöhnung" der rebellischen Städte geltend. Was man in Car-
cassonne tat, wissen wir nicht, wahrscheinlich aber geschah dort
dasselbe wie in Albi. Hier mussten sich am 11. März 1319 die Kon-
suln, die Ratsherren und eine grosse Anzahl Bürger auf dem Dom-
kirchhofe vor dem Bischof Bernhard und dem Inquisitor Johann von
Beaune versammeln und mit erhobenen Händen in den demütigend-
103 sten Ausdrücken ihre Reue beteuern und schwören, dass sie jede ihnen
auferlegte Busse annehmen und fürderhin dem Bischof und dem In-
quisitor unbedingten Gehorsam leisten wollten. Dann wurden die
Anwesenden ebenso wie die Toten, welche Zeichen der Reue ge-
geben hatten, von der Exkommunikation befreit; der übrige Teil der
Bevölkerung sollte innerhalb eines Monats um Absolution einkommen.
Hierauf folgte die Verkündigung der Strafen. Die Stadt sollte
alle Unkosten und Verluste, die das Bistum und die Inquisition in
den Wirren erlitten hatten, ersetzen; sie sollte innerhalb zweier
Jahre eine Kapelle für den Dom und ein Portal für die Dominikaner-
kirche bauen und vollenden; sie sollte den Karmelitern fünfzig Pfund
für ihre Kirche geben und schliesslich für Nikolaus von Abbeville und
Fulco von Saint-Georges zu Lyon und Carcassonne, wo diese Inqui-
sitoren infolge der Empörung der Einwohner in Armut und Ver-
bannung gestorben waren, Marmorgrabmäler errichten. Des weite-
ren wurden denjenigen, welche sich im Jahre 1301 verpflichtet hatten,
den Bischof Bertrand und Nikolaus von Abbeville vor dem königlichen
Gerichtshofe zu belangen, soweit sie noch am Leben waren, zehn
Pilgerfahrten auferlegt; ebenso denjenigen, welche von 1302 bis 1304
als Konsuln und Ratsherren im Amt gewesen waren. Johann von
Beaune scheint es als eine besondere Gnade angesehen zu haben,
dass er im Dezember 1320 die Ausführung der für Ostern 1321 an-
gesetzten Pilgerfahrten auf Ostern 1322 verschob. Die Stadt Cordes
wurde am 29. Juni 1321 unter ähnlichen demütigenden Ceremonien
und gegen das Versprechen zukünftigen Gehorsams „versöhnt". So

feierte die Inquisition ihren Sieg in dem langen Kampfe, und ihren Gegnern blieb nichts anderes übrig, als sich bedingungslos zu unterwerfen.[1]

Ob die Bürger von Albi, deren Verhaftung im Jahre 1299 zu so vielen Ruhestörungen Anlass gab, wirklich Ketzer waren, kann jetzt nicht mehr festgestellt werden. Ihre Geständnisse waren bestimmt und ausführlich. Doch ist zu beachten, dass, wie ihre Verteidiger auch anführten, die Inquisition reichlich Mittel besass, aus ihren Opfern alles herauszufoltern, was sie hören wollte. Das lange Hinausschieben der endgültigen Verurteilung scheint seinen guten Grund gehabt zu haben in dem Wunsche des Gerichtshofes, die Urteile so lange unveröffentlicht zu lassen, als unter Clemens V. die Möglichkeit gegeben war, sie einer scharfen Prüfung zu unterziehen. Die Inquisitoren aber führten zu ihrer Rechtfertigung den Fall 104
Lamberts von Foysseux an, der sich bei den Kardinälen Clemens' V. beschwerte, dass er ungerecht angeklagt worden sei, aber später trotzig bei seiner Ketzerei blieb, den Widerruf verweigerte und 1319 verbrannt wurde. Das ist indessen der einzige Fall dieser Art. Denn die unglücklichen Überlebenden, die im Jahre 1319 zur Abschwörung und zum Widerruf gebracht wurden, waren durch Gefangenschaft und Folter gebrochen; ihre Aussagen sind also wertlos[2].

Doch hatte Bernhard Guidonis unzweifelhaft recht, als er behauptete, die Unruhen und die der Inquisition unter Philipp dem Schönen auferlegten Beschränkungen hätten die beinahe erloschene Ketzerei von neuem wieder aufleben lassen. In der Verhandlung, die im Jahre 1304 in Toulouse vor dem Könige stattfand, behauptete der Dominikanerprovinzial Wilhelm Pierre, dass es in Languedoc keine Ketzer mehr gebe, ausser etwa vierzig oder fünfzig in Albi, Carcassonne und Cordes und einige Meilen weit in dem Umkreise dieser Städte. Das war zweifellos eine Übertreibung. Aber mit der zunehmenden Aussicht auf Straffreiheit wurden von neuem wieder „vollkommene" Missionare aus der Lombardei und Sizilien berufen, und die Zahl der Gläubigen vermehrte sich schnell. Bernhard Guidonis hebt rühmend hervor, dass die Inquisition von 1301

1) Isambert, Anc. Loix Franç. III, 123. — Arch. de l'Inq. de Carc. (Doat, XXXII, 138, abgedruckt im Anhang dieses Bandes Nr. VI). — MSS. Bib. Nat., fonds latin, Nr. 11 847. — Lib. Sententt. Inq. Tolos. pp. 228, 244—8, 266—7, 277—81. — Arch. de l'hôtel-de-ville d'Albi (Doat, XXXIV, 169, 185).

2) Bern. Guidon. Gravam. (Doat. XXX, 97).

bis 1315 mehr als tausend entdeckt, zum Geständnis gebracht und öffentlich bestraft habe[1]).

Das Register Gottfrieds von Ablis zu Carcassonne aus den Jahren 1308—1309 legt Zeugnis ab von einer grossen, reich belohnten Tätigkeit. Einer der Zeugen in dem Prozesse des Bernhard Délicieux erzählt, dass die Inquisition, sobald sie ihre Tätigkeit daselbst wiederaufnehmen konnte, auch wieder zahlreiche Ketzer und Gläubige entdeckte[2]). Um dieselbe Zeit beginnen die von Limborch veröffentlichten Urteile der Inquisition von Toulouse. Im Jahre 1307 war Bernhard Guidonis zum Inquisitor in dieser Stadt ernannt worden. Seine zahlreichen Werke bezeugen, dass er eine umfassende Gelehrsamkeit besass und eine rastlose geistige Tätigkeit entfaltete. Er hatte ferner ein ausserordentliches Geschick in der Führung der Geschäfte und war von der Überzeugung tief durchdrungen, dass die Ketzerei ein schweres Verbrechen sei, und dass sein Orden die heilige Pflicht habe, um jeden Preis die Unterwerfung unter Rom durchzusetzen. Zweimal wurde er als päpstlicher Legat verwandt, einmal in Italien und das andere Mal in Frankreich. Er erhielt zwei Bistümer, das von Tuy und das von Lodève, ein Beweis, wie sehr Jo-
105 hann XXII. seine Dienste zu schätzen wusste. Mit seiner Ernennung zum Inquisitor von Toulouse begann er sofort den langen Feldzug, der mit der tatsächlichen Vernichtung des Katharismus in Languedoc endigte. Obgleich er streng und schonungslos vorging, wenn die Gelegenheit es zu fordern schien, zeigen seine Protokolle keine Spur von nutzloser Grausamkeit oder missbräuchlicher Erpressung[3]).

Der Katharismus war um diese Zeit wieder in die niedrigeren Klassen der Bevölkerung, unter denen er seine ersten Jünger gefunden hatte, zurückgedrängt worden. Die Adligen und Vornehmen, die ihn so lange begünstigt hatten, waren untergegangen oder durch die gewissenlosen, dreiviertel Jahrhundert lang verübten Konfiskationen verarmt. Die reichen Bürger der Städte, Kaufleute und Vertreter der Gewerbe, hatten erkannt, welche Versuchungen ihr Vermögen ausübte, und wie unmöglich es war, der Entdeckung zu entgehen. Der Reiz des Martyriums hat seine Grenzen,

1) Ibid. (Doat, xxx, 96, 98). — MSS. Bib. Nat., fonds latin, Nr. 4270, fol. 138—9. 213.

2) Molinier, l'Inq. dans le Midi de la France, p. 111. — MSS. Bib. Nat., fonds latin, Nr. 4270, fol. 285. — *Tanon a. a. O. S. 157.

3) Bern. Guidon. Hist. Conv. Praedic. (Martene, Ampl. Coll. vi, 469). — Touron, Hommes illustres de l'Ordre de S. Dominique, ii, 94. — *Haupt in der Realencyklopädie (ed. Hauck) vii (1899), 230 ff.

und die Märtyrer unter den Katharern waren langsam, aber sicher ausgerottet worden. Doch waren bei den einfachern Dorfbewohnern und besonders in den wilden, zwischen den Vorbergen der östlichen Pyrenäen versteckten Tälern die alten Glaubensanschauungen noch tief eingewurzelt. Mit der Lombardei und selbst mit Sizilien wurde noch immer ein lebhafter Verkehr unterhalten. Auch fehlte es dort nicht an ernsten Männern, welche jeder Gefahr trotzten, um den Gläubigen die Tröstungen ihrer Religion zu spenden und an den sichern Plätzen, wo sie ihre letzte Zuflucht gefunden hatten, den Glauben auszubreiten. Einer der Führer unter diesen war Peter Autier, ein ehemaliger Notar zu Ax (s. von Pamiers). Er hatte in der Jugend kein reines Leben geführt — wir hören von seiner 'druda' oder Geliebten und seinen natürlichen Kindern, — aber mit zunehmendem Alter hatte er das ganze Asketentum der Sekte, der er sein Leben widmete, angenommen. Im Jahre 1295 in die Lombardei vertrieben, kehrte er im Jahre 1298 auf den heimatlichen Boden zurück und blieb daselbst bis zu seinem Tode, von der Inquisition eine Verfolgung bis aufs Messer erduldend. Sein Vermögen wurde konfisziert, seine Familie zerstreut und zugrunde gerichtet. Die Gegend, der er angehörte, lag am Fusse der Pyrenäen. Sie war zerklüftet, hatte wenige Wege und viele Höhlen und Schlupfwinkel, von wo man verhältnismässig leicht über die Grenze nach Aragon kommen konnte. Dort besass er zahlreiche Verwandte, die ihm zugetan waren. Hier behauptete er sich elf Jahre lang, indem er verkleidet von Ort zu Ort wanderte, unablässig verfolgt von den Häschern des heiligen Offiziums. Er war zu Como ordiniert worden, hatte schnell Ansehen in der Sekte erlangt und war einer ihrer eifrigsten, unermüdlichsten und unerschrockensten Missionare. Schon
im Jahre 1300 nahm er eine so hervorragende Stellung ein, dass 106
man seiner auf jede Weise habhaft zu werden suchte. Ein gewisser Wilhelm Johann bot den Dominikanern von Pamiers an, ihn zu verraten. Aber die Absicht wurde ruchbar unter den Getreuen. Zwei derselben, Peter von Aère und Philipp von Larnat, lockten den Verräter auf die Brücke bei Alliat, wo sie ihn ergriffen und knebelten; hierauf schleppten sie ihn in die Berge, zwangen ihn zu einem Geständnis und stürzten ihn dann kopfüber in einen Abgrund. Der Bruder Peter Autiers, Wilhelm, sein Sohn Jakob, Amiel von Perles, Peter Sanche und Sanche Mercadier, deren Namen überall in den Geständnissen als rührige Missionare erwähnt werden, standen ihm würdig bei der Arbeit zur Seite. Bei einer Gelegenheit hatte Jakob Autier die

Kühnheit, vor einer Versammlung ketzerischer Frauen in der Kirche zum hl. Kreuz in Toulouse um Mitternacht eine Predigt zu halten; er hatte diesen Ort gewählt, da er dort am ungestörtesten war. [1])

Die Tätigkeit Gottfrieds von Ablis in Carcassonne scheint hauptsächlich darauf gerichtet gewesen zu sein, die Beschützer und Schlupfwinkel Peter Autiers ausfindig zu machen. Zu Toulouse war Bernhard Guidonis in derselben Richtung eifrig bei der Arbeit. Der Ketzer wurde von einem Ort zum anderen getrieben, aber die wunderbare Treue seiner Anhänger schien alle Anstrengungen zu vereiteln. Schliesslich sah sich Bernhard veranlasst, zu einem besondern Mittel zu greifen. Am 10. August 1309 erliess er, um die Bevölkerung zur Beteiligung an der Verfolgung anzufeuern, folgende Bekanntmachung:

„Bruder Bernhard Guidonis, Dominikaner, Inquisitor von Toulouse, entbietet allen Gläubigen in Christo die Belohnung und die Krone des ewigen Lebens. Umgürtet Euch, Söhne Gottes, erhebt Euch mit mir, Streiter Christi, gegen die Feinde seines Kreuzes, jene Verderber der Wahrheit und Reinheit des katholischen Glaubens, gegen Peter Autier, den Erzketzer, und seine Anhänger und Mitschuldigen, Peter Sanche und Sanche Mercadier. Sie, die sich versteckt halten und in der Dunkelheit umhergehen, befehle ich im Namen Gottes zu verfolgen und zu ergreifen, wo immer man sie findet, und verspreche die ewige Belohnung Gottes und einen reichen zeitlichen Lohn denjenigen, welche die Genannten ergreifen und vorführen. Wachet daher, Ihr Hirten, damit die Wölfe Eure Schafe nicht fressen! Handelt mannhaft, Ihr treuen Eiferer Gottes, damit die Gegner des Glaubens nicht fliehen und uns entrinnen können!“

Diese feurige Ermahnung war anscheinend überflüssig; denn
ehe sie noch überall im Lande bekannt gemacht werden konnte, war
die Beute schon ergriffen. Da in den Jahren 1308 und 1309 fast seine
ganze Familie und alle seine Freunde verhaftet worden waren,
sah sich Peter Autier aus seinen gewohnten Schlupfwinkeln ver-
107 trieben. Am Johannistage (24. Juni) 1309 fand er Zuflucht bei
Perrin Maurel von Belpech in der Nähe von Castelnaudary, wo er
sich etwa fünf Wochen lang aufhielt. Dort besuchte ihn seine Tochter
Wilhelmine, die kurze Zeit bei ihm blieb; dann brachen die beiden

1) Lib. Sententt. Inq. Tolos. pp. 2, 3, 12, 13, 32, 68, 76, 81, 159. — Molinier, l'Inq. dans le Midi de la France pp. 145–56.

zusammen auf. Am nächsten Tage wurde er ergriffen, desgleichen Perrin Maurel, der mit gewohnter Treue alles leugnete, bis ihm Peter Autier im Dezember im Gefängnis riet, ein Geständnis abzulegen[1]).

Auf diesen Sieg folgte im Oktober die Gefangennahme Amiels von Perles, der sich sogleich der 'endura' unterzog, indem er Speise und Trank verweigerte. Als er beinahe zusammenbrach, wurde am 23. Oktober schleunigst ein besonderes Autodafé veranstaltet, damit der Scheiterhaufen nicht seiner Beute verlustig gehe. Die Zeit, wo die Kräfte des Unglücklichen noch ausreichten, benutzte Bernhard um die beiden Erzketzer in seiner Gegenwart eine haeretische „Adoration" vornehmen zu lassen[2]).

Peter Autier wurde erst bei dem grossen Autodafé im April 1310 verbrannt, zu dem Gottfried von Ablis von Carcassonne herkam, um auch seinerseits Anteil an dem Triumphe zu haben. Der Erzketzer hatte seinen Glauben nicht zu verbergen gesucht, sondern mutig seine sträflichen Anschauungen bekannt und die Kirche Roms für die Synagoge Satans erklärt. Trotzdem blieb ihm die grausamste Folterung nicht erspart, die man zweifellos anwandte, nicht um ihm ein Geständnis zu entlocken — denn das war überflüssig, — sondern um ihn zu zwingen, seine Schüler und die, welche ihm Zuflucht gewährt hatten, zu verraten. Autiers genaue Bekanntschaft mit allen Ketzern des Landes stellte Bernhard Guidonis eine solche Menge von Enthüllungen in Aussicht, dass er vor keinem Mittel zurückschreckte, um in den Besitz derselben zu kommen. Tatsächlich wird dann auch auf diese Angaben in so vielen späteren Urteilen hingewiesen, dass es für uns gar keinen Zweifel geben kann über die Mittel und Wege, durch welche man den Erzketzer so weit brachte, dass er Freunde und Genossen seinen Peinigern auf Gnade oder Ungnade auslieferte[3]).

Damit endigt das blutige Drama des Katharismus in Languedoc. Ausgerüstet mit den so erlangten Enthüllungen brauchten Bernhard Guidonis und Gottfried von Ablis nur noch einige Jahre, um diejenigen von Peter Autiers Jüngern, deren man habhaft werden konnte, zu bekehren oder zu verbrennen und diejenigen, welche ihren Spionen entgingen, zur Auswanderung zu zwingen. Es fanden sich keine neuen Missionare, die bereit waren, an Autiers Stelle zu treten und

1) Molinier, op. cit. p. 157. — Lib. Sententt. Inq Tolos, p. 102.
2) Lib. Sententt. Inq. Tolos. p. 37.
3) Lib. Sententt Inq. Tolos. pp. 59, 60, 64, 73, 74, 75, 92—3, 132. — *Eine Liste der von Bernhard Guidonis 1308—1323 ausgesprochenen Verurteilungen ist bei Vacandard a. a. O. S. 322 zusammengestellt.

108 so ihr Leben zu opfern. Nach 1315 verschwindet der Patariner fast vollständig aus den Urkunden der französischen Inquisition. Es kommen zwar später noch einige vereinzelte Fälle vor; aber die Vorgänge sind ältern Datums und beziehen sich fast ausnahmslos auf das Missionswerk Peter Autiers und seiner Genossen. Einer der letzten dieser Fälle findet sich in einem Urteil, für das die Zeitangabe fehlt, das aber wahrscheinlich aus dem Jahre 1327 oder 1328 herrührt; in demselben verurteilt der Inquisitor Johann Duprat von Carcassonne die Wilhelmine Tornière. Diese hatte abgeschworen und war schon lange im Gefängnisse, als sie dabei überrascht wurde, wie sie Bekehrungen vornahm und Wilhelm Autier und Wilhelm Balibaste als gute und heilige Männer pries. Dem Verhör unterworfen, weigerte sie sich, einen Eid abzulegen, und wurde demgemäss verbrannt. Im Jahre 1328 verurteilte der Inquisitor Heinrich von Chamay aus Carcassonne Wilhelm Amiel wegen Katharismus zu Gefängnis und im Jahre 1329 zwei Katharer, Bartholomäus Pays und Raimund Garric von Albi, deren Vergehen fünfunddreissig und vierzig Jahre früher begangen worden waren. In demselben Jahre liess er vier Häuser und einen Pachthof zerstören, weil ihre Eigentümer darin häretisiert worden waren, was aber zweifellos lange vorher geschehen war. Konfiskationen wegen früherer Vergehen kamen noch immer vor, aber der Katharismus als lebendiger Glaube wird um diese Zeit in Languedoc tatsächlich erloschen gewesen sein. Hundertundfünfzig Jahre vorher hatte er daselbst begründete Aussicht gehabt, die herrschende Religion zu werden [1]).

In demselben Jahre 1329 kam ein Fall vor, welcher nicht ohne Interesse ist, da er zeigt, wie ein ernster aber aus dem Gleichgewicht geratener Kopf, der über die Verbrechen und das Elend der Welt nachsann, einige von den roheren Elementen des Katharismus und des Averrhoismus zu einem phantastischen System verwob.

---

1) Lib. Sentent. Inq. Tolos. pp. 341–2. — Coll. Doat, XXVII, 198–200, 248; XXVIII 128, 158. — *Vgl. auch die Prozessakten aus Lodève, Pamiers, Carcassonne, Narbonne und Béziers (1323–1329), welche Douais, L'Inquisition (1907) S. 289—351 abdruckt.

Das gänzliche Verschwinden einer einst so zahlreichen und mächtigen Sekte wie die der Katharer ist so unwahrscheinlich erschienen, dass man vielfach geglaubt hat, die Cagots, jener verachtete Volksstamm in den Pyrenäen, welcher in der französischen Provinz Navarra erst im Jahre 1709 und in der spanischen Provinz Navarra erst 1818 zu dem gemeinen bürgerlichen Rechte zugelassen wurde, seien die Nachkommen der Katharer. Auch die Cagots selbst hielten sich für solche. In einer Bittschrift an Leo X. aus dem Jahre 1517 ersuchten sie darum, wieder in die menschliche Gesellschaft aufgenommen zu werden, indem sie geltend machten, dass

Limoux Noir aus St. Paul in der Diözese Alet war schon von 109
seinem Bischof im Jahre 1326 verhört worden, aber den ungeschickten Beamten des bischöflichen Gerichtshofes entkommen. Die Inquisition hatte wirksamere Mittel, mit denen sie ihn schnell zum Geständnis brachte. Er hatte eine Lehre vom Weltall aufgestellt, welche alle Religionen ersetzen sollte. Gott habe die Erzengel geschaffen, diese die Engel, und die letzteren Sonne und Mond. Diese himmlischen Wesen seien weiblichen Geschlechts, denn sie seien unbeständig und verführbar. Aus ihrem Urin sei die Welt geworden, und darum sei sie mit allem, was darin geboren werde, verderbt. Moses, Muhammed und Christus seien alle von der Sonne ausgeschickt und verdienten als Lehrer das gleiche Ansehen. Jetzt kämpften Christus und Muhammed in der Unterwelt miteinander und suchten Anhänger zu gewinnen. Die Taufe habe keinen grösseren Wert als die Beschneidung der Juden oder der Segen des Islam. Denn diejenigen, welche in der Taufe der Sünde entsagten, wüchsen auf, um Räuber und Huren zu werden. Das Abendmahl sei wertlos; denn Gott wolle sich nicht von den Händen der Ehebrecher, wie es die Priester seien, berühren lassen. Die Ehe müsse man vermeiden; denn aus ihr entsprängen Räuber und Huren. Auf diese Weise disputierte er alle Lehren und Gebräuche der Kirche hinweg. Um zu prüfen, ob das vierzigtägige Fasten des Heilands möglich sei, hatte er zehn Tage und zehn Nächte in einer Hütte gefastet. Dann hatte ihm Gott dieses philosophische System offenbart. Im Jahre 1327 hatte er sich abermals der 'endura' unterzogen und war entschlossen, sie zu Ende zu führen, wurde aber von seinem Bruder überredet, das Abendmahl zu nehmen, um zu verhüten, dass seine Gebeine nach dem Tode verbrannt würden. Er war sechzig Jahre alt. Seine wahnsinnigen Lehren hatten auch einige Anhänger gefunden, doch wurde die Sekte gleich im Keime erstickt. Dem Inquisitor erklärte er, dass er sich eher lebendig die Haut abziehen lassen, als an die Transsubstantiation glauben wolle; er bewies seine Entschlossenheit, indem er allen Versuchen, ihn zum Widerruf zu bringen, trotzte, so dass nichts anderes übrig blieb, als ihn dem welt-

---

die Irrtümer ihrer Vorfahren lange gesühnt seien. Aber unter allen Vermutungen bezüglich der Herkunft dieser geheimnisvollen Volksklasse scheint die, dass sie Abkömmlinge der Katharer seien, am wenigsten begründet zu sein. Lagrèze hält sie für Nachkommen von Aussätzigen und stützt diese Behauptung auf Gründe, welche den Leser von der Richtigkeit seiner Ansicht überzeugen. Lagrèze, La Navarre Française, I, 53—60. Cf. Vaissette, Liv. XXXIV, c. 79.

lichen Arme zu überlassen. Das geschah; er starb und mit ihm auch sein religiöses System [1]).

So siegte die Inquisition, wie es die Gewalt stets tun wird, wenn sie stark genug ist und geschickt und ohne Unterbrechung bis zum
110 Ende systematisch angewandt wird. Im zwölften Jahrhundert war Südfrankreich das civilisierteste Land Europas gewesen. Handel und Gewerbe, Kunst und Wissenschaft waren dort ihrer Zeit weit voraus. Die Städte verwalteten sich tatsächlich selbst, waren stolz auf ihren Reichtum und ihre Kraft, eifersüchtig auf ihre Freiheiten bedacht und opferwillig in ihrer Vaterlandsliebe. Die Adligen waren zum grössten Teile gebildete Männer, selbst Dichter oder wenigstens Beschützer der Dichtkunst, die wussten, dass ihr Wohl abhing von dem Wohle ihrer Untertanen, und dass die städtischen Freiheiten eher eine Schutzwehr als eine Gefahr für einen weisen Herrscher bildeten. Da kamen die Kreuzfahrer ins Land, und was sie noch unvollendet liessen, das wurde von der Inquisition aufgegriffen und grausam zu Ende geführt. Sie liess ein zugrunde gerichtetes, verarmtes Land zurück, dessen Industrie vernichtet und dessen Handel zerstört war. Die Konfiskation hatte die eingeborenen Adligen an den Bettelstab gebracht. An ihre Stelle traten Fremde, die den Grund und Boden in Besitz nahmen und die rauhen Sitten des nördlichen Lehnswesens oder die despotischen Grundsätze des römischen Rechtes in den weiten von der Krone erworbenen Besitzungen einführten. Ein Volk von reichen natürlichen Gaben war mehr als ein Jahrhundert lang gefoltert, dezimiert, gedemütigt und beraubt worden. Die frühzeitige Civilisation, welche versprach, der Kultur Europas den Weg zu weisen, war dahin, und Italien blieb die Ehre der Renaissance vorbehalten. Dafür war die Einheit des Glaubens und einer Kirche hergestellt, welche in dem Kampfe verhärtet, verkommen und verweltlicht war. Das war das Werk, das waren die Früchte der Inquisition in einem Lande, das ihrer Tätigkeit das weiteste Feld und ihrer Machtentfaltung die reichste Gelegenheit geboten hatte.

Allein der Sieg des hl. Offiziums trug die Gewissheit seines Verfalles in sich. Unterstützt von dem Staate, hatte es durch den nimmer versiegenden Strom der Konfiskationen die Schatzkammern der Krone gefüllt und so die königliche Gunst verdient und bezahlt. Nichts hat vielleicht mehr zur Befestigung der königlichen Supre-

---

1) Coll. Doat, XXVII, 216—25, 234.

matie beigetragen, als der Wechsel der Grundbesitzer, wodurch ein grosser Teil der Länder des Südens in neue Hände überging. In den Territorien der grossen Vasallen wurde das Recht der Konfiskation wegen Ketzerei als ein wichtiger Teil der „droits seigneuriaux" anerkannt. In den Domänen der Krone wurden die konfiszierten Güter an Günstlinge verteilt oder zu mässigen Preisen denjenigen verkauft, welche man dadurch für die neue Ordnung der Dinge gewinnen wollte. Die königlichen Beamten legten Hand auf alles, was sie erreichen konnten, Verrat oder Ketzerei vorschützend, selten irgend welche Rechte berücksichtigend. Und obwohl der ehrliche Ludwig IX. im Jahre 1262 eine Untersuchung anstellen und im Verlaufe derselben einen grossen Teil des unrechtmässig erworbenen Eigentums zurückgeben liess, so war dies doch nur ein kleiner Bruchteil von dem Ganzen. Um das Parlament bei der Prüfung der zahllos auftauchenden Rechtsfälle zu unterstützen, befahl er im Jahre 1260, die wichtigsten Urkunden und Briefe nach Paris zu senden. Die Akten eines jeden der sechs Seneschallämter füllten einen Koffer, und die sechs Koffer wurden in der Schatzkammer der Sainte-Chapelle deponiert. Als Beispiel für diesen Aufsaugungsprozess mag der Fall der ausgedehnten Grafschaft Fenouillèdes dienen. Er zeigt zugleich, wie eifrig die Inquisition mitwirkte, die von der Krone gewünschten politischen Ergebnisse zu sichern. Fenouillèdes war während der Kreuzzüge erobert und dem Nuñez Sancho von Roussillon gegeben worden. Von diesem ging es durch die Hände des Königs von Aragon in die Ludwigs des Heiligen über. Im Jahre 1264 wandte sich Beatrix, die Witwe Hugos, des Sohnes des früheren Vicomtes Peter, an das Parlament, um ihr Leibgedinge zurückzufordern und ihre Rechte sowie die ihrer Kinder geltend zu machen. Sogleich begann der Inquisitor Pontius von Poyet eine Verfolgung gegen das Andenken Peters, welcher mehr als zwanzig Jahre vorher im Schosse der Kirche gestorben und bei den Templern von Mas Deu begraben worden war, nachdem er das Mönchsgewand und die Sterbesakramente empfangen hatte. Er wurde verurteilt, weil er Beziehungen zu Ketzern unterhalten habe; seine Gebeine wurden ausgegraben und verbrannt, und das Parlament wies den Anspruch der Schwiegertochter und der Enkel ab. Im Jahre 1300 erneuerte der älteste von diesen seinen Anspruch auf seine angestammten Güter, und Bonifaz VIII. machte in der Absicht, Philipp dem Schönen Verlegenheiten zu bereiten, den Streit zu dem seinigen. Die Angelegenheit zog sich jahrelang hin, aber das Inquisitionsurteil blieb bestehen. Die wirklichen Ketzer und ihre Nachkommen waren somit nicht die einzigen, die ihres Besitzes beraubt wurden. Das Land war eben von der Ketzerei so stark verseucht gewesen, dass es nur wenige Familien gab, denen die Inquisition nicht auf Grund ihrer Protokolle hätte nachweisen können, dass ihre Vorfahren in verhängnisvolle Berührung mit derselben gekommen waren[1]).

112 Die reiche Bürgerschaft der Städte wurde in der gleichen Weise zugrunde gerichtet. Es sind einige Verzeichnisse von dem Hab und Gut erhalten geblieben, das man bei den Verhaftungen im Jahre 1299 und 1300 in Albi mit Beschlag belegte. Sie beweisen, wie gründlich alles in den grossen Schlund hineinversenkt wurde. In dem Inventar des Notars Raimund Calveric ist jede Kleinigkeit aufgezählt, die in dem Haushalte eines wohlhabenden Bürgers zu finden ist: Kissen, Laken, Bettdecken, sämtliche Küchengeräte, die eingemachten Vorräte, Korn und selbst der kleine Flitterkram seiner Frau, alles wird aufgezählt, nichts vergessen. Seine Farm oder sein Landhaus wurde mit derselben Genauigkeit untersucht und hier alles ebenso gründlich mit Beschlag belegt. Einen ähnlichen Einblick tun wir in die Vorräte und Waren eines reichen Kaufmannes namens Johann Baudier. Jeder Rest Stoff wird sorgfältig gemessen; es sind da Kleiderstoffe von Gent, von Ypern, von Amiens, von Cambrai, St. Omer, Rouen, Montcornet usw. mit Angabe ihres Wertes, Pelzstücke und andere Handelsartikel verzeichnet. Sein Stadt- und sein Landhaus wurden mit der nämlichen gewissenhaften Sorgfalt inventarisiert. Es ist nicht schwer zu erkennen, wie wohlhabende Städte in Armut gerieten, wie die Gewerbe stillstanden, und wie bei der furchtbaren

---

1) Vaissette, III, 362, 496; IV, 104—5, 211. — Archives de l'Evêché de Béziers (Doat, XXXI, 35). — Beugnot, Les Olim I, 1029—30. — Les Olim I, 580. — Coll. Doat, XXXIII, 1.

Den Umfang des Besitzwechsels zeigt eine Liste der Länder und Renten, die Philipp von Montfort seinen Vasallen wegen Ketzerei konfiszierte. Sie umfasst Lehnsgüter und anderes Eigentum in Lautrec, Montredon, Senegats, Rabastain und Lavaur. Die Ritter, Edelleute und Bauern, die auf diese Weise ihres Eigentums beraubt wurden, werden alle mit ihren Vergehen namhaft gemacht: der eine starb als Ketzer, ein anderer wurde auf seinem Sterbebette häretisiert, ein dritter wegen Ketzerei verurteilt, ein vierter zu Lavaur verbrannt, während in andern Fällen die Mutter oder der Vater oder beide Ketzer waren (Doat, XXXII, 258—63).

Viele Beispiele von Schenkungen und Verkäufen sind in der Sammlung Doat aufbewahrt; z. B. XXXI, fol. 171, 237, 255; XXXII, fol. 46, 53, 55, 57, 64, 67, 69, 244 etc.

In den Besitzungen der englischen Krone in Aquitanien geschah dasselbe, wenn auch in geringerem Umfang (Rymer, Foedera, III, 408).

Unsicherheit, die über dem Haupte eines jeden schwebte, die Unabhängigkeit der städtischen Verwaltungen gebrochen wurde[1].

In dieser Hinsicht war die Inquisition schöpferischer, als sie selbst wusste. Indem sie die Souveränetät des Königs über die neu erworbenen Provinzen aufrichten half, trug sie dazu bei, eine Macht zu schaffen, durch welche schliesslich ihre eigne zu verhältnismässiger Bedeutungslosigkeit herabgedrückt wurde. Mit dem Verschwinden des Katharismus wurde Languedoc ebenso gut ein Teil der Monarchie, wie die Isle de France, und die Inquisition daselbst ging unter in derjenigen des übrigen Königreiches. Sie braucht deshalb nicht weiter gesondert betrachtet zu werden.

1) Coll. Doat, xxxii, 309, 316.

Zweites Kapitel.

Frankreich.

113 Der Katharismus konnte im Norden Frankreichs nie fest genug Fuss fassen, um für die Kirche eine wirkliche Gefahr zu werden. Aber infolge der Kreuzzüge und der Anstrengungen, welche die Kirche nach dem Friedensschlusse von 1229 machte, suchten viele Ketzer der Verfolgung in ihrer Heimat dadurch zu entgehen, dass sie Zuflucht in anderen Gegenden nahmen, wo sie vor Spähern sicher zu sein hofften. Wollte man also die Verfolgung im Süden planmässig organisieren, so mussten diese Gegenden sorgfältiger überwacht werden, als man von der Nachsicht der Bischöfe erwarten konnte. Andernfalls diente das Vorgehen in Languedoc nur dazu, das Übel auszubreiten. Es waren also in denjenigen Ländern, wo die Ketzer an Anzahl gering und in Winkeln versteckt waren, Glaubenswächter ebenso erforderlich wie in denjenigen, wo sie sich zahlreich und von Adligen und Städten beschützt vorfanden. Unter dem frommen Könige Ludwig dem Heiligen, welcher erklärte, dass es für einen Laien kein anderes Argument gegen einen Ketzer gebe, als ihm das Schwert bis an das Heft in den Leib zu stossen, konnten diese Hüter des Glaubens mit Sicherheit auf die Unterstützung des weltlichen Armes rechnen[1]).

Als daher im Jahre 1233 Peter Cella und Wilhelm Arnaud zu Inquisitoren in Toulouse ernannt worden waren, wurde ein ähnlicher Versuch in dem nördlichen Teile des Königreiches gemacht. Auch hier wurde der Dominikanerorden dazu berufen, die notwendigen Eiferer zu stellen[2]). Ich habe schon auf den missglückten Versuch hingewiesen, die Mönche der Franche-Comté zur Übernahme dieser Aufgabe zu veranlassen. In Westburgund jedoch war die Kirche glück-

---

1) Joinville, Mémoires P. I (Ed. 1785), p. 23.
2) *Chapotin, Histoire des Dominicains de la province de France (1898) S. 210 ff.

licher. Hier fand sie ein geeignetes Werkzeug in dem Bruder Robert
le Petit, genannt le Bougre [1]). Wie Rainer Sacchoni war er ein Patariner
gewesen und also besonders geeignet, die heimlichen Ketzer zu ent-
decken, eine Eigenschaft, welche noch durch die besondere Gabe
unterstützt wurde, die Ketzer, wie er behauptete, an ihrer Sprache 114
und ihrer Lebenshaltung erkennen zu können. Ausserdem kamen ihm
für die Erfüllung dieser Aufgabe der glühende Fanatismus des Be-
kehrten, seine Kenntnisse, seine feurige Beredsamkeit und seine Er-
barmungslosigkeit zustatten. Im Anfang des Jahres 1233 erhielt der
Prior des Dominikanerklosters von Besançon den Befehl, die Ketzer
zu verfolgen; Robert wurde zu seinem Stellvertreter ernannt. Be-
gierig, seinen Eifer zu bekunden, begann dieser ohne Säumen seine
Tätigkeit in La Charité a. d. Loire. Der Leser wird sich erinnern,
dass dieser Ort im zwölften Jahrhundert ein bekannter Mittel-
punkt der Ketzerei war (I, 144), und dass wiederholt Versuche zu seiner
Reinigung gemacht wurden, die aber alle an der Halsstarrigkeit der
Ungläubigen scheiterten. Robert sah, dass sich Stephan, der Prior
der Cluniacenser, vergeblich bemühte, die Verirrten zurückzu-
gewinnen. Obwohl der neue Inquisitor, wie es scheint, nicht mit be-
sonderen Vollmachten ausgestattet war, machte doch sein energisches
Vorgehen sofort einen tiefen Eindruck. Die Ketzer strömten in
Scharen herbei, um ihre Irrtümer zu bekennen: Männer und Frauen,
Eltern und Kinder, alle kamen und klagten rückhaltlos entweder
sich selbst oder sich gegenseitig an. Dem Papste Gregor IX. berich-
tete Robert, die Stadt sei in Wirklichkeit noch viel schlimmer als ihr
Ruf; sie sei nichts anderes als ein von ketzerischer Bosheit stinken-
des Nest, wo der katholische Glaube fast ganz verschwunden sei
und die Leute in ihren geheimen Zusammenkünften das Joch Roms
abgeschüttelt hätten. Unter der Maske einer besonderen Frömmig-
keit täuschten sie selbst die Klügsten, und ihre eifrigen Missions-
bestrebungen, die sich über ganz Frankreich erstreckten, ver-
führten die Seelen von Flandern bis nach der Bretagne. Im Un-
klaren über seine Amtsgewalt, bat er Gregor um Instruktionen
und erhielt den Befehl, in Verbindung mit den Bischöfen energisch
vorzugehen und auf Grund der vor kurzem von dem hl. Stuhle er-

1) *Vgl. J. Frederichs, Robert le Bougre, premier inquisiteur général en France (1892); P. Fredericq, Geschiedenis der Inquisitie in de Nederlanden I (1892), 42 ff.; Tanon a. a. O. S. 113 ff.; Charles H. Haskins, Robert le Bougre and the beginnings of the Inquisition in Northern France (American Historical Review, Vol. VII, Nr. 3—4 (April und Juli 1902). — Vgl. auch Langlois in der Histoire de France, hrsg. von Lavisse, III, 2 S. 70 ff.

lassenen Verordnungen die ganze Gegend gründlich von der Ketzerei zu säubern; zugleich sollte er die Hilfe des weltlichen Armes anrufen und, wenn nötig, durch Kirchenstrafen erzwingen. Wenig später befahl Gregor dem Dominikanerprovinzial in Paris, für ganz Frankreich Mönche zu Inquisitoren zu ernennen. Es fehlen uns aber die Belege dafür, ob er dem Befehl nachkam oder nicht [1]).

Wir wissen auch nicht, welche Massregeln Robert ergriff. Aber es kann kein Zweifel darüber bestehen, dass er auf diesen Antrieb hin und bekleidet mit dieser Amtsgewalt schonungslos vorging. In seinem wahnsinnigen Fanatismus stellte er sich wahrscheinlich das Übel weit grösser und schlimmer vor, als es in Wirklichkeit war, und verfolgte Schuldige und Unschuldige in gleicher Weise, indem er dabei alle gesetzlichen Formalitäten unbeachtet liess. Wir hören zufällig von dem Fall eines gewissen Peter Vogrin aus der Diözese Clermont. Dieser war in La Charité von dem Erzbischof von Bourges und dem Bischof von Auxerre verhört worden, die daselbst im Auftrage Gregors eine Inquisition anstellten. Da man einen Beweis gegen ihn nicht finden konnte, so wurde er dazu verurteilt, sich mit zehn Klerikern, zehn Rittern und Bürgern der kanonischen Reinigung zu unterziehen, was ihm auch vollständig glückte. Als er später von Feinden verleumdet wurde, wandte er sich an den Papst. Dieser beauftragte den Diözesanbischof von Clermont, den Fall zu untersuchen, aber es fand sich niemand, der ihn belastete, und der Erzbischof von Sens und viele andere Prälaten bezeugten seine Rechtgläubigkeit und seinen reinen Lebenswandel. Allein schon der Verdacht der Ketzerei war ein unauslöschlicher Makel. Als Bruder Robert zum Inquisitor ernannt wurde, liess er Peter vor sich und den Bischof von Clermont kommen. Beide hatten sich das Versprechen gegeben, dass keiner von ihnen ohne den anderen etwas unternehmen wolle. Trotzdem aber ging Robert selbständig gegen Peter vor und erschien eines Tages mit einer Schar Bewaffneter, um ihn zu ergreifen. Darauf appellierte Peter in Gegenwart verschiedener Äbte an den hl. Stuhl und schickte seinen Neffen, einen Priester, zu Robert, um ihm Mitteilung von der Berufung zu machen. Robert aber exkommunizierte sofort den Abgesandten, enthob ihn für immer seines Amtes und seiner Pfründe und erklärte, ihn nicht zu absolvieren, bis er die

1) Alberic. Trium Font. Chron. ann. 1236. — Gregor PP. IX. Bull. Gaudemus, 19. April 1233; Bull. Quo inter ceteras, 22. Aug. 1235 (Ripoll. I, 45—6, 80; *Fredericq, Corpus inquisitionis Neerlandicae I S. 91, 100, 101). — Raynald. ann. 1233, Nr. 59.

Meldung zurückgenommen und sich verpflichtet habe, nie wieder für seinen Onkel vor ihm zu erscheinen. Darauf floh Peter vorsichtiger Weise nach Rom, Robert aber in Verbindung mit einem Inquisitor aus dem Franziskanerorden exkommunizierte ihn gleichfalls. Als Gregor von diesen Vorgängen Kunde erhielt, beauftragte er am 3. November 1233 den Bischof von Nevers, den Dominikanerprovinzial und den Archidiakon von Paris, die Angelegenheit zu untersuchen und Bericht darüber zu erstatten, mit dem Bemerken, dass die Exkommunikation ungesetzlich sei, wenn sie nach der Berufung erfolgt wäre[1]). Schon bald aber erhob der Erzbischof von Sens, in dessen Provinz La Charité lag, Vorstellungen bei Gregor IX. über diesen Eingriff in seine Jurisdiktion. Beunruhigt über die dem Dominikanerprovinzial von Paris übertragene Vollmacht, Inquisitoren für alle 115
Teile des Königreiches zu ernennen, schlossen sich ihm andere Bischöfe an. Sie versicherten dem Papste, dass es in ihren Provinzen keine Ketzerei gebe und daher solche aussergewöhnlichen Massregeln nicht notwendig seien. Darauf nahm der Papst zu Anfang Februar des Jahres 1234 alle Erlasse zurück, ermahnte aber die Bischöfe, wachsam zu sein und die Dienste der Dominikaner zu benutzen in allen Fällen, wo ein energisches Vorgehen nötig scheine, da die Brüder ganz besonders bewandert seien in der Widerlegung der Ketzerei. Die Bischöfe waren in der Regel der Verfolgung der Ketzerei nicht abgeneigt, solange sie unter ihrer eigenen Jurisdiktion geschah. Möglicherweise haben sie also nun Bruder Robert beauftragt, in ihrem Namen zu handeln, denn im Juni 1234 bezahlte König Ludwig den Unterhalt der Ketzer in dem Gefängnisse zu S. Pierre-le-Moutier, was darauf hinweisen dürfte, dass der Inquisitor die Arbeit auf seinem alten Wirkungsfelde wieder aufgenommen hatte. Wir haben jedoch keine positiven Beweise für das, was er während der achtzehn Monate nach der Enthebung von seinem päpstlichen Auftrage begonnen hat; wahrscheinlich benutzte er sie, um Gregor davon zu überzeugen, dass die Versicherungen der Bischöfe, es gebe keine Ketzerei in ihren Diözesen, den Tatsachen nicht entsprächen. Sei dem wie ihm wolle, auf jeden Fall erlangte Gregor diese Überzeugung und, ohne sich von der bitteren Erfahrung, die er kurz vorher mit einem ähnlichen Fanatiker, Konrad von Marburg, gemacht hatte, abschrecken zu lassen, verkündete der leicht erregbare Papst im August 1235 dem Dominikanerprovinzial in heftigen Worten, Gott habe ihm offenbart, dass ganz Frankreich von dem

1) Sbaralea, Bullarium Franciscan. I, 177.

Gifte der Ketzerreptilien angesteckt sei, und dass die Inquisition ihre Tätigkeit in ganz uneingeschränkter Freiheit des Handelns wieder aufnehmen müsse. Bruder Robert müsse wieder beauftragt werden, mit geeigneten Amtsgenossen das ganze Königreich zu reinigen. Die Bischöfe sollten ihm zur Seite stehen, damit die Unschuldigen nicht zu leiden hätten und die Schuldigen nicht entkommen könnten. Der Erzbischof von Sens erhielt den ausdrücklichen Befehl,
116 dem Bruder Robert, den Gott mit besonderen Gaben für diese Dinge ausgestattet habe, jegliche Hülfe zuteil werden zu lassen. Robert selbst wurde mit der ausdrücklichen päpstlichen Vollmacht versehen, in ganz Frankreich als Generalinquisitor handeln zu dürfen. Ausserdem ermahnte ihn der Papst, keine Mühe bei seiner Arbeit zu scheuen und, wenn es für das Heil der Seelen erforderlich sei, selbst vor dem Martyrium nicht zurückzuschrecken. Das war Öl ins Feuer gegossen. Hatte Roberts unbändiger Fanatismus schon keines Antriebs bedurft, so kannte jetzt seine Glaubenswut keine Grenzen mehr. Durch seinen aufreizenden Eifer lieferte Gregor IX. das Reich einem Manne aus, der nicht viel besser als ein Tollwütiger war. König Ludwig stellte ihm eine bewaffnete Garde, um ihn vor dem Hass, den er erweckte, zu schützen, und in dem sichern Gefühle der königlichen Gunst durchzog er das Land, überall Schrecken verbreitend. Zu Peronne verbrannte er fünf Opfer, zu Elincourt vier, ausser einer schwangeren Frau, deren Hinrichtung auf das Einschreiten der Königin hin noch eine Zeit lang hinausgeschoben wurde. Sein Vorgehen hatte schnellen Erfolg, denn ehe die Fastenzeit vorüber war, treffen wir ihn wieder in Cambrai an, wo er mit Hilfe des Erzbischofs von Reims und dreier Bischöfe ungefähr zwanzig Personen verbrannte und andere zum Kreuztragen und zu Gefängnis verurteilte. Von da eilte er nach Douai und hatte im Mai die Genugtuung, in Gegenwart des Grafen von Flandern, des Erzbischofs von Reims, verschiedener Bischöfe und einer ungeheuren Menge Menschen, die alle zu dem Schauspiele herbeigeströmt waren, zehn weitere Personen zu verbrennen und zahlreiche andere zu Kreuzen und zu Gefängnis zu verurteilen. Dann eilte er nach Lille, wo weitere Hinrichtungen folgten [1]).

1) Greg. PP. IX. Bull. Olim, 4. Febr. 1234; Ejusd. Bull. Dudum, 21. Aug. 1235; Ejusd. Bull. Quo inter caeteras, 22. Aug. 1235; Ejusd. Bull. Dudum, 23. Aug. 1235 (Ripoll I, 80–1). — Potthast Nr. 9386. — Chron. breve Lobiens. ann. 1235 (Martene Thes. III, 1427). — D. Bouquet, XXII, 570. — Chron. Rimée de Philippe Mousket, v. 28 871–29 025. — Alberic. Trium Font. ann. 1235. — *Fredericq, Corpus I, 94 ff.; II, 41 ff. — *Haskins a. a. O., S. 454 ff. — *Fredericq, Geschiedenis I, 50 ff.

Da ihn der fromme König Ludwig unterstützte, so mussten die Bischöfe ihm helfen und seine Befehle ausführen; er durchzog mehrere Jahre lang Flandern, die Champagne, Burgund und Frankreich, ohne dass ihm jemand Einhalt gebot oder Widerstand entgegensetzte. Von dem wahnsinnigen Eifer eines solchen Mannes konnte man füglich nicht erwarten, dass er bei seinem Verfahren sorgfältig überlegte oder Beweise für die Schuld verlangte. Die, welche er als Ketzer bezeichnete, hatten die Wahl zwischen Abschwörung und lebenslänglicher Gefangenschaft oder dem Scheiterhaufen, der zuweilen mit lebendig Begrabenwerden abwechselte. In dem kurzen Zeitraume von zwei bis drei Monaten soll er fünfzig Unglückliche beiderlei Geschlechts ins Jenseits befördert haben. Wie gross mag demnach die Gesamtzahl seiner Opfer während seiner mehrjährigen ungehinderten Tätigkeit gewesen sein! Sein willkürliches und erbarmungsloses Vorgehen erfüllte Hoch und Niedrig in gleicher Weise mit Furcht und Schrecken, bis die offenbare Verwechselung von Schuldigen und Unschuldigen einen Schrei der Entrüstung hervorrief, dem selbst Gregor IX. seine Ohren nicht länger verschliessen konnte. Eine im Jahre 1238 angeordnete Untersuchung enthüllte schliesslich seine Missetaten, freilich erst, nachdem er im Mai 1239 noch Zeit gefunden hatte, in Mont-Aimé (Mont-Wimer) — dem Ausgangspunkte des Katharismus im elften Jahrhundert — einhundertunddreiundachtzig Ketzer zu verbrennen. Diesem letzten „gottgefälligen Brandopfer" wohnte der König von Navarra bei mit einer Schar von Prälaten und Adligen und einer Volksmenge, die eine lebhafte Phantasie auf siebenhunderttausend Seelen geschätzt hat. Es ist möglich, dass der hl. Stuhl schliesslich über Roberts 117
zügellosen Eifer beunruhigt wurde und verlangte, dass er seine Urteile zur Bestätigung nach Rom schickte. Es liegt nämlich ein Fall vor (für den man das Jahr 1239 ansetzen kann), wo ein Büsser vor dem Papste erschien und von diesem mit der Bestätigung seines Urteils zu Robert und dem Erzbischof von Sens zurückgeschickt wurde[1]).

---

1) Chron. S. Medardi Suessoniens. (d'Achery II, 491). — Concil. Trevirens. ann. 1238, c. 31 (Martene, Ampl. Coll. VII. 130) — Wadding. Annal. ann. 1236, Nr. 3. — Meyeri, Annal. Flandrens. lib. VIII, ann. 1236. — Raynald. ann. 1238, Nr. 52. — Matt. Paris, ann. 1236, 1238, p. 293, 326 (ed. 1644). — Chron. Gaufridi de Collone ann. 1239 (Bouquet, XXII, 3). — Alberic. Trium Font. Chron. ann. 1239. — *Stephanus de Borbone, Anecdotes historiques, ed. Lecoy de la Marche (1877) S. 150, 415. — Chron. Rimée de Phil. de Mousket, v. 30525—34.

Formulary of the Papal Penitentiary, Philadelphia, hrsg. von Lea, 1892. In dieser Sammlung befindet sich ein Breve von ungewissem Datum, das

Es kennzeichnet jene Zeit, dass, während der König, Adlige und Prälaten den Bruder Robert unterstützten, im Volke sich eine starke Strömung gegen diesen geltend gemacht zu haben scheint. Sie findet ihren Ausdruck in einer Erzählung, welche seine Erfolge bei der Entdeckung der Ketzer dadurch zu erklären sucht, dass sie ihm den Besitz eines geschriebenen Zauberspruches zuschreibt, der, wenn er jemandem auf den Kopf gelegt wurde, die Wirkung hatte, dass die betreffende Person alles sagen musste, was Robert wünschte. Schliesslich habe er ihn bei einer schönen Frau zu unsauberen Anträgen angewandt. Zurückgewiesen habe er sie dahin gebracht, sich als Ketzerin zu bezeichnen und zu erklären, dass sie sich lieber verbrennen lassen als widerrufen wolle. Als aber ihr Sohn das Geheimnis erfahren, habe er, da seine Mutter wieder verhört wurde und Robert ihr die Hand mit dem darin verborgenen Zettel auf den Kopf legte, dem Inquisitor den Zauberspruch entrissen, worauf die Frau geleugnet habe, eine Ketzerin zu sein, ja überhaupt zu wissen, was Ketzerei sei. Darauf habe der Sohn das Zaubermittel vorgezeigt und die Schlechtigkeit Roberts blossgestellt. Dieser sei mit knapper Not der Wut des entrüsteten Volkes entgangen, sei sodann seines Amtes entsetzt und zu lebenslänglichem Gefängnis verurteilt worden. Offenbar gab es nur wenige, die seinen Fall bedauerten. Wir wissen nicht, auf welche Weise dieser herbeigeführt, noch die Strafe, die ihm zur Vergeltung auferlegt wurde. Wahrscheinlich war es Gefangenschaft. Auch die Zeit ist nicht mit Sicherheit anzugeben, es muss aber zwischen 1239 und 1244 geschehen sein[1]).

Roberts unglückliches Ende hatte indessen keinen Einfluss auf seine Amtsgenossen. Von nun an war in ganz Frankreich die Inquisition dauernd in den Händen der Dominikaner. Zunächst trieb man

---

sich auf einen Mann bezieht, der ehemals im Süden in Gesellschaft von Ketzern gelebt und ihren Predigten gelauscht hatte. Er hatte seine Irrtümer einem Bischof und den Inquisitoren gebeichtet. Diese stellten ihm ein Zeugnis aus, auf Grund dessen er nach Frankreich kam. Dort wurde er der Ketzerei angeklagt. Er suchte Zuflucht bei dem päpstlichen Poenitentiarius, dieser schickte ihn zu Bruder Robert mit dem Auftrage, das Leben und den Verkehr des Mannes zu prüfen und danach das Urteil über ihn zu fällen (vgl. Haskins a. a. O., S. 440, Anm. 2).

Bremond bemüht sich, das Andenken Roberts von den durch Matthäus Paris gegen ihn erhobenen Anklagen zu reinigen, indem er behauptet, er sei im Kloster Saint-Jacques zu Paris schon im Jahre 1235 gestorben (*Ripoll I, 81; vgl. dazu Haskins a. a. O., S. 639, Anm.).

1) Die verschiedenen sich widersprechenden Angaben sind sorgfältig zusammengestellt bei Haskins a. a. O. S. 637–9.

die Bischöfe an, Wetteifer in der Erfüllung ihrer versäumten Pflichten an den Tag zu legen. So versuchte im Jahre 1239 das Provinzialkonzil von Tours, das in Vergessenheit geratene System der Synodalzeugen wieder ins Leben zu rufen. Jeder Bischof musste in jeder Pfarrei drei Kleriker oder, wenn diese nicht zu haben waren, drei zuverlässige Laien ernennen, die zu schwören hatten, dass sie dem Offizial alle kirchlichen Vergehen, insbesondere die den Glauben betreffenden, anzeigen wollten. Solche Mittel waren jedoch mit zu vielen Umständen verbunden und hatten sich zu sehr überlebt, als dass sie etwas vermocht hätten gegen ein so sorgfältig und leicht zu verheimlichendes Verbrechen wie das der Ketzerei, selbst wenn die Bischöfe eifrige und ernste Verfolger gewesen wären. Die Dominikaner blieben unbestrittene Herren des Schlachtfeldes; stets wachsam, wanderten sie von Ort zu Ort, prüften, fragten und suchten die Wahrheit in unwilligen Herzen zu ergründen. Doch ist von ihrer angestrengten Arbeit kaum noch eine Spur vorhanden. In ganz Nordfrankreich waren die Ketzer verhältnismässig selten und zerstreut. Die Chronisten jener Zeit nehmen keine Notiz von ihrer Entdeckung und Bestrafung, selbst nicht von der Begründung der Inquisition. Offenbar hielten sie es nicht für der Mühe wert zu erwähnen, dass einige Mönche auf die Jagd nach Ketzern ausgeschickt wurden. Wir wissen jedoch, dass sie der fromme König Ludwig in seinen alten Erbländern ebenso willkommen hiess, wie er es in den kurz vorher erworbenen Ländern von Languedoc getan hatte, und dass er ihren Eifer anfeuerte, indem er die Kosten ihres Unterhaltes bestritt. In den Rechnungsablagen der königlichen Baillis für das Jahr 1248 werden Summen 118
aufgeführt, die für sie in Paris, Orléans, Issoudun, Senlis, Amiens, Tours, Yèvre-le-Châtel, Beaumont, St. Quentin, Laon und Mâcon bezahlt wurden; sie zeigen, dass die Freigebigkeit des Königs sie mit Mitteln ausstattete, um ihre Arbeit nicht nur in den Besitzungen der Krone, sondern auch in denen der grossen Vasallen zu verrichten. Zugleich beweisen diese Posten, dass Inquisitoren in allen Winkeln des Landes tätig waren. Wegen ihrer scharfen Verfolgung hatte die Ketzerei keine sichere Zufluchtsstätte. Das ersehen wir auch aus der schon erwähnten, im Jahre 1255 ihnen erteilten Ermächtigung, ohne Rücksicht auf die Grenzen der Inquisitionsdistrikte ihre Opfer über die Grenze hinaus bis in die Gebiete des Alfons von Toulouse zu verfolgen[1]).

1) Concil. Turonens. ann. 1239, c. 1. — D. Bouquet, xxi, 262, 264, 268, 273, 274, 276, 280, 281. — Ripoll i, 273–4.

Hieraus geht hervor, dass die Inquisition schon systematisch organisiert war. In der Provence, wo der Dominikanerprior Pontius von Esparre zuerst eine Art freiwillige Ketzerverfolgung veranstaltet hatte, ist im Jahre 1245 ein Inquisitor von Amtswegen tätig. Dieses Gebiet, das den ganzen Südosten des heutigen Frankreichs mit Einschluss von Savoyen umfasste, wurde den Franziskanern anvertraut. Als diese im Jahre 1266 zu Marseille in einen heftigen Streit mit den Dominikanern verwickelt waren, wurde die Verfolgung offenbar vernachlässigt, denn Clemens IV. übertrug den Benediktinern von S. Viktor die Ausrottung der zahlreichen Ketzer in dem Tale von Rousset, wo dieser Orden eine Niederlassung besass. Die Inquisition der Provence wurde im Jahre 1288 über Avignon und die Grafschaft Venaissin ausgedehnt; die bescheidenen Ausgaben der Inquisitoren Bertrand von Cigotier und Wilhelm von Saint-Marcel sollte der Statthalter aus den Konfiskationen bestreiten. Im Jahre 1292 wurde auch die Dauphiné einbezogen, wodurch die Organisation in den Gebieten östlich von der Rhone vervollständigt wurde. Die Inquisitoren sollten ihr Augenmerk besonders auf den Aberglauben richten, welcher viele Christen verleitete, mit angezündeten Kerzen die jüdischen Synagogen zu besuchen und Opfer darzubringen oder während der Sabbatnacht zu wachen, wenn Krankheit oder andere Beschwerden sie heimsuchten, wenn sie besorgt waren um Freunde auf dem Meere oder um die nahe bevorstehende Geburt eines Kindes. Alle diese Gebräuche waren selbst bei Juden Götzendienst und Ketzerei, und die, welche sie ausübten, sollten von Rechtswegen verfolgt werden[1].

119 Mit Ausnahme dieser Gebiete war ganz Frankreich den Dominikanern anvertraut. Im Jahre 1253 wurde durch eine Bulle Innocenz' IV. das ganze übrige Königreich, mit Einschluss der Gebiete des Alfons von Toulouse, dem Provinzial von Paris unterstellt. Aus den nächsten Jahren stammen zahlreiche Bullen, welche von dem Wachstum der Ketzerei handeln, grössere Anstrengungen für die Unterdrückung derselben fordern und hinweisen auf die ernste Sorge König Ludwigs, die Inquisition erfolgreich zu sehen. Ausführliche Anweisungen über ihre Handhabung werden gegeben, sowie verschiedene Änderungen getroffen und wieder zurückgenommen, welche beweisen, dass man ein wachsames Auge auf

1) Coll. Doat, xxxi, 68. — Martene Coll. Ampl. i. 1284. — Wadding Annal. ann. 1288, Nr. 14. 15; ann. 1290, Nr. 3, 5. 6; ann. 1292, Nr. 3. — *Guéraud, Régistres d'Urbain IV., S. 280, Nr. 555 (1264 Mai 7, Marseille betr.).

das Institut gerichtet hielt, und dass man sich fortwährend bemühte, es so wirksam wie möglich zu gestalten. Ein päpstliches Breve aus dem Jahre 1255 beweist, dass um diese Zeit die Inquisition in Languedoc unabhängig war von dem Pariser Provinzial. Im Jahre 1257 befindet sie sich wieder unter seiner Amtsgewalt, 1261 wird sie ihm neuerdings genommen und 1264 abermals zurückgegeben, diesmal endgültig, womit er gewissermassen Grossinquisitor von Frankreich wurde. Im Jahre 1255 werden der Franziskaner- und der Dominikaner-Provinzial gemeinschaftlich mit der Leitung betraut, die Funktionen also zwischen den beiden Orden geteilt. Diese Einrichtung scheint sich indessen, wie zu erwarten stand, nicht bewährt zu haben; denn im Jahre 1256 finden wir die Gewalt wieder in den Händen der Dominikaner vereinigt. Die Zahl der zu ernennenden Inquisitoren wurde von den Päpsten stets streng begrenzt, sie schwankte offenbar nach den Bedürfnissen der Zeit und der Ausdehnung des Operationsfeldes. Im Jahre 1256 sind nur zwei vorhanden, 1258 wird diese Zahl als unzureichend für ein so ausgedehntes Gebiet bezeichnet und der Provinzial ermächtigt, vier weitere zu ernennen. Mit der Abtrennung von Languedoc im Jahre 1261 wird die Zahl wieder auf zwei beschränkt, 1266 auf vier erhöht, mit Ausschluss von Languedoc und der Provence, wo 1267 das Amt in mehrere Hände gelegt wurde. Im Jahre 1273 wurde die Zahl auf sechs festgesetzt mit Einschluss von Languedoc, aber mit Ausschluss der Provence. Das scheint die endgültige Organisation gewesen zu sein; für den nördlichen Teil des Königreiches dagegen scheint eine so scharfe Abgrenzung der verschiedenen Bezirke wie im Süden nicht stattgefunden zu haben [1]).

Die Inquisition zu Besançon war anfangs, wie wir annehmen 120
dürfen, von der Pariser unabhängig. Nach dem missglückten Versuche, sie im Jahre 1233 hier einzuführen, ist das Amt daselbst anscheinend unbesetzt geblieben bis zum Jahre 1247, wo Innocenz IV. dem Prior von Besançon befahl, Mönche durch Burgund und Lothringen zu schicken, um die Ketzerei dort auszurotten. Im nächsten Jahre ersuchte der Graf Johann von Burgund dringend um grössere Rührigkeit; indessen scheint seine Bereitwilligkeit, den Beitrag zu den Kosten zu erhöhen, seinem Eifer nicht entsprochen zu haben.

---

1) Archiv. de l'Inq. de Carc. (Doat, XXXI, 90; XXXII, 41). — Wadding. Annal. ann. 1255, Nr. 14. — Raynald. ann. 1255, Nr. 33. — Arch. Nat. de France, J. 431, Nr. 30, 31, 34, 35, 36. — Ripoll I, 273—4, 291, 362, 472, 512; II, 29. — MSS. Bib. Nat., fonds latin, Nr. 14 930, fol. 226. — Martene Thesaur. V, 1814, 1817.

Daher baten im Jahre 1255 die Dominikaner, einer Aufgabe enthoben zu werden, die sich aus Mangel an Mitteln undankbar und unfruchtbar erweise. Alexander IV. gab ihrem Gesuche statt. Wir besitzen aber einige Anhaltspunkte dafür, dass um das Jahr 1283 die Inquisition dort tätig war. Im Jahre 1290 befahl dann Nikolaus IV. dem Pariser Provinzial, drei Inquisitoren für die Diözesen Besançon, Genf, Lausanne, Sion, Metz, Toul und Verdun auszusuchen, indem er Lothringen, die Länder der französischen Schweiz und die Franche Comté der Inquisition von Frankreich unterstellte, eine Einrichtung, die dem Anschein nach länger als ein Jahrhundert bestanden hat[1]).

Von der Organisation, welche die Inquisition in dem weiten Gebiete zwischen dem Golf von Biskaya und dem Rhein erhielt, wissen wir wenig. Zweifellos wurde dort kräftig im Geiste des Instituts gearbeitet. Aber die Männer und ihre Taten sind längst der Vergessenheit anheimgefallen. Wie sehr sie ihre Pflicht getan haben, ist aus der Tatsache zu ersehen, dass man von der Ketzerei in Frankreich wenig hört, und dass der in Languedoc langsam, aber rücksichtslos ausgerottete Katharismus in Nordfrankreich nicht weiter lebte. Wir hören beständig, dass Flüchtlinge von Toulouse und Carcassonne Sicherheit suchen in der Lombardei und selbst in Sizilien, aber niemals in der Touraine oder der Champagne. Auch begegnen uns niemals Fälle, dass die eifrigen Missionare des Katharismus jenseits der Cevennen Bekehrungen vorzunehmen suchten, offenbar doch, weil die Inquisition daselbst unablässig wachsam war. Zufällig sind uns in einer Formelsammlung einige von Bruder Simon Duval aus den Jahren 1277 und 1278 herrührende Dokumente erhalten geblieben, welche uns einen flüchtigen Einblick in sein Verfahren tun lassen und uns ermöglichen, seine Tätigkeit in dieser Hinsicht zu würdigen. Er nennt sich Inquisitor „in regno Franciae“, sein Amt erstreckte
121 sich also über das ganze Königreich nördlich von Languedoc. Er sagt von sich, dass er im Namen der apostolischen Autorität und der königlichen Gewalt handle, was beweist, dass Philipp der Kühne ihm die Hilfe der weltlichen Gewalt in vollem Umfang zur Verfügung gestellt hatte. Am 22. November 1277 verkündet er öffentlich, dass zwei der Ketzerei verdächtige Domherren von Lüttich,

1) Ripoll I, 179, 183; II, 29. — Potthast Nr. 15995. — Lib. Sententt. Inq. Tolos. pp. 252—4. — *Langlois, Les régistres de Nicolas IV., Nr. 2776—2779; Potthast 23297, 23298 (1290 Juni 22, 27). Die Publikation dieses Erlasses erfolgte in Metz durch Bischof Burkard 1292 (Ficker, Die Überreste des deutschen Reichsarchivs in Pisa, Wiener Sitzungsberichte XIV (1854), S. 172, Nr. 17).

Siger von Brabant und Berner von Nivelles, geflohen seien, und fordert die Flüchtigen auf, am 23. Januar in St. Quentin im Vermandois zum Verhör zu erscheinen. Dieses wurde offenbar aufgeschoben, denn am 21. Januar 1278 lud er die Einwohner und Geistlichen von Caen ein, am 23. seiner Predigt beizuwohnen. Bei dieser Gelegenheit entdeckte er wenigstens eine abtrünnige Jüdin, die die Flucht ergriff. Daher machte er es jedem öffentlich zur Pflicht, Copin, den zu ihrer Verfolgung abgeschickten Häscher des Bailli von Caen, zu unterstützen. Bruder Duval veranstaltete offenbar eine ausgedehnte Untersuchung, denn am 5. Juli ermahnte er die Einwohner und Geistlichen von Orléans, sich am 7. in seiner Predigt einzufinden. Vierzehn Tage später treffen wir ihn in der Normandie, wo er in der Nähe von Evreux ein Ketzernest entdeckt. In einem Schriftstück vom 21. Juli fordert er dreizehn Personen aus einem kleinen Dorfe in der Nähe auf, vor ihm zu erscheinen. Diese durch den Zufall uns erhaltenen Bruchstücke zeigen, dass er eine rege Tätigkeit entfaltete, und dass seine Bemühungen nicht erfolglos blieben. Im Februar 1285 richtet der junge König Philipp der Schöne an seine Beamten in der Champagne und Brie den schriftlichen Befehl, dem Inquisitor Wilhelm von Auxerre aus dem Dominikanerorden jeglichen Beistand zu leisten, ein Zeichen, dass diesen Provinzen eine gründliche Untersuchung bevorstand [1].

Die Inquisitoren von Frankreich beklagten sich, dass ihr Werk durch das allgemeine Asylrecht behindert werde, welches den Verbrechern ermögliche, in den Kirchen Schutz zu finden. Kein Beamter wagte es, innerhalb der heiligen Mauern eine Verhaftung vornehmen zu lassen; denn die Verletzung dieses Vorrechtes hatte die Exkommunikation zur Folge, die nur nach exemplarischer Bestrafung zurückgenommen werden konnte. Daher suchten die Ketzer oft den Schutz auf, den ihnen die Kirche, gegen welche sie sich vergangen hatten, gnädig gewährte, und bei der Eifersucht, die zwischen dem Weltklerus und den Inquisitoren herrschte, wurde offenbar kein Versuch gemacht, dem Missbrauch zu steuern. Man wandte sich demgemäss an Martin IV., der im Jahre 1281 an alle französischen Prälaten eine Bulle richtete, worin er erklärte, dass ein solcher
Missbrauch des Asylrechts nicht länger zu dulden sei, dass in solchen 122

---

1) Martene, Thesaur. v, 1809, 1811—13. — Arch. de l'Inq. de Carcass. (Doat, xxxii, 127, abgedruckt im Anhang dieses Bandes Nr. vii). — *Vgl. die Urkunden von 1285 und 1287 bei Douais, L'Inquisition (1906) S. 358 f. — *Fredericq, Corpus i, S. 140; ii, S. 385.

Fällen die Inquisitoren die volle Möglichkeit haben müssten, dem Glauben zu seinem Rechte zu verhelfen, und dass man ihnen deshalb durchaus keine Hindernisse für die Erfüllung ihrer Pflicht in den Weg legen, sondern im Gegenteil sie in jeder Weise unterstützen müsse. Wenn in dieser Bulle die abtrünnigen bekehrten Juden neben andern Ketzern besonders erwähnt werden, so geht daraus hervor, dass dieses unglückliche Volk auch hier unter dem Inquisitionseifer vielfach zu leiden hatte. In der Tat wurden mehrere von ihnen zwischen 1307 und 1310 in Paris verbrannt oder sonstwie gestraft[1]).

Eine Klasse von Übeltätern gab es, welche der Inquisition ein weites Feld der Tätigkeit eröffnet haben würde, wenn das Heilige Officium in der Lage gewesen wäre, sie als solche zu erkennen. Nach den kanonischen Gesetzen war jeder der Ketzerei verdächtig, der ein Jahr lang unter der Exkommunikation blieb, ohne sich zu unterwerfen oder Absolution nachzusuchen. Im Jahre 1297 befahl, wie wir gesehen haben, Bonifaz VIII. den Inquisitoren von Carcassonne, aus diesem Grunde die Behörden von Béziers zu verfolgen. Von solchen Exkommunizierten war aber das Land voll; denn der widerwärtige Missbrauch, den Priester und Prälaten aus persönlichen Gründen von dem Anathem machten, hatte das Volk verhärtet, und in zahllosen Fällen war die Absolution nur zu erlangen durch die Aufopferung von Rechten, wozu selbst die treuen Söhne der Kirche nicht gewillt waren. Diese zunehmende Missachtung der Kirchenstrafe hatte einen sehr hohen Grad erreicht, aber die Inquisitoren wollten anscheinend ebensowenig den Beistand des Weltklerus, wie dieser die Hilfe jener in Anspruch nehmen wollte. Im Jahre 1301 erklärte das Konzil von Reims, dass man bei der nächsten Zusammenkunft gegen alle vorgehen werde, welche zwei Jahre unter der Exkommunikation geblieben seien und sich dadurch der Ketzerei verdächtig gemacht hätten, und im Jahre 1303 forderte es die Betreffenden auf, sich zu melden und sich von dem Verdachte zu reinigen. Aber der Gerichtshof, vor welchem das geschehen sollte, war derjenige der Bischöfe und nicht der Inquisition. Die gegenseitige Eifersucht war offenbar zu stark, als dass ein Zusammenwirken möglich gewesen wäre[2]).

---

1) Ripoll II, 1. — Guill. Nangiac. Contin. ann. 1307, 1310. — *Der Erlass Martins IV. wurde erneuert in einer allgemeinen Konstitution Johanns XXII. vom 13. August 1316 (Bindschedler, Kirchliches Asylrecht in der Schweiz (1906) S. 23).

2) Martene Ampl. Collect. VII, 1325—7. — Cf. Concil. Trident. Sess. XXV. Decret. Reform. c. 3.

Im Jahre 1308 war ein gewisser Stephan von Verberie aus Soissons wegen gotteslästerlicher Äusserungen über den Leib Jesu Christi vor dem Inquisitor angeklagt. Er gab zur Entschuldigung an, dass er betrunken gewesen sei, und kam gnädig davon. Bald darauf, am 31. Mai 1310, fand in Paris das erste förmliche Autodafé statt, 123
von dem wir Kenntnis besitzen[1]). Ein jüdischer Renegat wurde verbrannt, aber das Hauptopfer war Margarete vom Hennegau mit dem Beinamen la Porete. Sie wird bezeichnet als eine „béguine clergesse" und war die erste französische Vertreterin der deutschen Sekte der Brüder vom freien Geiste, die wir später genauer betrachten werden. Ihr Hauptirrtum bestand in der Ansicht, dass die Seele, welche versunken sei in göttliche Liebe, ohne Sünde oder Gewissensbisse allen Forderungen des Fleisches nachgeben könne. Auch betrachtete sie das Opfer des Altars mit ungenügender Verehrung. Sie hatte, um diese Lehren zu verbreiten, ein Buch geschrieben, welches vor dem J. 1305 von Guido II., Bischof von Cambrai, als ketzerisch verdammt und verbrannt worden war. Er hatte ihr gnädig verziehen, aber ihr die Strafe des Scheiterhaufens angedroht, falls sie es in Zukunft weiter verbreiten oder die darin enthaltenen Lehren ausstreuen würde. Trotzdem hatte sie es unter den einfachen Leuten, sog. Begarden, verbreitet. Dem Nachfolger Guidos, Philipp von Marigny, und dem Inquisitor von Lothringen[2]) vorgeführt, war sie abermals mit dem Leben davongekommen. Unverdrossen in ihrem Missionswerke hatte sie es sogar gewagt, das verbotene Buch dem Bischof Johann von Châlons vorzulegen, ohne dass sie für diese dreiste Hartnäckigkeit die entsprechende Strafe empfangen hätte. Im Jahre 1308 dehnte sie ihre Propaganda sogar bis nach Paris aus, wo sie dem Inquisitor Bruder Wilhelm von Paris in die Hände fiel. Hartnäckig weigerte sie sich, den für ihr Verhör vorgeschriebenen vorläufigen Eid zu leisten. Der Inquisitor war damals wahrscheinlich zu sehr mit der Angelegenheit der Templer beschäftigt, um kurzen Prozess mit ihr zu machen; denn sie lag achtzehn Monate lang, wegen Eidesverweigerung exkommuniziert, in dem Inquisitionsgefängnisse. Das würde allein schon genügt haben, um sie als unbussfertige Ketzerin zu verurteilen; aber ihre frühere Laufbahn machte sie zu einer rückfälligen Ketzerin. Anstatt eine Versammlung von

---

1) *Im Jahre 1297 wurde ein aus Westfalen stammender Augustinermönch in Paris als Ketzer verbrannt (Historisches Jahrbuch XI [1890], 503).

2) *Als Inquisitor in Metz, Toul und Verdun ist 1307 November 23 der Dominikaner Radulf von Ligny nachweisbar (Clouet, Histoire de Verdun III, 81).

Sachverständigen zu berufen, wie man es in Languedoc zu tun pflegte, trug der Inquisitor den Lehrern des kanonischen Rechts an der Universität den Fall schriftlich vor, und sie entschieden am 11. April und 30. Mai einstimmig, dass, wenn die angeführten Tatsachen auf Wahrheit beruhten, sie eine rückfällige Ketzerin sei und dem weltlichen Arme überliefert werden müsse. Demgemäss wurde sie am 31. Mai mit der üblichen Bitte um Gnade dem Prévôt von Paris ausgeliefert, der sie am nächsten Tage verbrennen liess. Die edle Frömmigkeit, die sie zeigte, rührte das Volk zu Tränen des Mitleids. Ein anderer Held dieser Tragödie war ein Schüler der Margarete, ein Kleriker aus der Diözese Beauvais, namens Guion de Cressonessart. Er hatte versucht, Margarete aus den Händen der Inquisition zu befreien und hatte sich wie sie während einer achtzehnmonatigen
124 Gefangenschaft geweigert, den Eid zu leisten. Die Leiden dieser Zeit scheinen seinen Verstand verwirrt zu haben; denn schliesslich setzte er den Inquisitor dadurch in Erstaunen, dass er sich für den Engel der Bruderliebe und einen Gesandten Gottes erklärte, der allein die Menschheit retten könne. Der Inquisitor wies ihn vergebens darauf hin, dass diese Aufgabe ausschliesslich dem Papste vorbehalten sei. Guion blieb bei seinen anspruchsvollen Behauptungen und wurde als Ketzer überführt. Aus einem in dem Urteil nicht näher angegebenen Grunde war aber seine Strafe verhältnismässig milde: sie bestand in dem Verluste der Weihen und lebenslänglicher Gefangenschaft[1]).

Der nächste uns bekannte Fall, auf den wir schon hingewiesen haben, fällt in das Jahr 1323 und betrifft einen Herrn von Partenay. Seine Bedeutung liegt darin, dass er einen Beweis liefert für die gewaltige und fast unverantwortliche Machtvollkommenheit, die die Inquisition um diese Zeit besass. Partenay, der mächtigste Adlige von Poitou, wurde, sobald ihn Bruder Mauritius, der Inquisitor von Paris, als Ketzer bezeichnete, vom König in das Gefängnis des Temple geworfen, und alle seine Güter wurden bis zur Entscheidung mit Beschlag belegt. Glücklicherweise hatte Partenay einen grossen Kreis von einflussreichen Freunden und Verwandten, unter ihnen den Bischof von Noyon, die sich alle zu seinen Gunsten verwandten. Er erreichte eine Berufung an den Papst und führte als Grund für

---

1) Arch. Nat. de France, J. 428. Nr. 15, 19 bis (abgedruckt im Anhang dieses Bandes Nr. VIII). — Guillel. Nangiac. Cont. ann. 1308, 1310. — Grandes Chroniques, V, 188. — *Langlois in der Revue historique LIV (1894), 290 ff. — P. Fredericq, Corpus Document. Inquisit. Neerland. I, S. 155 ff.; II, 63—5.

seine Verdächtigung persönlichen Hass auf Seiten des Bruders Mauritius an. Er wurde unter Bedeckung nach Avignon geschickt, wo seine Freunde es durchsetzten, dass Johann XXII. gewisse Bischöfe als Beisitzer ernannte, die den Fall mit dem Inquisitor untersuchen sollten. Nach unendlichen Verzögerungen erhielt er schliesslich die Freiheit wieder, wahrscheinlich aber nicht, ohne dass er einen grossen Teil seines Reichtums opferte. Wenn auf das blosse Wort eines zornigen Mönches hin mit einem solchen Manne so verfahren werden konnte, wie mochte es dann geringern Opfern gehen![1]. Dieser Fall im Norden und das Ende der Laufbahn des Bernhard Guidonis in Toulouse um dieselbe Zeit bezeichnen den Höhepunkt der Inquisition in Frankreich. Von nun ab sind wir Zeugen ihres allmählichen Verfalles.

Freilich entfaltete sie in Carcassonne noch einige Jahre lang eine gewisse Tätigkeit. Dort zeigte sich Heinrich von Chamay als ein würdiger Nachfolger der älteren Inquisitoren. Am 16. Januar 1329 veranstaltete er gemeinsam mit Peter Bruni ein Autodafé zu Pamiers. Fünfunddreissig Personen durften ihre Kreuze ablegen, zwölf wurden aus dem Gefängnis entlassen und kamen mit dem 125
Kreuztragen davon, sechs erhielten Verzeihung, sieben wurden zusammen mit vier falschen Zeugen zu lebenslänglicher Gefangenschaft verurteilt, acht weiteren wurden willkürliche Bussen auferlegt, vier Tote wurden verurteilt und ein Mönch und ein Priester degradiert. Da sich dieses Auto nur auf das Bistum Pamiers erstreckte, das doch klein war, so ist die Zahl der hier aufgeführten Urteile ein Beweis für den Eifer, den man daselbst entfaltete. Am 12. Dezember desselben Jahres hielt Heinrich von Chamay ein anderes Auto in Narbonne ab, wo das Schicksal von etwa vierzig Angeklagten entschieden wurde; am 7. Januar 1329 wieder eins zu Pamiers, am 19. Mai zu Béziers, am 8. September zu Carcassonne, wo sechs Unglückliche verbrannt und einundzwanzig zu lebenslänglicher Gefangenschaft verurteilt wurden. Bald darauf verbrannte er drei Personen zu Albi, und das Ende des Jahres sah nochmals ein Auto an einem ungenannten Orte, wo acht Personen zu Gefangenschaft, drei zu schwerer Kerkerstrafe und zwei zum Feuertode verurteilt wurden. Es scheinen um diese Zeit einige Konflikte mit den

1) Guillel. Nangiac. Contin. ann. 1323. — Grandes Chroniques, v, 273—4. — Chron. Johann. S. Victor. Contin. ann. 1323 (Bouquet, xxi, 681). — *Vgl. Bd. i, S. 504 und Hansen, Quellen und Untersuchungen zur Gesch. des Hexenwahns (1901) S. 55.

königlichen Beamten vorgekommen zu sein; denn im Jahre 1334 beklagten sich die Inquisitoren bei Philipp von Valois, dass man der Ausübung ihres Amtes Hindernisse in den Weg lege, und Philipp erliess an die Seneschalle von Nîmes, Toulouse und Carcassonne Befehle, dass sie die alten Privilegien der Inquisitoren zu respektieren hätten[1]).

Diese Tätigkeit dauerte noch eine Zeitlang fort, aber ausführliche Berichte darüber sind uns nicht erhalten. Zufällig besitzen wir noch die Rechnungsablage des Seneschallamtes von Toulouse vom Jahre 1337, welche zeigt, dass auch der Inquisitor Peter Bruni die Hände keineswegs in den Schoss legte. Es war daselbst ein Autodafé abgehalten worden, und der Empfänger der Konfiskationen zählt die Güter von dreissig Ketzern auf, deren Einkünfte er vereinnahmte. Ferner hatte ein Autodafé stattgefunden, für welches Zahlungen geleistet worden waren. Die Zahl der in dem Inquisitionsgefängnisse Sitzenden ist auf zweiundachtzig berechnet. Da aber ihre Unterhaltungskosten während der Dauer von elf Monaten sich auf dreihundert und fünfundsechzig Pfund und vierzehn Sous beliefen, so wird bei einer Ausgabe von drei Denaren für Person und Tag ihre Anzahl durchschnittlich neunzig betragen haben. Bald darauf müssen die schrecklichen Wechselfälle in dem Kriege mit England die Tätigkeit der Inquisitoren gehemmt haben. Doch wissen wir, dass Autos abgehalten wurden zu Carcassonne in den Jahren 1346, 1357 und 1383, und eins zu Toulouse im Jahre 1374. Das Amt des Inquisitors blieb zwar besetzt, aber seine Geschäfte nahmen an Bedeutung sehr
126 ab, was wir aus der Tatsache ersehen können, dass Peter von Mercalme, der Provinzial von Toulouse, während seiner Amtsdauer von 1350 bis 1363 mehr als zwei Jahre lang zugleich die Geschäfte des Inquisitors versah[2]).

Von der Inquisition im Norden hören wir wenig während dieser Zeit. Der Krieg mit den Engländern muss in der Tat störend in ihre Tätigkeit eingegriffen haben. Allein nach einer Klage zu urteilen, die der Pariser Provinzial im Jahre 1351 an den Papst Clemens VI. richtete, versäumte sie ihre Pflicht dennoch nicht. Da die den Inquisitoren übertragenen Befugnisse, heisst es in diesem Schriftstück,

---

1) Coll. Doat, xxvii, 119, 132, 140. 146, 156, 178, 192, 198, 232. — Vaissette, iv, Pr. 23.

2) Vaissette, Ed. Privat, x. Pr. 782—3. 792, 802, 813—14. — Arch. de l'Evêché d'Albi (Doat, xxxv, 120). — Vaissette, iv, 184. — Martene, Ampl. Coll. vi, 433.

für die Gebiete Karls von Anjou keine Geltung hätten, so seien die Provinzen Touraine und Maine der Segnungen der Inquisition beraubt, und die Ketzerei stehe dort in voller Blüte. Die Klage hatte den Erfolg, dass der Papst sofort die Amtsgewalt Bruder Wilhelm Chevaliers und aller zukünftigen Inquisitoren auch auf diese Gegenden ausdehnte[1]).

Die Rückkehr des Friedens unter Karl dem Weisen machte der Inquisition die Bahn wieder frei. Die Begarden oder Brüder des freien Geistes hatten sich durch das Martyrium der Margarete vom Hennegau nicht abschrecken lassen, sondern heimlich ihr Dasein weitergefristet. Am 3. September 1365 wies Urban V. die Bischöfe und Inquisitoren in ganz Frankreich darauf hin, wie eifrig die Begarden bei der Arbeit seien, ihre Lehren auszubreiten. Zugleich teilte er dem Bischof von Paris ihre Glaubenslehren genau mit, gab ihm die Orte an, wo sie zu finden seien, und befahl ihm, auch den übrigen Bischöfen sowie den Inquisitoren davon Mitteilung zu machen. Ob hierauf sofort eine Antwort gegeben wurde, erfahren wir nicht, ebensowenig, welchen Erfolg dieser Erlass hatte. Nur soviel wissen wir, dass im Jahre 1372 Bruder Jakob de Morerio als „inquisiteur des Bougres“ eifrig an der Ausrottung dieser Ketzer arbeitete. Sie nannten sich Brüderschaft der Armut und waren beim Volke bekannt unter dem Namen der Turlupinen. Wie in Deutschland so zeichneten sie sich auch hier durch ihre besondere Kleidung aus und sorgten durch ihre in der Volkssprache abgefassten Schriften eifrig für die allseitige Verbreitung ihrer Lehren. Karl V. belohnte die Mühen des Inquisitors mit einem Geschenk von fünfzig Franken und empfing für seinen Eifer den Dank Gregors XI. Die Angelegenheit endete damit, dass man auf dem Schweinemarkt vor dem Tore Saint-Honoré die Bücher und Kleider der Ketzer zusammen mit ihrer Führerin, Johanna Daubenton, verbrannte. Ihr männlicher Genosse starb schon vorher im Gefängnis und entging so den Qualen des Feuertodes; sein Leichnam wurde aber fünfzehn Tage lang in gelöschtem Kalk aufbewahrt, um dann gemeinsam mit seiner Ge- 127
fährtin auf dem Scheiterhaufen in Asche verwandelt zu werden. Da ein solches Schauspiel doch ziemlich selten vorkam, so hielt ein zeitgenössischer Chronist es für wichtig genug, um es in folgenden Knittelversen der Nachwelt zu überliefern:

„L'an MCCCLXXII, je vous dis tout pour voir,
Furent les Turelupins condamnez pour ardoir,

---

1) Ripoll II, 236.

Pour ce qu'ils desvoient le peuple à decepvoir
Par feaultes heresies, l'évêque en soult levoir."

Allein die Sekte hatte, besonders in Deutschland, ein sehr zähes Leben, wie wir später sehen werden. In den ersten Jahren des nächsten Jahrhunderts hielt sie der Kanzler Gerson noch für so bedeutsam, dass er ihre Irrtümer wiederholt bekämpfte. Ihr mystischer Libertinismus besass eine gefährliche Anziehungskraft. Besonders regte Gerson ein Buch auf, das, herrührend aus der Feder einer gewissen Maria von Valenciennes, die Lehren der Sekte mit einer unglaublichen Spitzfindigkeit darstellte. Im Mai 1421 wurden zu Douai fünfundzwanzig dieser Sektierer von dem Bischof von Arras verurteilt. Zwanzig von ihnen widerriefen und wurden mit Kreuztragen, Verbannung oder Einkerkerung bestraft, fünf jedoch blieben standhaft und besiegelten ihren Glauben mit dem Märtyrertode auf dem Scheiterhaufen[1]).

Im Jahre 1381 fand der Inquisitor Jakob de Morerio ein hervorragenderes Opfer in Hugo Aubriot. Dieser, ein geborener Burgunder, hatte durch seine Tatkraft und Gewandtheit das Vertrauen des weisen Königs Karl gewonnen, der ihn zum Prévôt von Paris machte, ein Amt, in dem er eine beispiellose Tatkraft entfaltete. Ihm verdankte die Stadt das erste System einer Kanalisierung, ebenso den Bau der Bastille, welche zum Bollwerk gegen die Engländer bestimmt war. Auch legte er dem blühenden Gewerbe der „filles de vie" gewisse Schranken auf. Seine gute Verwaltung erwarb ihm die Achtung und Liebe des Volkes; doch machte er sich
128 die Universität zur Gegnerin, indem er ihre Privilegien missachtete, für deren Behauptung sie im vorhergehenden Jahrhundert ihre Existenz aufs Spiel gesetzt hatte. Als er Petit-Châtelet baute, nannte er in bitterer Verhöhnung ihres Zornes zwei moderige Kerkerlöcher

---

1) Raynald. ann. 1365, Nr. 17; ann. 1373, Nr. 19, 21 (*Ergänzungen dazu im Vatik. Archiv, Reg. Vat. 265 fol. 15, 18; 269 fol. 37). — Gaguini Hist. Francor. Lib. IX, c. 2. (Ed. 1576, p. 158). — Meyeri Annal. Flandr. Lib. XIII, ann. 1372. — Du Cange s. v. Turlupini. — Gersoni de Consolat. Theolog. Lib. IV, Prosa 3; Ejusd. de Mystica Theol. Specul. P. I. Consid. 8; Ejusd. de Distinctione verarum Visionum, Signum 5 (*Opera, ed. 1489, I, 19; Fredericq, Corpus II, S. 188). — Altmeyer, Précurseurs de la Réforme aux Pays-Bas, I, 85 (*Fredericq a. a. O. I, S. 299 ff.).

Vielleicht besteht ein gewisser Zusammenhang zwischen den Turlupinen und den umherziehenden Scharen, welche „de Pexariacho" genannt wurden und der Ketzerei verdächtig waren. Ein Mitglied derselben, namens Bidon de Puy-Guillem, aus der Diözese Bordeaux, wurde zu lebenslänglicher Gefangenschaft verurteilt, aber von Gregor XI. im Jahre 1371 freigelassen (Coll. Doat, XXXV, 134).

nach zwei Hauptteilen der Universität 'le Clos Bruneau' und 'la Rue du Foing', und erklärte, dass sie für die Studenten bestimmt seien. Unter der starken Regierung Karls V. musste die Universität das ihr widerfahrene Unrecht wohl oder übel hinnehmen; aber nach seinem Tode im Jahre 1380 nahm sie die Gelegenheit zur Vergeltung wahr. Diese liess nicht lange auf sich warten. Bei der Feindschaft zwischen den Herzögen von Berri und Burgund war es nämlich nicht schwer, den ersteren gegen Aubriot als Burgunder feindlich zu stimmen. Die schwache und zugleich despotische Regierung der Prinzen ermutigte zu Unruhen. Als sich nun am 25. November 1380 das Volk gegen die Juden empörte, ihre Häuser plünderte und ihre Kinder mit Gewalt taufte, zog sich Aubriot die unversöhnliche Feindschaft der Kirche dadurch zu, dass er die Rückgabe der unmündigen Kinder an die Eltern durchsetzte. So wurden die Feinde, die sich gegen ihn verbündeten, so stark, dass der Hof ihnen nicht mehr die Spitze bieten konnte. Er gab nach. Am 21. Januar 1381 wurde Aubriot aufgefordert, vor dem Bischof und dem Inquisitor zu erscheinen. Diese Aufforderung missachtete er, weshalb er in allen Kirchen von Paris wegen Ungehorsams für exkommuniziert erklärt wurde. Nun hiess es gehorchen. Als er am 1. Februar vor dem Inquisitor erschien, wurde er sofort in das bischöfliche Gefängnis geworfen. Der Prozess nahm seinen Lauf. Die Anklagen waren geringfügiger Art, ausgenommen diejenige wegen der Judenkinder und wegen der Freigabe eines Gefangenen, welchen der Inquisitor in dem Châtelet eingekerkert hatte. Als einmal einer seiner Sergeanten sein Zuspätkommen mit der Behauptung zu entschuldigen suchte, er habe in der Kirche darauf gewartet, Gott zu sehen, d. h. der Aufhebung der Hostie beizuwohnen, sollte Aubriot ärgerlich erwidert haben: „Bursche, weisst Du nicht, dass ich mehr Macht habe, Dir zu schaden, als Gott Dir zu helfen?“ Bei einer andern Gelegenheit, wo ihm jemand gesagt hatte, er wolle in einer von Silvestre de la Cervelle, dem Bischof von Coutances, celebrierten Messe Gott sehen, sollte er erwidert haben, dass Gott sich von einem Manne wie dem Bischof nicht in die Finger nehmen lassen würde. Seine Feinde waren aber so erbittert, dass er tatsächlich auf Grund dieses Klatsches zum Feuertode verurteilt wurde, ohne dass man ihm auch nur das allen Ketzern zugestandene Recht gewährte, sich durch Abschwörung zu retten. Die Prinzen schritten jedoch mit Erfolg ein und verschafften ihm die Gelegenheit dazu. Er brauchte sich nicht zu beklagen, dass man ihn ungebührlich lange warten lasse. Am 17. Mai wurde ein feier-

liches Autodafé veranstaltet. Auf einem vor der Notre-Dame-Kirche
129 errichteten Schaffot legte Aubriot ein demütiges Geständnis ab, widerrief die Ketzereien, deren er überführt worden war, und wurde zu lebenslänglicher Gefangenschaft verurteilt, was von selbst die Konfiskation seines Vermögens mit sich brachte. Während dessen verhöhnten ihn die übermütigen Studenten der Universität mit Knittelversen. Er wurde von dort in eine Zelle des bischöflichen Gefängnisses gebracht, wo er bis zum Aufstande der Maillotins im Jahre 1382 blieb. Der erste Gedanke des Volkes bei dieser Empörung galt seinem alten Prévôt. Man erbrach das Gefängnis, zog ihn hervor und stellte ihn an die Spitze. Er nahm den Posten an, entschlüpfte aber in derselben Nacht und entkam in sein Heimatland Burgund, wo er sein ereignisreiches Leben in friedlicher Zurückgezogenheit endete. Der Vorgang ist lehrreich, da er zeigt, ein wie wirksames Mittel zur Befriedigung persönlicher Rachsucht die Inquisition war. In der Tat bildete ihre Tätigkeit einen wichtigen Faktor in den politischen Gegensätzen, und sie muss als solcher später noch näher betrachtet werden[1]).

Nach diesem Ereignisse hören wir nur noch wenig von der Inquisition in Paris, obgleich sie ihr Dasein noch weiterfristete. Als im Jahre 1388 die Menschen zusammenströmten, um mit Erstaunen und Verehrung zu vernehmen, wie Thomas von Apulien in zündenden Worten lehrte, dass das höchste Gesetz des Evangeliums nur die Liebe sei, und daraus ableitete, dass die Sakramente, die Anrufung der Heiligen und alle Erfindungen der herrschenden Theologie nutzlos seien, als er in einem Buch gegen die Sünden der Prälaten und der Päpste anging und behauptete, mit dem ewigen Evangelium sei die Herrschaft des hl. Geistes an die Stelle derjenigen des Vaters und des Sohnes getreten, und als er kühn erklärte, er sei von dem heiligen Geiste gesandt, um die Welt zu reformieren — selbst da wurde die Inquisition nicht angerufen, um einen solchen revolutionären Ketzer zum Schweigen zu bringen. Der Prévôt von Paris befahl ihm vielmehr, von seinen Predigten abzulassen, und als er sich weigerte, machten ihm der Bischof und die Universität den Prozess, liessen sein Buch auf der Place de Grève verbrennen und würden es mit ihm ebenso gemacht haben, hätten ihn nicht die Ärzte

1) Grandes Chroniques, ann. 1380—1. — Religieux de S. Denis, Hist. de Charles VI. Liv. I, c. 13. liv. II, c. 1.

für verrückt erklärt und die Verwandlung seiner Strafe in lebenslängliche Gefangenschaft durchgesetzt[1]).

Verschiedene Ursachen hatten schon lange dazu beigetragen, 130
der Inquisition in Frankreich die Bedeutung zu nehmen, welche sie einst gehabt hatte. Sie liess nicht mehr wie früher die Schätze von konfiszierten Gütern in den königlichen Fiskus strömen und wirkte nicht mehr mit zur Befestigung der Monarchie. Sie hatte ihr Werk hier nur zu gut vollbracht und war dadurch als Werkzeug für den Thron nicht nur überflüssig geworden, sondern der Thron, den sie hatte errichten helfen, hatte die Obergewalt erlangt und sie unter seinen Willen gezwungen. Selbst auf dem Höhepunkte ihrer Macht hatte die Inquisition sich bereit gezeigt, anzuerkennen, dass der königliche Hof eine höhere Gerichtsbarkeit besitze als das Heilige Offizium. Das zeigt der Fall des Amiel von Lautrec, des Abtes von S. Sernin. Ihn hatte im Jahre 1322 der Viguier von Toulouse bei der Inquisition verklagt, dass er gelehrt habe, die Seele sei dem Wesen nach sterblich und werde nur durch die Gnade unsterblich gemacht. Die Inquisition prüfte die Angelegenheit und entschied, dass dies keine Ketzerei sei. Der königliche Staatsanwalt, damit unzufrieden, legte Berufung gegen die Entscheidung ein, aber nicht bei dem Papste, sondern bei dem Parlament, also dem königlichen Gerichtshofe. Obwohl die Frage eine rein theologische war, nahm das Parlament dennoch die Berufung allen Ernstes an und dokumentierte seine richterliche Macht dadurch, dass es die Entscheidung der Inquisition bestätigte[2]).

Das war bedeutungsvoll für die Zukunft. Allerdings erlangte der unermüdliche Heinrich von Chamay, offenbar beunruhigt über die von Philipp von Valois mit Erfolg unternommenen Versuche, die geistliche Jurisdiktion zu beaufsichtigen und zu beschränken, im November 1329 von diesem Monarchen eine Verordnung, welche die Privilegien der Inquisition bestätigte und alle weltlichen Adligen und Beamten von neuem zu ihrer Verfügung stellte. Zu gleicher Zeit erklärte sie für null und nichtig alle von dem königlichen Gerichtshofe schon ausgegangenen oder in Zukunft noch ausgehenden Erlasse, welche in irgend einer Weise die Inquisitoren an der Ausübung ihres Amtes, soweit dasselbe mit den von dem Heiligen Stuhle em-

---

1) Religieux de S. Denis, op. cit. Liv. IV. ch. 13. — D'Argentré, Collect. judic. de novis error. I, II. 151.

2) Chron. Bardin. ann. 1322 (Vaissette, IV, Pr. 21—22).

pfangenen Befehlen im Einklang war, behindern würden. Aber die Entwicklung der monarchischen Gewalt ging zu rasch von statten, als dass sie sich hätte aufhalten lassen. Heinrich von Chamay hatte sich selbst im Jahre 1328 amtlich für einen Inquisitor erklärt, der nicht nur, wie die stolze Formel früher stets gelautet hatte, vom Papste, sondern auch vom Könige seinen Auftrag empfangen habe. Bald erfolgte auch eine in diesem Sinne gehaltene richterliche Entscheidung. Es war Philipps planmässige Politik, die Jurisdiktion der Krone zu befestigen und auszudehnen. Zu diesem Zweck schickte er Wilhelm von Villars nach Toulouse, um die Übergriffe der geistlichen
131 Gerichtshöfe über die königlichen abzustellen. Villars liess sich im Jahre 1330 in Ausübung seiner Pflicht sowohl die Register der geistlichen Gerichtshöfe als auch die der Inquisition vorlegen. Wenn man bedenkt, wie eifersüchtig diese gehütet wurden, wie hochmütig Nicolaus von Abbeville den von Philipp dem Schönen gesandten Bischöfen die Einsicht in dieselben verweigert hatte, und wie lange Johann von Pequigny zauderte, ehe er gegen Gottfried von Ablis einschritt, kann man die Wandlung, die sich mittlerweile im Stillen in den Beziehungen zwischen Kirche und Staat vollzogen hatte, daran erkennen, dass Villars bei der Weigerung der Inquisitoren kaltblütig dazu überging, die Türe des Zimmers, in welchem die Register aufbewahrt wurden, zu erbrechen. Der Inquisitor legte in diesem Falle zwar Berufung ein, aber wiederum nicht bei dem Papste, sondern bei dem Parlament, das Villars zum Schadenersatz verurteilte, aber mit der Begründung, die Inquisition sei ein königlicher und nicht ein kirchlicher Gerichtshof. Das war also ein Pyrrhus-Sieg. Der Staat hatte die Inquisition absorbiert. Es kam auf dasselbe hinaus, als Philipp im Jahre 1334 den Klagen der Inquisitoren, dass seine Seneschalle sie in ihrer Jurisdiktion störten, Gehör schenkte und den Befehl gab, dass ihre alten Privilegien nicht angetastet werden sollten. Diese wurden also angesehen, als ob sie einzig und allein der König erteilt habe. Hinfort konnte die Inquisition nur noch ein geduldetes Dasein führen: sie war der Oberaufsicht des Parlaments unterstellt. So erlangten während des Aufenthalts der Päpste in Avignon und der darauf folgenden grossen Kirchenspaltung die weltlichen Gewalten auch in diesen geistlichen Dingen eine immer grössere Autorität[1]).

Wie vollständig die Inquisition eine Staatsangelegenheit wurde,

1) Isambert, Anc. Loix Franç. IV, 364—5. — Coll. Doat, XXVII, 118. — Vaissette, IV, Pr. 23.

zeigen zwei Vorkommnisse. Als im Jahre 1340 der Stellvertreter des Königs in Languedoc, Ludwig von Poitou, Graf von Die und Valentinois, seinen Einzug in die gute Stadt Toulouse halten wollte, fand er das Tor verschlossen. Er stieg ab, kniete barhäuptig auf einem Kissen nieder und legte einen Eid auf die Evangelien ab zunächst in die Hände des Inquisitors, dass er die Privilegien der Inquisition, und dann in die Hände der Konsuln, dass er die Freiheiten der Stadt wahren wolle. Die beiden Behörden standen also auf demselben Fusse und verlangten dieselben wertlosen Garantien, über deren ernsthaftes Angebot Bernhard Guidonis mitleidig gelächelt haben würde[1]). Das zweite Vorkommnis ereignete sich im Jahre 1368. Als die königlichen Kassen durch die Kriege gegen England und die Plünderungen der Freischaren erschöpft waren und nicht mehr
ausreichten, um dem Inquisitor von Carcassonne das Gehalt zu zahlen, 132
befahl der königliche Schatzmeister Peter Scatisse den Konsuln, eine Steuer von sechsundzwanzig Pfund Tournosen zu erheben, um das Fehlende zuzuschiessen. Konfiskationen, durch welche die Ausgaben des Instituts hätten bestritten werden können, hatten schon lange aufgehört. Der Inquisitor aber war ein königlicher Beamter geworden und musste von der Stadt, wenn nicht von dem Staate bezahlt werden[2]).

Wie gründlich alle kirchlichen Institute dem Staat unterworfen waren und wie wenig die Inquisition noch bedeutete, ergibt sich weiter aus einem Vorgang des Jahres 1364, einer Zeit, wo auch das königliche Ansehen sehr tief gesunken war. König Johann war am 8. April zu London als Gefangener gestorben, und der junge König Karl V. wurde erst am 19. Mai gekrönt. Während dieser Zeit befand sich das Reich infolge der äussern Angriffe und der innern Zwietracht beinahe im Zustande der Anarchie. Trotzdem berief Marschall Arnald von Audencham, der königliche Statthalter in Languedoc, eine Versammlung der drei Stände unter dem Vorsitz des Erzbischofs von Narbonne für den 16. April nach Nîmes. Eine der hier verhandelten Fragen betraf einen Streit zwischen dem Erzbischof von Toulouse und dem Inquisitor. Der erstere hatte diesem die weitere Ausübung seiner Geschäfte untersagt, indem er erklärte, die Inquisition

---

1) *Am 24. Juli 1342 ernannte P. Clemens VI. den Petrus Guidonis ord. Praed. zum 'inquisitor heretice pravitatis in Tholosana civitate ac diocesi aliisque civitatibus et diocesibus infra regnum Francie constitutis' (Vatik. Archiv, Reg. Avin. 67, fol. 40v, Reg. Vat. 155, fol. 177; Avin. Kal. Aug. anno I).

2) Chron. Bardin, ann. 1340, 1368 (Vaissette, IV, Pr. 27, 31).

wäre wohl ehemals auf Ersuchen der Provinz Languedoc errichtet worden, sei aber jetzt zu einer Ungerechtigkeit geworden. Alle Prälaten, mit Ausnahme des Bischofs Ademar von Viviers, stellten sich auf die Seite des Erzbischofs, während die Vertreter von Toulouse um die Erlaubnis baten, die Sache des Inquisitors vertreten zu dürfen. Die Entscheidung in dieser Angelegenheit traf der Marschall als der Vertreter des Königs, und sein Recht dazu wurde, scheint es, von keinem angezweifelt. Sein Spruch fiel gegen den Erzbischof aus[1]).

Selbst in Carcassonne, wo die Dominikaner eine so unumschränkte Herrschaft ausgeübt hatten, war alle Furcht vor ihnen verschwunden, und zwar so vollständig, dass im Jahre 1354 ein herzhafter Hufschmied namens Hugo dicht neben der Kirche der Mönche eine Werkstatt errichtete und seinen lärmenden Beruf so kräftig betrieb, dass ihr Gottesdienst unterbrochen und ihre Studien gestört wurden. Vorstellungen und Drohungen nützten nichts, sie mussten Beschwerde führen, aber nicht bei dem Bischof oder dem Inquisitor, sondern bei dem Könige, der in Gnaden dem Seneschall den kategorischen Befehl schickte, die Schmiede zu entfernen oder zu verhindern, dass Hugo darin arbeitete[2]).

Gegen Ende des Jahrhunderts zeigen wiederum Vorfälle in Reims,
133 wie vollständig die Inquisition im ganzen Königreich ihr Ansehen verloren hatte, und wie die vom Parlament ausgeübte Jurisdiktion des königlichen Gerichtshofes auch in geistlichen Angelegenheiten als die höchste Instanz anerkannt wurde. Im Jahre 1385 entstand zwischen der Stadtverwaltung und dem Erzbischof ein Streit darüber, wem die Jurisdiktion in Sachen der Gotteslästerung zustehe, die beide in Anspruch nahmen. Die Frage wurde geschlichtet, indem man übereinkam, dass der Erzbischof darüber befinden solle. Aber zwanzig Jahre später brach derselbe Streit von neuem aus in

---

1) Chron. Bardin, ann. 1364 (Vaissette IV, Pr. 30; vgl. A. Molinier, Ed. Privat X. 763).

2) Martene Thesaur. I, 1399. — *P. Innocenz VI. beauftragte am 30. März 1354 den 'Amedeus de Lingonis ord. Pred., inquisitor heretice pravitatis in regno Francie auctoritate apostolica deputatus Carcassone moram trahens' mit Massnahmen zur Überführung von 'Johannes de Castillione et Franciscus de Arquata ordinis fratrum Minorum, heretica — sicut accepimus — labe respersi et in civitate Carcassonnensi detenti, ad Romanam curiam, ubi de ipsis volumus ministrari insticiam' (Vatik. Archiv, Reg. Vat. 225, fol. 1, 2; Avin. III. Kal. Apr. anno II). — Am 14. Mai 1371 ermächtigte Gregor XI. den (ungenannten) 'inquisitor heretice pravitatis in partibus Carcassonensibus' zur Freilassung eines Gefangenen (ebd. Reg. Avin. 173, fol. 334; ap. Pontem Sorgie II. Idus Maii anno I).

dem Falle des Drouet Largèle. Dieser hatte sich in bezug auf die Leiden Christi und die hl. Jungfrau einer an Ketzerei streifenden Gotteslästerung schuldig gemacht. Die Angelegenheit wurde vor das Parlament gebracht, welches zugunsten des Erzbischofs entschied. Während der ganzen Dauer der Angelegenheit ist aber nirgends die Rede davon, dass das eine Sache sei, die vor das Forum der Inquisition gehöre, woraus hervorgeht, dass diese um jene Zeit praktisch kaum noch in Frage kam. Und doch war Reims, wie wir wissen, der Sitz eines Inquisitionsgerichtshofes. Verwaltet wurde dieser um das Jahr 1415 von Peter Floure, der am 13. Oktober 1419 für Johann ohne Furcht von Burgund die Leichenrede hielt, womit er bei Philipp dem Guten argen Anstoss erregte, insofern er diesen ermahnte, die Ermordung seines Vaters nicht zu rächen. Dass die Inquisition in Sachen der Blasphemie Schwierigkeiten fand, beweist auch ein Fall aus dem Jahre 1423 zu Toulouse, wo es Sitte geworden war, dem Inquisitor die Namen aller aus den städtischen Wahlen siegreich hervorgegangenen Kandidaten vorzulegen, um festzustellen, ob dieselben in irgend einer Weise der Ketzerei verdächtig seien. Unter den im Jahre 1423 gewählten Capitouls befand sich ein gewisser Franz Albert, gegen welchen der amtierende Inquisitor, Bruder Bartholomaeus Guiscard, Einspruch erhob, weil er gewohnheitsmässig in seinen Reden Worte wie 'Tête-Dieu' und 'Ventre-Dieu' gebrauche, worauf die Bürger den Peter von Sarlat für ihn einsetzten. Albert legte Berufung bei dem Parlament ein, welches aber das Verfahren des Inquisitors billigte[1]).

Noch deutlicher erscheint das Parlament als die höchste Autorität in dem schon erwähnten Falle der Marie du Canech von Cambrai im Jahre 1403 (I, 536). Sie behauptete, dass sie sogar unter Eid nicht verpflichtet sei, zum Schaden ihrer Ehre die Wahrheit zu sagen. Deshalb von dem Bischof von Cambrai und Bruder Nicolaus von Péronne, der sich als Vertreter des Generalinquisitors von Frankreich bezeichnete, wegen Ketzerei verfolgt und mit einer schweren
Geldstrafe belegt, appellierte sie an den Erzbischof von Reims als den 134
Metropolitan, welcher Befehl zur Einstellung des Verfahrens gab, worauf der Bischof und der Inquisitor Berufung an das Parlament einlegten. Die Sache wurde auf beiden Seiten mit grossem Eifer ver-

1) Arch. Administratives de Reims, III, 637—45. — Meyeri Annal. Flandr. Lib. XVI, ann. 1419 (*über den Inquisitor Peter Floure [1411—20] vgl. Fredericq, Corpus III, 403). — Lafaille, Annales de Toulouse I, 183. — Chron. Bardin., ann. 1423 (Vaissette, IV, Pr. 38)

fochten, indem der Erzbischof durch spitzfindige Darlegungen nachzuweisen suchte, dass es zur Zeit überhaupt keinen Inquisitor in Frankreich gebe. Das Parlament trug kein Bedenken, in dieser rein geistlichen Frage sein Urteil abzugeben, indem es, ohne auf die vorsichtigen Argumente des Erzbischofs überhaupt einzugehen, rund heraus erklärte, der Bischof und der Inquisitor hätten durchaus keine Veranlassung, dem Erzbischof nicht Folge zu leisten, wenn dieser den Fall vor sein eignes Forum fordere. Es verurteilte beide zu den Kosten des Verfahrens. So wurde hier die alte Suprematie der bischöflichen Jurisdiktion über die der Inquisition wieder einmal festgestellt[1]).

Das grosse Schisma, welches zu den Konzilien von Konstanz und Basel hinüberleitete, trug weiter dazu bei, die päpstliche Macht, auf welcher die der Inquisition beruhte, zur erschüttern. Karl VII. nahm Rom gegenüber stets eine selbständige Haltung ein. Die Pragmatische Sanktion, welche er im Jahre 1438 veröffentlichte, sicherte der gallikanischen Kirche die Unabhängigkeit und stärkte die Jurisdiktion des Parlaments. Als sie Ludwig XI. im Jahre 1461 abschaffte, erhob das Parlament Einspruch dagegen, indem es in einer auffallend freimütigen Sprache auf die Laster am päpstlichen Hofe hinwies und handelte, als ob das Gesetz noch immer in Kraft sei; ja Ludwig selbst stellte durch die Massregeln der Jahre 1463, 1470, 1472, 1474, 1475 und 1479 die Grundsätze desselben allmählich wieder her. Wäre das Gesetz nicht durch das Konkordat aufgehoben worden, welches im Jahre 1516 Franz I. heimlich mit Leo X. abschloss, um den Kirchenraub zu teilen, so hätte es Frankreich vielleicht unabhängig von Rom gemacht. Franz sah so sicher voraus, welchen Widerstand die Aufhebung im Parlament finden würde, dass er ein Jahr lang wartete, ehe er sie ihm zum Zwecke der Registrierung unterbreitete. Das Parlament schob die Registrierung auf ein weiteres Jahr hinaus, bis es dem Kardinal Duprat, welcher das Konkordat vermittelt hatte, durch den ihm zu Gebote stehenden Einfluss gelang, die Sanktion zu erreichen. Während der Verhandlungen hatte die Universität den Mut gehabt, öffentlichen Protest dagegen zu erheben und bei dem Parlamente Berufung an das nächste allgemeine Konzil einzulegen[2]).

---

1) Arch. Administratives de Reims, III, 639—43. — *Fredericq, Corpus I, S. 261.

2) Isambert. Anc. Loix Franç. IX, 3; X. 393, 396—416, 477. — Bochelli. Decret. Eccles. Gallican. Lib. IV. Tit. 4, 5. — Bull. de la Soc. de l'Hist. du Protestantisme en France, 1860. p. 121. — D'Argentré, Coll. Judic. de novis Error. I, II, 357. — Fascic. Rer. Expetend. et Fugiend. I, 68 (Ed. 1690).

Während dieser Zeit der Spannung mit Rom hatte die Uni- 135
versität Paris nicht wenig zur Erniedrigung der Inquisition beigetragen, indem sie an ihrer Statt die Lehren prüfte und die Ketzerei richtete. Ihr alter Ruf, der durch eine ununterbrochene Reihe von eifrigen und tüchtigen Lehrern gewahrt wurde, verschaffte ihr grosses Ansehen. Sie war ein nationales Institut, auf das Geistlichkeit und Laien in gleicher Weise stolz sein konnten. Eine Zeitlang schien es sogar, als ob sie eine Nebenbuhlerin des Parlaments und eine der anerkannten Staatsgewalten werden könnte. In der gefahrvollen Anarchie, die unter dem wahnsinnigen Karl VI. im Lande herrschte, nahm sie kühn für sich das Recht in Anspruch, über Staatsangelegenheiten zu sprechen, und ihr Eingreifen wurde gern gesehen. Im Jahre 1411 bat der König, der um jene Zeit in den Händen der Burgunder war, die Universität, die Armagnacs zu exkommunizieren, was sie sich nicht zweimal sagen liess. Im Jahre 1412 unterbreitete sie dem König eine Klage über die Unordnung der Finanzen und verlangte eine Reform. Von den Parisern unterstützt, setzte sie
im Jahre 1413 zum grossen Verdruss der Höflinge, die sich über 136
die theologischen Bücherwürmer lustig machten, durch, dass die

---

Die Stimmung, mit welcher die Aufhebung der Pragmatischen Sanktion im Jahre 1461 aufgenommen wurde, kommt deutlich zum Ausdruck in der Pragmaticae Sanctionis Passio, Baluz. et Mansi, IV, 29.

Pius II. berichtet mit auffallender Offenheit, durch welche simonistischen Mittel er die Aufhebung erkaufte — er verlieh dem Bischof Johann von Arras den Kardinalshut. Die Absicht rief zuerst die lebhaftesten Gegenvorstellungen von Seiten der Mitglieder des hl. Collegiums hervor. Durch ihren Sprecher, den Kardinal von Avignon, warnten sie Pius vor den Folgen. In dem Konsistorium, liessen sie ihm sagen, werde es in Zukunft keinen Frieden mehr geben. Der Bischof werde Zwietracht unter ihnen säen, denn, nach seinem unruhigen Geiste zu schliessen, sei er der Abkömmling eines Incubus. Pius gab das alles zu, machte aber geltend, dass er sich in einer Zwangslage befinde. Sowohl Ludwig XI. wie auch Philipp der Gute hätten um die Beförderung des Bischofs gebeten. Schlage man das Gesuch ab, so werde die Pragmatische Sanktion nicht aufgehoben werden, denn die Wut des Enttäuschten würde ihn zum Verteidiger derselben machen. Und da er ein gelehrter Mann sei, so würde es ihm nicht schwer fallen, in der Bibel Gründe in Hülle und Fülle für sie zu finden. Das würde entscheidend sein, da er der einzige Mann in Frankreich sei, der die Aufhebung betreibe. Er könne also leicht des Königs Sinn ändern. Diese Argumente schlugen durch, und Pius feierte den grossen Triumph, den letzten Rest der Reformen von Konstanz und Basel zu beseitigen. Er bezahlte ihn jedoch teuer mit all den Verdriesslichkeiten, die ihm der neue Kardinal bereitete; denn er selbst nennt ihn einen Lügner und Meineidigen, habgierig und ehrgeizig, einen Fresser und Säufer und einen masslosen Wollüstling. Bei Tisch war er so reizbar, dass er den Dienern oft die silbernen Schüsseln und Gefässe an den Kopf warf und gelegentlich auch die ganze Tafel umstürzte, zum Entsetzen seiner Gäste. — Aen. Sylvii Opp. inedd. (Atti della Accad. dei Lincei, 1883, pp. 531, 546–8).

Finanzmänner und Diebe in der Regierung, mit Ausnahme des Kanzlers, entlassen wurden. In demselben Jahre brachte sie mit Hilfe des Parlaments für den Augenblick wenigstens einen Frieden zwischen den feindseligen Parteien des Landes zustande, und der Dank, welchen der mutmassliche Erbe, der Herzog von Guienne, begleitet von den Herzögen von Berry, Burgund, Baiern und Bar, der versammelten Universität abstattete, bringt die tatsächliche Anerkennung derselben als eines Staatsfaktors zum Ausdruck. Als sie aber im Jahre 1415 eine Deputation absandte, um wegen der Bedrückung des Volkes durch übermässige Steuern Vorstellungen zu erheben, erlitt sie eine schwere Niederlage. Der Herzog von Guienne, erzürnt über die Rolle, die sich die Universität, ohne den Hof zu Rate zu ziehen, durch die Absetzung Johanns XXIII. auf dem Konzil von Konstanz angemasst hatte, teilte den Sprechern rundweg mit, dass sie sich in Dinge mischten, die sie nichts angingen. Und als der amtlich beauftragte Redner zu erwidern versuchte, liess ihn der Herzog auf der Stelle verhaften und mehrere Tage lang im Gefängnisse halten [1]).

Wenn so ihr zeitweiliger Ehrgeiz, in Staatsangelegenheiten mit dem Parlamente zu wetteifern, glücklicher Weise keinen Erfolg hatte, so war doch in theologischen Fragen ihre Autorität eine unbestrittene. Man rief sie naturgemäss an, entweder in ihrer Gesamtheit oder durch Delegierte die Sachverständigen zu stellen, deren Rat bei der Entscheidung von Einzelfällen den Bischof und Inquisitor leiten sollte. Da die alten Ketzereien ausstarben und neue sich entwickelten, war es selbstverständlich, dass ihr jede Abweichung von der orthodoxen Lehre zur Prüfung vorgelegt wurde. Und ihre Entscheidung wurde als eine endgültige angesehen. Es waren zum grössten Teil scholastische Spitzfindigkeiten, auf die wir später zurückkommen werden bei Gelegenheit des grossen Streites über die unbefleckte Empfängnis der hl. Jungfrau und der Auseinandersetzung zwischen dem Nominalismus und Realismus, in welcher sie eine hervorragende Rolle spielte. Bisweilen jedoch waren die Fragen von mehr praktischer Bedeutung. Im Jahre 1432 war ein Vorgeladener dreist genug, dem stellvertretenden Inquisitor von Evreux, Bruder Peter von Voie, zu sagen, dass seine Vorladungen nichts als Missbräuche seien. Anstatt ihn wegen dieser Keckheit sofort einzustecken, beklagte sich der be-

1) Juvenal des Ursins, ann. 1411, 1413. — Religieux de S. Denis, Histoire de Charles VI. Liv. xxxii. ch. 14, xxxiii, ch. 1, 15, 16; xxxv, ch. 18. — *Haller, Papsttum und Kirchenreform i (1903), 216.

leidigte Beamte darüber bei der Universität und hatte die Genugtuung, den feierlichen Bescheid zu bekommen, dass die Worte kühn und anmassend seien, Ärgernis erregten, nahezu an Empörung grenzten (der Ausdruck ketzerisch wurde nicht gebraucht) und Bestrafung verdienten. Was würden Bernhard Guidonis oder Nicolaus 13
von Abbeville dazu gesagt haben?[1]

In welchem Masse die Universität zu Zeiten die Aufgabe der Inquisition übernahm, die ihre alten Berufspflichten ganz vernachlässigt und vergessen zu haben schien, zeigt 1498 der Fall des Johann Vitrier, eines Franziskaners von der strengen Observanz. In der Unruhe und Insubordination, welche die Reformation der Kirche einleiteten, erscheint dieser unbekannte Mönch deutlicher noch als Johann von Wesel wie ein Vorläufer Luthers, obgleich er von seinem streng asketischen Standpunkte lehrte, eine Frau dürfe eher ihr Ehegelübde als ihre Fasten brechen. In seinen Predigten zu Tournay riet er dem Volke, die Priester und ihre Beischläferinnen mit Schimpf und Schande aus ihren Häusern zu schleppen, und er behauptete, dass es eine Todsünde sei, den Messen beizuwohnen, welche von Priestern abgehalten würden, die im Konkubinat lebten. Erlass von Sünden und Kirchenbussen sei eine Ausgeburt der Hölle, die Gläubigen sollten sie nicht kaufen, denn sie seien nicht für die Unterhaltung von Hurenhäusern bestimmt. Selbst die Vermittlung der Heiligen brauche man nicht. Das waren alte Ketzereien, für welche früher jeder Inquisitor ohne Weiteres die Wahl zwischen Abschwörung oder dem Scheiterhaufen gestellt haben würde. Die Prälaten und der Magistrat von Tournay aber berichteten die Sache an die Universität. Diese unterzog Vitriers Predigten einer mühsamen Prüfung und stellte schliesslich sechzehn Sätze zusammen, die zu verurteilen seien[2].

Noch kennzeichnender für das wachsende Ansehen der Universität und die schwindende Macht des Papsttums ist eine im Jahre 1502 gefällte Entscheidung. Alexander VI. hatte mit der gewöhnlichen Entschuldigung, den Krieg gegen die Türken fortsetzen zu wollen, der französischen Geistlichkeit, ohne sie zu fragen, einen Zehnten auferlegt. Die Zahlung wurde verweigert, worauf der Papst eine allgemeine Exkommunikation verhängte. Da wandten sich die Geistlichen an die Universität mit der Frage, ob eine solche päpstliche Exkommunikation gültig und zu fürchten sei, und ob sie sich demgemäss der Feier des Gottesdienstes enthalten müssten. Auf alle

1) D'Argentré, op. cit. I, II, 370.
2) Ibid. I, II, 340.

diese Fragen gab die Universität sofort und einstimmig eine verneinende Antwort. Hätte derselbe Geist der Unabhängigkeit auch in Deutschland geherrscht, so würde es, bei einem nur geringen weiteren Fortschritt in dieser Richtung, Luthers kaum noch bedurft haben[1]).

Obwohl aber die Inquisition so viel von ihrer ehemaligen Bedeu-
138 tung verloren hatte, hörte sie doch nicht auf, zu existieren und ihre Funktionen wenigstens einigermassen zu erfüllen. Es lag im Interesse der Päpste, sie am Leben zu erhalten, und die Stellung des Inquisitors, wenn auch bescheiden im Vergleich zu der, welche seine Vorgänger eingenommen hatten, war noch immer eine einflussreiche, gelegentlich sogar einträgliche und deshalb eifrig begehrte. Im Jahre 1414 waren zwei Bewerber für den Posten in Toulouse vorhanden, und im Jahre 1424 stritten sich in Carcassonne zwei Nebenbuhler in unwürdiger Weise um dieses Amt[2]). Auch die Diözese Genf war der Gegenstand eines Streites, der durch die Rivalität der beiden Bettelorden verschärft wurde. Es wurde erwähnt, dass im Jahre 1290 Nicolaus IV. die Diözese Genf mit andern französischen Landesteilen dem den Dominikanern unterstellten nördlichen Inquisitionsbezirk einverleibte, während sie kirchlich zu dem Erzbistum Vienne gehörte, das unter der Franziskanerinquisition der Provence stand. Gregor XI. hatte das im Jahre 1375 ebenso gehalten[3]). Auch als der Franziskaner Pontius Feugeyron im Jahre 1409 zum Inquisitor ernannt und die ihm unterstellten Diözesen aufgezählt wurden, befand sich Genf nicht darunter. Im Jahre 1418 dagegen, als Martin V. ihn von neuem in sein Amt einsetzte, war dieser Bezirk in den Kreis seiner Machtbefugnisse eingeschlossen. Als nun demgemäss der Inquisitor seine Rechte auszuüben begann, erhob sich sogleich zwischen den beiden Orden ein ärgerlicher Streit. Die Dominikaner wandten sich an Martin V., der ihnen im Jahre 1419 Genf zurückgab. Als jedoch im Jahre 1434 Eugen IV. den Pontius Feugeyron in seinem Amte bestätigte, wurde Genf wiederum in die

1) Ibid. I, II, 346. — *Pastor, Geschichte der Päpste III (1895), 444.

2) Ripoll II, 522, 566—9, 637, 644.

3) Vgl. oben S. 133. — Wadding ann. 1375, Nr. 17. — *Am 6. Mai 1326 hatte auch P. Johann XXII. dem 'Garinus de Barro ordinis fratrum Predicatorum, inquisitor heretice pravitatis in Bisuntina, Gebennensi, Lausannensi, Sedunensi, Tullensi, Metensi et Virdunensi civitatibus et diocesibus auctoritate apostolica deputatus', die Vollmacht gegeben 'inquirendi apud Sedem Apostolicam contra Ginotum Lesolet de Fraxino, laicum Bisuntine diocesis de crimine heresis suspectum et apud Sedem Apostolicam incarceratum' (Vatik. Archiv, Reg. 113 f. 246 v, Avin. II. non. Maii anno X). — Zu 1375 vgl. Eubel, Bullarium Franciscanum VI [1902], 1382. S. auch unten S. 156.

Liste der ihm unterstellten Bezirke aufgenommen. Aber die Dominikaner müssen es abermals und zwar mit Erfolg für sich reklamiert haben. Denn als im Jahre 1472 unter Sixtus IV. die Inquisitionstätigkeit wieder ernster aufgenommen und Bruder Johann Vaylette als Inquisitor von der Provence mit denselben Rechtsbefugnissen wie Pontius Feugeyron bestätigt wurde, befand sich Genf nicht auf der Liste der seiner Jurisdiktion unterstellten Diözesen. Es waren die Dominikaner Victor und Claudius Rufi, die zu Inquisitoren ernannt wurden, der eine für Genf, der andere für Lausanne. Und im Jahre 1491 wurde abermals ein Dominikaner, Franz Granet, mit der Inquisition in Genf betraut[1].

Allein die hier so begehrte Stellung hatte vielfach keine zuverlässigen Existenzmittel mehr. In den furchtbaren Wirren der Zeit waren die königlichen Zuwendungen zurückgezogen worden. Deshalb wies im Jahre 1409 Alexander V. seinen Legaten, den Kardinal von S. Susanna, an, es müssten Mittel und Wege gefunden werden, die Ausgaben des Inquisitors, eines Beigeordneten, eines Notars und eines
Dieners zu bestreiten. Er schlug vor, entweder dreihundert Gold- 139
gulden von den Juden von Avignon zu erheben, oder dass jedesmal der betreffende Bischof die Kosten der Reise des Inquisitors von einer Diözese nach der andern bestreiten sollte, wenn nicht jeder Bischof jährlich zehn Gulden aus frommen Vermächtnissen beisteuern wollte. Welchen Weg man wählte, ist nicht ersichtlich. Aber keiner scheint sich als gangbar erwiesen zu haben, denn im Jahre 1418 schrieb Martin V. an den Erzbischof von Narbonne, er müsse ein Mittel finden, um die notwendigen Kosten der Inquisition zu bestreiten. Viel Anziehungskraft konnte unter solchen Umständen das Amt dort kaum haben. Seine Lage offenbart auch eine Bittschrift, welche in diesem selben Jahre 1418 die Bürger von Avignon zugunsten der Juden einreichten. Infolge des Schutzes, den die Päpste von Avignon dieser geächteten Volksklasse gewährten, war die päpstliche Residenz zu einem Zentrum der Juden geworden. Sie hatten sich als sehr nützlich erwiesen. Aber sie wurden fortwährend von den Inquisitoren belästigt, welche frivole Verfolgungen gegen sie in Szene setzten, wohl nicht ohne klingenden Gewinn. Martin V. schenkte deshalb der Bitte freundlich Gehör und verlieh den Juden sogar das Recht, in allen Fällen, welche sie angingen, einen Beisitzenden des Inquisitors

1) Wadding. ann. 1418, Nr. 1, 2; 1419 Nr. 2; 1434 Nr. 2, 3; 1472 Nr. 24. (*Eubel, Bullarium Franciscanum vii [1904] Nr. 1181, 1371). — Ripoll iii, 487; iv, 6.

zu ernennen — ein Beweis, wie tief die Inquisition von ihrer Höhe herabgesunken war[1]).

Trotzdem entfaltete das hl. Offizium in dem ihm zugewiesenen Pflichtenkreise hier und da noch seine Tätigkeit. Wir werden später sehen, dass, als Peter von Ailly, Bischof von Cambrai, im Jahre 1411 die „homines intelligentiae" verfolgte, der Inquisitor der Provinz, der Dominikanerprior von St. Quentin im Vermandois, bei dem Urteil hinzugezogen wurde. Im Jahre 1430 hören wir, dass eine Anzahl Ketzer von dem stellvertretenden Inquisitor und dem Bischof von Tournay zu Lille verbrannt worden waren. Und im Jahre 1431 befahl Philipp der Gute seinen Beamten, dass sie alle Urteile auszuführen hätten, welche der von dem Dominikanerprovinzial in Deutschland zum Inquisitor von Cambrai und Lille ernannte Bruder Heinrich Kalteysen fällen würde — ein offenbarer Eingriff in die Rechte des Amtsgenossen in Paris, der zweifellos eine Folge der politischen Verwicklungen der Zeit war. Dieser Befehl Philipps des Guten ist jedoch ein Beweis dafür, dass das von dem Parlamente gegebene Beispiel der Oberaufsicht auch von den Lehnsträgern befolgt wurde; denn die Beamten wurden angewiesen, nur dann Verhaftungen vorzunehmen, wenn vorher eine besondere Untersuchung mit Beobachtung aller gesetzlichen Formen stattgefunden habe. Ich werde später Gelegenheit haben, von der Rolle zu sprechen, welche die Inquisition bei dem tragischen Ende der Johanna d'Arc spielte,
140 und brauche hier nur darauf hinzuweisen, dass im Jahre 1431 Eugen IV. den Bruder Johann Graveran zum Inquisitor in Rouen ernannte, wo er bereits die Amtsgeschäfte führte, und wo ihm im Jahre 1433 der ehemalige päpstliche Poenitentiarius und Kaplan, Bruder Sebastian l'Abbé, im Amte folgte — ein weiterer Beweis für die Spaltung Frankreichs während des verhängnisvollen hundertjährigen Krieges. Das Volk aber machte sich immer weniger aus der Exkommunikation. Um 1415 verfolgte der Inquisitor Johann du Puy eine Anzahl Geistlicher aus Limoges, die aus diesem Grunde der Ketzerei verdächtig waren. Sie wandten sich an das Konzil von Konstanz, das im Jahre 1418 die Angelegenheit an den Erzbischof zurückverwies. Gleichwohl nahm die Gleichgültigkeit gegen die Exkommunikation noch immer zu, weshalb im Jahre 1435 Eugen IV. den Inquisitor von Carcassonne anwies, alle zu verfolgen, welche mehrere Jahre lang

---

1) Wadding. ann. 1409, Nr. 13; 1418, Nr. 1, 2, 4.

eine Kirchenstrafe auf sich sitzen liessen, ohne um Absolution nachzusuchen [1]).

Mit der Einkehr des Friedens und der endlichen Vertreibung der Engländer aus Frankreich hielt Nicolaus V., wie es scheint, die Gelegenheit für gekommen, um die Inquisition von neuem aufleben zu lassen und auf einer festeren und breiteren Grundlage einzurichten. In einer Bulle vom 1. August 1451 an Hugo Lenoir, den Inquisitor von Frankreich, bestimmte der Papst seinen Jurisdiktionsbezirk; er erstreckte sich nicht nur über das Königreich Frankreich, sondern auch über das Herzogtum Aquitanien, die ganze Gascogne und Languedoc. So war das ganze Gebiet, mit Ausnahme der östlichen Provinzen, zu einem einzigen fest geschlossenen Bezirk gemacht, dessen Hauptsitze Paris und Toulouse waren. Auch wurde die Jurisdiktion des Inquisitors auf alle Vergehen ausgedehnt, für die man bisher seine Zuständigkeit als zweifelhaft angesehen hatte: Gotteslästerung, Kirchenraub, Wahrsagung, selbst wenn nicht ketzerischer Art, und widernatürliche Verbrechen. Ferner sollte er nicht mehr an die Mitwirkung des Bischofs gebunden, sondern berechtigt sein, das Verfahren durchzuführen und das Urteil zu fällen, ohne die Bischöfe zur Beratung heranzuziehen. Zwei Jahrhunderte früher würde Hugo durch solche umfassenden Befugnisse fast allmächtig geworden sein, jetzt aber war es zu spät. Die Inquisition war nicht wieder aufzuerwecken [2]). Im Jahre 1458 schilderte der Franziskanerminister von Burgund dem Papste Pius II. den beklagenswerten Zustand, in welchem sich die Inquisition in den weiten seinem Orden anvertrauten Gebieten befand. Diese umfassten die Erzbistümer Lyon,
Vienne, Arles, Aix, Embrun und Tarantaise, beide Ufer der Rhone 141
und einen bedeutenden Teil von Savoyen. Im dreizehnten Jahrhundert habe Klemens IV. (1265—68) diese Gegenden dem Minister von Burgund unterstellt, aber seine Oberaufsicht bestehe jetzt nur noch dem Namen nach. Ehrgeizige Mönche hätten von Rom direkte Aufträge bekommen, in einzelnen Distrikten als Inquisitoren zu wirken, und erkennten deshalb keine andere Autorität an als die eigne. Andere hätten sich das Amt angemasst, ohne überhaupt von

---

1) Baluz. et Mansi, Miscellanea ii, 288—93 (*Fredericq, Corpus i, S. 267). — Arch. Gén. de Belgique, Papiers d'Etat, v, 405 (*Fredericq, Corpus i, S. 312, 325). — MSS. Bib. Nat., fonds Moreau, 444, fol. 10. — Ripoll ii. 533; iii, 6, 8, 21, 193.

2) Ripoll iii, 301. — *Seit 1453 erscheint Roland le Cozic als 'inquisitor in regno Franciae' (Fredericq, Corpus iii, S. 415; Hansen, Quellen S. 468; vgl. Hinschius, Kirchenrecht v, 468; vi, 329).

jemanden dazu ernannt worden zu sein. Eine Gewalt, die die missbräuchlichen Übergriffe derselben zurückgewiesen hätte, war nicht vorhanden, Ärgernis gab es sehr oft, das Volk ward bedrückt, der Orden dem Schimpf und der Schande ausgesetzt. Pius machte diesen Missbräuchen schleunigst eine Ende, indem er die ehemalige Autorität des Franziskanerministers erneuerte und ihm das Recht verlieh, sogar diejenigen Inquisitoren abzusetzen, welche vom Papste selbst ihr Amt empfangen hatten[1]).

So war die Inquisition zwar wieder neu organisiert, aber ihre Lebensfähigkeit war dennoch dahin. Sie war so tief gesunken, dass in diesem selben Jahre 1458 Bruder Bérard Tremoux, der Inquisitor von Lyon, der sich durch seine strenge Amtsführung allgemein verhasst gemacht hatte, auf Betreiben der Bürger ins Gefängnis geworfen wurde, und Pius II. und sein Legat, der Kardinal Alano, sich persönlich verwenden mussten, um seine Freilassung zu erwirken. Die Käuflichkeit und Bestechlichkeit der päpstlichen Kurie war ausserdem so tief eingewurzelt, dass man dort, wo sie die Oberaufsicht ausübte, eine Reform nicht erwarten konnte. Kaum waren drei Jahre vergangen, seit Pius das ganze Gebiet dem Franziskanerminister von Burgund unterstellt hatte, als mit der Ernennung des Bruders Bartholomäus von Eger zum Inquisitor von Grenoble die alten Missbräuche wieder auflebten. Denn dass solche Ämter verkauft oder Günstlingen übertragen wurden, lässt sich vernünftiger Weise nicht bezweifeln. Die Ernannten wurden auf ihre Gebiete losgelassen, um dem furchtsamen Volke soviel abzupressen als sie konnten. Nur so kann man die Formel erklären, welche in den Ernennungsurkunden üblich wurde: „Inquisitor im Königreich Frankreich, ohne Beeinträchtigung anderer von uns oder von andern ermächtigter Inquisitoren.“ Das war gleichsam ein Freibrief, der das Recht gab, auf offenem Meere zu kreuzen und zu kapern, was man von dem Vermögen der Gläubigen erlangen konnte. Von ähnlicher Bedeutung ist die im Jahre 1478 erfolgte Ernennung des Bruders Peter Cordrat, des Beichtvaters des Herzogs Johann von Bourbon, zum Inquisitor von Bourges, wodurch die Massregeln, die Nicolaus V. zur Befestigung des hl. Offiziums im Königreiche getroffen
142 hatte, gänzlich missachtet wurden. Wir brauchen die Liste kaum zu verlängern. Die Päpste ernannten die Inquisitoren in ununterbrochener Reihenfolge entweder für das Königreich Frankreich oder für besondere Bezirke, wie wenn die Inquisition noch auf der

1) Wadding. ann. 1458, Nr. 12 (vgl. oben S. 153).

Höhe ihrer Macht und Tätigkeit gewesen wäre. Keine Frage, dass es bei alledem immer noch etwas zu gewinnen gab, aber ebenso sicher, dass der gewinnende Teil nicht die Religion war[1]).

Diese von verschiedenen Gewalten ausgehenden und sich widersprechenden Ernennungen führten natürlich zu Streitigkeiten. In einem Formular der römischen Kurie befindet sich eine Urkunde, wonach beim Tode des Inquisitors von Carcassonne am 13. September 1478 der Dominikanerprovinzial kraft der ihm vom Papst übertragenen Amtsgewalt seine Beiräte versammelte und den Bruder Johann zum Inquisitor ernannte, der, da er Doctor der Theologie und mehr als vierzig Jahre alt war, für diesen Posten durchaus geeignet erschien. Aber ein Eindringling hatte das Amt besetzt, erhob die Einkünfte und weigerte sich, den Platz zu räumen. Daher verlangte der rechtmässige Amtsinhaber die Absetzung des Nebenbuhlers und seine eigne Einsetzung. Es gab hier augenscheinlich Einnahmequellen, welche das Amt erstrebenswert erscheinen liessen[2]).

Einige aus dieser Zeit überlieferte Fälle sind lehrreich, weil sie sowohl zeigen, wie der Geist der Kritik und der Unabhängigkeit sich ausbreitete als auch, zu wie nebensächlicher Stellung die Inquisition herabgesunken war. Im Jahre 1459 wurde zu Lille ein Ketzer verbrannt, der unter dem Namen Alphons von Portugal bekannt war. Er führte das strenge Leben eines Anachoreten und war ein eifriger Kirchengänger, aber er lehrte, dass es seit Gregor dem Grossen keinen wahren Papst, folglich auch keine gültige Sakramentsspendung mehr gegeben habe. In dem auf uns gekommenen Berichte von seinem Prozess und seiner Hinrichtung ist keine Rede von der Mitwirkung des hl. Offiziums[3]). Noch bezeichnender ist ein Fall aus dem Jahre 1484. Johann Laillier, ein Priester in Paris, Lizentiat und Doktorand der Theologie, hatte eine auffallend freie Predigt gehalten, worin er die Verbindlichkeit des Cölibats geleugnet, Wiclif als grossen Gelehrten gerühmt, die Suprematie

1) Wadding. ann. 1458, Nr. 13; 1461, Nr. 3. — Ripoll III, 317, 423, 487; IV, 103, 217, 303, 304, 356, 373.

Eine gegenwärtig in der Stadtbibliothek von Toulouse befindliche Handschrift von Bernhard Guidonis' Practica enthält die Randbemerkung, dass sie im Jahre 1483 von der Inquisition von Toulouse den Dominikanern von Bordeaux zu einer Abschriftnahme geliehen worden sei. Es gab also auch in dieser Stadt eine Inquisition, und ihre Mitglieder wollten sich offenbar Rat holen über ihre Pflichten. (Molinier, l'Inq. dans le Midi de la France, p. 201.)

2) Formularium Advocatorum et Procuratorum Romane Curie, fol. LXII (Basilea 1493).

3) Mémoires de Jacques du Clercq l. IV, ch. 43 (*Fredericq, Corpus I S. 341, III S. 86ff.).

Roms verworfen und weder die Autorität der Tradition noch die der Dekretalen anerkannt hatte. Johann XXII., sagte er, habe kein Recht gehabt, Johann von Poliac zu verurteilen. Der hl. Franziskus nehme durchaus nicht den leeren Thron Lucifers im Himmel ein, er befinde sich vielmehr mit Lucifer in der Hölle. Seit der Zeit Silvesters sei der hl. Stuhl der Sitz der Habsucht und der Herrschsucht, wo die Kanonisation für Geld erlangt werden könne. Diese revolutionären Ideen riefen, wie es scheint, selbst bei der Inquisition keinen Widerspruch hervor. So altersschwach war die Herrschaft der Kirche über die Gewissen der Menschen geworden. Aber Laillier, nicht zufrieden mit einfacher Duldung, wandte sich nun an die Universität, um die Doktorwürde zu erlangen. Es wurde ihm jedoch die Zulassung zu den vorläufigen Disputationen versagt, bis er sich reinigen, der
143 Busse unterziehen und die Zustimmung des hl. Stuhles erlangen würde. Darauf wandte er sich frischweg an das Parlament, das jetzt stillschweigend mit der höchsten Jurisdiktion in kirchlichen Dingen bekleidet war, und ersuchte es, die Universität zu seiner Zulassung zu zwingen. Das Parlament hegte keine Zweifel in bezug auf seine Kompetenz, entschied aber die Angelegenheit in einer für den kühnen Priester ganz unerwarteten Weise. Es befahl dem Bischof Ludwig von Paris, in Verbindung mit dem Inquisitor und vier von der Universität ausgewählten Doktoren, Laillier in gebührender Weise zu bestrafen. Der Bischof und Inquisitor vereinbarten, dass sie getrennt vorgehen und das Ergebnis ihrer Untersuchung sich mitteilen wollten. Aber Laillier muss mächtige Gönner gehabt haben; denn ohne mit seinem Amtsgenossen oder den Sachverständigen zu beraten, gestattete ihm der Bischof Ludwig, einen Teil seiner Lehren zu widerrufen und eine in die freiesten und bequemsten Ausdrücke gekleidete öffentliche Abschwörung zu leisten, absolvierte ihn dann am 23. Juni 1486 und sprach ihn von dem Verdacht der Ketzerei frei; er setzte ihn wieder in sein Amt ein und erklärte ihn für fähig, zu allen Graden und Ehren promoviert zu werden. Und der Inquisitor Johann Cossart, der inzwischen mit grossem Fleiss ein reiches Beweismaterial von anstössigen Lehren gegen Laillier gesammelt und dem Bischofe vergebens mitgeteilt hatte, musste diesen Schimpf stillschweigend erdulden[1]). Die Universität jedoch, die ihre Ehre auf dem

1) *Johann Cossart, ord. Praed., war 1481 zum Nachfolger des seit 1478 amtierenden Generalinquisitors Thomas Heron ord. Praed. bestellt worden. Das Register des Dominikanergenerals Salvus Cassetta enthält zum 19. Juni 1481 die Notiz: 'Mag. Jo. Cossart conv. Belvacensis fuit per summum pontificem Sixtum IV. institutus inquisitor heretice pravitatis in regno Francie

Spiele sah, war nicht geneigt nachzugeben. Am 6. November 1486 erliess sie einen förmlichen Protest gegen das Vorgehen des Bischofs, wandte sich an den Papst und verlangte „Apostoli“. Innocenz VIII. kam schnell zu Hilfe. Er hob die Entscheidung des Bischofs auf und befahl dem Inquisitor, in Verbindung mit dem Erzbischof von Sens und dem Bischof von Meaux den Ketzer in das Gefängnis zu werfen, die noch unwiderrufenen Ketzereien desselben zu untersuchen und die Akten zur Entscheidung nach Rom zu schicken. Wie mächtig Lailliers Freunde waren, kann man daraus entnehmen, dass der Papst der Befürchtung Ausdruck gab, der auf die Universität ausgeübte Druck möchte diese veranlassen, den kühnen Prediger zur Doktorwürde zuzulassen. Wäre das der Fall, so müsste die Zulassung für null und nichtig erklärt werden und alle daran beteiligten müssten ihre Mitwirkung zurückziehen, wofern sie nicht als Ketzer angesehen werden wollten. Es ist auffallend, dass der Bischof von Meaux, der auf diese Weise ausersehen war, über Laillier zu Gericht zu sitzen, zur gleichen Zeit von der Universität censuriert wurde, weil er die donatistische Lehre von der Ungültigkeit der von unreinen Händen gespendeten Sakramente erneuert hatte; das Abendmahl eines der Hurerei ergebenen Priesters, sagte er, ist nicht mehr wert als das Bellen eines Hundes. Mancher unglückliche Waldenser war um einer geringeren Sache willen verbrannt worden, aber der Inquisitor hatte es nicht gewagt, den Bischof deshalb zur Rechenschaft zu ziehen. Auch hören wir nichts
davon, dass er einschritt, als Johann Langlois, Priester an St. Crispin, 141
am 3. Juni 1491 zum Entsetzen seiner Pfarrkinder den konsekrierten Wein und das konsekrierte Brot auf den Boden warf und mit Füssen trat. Bei seiner Verhaftung gab er als Grund für sein Tun an, dass der Leib und das Blut Christi nicht in den Elementen enthalten seien. Da er sich hartnäckig weigerte zu widerrufen, büsste er seine Irrlehre auf dem Scheiterhaufen. Ähnlich war das Schicksal

et absolutus fr. mag. Thomas Heron' (Rom, Archiv des Dominikanerordens IV, 6, fol. 14). Die Ernennung Cossarts wurde am 1. Juni 1494 durch Alexander VI. erneuert (Ripoll IV, 103; Fredericq, Corpus I, 488), nachdem auch durch den Dominikanergeneral Joachim Turriani am 26. November 1493 bestimmt worden war: 'Mag. Jo. Cossart fit inquisitor generalis Francie pro titulo Parisiensi, cum omni solempnitate' (Rom a. a. O. IV, 10 fol. 51 v). Heron amtierte jedoch im Auftrag der Dominikanergenerale neben Cossart weiter 1481 Nov. 17, 1486 Juli 6, 1487 Juni 10, 1491 Dec. 22 (Rom a. a. O. IV, 6, fol. 17 v; IV, 7, fol. 24; IV, 9, fol. 23; IV, 10, fol. 45). Am 14. Oktober 1497 ernannte dann P. Alexander VI. den Dominikaner Johann Brehali zum Inquisitor in Frankreich (Ripoll IV, 103; Fredericq, Corpus I, 489). Aber neben ihm war auch Cossart noch 1500 im Amt (vgl. die folgende Anmerkung).

Aymon Picards, welcher bei dem Feste des hl. Ludwig in der Sainte-Chapelle am 25. August 1503 dem celebrierenden Priester die Hostie wegriss, sie in Stücken auf den Boden warf und den Widerruf dieses Verbrechens hartnäckig ablehnte. Alles dies waren bedeutsame Zeichen einer anbrechenden Zeit, wo die Inquisition nötiger als je werden sollte[1]).

Einen weiteren Beleg für den Zustand der Schwäche, worin sie mit der ganzen Kirche bei der stets wachsenden Suprematie des Staates sich damals befand, bietet ein Dokument, durch welches im Jahre 1485 der Dominikaner Anton von Cleda einen Vikar mit seiner Vertretung in Rodez und Vabre betraute. In dieser Urkunde nennt er sich Inquisitor von Frankreich, von Aquitanien, von der Gascogne und von Occitanien, bevollmächtigt vom hl. Stuhl und vom Parlament. Die beiden Instanzen sind für ihn also gleiche Autoritätsquellen, die Ernennung durch den Papst würde ohne die Bestätigung durch den königlichen Gerichtshof nicht genügt haben. Wie verächtlich selbst in den Augen vieler Geistlichen die Inquisition geworden war, zeigt in lehrreicher Weise ein kleinlicher Streit zwischen dem Dominikaner-Inquisitor Raimund Gozin und seinen Ordensbrüdern. Als dieser um das Jahr 1516 dem Bruder Gaillard de la Roche als Inquisitor von Toulouse folgte, fand er das Inquisitionsgebäude durch die Mönche des Dominikanerklosters seiner Möbel und seiner Küchengeräte beraubt. Er forderte sie zurück. Darauf wurden ihm auch einige von den Sachen zugestellt, später aber von den Mönchen wieder reklamiert. Als er sich weigerte, sie auszuliefern, verschafften sich die Brüder einen Befehl des Generalmagisters an den Vikar, worauf dieser gegen den Vertreter des hl. Offiziums zum äussersten schritt. Die Berufung des Inquisitors an den Papst wurde gar nicht beachtet. Gleichwohl glückte es dem Inquisitor schliesslich im Jahre 1520, die Vermittlung Leos X. zu erlangen. Man kann sich kaum einen schlagenderen Beweis für die Ohnmacht der Inquisition denken, als diesen vergeblichen Versuch des Nachfolgers eines Bernhard von Caux und Bernhard Guidonis, sein

1) Mémoires de Jacques du Clercq, Liv. III, ch. 43. (*Fredericq, Corpus I, S. 341). — D'Argentré, op. cit. I, II, 308—18, 319—20, 323, 347. — *Vom General des Dominikanerordens Joachim Turriani in Rom wurde am 19. Juni 1500 'mag. Henricus Jacobin instituitur vicarius inquisitionis in natione Britanie etc. (Bretagne), non derogando tamen iuribus mag. Joannis Cossart, quando personaliter ad Britanniam pro officio exercendo accederet. Et fit eius coadiutor propter senectutem etc., et casu quod ipse mag. Jo. Cossart inquisitor decederet ab hac vita, fit inquisitor' (Rom, Archiv des Dominikanerordens IV, 13 fol. 13v).

Küchengeschirr gegen die raubgierigen Hände seiner Mitbrüder zu verteidigen[1]).

Höchst wahrscheinlich nahm dieser Streit deshalb eine so heftige Form an, weil zwischen dem Hauptteile des Ordens und seiner strengern Gruppe, welche als die „reformierte Kongregation" bekannt ist, eine unvermeidliche Eifersucht herrschte. Der Generalvikar dieser Kongregation war Raimund Gozin. Der Eifer, womit er wieder in den Besitz seines Mobiliars zu gelangen suchte, war vermutlich deshalb so gross, weil er das Inquisitionsgebäude umbauen und in ein reformiertes Kloster verwandeln wollte. Die grossen Gebäude, die das hl. Offizium in der Fülle seiner Macht nötig gehabt hatte, waren für seine so sehr verminderten Bedürfnisse allzuweit geworden. Bevor es einst infolge der Freigebigkeit des Pontius von Capdenier im Jahre 1230 verlegt wurde, hatte das ursprüngliche Heim des Dominikanerordens eine Kirche mit drei Altären, einen Speisesaal, Gefängniszellen, Zimmer für die Mönche und für die Gäste, Klosterzellen und zwei Gärten enthalten. Als Leo X. seine Zustimmung zu den beabsichtigten Änderungen gab, machte er zur Bedingung, dass eine Art Privatzimmer mit geeigneten Amtsräumen für den Gebrauch des hl. Offiziums erhalten bleiben müsse. Das kennzeichnet mit einem Worte die Geschichte der Inquisition. Doch hatte diese noch keineswegs ihre unheilvolle Gewalt gänzlich eingebüsst; noch im Jahre 1521 hatte der Dominikanerprior von Poligny und Inquisitor zu Besançon Johann Boni die Genugtuung, zwei Lykanthropen oder Werwölfe ins Jenseits zu befördern[2]). 145

Die Geschichte der Waldenser bildet eine so interessante und scharf umgrenzte Episode in der Geschichte der Ketzerverfolgung, dass ich sie bisher übergangen habe, um nunmehr einen kurzen zusammenhängenden Überblick über ihre Beziehungen zu der Inquisition zu geben. Waren sie doch nach dem Verschwinden der Katharer die einzigen, die in Frankreich dem hl. Offizium noch ein bedeutsames Arbeitsfeld boten.

Obgleich die Waldenser in Languedoc weder so zahlreich noch so mächtig wie die Katharer waren, bildeten sie doch ein wichtiges häretisches Element in Frankreich. Sie waren jedoch meistens auf die niedrigeren Bevölkerungsklassen beschränkt. Von Adligen, die

1) Brémond, ap. Ripoll, IV, 373. — Ripoll, IV, 390.

2) Ripoll, IV, 376. — Wieri de Praestig. Daemon. Lib. VI, c. 13. — *Baissac, Les grands jours de la sorcellerie (1890) S. 316ff. Hansen, Quellen S. 513 Anm. 1.

der Sekte angehörten, ist nur selten die Rede. In den Urteilen Peter Cellas, welche 1241 und 1242 im Quercy gefällt wurden, haben wir mehr als hinreichende Belege für ihre Zahl und ihre Tätigkeit. Sie werden erwähnt:

	In Gourdon	in . . .	55	Fällen	von	219
	„ Montcucq	„ . . .	44	„	„	84
	„ Sauveterre	„ . . .	1	Fall	„	5
146	„ Belcayre	„ . . .	3	Fällen	„	7
	„ Montauban	„ . . .	175	„	„	252
	„ Moissac	„ . . .	1	Fall	„	94
	„ Montpezat	„ . . .	0	„	„	22
	„ Montaut	„ . . .	0	„	„	23
	„ Castelnau	„ . . .	1	„	„	11

Zwar sind es in den meisten Fällen nur Anspielungen, dass man sie gesehen oder mit ihnen zu tun gehabt habe; aber das verhältnismässig häufige Vorkommen solcher Hinweise gibt doch Aufschluss über die Orte, wo ihre Ketzerei am üppigsten in Blüte stand. So war Montauban offenbar ihr Hauptquartier in jenem Gebiete, und Gourdon und Montcucq besassen blühende Kolonien.

Sie hatten eine regelrechte Organisation: Kinderschulen, in denen zweifellos den Kindern auch von rechtgläubigen Eltern ihre Lehren eingepflanzt wurden; Kirchhöfe, wo sie ihre Toten begruben, und Missionare, welche eifrig in dem Lande umherzogen, um ihren Glauben auszubreiten. Gewöhnlich nahmen diese nur die Gastfreundschaft in Anspruch, Almosen aber lehnten sie ab. Ein gewisser Peter des Vaux wird häufig erwähnt als einer der rührigsten und beliebtesten von diesen; nach Aussage eines seiner Jünger wurde er für einen Engel des Lichts gehalten. Sie predigten beständig auf den Strassen, und zahlreich sind die Fälle, wo Disputationen zwischen den Geistlichen der Waldenser und den „Vollkommenen" der Katharer erwähnt werden. Und doch herrschte das beste Einvernehmen zwischen den beiden verfolgten Sekten. Es gab Männer, welche beichteten, die Lehre der Waldenser geglaubt und die „Adoration" der Katharer mitgemacht zu haben. Bei der allgemeinen Feindschaft gegen Rom wurde eben jeder nicht-orthodoxe Glaube als ein guter angesehen. Die Waldenser standen in dem Rufe geschickter Ärzte, wodurch ihre Missionsarbeiten vielfach gefördert wurden. Man konsultierte sie beständig bei Krankheiten oder Verwundungen, und fast ausnahmslos lehnten sie ausser der Nahrung jegliche Bezahlung für ihre Dienstleistungen ab. Eine Frau beichtete,

einem Katharer für ärztliche Bemühungen vierzig Sous, den Waldensern dagegen nur Wein und Brot gegeben zu haben. Wir erfahren auch, dass sie die Beichte abnahmen, Bussen auferlegten und ein sakramentales Abendmahl feierten, wobei Brot und Fisch gesegnet und genossen wurde. Das mit dem Zeichen des Kreuzes gesegnete Brot wurde von ihren Jüngern als heilig angesehen. Trotz der Stärke und Organisation der Sekte betrachtete Peter Cella die Waldenser offenbar mit weniger strengen Blicken als die Katharer, 147
und die Bussen, die er ihnen auferlegte, waren meist leichterer Art [1]).

Der Waldensische Glaube hatte sich von Lyon aus sowohl nach Norden und Osten als auch nach Süden und Westen ausgebreitet. Es ist eine merkwürdige Tatsache, dass, während es den Katharern niemals gelang, ausserhalb der romanischen Gebiete auch nur in geringem Masse Fuss zu fassen, die Waldenser schon im Jahre 1192 in Lothringen so zahlreich waren, dass der Bischof Eudo von Toul bei seinen Befehlen, sie zu ergreifen und in Ketten vor seinen Richterstuhl zu bringen, nicht nur als Belohnung Erlass der Sünden versprach, sondern sich auch verpflichtete, die Kosten der Ernährung und Bekleidung derjenigen Rechtgläubigen zu übernehmen, welche gezwungen würden, ihre Wohnungen zu verlassen, weil sie seine Befehle ausführten [2]). In der Franche-Comté legte der Graf Johann von Burgund ein gewichtiges Zeugnis für ihre weite Verbreitung im Jahre 1248 ab, indem er Innocenz IV. um die Einführung der Inquisition in seinen Gebieten ersuchte. Als diese sich aber im Jahre 1257 wieder auflöste, konnte sich die Zahl der Waldenser wieder ungestört vermehren. Im Jahre 1251 verurteilte der Erzbischof von Narbonne einige Waldenserinnen zu lebenslänglicher Gefangenschaft. Die sicherste Zuflucht aber fanden sie in den Bergen der Auvergne und in den Alpen, sowie am Fusse derselben zwischen Genf und dem Mittelländischen Meere. Während Peter Cella die des Quercy in Strafe nahm, beschäftigte sich der Erzbischof von Embrun eifrig mit ihren Brüdern zu Freyssinières,

---

1) Coll. Doat, XXI. 197, 203, 208, 223, 225, 232, 233, 234, 236, 238, 241, 244, 250, 252, 254, 261—2, 263, 264, 265, 266, 267, 269, 270, 271, 275, 276, 281, 282, 289, 296 (vgl. den Anhang dieses Bandes Nr. X).

Es ist vielleicht der Mühe wert zu erwähnen, dass Raimund von Péreille, der Schlossherr von Montségur, und seine Gefährten in ihrem Verhör über zahllose Katharer freie Aussagen machten, aber ganz und gar nichts über die Waldenser zu wissen erklärten, woraus hervorzugehen scheint, dass die beiden Sekten dort wenig Beziehungen miteinander hatten. (Doat, XXII, 217; XXIII, 344; XXIV, 8).

2) *Vgl. Bd. I, S. 84ff. und Haupt in der Historischen Zeitschrift 61 (1889), S. 39ff. Zu der Verbrennung eines Waldensers in Rheims 1230/31, vgl. Bd. I, S. 145 und Haskins a. a. O. S. 442.

Argentière und im Val-Pute, Orten, die noch lange ihre Hochburgen blieben. Als im Jahre 1251 Alphons und Johanna bei ihrer Thronbesteigung zu Beaucaire der Stadt Avignon und der Grafschaft Venaissin ihre Freiheiten bestätigten, ersuchte sie der Bischof-Legat Zoen ernstlich, die Waldenser daselbst zu vernichten. Die Statuten der Städte Avignon und Arles enthielten zwar zahlreiche Vorschriften zur Ausrottung der „Ketzer und Waldenser", aber die Ortsbehörden waren sehr lax in der Durchführung und mussten nun schwören, die
148 Sektierer auszurotten. Die Waldenser waren meistens einfache Bergbewohner, deren Besitzungen zur Konfiskation nicht reizten, während die Verfolgung der reicheren Katharer besseren Gewinn und grösseren Nutzen versprach. Zwar trieb, wie wir hören, der eifrige Seneschall von Carcassonne, Wilhelm von Cobardon, die Inquisitoren von 1271 bis 1274 zu eifriger Tätigkeit gegen die Waldenser an, — was zahlreiche Verurteilungen zur Folge hatte, — aber in den weit volkreicheren Gemeinden der Grafschaft Venaissin in der Nähe der Rhone wurde die Inquisition erst 1288 eingeführt, in der Dauphiné erst 1292, als in beiden Distrikten die Ketzerei in beunruhigender Weise zunahm. Im Jahre 1288 wird auf das gleiche Wachstum der Ketzerei in den Provinzen Arles, Aix und Embrun hingewiesen, und Nicolaus IV. schickte den dortigen Adligen und Richtern die Gesetze Kaiser Friedrichs II. mit dem Befehl, für die Durchführung derselben zu sorgen. Gleichzeitig erhielten die Inquisitoren ein Instruktionsbuch für das Prozessverfahren [1]).

Um dieselbe Zeit hören wir von dem seltsamen Fall eines Priesters namens Johann Philibert, der von Burgund nach der Gascogne gesandt wurde, um einen flüchtigen Waldenser zu verfolgen. Er folgte dem Flüchtling bis Auch, wo er eine zahlreiche Gemeinde dieser Sekte fand. Sie hielten regelmässige Versammlungen ab, predigten und übten ihre religiösen Gebräuche. Zugleich aber wohnten sie dem Gottesdienst in den Pfarrkirchen bei, um allem Verdachte zu entgehen. Ihre evangelische Frömmigkeit nahm ihn so gefangen,

---

1) Statut. Synod. Odonis Tullensis ann. 1192, c. IX, X (Martene Thesaur. IV, 1180). — Ripoll I, 183. — Douais, Les sources de l'histoire de l'Inq. (Revue des Questions Historiques, Oct. 1881 p. 434). — Payrat, Les Albigeois et l'Inquisition III. 74. — Chabrand, Vaudois et Protestants des Alpes, Grenoble 1886, p. 34. — Havet, L'Hérésie et le bras séculier (Bib. de l'Ecole des Chartes, 1880, p. 585). — Vaissette, IV, 17. — A. Molinier (Vaissette, Ed. Privat, VI, 819). — Wadding. ann. 1288, Nr. 14—15; 1292, Nr. 3. — Raynald. ann. 1288, Nr. 27—8. — *Vgl. Tanon a. a. O. S. 99ff.; Comba, Histoire des Vaudois (1901) S. 304ff.

dass er, zu Hause angekommen, wieder nach Auch zurückkehrte
und sich ihnen förmlich anschloss. Er reiste dann wieder nach Bur-
gund und wurde dort verdächtig. Im Jahre 1298 dem Inquisitor von
Besançon, Guido von Reims, vorgeführt, weigerte er sich, einen Eid
abzulegen und wurde in das Gefängnis gebracht. Hier schwur er ab.
Auf freien Fuss gesetzt, kehrte er zu den Waldensern der Gascogne
zurück, wurde wieder verhaftet, im Jahre 1311 vor Bernhard Guidonis
gebracht und schliesslich 1319 von diesem als Rückfälliger verbrannt.
Im Jahre 1302 hören wir von zwei Waldensischen Geistlichen, die in
der Nähe von Castres im Gebiet von Albi bei Tag und Nacht umher-
zogen und eifrig ihre Lehren ausbreiteten. Trotz dieser proselytischen
Tätigkeit merkt man um diese Zeit wenig von der Verfolgung der Wal- 149
denser. Der Inquisition waren eben damals die Hände gebunden durch
ihren Streit mit Philipp dem Schönen und Clemens V. Und als sie
ihre Tätigkeit wieder ungehindert entfalten konnte, nahmen der Ka-
tharer Peter Autier und seine Anhänger ihre Kraft vollständig in
Anspruch. Obgleich die ersten Urteile des Bernhard Guidonis zu Tou-
louse in das Jahr 1308 fallen, erscheinen Waldenser erst beim Auto-
dafé des Jahres 1316 unter seinen Opfern, und zwar wurde einer zu
lebenslänglicher Gefangenschaft verurteilt und einer als unbuss-
fertiger Ketzer verbrannt. Mit dem Auto von 1319 scheint man eine
Gefängnisentleerung bezweckt zu haben, denn es werden dabei
arme Teufel genannt, deren Geständnisse bis in die Jahre 1309,
1311, 1312 und 1315 zurückreichen. Bei dieser Gelegenheit wurden
achtzehn Waldenser zu Pilgerfahrten mit oder ohne Kreuztragen,
sechsundzwanzig zu lebenslänglicher Gefangenschaft und drei zum
Feuertode verurteilt. Auch bei dem Auto von 1321 flammten die
Scheiterhaufen auf. Die Opfer waren zwei Eheleute, die sich hart-
näckig weigerten, abzuschwören. In dem Auto von 1322 wurden acht
Personen zu Pilgerfahrten, darunter fünf noch mit Kreuztragen, zwei
zu Gefängnis verurteilt, und sechs Leichname wurden ausgegraben
und verbrannt. Ausserdem wird der Bruder eines der Gefangenen er-
wähnt, welcher zu Avignon verbrannt worden war. Hiermit ist die
ganze Tätigkeit des Bernhard Guidonis von 1308 bis 1323 erschöpft;
sehr lebhaft scheint die Verfolgung also nicht gewesen zu sein. Es
ist vielleicht bemerkenswert, dass alle im Jahre 1319 Bestraften aus
Auch stammten, während der volkstümliche Name 'Burgunder', unter
dem die Waldenser bekannt waren, darauf hinweist, dass ihr Haupt-
quartier noch immer in der Franche-Comté lag. In der Tat ist der
Hinweis auf die erfolgreiche Missionstätigkeit eines gewissen Johann

von Lothringen ein Zeichen dafür, dass in dieser Gegend eine lebhafte proselytische Tätigkeit entfaltet wurde. Andrerseits fehlt es auch nicht an Beweisen dafür, dass während dieser Zeit die Inquisition von Besançon rührig war. In dem Auto von 1322 waren viele der Opfer Flüchtlinge aus Burgund, darunter ein 'Provinzial' namens Girard. Die Kirche der Waldenser in jener Gegend besass also eine regelrechte Organisation und Hierarchie [1]).

In seiner „Practica" gibt Bernhard Guidonis eine klare und ausführliche Darlegung der Waldensischen Lehre, wie sie sich nach einer anderthalbhundertjährigen Verfolgung an ihrem Ursprungsorte herausgebildet hatte. Seine Hauptpunkte verdienen hier aufgeführt zu werden, da sie uns ein deutliches Bild geben von dieser Ent-
150 wicklung, die, darüber konnte man sich nicht mehr täuschen, dank der Verfolgung durch das hl. Offizium zu einer Trennung von der römischen Kirche geführt hatte. Die Waldenser glaubten also, sie bildeten die wahre Kirche, diejenige des Papstes aber sei nur ein Haus der Lügen, und deshalb brauche man weder seine Exkommunikationen zu beachten noch seinen Geboten zu gehorchen. Sie hatten eine vollständig hierarchische Organisation mit Bischöfen, Priestern und Diakonen. Jedes Jahr hielten sie in irgend einer grossen Stadt ein oder zwei Generalkapitel ab, auf denen Weihen erteilt und Massregeln für die Missionsarbeit beschlossen wurden. Diese Weihen verliehen jedoch keine übernatürliche Gewalt. Die Transsubstantiation hatten sie nicht verworfen, glaubten aber, dass die Verwandlung von der Reinheit des Celebranten abhange. In den Händen eines sündigen Priesters könne sie sich nicht vollziehen, wohl aber in denen jedes reinen Menschen, gleichviel ob Mann oder Frau. Ebenso hielten sie es mit der Absolution: die Schlüsselgewalt sei ihnen direkt von Christus übertragen; sie nahmen die Beichte ab und legten Kirchenbussen auf. Priesterfeindschaft war also einer der Hauptcharakterzüge ihres einfachen Glaubens. An das Fegefeuer glaubten sie nicht, folglich waren in ihren Augen Messen für Tote oder die Anrufung der Heiligen unnütz, denn die Heiligen könnten niemanden hören, also auch niemandem helfen. Die in ihrem Namen in der Kirche vollbrachten Wunder beruhten auf Einbildung. Weder die Fasten noch die Festtage, die der Kalender vorschrieb, brauchten be-

---

1) Lib. Sententt. Inq. Tolos. pp. 200–1, 207–8, 216–43, 252–4, 262–5, 289–90, 340–7, 352, 355, 364–66. — Arch. de l'Inq. de Carcass. (Doat, XXVII, 7 sqq.). — *Vgl. Döllinger, Beiträge zur Sektengeschichte des Mittelalters II (1890), S. 97 ff.

obachtet zu werden. Die so massenhaft verkauften Ablässe nützten nichts. Nach alter Anschauung hielten sie den Eid und das Vergiessen von Menschenblut für streng verboten. Die tradionellen asketischen Neigungen, die sich auch bei ihnen erhalten hatten, veranlassten sie zur Gründung klösterlicher Gemeinschaften. Die Mitglieder derselben entäusserten sich alles persönlichen Vermögens und gelobten Keuschheit und Gehorsam gegen den Vorgesetzten. Bernhard Guidonis berichtet auch über geschlechtliche Verirrungen, die in nächtlichen Versammlungen vorkämen. Indessen zeigt die Kürze, womit er über diese Geschichten hinweggeht, wie wenig Wert er ihnen selbst beimisst. Als Beweis für die Zunahme des Volksaberglaubens führt er kurz an, dass in diesen Versammlungen ein Kater erscheine, der die Sektierer mit seinem Schwanze besprenge[1]).

Da nach der Lehre der Waldenser Widerstand verboten war, so wurden sie in der Regel eine verhältnismässig leicht zu ergreifende Beute. Aber bisweilen machte sich doch die menschliche Natur, der Trieb zur Selbsterhaltung, geltend. Eine um das Jahr 1320 von dem Franziskaner Jakob Bernhardi, dem Inquisitor der Provence, ins Werk gesetzte grausame Verfolgung rief eine blutige Vergeltung hervor. Im Jahre 1321 sandte er zwei Vertreter, die Brüder Catalan Fabri und Peter Paschalis, in die Diözese Valence, um dort eine Inquisition zu ver- 151
anstalten. Frühere Streifzüge hatten bei dem Volk eine erbitterte Stimmung hinterlassen. Sehr viele Bürger litten unter der Demütigung des Kreuztragens. Diese und ihre Freunde hatten sich gelobt, bei dem Erscheinen der neuen Inquisitoren Rache zu nehmen, und nun bildeten sie schnell eine Verschwörung, um die Ankömmlinge in einem Dorfe, wo sie die Nacht zubringen sollten, zu ermorden. Aus einem bestimmten Grunde änderten aber die Vertreter des hl. Offiziums ihren Reiseplan und gingen weiter bis zur Priorie Montoison. Dorthin folgten ihnen die Verschwörer, erbrachen die Türen und erschlugen die beiden Mönche. Seltsamerweise wurde der Prior von Montoison der Mitschuld an dem Morde angeklagt und zugleich mit den Mördern festgenommen. Die Leichname der Märtyrer wurden feierlich im Franziskanerkloster zu Valence begraben, wo sie bald ihre Heiligkeit durch Wundertaten bewiesen. Die Erschlagenen würden auch von Johann XXII. kanonisiert worden sein, hätte nicht der Streit, welcher bald darauf zwischen ihm und den Franziskanern ausbrach,

1) Bernard. Guidon. Practica P. V. (ed. Douais S. 244ff.).

es unklug erscheinen lassen, die Zahl der Franziskaner-Heiligen noch zu vermehren[1]).

Die Verfolgungen, die Heinrich von Chamay, der Dominikaner-Inquisitor von Carcassonne, im Jahre 1328 und 1329 anstellte, trafen gleichfalls einige Waldenser. Aus gelegentlichen Notizen der nächstfolgenden Jahre dürfen wir schliessen, dass die Tätigkeit des hl. Offiziums mit mehr oder weniger grossen Unterbrechungen nie ganz eingestellt wurde. Trotzdem nahm die Ketzerei beständig zu. Sie war eben nach dem Verschwinden des Katharismus die einzige Zuflucht, die den mit Rom unzufriedenen Elementen übrigblieb. Die Begarden waren Mystiker, die nur für gewisse Gemüter etwas Anziehendes hatten. Die Spiritualen und Fraticellen befolgten die Askese des Franziskus. Die Waldenser aber suchten nur das Christentum in seiner ursprünglichen Einfachheit wieder herzustellen. Arme und Unwissende, die unter der Priesterherrschaft seufzten, konnten ihre Lehren verstehen, und so fanden sie trotz der Anstrengungen, die die schwindende Kraft der Inquisition machte, immer weitere Verbreitung unter dem Volke. Im Jahre 1335 forderte Benedikt XII. Humbert II., den Dauphin von Vienne, und Adémar von Poitou auf, den Inquisitoren Beistand zu leisten[2]). Humbert gehorchte, und so wurden von 1336 bis 1346 Streifzüge gegen die Waldenser unternommen. Die meisten von ihnen wurden aus ihren Wohnungen vertrieben, einige ergriffen und ins Gefängnis geworfen. Von diesen schwur ein Teil ab, die übrigen wurden verbrannt. Ihre Güter wurden konfisziert und die Gebeine der Toten ausgegraben. Die welt-
152 lichen und kirchlichen Beamten von Embrun ahmten dieses Beispiel nach, hatten aber keinen dauernden Erfolg. In Languedoc unternahm Bruder Johann Dumoulin, der Inquisitor von Toulouse, im Jahre 1344 einen heftigen Angriff gegen sie, es gelang ihm aber nur, sie über ganz Béarn, Foix und Aragon zu zerstreuen[3]). Im Jahre

---

1) Wadding. ann. 1321, Nr. 21–4. — *Eubel, Bullarium Franciscanum v, (1898) nr. 453.

2) Raynaldus, Ann. 1335 Nr. 63. — *Die Schreiben Benedikts datieren vom 16. Juni 1335 (Vatik. Archiv, Reg. Vat. 130 fol. 58; Avin. xvi. Kal. Jul. anno i). Gleichzeitig forderte der Papst den Bischof von Valence auf, sein 'officium circa perquirendos, capiendos et puniendos hereticos de secta Waldensium in terris Valentinensis et Diensis ecclesiarum latitantes' nicht zu vernachlässigen (ebd.).

3) Raynaldus, Ann. 1344 Nr. 9. – *Am 17. Juli 1344 forderte Clemens VI. auch den Bischof Arnald von Pampelona auf, dem Inquisitor Johannes de Molendino von Toulouse behilflich zu sein, die aus Toulouse nach Béarn geflohenen Waldenser zu ergreifen (Vatik. Archiv, Reg. Vat. 138 fol. 46v; Avin. xvi. Kal. Aug. anno iii).

1348 forderte auch Clemens VI. Humbert zur Hilfeleistung an die Inquisitoren auf. Willfährig gab dieser seinen Beamten strengen Befehl, den kirchlichen Behörden jedwede notwendige Unterstützung zu gewähren. Diesmal wurden zwölf Waldenser nach Embrun geschickt und auf dem Platze vor der Kathedrale verbrannt. Als die Dauphiné in den Besitz der Krone überging, waren die königlichen Beamten hier gleichfalls zur Hilfe bereit. Am 20. Oktober 1351 befahl der Statthalter den Behörden von Briançon, dem Inquisitor bei seinem Vorgehen gegen die Ketzer ihres Gebietes bewaffneten Beistand zu leisten, der Befehl blieb aber, wie es scheint, wirkungslos. Im nächsten Jahre wandte sich Clemens VI. an den Dauphin Karl und an Ludwig und Johanna von Neapel um Beistand für Bruder Peter Dumont, den Inquisitor der Provence; er ermahnte die Bischöfe und die Magistrate, bei dem guten Werke mitzuwirken. Das einzige, was, soweit wir wissen, auf diesen Appell erfolgte, war, dass Dumont im Jahre 1353 sieben Waldensern Bussen auferlegte. Erfolgreicher waren die christlichen Bemühungen Wilhelms von Bordes, des Erzbischofs von Embrun, der den Beinamen eines Apostels der Waldenser führte und von 1352 bis 1363 das ungewöhnliche Mittel der Güte und Überredung versuchte. Er begab sich persönlich in die Gebirgstäler und hatte die Genugtuung, eine Anzahl Ketzer zu bekehren. Aber mit seinem Tode erlosch auch sein Verfahren. Urban V. (1363 bis 1365) liess einen ernsten Aufruf an die weltliche Gewalt ergehen und spornte zugleich den Eifer der provencalischen Inquisitoren, der Franziskaner Hugo Cardilionis und Johann Richardi, an. Nun erscheint auch der berühmte Inquisitor Franz Borilli aus dem Franziskanerorden auf dem Plane. Es wurden bewaffnete Streifzüge in die Gebirge mit grossem Erfolge unternommen. Viele der Ketzer waren hartnäckig und wurden verbrannt, andere retteten ihr Leben durch Abschwörung. Ihre dürftigen Habseligkeiten wurden konfisziert: der eine besass eine Kuh, ein anderer deren zwei und weisse Kleidungsstücke; in der Börse eines dritten, wohlhabenderen, fand man zwei Gulden — eine Beute, welche kaum ausreichte, um die zweiundsechzig Sous und sechs Denare für das Holz zu bezahlen, das man brauchte, um ihn und einen Kameraden zu verbrennen. Eine Frau Namens Juven, die verbrannt wurde, besass einen Weinberg, die Weinlese war gehalten und der Most in ihrer Hütte, als die wütenden Nachbarn bei Nacht Feuer anlegten und den Ertrag vernichteten[1]).

1) Arch. de l'Inq. de Carcass. (Doat, XXVII, 119 sqq.). — Raynald. ann.

153 Alles das nützte indessen nichts. Die Kirche in der Provence, der Dauphiné und dem Lyonnais befand sich in einem beklagenswerten Zustande. Die ganze Gegend war voller Waldenser, auch viele Adlige hatten sich hiernach und nach der Ketzerei angeschlossen. Die Bischöfe waren machtlos oder pflichtvergessen, und auch die Inquisition konnte nichts ausrichten. Als nun Gregor XI. im Jahre 1370 den päpstlichen Thron bestieg, versuchte er sofort, energisch die bessernde Hand an das Übel zu legen, er ernannte Inquisitoren und spornte ihren Eifer an. Allein auch seine Bemühungen hatten keinen Erfolg. Das Ansehen des hl. Offiziums war um diese Zeit sehr geschwächt, und bei den königlichen Beamten fand es nicht nur keine Unterstützung, sondern sie trugen sogar kein Bedenken, ihm allerlei Hindernisse in den Weg zu legen. So wurden ihm z. B. zur Ausführung seiner Unternehmungen unsichere Plätze angewiesen, die Inquisitoren mussten weltliche Richter als Beisitzer annehmen, die Prozessakten den weltlichen Gerichtshöfen zur Revision vorlegen. Gefangene wurden in Freiheit gesetzt, ohne dass man die Inquisitoren auch nur fragte. Ja, die weltlichen Beamten verweigerten auch den Eid, das Land von der Ketzerei säubern zu wollen, und beschützten offen die Ketzer, besonders Adlige, wenn Verfolgungen gegen sie eingeleitet wurden[1]).

Gregor hatte Grund, sich darüber bei Karl VI. im Jahre 1373 zu beklagen, aber anfangs mit wenig Erfolg. Das Übel dauerte ungeschwächt fort, er nahm daher im Jahre 1375 die Sache noch energischer in die Hand. Kein Mittel blieb unversucht. Er ermahnte nicht nur den König, einen besondern Vertreter in die verseuchte Gegend zu schicken, sondern machte auch dem königlichen Statthalter, Karl von Banville, wegen seiner Beschützung der Ketzerei Vorwürfe und drohte gegen ihn vorzugehen, wenn er sein Verhalten nicht ändere. Er erinnerte gewisse Adlige, die sich wegen Begünstigung der Ketzerei einen Namen gemacht hatten, nachdrücklich an das Schicksal Raimunds von Toulouse. Ebenso liess er es nicht an Vorwürfen und Ermahnungen an die Bischöfe fehlen. Auch Amadeus von Savoyen wurde zum Beistand aufgefordert, und die Tarantaise dem Distrikt der Provence einverleibt, damit nichts die geplante Unternehmung erschwere. Da die Ursache für die Ausbreitung der

1352 Nr. 20. — Chabrand, op. cit. pp. 36—7. — Wadding ann. 1352, Nr. 14, 15; 1363, Nr. 14, 15; 1364, Nr. 14, 15; 1365, Nr. 3 (*vgl. Eubel, Bullarium Franciscanum vi (1902) Nr. 872, 879, 914 ff.). — Lombard, Pierre Valdo et les Vaudois du Briançonnais, Genève, 1880, pp. 17, 20. 23—7. — *Comba a. a. O. S. 332 ff.

1) Raynald. ann. 1372, Nr. 34; ann. 1373, Nr. 19.

Ketzerei in dem Mangel an Predigern und in der Nachlässigkeit der Bischöfe und Geistlichen bei der Unterweisung der ihnen anvertrauten Herden zu suchen war, so wurde der Inquisitor ermächtigt, die Dienste der Dominikaner, Franziskaner, Karmeliter und Augustiner anzurufen. Sie sollten das Land durchziehen und dem Volke die Wahrheiten der Religion predigen. Diese vervielfältigten An- 154
strengungen blieben schliesslich nicht ohne Wirkung. Karl VI. erliess Verordnungen zur Durchführung der Gesetze gegen die Ketzerei. Und als Gregor im Mai 1375 einen besondern apostolischen Nuntius, den Bischof Anton von Massa, an die Spitze des Unternehmens stellte, wurde es mit der Verfolgung Ernst. Bruder Franz Borilli, der Inquisitor der Provence, hatte lange gegen die Gleichgültigkeit der Bischöfe und die Feindseligkeit der weltlichen Gewalt angekämpft. Jetzt, wo er eines wirksamen Beistandes sicher war, gebärdete er sich wie ein Hund, der von der Kette losgelassen wird. Seine Streifzüge gegen die armselige Bevölkerung von Freyssinières, Argentière und Val-Pute (oder Val-Louise) machten seinen Namen zu einem Schrecken, den die wirksame Hilfe, welche er seiner Vaterstadt Gap bei der Wiedererlangung ihrer Freiheiten leistete, nicht mildern konnte[1]).

Der unmittelbare Erfolg dieser Anstrengungen war so überwältigend, dass das ganze Land von Angst und Sorge erfüllt wurde. Die Mission des Bischofs von Massa begann Anfang Mai 1375, und schon am 17. Juni beunruhigte sich Gregor XI. wegen der Unterbringung und des Unterhalts der Unglücklichen, die massenhaft festgenommen worden waren. Trotzdem viele von ihnen, welche sich als hartnäckig erwiesen, verbrannt wurden, reichten die Gefängnisse des Landes nicht aus, und Gregor liess neue und starke in Embrun, Avignon und Vienne bauen. Um die sogleich entstehenden finanziellen Schwierigkeiten zu heben, wurden die Bischöfe, die durch ihre Pflichtversäumnis für die Vermehrung der Ketzerei verantwortlich waren, aufgefordert, innerhalb dreier Monate viertausend Goldgulden zum Bau der Gefängnisse und fünf Jahre lang jährlich achthundert Gulden zum Unterhalt der Gefangenen beizusteuern. Sie sollten die Beträge von frommen Vermächtnissen und den unrechtmässig erworbenen, der Kirche zurückgegebenen Geldern nehmen. Falls sie sich in der Erfüllung dieser Pflichten säumig erwiesen, sollten sie der genannten Ein-

1) Wadding. ann. 1375, Nr. 11—19 (*Eubel, Bullarium Franciscanum VI (1902) Nr. 1382—1447). — D'Argentré, op cit. I, I, 394. — Ripoll II, 289. — Raynald. ann. 1375, Nr. 26 (*Ergänzungen dazu im Vatik. Archiv, Reg. Vatic. 267 fol. 21—38; 287 fol. 180v, 186; 289 fol. 23v; 290 fol. 9—11) — Gautier, Hist. de la Ville de Gap p. 39. — *Comba a. a. O. S. 334 ff.

nahmequellen beraubt und ausserdem exkommuniziert werden. Aber die Bischöfe waren für solche Argumente ebensowenig zugänglich wie ihre Amtsgenossen von Languedoc im Jahre 1245. Drei Monate später, am 5. Oktober, antwortete Gregor auf die besorgte Anfrage des Bischofs von Massa, wie er seine Gefangenen am Leben erhalten solle: es sei Sache eines jeden Bischofs, diejenigen seiner Diözese zu erhalten; jeder, der sich dessen weigere, müsse durch Exkommunikation oder den weltlichen Arm dazu gezwungen werden. Das blieb
155 wieder ohne Wirkung. Im Jahre 1376 versuchte jedoch der Papst, sich einen Anteil an den Konfiskationen zu sichern. Aber König Karl wollte nichts von Teilung wissen; er erklärte sich am 19. Oktober 1378 nur bereit, den Inquisitoren für ihren Lebensunterhalt ein jährliches Gehalt zu gewähren, entsprechend dem, welches er ihren Amtsbrüdern in Toulouse zahlte[1]).

Als alle andern Wege erschöpft waren, nahm Gregor schliesslich zu dem unfehlbaren Mittel der Kurie, dem Ablass, seine Zuflucht. Es liegt etwas entsetzlich Groteskes darin, ehrliche, fleissige Leute zu Hunderten von Haus und Hof zu jagen, sie zum Sterben und Verderben ins Gefängnis zu werfen und dann die Kosten ihres Unterhalts selbst dadurch zu sparen, dass man sie der Nächstenliebe der Gläubigen empfiehlt. Der am 15. August 1376 von Gregor XI. erlassene Aufruf ist vielleicht das traurigste Denkmal eines irregeleiteten Zeitalters:

An alle Christgläubigen! Da die Unterstützung der Gefangenen zu den frommen Werken gerechnet wird, so ziemt es sich für die Frömmigkeit der Gläubigen, den Eingeschlossenen jeglicher Art, die Mangel leiden mitleidig beizustehen. Wie wir hören, hat unser geliebter Sohn, der Inquisitor Franz Borilli, einige Ketzer und wegen Ketzerei Verdächtige eingeschlossen. Diese können in Folge ihrer Armut im Gefängnis das Leben nur dann fristen, wenn die fromme Freigebigkeit der Gläubigen ihnen in christlicher Nächstenliebe beisteht. Da wir aber wünschen, dass diese Gefangenen nicht vor Hunger umkommen, sondern in den genannten Gefängnissen Zeit zur Reue haben, und damit die Christgläubigen den Gefangenen aus Frömmigkeit hilfreiche Hand zu leisten Gelegenheit haben, so erinnern, bitten, ermahnen wir euch und befehlen allen, dass ihr zur Vergebung eurer Sünden von den Gütern, die Gott euch verliehen hat, als Nahrung für diese Gefangenen fromme Almosen und milde Gaben darbringt, so dass sie mit eurer Hilfe leben können und ihr hierdurch und durch andere gute von Gott euch eingegebenen Werke die ewige Seligkeit erlangen könnt[2]).

---

1) Lombard, op. cit. pp. 27–8. — Wadding. ann. 1375, Nr. 21–3. — Isambert, Anc. Loix Franç. IV, 491, Nr. 594.

2) Wadding. ann. 1376, Nr. 3. — *Eubel, Bullarium Franciscanum VI (1902) Nr. 1447.

Die Phantasie sträubt sich, die Schrecken der mit kümmerlichen Mitteln errichteten Gefängnisse auszumalen, in denen die Unglücklichen, zusammengepfercht, ihr trauriges Leben dahinschleppten, während ihre Schliesser vergebens um ein Stück Brot bettelten, das ihre Pein verlängern sollte. Gregor aber war keineswegs zufrieden mit einer Zahl von Opfern, die weit grösser war, als er festzuhalten vermochte. Am 28. Dezember 1375 machte er den Beamten der Dauphiné bittere Vorwürfe über die nachlässige Art und Weise, wie sie den Befehlen des Königs, den Inquisitoren beizustehen, nachkämen — eine Klage, die er am 18. Mai 1376 wiederholte. Nach einigen Ausdrücken in diesen Briefen zu schliessen, hatte dieses ganze unmenschliche Vorgehen selbst die stumpfsten Nerven 156
jener gewalttätigen Zeit empört. Trotz allem aber, was man gegen sie unternahm, blieben die Ketzer hartnäckig bei ihren Anschauungen. Im Jahre 1377 wies Gregor unwillig auf ihre Zunahme hin und tadelte die Inquisitoren wegen ihrer Lässigkeit in der Erfüllung der Pflichten, für die sie ernannt worden seien[1]).

Was aus den Waldensern geworden wäre, wenn Gregors erbarmungslose Energie noch länger hätte wirken können, lässt sich nur vermuten. Er starb am 27. März 1378. Bald darauf trat die grosse Kirchenspaltung ein. Infolgedessen konnten die Ketzer aufatmen, und die Zahl ihrer Anhänger konnte sich vermehren. Aber im Jahre 1380 gab Clemens VII. dem Inquisitor Borilli den Auftrag, seine Tätigkeit wieder aufzunehmen. Mit ungeschwächter Kraft setzte dieser sie fort bis zum Jahre 1393. Seine Opfer zählten nach Hunderten. Auch viele Bekehrungen belohnten seine Mühen. Gegen Bezahlung einer bestimmten Summe durften die Bekehrten ihr Eigentum behalten, wie aus einer im Jahre 1385 aufgestellten Liste hervorgeht. Im Jahre 1393 soll er zu Grenoble einhundert und fünfzig Personen an einem einzigen Tage verbrannt haben. Der Missionar S. Vincenz Ferrer war von ganz anderem Schlage. Mehrere Jahre (1401—04) lang lehrte er mit edler Selbstverleugnung in den Tälern der Waldenser, und zahlreich waren die Bekehrten, die sich ihm anschlossen. Sein Andenken wird dort noch immer verehrt. Das Dorf Puy-Saint-Vincent mit der darin befindlichen ihm geweihten Kapelle ist ein Beweis, dass seine freundlichen Ermahnungen nicht ganz verloren waren[2]).

---

1) Wadding. ann. 1375, Nr. 24; ann. 1376, Nr. 2. (*Eubel a. a. O. VI, Nr. 1433). — Archiv. de l'Inq. de Carcass. (Doat, XXXV, 163).

2) Perrin's Waldenses, translated by Lennard, London 1624, II, pp. 18, 19. —

Um diese Zeit waren die Waldenser im wesentlichen die einzigen Ketzer, mit denen die Kirche ausserhalb Deutschlands zu tun hatte. Die französische Übersetzung des Schwabenspiegels oder des süddeutschen Landrechts, die für die romanisch sprechenden Länder des Reiches bestimmt war, fällt in den Schluss des Jahrhunderts. In dem Kapitel über die Ketzerei wird das in dem Original enthaltene Wort „Käczer“ (Catharus) durch „Vaudois“ wiedergegeben, ein Beweis für das Vorherrschen des Waldensianismus. Schon „Leschandus“ (Childerich III.) soll danach wegen seiner Begünstigung dieser Sektierer vom Papste Zacharias entthront worden sein. Wie bedeutungslos aber um jene Zeit die Inquisition in denjenigen Gegenden geworden war, wo sie einst eine so eifrige Tätigkeit entfaltet hatte, beweist die Tatsache, dass in Sachen der Ketzerei nur die bischöf-
157 lichen Gerichtshöfe als zuständig angeführt werden; der Ketzer sollte bei dem Bischof angeklagt werden, der ihn dann von Sachverständigen verhören lassen sollte[1]).

Wie vollständig man dann in den Wirren der grossen Kirchenspaltung die Waldenser aus den Augen verlor, ersieht man auch aus einer Bulle Alexanders V. vom 30. August 1409. Sie war gerichtet an den Franziskaner Pontius Feugeyron, dessen gewaltiger Bezirk sich von Marseille bis Lyon und von Beaucaire bis in das Tal von Aosta erstreckte. Er umfasste das ganze Gebiet, das zu Franz Borillis und Vincenz Ferrers Zeiten von Waldensern wimmelte. Der Inquisitor wurde in der Bulle aufgefordert, gegen die schismatischen Anhänger Benedikts XIII. und Gregors XII., gegen die überhandnehmenden Zauberer, gegen abtrünnige Juden und gegen den Talmud mit aller Strenge vorzugehen; von den Waldensern aber ist gar nicht die Rede. Sie scheinen vollkommen vergessen gewesen zu sein[2]).

Nachdem die Kirche auf dem Konzil von Konstanz reorganisiert war, hatte sie wieder Musse, sich um die Interessen des Glaubens zu kümmern. Allerdings wurde ihre Tatkraft zumeist von den Hussitischen Wirren in Anspruch genommen. Im Jahre 1417 vernehmen wir, dass eine Anachoretin, Katharina Sauve, wegen waldensischer Lehren zu Montpellier von dem stellvertretenden Inquisitor, Bruder Raimund Cabasse, unter Assistenz des Bischofs von Maguelonne verbrannt wurde. Die Verfolgung hatte seither nicht etwa deshalb aufgehört,

---

Leger, Hist. des Eglises Vaudoises, II, 26. — Chabrand, op. cit. pp. 39, 40. — *Comba a. a. O. S. 337ff.; Finke im Historischen Jahrbuch XVII (1896), 23ff.

1) Miroir de Souabe, ch. 89 (Ed. Matile, Neuchâtel 1843).

2) Wadding. ann. 1409, Nr. 12. — *Eubel a. a. O. VII, Nr. 1181 (vgl. 1371).

weil die Zahl der Ketzer abgenommen hatte. Jeder, der sich die Mühe nahm, sich nach ihnen umzusehen, konnte sie in Hülle und Fülle entdecken. So beklagte sich im Jahre 1432 das Konzil von Bourges, dass die Waldenser der Dauphiné sich selbst eine Steuer zur Unterstützung der Hussiten, die sie als ihre Brüder ansahen, auferlegt hätten. Und am 23. August desselben Jahres richtete Bruder Peter Fabri, der Inquisitor von Embrun, an das Konzil von Basel einen Brief, worin er sich entschuldigte, dass er dem Befehle der Väter, ihren Verhandlungen beizuwohnen, wegen seiner unbeschreiblichen Armut und seiner Sorgen um die Verfolgung der Waldenser nicht sofort nachkommen könne. Trotz zahlreicher Hinrichtungen, die er schon vorgenommen habe, sei die Ketzerei in den Tälern von Freyssinières, Argentière und im Valpute, die durch die Streifzüge Franz Borillis fast entvölkert worden waren, so blühend und zahlreich wie je zuvor. Er habe jetzt in seinen Gefängnissen zu Embrun und Briançon sechs rückfällige Ketzer, die ihm die Namen von mehr als fünfhundert andern enthüllt hätten. Diese sei er im Begriff festzunehmen; ihr Prozess werde lange Zeit in Anspruch nehmen. Sobald er 158
aber ohne Nachteil für den Glauben abkommen könne, werde seine erste Pflicht sein, dem Konzil beizuwohnen. Offenbar war die Ernte wieder gross und die Zahl der Schnitter klein[1]).

Im Jahre 1441 versuchte der Inquisitor der Provence, Johann Voyle, eine Verfolgung einzuleiten, aber offenbar mit wenig Erfolg. Es scheint, als ob die waldensischen Kirchen für längere Zeit Ruhe gehabt hätten. Denn die furchtbare Episode der sogenannten Waldenser von Arras im Jahre 1460, die wir später kennen lernen werden, war nichts als ein Produkt des Zauberwahns. In Frankreich galten die Waldenser so sehr als die alleinigen Träger des Unglaubens, dass in dem Munde des Volkes Zauberei und Vauderie, Hexen und Vaudoises gleichbedeutende Begriffe waren. Als demgemäss im Jahre 1465 zu Lille fünf „arme Männer von Lyon“ vor die Schranken des Inquisitionsgerichts gestellt wurden, vier von ihnen widerriefen und einer verbrannt wurde, musste man einen anderen Namen für sie finden, und man nannte sie Turlupinen[2]).

---

1) Mary-Lafon, Hist. du Midi de la France, III, 384. — Conc. Bituricens. ann. 1432 (Harduin. VIII, 1459). — Martene Ampl. Coll. VII, 161—3.

2) Leger, Hist. des Eglises vaudoises, II, 24. — Duverger, La Vauderie dans les Etats de Philippe le Bon, Arras 1885, p. 112. — *Fredericq, Corpus I, S. 411; III, S. 113ff. — Vgl. oben S. 140.

Als zu Anfang des sechzehnten Jahrhunderts Robert Gaguin von dem Reiten auf einem Besenstiel und von der Verehrung des Satans spricht, fügt

Erst 1475 finden wir die Inquisitoren wieder bei der Arbeit, und zwar auf ihrem alten Jagdgrund in den Tälern um das Quellgebiet der Durance herum. Die Waldenser hatten sich in Ruhe und Frieden vermehrt. Sie hielten ihre Konventikel ungestört ab, sie wagten es, offen ihren verbotenen Glauben zu predigen, und ihr Missionseifer wurde mit reichlichen Bekehrungen belohnt. Schlimmer als alles das war aber, dass sie, als die Bischöfe und Inquisitoren sie in der gewohnten Weise zu unterdrücken suchten, sich an den königlichen Gerichtshof wandten, der so pflichtvergessen war, dass er ihnen Schutzbriefe gewährte, in Folge deren sie immer dreister ihr Haupt erhoben. Vergebens schickte Sixtus IV. bevollmächtigte Kommissare hin, um diesem unleidlichen Zustand ein Ende zu machen. Da man sich in dieser Zeit in Frankreich wenig um die päpstliche Macht bekümmerte, so wurden die Kommissare mit Hohn und Spott empfangen. Daher machte Sixtus IV. in einem Briefe vom 1. Juli 1475 Ludwig XI. ernste Vorhaltungen. Der König wisse sicherlich nicht, wie sich seine Vertreter verhalten hätten; sonst würde er ihnen schleunigst seine Missbilligung zu erkennen geben
159 und wie ehedem der Inquisition die ganze Macht des Staates hilfreich zur Verfügung stellen [1]).

Die Briefe, die infolgedessen gewechselt wurden, enthielten gewiss interessante Dinge; leider sind sie nicht mehr vorhanden. Allein die königliche Ordonnanz vom 18. Mai 1478, die in der unzweideutigsten Weise die Suprematie des Staates über die Kirche zum Ausdruck bringt, lässt leicht erkennen, worauf dieser Briefwechsel hinauslief. Der König behauptete, seine Untertanen in der Dauphiné seien sämtlich gute Katholiken. In einem absichtlich beleidigenden Tone der Verachtung wies er auf die alten Bettelmönche (vieux mendiens) hin, die sich selbst Inquisitoren nennten, die Gläubigen mit Anklagen wegen Ketzerei quälten und sie an den königlichen und geistlichen Gerichtshöfen belangten zum Zwecke der Erpressung oder der Konfiskation ihres Eigentums. Er verbot seinen Beamten ernstlich, bei solchen Konfiskationen hilfreiche Hand zu leisten, verordnete, dass in allen dergleichen Fällen den Erben ihr konfisziertes Eigentum wieder zurückgegeben werde, und erliess, um den Betrügereien und Missbräuchen der Inquisitoren einen Riegel vorzu-

---

er noch hinzu, „quod impietatis genus Valdensium esse dicitur“ (Rer. Gallican. Annal. Lib. x, p. 242. Francof. ad M. 1587). — *Hansen, Quellen a. a. O. S. 408 ff.

1) Martene Ampl. Collect. II, 1506–7. — *Comba a. a. O. S. 368.

schieben, strengen Befehl, dass sie in Zukunft die Einwohner in keiner Weise mehr verfolgen dürften[1]).

Das war hier das Ergebnis der Anstrengungen, welche die Kirche zweihundert und fünfzig Jahre lang ohne Unterlass gemacht hatte, um eine despotische Gewalt über die menschliche Seele zu erlangen. Um einer weit geringeren Herausforderung willen hatte die Kirche Raimund von Toulouse und die Civilisation von Languedoc vernichtet. Sie hatte die Monarchie mit den geraubten Gütern der Ketzer aufgerichtet, jetzt versetzte ihr diese Monarchie einen Fusstritt und befahl ihr, ihre Inquisition den Blicken anständiger Menschen zu entziehen. Hiermit hatten jedoch die Unternehmungen der Inquisition gegen die Waldenser nur für ein paar Jahre ein Ende, die Gefahr war für diese noch keineswegs vorüber. Im Jahre 1483 beraubte sie der Tod Ludwigs ihres Beschützers, und Karl VIII. war in Folge seiner italienischen Politik weniger gleichgültig gegenüber den Wünschen des Heiligen Stuhles. Auf das Ersuchen des Erzbischofs von Embrun liess Innocenz VIII. die Verfolgungen wieder aufnehmen. Der Franziskaner-Inquisitor, Johann Veyleti, dessen Übergriffe im Jahre 1475 den Hilferuf an den Thron veranlasst hatten, war bald wieder bei der Arbeit und hatte die Genugtuung, beide Konsuln von Freyssinières auf den Scheiterhaufen zu bringen. Obgleich die Waldenser Ludwig XI. gegenüber ihre Rechtgläubigkeit behauptet hatten, konnte das wirksame Mittel der Folter leicht den Beweis erbringen, dass die alten Irrtümer keineswegs aufgegeben waren; denn die Sek- 160
tierer glaubten zwar an die Transsubstantiation, leugneten aber, dass sie in sündigen Händen sich vollziehe. Ihre „Barben“ oder Seelsorger wurden ordiniert und erteilten die Absolution nach der Beichte; sie behaupteten indessen, der Papst, die Bischöfe und die Priester hätten diese Macht verloren. Auch leugneten sie das Vorhandensein eines Fegfeuers, die Nützlichkeit der Gebete für die Toten, die Vermittlung der Heiligen, die Macht der hl. Jungfrau und die Verpflichtung, ausser an Sonntagen zu fasten. Ihrer Halsstarrigkeit überdrüssig, forderte sie der Erzbischof im Juni und Juli 1486 auf, entweder das Land zu verlassen oder freiwillig vor ihm zu erscheinen und sich zu unterwerfen. Da sie keins von beiden taten, exkommunizierte er sie. Das war gleichfalls unwirksam. Er wandte sich abermals an Innocenz VIII., der sich entschloss, der Ketzerei mit einem entscheidenden Schlage ein Ende zu machen. Im Jahre 1487 wurde auf breiter Grundlage ein Kreuzzug gegen sie sowohl in der Dauphiné

1) Isambert, Anc. Loix Franç. x, 793—4.

als auch in Savoyen angeordnet. Der päpstliche Kommissar Albert Cattaneo, Archidiakon von Cremona, erlangte den Beistand des Parlaments von Grenoble. Es wurde eine bewaffnete Macht unter dem Oberbefehl Hugos de La Palu, des Grafen von Varax, organisiert, um die Ketzer von allen Seiten anzugreifen. Aus äusseren Gründen wurde der Angriff aber aufgeschoben. Mittlerweile wurden die Waldenser nochmals aufgefordert, sich zu unterwerfen, was sie indessen wiederum ablehnten, indem sie behaupteten, ihr Glaube sei rein, und sie würden lieber sterben als ihn aufgeben. Schliesslich, im März 1488, rückten die Kreuzfahrer vor, zuerst gegen das Tal Pragela, das nach einigen Tagen vor die Alternative des Todes oder der Abschwörung gebracht wurde. Fünfzehn Hartnäckige wurden verbrannt. Im Val Cluson und in Freyssinières war der Widerstand hartnäckiger. Dort fand ein so heftiges Blutbad statt, dass sich die erschreckten Einwohner von Argentière friedlich unterwarfen. Die Bewohner des Vallouise dagegen suchten Zuflucht in der Höhle von Aile-Froide, die sie für unzugänglich hielten. Aber es gelang La Palu, sie zu erreichen. Er legte in den Zugängen Feuer an und erstickte so die unglücklichen Flüchtlinge. Dieser Kriegszug in Verbindung mit den sich daraus ergebenden Konfiskationen, die Karl VIII. und der Erzbischof von Embrun unter sich teilten, versetzte dem Waldensianismus in den Tälern einen verhängnisvollen Schlag. Um sein Wiederaufleben zu verhindern, liess der Legat den Inquisitor Franz Plovier in der Provence zurück, der nun das Volk weiter mit Vorladungen drangsalierte, Verurteilungen in contumaciam vornahm, gelegentlich einen „Barben" verbrannte und das Eigentum rückfälliger und verstockter Ketzer konfiszierte[1]).

161 Mit einem neuen König in der Person Ludwigs XII. begann auch ein neuer Abschnitt in der Geschichte der Waldenser. Unter dem Vorsitz des königlichen Kanzlers wurde in Paris eine Konferenz abgehalten, auf der Abgesandte von Freyssinières mit dem neuen Erzbischof von Embrun, Rostain, und Abgeordneten des Parlaments von Grenoble zusammenkamen. Man beschloss, päpstliche und

---

1) Chabrand, op. cit. pp. 43, 48-52, 70. — Herzog, Die romanischen Waldenser pp. 277—82. — D'Argentré I, I, 105. — Leger, Hist. des Eglises Vaudoises II, 23—5. — Filippo de Boni, I Calabro-Valdesi p. 71. — Comba, Histoire des Vaudois d'Italie, Paris, 1887, I, 160—66, 169. — *Comba, Histoire des Vaudois (1901) S. 371—450. — Tanon a. a. O. S. 110.

Nach der Waldensischen Legende kamen in der Höhle von Aile-Froide dreitausend Opfer um, darunter vierhundert Kinder. Chabrand hat aber hinreichend klar bewiesen, dass die Zahl weit übertrieben ist (op. cit. pp. 53—9; *vgl. Comba a. a. O. S. 427).

königliche Kommissare an Ort und Stelle zu senden mit dem Auftrage, die Lage der angeblichen Ketzer zu prüfen. Sie gingen nach Freyssinières und stellten einige Verhöre an, aus denen sie die Überzeugung gewannen, dass die Leute rechtgläubig seien, obwohl der Erzbischof ausdrücklich behauptete, es seien notorische Ketzer. Alle Exkommunikationen wurden zurückgenommen, und damit hatten die Verfolgungen ein Ende. Am 12. Oktober 1502 bestätigte Ludwig XII. die Entscheidung; Papst Alexander VI., dessen Sohn Cesare Borgia von Ludwig das Herzogtum Valentinois (zu welchem das in Rede stehende Gebiet gehörte) empfangen hatte, zeigte keine Lust, dem königlichen Willen zuwider zu handeln. Die Waldenser vermochten jedoch den Erzbischof von Embrun trotz des ausdrücklichen Befehls des Königs nicht dahin zu bringen, das konfiszierte Eigentum wieder herauszugeben. Schliesslich durften sie unter der Maske des Katholizismus Gott nach ihrer eigenen Weise verehren, bis der starke Druck der Reformation sie veranlasste, sich mit den Calvinisten zu vereinigen. Im Briançonnais aber lebte die Ketzerei trotz gelegentlicher Verbrennungen weiter, bis im Jahre 1514 Anton d'Estaing, Bischof von Angoulême, dahin geschickt wurde. Die Massregeln, die er ergriff, machten, da sie von den weltlichen Behörden kräftig unterstützt wurden, der Ketzerei in kurzer Zeit ein Ende[1]).

---

1) Herzog, op. cit. pp. 283–5. — Perrin, Hist. Waldens. B. II, ch. 3. — Chabrand, op. cit. pp. 73–4. — *Comba a. a. O. S. 451–58. — Döllinger, Beiträge zur Sektengeschichte des Mittelalters II, 365. — Eine zusammenfassende Darstellung des Verfahrens der mittelalterlichen Inquisition in Frankreich ist neuerdings erschienen: R. Gandrille, L'organisation de l'Inquisition en France de 1233 à la fin du 15. siècle (Orléans, 1908).

Drittes Kapitel.

Die spanische Halbinsel.

a) Aragon.

162 Die Bevölkerung des Königreichs Aragon, das sich auf beiden Seiten der Pyrenäen hinzog, war durch Blut und Sprache mit derjenigen Südfrankreichs verwandt. Von hier aus konnte also die Ketzerei leicht in Aragon eindringen. Die Grafen von Barcelona waren Vasallen der Karolinger gewesen und hatten stillschweigend auch die ersten Kapetinger als ihre Lehnsherren anerkannt. Wir haben dann aber gesehen, wie geneigt Peter II. und seine Nachfolger waren, sich dem Widerstande des Südens gegen die fränkischen Übergriffe anzuschliessen sogar auf die Gefahr hin, die Ketzerei zu ermutigen. Es war also unvermeidlich, dass in so volkreichen Centren wie Barcelona die schismatische Mission Eingang fand, und dass die Ketzer vor harter Bedrängung in den Gebirgen von Cerdaña und Urgel Zuflucht suchten. Trotzdem vermochten sie im Westen der Pyrenäen niemals so festen Fuss zu fassen, wie es im Osten der Fall war. Sie traten nur gelegentlich auf, und ihre Unterdrückung kostete demgemäss verhältnismässig wenig Mühe.

Es ist auffallend, dass wir aus dem eigentlichen Aragon keine Einzelheiten über die Katharer vernehmen. Matthäus Paris erzählt zwar eine schaurige Geschichte, wonach sie im Jahre 1234 in diesem Teile Spaniens so zahlreich waren, dass sie die Abschaffung des Christentums beschlossen und ein grosses Heer aufbrachten. Dieses habe Kirchen verbrannt und weder Alter noch Geschlecht geschont, bis Gregor IX. in ganz Westeuropa einen Kreuzzug gegen sie anordnete, bei dem sie bis zum letzten Mann niedergehauen wurden Man kann aber diese Geschichte ruhig auf Rechnung der Phantasie irgendeines Pilgers setzen, der von Compostella zurückkehrte und sich in dem Kloster St. Alban dankbar erweisen wollte für die ihm während einer Nacht erwiesene Gastfreundschaft. In seiner Aufzählung um das Jahr 1250 erwähnt Rainerio Sacchoni nichts von einer Organisation der Katharer westlich von den Pyrenäen. Trotzdem kann es keinem Zweifel unterliegen, dass in Aragonien viele Katharer vorhanden waren, aber sie wurden nie als solche bezeichnet. Die einzigen Ketzer, deren Namen wir erfahren, sind 'los Encabats', die 'Insabbatati' oder Waldenser, gegen welche, wie sich der Leser erinnern wird, um das Ende des zwölften Jahrhunderts die scharfen Edikte Alfons' II. und Peters II. gerichtet waren[1]).

Hierauf scheint die Verfolgung eine Zeitlang geruht zu haben. 163
Die Sympathien des ehrgeizigen Königs Peter II. (1196—1213) standen auf Seiten Raimunds von Toulouse. Auch nach seinem Tode, in der Schlacht bei Muret, waren die Aragonier während der Minderjährigkeit Jakobs I. in bezug auf den Ausgang des Albigenserkrieges mit dem Herzen mehr für den Sieg ihrer Blutsverwandten als für den der Rechtgläubigkeit. Die einzige Verfolgung, deren Spuren wir in dieser Zeit nachweisen können, wurde von Esparago de Barca aus Montpellier veranlasst, der im Jahre 1215 zum Erzbischof von Tarragona gewählt wurde. Er fand seine Provinz von Ketzern überschwemmt und beauftragte die Karthäuser von Scala Dei, sie zu vertreiben. Hierüber besitzen wir eine Urkunde aus dem Jahre 1220, worin der Prälat den glücklichen Eifer des Priors und der Mönche rühmt und ihnen gleichsam als Belohnung eine gewisse Zahl Allodien zuweist. Endlich im Jahre 1226 erliess Jakob I. (1213—76) ein Edikt, das allen Ketzern den Eintritt in sein Königreich untersagte. Zweifellos sah er sich dazu veranlasst durch die grosse Zahl derer, die vor dem Kreuzzug Ludwigs VIII. zu entkommen suchten. Diesem Edikt liess er im Jahre 1228 ein zweites folgen, wodurch Ketzer sowie Gastgeber, Freunde und Beschützer derselben von dem Landfrieden ausgeschlossen wurden. Der nächste Schritt, heisst es bei den Geschichtschreibern der Inquisition, erfolgte auf Drängen Raimunds von Pennaforte, des Dominikanerbeichtvaters des jungen Königs. Dieser wandte sich auf Raimunds Vorstellungen an den Papst Gregor IX. und erlangte von diesem Inquisitoren, die das Land säubern sollten. Das bezweckte die Bulle 'Declinante', welche am 26. Mai 1232 den Erzbischof Esparago und dessen Suffraganbischöfe anwies, in ihren Diözesen entweder persönlich oder durch Dominikaner oder andere geeignete Personen nach Ketzern zu fahnden und die ermittelten

1) Matt. Paris ann. 1234 (p. 270, Ed. 1644). — Rainerii Summa (Martene Thesaur. v, 1767—8).

nach den Statuten zu bestrafen, welche vor kurzem vom Papst und von Annibaldo, dem Senator von Rom, erlassen worden waren. Diese Bulle gab zweifellos den Anstoss zu der späteren Verfolgung. Bis dahin aber dachte niemand weder an eine päpstliche oder Dominikaner-Inquisition noch auch daran, fremde Gesetze zu übernehmen. Im folgenden Jahre 1233 erliess Jakob I. in Übereinstimmung mit seinen versammelten Bischöfen von Tarragona aus ein Statut über diese Frage, woraus hervorgeht, dass man die Angelegenheit mehr als eine Sache des Staates, nicht als Sache der Kirche ansah. Adlige Herren, welche in ihren Ländern Ketzer beschützten, sollten ihre Güter zugunsten ihres Lehnsherrn oder, falls es Allodien waren, zugunsten des Königs verwirken. Die Häuser von Ketzern sollten, wenn sie freies Eigentum waren, verbrannt werden; gehörten sie zum Lehnsgut, so sollten sie an den Lehnsherrn fallen. Allen, die in dem Rufe oder dem Verdachte der Ketzerei standen, wurde das Recht, zu öffentlichen Ämtern gewählt zu werden, abgesprochen. Damit aber nicht die Unschuldigen mit den Schuldigen litten, sollte der Ketzer oder der 'Glaubende' von niemandem als von seinem Bischof oder einem zu seiner Verurteilung autorisierten Geistlichen bestraft werden. Für Orte, die in dem Verdachte der Ketzerei
164 ständen, sollten die Bischöfe, wenn sie es für angezeigt hielten, einen Priester oder Geistlichen, der König aber oder sein Bailli zwei oder drei Laien ernennen. Diese sollten nach Ketzern forschen oder Massregeln treffen, dass die Schuldigen nicht entkämen, und sie sollten diese dem Bischof oder den königlichen Beamten oder dem Herrn des Ortes anzeigen. In dieser bunten Vereinigung von geistlichen und weltlichen Elementen kann man freilich den Keim einer Inquisition entdecken, aber sie war ganz verschieden von derjenigen, welche um dieselbe Zeit in Toulouse ins Leben trat. Dass die Stellung dieser sogenannten Inquisitoren eine untergeordnete war, ersieht man aus der Bestimmung, dass jede Nachlässigkeit in der Erfüllung ihrer Pflichten bestraft werden sollte, und zwar bei einem Kleriker mit dem Verluste seiner Pfründe, bei einem Laien mit einer Geldbusse[1]).

Inwieweit dieses Aushülfsmittel verwirklicht wurde, wissen wir nicht. Es wurden wahrscheinlich einige Versuche gemacht, die sich

---

1) Villanueva, Viage Literario, T. XIX, p. 310. — Archives Nat. de France, J. 426, Nr. 4. — D'Achéry, Spicileg. III, 598. — Constitucions de Cathalunya, Lib. I, Tit. IX, Cap. II—VI (Barcelona, 1588, p. 33). — Paramo, de Orig. Offic. S. Inquis. p. 177. — Zurita, Añales de Aragon, Lib. III, c. 94. — Ripoll, I, 38. (Cf. Llorente, Ch. III, Art. I, Nr. 3). — Marca Hispanica, p. 1425—6.

aber als unwirksam erwiesen. Esparago starb bald darauf, am 3. März 1233. Da Raimund von Pennaforte die Mitra ausschlug, so folgte ihm auf dem erzbischöflichen Stuhle von Tarragona Wilhelm von Mongri, der sein kraftvolles und kriegerisches Temperament in der Eroberung der Insel Iviza betätigte. Mongri fand sofort heraus, dass die heimische Inquisition unwirksam sein würde, und wandte sich zur Lösung einiger Zweifel an Gregor IX., der ihm am 30. April 1235 eine Instruktion einsandte, die von Raimund von Pennaforte ausgearbeitet war. Aus dieser Zeit haben wir den ersten Bericht von einer tatsächlichen Verfolgung, aus dem hervorgeht, dass es noch gänzlich an einem formellen Inquisitionsverfahren fehlte. Graf Robert von Roussillon war einer der grossen Lehnsträger der Aragonischen Krone. Er scheint wie die meisten Adligen seiner Zeit mit dem Bischof von Elne, dessen Diözese in seinem Gebiete lag, in Streitigkeiten über Lehen und Zehnten verwickelt gewesen zu sein. Der Bischof klagte ihn an, dass er der Hauptketzer der Gegend sei und seinen Glaubensgenossen seine Schlösser als Zufluchtsort zur Verfügung stelle. Das war wahrscheinlich alles wahr — wenigstens wurde es dem Bischof nicht schwer, Zeugen zu finden, die es bewiesen, — aber Robert schwur gehorsam ab, um später wieder rückfällig zu werden. Deshalb liess ihn Jakob I. verhaften und einkerkern. Robert aber entkam und schloss sich in eine seiner unzugänglichen Bergfesten ein. Seine Lage war jedoch verzweifelt, seinen Ländern drohte die Konfiskation. 165
Er drückte also Gregor IX. den Wunsch aus, in den Schoss der Kirche zurückzukehren, und erbot sich, für eine Zeitdauer, die der Papst bezeichnen möchte, mit seinen Mannen gegen die Sarazenen zu kämpfen. Darauf schrieb Gregor am 8. Februar 1237 an Raimund von Pennaforte, der Graf könne absolviert werden, falls er mit seinen Untertanen drei Jahre lang bei der Eroberung von Valencia helfen und genügende Sicherheit dafür geben würde, dass, wenn er wieder rückfällig würde, seine Gebiete an die Krone übergingen. Bei dieser Nachricht eilte der gute Bischof an den päpstlichen Hof und erklärte, dass durch die Absolution Roberts er und seine Zeugen der Todesgefahr ausgesetzt seien und die Ketzerei in seiner Diözese triumphieren werde. Als er aber die Versicherung erhielt, dass man für seine Lehen und Zehnten sorgen werde, beruhigte er sich und leistete keinen weiteren Widerstand [1]).

Auf das Drängen Gregors und Raimunds von Pennaforte hin

---

1) Llorente, Ch. III, Art. 1, Nr. 5. — Ripoll, I, 91—2.

wandte man sich schliesslich an die Dominikaner, mit denen wir hier in diesem Jahre 1237 zuerst bekannt werden. Als Gemahl der Ermessende war Roger Bernhard der Grosse von Foix Vicomte von Castelbo, einem Lehnsgute des Bischofs von Urgel, mit dem er eine scharfe Fehde gehabt hatte. Er gab Castelbo seinem Sohne Roger, der im Jahre 1237 auf den Rat seines Vaters hin die Inquisition dort frei schalten liess. Das Schloss übertrug er im Namen des Erzbischofs von Tarragona und der auf dem Konzil von Lerida versammelten Bischöfe dem Vicomte von Cordona, Ramon Fulco. Das Konzil ernannte darauf eine Anzahl Inquisitoren, darunter Dominikaner und Franziskaner, die nun über Castelbo herfielen. Es hatte schon lange als ein Katharer-Nest gegolten. Im Jahre 1225 predigten dort unter dem Schutze Arnaldos, des damaligen Herrn des Ortes, „vollkommene" Ketzer öffentlich ihre Lehren. Im Jahre 1234 ging ein Ketzer von Mirepoix dahin, um das Consolamentum auf seinem Sterbebette zu empfangen. Es wurde also den Inquisitoren nicht schwer, Opfer zu finden. Sie liessen zwei Häuser zerstören, die Gebeine von achtzehn Personen, die als Ketzer verurteilt wurden, ausgraben und verbrennen, etwa fünfundvierzig Männer und Frauen schleppten sie als Gefangene weg, während fünfzehn weitere Verurteilte entflohen und bezüglich verschiedener anderer die Entscheidung noch aufgeschoben wurde. Und doch war der Bischof Pontius von Urgel noch nicht zufrieden. Er stillte seinen Hass, indem er
166 Roger Bernhard als Beschützer der Ketzer verurteilte und exkommunizierte. Erst 1240, als sich dieser unterworfen, die Ketzerei abgeschworen und eidlich versprochen hatte, sich jeder über ihn verhängten Strafe unterwerfen zu wollen, erlangte er durch Vermittlung des Erzbischofs von Tarragona Absolution von dem Bischof und ein Zeugnis, dass er ihn „per bon et per leyal et per catholich" anerkenne. Doch war der Friede nicht dauernd; im Jahre 1243 beklagte sich der Graf bei dem Papste, dass der Bischof von neuem ein Verfahren gegen ihn eingeleitet habe, und stellte sein Gebiet unter päpstlichen Schutz mit der Begründung, dass er von dem Bischof keine Gerechtigkeit erhoffen könne. Dieser hatte Bernhard mit den Waffen in der Hand in Urgel selbst angegriffen und während eines Waffenstillstandes mehrere seiner Mannen erschlagen. Kurze Zeit darauf wurde der gute Bischof von angesehenen Mitgliedern seines eignen Kapitels beim Papste angeklagt, Mordtaten begangen, Jungfrauen entehrt, blutschänderische Beziehungen mit seiner Schwester und seiner Nichte unterhalten, Falschmünzerei getrieben und die Messe cele-

briert zu haben, während er mit wiederholter Exkommunikation belegt war; ausserdem habe er zehn Kinder, die er mit den bischöflichen Einkünften bereichere. Sein Agent am päpstlichen Hofe versicherte ihm, dass er über seine Feinde triumphieren würde, wenn er das von ihm in des Bischofs Namen gemachte Versprechen halten und dem Neffen des Papstes einige gute Pferde schicken würde. Diese Versicherungen erwiesen sich indessen als trügerisch. Der Bischof wurde infolge dieser Anklage suspendiert und schliesslich seines Bistums entsetzt[1]).

Eine solche Kirche war natürlich wenig dazu angetan, die Ketzerei zu unterdrücken. Aber darum setzte sie nicht minder ihre Bemühungen in dieser Richtung fort. Im Jahre 1238 kann man die Inquisition in Aragon als begründet ansehen. Im April dieses Jahres klagte Gregor IX. dem Minister der Franziskaner und dem Dominikanerprior von Aragon, dass sich die Ketzer im ganzen Königreiche ausbreiteten und sich keineswegs mehr im Verborgenen hielten, sondern offen die Kirche bekämpften und ihre Freiheiten zu unterdrücken versuchten. Obgleich das eine Übertreibung sein mag, so wissen wir doch aus einem vor der Inquisition von Toulouse gemachten Geständnis, dass ihrer genug im Lande waren, um den Wanderpredigern der Katharer Schutz zu gewähren. Daher gab Gregor den Bettelmönchen das Schwert des göttlichen Wortes in die Hand, das selbst vor Blut nicht zurückschrecken dürfe, und ermahnte sie zu eifriger Verfolgung der Ketzerei und ihrer Stützen. Sie sollten nach den von ihm erlassenen Vorschriften vorgehen und, wenn nötig, die Hilfe des weltlichen Armes anrufen. Gleichzeitig traf er dieselben Bestimmungen für Navarra, das ebenfalls mit Ketzern angefüllt sei, und er sandte als Inquisitoren dahin den Franziskanerguardian von Pampelona und den Dominikaner Peter von Leodegaria. Die Inquisition von Navarra scheint als selbständiges Institut nie zu wirklichem Leben gekommen zu sein. Im Jahre 1246 trug Innocenz IV. dem Franziskanerminister daselbst auf, öffentlich bekannt zu machen, dass Grimaldo de la Mota, ein Bürger von Pampelona, darum noch nicht als Ketzer betrachtet werden dürfe, weil er während eines Aufenthalts in der Lombardei mit verdächtigen Personen gegessen und getrunken habe. Dieses ist aber auch das einzige Lebenszeichen, welches ich von der Inquisition in Navarra habe finden

---

1) Vaissette, III, Pr. 383–5, 392–3. — Doat, XXII, 218; XXIV 184. — Villanueva, Viage Literario, T. XI, p. 82—91, 220—4. — Ripoll, I, 204.

können, die später mit derjenigen von Aragon verschmolzen wurde[1]).

In Aragon nahm die Institution allmählich feste Gestalt an. Berengar von Palou, Bischof von Barcelona, war eifrig damit be-
167 schäftigt, sie in seiner ganzen Diözese zu organisieren, als ihn der Tod im Jahre 1241 abrief; aber der Stellvertreter, der die Amtsgeschäfte während der Vakanz versah, vollendete das Werk. Im Jahre 1242 hielt Peter von Albalat, der Nachfolger des Wilhelm von Mongri auf dem erzbischöflichen Stuhle, mit Hilfe Raimunds von Pennaforte das Konzil von Tarragona ab, um die Einzelheiten des Verfahrens festzustellen. Die unter der Leitung eines so hervorragenden Kanonisten von dem Konzil aufgestellte Instruktion verrät eine vollständige Kenntnis der Grundsätze, nach welchen die Kirche mit den Ketzern zu verfahren pflegte, und blieb, sowohl in Spanien als auch in Frankreich, eine lange und oft angeführte Autorität[2]). Zugleich zeigen die sorgfältigen Definitionen, wodurch sie für uns besonders interessant wird, dass sie zur Richtschnur für eine Kirche bestimmt war, welche noch nichts von den anderswo schon feststehenden Grundsätzen der Verfolgung wusste. Wahrscheinlich unter den von hier ausgehenden Anregungen wurde die Verfolgung zu Castelbo, das durch den Streifzug von 1237 noch nicht völlig gereinigt gewesen zu sein scheint, wieder aufgenommen. Dieses Mal waren aber die Ketzer nicht so geduldig und nahmen zum Gifte ihre Zuflucht; es gelang ihnen, den Inquisitor Fr. Pontius von Blanes oder von Espira, der sich durch seine mehrjährige energische Verfolgung besonders verhasst gemacht hatte, aus dem Wege zu räumen. Dieser Mord aber rief die kriegerischen Gelüste des im Ruhestande lebenden Erzbischofs Wilhelm von Mongri wieder wach. Er brachte einige Truppen zusammen, belagerte und eroberte das Schloss, verbrannte viele der Ketzer und kerkerte die übrigen für Lebenszeit ein. Hierauf wurde der Versuch gemacht, die Inquisition im ganzen Königreiche systematisch zu organisieren, und die Pfarrpriester wurden Mann für Mann aufgefordert, alle ihre Kräfte zur Verfügung zu stellen. Urgel scheint das Hauptquartier der Sektierer gewesen zu sein. Denn später unternahm daselbst, wie wir erfahren, der Dominikaner-Inquisitor Bernhard Travesser eine scharfe Verfolgung, die ihm den Märtyrertod einbrachte. Wie das meistens bei den im

1) Wadding, ann. 1238, Nr. 6. — Doat, xxiv, 182. — Pet. Rodulphii Hist. Seraph. Lib. ii, fol 285 b. — Berger, Registres d'Innoc. iv, Nr. 2257. — Monteiro, Hist. da Inquisição, P. i, Liv. ii, ch. 36.

2) *Vgl dazu K. Müller, Die Waldenser und ihre einzelnen Gruppen (1886), S. 142ff.; neugedruckt von Douais, L'Inquisition (1906) S. 275ff.

Dienste des hl. Offiziums Gefallenen zu geschehen pflegte, wirkten sowohl Bernhard als auch Pontius von Blanes nach ihrem Tode glänzende Wunder, weshalb sie in der Kirche von Urgel ein Gegenstand der Verehrung geblieben sind. Pontius wurde allerdings im Jahre 1262 nach Montpellier überführt, wo man ihm ein prächtiges Grabmal errichtete[1]).

Immerhin scheint die Organisation ausserordentlich langsame Fortschritte gemacht zu haben. Aus einem im Jahre 1244 von Innocenz IV. entschiedenen Falle geht hervor, dass es um diese Zeit noch vollständig an einem wirksamen Systeme fehlte. Der Bischof von Elne und ein Dominikanermönch hatten in ihrer Eigenschaft 168
als Inquisitoren den Raimund de Malleolis und seine Frau Helena als Ketzer verurteilt. Es gelang diesen, Berufung an Gregor IX. einzulegen, worauf der Papst die Angelegenheit dem Archidiakon von Besalu und dem Sakristan von Girona zur Erledigung überwies. Sie sprachen die Angeklagten frei und gaben ihnen ihr Eigentum wieder. Aber der Fall ging noch einmal nach Rom zurück, das diesmal das erste Urteil bestätigte. In einem weiteren Brief aus dem Jahre 1248 erteilt Innocenz IV. dem Bischof von Lerida Verhaltungsmassregeln hinsichtlich derjenigen Ketzer in seiner Diözese, welche freiwillig zur Kirche zurückkehrten. Dieser Brief setzt also voraus, dass noch keine Inquisitoren vorhanden waren, und dass der Bischof von den geltenden fundamentalen Grundsätzen noch gar nichts wusste. In demselben Jahre wurde dem Dominikanerprovinzial von Spanien und Raimund von Pennaforte das Recht übertragen, Inquisitoren zu ernennen; sie scheinen aber keinen Gebrauch davon gemacht zu haben. Offenbar hatten die Bemühungen des Erzbischofs Wilhelm von Mongri und Raimunds keinen dauernden Erfolg. Da wurde König Jakob I. unzufrieden, ersuchte Innocenz IV. im Jahre 1254 dringend um einen neuen Versuch und machte ihm zugleich den Vorschlag, die Angelegenheit nun ganz in die Hände der Dominikaner zu legen, ein Vorschlag, den der Papst auch wirklich annahm. Die allgemeine Organisation war indessen noch so wenig ausgebildet, dass er die Wahl der Inquisitoren den Bischöfen von Barcelona, Lerida, Perpignan und Elne anvertraute; jeder von ihnen sollte in seiner eigenen Diözese das Nötige veranlassen, falls nicht etwa schon päpstliche Inquisitoren daselbst amtierten. Diese Klausel beweist, wie gross damals noch die Verwirrung war. In dem weiteren Verlaufe

1) Llorente, Ch. III, Art. 1, Nr. 7, 8, 19. — Concil. Tarraconens. ann. 1242. — Paramo, pp. 110, 177—8.

der Angelegenheit hielt es Innocenz für notwendig, die Wahl den Erzbischöfen von Tarragona und Narbonne zu übertragen und sie aufzufordern, den neuen Beamten mit Rat und Tat beizustehen. Diese Anordnung scheint indessen gleichfalls keine befriedigenden Erfolge gezeitigt zu haben. In der Tat hatte man so unvollkommene Begriffe von der Organisation und Jurisdiktion des hl. Officiums, dass kein Versuch dauernden Erfolg versprach. Unser alter Bekannter, der Bischof Pontius von Urgel, hatte den gegen den Grafen von Foix begonnenen Kampf fortgesetzt und hatte, wenn auch ohne Erfolg, seinen Feind bei dem Papste als Ketzer und Beschützer der Ketzer angezeigt. Dann unternahm er unter Mitwirkung eines Dominikanerinquisitors Peter von Tonenes einen Streifzug gegen die Waldenser von Puycerda und von Berg. Im Laufe desselben traf ihn die Nachricht von seiner Amtsenthebung; zugleich befahl der Dominikanerprovinzial dem Inquisitor, von jeglicher Verfolgung abzulassen. Diese Massregel brachte alles so vollständig in Verwirrung, dass der Erzbischof von Tarragona, der sich verantwortlich fühlte und nicht wusste, was er machen sollte, Raimund von Pennaforte und den Dominikanerprior von Barcelona um Rat und Beistand anflehte. Beide waren der Meinung, dass er die Ketzer zu richten habe, und dass der Inquisitor trotz der Befehle des Provinzials berufen sei, seine Meinung und seine Zustimmung zu erteilen, und zwar kraft des von dem abgesetzten Bischofe ihm gewordenen Auftrages. Um andrerseits zu verhüten, dass die Ketzer entkamen, was sehr ärgerlich gewesen wäre, forderte Raimund auch den Petrus und einen anderen Inquisitor, Bruder Ferrer von Villaroya, schriftlich auf, sich sofort nach Berg zu begeben. Was sie dort ohne den Erzbischof sollten, konnte er ihnen freilich selbst nicht sagen. Er verliess sich auf ihren Eifer und ihren Scharfsinn. Man sieht, eine festere und wirksamere Organisation war notwendig. Damals bildete die ganze Halbinsel eine einzige Provinz des Dominikanerordens. Im Jahre 1262 ging Urban IV. endgültig zu dem auch in den anderen Ländern üblichen Verfahren über: er übertrug dem Provinzial das Recht, die Inquisitoren, deren es zwei geben sollte, zu ernennen. Einige Tage vorher hatte er eine Bulle an die Inquisitoren von Aragon gerichtet und ihnen darin ihre Machtvollkommenheiten bestimmt und das Verfahren vorgezeichnet, das sie einschlagen sollten. Eine Abschrift lag bei als Richtschnur für den Provinzial. Diese Bulle blieb für lange Zeit die Grundlage der Organisation. Als im Jahre 1301 das Generalkapitel von Köln die Provinz teilte, verblieb die Inquisition

in Aragon dem Provinzial von Spanien, obgleich dessen Gebiet nur Kastilien, Leon, Galizien und Portugal umfasste. Die Auseinandersetzung darüber zog sich in die Länge und endete schliesslich im Jahre 1351 damit, dass Nicolaus Roselli, der Provinzial von Aragon, von Clemens VI. das Recht erlangte, die Inquisitoren dieses Königreichs 169
zu ernennen und abzusetzen[1]).

Inzwischen waren die Inquisitoren nicht untätig gewesen. Bruder Peter von Cadreyta war ganz besonders eifrig, und wie gewöhnlich war Urgel der Hauptschauplatz der Tätigkeit. In Verbindung mit seinem Kollegen Bruder Peter von Tonenes und dem Bischof Arnaldus von Barcelona sprach er am 11. Januar 1257 das endgültige Urteil über den verstorbenen Grafen Ramon von Urgel. Dieser hatte zwar vor dem dortigen Bischof abgeschworen, wurde aber für einen rückfälligen Ketzer erklärt, dessen Gebeine wieder ausgegraben werden sollten. Trotzdem wurden infolge einer ungewöhnlichen Milde seine Witwe Timborosa und sein Sohn Wilhelm zur Versöhnung zugelassen und ihrer Güter nicht beraubt. Zwölf Jahre später, 1269, verurteilte der Inquisitor Cadreyta, unterstützt von einem andern Kollegen, Bruder Wilhelm von Colonico, und dem Bischof Abril von Urgel, den verstorbenen Vicomte Arnald von Castelbo und dessen Tochter Ermessende, die wir als die häretische Gattin Roger Bernhards des Grossen von Foix kennen. Sie waren beide seit mehr denn dreissig Jahren tot. Deshalb wurde der Enkel der Gräfin, Roger Bernhard III. von Foix, der das Gebiet von Castelbo geerbt hatte, vorgeladen, um das Andenken seiner Vorfahren zu verteidigen. Wenn er wirklich diesen Versuch gemacht hat, dann war dieser jedenfalls vergeblich; denn die Gebeine wurden auf den Befehl der Inquisitoren ausgegraben. Die mutigen Vorkämpfer des Glaubens beschränkten ihre Aufmerksamkeit wahrscheinlich nicht auf die Toten, wenn auch, soweit wir zufällig hören, damals im Jahre 1263 nur ein Todesurteil, dasjenige gegen Berengar von Amoros, auf dem Scheiterhaufen vollzogen wurde. Dass tatsächlich auch die Lebenden unter der scharfen Verfolgung zu leiden hatten, wird mehr als wahrscheinlich durch das Martyrium Cadreytas. Er wurde von der erbitterten Bevölkerung von Urgel zu Tode gesteinigt und lieferte

---

1) Berger, Registres d'Innocent IV., Nr. 799, 3904. — Bulario de la Orden de Santiago, T. III, fol. 551 (Archivo Historico Nacional). — Baluz. et Mansi, I, 208. — Ripoll. I, 245, 427, 429; II, 235. — Villanueva, Viage Literario, T. XI, p. 226—36. — Eymeric. Direct. Inquis. pp. 129—36. — Paramo, p. 132. — *Acta capitulorum generalium ordinis Praedicatorum ed. Reichert I (1898), 301.

so einen weiteren Heiligen für den Ortskultus[1]). Ein Hinweis auf Unruhen, deren Einzelheiten wir nicht kennen, findet sich in einem Breve Urbans IV. vom 2. August 1265, worin er die Inquisitoren von Aragon und ihre Familiaren gegen die Exkommunikation in Schutz nimmt, welche ein päpstlicher Bevollmächtigter gegen sie ausgesprochen hatte. Und in einem Erlass Alfonsos II. aus dem Jahre 1286, der allen seinen Beamten befiehlt, die Inquisitoren zu unterstützen, haben wir den Beweis dafür, dass deren Tätigkeit wieder aufgenommen war.

Gegen Ende des Jahrhunderts hört man wenig mehr von der Inquisition von Aragon. Die Verhandlungen des Konzils von Tarragona im Jahre 1291 scheinen zu beweisen, dass sie weder tätig noch sehr geachtet war. Sonst würde das Konzil es kaum für nötig gehalten haben, die Bestrafung von Ketzern anzuordnen, welche das zukünftige Leben leugneten, und würde nicht verlangt haben, dass
170 alle, die den katholischen Glauben schmälerten, nach Gebühr bestraft werden sollten, um ihnen Furcht und Achtung einzuflössen. Noch bedeutsamer ist der an die Pfarrpriester gerichtete Befehl, die Dominikanerinquisitoren, die sich die Ausrottung der Ketzerei angelegen sein liessen, freundlich aufzunehmen und tatkräftig zu unterstützen. Wohl infolge dieser Bestimmungen des Konzils erliess Jakob II. (1291—1327) am 22. April 1292 ein Dekret, wodurch er den Inquisitoren alle königlichen Beamten zur Verfügung stellte und befahl, dass den Dienern des hl. Offiziums die notwendigen Reisekosten bezahlt würden[2]).

Mit dem Beginn des vierzehnten Jahrhunderts scheint die Verfolgung einen neuen kräftigen Anlauf zu nehmen. Im Jahre 1302 feierte Bruder Bernhard verschiedene Autodafés, durch die eine Anzahl Ketzer dem weltlichen Arme übergeben wurden. Im Jahre 1304 veranstaltete Bruder Domingo Peregrino ein Auto, wobei, wie es heisst, diejenigen, welche dem Scheiterhaufen entgingen, mit Zustimmung König Jakobs II. verbannt wurden, eine in den Annalen der Inquisition selten vorkommende Art der Bestrafung. Im Jahre 1314 hatte Bruder Bernhard Puigcercos das Glück, eine Anzahl Ketzer zu

---

1) Llorente, Ch. III, Art. I, Nr. 14, 17. — Monteiro, Hist. da Inquisição, P. I, Liv. II, ch. 10. — Pelayo, Heterodoxos Españoles, I, 492. — Zurita, Añales de Aragon, Lib. II, c. 76. — Paramo, p. 178. — Bulario de la Orden de Santiago, T. III, fol. 555. — Carbonell, de Gestis Haereticorum (Coleccion de Documentos de la Corona de Aragon, XXVIII, 76).

2) Concil. Tarraconens. ann. 1291, c. 8 (Martene, Ampl. Coll. VII, 294). — Bulario de la Orden de Santiago, T. III, fol. 544.

entdecken, von denen er die einen verbrannte, die andern verbannte. Dem Johann von Longerio gebührt die zweifelhafte Ehre, im Jahre 1317 die Werke Arnaldos von Villanova verbrannt zu haben. Auch Arnaldo Burguete, Wilhelm von Costa und Leonard von Puycerda werden als erfolgreiche Inquisitoren gerühmt. Doch waren ihre Bemühungen, soweit wir wissen, mehr gegen die Franziskanerspiritualen gerichtet. Auf sie werden wir später besonders zurückkommen. Die Aragonier scheinen übrigens an dem Inquisitionsverfahren keinen besonderen Gefallen gefunden zu haben; im Jahre 1325 untersagten die Cortes mit Zustimmung König Jakobs II. die fernere Anwendung des Inquisitionsverfahrens sowie der Folter, weil darin eine Verletzung der Fueros liege. Ob dieses Verbot sowohl für die geistlichen als auch für die weltlichen Gerichtshöfe gelten sollte, lässt sich nicht feststellen. Auf alle Fälle fand es keine dauernde Beachtung, wie wir fünfzig Jahre später aus den genauen Anweisungen des Eymericus ersehen. Um die Mitte des Jahrhunderts (im J. 1356) wurde dem Inquisitor Nicolaus Roselli wegen seiner Verdienste sogar der Kardinalshut verliehen. Auch steht fest, dass, als infolge der energischen Wirksamkeit des Inquisitors Johann Dumoulin im Jahre 1344 die Waldenser sich veranlasst sahen, Toulouse zu verlassen und Zuflucht jenseits der Pyrenäen zu suchen, Clemens VI. an die Könige und Bischöfe von Aragon und Navarra die ernstliche Mahnung ergehen liess, der Inquisition bei der Vernichtung der Flüchtlinge beizustehen. Von einem entsprechenden Erfolge findet sich allerdings keine Spur[1]).

Auf Roselli ist es aber zurückzuführen, dass eine Frage aufgeworfen wurde, welche die alte Gegnerschaft zwischen den beiden 171
grossen Bettelorden in hellen Flammen auflodern liess. Die Angelegenheit verdient eine kurze Erwähnung, weil sie uns ein Bild gibt einerseits von den Spitzfindigkeiten, zu denen die dogmatische Theologie unter dem Einfluss scholastischer Methode gelangt war, und andrerseits den Inquisitionszwang dartut, der für die kleinsten Glaubensartikel unbedingten Gehorsam heischte. Im Jahre 1351 stellte der Franziskanerguardian von Barcelona in einer öffentlichen Predigt die Behauptung auf, dass das während der Passion vergossene Blut Christi seine göttliche Natur verloren habe, vom Logos getrennt und auf der Erde geblieben sei. Die Frage war neu und nicht leicht zu

1) Llorente, Ch. III, Art. II., Nr. 4, 5, 9, 10, 11, 12, 14. — Eymeric. Direct. Inquis. p. 265. — Ripoll, II, 245. — Zurita, Añales, Lib. VI, c. 61. — Raynald. ann. 1344, Nr. 9 (vgl. oben S. 169).

entscheiden. Aber sie gab Roselli Gelegenheit, den verhassten Franziskanern einen Schlag zu versetzen, indem er darüber nach Rom berichtete. Die Antwort, welche er erhielt, übertraf seine kühnsten Erwartungen. Auf Befehl des Papstes schrieb der Kardinal von S. Sabina, dass Clemens VI. die Behauptung mit Entsetzen vernommen und eine Versammlung von Theologen anberaumt habe, worin er persönlich dagegen aufgetreten sei. Die Lehre sei verdammt, die Inquisitoren seien an allen Orten angewiesen worden, gegen diejenigen vorzugehen, welche die Kühnheit hätten, sie aufrechtzuerhalten. Das war ein vollständiger Sieg Rosellis. Der unglückliche Guardian musste seine Behauptungen von der Kanzel aus, wo er sie geäussert hatte, zurücknehmen. Unter der Wirkung dieses Schlages, welchen sie als gegen ihren Orden gerichtet ansahen, gerieten die Franziskaner in grosse Aufregung. Trotz der päpstlichen Entscheidung wurde die Frage in ihren Schulen als eine offene behandelt und auf beiden Seiten eifrig erörtert. Die Franziskaner behaupteten, und zwar mit einer herausfordernden Begründung, man könne wohl glauben, das Blut Christi bleibe auf der Erde, da ja die bei der Beschneidung abgetrennte Vorhaut in der Laterankirche aufbewahrt und unter den Augen des Papstes und der Kardinäle als Reliquie verehrt würde, und da den Gläubigen in Mantua, Brügge und an andern Orten Teile des Blutes und Wassers, die bei der Kreuzigung geflossen seien, gezeigt würden[1]).

Nachdem hundert Jahre vergangen waren, brachte der Franziskaner Johann Bretonelle, Professor der Theologie an der Universität Paris, dieselbe Angelegenheit vor die Fakultät, indem er erklärte, sie sei in La Rochelle und an andern Orten der Gegenstand von Erörterungen geworden. Es wurde deshalb eine Kommission von Theologen eingesetzt, welche nach gehöriger Beratung die feierliche Entscheidung fällte: die Annahme, dass das bei der Passion vergossene Blut auf der Erde geblieben sei, widerspreche nicht dem christlichen Glauben. Diese Ermutigung machte die Franziskaner wieder kühner. Jakob von Montebrandone, ein Franziskaner von der strengen Observanz, bekannter unter dem Namen dalla Marca, war
172 einer der hervorragendsten Geistlichen des fünfzehnten Jahrhunderts. Seine beispiellose Beredsamkeit, seine strenge Nüchternheit, seine übermenschliche Tatkraft und sein unermüdlicher Eifer für die Aus-

1) Eymericus, Directorium Inquis. S. 262. — Wadding. ann. 1351 Nr. 16, 18, 21. — Chron. Glassberger in Analecta Franciscana II, 394. — *H. Grisar, Über das Praeputium Christi, in Röm. Quartalschrift xx (1906) S. 109ff.

rottung der Ketzerei gaben ihm wohl ein Recht auf die nach seinem Tode tatsächlich erfolgte Seligsprechung. Seit 1436 war er als ein „Hammer der Ketzer" bekannt[1]). In jedem Winkel Italiens, Böhmens, Ungarns, Bosniens und Dalmatiens hatten die Ketzer vor seinem Namen zittern gelernt. Einen solchen Mann anzugreifen, setzte keine geringe Kühnheit voraus. Und doch wurde er am 18. April 1462, als er zu Brescia öffentlich die verbotene Lehre predigte, von dem Dominikaner-Inquisitor Jakob von Brescia sofort zur Rechenschaft gezogen. Zuerst gab dieser in höflichen Worten zu verstehen, er könne nicht glauben, dass die Predigt wahrheitsgemäss wiedergegeben sei, und ersuchte ihn, den Bericht zu dementieren. Als aber der Observant bei seiner Lehre blieb, liess ihm jener eine förmliche Vorladung zustellen, dass er am nächsten Tage zum Verhör zu erscheinen habe. So war der Streit beider Orden wieder entfacht. Zwar schritt der Bischof von Brescia ein und setzte durch, dass die Vorladung zurückgenommen wurde. Aber die Sache musste vor dem Papste ausgefochten werden. Wie erbittert die Stimmung war, ersieht man aus der Klage des Inquisitors, dass sein Gegner die Bewohner von Brescia dermassen gegen ihn und die Dominikaner aufgereizt habe, dass ohne seine energischen Gegenmassregeln viele von ihnen erschlagen worden wären. Und von Mailand bis Verona hallte jede Dominikanerkanzel wieder von der Anklage der Ketzerei gegen Jakob dalla Marca.

Pius II., ein kluger Politiker, wollte es mit keinem der beiden Orden verderben und schlug deshalb einen Mittelweg ein. Den Dominikanern stellte er eine beglaubigte Abschrift der Entscheidung Clemens' VI. zu. An Jakob dalla Marca aber schrieb er, er habe dieses Dokument seinen Gegnern zugestellt, weil er nicht anders gekonnt habe, keineswegs, damit sie dasselbe gegen ihn gebrauchten. Es sei auch nicht von Clemens selbst, sondern nur in seinem Namen erlassen worden. Die Frage aber sei noch immer eine offene. Jakob möge in Frieden bei seiner Überzeugung bleiben, der Papst habe volles Vertrauen zu seinem Eifer und seiner Rechtgläubigkeit, seine Verleumder aber würden zum Schweigen gebracht werden. Am 31. Mai 1462 erliess sodann der Papst den Befehl, dass alle Erörterungen der Frage aufhören und dass die gelehrtesten Mitglieder beider Orden im September zu einer Versammlung nach Rom kommen sollten, um die Frage gründlich zu beraten und eine endgültige Entscheidung zu treffen. Dieser Weg, hoffte er, würde der Sache ein Ende machen, und

1) Wadding, Annales 1436, Nr. 1—12.

die Frage würde durch geschicktes Hinausschieben der Beratung von selbst verschwinden. Aber er hatte die Feindschaft der beiden Orden
173 zu wenig in Rechnung gezogen. Heftiger denn je war deren Leidenschaft. Die Franziskaner verlangten, dass der Inquisitor, welcher den Streit angefacht habe, seines Amtes entsetzt und der Würde eines Magisters der Theologie entkleidet würde. Pius dagegen suchte den Dominikaner zu beruhigen mit der Versicherung, dass er nur seine Pflicht getan und nichts zu fürchten habe.

Die gemeinsame Beratung war ein unvermeidliches Übel geworden, und Pius sah sich genötigt, sie für den Dezember 1463 anzuberaumen[1]). Jede Partei wählte drei Doktoren aus, die drei Tage lang in Gegenwart des Papstes und des heiligen Kollegiums mit so glühendem Eifer stritten, dass sie trotz der bitteren Winterkälte in Schweiss gebadet waren. Dann erschienen andre auf dem Plane, und die Frage wurde nach allen Seiten pro und contra erwogen. Die Franziskaner beriefen sich zum Beweise für ihre Behauptung auf das Blut Christi, das an vielen Orten zur Verehrung der Gläubigen ausgestellt sei, sowie auf die Vorhaut Christi, die man sowohl in dem Lateran als auch in der königlichen Kapelle von Frankreich und in Antwerpen verehre. Ferner wiesen sie auf die abgeschnittenen Haar- und Bartlocken Christi, auf die abgeschnittenen Nagelteile und andere Reste hin und warfen die Frage auf, ob all diese Dinge auf der Erde geblieben, oder ob sie göttlicher Natur und zum Himmel aufgenommen seien? Die Antwort, die die Dominikaner auf diese Argumente gaben, stellt ein seltsames Gemisch ihrer besondern Beweiskunst und Sophistik dar. Aber da keine Partei eine einzige Stelle der Hl. Schrift als Beleg anzuführen vermochte, so konnte auch keine auf den Sieg Anspruch erheben. Der gute Bischof von Brescia, der anfangs die Rolle des Friedensstifters gespielt hatte, legte daher schriftlich dar, dass der Papst die Frage nicht entscheiden dürfe, weil eine solche Entscheidung erstens zweifelhaft, zweitens überflüssig und drittens gefährlich sei. Dieser weise Gedanke erschien wohl als eine höhere Inspiration, denn Pius hielt wirklich mit seiner Entscheidung zurück. Erst am 1. August 1464, nur vierzehn Tage vor seinem Tode, erliess er eine Bulle, worin er be-

1) Nach Pastor (Geschichte der Päpste, II, 191) fand die Konferenz im Dezember 1462 statt. Sie war allerdings anfänglich auf diesen Zeitpunkt festgesetzt, aber Wadding (Annal. ann. 1463, Nr. 1) behauptet, dass sie auf Ostern 1463, dann auf Dezember verschoben worden sei. Die Tatsache, dass die Entscheidung des Papstes erst im August 1464 gefällt wurde, scheint die Angaben Waddings zu bestätigen.

tonte, wie sehr die Gläubigen durch den Streit beider Orden beunruhigt würden, und deshalb jede weitere Erörterung des Gegenstandes untersagte, bis der Hl. Stuhl eine endgültige Entscheidung getroffen habe. Den Dominikanern wurde nachdrücklich verboten, die Franziskaner deshalb als Ketzer zu bezeichnen, und jede Übertretung des Gebotes wurde mit der ipso facto eintretenden Exkommunikation belegt, die durch strenge Haft noch verschärft werden sollte. Pius II. teilt selbst mit, dass nach der öffentlichen Erörterung die Kardinäle die Frage noch mehrere Tage lang erwogen hätten. Die Mehrheit derselben habe mit ihm der Ansicht der Dominikaner zugeneigt. Die Entscheidung aber wurde hinausgeschoben; denn man bedurfte der Predigten der Franziskaner für den Kreuzzug wider die Türken, den der Papst in Person anführen wollte, weshalb es nicht politisch gewesen wäre, die Brüder zu kränken. Seitdem haben 174
zwar gelegentlich zwischen den beiden Orden noch Erörterungen im stillen stattgefunden; zu einem offenen Streite darüber ist es aber nicht mehr gekommen, und die Päpste haben es nie für ratsam gehalten, eine endgültige Entscheidung in dieser von Roselli aufgeworfenen Frage zu treffen, so dass dieselbe bis heute noch unentschieden — eine Fussangel für Unvorsichtige — ist[1]).

Im Jahre 1356 wurde Roselli zum Kardinal von S. Sisto ernannt. Ihm folgte nach einer kurzen Unterbrechung (1358) Nikolaus Eymericus, der bemerkenswerteste Inquisitor, dessen sich die Aragonier rühmen können, obwohl er nach einem fast dreissigjährigen Dienste seine Tage in Ungnade und Verbannung endete. Vielseitig gebildet, von unermüdlichem Fleisse, hat er zahlreiche Werke geschrieben, von denen aber nur eins die Ehre des Druckes erlebt hat, das „Directorium Inquisitorum", worin er (im J. 1376) das Verfahren der Institution in ein geschlossenes System brachte, das heisst die Grundsätze und Einzelregeln darstellte, die den Inquisitor bei allen seinen Handlungen leiten sollten. Das Buch blieb bis zuletzt eine Autorität und bildete die Grundlage für fast alle späteren Compilationen. Eyme-

1) Ripoll, III, 421; VII. 90. — Wadding. ann. 1462, Nr. 1—18; 1463, Nr. 1—5; 1464, Nr. 1—6. — D'Argentré, I, I, 372; II, 250, 254. — Gradonici, Pontif. Brixianorum Series, Brixiae, 1755, pp. 348—51. — A. Sylvii Comment. lib. XI; Ejusd. lib. de Contentione Divini Sanguinis.

Wohl in Folge dieses jede Erörterung der Frage für die Zukunft untersagenden Verbots führt der Index von Parma aus dem Jahre 1580 ein Werk auf, das den Titel führt: Modo di contemplare e dir la devotione del pretiosissimo sangüe, di F. Silvestro Capuccino (Reusch, Index Librorum Prohibitorum, gedruckt zu Parma 1580, Bonn, 1889, pp. 6, 11). Dieses Buch steht indessen nicht auf dem Index Tridentinus aus dem Jahre 1564, auch nicht auf demjenigen Sixtus' V. aus dem Jahre 1594.

ricus hat einen hohen Begriff von einem Musterinquisitor. Dieser muss nach seiner Meinung mit all den spitzfindigen Unterscheidungen der Lehre vertraut und mit allen Irrwegen der Ketzerei bekannt sein, und zwar nicht nur mit denen, welche schon bei dem gewöhnlichen Volke verbreitet waren, sondern auch mit den schwer verständlichen Spekulationen der Schulen, wie dem Averrhoismus, den Aristotelischen Irrtümern, den Glaubenssätzen der Sarazenen und Tartaren. In einer Zeit, wo die Inquisition in Verfall geriet und zur Missachtung heruntersank, bestand er mutig auf ihren äussersten, unverjährbaren Rechten. Wenn er behauptete, dem Ketzer stehe nur ein Recht zu, nämlich das der Wahl zwischen Unterwerfung und Scheiterhaufen, so war er hierin nur der gewissenhafte Vertreter der Anschauungen seines Zeitalters. Seine Schriften sind aber durchdrungen von der Überzeugung, dass die eigentliche Aufgabe des Inquisitors in der Rettung der Seelen bestehe[1]).

Eymericus klagt darüber, dass es so schwer sei, die Kosten für eine so notwendige Institution der Kirche aufzubringen. Die Könige von Aragon hielten sich offenbar nicht für verpflichtet, das Heilige Offizium zu unterstützen, und die Bischöfe des Landes verstanden es, wie er meint, ebensogut wie ihre Brüder in andern Ländern, sich der von Rechts wegen auf ihnen ruhenden Verantwortlichkeit
175 zu entziehen. Die Konfiskationen, fügte er hinzu, brächten wenig oder gar nichts ein, denn die Ketzer seien Waldenser, Fraticellen und andere derartige arme Leute. Zwar bot sich die Aussicht auf reicheren Gewinn, als im Jahre 1359 einige bekehrte Juden der Grafschaft Venaissin zu dem Glauben ihrer Väter zurückkehrten und nach Aragon flohen. Aber Papst Innocenz VI. wollte sie für sich haben und schickte ihnen einen eigenen Inquisitor, Bernhard du Puy, dem König Peter IV. Vollmacht erteilte, die Abtrünnigen aufzusuchen und zu bestrafen. In der Tat war die Summe dessen, was Eymericus während seiner langen Laufbahn vollbrachte, soweit wir es zu erkennen vermögen, so gering, dass es dafür keine andere Erklärung gibt als die ausserordentliche Seltenheit der Ketzer. Vereinzelte Fraticellen und Waldenser, abtrünnige getaufte Juden oder Sarazenen, hier und da auch einige harmlose Irrsinnige, deren Torheiten unglücklicherweise eine religiöse Richtung nahmen, so-

---

1) Nach der Schlussnotiz einer von Villanueva (Viage Literario, XIX, 120) citierten Handschrift des Directoriums scheint das Werk im Jahre 1376 geschrieben worden zu sein. (*Vgl. auch die Bemerkungen von Franz Pegna in dem Vorwort zu seiner Ausgabe des Directorium, Rom 1585.)

wie bisweilen ein überspitzfindiger Kasuist, der sich in den verschlungenen Pfaden der dogmatischen Theologie verirrt hatte: das war alles, was den Eifer des Inquisitors belohnte. So hatte Eymericus im Anfang seiner Laufbahn, um das Jahr 1360, die Genugtuung, einen gewissen Nicolaus von Kalabrien als rückfälligen Ketzer zu verbrennen, der hartnäckig bei seiner Behauptung blieb, sein Lehrer, Martin Gonsalvo von Cuenca, sei der Sohn Gottes, er werde ewig leben, die Welt bekehren und am jüngsten Tage für alle Toten beten und sie aus der Hölle befreien. Weiter hatte er im Jahre 1371 die Freude, durch eine Entscheidung Gregors XI. einen Franziskaner Petrus Bonageta zum Schweigen zu bringen [1]). Welches Verhältnis nämlich zwischen der physischen Materie der geweihten Hostie und dem Leibe Christi eigentlich bestehe, das war schon lange in der Kirche eine strittige Frage gewesen. Petrus lehrte, dass, wenn die Hostie in den Schmutz oder an einen andern unreinen Ort falle, oder wenn sie von einer Maus angenagt werde, der Leib Christi zum Himmel fliege und die Hostie einfaches Brot werde. Dasselbe sei der Fall, wenn man sie erst mit den Zähnen zerbeisse, bevor man sie hinunterschlucke. Gregor wagte nicht, diese Ansichten für ketzerisch zu erklären, aber er verbot, sie öffentlich auszusprechen. Um dieselbe Zeit hatte Eymericus viele Scherereien mit einem Juden Raimund von Tarraga, der Dominikaner geworden war, und dessen zahlreiche philosophische Schriften nach Ketzerei rochen. Nachdem dieser einige Jahre im Gefängnis zugebracht hatte, befahl Gregor, dass er schleunigst verhört werden solle, und drohte, Eymericus wegen Ungehorsams zu bestrafen, wenn sein Befehl nicht befolgt würde. Raimund muss mächtige Freunde im Orden gehabt haben, die Eymericus nicht herauszufordern wagte; denn ein halbes Jahr später (am 21. August 1371) schrieb Gregor wiederum: Wenn Raimund nicht nach dem in Aragon geltenden Rechte bestraft werden könne, so solle er unter sicherer Bedeckung mit allen ordnungsmässig versiegelten Prozessakten an den päpstlichen Hof geschickt werden. Tatsächlich war die Inquisition nicht darauf eingerichtet, Dominikanern den Prozess zu machen. Zu derselben Zeit wurde ein andrer Jude, Astruchio von Piera, den Eymericus wegen Zauberei und Anrufung von Dämonen angeklagt und festgenommen hatte, von der weltlichen

1) *Am 9. Juni 1371 betraute P. Gregor XI. den Nicolaus Eymericus von neuem mit dem Amt eines Inquisitors 'in quibuscunque regnis et terris ditioni regis Aragonum subjectis' (Vatik. Archiv, Reg. Avin. 173 fol. 393; Avin. V. Idus Junii anno I).

176 Macht reklamiert und sein Vermögen mit Beschlag belegt, bis der Papst seine Auslieferung an den Inquisitor anordnete; dieser zwang ihn zur Abschwörung und warf ihn dann für Lebenszeit ins Gefängnis. Etwas früher, im Jahre 1361, wurde ein gewisser Bartolo Janevisio von Mallorca, der sich darin gefiel, in apokalyptischer Weise über den Antichrist zu schreiben, von Eymericus zum Widerrufe gezwungen, während sein Buch öffentlich verbrannt wurde. Bedeutungsvoller in politischer Hinsicht war die Auffassung des Eymericus, dass alle, die den Sarazenen Beistand leisteten, als Begünstiger der Ketzerei von der Inquisition bestraft werden könnten; doch scheint auch sie blosse Theorie geblieben zu sein und dem hl. Offizium keine Beschäftigung gebracht zu haben. Später werden wir sehen, wie es Eymericus mit seinem Versuche erging, die Schriften des Raimund Lullus zu verdammen. Wir brauchen hier nur zu erwähnen, dass er infolge dieses Versuches seines Amtes enthoben wurde, und dass ihm 1386 sein Hauptgegner Bernhard Ermengaudi folgte. Ja, als im Jahre 1387 sein erbitterter Feind Juan I. den Thron bestieg, wurde er zweimal geächtet und verbannt. Der König belegte ihn öffentlich mit wenig schmeichelhaften Benennungen. So bezeichnete er ihn als einen verstockten Narren, der, vom Satan angetrieben und vom Gifte des Unglaubens erfüllt, ein Feind des Glaubens sei. Nicht besser war sein Erfolg, als er in blindem Eifer den Vincenz Ferrer angriff, weil dieser in einer Predigt gesagt hatte, die Reue des Judas Ischariot sei eine aufrichtige und heilsame gewesen, er habe sich nur deshalb erhängt, weil die Menge ihn hinderte, zu Christus zu kommen und Vergebung zu erlangen, im Himmel sei ihm verziehen worden. Als der Prozess sich seinem Ende näherte, nahm Peter von Luna, damals Kardinal von Aragon, Ferrer unter seinen Schutz und machte ihn zu seinem Beichtvater. Und als Peter im Jahre 1394 unter dem Namen Benedikt XIII. den päpstlichen Thron zu Avignon bestieg, zwang er Eymericus, die Akten auszuliefern, die er dann ohne weitere Umstände verbrannte. Der nächste Inquisitor, Bernhard Puig, soll ernsten Charakters und darum erfolgreich in seinen Unternehmungen gewesen sein, viele Ketzer bestraft und viele irrtümliche Anschauungen widerlegt haben. Um das Jahr 1390 ereignete es sich in Valencia, dass Petrus von Ceplanes, Priester von Cella, in seiner Kirche eine Erklärung verlas des Inhalts: in Christus gebe es drei Naturen, eine göttliche, eine geistige und eine menschliche. Ein Kaufmann der Stadt widersprach derselben laut. Es entstand ein Tumult. Der Inquisitor von Valencia

verhaftete sofort den allzu klugen Theologen, der nur durch öffentlichen Widerruf und lebenslängliche Gefangenschaft dem Scheiterhaufen entging. Aber er erbrach das Gefängnis und floh nach den Balearischen Inseln, nachdem es ihm geglückt war, eine Berufung an den Heiligen Stuhl abzusenden[1]).

Als im Jahre 1262 Jakob I. von Aragon zugunsten seines 177
jüngeren Sohnes gleichen Namens das Königreich Mallorca bildete, das die Balearischen Inseln, Roussillon und Cerdaña umfasste, schien für das neue Reich eine besondere Inquisition nötig zu sein. Wann sie errichtet wurde, lässt sich nicht mit Bestimmtheit sagen. Der erste Inquisitor von Mallorca, welcher erwähnt wird, und dessen Name als Zeuge in einer Urkunde aus dem Jahre 1332 vorkommt, war Fr. Ramon Durfort[2]). Er hat diese Stellung bis zum Jahre 1343 bekleidet, wo er zum Provinzial von Toulouse gewählt wurde. Von dieser Zeit an folgt eine Reihe von Inquisitoren aufeinander[3]). Die im Jahre 1348 von König Peter IV. vorgenommene gewaltsame Vereinigung der entfernten Provinzen mit der Krone von Aragon bewirkte keine einheitliche Gerichtsverfassung, obwohl Clemens VI. in einem Breve aus dem Jahre 1351 dem damaligen Dominikanerprovinzial dieses Königreiches, Nicolaus Roselli, versicherte, dass durch die Abtrennung der obenerwähnten Gebiete sein Recht, Inquisitoren zu ernennen, nicht geschmälert werden sollte. In dem Masse, wie die Inquisition an Würde und Bedeutung verlor, scheint sie, als Ersatz, eine Vermehrung und Lokalisierung ihrer Gerichts-

1) Eymeric. Direct. Inquis. pp. 44, 266, 314—6, 351, 357—8, 652—3. (*Vatik. Archiv, Reg. Vatic. 263 fol. 225; Villanova x. Kal. Septembris anno I). — Carbonell, Lib. de Gestis Haereticor. (Colec. de Doc. de la Corona de Aragon, XXVII, 378; XXVIII, 7, 8). — Mag. Bull. Rom. I, 263. — Ripoll, II, 268, 269, 270. — Martene Thesaur. II, 1181—2, 1182 bis, 1189. — Raynald. ann. 1398, Nr. 23. — Wadding. ann. 1371, Nr. 14—24. — Paramo, p. 111. — Pelayo, Heterodoxos Españoles, I, 499—500, 528. — *Vgl. Mémorial de l'inquisiteur d'Aragon à la fin du 14. siècle (Biblioth. de l'Ecole des chartes 66 (1905), 261 ff.).

2) *Schon am 27. September 1315 wird Bernard Aguile O. Praed. als 'inquisitor in regno et districtu illustris Maioricensis regis super heretica pravitate a Sede Apostolica deputatus' erwähnt (Finke, Acta Aragonensia (1907) S. 851). Für die Inquisition in Katalonien (1319, u. a. den oben S. 114 ff. erwähnten Peter Autier betr.) vgl. Revue des questions historiques 79 (1906), S. 57 ff.

3) *Am 23. Februar 1345 ersuchte P. Clemens VI. den Generalmagister des Dominikanerordens, 'quatenus in regno Maioricarum ac Rossilionis et Ceritanie comitatibus aliisque circumvicinis partibus tales personas ordinis Predicatorum (prout ex indulto apostolico ad te spectat) ad officium inquisitionis heretice pravitatis deputare cures, que zelo fidei ferveant et Petro Aragonie et Jacobo Maioricarum regibus pro terris illis dissidentibus aut eorum alteri nequaquam merito sint suspecte, sed potius omni partialitate cessante suum officium exequantur' (Vatik. Archiv, Reg. Vat. 138 fol. 213v; Villanova VIII. Kal. Marcii anno III).

stellen angestrebt zu haben. Im Jahre 1413 nahm Benedikt XIII., der in Aragon noch immer als Papst anerkannt wurde, eine weitere Teilung vor, indem er die Grafschaften Roussillon und Cerdaña von den Balearischen Inseln trennte. Die ersteren behielt Bruder Bernhard Pages, die letzteren bekam Wilhelm Sagarra. Beide Gerichtshöfe entfalteten noch weiter eine gewisse Tätigkeit, verbrannten auch gelegentlich einige Opfer, hauptsächlich Juden und Sarazenen, die der Apostasie oder der Zauberei überführt waren. Auf Sagarra folgte Bernhard Moyl, auf diesen Antonio Murta, der im Jahre 1420 gleichzeitig mit den vorgenommenen Veränderungen von Martin V. bestätigt wurde. Zu derselben Zeit erhob der Papst auf das Ersuchen des Königs und der Konsuln von Valencia diese Provinz ebenfalls zu einem besonderen Inquisitionsbezirk und übertrug denselben dem Dominikanerprovinzial von Aragon, Andreas Ros. Dieser wurde 1433 von Eugen IV. bestätigt, aber ohne bestimmten Grund in dem nächsten Jahre von demselben Papste abgesetzt, obwohl er, wie es heisst, die „Böhmen“ oder „Wiclifiten“ unbeugsam mit Feuer und Schwert verfolgte. Seine Nachfolger, Domingo Corts und Anton von Cremona, ernteten gleiche Lorbeeren bei der Unterdrückung der Waldenser[1]).

Ein Fall, der sich im Jahre 1423 ereignete, dürfte ein Beleg dafür sein, dass die Inquisition viel von ihrem ersten Schrecken ein-
178 gebüsst hatte. Ein Einsiedler namens Peter Freserii, der bei dem Volke wegen seiner Heiligkeit in grossem Ansehen stand, wurde der Ketzerei angeklagt und von Bruder Petrus Salazo, dem Inquisitor von Roussillon und Cerdaña, ins Gefängnis geworfen. Der Angeklagte erklärte, die Zeugen seien seine persönlichen Feinde, er sei bereit, sich vor einem besondern Richter zu reinigen. Seine Freunde legten Berufung bei Martin V. ein. Der Papst übertrug die Angelegenheit dem Abte des Benediktiner-Klosters von Arles in der Diözese Elne, Bernhard, mit der Vollmacht, sie ohne Berufung zu entscheiden. Bernhard betraute einen Kanonikus der Kirche von Elne mit der Sache; dieser sprach den Angeklagten frei, ohne den Bescheid auf eine neue von dem Inquisitor bei dem Papste eingereichte Berufung abzuwarten. Martin übergab die Angelegenheit schliesslich dem Erzbischof von Narbonne und erteilte ihm die

1) Dameto, Mut y Alemany, Historia General de Mallorca (Ed. 1840, I, 101—3, II, 652). — Bulario de la Orden de Santiago, T. III, fol. 553 (Archivo Hist. Nacional). — Villanueva, Viage literario, XXI, 219, 246. — Libell. de Magist. Ord. Praedic. (Martene Ampl. Coll. VI, 432). — Paramo pp. 179, 186—7. — Ripoll II, 579, 594; III, 20, 28. — Monteiro, P. I. Liv. II. c. 30. — Llorente, Ch. III, Art. III, Nr. 4, 8.

Vollmacht, alle Parteien vorzuladen und eine endgültige Entscheidung zu treffen. Der ganze Handel verrät offenbar einen seltsamen Mangel an Achtung für die Functionen der Inquisition[1]).

Noch bedeutsamer in dieser Beziehung ist eine Klage, welche im Jahre 1456 Bruder Matthäus von Rapica, ein späterer Inquisitor von Roussillon und Cerdaña, an Calixtus III. richtete. Gewisse Neophyten — bekehrte Juden — verharrten bei ihren jüdischen Gebräuchen, indem sie z. B. Fleisch in der Fastenzeit assen und auch ihre christliche Dienerschaft dazu zwangen. Als Matthäus und der Bischof Johann von Elne ein Verfahren gegen sie einleiteten, veröffentlichten sie, weit davon entfernt, sich zu unterwerfen, ein Pamphlet gegen den Inquisitor und fügten ihm mit Unterstützung gewisser Laien allerlei Schaden und Unbilden zu. Da er sich nicht mehr zu helfen wusste, wandte er sich an den Papst, welcher dem Erzbischof und dem Offizial von Narbonne befahl, die Angelegenheit in die Hand zu nehmen und zu entscheiden. Derselbe Geist der Auflehnung zeigte sich, nur in noch schlimmerer Form, in dem Falle Bruder Michaels, des Inquisitors von Aragon, auf den wir schon früher hingewiesen haben. Er hatte einige Adlige und hohe Beamte dadurch verletzt, dass er den von Nikolaus V. empfangenen Instruktionen gehorchte. Dafür drangsalierten sie ihn und hielten ihn neun Monate lang gefangen[2]).

Über die Armen und Schutzlosen vermochte die Inquisition ihre Macht aber noch zu behaupten. Der Wiclifismus, wie man den Waldensianismus nunmehr zu bezeichnen pflegte, hatte sich beständig ausgebreitet, und um das Jahr 1440 wurden Scharen seiner Anhänger entdeckt, von denen einige mit der Kirche versöhnt, die
Mehrzahl aber als hartnäckige Ketzer von Michael Ferriz, dem In- 179
quisitor von Aragon, und von Martin Trilles von Valencia verbrannt wurden. Möglicherweise war unter diesen jene unglückliche Leonore, die Gattin des Doktors Jakob von Liminanna, die, wie wir hören, um diese Zeit eine ihr von der Inquisition von Cartagena auferlegte Busse nicht ausführen wollte und daher dem weltlichen Arme ausgeliefert wurde. Der Posten eines Inquisitors war aber nach wie vor eifrig begehrt. Um ihre Zahl zu vermehren, trennte Nikolaus V. kurz nach seiner Thronbesteigung im Jahre 1447 Katalonien von Aragon. 1459 erfolgte eine weitere Teilung, indem die Diözese Barcelona zugunsten des Bruders Johann Conde, des Ratgebers und Beicht-

1) Ripoll II, 613.
2) Ripoll III, 347. — Arch. de l'Inq. de Carcass. (Doat, XXXV, 192).

vaters des Infanten Carlos, des Prinzen von Viane, von dem Generalmeister der Dominikaner, Martialis Auribelli, zu einem unabhängigen Gerichtshof erhoben wurde. Der neue Würdenträger erfreute sich zunächst nicht lange in Ruhe seiner Stellung. Wahrscheinlich protestierte der Inquisitor von Katalonien gegen die Teilung seines Bezirks und setzte es bei Pius II. durch, dass dieser im Jahre 1461 durch ein Breve die Teilung aufhob mit der Begründung, ein Inquisitor habe stets genügt. Bruder Johann leistete Widerstand und wurde exkommuniziert, aber der Einfluss seines königlichen Schutzherrn war stark genug, um den Papst am 13. Oktober 1461 zu einer anderen Bulle zu veranlassen, wodurch er wieder in sein Amt eingesetzt und von der Exkommunikation losgesprochen wurde. Ein Streit, der im Jahre 1479 zu Valencia ausbrach, zeigt, dass das Amt noch ziemliche Anziehungskraft besass. Der Provinzial von Aragon hatte Bruder Jakob Borelli abgesetzt und Johann Marquez an seiner Statt ernannt. Borelli trug seine Sache dem Papst Sixtus IV vor, der dem Generalmeister des Dominikanerordens befahl, ihm sein Amt wiederzugeben und es ihm in Frieden zu erhalten [1]).

Im Jahre 1479 bestieg Ferdinand der Katholische den Thron von Aragon; denjenigen von Kastilien hatte er schon im Jahre 1474 als Gemahl der Isabella eingenommen. Noch ehe im Jahre 1483 die Inquisition von Aragon neu organisiert wurde, hatte der Einfluss Ferdinands schon viel zur Wiederherstellung ihrer Macht beigetragen. Im Jahre 1482, am Vorabende der Reorganisation, entfaltete sie unter dem Dominikaner Johann von Epila von neuem eine kraftvolle und kühne Tätigkeit. Es werden aus dieser Zeit mehrere Fälle berichtet, darunter die Verfolgung des Vaters und der Mutter Philipps von
180 Clemente, des Protonotars des Königreichs. Bei diesem Wiederaufleben der Verfolgung geriet Cristobal Gualvez, seit 1452 Inquisitor von Valencia, in einen heftigen Streit mit dem Archidiakon Mercader, einer Kreatur des Kardinals Borgia, der damals Erzbischof von Valencia war und später unter dem Namen Alexander VI. Papst wurde. Infolge dieses Streites wurde Gualvez als ein „Sohn der Ungerechtigkeit“ aus seinem Amte gejagt und dem General-Inquisitor Torquemada verboten, ihn wieder einzusetzen [2]).

---

1) Llorente, Ch. III, Art. III, Nr. 11. — Albertini Repertor. Inquis. s. v. Deficiens. — Ripoll III, 397, 415, 572. — *Die Akten einer Reihe von Inquisitionsprozessen in Aragon vom Ende des 15. Jahrhunderts befinden sich in der Stadtbibliothek zu Bordeaux Msc. 1138—84.

2) Llorente, Ch. VII, Art. II, Nr. 2. — Ripoll III, 422, 621. — Paramo, p. 187. — Archivo Gen. de la Corona de Aragon, Reg. 3684, fol. 34. — Boletin

b) Kastilien.

Das grosse Königreich Kastilien und Leon, das den grössten Teil der spanischen Halbinsel umfasste, hat nie den Segen der mittelalterlichen Inquisition erfahren. Es war unabhängiger von Rom als irgendeine andere Monarchie jener Zeit. Fürstliche Prälaten, streitlustige Adlige und Städte, die über ihre Freiheiten eifersüchtig wachten, bildeten ein starkes Hindernis für die Centralisierung der Staatsgewalt in den Händen der Krone. Das rohe und ungebildete Volk war nicht geschaffen für eitle theologische Spekulationen. Seine überschüssige Kraft fand ausserdem reiche Gelegenheit zur Betätigung in der Aufgabe, das Land von den Sarazenen zurückzugewinnen. Die Schwierigkeiten, die durch die zahlreiche jüdische Bevölkerung sowie die besiegten Mauren entstanden, würden durch das Verfahren der Inquisition eher noch vergrössert als gelöst worden sein. Erst nach der Vereinigung Aragons und Kastiliens unter Ferdinand und Isabella und nach der Eroberung Granadas konnten sich diese beiden Monarchen ernstlich der für die Staatskunst wie für den Fanatismus anziehenden Aufgabe hingeben, im Lande die Gleichmässigkeit des Glaubens zu erzwingen.

Die Legende der Dominikaner berichtet, dass Dominikus als Generalinquisitor von Rom nach Spanien zurückkehrte mit dem Auftrage, dort die Inquisition einzuführen, um die bekehrten und wieder abgefallenen Juden und Mauren zu bestrafen, dass er dann, vom heiligen Könige Ferdinand III. warm unterstützt, die Inquisition im ganzen Lande organisierte und das erste Auto da fé in Burgos feierte, wobei 181
dreihundert Abtrünnige verbrannt wurden; dass er weiterhin das zweite Auto in Gegenwart des heiligen Königs abhielt und dieser auf seinem eigenen Rücken die Reisigbündel herbeitrug, um damit seine unglücklichen Untertanen zu verbrennen, die standhaft in den sie verzehrenden Flammen frohlockten; dass er später die Inquisition in Aragon einrichtete und von da nach Paris reiste, um sie auch in Frankreich zu organisieren, und dass er endlich im Jahre 1220 Konrad von Marburg als Inquisitor nach Deutschland schickte und im Jahre 1221 sein Werk dadurch beendete, dass er in allen Teilen Italiens Inquisitionsgerichtshöfe gründete. Alles dies hat denselben historischen Wert wie die Erzählung eines alten Chronisten, eines

de la Acad. de la Historia xv, p. 472. — Bulario de la Orden de Santiago, T. I, fol. 43. — *Für die Reorganisation der spanischen Inquisition um diese Zeit vgl. jetzt Lea, A history of the Inquisition of Spain I (1906), 230 ff.

Landsmannes des Rattenfängers von Hameln, dass der hl. Bonifatius ein Inquisitor gewesen sei und mit Hilfe Pipins des Kleinen viele Ketzer verbrannt habe. Es sind uns ausserdem genaue Listen der aufeinanderfolgenden Generalinquisitoren der Halbinsel überliefert, — der Brüder Suero Gomes, B. Gil, Pedro de Huesca, Arnaldo Segarra, Garcia de Valcos usw. — aber das sind einfach die Dominikanerprovinziale Spaniens, welche von den Päpsten bevollmächtigt waren, Inquisitoren zu ernennen, ein Recht, das sie ausserhalb Aragons nicht ausübten. Zwar sucht Paramo zu beweisen, dass es dem Namen nach auch in Kastilien Inquisitoren gab, muss aber zugeben, dass in Wirklichkeit eine Inquisition dort nicht existierte[1]).

Doch hatte selbst in der fernen Stadt Leon der Katharismus einmal Fuss gefasst. Bischof Rodrigo, der im Jahre 1232 starb, vertrieb eine Anzahl Katharer. Aufmerksam auf sie wurde er durch eine Geschichte, welche sie verbreiteten, um Hass gegen den Klerus zu säen. Eine arme Frau sollte zu Ehren der hl. Jungfrau eine Kerze auf den Altar gesetzt haben; nach ihrem Weggange habe ein Priester die Kerze genommen und zu seinen eigenen Zwecken verwandt. In der folgenden Nacht sei die hl. Jungfrau ihrer Verehrerin erschienen und habe ihr brennendes Wachs in die Augen gegossen mit den Worten: „Empfange hier den Lohn für deinen Dienst. Sobald du fortgingst, nahm ein Priester die Kerze und trug sie hinweg. Wie du belohnt sein würdest, wenn die Kerze auf meinem Altar verzehrt worden wäre, so musst du jetzt die Bestrafung dulden, da infolge deiner Sorglosigkeit die Kerze mir ihr Licht nur einen Augenblick gegeben hat.“ Diese boshafte Erzählung, sagt Lukas von Tuy, ein Augenzeuge, machte auf das einfache Volk einen solchen Eindruck, dass der fromme Gebrauch des Kerzenopfers aufhörte und es zweier authentischer Wunder bedurfte, um den Glauben des Volkes wiederher-
182 zustellen. Während der Zeit zwischen dem Tode des Bischofs Rodrigo im März 1232 und der Wahl seines Nachfolgers Arnaldus im August 1234 hatten die Ketzer reiche Gelegenheit, ihren bösen Willen zu betätigen. Ein Katharer namens Arnaldus war um 1218 auf einem Platz in der Vorstadt verbrannt worden, wo man Schutt ablud. Dort befand sich auch eine Quelle. Diese färbten die Ketzer rot und behaupteten, sie sei auf wunderbare Weise in Blut verwandelt worden. Viele von ihnen heuchelten dann Gebrechen: die einen Blindheit, die

1) Monteiro, P. I, Liv. I, c. 38, 44, 46, 48—51; Liv. II, c. 5—12. — Chron. Eccles. Hamelens. (Scriptt. Rer. Brunsv. II, 508). — Herculano I, 39. — Baluz. et Mansi, I, 208. — Paramo, de Orig. Offic. S. Inquis. p. 131.

andern Lahmheit, die dritten Besessenheit vom Teufel. Sie alle wurden dorthin gebracht und gaben vor, geheilt zu sein. Darauf gruben sie die Gebeine des Ketzers aus und erklärten sie für die eines heiligen Märtyrers, und das Volk, von Begeisterung entflammt, errichtete eine Kapelle und erwies den Reliquien die eifrigste Verehrung. Vergebens versuchten der Klerus und die Mönche, die Flut zu hemmen. Das Volk bezeichnete sie als Ketzer und verachtete die Exkommunikation, mit welcher die benachbarten Bischöfe die Verehrung des neuen Heiligen ahndeten; die wirklichen Ketzer aber gewannen viele für ihre Anschauungen, indem sie heimlich erzählten, wie die Sache zugegangen war und diesen Fall als ein Beispiel hinstellten, wie Heilige und Wunder zustande kämen. Gott aber strafte das Sakrileg mit einer zehnmonatigen Dürre, welche erst aufhörte, als Lukas mit Gefahr seines Lebens die Kapelle der Ketzer zerstörte; und als dann der Regen kam, trat ein solcher Umschwung in der Stimmung ein, dass er die Ketzer vertreiben konnte. Diese Erzählung lässt vermuten, dass die Ketzer zahlreich und wohlorganisiert waren; sicher aber beweist sie, dass von Einrichtungen zu ihrer planmässigen Unterdrückung damals noch keine Rede war. Nachdem im Jahre 1239 Lukas den Bischofsstuhl von Tuy bestiegen hatte, hören wir nichts mehr von Ketzern oder deren Verfolgung. Die ganze Angelegenheit war offenbar eine vereinzelte Erscheinung, vielleicht veranlasst durch Flüchtlinge aus Languedoc, welche wieder verschwanden, ohne Jünger zu hinterlassen [1]).

Wenn es wahr ist, was Lukas erzählt, dass nämlich Geistliche sich oft ein Vergnügen daraus machten, mit Ketzern gemeinsam die Sakramente und den Klerus zu verspotten, so kann man mit Wahrscheinlichkeit annehmen, dass die spanische Kirche nicht sehr geneigt war, die Einführung der Inquisition zu unterstützen. Wie wenig Verständnis man für ihr Verfahren hatte, ergibt sich aus der Tatsache, dass König Ferdinand III., der Heilige, als er im Jahre 1236 zu Palencia einige Ketzer entdeckte, sie im Gesicht brandmarkte, wodurch sie zur Vernunft gebracht und veranlasst wurden, Absolution nachzusuchen. Niemand wusste anscheinend, was man mit 183
ihnen anfangen sollte; denn man wandte sich an Gregor IX., der den Bischof von Palencia ermächtigte, sie mit der Kirche wieder auszusöhnen. Die Behauptung einiger Chronisten, der König habe bei verschiedenen Gelegenheiten von seinen Untertanen eine Holzsteuer

1) Lucae Tudens. De altera Vita, Lib. III, c. 7, 9. Cf. c. 18, 20. — Florez, España Sagrada, XXII, 120—2, 126—30.

erheben müssen, um Unbussfertige zu verbrennen, ist offenbar nicht wahr; sie beweist indessen, was für unklare Vorstellungen die Kinder jener Zeit von der Inquisition hatten[1]).

Eine zuverlässigere Grundlage bieten uns die Gesetzbücher, die unter dem Namen El Fuero Real und Las Siete Partidas bekannt sind. Das erste wurde von Alfons dem Weisen im Jahre 1255, das zweite etwa zehn Jahre später veröffentlicht. Um diese Zeit stand die Inquisition anderwärts auf ihrem Höhepunkte. Sie war von Grund aus organisiert, und wo sie existierte, da lag auch die Arbeit der Ketzerverfolgung in ihren Händen. Und doch nahm Alfons nicht nur keine Notiz von ihrem Dasein, sondern zeigte durch die Regelung der Beziehungen zwischen Ketzer und Kirche vermittelst der weltlichen Gesetzgebung, wie sehr Spanien seither von den grossen Bewegungen des 12. und 13. Jahrhunderts unberührt geblieben war. Nach seinen Bestimmungen gehört die Ketzerei zwar zur Kompetenz der kirchlichen Gerichtshöfe; jeder Bürger kann einen Ketzer vor seinem Bischof oder dessen Vikar anklagen. Stellt sich heraus, dass der Angeklagte nicht glaubt, wie die Kirche lehrt, so soll man sich bemühen, ihn zu bekehren, und, falls er zum Glauben zurückkehrt, ihm verzeihen. Erweist er sich aber als hartnäckig, so soll er dem weltlichen Richter überantwortet und sein Schicksal von diesem entschieden werden, unabhängig von den Gesetzen, welche die Kirche in der ganzen Christenheit einzuführen versucht hatte. Hat der Schuldige das Consolamentum empfangen, beobachtet er den Ritus der „Glaubenden" oder leugnet er das Leben nach dem Tode, so ist er zu verbrennen. Ist er aber ein „Glaubender", ohne den Ritus zu beobachten, so ist er zu verbannen oder gefangen zu setzen, bis er zum rechten Glauben zurückkehrt. Jeder, der sich mit der Ketzerei bekannt macht, aber noch nicht daran glaubt, soll zehn Pfund Gold an die Staatskasse zahlen oder im Falle des Unver-

---

1) Lucae Tudens. Lib. III, c. 12. — Raynald. ann. 1236, Nr. 60. — Rodrigo, Hist. Verdadera de la Inquisicion, II, 10.

Gegen Ende des XIII. Jahrhunderts berichtet Gil von Zamora in seiner Lebensbeschreibung des hl. Ferdinand, dass der König alle Ketzer, die er entdecken konnte, verbrannte und auf den eignen Schultern das für den Scheiterhaufen bestimmte Reisig herbeitrug. Diese Behauptung bezweckte offenbar, den allzu lauen Eifer von Sancho el Bravo, dem Enkel Ferdinands, anzufeuern. In der Tat vergleicht Gil klagend die gegenwärtige Zeit mit den glücklichen Tagen von ehemals: O quam beata tempora ista, in quibus fides catholica sublimatur, heretica pravitas trucidatur et Sarracenorum urbes et castra fidelium gladio devastantur. — Boletin de la Real Acad. de la Hist. T. IV, pp. 310, 311.

mögens öffentlich fünfzig Hiebe empfangen. Das Vermögen der-
jenigen, die im Zustande der Ketzerei sterben oder hingerichtet
worden sind, fällt ihren katholischen Nachkommen zu oder, falls
keine vorhanden sind, den nächsten Verwandten. Sind auch
solche nicht da, dann fällt das Vermögen von Laien an den Fiskus,
das von Geistlichen dagegen an die Kirche, wenn der Anspruch darauf
innerhalb eines Jahres geltend gemacht wird; nach dieser Frist fällt
es gleichfalls dem Fiskus anheim. Kinder, die wegen Ketzerei ent-
erbt worden sind, bekommen im Falle der Abschwörung ihren Ver-
mögensanteil wieder, mit Ausnahme der inzwischen fällig gewor- 184
denen Beträge. Keiner, der wegen Ketzerei verurteilt worden ist,
kann ein Amt bekleiden, Vermögen erben, ein Testament machen,
einen Verkauf abschliessen oder Zeuge sein. Ein Haus, in welchem
ein Wanderprediger der Ketzer Schutz genossen hat, ist der Kirche
verfallen, wenn es vom Eigentümer bewohnt wird. Ist es vermietet,
so hat der schuldige Mieter eine Geldstrafe von zehn Pfund Gold
zu bezahlen oder wird öffentlich gegeisselt. Ein 'rico home' oder
Adliger, der Ketzer in seinen Ländern oder Schlössern beherbergt
und ein Jahr lang in der Exkommunikation verharrt, verwirkt sein
Land oder Schloss zugunsten des Königs. Ist er nicht adlig, so
verfallen sein Leib und sein Vermögen dem Könige. Der Christ,
welcher Jude oder Mohammedaner wird, ist nach dem Gesetz ein
Ketzer und soll verbrannt werden ebenso wie derjenige, welcher
ein Kind in dem verbotenen Glauben aufzieht. Die Verfolgung des
Toten jedoch wird menschenfreundlicher Weise auf fünf Jahre
nach dem Heimgang beschränkt[1]).

Alles das zeigt, dass Alfons und seine Räte die Verpflichtung des Staates zur Reinerhaltung des Glaubens anerkannten, dass sie aber die Erfüllung dieser Pflicht als eine ausschliesslich staatliche Angelegenheit ansahen, wobei der Kirche kein andres Recht zustand als dasjenige, die Schuld des Angeklagten festzustellen. Die ganze umfangreiche und bis ins einzelne ausgearbeitete Gesetzgebung Gregors IX., Innocenz' IV. und Alexanders IV. blieb vollständig unbeachtet; das kanonische Recht hatte in Kastilien, das diese Angelegenheiten nach eigenem Bedürfnis regelte, keine Geltung. Dass man in dieser Beziehung dem Bedürfnis des Volkes entsprach, ergibt sich aus dem im Jahre 1348 erlassenen Ordenamiento von Alcalà, welches von der Ketzerei kein Wort sagt. Offenbar hielt man eine

1) Las Siete Partidas, P. I, Tit. VI, l. 58; P. VII, Tit. XXIV, l. 7; Tit. XXV, ll. 2–7. — El Fuero real, Lib. IV, Tit. 1, ll. 1, 2.

Abänderung der Bestimmungen der Partidas, die damals zum ersten Male von der Volksversammlung bestätigt wurden, nicht für nötig. Aus dieser Gesetzgebung folgt von selbst, dass der Dominikanerprovinzial von Spanien Inquisitoren nur in Aragon zu ernennen hatte, und zwar auf Grund der im Jahre 1262 erlassenen Bulle Urbans IV.

Kastilien blieb von der Inquisition verschont, die Verfolgung wegen Ketzerei war dort fast unbekannt. Im Jahre 1316 entdeckte Bernhard Guidonis von Toulouse in seinem Bezirke einige von den gefürchteten, als Dolcinisten oder Pseudo-Apostoli bekannten Sektierer, die nach Spanien flohen, um seiner energischen Verfolgung zu entgehen. Am 1. Mai 1316 schrieb er an alle Bischöfe und Mönche Spaniens, gab ihnen eine Schilderung der Ketzer und verlangte dringend deren Verhaftung und Bestrafung. Hätte es dort eine Inquisition gegeben, so würde er sich an diese gewandt haben. Aus
185 dem entfernten Compostella erhielt er eine schriftliche Antwort des Erzbischofs Rodrigo mit der Nachricht, dass fünf Personen, auf welche die Beschreibung passte, ergriffen und in Ketten gelegt worden seien. Zugleich bat der Erzbischof um Anweisungen über das Prozessverfahren gegen sie und über die zu verhängende Strafe, falls sie schuldig befunden würden, „denn alles das ist hierzulande unbekannt“. Offenbar gab es in Kastilien und Leon keine Inquisition, an welche man sich hätte wenden können; und selbst die Bestimmungen der Partidas waren anscheinend unbekannt, obgleich Compostella von allen Städten im Königreiche wegen der aus aller Welt dorthin strömenden bussfertigen Pilger am vertrautesten mit der Aussenwelt gewesen sein muss[1]).

Im Jahre 1401 ging Papst Bonifaz IX. demonstrativ vor, indem er den Provinzial Vincenz von Lissabon zum Inquisitor von ganz Spanien ernannte sowie bestimmte, dass die Kosten seiner Amtsführung von den Bischöfen bestritten werden sollten und dass ihn kein Ordensoberer absetzen könne. Die einzige in der Bulle besonders erwähnte Ketzerei betrifft die heidnische Verehrung von Pflanzen, Bäumen, Steinen und Altären — augenscheinlich abergläubische Überreste des Heidentums, die ein Streiflicht auf den Zustand der Religion und der Kultur auf der Halbinsel werfen. Bonifaz konnte kaum auf irgendeinen Erfolg seiner Massregel rechnen, da Spanien dem Gegenpapst von Avignon, Benedikt XIII., Gehorsam leistete; sein Vorgehen sollte wahrscheinlich nur ein Fühler sein in dem politischen Spiele

---

1) Coll. Doat, xxx, 132 sqq.

des grossen Schismas. Welches aber auch der Beweggrund gewesen sein mag, auf alle Fälle blieb der Versuch erfolglos; denn der Inquisitor Vincenz war bereits tot und stand schon im Rufe der Heiligkeit, als die Bulle erschien. Als Bonifaz IX. dies erfuhr, erneuerte er am 1. Februar 1402 den Auftrag, indem er den Dominikanerprovinzial von Spanien für alle Zukunft ermächtigte, Inquisitoren zu ernennen und abzusetzen oder selbst das Amt eines solchen auszuüben mit allen Vorrechten und Machtvollkommenheiten, welche diesem Amt durch die Kanones zugestanden waren. Dies alles blieb zwar unwirksam, hatte aber doch wenigstens die Wirkung, dass die spanischen Geschichtschreiber eine ununterbrochene Reihe von General-Inquisitoren verzeichnen konnten. Um dieselbe Zeit verschärfte König Heinrich III. die Strafen für Ketzerei, indem er anordnete, dass die Hälfte des Vermögens der von kirchlichen Richtern verurteilten Ketzer zugunsten der königlichen Kasse konfisziert werden sollte[1]).

Diese Bulle des Papstes Bonifaz IX. erklärt es wohl, dass 186
Alfons Tostado, der Bischof von Avila, bald nachher auf spanische Inquisitoren hinweist, welche nach Leuten forschten, die im Rufe der Ketzerei ständen, und sie erklärt auch das Verhalten Sixtus' IV., der zwar im Januar 1482 die beiden von Ferdinand und Isabella beim Beginn ihrer Reformen ernannten Inquisitoren von Sevilla bestätigte, aber hinzufügte, dass in Zukunft keine mehr ernannt werden sollten, da die von dem Dominikanerprovinzial ernannten ausreichten. Trotz alledem stand die spanische Inquisition nur auf dem Papiere, in Wirklichkeit war nichts davon vorhanden. Die Conversos oder bekehrten Juden bildeten im Staate einen mächtigen Faktor. Überall standen sie in dem Verdacht des heimlichen Judaismus. Während des gesetzlosen Zustandes, in dem sich Spanien unter Johann II. befand, waren sie zum grössten Teil Anhänger der dem Günstling des Königs, Alvaro de Luna, feindlich gesinnten Partei. Es waren gefährliche Gegner, und der Günstling mochte wohl glauben, dass die Inquisition in seinen Händen eine geeignete Waffe sei, um sie zu vernichten. Denn im Jahre 1451 bat Johann den Papst Nikolaus V., eine Anzahl Männer mit den Rechten von Inquisitoren zu betrauen, um den Abfall der Juden zu bestrafen. Diese blosse Tatsache zeigt, dass es um jene Zeit in Kastilien keine solche Behörde gab. Nikolaus entsprach der Bitte gern, und so wurden der Bischof von Osma,

---

1) Ripoll II, 421, 433. — Monteiro, P. I, Liv. 11, c. 35, 36. — Ordenanzas Reales, Lib. VIII, Tit. IV, l. 4.

sein Generalvikar und der Scholastikus von Salamanca zu Inquisitoren ernannt. Aber diese Massregel bildete für die Gegner Lunas nur einen neuen Ansporn, darauf zu sinnen, wie sie durch die Vernichtung ihres Feindes ihr eigenes Heil sichern konnten. Und es gelang ihnen wirklich, den König zu bewegen, seinen Günstling fallen zu lassen, der dann im Jahre 1453 nach kurzem Verfahren verurteilt und hingerichtet wurde. Nichts deutet darauf hin, dass die Inquisitoren jemals von der ihnen anvertrauten Macht Gebrauch gemacht haben. Die päpstliche Bulle blieb also unwirksam. Das wird auch durch folgenden Vorfall bestätigt. Im Jahre 1453 wurden Alfons von Almarzo, der Abt der grossen Benediktiner-Niederlassung Antealtares von Compostella, und seine Mitschuldigen vor Gericht gezogen, weil sie in ganz Spanien und Portugal Ablässe, welche die Seelen der Verdammten aus der Hölle erlösen sollten, verkauft, ausserdem das päpstliche „Agnus Dei“ nachgemacht, päpstliche Briefe gefälscht und verändert und jüdische Bekehrte zum Abfall überredet hätten. Hätte es eine Inquisition gegeben, so würde diese die Schuldigen ohne Verzug vor ihre Schranken gefordert haben. Statt dessen aber wurde der Fall an Nikolaus V. berichtet, welcher den Bischof von Tarragona beauftragte, gegen sie vorzugehen. Einige Jahre später, um 1460, beklagt Alfons von Spina, dass es an jeglicher Verfolgung der Ketzerei fehle. Bischöfe, Inquisitoren und Prediger sollten alle den Ketzern Einhalt gebieten, aber niemand tue es. „Niemand prüft die Irrtümer der Ketzer. Die habgierigen Wölfe, o Herr, haben Zulass zu deiner Herde erhalten, denn der Hirten sind wenige. Es gibt viele Mietlinge, und weil sie Mietlinge sind, sind sie nur auf das Scheren, nicht auf das Füttern der Schafe bedacht!“ Und nun entwirft er ein trauriges Bild von der spanischen Kirche, die zerrissen sei von Ketzern, Juden und Sarazenen. Bald darauf, im Jahre 1464, wandten die zu Medina versammelten Cortes ihre Aufmerksamkeit der Sache zu und beklagten, die grosse Zahl von „malos cristianos e sospechosos en la fe“. Aber die nationale Abneigung gegen die päpstliche Inquisition trat auch jetzt wieder zutage, weshalb die Einführung derselben nicht in Frage gezogen wurde. Die Erzbischöfe und Bischöfe wurden ersucht, scharf nach den Ketzern zu fahnden, und König Heinrich IV. wurde gebeten, ihnen seinen Beistand zu leihen, damit jeder Ort gründlich durchsucht, die Übeltäter ans Licht gebracht, eingekerkert und bestraft werden könnten. Man stellte dem Könige vor, es würde ihm das zum Vorteil gereichen, da die Konfiskationen dem königlichen Schatze zufallen würden. Er drückte auch gnädig seine Zustimmung aus, liess es aber im übrigen dabei bewenden[1]).

Die Rechtgläubigkeit Spaniens war im allgemeinen nur durch 187 einige Fraticellen und Waldenser bedroht worden. Diese waren aber nicht zahlreich genug, um Massregeln zur Unterdrückung herauszufordern. Die Hauptschwierigkeit lag in der grossen Zahl von Juden und Mauren, die nach dem Gesetz ein Recht auf Duldung hatten, die aber der Volksfanatismus in grosser Anzahl zur Bekehrung gezwungen hatte, und deren Glaubensreinheit berechtigtem Argwohn begegnete. Ich hoffe später zeigen zu können, dass vom religiösen wie vom politischen Standpunkte der Zeit die von Ferdinand und Isabella ergriffenen Massregeln sich wohl rechtfertigen liessen, dass sie aber doch in sittlicher und in politischer Beziehung als verfehlt und in ihren letzten Folgen als unheilvoll bezeichnet werden müssen. Gegenwärtig genügt es, auf diesen Zustand der Dinge hinzuweisen, um die weitverbreitete Unzufriedenheit und die Forderung eines wirksamen Heilmittels zu erklären[2]).

Inzwischen war Spanien nicht ganz unberührt geblieben von dem Geiste der Unruhe und der Forschung, welcher, die zweite Hälfte des fünfzehnten Jahrhunderts kennzeichnend, an den Grundsäulen der Überlieferung rüttelte und die Ansprüche der Priesterkirche bekämpfte. Um 1460 erfahren wir von Alfons von Spina, dass viele schon die Wirksamkeit der Ohrenbeichte leugneten. Soweit würde es aber nicht gekommen sein, wenn nicht vorher schon viele andere Lehren und Gebräuche, welche die Kirche als unerlässlich für das Seelenheil ansah, in Zweifel gezogen worden wären. Schliesslich wurden diese Neuerer so kühn, dass Peter von Osma, ein Lehrer an der grossen Universität Salamanca, gefährliche Ansichten durch den Druck zu verbreiten wagte. Die Ohrenbeichte, behauptete er, sei eine menschliche, nicht eine göttliche Vorschrift und sei unnötig für die Vergebung der Sünden. Kein päpstlicher Ablass könne die Lebenden vor dem Fegefeuer bewahren. Der Papst könne irren und habe keine Macht, von den Vorschriften der Kirche zu entbinden. Hätte man irgendein Mittel zur Verfolgung gehabt, so würde man mit einem so kühnen Ketzer kurzen Prozess gemacht haben. Aber die Behörden waren in solcher Verlegenheit, was sie mit ihm tun sollten,

---

1) Monteiro, P. I, Liv. 11, c. 30. — Rodrigo, II, 11, 14—15. — Paramo p. 136. — Raynald. ann. 1451, Nr. 6; ann. 1453, Nr. 19. — Alphons. de Spina Fortalic. Fidei, Prolog. fol. 56 b (Ed. 1494).

2) *Vgl. jetzt Lea, A history of the Inquisition of Spain I (1906), 154 ff.

dass sie sich an Sixtus IV. wandten. Dieser beauftragte Alfons Carillo, den Erzbischof von Toledo, der dem Könige an Rang und Würde am nächsten stand, den Ketzer zu verhören. Zu dem Zwecke wurde im Jahre 1479 zu Alcalà ein Konzil abgehalten, dem zweiundfünfzig der besten Theologen Spaniens und eine grosse Anzahl Kanonisten
188 beiwohnten. Peter wurde vorgeladen, erschien aber nicht; seine Lehre wurde als ketzerisch verdammt, er selbst verurteilt, aber nicht zum Scheiterhaufen wegen Ungehorsams, sondern zum öffentlichen Widerruf von der Kanzel. Das tat er. In dem amtlichen Berichte über das Verfahren wird erwähnt, dass alle Gläubigen bei diesem sichtbaren Zeichen der siegenden Hand Gottes in Tränen ausbrachen. So starb Peter friedlich im Schosse der Kirche im Laufe des nächsten Jahres 1480. Sixtus IV. bestätigte das Verfahren des Konzils und befahl dem Erzbischof, alle Anhänger Peters, die sein Beispiel des Gehorsams nicht nachahmen würden, als Ketzer zu verfolgen[1]).

Kurz nach der Thronbesteigung Ferdinands und Isabellas, im Jahre 1474, sandte Sixtus IV. Niccolò Franco als Legaten an den königlichen Hof mit der ganzen Vollmacht eines Inquisitors, die falschen Christen zu verfolgen und zu bestrafen, welche nach der Taufe ihre jüdischen Riten noch weiter beobachteten[2]). Aber die Monarchen, welche die Einmischung des Legaten in die inneren Angelegenheiten ihrer Länder zu beschränken wünschten, scheinen ihm keine Gelegenheit geboten zu haben, seine Machtvollkommenheiten auszuüben. Und er seinerseits scheint auch keinen Versuch dazu gemacht zu haben; wenigstens können wir nirgends eine Spur davon entdecken. Die Herrscher stellten ihre Bedingungen und warteten ruhig ab. Damit erreichten sie ihren Zweck. Denn durch die Bulle Sixtus' IV. vom 1. November 1478, welche die Grundlage der spanischen Inquisition bildet, wurde diese der Krone unterstellt und das päpstliche Recht der Intervention auf das kleinste Mass beschränkt.

c) **Portugal.**

Im Jahre 1211, beim Beginn seiner Regierung, hatte Alfons II. von Portugal seinen Eifer dadurch bekundet, dass er die Cortes ermahnte, strenge Gesetze zur Unterdrückung der Ketzerei anzu-

1) Alphons. de Castro adv. Haereses Lib. III. s. v. Confessio. — Illescas, Historia Pontifical, Lib. VI, c. 18. — Aguirre, Concil. Hispan. V, 351—8. — D'Argentré, I, II, 298—302.

2) Vatik. Geheimarchiv, Reg. 679, Tom. I, fol. 52.

nehmen. Als aber Sueiro Gomes, der erste Dominikanerprovinzial von Spanien, im Königreiche Inquisitoren des Ordens einzuführen versuchte, verweigerte Alfons die Zulassung derselben und bestand erfolgreich darauf, dass die Ketzer wie bisher vor die gewöhnlichen bischöflichen Gerichtshöfe gezogen werden sollten. Diese Abweisung genügte für beinahe anderthalb Jahrhunderte. Während dieser Zeit muss eine ziemlich grosse Gedankenfreiheit geherrscht haben; denn um das Jahr 1325 stellt Alvarus Pelayo eine lange Liste der Irrtümer auf, welche von Thomas Scotus, einem abtrünnigen Mönche, in den Schulen von Lissabon öffentlich verteidigt wurden. Welcher Art sie waren, kann man aus seiner averrhoistischen Behauptung entnehmen, es habe drei grosse Betrüger gegeben: Moses, der die Juden, Christus, der die Christen, und Muhamed, der die Sarazenen getäuscht habe. Er scheint frei und ungestraft umher gewandelt zu sein, bis er erklärte, der heilige Antonius von Padua habe Konkubinen gehalten. Da liess ihn der Franziskanerprior einkerkern und ihm den Prozess machen. Schliesslich ermächtigte eine vom 17. Januar 1376 datierte Bulle Gregors XI. den Bischof von Lissabon, Agapitus Colonna, ausnahmsweise einen Franziskaner-Inquisitor zu ernennen, da die Ketzereien sich, wie man höre, ausbreiteten und Inquisitoren im Königreiche nicht vorhanden seien. Der Neu- 189
ernannte sollte ein jährliches Gehalt von zweihundert Goldgulden empfangen, und diese sollten aufgebracht werden von allen Diözesen im Verhältnis ihrer Beiträge zu der apostolischen Kammer. Auf Grund dieser Ermächtigung ernannte Agapitus den ersten portugiesischen Inquisitor, Martin Vasquez. Ob er aber sein Gehalt jemals bekam, das dürfen wir bezweifeln. So klein indessen auch seine Einkünfte gewesen sein mögen, sie entsprachen doch seinen Dienstleistungen; denn auch von Arbeiten, die er vollbracht hat, findet sich keine Spur[1]).

Als im Jahre 1378 die grosse Kirchenspaltung eintrat und Portugal Urban VI. anerkannte, während Spanien sich auf die Seite des Gegenpapstes Clemens VII. stellte, wurde auch die Dominikanerprovinz Spanien geteilt, indem die Portugiesen einen Generalvikar und schliesslich im Jahre 1418, als Martin V. die Teilung bestätigte, einen Provinzial Gonzalo wählten. Daraus dürfte es sich erklären, warum auf Martin Vasquez ein andrer Franziskaner folgte. Im Jahre 1394 wandte sich Rodrigo von Cintra, der sich Inquisitor von

---

1) Herculano, I, 40. — Monteiro, P. I, Liv. 11, c. 34. — Pelayo, Heterodoxos Españoles, I, 782—3.

Portugal und Algarve nannte, an Bonifaz IX. um Bestätigung, die ihm gnädig bewilligt wurde. Augenscheinlich waren die Einkünfte des Amtes gleich Null, denn es wurde ihm das Recht eingeräumt, mit einem Genossen nach freier Wahl in irgendeinem Franziskanerkloster zu leben, das verpflichtet sein sollte, ihn auf demselben Fusse wie jeden andern Magister der Theologie zu erhalten. Rodrigo war Prediger König Johanns I., der Bonifaz IX. um diese Gunst ersucht hatte. Seine Laufbahn ist wie die seines Vorgängers vollständig inhaltsleer. Auf Rodrigo folgte ein Dominikaner, Vincenz von Lissabon, der Provinzial von Spanien gewesen war. Zur Zeit der Spaltung kehrte er nach Portugal zurück und wurde Beichtvater König Johanns. Im Jahre 1399 ersuchte der König den Papst Bonifaz, er möge Vincenz zum Inquisitor ernennen, was auch gewährt wurde. Im Jahre 1401 versuchte der Papst, wie wir gesehen haben, die Jurisdiktion dieses Inquisitors auch auf Kastilien und Leon auszudehnen. Von seiner Inquisitionstätigkeit ist aber ebenfalls keine Spur vorhanden. Nach seinem 1401 erfolgten Tode scheint das Amt eine Zeitlang unbesetzt geblieben zu sein. Es wurde anscheinend als ein Nebenamt für den Verwalter der königlichen Kapelle angesehen, vorausgesetzt, dass dieser es annehmen wollte. Der nächste, welcher — 1413 — ernannt wurde, war ein andrer Beichtvater König Johanns, diesmal wieder ein Franziskaner, Alfons von Alprão, von dessen Taten die Quellen gleichfalls schweigen. Seit
90 im Jahre 1418 das Königreich als unabhängige Dominikanerprovinz neu organisiert wurde, sollen, wie die Geschichtschreiber der Inquisition auf Grund einer Bulle Bonifaz' IX. aus dem Jahre 1402 annehmen, auch alle späteren Provinziale gleichfalls Generalinquisitoren gewesen sein. Wenn man ihnen glauben darf, gab es eine stattliche Reihe solcher Würdenträger, bis im Jahre 1531 die neue Inquisition gegründet wurde. Von der Tätigkeit, die sie in dieser Eigenschaft entfaltet hätten, wird aber nichts berichtet. Das heilige Offizium ruhte; es war nicht einmal ein Beamter dem Namen nach da, bis in den ersten Jahren des sechzehnten Jahrhunderts König Manuel, angefeuert von dem Beispiel seiner kastilischen Nachbarn und voll Besorgnis über den Stand der „Neuen Christen" oder der vom Judentum und Islam Bekehrten, auf den Gedanken kam, es neu zu beleben. Obgleich er den Dominikanerprovinzial zur Verfügung hatte, scheint er nicht daran gedacht zu haben, ihn zu diesem Zwecke zu verwenden. Der König wandte sich an den Papst, der seinen Wunsch erfüllte und einen Franziskaner, Heinrich

von Coimbra, ernannte. Aber auch von seiner Tätigkeit findet sich keine Spur[1]).

Die neue Inquisition in Spanien bot ein Muster, nach dem, wie man wohl erwarten durfte, das kleinere Königreich sich richten konnte. Und tatsächlich mochte in Anbetracht der Aufgaben, welche der grosse Zufluss von „Neuen Christen" mit sich brachte, die vor der spanischen Verfolgung geflohen waren, eifrigen Katholiken ein solches Institut als eine Notwendigkeit erscheinen. Wirklich trug sich eine Zeitlang König Manuel so ernstlich mit dem Gedanken, die spanische Inquisition in seinen Besitzungen einzuführen, dass er im Jahre 1515 seinen Gesandten in Rom, D. Miguel da Silva, beauftragte, von Leo X. dieselben Vorrechte zu erwirken, wie sie für Kastilien zugestanden worden waren. Aber aus dem einen oder andern Grunde wurde der Plan aufgegeben. Da sein Sohn König Johann III., der ihm im Jahre 1521 folgte, ein beschränkter Fanatiker war, so befremdet es, dass die Einführung der Inquisition nach spanischem Muster noch zehn Jahre auf sich warten liess. Der Kampf, der infolge dieser Massregel entbrannte, gehört jedoch einer Zeit an, welche jenseits der Grenzen unserer gegenwärtigen Aufgabe liegt[2]).

1) Llorente, Ch. III, Art. II, Nr. 24. — Monteiro, P. I, Liv. II, c. 35, 37, 38, 39. — Wadding, ann. 1394, Nr. 4; 1413, Nr. 4. — Ripoll, II, 389.

2) Herculano, Da Origem etc. da Inquisição, I, 163—5. — *Vgl. für die Inquisition in Portugal Lea, A history of the Inquisition of Spain III (1907), S. 237 ff.

Viertes Kapitel.

Italien.

191 Wir haben gesehen, wie in Frankreich die Ketzerei in Verbindung mit dem Lehnswesen hartnäckig den Eingriffen der Monarchie Widerstand leistete. In Italien waren es andere, verwickeltere Verhältnisse, die einerseits stärker zum Gegensatz gegen die bestehende Kirche reizten und andrerseits die Niederwerfung der Rebellion viel schwieriger machten. Hier gehen Ketzerei und Politik so sehr ineinander über, dass es zeitweise unmöglich ist zu sagen, wo die eine aufhört und die andere anfängt. Das Schicksal der Ketzer hängt mehr von den wechselnden Richtungen und Strömungen der Politik ab als von dem Eifer, den Männer wie St. Peter der Märtyrer oder Rainerio Saccone entfalteten.

Jahrhundertelang war der normale Zustand Italiens nicht weit von dem der Gesetzlosigkeit entfernt. Die krampfhaften Versuche des Reiches, seine traditionellen Ansprüche auf die Oberherrschaft zur Geltung zu bringen, stiessen mit den stetigen Bemühungen des Papsttums zusammen, seine weltliche Herrschaft über die Halbinsel auszudehnen. Während der hundertjährigen Regierungszeit der Hohenstaufen (1152—1254), wo das Reich seinem Ziele am nächsten zu sein schien, suchten die Päpste einen Wall aufzurichten, indem sie die Versuche der Städte ermutigten, Republiken mit freier, unabhängiger Selbstverwaltung zu werden. In ihnen allen war also eine eigene päpstliche Partei zu finden. Nördlich von dem Patrimonium St. Petri zerfiel infolgedessen das Land in kleine Staaten mit mehr oder weniger demokratischen Einrichtungen. Die meisten von ihnen waren zerrissen von wilden inneren Kämpfen zwischen Parteien, die, als Guelfen und Ghibellinen, das Banner des Papstes oder das des Kaisers entfalteten, um sich unter diesem Vorwande zu zerfleischen. Es war die Regel, dass sie beständig im Kriege miteinander lagen. Wohl brachte zuweilen irgendeine höhere Notwendigkeit eine vorübergehende Einigung zustande, z. B. als die Lombardische Liga im Jahre 1176 auf dem Schlachtfelde von Legnano Barbarossas Macht brach; im allgemeinen aber enthalten die Chroniken dieser unglücklichen Zeit nichts als eine regellose Masse mörderischer Kämpfe innerhalb und ausserhalb der Tore einer jeden Stadt.

Günstigere Bedingungen für ihre Ausbreitung konnte die 192
Ketzerei kaum verlangen. Die Kirche war durch und durch verweltlicht und dachte nur an die Sorgen und Freuden dieser Welt. Daher kam während des Kampfes zwischen Alexander III. und den von Friedrich I. nacheinander aufgestellten Gegenpäpsten — Viktor, Paschal, Calixtus und Innocenz — die gewaltsame Durchführung der allgemeinen Rechtgläubigkeit gar nicht in Frage. Nach dem Siege des Papsttums schickte, wie wir gesehen haben, Lucius III. scharfe Erlasse in die Welt, ebenso erliessen Heinrich VI. im Jahre 1194 und Otto IV. 1210 Edikte; aber sie alle hatten keinen praktischen Erfolg. Wo jede Stadt in Parteien geteilt war, vermochte die Ketzerei ihre Duldung zu erkaufen und oft einen Anteil an der Regierung zu erlangen, indem sie ihr Gewicht bald in die eine, bald in die andere Wagschale warf und so die Stärke der Parteien im Gleichgewicht hielt. Die grösseren Kämpfe von Stadt gegen Stadt und von Papst gegen Kaiser boten ein noch weiteres Feld für die Betätigung dieses diplomatischen Geschicks, und man liess sich diesen Vorteil nicht entgehen. Als unter Honorius III., Gregor IX. und Friedrich II. die Grundsätze der Verfolgung festgelegt wurden und Förderung der Ketzerei dieser selbst gleichgesetzt wurde, sahen sich die Parteien und die Adligen, welche Ketzer duldeten oder beschützten, in das allgemeine Anathema miteinbegriffen, und es wurden ganze Gemeinden als der falschen Götzendienerei ergeben gekennzeichnet. Obwohl in den Augen der Päpste Ghibelline und Ketzer häufig als fast gleichbedeutende Begriffe galten, berechtigte in Wirklichkeit nichts zu dieser allgemeinen Bezeichnung. So war Mailand infolge seiner traditionellen Feindschaft gegen das Reich ein hervorragend guelfisches Gemeinwesen, und doch wurde es überall als das stärkste Zentrum der Ketzerei angesehen.

Obgleich die Ketzerei keineswegs so stark verbreitet war, wie die päpstlichen Bannsprüche anzudeuten scheinen, so waren die Ketzer doch zahlreich genug, um politischen Einfluss zu gewinnen und nicht unberechtigte Hoffnungen zu hegen, dass sie später einmal zur Herr-

schaft gelangen könnten. So hielten sie es auch kaum für nötig, sich zu verstecken. Als Otto IV. 1209 zu seiner Krönung nach Rom kam, waren die Geistlichen seines Gefolges empört darüber, dass es dort, trotz der wachsamen Regierung Innocenz' III., Schulen gab, in denen Manichäische Lehren offen und anscheinend ungestört verbreitet wurden. Von den frühesten Dominikaner-Verfolgern wird berichtet, dass sie in den volkreichsten Städten Italiens beständig Disputationen mit Ketzern abhielten, und dass die Wunder, die sie wirkten, meistens die Antwort auf die Verspottungen und Herausforderungen seitens der Ketzer waren. Im Jahre 1210 musste Otto IV.
193 den Behörden zu Ferrara befehlen, die Katharer, welche auf die Aufforderung des Bischofs hin nicht zur Kirche zurückkehrten, und ebenso die Personen, welche dieselben öffentlich unterstützten, in die Acht zu tun[1]).

Obwohl Stephan von Bourbon berichtet, ein bekehrter Ketzer habe ihm mitgeteilt, in Mailand gebe es nicht weniger als siebzehn verschiedene heterodoxe Sekten, die einander bitter bekämpften, so können sie doch wie in Frankreich auf zwei Hauptgruppen — die Katharer oder Patarener und die Waldenser — zurückgeführt werden. Die Katharer traten, wie sich der Leser erinnern wird, in der ersten Hälfte des elften Jahrhunderts zu Monteforte in der Lombardei auf und hatten sich von da an beständig vermehrt. Nach Rainerio Saccone, der um die Mitte des dreizehnten Jahrhunderts ihre Kirchen aufzählt, gab es in der Lombardei und den Marken ungefähr fünfhundert „vollkommene" Katharer der Sekte der Albanenser, mehr als fünfzehnhundert Concorezzenser und ungefähr zweihundert Bajolenser. Die Kirche von Vicenza zählte ungefähr hundert Mitglieder. Ebenso viele lebten in Florenz und Spoleto, dazu kamen ungefähr einhundertundfünfzig, die aus Frankreich nach der Lombardei geflohen waren. Da Rainerio die Gesamtzahl von Konstantinopel bis zu den Pyrenäen auf viertausend schätzt, neben einer zahllosen Masse von „Glaubenden", so ergibt sich daraus, dass beinahe zwei Drittel der Gesamtzahl in Oberitalien, hauptsächlich in der Lombardei, vereinigt waren, und dass sie dort einen ansehnlichen Teil der Bevölkerung ausmachten[2]).

Die Lombardei war tatsächlich der Mittelpunkt, von wo der Katharismus sich über Europa verbreitete. Wir haben oben ge-

---

1) Caesar. Heisterbacens. Dial. Mirac. Dist. v, c. 25. — Muratori, Antiq. Ital. Diss. LX (T. XII, p. 447).

2) D'Argentré, Coll. Judic. de novis Error. I, I, 86. — Rainerii Summa (Martene Thesaur. v, 1767).

sehen, wie sie länger als ein halbes Jahrhundert als Zufluchtsort für die verfolgten Frommen von Languedoc und als Bildungsstätte für Missionare und Lehrer diente. Um 1215 wurde ein gewisser Ivo von Narbonne fälschlich der Ketzerei angeklagt und floh nach Italien, wo er als Märtyrer empfangen wurde und reichliche Gelegenheit hatte, in die Geheimnisse der Sektierer einzudringen. In einem Briefe an den Erzbischof Geraldus von Bordeaux schildert er im J. 1242 ihre vollständige Organisation in ganz Italien mit ihren Abzweigungen in alle benachbarten Länder. Aus allen Städten der Lombardei und von Toskana wurden ihre Jünglinge nach Paris geschickt, um sich in der Logik und Theologie zu vervollkommnen und so imstande zu sein, ihre Irrtümer erfolgreich zu verteidigen. Bei dem Besuch der Märkte erlangten katharische Kaufleute Eintritt in die 194
Häuser, wo sie keine Gelegenheit vorübergehen liessen, ohne die Saat der falschen Lehre auszustreuen. Erfüllt von Eifer und Mut, war der Katharer der Meinung, dass sein Glaube die Religion der Zukunft sei, und in dem Martyrium sah er das beste Mittel, seine Ideen zu verbreiten. Mailand war das Hauptquartier, wohin jedes Jahr von allen Kirchen im Gebiet der Christenheit Delegierte zusammenströmten, die ihre Beiträge für den Unterhalt der Zentralleitung mitbrachten und das Symbol kennen lernten, das alle Jahre geändert wurde; durch dieses konnte der wandernde Patarener die Häuser seiner Mitbrüder erkennen und so ohne Gefahr ihre Gastfreundschaft in Anspruch nehmen. Vergebens warnte im Jahre 1212 Innocenz III. die Ketzerstadt vor dem Schicksal Languedocs und drohte, einen ähnlichen Kreuzzug zu ihrer Vernichtung zu veranstalten. Zum Glück für die Lombarden hatte er niemanden, den er dazu hätte auffordern können; denn Deutschland, obwohl von dem Wunsche beseelt, Italien zu erobern, hatte zuviel mit sich selbst zu tun, um an ein solches Unternehmen zu denken; ausserdem fürchteten die Päpste die kaiserliche Herrschaft ganz ebenso wie die Ketzerei. Es lag eine bittere Ironie in der Antwort, die Friedrich II. im Jahre 1236 bei Gelegenheit der Unterwerfung der rebellischen Lombarden dem Papste gab. Auf den Notschrei Gregors IX., der ihn aufforderte, seine Waffen nach Syrien zu tragen, erwiderte er mit dem Hinweis darauf, dass die Mailänder viel schlimmer seien als die Sarazenen und dass ihre Unterwerfung viel wichtiger sei[1]).

1) Matt. Paris. ann. 1236, 1243 (Mon. Germ. Hist. SS. xxviii, 230 ff.). — Trithem. Chron. Hirsaug. ann. 1230. — Innoc. PP. III., Regest. xv, 189. — Hist. Diplom. Frid. ii, T. iv, p. 881. — *Vgl. Haupt, Waldensertum und Inquisition im südöstlichen Deutschland (1890), S. 3.

Wir besitzen kein Mittel, um die Zahl der italienischen Waldenser annähernd richtig abzuschätzen, aber in einigen Gebieten müssen sie fast ebenso zahlreich wie die Katharer gewesen sein. Die Überreste der Arnaldisten und Humiliaten hatten die Missionare der „Armen von Lyon“ freudig willkommen geheissen und hatten nicht nur ihre Glaubenssätze angenommen, sondern auch ihren Gegensatz gegen Rom noch zu fördern gesucht. Schon im Jahre 1206 erklärte Papst Innocenz III. die Namen „Humiliaten“ und „Arme von Lyon“ für gleichbedeutend und versuchte, allerdings mit wenig Erfolg, sie aus Faenza, wo sie sich ausbreiteten und das Volk ansteckten, zu vertreiben. In Mailand hatten sie eine Schule errichtet, in der sie ihre Lehren öffentlich vortrugen, bis sie schliesslich von einem eifrigen Erzbischof niedergerissen wurde. Als im Jahre 1209 Durandus von Huesca die Verirrten in die Hürde zurückzuführen suchte, erklärten sich hundert oder mehr von ihnen zur
195 Versöhnung bereit, wenn ihnen das Gebäude zurückgegeben würde. Offenbar hatten sie eine wirkliche Verfolgung wenig zu fürchten, und spätere Briefe des Papstes Innocenz zeigen, dass sie dort noch immer in Blüte standen. Die Waldenser, welche im Jahre 1212 zu Strassburg verbrannt wurden, gaben zu, dass ihr Oberhaupt in Mailand wohne, und dass sie regelmässig Geld sammelten und dorthin abführten [1]).

In den Tälern der Cottischen Alpen, in denen sie sich von der Dauphiné aus ausbreiteten [2]), fassten sie jedoch am festesten Fuss. In diesen unwirtlichen Gegenden, die bis dahin fast unbewohnt waren, liessen sie sich in jedem Winkel nieder, um durch rastlosen Fleiss, harte Arbeit und erstaunliche Selbstverleugnung ihr Dasein zu fristen. Dort nahm ihre Zahl schnell zu, die Täler von Luserna, Angrogna, San Martino und Perosa waren bald von ihnen besetzt. Über das beständige Wachsen dieser Ketzerei in seiner Diözese beunruhigt, wandte sich im Jahre 1210 der Bischof von Turin an Otto IV. um Hilfe zu ihrer Unterdrückung. Aber der Kaiser befahl ihm in seiner Antwort nur, bei der Bestrafung und Vertreibung der Ketzer strenge vorzugehen. Dieses Recht gaben dem Bischof schon die Kanones in reichlicher Fülle, aber es fehlte ihm die Kraft, um es in die Tat um-

---

1) Montet, Hist. litt. des Vaudois du Piémont, pp. 40—1. — Innoc. PP. III., Regest. IX, 18, 19, 204; XII, 17; XIII, 63. — Kaltner, Konrad von Marburg, pp. 42, 44. — Annal. Marbacens. ann. 1231 (Mon. Germ. Hist. SS. XVII, 174). — *Vgl. K. Müller, Die Waldenser und ihre einzelnen Gruppen bis zum Anfang des 14. Jahrhunderts (1886), S. 16 ff.

2) *Vgl. dazu Haupt in der Historischen Zeitschrift 61 (1889), S. 58 ff.

zusetzen; daher war der kaiserliche Befehl ganz zwecklos. Die Obrigkeiten an Ort und Stelle trafen, soviel man sieht, keine Massregeln, um die Verfolgung durchzuführen, weshalb die Ketzer beständig zunahmen. Die unmittelbare Herrin des am stärksten verseuchten Gebietes war die Abtei Ripaille, die sich aber ausserstande sah, die Ketzer zu überwachen, und deshalb ihre weltlichen Rechte Thomas I., dem Grafen von Savoyen, übertrug. Er erliess ein Edikt, auf das ich schon Bezug genommen habe (I, S. 358), und das jeden, der Ketzern eine Zuflucht gewährte, mit einer Geldstrafe von zehn Sols belegte, was sich als ganz nutzlos erwies. So entstanden, da es an wirksamen Massregeln der Unterdrückung fehlte, jene Alpengemeinden, deren Glaubenszähigkeit Jahrhunderte hindurch eine ununterbrochene Reihe demütiger Märtyrer hervorbrachte, und die der Menschheit ein bewundernswertes Beispiel von Standhaftigkeit und Geduld gaben[1]).

Obgleich die Waldenser der Lombardei ihren Ursprung von 196
den „Armen von Lyon" ableiteten, rief ihre schnellere Entwicklung doch bald Unterschiede in der Lehre hervor, weshalb im Jahre 1218 zu Bergamo eine Konferenz von Abgesandten beider Parteien abgehalten wurde, der es aber nicht gelang, die trennenden Punkte zu beseitigen. Die Lombarden teilten ihren Brüdern in Deutschland einen Bericht über die Disputation mit und fügten ihre Ansichten hinzu. Wir brauchen auf die Einzelheiten des Glaubens und der kirchlichen Organisation nicht einzugehen, aber die Angelegenheit verdient hier erwähnt zu werden, da sie zeigt, wie sehr die Kirche der Ketzer blühte, welcher Duldung sie sich tatsächlich erfreute, und endlich, wie rege Beziehungen zwischen ihren in ganz Europa verbreiteten Zweigen unterhalten wurden[2]).

Die Kampflust der Ketzer, die Gunst, die ihnen das Volk entgegenbrachte, und die Ohnmacht der Kirche, unter den obwaltenden politischen Verhältnissen systematisch gegen sie vorzugehen, traten in den Unruhen zutage, welche im Jahre 1204 zu Piacenza aus-

---

1) Böhmer, Regest. Imp. v, 110. — Comba, La Riforma in Italia, I, 251—57. — Ejusd. Histoire des Vaudois d'Italie, I, 124 sqq., 140 (*Comba, Histoire des Vaudois (1901) S. 258 ff.). — Charvaz, Origine dei Valdesi, App. Nr. XXII.

Giuseppe Manuel di S. Giovanni (Un' Episodia della storia del Piemonte, Torino, 1874, pp. 15—21) legt dar, dass das Schreiben Ottos IV. nur der Entwurf eines Briefes ist, um den ihn der Bischof gebeten hatte. Die Frage hat jedoch nur archäologisches Interesse, da keinesfalls etwas darauf erfolgte.

2) Rescript. Heres. Lombard. (Preger, Beiträge, München, 1875, pp. 56 bis 63; *K. Müller a. a. O. S. 22 ff.). — Rainerii Summa (Martene Thesaur. v, 1775).

brachen. Dort waren die Ketzer stark genug, einen Streit zwischen den Behörden und dem Bischof Grimerius hervorzurufen, der damit endete, dass der Bischof und alle Geistlichen flohen oder verjagt wurden. Die Vertriebenen begaben sich nach Cremona; da aber diese Stadt im Jahre 1205 gleichfalls mit ihren Geistlichen im Kampfe lag, so mussten die Wanderer weiterziehen, um in Castell' Arquato Zuflucht zu suchen. Zweiundeinhalb Jahre lang war Piacenza ohne rechtgläubige Priester und ohne alle Übungen und Tröstungen der Religion, ein Zustand, den das Volk mit der grössten Gleichgültigkeit ertrug. So tief war damals der Einfluss der Kirche gesunken. Im Oktober 1206 schickte Innocenz III. drei apostolische Visitatoren hin, um eine Versöhnung zustande zu bringen. Diese drohten, die Diözese zu trennen und unter die benachbarten Bistümer aufzuteilen; aber die Bürger kümmerten sich wenig um diese Drohung und nahmen die ihnen gestellte Bedingung, dem Bischofe den erlittenen Schaden zu vergüten, nicht an. Nachdem etwa ein halbes Jahr mit nutzlosen Verhandlungen hingebracht worden war, zogen die Kommissare ab, und erst im Juli 1207 gelang es einer
197 andern Kommission, die günstigere Bedingungen anbot, eine Versöhnung herbeizuführen, worauf die Geistlichen aus der Verbannung zurückkehren konnten. Um dieselbe Zeit musste Innocenz seine ganze Überredungskunst und alle Gründe der Vernunft aufbieten, um die Bewohner von Treviso zu veranlassen, die dortigen Ketzer zu vertreiben. Weit davon entfernt, ihnen zu drohen, bat er sie vielmehr, Vertrauen zu haben, dass der Bischof die Exzesse der Geistlichkeit, an deren schlechtem Beispiel sie Anstoss genommen hätten, abstellen würde. Man kann daher begreifen, dass die Ketzer bereits frohlockten im Vertrauen auf den voraussichtlichen Sieg ihres Glaubens, und dass der Abt Joachim von Flore in seiner Erklärung der Apokalypse voll Verzweiflung in den Ketzern die Heuschrecken erblickte, welche mit der Stärke der Skorpionen bei dem fünften Trompetenstoss aus den bodenlosen Tiefen des Abgrunds hervorkommen (Apok. IX. 3, 4). Diese Ketzer sind in seinen Augen der Antichrist selbst. Ihre Macht wird wachsen, ihr König ist schon gewählt, jener König der Heuschrecken, „dessen Name in der hebräischen Sprache Abaddon, im Griechischen aber Apollyon lautet“ (Apok. IX. 11). Widerstand gegen sie wird vergebens sein. Sie werden sich mit den Sarazenen vereinen, mit denen sie, wie er sagt, schon seit dem Jahre 1195 in Unterhandlungen getreten sind[1]).

1) Campi, Dell' Historia Ecclesiastica di Piacenza, P. II, pp 92 sqq. —

Als Honorius III. im Jahre 1220 von Friedrich II. das grausame Krönungs-Edikt gegen die Ketzerei erlangte, mag er wohl erwartet haben, dass der Weg zu ihrer sofortigen Unterdrückung fortan offen stehe. Doch sollte er bald eines andern belehrt werden. Welche Beteuerungen Friedrich auch immer abgeben, welche Strenge er auch immer in seinen sizilischen Besitzungen anwenden mochte, so passte es doch nicht in seine Politik, in den kleinen unruhigen Republiken, die er zu unterwerfen suchte, die ghibellinischen Führer sich zu entfremden oder die guelfischen Parteien zu stärken. Seine Regierung war von Anfang bis zu Ende ein offener oder geheimer Kampf mit Rom, und zwar ein Kampf auf Leben und Tod. Er dachte viel zu frei, als dass er Bedenken getragen hätte, alle sich ihm bietenden Machtquellen ohne Unterschied zu benutzen und auf jede Weise dem Feinde Ungelegenheiten zu bereiten. Daher blieben in Mittel- und Oberitalien seine Gesetze zum grössten Teile toter Buchstabe. Schon im Jahre 1221 wird die Klage laut über Ezzelin von Romano, den mächtigsten Ghibellinen in der Mark Treviso, dass er den Ketzern seinen Schutz angedeihen liess, eine Politik, die er bis zum Ende befolgte, offenbar, weil er gut dabei fuhr. Als im Jahre 1227
Ingheramo da Macerata, der frühere Podestà von Rimini, von den 198
Bürgern verfolgt wurde, weil er einige ihrer Töchter und Schwestern als Ketzerinnen dem Feuertode ausgeliefert und die Verordnungen Friedrichs in die Statuten der Stadt hatte aufnehmen wollen, bat er nicht den Kaiser, sondern den Papst Honorius III. um Schutz[1]).

Es war also etwas anderes nötig als kaiserliche Edikte, um dem weiteren Umsichgreifen der Ketzerei Einhalt zu gebieten. Indem sich Honorius nach Mitteln und Wegen dazu umsah, ernannte er im Jahre 1224 die Bischöfe von Brescia und Modena zu Kommissaren mit besonderen Vollmachten, um die Ketzer der Lombardei auszurotten, also zu Inquisitoren, und tat damit den ersten Schritt, der allmählich zur Einrichtung der Inquisition führte. Die Brauchbarkeit der Dominikaner zu diesem Amte war damals noch nicht erkannt worden. Der Bischof von Modena übernahm jedoch die Aufgabe, die heidnischen Preussen zu bekehren, und der Bischof von Rimini trat an seine Stelle. Die Bischöfe begannen mit Brescia selbst, dessen Bischof zweifellos wusste, wohin man treffen musste.

Innoc. PP. III., Regest. IX, 131, 166—9; X, 54, 64, 222. — Tocco, L'Heresia nel Medio Evo, pp. 364, 366 (Firenze, 1884). — Cf. Pseudo-Joachim, De septem temporibus Ecclesiae P. V.

1) Epistt. Saecul. XIII, T. I, Nr. 451 (Mon. Hist. Germ.). — Potthast Nr. 7672.

Sie liessen gewisse Häuser niederreissen, wo häretische Prediger aufzutreten pflegten. Sofort brach ein bewaffneter Aufstand aus, und die verschiedenen Parteien der Stadt nahmen ihre Stellungen ein. Mehrere Kirchen wurden verbrannt, auf deren Trümmern die Ketzer die Ceremonie des Anathems parodierten, indem sie brennende Fackeln aus den Fenstern warfen und alle Mitglieder der römischen Kirche exkommunizierten. Erst nach einem harten und langen Kampfe gewannen die Katholiken die Oberhand. Die Bedingungen aber, welche Honorius vorschrieb, waren sehr milde, da man es offenbar für unpolitisch hielt, die besiegte Partei zur Verzweiflung zu treiben. Alle Exkommunizierten sollten sich wegen Absolution persönlich an den Heiligen Stuhl wenden. Die befestigten Häuser der Herren von Gambara, Ugona, der Oriani und der Söhne des Botatio, welche die Anführer in den Wirren gewesen waren, sollten dem Erdboden gleichgemacht und nie wieder aufgebaut werden, während von andern festen Häusern, die gegen die Katholiken verteidigt worden waren, der dritte Teil oder die Hälfte niedergerissen werden sollte. Bepfründete Kleriker, deren Väter Ketzer oder Begünstiger von Ketzern waren, sollten drei Jahre lang oder mehr, je nach ihrer persönlichen Teilnahme an den Unruhen, von ihrem Amte suspendirt werden. Die Geistlichen der Lombardei und der Mark Treviso mussten eine Summe von dreihundertunddreissig Lire aufbringen,
199 um die Katholiken für die in dem Kampfe mit den Ketzern erlittenen Verluste zu entschädigen. Die Lombarden waren seither so wenig an Verfolgung gewöhnt, dass sie selbst diese Bedingungen für zu hart ansahen. Die Stadt Mailand verwandte sich für die Verurteilten, und schliesslich machten sogar die Behörden von Brescia geltend, dass Mässigung zum Frieden führen könne. Deshalb ermächtigte Honorius am 1. Mai 1226 die Bischöfe, nach eigenem Ermessen die Strafen herabzusetzen. Dem Dominikaner Gualla aber, der im Jahre 1230 zum Bischof von Brescia erwählt wurde, gelang es sofort, das Gesetz Friedrichs II. vom März 1224, welches für Ketzer den Scheiterhaufen oder den Verlust der Zunge bestimmte, in die Statuten der Stadt einzuführen und den Podestà zu zwingen, sich mit einem Eide für die Ausführung desselben zu verbürgen [1]).

Gregor IX. war ein Mann von noch härterer Gemütsart als Honorius. Trotz seiner achtzig Jahre war der Beginn seines Pontifikats im Jahre 1227 das Zeichen zum erbarmungslosen Kriege gegen

1) Epistt. Saec. XIII, T. I, Nr. 264—66, 275, 295 (Mon. Germ. Hist.) — Havet, Bibl. de l'École des Chartes, 1880, p. 602.

die Ketzerei. Drei Wochen nach seiner Thronbesteigung wurde unter den Auspizien des Papsttums zwischen Friedrich II. und der Lombardischen Liga der Friede unterzeichnet. Er enthielt auch Bestimmungen zur Unterdrückung der Ketzerei. Gregor forderte sofort in den gebieterischsten Worten die Lombarden auf, ihre Pflicht zu tun. Bis jetzt, sagte er ihnen, seien alle ihre angeblichen Bemühungen nur Spiegelfechtereien gewesen. Eine Durchführung der kaiserlichen Verordnungen sei nicht versucht worden. Wenn die Ketzer zuweilen vertrieben worden seien, so sei es nur geschehen mit der geheimen Abmachung, dass sie zurückkehren und in Frieden wohnen bleiben dürften. Habe man Geldstrafen auferlegt, so sei der Betrag im geheimen wieder zurückgezahlt worden. Die Durchführung der Gesetze sei stets mit einem Vorbehalt geschehen, durch den alles wieder aufgehoben wurde. So sei die Ketzerei gewachsen und stark geworden, aber die Rechte der Kirche seien missachtet worden. Den Ketzern habe man erlaubt, öffentlich zu predigen, während die Geistlichen für vogelfrei erklärt und gefangen gesetzt worden seien. Alles das müsse aufhören, und die Bestimmungen des Friedenstractats müssten durchgeführt werden. Verharrten die lombardischen Städte auf ihren schlechten Wegen, so werde der Heilige Stuhl Mittel finden, ihre Pflicht ihnen klar zu machen[1]).

So scharf diese Worte waren, so blieben sie bei dem politischen Zustande der Lombardei doch unwirksam. In seiner Nähe aber vermochte Gregor seinen Willen besser durchzusetzen. Wir haben schon gesehen, wie schnell er die Nützlichkeit des Domini- 200
kanerordens erkannte, und wie sein erster in Florenz gemachter Versuch den Grund zur Inquisition legte. Während dieser Versuch Gestalt annahm, erhielt sein Eifer im Jahre 1231 einen neuen Ansporn durch die Entdeckung, dass in Rom selbst die Ketzerei schon offen und kühn ihr Haupt zu erheben wagte und viele Priester und andere geistliche Personen gewonnen hatte. Das erste Autodafé, von dem wir wissen, wurde von dem Senator Annibaldo an dem Portal von Santa Maria Maggiore veranstaltet, wobei ein Teil der Unglücklichen verbrannt, der andere zu lebenslänglicher Gefangenschaft verurteilt wurde. Gregor benutzte diese Gelegenheit, um jene Decretale bekannt zu machen, welche die Grundlage des Inquisitionsverfahrens werden sollte, und den Erlass strenger weltlicher Gesetze im Namen des Senators zu verlangen. Die Einzelheiten habe ich bereits erwähnt (Bd. I, S. 363), sie brauchen hier nicht wiederholt zu werden. Bei

1) Epistt. Saecul. XIII, T. I, Nr. 355.

diesem Erfolge aber liess es der Papst nicht bewenden. Denn die strengen Verordnungen für Sizilien, welche Friedrich II. um diese Zeit veröffentlichte, sowie die Erlasse, welche er im Jahre 1232 zu Ravenna vollzog, sind offenbar auf die dringenden Vorstellungen Gregors zurückzuführen, da der Kaiser grade damals der Hilfe des Papstes bei den lombardischen Verwicklungen bedurfte. Tatsächlich schrieb Friedrich kurz darauf an ihn, dass sie wie Vater und Sohn zueinander ständen, und dass sie das ihnen anvertraute geistliche und weltliche Schwert gegen Ketzer und Rebellen schärfen müssten, ohne Zeit mit Sophistereien zu verlieren; denn die Natur unterliege der Krankheit, wenn man die Zeit zur Heilung mit Erörterungen zubringe. Wahrscheinlich versprach sich aber Gregor nicht viel von dem Eifer des Kaisers, denn er schickte Annibaldos Edikt selbst nach Mailand mit dem Befehl, dass es dort angenommen und ausgeführt werden solle. Schon im Jahre 1228 hatte sein Legat Goffredo, Kardinal von San Marco, bei den Mailändern die Annahme eines Gesetzes bewirkt, wonach die Häuser von Ketzern zerstört und alle von der Kirche Verurteilten innerhalb zehn Tagen durch die weltlichen Behörden vom Leben zum Tode befördert werden sollten. Aber bis dahin war, wie es scheint, das Gesetz noch niemals zur Ausführung gekommen[1].

Da Gregor einsah, dass alle Versuche vergebens waren, ausser
201 denjenigen, welche die Dominikaner in Florenz machten, so griff er zu dem letzten und erfolgreichen Mittel: er übertrug dem Orden als einen Teil seiner durch die Regel ihm auferlegten Pflichten die Unterdrückung der Ketzerei. Und sogleich regte sich auf der ganzen Linie neues Leben. Die Kirche entdeckte plötzlich, dass sie hier mit einer unerwarteten, grenzenlosen und unerschöpflichen Fülle von Begeisterung rechnen durfte, die, achtlos gegen die Gefahren und Folgen ihrer Handlungen, mit Sicherheit auf schliesslichen Erfolg rechnen konnte. Jetzt erscheinen ganz andere Männer auf dem Schauplatz: der h. Petrus Martyr, Johann von Vicenza, Roland von Cremona, Rainerio Saccone, die sich ihren Amtsbrüdern in Languedoc würdig an die Seite stellen durften. Wie abstossend ihre Taten uns auch erscheinen mögen, so gaben sie sich doch dem, was sie für ihre Pflicht hielten, mit einer Aufrichtigkeit hin, welche Achtung abnötigt.

---

1) Raynald. Ann. ann. 1231. Nr. 13—18. — Constit. Sicular. Lib. I, Tit. 1. — Rich. S. Germ. Chron. (Muratori, S. R. I. VII, 1026). — Vit. Gregor. PP. IX. (Ib. III, 578). — Hist. Diplom. Frid. II, T. IV, pp 299—300, 409—11. — Verri, Storia di Milano, I, 242. — Bern. Corio, Hist. Milanese, ann. 1228.

Auf der einen Seite hatten diese Männer eine leichtere Aufgabe als ihre westlichen Amtsgenossen; brauchten sie doch nicht mit der Eifersucht der Bischöfe zu kämpfen, noch ihre Handlungen der Oberaufsicht derselben zu unterwerfen. Die Unabhängigkeit des italienischen Episkopats war schon im elften Jahrhundert gebrochen worden. Ausserdem gehörten die Bischöfe naturgemäss zu der guelfischen Partei, die jeden Bundesgenossen willkommen hiess, der ihnen bei der Vernichtung der Gegenpartei in den unruhigen Städten Hilfe zu bringen versprach. Andrerseits aber wurden hier die Schwierigkeiten und Gefahren der Aufgabe ausserordentlich vermehrt durch die politische Zwietracht, welche überall in wilder Leidenschaft emporloderte.

Wie in Frankreich, so ging auch in Italien die Einrichtung der Inquisition schrittweise vonstatten. Ihre ersten Versuche waren, wie wir sowohl in Florenz als auch in Toulouse gesehen haben, ziemlich formlos. In dem Masse aber, wie das Institut allmählich feste Formen annahm, wurde auch das endgültige Prozessverfahren überall dasselbe, ausgenommen hinsichtlich des Rechtes der Gütereinziehung, der Verwendung der aus der Verfolgung fliessenden Summen und der Freisprechung der Unschuldigen. Auf diese Punkte haben wir schon unser Augenmerk gerichtet, sie brauchen uns nicht weiter aufzuhalten. Die Schwierigkeiten, denen sich die Begründer der Inquisition in Italien gegenübergestellt sahen, und die Mittel und Wege, wie sie derselben Herr zu werden suchten, können am besten veranschaulicht werden durch einen schnellen Blick auf das, was uns von den Berichten über das Leben und die Tätigkeit jener eifervollen Männer noch erhalten geblieben ist, welche dieses zunächst anscheinend hoffnungslose Werk auf sich nahmen.

Der erste Inquisitor der Lombardei, dessen Name mir 1232 begegnet ist, war Bruder Albericus. Der Kardinallegat Goffredo, den wir in Mailand tätig gesehen haben, unternahm es mit Zustimmung aller Parteien, den Bürgerkrieg in Bergamo zu schlichten, indem er Pier Torriani von Mailand zum Podestà ernannte. Gleichzeitig benutzte 202
er die Gelegenheit zu einem Streifzug gegen die Ketzer und brachte eine Anzahl von ihnen ins Gefängnis. Kaum aber hatte er den Rücken gewandt, als die Bürger seinem Podestà die Aufnahme verweigerten, einen gewissen R. di Madello an seiner Statt wählten und, was schlimmer war, die gefangenen Ketzer in Freiheit setzten. Darauf belegte der Legat die Stadt mit dem Interdikt, was die Einwohner zur Vernunft brachte und dem Willen der Kirche ge-

fügig machte. Demgemäss wies Gregor IX. am 3. November 1232 Albericus als den Inquisitor der Lombardei an, die Stadt unter der Bedingung mit der Kirche auszusöhnen, dass sie Pier Torriani alle seine Ausgaben vergütete und genügende Sicherheit für die Ausrottung der Ketzerei bot. Hier sehen wir schon, wie innig die Beziehungen zwischen der Politik und der Ketzerei waren, und welche Schwierigkeiten sich aus der Verbindung beider für die Verfolgung ergaben[1]).

Den Dominikaner Roland von Cremona haben wir bereits als Lehrer an der im Entstehen begriffenen Universität Toulouse kennen gelernt und haben auch gesehen, wie streng und unbeugsam sein Eifer war. Kaum hatte er Languedoc verlassen, als er im Jahre 1233 in ähnlicher Absicht, zur Unterdrückung der Ketzerei, in Piacenza seine Tätigkeit eröffnete. In den fünfundzwanzig Jahren, welche verflossen waren, seitdem die Einwohner von Piacenza sich so gleichgültig gegen ihre geistlichen Bedürfnisse gezeigt hatten, war ihre Achtung vor der Orthodoxie keineswegs gestiegen. Roland rief sie zu einer Versammlung zusammen, hielt ihnen eine Predigt und befahl sodann dem Podestà, die Ketzer zu vertreiben. Das Ergebnis entsprach seinen Erwartungen nicht. Mit stillschweigender Zustimmung des Podestà erhoben sich die Ketzer und ihre Freunde zu einem allgemeinen Überfall der Geistlichkeit mit Einschluss des Bischofs und der Mönche, wobei ein Mönch von San Sabino getötet und Roland und einige seiner Anhänger verwundet wurden. Roland wurde von den Dominikanern halbtot aus der Stadt getragen, die der Bischof mit dem Interdikt belegte. Dann trat ein Umschlag der Stimmung ein; man bat Roland zurückzukehren und versprach ihm volle Genugtuung. Er blieb jedoch in vorsichtiger Entfernung, befahl aber, den Podestà und vierundzwanzig andere Bürger bis zum Eintreffen der päpstlichen Entscheidung gefangen zu halten. Gregor benutzte die Gelegenheit, um den Archidiakon von Novara nach Piacenza zu senden mit der Anweisung, dass er die Stadt unter die Kontrolle der orthodoxen Partei stellen und umfassende Sicherheitsmassregeln zur Unterdrückung der Ketzerei fordern solle. Allein dies Abkommen befriedigte die Bürger nicht,
203 sie erhoben sich abermals und befreiten die Gefangenen. So bitter auch diese Erfahrung war, so vermochte sie doch nicht, Rolands Feuereifer abzukühlen. Schon im nächsten Jahre finden wir ihn im Mailändischen tätig, wo ihm von Lantelmo, einem Adligen, der in

1) Ripoll I, 41.

seinem Schlosse in der Nähe von Lodi die Ketzer beschützte, übel mitgespielt wurde. Lantelmo wurde deshalb dazu verurteilt, nackt, mit einem Strick um den Hals, durch die Strassen vor Rolands Richterstuhl geführt zu werden und dort die Strafe zu empfangen, welche der Mönch auf Befehl des Papstes ihm auferlegen würde. Einen Monat später liess er, wie wir hören, zwei florentinische Kaufleute, Feriabente und Capso, mit allen ihren Gütern ergreifen. Sie waren offenbar angesehene Persönlichkeiten; denn Gregor IX. befahl ihre Freilassung, weil er die gewaltige Summe von zweitausend Mark Silber als Kaution von ihnen empfangen hatte[1]).

In dieser Übergangszeit, während deren die Inquisition langsam sich organisierte, war einer der hervorragendsten Dominikaner, die sich an dem Werk der Verfolgung beteiligten, Johann Schio von Vicenza. In einem früheren Kapitel habe ich schon hingewiesen auf seine bewundernswerte Tätigkeit als Friedensstifter. Vielleicht tun wir ihm nicht unrecht, wenn wir annehmen, dass die unvergleichliche Beredsamkeit, die er aufwandte, um uneinige Parteien zu einigen, nicht bloss dem christlichen Wunsche nach Frieden entstammte, sondern auch der Absicht, die Hindernisse zu beseitigen, welche die beständigen Bürgerkriege der Verfolgung der Ketzer bereiteten. Denn fast in allen diesen Unternehmungen können wir den Zusammenhang zwischen Ketzerei und Politik verfolgen. Nach seinem wunderbaren Erfolge zu Bologna drängte ihn Gregor im Jahre 1233, eine verwandte Mission in Florenz zu übernehmen, wo die beständigen Bürgerkriege auch ein beständiges Wiederaufleben der Ketzerei mit sich brachten. Trotz der Anstrengungen, welche die noch in den Kinderschuhen befindliche Inquisition daselbst machte, trat die Ketzerei unverhüllt zutage, und den Dienern Christi wurde offen Widerstand und Spott entgegengebracht. In der Annahme, Johann handle unter der direkten Eingebung des hl. Geistes, wagte Gregor nicht, ihm Befehle zu erteilen, sondern beschränkte sich nur auf Bitten. Wie alle seine Amtsgenossen, wurde Johann vom Volke

1) Epistt. Saec. XIII., T. I, Nr. 559. — Raynald. ann. 1233, Nr. 40. — Ripoll I, 69, 71.

In diese Zeit dürfte folgendes Ereignis aus dem Leben des Moneta von Cremona fallen. Dieser Jünger des heiligen Dominikus soll durch seine Unternehmungen gegen die Ketzer der Lombardei deren Hass in solchem Masse erregt haben, dass ein Adliger Namens Peraldo einen Mörder zu seiner Beseitigung mietete. Als Moneta Kunde davon erhielt, ergriff er ein Kruzifix, versammelte eine Schar von Gläubigen, nahm Peraldo und den Bravo gefangen und lieferte sie der weltlichen Behörde aus, welche beide lebendig verbrennen liess. — Ricchini Vit. Monetae, p. VIII.

204 für einen Wundertäter gehalten. Man erzählte sich, dass er Flüsse trockenen Fusses überschritten habe, und dass Geier auf sein blosses Geheiss aus der Höhe herabgeflogen seien. Die Bologneser bedauerten seinen Fortgang so sehr, dass sie sanfte Gewalt anwandten, um ihn zurückzuhalten, und ihn erst ziehen liessen, nachdem Gregor ihre Stadt mit dem Interdikt belegt und gedroht hatte, jeder Stadt, die ihn gegen seinen Willen festhalten würde, ihren Bischofssitz zu nehmen. Nachdem seine Mission in Florenz vollständig gelungen war, erhielt er den nämlichen Auftrag für die Lombardei. Dort war die Liga, die sich als ein so wirkungsvolles Werkzeug für die Niederwerfung der kaiserlichen Macht erwiesen hatte, in der Auflösung begriffen. Man befürchtete, Friedrich II. würde bald von Deutschland mit einem Heere zurückkommen, und ein Teil der lombardischen Städte und Adligen war in der Tat geneigt, ihn herbeizurufen. Bei solchen Strömungen war ein Gegeneinfluss erforderlich, und es gab nichts Wirksameres als die Beredsamkeit Johanns. In Padua, Treviso, Conegliano, Ceneda, Oderzo, Belluno und Feltre predigte er so eindrucksvoll über den Text: „Gesegnet sind die Füsse derjenigen, welche den Frieden bringen“, dass selbst der furchtbare Ezzelin von Romano zweimal in Tränen ausgebrochen sein soll. In dem ganzen Lande stellte sich der Friede ein, nur der alte Streit zwischen Ezzelin und den Grafen von Campo San Piero konnte nicht geschlichtet werden, weil beide sich ihre Unbilden nicht vergeben und vergessen konnten. Nach einem Besuch in Mantua ging der Friedensapostel nach Verona, das damals von einem Heere von Mantuanern, Bolognesern, Brescianern und Faenzanern belagert wurde. Er überredete die Belagerer abzuziehen und wurde aus Dankbarkeit von den Veronesern zum Podestà ausgerufen. Diese Stellung benutzte er sofort, um auf dem Marktplatze etwa sechzig Ketzer beiderlei Geschlechts, die zu den vornehmsten Familien der Stadt gehörten, zu verbrennen. Dann liess er alle verbündeten Städte und Adligen in einer Ebene nahe bei Verona zusammenkommen. Seinem Rufe leisteten Folge der Patriarch von Aquileja, die Bischöfe von Mantua, Brescia, Bologna, Modena, Reggio, Treviso, Vicenza, Padua und Ceneda, Ezzelin von Romano, der Markgraf von Este, der damals Herr von Mantua war, der Graf von San Bonifacio, der Ferrara beherrschte, und Delegierte aus allen Städten mit ihren 'carrocchi'. Die Angaben über die Zahl der Erschienenen sind schwankend. Vierzig- bis fünfhunderttausend Menschen sollen, durch seine Beredsamkeit aufs höchste begeistert, sich gegenseitig Verzeihung gewährt haben. Nachdem er alle Anhänger

Friedrichs sowie diejenigen, welche diesen aufforderten, nach Italien zu kommen, für Rebellen und Feinde der Kirche erklärt hatte, liess Johann seine Zuhörer schwören, für die Beilegung ihrer Streitigkeiten diejenigen Bedingungen anzunehmen, die er ihnen diktieren 205
würde; der von ihm entworfene Friedensvertrag wurde dann einmütig angenommen [1]).

Sein Ansehen mehrte sich so sehr, dass Gregor in ernste Besorgnis geriet, als man ihm berichtete, Johann wolle sich zum Papste machen. Es trat ein Konsistorium zusammen, um zu erwägen, ob es ratsam sei, ihn zu exkommunizieren; zweifellos wäre dies auch geschehen, wenn nicht der Bischof von Modena auf ein Messbuch geschworen hätte, dass er einst während einer Rede Johanns gesehen habe, wie ein Engel vom Himmel stieg und ihm ein goldenes Kreuz auf seine Stirn legte. Daher wurde vertraulich eine Kommission nach Bologna gesandt, um sein Leben und Treiben dort zu beobachten. Sie kehrte zurück mit den beglaubigten Berichten über zahllose Wunder, die er vollbracht habe, darunter nicht weniger als zehn Totenerweckungen. Einen so heiligen Mann konnte man natürlich nicht gut aus dem Schoss der Kirche ausstossen, weshalb der Plan aufgegeben wurde [2]).

Mittlerweile hatte Johann auf die Einladung des Bischofs auch seine Vaterstadt Vicenza besucht und hatte einen solchen Eindruck auf die Einwohner gemacht, dass sie ihm ihre Statuten zu beliebiger Revision übergaben und ihn zum Herzog, Markgrafen und Grafen der Stadt ausriefen, während ihm der Bischof, dem diese Titel zustanden, sogar seinen bischöflichen Stuhl anbot. Wie in Verona benutzte Johann auch hier seine Macht, um eine Anzahl Ketzer zu verbrennen. Während er aber in Verona weilte, rief ein Feind der Familie Schio, Uguccione Pileo, in Vicenza eine Empörung des Volkes hervor. Johann eilte zurück und unterdrückte den Aufstand, indem er eine Anzahl Bürger, von denen man freundlicherweise annahm, dass sie Ketzer seien, foltern liess und zum Tode beförderte. Uguccione brachte Verstärkungen auf; es entbrannte in den Strassen ein wilder Kampf, wobei Johann besiegt und zum Gefangenen gemacht wurde. Wann dies geschah, ist aus einem Trost-

1) Ripoll I, 48, 51, 56—9. — Matt. Paris. ann. 1238, p. 320. — Chron. Veronens. ann. 1233 (Muratori, S. R. I. VIII, 67). — Gerardi Maurisii Hist. (Ib. pp. 37—9). — Barbarano de' Mironi, Hist. Eccles. di Vicenza, II, 79—84. — Sutter, Johann von Vicenza und die italienische Friedensbewegung 1233 (1891), p. 117. — *Davidsohn, Geschichte von Florenz II^{1} (1908) S. 203 ff.

2) Barbarano de' Mironi, op. cit. II, 90—1.

briefe zu ersehen, den Gregor IX. am 22. September 1233 ihm in das Gefängnis sandte; der Brief zeigt zugleich, wie machtlos das Papsttum war, in der politischen Zerrissenheit jener Zeit seine Agenten zu beschützen. Johann musste sich loskaufen und nach Verona und von da nach Bologna zurückkehren. Der Friede, den er zuwege gebracht hatte, war von kurzer Dauer, denn der chronische Kriegszustand brach von neuem aus. Auf das inständige Bitten Gregors kam Johann zurück, um die Ruhe noch einmal wiederherzustellen. Das gelang ihm auch. Aber kaum hatte er den Rücken gewandt, als die Feindseligkeiten erneuert wurden. Sein Einfluss war dahin und mit ihm seine Tätigkeit, nicht aber auch seine Eitelkeit. Salimbene erzählt, Johann habe es, als er sich einmal in dem Franziskanerkloster zu Bologna rasieren liess, übel vermerkt, dass die Brüder seine Barthaare nicht als Reliquien aufhoben. Ohne
206 seine Hilfe anzurufen, machte Gregor einen dritten Versuch zur Versöhnung durch die Bischöfe von Reggio und Treviso, welche die kriegführenden Parteien wirklich zu bestimmen vermochten, die Waffen eine Zeitlang niederzulegen. Aber das Hauptziel, Friedrich II. durch eine geschlossene Front von Italien fernzuhalten, wurde nicht erreicht. Ezzelin und eine Anzahl Städte drängten ihn eifrig, zu erscheinen. Der Entscheidungskampf fand im November 1237 bei Cortenuova statt. Er löste die Lombardische Liga, die dem Reiche so lange Schach geboten hatte, auf und machte den Kaiser zum Herrn der Lombardei [1]).

Gregor aber hatte sich durch den bisherigen Mangel an Erfolg nicht entmutigen lassen, sondern während dieser ganzen Zeit mit rastlosem Eifer seine Bemühungen, die Ketzerei in der Lombardei zu unterdrücken, fortgesetzt. Alle seine dorthin gesandten Legaten wurden dahin instruiert, dies als eine ihrer Hauptpflichten anzusehen. Im Mai 1236 hatte er ferner versucht, dort die ersten Einrichtungen für eine Inquisition zu treffen; aber bei den herrschenden Zuständen des Landes konnte selbst er kaum irgendeinen Erfolg erwarten. Friedrich beteuerte bei seinem Erscheinen, dass die Ausrottung der Ketzerei einer der Beweggründe für sein Vorgehen sei. Und als ihm Gregor Vorwürfe machte, dass er den Mönchen das Predigen verboten und so die Ketzerei begünstigt habe, wies er boshaft auf Johann von Vicenza hin und tadelte das Verhalten derjenigen, welche unter

1) Ripoll I, 60—1. — Sutter, op. cit. p. 139. — Barbarano de' Mironi op. cit. II. 86, 91—2. — Salimbene Cronica a. a. 1233 (*vgl. Mon. Germ. Hist. SS. XXXII, S. 79).

dem Vorwande, die Ketzerei zu bekämpfen, eifrig darauf hinarbeiteten, sich selbst zu Machthabern zu machen, und, angeblich als Unterpfand, die Schlösser der verdächtigen Adligen konfiszierten. In seiner Erwiderung konnte Gregor nur jegliche Verantwortung für die Taten des abenteuernden Mönches ablehnen. Aber er trug selbst kein Bedenken, seine Strenge gegen die Ketzer auch einmal zu mildern, wenn es ihm in seine lombardische Politik passte. In Deutschland behauptete man im Kreise des Volkes, dass er sich mit ihrem Golde habe bestechen lassen[1]).

Einige Jahre lang führte Johann Schio ein verhältnismässig ruhiges Dasein in Bologna. Als aber im Jahre 1247 die Inquisition eine greifbare Form annahm, ernannte ihn Innocenz IV. zum lebenslänglichen Inquisitor für die ganze Lombardei, stattete ihn mit Vollmachten aus und entband ihn von allem Gehorsam und jeglicher Rechenschaft gegenüber dem General oder dem Provinzial der Dominikaner. Bei den in Norditalien herrschenden Zuständen blieb 207
aber der Auftrag tatsächlich wirkungslos. Von Interesse ist lediglich der Wortlaut der Übertragungsurkunde, welcher beweist, dass es bis dahin noch keine organisierte Inquisition daselbst gab. Wir hören selbst nach dem Tode Friedrichs (1250) nichts weiter von Johanns Tätigkeit, bis im Jahre 1256 der lange aufgeschobene Kreuzzug gegen Ezzelin von Romano unternommen wurde. Durch seine feurige Beredsamkeit brachte Johann in Bologna eine beträchtliche Streitmacht von Kreuzfahrern zusammen, an deren Spitze er gegen den Tyrannen von Treviso marschierte. Allein der Streitigkeiten der Führer überdrüssig, kehrte er vor der Schlusskatastrophe nach Bologna zurück und soll im Jahre 1265 in dem Kreuzzug gegen Manfred, zu dem die Bologneser unter den Fahnen Karls von Anjou ein Kontingent von zehntausend Mann stellten, umgekommen sein[2]).

Der in jeder Beziehung bemerkenswerteste von jenen unerschrockenen Zeloten, welche den scheinbar verzweifelten Kampf gegen die Ketzerei ausfochten, war aber Peter von Verona, besser bekannt unter dem Namen St. Petrus Martyr. Er wurde im Jahre 1203 oder 1206 zu Verona von einer Ketzerfamilie geboren und soll der Legende nach durch göttliche Erleuchtung zur Erkenntnis ihrer Irr-

---

1) Greg. PP. IX. Bull. Ille humani generis, 20. Mai 1236. (Ripoll I, 95 gibt 1237 an, wahrscheinlich eine Wiederholung). — Epistt. Saecul. XIII, T. I, Nr. 693, 700, 702, 704. — Hist. Diplom. Frid. II, T. IV, P. II, pp. 907—8. — Schmidt, Cathares, I, 161.

2) Ripoll I, 174—5. — Barbarano de' Mironi, op. cit. II, 94—6.

tümer gelangt sein. Als er noch ein siebenjähriger Schulknabe war, fragte ihn sein Onkel zufällig, was er lerne, worauf er die orthodoxen Glaubensartikel hersagte. Darauf erklärte ihm der Onkel, er müsse nicht sagen, Gott habe den Himmel und die Erde geschaffen, denn Gott sei nicht der Schöpfer des sichtbaren Universums. Aber das Kind, erfüllt von dem hl. Geiste, besiegte den Onkel mit Beweisgründen, worauf dieser die Eltern drängte, den Knaben aus der Schule zu nehmen. Allein der Vater, der hoffte, dass sein Sohn ein Führer der Sekte werden würde, liess ihn seine gelehrte Erziehung vollenden. Mit den Jahren aber wuchs der orthodoxe Eifer des Knaben, und 1221 trat er in den Dominikanerorden. Sein Beichtvater bezeugte, dass er niemals eine Todsünde begangen habe. Die Bulle seiner Kanonisation hebt nachdrücklich seine Demut, seinen sanften Gehorsam, seine Milde und Güte, sein unerschöpfliches Mitleid, seine nie versagende Geduld, seine wunderbare Nächstenliebe, seine leidenschaftlichen Gebete zu Gott, ihn zum Märtyrer zu machen, sowie endlich die zahllosen Wunder hervor, die sein Leben schmückten[1]).

Bevor die Dominikaner mit der Macht der Verfolgung ausgerüstet wurden, widmete sich Peter ernstlich dem ursprünglichen Berufe des Ordens, nämlich der Predigt zur Bekehrung der Ketzer. Seine ausserordentlichen Erfolge in dieser Hinsicht verdankte der
208 junge Apostel seiner Entwicklung zum Wundertäter. Aus Ravenna, Mantua, Venedig, Mailand und von anderen Orten werden zahlreiche Wunder von ihm berichtet. So wurden in Cesena durch seine Bekehrungserfolge die Ketzer so erbittert, dass sie einmal von einem benachbarten Hause aus seine Predigt auf öffentlichem Platze durch Werfen mit Unrat und Steinen störten. Verschiedene Male ersuchte er sie mit milden Worten, davon abzulassen. Als dies nichts nützte, schleuderte er, von göttlichem Zorne getrieben, einen furchtbaren Fluch gegen sie. Sofort stürzte das Haus zusammen und begrub die Gotteslästerer unter seinen Trümmern; erst lange nachher konnte es wieder aufgebaut werden[2]).

Als die Dominikaner mit der Ketzerverfolgung betraut wurden, war er natürlich infolge seines ernsten Eifers einer der ersten, welche für diese Arbeit ausgewählt wurden. Im Jahre 1233 wurde er nach Mailand gesandt, wo bis dahin keine päpstliche Botschaft und kein päpstlicher Legat die Behörden und Bürger für das heilige Werk zu ge-

1) Jac. de Voragine, Legenda Aurea s. v. — Mag. Bull. Rom. I, 94.
2) Campana, Storia di San Piero-Martire, Milano 1741, pp. 28—39.

winnen vermocht hatte. Die Gesetze, welche im Jahre 1228 Kardinal Goffredo in das Statutenbuch hatte eintragen lassen, waren toter Buchstabe geblieben. Alles das änderte sich, als Peter von Verona seine Wirksamkeit zu entfalten begann. Nicht nur veranlasste er, dass die Gesetze Gregors vom Jahre 1231 in das Stadtrecht aufgenommen wurden, sondern er trieb auch den Podestà Oldradus von Tresseno und den Erzbischof Heinrich von Settala an, die Sache der Verfolgung ernstlich in die Hand zu nehmen. Eine Anzahl Ketzer wurde verbrannt, wohl die ersten Opfer des Fanatismus, welche Mailand seit der Zeit der Katharer von Monteforte gesehen hatte. Der Eindruck, den diese Hinrichtungen machten, war so stark, dass sie dem Podestà Oldradus die Ehre eines Reiterdenkmals in Relief einbrachten mit der Inschrift: „Qui solium struxit, Catharos ut debuit uxit." Das Relief ist noch jetzt an der Wand der Sala del Consiglio, des heutigen Stadtarchivs, zu sehen. Dem Erzbischof ging es nicht so gut. Er machte sich so unbeliebt, dass man ihn verbannte, wofür dann der Magistrat seinerseits exkommuniziert wurde. Aber auch er empfing seine Belohnung nach dem Tode, denn sein Grabstein trug die Inschrift: „Instituto inquisitore jugulavit hæreses." Auch gründete Peter in Mailand einen Verein zur Unterdrückung der Ketzerei, der unter den unmittelbaren päpstlichen Schutz gestellt wurde; er war ein Vorbild der Vereinigung, welche zehn Jahre später schlimme Bluttaten in Florenz verrichtete. Wir können mit Sicherheit annehmen, dass sein Feuereifer ungeschwächt blieb, obgleich wir bis 1242 nichts von ihm hören. In diesem Jahre finden wir ihn wieder in Mailand, wo seine
Strenge einen Aufstand verursacht haben soll, der beinahe die Stadt 209
zugrunde richtete[1]).

Zwei Jahre später sehen wir ihn zu Florenz im Kampf mit der Ketzerei. Diese Stadt war, wie man sich erinnern wird, der Schauplatz der ersten Inquisitionsversuche. Bruder Johann von Salerno, Prior von Santa Maria Novella, hatte im Jahre 1228 den Auftrag erhalten, die Ketzer daselbst zu unterdrücken. Ihm folgte nach seinem Tode im Jahre 1230 Frà Aldobrandini Cavalcante und um 1241 Frà Ruggero Calcagni. Die beiden ersten erreichten wenig, da sie tatsächlich mehr Prediger als Inquisitoren waren. Auch wurden die Ketzer von der ghibellinischen Partei und den Anhängern Friedrichs II. beschützt, so dass sie sich, anstatt abzunehmen, rasch vermehrten,

1) Bern. Corio, Hist. Milanese, ann. 1233, 1242. — Verri, Storia di Milano, I, 241—3. — Ripoll I, 65. — Annal. Mediolanens. c. XIV (Muratori, S. R. I. XVI, 651). — Sarpi, Discorso (Ed. Helmstad. 1763 IV, 21).

trotzdem man gelegentlich ein oder das andere Opfer verbrannte. Als der Katharerbischof Paternon floh, folgten ihm nacheinander drei andere in dieser Würde, nämlich Torsello, Brunetto und Jakob von Montefiascone. Viele der mächtigsten Familien waren Ketzer oder offene Verteidiger derselben, wie die Baroni, Pulci, Cipriani, Cavalcanti, Saraceni und Malpresa. Die Baroni bauten eine Feste zu San Gaggio, ausserhalb der Mauern, die als Zuflucht für die „Vollkommenen" diente. Es gab auch in der Stadt viele Häuser, wo sie ihre Versammlungen sicher abhalten konnten. Die Cipriani hatten zwei Paläste, den einen am Mugnone und den andern in Florenz, wo sich Scharen von Katharern unter der Führung eines Erzketzers namens Marchisiano versammelten; es gab ferner grosse Ketzerschulen in Poggibonsi, Pian di Cascia und Pontassieve[1]).

Ganz Mittelitalien war tatsächlich fast ebenso stark von der Ketzerei infiziert wie die Lombardei, und wenig war bis dahin zu seiner Reinigung geschehen. Dass noch 1235 kein nennenswerter Versuch gemacht worden war, die Inquisition dort einzuführen, ergibt sich aus einem päpstlichen Breve, welches in jenem Jahre an die Dominikaner von Viterbo gerichtet wurde und sie ermächtigte, in allen Diözesen von Toskana — Viterbo, Orte, Bagnorea, Castro, Soana, Amelia und Narni — diejenigen, die nicht öffentlich im Geruche der Ketzerei ständen, zu absolvieren, vorausgesetzt, dass sie sich aus eigenem Antriebe anklagten, die Bischöfe damit einverstanden wären und genügende Bürgschaft gegeben würde. Den Bischöfen wurde befohlen, dabei mitzuwirken. Mit Ketzern, die nicht freiwillig ein Bekenntnis ablegten, sollte nach den päpstlichen Vor-
210 schriften verfahren werden. In Viterbo wohnte Johann von Benevent, mit dem Beinamen „der Ketzerpapst", aber erst als Gregor IX. im Jahre 1237 selbst dorthin ging und es übernahm, den Ort von Ketzern zu reinigen, wurden wirksame Massregeln ergriffen. Der Papst verurteilte Johann und viele andere Ketzer; ausserdem liess er die Paläste einiger der vornehmsten Familien der Stadt niederreissen, da sie Ketzern als Zuflucht gedient hätten. Gleichzeitig wurde der Bischof von Padua ermahnt, mit dem guten Werke fortzufahren, während zu Parma der Dominikanergeneral Jordanes zu demselben Zwecke die Gesellschaft der „Ritter Jesu Christi" gründete. Man begann also systematisch gegen die Ketzer vorzugehen und einen von Jahr zu Jahr stärkeren Druck auf sie aus-

1) Lami, Antichità Toscane, pp. 497, 500. — *Davidsohn, Geschichte von Florenz I (1896), 729; II[1] (1908), 144.

zuüben. Unter der energischen Leitung Ruggero Calcagnis nahm die florentinische Inquisition rasch feste Gestalt an. Hinrichtungen kamen häufig vor. In den Geständnissen der Angeklagten finden sich Anspielungen auf Ketzer, die anderswo verbrannt worden waren. Die Verfolgung hatte also ihre Tätigkeit überall da begonnen, wo die politischen Zustände es möglich machten. So wird in einem Geständnis aus dem Jahre 1244 Bezug genommen auf zwei Ketzer Maffeo und Martello, die nicht lange vorher in Pisa verbrannt worden waren[1]).

In Florenz brachte die Energie, mit der Frà Ruggero gegen sie vorging, die Ketzer zur Verzweiflung. Jedes Verhör enthüllte neue Namen, und in dem Masse, wie der Kreis sich erweiterte, wurden auch die Verfolgungen zahlreicher und schrecklicher. Die Signoria erhielt durch päpstliche Briefe den Befehl, den Vorladungen des Inquisitors Geltung zu verschaffen. Und da sich mit den Gefangenen auch die Aussagen vermehrten, so war schliesslich ein volles Drittel der Bürger, mit Einschluss vieler Adligen, in die Verfolgung verwickelt. Angefeuert durch den Umfang der Enthüllungen, beschloss Ruggero, gegen die Führer vorzugehen. Indem er die Vorsteher der Zünfte um Hilfe bat, liess er eine grosse Anzahl von Ketzerführern ergreifen und verurteilte diejenigen, welche der Vorladung nicht Folge leisteten, zum Scheiterhaufen. Es war für die Verfolgten augenscheinlich die Zeit gekommen, wo sie zwischen offenem Widerstande und Vernichtung zu wählen hatten. Daher versammelten die Baroni ihre Anhänger, erbrachen die Gefängnisse und befreiten die Gefangenen. Sie wurden auf die verschiedenen Burgen des florentinischen Gebiets verteilt, wo sie fortfuhren, zu predigen und ihre Lehren auszubreiten.

Die Dinge gingen schnell einer Krisis entgegen. Auf der einen Seite waren die Ketzer zu zahlreich, um sich einzeln ungestraft hinschlachten zu lassen, ganz abgesehen von der Beraubung und 211
der Übertragung von privatem Besitz, die bei einer so ausgedehnten und so rücksichtslos unternommenen Verfolgung unfehlbar die Unschuldigen mit den Schuldigen treffen mussten. Auf der andern Seite waren die Verfolger erhitzt durch die Aufregung des Kampfes und durch die Hoffnung, über die Gegner, die ihnen so lange Trotz geboten hatten, endlich triumphieren zu können. Innocenz IV. verlangte dringend von der Signoria, den Inquisitor energisch zu unter-

1) Ripoll I, 79—80. — Raynald. ann. 1235, Nr. 15. — Vit. Gregor. PP. IX. (Muratori, S. R. I. III, 581). — Lami op. cit. pp. 554, 557.

stützen, und liess Peter von Verona aus der Lombardei kommen, um gleichfalls Hilfe in dem bevorstehenden Kampfe zu leisten. Im Herbst des Jahres 1244 eilte Peter herbei; seine Beredsamkeit zog solche Scharen an, dass der Platz von Santa Maria Novella erweitert werden musste, um die Menge zu fassen. Er machte sich die Begeisterung zu Nutzen, indem er die rechtgläubigen Adligen zu einer Schutztruppe für die Dominikaner vereinigte und einen militärischen Orden unter dem Namen „Gesellschaft der Kapitane der h. Maria“ gründete, dessen Mitglieder ein weisses Gewand mit rotem Kreuze trugen. Aus ihnen bildete sich die „Glaubensgenossenschaft“, deren Mitglieder, vom Heiligen Stuhle mit besonderen Vorrechten ausgestattet, den Eid ablegten, die Inquisition in allen Lagen zu verteidigen. So ermutigt und unterstützt, ging Ruggero zu den Verhören über, und zahlreiche Opfer wurden verbrannt. Das war eine Herausforderung, der die Ketzer entgegentreten mussten, wollten sie nicht ganz vernichtet werden. Sie organisierten sich also gleichfalls unter der Führung der Baroni, und es war nicht schwer, den kürzlich von Friedrich II. ernannten Podestà Ritter Pace Pesamigola von Bergamo zu überzeugen, dass es im Interesse seines Herrn liege, sie zu beschützen. So wurde unter den Bannern der Orthodoxie und Heterodoxie der ewige Krieg zwischen Kirche und Reich erneuert, und die Strassen von Florenz wurden mit Blut befleckt.

Mit unbeugsamem Mute forderte Ruggero zum Kampfe auf. Er lud die Baroni vor seinen Richterstuhl, und als sie dieses Ansinnen mit Verachtung zurückwiesen, verschaffte er sich von Innocenz IV. einen besondern Befehl. Dem gehorchten sie mit der äussersten Nachgiebigkeit; sie schwuren um den 1. August 1245, sich den Geboten der Kirche zu fügen, indem sie sogar tausend Lire als Sicherheit hinterlegten. Aber als sie erfuhren, dass er sie verurteilen wollte, wandten sie sich an den Podestà, der am 12. August Ruggero durch seine Beamten befehlen liess, das Verfahren, als dem Gebote des Kaisers entgegenstehend, zu kassieren, das als Bürgschaft hinterlegte Geld zurückzugeben und im Falle der Weigerung am nächsten Tage bei Strafe von tausend Mark vor ihm zu erscheinen. Statt aller
212 Antwort forderte Ruggero seinerseits Pace am nächsten Tage auf, als der Ketzerei und der Begünstigung derselben verdächtig sich bei Strafe der Absetzung vor dem Richterstuhl der Inquisition einzufinden. Die glühende Beredsamkeit Peters von Verona goss Öl in das Feuer. Die Stadt sah sich in zwei Parteien geteilt, die einander ge-

wachsen waren und danach brannten, aufeinander loszugehen. Als an einem Festtage viele Gläubige in den Kirchen versammelt waren, liess der Podestà die Sturmglocke läuten; viele unbewaffnete Katholiken sollen dabei vor den Altären ermordet worden sein. Die Antwort darauf war, dass am St. Bartholomäustage (24. August) Ruggero und Bischof Ardingus auf der Piazza von S. Maria Novella öffentlich ein Urteil verlasen, welches die Baroni verdammte, ihre Besitzungen konfiszierte und die Zerstörung ihrer Burgen und Paläste anordnete, was natürlich zu einem blutigen Zusammenstoss der Parteien führte. Peter, eine Fahne in der Hand wie die andern Hauptleute, unter denen die de' Rossi sich am meisten hervortaten, stellte sich an die Spitze der „Glaubensgenossenschaft". Unter seiner Führung wurden zwei mörderische Schlachten geschlagen, die eine am Kreuze al Trebbio und die andere auf der Piazza von S. Felicità. In beiden wurden die Ketzer vollständig besiegt. Denkmäler bezeichnen noch heute den Schauplatz dieser Siege. Und noch bis in die neueste Zeit wurde das Banner, welches Petrus Martyr den de' Rossi gab, am 29. April bei der Feier seines Geburtstages von der Compagnia di San Pietro Martire getragen. Die andere, welche er selbst trug, wird noch unter den Reliquien von Santa Maria Novella aufbewahrt und an seinem Festtage öffentlich entfaltet[1]).

So wurde in Florenz die Macht der Ketzer und Ghibellinen gebrochen. Wegen seines standhaften Mutes wurde Ruggero gegen Ende des Jahres 1245 mit dem Bistum Castro belohnt. Ihm folgte in dem Amte des Inquisitors Peter selbst, bei dessen unermüdlichem Eifer die Ketzer keine Ruhe fanden. Viele von ihnen, die Zwecklosigkeit weiteren Widerstandes einsehend, entsagten ihren Irrtümern, andere flohen. Und als Peter Florenz verliess, konnte er sich rühmen, dass die Ketzerei besiegt und die Inquisition auf einer unerschütterlichen Grundlage errichtet war. Trotzdem zeigt die Schätzung, welche einige Jahre später Rainerio von der Zahl der floren-

---

1) Lami, op. cit. pp. 560—85. — Lamis Bericht von diesen Wirren beruht auf Originalquellen und ist so vollständig, dass ich ihm ohne Bezugnahme auf andere Quellen gefolgt bin. Die meisten Belegstücke sind noch in den Archiven von Florenz vorhanden (Archiv. Diplom., Prov. S. Maria Novella, ann. 1245). — *Davidsohn a. a. O. II, 294—310 legt dar, dass man nicht von einem wirklichen Sieg über die Ketzer sprechen kann.

Die Compagnia della Fede, später unter dem Namen del Bigallo bekannt, wurde in der Mitte des fünfzehnten Jahrhunderts vom heil. Antoninus, dem Prior von San Marco, in eine Wohltätigkeitsgesellschaft zur Pflege der Waisen verwandelt (Villari, Storia di Girol. Savonarola, Firenze 1887. I, 37).

tinischen Katharer gibt, dass die Inquisition dort noch reichen Lohn für ihre Arbeit fand[1]).

213 Während Ruggero im Sommer 1245 den Konflikt in Florenz beschleunigte, sprach Innocenz IV. auf dem Konzil von Lyon die Absetzung Friedrichs II. aus und versuchte einen Prätendenten zu finden, der kühn genug war, die Kaiserkrone anzunehmen. Friedrich verlachte das Urteil. Mit den Thronrivalen hatte er leichtes Spiel, um seine italienischen Besitzungen aber musste er einen harten Kampf führen. Sein Tod am 13. Dezember 1250 befreite das Papsttum von dem gefährlichsten Gegner, mit dem seine ehrgeizigen Pläne je zusammengestossen waren. In den Künsten des Krieges und Friedens gleichmässig bewandert, in geistiger Beziehung seiner Zeit weit voraus, von unermüdlichem Tatendrang beseelt, von Gewissensbedenken wenig beschwert, durch Misserfolge nicht entmutigt: so war Friedrich mit seinen glänzenden Fähigkeiten und seinem unbesieglichen Mute das einzige Hindernis gewesen für das päpstliche Streben nach der Herrschaft über Italien und nach der Begründung einer theokratischen Universal-Monarchie. Sein Sohn Konrad IV., ein Jüngling von einundzwanzig Jahren, war im Vergleich zu ihm kaum zu fürchten. Trotzdem wartete Innocenz eine Zeitlang vorsichtig in Lyon, ehe er sich nach Italien begab. Nachdem er Genua am 8. Juni 1251 erreicht hatte, richtete er an Peter von Verona und Vivianus von Bergamo ein Breve, welches zeigt, dass die mittlerweile verflossenen sechs Monate nicht genügt hatten, seine Freude über den Tod seines grossen Gegners zu vermindern, und dass er keine Zeit mehr verlieren wollte, um die günstige Gelegenheit vollständig auszunutzen. Nach einem dithyrambischen Ausbruch des Frohlockens folgt die Erklärung, dass man Gott danken müsse für diese unschätzbare Gnade, und zwar nicht so sehr in Worten als vielmehr in Taten; von diesen aber sei die Reinigung des Glaubens Gott am wohlgefälligsten. Friedrichs Begünstigung der Ketzer habe lange die Unternehmungen der Inquisition in ganz Italien gehindert: jetzt, wo er nicht mehr da sei, müsse diese überall mit voller Kraft ins Werk gesetzt, und Inquisitoren sollten nach allen Richtungen in die Lombardei geschickt werden. Peter und Vivianus sollten, ausgestattet mit allen notwendigen Machtvollkommenheiten, sofort nach Cremona aufbrechen. Machthaber, die ihnen nicht eifrig beiständen, sollten mit dem geistlichen Schwerte gezwungen und, falls dieses nicht aus-

1) *Vgl. dazu Davidsohn a. a. O. S. 308.

reiche, die ganze Christenheit zu einem Vernichtungskreuzzuge gegen sie angefeuert werden. Auf diese Bulle folgte schnell nacheinander eine Reihe von andern, die den Dominikanerprovinzialen und den weltlichen Machthabern einschärften, eifrig mitzuhelfen und alle Verordnungen des verstorbenen Kaisers und der Päpste in die Orts- 214
statuten aufzunehmen. Die Bullen wurden in solcher Hast in die Welt geschickt, dass am 13. Juni 1252 der Papst erklären musste, die Fehler und Auslassungen, die infolge der beschleunigten Arbeit der Schreiber entstanden seien, machten sie nicht ungültig. Das ganze Werk wurde gekrönt durch die am 15. Mai 1252 erlassene Bulle 'Ad extirpanda', von der ich in einem früheren Kapitel einen Auszug gegeben habe (Bd. I, 377). Sie suchte der Inquisition die weltliche Macht vollständig dienstbar zu machen und bezeichnete die Ausrottung der Ketzerei als die Hauptpflicht des Staates[1]).

Das päpstliche Mandat erreichte Peter wahrscheinlich in dem Kloster San Giovanni in Canali zu Piacenza, dessen Prior er im Jahre 1250 war und wo sein strenger Lebenswandel einen solchen Eindruck auf seine Mitbrüder machte, dass sie seinen Freund Matteo von Correggio, den Richter der Stadt, baten, er möge ihn veranlassen, die Strenge gegen sich nicht zu weit zu treiben, damit nicht das so beharrlich gegeisselte Fleisch schliesslich der Glut des von ihm eingeschlossenen Geistes unterliege. Wenn es wirklich wahr ist, was behauptet wird, dass er seine Fasten gewohnheitsmässig nicht vor Sonnenuntergang brach, dass er den grössten Teil der Nacht in Gebeten zubrachte, und dass er seinen Schlaf auf das geringste mit dem Leben verträgliche Mass beschränkte, so wird uns seine Laufbahn leicht verständlich. Mangel an Nahrung und unaufhörliche, unnatürliche Nervenüberreizung müssen ihn tatsächlich in einen Zustand der Unverantwortlichkeit versetzt haben[2]).

Was er im einzelnen als Inquisitor in Cremona oder zu Mailand, wohin er später übersiedelte, vollbrachte, wissen wir nicht. Wir können jedoch annehmen, dass seine beharrliche Tätigkeit den Erwartungen derjenigen völlig entsprach, die ihn als das geeignetste Werkzeug ausgewählt hatten, um die Gelegenheit auszunutzen und die nun schutzlosen Ketzer in ihrem Hauptquartier mit dem Zorne Gottes heimzusuchen. Schon nach einer neunmonatigen Tätigkeit flösste sein Name einen solchen Schrecken ein, dass man

---

1) Ripoll I, 192—3, 199, 205, 208—14, 231. — Berger, Registres d'Innoc. IV., Nr. 5065, 5345. — Mag. Bull. Rom. I, 91.
2) Campana, Vita di San Piero-Martire, pp. 100—1.

verzweifelt eine Verschwörung anzettelte, um ihn zu ermorden. Die Angelegenheit wurde Stefan Confaloniero, einem Adligen von Olgiate, anvertraut, und die Mörder wurden für fünfundzwanzig Lire von Guidotto Sachella gedungen. In der Woche vor Ostern (24.—30. März) 1252 sollte, wie Stefan dem Manfred Clitoro von Giussano vorschlug, die Tat ausgeführt werden. Dieser stimmte zu und verband sich mit Carino da Balsamo. Zu derselben Zeit unternahm es Jakob della
215 Chiusa, nach Pavia zu gehen, um Peters Genossen Rainerio Saccone zu erschlagen. Er machte sich zwar auf die Reise, verfehlte aber seinen Zweck. Die andern Verschwörer hatten mehr Glück. Da Peter um jene Zeit Prior in Como war, so hatte er die Ostertage dort zugebracht und musste am Sonntag nach Ostern, am 7. April, nach Mailand zurückkehren, da an diesem Tage die einem hartnäckigen Ketzer bewilligte Frist von vierzehn Tagen ablief. Deshalb gingen Stefan, Manfred und Carino während der Osterwoche nach Como und warteten auf Peters Aufbruch. Wie furchtlos und wie streng gegen sich dieser war, geht daraus hervor, dass er am 7. April, obgleich von einem viertägigen Fieber geschwächt, zu Fuss aufbrach, nur von einem einzigen Mönche Domenico begleitet. Manfred und Carino folgten ihnen bis Barlassina, wo sie an einem einsamen Orte über sie herfielen. Carino führte die Tat aus, indem er Peter mit einem einzigen Schlage den Kopf spaltete, Domenico tödlich verwundete und dann dem ersteren, da er noch atmete, den Dolch in die Brust stiess. Einige vorüberziehende Reisende trugen den Leichnam des Märtyrers in das Kloster San Sempliciano, während Domenico nach Meda gebracht wurde, wo er nach fünf Tagen starb. Was die Verschwörer angeht, so habe ich schon darauf hingewiesen, dass die Verurteilung Stefan Confalonieros dreiundvierzig Jahre auf sich warten liess, Carino aber seine Tat bereute und schliesslich unter dem Namen des hl. Acerinus kanonisiert wurde. Daniel von Giussano, ein anderer der Verschworenen, bereute ebenfalls und trat in den Dominikanerorden ein. Jakob della Chiusa dagegen scheint entkommen zu sein, während Manfred und ein gewisser Thomas ergriffen wurden und ein Geständnis ablegten. Manfred gab auch zu, dass er an der zu Ombriano in der Lombardei geschehenen Ermordung zweier anderer Inquisitoren, und zwar aus dem Franziskanerorden, Peter von Bracciano und Catalano, beteiligt gewesen sei. Ihm wurde einfach befohlen, sich bei dem Papste zu melden, um sein Urteil zu empfangen. Aber anstatt zu gehorchen, floh er begreiflicherweise; von seinem spätern Schicksal ist nichts weiter

bekannt. Keiner der Mörder scheint mit dem Tode bestraft worden zu sein. Das Volksgerücht behauptete, sie hätten unter den Waldensern der Alpentäler eine sichere Zuflucht gefunden, was nicht unwahrscheinlich ist[1]).

Die Kirche zog klüglich mehr Nutzen aus dem Martyrium, als 216
ihr gewöhnliche Rache hätte bieten können. Sie wandte sofort alle ihre Mittel an, um bei dem Volke aus dem Märtyrer einen Heiligen zu machen. Die durch seinen Leichnam bewirkten Wunder mehrten sich schnell. Als sodann das Generalkapitel des Ordens im Mai zu Bologna versammelt war, erhielt es von Innocenz einen Brief, der in den überschwenglichsten Worten seine Hochachtung vor dem Ermordeten ausdrückte und zu neuen Anstrengungen in der Sache Christi ermahnte. Am 31. August befahl er ferner, mit dem Kanonisationsverfahren zu beginnen, und bevor ein Jahr vergangen war, am 25. März 1253, wurde die Kanonisationsbulle veröffentlicht. Das war, soweit meine Kenntnis reicht, wohl die schnellste Beförderung zum Heiligen, die einem Sterblichen widerfahren ist. Schwerlich könnte der Kultus überboten werden, der nun dem Märtyrer zuteil ward. Denn ehe das Jahrhundert um war, verglich Jakob de Voragine das Leiden dieses Märtyrers mit demjenigen Christi, zählte viele Ähnlichkeiten zwischen beiden auf und versicherte, dass das Verschwinden der Ketzerei in dem Mailändischen dem Verdienste dieses Heiligen zu verdanken sei. In der Tat war schon in der Kanonisationsbulle behauptet worden, dass durch seinen Tod und seine Wunder viele Ketzer bekehrt worden seien. Als freilich Bruder Thomas von Aversa, ein Dominikaner von Neapel, im Jahre 1291 in einer Predigt an dem Feste des hl. Petrus Martyr die Wunden des Heiligen mit den Stigmata des hl. Franziskus zu vergleichen wagte und dabei behauptete, die des ersteren seien die Zeichen des lebendigen Gottes und nicht des toten, die des letzteren dagegen die des toten und nicht des lebendigen Gottes, wurde dieser Ausdruck als nahe an Gotteslästerung streifend nicht ungestraft hingenommen.

---

1) Bern. Corio, Hist. Milanese, ann. 1252. — Galvagnus de la Flamma, Chronicon Mediolani c. 286 (Muratori, S. R. I., XI, 684). — Ripoll I, 224, 244, 389. — Campana, Vita di San Piero-Martire, pp. 118—20, 125, 128—9, 132—33. — Annal. Mediolanens. c. 24 (Muratori, XVI, 656). — Tamburini, Storia dell' Inquisizione, I, 492—502. — Wadding Annal. ann. 1284, Nr. 3. — Rodulphii Historiarum Seraphicae Religionis (1586) Lib. I, fol. 126. — Raynald. Annal. ann. 1403, Nr. 24. — *Bibliotheca hagiographica latina II (1901), 977 f.; Chevalier, Répertoire des sources historiques ²II (1907), 3726.

Es gab i. J. 1279 einen Inquisitor in der Lombardei, Daniel von Giussano, (Ripoll I, 567), der wahrscheinlich als der Mitschuldige an dem Morde anzusehen ist (vgl. unten S. 267).

Der damalige Papst Nikolaus IV., der zufällig ein Franziskaner war, liess Thomas vor sich kommen und beichten. Darauf schickte er ihn zu seinem Provinzial zurück mit dem Befehl, ihm eine Strafe aufzuerlegen, die die Wiederholung einer solchen Gotteslästerung verhüten würde. Allein spätere Päpste ermutigten wieder die Verehrung des hl. Petrus Martyr, bis ihn im Jahre 1586 Sixtus V. nächst dem hl. Dominikus als zweites Haupt der Inquisition und als ihren ersten Märtyrer bezeichnete und im Jahre 1588 allen, welche an den Festtagen des hl. Dominikus, des Petrus Martyr und der Katharina von Siena aus Frömmigkeit die Dominikanerkirchen besuchen würden, vollkommenen Ablass gewährte. Im siebzehnten Jahrhundert erklärte ein begeisterter Spanier, dass der Heilige mit drei Kronen „como emperador de martyres" gekrönt sei. Schon im Jahre 1373 aber erteilte Gregor XI. die Erlaubnis, an dem Orte der Mordtat eine kleine Kapelle zu errichten, aus der eine glänzende Kirche mit prächtigem Kloster wurde dank der Gaben, welche die zahllosen dorthin strömenden Pilger spendeten. Siebenundachtzig
217 Jahre nach seinem Tode, im Jahre 1340, wurde der Leichnam in ein prächtiges Grab überführt und dabei entdeckt, dass er vollkommen erhalten war; die Heiligkeit des Märtyrers wurde so von neuem bestätigt. Als im Jahre 1736 das Grab wieder geöffnet wurde, war der Leichnam noch immer unversehrt und die Wunden waren noch immer vorhanden, genau so, wie sie in den Berichten beschrieben waren [1]).

---

1) Ripoll I, 212. — Campana, op. cit. 126, 149, 151, 257, 259, 262—3. — Jac. de Vorag. Legenda Aurea, s. v. — Mag. Bull. Roman. I, 94. — Wadding, Annal. ann. 1291, Nr. 24. — Juan de Mata, Santoral de los dos Santos Barcelona, 1637, fol. 28. — Galvagnus Flamma, Opusc. (Muratori, S. R. I. XII, 1035).

Die Ungnade des Bruders Thomas war keine lebenslängliche. Später werden wir ihn als Inquisitor antreffen, die Franziskanerspiritualen abwechselnd beschützend und verfolgend (vgl. S. 279). Nach der Auffassung der letzteren war sein im Jahre 1306 erfolgter Tod eine Strafe Gottes für die ihnen zugefügten schrecklichen Grausamkeiten. (Hist. Tribulationum, im Archiv für Literatur- und Kirchengeschichte II, 1886, p. 326.)

Die Frage der Stigmata war stets eine streitige zwischen den beiden Orden. Die Dominikaner wollten anfangs das Wunder nicht anerkennen, bis sie durch energische päpstliche Massregeln dazu gezwungen wurden (Chron. Glassberger ann. 1237 — Analecta Franziscana II, 58, Quaracchi, 1887). Und als sie nun schliesslich dieselbe Ehre für die hl. Katharina von Siena in Anspruch nahmen, zeigten sich die Franziskaner ebenso ungläubig. Im Jahre 1473 predigten die beiden Orden zu Trapani über diese Frage mit solcher Heftigkeit gegeneinander, dass zwischen ihren beiderseitigen Anhängern in der Laienwelt grosse Zwietracht entstand und der Vizekönig von Sizilien einschreiten musste (La Mantia, L'Inquisizione in Sicilia, Torino, 1886, p. 17). Wie schon erwähnt, verbot Sixtus IV. im Jahre 1475, der hl. Katharina die Stigmata zuzuschreiben. — *Vgl. Hampe, Die Wundmale des h. Franz von Assisi (Historische Zeitschrift 96 (1906) S. 385 ff.).

Die durch das Leben und die Taten des h. Petrus Martyr erweckte Begeisterung wurde in den meisten italienischen Städten praktisch ausgenutzt. Die vornehmsten Ritter gründeten die Gesellschaften der 'Kreuzbrüder' und verpflichteten sich eidlich, die Inquisitoren mit Gefahr ihres Lebens zu verteidigen und Leben und Eigentum der Ausrottung der Ketzerei zu widmen, wofür sie einen vollkommenen Ablass empfingen. Diese Gesellschaften pflegten sich an dem Festtage des h. Petrus Martyr in den Dominikanerkirchen, den Sitzen der Inquisition, zu versammeln und, während das Evangelium gelesen wurde, zum Zeichen ihrer Bereitwilligkeit, die Ketzerei mit Gewalt zu unterdrücken, ihre gezückten Schwerter in die Höhe zu halten. Sie bestanden bis ins achtzehnte Jahrhundert, und Bruder Peter Thomas Campana, der Inquisitor zu Crema war, erzählt mit Stolz, wie er im Jahre 1738 eine solche Ceremonie in Mailand leitete. Die Kreuzbrüder leisteten ausserdem den Inquisitoren materielle 218
Unterstützung, indem sie ihnen, wenn nötig, zur Erfüllung ihres Berufs Menschen und Geld zur Verfügung stellten. Wenn sie, vom Inquisitor aufgefordert, kein Geld hergeben wollten, verfielen sie der Exkommunikation. Man kann sich leicht denken, wie sehr die Wirksamkeit der Inquisition durch eine solche Organisation gesteigert wurde[1]).

Wenn die Ketzer gehofft hatten, durch den Eindruck dieser Mordtat ihre Verfolger abzuschrecken, so war das kurzsichtig. Der Fanatismus des Dominikanerordens lieferte eine unerschöpfliche Fülle von Männern, welche begierig nach der Märtyrerkrone strebten und keine Mühe scheuten, die zu diesem Ziele führte. Kaum waren die glänzenden Exequien des hl. Petrus Martyr vorüber, als sein Platz von Guido von Sesto und Rainerio Saccone aus Vicenza eingenommen wurde. Der letztere hatte eine hohe Stellung in der Kirche der Katharer bekleidet, aber infolge einer göttlichen Erleuchtung sich bekehrt und sein früheres Leben durch den Eintritt in den strengen Dominikanerorden gesühnt. Vielleicht hatte Innocenz IV. grade ihn im Auge, als er im Jahre 1246 den Dominikanerprior zu Mailand ermächtigte, reuige Ketzer in den Orden zuzulassen, ohne die den Katholiken auferlegte einjährige Probezeit zu verlangen. Gründlich bekannt mit allen Geheimnissen der Ketzerei, konnte er

1) Ripoll VIII, 113. — Chron. Parmens. ann. 1286 (Muratori, S. R. I., IX, 810). — Campana, op. cit. p. 63. — Bernardi Comens. Lucerna Inquis. s. vv. Bona haereticor. Nr. 6, Crucesignati, Indulgentia. — *Henner, Beiträge zur Organisation und Kompetenz der päpstlichen Ketzergerichte (1890), S. 171 ff.; vgl. auch Band I, S. 636 (1337 Mai 2).

bei der Verfolgung seiner früheren Glaubensgenossen unschätzbare Dienste leisten; er tat dies auch mit der ganzen Rücksichtslosigkeit eines bigotten Apostaten. Schnell zum Inquisitor ernannt, erlangte er unter den Gläubigen einen beneidenswerten Ruf durch die Energie und den Erfolg, womit er die Ketzerei ausrottete. Dass er allein, wie wir gesehen haben, mit Petrus Martyr von den Verschwörern zum Tode bestimmt wurde, ist ein Beweis dafür, wie sehr er sich den Hass der Verfolgten zugezogen hatte. Wir kennen die Einzelheiten des Anschlages gegen sein Leben nicht und wissen nur, dass Jakob della Chiusa von Pavia zurückkehrte, ohne sein Vorhaben ausgeführt zu haben. Rainerio wurde, wie erwähnt, als die geeignetste Persönlichkeit angesehen, den Platz des erschlagenen Märtyrers einzunehmen, und deshalb sofort nach Mailand versetzt. Und er rechtfertigte die Wahl durch die unbeugsame Festigkeit, womit er sein Amt versah. Da dieses noch etwas Neues in der Lombardei war, so bedurfte es durchaus eines Mannes von seinem scharfen Verstande, seiner Entschlossenheit und seiner Hingabe, um dasselbe zu organisieren und unter einer widerspenstigen Bevölkerung einzurichten[1]).

219 Die Ketzer waren allerdings zahlreicher als je in der Lombardei verbreitet; denn die Tätigkeit des Bernhard von Caux und seiner Amtsgenossen in Languedoc hatte eine Auswanderung im grossen zur Folge gehabt, und bis zum Tode Friedrichs II. wurde die Lombardei als ein sicherer Hafen angesehen. Kolonien wurden dort gegründet, und selbst nachdem die lombardische Inquisition fest organisiert war, suchten die unglücklichen Verfolgten dort noch fünfzig Jahre lang eine Zuflucht; nur selten hören wir, dass sie entdeckt wurden[2]). So sah sich der neue Inquisitor vor eine Aufgabe gestellt, die seiner ganzen Entschlossenheit und Tatkraft bedurfte. In der Mark Treviso wurden die Ketzer noch immer von Ezzelin von Romano beschützt, dessen Einfluss sich weit nach Westen erstreckte, und selbst in der Lombardei hatte es den Anschein, als ob die an Friedrichs II. Tod geknüpften Hoffnungen sich nicht verwirklichen sollten. Als im Jahre 1253 Konrad IV. auf seinem Zuge zur Eroberung seines sizilianischen Königreiches durch Treviso kam, ernannte er zu seinem Stellvertreter in der Lombardei Uberto Pallavicino, der sich bald als ein ebenso gefährlicher Feind für die Kirche erwies wie Ezzelin selbst. Und obwohl Konrad im Jahre 1254 starb

1) Ripoll I, 144, 168. — Campi, Dell' Hist. Eccles. di Piacenza, P. II, pp. 208–9.

2) Molinier, Thesis de Fratre Guillelmo Pelisso, Anicii, 1880, pp. LIX.—LX.

und Innocenz IV. Neapel als ein heimgefallenes Lehen der Kirche mit Beschlag belegte, nahm Pallavicinos Macht immer mehr zu. Er knüpfte Beziehungen mit Manfred, dem illegitimen Sohne Friedrichs, an; dieser entriss Neapel dem Papste und wurde das Oberhaupt der ghibellinischen Partei. Noch drohender war der Umschwung der Stimmung in Mailand selbst, wo sich der Eifer der Guelfen in Gleichgültigkeit verwandelte, als Innocenz unvorsichtigerweise gewisse geistliche Immunitäten geltend machte, die den Stolz der Bürger verletzten. So gewann es den Anschein, als ob die Köpfe der Hydra niemals beseitigt werden könnten.

Eine der ersten Massregeln, die Rainerio im Jahre 1253 ergriff, bestand in der Vorladung des Grafen Ägidius von Cortenuova als eines Freundes und Beschützers der Ketzer. Das Schloss Cortenuova in der Nähe von Bergamo war als ein Ketzernest dem Erdboden gleichgemacht und der Wiederaufbau desselben verboten worden. Aber der Graf hatte sich eines anderen Schlosses, Mongano, auf das der Bischof von Cremona Anspruch erhob, bemächtigt und hatte es in eine Ketzerzuflucht verwandelt, wo die Feinde der Kirche unter seinem Schutze sich völliger Sicherheit erfreuten. Er verachtete die Vorladung und wurde folglich exkommuniziert. Auch darauf gab er nichts. Deshalb befahl Innocenz IV. am 23. März 1254 den Behörden von Mailand unter Androhung der Kirchenstrafen, das Schloss mit Gewalt zu erobern und seine Insassen den Inquisitoren zum Verhör
auszuliefern. Der Graf jedoch stand in engem Bündnis mit Palla- 220
vicino, „dem Feinde Gottes und der Kirche“, und die Mailänder verspürten, wie es scheint, für den Augenblick keine Lust zu dem Unternehmen. So blieb Mongano ein Zufluchtsort für die Verfolgten bis zum Jahre 1269, wo die Mailänder sich schliesslich zu der Belagerung herbeiliessen, das Schloss eroberten und den Dominikanern auslieferten [1]).

Bessern Erfolg hatten Rainerios Bemühungen mit Robert Patta von Giussano, einem mailändischen Adligen, der zwanzig Jahre lang einer der hervorragendsten Verteidiger der Ketzerei in der Lombardei gewesen war. In seinem Schlosse Gatta gewährte er öffentlich Ketzerbischöfen Aufenthalt, denen er erlaubte, Häuser zu bauen und Schulen zu errichten. Von diesen aus verbreiteten sie ihre verderblichen Lehren im Lande. Sie hatten dort auch einen Kirchhof, auf dem unter andern ihre Bischöfe Nazario und Desiderio begraben

1) Ripoll I, 238, 242—3; VII, 31. — Bern. Corio, Hist. Milanese, ann. 1269.

lagen. Der Ort war berühmt. Als ein Beispiel für die prophetische Gabe des hl. Petrus Martyr wird erzählt, dass er, als er einst an dem Friedhof vorbeikam, seine Zerstörung und die Ausgrabung der dort beerdigten Ketzer vorausgesagt habe. Robert war von dem Erzbischof vorgeladen worden und hatte die Ketzerei abgeschworen. Man hatte aber nicht gewagt, energische Massregeln zu ergreifen, um seinem verderblichen Tun ein Ende zu machen, so dass die Ketzer von Gatta noch immer seinen Schutz genossen. Die Sache änderte sich aber, als im Jahre 1254 Rainerio und Guido ihn abermals vorluden. Da Robert nicht erschien, verurteilten sie ihn kurzerhand als Ketzer, erklärten sein Vermögen für konfisziert und seine Nachkommen in der üblichen Weise für rechtsunfähig. Jetzt erkannte er, dass die neuen Beamten nicht mit sich spassen liessen, und da die Aussichten der Ghibellinen damals anscheinend hoffnungslos waren, schloss er schnell seinen Frieden und verpflichtete sich, allen vom Papste ihm auferlegten Bedingungen sich zu unterwerfen. Innocenz IV. glaubte offenbar ein gnädiges Urteil zu fällen, als er am 19. August 1254 verfügte, dass das Schloss Gatta und alle Ketzerhäuser durch Feuer zerstört, die Gebeine auf dem Kirchhofe ausgegraben und verbrannt und dem Grafen eine heilsame Busse auferlegt werden solle, wie sie Rainerio vorschreiben würde[1]).

Das Papsttum stand damals auf dem Gipfelpunkte seiner Macht. Konrad IV. war am 21. Mai 1254 gestorben; man sprach von Gift. Innocenz IV. hatte sich seiner sizilischen Königreiche bemächtigt. Für eine kurze Zeit, bis zu Manfreds romantischen Abenteuern und
221 seinem Siege bei Foggia, konnte der Papst wohl glauben, er sei nahe daran, unbestrittenes weltliches wie geistliches Oberhaupt Italiens zu werden. Er war auf jede Weise bemüht, die Inquisition zu vervollkommnen, um sie einerseits als ein geeignetes Werkzeug für seine Politik zu benutzen und andrerseits mit ihrer Hilfe die lang ersehnte Gleichmässigkeit des Glaubens herbeizuführen. Am 8. März tat Innocenz einen wichtigen Schritt zum weiteren Ausbau ihrer Organisation, indem er dem Minister des Franziskanerordens zu Rom befahl, Brüder seines Ordens zu Inquisitoren in allen südlich von der Lombardei gelegenen Provinzen zu ernennen. Am 20. Mai wiederholte er die Bulle 'Ad extirpanda', schickte am 22. die Verordnungen Friedrichs II. an alle italienischen Herrscher mit dem Befehl, sie in die Ortsstatuten aufzunehmen, und teilte ihnen mit,

1) Ripoll I, 254. — Campana, op. cit. p. 114.

dass er die Bettelmönche angewiesen habe, sie im Notfalle zum Gehorsam zu zwingen. Am 29. reorganisierte er die lombardische Inquisition, indem er den Provinzial der Dominikaner anwies, vier Inquisitoren zu ernennen, deren Amtsgewalt sich von Bologna und Ferrara bis Genua erstrecken sollte. Dank dieser Aufmunterung und der rastlosen Tatkraft Rainerios gründete das hl. Offizium bald überall Niederlassungen, ausser da, wo ghibellinische Machthaber, wie Ezzelin und Uberto, seine Einführung verhinderten. Zufällig besitzen wir in den Protokollen der kleinen Republik Asti an der Grenze von Savoyen eine Schilderung des dabei beobachteten Verfahrens. Es wird hier berichtet, dass im Jahre 1254 zwei Inquisitoren, Bruder Johann von Turin und Bruder Paul von Mailand, samt ihren Genossen vor dem Rate der Republik erschienen mit der Erklärung: der Papst befehle den Ratsherren, die Inquisition in ihrem Gebiete zuzulassen. Darauf erwiderten diese, sie seien zwar bereit, den päpstlichen Befehlen nachzukommen, hätten aber keine den Gang der Ketzerverfolgung regelnden Gesetze und müssten deshalb zuvor solche erlassen. Demgemäss wurde ein 'Ordenamento' aufgesetzt, welches Gehorsam gegen die Verordnungen Innocenz' IV. und Friedrichs II. vorschrieb und sogleich den Ortsstatuten einverleibt wurde. Ähnliches geschah zweifellos überall da, wo die Bevölkerung seither noch nichts wusste von der neuen Lehre, dass die Unterdrückung der Ketzerei die erste Pflicht einer Regierung sei [1]).

Am 7. Dezember 1254 starb Innocenz IV. Mochte dieser Tod
nun eine Erhörung der Gebete der Dominikaner oder eine Folge des 222
Ärgers über die Fortschritte König Manfreds sein: er änderte nichts an der Energie, womit die weitere Ausbildung der Inquisition betrieben wurde. Sofort nach seiner Thronbesteigung erliess Alexander IV. eine Reihe von Bullen, wodurch er die Verordnungen seines Vorgängers von neuem einschärfte und die Bischöfe und Inquisitoren zu verdoppelter Tätigkeit anfeuerte. Um den Widerstand solcher Städte zu brechen, welche in der Verhaftung und Auslieferung der von den Inquisitoren bezeichneten Bürger säumig waren, ermächtigte er diese, jede derartige Pflichtversäumnis mit der schweren Geldstrafe von zweihundert Mark Silber zu ahnden. Daraufhin versammelte Rainerio am 1. August 1255 die Bürger von Mailand auf dem Domplatze, las ihnen sein Mandat vor und

---

1) Bern. Guidon. Vit. Innocent. PP. IV. (Muratori, S. R. I. III, 592). — Wadding, ann. 1254, Nr. 8. — Ripoll I, 246. — Sclopis, Antica Legislazione del Piemonte, p. 440.

erklärte ihnen, dass er bis jetzt mit grosser Milde verfahren sei, dass er aber in Zukunft anders vorgehen werde. Viele Bürger, sagte er, verspotteten die Inquisition auf offener Strasse, andere gäben dadurch Ärgernis, dass sie ihr Widerstand leisteten und Schwierigkeiten bereiteten. Deshalb richtete er drei formelle, notariell beglaubigte Verwarnungen an das Volk, wonach alle, welche die Inquisition noch weiter schmähen oder in irgendeiner Weise behindern würden, als Begünstiger der Ketzerei exkommuniziert und mit denjenigen Strafen verfolgt werden sollten, die ihre Verwegenheit verdiente[1]).

Infolge der gesteigerten Tätigkeit der Inquisition erwiesen sich die vier von Innocenz IV. für die Lombardei bestimmten Inquisitoren als unzureichend. So befahl Alexander IV. am 20. März 1256 dem Provinzial der Dominikaner, die Zahl auf acht zu erhöhen. Dieser scheint sich mit der Ausführung des Gebotes nicht sonderlich beeilt zu haben; denn im Jahre 1260 wurde er scharf daran erinnert und angewiesen, nicht länger mehr damit zu warten. Die Verzögerung hatte vielleicht ihren Grund darin, dass Rainerio im Januar 1257 zum obersten Inquisitor über die ganze Lombardei und die Marken von Genua und Treviso befördert worden war mit der Vollmacht, selbst Vertreter zu ernennen. Dadurch war er ohne Zweifel tatsächlich befreit von der Kontrolle des Provinzials und konnte, wenn es ihm an Gehülfen fehlte, diesen Mangel aus den Reihen der völlig von ihm abhängigen Männer ersetzen. Im März 1256 wurden die Bischöfe wiederum in den dringendsten Ausdrücken ersucht, den Inquisitoren jegliche Hilfe und Unterstützung zu leisten, und im Januar 1257 wurde ihnen abermals nachdrücklich eingeschärft, dass diejenigen, welche diese Pflicht versäumten, der Bestrafung nicht
223 entgehen, dagegen diejenigen, welche sich eifrig zeigten, den Hl. Stuhl „bei Gelegenheit“ erkenntlich finden würden. Was diese Worte bedeuteten, liegt auf der Hand: es wäre schwer, eine Schranke der Vollmacht zu bezeichnen, welche so in den Händen des frühern Katharers vereinigt war[2]).

Örtlich war seine Autorität allerdings begrenzt durch die Besitzungen Ubertos und Ezzelins, in die noch kein Inquisitor einzudringen wagte. In eben diesem Jahre 1257 nahm Piacenza, das unter die Herrschaft Ubertos gekommen war, eine so feindliche

1) Ripoll I, 285 — Raynald. ann. 1255, Nr. 31. — Campi, Dell' Hist. Eccles. di Piacenza, P. II, pp. 212—13, 402.

2) Ripoll I, 300, 326, 327, 399. — Potthast, Nr. 16292.

Haltung gegen die Kirche ein, dass ihm der Bischofssitz genommen und dessen Inhaber Albert nach Ferrara versetzt wurde. In Vicenza, das Ezzelin beherrschte, standen die Dinge sogar noch schlimmer. Dort besassen die Ketzer ein anerkanntes Oberhaupt namens Peter Gallo, aus dem Borgo S. Peter, dessen Name ihnen als Sammelruf diente, worauf die Katholiken mit: „viva Volpe!" antworteten, da ein Mitglied der Familie Volpe ihr Parteiführer war. Diese Gewohnheit fasste in der Bevölkerung so feste Wurzel, dass, wie es heisst, im siebenzehnten Jahrhundert der Ruf der Bürger des Borgo (damals corrumpiert 'Porsampiero' genannt) noch immer: „viva Gallo!", und derjenige der Anwohner der Piazza und der Porta Nuova noch immer: „viva Volpe!" lautete. Ezzelin wollte keine Verfolgung dulden. Als der selige Bartholomäus von Braganza, einer der unmittelbaren Jünger des hl. Dominikus, im Jahre 1255 zum Bischof von Vicenza erhoben wurde, musste er bei seinen Bekehrungsversuchen sich lediglich auf das Mittel der Überredung beschränken. Nachdem er eine Zeitlang mit wenig Erfolg gepredigt hatte, liess er sich in ein öffentliches Gespräch mit Peter Gallo ein und machte durch seine Beweisgründe solchen Eindruck auf ihn, dass der Ketzer sich bekehrte. Die Behauptung, dass Ezzelins Missvergnügen hierüber die Ursache für die Verbannung des Bartholomäus von seinem Bischofssitze war, dürfen wir füglich bezweifeln. Immerhin konnte sich dieser darüber trösten; denn Alexander IV. schickte ihn als Nuntius nach England. Während seiner Abwesenheit im Jahre 1258 war sein Archidiakonus Bernhard Nicelli kühner. Er tat einen wichtigen Fang in der Person des Katharerbischofs Vivianus Bogolo. Sein Versuch, den Gefangenen zu bekehren, misslang, da seine Überredungskunst nicht ausreichte. Ezzelin schritt ein und setzte den Ketzer in Freiheit[1]).

Es war klar, dass, solange diese Führer der Ghibellinen die Macht in Händen hatten, die Ketzerei sicheren Boden unter den 224
Füssen behielt und die auf den Tod Friedrichs II. gesetzten Hoffnungen sich nicht erfüllen konnten. Schon lange hatte daher die Kirche allen Grund gehabt, die Vernichtung ihres gefürchtetsten Gegners Ezzelin herbeizuwünschen, und hatte alle Mittel versucht, ihn zur Unterwerfung zu bringen. Schon im Jahre 1221 hatte Gregor IX., damals Legat in der Lombardei, ihm die Erklärung abgedrungen, dass er die Ketzerei hasse, und 1231 hatten seine Söhne,

1) Campi, Dell' Hist. Eccles. di Piacenza, P. II, pp. 214—15. — Barbarano de' Mironi, Hist. Eccles. di Vicenza II, 99, 104.

Ezzelin und Albericus, an dem päpstlichen Hofe ihren Abscheu über die Verbrechen ihres Vaters zum Ausdruck gebracht und versprochen, ihn als Ketzer dem Gerichte auszuliefern, wenn er sich nicht bessern würde. Sie wollten auf diese Weise der Enterbung entgehen, die andernfalls auf Grund der Gesetze Friedrichs II. sie treffen musste. Ausserdem verpflichteten sie sich, ihrem Vater ein vom 1. September datiertes Schreiben Gregors auszuhändigen. Darin machte ihm der Papst bittere Vorwürfe wegen seiner Beschützung der Ketzer und erklärte ihm, wenn er in Demut seine Irrtümer bekennen und alle Ketzer aus seinen Landen verjagen wolle, so dürfe er innerhalb zweier Monate vor dem Hl. Stuhl erscheinen, bereit, allen an ihn ergehenden Befehlen zu gehorchen; andernfalls sollten Himmel und Erde gegen ihn angerufen, seine Besitzungen konfisziert und er selbst zum ewigen Schandfleck der Menschheit werden, für die er schon jetzt ein Ärgernis und Schrecken sei[1]).

Ob die Söhne ihrem Vater pflichtgemäss diesen Drohbrief aushändigten, wissen wir nicht. Es kommt auch wenig darauf an, da der Brief jedenfalls zeigt, wie schon damals Ezzelin als die Hauptstütze der Ketzerei angesehen wurde, und wie die Kirche wieder einmal den Glaubenseifer zum Deckmantel für ihren politischen Ehrgeiz benutzte. Ezzelins Mut kam nie ins Wanken, und in seinem ereignisreichen Leben hatte er kaum einen Misserfolg zu verzeichnen. Als Friedrich II. den Widerstand der Lombardei gebrochen hatte, gab er, im Jahre 1238, Ezzelin seine natürliche Tochter Selvaggia zur Frau und machte ihn zum kaiserlichen Statthalter. Die geistlichen Chronisten bezeichnen ihn übereinstimmend als ein Ungeheuer, dessen Verbrechen alles menschliche Mass fast übertrafen; aber das ist ein schwarz in schwarz gemaltes Bild, das die Absicht des Malers verrät. Möglicherweise hat er zu den schlimmsten italienischen Despoten gehört in einer Zeit, wo Treulosigkeit und Verachtung menschlichen Leidens die Regel waren; aber die lange, ununterbrochene Reihe seiner Erfolge zeigt, dass er auch Eigenschaften besessen haben muss, welche die Menschen an
225 ihn fesselten, und die Nachricht, er sei durch die Beredsamkeit des Bruders Johann Schio zweimal zu Tränen gerührt worden, verrät einen Grad von Empfindung, wie er bei einem durch und durch schlechten Menschen kaum zu finden ist. Die von Benvenuto von Imola überlieferte Anekdote, dass er Sordello, den Liebhaber seiner

1) Epistt. Saecul. XIII, (Mon. Germ. Hist.) T. I, Nr. 451. — Raynald. ann. 1231, Nr. 20–22.

Schwester, auf dem Rücken nach und von dem verabredeten Treffplatz getragen und dann dem erschreckten Troubadour eine freundschaftliche Verwarnung erteilt habe, lässt auf einen Charakter schliessen, welcher mit den gewöhnlichen Schilderungen durchaus nicht übereinstimmt. Einige von den Geschichten, die über ihn in Umlauf gesetzt wurden, um ihn verhasst zu machen, tragen so offenbar den Stempel geschmackloser Übertreibungen, dass dadurch auch der Zweifel an den übrigen, von den päpstlichen Schriftstellern gegen ihn erhobenen Anklagen erweckt wird[1]).

Gregors Schreiben an Ezzelin vom 1. September 1231 war nur eine List. Er erwartete gar nicht, dass dieser sich innerhalb zweier Monate bei ihm einfinden würde; denn schon drei Tage später, am 4. September, führte er seine Drohung aus und befahl den Bischöfen von Reggio, Modena, Brescia und Mantua, Ezzelins Besitzungen der Plünderung preiszugeben und einen Kreuzzug gegen ihn zu predigen unter Zusicherung derselben Ablässe wie für das hl. Land. Das Mittel versagte indessen, und als Bruder Johann Schio im Jahre 1233 mit seiner Friedensmission betraut ward, wurde Ezzelins Absolution in den allgemeinen Frieden miteingeschlossen, obgleich er nicht aufgehört hatte, die Ketzer zu beschützen, was doch der angebliche Grund für den gegen ihn gerichteten Angriff gewesen war. So lange Friedrich II. im Frieden mit der Kirche lebte, scheint man auch Ezzelin in Frieden gelassen zu haben. Als aber nach der Unterwerfung der Lombardei durch den Kaiser der Krieg wieder ausbrach, wurde auch Ezzelin wieder angegriffen. Auf die Exkommunikation Friedrichs vom 7. April 1239 folgte am 20. November die Ezzelins. Diesmal wird von der Begünstigung der Ketzerei nichts gesagt; es heisst nur, er habe sich Übergriffe in die Rechte der Kirche von Treviso erlaubt und sei länger als drei Jahre in der Exkommunikation geblieben. Ein Monat wird ihm zur Unterwerfung bewilligt; nach Verlauf dieser Frist soll gegen ihn als Ketzer vorgegangen werden. Die Kirche hatte offenbar schon herausgefunden, wie bequem es war, Ungehorsam als Ketzerei zu behandeln. Auch dieser

---

1) Chabaneau (Vaissette, Ed. Privat, x, 314). — Monach. Patavin. Chron. (Muratori, S. R. I. VIII, 707—9). — Friedrich II. wird in päpstlichen Schreiben in ähnlicher Weise als ein Ungeheuer geschildert, das in sinnloser Grausamkeit schwelge. Vgl. Vit. Gregor. PP. IX. (Muratori, S. R. I. III, 583—4).

In der Mark Treviso gibt es eine Volkssage, wonach Ezzelin ein Dämon war, der noch immer das Land, das der Schauplatz seiner Tätigkeit war, unsicher macht. Man stellt ihn auf verschiedene Weise dar: als den inkarnierten Teufel oder als das Produkt eines Teufels und einer Hexe oder auch eines Hundes. — Brentari, Ecceliuo da Romano, Padova, 1889, p. 32.

Schritt führte aber zu nichts. Daher entschloss sich Innocenz IV. im Jahre 1244, die Hilfe der Inquisition in Anspruch zu nehmen, und erteilte dem Bruder Roland von Cremona, dessen unerschrockene Energie wir schon kennen gelernt haben, den Auftrag, gegen Ezzelin eine Untersuchung anzustellen, weil er auf Grund seines Umgangs
226 mit Ketzern der Ketzerei verdächtig sei und öffentlich im Rufe eines Ketzers stehe. Da der Angeklagte aber „schrecklich und mächtig“ sei, solle der Inquisitor die gesetzmässigen Vorladungen irgendwo verkünden, wo es mit Sicherheit geschehen könne. Das Ergebnis dieses Prozessverfahrens „in absentia“ war folgerecht. Man fand, dass er der Sohn eines Ketzers war, dass seine Verwandten Ketzer waren, dass unter seinem Schutz die Ketzerei sich in der ganzen Mark Treviso ausgebreitet hatte, und es wurde ermittelt, dass er den christlichen Glauben nicht für wahr halte und der Ketzerei für verdächtig angesehen werden müsse. Danach verkündete im März 1248 Innocenz die Verurteilung Ezzelins als offenbaren Ketzers, der die Strafe der verurteilten Ketzer empfangen müsse, versprach ihm aber, dass er erfahren solle, wie unerschöpflich die Milde der Kirche sei, wenn er sich persönlich am nächsten Himmelfahrtstage (28. Mai) in Rom einfinden würde. Der alte schlaue Fuchs war jedoch vorsichtig genug, sich nicht in die Gewalt des Papstes zu begeben, um etwa zu erproben, wie weit die päpstliche Milde ging, sondern schickte Boten hin, die ihn von dem Verdachte der Ketzerei reinigen sollten, indem sie einen Eid auf seine Rechtgläubigkeit ablegten. Aber Innocenz IV. bestand darauf, dass er in Person erscheinen müsse, und bot ihm sicheres Geleit für die Hin- und Rückreise an. Von einer Sicherheit während seines Aufenthaltes in Rom war indessen nichts gesagt. Ezzelin blieb vorsichtig. Der ihm bewilligte Termin lief ab, und so ward er exkommuniziert. Nach weiteren zwei Jahren wurde ihm mitgeteilt, dass er, wenn er nicht am 1. August 1250 erscheine, den gesetzlichen Strafen der Ketzerei verfallen werde. Der verstockte Sünder liess sich auch hierdurch nicht aus der Fassung bringen. Deshalb wurde im Juni 1251 dem Bischof von Treviso und dem Dominikanerprior von Mantua befohlen, ihn noch einmal unter dem Versprechen voller Sicherheit aufzufordern, zu einer gegebenen Zeit vor dem päpstlichen Richterstuhle persönlich zu erscheinen. Gehorche er nicht, so sollten ihn seine Untertanen von Treviso dazu zwingen, und wenn auch das nicht glücke, sollte ein Kreuzzug gegen ihn gepredigt werden[1]).

---

1) Epistt. Saec. xiii, T. i, Nr. 453, 741, 757—9. — Ripoll i, 59, 135, 193. —

Für einen Papst, der seine weltliche Herrschaft ausdehnen wollte, war es ausserordentlich bequem, seine politischen Gegner wegen Ketzerei zu verurteilen, und ausserordentlich billig, die Kosten ihrer Unterwerfung durch reichliche Austeilung der Heilsschätze zu bestreiten. So befahl im April 1253 Innocenz IV. im Laufe seines Streites mit dem Senator Brancaleone von Rom den Dominikanern der römischen Provinz, gegen die sogenannten Ketzer von Toskana 227
einen Kreuzzug zu predigen und dafür die Ablässe vom hl. Lande zu versprechen. In gleicher Weise, aber auf einer breiteren Grundlage, wurden Vorbereitungen getroffen, um die Ketzerei der Lombardei zu zertreten, die, wie es hiess, immer kecker ihr Haupt erhebe. Zwei Jahre hindurch folgte eine Bulle auf die andere; alle wiesen die Bischöfe und besonders die Inquisitoren an, das Kreuz gegen sie zu predigen, indem man alle Arten von Ablässen mit der grössten Freigebigkeit verteilte. In einer dieser Bullen wurde tatsächlich denjenigen Absolution in Aussicht gestellt, welche unrechtmässig erworbenes Gut besassen, vorausgesetzt, dass sie dessen Wert zur Unterstützung des Kreuzzuges beisteuerten. Die Kirche wurde so zur Mitschuldigen bei Diebstählen gemacht. Nach einer andern sollten alle Personen oder Gemeinden, welche es unterliessen, den Kreuzzug zu unterstützen, von den Inquisitoren als Begünstiger der Ketzerei verfolgt werden. Zur förmlichen Einleitung des Verfahrens erging am 9. April 1254 an Ezzelin abermals die Aufforderung, sich am nächsten Himmelfahrtstag (21. Mai) vor dem päpstlichen Richterstuhle einzufinden. Komme er dieser Aufforderung nicht nach, so werde er als offenbarer Ketzer verurteilt und als solcher behandelt werden. Bei allen diesen Massregeln beweist die seltsame Travestie eines Inquisitionsverfahrens, welchen Einfluss die Inquisition schon damals auf die Gemüter der Gläubigen ausübte, und die Verwendung der Inquisitoren zeigt, ein wie nützlicher Faktor zur Förderung der weltlichen Macht des Hl. Stuhles ihre Institution geworden war[1]).

Die Eroberung Neapels und der Tod Innocenz' IV. verzögerten die Veranstaltung des Kreuzzuges; aber schliesslich, im Juni 1256, wurde er von Venedig aus unter der Führung des Legaten Philipp, des erwählten Erzbischofs von Ravenna, begonnen. Die im Sturm

---

Potthast Nr. 12899. — Berger, Registres d'Innocent IV., Nr. 4095. — Raynald. Annal. ann. 1248, Nr. 25—6. — Harduin. Concil. VII, 362.

1) Ripoll I, 230, 247, 249—51, 286, 291. — Mag. Bull. Rom. I, 102—4. — Pegnae Append. Eymeric. p. 77. — Harduin. Concil. VII, 362.

erfolgte Einnahme von Padua, der wichtigsten Stadt Ezzelins, war ein ermutigender Anfang des Feldzuges; aber die siebentägige Plünderung, welcher die unglückliche Stadt preisgegeben wurde, zeigte, dass die Soldaten des Kreuzes aus den erlangten Ablässen den grösstmöglichen Nutzen zu ziehen entschlossen waren. Dank der ungeschickten Führung zog sich indessen der Kreuzzug trotz wiederholter Bullen, welche den Teilnehmern das Seelenheil in Aussicht stellten, ohne weitere Erfolge hin, bis im Jahre 1258 der Legat in der Nähe von Brescia vollständig geschlagen und mit seinem Astrologen, dem Dominikaner Everard, gefangen genommen wurde. Brescia fiel in die Hände Ezzelins, der, mächtiger als je, Absichten auf Mailand hegte, wo er Beziehungen zu der Partei der Ghibellinen hatte. Jedoch, als bereits alle Gefahr für ihn vorüber
228 zu sein schien, trat plötzlich ein Umschwung ein. Die ghibellinischen Häupter der Lombardei — die Herren von Cremona, Uberto Pallavicino und Boso von Novara, — waren mit ihm verbündet gewesen. Sie hatten ihm bei der Einnahme von Brescia beigestanden unter der Bedingung, dass sie an dem Besitz der Stadt teilhaben sollten. Da er aber die eroberte Stadt für sich allein in Anspruch nahm, beschlossen sie, Rache zu nehmen, und unterzeichneten am 11. Juni 1259 mit den Mailändern und Azzo von Este, dem Haupte der lombardischen Guelfen, einen gegen ihn gerichteten Vertrag. Ezzelin zog mit starker Streitmacht ins Feld, in der Hoffnung, durch die geheimen Beziehungen, die er in der Stadt hatte, Mailand in seinen Besitz zu bringen. Aber auf dem Marsche wurde er von Uberto, Boso und Azzo angegriffen, die mit strategischem Geschick seine Truppen zerstreuten und ihn selbst, schwer verwundet, gefangen nahmen. Sein unbeugsamer Stolz wollte diese Demütigung nicht ertragen: er riss den Verband von seinen Wunden, wies jegliche Hilfe zurück und starb nach einigen Tagen[1]).

---

1) Raynald. ann. 1257, Nr. 38—9; 1258, Nr. 1—4; 1259, Nr. 1—3. — Rolandini Chron. Lib. ix—xii (Muratori, S. R. I. viii, 299—352). — Monach. Pataviu. Chron. (Ib. viii, 691—705). — Nic. Smeregi Chron. (Ib. viii, 101). — Wadding, ann. 1258, Nr. 6. — Mag. Bull. Rom. i, 118. — *Vgl. jetzt Fr. Stieve, Ezzelino von Romano (1909).

Wie roh und grausam die Zeit war, ersieht man aus der Behandlung, welche Ezzelins Bruder Alberico zuteil wurde, als er mit seiner Familie gefangen genommen war. Er wurde geknebelt und an einen Baum gebunden. Seine Frau und Töchter wurden lebendig vor seinen Augen verbrannt, seine Söhne erschlagen und ihre Glieder ihm ins Gesicht geworfen, dann wurde er selbst kaltblütig in Stücke gehauen. — Laurentii de Monacis Ezerinus iii (Muratori, S. R. I. viii, 150). Alberico war gebildet, ein Troubadour und ein Beschützer der „gai science“ (Vaissette, Ed. Privat, x, 313).

Es war nicht möglich, der Kirche einen grösseren Dienst zu erweisen als den, welchen Uberto ihr geleistet hatte. Er war im Felde und im Rate die Seele des Bündnisses gewesen, das den gefürchteten Ezzelin vernichtet und nach dreissigjähriger fruchtloser Bemühung die Mark von Treviso der Inquisition geöffnet hatte. Eine gewisse Vergeltung solcher Dienste hätte man wohl erwarten können; sie wäre vielleicht sogar klug gewesen und hätte womöglich den mächtigen Führer der Ghibellinen der Kurie gewonnen. Aber es kam anders. Im Vertrage vom 11. Juni hatten die Verbündeten Manfred als König von Sizilien bezeichnet und sich das Wort gegeben, auf seine Aussöhnung mit dem Papste hinarbeiten zu wollen. Kein Dienst, besonders keiner, der unwiderruflich geleistet war, konnte diese Anerkennung des verhassten Sohnes Friedrichs II. wettmachen. Uberto, Boso und die Cremonenser waren, als sie in das Bündnis eintraten, von der Exkommunikation absolviert worden. Aber Alexander IV. schrieb am 13. Dezember 229
1259 seinem Legaten in der Lombardei, dass die Absolution keinen Wert habe, weil sie nicht von einem Dominikaner oder Franziskaner, die allein dazu ermächtigt wären, erteilt worden sei. Wenn jedoch die Verbündeten Manfred fallen lassen und genügende Sicherheit dafür geben wollten, dass sie den Geboten der Kirche gehorchen und alles Kircheneigentum zurückgeben würden, so könnten sie ruhig absolviert werden [1]).

Offenbar war dem Papst Alexander IV. der Sieg über Ezzelin zu Kopf gestiegen. Aber er kannte den Mann schlecht, den er mit so undankbarem Übermut behandelte. Durch Intriguen mit den Torriani und anderen mächtigen Mailänder Adligen schuf sich Uberto in dieser Stadt eine Partei, mit deren Hilfe er im Jahre 1260 zum Podestà auf fünf Jahre gewählt wurde. Vergebens versuchte Rainerio Saccone einen so beklagenswerten Ausgang der Dinge zu verhüten. Er versammelte die Bürger, bezeichnete Uberto als der Ketzerei stark verdächtig und als einen offenkundigen Beschützer der Ketzer; er drohte, wenn man bei dem Beschluss bleibe, so werde er alle Kirchenglocken läuten lassen und das Volk, die Geistlichen und die Kreuzbrüder zum gewaltsamen Widerstand auffordern. Unglücklicherweise nahmen die Bürger diese unverfrorene Einmischung eines Fremden in ihre inneren Angelegenheiten — oder, wie es Alexander IV. nennt, „diesen gesunden, im Geiste der Demut und Güte gegebenen Ratschlag“ — nicht von der guten Seite auf. Voll Zorn

1) Raynald. ann. 1259, Nr. 6—9

versammelten sie sich, eilten nach dem Dominikanerkloster und stellten Rainerio vor die Wahl, entweder die Stadt zu verlassen oder sich auf Schlimmeres gefasst zu machen. Er wählte das Klügere und ging[1]).

Vergebens erliess Alexander eine Bulle, worin er diese beschwerlichen Vorfälle aufzählte und dem Inquisitor Rainerio und seinen Amtsgenossen befahl, die schuldigen Parteien zu verfolgen. Vergebens auch billigte er am 14. Oktober 1260 die Statuten einer Gesellschaft von 'Verteidigern des Glaubens', die sich kurz vorher in Mailand zu Ehren Jesu Christi, der hl. Jungfrau, des hl. Johannes des Täufers und des hl. Petrus Martyr gebildet hatte, und deren Mitglieder sich verpflichteten, der Inquisition bei ihren Bemühungen, die Ketzerei auszurotten, bewaffneten oder andern Beistand zu leisten. Uberto war jetzt die mächtigste Persönlichkeit in der Lombardei; überall, wohin sein Einfluss sich erstreckte, verbot er den Inquisitoren, ihr Amt auszuüben. Die Ketzer waren unter seiner Herrschaft sicher und strömten deshalb aus andern Gegenden der Lombardei, aus
230 Languedoc und der Provence herbei. Einer der vertrauten Diener des Podestà, ein gewisser Berengar, war wegen Ketzerei verurteilt worden. Mit Uberto wiederholte Alexander unverzüglich die Komödie eines Inquisitionsverfahrens, die, wie wir gesehen haben, mit Ezzelin aufgeführt worden war. Am 9. Dezember 1260 wies er die Inquisitoren der Lombardei an, von einem Orte aus, wo sie sicher seien, Uberto aufzufordern, innerhalb zweier Monate vor ihm zu erscheinen und ihm sicheres Geleit für die Hinreise, aber nicht für die Rückreise anzubieten. Könne er dann seine Unschuld beweisen, so solle ihm gestattet werden, den päpstlichen Befehlen Gehorsam zu schwören. Erscheine er nicht, so solle man das Inquisitionsverfahren gegen ihn einleiten[2]).

Uberto kümmerte sich ebensowenig wie Ezzelin um den machtlosen päpstlichen Blitzstrahl, sondern fuhr ruhig fort, seine Stellung zu befestigen und eine Stadt nach der andern seiner Herrschaft zu unterwerfen, mochte auch Alexander IV. den Rainerio und seine Inquisitoren ermahnen, energisch vorzugehen und einen Kreuzzug zu predigen. In Anbetracht der Erfolge Ubertos im Norden und der Fortschritte Manfreds im Süden, die dieser seiner weisen und kraftvollen Regierung verdankte, schien es eine Zeitlang, als ob die ehrgeizigen Pläne des Papsttums für immer vereitelt werden sollten und

1) Ripoll I, 398. — Bern. Corio, Hist. Milanese, ann. 1259.
2) Arch. de l'Inquis. de Carcassonne (Doat, XXXI). — Ripoll I, 400.

die italienische Inquisition ein vorzeitiges Ende finden würde. Die Inquisitoren konnten sich nicht einmal mehr in der römischen Provinz mit Sicherheit bewegen, weshalb die Bischöfe und Städte Befehl erhielten, ihnen den nötigen Schutz auf allen ihren Reisen angedeihen zu lassen. Die Stimmung des Volkes ersieht man aus einer Massregel, die zum grossen Verdruss der römischen Kurie die Einwohner von Bergamo im J. 1264 ergriffen, um sich gegen das willkürliche Inquisitionsverfahren zu schützen. Sie fassten einen Beschluss, wonach jeder, der wegen Ketzerei oder Begünstigung derselben vorgeladen oder exkommuniziert würde, das Recht haben sollte, vor dem Verfolger oder dem Bischof eidlich zu erklären, dass er dem römischen Glauben in allen seinen Einzelheiten treu sei; darauf sollte er durch einen andern Eid vor dem Podestà sich verpflichten, hundert Soldi zu bezahlen für jeden Fall, wo er vom orthodoxen Glauben abwich. Alsdann durfte er nicht ausserhalb der Stadt vorgeladen werden und sollte für jedes Amt innerhalb derselben wählbar sein; die Behörden aber sollten ihn auf Kosten der Stadt gegen jede solche Vorladung oder Exkommunikation schützen. Ausserhalb der Gebiete und des Einflusses Ubertos ging allerdings das Geschäft der Inquisition in der Lombardei stetig weiter. In den Jahren 1265 und 1266 erliess Clemens IV. so energische Anweisungen betreffs der Pflichten und der Ernennung der Inquisitoren, als ob für die Ausübung ihres 23
Amtes keine Schwierigkeiten beständen. Jedoch schien es nur eine Frage der Zeit zu sein, wann die ihnen noch offen stehenden Gebiete ebenfalls verschlossen werden würden[1]).

Es hat wenige Staatsumwälzungen gegeben, die so folgenreich waren wie die damalige, wo die Päpste, in der Hoffnung, für sich selbst das Königreich Sizilien erwerben zu können, getäuscht, diese Krone zunächst Edmund, dem Sohne Heinrichs III. von England, anboten, um dann, als dieser verzichtete, den Ehrgeiz Karls von Anjou zu wecken und allenthalben einen Kreuzzug zu

---

1) Potthast Nr 17984—5. — Arch. de l'Inquis. de Carcass. (Doat, XXXI, 216). — Ripoll I, 402, 460, 462, 466, 469, 478. — Raynald. ann. 1260, Nr. 12. — Mag. Bull. Rom. I, 119.

Die Bulle, welche die Einwohner von Bergamo wegen der von ihnen aufgestellten Statuten mit dem Interdikte bedrohte, rührt von Urban IV. (aus dem Jahre 1264) her und findet sich in den Archiven der Inquisition von Carcassonne (Doat, XXX, 288); Ripoll dagegen (I, 499) weist sie Clemens IV. und dem Jahre 1265 zu, woraus hervorgeht, dass die Bergamasker hartnäckig waren. Bergamo war schon einmal mit dem Interdikt belegt worden, weil es Friedrich und Konrad treu geblieben war, und war erst nach dem Tode des letzteren (1255) mit der Kirche wieder ausgesöhnt worden (Ripoll I, 268).

dessen Gunsten predigen zu lassen. Das Papsttum erkannte deutlich, wie wichtig ein erfolgreicher Ausgang dieses Unternehmens war, und es setzte alle seine Hoffnungen darauf. Die Schätze des Heiles wurden mit vollen Händen ausgestreut und vollkommene Ablässe allen denen bewilligt, welche den vierten Teil ihres Einkommens oder den zehnten ihres Vermögens beisteuerten. Aber auch die irdischen Schätze der Kirche wurden mit derselben Freigebigkeit zur Verfügung gestellt. So wurde Karl für drei Jahre der Zehnte von allen kirchlichen Einkünften in Frankreich und in Flandern versprochen, und als dies alles noch nicht genügte, opferte Clemens IV. unbedenklich das Eigentum der römischen Kirchen. Er versuchte, es für hunderttausend Pfund zu verpfänden. Da er aber nur dreissigtausend erhielt, verpfändete er für weitere fünfzigtausend das Silbergeschirr und die Juwelen des Hl. Stuhles. So konnte er, als Karl immer höhere Summen zur Erhaltung seiner nackten und hungernden Kreuzfahrer forderte, der Wahrheit gemäss antworten, dass er alles getan habe, was in seinen Kräften stehe, und dass er vollständig erschöpft sei; er habe keine Berge und Flüsse von Gold, noch könne er Erde und Steine in Münzen verwandeln. Seine Not war so gross, dass die Kardinäle auf Kosten der Klöster leben mussten. Als der Abt des Klosters Casa Dei sich über die starke Belastung beklagte, erhielt er zur Antwort, dass man den Kardinal von Ostia anderswo unterbringen wolle, dass er aber für die übrigen zu sorgen habe. Eine dauerndere Besserung der Lage
232 der Kardinäle wurde jedoch dadurch bewirkt, dass ihnen die Einkünfte auswärtiger Kirchen zugewiesen wurden, und zwar in der beträchtlichen Höhe von dreihundert Mark jährlich für jeden[1]).

Vergebens suchte Pallavicino die Kreuzfahrer am Durchzug durch die Lombardei zu hindern. Es war am 26. Februar 1266, wo sich in der Ebene von Benevent die Guelfen und Ghibellinen aus allen Teilen der Halbinsel gegenüber standen und das Schicksal Italiens, fast kann man sagen — des Papsttums, entschieden wurde. Wäre Karl besiegt worden, so hätte es schlimm um den Hl. Stuhl gestanden. Denn Europa hatte voll Widerwillen gesehen, wie er seine geistliche Macht missbrauchte, um seine weltlichen Interessen zu

1) Epistt. Urbani PP. IV. (Martene Thesaur. ii, 9—50, 74—9; 116—18, 220-37). — Epistt. Clement. PP. IV. (Ibid. pp. 176, 186, 196—200, 213. 218, 241—5, 250, 260, 274). — *Vgl. F. Schneider, Zur ältern päpstlichen Finanzgeschichte (Quellen und Forschungen aus ital. Archiven ix (1906) S. 15ff.); Davidsohn, Geschichte von Florenz ii^{1} (1908), S. 566ff.

fördern. So konnte ihn in einem Zeitalter, wo man den Ausgang einer Schlacht als ein Gottesurteil betrachtete, der Erfolg allein rechtfertigen. Im August des vorhergehenden Jahres hatte Clemens IV. auf Karls Geldforderungen mit der verzweifelten Erklärung geantwortet, dass er keines habe und keines bekommen könne, dass England feindlich gesinnt sei, dass Deutschland sich fast in offener Empörung befinde, dass Frankreich stöhne und klage, dass Spanien kaum seine inneren Bedürfnisse befriedigen, Italien aber nicht einmal seine eigenen Ausgaben bestreiten könne. Nach der Schlacht aber, im Mai, konnte er dem Kardinal Ottoboni von Sant' Adriano, seinem Legaten in England, frohlockend schreiben, dass „Karl von Anjou das ganze Königreich jenes verpesteten Menschen im Frieden behaupte, dass er seinen verwesten Leichnam, sein Weib, seine Kinder und seinen Schatz besitze", dass schon die Mark Ancona zum Gehorsam zurückgekehrt sei, Florenz, Siena, Pistoja und Pisa sich unterworfen hätten, dass von Uberto und von Piacenza Gesandte gekommen seien und von Cremona und Genua solche erwartet würden; und am 1. Juni meldete er die Unterwerfung Ubertos sowie die von Piacenza und Cremona[1]).

Obwohl sich aber in dem allgemeinen Schrecken eine Stadt nach der andern von Pallavicino losriss, unterwarf sich dieser doch nur, um Zeit zu gewinnen. Im Jahre 1267 versuchte er sein Glück noch einmal und schloss sich denen an, welche den jungen Konradin nach Italien riefen; aber mit dessen Niederlage und Gefangennahme bei Tagliacozzo am 23. August 1268, sowie mit seiner barbarischen Hinrichtung im Oktober desselben Jahres erlosch das Haus der Hohenstaufen, und mit ihm vergingen die Hoffnungen der Ghibellinen. Karl von Anjou war Herr von Italien und wurde zum kaiserlichen Statthalter in Toskana ernannt. Selbst im Norden machte sich sein 233
Einfluss fühlbar, indem er Adalbert de' Gamberti zum Podestà in Piacenza ernannte. Pallavicino hingegen starb noch vor Ablauf des Jahres 1268, vom Alter gebrochen, in der grössten Armut, während ihn die Bürger von Piacenza und Parma in seinem Schlosse Gusaliggio belagerten. Für einen mutmasslichen Ketzer hatte er noch ein gutes Ende: von Dominikanern und Franziskanern umgeben, beichtete er seine Sünden und empfing das Viaticum, so dass man, wie ein frommer Chronist bemerkt, wohl in Demut glauben durfte,

1) Epistt. Clem. PP. IV. (Martene Thesaur. II, 174, 319, 327). — Raynald. ann. 1266, Nr. 23.

seine Seele sei gerettet. Trotz der Verleumdung durch die Päpstlichen hinterliess er den Ruf eines Mannes von echtem Schrot und Korn, von hohem Streben und grossen Fähigkeiten. Was Rainerio Saccone angeht, so begegnet er uns zum letzten Male im Juli 1262, wo Urban IV. ihm befahl, so schleunig wie möglich zur Besprechung einer wichtigen Angelegenheit vor ihm zu erscheinen. Alle Kosten für Pferde und die anderen Reisebedürfnisse sollte er aus den Einkünften der Konfiskationen bestreiten. Seine Vertreibung aus Mailand hatte offenbar seine Bedeutung nicht geschwächt[1]).

An dieser Sachlage änderte auch das fast dreijährige Interregnum wenig, das nach dem Tode Clemens' IV. im Jahre 1268 eintrat. In Zukunft sollte es für Ketzer keine Zuflucht mehr geben. Die Inquisition konnte überall organisiert werden, sie konnte ihre Tätigkeit überall ungehindert ausüben. Auch ihre Machtvollkommenheiten, ihr Pflichtenkreis und ihr Prozessverfahren waren um diese Zeit genau geregelt und allgemein anerkannt worden, und weder der Bischof noch der weltliche Machthaber wagten es, sie in Frage zu ziehen. Wie schon mitgeteilt, hatte im Jahre 1254 Innocenz IV. die Halbinsel unter die beiden Orden geteilt, so dass den Dominikanern Genua und die Lombardei, den Franziskanern Mittel- und Süditalien zufiel. Den Provinzen Rom und Toskana wurden je zwei Inquisitoren zugewiesen, während man für die des hl. Franziskus (oder Spoleto) einen als hinreichend ansah. Aber im Jahre 1261 wurden jedem Inquisitor zwei Assistenten beigegeben und die Provinziale beider Orden angewiesen, nach Bedarf weitere zu ernennen, damit das heilige Werk mit voller Kraft betrieben werden könne. Die Lombardei hatte, wie wir gesehen haben, acht Inquisitoren, und als die Dominikaner im Jahre 1304 diese Provinz teilten, wurde die Zahl auf zehn erhöht: sieben für die obere und drei für die untere Lombardei. Eine Zeitlang
234 wurde die Mark Treviso und die Romagna den Franziskanern anvertraut; aber ihre Erpressungen waren, wie früher (Bd. I, S. 534) erwähnt wurde, so unerträglich, dass im Jahre 1302 Bonifaz VIII.

---

1) Ripoll I, 427, 514. — Campi, Dell' Hist. Eccles. di Piacenza, P. II, pp. 218—31. — Philippi Bergomat. Supplem. Chron. ann. 1261. — *Am 30. Mai 1273 ersuchte Karl v. Anjou alle Behörden, die Inquisitoren bei ihren Bemühungen, von Frankreich aus die von dort in die Lombardei und andere Gegenden Italiens geflohenen Ketzer aufzuspüren, zu unterstützen und für sicheres Geleit der Inquisitoren Sorge zu tragen (Del Giudice, Cod. dipl. del Regno di Carlo I. e II. d'Angio II, S. 348f.).

diese Bezirke den Dominikanern übertrug, ohne freilich dem Volke damit eine Erleichterung zu verschaffen[1]).

Man hatte keinen Augenblick gesäumt, in den von der Herrschaft der Ghibellinen befreiten Gebieten die Einheit des Glaubens mit Gewalt wieder herzustellen. Schon im Februar 1259 wurde dem Minister des Franziskanerordens zu Bologna befohlen, zwei Ordensbrüder zu Inquisitoren in der Romagna zu ernennen. Und kaum war nach dem Tode Ezzelins die Ruhe in Vicenza wieder hergestellt, als Bruder Johann Schio dorthin geschickt wurde, um das Volk von der Exkommunikation zu erlösen, die es sich durch seine Unterwerfung unter die Herrschaft Ezzelins zugezogen hatte. Die Ceremonie wurde der kirchlichen Geisselung nachgebildet, wie sie über Büsser verhängt wurde. Der Podestà und der Rat kamen an dem gewöhnlichen Versammlungsort zusammen, um von da zu zweien nach dem Dome zu gehen. Am Südportal desselben stand Johann mit sieben Priestern, welche die Beamten bei ihrem Eintritt leicht mit Ruten berührten. Dann fand die feierliche Ceremonie der Absolution statt. Der verbannte Bischof von Vicenza, Bartholomäus von Braganza, hatte sich auf seiner Rückkehr von England bei Ludwig dem Heiligen aufgehalten. Er war dessen Beichtvater in Palästina gewesen, wo er während des Kreuzzugs des hl. Königs als päpstlicher Legat fungiert hatte. Sobald er nun von dem Tode Ezzelins hörte, eilte er nach Hause, mit den unschätzbaren Kostbarkeiten, die ihm der hl. Ludwig zum Abschied vermacht hatte, nämlich einem Dorn aus der Krone des Herrn und einem Stück von seinem Kreuze. Sogleich begann er die grosse Dominikanerkirche und das Kloster der Santa Corona zu bauen. Als Platz für die Kirche wurde der höchstgelegene Punkt der Stadt, der „Colle“, gewählt, und unter den Gebäuden, welche zu dem Zwecke niedergelegt werden mussten, befand sich auch die Kirche Santa Croce, die den Ketzern als Ort für ihre Versammlungen und ihren Gottesdienst gedient hatte. Es wird berichtet, dass die Anwesenheit der Reliquien das Wunder bewirkt habe, die Stadt von ihren drei Hauptsünden zu befreien, dem Geiz, der Ketzerei und der Zwietracht. Was die Ketzerei angeht, so lag das Wunder in der unvorhergesehenen Bekehrung des als „Erzbischof der Mark“ bekannten Hauptketzers der Gegend, Jeremias, der mit seinem Sohne Alticlero öffentlichen Widerruf leistete. Der Ketzerbischof Viviano Bogolo, der nach Pavia geflohen war, wurde

1) Wadding. ann. 1254, Nr. 7, 8, 11, 16; 1261, Nr. 2. — Grandjean, Registres de Benoît xi, Nr. 1167. — Ripoll ii, 64, 87.

dort erkannt und verbrannt. Seine beiden Diakone, Oldericus
235 von Marola und Tolomeo, mit acht andern, wahrscheinlich „Vollkommenen“, waren standhaft und wurden demgemäss auch verbrannt. Diese Beispiele waren ausreichend. Die „credentes“ lieferten keine weiteren Märtyrer, und die Ketzerei war, wenigstens ihrer äusseren Betätigung nach, ausgerottet[1]).

An einigen Orten, die nicht mit solchen wunderwirkenden Reliquien ausgestattet waren, hatte die Inquisition allerdings viel grössere Mühe, die Rechtgläubigkeit wieder herzustellen. In Piacenza soll sie achtundzwanzig Wagen voll Ketzer zu verbrennen für nötig befunden haben. In Sermione weigerten sich die trotzigen Einwohner sechzehn Jahre lang, die Verfolgung zu gestatten. Obwohl selbst Katholiken, fuhren sie fort, die Ketzer zu beschützen, und boten somit denjenigen eine Zufluchtsstätte, welche anderswo wegen des Eifers der Inquisitoren keine Zuflucht finden konnten. Es nützte auch nichts, dass der Inquisitor Bruder Timedeo durch eine Spionin, eine gewisse Constanze von Bergamo, die Gewissheit von dem Vorhandensein der Ketzer erlangte. Die Frau war von ihm dorthin gesandt worden, hatte vorgegeben, eine Ketzerin zu sein, hatte das „consolamentum“ empfangen und war dann rückhaltlos in ihre Geheimnisse eingeweiht worden. Schliesslich aber wurde das Ärgernis so gottloser Duldung unerträglich, und der Bischof von Verona setzte es bei Martin und Albert della Scala von Verona und bei Pinamonte de' Bonacolsi von Mantua durch, dass Sermione zum Gehorsam gezwungen wurde. Es musste sich im Jahre 1276 unterwerfen, lieferte nicht weniger als einhundertundachtundsiebzig „vollkommene“ Ketzer aus und bat demütig, in die katholische Gemeinschaft wieder aufgenommen zu werden, indem es versprach, sich den Geboten der Kirche zu fügen. Bruder Philipp Bonaccorso, der Inquisitor von Treviso, bat Johann XXI. um Anweisung, welche Strafe er der bussfertigen Gemeinde auferlegen sollte. Der Papst, ein humaner und gebildeter Mann, der sich mehr um die Poesie als um die Theologie bekümmerte und zur Milde gegen reuige Sünder geneigt war, wies den Inquisitor an, das Interdikt aufzuheben, wenn die Stadt einen Syndikus ernenne, der in ihrem Namen die Ketzerei abschwören und eidlich versprechen würde, dass in Zukunft alle Ketzer ergriffen und der Inquisition ausgeliefert werden sollten. Jede Übertretung des Eides sollte aber, ipso facto, die Erneuerung des Interdikts zur Folge

1) Wadding. ann. 1259, Nr. 3. — Barbarano de' Mironi, Hist. Eccles. di Vicenza, II, 95, 105, 108, 113, 121.

haben. Alle Einwohner von Sermione sollten ferner persönlich vor dem Inquisitor erscheinen, ein rückhaltloses Geständnis über alles auf die Ketzerei Bezügliche ablegen, abschwören und die Busse auf sich nehmen, die ihnen auferlegt werden würde; doch sollten alle ehrenrührigen Strafen, Rechtsunfähigkeiten, Gefangenschaft und Konfiskation in Gnaden ausgeschlossen sein. Ausserdem sollte von jedem Fall von Ketzerei ein ausführliches Protokoll aufgenommen werden und 236
jede Verheimlichung der Wahrheit sowie jeder spätere Rückfall für den Verbrecher die strenge Anwendung des Gesetzes zur Folge haben. Mit den hartnäckigen Ketzern sollte nach den kanonischen Gesetzen verfahren werden; es fanden sich siebzig dieser Unglücklichen, welche Bruder Philipp von Rechtswegen verurteilte. Er hatte die Genugtuung, sie verbrennen zu sehen. Um für die Zukunft die Reinheit des Glaubens zu sichern, wurde im Jahre 1278 ein Franziskanerkloster zu Sermione gebaut, und zwar aus dem Ertrag einer Geldstrafe von viertausend Lire, die Verona auferlegt worden war als eine der Bedingungen für die Aufhebung des Interdikts, das über diese Stadt wegen der Unterstützung des unglücklichen Konradin verhängt worden war. Und im Jahre 1289 wurde einigen Adligen, welche sich bei der Unterwerfung von Sermione hervorgetan hatten, Ezzelins Schloss Illasi (ö. von Verona) übergeben als Belohnung für diesen Dienst und zum Ansporn dafür, dass sie auch in Zukunft der Inquisition Hilfe leisteten [1].

So wurde allmählich die allen Schutzes beraubte Ketzerei ausgerottet und die Inquisition in jedem Winkel des Landes eingeführt. Wie sie ihre Macht missbrauchte, um die Gläubigen durch schlau erdachte Erpressungspläne auszusaugen, haben wir schon gesehen. Tatsächlich war in den Gebieten, welche einst ghibellinisch gewesen waren, keiner, er mochte noch so rechtgläubig sein, vor Verfolgung sicher, wenn er zufällig das Missfallen der Beamten des hl. Offiziums erregt hatte oder Reichtum besass, der ihre Begierde erregte. Es war der Kirche vortrefflich gelungen, politische Opposition als Ketzerei zu behandeln. Hatte jemand während der unbestrittenen Herrschaft Ezzelins auf dessen Seite gestanden — auch wenn er durch die Verhältnisse dazu gezwungen war —, so bildete diese blosse Tatsache einen hinreichenden Grund zur Verfolgung, die dann die gewünschte Güterkonfiskation nach sich zog. Und als die Generation Ezzelins erloschen war, wurde gegen das Andenken der Toten

---

1) Annal. Mediolanens. cap. 31 (Muratori, S.R.I. xvi, 662). — Muratori Antiq. Ital. xii, 513. — Wadding. ann. 1277, Nr. 10, 11; 1278, Nr. 33; 1289, Nr. 18.

vorgegangen und die Nachkommen wurden enterbt. Dafür brauchte man nicht einmal Glaubensirrtümer als Vorwand. Es schien vielmehr, als ob die Männer, denen die Kirche die furchtbare Macht der Inquisition anvertraute, unerbittlich entschlossen waren, jegliche Spur derer zu vertilgen, die ihren Befehlen einst zu trotzen gewagt hatten. Schliesslich wandten sich im Jahre 1304 die Behörden von Vicenza an Benedikt XI. und baten ihn, nicht länger zu dulden, dass den wenigen von Ezzelins Partei übriggebliebenen Personen und ihren Nachkommen so grausames Unrecht geschehe. Der Papst erfüllte gnädig ihre Bitte. Das Reich aber war um diese Zeit nur ein Schatten. Die Partei der Ghibellinen war keine Macht mehr,
237 welche dem Papsttum Furcht einflössen konnte, und ihre Verfolgung diente schon lange nur zur Befriedigung der Habgier und der Bosheit[1]).

Der Sieg der Inquisition war indessen nicht ganz ohne Widerstand errungen worden. Im Jahre 1277 unternahm Bruder Konrad Pagano einen Streifzug gegen die Ketzer des Veltlin, der offenbar auf breiter Grundlage organisiert war; denn er nahm zwei Genossen und zwei Notare mit. Das lässt darauf schliessen, dass die Ketzer zahlreich waren. Wie der Verlauf der Sache zeigt, fehlte es ihnen auch nicht an Beschützern; denn Konrad von Venosta, einer der mächtigsten Adligen der Gegend, machte dem Unternehmen ein schnelles Ende, indem er die ganze Gesellschaft am St. Stephanstage, am 26. Dezember, erschlug. Pagano war ein höchst eifriger Verfolger der Ketzer gewesen. Als sein Leichnam nach Como gebracht und dort vor der Beerdigung noch acht Tage lang ausgestellt wurde, liessen die frisch blutenden Wunden erkennen, dass er ein Märtyrer Gottes war, und rechtfertigten den Namen St. Pagano von Como, den ihm seine Mitbrüder, die Dominikaner, verliehen. Seine Reliquien werden dort noch aufbewahrt und verehrt. Nikolaus III. tat alles, um den Mord zu rächen, und rief zu dem Zwecke sogar den Beistand Rudolfs von Habsburg an; seine Freude war grenzenlos, als es im November 1279 dem Podestà und den Einwohnern von Bergamo gelang, Konrad und seine Mitschuldigen gefangen zu nehmen. Sofort befahl er, sie unter sicherem Geleit den Inquisitoren Anselm von Alessandria, Daniel von Giussano und Guido von Coconate auszuliefern; diese sollten über sie eine Strafe verhängen, die geeignet sei, andere von der Nachahmung ihrer Schandtat abzu-

1) Grandjean, Registres de Benoît XI, Nr. 508.

schrecken. Ausserdem erhielten alle Machthaber der Lombardei Befehl, den Transport der Gefangenen sichern zu helfen[1]).

In demselben Jahre, wo dieses Strafgericht vollzogen wurde, brach in Parma ein Volksaufstand aus, der uns zeigt, auf wie schwachen Füssen die Herrschaft der Inquisition über das Volk trotzdem noch ruhte. Der Inquisitor Florio hatte fleissig sein Amt verwaltet; er hatte, wie es heisst, schon zahllose Ketzer verbrannt, als ihm im Jahre 1279 in Parma eine rückfällige Ketzerin in die Hände fiel. Selbstverständlich wurde sie zur „Auslieferung“ verurteilt und demgemäss verbrannt. Anstatt aber bei dem Anblick eine fromme Rührung zu empfinden, liessen sich die Parmesaner vom Teufel aufreizen, das Dominikanerkloster zu plündern, die In- 238
quisitionsprotokolle zu vernichten und die Mönche derartig zu misshandeln, dass einer von ihnen nach wenigen Tagen starb. Darauf verliessen die Dominikaner in feierlichem Zuge die undankbare Stadt. Die Behörden legten eine auffallende Gleichgültigkeit gegen die Bestrafung der Missetat an den Tag. Auf das Drängen des Kardinallegaten von Ostia stellten sie sich zwar zur Verfügung, liessen es aber an der nötigen Autorität fehlen, so dass schliesslich der Kardinal, nachdem er vergeblich auf Genugtuung gewartet hatte, über die Stadt das Interdikt verhängte. Erst 1282 wurde dasselbe wieder aufgehoben, und zwar ohne dass eine Bestrafung der Schuldigen erfolgte. Im Jahre 1285 nahm Honorius IV. die Sache wieder auf; er richtete an die Parmesaner die Aufforderung, innerhalb eines Monats Gesandte an ihn zu schicken, um das Urteil zu empfangen. Worin dieses bestand, wird nicht gesagt. Im Jahre 1287 baten aber die Bürger demütig die Dominikaner zurückzukehren, empfingen die Mönche mit grossen Ehren und bewilligten ihnen für den Bau einer Kirche tausend Lire, die sie in jährlichen Raten von zweihundert Lire zahlen wollten. Anderswo war der Widerstand gegen die Inquisition und ihr Vorgehen sogar so hartnäckig, dass noch im Jahre 1287 das Provinzialkonzil von Mailand es für nötig hielt, zu beschliessen, jedes Mitglied irgendeiner Stadtverwaltung innerhalb der Provinz, welches die Ketzer beschütze, solle als der Ketzerei verdächtig angesehen werden und alle Lehen oder Pfründen, die es von der Kirche innehabe, verwirken[2]).

---

1) Paramo, p. 264. — Verri, Storia di Milano I, 244. — Ripoll I, 567. — Raynald. ann. 1278, Nr. 78. — Der Brief an die Behörden von Bergamo, von dem Bremond (Ripoll I, 567) sagt, dass er nicht zu finden sei, befindet sich in der Sammlung Doat XXXII, 160.

2) Memor. Potestat. Regiens. ann. 1279, 1282 (Muratori, S. R. I. VIII, 1146,

Selbst in dem Patrimonium des hl. Petrus hatte der Widerstand nicht ganz aufgehört. Im Jahre 1254, als das Papsttum triumphierte, forderte Innocenz IV. die Inquisitoren von Orvieto und Anagni auf, die günstige Zeit zu benutzen und mit der grössten Strenge vorzugehen. Und im Jahre 1258 wies Alexander IV. nachdrücklich darauf hin, dass die Ketzerei sogar in Rom zunehme, er ermahnte die Inquisitoren zu lebhafterer Tätigkeit und die Bischöfe zu grösserem Eifer in der Unterstützung derselben. Ihre Bemühungen hatten keinen vollen Erfolg. Noch zwanzig Jahre später stellte ein Ritter
239 namens Pandolfo den Ketzern seine Feste Soriano in der Nähe von Viterbo als Schlupfwinkel zur Verfügung. Bruder Sinibaldus de Lacu, der Inquisitor der römischen Provinz, machte verschiedene vergebliche Versuche zu seiner Verfolgung. Schliesslich sandte im Jahre 1278 Nikolaus III. seinen Notar, Magister Benedikt von Anagni, hin mit dem Auftrage, den Ketzern Verzeihung anzubieten, wenn sie sich unterwerfen wollten. Aber sie waren standhaft, so dass der Papst dem Marschall der Kirche in Toskana, Orso Orsini, befehlen musste, dem Sinibaldus genügenden bewaffneten Beistand zu leisten, um die Rebellen zur Busse zu zwingen. Ein ähnliches Unternehmen gegen einen Edelmann von Viterbo, Capello von Chia, im Jahre 1260 ist (Bd. I, S. 383) schon geschildert worden. In diesem Falle muss der Eifer der Einwohner von Viterbo, die zur Unterstützung des Inquisitors ein Heer aushoben, wohl einen politischen Beweggrund gehabt haben, denn ihre Stadt stand hinsichtlich der Ketzerei in keinem guten Rufe. Im Jahre 1265 aber hatten sich die Bewohner, ermutigt durch den Beistand Manfreds, gegen die Inquisition erhoben und sich erst nach einem blutigen Kampfe, der zwei Mönchen das Leben kostete, ergeben. Im Jahre 1279 drückte nun Nikolaus sein Bedauern aus, dass alle Bemühungen, die er ehemals als Generalinquisitor angestellt habe, um Viterbo von der Ketzerei zu reinigen, fruchtlos geblieben seien, da dort noch immer Ketzer sich verborgen hielten und die ganze Stadt ansteckten. Deshalb erhielt Sinibaldus Befehl, dorthin zu gehen und eine gründliche Untersuchung an Ort und Stelle vorzunehmen[1]).

1150). — Bern. Corio, Hist. Milanese, ann. 1279. — Paramo Lib. II, Tit. II, cap. 30, Nr. 13. — Pegnac Append. ad Eymeric. p. 55. — Salimbene Chron. (Mon. Germ. Hist. SS. XXXII, 501, 504, 584). — Chron. Parmens. ann. 1279, 1282, 1286, 1287 (Muratori, IX, 792, 799, 809—11). — Sarpi, Discorso (Opere, IV, 21). — Concil. Mediolanens. ann. 1287, c. XI.

1) Ripoll, I, 241—2. — Wadding. ann. 1258, Nr. 3, 5; ann. 1278, Nr. 33; ann. 1279, Nr. 29; Regest. Nich. PP. III, Nr. 11. — Bullarium Franciscanum III,

Obwohl die Inquisitoren es weder an Eifer noch an harten Strafen fehlen liessen, schien es also doch unmöglich, die Ketzerei ganz auszurotten. Zwar konnte man nach der Vernichtung der sie beschützenden ghibellinischen Führer die offene Betätigung der Ketzerei schnell unterdrücken, aber im geheimen blühte sie unter ihrer alten Organisation weiter. In der gegen das Andenken des Armanno Pongilupo von Ferrara angestellten Untersuchung kommen viele Zeugnisse vor, welche nicht nur die lebhafte Tätigkeit und den Erfolg der Inquisition in jener Stadt, sondern auch die Fortdauer der Ketzerei in der ganzen Gegend dartuen. Denn zahlreich sind die Hinweise auf Ketzer in Vicenza, Bergamo, Rimini und Verona. In dieser letzten Stadt wurde im Jahre 1270 eine Kammerfrau der Markgräfin von Este, namens Spera, verbrannt, und um dieselbe Zeit werden dort zwei Katharerbischöfe, Albert und Bonaventura Belesmagra, erwähnt. Im Jahre 1273 war Lorenzo Bischof von Sermione und Johann von Casaletto Bischof von Mantua. Es bestand eine geheime Organisation, die sich über alle italienischen Städte erstreckte und durch „Besucher“ und „filii majores“ unterhalten wurde. Auch zogen beständig Boten von einem Orte zum andern, und man hatte sorg- 240
fältige Vorkehrungen getroffen, um ihnen geheime Unterkunft zu bieten. Wer im Gefängnisse sass, wurde von den Brüdern draussen, die selbst nie wussten, wann ihnen das gleiche Schicksal blühen würde, mit dem Nötigen versehen. Aus den Urteilen des Bernhard Guidonis ersehen wir, dass die Katharer von Languedoc noch bis weit ins 14. Jahrhundert hinein Italien als eine Zufluchtstätte betrachteten. Pilger, die dorthin kamen, konnten ohne grosse Mühe in der Lombardei, in Toskana und im Königreich Sizilien Glaubensgenossen finden, und diejenigen, welche nach der Zerstörung der französischen Kirchen zu dem Kreise der „Vollkommenen“ zugelassen

---

S. 328ff. — Mag. Bull. Rom. I, 118. — Martene Thesaur. II, 191. — Raynald. ann. 1278, Nr. 78. — *Ein Urteil des Inquisitors Benvenuto von Orvieto in Rom selbst vom 22. Januar 1266 erwähnen Gregorovius, Geschichte der Stadt Rom im Mittelalter, V (1871), S. 158, und Hülsen, Bilder aus der Geschichte des Kapitols (1899), S. 16. Am 2. April 1271 befahl Karl von Anjou als 'senator Urbis' dem Vicarius der Stadt Rom, dem 'fr. Synibaldus inquisitor heretice pravitatis in Romana provincia' auf Verlangen seinen Beistand zu gewähren (Del Giudice, Cod. dipl. del Regno di Carlo I. e II. d'Angio II, S. 347). Nach Viterbo richtete P. Martin IV. im Jahre 1284 zwei Schreiben, worin er den Podestà Anibaldus sowie den Rat und die Gemeinde ersuchte, den 'fr. Angelus de Reate ord. Min., inquisitor heretice pravitatis a Sede apostolica in Romana provincia deputatus', bei seinen Massnahmen gegen die Ketzerei zu unterstützen (Rom, Vat. Archiv, Reg. Vat. 29 A fol. 295, Nr. 527, 528). Massnahmen der Inquisitoren in Rom 1297 und 1301 vgl. bei Gregorovius a. a. O. S. 158, 536.

werden wollten oder ihr „consolamentum" zu erneuern wünschten, gingen nach der Lombardei, wo sie stets Diener ihrer Kirche fanden, die zur Verrichtung der Riten berechtigt waren. Als Amiel von Perles seine Ordination verwirkt hatte, hielt man eine Konferenz ab, in welcher beschlossen wurde, ihn mit einem Genossen zu Bernhard Audoin von Montaigu, dem „Ältesten der Ketzer" in der Lombardei, zu schicken, damit er von ihm „wiederversöhnt" würde; und bei einer andern Gelegenheit hören wir, dass Bernhard selbst eine Geschäftsreise nach Toulouse zugleich zur Ausbreitung des Glaubens unternahm[1]).

Wie schwierig tatsächlich die Aufgabe des Inquisitors war, die Ketzerei unter der Maske der Rechtgläubigkeit zu entdecken, dafür liefert der Fall des Armanno Pongilupo selbst ein merkwürdiges Beispiel. In Ferrara waren die Ketzer zahlreich. Armannos Eltern waren beide Katharer, er war ein „consolatus", seine Frau eine „consolata". Im Jahre 1254 wurde er entdeckt und eingekerkert. Er bekannte, schwur ab und wurde auf freien Fuss gesetzt. Von seinem Katharerbischof aber empfing er Absolution wegen seines Abschwörungseides und wurde wieder in die Sekte aufgenommen. Von dieser Zeit an bis zu seinem Tode im Jahre 1269 wirkte er ohne Unterlass für die Ausbreitung der Lehren seines Glaubens und war bemüht, für die Bedürfnisse seiner weniger glücklichen Mitbrüder zu sorgen, die sich in den Händen der ausserordentlich rührigen und erfolgreichen Inquisition befanden. Indessen benahm er sich äusserlich wie der strengste Katholik, erschien regelmässig am Altar und im Beichtstuhl und widmete sich ganz und gar den frommen und guten Werken. Er starb im Rufe der Heiligkeit und wurde im Dome begraben, wo er alsbald Wunder wirkte und als Heiliger Verehrung fand. Ein prächtiges Denkmal erhob sich über seinen Gebeinen, ein Altar
241 wurde errichtet, und als sich die wunderbaren Zeichen seiner Heiligkeit mehrten, füllte sich seine Kapelle mit Bildern und Votivtafeln zum nicht geringen Nutzen der Kirche, die so glücklich war, ihn zu besitzen. Sobald ihn aber das Volk als Heiligen verehrte, wurde auch das allgemeine Verlangen nach seiner offiziellen Kanonisation laut, und die Stadt selbst, die stolz auf seinen Besitz war, unterstützte dasselbe dringend. Allein die Inquisition widersetzte sich standhaft. Denn in den Bekenntnissen, welche Ketzer vor ihrem Richterstuhle ablegten, kam beständig der Name Armannos vor als

1) Muratori Antiq. Ital. XII, 513—14, 521—3, 537—8. — Lib. Sententt. Inq. Tolosan. pp. 2, 3, 12, 13, 32, 68, 75, 76, 81 etc.

eines der tätigsten Mitglieder der Sekte, welches das grösste Vertrauen genossen habe. Als sich nun die Beweise für seine hartnäckige Ketzerei immer mehr häuften, brach ein seltsamer Streit aus, der zweiunddreissig Jahre lang auf beiden Seiten mit ungeschwächter Kraft geführt wurde. Kaum waren nämlich seine Überreste ehrenvoll im Dome bestattet worden, als der Inquisitor Bruder Aldobrandini, der ihn im Jahre 1254 verhört hatte, dem Erzpriester und dem Kapitel befahl, den Leichnam wieder auszugraben und zu verbrennen. Als sie das nicht tun wollten, exkommunizierte er sie und belegte die Kathedrale mit dem Interdikt. Die Geistlichen appellierten an Papst Gregor X. und begannen, Zeugnisse zugunsten seiner Kanonisation zu sammeln. Zu diesem Zweck wurden zu verschiedenen Zeiten fünf verschiedene Untersuchungen angestellt, welche überreichliche Beweise dafür zutage förderten, dass seine Fürsprache erfolgreich angerufen worden sei, dass er Kranke geheilt, die Blinden sehend und Lahme gehend gemacht habe; ausserdem legten zahlreiche Priester nachdrücklich Zeugnis für seine hervorragende Frömmigkeit ab. Gregor und Aldobrandini starben, ohne die Frage gelöst zu haben. Bruder Florio, der nächste Inquisitor, schickte einen besonderen Boten nach Rom, um Honorius IV. zu bewegen, eine Entscheidung zu treffen; aber auch dieser Papst segnete das Zeitliche, ohne die Angelegenheit entschieden zu haben. Im Jahre 1294, beim Regierungsantritt Bonifaz' VIII., tat Bruder Guido von Vicenza, der damalige Inquisitor, in Rom einen neuen Schritt zur Beendigung des Streites. Aber noch immer waren die kämpfenden Parteien gleich stark, so dass keine von ihnen gewinnen konnte. Schliesslich griff der Fürst von Ferrara, Azzo X., in den Streit ein, da dieser Zwist zwischen dem Inquisitor und der übrigen Geistlichkeit ernstlich den Frieden der Stadt bedrohte. Im Jahre 1300 setzte Bonifaz VIII. eine Kommission ein, die den Fall gründlich untersuchen sollte und die Vollmacht erhielt, eine endgültige Entscheidung zu treffen. Wirklich wurde im Jahre 1301 das Urteil gefällt, welches dahin ging, dass Armanno als rückfälliger Ketzer gestorben und von jedem als ein solcher zu betrachten sei. Daher sollten seine Gebeine ausgegraben und verbrannt, der sie einschliessende Sarkophag und der davor errichtete Altar vernichtet, alle Bildsäulen, Bilder, Votivtafeln und andere Opfergaben, die zu seinen Ehren in dem Dome und andern Kirchen von Ferrara aufgestellt waren, innerhalb zehn Tagen entfernt, sein ganzes Eigentum, bewegliches und unbewegliches, für die Inquisition konfisziert und alle Verkäufe und Über- 242 tragungen desselben in den seit seinem Tode verflossenen zweiunddreissig Jahren als ungültig aufgehoben werden. Der Triumph des Inquisitors Guido war vollkommen, und der im Jahre 1303 durch den Tod seines Inhabers freiwerdende Bischofssitz von Ferrara wurde sein Lohn. Wie aussergewöhnlich dieser Fall auch erscheinen mag, so stand er doch nicht vereinzelt da. Zu Brescia wurde lange ein Erzketzer namens Guido Lacha vom Volke als Heiliger verehrt, bis die Inquisition den Betrug entdeckte und seine Gebeine ausgraben und verbrennen liess [1]).

Dies war die Zeit, wo die Inquisition die eifrigste Tätigkeit entfaltete und die grösste Macht besass. Wie weit sich ihre Organisation erstreckte, und wie vollkommen diese war, zeigt eine Urkunde aus dem Jahre 1302, worin Bruder Guido von Thusis, der Inquisitor der Romagna, im Stadtrat von Rimini die Namen von neununddreissig Beamten bekannt gab, die er zu seinen Assistenten gewählt hatte. Die Ausgaben für eine solche Körperschaft können nicht gering gewesen sein; um sie zu bestreiten, bedurfte es fortwährender Strafen und Konfiskationen zur Vermehrung des Inquisitionsschatzes, ein Beweis, wie reich die Ernte an Ketzern und wie rührig man in ihrer Unterdrückung war. Aus dieser Zeit, zwischen 1320 und 1330, stammt auch wahrscheinlich die schon oft erwähnte Schrift des Zanchinus Ugolini, eines der klarsten und besten praktischen Handbücher der Inquisition, die wir besitzen, worin der Rechtsgelehrte von Rimini dem zum Inquisitor in der Romagna ernannten Franziskaner Donatus von Santa Agata die Vorschriften für das Inquisitionsverfahren zusammenstellte [2]).

Nicht unerwähnt dürfen wir einen Fall lassen, wo die Inquisition kurze Zeit vorher eine auffallende und an sich unerklärliche Milde zeigte, die indessen keine weiteren Folgen hatte. Die Sache ist insofern bedeutsam, als sie zu beweisen scheint, dass man die drakonischen Ketzergesetze tatsächlich doch als unnötig ansah; andernfalls würde man sich kaum entschlossen haben, ihre Strenge zugunsten einer einzelnen Provinz zu mildern, da eine solche Milderung ein Ver-

1) Muratori Antiq. Ital. XII, 508—55. — Bern. Guidon. Vit. Bonif. VIII. (S. R. I, III, 671—2). — Barbarano de' Mironi, Hist. Eccles. di Vicenza II, 153. — Salimbene Chron. ann. 1279 (Mon. Germ. Hist. SS. XXXII, 503). — Paramo, p. 299. In wie weiten Kreisen dieser Fall die Aufmerksamkeit auf sich zog, ergibt sich daraus, dass er sogar in mehreren deutschen Chroniken erwähnt wird. — Trithem. Chron. Hirsaug. ann. 1299. — Chron. Cornel. Zantfliet (Martene Ampl. Coll. V, 142—3). — *Tocco, L'eresia nel Medio Evo (1884) S. 123—125.

2) Introductio ad Zanchini Tractatum de Haereticis, ed. Campegii, Romae 1568. (*Vgl. dazu Bd. I, S. 257, Anm. 1.)

brechen gegen den Glauben gewesen wäre. In Anbetracht der 243
Treue, welche die Toskaner der römischen Kirche und besonders dem Papste Honorius IV. vor seiner Thronbesteigung bewiesen hatten, hob dieser im Februar 1286 sowohl für die einzelnen Bewohner der Provinz als auch für diese in ihrer Gesamtheit die Strafen mit Einschluss aller Rechtsunfähigkeiten auf, die auf Grund der Verordnungen seiner Vorgänger und Friedrichs II. über die Bürger wegen ihrer eignen Irrtümer oder derjenigen ihrer Vorfahren ausgesprochen worden waren. Katholische Kinder häretischer Eltern sollten ipso facto alle Privilegien zurückerhalten und brauchten die Enterbung nicht mehr zu fürchten. Die etwa vorhandenen Ketzer sollten innerhalb einer von dem Inquisitor bestimmten Zeit vor diesem erscheinen (mit Ausnahme derjenigen, die in fremden Ländern abwesend waren, denen eine Frist von fünf Monaten bewilligt wurde), um die Ketzerei abzuschwören und die Busse zu empfangen. Diese sollte geheim bleiben und weder eine Demütigung, noch eine Rechtsunfähigkeit, noch einen Verlust des Vermögens enthalten. Rückfällige sollten jedoch mit aller Strenge des Gesetzes bestraft werden. Da diese Bulle für Toskana die Verordnungen Friedrichs II. aufhob, so war eine Bestätigung derselben durch Rudolf von Habsburg nötig, die denn auch erteilt wurde. Eine Zeitlang scheint dieses ausserordentliche Vorrecht wirklich beachtet worden zu sein; denn als im Jahre 1289 Nikolaus IV. Ketzer in den Bann tat und die Inquisitoren in ganz Genua, der Lombardei, Romagna, Neapel und Sizilien zu neuem Eifer anfeuerte, wurde Toskana auffallender Weise ausgelassen. Mit der Zeit jedoch wurde die Massregel entweder zurückgenommen oder unbeachtet gelassen; das beweist der erwähnte Fall des Gherhardo von Florenz, der vor dem Jahre 1250 starb und 1313 prozessiert wurde (Bd. I, 586). Seine zahlreichen Kinder und Enkel, obwohl gute Katholiken, wurden alle enterbt und den kanonischen Rechtsunfähigkeiten unterworfen [1]).

Überhaupt griff hier und da der Hl. Stuhl ein, um die Strenge der kanonischen Gesetze zu mildern oder den unzeitgemässen Eifer eines Inquisitors zu dämpfen, wenn der Ketzer Einfluss oder Geld genug hatte, um die päpstliche Aufmerksamkeit auf sich zu lenken. Wir können drei Beispiele dieser Art, und zwar von dem despotischen Bonifaz VIII. anführen. Im Jahre 1297 erklärte er, dass die Inquisitoren

---

1) Cod. Epist. Rodulphi I. Lipsiae, 1807, pp. 266—9. — Wadding. ann. 1289, Nr. 20. — Lami, Antichità Toscane, pp. 497, 536—7. — *Vgl. im allgemeinen Davidsohn, Geschichte von Florenz II², 278ff.

gegen Rainerio Gatti, einen Edelmann von Viterbo, und seine Söhne auf Grund eines meineidigen Zeugnisses vorgegangen seien; das Verfahren sollte daher eingestellt und die Angeklagten mit ihren Erben von jedem Makel der Ketzerei freigesprochen werden. Ferner befahl er im Jahre 1298 dem Inquisitor Bruder Andreas, den unschul-
244 digen Kindern eines Ketzers das konfiszierte Eigentum zurückzustellen, und dem Bruder Adam von Como, dem Inquisitor der römischen Provinz, gebot er, einen Bürger von Orvieto, Johann Ferraloco, den seine Vorgänger, Angelo von Rieti und Leonhard von Tivoli, von der Ketzerei freigesprochen hatten, nicht länger zu belästigen. Die Amtsführung dieses Inquisitors Adam war offenbar der Schrecken der Unschuldigen. Am 8. Mai 1293 zwang er Peter von Aragon, einen Edelmann von Carcassonne, der zufällig in Rom war, ihm die hohe Summe von einhundert Mark als Sicherheit zu geben, dass er sich innerhalb dreier Monate der Inquisition von Carcassonne stellen und ihren Geboten gehorchen wolle. Demgemäss erschien Peter am 19. Juni vor Bertrand von Clermont und wurde an diesem Tage sowie am 16. August einem scharfen Verhör unterzogen, ohne dass sich etwas Belastendes gegen ihn fand. Ob er seine hundert Mark von Adam von Como wiederbekam, wird nicht gesagt. Immerhin beweist dieser Fall, wie vortrefflich das hl. Offizium organisiert war, und mit welchen Gefahren es die Reisenden bedrohte in den Ländern, wo es blühte[1]).

Die Inquisition war also in Nord- und in Mittelitalien fest begründet und eifrig bei der Arbeit. Vor ihrer skrupellosen und unablässigen Energie wich die Ketzerei immer mehr zurück. Um ihr zu entgehen, waren viele Ketzer nach Sardinien geflohen. Aber im Jahre 1285 wurde auch diese Insel der Inquisitionsprovinz Toskana einverleibt, und Inquisitoren wurden dorthin geschickt, um die Flüchtlinge bis in ihre Schlupfwinkel zu verfolgen[2]). Es gab aber noch zwei Gegenden, nämlich Venedig und die beiden Sizilien,

---

1) Faucon, Registres de Boniface VIII., Nr. 1673, p. 632. — Wadding. ann. 1298, Nr. 3. — Arch. de l'Inq. de Carc. (Doat, xxvi, 147). — *Am 8. Juli 1303 übertrug P. Bonifaz VIII. dem 'Johannes episcopus Auximanus (Osimo), noster in Urbe vicarius, et eius in vicaria huiusmodi successoribus officium inquisitionis heretice pravitatis contra rectores Romane fraternitatis et clerum Urbis', und machte am folgenden Tage 'inquisitoribus heretice pravitatis auctoritate apostolica in Romana provincia institutis et instituendis' von dieser Ernennung Mitteilung (Rom, Vat. Archiv, Armar. xxxi, 27 fol. 151 f. Anagnie viii. Idus Julii a. ix).

2) Wadding. ann. 1285, Nr. 9, 10 (vgl. unten S. 293).

die wir bis jetzt nicht in den Kreis unserer Betrachtung hineingezogen haben, da sie in gewissem Sinne unberührt blieben von der Bewegung, deren Spuren wir in dem übrigen Teile der Halbinsel verfolgt haben.

Neapel war ebenso wie die übrigen Teile von Südeuropa der Ansteckung durch die Ketzerei ausgesetzt gewesen. Schon zu früher Zeit hatten Missionare von Bulgarien aus die Pässe der Südapenninen überschritten und in dieser bunten Bevölkerung von Griechen, Sarazenen und Normannen viele Proselyten gemacht. Die normannischen Könige, die gewöhnlich mit dem Hl. Stuhle in Feindschaft lebten, hatten sich nicht allzuviel um die Rechtgläubigkeit ihrer Untertanen gekümmert, und wenn sie es getan hätten, so würde bei der Unabhängigkeit des Lehnsadels eine genaue Untersuchung nicht 245
leicht gewesen sein. Die Anspielungen des Abtes Joachim von Fiore auf die Katharer beweisen, dass man ihr Dasein und ihre Lehren in Kalabrien allgemein kannte. Da aber Rainerio nichts von einer Katharerkirche in Italien südlich von Florenz erwähnt, so ist anzunehmen, dass die Sektierer weit zerstreut und nicht organisiert waren. Als im Jahre 1235 ein Pöbelhaufen in das Dominikanerkloster von Neapel einbrach und mehrere Mönche schwer verwundet wurden, schrieb Gregor IX. diese Gewalttat den Freunden von Ketzern zu[1]).

Mochten auch Friedrich II. oftmals politische Gründe bestimmen, grausame Verfolgungsedikte zu erlassen und diese sogar zeitweise nachdrücklich anzuwenden, so fehlte ihm doch zu sehr eine eigene religiöse Überzeugung, um diese ketzerfeindliche Politik beharrlich durchzuführen. Sein lebenslänglicher Streit mit dem Papsttum erweckte vielmehr bei ihm zum mindesten ein geheimes Interesse für alle, welche der Suprematie des Hl. Stuhles in weltlichen oder geistlichen Dingen sich widersetzten. Gelegentliche Angriffe, wie der unter den Auspizien des Erzbischofs von Reggio im Jahre 1231 erfolgte, oder die im Jahre 1233 von ihm eingeführte Form einer weltlichen Inquisition, hatten wenig dauernde Wirkung. So waren die Katharer, die, aus Languedoc vertrieben, vielleicht selbst die Lombardei für unsicher fanden, ziemlich sicher, dass sie in den wilden und abgeschlossenen, von den grossen Heerstrassen abgelegenen Tälern Kalabriens und der Abruzzen eine Zuflucht finden würden. Die Herrschaft Innocenz' IV. über Neapel war zu kurz, als dass er dort eine systematische Verfolgung hätte organisieren können. Und

1) Tocco, L'eresia nel Medio Evo, p. 403. — Rainerii Summa (Martene Thesaur. v, 1767). — Ripoll i, 74.

obwohl Manfred nach der Zurückeroberung des Königreiches gefühlt haben mag, dass seine Lage zu prekär war, um offen die Ketzerei zu dulden, und obwohl er auf das Drängen Jakobs von Aragonien den Bischof Vivian von Toulouse und seine Anhänger, welche sich in Apulien niedergelassen hatten, aus seinen Ländern vertrieb, traf er doch keine weiteren Repressivmassregeln gegen die Ketzerei[1]).

Karl von Anjou dagegen kam als Kreuzfahrer und als Vorkämpfer der Kirche. Kaum hatte er seine Herrschaft durch die Hinrichtung Konradins am 29. Oktober 1268 gesichert, als er sich eifrig damit beschäftigte, die Inquisition in dem ganzen Königreiche einzuführen. Zahlreiche Briefe des Königs aus den Jahren 1268—70 zeigen, dass sie tüchtig bei der Arbeit war, und lassen erkennen, wie sehr es dem Könige am Herzen lag, die nötigen Mittel für
246 die Besoldung und die Ausgaben der Inquisitoren zu beschaffen und diesen den Beistand der öffentlichen Organe zu sichern. Jeder Inquisitor war mit einem Briefe versehen, welcher ihm die Machtmittel des Staates rückhaltlos zur Verfügung stellte. Die neapolitanische Inquisition hatte einen zahlreichen Beamtenkörper: einen Inquisitor für Bari und die Capitanata, einen für Otranto und einen für die Terra di Lavoro und die Abruzzen; im Jahre 1271 wurde noch einer für Kalabrien und einer für Sizilien hinzugefügt. Die meisten von ihnen waren Dominikaner, aber wir treffen auch einen Franziskaner, Bruder Benvenutus (1269). Besondere Gebäude und Gefängnisse scheint man jedoch nicht errichtet zu haben, vielmehr wurden die königlichen Gefängnisse zur Verfügung gestellt und die Wächter derselben angewiesen, die Gefangenen auf Verlangen der Inquisitoren zu foltern. Selbst im Jahre 1305 scheint diese Einrichtung noch bestanden zu haben[2]).

Der Eifer Karls beschränkte sich nicht darauf, die Inquisition so zu organisieren und zu fördern. Er unterstützte auch ihre Bemühungen dadurch, dass er selbst Streifzüge gegen die Ketzer unter-

---

1) Raynald. ann. 1231, Nr. 19. — Rich. de S. German. Chron. ann. 1233. — Giannone, Istoria civ. di Napoli, Lib. XVII, c. 6, Lib. XIX, c. 5. — Vaissette, IV, 17. — *Rodenberg, Innocenz IV. und das Königreich Sizilien 1245—54 (1892).

2) Archivio di Napoli, MSS. Chioccarello T. VIII. — Ib. Regist. 3 Lett. A. fol. 64; Reg. 4 Lett. B. fol. 47; Reg. 5 Lett. C. fol. 224; Reg. 6 Lett. D. fol. 35, 39, 174; Reg. 10 Lett. B. fol. 6, 7, 96; Reg. 11 Lett. C. fol. 40; Reg. 13 Lett. A fol. 212; Reg. 113 Lett. A. fol. 385; Reg. 154 Lett. C. fol. 81; Reg 167 Lett. A. fol. 324. — *Vgl. die Urkunden Karls von Anjou von 1268 Oktober 24—26; 1269 August 12, Oktober 19, November 10, Dezember 20; 1270 Mai 20 - 27, August 4, 22 bei Del Giudice, Cod. dipl. del Regno di Carlo I. e II. d'Angio II, S. 226, 341ff.

nahm. Obwohl es in den Abruzzen einen Inquisitor gab, schickte er am 13. Dezember 1269 den Ritter Bernhard von Rajano dorthin mit der Anweisung, nach Ketzern zu fahnden und sie und ihre Helfershelfer zu ergreifen. Es wurde ihm die grösste Wachsamkeit eingeschärft und den Ortsbehörden befohlen, ihm in jeder Weise beizustehen. Davon, dass er gemeinsam mit dem Inquisitor vorging, ist indessen nirgends die Rede. Im Jahre 1274 bekundete Karl abermals seine Kirchlichkeit in bedeutsamer Weise, indem er für die Dominikaner die prächtige, dem hl. Petrus Martyr geweihte Kirche in Neapel gründete, sie reich ausstattete und auch seine Adligen anfeuerte, seinem Beispiele zu folgen und die Fülle ihrer Gaben über sie auszugiessen. Trotzdem war die Kirche fünfzig Jahre später (1324) aus Mangel an Mitteln immer noch unvollendet. König Robert unterstützte den Bau mit fünfzig Unzen Gold, welche die Inquisitoren von dem dem König zustehenden dritten Teile der Güterkonfiskationen bestreiten sollten. Diese Bestimmung ist insofern interessant, als sie zeigt, wie in Neapel der aus der Verfolgung sich ergebende Gewinn ganz unter der Kontrolle des hl. Offiziums stand[1]).

Von der Tätigkeit der Inquisition in Neapel wissen wir wenig. 247
Sicher ist, dass dort andauernd Ketzer waren, denen der wilde Gebirgscharakter eines grossen Teiles jener Gegend zahlreiche sichere Zufluchtsstätten gewährte. Schon aus dem Monat August 1269 ist ein Brief Karls vorhanden, worin dieser Befehl erteilt, siebenundsechzig vom Inquisitor Benvenutus namhaft gemachte Ketzer zu verhaften. Das Verfolgungswerk war also schon energisch im Gange. In einem andern Briefe vom 14. März 1270 ist die Rede von drei andern, welche Bruder Matthäus von Castellamare kurz vorher in Benevent hatte verbrennen lassen. Ferner beeilten sich die Inquisitoren von Languedoc schon im Jahre 1269, Agenten nach Neapel zu schicken, um Jagd auf die Flüchtlinge zu machen, die vor der strengen Verfolgung dorthin geflohen waren, und Karl befahl, den Agenten jeglichen Beistand zu leisten, wodurch sich vielleicht der Erfolg des Benvenutus erklärt. Diese beständig notwendigen Eingriffe des Königs berechtigen jedoch zu der Annahme, dass die Inquisition in Neapel bei weitem nicht so erfolgreich war, wie sie sich in Languedoc und der Lombardei erwiesen hatte. Bei jeder Gelegenheit wird anscheinend die königliche Autorität angerufen, teils weil der König

1) Archivio di Napoli, Reg. 6 Lett. D. fol. 135; Reg. 253 Lett. A. fol. 63. — Giannone, Ist Civ. di Napoli Lib. XIX, c. 5. — *Vgl. einen Teil der Urkunden Karls von Anjou (1269 ff.) im Anhang dieses Bandes Nr. XI.

den Inquisitoren wenig Selbständigkeit gewährte, teils weil die Ortsbehörden nicht so energisch mitwirkten, wie sie es hätten tun können. So scheint die neapolitanische Inquisition selbst unter dem Hause Anjou niemals die geschlossene und wirksame Organisation erlangt zu haben, die anderswo so grosse Erfolge zeitigte. Und doch war Karl II. ein eifriger Feind der Ketzer, der seine Inquisitoren zur Tätigkeit antrieb; sein Sohn Robert erwarb sich sogar den Namen des Frommen. Im Jahre 1305 verfolgte, wie wir sehen werden, Bruder Thomas von Aversa die Franziskaner-Spiritualen, und König Robert befahl auf das Drängen des Bruders Matthäus von Ponza im Jahre 1311, dass alle neu bekehrten Juden unter Christen zerstreut leben sollten, damit sie nicht in die Versuchung kämen, zu ihrem alten Glauben zurückzukehren [1]).

Dass die Tätigkeit der neapolitanischen Inquisition die Ketzerei nicht zu unterdrücken vermochte, geht daraus hervor, dass eine systematische Einwanderung von Waldensern aus den Tälern der Cottischen Alpen mit verhältnismässig grosser Sicherheit vor sich gehen konnte. Wahrscheinlich um 1315 führte Zanino del Poggio, ein Mailänder Adliger, die erste Schar aus Savoyen herbei. Sie hatten sich vorher bestimmte Zusicherungen an Land und Rechten geben lassen und erst den Bericht der Boten abgewartet, die sie vorausgeschickt hatten, um das versprochene Zufluchtsgebiet zu prüfen [2]). Neue
248 Scharen folgten ihnen und gründeten eine Reihe von Ortschaften, nämlich in Kalabrien: Guardia Piemontese oder Borgo degli Oltremontani, Argentina, La Rocca, Vaccarizzo und San Vincenzo, und in Apulien: Monteleone, Montano, Faito, La Cella und Matta. Diese wurden regelmässig besucht von den „Barben" oder Missionspriestern, die ihr ganzes Leben unter den zerstreuten Kirchen umherwanderten, die Tröstungen der Religion spendeten und über die Reinheit des Glaubens wachten. Die scharfen Verfolgungen, die Franz Borilli leitete (S. 172), veranlassten neue Auswanderungen in grossem Massstabe. Man suchte wiederum das neapolitanische Gebiet als Ruhehafen auf, bis Apulien als Hauptquartier der Sekte betrachtet wurde. Die Niederlassung und Blüte so beträchtlicher Gruppen von Ketzern war natürlich nur möglich, weil die Inquisition nicht auf der Hut war.

---

1) Archivio di Napoli, Regist. 3 Lett. A. fol. 64; Regist. 4 Lett. B. fol. 47; Reg. 9 Lett. C. fol. 39. — MSS. Chioccarello, T. VIII. (abgedruckt im Anhang dieses Bandes Nr. XII). — *Vgl. die Erlasse Karls II. aus den Jahren 1290–94 bei Del Giudice a. a. O. II, 345, 351.

2) *Comba, Histoire des Vaudois (1901) S. 476ff.; Haupt in der Historischen Zeitschrift 61 (1889), S. 59f.

Tatsächlich hatte sich schon 1326 ihre Unwirksamkeit herausgestellt, als Johann XXII. einige Fraticellen verfolgte, die nach Kalabrien geflohen waren. Anstatt die Inquisitoren anzurufen, wandte der Papst sich an König Robert und den Herzog von Kalabrien mit der Bitte, sie zu ergreifen und den bischöflichen Gerichtshöfen auszuliefern[1]).

Infolge der sizilianischen Vesper 1282 ging die Insel Sizilien in die Hände Peters III. von Aragon über und trat damit zugleich in die bitterste Feindschaft gegen den Hl. Stuhl. Von einer tätigen Verfolgung kann deshalb keine Rede sein, und als Martin IV. am 4. Juni 1284 einen Kreuzzug gegen Peter predigte, war einer der vier Gründe, die er zur Rechtfertigung anführte, der, dass die Ketzerei auf der Insel zunehme, und dass die Inquisitoren auf derselben nicht zugelassen würden. Erst 1302 konnte sich Bonifaz VIII. entschliessen, die vollendete Tatsache hinzunehmen und Friedrich III. von Aragon als König von Sizilien anzuerkennen. Die Inquisition folgte auf dem Fusse. Schon im Jahre 1304 befahl Benedikt XI. dem Könige, dem Inquisitor Thomas von Aversa und allen übrigen Inquisitoren, welche dorthin geschickt werden würden, den gebührenden Beistand zu leisten. Der Papst erhob die Insel jedoch nicht zu einem 249
besondern Gerichtsbezirke, sondern verfügte, dass die Jurisdiktion des festländischen hl. Offiziums über beide Seiten der Meerenge von Messina sich erstrecken solle. Die Einführung der Inquisition auf der Insel geschah mehr dem Namen nach; in Wirksamkeit trat sie nur, wie wir sehen werden, soweit die Templer in Betracht kamen. Im übrigen blieb Sizilien lange eine sichere Zufluchtsstätte für die verfolgten Fraticellen. Zweifellos trug Arnald von Villanova hierzu viel bei durch die Schilderung, die er Friedrich III. von den damaligen Inquisitoren machte. Sie seien, sagte er, eine Höllenpest, machten aus ihrem Amte ein Geschäft, gebärdeten sich wie Teufel und trieben die Gläubigen, statt sie zu erbauen, geradezu dem Unglauben in die Arme, da sie sich dem Hass, der Habsucht und der Sinnenlust hingäben, ohne dass jemand auftrete, der sie verurteile oder ihre Wut unterdrücke. Als im Jahre 1328 der Erzbischof von

1) Lombard, Jean Louis Paschal et les Martyrs de Calabre, Genève 1881, pp. 22--32. -- Filippo de Boni, L'Inquisizione e i Calabro-Valdesi, Milano, 1864, pp. 73—77. — Perrin, Hist. des Vaudois, Liv. II, ch. 7. — Comba, Hist. des Vaudois d'Italie, I, 128, 181—6, 190. — Rorengo, Memorie historiche, Torino, 1649, pp. 77sqq. — Martini Append. ad Mosheim, De Beghardis, p. 638. Die Tatsache der Auswanderung ergibt sich aus der Gleichheit der Dialekte des calabrischen Guardia und des Val d' Angrogna, die Vegezzi-Ruscalla (Rivista Contemporanea 1862) nachgewiesen hat.

Palermo einen Fraticellen verhaftete, wandte man sich sogleich an Friedrich, und Johann XXII. befahl dem Erzbischof dringend, diese Sekte auszurotten. Offenbar war also damals keine Inquisition dort bei der Arbeit[1]).

Die Republik Venedig hat ihre Unabhängigkeit stets bewahrt. Obgleich sie zur Mark Treviso gehörte, lagen im dreizehnten Jahrhundert ihre Interessen vorwiegend östlich vom Adriatischen Meere, und erst mit der Erwerbung von Treviso im Jahre 1339 wurde sie eine achtunggebietende Macht auf dem Festlande. 1405 wurde Padua erobert, dann Verona, Vicenza, Feltre, Belluno und Brescia, wodurch die Macht der Republik bedeutend zunahm, so dass sie im Jahre 1448 auch Bergamo den Herzögen von Mailand entreissen konnte. So hatte die Republik, wenn es darauf ankam, die Kontrolle der Inquisition in der ganzen Mark Treviso und in einem bedeutenden Teile der Lombardei in der Hand.

Ausserordentlich misstrauisch gegen alles, was den Päpsten als Anlass dienen konnte, um sich entweder in die inneren Angelegenheiten oder die auswärtigen Unternehmungen der Signoria zu mischen, war die Republik stets auf der Hut gegen alle Ansprüche des Hl. Stuhles. Durchaus rechtgläubig, obwohl nicht bigott, hielt Venedig sich fern von dem Kampf zwischen Guelfen und Ghibellinen und wurde in das Anathema gegen Ezzelin von Romano nicht eingeschlossen. In dem Kreuzzug gegen diesen war Venedig tatsächlich die Operationsbasis, und ein Venetianer war es, der den
250 Kriegszug längs der Brenta leitete und Padua einnahm. Aber die Republik hatte es durchaus nicht eilig mit ihrem Anschluss an die von Gregor IX. und seinen Nachfolgern so kräftig betriebenen Massnahmen zur Unterdrückung der Ketzerei. Die Gesetze Friedrichs II. wurden niemals in ihre Statuten eingetragen. Der Amtseid, den im Jahre 1229 der Doge Jakob Tiepolo leistete, enthält kein Wort von der Ketzerei oder ihrer Unterdrückung, obwohl er, wie üblich, das damalige Strafrecht zusammenfasste. Dieselbe Lücke zeigt sich auch in dem Kriminalstatut, das dieser Doge im Jahre 1232 veröffentlichte[2]).

---

1) Salimbene Chron. (Mon. Germ. Hist. SS. xxxii, 564). Potthast 22149–53. — Grandjean, Registres de Benoît xi, Nr. 834–5. — Pelayo, Heterodoxos Españoles, i, 730. — La Mantia, Origine e Vicende dell' Inquisizione in Sicilia, Torino, 1886, p. 12.

2) Sarpi, Discorso (Opere, Ed. Helmstadt, iv, 20). — *Vgl. im allgemeinen Kohler, Das Strafrecht der italienischen Statuten vom 12.–16. Jahrh. (Studien aus dem Strafrecht ii–vi, 1895–97).

Obwohl die Inquisition um diese Zeit mit der ganzen Energie, deren Gregor fähig war, ausgestaltet wurde, konnte sie doch in Venedig keinen Fuss fassen. Und obwohl der Grundsatz, dass Ketzerei bestraft werden müsse, längst allgemein anerkannt war, so wollte die weltliche Autorität doch kein Jota von dem Rechte abgeben, die Handhabung der Justiz sowohl in geistlichen wie in weltlichen Dingen zu überwachen. Der Amtseid, den im Jahre 1249 der Doge Marino Morosini leistete, enthält das Versprechen, unter Zustimmung des Rates einige aufrichtige und besonnene katholische Männer zu ernennen, die nach Ketzern forschen sollten. Weiter sollten alle Ketzer, die der Erzbischof von Grado oder andere Bischöfe der venetianischen Gebiete dem weltlichen Arme auslieferten, verbrannt werden, aber mit Zustimmung des Rates oder der Mehrheit seiner Mitglieder. Das war eine Art weltliche Inquisition. Es wurde also bloss die alte Jurisdiktion der bischöflichen Gerichtshöfe anerkannt, die im Falle der Erkennung auf Todesstrafe der Revision durch den Rat unterlag [1]).

Damit konnte natürlich das Papsttum keineswegs zufrieden sein. Als daher nach dem Tode Kaiser Friedrichs II. sofort ein Versuch gemacht wurde, die Inquisition über die ihr bis dahin verschlossenen Gebiete auszudehnen, wurde Venedig nicht vergessen. Eine vom 11. Juni 1251 datierte Bulle Innocenz' IV. befahl dem Bruder Vincenz von Mailand und dem Bruder Johann von Vercelli, nach der Lagunenstadt zu gehen und dort die Ketzer mit denselben Machtvollkommenheiten zu verfolgen, welche die übrigen Inquisitoren in der Lombardei ausübten. Ob die guten Mönche es wagten, diesem Befehle nachzukommen, ist fraglich. Sicherlich aber hatten sie, wenn sie
es taten, kein Glück damit. Eine Urkunde aus dem Jahre 1256 ent- 251
hält einen Eid, die Ketzer zu verfolgen und anzuzeigen, aber nicht den kirchlichen Gerichtshöfen, sondern dem Dogen oder den weltlichen Behörden. Diesen Eid mussten anscheinend die im Jahre 1249 eingesetzten weltlichen Inquisitoren leisten. Ausserdem enthält sie eine Klausel, wonach erstens Katharer und Wucherer gleichgestellt und zweitens diejenigen, welche des Rückfalls in diese Ketzereien überführt wurden, verbannt werden sollten, wenn der Betreffende ein Fremder war. Bürger der Stadt aber sollte diese Strafe nicht treffen. Danach war also die im Jahre 1249 angedrohte Todesstrafe schon wieder abgeschafft. Sie scheint allerdings bald darauf nochmals bestimmt worden zu sein; denn der Eid, den Jakob Contarini im Jahre 1275 ablegte, ist derselbe wie der des Jahres 1249 mit dem unwich-

1) Archivio Generale di Venezia, Codice ex Brera, Nr. 277, Carte 5.

tigen Zusatze, dass während einer Vakanz der Generalvikar an Stelle des Bischofs das Urteil abgeben könne[1]).

Als sich nun die Inquisition in der ganzen Lombardei und den Marken fühlbar machte, suchten die verfolgten Ketzer natürlich eine Zuflucht auf venetianischem Gebiete, wo die Aufsicht so viel weniger wachsam war. Vergebens forderte um 1286 Bruder Philipp von Mantua, der Inquisitor von Treviso, im Auftrage des Papstes Honorius IV. die Republik auf, dem Beispiele der andern Städte in der Mark von Treviso zu folgen und die von Friedrich II. und den früheren Päpsten erlassenen Ketzergesetze in ihre Statuten aufzunehmen. Schliesslich, im Jahre 1288, verlor Nikolaus IV. die Geduld mit diesem beharrlichen Ungehorsam und befahl der Signoria kategorisch, die kaiserlichen und päpstlichen Gesetze anzunehmen und den Dogen schwören zu lassen, dass er den Inquisitor von Treviso in seinen Pflichten nicht nur nicht behindern, sondern ihm beistehen wolle. Im Falle des Ungehorsams werde er gegen die Stadt mit geistlichen wie mit weltlichen Waffen vorgehen[2]).

Die Stellung der Republik war in den Augen der öffentlichen Meinung jener Zeit unhaltbar. Sie wandte ihre eigenen Gesetze so an, dass sie einer allgemein geächteten Klasse Zuflucht gewährte und der Kirche die Erlaubnis verweigerte, das Mittel, das sie einzig und allein gegen dieses schreiende Übel für geeignet erklärte, anzuwenden.
252 Sie fügte sich also in das Unvermeidliche, aber in einer Weise, die ihre Autonomie und Unabhängigkeit wahrte. Sie lehnte es rundweg ab, die päpstlichen und kaiserlichen Gesetze in ihre eignen Statuten aufzunehmen, aber den Dogen Johann Dandolo ermächtigte sie am 4. August 1289, auf Anrufen dem Inquisitor Hilfe zu leisten, ohne dass er jeden Fall vor den Senat zu bringen brauchte. Eine weitere weise Bestimmung war, dass alle Geldstrafen und alle Konfiskationen dem Staate zufallen sollten, der dafür die Ausgaben des hl. Offiziums bestreiten wollte. Diese waren nicht gering, da, abgesehen von den Kosten, welche die Verhaftungen und die Unterhaltung der Gefangenen verursachten, der Inquisitor das reichliche Gehalt von zwölf Dukaten im Monat erhielt. Für diesen Zweck wurde der Erlös aus dem Kornzoll bestimmt und das Geld bei dem Provveditore delle Viare hinterlegt, der es auf Ersuchen des Inquisitors auszahlen sollte. Dieser Kompromiss wurde am 28. August 1288 von

1) Ripoll VII, 25. — Arch. di Venez. Miscellanea, Codice Nr. 133, p. 121; Cod. ex Brera, Nr. 277, Carte 5 (abgedruckt im Anhang dieses Bandes Nr. XIII).
2) Albizio, Riposta al P. Paolo Sarpi, pp. 20—3. — Wadding. ann. 1288, Nr. 23.

Nikolaus IV. anerkannt und demgemäss in den Amtseid des nächsten Dogen Peter Gradenigo aufgenommen. So hatte der Inquisitor zwar die volle Möglichkeit, die Ketzerei zu unterdrücken, aber die Versuchung, sein Amt zu Zwecken der Erpressung zu missbrauchen, war auf das geringste Mass beschränkt, da der Staat die finanzielle Seite des Amtes in seinen Händen behielt und dadurch zu jeder Zeit die Kontrolle wirksam ausüben konnte [1]).

Die Inquisition jedoch war nicht gewohnt, sich kontrollieren zu lassen, und ereiferte sich bald über diese Einschränkung ihrer Macht. Schon im Jahre 1292 beklagte sich Nikolaus IV. bei Peter Gradenigo, dass die Bedingungen des Übereinkommens nicht ausgeführt würden. Die Inquisitoren Bonagiunta von Mantua und Giuliano von Padua berichteten, dass die päpstlichen und kaiserlichen Gesetze gegen die Ketzerei nicht durchgeführt würden, und dass sie persönlich wegen der Abmachung über die Kostendeckung nicht imstande seien, eine genügende Anzahl Vertraute zu halten, um die Ketzer zu entdecken und zu ergreifen. Infolgedessen blühte, wie sie sagten, die Ketzerei in dem venetianischen Gebiete weiter. Deswegen machte Nikolaus dem Dogen bittere Vorwürfe und verlangte Änderungen, die diese Ärgernisse beseitigen würden, aber vergebens. Die Signoria hatte es offenbar nicht für angezeigt gehalten, das von dem Gesetz von 1249 vorgesehene Amt der weltlichen Inquisitoren abzuschaffen. Es waren ihrer drei, welche bekannt waren als die „tre savi dell' eresia" oder „assistenti". Eine solche Doppelorganisation konnte un- 253
möglich arbeiten, ohne dass es zu Reibereien kam. Die Lage wurde unerträglich, und im Jahre 1301 beschloss Bruder Antonio von Padua, der Inquisitor von Treviso, der Sache ein Ende zu machen, indem er den drei „savi" Thomas Viaro, Marino Zorzi und Lorenzo Segico kund und zu wissen tat, dass es für sie keinen andern Vorgesetzten gebe als ihn. Da sie dieser Kundgebung nicht gehorchten, so ging er nach Venedig und forderte den Dogen Gradenigo bei Strafe der Exkommunikation auf zu schwören, dass er allen päpstlichen Verordnungen gegen die Ketzerei gehorchen wolle. Gradenigo weigerte sich mit dem Bemerken, dass dies eine Verletzung seines Amtseides sein würde. Darauf zog der Inquisitor seine Drohung zurück, und die Dinge blieben, wie sie waren. Wenn man gehofft hatte, durch dieses Vorgehen den Grund zur Einrichtung einer unabhängigen Inquisition zu

1) Albizio, op. cit. pp. 24--7. — Wadding. ann. 1289, Nr. 15. — Sarpi, op. cit. p. 21. — Arch. di Venez. Codice ex Brera, Nr. 277, Carte 41; Maggior Consiglio, Carte 67.

legen, so scheiterten diese Hoffnungen an der Festigkeit der Republik. Die drei „savi“ übten nicht nur nach wie vor ihr Amt aus, sondern erweiterten anscheinend sogar noch ihre Befugnisse; war es doch Sitte geworden, dass sie unter den Senatoren ausgewählt wurden, und dass sie mit dem Inquisitor zusammen in allen Fällen handelten, die vor seinen Richterstuhl kamen. In dem Masse, wie sich das Gebiet Venedigs auf dem Festlande ausdehnte, wurde dieses Richteramt in allen Städten, die unter seiner Herrschaft standen, von den „rettori“ oder Statthaltern ausgeübt; ihre Mitwirkung wurde bei allen Verfolgungen wegen Ketzerei nicht nur von dem Inquisitor, sondern auch von den Bischöfen angerufen[1]).

Wie in Frankreich, so ist auch in Italien die Geschichte der Inquisition während des vierzehnten und fünfzehnten Jahrhunderts die ihres Niedergangs. Zwar hatte sie hier nicht wie dort mit den Bestrebungen der Monarchie zu kämpfen, die in ihre Hände gelegte Macht zu befestigen. Aber die Gefangenschaft von Avignon und die Erniedrigung des Papsttums unter dem Einflusse des französischen Hofes in Verbindung mit dem Wachsen des Reichtums und der kulturellen Blüte der Städte führten zu demselben Ergebnisse, während zu gleicher Zeit die grosse Kirchenspaltung und die Konzilien von Konstanz und Basel dahin wirkten, die Geister zu befreien und den Unabhängigkeitssinn zu stärken. Während des vierzehnten Jahrhunderts war ein grosser Teil der Inquisitionstätigkeit der neuen Ketzerei der Fraticellen gewidmet, auf die wir später noch zurückkommen, wenn wir diese bemerkenswerte religiöse Bewegung näher betrachten[2]).
254 Sie war tatsächlich eine Ausnahmeerscheinung. Denn ringsherum schwand die religiöse Begeisterung immer mehr, mit ihr die Ehrfurcht vor der Inquisition ebenso wie der Widerstand der Heterodoxie, durch den das hl Offizium seine Daseinsberechtigung erhielt. Die Ketzer wurden immer seltener und immer ärmer und damit auch die Brauchbarkeit des Instituts immer geringer. Die Mittel, Eindruck auf die Phantasie des Volkes zu machen, verloren ihre Kraft, und so flossen auch die Einkünfte der Inquisition immer spärlicher.

1) Wadding. ann. 1292, Nr. 5. — Albanese, L' Inquisizione nella Republica di Venezia, 1875, pp. 52—3. — Sarpi, loc. cit. — Cecchetti, La Republica di Venezia e la Corte di Roma, Venezia, 1874, I, 18. — *Im Vatikanischen Archiv, Collektorien Nr. 133, liegen das Einnahmeverzeichnis des 'Officium inquisitionis in Marchia Tervisina' sowie 'Rationes inquisitorum heretice pravitatis in Lombardia, Marchia Tervisina et Romandiola' für die Jahre 1280—1314 vor. Das Amt war in der Hand des Minoritenordens.

2) Vgl. Band III, drittes Kapitel.

Was die Katharer angeht, so hatte die Inquisition ihr Werk nur zu gut getan. Eine unablässige und schonungslose Unterdrückung hatte die Sekte allmählich vernichtet, die während der ersten Hälfte des dreizehnten Jahrhunderts beinahe imstande schien, Rom den Besitz Italiens streitig zu machen. Wenn wir indessen sehen, dass die Waldenser derselben erbarmungslosen Strenge ausgesetzt waren und doch nicht ausgerottet werden konnten, so erkennen wir, dass die Verfolgung an sich nicht der einzige Grund war für die Ausrottung eines Glaubens, der einst einen so mächtigen Einfluss auf das menschliche Gemüt ausübte, dass um seinetwillen Tausende freudigen Herzens in einen schrecklichen Tod gingen. Die Lösung des Rätsels ist in dem hoffnungslosen Pessimismus des Glaubens selbst zu suchen, der nichts bot, was den Menschen in dem Kampfe des Lebens ermutigen und stärken konnte. Dem ältern Mazdeismus hatte Mani seine Lebenskraft genommen, indem er dem Prinzip des Bösen die absolute Herrschaft über die Natur und das sichtbare Universum zuschrieb und die Philosophie des Sankhja annahm, welche lehrt, dass das Dasein ein Übel, der Tod aber eine Erlösung ist für diejenigen, welche die geistige Unsterblichkeit erworben haben, dagegen nur eine Erneuerung des gleichen verhassten Daseins für alle diejenigen, welche noch nicht zu der Höhe der strengsten Kasteiung gelangt sind. In dem Masse, wie die Civilisation langsam fortschritt, die Finsternis des dunklen Mittelalters dem aufgehenden Lichte moderner Anschauungen zu weichen begann und die Hoffnungslosigkeit der Menschheit freundlicheren Anschauungen Platz machte, verlor auch der Manichäismus seine Anziehungskraft. Die Welt sah allmählich neue Ziele, neue Daseinsmöglichkeiten vor sich; sie wuchs über die traurige pessimistische Weltanschauung hinaus und bereitete sich unbewusst auf die noch unbekannte Zukunft vor, wo der Mensch in der Natur nicht seine Feindin, sondern seine Lehrerin erkennen sollte. Da der Katharismus nicht die innere Kraft der Weiterentwicklung besass, war er dem Untergange geweiht.

Der einfache und ernste Glaube der Waldenser dagegen bot seinen Anhängern eine Quelle der Hilfe, der Hoffnung, des Mutes im Leide, des Vertrauens und der Zuversicht auf die wachsame Sorge des himmlischen Vaters. Der Handwerker und Landmann tat seine mühsame Arbeit in dem Bewusstsein der Pflichterfüllung. Die Tugenden, welche die Grundlage der ganzen christlichen Gesellschaft bilden
— Fleiss, Nächstenliebe, Selbstverleugnung, Nüchternheit, Keuschheit 255
und Sparsamkeit — wurden angefeuert und gepflegt; man lehrte den

Menschen, dass sein Schicksal in diesem und jenem Leben von ihm selbst abhange und nicht von der Mitwirkung oder Vermittlung seiner lebenden oder toten Mitmenschen. So befähigte dieser Glaube den Menschen, sich sowohl der Umgebung, in die sein Schöpfer ihn gestellt hatte, als auch den unendlichen Wechselfällen des menschlichen Fortschrittes anzupassen. Demnach besass er eine verhältnismässig grosse Lebenskraft. Ausgerottet an der einen Stelle, schlug er an einer andern neue Wurzeln. Er entsprach zu sehr den Bedürfnissen und Bestrebungen der Menge, um jemals vollständig ausgerottet werden zu können. Überall fand er einen günstigen Boden für den Samen, den er ausstreute, und der passive Widerstand, den er leistete, konnte schliesslich selbst von der hartnäckigen Tatkraft seiner Gegner nicht überwunden werden.

In Italien aber bestanden die Katharer noch lange, nachdem sie aus Frankreich verschwunden waren. Aus den Ebenen der Lombardei und Mittelitalien vertrieben, suchten sie an weniger leicht zugänglichen Orten eine Zuflucht. So erhalten wir im Jahre 1340 Kunde von ihnen aus Korsika. Gerald, der Franziskanergeneral, sandte seine Ordensbrüder dorthin, denen es auch gelang, sie eine Zeitlang zu unterdrücken. Im Jahre 1369 sind dort wiederum, und zwar unter Bruder Mondino von Bologna, Franziskaner eifrig bei der Arbeit, ernstlich unterstützt von Gregor XI. Im Jahre 1372 und 1373 schrieb dieser an die Bischöfe von Mariana und Ajaccio und an Bruder Gabriel von Montalcino und ermahnte sie zu erneuter Tätigkeit, indem er sie in einer auffallenden Anwandlung von Milde ermächtigte, bei einem einmaligen Rückfalle die Todesstrafe noch nicht zu verhängen. Die damals aufgestöberten Zufluchtsorte waren meist in den Wäldern und Gebirgen. Um sie zu unterwerfen, wurde eine Kette von geistlichen Festungen in der Form von Franziskanerniederlassungen errichtet. Noch im Jahre 1397 wurde ein Mönch Franciscus in der doppelten Eigenschaft als päpstlicher Nuntius und als Inquisitor nach Korsika geschickt[1]).

Was das Festland angeht, so lebten Katharer trotz der Wachsamkeit der Inquisition auch in Piemont weiter. Im Jahre 1388 hatte der Dominikaner Antonio Setto von Savigliano das Glück, eines der rührigsten Mitglieder der Sekte, den Jakob Bech von Chieri, in der Nähe von Turin, zu ergreifen. Das Protokoll über sein Verhör vor dem Inquisitor und dem Bischof von Turin enthält ausführliche

1) Wadding. ann. 1340, Nr. 10; ann. 1369, Nr. 4; ann. 1373, Nr. 7; Regest. Gregor. PP. XI., Nr. 45–7; Tom. VII, p. 481. — Raynald. ann. 1372, Nr. 35.

Einzelheiten über den Zustand der Sekte. Nachdem seine Zunge durch wiederholte Folterungen gelöst worden war, legte er ein Ge- 256
ständnis ab. Danach war die Sekte zahlreich in der Umgegend vertreten und zählte Angehörige vieler adligen Familien — der Patrizi, Bertoni, Petiti, Narro und Vorfahren der Balbi und Cavour — zu ihren Mitgliedern. Zwar wurden damals alle Ketzer in Italien ebenso wie in Frankreich gewöhnlich mit dem Namen Waldenser bezeichnet; doch hatte die Sekte den gemilderten Dualismus der lombardischen Katharer beibehalten. Satan sei vom Himmel gefallen, habe das sichtbare Universum geschaffen und werde schliesslich zu Glanz und Herrlichkeit zurückkehren. Er habe dem Moses die Gesetze diktiert, und Moses sei der grösste Sünder gewesen. Die menschlichen Seelen seien gefallene Dämonen, die in andere menschliche Leiber oder in diejenigen von Tieren übergingen, bis sie durch das „consolamentum" auf dem Sterbebette erlöst würden. Die Reinheit des Glaubens blieb dadurch erhalten, dass man sich von Zeit zu Zeit mit dem Zentralpunkt der Sekte in Bosnien in Verbindung setzte. Jakob Bech selbst war zusammen mit Jocerino de' Balbi und Peter Patrizi von einem slavonischen Missionar bekehrt worden. Patrizi hatte ihm zehn Gulden gegeben und ihn nach Bosnien gesandt, um sich in den Lehren zu vervollkommnen. Er war aber durch ein Unglück auf der See gezwungen worden zurückzukehren, ohne seine Pilgerreise zu vollenden. Vierzig Jahre vorher war einer der Balbi zu demselben Zwecke dahingegangen; 1360 ein Narro und ein Benso, Peter Patrizi selbst im Jahre 1377 und Bernhard Rascherio 1380. Augenscheinlich unterhielt die kleine Gemeinde Chieri rege Beziehungen mit den Häuptern ihrer Kirche. Im Jahre 1370 war Bech dem Inquisitor Bruder Thomas von Cassacco in die Hände gefallen, hatte bekennen müssen und war, nachdem er abgeschworen hatte, zur Belohnung für den Verrat seiner Glaubensgenossen freigelassen worden [1]).

Die Bemühungen des Inquisitors Antonio waren schon vorher durch die Entdeckung einer andern Sekte der Katharer in den Tälern westlich und nordwestlich von Turin belohnt worden. Ihr Häresiarch war Martin del Prete. Die Gemeinde Chieri hatte vergebens versucht, sie mit sich zu vereinigen. Im November 1387 verhaftete Antonio in Pinerolo einen verdächtigen Ketzer namens Antonio Galosna, der für einen Franziskaner des dritten Ordens galt. In jenen Gegenden

1) Amati im Archivio Storico Italiano, 1865, Nr. 39, pp. 46—61. — *Vgl. Boffito, Eretici in Piemonte 1378—1417 (Studi e documenti di storia e diritto 18 (1897); vgl. dazu Revue historique 85 (1904), 139); Comba in der Rivista cristiana 4 (1876), 169, 217.

war die Inquisition in hohem Masse abhängig von den weltlichen Behörden, und der Graf von Savoyen, Amadeo VII., war nicht geneigt, ihr eifrige Hilfe zu leisten. Galosna leugnete zuerst. Als aber Antonio die Folter anwandte, versprach er, alles zu erzählen, wenn er von diesen Qualen verschont bleibe, und demnach legte er am
257 nächsten Tage ein Geständnis ab. Allein Johann von Brayda, der Kämmerer Amadeos, und Antonio von Valencia, der Richter von Pinerolo, versprachen ihm seine Befreiung, wenn er widerrufen würde. Auch der Kastellan von Pinerolo, in dessen Hut er sich befand, bot ihm an, ihn zu befreien, wenn er ihm fünf Gulden für sich und siebzig Gulden für notwendige Ausgaben geben würde. Aber obgleich Galosna sein ganzes Eigentum einsetzte, um die Summe aufzubringen, scheint dieser Ausweg nicht geglückt zu sein. Am 29. Dezember wurde er vor den Grafen selbst gebracht, nachdem ihn Brayda gewarnt hatte, er würde gehängt werden, wenn er sein Geständnis wiederhole. Demgemäss widerrief er es, wurde aber nicht befreit. Einen Monat später wiederholte er in Gegenwart des Grafen und des Inquisitors, dass ihm sein Geständnis durch Gewalt abgepresst worden sei. Offenbar war sein Fall der Gegenstand einer langen Erörterung zwischen Staat und Kirche, wobei die letztere siegte; denn am 29. Mai befand er sich in der Gewalt des Bischofs von Turin und des Inquisitors, die ihn im Schlosse Droso, in der Nähe von Turin, einem Verhöre unterzogen[1]).

Er erwies sich als eine fruchtbare Quelle der Information, die wohl die wiederholten Verhöre wert war, welche vom 29. Mai bis zum 10. Juli angestellt wurden; war er doch fünfundzwanzig Jahre Mitglied der Sekte und fünfzehn Jahre einer ihrer Wanderprediger gewesen und vertraut mit allen Gemeinden, deren es eine grosse Zahl, teils in der Nähe von Turin, meistenteils aber in den tieferen Alpentälern zwischen Pinerolo und Susa, gegeben zu haben scheint. Obgleich er wiederholt die Sektierer als 'Vaudois' bezeichnet, waren diese in Wirklichkeit doch nicht mit den Waldensern verwandt, wie er denn auch gar nichts erwähnt von solchen, die in ausgesprochenen Waldensertälern wie Angrogna, Perosa oder San Martino wohnten. Es waren meistens arme Leute, Bauern, Dienstboten, Maultiertreiber, Herbergsbesitzer, Tagelöhner und Handwerker, und die Häupter ihrer „Synagogen“ gehörten meistens diesen Klassen an, wenn auch gelegentlich ein Kleriker, ein Domherr, ein Notar oder eine andere gebildete Person unter den Mitgliedern aufgezählt wird.

1) Archivio Storico Italiano, 1865, Nr. 39, pp. 32—5.

Welches eigentlich ihre unterscheidenden Glaubenssätze waren, lässt sich nicht genau angeben. Denn die unsanfte Behandlung, die Galosna zuteil wurde, scheint seinen Eifer, die Leichtgläubigkeit der ihn Verhörenden zu befriedigen, belebt zu haben. Der phantastische Charakter eines Teiles seiner Enthüllungen lässt die Glaubwürdigkeit aller seiner Aussagen in zweifelhaftem Lichte erscheinen. Der Neueintretende musste zunächst ein scheusslich aussehendes Getränk trinken, das aus den Exkrementen einer eigens zu diesem Zweck gehaltenen Kröte hergestellt war. Wurde es im Übermass genommen, so konnte sein Genuss leicht verhängnisvoll 258
werden; die Wirkung dieses Trankes aber bestand darin, dass der, welcher einmal davon gekostet hatte, die Sekte nie verlassen konnte. Martino del Prete, der oberste Häresiarch, besass eine schwarze Katze, die so gross wie ein Lamm war, und von der er behauptete, sie sei der beste Freund, den er auf der Welt habe. Seine Ausführungen über die geschlechtlichen Greuel, welche in den Konventikeln nach Auslöschung der Lichter auf den religiösen Kultus folgten, können füglich als ebenso unglaubwürdig übergangen werden. Widersprüche in den wiederholten Aussagen Galosnas über die Lehren der Sekte beweisen, dass er in den langen Verhören besser von seiner Phantasie als von seinem Gedächtnis unterstützt wurde. So erklärte er, es sei ihm mitgeteilt worden, dass er durch den Anschluss an die Sekte sicher die Erlösung bei Gott Vater im Himmel erlangen werde. Trotzdem behauptete er andrerseits, die Sekte verwerfe die Unsterblichkeit und glaube, dass die Seele mit dem Körper sterbe, und wieder dass es kein Fegefeuer, sondern nur Himmel und Hölle gebe. Ausserdem glaubten sie an Gott den Vater, der die Himmel geschaffen habe, verehrten aber zugleich den grossen Drachen, den Schöpfer dieser Welt, der siegreich mit Gott und den Engeln streite und auf Erden mehr Macht habe als Gott. Christus war nach ihrer Lehre nicht Gottes, sondern Josephs Sohn und verdiente keine besondere Verehrung. Im ganzen ist der Bericht zum Verzweifeln konfus. Wir können jedoch den Dualismus eines verfälschten Katharismus erkennen, dazu Anspielungen auf das Consolamentum und das Sakrament des Brotes. Wie Jakob Bech, hatte auch Galosna schon vorher in die Hände des Bruders Thomas von Cassacco abgeschworen. Beide waren also rückfällig, und es gab keine Gnade für sie. Am 5. September 1388 wurden sie dem weltlichen Arme in Turin überlassen und verbrannt. Leider schliesst hier das Protokoll. Von der reichen Ernte, welche der Inquisitor infolge

der Angaben, die ihm von seinen Opfern über die zerstreut wohnenden Mitglieder der Sekte gemacht worden waren, gehalten haben wird, erfahren wir nichts[1]).

Trotz dieser Beweise von Lebenskraft starb der Katharismus schnell aus. Die letzte bestimmte Angabe über ihn aus den Ländern westlich vom Adriatischen Meere stammt aus dem Jahre 1403, wo der hl. Vincenz Ferrer, der grosse spanische Apostel einer religiösen Wiedergeburt, eine friedliche Missionsreise in die fernen Täler unternahm, die kein katholischer Priester dreissig Jahre lang zu besuchen gewagt hatte. Dort fand und bekehrte er eine Anzahl Katharer, die unter den
259 Waldensern lebten. Bauern in der Diözese Lausanne beteten die aufgehende Sonne an, was Vincenz als eine Form des Manichäismus ansah. Eine solche Anbetung der Natur kam wahrscheinlich häufig vor; denn ein Gefangener des Inquisitors Anton Setto aus dem Jahre 1387 spricht davon, dass man auf den Knieen die Sonne und den Mond anbetete. Es scheint unter den Waldensern der savoyischen Täler sogar noch im Jahre 1451, wo Philipp Regis vor den Schranken der Inquisition stand, ein dürftiger Rest von Katharismus vorhanden gewesen zu sein[2]).

Der italienische Waldensianismus dagegen blühte weiter in den Bergfesten Piemonts, wo der unablässige Kampf mit der dürftig spendenden Natur die strengeren Tugenden der Menschen erweckte. Von da wurden, wie wir gesehen haben, Sendboten und selbst Kolonien ausgesandt, wenn die Gläubigen durch die Verfolgung zerstreut wurden oder die zunehmende Bevölkerung keine genügenden Lebensmittel mehr fand und sich also zur Auswanderung gezwungen sah. Neapels freundlicheres Klima und nachsichtigere Inquisition machte schliesslich die südlichen Kolonien zum Hauptquartier der Sekte, mit welchem ein beständiger Verkehr unterhalten wurde. Im Jahre 1387 wohnte, wie es heisst, der Oberpriester in Apulien, und zwei Apulier waren die Vorsteher der Waldensergemeinde zu Barge in Piemont. Hundert Jahre später sahen die Muttergemeinden in den Cottischen Alpen Süditalien noch immer als den Mittelpunkt ihrer Kirche an[3]).

---

1) Archivio Storico Italiano, 1865, Nr. 39, pp. 4—45. — G. Manuel di S. Giovanni, Un Episodio della storia del Piemonte, Torino, 1874, pp. 75sqq.

2) Raynald. ann. 1403, Nr. 24. — Archiv. Stor. Ital. 1865, Nr. 38, p. 22. Comba, Les Vaudois d'Italie, I, 120. — *Vgl. oben S. 174.

3) Processus contra Valdenses (Archivio Storico Italiano, 1865, Nr. 38, pp. 39—40). — Comba, Hist. des Vaudois d'Italie, I, 354—7.

Im Jahre 1292 hören wir von Verfolgungen im Tale Perosa, und im Jahre 1312 wurden abermals hartnäckige Ketzer in den dortigen Tälern verbrannt. Aber diese Massregeln nützten wenig; denn in einem Breve aus dem Jahre 1332 schildert Johann XXII. die Waldenserkirche in der Diözese Turin als in der höchsten Blüte stehend. Danach waren die Ketzer so zahlreich, dass sie es verschmähten, sich zu verbergen, und öffentliche Versammlungen abhielten, in denen bis zu fünfhundert zusammenkamen. Als kurz vorher Bruder Johann Alberto, der Inquisitor von Turin, einen Versuch machte, sie zu unterdrücken, widersetzten sie sich in einem kühnen bewaffneten Aufstande und erschlugen den Pfarrpriester Wilhelm, der in dem Verdachte stand, Mitteilungen gemacht zu haben, auf dem Marktplatze von Angrogna. Alberto selbst wurde in einem Schlosse, wo er Zuflucht gefunden hatte, belagert und war schliesslich froh, mit dem Leben davonzukommen und das Land der Ketzerei zu überlassen. Länger als zwanzig Jahre war einer 260
ihrer Hauptanführer ein gewisser Peter Martino, bekannt als Giuliano oder Martino Pastre, der auf seinen Missionsreisen zufällig dem Inquisitor der Provence, Johann von Badis, in die Hände fiel. Diesem befahl der Papst, seinen Gefangenen dem Inquisitor Alberto auszuliefern, der es verstehen würde, ihm Angaben zu entlocken, die für die Verfolgung und Ergreifung seiner Glaubensgenossen von grossem Wert sein würden — Angaben, die, wie der Papst andeutet, die Anwendung der Folter rechtfertigen würden. Zweifellos ermöglichte es dieser glückliche Griff dem Inquisitor Alberto, die Hand auf eine Anzahl zerstreut wohnender Ketzer zu legen, wenn er sich auch wahrscheinlich nicht noch einmal persönlich in die volkreichen Gemeinden hineinwagte, die eine so standhafte Entschlossenheit zur Selbstverteidigung gezeigt hatten[1]).

Die Verfolgung ging weiter. Im Jahre 1354 hören wir zufällig von einem Befehl des Fürsten Jakob von Piemont an die Grafen von Luserna, eine kürzlich hier und in den benachbarten Tälern entdeckte Anzahl von Waldensern gefangen zu nehmen. Der Befehl erfolgte auf Drängen Peters von Ruffia, des Inquisitors von Piemont, der seinen Eifer mit dem Leben bezahlte; denn er wurde kurz darauf in Susa erschlagen. In den Jahren 1363 und 1364 machte Urban V. abermals einen Versuch, diese Ketzer zum Gehorsam zurückzuführen. Die verseuchte Gegend wurde von zwei Seiten angegriffen,

1) Comba, Hist. des Vaudois d'Italie, I, 141 (*Hist. des Vaudois (1901) S. 353 ff.). — Herzog, Die romanischen Waldenser, p. 273. — Wadding. ann. 1332, Nr. 6.

da die Jurisdiktion des Inquisitors der Provence sich auch über die Provinz Tarantaise erstreckte. Bruder Johann Richard von Marseille wurde angewiesen, vom Westen aus einzuschreiten, während der Inquisitor und der Bischof von Turin von Osten her gegen sie vorgehen sollten. Auch Amadeus von Savoyen wurde ersucht, sich dem Seneschall der Provence anzuschliessen. Diese von allen Seiten eingeleitete Verfolgung führte zu einer Anzahl Verhaftungen und Prozessen. Zweifellos trieb damals Verzweiflung und Rachedurst viele Waldenser an, sich dem Aufstand der Jacquerie in Savoyen im Jahre 1365 anzuschliessen, einem Aufstande, der mit gewohnter erbarmungsloser Grausamkeit von König Karl von Navarra und von Wenzel von Brabant unterdrückt wurde. Ein Brief aber, den die Sektierer im Jahre 1368 an ihre deutschen Mitbrüder richteten, lässt erkennen, dass sie trotz dieser Unterdrückungsversuche noch immer als die Führer der Sekte galten [1]).

261 Besondern Eifer in der Ketzerverfolgung zeigte auch hier Gregor XI. Wie ernste Versuche er im Jahre 1375 unternahm, um die Waldenser der Provence und Dauphiné zu unterdrücken, haben wir schon (S. 172) gesehen [2]) Hauptsächlich hatten sich diejenigen von Piemont als gefährlich erwiesen. Kurz vorher war nämlich Bruder Anton Pavo nach Bricherasio, einem von der Ketzerei stark angesteckten Orte, gegangen, hatte gegen sie gepredigt und dabei die herkömmliche Vorladung vor seinen Richterstuhl ergehen lassen. Infolgedessen waren, vom Teufel angetrieben, ein Dutzend von ihnen, anstatt sich zu unterwerfen, über ihn hergefallen und hatten ihn erschlagen. Ein anderer Inquisitor, wahrscheinlich Peter von Ruffia, fand dasselbe Schicksal in dem Dominikanerkloster in Susa am Tage Mariä Reinigung (2. Februar). Solche Missetaten verlangten exemplarische Bestrafung. Zugleich mit den Ermahnungen an Karl V. von Frankreich liess Gregor an Amadeus VI. von Savoyen die schärfste

1) Rorengo, Memorie historiche, Torino, 1649, p. 17. — Wadding. ann. 1364, Nr. 14, 15. — Cantù, Eretici, I, 86. — D'Argentré, Collect. Judic. I, I, 387. — Comba, Rivista Cristiana, 1887, pp. 65 sqq. — *Bezüglich der Kirchenprovinz Tarantaise schrieb P. Gregor XI. am 6. Mai 1375 an den Inquisitor 'in Arelatensi, Aquensi, Ebredunensi et Viennensi civitatibus et diocesibus et provinciis', dass er auch dort sein Amt ausüben solle, weil 'nonnulle persone utriusque sexus labe heretice pravitatis infecte sunt et . . . in ipsa provincia nullus est inquisitor' (Avin. II. nonas Maii anno V., Vatik. Archiv, Registra Vatic. 267 fol. 22).

2) *Gregor XI. entsandte auch am 29. Oktober 1375 den Marianus von Cortona ord. heremitarum S. Augustini für ein Jahr als Inquisitor nach Sardinien gegen die zahlreichen dortigen Ketzer (Avin. IV. kal. Novembris anno V., Vatik. Archiv, Reg. Vaticana 267 fol. 38). Vgl. dazu oben S. 275.

Aufforderung ergehen, sein Land von diesem Dorngestrüpp zu reinigen. Wir haben schon gesehen, wie erfolgreich die Bemühungen des Nuntius Anton, Bischofs von Massa, und des Inquisitors der Provence, Franz Borilli, waren. Sie beschränkten ihre Tätigkeit nicht auf die französischen Täler. Die Waldenser des Tales von Susa wurden in erbarmungsloser Weise verfolgt. An einem Weihnachtsabende griff Borilli mit bewaffneter Macht Pragelato an und liess alle, die er erreichen konnte, über die Klinge springen. Die Unglücklichen, die entkamen, starben vor Hunger und Kälte, unter ihnen, wie erzählt wird, fünfzig Frauen mit ihren Kindern an der Brust[1]).

Augenscheinlich waren mit diesen Opfern die Manen der ermordeten Inquisitoren befriedigt, denn sie scheinen eine weitere Genugtuung nicht empfangen zu haben. Die Bemühungen, die eine Reihe von Inquisitoren — Peter von Castelmonte, Ruffino von Terdona, Thomas von Cassacco und Michael Grassi —, welche sich durch das Schicksal ihrer Vorgänger nicht abschrecken liessen, auf die piemontesischen Waldenser verwandten, waren fruchtlos. Infolge der erbarmungslosen Streifzüge Borillis wurden die armen Unglücklichen aus den Tälern ihrer Heimat vertrieben und veranlasst, eine Zuflucht in Piemont zu suchen, dessen Herrscher Amadeus VII., welcher seinem Vater im Jahre 1383 folgte, der Inquisition bei der Unterwerfung der hartnäckigen Bergbewohner nur schwachen Beistand geleistet zu haben scheint. Die uns erhaltenen Bruchstücke der Protokolle des Inquisitors Anton Setto, der sein Werk im Frühjahr 1387 begann, zeigen, wie fruchtlos seine Versuche zur Unterstützung der grau- 262
samen Bekehrungswut Borillis waren. Zwar nahm er Isabella Ferreria, die Frau des Johann Gabriele, eines der Mörder des Anton Pavo, gefangen; er hatte auch die Genugtuung, sie die Folterqualen fühlen zu lassen, konnte aber einen Beweis gegen sie nicht erlangen und nur erfahren, dass ihr Gatte im Jahre 1386 gestorben war. Einige andere Verdächtige folterte er und bestrafte sie mit Kreuztragen: offenbar hatte er keine Gefängnisse zur Verfügung, in die er sie einkerkern konnte. Zwar strömten ihm die Anklagen und Anzeigen zu Hunderten zu, ein Beweis, dass das Land von Ketzern wimmelte, aber er war nicht imstande, ihnen eine Strafe aufzuerlegen, die Eindruck machen konnte. Einer seiner ersten Fälle war

---

1) Raynald. ann. 1375, Nr. 26. — Filippo de Boni, L'Inquisizione e i Calabro-Valdesi, p. 70. — *Ausser den oben S. 172, Anm. 1 verzeichneten Ergänzungen vgl. noch das Schreiben Gregors XI. an den Gouverneur von Vienne vom 28. Dezember 1375 im Vatik. Archiv, Registra Vatic. 271 fol. 88 (Avin. v. kal. Januarii anno v.).

der eines gewissen Lorenz Bandoria gewesen, der vor Anton Pavo abgeschworen hatte, aber auf der Folter gestand, dass er noch immer Ketzer sei. Hier lag deutlich ein Rückfall vor; demgemäss wurde der Schuldige am 31. März dem weltlichen Arme übergeben und sein ganzes Eigentum zugunsten der Inquisition für konfisziert erklärt. Die Ausführung dieses Urteils liess indessen auf sich warten; denn am 6. Mai musste Bruder Anton dem Herrn von Osasco, Ugonetto Bruno, den Befehl zugehen lassen, bei Strafe von hundert Mark Lorenz zu ergreifen und am nächsten Tage dem Gericht vorzuführen: gleichzeitig wurde der Schatzmeister von Osasco bei Strafe der Exkommunikation aufgefordert, am selben Tage mit einem Verzeichnis des ganzen Eigentums des Verurteilten zu erscheinen. Da Lorenz dem Burgvogt von Pinerolo zur Hinrichtung schon ausgehändigt worden war, so weigerten sich offenbar die Beamten, das Urteil des Inquisitors zu vollstrecken. Auch dieser neue Befehl scheint keinen Gehorsam gefunden zu haben. Nicht einmal seinen Vorladungen leistete man Folge, und als er am 19. Mai den Herren von Osasco auftrug, bei Strafe von hundert Mark drei Ketzer zu verhaften, blieb, wie es scheint, auch dieser Befehl unausgeführt. Dieser Ungehorsam griff immer weiter um sich, und in der Folge können wir beobachten, dass, wenn ein Angeklagter ein Geständnis verweigerte, auf die gefürchtete Erklärung: „Der Herr Inquisitor ist nicht zufrieden", nicht die übliche Anwendung der Folter folgte, sondern der Schuldige gegen Bürgschaft in Gnaden entlassen wurde. Ein Fall erbitterte den Inquisitor Anton ganz besonders. Am 27. Juni lud er Jakob Do und Sanzio Margarita von Sangano vor, ohne dass sie erschienen. Am 6. August traf er sie jedoch in Turin und verhaftete sie. Nachdem er sie fünfzehn Tage in Ketten behalten hatte, entflohen sie. Mit Hilfe Gottes fing er sie indessen wieder ein und führte sie auf das Schloss Avegliana, wo sie zehn Tage in Gewahrsam blieben. Doch gelang es ihm nicht, ihre Folterung zu erreichen; und ohne diese war kein Geständnis zu erlangen. Die Beamten von
263 Avegliana wandten sich vielmehr an den Grafen Amadeus, der die Ketzer in Freiheit setzen liess. Bruder Anton musste, nach seinem eignen Berichte, wider Willen gehorchen. Um seinen Aufenthalt in Avegliana in etwa wenigstens auszunutzen, liess er an alle Personen die übliche Aufforderung ergehen, zu erscheinen und entweder ihre eigne Ketzerei zu gestehen oder die Verdächtigen anzuzeigen. Neun Tage lang wartete er, aber nicht eine Seele erschien, und so reiste er ab, voll Verdruss über die Verstocktheit des Volkes; denn es war

allgemein bekannt, dass es dort und in der Nachbarschaft, besonders zu Coazze und Valgioje, viele Ketzer gab. Der letzte Schlag traf ihn im Dezember, als er alle Beamten des Tales Perosa, eines der anerkannten Waldenser-Täler, vor seinen Richterstuhl forderte mit der Begründung, das Land sei voller Ketzer, sie sollten daher vor ihm in Pinerolo erscheinen, um sich und ihre Gemeinden von dieser Schande zu reinigen. Sie gehorchten nicht; durch Vermittlung des Kanzlers von Piemont, Johann von Brayda, und anderer Hofbeamten kamen sie vielmehr überein, dem Grafen Amadeus fünfhundert Gulden jährlich zu zahlen, wenn er verhindere, dass der Inquisitor das Tal Perosa besuche, und wenn er sie von dem Gehorsam gegen seine Vorladungen ein- für allemal entbinden würde. Das war zuviel. Der unglückliche Inquisitor schüttelte den Staub von Pinerolo von seinen Füssen und ging davon, um auf die Katharer in der Nähe von Turin lohnendere Jagd zu machen. Vorher aber erklärte er, dass die Beamten des Tales Perosa sich die Exkommunikation und die Strafe des Ungehorsams zugezogen hätten, womit er indessen nur den Zorn des Grafen Amadeus auf sein Haupt herabbeschwor. Ebenso schlechten Erfolg scheint er auch mit seinen Bemühungen gehabt zu haben, für seine Inquisition das Vermögen der Bewohner von Pragelato, die der provenzalische Inquisitor Franz Borilli verurteilt hatte, zu konfiszieren. Diesem hatte Clemens VII. durch ein besonderes Privileg seine Jurisdiktion über einige der Täler Piemonts ausgedehnt. Wenn nun auch Bruder Anton die Personen der Ketzer seinem Nebenbuhler aus dem Franziskanerorden überlassen musste, so wollte er doch, wenn möglich, ihr Vermögen für sich haben. Dieses Missgeschick des Inquisitors Anton ist bemerkenswert, nicht nur als ein seltenes Beispiel für die Schwierigkeiten, die man der Inquisition in den Weg legte, sondern auch als Erklärung dafür, warum Borilli mit seinen grimmigen Verfolgungen des Waldensianismus so wenig Erfolg hatte[1]. Schlimmer aber er- 264

1) Processus contra Valdenses (Archivio Storico Italiano, 1865, Nr. 38, pp. 18–52).

In Bezug auf die Zeitangaben für diese Ereignisse besteht eine Unklarheit, welche ich nicht beseitigen kann. In einem Briefe vom 20. April 1375 an Amadeus VI. spricht Gregor XI. von der vor kurzem zu Bricherasio geschehenen Ermordung des Inquisitors Antonius Salviauensis (Raynald. ann. 1375, Nr. 26). Nach den Protokollen des Antonio Setto empfing Antonio Pavo von Savigliano die Abschwörung Lorenzo Bandorias im Jahre 1384 (loc. cit. p. 23), seine Ermordung muss, nach der Aussage des Sohnes eines seiner Mörder, Joh. Gabriel von Bricherasio, in demselben Jahre stattgefunden haben (Ib. p. 31). Rorengo verlegt das Martyrium Antonio Pavos in das Jahr 1374 und erzählt, dass dieser in Savigliano als „Seliger“ verehrt würde. Auch

ging es Pragelato, als es um Weihnachten 1400 von Susa her von einer bewaffneten Streitmacht angegriffen wurde Die Einwohner, welche dem Tode oder der Gefangenschaft entrannen, suchten Zuflucht auf den Bergspitzen des Tales San Martino, wo viele durch die Unbilden des Winters umkamen. Die Überlebenden aber, die nach dem Abzuge der Truppen zurückkehrten, fanden ihre Wohnungen zerstört. Diese kaltblütige Grausamkeit empörte selbst Bonifaz IX., der den Inquisitor für den Streifzug verantwortlich machte und ihm befahl, in Zukunft seinen Eifer zu mässigen[1]).

Der Besuch des Vincenz Ferrer im Jahre 1403 war mehr friedlicher Natur; aber die Bekehrungen, deren er sich rühmte, waren wahrscheinlich ebensowenig von Dauer wie diejenigen, die seine Beredsamkeit bei den Mauren und Juden in seinem Heimatlande erreicht hatte; im Hinblick auf ein drohendes Blutbad waren diese stets bereit, die Taufe zu empfangen[2]).

Während der grossen Kirchenspaltung liess die Verfolgung nach, aber schon im Jahre 1416 erschienen neue Dekrete gegen die Waldenser. Von den einzelnen Ereignissen kennen wir besten Falls nur Bruchstücke, und es ist unmöglich, eine vollständige Geschichte des Kampfes zwischen den waldensischen Ketzern und der Inquisition zu liefern. Wir dürfen indessen annehmen, dass diese wenigstens mit Unterbrechungen tätig war. Eine Bittschrift, die die Herren von Luserna an den Herzog von Savoyen richteten, erwähnt, dass die Einwohner des Tales sich infolge der wiederholten Verfolgungen in vollem Aufruhr befänden. Das Schriftstück trägt kein Datum, muss aber nach 1416 abgefasst sein, weil erst in diesem Jahre König Sigismund die Grafschaft zu einem Herzogtume erhob. Ferner erfahren wir, dass zwischen 1440 und 1450 Bruder Bertrand Piero, der Stellvertreter des Inquisitors, bei einem Streifzug nach Cuneo zweiundzwanzig rückfäl-
265 lige Ketzer verbrannte und ihr Eigentum konfiszierte. Das wird zufällig in einer Denkschrift erwähnt, welche die Einwohner des benachbarten Dorfes Bernezzo 1457 an Calixtus III. richteten, und worin sie weiter erzählen, dass Bruder Bertrand darauf in Gesellschaft mit seinem Vorgesetzten, Bruder Ludwig von Soncino, ihren Ort besuchte, eine Inquisition daselbst begann, sie aber zum Verdruss des

---

der Dominikaner Bartolomäus von Cervere wurde erschlagen, und sein Assistent Ricardo tödlich verwundet, aber das Datum ist gleichfalls unsicher (Rorengo, Memorie historiche, p. 17.)

1) Chabrand, Vaudois et Protestants des Alpes, Grenoble, 1886, p. 39.

2) Raynald. ann. 1403, Nr. 24. — Melgares Marin, Procedimientos de la Inquisicion, Madrid, 1886, ı, 50.

Volkes abbrach, ohne die Prozesse zu beenden. Darauf schickte Papst Felix V. (Amadeus VIII. von Savoyen) den Abt von Sanct Peter in Savigliano hin, um das Werk zu vollenden. Dieser sprach eine Anzahl der Gefangenen frei. Bald darauf erschien ein neuer Inquisitor, nahm die Prozesse wieder auf und setzte den Freigesprochenen so zu, dass sie den Papst ersuchten, dem Inquisitor ein weiteres Vorgehen zu untersagen, bis zwei theologische Sachverständige von dem Bischof von Mondovi und dem Abt von Savigliano als Beisitzer ernannt worden seien. Dass man ein solches Gesuch einreichte, zeigt, wie viel die Inquisition von ihrem Schrecken verloren hatte. Das geht auch daraus hervor, dass Calixtus III. dem Bischof von Turin und dem Inquisitor befahl, sich mit zwei Sachverständigen zusammenzutun, um die in Frage stehenden Fälle zu untersuchen. Freilich zeigt diese Massregel zugleich, dass den Waldensern wenig Ruhe gelassen wurde. Während sich diese Angelegenheit langsam hinzog, richtete Nikolaus V. im Jahre 1453 an die Bischöfe von Turin und Nizza und an den Inquisitor Jakob von Buronzo eine Bulle des Inhalts, dass Jakob die meisten Bewohner des Tales Luserna von Ketzerei angesteckt getroffen habe, und dass viele von ihnen wiederholt rückfällig geworden seien. Unfähig, sie zu bekehren, habe er das Tal mit dem Interdikt belegt. Das Volk habe dann aber Reue gezeigt und um Wiederzulassung zu der Kirche gebeten Darauf habe er, Nikolaus, die Aufhebung des Interdikts angeordnet und befohlen, alle Reuigen, ob rückfällig oder nicht, zu begnadigen und in alle bürgerlichen Rechte wiedereinzusetzen — ein Mass von Milde, welches beweist, dass um diese Zeit strengere Massregeln offenbar nicht angebracht waren[1]).

Der Herzog Amadeus IX. versuchte auf gütlichem Wege, die Verirrten in den Schoss der Kirche zurückzuführen, und sah, wie es heisst, seine Bemühungen durch zahlreiche Bekehrungen belohnt[2]). Aber er starb schon im Jahre 1472, die Regentschaft in den Händen seiner Gemahlin Jolande zurücklassend. Diese ging im Jahre 1475

1) Rorengo, Memorie historiche, pp. 18—20. — E. Comba, Rivista Cristiana, Juni 1882, p. 204. — Ripoll III, 359 — *Die Akten eines Ketzerprozesses vom J. 1451 im Val San Martino in Piemont vgl. Rivista cristiana IX (1881), 363 ff. Zwei Erlasse P. Sixtus' IV. an den savoyischen Inquisitor Georg de Comitibus (1471 Nov. 27 und 1472 Mai 9) im Vatik. Archiv, Armarium 31 vol. 62 Nr. 8, 33.

2) Storia politica e religiosa del B. Amedeo IX., Torino, 1865, p. 80. Amadeus wurde in Savoyen bald nach seinem Tode als Heiliger verehrt, wenn er auch erst 1677 dank der beharrlichen Bemühungen der Piemontesen von Innocenz XI. kanonisiert wurde. (Bened. PP. XIV., de Servor. Dei Beatificatione, lib. II, cap. XXIV, § 14.)

in Verbindung mit der Inquisition in der Dauphiné zu energischeren Massnahmen über. Durch ein Edikt vom 23. Januar 1476 wurden alle Beamte in den verseuchten Gegenden der Inquisition zur Verfügung gestellt und der Podestà von Luserna auf den 10. Februar
266 vorgeladen, um sich wegen seines Verhaltens zu verantworten. Er hatte sich nämlich geweigert, auf Ersuchen des Inquisitors Andreas von Acquapendente bekannt zu machen, dass keiner der von Jakob von Buronzo Bekehrten für mehr als einen Gulden verkaufen dürfe und dass alle von ihnen abgeschlossenen Verkäufe ungültig seien, weil sie rückfällig geworden waren, auszuwandern und über ihr gesetzlich konfisziertes Eigentum zu verfügen suchten. Ludwig XI., der, wie wir (S. 177) gesehen haben, die Verfolgung in seinem eigenen Reiche einfach verboten hatte, glaubte seine Interessen zu fördern, wenn er seinen Schutz auch auf die Unglücklichen in den Ländern seiner Schwester ausdehnte. Und sein Wort hatte genügenden Einfluss, um den Eifer der Herzogin zu dämpfen, die nach dem Unglück Karls des Kühnen vollständig von ihm abhängig geworden war. Hierüber war Sixtus IV. lebhaft empört. Er hatte einen besondern Kommissar hingeschickt, um dem heiligen Werke neue Anregung zu geben, und schrieb Ludwig einen dringenden Brief des Inhalts, dass die königlichen Schutzbriefe erschlichen worden sein müssten. Auch wies er den Bischof von Turin an, wenn möglich in Person zum Könige zu gehen und auf jede Weise zu versuchen, die Ketzer auszurotten, die ihre Lehren offen ausbreiteten und Bekehrungen vornähmen zum Verderben der unsterblichen Seelen. Durch den Tod Ludwigs, 1483, wurden die Waldenser ihres Beschützers beraubt, und die Verfolgung begann von neuem. Wie bald und erbittert der Kampf eröffnet wurde, beweist der von dem Herzog Karl I. im Jahre 1484 gegebene Befehl, eine Untersuchung über die Gewalttaten anzustellen, welche die Einwohner von Angrogna, Villaro und Bobbio deshalb verübt hatten, weil die adligen Herren ihre Ketzereien zu unterdrücken versuchten. Erbarmungslos verfuhren die Inquisitoren mit den in den Städten Piemonts zerstreuten Ketzern, während die, welche in den Gebirgstälern wohnten, sicher waren, soweit ihnen nicht von höheren Gewalten Gefahr drohte. Im April 1487 erwähnt Innocenz VIII., dass der Inquisitor Blasius von Monreale aus dem Dominikanerorden in das verseuchte Gebiet gegangen sei und trotz ernster Ermahnungen nicht vermocht habe, die Ketzer von ihren Irrtümern abzubringen, dass sie vielmehr verächtlich seinen Strafen getrotzt, offen weitergepredigt, Bekehrungen vorgenommen, sein

Haus angegriffen, seinen Gefährten erschlagen und seine Güter geplündert hätten[1]). Es waren offenbar energischere Anstrengungen erforderlich. Innocenz ernannte daher den Archidiakon von Cremona, Albert Cattaneo, zum päpstlichen Nuntius und Kommissar für Piemont und die Dauphiné mit dem Befehl, das Volk zu zwingen, den Inquisitor Blasius aufzunehmen und ihm die freie Ausübung seines Amtes zu gestatten, bis er die Ketzer wie giftige Schlangen zertreten habe. Zu diesem Zwecke war Albert ermächtigt, einen Kreuzzug mit voll- 267
kommenem Ablass zu predigen und allen, die sich weigerten, seinen Befehlen zu gehorchen, Geistlichen oder Laien, ihre Ämter und Würden zu entziehen. Von Februar bis Mai 1488 liess Albert seine Vorladungen an die Ketzer ergehen. Da sie nicht erschienen, verurteilte er sie demgemäss und übergab sie massenweise dem weltlichen Arme. Mittlerweile war in Frankreich und Piemont eine auf achtzehntausend Kreuzfahrer geschätzte Streitmacht vereinigt worden, die in vier Kolonnen vorrückte, um so jede Möglichkeit des Entkommens abzuschneiden. Auf das Blutbad im Vallouise ist schon (S. 179) hingewiesen worden. Das Tal von Angrogna war glücklicher. Bei dem Angriff auf dieses wurde das Heer der Kreuzfahrer tatsächlich vernichtet. Dieser Sieg brachte den Waldensern einen Aufschub. Im Jahre 1490 lud sie Karl I. zu einer Konferenz in Pinerolo ein, wo er ihnen Frieden gewährte und ihre Privilegien bestätigte. Im Jahre 1498 wurden sie von Lucas von Prag und Thomas Germanus, den Abgesandten der „Unitas Fratrum" von Böhmen, besucht. Durch diese richteten sie einen Brief an den böhmischen König Ladislaus und seine Adligen, worin sie sich rühmten, die katholischen Kirchen nicht zu besuchen, die Laster der Priesterschaft mutig an den Pranger stellten und erklärten, dass der Segen solcher Männer sich in einen Fluch verwandle. Augenscheinlich war der Geist der verfolgten Frommen noch ungebrochen; aber er wurde bald darauf in dem Tale des Po, wo ganze Dörfer nur aus Waldensern bestanden, auf die Probe gestellt. Margareta von Foix, die Markgräfin von Saluzzo, stellte dem Inquisitor Angelo Ricciardino, der

1) *Vom General des Dominikanerordens, Joachim Turriani, wurden am 1. Januar 1489 folgende Ernennungen von Inquisitoren für diese Gegend vollzogen: 'Mag. Aymo conventus Savigliani fit inquisitor heretice pravitatis in provincia Lombardia et marchia Januensi, et assignatur sibi pro loco principali civitas Albensis, Savigliani, Clavaschum, villa Salutiarum cum terminis conventuum eorundem, Bricharasium quoque et Chaburinna ac vallis Luserna citra juga Janue existentia. Mag. Blasius de Monteregali fit inquisitor heretice pravitatis in eadem provincia, et assignatur sibi pro loco principali civitas Montisregalis' (Rom, Archiv des Dominikanerordens IV, 9 fol. 242).

seine gewöhnlichen Mittel verspottet fand, Truppen zur Verfügung [1]. Es wurde ein Streifzug gegen die Dörfer Pravigliermo, Bietoneto und Oncino unternommen; den meisten Einwohnern gelang es, nach Luserna zu entkommen, einige aber wurden ergriffen und fünf am 24. März 1510 zum Feuertode verurteilt, die Hinrichtung aber infolge eines heftigen Schneesturmes aufgeschoben. In der folgenden Nacht flohen die Gefangenen aus dem Kerker und vereinigten sich mit ihren Kameraden. Da sich aber der Inquisitor nicht um seinen Erfolg bringen lassen wollte, setzte er an die Stelle der Flüchtigen drei Gefangene, denen er in Anbetracht ihrer umfassenden Geständnisse Gnade versprochen hatte, und liess diese verbrennen. Die verlassenen Dörfer wurden konfisziert und guten Katholiken übergeben. Die Flüchtlinge aber machten später von Zeit zu Zeit einen Einfall und töteten oder plünderten ohne Erbarmen, bis niemand mehr dort zu wohnen wagte. Da gab die bigotte Markgräfin nach, indem sie den Verbannten im Jahre 1512 für eine runde Summe gestattete, zurückzukehren und in Frieden dort zu wohnen. Der so durch das Schwert gewonnene Sieg der Duldung war
268 indessen nur örtlich und vorübergehend. Die im Jahre 1513 in Savoyen veröffentlichte Gesetzsammlung enthält alle durch die Zeit geheiligten Bestimmungen zur Unterdrückung der Ketzerei und macht es allen Staatsbeamten zur Pflicht, der Inquisition in jeder Weise beizustehen. Die Kosten sollen aus den Konfiskationen bestritten werden. So war hier eine beständige Verfolgung vorgesehen. Das wurde auch nicht anders, als im Jahre 1530 die Waldenser in Unterhandlungen mit den Protestanten der Schweiz traten und schliesslich in die Gemeinschaft der Calvinisten aufgenommen wurden [2].

Die fortwährenden Raubzüge veranlassten natürlich eine ausgedehnte Auswanderung, die, wie wir gesehen haben, sich meistens nach Kalabrien und Apulien wandte, wo die Brüder nahezu zwei-

---

1) *Er war seit 1509 Inquisitor. 'Mag. Angelus de Salutiis congregationis Lombardie fit inquisitor heretice pravitatis tocius marchionatus Salutiarum' 1509 Juli 9; seine Ernennung erfolgte durch den General des Dominikanerordens Thomas Cajetan (Rom, Archiv des Dominikanerordens IV, 18 fol. 158 v.).

2) Hahn, Geschichte der Ketzer im Mittelalter II, 705. — Rorengo, Memorie historiche, pp. 22—5. — Martene Ampl. Coll. II, 1510—11. — Leger, Hist. des Eglises Vaudoises, II, 8—15, 26, 71. — Perrin, Hist. des Vaudois, L. II, c. 4. — Filippo de Boni, op. cit. p. 71. — Comba, Les Vaudois d'Italie, I, 167, 175—8. — Herzog, Die roman. Waldenser, p. 274. — Montet, Hist. Litt. des Vaudois, pp. 152—55. — D'Argentré, Coll. Judic. I, I, 105—7. — *Comba, Histoire des Vaudois (1901), S. 462 ff.

hundert Jahre verhältnismässig friedlich gelebt hatten. Ein grosser Teil der Bevölkerung von Freyssinières z. B. verliess die Heimat und siedelte sich in dem Tale von Volturara an. Während des fünfzehnten Jahrhunderts war die Inquisition im Königreich Neapel tatsächlich erloschen, und die Ketzer hatten infolge ihrer klugen Zurückhaltung Duldung gefunden. Sie wohnten gelegentlich der Messe bei, liessen ihre Kinder von den Priestern taufen und, was wichtiger war, bezahlten mit musterhafter Pünktlichkeit ihre Zehnten, welche bei dem unermüdlichen Fleisse der gottesfürchtigen Ackerbauer recht einträglich waren. Die Gebirgstäler, die beinahe eine Wüste gewesen waren, bedeckten sich mit lachenden Kornfeldern und Weiden, Obstgärten und Weinbergen. Die Adligen, in deren Besitzungen sie sich unter gewissen Zugeständnissen niedergelassen hatten, gewährten Leuten gern ihren Schutz, die so bedeutend zu ihren Einkünften beitrugen. Und als die Unabhängigkeit der Lehnsträger bei der wachsenden Macht der Könige aus dem Hause Aragon verloren ging, suchten und erlangten die Ketzer im Jahre 1497 von König Friedrich die Bestätigung der mit den Adligen getroffenen Abmachungen und sicherten sich so die beständige Duldung. Sie wurden alle zwei Jahre von den Wanderpriestern oder „Barben" besucht, welche zu zweien umherreisten, ein älterer, der „reggitore" hiess, und ein jüngerer mit dem Namen „coadiutore". Ihre Reise vollzog sich gewöhnlich unter irgendeinem geschäftlichen Vorwande. In jeder Stadt fanden sie eine heimliche Schar von Gläubigen, die sie zu trösten und in dem Glauben zu befestigen hatten. Bei diesen 269
veranstalteten sie auch Sammlungen, deren Ertrag sie bei ihrer Rückkehr der Generalversammlung oder dem Konzil ablieferten. Zwischen Pinerolo und Kalabrien waren es fündundzwanzig Tagereisen an der Westküste entlang; die Rückreise machten sie längs der Ostküste bis nach Venedig. Überall trafen sie Freunde, die sie durch die geheimen Losungsworte erkannten. So war trotz der Wachsamkeit der Kirche über ganz Italien ein unter der Maske äusserer Rechtgläubigkeit verstecktes Netz von Ketzern ausgebreitet. Im Jahre 1497 trafen die Abgesandten der böhmischen Brüder, Lucas und Thomas, selbst in Rom einen Glaubensgenossen, dem sie bittere Vorwürfe machten, dass er seine religiösen Anschauungen verheimliche. Im Jahre 1530 schätzte man die Zahl der Ketzer Kalabriens auf zehntausend Seelen, in Venetien auf sechstausend. So schien denn das friedliche Dasein, welches diese armen Geschöpfe nun schon Generationen hindurch geführt hatten, ein dauerndes

werden zu sollen. Ihr ferneres Schicksal gehört indessen nicht mehr in den Rahmen unserer gegenwärtigen Schilderung. Doch zeigt schon die blosse Tatsache, dass sie so gedeihen und sich vermehren konnten, wie rostig die Inquisitionsmaschine und wie ohnmächtig ihr Beamtenkörper geworden war[1]).

Wir brauchen nur noch einen kurzen Blick auf die Nachrichten zu werfen, welche über die Tätigkeit und den Zustand der Inquisition in den verschiedenen Provinzen Italiens während des vierzehnten und fünfzehnten Jahrhunderts auf uns gekommen sind. In Savoyen wurde sie, wie wir gesehen haben, durch den bittern Streit mit den Waldensern in Atem gehalten, während sie in den übrigen Provinzen, mit Ausnahme der Lombardei, wo sie ihren alten Schrecken noch eine Zeitlang behauptete, einschlief. Im Jahre 1318 finden wir eine allerdings undeutliche Spur ihrer fortdauernden Wachsamkeit bei Gelegenheit der Verfolgung gewisser als Lollarden bezeichneten Ketzer. Ob dies Begarden oder Waldenser waren, wird nicht klar, wahrscheinlich ist das letztere. Denn als sie sich, wie es heisst, nicht länger mehr verbergen konnten, flohen die Männer nach Böhmen, einige Frauen mit Säuglingen an der Brust zurücklassend; die Mütter wurden verbrannt, die Kinder aber guten Katholiken zur Erziehung im rechten Glauben übergeben. Im Jahre 1344 herrschte grosse Aufregung in der Lombardei, weil man glaubte, eine Anzahl Opfer der Inquisition habe ungerecht gelitten. Die Angelegenheit nahm eine so drohende Gestalt an, dass der kaiserliche Statt-
270 halter, Lucchino Visconti, den Papst Klemens VI. bat, eine Untersuchung anzuordnen. Das geschah tatsächlich, aber das Ergebnis derselben ist unbekannt. Vielleicht war es eine Folge dieser Erregung, dass im Jahre 1346 im Mailändischen ein wegen seines Verfolgungseifers bekannter Franziskaner-Inquisitor ermordet wurde. Die beständigen Reibereien während dieses Jahrhunderts zwischen den Visconti und dem Hl. Stuhle müssen die Wirksamkeit der Inquisition unbedingt beeinträchtigt haben. In der Sammlung von Statuten, die die Herzöge von Mailand in der Zeit von 1343 bis 1495 erliessen, kommt kein Hinweis irgendwelcher Art auf die Inquisition oder die Bestrafung von Ketzern vor. Ein Erlass aus dem Jahre

1) Filippo de Boni, op. cit. pp. 79 - 81. — Lombard, Jean-Louis Paschale, pp. 29—33. — Perrin, Hist. des Vaudois, B. II, ch. 7, 10. — Comba, La Reforma, I, 269. - Vegezzi-Ruscalla, Rivista contemporanea, 1862. Camerarii Hist. Frat. Orthodox. p. 120.

1388 stellt zwar dem Hl. Offizium die bürgerlichen Beamten zur Verfügung, schärft jedoch auch die Bestimmungen der Clementinen ein, wonach für die Anwendung der Folter und des schweren Kerkers sowie für das Endurteil die Zustimmung des Bischofs erforderlich war. Er droht ferner den Inquisitoren Bestrafung an, falls sie ihr Amt benutzten, um Geld zu erpressen oder ihre Bosheit zu befriedigen. Des weiteren wird darin bedeutsamer Weise von den Beamten des hl. Offiziums gefordert, dass sie das Vorrecht bewaffneter Familiaren nicht missbrauchen und deren Zahl nicht unnötigerweise vermehren sollten. Wie sehr die politischen Leidenschaften jener Zeit ein Hindernis waren für die Wirksamkeit der Inquisition, ersieht man aus dem Falle des Ubertino von Corleone, eines unruhigen Franziskanermönches, des späteren Bischofs von Lipari, der ums Jahr 1360 von dem Inquisitor von Piacenza wegen Ketzerei angeklagt wurde. Er machte sofort geltend, seine ghibellinische Gesinnung sei der Grund der Verfolgung, wiegelte die Parteien der Stadt zu einem Tumulte auf und benutzte diesen, um zu entfliehen[1]).

Die Ernennung von Inquisitoren nahm zwar ihren regelmässigen Fortgang, auch übten diese ihr Amt aus, so gut es ging. Aber ihre Erfolge nahmen immer mehr ab. Das ersieht man aus einem der ersten Erlasse Martins V. vor seiner Abreise von Konstanz im Jahre 1417, worin er den Franziskanermönch von der strengen Observanz, Johann von Capistrano, mit dem Amt eines Spezial-Inquisitors gegen die Ketzer von Mantua betraute. In der Tat konnte man von dieser Zeit an da, wo man eines wirksamen Mittels gegen die Ketzer bedurfte, nicht mehr auf die gewöhnliche Inquisitionsmaschinerie rechnen. Man hielt sie offenbar nicht mehr für wirksam für die Zwecke, für welche sie geschaffen worden war. Es mussten in solchen Fällen besondere, hingebungsvolle Männer ernannt werden,

---

1) Bremond bei Ripoll II, 139 (*zu 1300—1320 (Mailand) vgl. auch F. Tocco in den Rendiconti dell' Academia de' Lincei, Serie V Bd. 8 S. 309 ff. (1899), und Historisches Jahrbuch XVIII (1897), S. 609 ff). — Raynald. ann. 1344, Nr. 9, 70. — Antiqua Ducum Mediolani Decreta, Mediolani, 1654. — Albanese, L'Inquisizione religiosa nella Republica di Venezia, Venezia 1875, p. 167. — Giuseppe Cosentino, Archivio storico Siciliano, 1885, p 92. — *Am 23. Juli 1357 beauftragte P. Innocenz VI. den Kanonikus von Tours Arnaldus de Moleriis mit einer Untersuchung, da 'frequens ad nos multorum fide digna relatio perduxit, quod inquisitores heretice pravitatis in partibus Lombardie et Tuscie ac Riparia Januensi et marchia Tervisina auctoritate apostolica deputati de bonis, que ratione criminis heresis confiscata sunt, portionem camere nostre debitam assignare contempserunt hactenus et contempnunt, quodque nonnulli eorum commissi eis officii limites excedentes gravant frequenter innoxios et noxios impune plerumque relinquunt' (Avin. x. kal. Augusti anno v., Vatik. Archiv, Registr. Vatic. 243 fol. 35 v).

271 wie Capistrano und sein Freund, Jakob della Marca (oben S. 193). Wenn einst die Jurisdiktion der Inquisitoren diejenige der Bischöfe verdrängt hatte, so wurden jetzt beide als unzureichend angesehen. Als im Jahre 1457 in Brescia und Bergamo eine neue mit Zauberei verwandte Ketzerei in bezug auf Christus, die hl. Jungfrau und die Ecclesia militans entstand, die sowohl Geistliche wie Laien ansteckte, befahl Calixtus III. seinem Nuntius in jenen Gegenden, dem Magister Bernardo del Bosco, die Ketzer zu ergreifen und zu verhören, und versah ihn zu dem Zwecke mit noch grösseren Vollmachten, als sie ein Inquisitor besass. Er ermächtigte ihn nämlich, das Endurteil zu fällen und ohne Berufung auszuführen, und er stellte es seinem Ermessen anheim, ob er den Rat der Inquisitoren und bischöflichen Ordinarien anrufen wollte oder nicht. Zwei Jahre später, in dem Falle des Zanino von Solcia, auf den ich später zurückkommen werde, fand das Verhör zwar in Gegenwart des Bernardo del Bosco statt, der auch die Abschwörung Zaninos entgegennahm; aber das Urteil wurde von dem lombardischen Inquisitor Jakob von Brescia gefällt, freilich von Papst Pius II., an den es geschickt wurde, abgeändert. Dass die Achtung des Volkes vor der Inquisition immer mehr schwand, geht auch daraus hervor, dass man im Jahre 1459 öffentlich die Gültigkeit der Bullen anzweifelte, durch welche einst Innocenz IV. und Alexander IV. die Inquisitoren ermächtigt hatten, Kreuzzüge gegen die Ketzer zu predigen und alle Personen und Gemeinden, die sie behinderten, wegen Ketzerei zu verfolgen, so dass Calixtus III. diese Vollmacht von neuem erteilen musste[1]).

Ein seltsamer Vorgang in Mailand um 1440 offenbart, wie tief der Einfluss der Inquisition in der Lombardei gesunken war. Ein gelehrter Mathematiker, Amadeus von Landi, war vor den Inquisitoren der Ketzerei angeklagt worden. Während der Prozess seinen Lauf nahm, wurde er zum grossen Schaden für sein Ansehen von mehreren Mönchen in ihren Predigten als Häretiker denunziert, u. a. von Bernardino von Siena, dem frommen Führer der Observanten. Obwohl ihn dann die Inquisition für einen guten Katholiken erklärte, liessen ihm die Verleumder keine Genugtuung widerfahren. Das freisprechende Urteil der Inquisition machte offenbar keinen Eindruck gegenüber den Anschuldigungen Bernardinos. Amadeus legte nun Berufung ein bei Eugen IV., der die Angelegenheit an den Kanonikus Joseph von Brippo zurückverwies und diesen ermächtigte, seiner Ent-

1) Ripoll II, 351; III, 368. — Wadding. ann. 1452, Nr. 14. — Raynald. ann. 1457, Nr. 90; ann. 1459, Nr. 31.

scheidung durch Kirchenstrafen Geltung zu verschaffen. Brippo lud 272
die Verleumder auf einen bestimmten Tag vor. Da sie nicht erschienen, verurteilte er Bernardino dazu, bei Strafe der Exkommunikation seine Anschuldigungen öffentlich zurückzunehmen, was dieser jedoch nicht tat. Als Bernardino aber im Jahre 1444 starb und man sofort Anstrengungen machte, um ihn zu kanonisieren, schlug Amadeus grossen Lärm, indem er laut darauf hinwies, dass Bernardino als Exkommunizierter im Zustande der Todsünde gestorben sei. Das war Wasser auf die Mühle der Franziskanerkonventualen und vieler Weltgeistlichen, die dafür sorgten, dass der Skandal weit und breit bekannt wurde. In dieser Zeit aber waren die Franziskaner von der strengen Observanz zu einflussreich, als dass ein solcher Angriff auf ihren verehrten Generalvikar Erfolg gehabt hätte. Im Jahre 1447 erlangten sie von Nikolaus V. eine Bulle, welche das ganze Verfahren Brippos aufhob, die Vernichtung der Protokolle anordnete, dem unglücklichen Amadeus Stillschweigen auferlegte, das Verhalten Bernardinos für vollständig korrekt erklärte und allen Klerikern, Mönchen und anderen Personen jede Verleumdung desselben untersagte. Der Opposition der Konventualen gelang es nur, seine Kanonisation bis zum Jahre 1450 zu verhindern. Ein amüsanter Zwischenfall in dem Streite verdient noch erwähnt zu werden. Als der selige Thomas von Florenz in Rieti im Jahre 1447 starb und sofort seine Wunderkraft leuchten liess, eilte Capistrano dahin und untersagte ihm die Entfaltung seiner wunderwirkenden Eigenschaften, bis Bernardino kanonisiert sei, worauf der gute Thomas artig gehorchte [1]).

Obgleich so die Inquisition für den Zweck, für den sie ursprünglich gegründet war, ihre Bedeutung verloren hatte, erschien das Amt eines Inquisitors doch noch immer begehrenswert, weil es ein gewisses Ansehen verlieh und Gelegenheit zu unerlaubtem Gewinn bot. Die Ernennung von Inquisitoren erfolgte regelmässig, und es wurde Sitte in der Lombardei, dass in jeder Stadt, wo ein Gerichtshof vorhanden war, die erledigten Stellen von dem Prior des betreffenden Dominikanerklosters unter Zustimmung verständiger Ordensbrüder besetzt wurden, worauf der Ordensgeneral die amtliche Ernennung vollzog. Im Jahre 1500 trat eine Änderung hierin ein, indem der Generalvikar der Lombardei die Vollmacht erhielt, den vorgeschlagenen Kandidaten zu verwerfen oder zu bestätigen. Die unter-

1) Wadding. ann. 1447, Nr. 8, 37; ann. 1450, Nr. 2. — Raynald. ann. 1446, Nr. 8.

geordnete Rolle der Inquisition in den letzten zehn Jahren des fünfzehnten Jahrhunderts wird durch das Wirken Antons von Brescia bewiesen. Er war Inquisitor in seiner Vaterstadt und eine Zierde des Dominikanerordens. Sein Lobredner preist die Erfolge seiner in vielen italienischen Städten ausgeübten Rednergaben; von seiner Tätigkeit
273 als Ketzerverfolger aber schweigt er. Ein anderes Beispiel für den Niedergang der Inquisition in der Lombardei liefert die im Jahre 1515 von Papst Leo X. vollzogene Ernennung des Dominikaners Agostino de' Mori von Brescia zum Inquisitor seiner Vaterstadt. Die Einsetzungsurkunde erwähnt, dass das Amt sechs Jahre von Fremden, die weder die Gesetze noch die Sitten des Ortes gekannt hätten, verwaltet worden sei, und dass die Bürger von Brescia um einen Wechsel gebeten hätten. In der Blütezeit der Inquisition regelte der Inquisitor seinerseits die Ortsgesetze, er beachtete sie einfach nicht oder schaffte sie ab, wenn sie mit seinem Amte im Widerspruche standen [1].

In Venedig gelang es, wie wir sahen, der Inquisition niemals, die Fesseln staatlicher Kontrolle und Eingriffe abzuschütteln. Wie die bürgerliche Gewalt ihre Beziehungen zum Hl. Offizium ansah, zeigte sich im Jahre 1356, als der Minorit Michael Pisanus, der Inquisitor von Treviso, einige bekehrte aber wieder abtrünnig gewordene Juden gefangen setzte. Das gehörte zwar durchaus zum Bereiche seiner Amtsbefugnisse; aber die weltlichen Beamten legten sich ins Mittel, verboten ihm, ein Verfahren gegen seine Gefangenen einzuleiten, ergriffen seine Diener und folterten sie unter der Beschuldigung, den Angeklagten ihr Vermögen gestohlen zu haben. Dieses souveräne Eingreifen rief den lebhaftesten Unwillen Innocenz' VI. hervor, aber die Republik blieb standhaft, und der Papst scheint nichts erreicht zu haben. In dem nun folgenden Schriftwechsel finden sich Hinweise auf frühere Misshelligkeiten, welche zeigen, dass Bruder Michaels Unternehmungen damals keineswegs zum ersten Male von dem weltlichen Arme durchkreuzt worden waren.

---

1) Ripoll IV, 6. 102, 103, 158, 339. — Brev. Hist. Magist. Ord. Praedic. (Martene Coll. Ampl. VI, 393). — Hergenröther, Leonis X. Regesta, Nr. 16572. — *Das Generalkapitel des Dominikanerordens zu Novara im J. 1465 traf allgemeine Bestimmungen über die zukünftige Ernennung der Inquisitoren (Monumenta ordinis fratrum Praedicatorum ed. Reichert VIII (1900) S. 294). Die Ernennung der lombardischen Inquisitoren um diese Zeit erfolgte dann z. T. durch die Vikare des Generalmagisters. Die Bestätigungen durch die Generalmagister des Dominikanerordens vom J. 1481 ab liegen in grosser Zahl vor in den Registra generalium IV, 6 ff. im Archiv des Dominikanerordens in Rom.

Bisweilen ignorierte die Signoria die Inquisition vollständig. So wurde im Jahre 1365 ein Gefangener, der die hl. Jungfrau gelästert hatte, vor den Grossen Rat gebracht, der ihn von dem Vikar des Bischofs von Castello verhören und nach der Überführung verbannen liess. Der Rat setzte somit die Strafe fest, indem er dabei nur die bischöfliche Jurisdiktion anerkannte [1]).

Im Jahre 1373 wurde Venedig die Ehre zuteil, einen eignen Inquisitor zu erhalten in der Person des Minoriten Ludwig von San Martino; zugleich wurde Bruder Nicolaus Mucio von Venedig zum Inquisitor von Treviso gemacht. Zwischen beiden erhob sich eine Meinungsverschiedenheit über die Teilung des grossen Patriarchats Aquileja, das sich von der Provinz Spalato bis zu der von Mailand erstreckte. Das Patriarchat Grado (das erst im Jahre 1451 nach Venedig übertragen wurde) wurde Ludwig zugleich mit der benachbarten Diözese Jesolo zugewiesen. Obwohl dieser letztere Ort dicht bei Venedig lag, war er dennoch damals, wie es heisst, verfallen. Der Dom war ohne Dach und diente Ketzern, die sich dort sicher vor Verfolgung fühlten, als Zufluchtsort. Die Teilung verbesserte die Stellung des venetianischen Inquisitors nicht. Seine Bedeutung sank
vielmehr auf ein Minimum herab; man betrachtete ihn, wie es scheint, 274
lediglich als einen Beamten der Staatspolizei. Am 17. April 1412 befahl ihm der Grosse Rat, dem Gottesdienste eines griechischen Priesters, namens Michael, dem grosse Scharen zuströmten, ein Ende zu machen und ihn zu verbannen, aber den Auftrag so vorsichtig zu erledigen, dass der Rat nicht in Verdacht komme, eingegriffen zu haben. Einen Monat später, am 26. Mai, wurde die Verbannung zurückgenommen, aber das Verbot des Gottesdienstes aufrechterhalten. Bei allen Funktionen, die sein eigentliches Amt angingen, wurde der Inquisitor übergangen und missachtet. Im Jahre 1422 betraute der Rat der Zehn eine Kommission mit der Untersuchung gegen einige Franziskaner, welche angeschuldigt waren, den Dämonen geopfert und andere Ungeheuerlichkeiten verübt zu haben; einen Monat später suchte der Rat bei Papst Martin V. um die Ermächtigung nach, die Angelegenheit ohne Rücksicht auf die Immunität der Bettelmönche beenden zu dürfen. Im folgenden Jahre, 1423, strich der Senat in dem Staatshaushalt den Posten für die Unterhaltung der Inquisition

---

1) Wadding. ann. 1356, Nr. 12—19 (*vgl. Vatik. Archiv, Regist. Vatik. 287 fol. 186). — Arch. di Venez. Misti, Conc. x, Vol. vi, p. 26. — *Ein Sammelband 'Inquisizione della repubblica di Venezia' mit einer Folge einschlägiger Urkunden seit 1289 befindet sich in Mailand, Biblioteca Nazionale A. G. x. 14.

und gab damit seine Meinung von ihrer Nutzlosigkeit und seine Gleichgültigkeit gegen ihre Amtsgewalt zu erkennen. Dies hat möglicherweise zu der Vereinigung der beiden Inquisitionsbezirke von Venedig und Treviso geführt; denn in den Jahren 1433 und 1434 wurde für beide nur ein Inquisitor ernannt. In diesem letzteren Jahre erkannte der Inhaber der Stelle, Frà Luca Cioni, recht deutlich die Unzulänglichkeit seiner Amtsgewalt, als er gegen den der Ketzerei angeklagten Ruggero von Bertona vorgehen wollte; er musste nämlich Eugen IV. ersuchen, dem Bischof von Castello bei Venedig zu befehlen, dass er ihm Beistand leistete. Ein weiteres Beispiel von der Ohnmacht der Inquisition ist aus dem Jahre 1437 überliefert. Als die Jesuaten der Ketzerei angeklagt waren, musste der Franziskaner Johann von Capistrano nach Venedig geschickt werden, der die Angeklagten freisprach. Dasselbe geschah um das Jahr 1450, wo er gewisse ketzerische Lehren über den Ursprung und die Natur der Seele unterdrückte[1]).

Wir haben schon in einem früheren Kapitel darauf hingewiesen, dass im Jahre 1450 der Rat der Zehn die Zahl der bewaffneten Diener, welche der Inquisitor behalten durfte, auf vier beschränkte: im Jahre 1451 wurde ihre Zahl wieder auf zwölf erhöht, aber zugleich die Polizeibehörde angewiesen, darauf zu achten, ob dieselben wirklich im Dienste des Hl. Offiziums ständen[2]). In einem so grossen und volkreichen Bezirke ist eine solche die Inquisition beschränkende
275 Massregel ein Beweis dafür, wie rein nominell das Amt des Inquisitors war, und eine wie scharfe Kontrolle der Staat über ihn ausübte. Zwar wurden nach wie vor Inquisitoren ernannt; aber sobald sie eine selbständige Jurisdiktion auszuüben versuchten, wie in dem Falle der Zauberer des Jahres 1521, konnte, wie wir (Bd. I S. 603) gesehen haben, selbst das tatkräftigste Auftreten Leos X. die Signoria nicht veranlassen, auf ihr Recht der letzten Entscheidung zu verzichten[3]).

In Mantua, das einen Teil des Patriarchats Aquileja bildete, ging im Jahre 1494 ein Inquisitor mangels wirklicher Ketzereien,

1) Wadding. ann. 1373, Nr. 15—16; ann. 1376, Nr. 4—5; ann. 1433, Nr. 15; ann. 1434, Nr. 4, 6; ann. 1437, Nr. 24—8; ann. 1456, Nr. 108. — Archiv. di Venez. Misti, Cons. x, Nr. 9, pp. 84, 85. — Cecchetti, La Republica di Venezia, etc. I, 18.

2) *Vgl. Bd. I S. 429, 637.

3) Archiv. di Venezia, Misti, Cons. x, Vol. XIII, p. 192; Vol. XIX, p. 29. — Wadding. ann. 1455, Nr. 97. — Magn. Bull. Rom. I, 617. — Albizio, Risposto al P. Paolo Sarpi, pp. 64—70. — *Ernennungen von Inquisitoren in Venedig oder in den venetianischen Städten durch die Oberen des Dominikanerordens aus dieser Zeit sind in den Registern der Generalmagister nur selten

die er hätte unterdrücken können, gegen die öffentlichen Leihhäuser und alle Begünstiger derselben vor. Diese Leihhäuser (Montes pietatis) waren damals als Werke der Nächstenliebe gegründet worden, um die Armen vor den Erpressungen der Wucherer und Juden zu bewahren. Bernardino von Feltre, ein berühmter Franziskaner von der strengen Observanz, machte sich seit dem Jahre 1484 ihre Errichtung zur besonderen Aufgabe bei seiner Missionsarbeit in den italienischen Städten und brachte bei seinem Erscheinen in Mantua seine Gegner vollständig zum Schweigen. Dass um diese Zeit die offenkundige Ketzerei abnahm, kann man auch aus dem Werke von Lucas Wadding schliessen. Dieser verfolgt sehr ausführlich, von Jahr zu Jahr, den Triumphzug, den Bernardino durch ganz Italien hielt, um die Leute zur Busse aufzufordern, wobei sich die Städte begierig das Glück seiner Anwesenheit streitig machten. In dieser ganzen Darstellung ist aber von irgendeinem Vorgehen gegen Ketzer nicht die Rede. Hätte es dort solche zum Verfolgen gegeben, so würde der brennende Eifer Bernardinos nicht zugelassen haben, dass sie ungestraft blieben[1].

Auch in Toskana äusserte sich der Geist des Widerspruchs gegen die Inquisition immer entschiedener, so im Jahre 1340 in Siena durch den Erlass von Gesetzen, die einigen ihrer Missbräuche steuern sollten. Darüber beklagte sich der Inquisitor Frà Simone Filippo bei Benedikt XII., der die Gesetze sofort für null und nichtig erklärte und sie aus dem Statutenbuch auszutilgen befahl. Noch deutlicher kommt das um diese Zeit zwischen dem Hl. Offizium und dem Volke bestehende Verhältnis zum Ausdruck in einer Reihe von Er-

verzeichnet, so 1474 Juni 4 'Mag. Jacobus de Valentia inquisitor Paduanus', Juni 8 'Joachimus de Turi de Venetiis inquisitor Vicentinus', 1475 Januar 23 'Mag. Clemens de Venetiis inquisitor Vicentinus' (Rom, Archiv des Dominikanerordens, Registra generalium IV, 3 fol. 37, 46). Viel häufiger, fast Jahr für Jahr, wurden Inquisitoren für Ferrara, Mantua und die obere Lombardei ernannt.

1) Wadding. ann. 1494, Nr. 6. — Als Bernardino versuchte, zu Florenz ein Leihhaus zu errichten, waren die finanziell interessierten Kreise stark genug, um ihn aus der Stadt zu jagen. (Burlamacchi, Vita di Savonarola, Baluz. et Mansi I, 557). — *Vgl. Holzapfel, Die Anfänge der Montes Pietatis, 1462—1515 (1903) S. 66 ff. Für Mantua vgl.: 1490 März 21 'Augustinus de Mantua, prior conventus Mantuani, fit vicarius inquisitionis Mantuanae', Juni 21 'Mag. Dominicus de Grignano absolvitur ab inquisitione Bononiensi et fit inquisitor in civitate Mantuana'; 1492 Mai 13 'declaratur, quod officium inquisicionis Mutine (so irrig statt Mantue) se extendit, quatenus extendit auctoritas dominii temporalis domini Mantuani' (Rom, Archiv des Dominikanerordens, Registra generalium IV, 9 fol. 61; IV, 10 fol. 60).

276 eignissen in Florenz, deren Einzelheiten uns zum Glück erhalten geblieben sind. In Toskana hatte die Orthodoxie vollständig obgesiegt. In einer Predigt aus dem Jahre 1304 behauptete Frà Giordano von Rivalto, dass die Ketzer tatsächlich ausgerottet seien; es gebe kaum noch welche, und diese hielten sich streng verborgen. Das wird auch von Villani bestätigt, der berichtet, dass es um die Mitte des Jahrhunderts in Florenz keine Ketzer mehr gab. Damit behauptet er zweifellos zuviel; aber die Existenz einiger zerstreut lebenden Waldenser und Fraticellen rechtfertigte kaum noch ein Institut, wie es der Inquisitor zu vertreten pflegte. Im Jahre 1337 sprach der päpstliche Nuntius Bertrand, der Erzbischof von Embrun, dem Inhaber des Amtes in scharfen Worten seinen Tadel aus für die missbräuchliche Ernennung einer übermässig grossen Zahl von Assistenten und befahl ihm, sich in Zukunft auf vier Beiräte und Assessoren, zwei Notare, zwei Schliesser und zwölf Diener oder Familiaren zu beschränken. Das war noch immer ein ebenso bedeutender wie kostspieliger Beamtenkörper, zu dessen Unterhalt der dürftige Ertrag der Konfiskationen, die hie und da über einige arme Ketzer verhängt wurden, in keiner Weise ausreichte. Es mussten also Mittel, ehrliche oder unehrliche, gefunden werden, um die Einkünfte des Amtes in Einklang zu bringen mit den Bedürfnissen derer, welche mit ihrem Lebensunterhalt davon abhängig waren. Wie das erreicht wurde einerseits dadurch, dass man die päpstliche Kammer hinterging, andrerseits dadurch, dass man auf Grund falscher Anklagen wegen Ketzerei Geld erpresste und Mordgesellen die Erlaubnis zum Waffentragen erteilte, haben wir schon hervorgehoben. Das erste dieser Mittel war, wenn es offenkundig wurde, schwer zu verzeihen. Seine Entdeckung verursachte einmal zu Anfang des Jahres 1344 plötzlich eine Vakanz in der Inquisition von Florenz. Die Republik pflegte damals dem Franziskanergeneral Vorschläge über die zu ernennenden Kandidaten zu machen, und bisweilen wurden diese Vorschläge auch beachtet. In dem vorliegenden Falle bat sie am 26. Februar darum, dass dem toskanischen Inquisitor, Frà Giovanni von Casale, die Erlaubnis zur Ausübung seines Amtes auch innerhalb ihrer Stadt erteilt würde; der Vorschlag blieb aber unbeachtet, und im März wurde der Posten dem Peter von Aquila übertragen[1]).

1) Prediche di Frà Giordano da Rivalto, Firenze, 1831. I, 172. — Wadding. ann. 1340, Nr. 11. — Archivio di Firenze, Riformagioni, Diplomatico, 27; Classe V, Nr. 129, fol. 46, 54. — *Vgl. auch Davidsohn, Un libro di entrate e spese dell' inquisitore Fiorentino (Archivio storico Italiano Ser. V (1901)

Dieser war ein hervorragendes Mitglied des Franziskanerordens und war zwei Monate vorher zum Kaplan der Königin Johanna I. von Neapel ernannt worden. Sein Kommentar zu den Sentenzen des Petrus Lombardus wurde sehr geschätzt und dreimal des Druckes gewürdigt, nämlich 1480 in Speier und 1501 und 1584 277
in Venedig. Als Franziskaner war er natürlich Scotist, und unter der Bezeichnung Scotellus ist er bekannt geworden. Ein solcher Mann war herzlich willkommen, und die Republik dankte dem Franziskanergeneral für diese Wahl. Ich habe aber schon (Bd. I S. 535) erzählt, wie Peter in die Fussstapfen seines Vorgängers trat; er hinterging die päpstliche Kammer und wurde wegen dieses und anderer Vergehen, die die Republik amtlich als an dem Volke begangene „estorsioni nefande" bezeichnete, zwei Jahre nach seiner Ernennung angeklagt, worauf er flüchtete und sich nicht zum Verhör zu stellen wagte. Es gibt jedoch noch eine zweite Phase seiner Tätigkeit, welche ausführlich erzählt zu werden verdient, da sie deutlich veranschaulicht, wie nützlich sich die Inquisition auch hier für die Ausführung der Wünsche der römischen Kurie erwies in Angelegenheiten, die mit der Reinheit des Glaubens gar nichts zu tun hatten [1]).

Als der Kardinal von Santa Sabina, Peter Gometii, in seiner Eigenschaft als päpstlicher Legat verschiedene Höfe besuchte, hatte er Gelegenheit gehabt, grosse Summen zu sammeln. Zu seinen Gunsten dürfen wir voraussetzen, dass, was zweifellos die Wahrheit war, das Geld dem Papste gehörte, obwohl es in den Büchern seiner Bankiers, der grossen florentinischen Gesellschaft der Acciajuoli, auf den Namen des Kardinals eingetragen war. Beim Empfang hatten sich die Mitglieder dieser Gesellschaft gemeinsam und jeder für sich zur Rückzahlung, sowie im Falle eines Streites zur Unterwerfung unter das Urteil der Auditoren der päpstlichen Kammer verpflichtet. Im Jahre 1343 betrug das Guthaben des Kardinals etwa zwölftausend Gulden, die nun aber die Acciajuoli nicht auszuzahlen vermochten. Eine Finanzkrisis hatte nämlich den Handel und die Industrie der Stadt gelähmt. Die Bankiers von Florenz hatten Eduard III. von England und Robert dem Guten von Neapel grosse Summen vorgeschossen, auf deren Rückzahlung sie vergebens drängten. Der Staatsschatz

---

S. 27, aus den J. 1322—29). Ein Erlass von P. Johann XXII. vom 1. März 1326 an den Inquisitor Franciscus de Montefalconis, Spoleto betr., liegt im Vatik. Archiv, Reg. Avin. 113 fol. 325, vor (Avin. Kal. Marcii anno x.).

1) Wadding. T. III, App. p. 3 (*Wadding, Scriptores ordinis Minorum S. 275). — Ughelli, Italia Sacra, Ed. 1659, II, 1075. — Archiv. di Firenze, Riformag. Classe V, Nr. 129, fol. 55.

war durch den lombardischen Krieg erschöpft, und der Bankerott ergriff die ganze Gemeinde. Nicht nur die Acciajuoli, sondern auch die Bardi, die Peruzzi und andere grosse Bankhäuser schlossen ihre Tore, und der geschäftliche Ruin stand den Florentinern vor Augen. Einen Gläubiger gab es indessen, der entschlossen war, zu seinem Gelde zu kommen[1]).

Am 9. Oktober 1343 schrieb Clemens VI. an die Republik, wies auf die Forderung des Kardinals hin und befahl der Signoria, die
278 Acciajuoli zur Zahlung zu zwingen, was aber unter den obwaltenden Verhältnissen offenbar unmöglich war. Doch hatten die Auditoren der päpstlichen Kammer ein Urteil gegen die Schuldner gesprochen, und das genügte, um die Sache vor das Forum der geistlichen Jurisdiktion zu bringen. Der Inquisitor erhielt den Auftrag, unter Zuhilfenahme des weltlichen Armes das Urteil zu vollstrecken und im Notfalle die Stadt mit dem Interdikt zu belegen. Die Angelegenheit zog sich hin, bis am 23. November 1345 der Inquisitor Peter vor dem Gonfaloniere und den Prioren der Zünfte erschien und sie bei Strafe der Exkommunikation und des Interdikts aufforderte, die Schuldner bis zur Zahlung ins Gefängnis zu setzen. Die Magistratspersonen antworteten, dass sie aus Verehrung für den Papst und aus Achtung vor dem Inquisitor sowie um dem Kardinal einen Dienst zu leisten, den weltlichen Arm leihen wollten. Aber Geld war trotzdem nicht aufzutreiben, und obwohl man die ganze Habe der Acciajuoli, soweit sie zu erreichen war, dem Inquisitor aushändigte und Sicherheit für das Fehlende bot, machte dieser die ganze Gemeinde für die Schuld einiger Bürger verantwortlich. Der Streit nahm eine erbitterte Form an, und als der Inquisitor unvorsichtiger Weise ein Gesetz der Republik verletzte, indem er Silvestro Baroncelli, ein Mitglied der bankerotten Gesellschaft, beim Austritt aus dem Palaste der Prioren der Zünfte verhaften liess, wurde dieser Übergriff an den drei Familiaren des Inquisitors, welche ihn begangen hatten, auf Grund eines barbarischen Ortsstatuts mit Verbannung und dem Verluste der rechten Hand bestraft.

Alles das aber vermochte den Bankerotteuren kein Geld zu entreissen. Daher belegte der Inquisitor die Stadt mit dem Interdikte. Aber sowohl die Geistlichkeit als auch das Volk weigerte sich, es zu beachten, und zwar mit Fug und Recht; denn Papst Bonifaz VIII.

1) Archiv. di Firenze, Riformag. Atti Pubblici, Lib. XVI. de' Capitolari, fol. 15. — Villani Chron. XI, 138; XII, 55, 58. — *O. Meltzing, Florentinische Bankhäuser der vormediceischen Zeit (1906) S. 47 ff.

hatte durch eine Dekretale, die noch in Kraft war, in aller Form und Entschiedenheit den Missbrauch verboten, mittels des Interdiktes Schulden einzutreiben. Die Kirchen blieben offen, und die gottesdienstlichen Handlungen wurden nach wie vor vollzogen. Das führte zu einer Reihe von neuen Vorladungen gegen den Bischof und die Priester. Innerhalb ihrer Mauern brauchten sich die Florentiner zwar nicht um die Kirchenstrafen zu kümmern, aber eine Handelsstadt konnte sich nicht von dem Verkehr mit der Aussenwelt abschneiden lassen. Ihre Bürger und ihre Güter waren über alle Handelsplätze der Christenheit zerstreut, und sie waren durch das Interdikt tatsächlich geächtet. So schickten denn die Prioren, ihren Stolz beugend, am 14. Juni 1346 Bevollmächtigte an Clemens VI., die im Namen der Republik das bindende Versprechen abgeben sollten, dass sie die Schulden der Acciajuoli bis zur Höhe von siebentausend Gulden dem Cardinal in acht Monaten bezahlen wollten. Ihre Unterwerfung wurde in Gnaden angenommen, und am 28. Februar 1347 liess der Papst das Interdikt aufheben, allerdings mit der vorsichtigen Bestimmung, dass es ipso facto erneuert sei, falls die Verpflichtung bezüglich der 279
sechstausendsechshundert Gulden nicht rechtzeitig erfüllt würde[1]).

Inzwischen spielte sich eine neue Szene in der Komödie ab. In ihrem Streite mit dem Inquisitor hatte sich die Republik nicht auf die Defensive beschränkt. Peter, der päpstliche Nuntius in Lucca, war beauftragt worden, die Inquisitoren wegen Unterschlagung der der päpstlichen Kammer zustehenden Summen zu verfolgen[2]), und hatte zu diesem Zweck den Abt Nicolaus von Santa Maria zu seinem Stellvertreter ernannt. Auf Grund dieser Vollmacht ging dieser gegen Peter von Aquila vor, während die Signoria gleichzeitig die weitere mit

---

1) Septimi Decretal. Lib. II, Tit. VIII, Cap. 1. — Archiv. delle Riformag. Atti Pubblici, Lib. XVI. de' Capitolari, fol. 22; Classe V, Nr. 129, fol. 62 sqq. — Archiv. Diplomatico XXXVII, XXXVIII, XL, XLI, XLII. — Villani, XII, 58.

Die zu bezahlende Summe war nicht unbeträchtlich. Denn die jährlichen Einkünfte von Florenz beliefen sich um diese Zeit nur auf dreihunderttausend Gulden (Sismondi, Rep. Ital. ch. 36), und Florenz war noch einer der reichsten Staaten Europas. Villani (XI, 92) stellt mit Stolz fest, dass nur Frankreich grössere Einkünfte habe, Neapel dagegen geringere; diese drei Staaten waren damals die reichsten in der Christenheit. (*Für die wirtschaftliche Lage von Florenz im 14. Jahrhundert vgl. Davidsohn, Forschungen zur Geschichte von Florenz III (1901) S. 74 ff.).

2) *Am 5. August 1343 schrieb P. Clemens VI. dem Collector der Camera apostolica in Toscana, Peter Vitalis, er solle, da 'tercia pars bonorum confiscatorum et multarum ac condemnationum et compositionum racione heretice pravitatis in Florentina et Senensi civitatibus et diocesibus ad cameram nostram pertinere noscatur, a dilectis filiis inquisitoribus pravitatis eiusdem in prefatis civitatibus et diocesibus deputatis . . huiusmodi tertiam partem . . . petere, exigere et recipere dicte camere nomine'. Auch seien kürzlich 'non-

zahlreichen Zeugenaussagen gestützte Anklage gegen ihn einreichte, dass er durch betrügerische Verfolgungen wegen Ketzerei Bürgern grosse Summen Geld abgepresst habe. Am 16. März 1346 bat die Signoria um Ernennung des Minoriten Michael di Lapo zum Nachfolger des Peter von Aquila, da dieser geflohen sei. Peter wurde unter dem Versprechen sicheren Geleits gesetzlich vorgeladen, weigerte sich aber zurückzukehren und sich dem Richter zu stellen. Nachdem die übliche Frist verstrichen war, erklärte ihn der mit päpstlicher Vollmacht ausgerüstete Abt Nicolaus im Jahre 1347 wegen Ungehorsams für exkommuniziert und liess dieses Urteil in allen Kirchen von Florenz verkünden. So war nun der Inquisitor Peter von den Gläubigen abgeschnitten und dem Satan preisgegeben. Aber er konnte das alles mit grosser Gemütsruhe ansehen. Sein Erfolg bei der Eintreibung der Gelder des Kardinals gab ihm Anspruch auf Lohn, und die Summe von siebentausend Gulden, welche er selbst aus Florenz als Ertrag seiner zweijährigen Tätigkeit als Inquisitor mitnahm, konnte natürlich vorteilhaft verwertet werden. Während ihn Nicolaus vergebens vor seinen Richterstuhl forderte, wurde er am 12. Februar 1347 auf den Bischofssitz von Sant' Angelo de' Lombardi befördert und am 30. Mai 1348 auf den vermutlich noch besseren Bischofsstuhl von Trivento versetzt. Das war die Antwort auf seine Exkommunikation. Die Florentiner aber konnten nichts anderes tun, als wiederholt darum einkommen, dass in Zukunft die Inquisitoren aus der Mitte ihrer eignen Bürger genommen würden, weil bei diesen die Gefahr schamloser Erpressungen weniger zu fürchten sei als bei Fremden. Dieses
280 Gesuch wurde wenigstens im Jahre 1354 berücksichtigt, indem ein Florentiner, Bruder Bernhard de' Guastoni, zum Inquisitor von Toskana ernannt wurde [1].

Da auch diese Massregel anscheinend den gewünschten Erfolg nicht hatte, so machte die Signoria einen aussichtsreichern Versuch zum Selbstschutz, indem sie verschiedene Gesetze nach dem Muster der kurz vorher in Perugia gegebenen erliess. Um dem miss-

nulle possessiones seu terre in provincia Tuscie consistentes racione criminis heretice pravitatis confiscate iusticia exigente'; er solle, da es 'utilius existere Romane ecclesie noscitur, quod iustis distrahantur pretiis quam si tenerentur in manu ecclesie . . ., vocatis dilectis filiis inquisitoribus . . possessiones et terras huiusmodi personis fidelibus, legitima premissa subhastatione, . . vendas et distrahas dicte camere nomine' (Rom, Vatik. Archiv, Reg. Avin. 137 fol. 72 f., Villanova Avin. dioc. non. Aug. anno II). — Für 1353 vgl. unten S. 344.

1) Archiv. delle Riformag. Classe IX, Distinzione I, Nr. 39; Classe V, Nr. 129, fol. 62 sqq., Prov. del Convento di S. Croce, 23. Ott. 1354. — Villani, XII, 58. — Ughelli VII, 1015.

bräuchlichen Verkauf der zum Waffentragen ausgestellten Erlaubnisscheine zu steuern, sollte sich, wie wir (Bd. I S. 428) sahen, der Inquisitor auf sechs bewaffnete Diener beschränken. Ausserdem wurde bestimmt, dass kein Bürger verhaftet werden dürfe ohne die Mitwirkung des Podestà, der seinerseits verpflichtet war, alle ihm vom Bischof bezeichneten Personen ergreifen zu lassen; von dem Inquisitor war dabei nicht die Rede, woraus wohl hervorgeht, dass diesem nur wenig Gelegenheit zum selbständigen Handeln gelassen war, zumal auch sein besonderes Gefängnis aufgehoben und er gezwungen wurde, alle Gefangenen in das Staatsgefängnis zu schicken. Weiter wurde ihm verboten, Geldstrafen zu verhängen; alle, die er als Ketzer verurteilte, sollten verbrannt werden. Das war in hohem Grade revolutionär und war nicht danach angetan, ein harmonisches Verhältnis zwischen der Republik und dem Papsttum herzustellen. Der verzweifelte Kampf, der zwischen beiden im Jahre 1375 ausbrach, hatte zwar politische Ursachen, wurde aber noch verschärft durch die von der Inquisition erregten Wirren, besonders da die 1355 von Innocenz VI. erhobene Forderung einer Revision der städtischen Gesetze unbeachtet blieb. Im Jahre 1372 machte man den Versuch, die Absetzung des ganz missliebig gewordenen Tolomeo von Siena, des Inquisitors von Toskana, zu erlangen, aber Gregor XI. erklärte, dass er das grösste Vertrauen zu ihm habe, und liess ihn von dem Cardinal Philipp Cabassole von S. Sabina beschützen. Wahrscheinlich aber gab der Papst schliesslich doch nach; denn im Jahre 1373 wurde Bruder Peter di Ser Lippo, der schon im Jahre 1371 als toskanischer Inquisitor gewirkt hatte, wiederum an Stelle des seither tätigen Andreas von Ricco ernannt. Mit einigen Unterbrechungen hatte dieser sein Amt mindestens bis 1384 inne. Wie seine Vorgänger war auch er nicht geneigt, dem Widerstande zu weichen, den das Inquisitionsverfahren in den freien italienischen Städten unfehlbar hervorrufen musste. Pistoja war dem Beispiel von Florenz gefolgt und hatte seine Bürger durch Ortsstatuten zu beschützen gesucht. Deshalb wurde es im Jahre 1375 mit dem Interdikt belegt und seine Bürger wurden exkommuniziert. Gleichzeitig be- 281
klagte sich der Inquisitor Peter über Florenz, weil es die freie Tätigkeit der Inquisition hindere, und Gregor befahl der Signoria sofort, die strafbaren Gesetze aufzuheben. Die Stadt leistete dem Befehl nicht Folge, und als infolgedessen der Bruch eintrat, brachte das gewöhnliche Volk von Florenz seine Stimmung dadurch zum Ausdruck, dass es das Inquisitionsgefängnis zerstörte und den Inquisitor vertrieb. Es

heisst auch, dass in den Wirren ein Mönch namens Nicolaus gefoltert und lebendig begraben wurde. Diese Missetaten, die von der Signoria allerdings in Abrede gestellt wurden, waren gleichsam eine Rechtfertigung der furchtbaren Bulle Gregors vom 31. März 1376, wodurch nicht nur die Stadt exkommuniziert und mit dem Interdikt belegt, sondern auch die Bürger insbesondere geächtet, ihr Eigentum überall, wo es sich befand, für konfisziert erklärt und ihre Personen der Sklaverei preisgegeben wurden. Dieser empörende Missbrauch geistlicher Gewalt war ein unmittelbarer Ausläufer der langen Reihe von Gesetzen gegen die Ketzerei; er wurde von der öffentlichen Meinung jener Zeit gutgeheissen. Im ganzen Bereich der Christenheit wurden die Güter der Florentiner konfisziert, und die Kaufleute waren froh, wenn sie, beraubt von allem, was sie besessen hatten, sich nach Hause durchbetteln konnten. Vielen glückte noch nicht einmal dies, da fromme Monarchen, wie Eduard III. von England, sie noch obendrein zu Knechten machten. Keine Handelsstadt vermochte auf die Länge gegen solche Waffen standzuhalten, und wie früher musste sich Florenz auch diesmal unterwerfen. In dem am 28. Juli 1378 unterzeichneten Frieden willigte die Republik ein, alle die Inquisition behindernden und den Freiheiten der Kirche entgegenstehenden Gesetze aufzuheben; auch gestattete sie einem päpstlichen Bevollmächtigten, dieselben aus dem Gesetzbuch auszumerzen. Das grosse Schisma lähmte dann allerdings eine Zeitlang die Angriffslust des Papsttums, so dass viele von den strafbaren Gesetzen in dem revidierten Kodex von 1415 wieder erschienen [1]).

Die Laufbahn des Tommasino von Foligno, der im Jahre 1377
282 starb, hat für uns Interesse, nicht nur deshalb, weil sie die Tätigkeit der Inquisition in jener Zeit veranschaulicht, sondern auch, weil sie

1) Archiv. delle Riformag. Classe II, Distinz. I, Nr. 14. — Archiv. Diplom. LXXVIII—IX, LXXX—I; Prov. del Convento di S. Croce, 1371 Febb. 18, Ott. 8, 14; 1372, Marzo 15; 1375, Marzo 9; 1380, Genn. 12; 1380, Dic. 1; 1381, Nov. 18; 1383, Lugl. 12; 1384, Dic. 13. — Werunsky, Excerpta ex Registt. Clement. VI. et Innoc. VI. p. 95. — Villani, XII, 55. — Wadding. ann. 1372, Nr. 35; ann. 1375, Nr. 32. — Raynald. ann. 1375, Nr. 13—17; ann. 1376, Nr. 1—5 (*Vatik. Archiv, Registr. Vatic. 290 fol. 5—9). — Poggii Hist. Florentin. Lib II, ann. 1376. — Eine Urkunde aus dem Jahre 1374 (Archiv. Fior. Prov. S. Croce, 1374, Nov. 17) zeigt, dass Peter di Ser Lippo, damals Inquisitor von Florenz, sich in einem Rechtshandel verteidigte, den der Dominikaner Simone del Pozzo, der Inquisitor von Neapel, vor der päpstlichen Kurie gegen ihn anstrengte, und in welchem Peter das erlangt zu haben scheint, was man heute etwa eine Abweisung der Klage nennen würde. — *Zu dem Konflikt zwischen der geistlichen und weltlichen Gewalt in Florenz vgl. auch den Erlass P. Gregors XI. an den Cardinal von S. Angelo vom 13. Juni 1374 (Vatik. Archiv, Reg. Vatic. 192 fol. 474, 290 fol. 5).

eine auffallende Ähnlichkeit mit der Laufbahn Savonarolas besitzt. Er gehörte zu jener Gruppe von Propheten, die wie die hl. Brigitta von Schweden, die hl. Katharina von Siena und die Gottesfreunde in den Rheinlanden durch das unsagbare Elend, das damals die Menschheit heimsuchte, zu ihren Weissagungen veranlasst wurden. Als Tertiarier des hl. Franziskus hatte er drei Jahre lang den strengsten Lebenswandel eines Anachoreten geführt; da rief ihn Gott auf, den kriegführenden Parteien, deren wilde Streitigkeiten alle Städte des Landes mit Not und Elend erfüllten, Busse zu predigen. Wie die anderen zeitgenössischen Propheten schonte er weder Geistliche noch Laien; der bittere Tadel, den er zu Perugia über das schlimme Treiben des Abts Gerald von Marmoutiers, des päpstlichen Vikars für den Kirchenstaat, ausgoss, erklärt vielleicht, weshalb später die Inquisition so hart mit ihm verfuhr. Ausgestattet mit wunderbaren Gaben und erfüllt von dem Geiste der Weissagung, wanderte er von Stadt zu Stadt, indem er den Zorn Gottes verkündete und Unglück voraussagte, wie es bei dem herrschenden Zustande der Gesellschaft fast mit Sicherheit eintreffen musste. Um die Ungläubigen zu Siena zu überzeugen, kündigte er eines Tages mitten im Sommer für den kommenden Morgen Frost an. Als dieser wirklich eintrat, wurde er der Zauberei angeklagt, von der Inquisition verhaftet und fast zu Tode gefoltert. Er wurde aber freigesprochen, als ein Wunder seine Unschuld dartat: Wunden, die er in der Folterkammer empfangen hatte, schlossen sich nämlich von selbst. Nachdem er darauf eine Pilgerfahrt nach dem fernen Compostella gemacht hatte, nahm er seine Predigten wieder auf, erregte aber damit so viel Hass und Feindschaft, dass er von der Inquisition abermals verhaftet, in ein Gefängnis geworfen und drei Tage ohne Speise und Trank darin gehalten wurde. Dann wurde er schliesslich für verrückt erklärt und freigelassen. Nach seinem in Foligno erfolgten Tode machte man daselbst Versuche, seine Kanonisation zu erlangen. Wenn das auch erfolglos war, so blieb er doch in dieser Stadt noch lange ein Gegenstand der Verehrung und Ehrfurcht [1]).

Während des 15. Jahrhunderts verfiel die Inquisition in Mittelitalien derselben Bedeutungslosigkeit, die wir auch anderwärts festgestellt haben [2]). In Italien fühlte man ganz besonders, wie sehr das

1) Wadding. ann. 1377, Nr. 4 23.

2) *Über die Inquisition in Mittel-Italien, insbesondere in Rom und Umgegend, wird im dritten Band in dem Kapitel über die Fraticellen noch näher gehandelt werden. Vgl. im übrigen zum J. 1375 Eubel, Bullarium Francis-

päpstliche Ansehen infolge des grossen Schisma gesunken war. Dort verloren die Beamten des Papstes nahezu alle Macht, sich Gehorsam zu verschaffen, wenn auch einmal die Inquisition zu Pisa, ermutigt durch das im Jahre 1409 dort abgehaltene Konzil, einen gewissen
283 Andreani, der sie gewohnheitsmässig und öffentlich verspottet hatte, aus Rache dem Feuertode überlieferte. Nachdem das Schisma zu Konstanz beseitigt war, richtete Martin V. eine seiner ersten Massregeln gegen die Fraticellen, deren Vermehrung in der römischen Provinz ihn besonders verdross. In seiner Bulle vom 14. November 1418 über diese Angelegenheit klagte er, die Ketzer riefen, wenn die Inquisitoren ihr Amt gegen sie auszuüben versuchten, die Jurisdiktion irgendeines weltlichen Herrn an und bedrohten und beschimpften dann ihre Verfolger, so dass keiner sein Amt mehr auszuüben wage. Als einziges Heilmittel gegen das Übel versuchte Martin V. die Inquisitoren in der Praxis durch besondere Kommissare zu ersetzen, wodurch aber das Institut natürlich noch tiefer sank. So legte er im Jahre 1424, als es galt, drei Fraticellen in Florenz vor den Richterstuhl zu ziehen, die Angelegenheit in die Hände des Dominikaners und Professors der Theologie Leonardo. Trotz dieser Missachtung wurde aber das Amt eines Inquisitors noch immer begehrt, und mehr oder weniger regelmässig erfolgten aus naheliegenden Gründen Ernennungen; von einer Tätigkeit gegen die Ketzerei ist indessen kaum noch ein Spur vorhanden. Wie bedeutungslos das Amt in Bologna geworden war, ersieht man aus der Tatsache, dass, als im Jahre 1461 der Inquisitor Gabriel von Barcelona aus dem Dominikanerorden von seinen Vorgesetzten nach Rom geschickt wurde, um im Kloster der Minerva Theologie zu lehren, Pius II. ihn ermächtigte, einen Stellvertreter zu ernennen, der die Amtsgeschäfte während seiner Abwesenheit führen sollte. Zehn Jahre später hatte der Inquisitor von Bologna Simon von Novara das Glück, die Hand auf einen gewissen Guizardo von Sassuolo zu legen, der der Ketzerei verdächtig war. Man hatte aber so vollständig vergessen, wie man in einem solchen Falle vorzugehen habe, dass der Inquisitor den Papst Paul II. um Instruktionen bitten musste. Dieser beglückwünschte ihn wegen des Erfolges und befahl ihm, nach den kanonischen Gesetzen zu verfahren, aber den bischöflichen Vikar

canum VI (1902) S. 556 Nr. 1391. Am 21. Juli 1377 ernannte P. Gregor XI. den Nicolaus Baldacie de Eugubio ord. Min. für zwei Jahre zum Inquisitor heretice pravitatis 'in provincia ducatus Spoletani' (Vatik. Archiv, Reg. Avin. 201 fol. 203; Anagnie XII. Kal. Augusti a. VII).

zur Mitwirkung heranzuziehen. Augenscheinlich waren die Ketzer selten, und die Inquisitionsmaschine war auch hier rostig geworden[1]).

Als es in Rom einen wirklichen Häresiarchen zu verurteilen galt, war keine Inquisition zur Hand, um diese Pflicht zu erfüllen. In 284
dem Verfahren gegen Luther findet sich keine Spur von ihrer Mitwirkung. Die Bulle vom 15. Juni 1520 'Exsurge domine' enthält keinen Hinweis darauf, dass die Inquisition seine Lehren geprüft hatte. Ihre öffentliche Verurteilung erfolgte am 12. Juni 1521 durch den Bischof Hieronymus von Ascoli, Auditor der Rota, und Silvester Prierias, den Magister Sacri Palatii, während das Urteil, welches sein Bild und seine Bücher den Flammen überantwortete, von dem Professor Cipriano am Kollegium der hl. Theologie ausgesprochen wurde. Es war dies vielleicht das bedeutsamste Autodafé, das jemals abgehalten worden ist; aber die Inquisition kann sich rühmen, an ihm nicht teilgenommen zu haben[2]).

In den beiden Sizilien setzte das Hl. Offizium sein lebensmüdes Dasein noch eine Zeitlang fort. Briefe des Königs Robert aus den Jahren 1334 und 1335 und der Königin Johanna I. aus den Jahren 1342 und 1343 zeigen, dass noch immer Inquisitoren ernannt wurden und das königliche Exequatur empfingen. Aber kein Inquisitor durfte hier mehr als fünfzig Verhaftungen vornehmen, und ihre Protokolle mussten bei den königlichen Gerichtshöfen eingereicht werden. Eigene Gefängnisse gab es nicht; die königlichen Beamten nahmen die Gefangenen auf und folterten sie, wenn sie dazu aufgefordert wurden. Vor allem scheint es die Inquisition hier auf die Juden abgesehen gehabt zu haben; aber auch in dieser Richtung scheint sie nur vorsichtig zu Werke gegangen zu sein, denn im Jahre 1344 befahl Clemens VI. seinem Legaten in Neapel, dem Kardinal Aimericus von S. Martino, alle abtrünnig gewordenen Juden gebührend zu

---

1) Tamburini, Storia Generale dell' Inquisizione, II, 433–6. — Raynald. ann. 1418, Nr. 11. — Archiv. di Firenze, Prov. S. Maria Novella, 1424, Ap. 24. — Wadding. ann. 1437, Nr. 33; ann. 1438, Nr. 26; ann. 1439, Nr. 57; ann. 1440, Nr. 26; ann. 1441, Nr. 61; ann. 1452, Nr. 30; ann. 1471, Nr. 11; ann. 1496, Nr. 7. — Ripoll, VII, 89, 100.

In demselben Jahre 1461, in welchem er nach Rom geschickt wurde, bezahlte Gabriel, der Inquisitor von Bologna, dreiundzwanzig Lire und zehn Sol. für die Anfertigung einer Abschrift von Eymerichs Directorium Inquisitionis (Denifle, Archiv für Literatur usw., I (1885), S. 144).

2) Paramo de Orig. Officii S. Inq. p. 113. — *Über Luthers römischen Prozess vgl. K. Müller in der Zeitschrift für Kirchengeschichte XXIV (1903) S. 46 ff.; P. Kalkoff ebd. XXV (1904) S. 90, 273, 399, 503, und in der Bibliothek des Kgl. preussischen Historischen Instituts in Rom II (1906).

strafen, gleich als wenn es keine in Wirksamkeit befindliche Inquisition gegeben habe. Im Jahre 1355 schärfte Innocenz VI. dem Franz von Messina und den übrigen seinem Orden angehörigen Inquisitoren des Königreichs Neapel ein, strenge ihres Amtes zu walten. Der lange Brief, worin er ihnen ihre Instruktionen übersandte, legt die Vermutung nahe, dass der Papst bei ihnen Unkenntnis ihrer Pflichten und Befugnisse voraussetzte und offenbaren Widerstand auf seiten der bischöflichen Beamten und der religiösen Orden befürchtete [1]). Diesen Franz von Messina treffen wir im Jahre 1362 als Inquisitor von Neapel wieder, wo er in Verbindung mit zwei anderen, Angelo Cicerello von Monopoli und Ludwig von Neapel, an dem Prozess des rebellischen Ludwig von Durazzo teilnahm. Trotzdem also das Amt daselbst besetzt war, hielt es Urban V. im Jahre 1368, als etwas gegen die Fraticellen geschehen musste, für nötig, einen Spezial-Inquisitor, den Dominikaner Simon del Pozzo, nach Neapel zu schicken. Obgleich dessen Jurisdiktion sich auch über die Insel Sizilien erstreckte, wies Gregor XI. im Jahre 1372, als er erfuhr, dass dort die Reliquien von Fraticellen wie die von Heiligen verehrt wurden, doch die Bischöfe an, dem ein Ende zu machen, wie wenn es daselbst keinen Inquisitor gegeben hätte, an den er sich zu diesem Zwecke hätte wenden können [2]). Und doch war Simon in eben jenem Jahre dort anwesend und hatte eine theologische Disputation mit Nicolaus von Girgenti, einem gelehrten Franziskaner, welcher Provinzial seines Ordens gewesen war. Dieser Streit drehte sich um scholastische Spitzfindigkeiten über die Personen der Dreieinigkeit.

1) *Der erste Auftrag P. Innocenz' VI. an den Inquisitor Franz von Messina ord. Praed., nach Calabrien zu gehen, datiert vom 6. Juni 1355 (Rom, Vatik. Archiv, Reg. Vatic. 237 fol. 116, Avin. VIII. Idus Junii a. III; vgl. den Erlass vom 5. August 1355 ebd. Reg. Avin. 131 fol. 499). Am 21. August 1355 ersuchte der Papst dann die Erzbischöfe von Rossano und San Severino sowie die Bischöfe von Mileto, Bisignano und San Marco in Unter-Italien (im Anschluss an sein vorausgegangenes Ersuchen an die Erzbischöfe von Cosenza und Reggio sowie an die Bischöfe von Nicastro, Gerace und Cassano), gemeinsam mit diesen dafür zu sorgen, dass dem Inquisitor Franz von Messina 'usque ad biennium . . pro suis ac socii notarii et famuli triumque equorum stipendiis et aliis necessariis provideatur', da der Inquisitor angezeigt habe, 'quod ipse commissum sibi et per eum contra illam presertim nephandam hereticorum multitudinem, que in partibus Calabrie de diversis nacionibus dicitur congregata, feliciter inchoatum inquisitionis officium sine stipendiis aut necessariorum auxilio in partibus ipsis continuare non poterat, maxime cum ibidem nullus locus fratrum dicti ordinis existeret' (ebd. Reg. Vatic. 230 fol 20, Villanova Avin. dioc. IX. Kal. Septembris anno III.).

2) *P. Gregor XI. wies am 17. September 1372 die Bischöfe auch an, den Inquisitor Simon de Puteo ord. Praed. zu unterstützen (Vatik. Archiv, Reg. Vatic. 264 fol. 60; vgl. ebd. fol. 52, 61, und für das Jahr 1368 Reg. Vatic. 249 fol. 56).

Da jeder der beiden' Gegner den Sieg für sich in Anspruch 'nahm, 285
legte Simon die Angelegenheit dadurch bei, dass er gegen seinen Gegner heimlich eine Verfolgung wegen Ketzerei anstrengte. Als Nicolaus dies erfuhr, legte er sofort vor dem Erzbischof von Palermo, den er um seine 'Apostoli' ersuchte, eine Berufung nach Rom ein, die Simon seinerseits für leichtfertig erklärte. Die Enthüllungen, welche nun Nicolaus über seine Gegner machte, geben ein sehr düsteres Bild von dem damaligen inneren Zustande der Kirche. Trotzdem war Simon durch seine Gelehrsamkeit und sein asketisches Leben bei dem Volke in den Ruf eines Heiligen gekommen und wurde mit seiner Erhebung auf den Bischofsstuhl von Catania eine wichtige politische Persönlichkeit. Im Jahre 1373 wies König Friedrich III. alle seine Beamten schriftlich an, dem Inquisitor und seinen Dienern jede mögliche Hilfe zu leisten, und die Inquisition scheint damals wieder fester organisiert gewesen zu sein und eigene Gefängnisse besessen zu haben. Im Jahre 1375 wandte sich Gregor XI. wegen der Konfiskationen an den König und erhielt auf die Einkünfte von Palermo eine Anweisung von zwölf Unzen Gold zur Ausrottung der Ketzerei. Bei dieser Wiederaufnahme der Verfolgung war es anscheinend hauptsächlich auf die Juden abgesehen. Denn in demselben Jahre 1375 sprach Friedrich III., dessen Hilfe die Unglücklichen angerufen hatten, den Inquisitoren seinen schärfsten Tadel aus und befahl, dass in Zukunft ihre Gefangenen nur in den königlichen Gefängnissen unterzubringen seien, dass weltliche Richter bei ihren Entscheidungen mitzuwirken hätten, und dass der höchste Staatsgerichtshof als Berufungsinstanz gelten sollte. Das hiess, der Jurisdiktion der Inquisitoren strenge Zügel anlegen. Trotzdem scheint eine Reklamation gegen diese Massregeln nicht erhoben worden zu sein [1]). — Was Neapel angeht, so zeigen die Briefe König Karls III. aus dem Jahre 1382 an Dominicus von Astrapola und Leonard von Neapel, dass auch dort noch immer Inquisitoren, und zwar Dominikaner, ernannt wurden. Im Jahre 1389 vereinigte Bonifaz IX., wie es scheint, Neapel mit Sizilien, indem er den Dominikaner Anton Traverso von Aversa zum Inquisitor auf beiden Seiten des Faro ernannte. Aber in einem andern Briefe aus dem Jahre 1391 weist

---

1) *Ausser Simon de Puteo war seit dem 18. Juni 1375 noch Nicolaus Muschinus ord. Praed. als Inquisitor im Königreich beider Sizilien tätig (Rom, Vatik. Archiv, Reg. Vatic. 267 fol. 26). Über die Tätigkeit des ersteren handeln mehrere Erlasse P. Gregors XI. vom 3. Mai und 13. Juni 1375 (ebd. Reg. Vatic. 267 fol. 20, 26; 281 fol. 176); über die des letztern solche vom 14. und 19. Juli 1377 (ebd. Reg. Avin. 203 fol. 25, 26).

derselbe Papst darauf hin, dass die Inquisition von Sizilien durch den Tod des Franz von Messina freigeworden sei, und erledigt die Vakanz durch die Ernennung des Simon von Amatore, da es dort in der Regel nur einen Inquisitor gebe. Die Laufbahn des letztern war recht stürmisch. Schon im Jahre 1392 trat Julianus von Mileto, der spätere (1406) Bischof von Cefalù, an seine Stelle; aber Simon scheint seine Stellung wiedererlangt zu haben, denn im Jahre 1393 zwang ihn König Martin, Gelder herauszugeben, die er von einigen Juden erpresst hatte. Diese hatte er verfolgt, weil sie unerlaubte Beziehungen zu christlichen Frauen unterhalten hatten. Zugleich wurde ihm bedeutet, dass er sich nicht in Dinge zu mischen habe, die nicht im Bereiche
286 seiner Jurisdiktion lägen. Als er sich später in verräterische Umtriebe einliess, wurde er von der Insel vertrieben. 1397 wirkte er als päpstlicher Legat und Provinzial in Deutschland. 1400 verzieh ihm König Martin und erlaubte ihm, sich in Syrakus niederzulassen, untersagte ihm aber strenge, das Amt eines Inquisitors auszuüben. Inzwischen war im Jahre 1395 Wilhelm von Girgenti Inquisitor, im Jahre 1397 Matthäus von Catania. Der letztere verurteilte damals einen Juden und seine Frau zu vierzig Unzen. Dieses Urteil wurde vom Könige bestätigt, ein Beweis, dass die Inquisition noch immer der weltlichen Gewalt untergeordnet war. Matthäus war Inquisitor auf beiden Seiten des Faro, wie ein Brief des Königs aus dem Jahre 1399 beweist, in welchem er als solcher bezeichnet und der Befehl erteilt wird, seinem Vertreter Gehorsam zu erweisen. Aus einem Brief vom Jahre 1403 ergibt sich, dass er diese Stellung auch damals noch innehatte. Ein königliches Dekret aus dem Jahre 1402 bewilligte insbesondere den Juden das Recht, gegen alle Inquisitionsurteile Berufung bei dem König einzulegen, wodurch die längst geübte Praxis Rechtskraft erhielt. Im Jahre 1415 bestätigte der König die Ernennung des Inquisitors Anton von Pontecorona, aus 1427 liegen königliche Briefe vor zugunsten des Benedikt von Perino, aus 1446 solche zugunsten des Andreas de la Pascena. Sie zeigen, dass die Organisation noch aufrechterhalten wurde, dass aber alle Urteile dem Vizekönige vorgelegt werden mussten, der sie seinerseits einem königlichen Richter unterbreitete, bevor sie rechtskräftig wurden. So bestätigte im Jahre 1451 König Alfons eine Geldstrafe von zehntausend Gulden, welche über die Juden wegen Wuchers und andrer Vergehen verhängt worden war[1]).

---

1) MSS. Chioccarello, T. VIII. — Raynald. ann. 1344, Nr. 9; ann. 1368, Nr. 16; ann. 1372, Nr. 36; ann. 1375, Nr. 26. — Bulario de la Orden de Santiago, III, fol. 535. — Tocco, Archivio Storico Napolitano Ann. XII (1887),

Für den Verfall der Inquisition auf dem Festlande hat uns das ungestörte Wachstum der Waldensergemeinden schon den Beweis geliefert. Der vollständige Zusammenbruch des Hl. Offiziums zeigte sich deutlich im Jahre 1427, wo Johanna II. es unternahm, gewisse Massregeln gegen die Juden ihres Königreiches Neapel durchzusetzen. Hätte es eine wirksame und organisierte Inquisition gegeben, so würde sie kein besseres Werkzeug für ihren Zweck haben finden können. Und nur der Mangel einer solchen kann sie veranlasst haben, den unermüdlichen Ketzerverfolger Johann von Capistrano herbeizurufen. Sie gab ihm den Auftrag, die Juden zu zwingen, von dem Wucher abzulassen und dem Gesetze gemäss auf ihrer Kleidung das Zeichen Tau zu tragen. Capistrano erhielt die Ermächtigung, diejenigen Strafen über sie zu verhängen, die er für geeignet hielt; seine Urteile sollten 287
sofort von allen Richtern und Beamten unnachsichtig vollzogen werden. Ausserdem sollte er die Juden bei Strafe der Konfiskation zwingen, alle von früheren Monarchen ihnen bewilligten Briefe und Privilegien zur Vernichtung herauszugeben. Eine Scheininquisition war jedoch immer noch vorhanden; denn im folgenden Jahre 1428 bestätigte Martin V. die Ernennung des Dominikaners Nicolaus von Camisio zum Inquisitor von Benevent, Bari und der Capitanata[1]).

Was aber die Inquisition noch an Lebenskraft besass, das wurde im Jahre 1442, als das Haus Aragon den Thron von Neapel bestieg, weiter geschwächt. Giannone erzählt uns, dass die Aragonischen Fürsten nur selten Inquisitoren zuliessen und, wenn sie es taten, genaue Berichte über jede ihrer Amtshandlungen einforderten, dass sie weiter eine Verurteilung nur unter Teilnahme der weltlichen Richter und gegen Einholung der königlichen Bestätigung gestatteten, ganz so wie es in Sizilien der Fall gewesen war. Der Wortlaut der Urkunde, durch welche im Jahre 1449 Nicolaus V. den Dominikaner Matthäus von Reggio zum Inquisitor ernannte, um die rückfälligen Juden auszurotten, die angeblich im ganzen Königreich zahlreich vertreten waren, könnte die Annahme rechtfertigen, dass die Inquisition eine Zeitlang tatsächlich ganz erloschen gewesen war, obgleich erst zwei Jahre vorher Bruder Johann von Neapel das Amt

---

Fasc. 1. — Ripoll II, 311, 324, 364. — Giuseppe Cosentino, Archivio Storico Siciliano, 1885, pp. 74—5, 87. — La Mantia, Dell' Inquisizione in Sicilia, Torino, 1886, pp. 13—15.

1) Wadding, T. III, Regesta, p. 392. — Ripoll, II, 688.

Als im Jahre 1447 Nikolaus V. ein grausames Edikt erliess, das die Juden scharfen Bestimmungen über Rechtsunfähigkeit und andern Demütigungen unterwarf, wurde Capistrano gleichfalls damit betraut, die Ausführung dieser Massregeln zu überwachen. (Wadding, ann. 1447, Nr 10.)

eines Inquisitors übernommen hatte und auch noch später gelegentlich Inquisitoren ernannt wurden [1]).

In Sizilien jedoch erlangte die Inquisition im Jahre 1451 durch ein schlaues Mittel neue Lebenskraft. Heinrich Lugardi, der Inquisitor von Palermo, stellte eine ausserordentlich dreiste Fälschung her in Form eines langen und ausführlichen Privilegiums, von welchem er behauptete, dass es Kaiser Friedrich II. im Jahre 1224 erteilt habe. Darin befahl der Kaiser allen seinen sizilianischen Untertanen, „den Inquisitoren gegen ketzerische Verderbtheit“ Hilfe und Beistand zu spenden, und bestimmte: da es unbillig sei, dass alle Konfiskationen dem königlichen Fiskus zufielen, ohne dass die Inquisitoren für ihre Mühen und Gefahren belohnt würden, so sollten die Konfiskationen in Zukunft zu gleichen Teilen zwischen dem Fiskus, der Inquisition und dem Hl. Stuhl geteilt werden; des wei-
288 teren sollten alle Juden und Ungläubigen einmal im Jahre die Inquisitoren und ihre Diener während der Ausübung ihrer Amtspflicht mit allem für Menschen und Tiere Notwendigen versehen. Es lag klar auf der Hand, dass die Urkunde eine Fälschung war, ganz abgesehen von der darin enthaltenen fehlerhaften Angabe des Regierungsjahres; aber in jener Zeit war man nicht sehr kritisch veranlagt, und der Inquisitor scheint keine Mühe gehabt zu haben, den König Alfons zur Bestätigung der Urkunde zu veranlassen. Später, im Jahre 1477, wurde die Bestätigung von Ferdinand und Isabella erneuert. Die Privilegien, welche das Schriftstück den Inquisitoren übertrug, waren nicht unbedeutend und gestatteten der Inquisition neuen Aufschwung, trotzdem ihre Urteile noch immer der weltlichen Obrigkeit zur Nachprüfung vorgelegt werden mussten. Als im Jahre 1474 eine Hungersnot in Rom Sixtus IV. veranlasste, den Vizekönig Ximenes um Zusendung einer grossen Schiffsladung Korn aus Sizilien zu ersuchen, befahl er dem Inquisitor Salvus von Cassetta brieflich, seine ganze Kraft aufzubieten, um eine günstige Antwort zu bekommen. Der Inquisitor war in jener Zeit offenbar eine einflussreiche Persönlichkeit; Salvus war sogar der Beichtvater des Vizekönigs. Als aber Ferdinand der Katholische in den Besitz von Sizilien gelangte und sich eifrig bemühte, seine Inquisition seinen aragonischen Untertanen aufzuzwingen, vernachlässigte er in hohem Masse die Interessen des Glaubens. Infolgedessen beklagte sich Sixtus IV. in einem Briefe vom 23. Februar 1483 höchst bitter

---

1) Giannone, Istoria Civile di Napoli, Lib. xxxii, c. 5. — Wadding, ann. 1449, N. 13. — Ripoll, iii, 240, 441, 501.

darüber, dass die Bullen, die er dorthin gesandt habe, um den Ketzereien der bekehrten Juden Schranken zu ziehen, durch den Widerstand, den sie bei den königlichen Behörden fänden, unwirksam gemacht würden. Es ist das ein weiterer Beleg dafür, dass Ferdinand fest entschlossen war, in seinen Besitzungen den päpstlichen Eingriffen einen Riegel vorzuschieben. Um diese Zeit war die Inquisition mit ihrem Centralgerichtshof in Palermo und den drei Kommissaren oder Deputierten für die drei „Täler" der Insel vollkommen organisiert[1]).

Bei der Gründung der neuen spanischen Inquisition erlangte Ferdinand der Katholische für seinen Grossinquisitor das Recht, in allen zur Krone von Castilien und Aragon gehörenden Besitzungen Stellvertreter zu ernennen. In dieser Eigenschaft wurde im Jahre 1487 Bruder Antonio de la Peña nach Sizilien gesandt, und am 289
18. August desselben Jahres hören wir von dem ersten Autodafé, in welchem Eulalia Tamarit, die augenscheinlich aus Aragonien geflohen war, verbrannt wurde. Dann folgte eine Reihe von Streitigkeiten zwischen der päpstlichen und der spanischen Inquisition unter königlicher Kontrolle, welche Ferdinand einzuführen versuchte. Peña verliess Sizilien im Jahre 1488, nachdem er den Dominikanerprovinzial Jacob Manso zu seinem Stellvertreter ernannt hatte. Aber ein früherer Inquisitor aus demselben Orden, Jacob Roda, erhob Anspruch auf den Posten, und es bedurfte eines Breves Papst Innocenz' VIII. vom 7. Februar 1489, damit dieser seinen Widerspruch fallen liess. Auch von dem Inquisitor Heinrich Lugardi finden sich Spuren. Auf ihn folgte der Dominikaner Peter Ranzano, dem am 19. Januar 1488 der Senat von Palermo den üblichen Eid des Gehorsams ablegte. Die Vertreibung der Juden im Jahre 1492 aus den spanischen Besitzungen vollzog sich in Sizilien unter besonders grausamen und harten Bedingungen, die zweifellos zu gewaltsamen Bekehrungen führten, wodurch das Feld der Verfolgung noch vergrössert und ertragreicher gemacht wurde. Doch fehlen genauere Angaben über die Tätigkeit des Hl. Offiziums in Sizilien

1) Paramo, pp. 197—99. — Ripoll III, 510. — La Mantia, L'Inquisizione in Sicilia, pp. 16—18. — Llorente, Hist. Critique, IV, 353.

Giuseppe Cosentino behauptet (Archivio Storico Siciliano, 1885, p. 73), dass die Bestätigung der Urkunde Friedrichs II. durch König Alfons aus dem Jahre 1451 in den Archiven von Palermo nicht zu finden sei, dass aber die königlichen Briefe aus dem Jahre 1415 auf ein von Friedrich gewährtes Privileg hinwiesen. Vgl. auch La Mantia, pp. 8—10, 13, 15. — *Für die Inquisition in Sizilien und Neapel nach dem J. 1450 vgl. jetzt Lea, The Inquisition in the Spanish Dependencies (1908) S. 1ff., 49ff.

bis fast zum Ende des Jahrhunderts, wo Ferdinand es auf spanischer Grundlage neu organisierte. Indessen gehört das nicht mehr zu unserer gegenwärtigen Aufgabe[1]).

In Neapel waren andere Faktoren im Spiel, die die Aufgabe noch verwickelter machten. Als Karl VIII. von Frankreich im Jahre 1495 das Königreich eroberte, wurden die Juden gewaltsam getauft, wodurch sie zwar nicht zu Christen gemacht, wohl aber der Gerichtsbarkeit der Inquisition unterstellt wurden. Die Beschränkungen jedoch, denen diese in Neapel unterworfen war, boten ihnen Schutz gegen die Verfolgung, so dass das Königreich abermals eine beliebte Zufluchtsstätte für diejenigen wurde, welche dem rücksichtslosen Verfahren des spanischen Offiziums entrinnen wollten.

Als im Jahre 1503 Gonsalvo von Cordova die Abtretung Neapels an Ferdinand durchsetzte, wurde u. a. die Bedingung gestellt, dass die spanische Inquisition, die bereits zu einer traurigen Berühmtheit gelangt war, nicht eingeführt würde. Die Aussichten auf Beute für den Fiskus waren jedoch zu verlockend, als dass man der Versuchung hätte widerstehen können. Einen willkommenen Vorwand bot Julius II., als er in Benevent eine scharfe Verfolgung unter der Leitung der Dominikaner begann. Ferdinand erliess sofort am 30. Juni 1504 geheime Befehle, wodurch er die Gerichtsbarkeit der sizilianischen Inquisition auf Neapel ausdehnte und Gonsalvo und alle königlichen Beamten trotz aller Abmachungen anwies, sie kräftig zu unterstützen und keinem Verdächtigen zu erlauben, das Königreich zu verlassen. Der Versuch misslang — aus welchem Grunde, können wir nur vermuten. Wahrscheinlich überzeugte Gonsalvo seinen Herrn, dass bei dem unversöhnlichen Hass der Neapolitaner gegen die spanische Inquisition sowie bei der Unsicherheit ihres erst kürzlich geschworenen Treueides die gewaltsame Einführung derselben ein zu gefährliches Experiment sei. So kam selbst Ferdinands entschlossener Wille ins Wanken, und als er 1506 und 1507 Neapel besuchte, schien er sich stillschweigend in seine Niederlage gefunden zu haben. Nichtsdestoweniger wurden die Dominikaner durch königliche Mandate zu neuer Tätigkeit angespornt, so dass Verhaftungen und Autodafés stattfanden und Ferdinand im Jahre 1510 annehmen durfte, das Volk sei nunmehr mürbe genug geworden, um sich seinem Willen

1) Pirro, Sicilia Sacra, I, 185—6. — G. Cosentino, op. cit. p 76. — Caruso, Memorie Istoriche di Sicilia, P. II. Bd. I, S. 92. — La Mantia, pp. 20—1. — Franchina, Breve Rapporto del Tribunale della SS. Inquisizione in Sicilia, pp. 23, 108—16. — Giov. di Giovanni, L'Ebraismo della Sicilia, pp. 96, 233—5 (Palermo, 1748).

zu fügen. Im geheimen wurden alle für eine vollständige Organisation notwendigen Vorbereitungen getroffen, und Andreas Palacio wurde als Inquisitor hingesandt. Aber das Volk bekam Wind von dem Plan und machte in einer so bedenklichen Weise Opposition, dass Palacio sich schnell in Sicherheit brachte. Man musste eine Pause eintreten lassen, da das ganze Königreich bereit war, sich wie ein Mann zu erheben. Auch die politische Lage war drohend. Spanische Truppen brachen von Verona nach dem Süden auf, um den erwarteten Aufstand zu unterdrücken. Als Julius II. seine Pläne auf diese Weise durchkreuzt sah, steigerte er die Unzufriedenheit der Neapolitaner, indem er ihnen versprach, die Dominikanerinquisitoren abzuberufen und die Inquisition selbst zu verbieten. Es wäre durchaus nicht unmöglich gewesen, die alten päpstlichen Ansprüche auf Neapel wieder geltend zu machen, da das Volk geneigt war, auf die Seite von Rom und Frankreich überzugehen. Es ist nicht sicher, ob der Vizekönig Moncada Anweisungen von Ferdinand hatte, oder ob er auf eigne Verantwortung handelte. Sei dem wie ihm wolle: nachdem er so lange wie möglich ausgehalten hatte, verkündete er, den Plan aufgeben zu wollen, und deckte seinen Rückzug mit Edikten, wodurch er die Juden und die neuen Christen auswies, während Palacio zur Entschädigung mit dem Amt des Inquisitors von Valencia betraut wurde. Das alte Dominikaneroffizium setzte seine Tätigkeit mit mehr oder weniger Regelmässigkeit fort, bis der noch nachdrücklicher unternommene Versuch, das spanische Institut zur Unterdrückung des Protestantismus unter der Hand einzuführen, den Volksaufstand von 1547 veranlasste[1]).

---

1) Paramo, pp. 191—4. — Giannone, Hist. civile di Napoli, lib. XXXII, cap. 5. — Zurita, Hist. del Rey Hernando, lib. V, cap. 70; lib. IX, cap. 24, 26. — Mss. Chioccarello, T. VIII. — Amabile, Il Santo Officio in Napoli, I, 93, 97, 101, 118—120. — Tristani Caraccioli, Epist. de Inquisitione (Muratori, S. R. I. XXII, p. 97). — Spondani, Annal. Eccles. ann. 1510, Nr. 13. — Archivo di Simancas, Con. de Inquisicion, lib. 3, fol. 1—11, 68, 74, 145—6, 238—9, 280, 313.

Fünftes Kapitel

Die slavischen Katharer.

290 Als Innocenz III. den bedrohlichen Fortschritt der Ketzerei der Katharer vor Augen sah, blieb seine Wachsamkeit nicht auf Italien und Languedoc beschränkt. Die eigentliche Heimat dieses Glaubens lag östlich vom Adriatischen Meere unter den slavischen Völkern. Von dort kamen die Sendboten und feuerten den Eifer ihrer Bekehrten unaufhörlich an. Mannigfaltige religiöse und politische Beweggründe forderten den Papst auf, das Übel an der Quelle zu bekämpfen. So dehnte sich das Feld des Kampfes von dem Balkan bis zu den Pyrenäen aus mit einer Front von über tausend Meilen. Die grossartige Zusammenfassung sittlicher und materieller Kräfte, welche ihren Ursprung in der centralisierten Theokratie, der Schöpfung Papst Gregors VII., hatte, wurde auf die äusserste Probe gestellt.

Der Kampf in den südlich von Ungarn gelegenen Ländern ist insofern lehrreich, als er zeigt, wie unermüdlich Rom jahrhundertelang ein scheinbar erfolgloses Bemühen fortsetzte, wie es sich durch keine Niederlage entmutigen liess, vielmehr jede vorteilhafte Gelegenheit zur Erneuerung des Kampfes ergriff und zu seinen Zwecken sowohl den Ehrgeiz von Monarchen als auch die selbstverleugnende Hingebung von Zeloten benutzte. Es dürfte sich also wohl der Mühe lohnen, über die raschen Wechselfälle eines solchen Ringens einen Gesamtüberblick zu gewinnen. Zwar spielte sich dieser Kampf allzuweit von den grossen Centren des europäischen Lebens ab, als dass er einen entscheidenden Einfluss auf die Entwicklung der geistigen und religiösen Anschauungen Europas hätte üben können; aber sein Schauplatz war zugleich eine Zufluchtsstätte für die Verfolgten und ein Mittelpunkt ihrer Rechtgläubigkeit, wohin die Neophyten von allen Seiten gesandt werden konnten.

Die weiten Gebiete östlich der Adria standen fast nur dem Namen nach in einer geistigen Abhängigkeit von Rom. Eine wilde und unruhige Bevölkerung, welche gegen Ende des elften Jahrhunderts von den Ungarn unterworfen worden war und nun beständig versuchte, das Joch abzuschütteln, konnte vom Christentum kaum mehr als den Namen beanspruchen. Das Christentum aber, dessen sie sich rühmte, war nicht das römische. Ihr nationales Rituale war slavisch, trotzdem Gregor VII. dasselbe verboten hatte, und die römischen Gebräuche wurden nicht nur wegen ihres fremden Ursprungs, sondern auch als Zeichen der Knechtschaft verabscheut.
Die wenigen lateinischen Bischöfe, Priester und Mönche lebten in- 291
mitten einer feindseligen Bevölkerung, der sie in Sprache und Sitte fremd waren. Und ihr ausschweifender Lebenswandel war wenig geeignet, ihnen einen sittlichen Einfluss zu verschaffen, welcher die nationalen und Rassengegensätze hätte mildern können. Unter solchen Umständen hinderte nichts die Ausbreitung des Katharismus. Und als die verheerenden Kriege der Ungarn zu Kreuzzügen gegen die Ketzerei gestempelt wurden, konnte sich diese selbst füglich mit dem Patriotismus identifizieren. Von der Donau bis nach Mazedonien und von dem Adriatischen bis zum Schwarzen Meere war die Kirche der Katharer gut organisiert, war in Diözesen, mit Bischöfen an ihrer Spitze, eingeteilt und eifrig mit ihrem Bekehrungswerke beschäftigt. Ihre blühendste Provinz war Bosnien, wo sie am Ende des zwölften Jahrhunderts etwa zehntausend hingebende Anhänger zählte. Kulin, welcher um das Jahr 1200 dieses Land unter der Oberherrschaft Ungarns als Ban regierte, war ein Katharer, ebenso seine Frau und die übrigen Mitglieder seiner Familie. Selbst katholische Bischöfe standen, und nicht ohne Grund, in dem Verdacht, heimlich zu dem Glauben der Ketzer hinzuneigen[1]).

Zum ersten Male schritt man gegen die Ketzerei ein am Ende des zwölften Jahrhunderts, als der Erzbischof von Spalato, zweifellos von Innocenz III. veranlasst, eine Anzahl Katharer aus Triest und Spalato vertrieb. Sie fanden eine bereitwillige Zuflucht in Bosnien, wo sie Kulin willkommen hiess. Im Jahre 1199 stellte der König Vulcan von Dalmatien, welcher Absichten auf Bosnien hatte, dem Papste die beklagenswerte Zunahme der Ketzerei daselbst vor und

1) Schmidt, Histoire des Cathares, I, 104–9. — Gregor. PP. VII. Regist. VII, 11. — Batthyani Legg. Eccles. Hung. II, 274, 289—90, 415–17. — Raynald. ann. 1203, Nr. 22. — Innoc. PP. III. Regest. II, 176. — *Vgl. auch G. Ficker, Die Phundagiagiten. Ein Beitrag zur Ketzergeschichte des byzantinischen Mittelalters (Leipzig, 1908).

riet ihm, den König Emmerich von Ungarn zur Vertreibung der Ketzer aufzufordern. Innocenz ging sofort darauf ein und sandte Emmerich als Richtschnur für sein Vorgehen die strenge päpstliche Dekretale gegen die Patariner von Viterbo, indem er ihm befahl, seine Gebiete von der Ketzerei zu säubern und alles den Ketzern gehörende Eigentum zu konfiszieren. Kulin aber scheint den Angriff nicht abgewartet, sondern durch einen Angriff auf Ungarn die Initiative ergriffen zu haben; zu gleicher Zeit jedoch versuchte er seinen Frieden mit Rom zu machen, indem er behauptete, dass die in Rede stehenden Ketzer gute Katholiken seien. Er schickte einige von ihnen mit zwei seiner Prälaten zum Verhör nach Rom mit dem Ersuchen, der Papst möge durch Legaten die Angelegenheit an Ort und Stelle prüfen lassen.
292 Daher befahl Innocenz III. 1202 seinem Kaplan Johann von Casemario und dem Erzbischof von Spalato, sich nach Bosnien zu begeben und die Ketzer, die sie etwa dort treffen würden, mit Einschluss des Bans selbst, mit der Strenge der kanonischen Gesetze zu verfolgen. Die ihm gestellte Aufgabe führte Johann im nächsten Jahre erfolgreich durch. Bei seiner Rückkehr berichtete er, dass die Katharer sich verpflichtet hätten, den römischen Glauben anzunehmen, und empfahl, zur Sicherung der Rechtgläubigkeit drei oder vier weitere Bistümer in dem Gebiete des Bans zu errichten. Obwohl dieses sich über zehn Tagereisen erstreckte, war nur ein Bischofssitz vorhanden, dessen Inhaber noch dazu gestorben war. Gleichzeitig schrieb König Emmerich, Johann habe ihm die Häupter der Ketzer vorgeführt, und er habe gefunden, dass sie sich zur Rechtgläubigkeit bekehrt hätten. Auch der Sohn Kulis hatte sich persönlich gemeldet und eine Sicherheit von tausend Mark gestellt, welche verwirkt sein sollten, falls er in Zukunft in seinem Gebiete noch Ketzer beschützen würde. Der Sieg der Kirche schien gesichert, besonders als in demselben Jahre Kalojohannes, der Kaiser der Bulgaren, sich mit der Bitte an Innocenz wandte, ihm zu seiner Krönung Kardinäle zu schicken, und sich als einen in allen Stücken gehorsamen Sohn des Hl. Stuhles bekannte [1]).

Alle diese Hoffnungen erwiesen sich jedoch als trügerisch. Als die Albigenser-Unruhen ausbrachen, wurde die Aufmerksamkeit des Papstes von den Slaven abgelenkt. Die unter dem Druck der Gewalt geschehenen Bekehrungen waren von kurzer Dauer. Der Metropolit der Provinz, Erzbischof Arrengerius von Ragusa, besetzte den freigewordenen Bischofsstuhl von Bosnien mit einem Katharer, und als

1) Innoc. PP. III. Regest. II, 176; III, 3; V, 103, 110; VI, 140, 141, 142, 212.

er selbst bald darauf starb, wurde seine bischöfliche Residenz zu einem Ketzernest. Die wenigen katholischen Priester, die in der Gegend zerstreut waren, verliessen ihre Posten, und der Katholizismus verschwand fast vollständig. Im Jahre 1221 soll in ganz Bosnien nicht ein einziger rechtgläubiger Prediger zu hören gewesen sein. Ebenso entmutigend verliefen die Dinge in Bulgarien. Nachdem Kalojohannes von einem römischen Legaten gekrönt worden war, brachen Streitigkeiten zwischen ihm und den lateinischen Kaisern aus, die zu einem Bruche führten und in dem weiten unter seiner Herrschaft stehenden Gebiete den Katharern volle Gewissensfreiheit verschafften[1]).

Schliesslich aber lenkte der Papst seine Aufmerksamkeit wieder auf diesen beklagenswerten Zustand der Dinge. Im Jahre 1221 schickte Honorius III. seinen Kaplan, den Magister Aconcio, als Legaten nach Ungarn mit dem Befehl, bei dem König und den Bischöfen
das Gefühl zu erwecken, dass es ihre Pflicht sei, die Ketzer auszu- 293
rotten, die so offen eine herausfordernde Haltung angenommen hätten. Auf seinem Wege dahin machte der Legat in Ragusa halt, um die Wahl eines orthodoxen Erzbischofs zu überwachen. Dann liess er an ganz Dalmatien und Kroatien die Aufforderung ergehen, sich zu einem Kreuzzuge zu verbinden. Aber niemand folgte ihr, und so ging er allein nach Bosnien, wo er noch in demselben Jahre starb. Bessere Erfolge versprach der Ehrgeiz des Erzbischofs Hugolinus von Kalocsa, welcher seine Provinz zu erweitern wünschte. Er schlug Andreas II. von Ungarn vor, er wolle auf eigne Kosten einen Kreuzzug gegen die Ketzer unternehmen, und König und Papst versprachen ihm alle Gebiete, welche er von den Ketzern säubern würde. Aber Hugolinus hatte seine Kräfte überschätzt und suchte sich schliesslich dadurch zu helfen, dass er den Statthalter von Syrmien, den Prinzen Johann (Sohn der Margarete, der Witwe des Kaisers Isaak Angelus) mit zweihundert Mark Silber unterstützte. Johann nahm zwar das Geld an, hielt aber sein Versprechen nicht, obgleich ihn Honorius III. im Jahre 1227 daran erinnerte. Befreit von jeder Furcht, setzten die Bosnier ihren Ban Stephan ab und einen Katharer Ninoslaw, eine der hervorragendsten Persönlichkeiten in der bosnischen Geschichte, an seine Stelle, der sich von 1232—1250 auf diesem Throne behauptete[2]).

1) Schmidt, I, 112—13.

2) Potthast Nr. 6612, 6725, 6802. — Raynald. ann. 1225, Nr. 21. — Klaić, Geschichte Bosniens, nach dem Kroatischen von Ivan v. Bojnicić, Leipzig, 1885, pp. 89—91.

Ein anderes Aussehen bekamen die Dinge erst, als die Bettelmönche auf dem Plane erschienen. Ihre unbesiegliche Begeisterung, ihre Verachtung von Mühen und Beschwerden und ihren Durst nach dem Martyrium haben wir schon an vielen Beispielen kennen gelernt. Hinter ihnen stand ausserdem Gregor IX., der unversöhnliche und unermüdliche Verfolger der Ketzerei, der sie unaufhörlich vorwärts drängte. Die Dominikaner waren zuerst zur Stelle. Schon im Jahre 1221 hatte der Orden Niederlassungen in Ungarn gegründet, die als Centrum des Bekehrungswerkes dienten, und von denen aus man die Ketzer in der Flanke angreifen konnte. Die Dominikanerlegende erzählt, dass die Inquisition in Ungarn von Bruder Jackzo (St. Hyacinth) begründet wurde, einem der ersten Angehörigen des Ordens, der 1257 starb, und dass sie sich bald zweier Märtyrer rühmen konnte: des Bruders Nikolaus, dem lebend die Haut abgezogen, und des Bruders Johann, der von den Ketzern gesteinigt wurde. Im Jahre 1233 hören wir von der Ermordung von neunzig Dominikaner-Missionaren unter den Cumanen, und vielleicht schon etwas früher wurden zweiunddreissig derselben von den bosnischen Ketzern ertränkt, an denen sie ihren Bekehrungseifer versucht hatten. Aber solche Zwischenfälle waren nur geeignet, den Eifer der Dominikaner noch
294 mehr zu entflammen. Vorbereitungen zu systematischer Verfolgung wurden getroffen. Im Jahre 1232 befahl Gregor seinem Legaten in Ungarn, dem Kardinalbischof Jacob von Palestrina, die Bosnier zu bekehren, und König Andreas II. gab das Banat seinem Sohne Koloman, dem Herzog von Kroatien und Dalmatien, mit dem Befehle, hierbei Hilfe zu leisten. Die Erfolge zeigten sich bald. Der katholische Bischof von Bosnien, selbst von der Ketzerei angesteckt, entschuldigte sich damit, dass er die Katharer irrtümlicherweise für Rechtgläubige gehalten habe. Der Erzbischof von Ragusa hatte das zwar gewusst, aber nicht beachtet. Deshalb übertrug der Legat Bosnien dem Erzbischof von Kalocsa, eine Massregel, die sich jedoch für den Augenblick als unwirksam erwies. Wichtiger war die Bekehrung Ninoslaws, der die Religion seiner Väter aufgab, um die Angriffe Kolomans abzuwenden, durch die seine Länder schnell zerstückelt wurden. Dem Neubekehrten bereitete Gregor IX. einen überschwenglichen Willkommen, und Ninoslaw schenkte darauf den Dominikanern Geld zum Bau einer Kathedrale. Seinem Beispiele folgten viele seiner Magnaten, und ein Verwandter, Uban Prijesda, übergab sogar den Dominikanern seinen Sohn als Geisel für die Aufrichtigkeit seiner Bekehrung. Gregor, überglücklich über diesen offenbaren Erfolg,

liess im Jahre 1233 den Knaben seinem Vater zurückgeben, nahm Bosnien unter den besonderen Schutz des Hl. Stuhles und befahl Koloman, Ninoslaw vor den Angriffen übelgesinnter Ketzer zu schützen. Zugleich setzte er den ketzerischen Bischof ab und wies seinen Legaten an, das Territorium in zwei oder drei Bistümer zu zerlegen und geeignete Kandidaten zu ernennen. Diese letztere Massregel kam jedoch nicht zur Ausführung, da ein deutscher Dominikaner, Johann von Wildeshausen, zum Bischof von ganz Bosnien konsekriert wurde[1]).

Der Legat Jacob ging nach Ungarn zurück, zufrieden, dass das Land bekehrt war; aber der Erfolg war wenig dauerhaft. Sei es, dass Ninoslaws Bekehrung eine erheuchelte gewesen war, sei es, dass er keine Gewalt über seine ketzerischen Untertanen besass: schon im nächsten Jahre (1234) musste sich Gregor IX. darüber beklagen, dass die Ketzerei zunehme und Bosnien zu einer „Wüste für den Glauben, einem Nest von Drachen und einer Höhle von Straussen“ mache. In Übereinstimmung mit Andreas II. ordnete er einen Kreuzzug an und befahl Koloman, einen Angriff auf die Ketzer zu unternehmen. Zuvor aber wurde der Karthäuserprior von St. Bartholomäus dorthin geschickt, um den Kreuzzug unter Verkündigung der Ablässe vom Hl. Land zu predigen. Gegen Ende des Jahres 1234 zog Koloman nach Bosnien und verwüstete es mit Feuer und Schwert.
Die Folge war ein langer und blutiger Kampf, worin sich Ninoslaw 295
mit Leib und Seele auf die Seite der Katharer schlug, und der Legat Jacob dem Könige von Ungarn, Bela IV., den Eid abnahm, dass er die Ketzer aus allen seiner Jurisdiktion unterstehenden Gebieten ausrotten werde. Auch die Franziskaner eilten jetzt auf den Kampfplatz, um bei dem frommen Werke hilfreiche Hand zu leisten. Sie begannen mit Zara, aber anstatt ihre Bemühungen zu fördern, legte ihnen der Erzbischof dieser Stadt Hindernisse in den Weg, was ihm den schärfsten Tadel von seiten Gregors einbrachte. In der Tat können die Katharer in den an der See gelegenen Gebieten nach dem aus jener Zeit (1242) stammenden Berichte Ivos von Narbonne durch diese Massregeln nicht viel gelitten haben[2]).

1) Monteiro, Historia da Sacra Inquisição P. I. Liv. 1, c. 59. — Paramo, p. 111. — Raynald. ann. 1257, Nr. 13. — Hist. Ord. Praedic. c. 8 (Martene Ampl. Coll. VI. 338). — Ripoll I, 70. — Klaić, pp. 92—4 — *Johann von Wildeshausen (Johannes Teutonicus) war der spätere General des Dominikanerordens (1241—52), vgl. Quétif-Echard I, S. 111; Monumenta ordinis fratrum Praedicatorum I (ed. Reichert, 1897), S. 310, 336.

2) Epist. Saec. XIII. T. I. Nr. 574, 601. — Ripoll I, 70. — Potthast

Das Jahr 1235 war für die Kreuzfahrer ein unglückliches. Bischof Johann verlor alle Hoffnung, seinen Bischofsstuhl wieder zu erlangen, und bat Gregor, ihm sein Amt abzunehmen, da die Mühen des Krieges zu hart für ihn seien; aber Gregor tadelte seine Mutlosigkeit und schrieb ihm, dass, wenn auch der Krieg nicht nach seinem Sinn sei, die Liebe Gottes ihn dazu treiben müsse[1]).

Im Jahre 1236 nahm die Sache eine Wendung zum Bessern, wahrscheinlich weil der tatkräftige Bela IV. dem König Andreas auf dem Throne von Ungarn gefolgt war, und weil die Kreuzfahrer von dem Herzog Sebislaw von Usora, dem Sohne des früheren Ban Stephan, der der Nachfolger seines Bruders zu werden hoffte, tatkräftig unterstützt wurden. Gregor IX. belohnte ihn; er nannte ihn eine Lilie unter den Dornen und den einzigen Vertreter der Rechtgläubigkeit unter den bosnischen Häuptern, die alle Ketzer seien. Schliesslich, im Jahre 1237, siegte Koloman; aber dadurch wurde die Ketzerei ebensowenig ausgerottet wie durch seine Bemühungen in den folgenden Jahren. Dem Gesuche Kolomans entsprechend, liess Papst Gregor den Dominikaner Ponsa zum Bischof von Bosnien konsekrieren und ernannte ihn bald darauf auch zum Legaten auf drei Jahre, damit er den Rest der Ketzerei ausrottete. Dieser Rest muss ein recht beträchtlicher gewesen sein; denn bei derselben Gelegenheit versprach der Papst den Schutz des Hl. Stuhles allen denen, welche das Kreuz zur Ausrottung der Ketzerei nehmen würden. Im Jahre 1239 erhielt der Provinzialprior von Ungarn Befehl, in das verketzerte Gebiet
296 eine Anzahl Brüder zu senden, Männer des Wortes und der Tat, um das begonnene Werk zu vollenden. Ponsa war nun zwar Bischof und Legat, hatte aber keine Einkünfte und keine Einnahmequellen. Deshalb befahl Gregor, dass ihm die Gelder, welche von Kreuzfahrern zur Ablösung ihrer Gelübde gezahlt würden, sowie die Summe, welche Ninoslaw während der kurzen Zeit seiner Rechtgläubigkeit für die Gründung einer Kathedrale gegeben hatte, ausgehändigt würden. Gegen Ende des Jahres 1239 schien dann die Ketzerei ausgerottet zu sein; aber kaum hatten Koloman und die Kreuzfahrer das Land

---

Nr. 9726, 9733—8, 10019, 10052. — Klaić, p. 96. — Batthyani Legg. Eccles. Hung. I, 355. — Matt. Paris ann. 1242 (Mon. Germ. Hist. SS. XXVIII, 230 ff.).

1) Es gelang Johann doch, von seinem Bischofsitze loszukommen; er wurde später General seines Ordens. Ein Zeitgenosse, der ihn persönlich kannte, schildert ihn als einen Mann von apostolischen Tugenden, welcher die auf 8000 Mark sich belaufenden Einkünfte seines Bistums als Almosen verteilte und seine Reisen zu Fuss machte, begleitet von einem Esel, der seine Bücher und Kleider trug. Nach seinem in Strassburg erfolgten Tode vollbrachte er Wundertaten. — Thomae Cantimprat. Bonum universale lib. II, c. 56.

verlassen, als ihre ganze Arbeit wieder vernichtet und die Ketzerei ebenso mächtig wurde wie zuvor. Im Jahre 1240 erschien Ninoslaw mit einem glänzenden Gefolge wieder als Ban in Ragusa, um einen alten Handelsvertrag und das Bündnis zu erneuern. Belas Tatkraft war grade um jene Zeit nach einer andern Richtung in Anspruch genommen, weil der Bulgarenfürst Assan sich auf die Seite der Griechen gestellt hatte. Seine Untertanen wurden daher für Ketzer und Schismatiker erklärt, und Bela wurde aufgefordert, einen Kreuzzug gegen ihn zu unternehmen, für den wie gewöhnlich die Ablässe vom Hl. Lande versprochen wurden. Es war eine schwere Aufgabe, zu gleicher Zeit gegen so viele Feinde des Glaubens Front zu machen. Die Katharer Bosniens aber konnten infolge dieser Verwirrung erleichtert aufatmen. Noch mehr kam ihnen zum Schutze gegen die Verfolgung zustatten der Einfall der Mongolen im Jahre 1241, wodurch Ungarn zu einer Wüste gemacht wurde. Während des blutigen Tages an dem Flusse Sajo (11. April 1241) wurde die ungarische Armee vernichtet, Bela entkam kaum mit seinem Leben, und Koloman fiel im Kampfe. Die Schonzeit für die Ketzer war jedoch nur von kurzer Dauer; denn im Jahre 1244 überfiel Bela Bosnien von neuem. Ninoslaw streckte nun zwar die Waffen, aber die Verfolgung wurde fortgesetzt, bis im Jahre 1246, als Ungarn mit Österreich in Krieg verwickelt wurde, die Ketzer sich sofort wieder erhoben und Ninoslaw von neuem an ihre Spitze stellten [1]).

Bei allen diesen Bemühungen zur Ausbreitung der Segnungen des Christentums war es natürlich nicht ohne Blutvergiessen abgegangen. Die Einzelheiten dieser Kämpfe sind wenig bekannt; spielten sie sich doch in einem Lande ab, dessen Zustand sich nur wenig von dem der Barbarei unterschied. Eine Urkunde jedoch haben wir, welche zeigt, dass hier die Albigenser-Kreuzzüge mit allen ihren Greueln, wenn auch vergebens, wiederholt wurden. Als nämlich Innocenz IV. im Jahre 1247 das Bistum Bosnien dem Erzbischof von Kalocsa unterstellte, wies er auf die Anstrengungen hin, die er und seine Vorgänger gemacht hätten, um das Bistum von der Ketzerei zu befreien. Der grösste Teil des Landes sei verwüstet, viele tausend Ketzer seien in die Gefangenschaft fortgeschleppt und viel Blut sei vergossen worden; andrerseits seien aber auch nicht wenige der Kreuzfahrer gefallen und ihr Besitz sei verwüstet worden. Aber trotz 297
dieser Opfer habe das Land nicht für die Rechtgläubigkeit erhalten

---

1) Potthast Nr. 10223—6; 10507, 10535, 10631—9, 10688—93, 10822—4, 10842. — Ripoll I, 102—4, 106—7. — Schmidt I, 122. — Klaić, pp. 97—107.

werden können, da die Kirchen und Schlösser, welche man gebaut hatte, nicht stark genug waren, um eine Belagerung auszuhalten. So war das Land gänzlich in die Ketzerei zurückgefallen, und es gab keine Hoffnung, es gutwillig zurückzugewinnen. Die Kirche von Kalocsa war vollständig erschöpft; man suchte sie dadurch zu entschädigen, dass man das ungehorsame Gebiet ihrer Jurisdiktion unterstellte, in der Erwartung, dass ein zukünftiger Kreuzzug bessern Erfolg bringen würde. Einige Monate vorher hatte Innocenz IV. Bela befohlen, einen Entscheidungskampf mit den Katharern zu versuchen. Aber Ninoslaw wandte sich an den Papst und beteuerte, dass er seit seiner Bekehrung immer ein gehorsamer Sohn der Kirche gewesen sei und die Hilfe der Katharer nur angenommen habe, um die Unabhängigkeit seines Banates zu erhalten. Hierdurch gerührt, wies Innocenz den Erzbischof von Kalocsa an, von weiteren Verfolgungen abzusehen, und befahl ihm zugleich, den Glauben und die Handlungsweise Ninoslaws zu prüfen sowie die Erlaubnis zum Gebrauch der glagolitischen Schrift und der slavischen Sprache bei dem katholischen Gottesdienste zu erteilen, da er glaubte, dadurch ein Hindernis für die Ausbreitung des Glaubens zu beseitigen. Ninoslaw verlebte seine letzten Jahre im Frieden. Aber nach seinem Tode, um 1250, brachen infolge des Gegensatzes zwischen den Katharern und den Katholiken Bürgerkriege aus. Es folgte ihm Prijesda, der seit seiner Bekehrung 1233 rechtgläubig geblieben war. Unter dem Vorwande, diesen zu unterstützen, mischte sich Bela in die Sache ein und hatte um 1254 Bosnien wieder unterworfen. Damit begann von neuem eine eifrige Verfolgung der Ketzerei, obwohl die Übertragung des Bistums Bosnien an Kalocsa nicht zur Ausführung kam [1]).

Nach Rainerio Saccone, der die Zahl der in vielen Katharerkirchen vorhandenen „Vollkommenen" berechnete, gab es um diese Zeit in Konstantinopel zwei solcher Kirchen, eine lateinische und eine griechische; die erstere zählte fünfzig Vollkommene, die letztere zusammen mit denen von Bulgarien, Rumänien, Slavonien und Dalmatien ungefähr fünfhundert. Das lässt auf eine sehr grosse Zahl von „Gläubigen" schliessen und zeigt, wie unfruchtbar alle Bemühungen und die während mehr als eines Menschenalters geführten Kriege gewesen waren. Tatsächlich scheiterten Belas IV. Versuche, die Ketzerei auszu-
298 rotten, vollständig, obwohl er lange, bis 1270, regierte. Die Katharer wurden immer stärker, und die orthodoxe Kirche sank immer tiefer.

1) Ripoll I, 175–6. — Klaić, pp. 107–13. — Kukuljević, Jura Regni Croatiae, Dalmatiae et Slavoniae, Zagrabiae, 1862, I, 67.

Die bosnischen Bischöfe wagten sogar nicht länger auf ihrem Bischofssitze zu bleiben, sondern verlegten ihre Residenz nach Diakovar. Die Ehrfurcht, die man in jenen Gegenden für den Hl. Stuhl empfand, war so gering, dass selbst in Triest im Jahre 1264 zwei Dominikaner, die ihren Auftrag, den Kreuzzug gegen die Türken zu predigen, auszuführen suchten, von dem Dechanten und den Domherren gewaltsam aus der Kirche vertrieben wurden und nicht einmal die Erlaubnis erhielten, auf dem Marktplatze eine Predigt an das Volk zu halten; der Archidiakon erklärte öffentlich, jeder, der ihnen zuhöre, würde exkommuniziert werden[1]).

Die Dinge wurden zunächst noch schlimmer, als im Jahre 1272 Belas Enkel, Ladislaus IV., den Thron bestieg. Er war bekannt unter dem Namen der Cumane, weil seine Mutter Elisabeth zu diesem heidnischen Stamm gehörte; er lebte auch unter den Cumanen, teilte ihre Religion und zeigte immer herausfordernder, wie sehr er den Hl. Stuhl verachtete. Als der päpstliche Legat Philipp, Bischof von Fermo, ein Konzil nach Buda berufen hatte, untersagte er den Behörden der Stadt, irgendeinem der Prälaten den Eintritt zu gestatten oder den Legaten mit Nahrungsmitteln zu versehen, so dass dieser schimpflich abziehen musste. Damit beschwor er aber den Zorn Rudolfs von Habsburg und Karls von Anjou auf sich herab, so dass er im Jahre 1280 sich genötigt sah, Genugtuung zu leisten, und zwar nicht nur durch eine demütige Entschuldigung und die Bewilligung einer jährlichen Summe von einhundert Mark zur Gründung eines Hospitals, sondern auch dadurch, dass er alle päpstlichen Verordnungen gegen die Ketzerei als Landesgesetz verkündigte und den Eid leistete, sie energisch zur Ausführung zu bringen. Seine Mutter Elisabeth tat dasselbe als Herzogin von Bosnien. Hierdurch war schon etwas gewonnen; noch mehr wurde erreicht, als im Jahre 1282 Ladislaus seinen Schwager Stephan Dragutin, den verbannten König von Serbien, zum Statthalter von Bosnien ernannte. Dieser, obwohl ein Grieche, verfolgte die Katharer, und sein Eifer nahm noch zu, als er sich um das Jahr 1290 zum Katholizismus bekehrte. Er schickte den Bischof Marinus von Antivari nach Rom, um über das Übergewicht der Ketzerei zu berichten und Hilfe zu erbitten. Nikolaus IV. antwortete sofort, indem er an den neuen König von Ungarn, Andreas III., einen Legaten sandte, der den Kreuzzug predigen sollte. Auch König Rudolf wurde

1) Rainerii Summa (Martene, Thesaur. v, 1768). — Klaić, p. 153. — Theiner Monumenta Slavor. Meridional. I, 90. — *Döllinger, Beiträge zur Sektengeschichte des Mittelalters I (1890), 120 ff., 242 ff.

um Hilfe gebeten. Aber die Bemühungen schlugen fehl. Ebensowenig erreichte Nikolaus, als er dem Minister der Franziskanerprovinz
299 Slavonien befahl, zwei mit der Sprache vertraute Mönche nach Bosnien zu senden, um die Ketzerei auszurotten. Dass diese Missionare tatsächlich Inquisitoren waren, geht daraus hervor, dass gleichzeitig das Ersuchen an Stephan erging, ihnen die Unterstützung des weltlichen Armes zu leihen. Unglücklicherweise sandte der Papst in seinem Eifer auch Dominikaner hin, um das Unternehmen fördern zu helfen. Erfüllt von der traditionellen Eifersucht zwischen beiden Orden, erschöpften die Inquisitoren oder Missionare alle ihre Tatkraft in Zänkereien untereinander, so dass sie für die Ketzer mehr ein Gegenstand des Spottes als des Schreckens wurden [1]).

Endlich, im Jahre 1298, unternahm es Papst Bonifaz VIII., die Inquisition in der Franziskanerprovinz Slavonien zu organisieren, welche das ganze südlich von Ungarn gelegene Gebiet, von der Donau bis nach Mazedonien hin, umfasste. Der Provinzialminister erhielt den Befehl, zwei Mönche zu Inquisitoren für dieses ungeheure Gebiet zu ernennen, und wurde wie gewöhnlich mit der Vollmacht versehen, sie nötigenfalls abzusetzen und andere mit ihrem Amt zu bekleiden. Diese dürftige Organisation suchte der Papst dann dadurch zu stärken, dass er dem Erzbischofe von Kalocsa befahl, einen Kreuzzug zu predigen. Darauf erfolgte aber keine Antwort, und die beabsichtigte Inquisition richtete nichts aus. Auch die Katharer Ungarns wurden jetzt zwar nicht vergessen. Denn im Jahre 1299 ermächtigte der Papst den Erzbischof von Gran, sie von zwei von dem Ordensgeneral der Dominikaner oder der Franziskaner auszuwählenden Inquisitoren verfolgen zu lassen. Aber auch von einer Wirkung dieser Massregel ist keine Spur vorhanden. Im Jahre 1314, beim Tode Stephan Dragutins, wurde Bosnien von Mladen Subić, dem Sohne des Ban von Kroatien, erobert, unter dem es tatsächlich unabhängig von Ungarn war. Mladen gab sich zwar den Anschein, als ob er die Ketzer verfolge, zumal wenn er ein Gesuch in Avignon vorzubringen hatte. Aber da die grosse Mehrzahl seiner Untertanen Katharer waren, deren Unterstützung er durchaus nicht entbehren konnte, so darf man wohl annehmen, dass seine gelegentlichen Unterdrückungsversuche nicht ernst gemeint waren. Im Jahre 1319 schildert Johann XXII. den Zustand Bosniens als beklagenswert. Es gebe dort

---

1) Raynald. ann. 1280, Nr. 8, 9; ann. 1291, Nr. 42—44. — Klaić, pp. 116—9. — Wadding. ann. 1291, Nr. 12. — *Redlich, Rudolf von Habsburg (1903) S. 235, 720ff.

keine katholischen Geistlichen, die Sakramente würden nicht verehrt, das Abendmahl werde nicht ausgeteilt, und an vielen Orten kenne oder verstehe man nicht einmal den Ritus der Taufe. Wenn dann ein Papst wie Johann XXII. sich genötigt gesehen hat, Mladens Hilfe in Anspruch zu nehmen, um diesem schlimmen Zustande ein Ende zu machen, so ersehen wir daraus, dass ihm hier kein Zwangsmittel zu Gebote stand[1]).

Mladen wurde von Stephan Kostromanić gestürzt und, als er nach Ungarn floh, vom Könige Karl Robert ins Gefängnis geworfen. So blieb Stephan, der sich „Ban von Gottes Gnaden" nannte, in seinem Besitz ungestört. Im Jahre 1322 scheint er den katholischen Glauben aufgegeben und sich entweder den Griechen oder den Katharern an
geschlossen zu haben. Trotzdem begannen die Dinge ein günstigeres 800
Aussehen zu erhalten. Ungarn begann sich von den Wirren und Nöten, die seine Entwicklung so lange gehemmt hatten, zu erholen, und Karl Robert war geneigt, Ermahnungen Gehör zu schenken und es für seine Pflicht zu erachten, die bosnischen Ketzer auszurotten. Daher machte im Jahre 1323 Johann XXII. einen neuen Versuch, indem er den Franziskaner Fabianus dorthin entsandte und Karl Robert und Stephan Befehl gab, ihm wirksame Unterstützung zu gewähren. Stephan blieb indessen untätig, während Karl Robert einen gewissen Eifer zeigte, wenn man den Lobsprüchen Glauben schenken darf, die ihm der Papst im Jahre 1327 spendete. Fabianus war unermüdlich, aber seine Aufgabe war nicht leicht. Schon gleich zu Anfang (1324) stiess er in einer Rom so nahe gelegenen Stadt wie Triest auf unerwartete Schwierigkeiten. Als er dort nämlich versuchte, die Erlasse gegen die Ketzerei durchzuführen und die Bevölkerung an ihre Pflicht zu erinnern, wurden die Glocken geläutet, ein Haufen Volks rottete sich zusammen, und Fabianus wurde von der Kanzel gezerrt und geschlagen. Die Führer in dem Tumult waren zwei Domkanoniker, Michael von Padua und Raimund von Cremona, die der Papst sofort als der Ketzerei verdächtig verfolgen liess. Kaum aber war der Inquisitor mit dieser Angelegenheit fertig, als er (1326) in einen Streit mit seinen Nebenbuhlern, den Dominikanern, verwickelt wurde, die er auf seinem Arbeitsfelde antraf. Einer von ihnen, der eifrige Matthias von Agram, hatte, unter Verschweigung der Tatsache, dass Slavonien Franziskanergebiet war, von Johann XXII. Briefe erlangt,

1) Wadding. ann. 1298, Nr. 2. — Digard, Registres de Boniface VIII., Nr. 2926. — Klaić, pp. 123—4. — Raynald, ann. 1319, Nr. 24.

wodurch der Dominikanerprovinzial ermächtigt wurde, Inquisitoren zu ernennen, die einen Kreuzzug mit den Ablässen vom Hl. Lande predigen sollten. Diese Inquisitoren waren dem Könige von Ungarn und anderen Herrschern von dem Papste warm empfohlen worden. Da ein einträchtiges Zusammenwirken beider Orden nicht möglich war, so beeilte sich Fabianus, dem Papste die unangenehme Lage mitzuteilen, in die er geraten war. Der Papst, der sich damals auf dem Höhepunkt seiner Kontroverse mit dem grösseren Teile des Franziskanerordens über die Frage der christlichen Armut befand, hielt es für unpolitisch, jetzt den Treugebliebenen gerechten Grund zur Klage zu geben. Er nahm daher sofort die den Dominikanern erteilte Erlaubnis zurück und tadelte sie nachdrücklich, dass sie ihn getäuscht hätten. Trotzdem aber war es anscheinend Fabianus unmöglich, über die Grenzen seines Gebietes vorzudringen oder seiner Aufgabe nachzugehen, ohne auf Hindernisse zu stossen. Als er im Jahre 1329 damit beschäftigt war, den Abt Martin von SS. Cosmas und Damianus in Zara sowie einen seiner Mönche wegen Ketzerei zu verfolgen, schritt der Erzbischof Johann von Zara mit Gewalt ein und gebot dem Verfahren Einhalt. Die Schwierigkeiten, mit denen Fabianus zu kämpfen hatte, müssen recht gross gewesen sein; denn er sah sich gezwungen,
301 zu ihrer Beseitigung nach Avignon zu reisen. Auch auf dieser Reise verfolgte ihn sein gewöhnliches Unglück. Der Streit zwischen dem Papsttum einerseits und den Visconti und König Ludwig von Bayern andrerseits machte gewisse Teile der Lombardei für die Päpstlichen so unsicher, dass ein „Sohn Belials“, Franceschino von Pavia, sich nicht scheute, Hand an den Inquisitor zu legen und ihn seiner Pferde, Bücher und Papiere zu berauben. Während dieser Zeit muss die Inquisition geruht haben; aber schliesslich gelang es Fabianus, Herr über alle Hindernisse zu werden. Im Jahre 1330 kehrte er auf den Schauplatz seiner Tätigkeit zurück. Karl Robert und Stephan liehen ihm ihren Beistand, und das Werk der Unterdrückung der Katharer begann jetzt unter günstigen Auspizien und nach der Methode, die, wie wir gesehen haben, anderswo so erfolgreich war. In welchem Zustande sich die bosnische Kirche befand, kann man daraus entnehmen, dass Johann XXII. in der Befürchtung, ihre Bischöfe möchten Ketzer werden, im Jahre 1331 ihre Ernennung dem Hl. Stuhle vorbehielt. Trotzdem wählte im Jahre 1334, nach dem Tode des Bischofs Petrus, das Kapitel den Nachfolger, während Karl Robert sogar versuchte, der Kirche einen Laien aufzuzwingen. Die Folge davon war ein wenig ehrenvoller Streit, der erst beigelegt wurde, als

sich im Jahre 1336 Benedikt XII. für den Kandidaten des Kapitels erklärte[1]).

Über den religiösen Zustand der Slaven in jener Zeit gibt uns ein Ereignis Aufschluss, das sich im Jahre 1331 nicht allzu weit von Rom zutrug. Der venetianische Inquisitor Bruder Franz von Chioggia fand bei einer Visitation seines Gebietes in der Provinz Aquileja zahllose Slaven, die einen Baum und eine Quelle verehrten. Offenbar wollten sie von seinen Ermahnungen nichts wissen, und er hatte in jenem Augenblick kein Mittel in Bereitschaft, sich Gehorsam zu verschaffen. So sah er sich gezwungen, in Friaul einen Kreuzzug mit den Ablässen vom Hl. Lande gegen sie zu predigen. Auf diese Weise brachte er eine bewaffnete Streitmacht zusammen, mit deren Hilfe er den Baum fällte und die Quelle verstopfte. Leider besitzen wir weiter keine Kunde von dem Schicksal dieser Naturanbeter[2]).

Benedikt XII. nahm die Sache ebenso ernst wie sein Vorgänger. Da selbst Dalmatien noch immer voll von Ketzern war, so fühlte er sich verpflichtet, im Jahre 1335 dem Erzbischof von Zara und den Bischöfen von Traù und Zengg zu befehlen, mit allen möglichen Mitteln gegen die Ketzerei vorzugehen und den Inquisitoren wirksame Hilfe angedeihen zu lassen. Die dalmatinischen Bischöfe vermochten nun zwar die Behörden von Spalato und Traù zu bewegen, 302
Gesetze gegen die Ketzerei zu erlassen, aber diese blieben tote Buchstaben. Seit der Gründung der Inquisition waren schon hundert Jahre vergangen, aber trotz dieser langen Zeit hatte man an den Küsten des Adriatischen Meeres noch kein Verständnis für die Pflichten der Verfolgung. Weiter als je schien die Aufgabe von ihrer Lösung entfernt zu sein. Unter dem offen gewährten Schutze des Ban Stephan und seiner Magnaten vermehrten sich die Katharer zusehends. Ein Hoffnungsschimmer zeigte sich jedoch, als im Jahre 1337 der kroatische Graf Nelipić, ein bitterer Feind Stephans, dem Papste seine Dienste anbot. Benedikt nahm sie mit Freuden an und forderte alle kroatischen Barone auf, sich unter sein Banner zu scharen und das fromme Werk des Fabianus und seiner Amtsgenossen zu unterstützen. Zwischen Bosnien und Kroatien brach ein Krieg aus, dessen Einzelheiten nur

---

1) Klaić, pp. 124—5, 139—40, 154—6. — Theiner Monument. Slavor. Merid. i. 157, 234. — Raynald. ann. 1325, Nr. 28; ann. 1327, Nr. 48 (*Rom, Vatik. Archiv, Reg. Avin. 132 fol. 472; Avin. Kal. Febr. a. xi). — Wadding. ann. 1325, Nr. 1—4; ann. 1326, Nr. 3—7; ann. 1329, Nr. 16; ann. 1330, Nr. 10. — *Bullarium Franciscanum v (ed. Eubel 1898), Nr. 534, 573, 577f.; 668—70; 822f.

2) Archivio di Venezia, Fontanini MSS. iii. 560.

wenig bekannt sind, der aber der Rechtgläubigkeit wenig nützte, bis er einen grösseren Umfang anzunehmen drohte[1]).

Die Lage Stephans war in der Tat nicht ungefährlich geworden. Im Osten herrschte Stephan Dusan der Grosse, der sich Kaiser von Serbien, Griechenland und Bulgarien nannte und sich seit der Vereinigung der Herzegowina mit Bosnien stets unfreundlich gezeigt hatte. Im Norden herrschte Karl Robert, der sich auf die Teilnahme an dem Kriege vorbereitete. Zwar waren die Venetianer in dem Wunsche, Ungarn von ihren Adriatischen Besitzungen fernzuhalten, bereit, mit Stephan ein Bündnis einzugehen; aber die Kräfte auf der Gegenseite waren zu gross. So gab Stephan, wie es scheint, seine Bereitwilligkeit zur Unterwerfung zu erkennen. Denn als im Jahre 1339 Benedikt XII. den Franziskanergeneral Geraldus als Legaten nach Ungarn sandte, geleitete ihn Karl Robert bis zur bosnischen Grenze, wo ihn Stephan mit allen Ehren empfing und erklärte, dass er nicht abgeneigt sei, die Katharer auszurotten, dass er aber fürchte, sie würden im Falle ihrer Verfolgung Stephan Dusan herbeirufen. Trotzdem, fügte er hinzu, würde er den Versuch wagen, wenn der Papst und der König von Ungarn ihn freigebig unterstützen wollten. Im Jahre 1340 versprach ihm Benedikt die Hilfe aller Katholiken. Daraufhin liess sich Stephan taufen, und viele Magnaten folgten seinem Beispiele. Es war die höchste Zeit; denn der Katholizismus war tatsächlich aus Bosnien verschwunden, und die meisten Kirchen waren verlassen und niedergerissen. Diese günstige Gelegenheit benutzte Geraldus schleunigst, um Missionare und Inquisitoren nach Bosnien zu schicken. Dass sich dieses Land jedoch nicht für die gewöhnlichen Mittel der Inquisition eignete, dass hier mehr die Über-
303 redung als die Gewalt am Platze war, deuten einige Legenden an. Danach brachte einer dieser Inquisitoren, Johann von Aragonien, nach einer langen und heftigen Disputation in einer Ketzerversammlung schliesslich zahlreiche Bekehrungen dadurch zustande, dass er sich selbst auf einen brennenden Scheiterhaufen stellte, ohne von den Flammen ergriffen zu werden. Einer seiner Schüler, Johann, ahmte sein Beispiel nach und blieb so lange in den Flammen, als man brauchte, um das Miserere zu singen. Diese Wunder, so heisst es, waren sehr wirksam, wirksamer als alle übrigen Mittel gewesen wären. Stephan hielt sein Versprechen, und der katholische Glaube

---

1) Theiner Monument, Slavor. Merid. I. 174, 175. — Wadding. ann. 1331, Nr. 4; ann. 1337, Nr. 1. (*Bullarium Franciscanum VI (ed. Eubel 1902), Nr. 65.) — Raynald. ann. 1335, Nr. 62. — Klaić, pp. 157—8.

erwachte zu neuem Leben. In einer Bulle Clemens' VI. aus dem Jahre 1344 bemerkt der Papst, dass er, getäuscht durch die falschen Angaben des Franziskanergenerals Geraldus, die bosnischen Zehnten den Brüdern zum Neubau von Kirchen überwiesen habe; da aber der Bischof Lorenz von Bosnien dargelegt habe, dass diese Zehnten ihm zuständen und seine einzige Einnahmequelle bildeten, so solle er sie in Zukunft empfangen. Auf die dringende Fürsprache des Papstes Clemens hin gestattete Stephan im Jahre 1345 die Rückkehr des Bischofs Valentin von Makarska, der zwanzig Jahre lang von seinem Bischofssitze verbannt gewesen war. Im nächsten Jahre wurde ein drittes Bistum, Duvno, errichtet. Die Katharer unter den Magnaten waren zwar auch nicht untätig. Viele von ihnen schlossen sich 1350 Dusan dem Grossen bei seinem Einfall in Bosnien an. Als aber im Jahre 1351 Friede geschlossen wurde und Stephan kurz vor seinem Tode, 1353, seine einzige Tochter mit König Ludwig von Ungarn verheiratete, einem eifrigen Katholiken, der seinem Vater Karl Robert 1342 auf dem Throne gefolgt war, wurden ihre Aussichten wieder geringer[1]).

Auf Stephan Kostromanić folgte sein junger Neffe Stephan Twartko unter der Regentschaft seiner Mutter Helena. Unter diesen Umständen hatten unzufriedene und unbotmässige Magnaten katharischen Glaubens reiche Gelegenheit, Verwirrung anzurichten. Diese Sachlage machte sich Ludwig von Ungarn zu Nutzen, sobald ihn der Tod 1355 von seinem gefährlichsten Gegner, Dusan dem Grossen, befreit hatte. Im Jahre 1356 beeilten sich die Dominikaner, von Innocenz VI.[2]) die Bestätigung der Vollmachten zu erlangen, die ihnen

1) Klaić, pp. 159—61, 181—3. — Wadding. ann. 1340, Nr. 6—10. — Theiner, op. cit. I. 211.

2) *Eine allgemeinere Massregel dieses Papstes aus dem Jahre 1353, die den Zweck hatte, der Camera apostolica ihren, von den Inquisitoren um diese Zeit ihr vielfach vorenthaltenen Anteil an den Geldeinnahmen der Inquisition zu sichern (vgl. dazu oben S. 304 Anm. 1, S. 311 ff. und S. 314/315 Anm. 2), erstreckte sich auch auf die Länder an der Ostküste des Adriatischen Meeres. Innocenz VI. richtete am 2. Februar 1353 an den Nuntius Raimund, Abt von S. Nikolaus bei Venedig, (für die Gebiete der Lombardei, von Aquileja und Grado sowie von Zara, Ragusa und Spalato) und an den Nuntius Andreas von Tuderto, Prior von S. Paul in Pisa, (für die Gebiete von Toscana und Genua) den Auftrag: 'Cum bonorum confiscatorum tercia et condempnationum ac mulctarum et compositionum factarum ratione criminis heresis due partes ad cameram nostram pertineant, .. discretioni tue mandamus, quatinus .. terciam et duas partes bonorum necnon condempnationum ac multarum et compositionum huiusmodi sive in pecunia sive in rebus . . habitas et receptas et habendas seu recipiendas imposterum ab inquisitoribus heretice pravitatis .. deputatis et antecessoribus eorundem ac inibi . . deputandis . . pro parte dicte camere petere, exigere ac recipere cum integritate procures' (Rom, Vatik. Archiv, Reg. Vatic. 235, fol. 37, Avin. IV, non. Febr. anno I).

Johann XXII. im Jahre 1327 ausgestellt hatte, nämlich einen Kreuzzug gegen die Ketzer zu predigen und für die Teilnahme an ihm die Ablässe vom Hl. Lande in Aussicht zu stellen. Ludwig bemächtigte sich der Herzegowina als Mitgift seiner Gemahlin Elisabeth, machte Stephan Twartko wieder zu seinem Vasallen und zwang ihn zu schwören, dass er die Katharer ausrotten wolle. Damit nicht zufrieden, suchte er Empörung unter den Magnaten zu wecken und richtete
304 eine grosse Verwirrung an, während deren die Katharer ihre Stellung wiedererlangten. Im Jahre 1360 übertrug Innocenz VI. dem Bischof Peter von Bosnien die Vollmachten eines päpstlichen Inquisitors[1]) und befahl auch einen neuen Kreuzzug, was Ludwig zum Vorwande für einen neuen Einfall benutzte. Erreicht aber wurde nichts; vielmehr vertrieben im Jahre 1365 die Katharer, gereizt durch Twartkos Versuche, sie zu unterdrücken, diesen und seine Mutter aus Bosnien. Ludwig stellte dem Verbannten Truppen zur Verfügung und ersuchte Urban V., zweitausend Franziskaner zu schicken, um die Ketzer zu bekehren. Nach einem verzweifelten Kampfe erlangte Twartko seinen Thron wieder. Sein Bruder Stephan Vuk, welcher den Rebellen Hilfe geleistet hatte, floh nach Ragusa und wurde katholisch. Dann wandte er sich im Jahre 1368 um Hilfe an Urban V., indem er ihm vorstellte, sein ketzerischer Bruder habe ihn enterbt, weil er die Ketzer verfolgt habe. Daraufhin ersuchte der Papst den König Ludwig, den rechtgläubigen Vuk zu beschützen und Twartko zu zwingen, seinen Irrtümern zu entsagen, aber der Erfolg blieb wieder aus. Ob Twartko Katharer oder Katholik war, lässt sich nicht klar feststellen. Wahrscheinlich war er gleichgültig gegen alles, was ausserhalb seines persönlichen Interesses lag, aber andrerseits bereit, jede Politik zu befolgen, die seinem Ehrgeiz dienlich sein konnte. Seine Erfolge beweisen, dass seine Untertanen, die fast alle Katharer waren, ihm zur Seite gestanden haben müssen. Zwar beglückwünschte Urban V. im Jahre 1368 Ludwig von Ungarn dafür, dass er mit Hilfe seiner Waffen und von den Mönchen unterstützt viele tausend Ketzer und Schismatiker in den Schoss der Kirche zurückgebracht habe; aber Ludwig selbst berichtete im Jahre 1372, dass der Katholizismus

---

1) *Vgl. den Erlass des Papstes Innocenz VI. an diesen (Petrus episcopus Boznensis) vom 23. April 1360 (Rom, Vatik. Archiv, Reg. Avin. 144, fol. 255, Avin. viii. kal. Mai. anno viii). Am 4. September 1359 hatte Innocenz dem 'Philippus Bindi, dictus de Incontris, ord. Praedic.', den Clemens VI. bereits zum Inquisitor 'in imperio Romaniae' bestimmt hatte, seine Kompetenz noch über das 'imperium Tartarorum, Persidis et Cumanie' erstreckt (ebd. Reg. Avin. 140, fol. 69, Avin. ii. non. Septembr. anno vii).

nur in wenigen Orten bestand, dass in einigen beide Glaubensrichtungen vertreten waren, in den meisten aber alle Einwohner zu den Katharern zählten. Vergebens versuchte Gregor XI., Franziskanerniederlassungen als Missionszentren zu gründen; die Bosnier liessen sich nicht von ihrem Glauben abbringen. Hätte Twartko eine Politik der Ketzerverfolgung eingeschlagen, so würde er nicht die Eroberungen haben machen können, die für eine kurze Zeit den bosnischen Namen mit Glanz umstrahlten. Er dehnte seine Herrschaft über einen grossen Teil von Serbien und über Kroatien und Dalmatien aus. Und als er im Jahre 1376 den Titel eines Königs annahm, machte ihm keiner denselben streitig. Nach seinem im Jahre 1391 erfolgten Tode behaupteten jedoch die Magnaten ihre tatsächliche Unabhängigkeit unter einer Folge von königlichen Puppen wie Stephan Dabisa, seinem jungen Sohne, der unter der Regentschaft seiner Witwe Helena stand, später unter Stephan Ostoja. Der mächtigste Mann in Bosnien war damals der Woiwode Hrvoje Vukcić, der den Norden beherrschte. Ihm am nächsten kam im Süden sein Verwandter Sandalj Hronić.
Beide Männer aber waren Katharer, ebenso der König Stephan Ostoja 305
und seine ganze Familie. Der Katholizismus war nahezu verschwunden, der Katharismus die Staatsreligion. Er war organisiert unter einem Djed (Grossvater) oder Oberhaupt mit zwölf Ucitelji oder Lehrern, von denen der erste der Gost (oder Besucher), der Stellvertreter und Nachfolger des Djed, war, während der zweite Starac (oder Ältester) hiess[1]).

Diese Geistlichen waren auch Staatsbeamte, und gelegentlich sehen wir sie in dieser amtlichen Eigenschaft tätig. Als im Jahre 1404 der Woiwode Paul Klesić, der in der Verbannung lebte, zurückgerufen wurde, war es der Djed Radomjer, welcher Katharerboten nach Ragusa schickte, um ihn in die Heimat zurückzuholen, und darüber an den

---

1) Klaić, pp. 184—5, 187—8, 190—5, 200—1, 223, 262, 268—77, 287, 369. — Theiner Monument. Slavor. Merid. I, 233, 240. — Wadding. ann. 1356, Nr. 7; ann. 1368, Nr. 1—3; ann. 1369, Nr. 11; ann. 1372, Nr. 31—33; ann. 1373, Nr. 17; ann. 1382, Nr. 2. — Raynald. ann. 1368, Nr. 18; ann. 1372, Nr. 32. — Pet. Ranzani Epit. Rer. Hung. XIX (Schwandtner, Rer. Hung. Scriptt. p. 377).

Im Jahre 1367 wendeten sich die Bewohner von Cattaro an Urban V. um Hilfe gegen die Schismatiker von Albanien und die Ketzer von Bosnien, die versuchten, sie mit Gewalt zu bekehren (Theiner, op. cit. I, 259); es handelte sich hierbei wahrscheinlich um ein Unternehmen des rastlosen Sandalj Hranić. Aber wenn wir im Jahre 1383 von einem kurz vorher gestorbenen Bischof von Bosnien hören, der Ludwig von Ungarn 12 000 Gulden geliehen und dann die Schuld dem Hl. Stuhle vermacht habe (ib. p. 337), so können wir daraus nur den Schluss ziehen, dass die orthodoxe Kirche in Bosnien doch noch weiter lebte und nicht aller Mittel beraubt war.

Dogen dieser Stadt schrieb. Klesić war ein Katharer. Dass er mit vielen anderen diesem Glauben angehörigen Verbannten in Ragusa wohnte, ist ein Beweis dafür, dass selbst an der Küste des Adriatischen Meeres die Ketzerverfolgung aufgehört hatte. Trotz seines Katharismus wurde Hervoje Vukcić von Ladislaus von Neapel zum Herzog von Spalato und zum Herrn von einigen der dalmatinischen Inseln gemacht, der Katharismus also an der Küste entlang zur herrschenden Religion erhoben. In den Wirren, welche mit der Absetzung Stephan Ostojas und der Wahl Stephan Twartkos II. endigten, wurde eine Versammlung der bosnischen Grossen im Jahre 1404 abgehalten. Unter den Anwesenden werden auch der Djed und mehrere seiner Ucitelji aufgezählt, während von einem katholischen Bischofe nichts erwähnt wird. Religiöse Duldung schien Platz gegriffen zu haben. Da das grosse Schisma die ganze Tatkraft des Hl. Stuhles in Anspruch nahm, so hören wir einstweilen nichts von weiteren Missionsversuchen, bis es dem böhmischen König Sigmund als König von Ungarn einfiel, seine Anrechte auf Bosnien wieder geltend zu machen. Zwei im Jahre 1406 hingesandte Heere richteten zunächst nichts aus. Aber im Jahre 1407 kam ihm Gregor XII. zu Hilfe, indem er durch eine Bulle die Christen-
306 heit zu einem Kreuzzuge gegen die Türken, die abtrünnigen Arianer und die Manichäer aufforderte. Unter diesen Auspizien führte nun Sigmund im Jahre 1408 eine Streitmacht von 60000 Ungarn und Polen nach Bosnien, besiegte Twartko II., nahm ihn selbst gefangen und eroberte Kroatien und Dalmatien zurück. Aber die Bosnier waren halsstarrig und setzten Ostoja wieder auf den Thron. Ein im Jahre 1410 bis 1411 abermals unternommener Kriegszug trieb Ostoja nach dem Süden, und Sigmund gelangte für eine Zeitlang wieder in den Besitz von Bosnien. Als er aber im Jahre 1415 Twartko II. freiliess und als König nach Bosnien sandte, brach sofort ein Bürgerkrieg aus. Twartko, von einem grossen ungarischen Heere unterstützt, hatte anfangs die Oberhand. Aber Ostoja rief die Türken zu Hilfe, und die Ungarn wurden in einer Entscheidungsschlacht geschlagen. Die Türken drangen überall verwüstend und plündernd bis nach Cilli in Steiermark vor und kehrten mit Tausenden von christlichen Gefangenen zurück [1]).

Ein neuer Faktor war hiermit in die bereits verwickelten Verhältnisse hineingekommen. Im Jahre 1389 hatte der verhängnisvolle Tag auf dem Amselfeld (bei Kossova) die ganze Balkanhalbinsel

---

1) Klaić, pp. 275, 287—8, 291, 297—8, 304—5, 312—13, 324. — *Aschbach, Geschichte Kaiser Sigmunds I, 213 ff., 231 ff.; II, 404 ff.

den Türken geöffnet. Seitdem waren sie immer weiter vorgedrungen, hatten 1392 ihren ersten Einfall in Südbosnien gemacht und darnach einen immer grösseren Anteil an den Angelegenheiten des Banates genommen. Das Land befand sich dauernd in dem Zustande eines wilden Bürgerkrieges. Eine königliche Macht, welche die Ordnung mit Gewalt hätte herstellen können, war nicht vorhanden, und die Magnaten lagen beständig miteinander in Kampf und Fehde, bereit, sich gegenseitig zu zerfleischen. Jeglichen Nationalgefühls bar, trug keiner von ihnen Bedenken, die Hilfe des Ungläubigen anzurufen und ihm Lehnsfolge zu leisten oder Hilfsgelder zu zahlen, um zu verhüten, dass er sich der Gegenpartei anschloss. Das war übereinstimmend so bei Katholiken, Katharern und Griechen. Kein Gefühl für die immer näher rückende Gefahr vermochte sie von ihren Kämpfen untereinander abzubringen; wenn ein zeitweiliger kleiner Vorteil zu gewinnen war, scheuten sie sich vielmehr nicht, dem Türken ein weiteres Vordringen zu erleichtern. Man muss sich nur wundern, dass die moslemitische Eroberung so langsam vonstatten ging, wie es andrerseits nicht zu bezweifeln ist, dass Einigkeit sie hätte aufhalten können. Man kann jedoch die Frage aufwerfen, ob nicht schliesslich die Herrschaft des Islam noch besser war als der Zustand der vollständigen Anarchie, an dessen Stelle sie trat. Für die Bauern bedeutete sie sogar eine Erlösung. Als im
Jahre 1461 Stephan Tomasević den Thron bestieg und sich um Hilfe 307
an Pius II. wandte, schilderte er, wie die Türken die Bauern freundlich behandelten, wie sie ihnen die Freiheit versprachen und sie so auf ihre Seite zogen; er fügte hinzu, dass die von den Bauern verlassenen Magnaten ihre Schlösser nicht mehr verteidigen könnten[1]).

Hinsichtlich der Katharer hatte das Vorrücken der Türken zwei entgegengesetzte Wirkungen. Einerseits war zu fürchten, dass die Verfolgung die Ketzer jetzt veranlassen würde, bei dem Feinde Schutz zu suchen. Andrerseits war das Land unbedingt auf den Beistand der Christenheit angewiesen, der aber nur erlangt werden konnte, wenn man sich Rom unterwarf und dessen Forderung, die Ketzerei auszurotten, erfüllte. Beide Einflüsse trugen zur Vernichtung Bosniens bei. Denn so lange Duldung geübt wurde, verweigerte der Katholizismus seine Hilfe; und als schliesslich die Verfolgungspolitik Platz griff, hiessen die Katharer den eindringenden Feind willkommen und halfen ihm bei der Unterwerfung des Reiches.

1) Klaić, p. 416.

Im Jahre 1420 erschien Stephan Twartko II. wieder auf dem Schauplatz, im nächsten Jahre wurde er anerkannt. Man konnte nun wieder einen Augenblick aufatmen; denn der türkische General Isaac wurde auf einem Streifzug nach Ungarn besiegt und getötet, und der Sultan Muhamed I., der in einen Streit mit Mustapha verwickelt war, hatte keine Zeit, das Unglück wieder gutzumachen. Das dauerte jedoch nicht lange; denn im Jahre 1424 versuchten die Söhne Ostojas mit türkischer Hilfe, den Thron ihres Vaters zurückzugewinnen, und erregten dadurch einen Krieg, der mit der Übergabe eines Teiles des bosnischen Gebietes an Murad II. endigte. Bei einer andern Gelegenheit, im Jahre 1433, während Twartko gegen den serbischen Despoten Georg Branković kämpfte, wurde er plötzlich nach dem Süden gerufen, um sich dem von Radivoj, einem Sohne Ostojas, geförderten Einfalle der Türken zu widersetzen. Unmittelbar darauf erfolgte ein Aufstand Sandalj Hranićs, des mächtigen Magnaten der Herzegowina, welcher Twartko zwang, Zuflucht bei Sigmund zu suchen. Sein Exil dauerte drei Jahre, während deren die wildeste Verwirrung in Bosnien herrschte, indem bald die eine, bald die andere Seite die Vermittlung der Türken anrief[1]).

Mittlerweile waren die Franziskaner von der strengen Observanz emporgekommen und hatten dem alten Missionseifer der Kirche neues Blut zugeführt, indem sie ihr die notwendigen sich selbstverleugnenden Agenten stellten. Trotz der Sorgen, die der Streit zwischen Eugen IV. und dem Konzil von Basel mit sich brachte, machte man den Versuch, Bosnien für den katholischen Glauben zurückzugewinnen. Wenn es etwas gab, wodurch dieses Ziel erreicht werden konnte, so
308 war es die glühende und unerschöpfliche Begeisterung eines Observanten-Mönches, des seligen Jacob della Marca, der bereits Proben seiner rücksichtslosen Wirksamkeit als Inquisitor gegen die italienischen Fraticellen gegeben hatte (oben S. 193 ff.). Er wurde 1432 mit der Vollmacht ausgesandt, den Franziskanerorden in Slavonien zu reformieren und die ganze Tatkraft, die demselben innewohnte, auf das Missionswerk zu richten. Unter diesem Antrieb traten viele von Bosnien bis nach der Walachei hin zum Katholizismus über. Seinen Wetteifer stachelte der Papst Eugen IV. noch weiter dadurch an, dass er auch die Dominikaner an das Werk schickte. Im Jahre 1434 wurde Jacob vertrieben, kehrte aber im nächsten Jahre wieder zurück, um seinen Eifer zu verdoppeln. Dem entsprachen auch

1) Ibid. pp. 335—8, 344—6, 351—3. — *Aschbach a. a. O. IV, 265 ff.

die Erfolge, die seine Biographen zum Teil seiner Wundermacht zuschreiben. Beunruhigt über diese seine Fortschritte, sandte, so erzählen diese, die gottlose Königin vier Mörder gegen ihn aus. Da breitete der fromme Mönch seine Arme aus und bat die Mörder zu tun, was Gott gestatten werde, worauf sie wie gelähmt in Todesangst verfielen, bis die Gebete des Mönches sie von ihren Qualen erlösten. Erbittert über diesen Anschlag, bot Jacob dem Könige und der Königin vor versammeltem Hofe Trotz. Seine Kühnheit gewann ihm so viele Bekehrte, dass der König für seinen Thron zitterte. Deshalb wurde ein Zauberer beauftragt, den unerschrockenen Inquisitor zu töten, aber Jacob strafte ihn sofort mit lebenslänglicher Stummheit. Darauf sägten einige Ketzer die Stützen einer Plattform durch, auf welcher der Wundertäter predigte. Sie stürzte ein, aber Jacob kam mit dem Leben davon, während die Nachkommen dieser Übeltäter, so heisst es in der Legende, alle bis auf diesen Tag lahm und hinkend zur Welt gekommen sind. Solche Beweise göttlicher Gunst hatten viele Bekehrungen zur Folge. Doch wurde Jacob in Streitigkeiten mit dem weltlichen Klerus verwickelt, der, wie es heisst, neidisch auf ihn war und ihn exkommunizierte, so dass er beim Papste um Absolution nachsuchen musste. Seine siegreiche Laufbahn nahm ein plötzliches Ende, als Kaiser Sigmund ihn aufforderte, bei der Beilegung der hussitischen Wirren mitzuwirken. Er musste infolgedessen den Schauplatz seiner Tätigkeit in die nördlichen Länder verlegen, wo wir ihn später wiedertreffen werden. Aber selbst dort vergass er seine bosnischen Feinde nicht. Denn als er 1435 die Legaten des Konzils von Basel in Stuhlweissenburg traf, bat er diese sogleich, Sigmund zum Einschreiten wider die Ketzer in Bosnien zu veranlassen. Denn wenn auch, bemerkte er, König Stephan ein ungetaufter Ketzer sei und nicht dulden wolle, dass seine Untertanen sich taufen liessen, so werde doch ein Befehl des Kaisers hinreichen, um ihn gefügig zu machen. Ausserdem hatte Jacob unter den Eingeborenen Jünger zurückgelassen, die seiner würdig waren. Einer derselben, der selige Angelo von Verbosa, glänzte gleichfalls durch seine Wundermacht. Bei einer Gelegenheit gaben ihm die Ketzer Gift zu 309
trinken; er aber machte das Kreuzzeichen über den Kelch und nahm dadurch dem Gifte seine Wirkung. Infolge dieses Wunders bekehrten sich viele Ketzer[1]).

1) Wadding. ann. 1433, Nr. 12—13; ann. 1435, Nr. 1—7, 9; ann. 1476, Nr. 39—40; ann. 1498, Nr. 2. — Aegid. Carlerii Lib. de Legationibus (Monument. Concil. General. Saec. xv., T. I, p. 676).

Wenn auch diese Legenden übertrieben sind, so entbehren sie doch nicht einer gewissen tatsächlichen Grundlage. Eine Bulle des Papstes Eugen IV. aus dem Jahre 1437 spricht von sechzehn Kirchen und Klöstern der Franziskaner, die von den Türken innerhalb zweier Jahre zerstört worden waren; in einer andern Bulle gewährt der Papst den übriggebliebenen Mönchen gewisse Vorrechte in bezug auf die Ohrenbeichte, was darauf schliessen lässt, dass sie eifrig gewirkt und sich einen Weg gebahnt hatten. Durch seine Bemühungen in Stuhlweissenburg brachte es Jacob dahin, dass Sigmund den Stephan Twartko zwang, sich taufen zu lassen und im Jahre 1436 von dort aus ein Edikt zu veröffentlichen, worin er die Franziskaner unter seinen Schutz nahm und ihnen die Erlaubnis erteilte, in ganz Bosnien den Katholizismus auszubreiten. Zur Belohnung dafür half Sigmund dem Twartko, in sein Reich zurückzukehren, das zum Teil von den Serben, zum Teil von den Türken besetzt und ganz verwüstet war. Für den Teil, den er von diesem zugrunde gerichteten Lande wiedererlangte, musste er dem Sultan Murad II. den Treueid leisten und ihm einen jährlichen Tribut von 25000 Dukaten zahlen. So armselig dieses Scheinkönigtum auch war, so war es doch unvereinbar mit den Bedingungen, die Stephan zugunsten des Katholizismus hatte eingehen müssen. Südbosnien war um diese Zeit unabhängig unter Stephan Vukcić, dem Neffen und Nachfolger Sandaljs. Da er ein Katharer war, so wurde er in ganz Bosnien als der Verteidiger des Volksglaubens betrachtet und stiess im Bündnis mit Murad II. Stephan Twartko II. vom Throne [1]).

Im Jahre 1444 wurde ein anderer König gewählt in der Person des Stephan Thomas Ostojić, eines jüngeren natürlichen Sohnes Ostojas. Dieser hatte bis dahin sorgfältig im Verborgenen gelebt mit einer niedriggeborenen Katharerin, der er nach dem Ritus ihrer Religion angetraut worden war, eine Tatsache, die er später als Vorwand für die Ehescheidung benutzte. Beinahe die erste Frage, welche der neue König zu entscheiden hatte, war die, ob er der Ketzerei treu bleiben oder sein Glück mit dem Katholizismus versuchen solle. Die Kirche setzte noch immer hartnäckig ihre Bemühungen fort, die
310 übriggebliebenen Bruchstücke des Königreichs Bosnien für sich zu gewinnen, ohne zu beachten, dass sie dadurch nur die Verwirrung und Zwietracht vermehrte und so die Absichten der Türken förderte. Im Jahre 1437 war die durch den Weggang des Jakob della Marca

1) Theiner Monument. Slavor. Merid. I, 375, 376. — Klaić, pp. 354—6, 364—5, 369.

entstandene Vakanz durch die Ernennung des Bruders Nikolaus von Traù beseitigt worden, und seit 1439 hatte sich der Bischof Thomas von Lesina als päpstlicher Legat die Förderung der Interessen des Katholizismus in Bosnien angelegen sein lassen. Es war ihm zwar nicht gelungen, Stephan Vukcić zu bekehren, aber die Thronbesteigung eines neuen Königs regte zu neuen Unternehmungen an. Eugen IV. ernannte sogleich den Observanten-Vikar von Bosnien, Fabianus von Bacs, und seine Nachfolger zu lebenslänglichen Inquisitoren über die slavonischen Lande und wies den Bischof von Lesina an, Stephan Thomas die Anerkennung seiner Wahl zu versprechen, wenn er den wahren Glauben annehmen würde. Die Lage war schwierig. Alle seine Magnaten mit Ausnahme von Peter Vojsalić waren Katharer. Ihnen Ärgernis zu geben, hiess die türkische Einmischung ermuntern, während er wiederum keine Hilfe von Westen erwarten konnte, so lange er dem Christentum fernblieb. Anscheinend machte man ihm hier viele Versprechungen, mochten sie auch unerfüllbar sein; denn er löste schliesslich das Dilemma, indem er sein Glück mit dem Katholizismus versuchte. Aber die Krone, die ihm Eugen IV. anbot, nahm er nicht an aus Furcht, seinen Katharer-Untertanen dadurch Ärgernis zu bereiten. Er erlaubte die Errichtung von zwei neuen Bistümern, liess sich ordnungsmässig taufen und gab sich lange und ernstliche Mühe, seine Untertanen zur Nachahmung seines Beispiels zu veranlassen. Fast alle seine Magnaten taten es, nur Stephan Vukcić nicht, auf den so viel ankam, und auch das gemeine Volk war nicht so leicht zu gewinnen. Selbst der König wagte es nicht, die übliche „Adoration" der „Vollkommenen" zu unterlassen, weshalb ihn der Inquisitor exkommunizierte. Allein der Papst erkannte die Schwierigkeit seiner Lage an und erlaubte ihm kluger Weise, Beziehungen zu den Ketzern zu unterhalten[1]).

Obgleich viele katholische Kirchen gebaut wurden, blieb das Land, wie der Legat auf einem Besuche in Rom berichtete, voll Ketzerei; es gebe, meinte er, kein andres Heilmittel als das Schwert. Der König aber hatte eine zu unsichere Stellung, um eine Verfolgung wagen zu können, die unfehlbar zu einer Empörung geführt haben würde. In einer Urkunde aus dem Jahre 1446, wodurch der König dem Grafen Paul Dragisić und seinen Brüdern, die eifrige Katharer waren, gewisse Städte schenkte, war ausdrücklich vorgesehen, dass, 311

1) Klaić, pp. 366–7, 369–70, 372–3. — Wadding. ann. 1437, Nr. 2–3; ann. 1444, Nr. 42–3. — Ripoll III, 91. — Raynald. ann. 1444, Nr. 2; ann. 1445, Nr. 23; ann. 1447, Nr. 21. — Theiner, op. cit. I, 388, 389, 395.

falls die Beschenkten Verrat begingen, die Schenkung nur nach vorangegangener Untersuchung „durch den Herrn Djed, die bosnische Kirche und gute Bosnier“ zurückgenommen werden könne. Die Franziskaner beklagten sich beim Papst Nikolaus V. über diese Lauheit des Königs, der sich dann mit der Not der Zeit entschuldigte. Er sehne sich, erklärte er, nach dem Augenblick, wo er seine Untertanen vor die Wahl des Todes oder der Bekehrung stellen könne, aber einstweilen seien die Ketzer noch zu zahlreich und zu mächtig und seine eigene Stellung noch zu unsicher. Nikolaus beruhigte die Franziskaner, die hinfort ungeduldig auf bessere Zeiten warteten[1]).

Die Niederlage, welche Johann Hunyady im Jahre 1448 in einer dreitägigen Schlacht auf dem historischen Amselfelde erlitt, führte im folgenden Jahre zu einem siebenjährigen Frieden zwischen ihm und Murad II., in den Bosnien mit eingeschlossen wurde. Da auch ein Friede mit Serbien folgte, und Stephan Thomas auf diese Weise von der Furcht vor einem auswärtigen Angriff befreit war, erging nunmehr an ihn die Aufforderung, seine Versprechungen zu erfüllen. Vor den Vertretern des Papstes musste er Johann Hunyady feierlich sein Wort geben, dass er die Ketzerei mit einem vernichtenden Schlage treffen wolle. Nicolaus V., der den Bischof von Lesina als Legaten zurückgesandt hatte, befahl diesem, unter Verkündigung der Ablässe vom Hl. Land einen Kreuzzug zu predigen, und mit rühriger Hand ging man an das fromme Werk heran, so dass der Legat schon im Jahre 1451 ermutigende Resultate melden konnte. Viele Adlige hätten sich bekehrt; der König habe den Franziskanern in jeder Weise beigestanden und mehrere Häuser für sie gegründet. Überall, wo solche seien, verschwänden die Ketzer wie Schnee vor der Sonne, und wenn man nur eine genügende Anzahl Mönche haben könne, werde die Ketzerei bald ausgerottet sein. Nicht ganz so rosig lautete der Bericht des Dominikanermönches Johann von Ragusa, der erklärte, es gebe in Bosnien und Serbien sehr wenige Mönche und Priester, und die Bevölkerung sei in Glaubenssachen ganz unbewandert. Ohne zu bedenken, wie gefährlich es war, die beiden Orden zusammenzubringen, schickte Nikolaus V. diesen Dominikaner und einige seiner Ordensgenossen als Missionare nach Bosnien, und gleichzeitig den Franziskaner Eugen Somma als Nuntius und Inquisitor nach Albanien, Bulgarien und Serbien[2]).

---

1) Klaić, pp. 373—4. — Raynald. ann. 1449, Nr. 9.

2) Klaić, pp. 376—77, 379. — Raynald. ann. 1449, Nr. 9; ann. 1450, Nr 13; ann. 1461, Nr. 136. — Wadding. ann. 1451, Nr. 47, 52—3. — Ripoll III, 286.

Der gute Bischof von Lesina war allzu optimistisch gewesen. 312
Bei dem ersten Druck der Verfolgung suchten vierzig Häupter der Katharerkirche mit zahlreichen Laien Zuflucht bei Stephan Vukcić, welcher seinerseits die Katholiken von Ragusa angriff. Viele andere Ketzer flohen nach Serbien und zu den Türken, um diese um Hilfe zu bitten. Diejenigen, welche zurückblieben, bereiteten sich auf den Widerstand vor. Ein blutiger Religionskrieg brach aus, den Georg Branković von Serbien benutzte, um den im Jahre 1449 unterbrochenen Kampf zu erneuern. Das war mehr, als Stephan Thomas aushalten konnte. Er musste die Verfolgung aufgeben und Hilfe anrufen. Johann Hunyady, empört über eine solche Schwäche, befahl ihm, Frieden mit Serbien zu schliessen. Stephan wandte sich an Nikolaus V., der Hunyady Vorstellungen machte, worauf dieser entgegnete, dass Stephan Thomas sein Wort gebrochen habe und zum Ärgernis der Christenheit die Ketzer beschütze, anstatt sie auszurotten [1]).

Im Mai 1453 fiel Konstantinopel. Bald darnach sandte Stephan Thomas Boten an Muhamet II., um ihm die Unterwerfung anzubieten. Angesichts der stets wachsenden Türkengefahr konnte man an eine Wiederaufnahme der Glaubensverfolgung kaum denken. Doch gaben die Päpste Stephan gelegentlich einen Teil der für den Kreuzzug eingenommenen Gelder, und die Katharer wurden, so weit es ging, gedemütigt und geächtet; sie bildeten daher ein unzufriedenes und gefährliches Bevölkerungselement. Im Jahre 1459 beteuerte der König dem Papste Pius II., dass er die Katharer energisch verfolge, und bat um mehr Bischöfe. Eine seiner letzten Regierungshandlungen bestand darin, dass er den Bischof von Nona, begleitet von drei Katharer-Magnaten — Georg Kucinić, Stojsav Twartković und Radovan Viencinić —, die sich bekehren lassen sollten, an den Papst sandte. Man sollte es kaum glauben, dass jemand einen so unsicheren Thron begehren konnte, und doch war es der Fall. Als Stephan Thomas im Jahre 1461 mit den kroatischen Magnaten Krieg führte, wurde er von seinem Sohne Stephan Thomasević und von seinem Bruder Radivoj ermordet. Doch die Krone, die der Vatermörder gewann, war eine Dornenkrone. Im Norden war Matthias Corvinus von Ungarn entfremdet und unversöhnlich; im Westen Kroatien, mit welchem er im Kriege lag; im Süden Stephan Vukcić, gleichfalls sein Feind, während im Osten Muhamet II. von Serbien aus, das jetzt ein türkisches Paschalik geworden war, nur auf den geeigneten Augenblick wartete,

1) Theiner, op. cit. I, 408. — Klaić, pp. 380—2.

um Bosnien ebenfalls zu einer Statthalterschaft zu machen. So war das Land ringsum von Feinden umgeben; im Innern war seine
318 Lage gleichfalls wenig beruhigend, da es von heimlichen oder offenen Katharern angefüllt war, die nach Hilfe oder Rache lechzten und beides nahmen, wo sie es finden konnten[1]).

Der neue König hatte nur die eine Hoffnung, Hilfe von den Ländern der Christenheit zu erlangen. Um ihrer teilhaftig zu werden, arbeitete er eifrig daran, die katholische Kirche in seinen Besitzungen zu befestigen. Aber in jenen verworrenen Zeitläuften beschleunigte grade das seinen Fall. Von Pius II. erlangte er lediglich einige zwecklose Instruktionen an den Legaten Lorenzo, Abt von Spalato, Geld und Kreuzfahrer zu sammeln. Mit Matthias Corvinus schloss er ein Bündnis, aber nur unter der Bedingung, dass er eine schwere Geldsumme bezahlte, mehrere Schlösser abtrat, die Beziehungen zu den Türken abbrach und aufhörte, ihnen Tribut zu zahlen. Dadurch entfremdete er sich nicht nur seine ketzerischen Untertanen noch mehr, sondern zog auch die Rache Muhamets II. auf sein Haupt. Viele Katharer hatten, aus Bosnien vertrieben, Zuflucht auf moslemitischem Boden gefunden. Andre, besonders Adlige, die gezwungenermassen Bekehrung heuchelten, unterhielten beständige Beziehungen mit den Türken, unterrichteten sie über alles, was vorfiel, und waren in der Hoffnung auf Rache bereit, ihnen zu helfen. Die Nachricht von dem Vertrage mit Matthias Corvinus wurde schleunigst an Muhamet gesandt, der, um die Wahrheit festzustellen, einen Boten zur Einforderung des Tributs schickte. König Stephan führte ihn zum Staatsschatz und zeigte ihm das Geld, weigerte sich aber, es auszuzahlen, da er es zu seiner Selbstverteidigung oder, falls er aus seinem Reiche vertrieben werde, zu seiner Selbsterhaltung gebrauche. Er achtete nicht auf die Warnung des Gesandten, dass ein Schatz, den man unter Nichtachtung eines gegebenen Wortes vorenthalte, kein Glück bringe[2]).

Nach einer solchen Herausforderung war von den Türken nichts mehr zu erhoffen. Da aber während des Jahres 1462 die Sorge und Aufmerksamkeit Muhamets durch die Angelegenheiten in der Walachei in Anspruch genommen war, so verschob er die Rache bis zum folgenden Jahre. Wie blind Rom gegen die Lage der Dinge war, und mit wie unentwegter Hartnäckigkeit es die Einheit des Glaubens zu sichern suchte, geht daraus hervor, dass während

1) Klaić, pp. 398, 408—9, 412, 414—15. — Theiner, I, 432.
2) Klaić, pp. 424—6.

dieser kurzen Zeit der Ruhe Pius II. gelehrte Mönche nach Bosnien schickte mit dem Auftrage, das Studium zu fördern, da dies der beste Weg zur Überwindung der Ketzerei sei. Ihre Instruktion war ausgezeichnet, aber leider im vorliegenden Falle durchaus verfehlt. Den ganzen Winter und den Frühling des Jahres 1463 benutzte Muhamet zu den nötigen Vorbereitungen und zog 150000 Mann in Adrianopel zusammen. Um Stephan Thomasević in Sicherheit zu wiegen, bewilligte er ihm auf seine Bitte einen fünf- 314
zehnjährigen Waffenstillstand; seinen Gesandten aber, die mit dieser willkommenen Nachricht zurückkehrten, folgte — vier Tage später — die türkische Streitmacht auf dem Fusse. Das Land war schutzlos, Widerstand fanden die Eindringlinge erst vor dem königlichen Schlosse Bobovatz, einer Feste, die sich lange halten konnte. Ihr Kommandant jedoch, ein zwangsweise bekehrter Katharer, Graf Radak, kapitulierte gegen das Versprechen einer Belohnung schon am dritten Tage. Als er dann aber ihre Auszahlung verlangte, hielt Muhamet ihm seinen Verrat vor und liess ihn sofort enthaupten. Auf dem Wege nach Sutiska zeigt man noch den Felsen Radakovica, wo der Verräter sein Ende fand. Die Kapitulation von Bobovatz verbreitete Schrecken im ganzen Lande. An Widerstand dachte man nicht mehr; es handelte sich nur noch um Flucht oder Unterwerfung. Der König eilte an die kroatische Grenze, vom Sultan Muhamet verfolgt. Bei Ključ musste er sich gegen das Versprechen von Leben und Freiheit ergeben. Trotzdem wurde er hingerichtet, nachdem er allen Stadt- und Schlosskommandanten hatte befehlen müssen, zu kapituliren. Innerhalb acht Tagen fielen mehr als siebzig Städte in die Hände der Türken, und um die Mitte des Juni war ganz Bosnien in ihrem Besitze. Dann wandte sich Muhamet nach Süden, um das Gebiet des Stephan Vukcić zu überrumpeln. Aber die Berge der Herzegowina wurden tapfer von den Katharern verteidigt, so dass gegen Ende Juni das türkische Heer den Rückzug antrat, mit 100000 Gefangenen und 30000 Jünglingen, die Janitscharen werden sollten [1]).

So wurde Bosnien ohne Schwertstreich erobert. Die Christenheit hatte es im Stich gelassen, dafür aber durch die beständige Erneuerung des religiösen Streites seinen Fall beschleunigt. Die Herzegowina hielt sich dagegen noch zwanzig Jahre länger. Wie leicht die Katastrophe hätte abgewendet werden können, ersieht man daraus,

1) Klaić, pp. 427—8, 432—6. — Wadding. ann. 1462, Nr. 82.

dass noch vor Ende des Jahres 1463 Matthias Corvinus einen grossen Teil des so leicht gewonnenen Gebietes dem Feinde wieder entriss, der dann in christlichem Besitze blieb bis zu dem Tage, da die Macht Ungarns in der unglücklichen Schlacht von Mohacs 1526 gebrochen wurde. In den türkischen Ländern nahmen die Katharer zum grössten Teil den Islam an; die Sekte, die so standhaft den Wechselfällen eines tausendjährigen Lebens und Kampfes getrotzt hatte, verschwand hier, ohne Spuren zu hinterlassen. Den Christen stand der Weg zur Flucht offen, und sie benutzten ihn; unablässig wanderten sie aus bis zur
315 Mitte des achtzehnten Jahrhunderts, und zwar mehr, um der Bedrückung als der Verfolgung zu entgehen; denn die Türken gestatteten ihnen die freie Ausübung ihrer Religion. Als der selige Angelo von Verbosa, ein Schüler des Jakob della Marca, seine Glaubensgenossen überredete, das Land zu verlassen, liess Muhamet ihn vor sich kommen und fragte ihn drohend nach dem Grunde der Auswanderung. „Um Gott anderswo zu verehren", antwortete er kühn und verteidigte seine Sache mit solcher Beredsamkeit, dass der Türke Befehl gab, die Christen nicht zu belästigen, und Angelo die Erlaubnis zum Predigen erteilte. Von da ab waren die Franziskaner die Hilfe und Zuflucht der Christen bis in die neuere Zeit hinein, trotz der mancherlei Grausamkeiten, die sie von den barbarischen Siegern zu erdulden hatten [1]).

---

1) Klaić, pp. 437—9, 443. — Wadding. ann. 1478, Nr. 67; ann. 1498, Nr. 2—3; ann. 1500, Nr. 44. — (*Pastor, Geschichte der Päpste ii (1889) S. 184 ff., 919 ff.)

An die Eroberung Bosniens schloss sich übrigens noch ein ergötzliches Nachspiel. Als die Türken die Hauptstadt Jaicze besetzten, flohen die Franziskaner nach Venedig, indem sie die Gebeine des hl. Lucas, die von Konstantinopel nach Jaicze gebracht worden waren, mit sich nahmen. Der Besitz einer so wichtigen Reliquie gab ihnen grosses Ansehen, verwickelte sie aber auch in einen peinlichen Streit mit den Benediktinern von St. Justina zu Padua, die ebenfalls, und zwar schon dreihundert Jahre lang, sich rühmten, die Gebeine des hl. Lucas zu besitzen, und die schon grossen Gewinn daraus gezogen hatten. Die Benediktiner erhoben daher Einspruch gegen die Einschmuggelung des Doppelgängers. Da sich keine Überlieferung dafür beibringen liess, dass der Heilige zwei Körper besessen habe, so fanden sie keinen Ausweg, den Streit beizulegen. Sie wandten sich daher an Pius II., der den Fall an seinen Legaten in Venedig, den Kardinal Bessarion, verwies und diesem Vollmacht erteilte, ihn zu entscheiden. Es wurde in aller Rechtsform ein Prozess geführt, der drei Monate dauerte und mit dem Siege der Franziskaner endete. Der Lucas von Padua wurde für einen Betrüger erklärt und ihm das Recht auf die Verehrung der Gläubigen entzogen. Aber es wurden keine Bestimmungen getroffen über die Entschädigung derer, die drei Jahrhunderte hindurch ihre Gebete und Gaben an ihn verschwendet hatten in dem Glauben, sich dadurch die Fürsprache des echten Evangelisten zu sichern. Jahrelang machten die Paduaner dann vergebliche Anstrengungen, um die Aufhebung des Urteils Bessarions zu erlangen; sie mussten sich schliesslich unterwerfen. Ihr stärkstes Argument bestand darin, dass der

Kaiser Tiberius II. um das Jahr 580 dem hl. Gregor, der damals Apocrisiarius des Papstes Pelagius II. in Konstantinopel gewesen war, das Haupt des hl. Lucas geschenkt habe, und dass dieses noch immer in der Basilika des Vatikans gezeigt und verehrt würde. Es war denn auch der hl. Lucas der Benediktiner ein kopfloser Rumpf, während der der Franziskaner vollständig war. Mit Recht machten somit die Benediktiner geltend, es sei höchst unwahrscheinlich, dass der hl. Lucas zwei Köpfe besessen habe. Diese Logik war nicht zu widerlegen, half ihnen aber nicht, obgleich die vatikanische Geistlichkeit sich nicht veranlasst fühlte, ihre eigne kostbare Reliquie zu diskreditieren, sie vielmehr nach wie vor als echt ausstellte. Die Frage wurde noch verwickelter, als sich herausstellte, dass in der Basilika S. Maria Maggiore in Rom ein überzähliger Arm des Evangelisten aufbewahrt wurde. (Wadding. ann. 1463, Nr. 13—23.)

Sechstes Kapitel.

Deutschland.

316 Im Jahre 1209 begleitete der Bischof von Strassburg, Heinrich von Veringen, König Otto IV. auf seinem Krönungszuge nach Rom. Wir haben oben (S. 219) gesehen, dass damals einige von den Geistlichen des kaiserlichen Gefolges empört waren über die fast offene Duldung von Ketzern in der päpstlichen Hauptstadt. Bei den Auseinandersetzungen, die sie vermutlich deshalb mit den italienischen Prälaten hatten, wurde ihnen seitens der letzteren wohl empfohlen, selbst in ihren eigenen Diözesen schärfer auf die Rechtgläubigkeit zu achten. Das soll dann zur Folge gehabt haben, dass Bischof Heinrich bei seiner Rückkehr einige eifrige Theologen mit sich nahm, die bereit waren, Glaubensirrungen zu ahnden. Schon eine kurze Prüfung zeigte ihm zu seinem Entsetzen, dass sein Land voll Ungläubiger war. Weitere Nachforschungen führten alsbald zur Verhaftung von fünfhundert Personen aller Gesellschaftsklassen. Heinrich, für seine Zeit ein mild denkender Mann, versuchte zunächst redlich sie zu bekehren und richtete zu diesem Zwecke Disputationen ein. Aber seine Geistlichen waren, was Kenntnis der Schrift anging, den Sektierern nicht gewachsen, so dass der Glauben nur wenig Nutzen von diesem Versuche hatte. Man musste offenbar zu strengeren Massregeln greifen, und so verkündete er, dass alle, welche hartnäckig blieben, verbrannt werden sollten. Das brachte die meisten zur Besinnung. Ketzerische Bücher und Schriften wurden eifrig ausgeliefert, und die Bekehrten schwuren ab. Etwa hundert aber blieben dank der Überredungskunst ihres Führers, eines Strassburger Priesters namens Johann, standhaft, darunter zwölf Priester, dreiundzwanzig Frauen und eine Anzahl Adliger (im Jahre 1212). Den bischöflichen Beamten war das Verfahren gegen Ketzer so unbekannt, dass sie in heller Verlegenheit waren, wie sie diese Widerspenstigen

verurteilen sollten. Da man indessen ein ordentliches Prozessverfahren für nötig erachtete, so nahm man seine Zuflucht zu dem alten Gottesurteil des heissen Eisens. Die Ketzer protestierten zwar dagegen, weil es eine offenbare Versuchung Gottes sei, aber ihre Einwände nützten ihnen nichts. Die, welche leugneten Ketzer zu sein, mussten sich dem Gottesurteil unterwerfen. Natürlich kamen nur wenige mit heiler Haut davon. Einer von ihnen, namens Reinhold, wandte sich an Innocenz III., 317
um sich über dieses Gerichtsverfahren zu beschweren. Der Papst antwortete sofort. Er untersagte die weitere Anwendung dieses Verfahrens in solchen Fragen, obwohl durch Zeitgenossen versichert wird, dass seine Wirksamkeit durch zahlreiche Wunder dargetan wurde. Einer der Ketzer, der im letzten Augenblick bereute, wurde schnell von seinen Wunden geheilt und freigesprochen. Freudig kehrte er nach Hause zurück. Als aber seine Frau ihn wegen seiner Schwäche verspottete und tadelte, wurde er wieder rückfällig. Sogleich stellten sich die Brandwunden wieder ein, und ein gleiches Brandmal erschien auch auf der Hand der Frau. Sie litten solche Schmerzen, dass sie laut aufschreien mussten. Um sich nicht zu verraten, flohen sie in die Wälder und brüllten dort wie wilde Tiere. Infolgedessen wurden sie bald entdeckt, und noch ehe die Asche ihrer Genossen kalt wurde, hatten auch sie dasselbe Schicksal erlitten. Glücklicher war einer aus einer Gruppe von Ketzern, die zu derselben Zeit (um das Jahr 1217) und in derselben Weise in Cambrai überführt wurden. Auf dem Wege zum Scheiterhaufen horchte er auf die Ermahnungen eines Priesters, bereute und gestand. Während er das tat, heilte seine Hand, und als er die Absolution erhielt, war jede Brandspur verschwunden. Dann lenkte der Priester die Aufmerksamkeit auf ihn, erklärte ihn für unschuldig, und da seine unversehrte Hand keinen Zweifel liess, wurde er freigesprochen und entlassen. Zu Strassburg aber wurden achtzig halsstarrige Ketzer durch das Gottesurteil überführt und alle an demselben Tage vor den Mauern verbrannt in einer Grube, die im sechzehnten Jahrhundert den Bürgern noch immer unter dem Namen der „Ketzergrube" bekannt war. Das Eigentum der Verurteilten wurde konfisziert und unter die Behörden und diejenigen Personen verteilt, welche so erfolgreich zur Verteidigung des Glaubens beigetragen hatten[1]).

---

1) *Annales Marbacenses a. a. (1212) 1215 (Mon. Germ. Hist. SS. XVII, 174). — Chronik des Jakob v. Königshofen (Chroniken der deutschen Städte, IX, 649). — Trithemii Chron. Hirsaug. ann. 1215. — Kaltner, Konrad v. Marburg (1882) pp. 41—5. — *Hausrath, Konrad v. Marburg (Kleine Schriften, 1883, S. 156). —

318 Man darf nicht glauben, dass Strassburg ein vereinzelter Ketzerort und dieses der einzige Fall der Verfolgung in jener Zeit war. Andeutungen ohne Zusammenhang aus den nächsten Jahren über Entdeckung und Bestrafung von Ketzern auch an anderen Orten zeigen, dass die Bevölkerung der Rheinlande stark angesteckt war, und dass die Ketzer rücksichtslos ausgerottet wurden, soweit es der Unwissenheit und Bequemlichkeit des Klerus überhaupt möglich war, sie zu entdecken. Das Ereignis in Strassburg aber ist zufällig mit voller Ausführlichkeit überliefert worden, wodurch es besonders wichtig wird, da wir auf diese Weise die damalige bischöfliche Inquisitionsmethode und den Charakter der bestehenden religiösen Verirrungen kennen lernen[1]).

Die Katharer scheinen tatsächlich aus Deutschland, wo sie ohnehin nicht tiefe Wurzeln geschlagen hatten, fast ganz verschwunden gewesen zu sein. Der deutsche Boden war anscheinend für dieses wesentlich südliche Gewächs auf die Dauer wenig geeignet. Dagegen waren die Waldenser zahlreich, ebenso eine andere Art Sektierer, die als Ortlibenses oder Ortlieber bekannt sind[2]).

Wir haben bereits gesehen, wie schnell sich das Waldensertum von Burgund nach der Franche Comté und nach Lothringen ausdehnte, und wie im Jahre 1199 Innocenz III. nach einem vergeblichen Versuche, die Waldenser von Metz zur Auslieferung ihrer in der Volkssprache abgefassten Schriften zu bewegen, den Abt von Citeaux und zwei andre Äbte dorthin sandte, um den Eifer dieser Ketzer zu zügeln. Die Äbte erfüllten ihre Mission, predigten den irregeführten Eiferern und verbrannten alle Abschriften der verbotenen Bücher,

---

*Strobel, Geschichte des Elsasses I, 474. — Innoc. PP. III. Regest. XIV, 138. — Caesar. Heisterb. Lib. III, cap. 16, 17. — Nach Daniel Specklin, einem Strassburger Chronisten, der im Jahre 1589 starb, soll Bischof Heinrich in Rom den hl. Dominikus getroffen und ihm und Innocenz III. versprochen haben, den Dominikanerorden in Strassburg einzuführen; auch soll er einige Mitglieder des Ordens mit in die Heimat genommen haben, deren Zahl sich schnell auf etwa hundert vermehrte, und die sich bei der oben erzählten Verfolgung auszeichneten (Kaltner, loc. cit.). Wie wir indessen in einem früheren Kapitel gesehen haben, wirkte damals Dominikus noch still und verborgen in Languedoc. Erst 1214 legte ihm die Freigebigkeit Peter Cellas den Gedanken nahe, in Toulouse ein halbes Dutzend gleichgesinnter Männer um sich zu sammeln, und erst 1224 wurde das Dominikanerkloster in Strassburg gegründet (Kaltner, p. 45).

1) Kaltner, p. 45. — Trithem. Chron. Hirsaug. ann. 1215. — *Annales Marbacenses a. a. 1231 (l. c. S. 176).

2) *Vgl. im allgemeinen Hauck, Kirchengeschichte Deutschlands IV (1903) S. 852—885; H. Haupt, Waldensertum und Inquisition im südöstlichen Deutschland (1890); Michael, Geschichte des deutschen Volkes II (1899), 266ff.; A. E. Schönbach, Studien zur Geschichte der altdeutschen Predigt, III. Stück: Das Wirken Bertholds von Regensburg gegen die Ketzer (1904), insbesondere S. 86ff.

die sie erreichen konnten. Dass Menschen diese ihre verbotenen Studien auf dem Scheiterhaufen mit dem Leben bezahlten, ist kaum anzunehmen; auch der Chronist erwähnt nichts davon. Infolge der übel angebrachten Milde aber erhoben die Ketzer immer kühner ihr Haupt. Als Bischof Bertrand von Metz einige Jahre später im Dome predigte, erkannte er zwei von ihnen und rief, auf sie hinweisend, aus: „Ich sehe Abgesandte des Teufels unter euch. Dort sind sie, sie wurden in meiner Gegenwart in Montpellier wegen Ketzerei verurteilt und ausgewiesen.“ Die beiden Waldenser, von einem Gefährten begleitet, liessen sich aber nicht einschüchtern, sondern antworteten mit Beschimpfungen, verliessen die Kirche, sammelten eine Menge Volks um sich und hielten derselben eine Predigt über ihre Lehren. Der Bischof hatte kein Mittel, sie zum Schweigen zu bringen. Als er versuchte, Gewalt anzuwenden, fand er, dass sie von einigen 319
der einflussreichsten Bürger der Stadt beschützt wurden, so dass sie ihre falschen Lehren unbehelligt verbreiten konnten. Hier wie an vielen anderen Orten wurde der Arm der Kirche durch die Streitigkeiten zwischen Volk und Bischof gelähmt. So konnten die Waldenser viele Jahre fortfahren, ihren Glauben in der Stadt zu verbreiten[1]).

Es kann daher nicht überraschen, dass fast alle in Strassburg im Jahre 1212 verbrannten Ketzer zu dieser Sekte gehörten. Aus ihren Schriften und Bekenntnissen wurde eine Liste von dreihundert Irrtümern, die später auf siebzehn zusammengedrängt wurden, aufgestellt und den Verurteilten auf dem Wege zum Richtplatz vor dem Volk vorgelesen. Priester Johann, ihr Oberhaupt, erkannte die Richtigkeit aller an mit Ausnahme der geschlechtlichen Verirrungen, die er mit Unwillen zurückwies. Die, welche er zugab, zeigen, wie schnell sich ihre Lehren bis zu den letzten Konsequenzen entwickelt hatten, und wie unausfüllbar die Kluft war, welche ihre Anhänger schon damals von der Kirche trennte. Alle heiligen Weihen wurden verworfen, was von selbst zur Verwerfung des Priester-Cölibats führte. Den Glauben ans Fegefeuer lehnten sie nachdrücklich ab und demgemäss auch die Gebete und Messen für die Toten. Das Dogma, dass Christus und seine Jünger kein Eigentum besessen hätten,

---

1) Innoc. PP. Regest. III, 141, 142, 235. — Albericus Trium Font. ann. 1200 (Mon. Germ. Hist. SS. XXIII, 878). — Caesar. Heisterb. Lib. V, c. 20. — *Vgl. oben S. 164 und Bd. I, S. 144; Comba, Histoire des Vaudois (1901) S. 84 ff. und für die Frage der ältesten Waldenserliteratur W. Förster in den Göttinger Gelehrten Anzeigen 1888, S. 753 ff.

hatten die Waldenser schon lange vor dem hl. Franziskus und seinen Anhängern aufgestellt[1]).

Die Ortlibenses oder Ortlieber, die ebenfalls unter den Opfern von Strassburg vertreten waren, verlangen eine etwas eingehendere Betrachtung, als ihre unmittelbare Bedeutung zu rechtfertigen scheint. Denn wenn sie auch verhältnismässig gering an Zahl waren, so vertraten sie zuerst in Deutschland eine eigentümliche freigeistige Richtung, die, wie wir finden werden, in vielen Formen wiederkehrte; ausserdem waren sie durch ihre fast unüberwindliche Hartnäckigkeit die Hauptfeinde, mit denen die Inquisition zu kämpfen hatte.

Schon bei Beginn des Jahrhunderts hatte sich Magister David von Dinant, ein Pariser Professor, der durch seine spitzfindige Argumentation die Gunst des Papstes Innocenz III. gewonnen hatte, gefährlichen Spekulationen hingegeben, die er aus der Philosophie
320 des Aristoteles, und zwar in der von den arabischen Kommentatoren überlieferten Form, ableitete; dazu fügte er noch neuplatonische Elemente, welche den griechischen Theismus in eine Art von mystischem Pantheismus umwandelten. Diese Spekulationen wurden von seinem Amtsbruder Amalrich von Bena, einem Günstling des mutmasslichen Thronerben, des Prinzen Ludwig, fortgesetzt. Die Universität verurteilte seine Ansichten im Jahre 1204; er legte Berufung bei dem Hl. Stuhle ein, musste aber im Jahre 1207 abschwören und soll noch in demselben Jahre vor Gram gestorben sein. Er hatte jedoch Schüler, die seine Lehren heimlich ausbreiteten. Es waren dies meist gebildete und kluge Männer, Theologen der Universität und Priester, mit Ausnahme eines Goldschmieds namens Wilhelm, der als der Prophet der kleinen Sekte angesehen wurde. Kühne Spekulationen dieser Art konnten unmöglich lange in ihrer ursprünglichen Form verharren. Tatsächlich wurden auch aus den Prämissen Davids und Amalrichs die überraschendsten Schlussfolgerungen gezogen zu dem Zwecke, die Lehre in ein kurzes System zu bringen, um sie leichter unter dem Volke ausbreiten zu können. Amalrich hatte gelehrt, dass Gott das innerste Wesen aller Geschöpfe sei, und dass, wie das Licht nicht an und für sich, sondern nur in der Luft gesehen werden könne, so auch Gott nur in seinen Geschöpfen

---

1) Kaltner, op. cit. pp. 69—71. Ich möchte annehmen, dass sich der brave Daniel Specklin bei der Aufstellung dieser Liste von Irrtümern ein wenig von seinen eignen Überzeugungen hat leiten lassen. Er zählt u. a. das Abendmahl in beiderlei Gestalt auf. Da aber der Kelch um diese Zeit den Laien noch nicht entzogen worden war, so würde seine Darreichung nicht als Ketzerei angesehen worden sein (*vgl. Haupt a. a. O. S. 37 f.).

sichtbar sei. Aus einer solchen Anschauung ergab sich von selbst, dass alle Wesen nach dem Tode zu Gott zurückkehren und mit ihm in ewiger Ruhe vereinigt sein würden. Diese Ansicht beseitigte also die Lehre von der zukünftigen Vergeltung, vom Fegefeuer und der Hölle und, worauf die Amalricianer ausdrücklich hinwiesen, die zahlreichen Gebräuche, durch welche die Kirche auf Grund der Schlüsselgewalt und des Schatzes der guten Werke das Gewissen und die Besitztümer der Menschen beherrschte. Wie diese Lehren das kirchliche System zerstörten, so untergruben sie auch die Sittlichkeit durch die Behauptung, dass alles, was aus Liebe und Mitleid geschehe, keine Sünde sein könne, und dass jeder, der vom hl. Geiste erfüllt sei, sündenlos bleibe, gleichgültig was für ein Verbrechen er begehe; denn da jener Geist als Geist Gottes nicht sündigen könne, so könne es auch der Mensch nicht, solange der Geist Gottes in ihm wohne[1]).

Für Gemüter, die zu mystischer Überspannung neigten, hatten solche Behauptungen eine unwiderstehliche Anziehungskraft. Selbst 321
der strenggläubige Cäsarius von Heisterbach behauptet, den Heiligen stehe vieles frei, was den Sündern verboten sei, da dort, wo der Geist Gottes sei, auch die Freiheit wohne. Liebe deinen Nächsten und tue, was dir gefällt — das wurde hier Maxime[2]). Nachdem aber dieses verhängnisvolle Wort einmal gefallen war, konnte es nicht wieder ungesprochen gemacht werden. Trotz der hartnäckigsten und schonungslosesten Unterdrückungsmassregeln übte diese gefährliche Ausgestaltung eines übermenschlichen Spiritualismus auf diejenigen Menschen, denen die Grenzen ihrer menschlichen Gebrechlichkeit zu enge waren, fortgesetzt ihre Anziehungskraft aus bis zu den Zeiten des Molinos und der Illuminaten; und ihr Einfluss tritt noch in den Träumereien der Frau Guyon und der Quietisten zutage.

An dem Orte ihres Ursprungs wurde jedoch die amalricianische Ketzerei schnell unterdrückt. In seinem proselytischen Eifer näherte sich im Jahre 1210 der Goldschmied Wilhelm einem Magister Raoul von Nemours, der sich stellte, als wolle er sich überzeugen lassen, aber heimlich dem Bischof Peter von Paris und dem Magister Robert von

1) Tocco, L'Heresia nel Medio Evo, p. 21. — D'Argentré, Collect. Judic. I, I, 127. — Caesar Heisterbac. V, 22. — Nich. Trivetti Chron. ann. 1215 (D'Achery Spicileg. III, 185). — Rigord. de Gest. Phil. Aug. ann. 1210 — Guillel. Nangiac. ann. 1210. — Eymeric. Direct. Inquis. P. II. Q. VII. — Renan, Averroès et l'Averroïsme, 3. Aufl. pp. 220—4. — *Fredericq, Corpus inquisitionis Neerlandicae I, S. 64; III. S. XVIII; Preger und Haupt in der Realencyklopädie [3]I, S. 432, IV, S. 505.

2) Caesar. Heisterb. VI, 5.

Curzon Mitteilung machte, der als päpstlicher Aufseher das Predigtamt in Frankreich zu überwachen hatte. Auf den Rat dieser beiden Männer gab er vor, bekehrt zu sein, und begleitete die Amalricianer auf einer Missionsreise, die drei Monate dauerte und sich bis Langres erstreckte. Auf diese Weise erfahren wir Näheres von den Sitten und Gebräuchen der Sektierer. Um die Täuschung durchzuführen, heuchelte der Spion, wie es heisst, ekstatische Verzückungen, richtete das Gesicht gen Himmel und erzählte, wenn der Zustand vorüber war, von den Visionen, die er gehabt habe. Man ersuchte ihn dann, die neuen Lehren selbst öffentlich zu predigen; doch verstand er, das stets zu umgehen. Sobald er genau Bescheid wusste, unterrichtete er die Behörden. Es wurden nun Verhaftungen vorgenommen, und in Paris wurde ein Konzil von Bischöfen abgehalten, welches alle Beteiligten ohne Schwierigkeit verurteilte. Die, welche kirchliche Weihen besassen, wurden degradiert, alle aber den weltlichen Behörden ausgeliefert. Da es noch keine Gesetze für die Bestrafung der Ketzerei gab, so wurde das Urteil bis zur Rückkehr des abwesenden Königs aufgehoben. Schliesslich wurden vier der Anführer auf Lebenszeit eingekerkert, während zehn den Scheiterhaufen besteigen mussten, die dem Tode mit unerschrockener Ruhe entgegengingen. Das einfältige verführte Volk beiderlei Geschlechts liess man in Gnaden laufen. Auch an anderen Orten fanden einige wenige Prozesse und Exekutionen statt, so in Amiens an einem der Erzketzer,
322 Magister Godin. Die Überreste Amalrichs aber wurden ausgegraben und den Hunden vorgeworfen, seine Gebeine auf die Felder gestreut; die Schriften der Schwärmer wurden verboten, das Studium der Naturwissenschaften an der Universität wurde für drei Jahre aufgehoben und die Werke des Aristoteles, welche eine Quelle dieser Ketzerei gewesen waren, wurden öffentlich verbrannt [1]).

Die Lehre von der Unfähigkeit zur Sünde konnte natürlich bei Menschen, die nicht durch ihre geistige Schwärmerei gegen die Schwachheit des Fleisches gefeit waren, leicht zügellose Leiden-

---

1) Rigordus de Gest. Philippi Aug. ann 1210. — Chron. Canon. Laudunens. ann. 1212. — Chron. de Mailros ann. 1210. — Chron. Turonens. ann. 1210. — Caesar. Heisterb. v, 22. — Chron. Breve S. Dionys. ann. 1209. — Grandes Chroniques, IV, 139. — Guillel. Brito, De gestis Philippi Aug. (Bouquet XVII, 82 sqq). — D'Argentré, Coll. Judic. I. I, 128–33. — Harduin. Concil. VI. II, 1994. — Chron. Engelhusii (Leibnitz, SS. Rer. Brunsv. II, 1113).

Der Goldschmied Wilhelm steht noch bis zum heutigen Tage unter dem Titel Guilelmus Aurifex auf dem Index Librorum Prohibitorum (Migne, Dictionnaire des Hérésies, II, 1056). Reusch, Der Index der verbotenen Bücher, I, 17.

schaften erwecken, und es kann wohl etwas Wahres an den gegen die Amalricianer erhobenen Anschuldigungen sein, dass nämlich ihre Anhänger beiderlei Geschlechts unter dem Vorwande, den Geboten der christlichen Liebe zu folgen, schändlicher Zügellosigkeit sich hingaben. Die volkstümliche Bezeichnung dieser Sektierer als „Papelards“ beweist indessen, dass sie wenigstens den äusseren Schein der Heiligkeit und Frömmigkeit bewahrten und sich klugerweise hüteten, ihre Lehren von der Nutzlosigkeit der Sakramente und alles äusseren Gottesdienstes in die Praxis umzusetzen.

So wurde die Ketzerei an der Stätte, wo sie entstanden war, unterdrückt, und man hört hier nichts mehr von ihr. Wir erfahren nur noch, dass es in der Dauphiné Lehrer derselben gab, die dort mit den Waldensern verwechselt wurden, und dass Honorius III. im Jahre 1225 den Traktat 'De divisione naturae' des Scotus Erigena vernichten liess, welcher, wie man glaubte, die Veranlassung zu Amalrichs Spekulationen geboten hatte. Die Saat war jedoch weit und breit ausgestreut und trug Früchte auf fremdem Boden. Die Universität Paris war eine Quelle des Wissens, zu der die Durstigen aus allen Ländern Europas zusammenströmten. Unter ihnen war es den Amalricianern nicht schwer, Jünger zu finden, die sich als Missionare nützlich erweisen konnten. Im Jahre 1215 verurteilte Robert von Curzon zu den Werken Davids und Amalrichs zugleich noch diejenigen eines gewissen Moritz des Spaniers. Ein andrer Jünger soll Ortlieb von Strassburg gewesen sein. Nach ihm als ihrem Lehrer wurden die Sektierer benannt, deren Schicksal sich, wie wir gesehen haben, in Strassburg entschied. Dass man die Ketzerei damals noch nicht für erloschen ansah, geht aus der Tatsache hervor, dass es im 323
Jahre 1215 das grosse Laterankonzil nötig fand, über die Lehren Amalrichs, welche es übrigens mehr für Wahnsinn als für Ketzerei erklärte, ein förmliches Verdammungsurteil auszusprechen [1]).

Von dem ursprünglichen Glauben dieser „Brüder des freien Geistes“, wie sich die Anhänger Ortliebs selbst nannten, wissen wir wenig. Der wichtigste Bericht, den wir über ihre Lehren während des dreizehnten Jahrhunderts haben, beschäftigt sich mehr mit seinen Konsequenzen, nämlich der Leugnung der Wirksamkeit der priesterlichen Handlungen, als mit den Grundanschauungen, auf denen sie

1) Steph. de Borbone (D'Argentré I. I, 88). — Potthast Nr. 7348. — Pelayo, Heterodoxos Españoles, I, 410. — Concil. Lateran. IV, c. 2.
Für den Zusammenhang zwischen den Spekulationen Erigenas und denen Amalrichs vgl. Poole, Illustrations of the History of medieval thought, London, 1884, p. 77

beruhten. Es liegen aber Anzeichen dafür vor, dass die letzteren pantheistischer Natur waren. Sie behaupteten unter anderm, das Universum sei nicht erschaffen, sondern von Ewigkeit her da; sie versprachen allen ein ewiges Leben, leugneten aber die Auferstehung des Fleisches und stellten die Dreieinigkeit in mystischer Weise durch drei Mitglieder der Sekte dar. Unsittlichkeit wird ihnen nicht vorgeworfen, selbst in der Ehe mussten sie vielmehr die strengste Enthaltsamkeit üben. Es wurde ihnen nur die geistige Erzeugung von Kindern, und zwar auf dem Wege der Bekehrung gestattet, während ihnen Mord, Lüge und Eide streng verboten waren. Höchst wahrscheinlich haben der im Elsass vorherrschende Waldensianismus sowie die durch die gemeinsame Ächtung erzeugte gegenseitige Zuneigung die Ansichten der Schüler Ortliebs bedeutend verändert. Den Verfolgungen des Jahres 1212 gelang es keineswegs, sie auszurotten; hören wir doch von einer weiteren Verfolgung derselben im Jahre 1216, die sich bis in den Schweizer Thurgau erstreckte. Um die Mitte des Jahrhunderts, heisst es, waren sie stark in Schwaben verbreitet, besonders in der Umgegend von Nördlingen und Öttingen. Albertus Magnus hielt sie für wichtig genug, um ein ausführliches Verzeichnis ihrer Irrtümer aufzustellen [1]).

Es dauerte nicht lange, so hatten die fruchtbaren pantheistischen Anschauungen neue Blüten getrieben. Dieses Mal war es eine, die besonders anstössig für die Gläubigen war. Wenn Gott, so hiess es hier, das Wesen aller Geschöpfe sei, so könne Satan keine Ausnahme bilden, und wenn später alle mit Gott wieder vereinigt würden, könnten Satan und seine Engel nicht zu ewigem Verderben verdammt
324 sein. So unbegrenzt waren die Schlüsse, welche den kühnen Aufstellungen der Amalricianer entsprangen, dass die, welche ihre Ansichten annahmen, in den daraus gezogenen Folgerungen unfehlbar voneinander abweichen mussten, je nachdem sie der einen oder der andern Reihe von Vordersätzen eine mehr oder weniger grosse Bedeutung zuschrieben. Einige hatten ein vorwiegendes Interesse für die Satan betreffenden Glaubenssätze, und da ihre Ansichten die Rechtgläubigen ganz besonders erbitterten, so wurden sie als eine eigene Sekte mit dem beschimpfenden Namen Luziferianer bezeichnet. Von dieser Sekte ist viel zu hören, jedoch wenig zu sehen. Man behauptete, dass ihre Mitglieder sich bis zur Teufelsverehrung verstiegen, und sie

1) Anonymus Passaviensis, Contra Waldenses c. 6 (Magna Bibliotheca veterum patrum (Coloniae 1618) XIII, 300—2). — Kaltner, pp. 64—5. — Haupt, Zeitschrift für Kirchengeschichte, 1885, p. 507. — *K. Müller, Die Waldenser S. 131 ff., S. 169 ff.; Deutsch in der Realencyklopädie ^{3}XIV, S. 499.

wurden in die Liste derjenigen Ketzer aufgenommen, die in regelmässigen Zwischenräumen öffentlich verdammt wurden. Das war ein Eifer, der ihnen eine weit grössere Bedeutung zuschrieb, als ihre kleine Zahl verdiente. Wahrscheinlich geschah das aber, weil diese Sekte besonders geeignet war, dem Volke einen gesunden Abscheu vor der Ketzerei einzuflössen. Man verbreitete die unglaublichsten und abstossendsten Geschichten von ihren hässlichen religiösen Gebräuchen, denen man Schritt für Schritt eine dem herrschenden Aber- und Zauberglauben entsprechende Gestalt zuschrieb und die diesen selbst umgekehrt auf bestimmte konkrete Formeln bringen halfen. In der hier in Rede stehenden Zeit boten sie den Vorwand für die wildeste und grausamste Verfolgungswut, welche die Welt je erlebt hat.

Diesem Fanatismus begegnen wir zum ersten Male in der Angelegenheit des Heinrich Minneke, der Propst im Cisterzienserinnenkloster Neuwerk zu Goslar war. Sie ist auch insofern lehrreich, als sie zeigt, wie man in Deutschland am Ende des ersten Viertels des dreizehnten Jahrhunderts von einer Inquisition noch gar nichts wusste, und wie wenig die deutschen Bischöfe deren Verfahren bis dahin kannten. Im Jahre 1222 wurde Minneke in Hildesheim vor seinem Bischofe, dem fanatischen Konrad von Reifenberg, gewisser ketzerischer Ansichten angeklagt. Es wurde eine Versammlung von Prälaten in Goslar abgehalten, seine Nonnen wurden als Zeugen vorgeladen, und Minneke wurde für schuldig befunden. Aber es wurde ihm nur befohlen, seine Lehren nicht weiter zu verbreiten. Als er diesem Gebote nicht nachkam, lud ihn der Bischof Konrad vor seinen Richterstuhl, verhörte ihn drei Tage lang und verurteilte ihn dann zur Rückkehr in ein Kloster des Prämonstratenserordens, dem Minneke angehörte, indem er zugleich den Nonnen auftrug, sich einen andern Propst zu wählen. Aber wiederum leistete Minneke dem Befehl keine Folge, wahrscheinlich in der Erwägung, dass seine Immunität als Mönch ihn von der bischöflichen Jurisdiktion befreie. Der Bischof aber konnte sich, wie es scheint, nicht anders helfen, als dass er die Intervention des Papstes Honorius III. anrief. Als nun der Papst das Urteil auszuführen befahl, legten die Nonnen eine Rückberufung an die römische Kurie und zugleich eine solche an den Kaiser ein. Beide
Berufungen wurden verworfen, Minneke wurde für ein krankes Glied 325
der Kirche erklärt, das abgeschnitten werden müsse, und den Nonnen wurde bedeutet, dass sie froh sein sollten, von seinem Einflusse befreit zu sein. Aber immer noch blieb er fest, und der Bischof musste den Kardinallegaten Konrad von Porto um Rat fragen, bevor er es

wagte, den unbezwinglichen Ketzer ins Gefängnis zu werfen. Von seinem Gefängnis aus appellierte Minneke selbst an den Papst, indem er behauptete, er sei ungehört verurteilt worden; er bat um ein Verhör und versprach, sich der lebenslänglichen Einkerkerung zu unterwerfen, wenn er sich weigern sollte, Irrtümer, deren er überführt werde, zu widerrufen. Darauf befahl im Mai 1224 Honorius dem Bischof Konrad, den Gefangenen vor den Legaten und eine Versammlung von Bischöfen bringen zu lassen zu endgiltigem Verhör uhd Urteil. Etwa am 1. Oktober berief der Legat die Bischöfe Norddeutschlands zu einer Versammlung nach Bardewick; hier wurde Minneke folgender Vergehen für überführt erklärt: erstens, er habe die Nonnen glauben machen wollen, dass er grösser sei als irgendein anderer von einem Weibe Geborener; zweitens, er habe in vielen Beziehungen die strenge Cisterzienserregel gemildert; drittens, er habe in seinen Predigten erklärt, dass der hl. Geist der Vater des Sohnes sei; viertens, er habe sich in seinem Lobe der Jungfräulichkeit bis zu der Behauptung verstiegen, dass die Heirat eine Sünde sei; fünftens, er habe behauptet, in einer Vision gesehen zu haben, dass Satan Gott um Verzeihung gebeten habe, und endlich, er habe gelehrt, dass es im Himmel eine Frau gebe, die grösser sei als die hl. Jungfrau, und die den Namen Weisheit führe. Um die Angelegenheit zu Ende zu bringen, war aber noch eine zweite Synode erforderlich, die am 22. Oktober 1224 in Hildesheim abgehalten wurde. Minneke musste vor derselben erscheinen, wurde seiner Irrtümer überführt und des Priesteramtes entkleidet. Aber immer noch fühlte sich Bischof Konrad seiner Autorität so wenig sicher, dass das Urteil unter dem Siegel des Legaten veröffentlicht wurde. Der Verurteilte wurde den weltlichen Behörden überantwortet und demgemäss im Jahre 1225 verbrannt. Seiner Behauptung, dass Satan um Verzeihung gebeten habe, legte man eine solche Bedeutung bei, dass man ihn als Manichäer und Luziferianer kennzeichnete[1]).

Dieser Fall hat insofern noch ein weiteres Interesse, als zu den bei der letzten Gerichtsverhandlung Beteiligten anscheinend auch ein Mann gehörte, der damals ganz Deutschland mit seinem Namen erfüllte, und der die vollkommenste Verkörperung des reinen Fana-

1) Hartzheim, Concil. German. III, 515–16. — Potthast Nr. 7260. — Chron. Mont. Sereni ann. 1222 (Monumenta Germaniae Historica SS. XXIII, 199). — Chron. Sanpetrin. Erfurt. ann. 1222 (ib. XXX, 389). — Kaltner, pp. 90–5. — *Bertram, Geschichte des Bistums Hildesheim I (1899), S. 236; Winkelmann, Kaiser Friedrich II. I (1889) 414 ff.; Michael, Geschichte des deutschen Volkes II (1899), 319; Hauck, Kirchengeschichte Deutschlands IV (1903) 871.

tismus seiner Zeit darstellt, nämlich Konrad von Marburg. Obwohl
er ein Weltpriester war und den beiden Bettelorden fernstand[1]),
lebte er in vollständiger Armut und verdiente sich sein Brot durch 326
Betteln. Und obwohl er in der Kirche, die ihn als ihren grössten Glaubensboten verehrte, auf jegliche Würde hätte Anspruch erheben können, und der Landgraf Ludwig ihm jahrelang die Verfügung über alle Pfründen Thüringens überwies, nahm er niemals auch nur eine einzige Beförderung an. Seine feurige Seele und seine rastlose Tatkraft waren einzig und allein auf das Werk Gottes gerichtet und dem Zwecke geweiht, das himmlische Reich auf Erden zu fördern nach dem Lichte, das in ihm leuchtete[2]).

Von finsterem Wesen und beschränktem Geiste trieb er seine Bigotterie bis zum Gipfel des Wahnsinns. Welche Begriffe er von der Pflicht des Menschen gegen seinen Schöpfer hatte, und wie ihn sein Gewissen dazu verleitete, die ihm anvertraute unbegrenzte Macht zu missbrauchen, kann man am besten beurteilen nach dem Ver-

---

1) Konrad von Marburg war ein zu helles Licht, als dass nicht die Dominikaner ihn allen Ernstes und hartnäckig als eine Zierde ihres Ordens hätten in Anspruch nehmen sollen. Ihre Legende erzählt, dass er im Jahre 1220 auf wunderbare Weise von dem hl. Dominikus selbst, der seinen Eintritt ernstlich gewünscht habe, für den Orden gewonnen und bald darauf gleichfalls von ihm als Inquisitor nach Deutschland geschickt worden sei (Monteiro, Historia da Sacra Inquisição, P. I, Liv. I, c. 48. — Jac. de Voragine Legend. Aur. fol. 90a, Ed. 1480. — Paramo, pp. 248–9). Ripoll pflichtet der Erzählung bei, hat uns aber die zum Beweise der Wahrheit versprochene Abhandlung nicht geliefert (Bull. Domin. I, 20, 52. Vgl. auch Kaltner, pp. 76–82). — Die Inanspruchnahme für den Orden gründet sich auf Konrads Inquisitionstätigkeit, seine freiwillige Armut und seinen Titel 'praedicator', den er kraft eines päpstlichen Auftrages führte; diese Gründe sind recht schwach, aber immer noch besser als derjenige Hausraths, des letzten Vertreters dieser Ansicht, der eine Stelle aus einem Briefe Gregors IX. anführt, wo Konrad als der Wachthund des Herrn bezeichnet wird — „Dominicus canis". Es gibt ausreichende Gründe zum Beweise dafür, dass er dem Orden nicht angehört hat. Sie können nach Lage der Sache nur negativer Art sein. Zunächst wird er in den zahlreichen Briefen, welche Honorius III. und Gregor IX. an ihn richteten, niemals „Frater" angeredet, was doch die bei Bettelmönchen regelmässig gebräuchliche Bezeichnung war. Die Überschrift lautet vielmehr stets „Magistro Conrado de Marburc, praedicatori verbi Dei", oder ähnlich, da Konrad wahrscheinlich Magister der Theologie war. (Epistt. Saec. XIII. T. I, Nr. 51, 117, 118, 126, 361, 362, 484, 533, 537). Ebenso sprechen auch die Chronisten, wenn sie ihn erwähnen, niemals von dem „Frater", sondern immer von dem „Magister Conradus". Und Dietrich von Apolda, der selbst ein Dominikaner und fast ein Zeitgenosse Konrads war und ihn in seiner Lebensbeschreibung der hl. Elisabeth preist, nimmt ihn nicht für seinen Orden in Anspruch, was er doch sicher nicht unterlassen hätte, wenn er dazu berechtigt gewesen wäre. — *Benrath in der Realencyklopädie [3]X (1901), 747; Wetzer-Welte, Kirchenlexikon [2]VII (1890), 945.

2) Theodericus Thuring. (Dietrich von Apolda), De S. Elisabetha Lib. III, c. 10 (Canisii Thesaur. monumentorum ecclesiasticorum et historicorum, ed. Basnage IV (1725), 130). — Potthast Nr. 7930. — Epistt. Saec. XIII. T. I, Nr. 361.

fahren, das er als Beichtvater und Seelsorger der hl. Elisabeth von Thüringen einschlug. Im Jahre 1207 als Tochter des Königs Andreas von Ungarn geboren, im Jahre 1221 mit dreizehn Jahren an Ludwig von Thüringen, einen der mächtigsten deutschen Fürsten, verheiratet, Mutter mit vierzehn und Witwe mit zwanzig Jahren, dann infolge des
327 strengen Lebenswandels, den sie sich selbst auferlegt hatte, mit vierundzwanzig Jahren vom Tode ereilt, bot Elisabeth ein ganz einzigartiges Beispiel weiblicher Sanftmut und Selbstverleugnung sowie aller christlichen Tugenden und religiösen Bestrebungen. Kaum achtzehn Jahre alt, vertraute sie sich der Leitung Konrads an, der dieses Himmelskind mit der Grausamkeit eines Dämons zu knechten begann. Der Gehorsam, den er von ihr verlangte, war unbedingt. Als er sie einst zu seiner Predigt eingeladen hatte und sie wegen des unerwarteten Besuches ihrer Schwägerin, der Markgräfin von Meissen, nicht kommen konnte, erklärte er zornig, dass er sie verlassen würde. Am nächsten Tage ging sie zu ihm und bat ihn um Verzeihung, und als er taub gegen ihre Bitten blieb und sie sich mitsamt ihren Dienerinnen, die er gleichfalls tadelte, ihm zu Füssen warf, liess er sie alle bis aufs Hemd entkleiden und gründlich geisseln. Kein Wunder, dass ihr dieser Mann einen solchen Schrecken einflösste, dass sie zu sagen pflegte: „Wenn ich einen sterblichen Menschen so sehr fürchte, wie sehr muss dann erst Gott zu fürchten sein?“ Als sie nach dem Tode ihres zärtlich geliebten Gemahles von dessen Bruder Heinrich ihrer Habe beraubt und mit ihren Kindern ohne einen Heller in der Tasche vertrieben wurde, fügte sie sich mit geduldiger Ergebung in ihr Schicksal und bettelte, um ihr Leben zu fristen. Und als Heinrich sie später für ihre Witwenrechte mit einer bestimmten Summe abfinden musste, verteilte sie dieses Geld so schnell wie möglich an die Armen. Getrieben von einer krankhaften Frömmelei, wie sie Konrad ihr eingeimpft hatte, stellte sie ihre Kinder Gott anheim und widmete sich der Pflege der Ausgestossenen und Aussätzigen. Den höchsten Grad erreichte ihre Demütigung jedoch, als Schmähsucht ihre Beziehungen zu Konrad zum Vorwand nahm, um ihre Ehre zu beschmutzen. Als man sie deshalb warnte und zu grösserer Vorsicht ermahnte, zeigte sie ihre blutige Geissel mit den Worten: „Das ist die Liebe, die dieser heilige Mann zu mir hat. Ich danke Gott, dass er auch noch dieses letzten Opfers mich gewürdigt hat. Ich habe alles geopfert, Stellung, Reichtum, Schönheit, habe mich zur Bettlerin gemacht und nur den Schmuck weiblicher Keuschheit bewahrt; wenn Gott mir auch diesen noch nehmen will, dann be-

trachte ich das als eine besondere Gnade.“ Diesen demütigen Geist, der sich schon so tief erniedrigt hatte, suchte Konrads brutaler Fanatismus systematisch zu brechen, indem er ihm mit wohlüberlegter Absicht jeden Wunsch versagte und jedes nur mögliche Opfer von ihm verlangte. Bloss um Elisabeths Kummer zu vermehren, schickte er die treuen Dienerinnen, die sie vergötterten, eine nach der anderen fort, schliesslich auch Guda, welche seit ihrer frühen Kindheit in Ungarn ihre geliebte Gefährtin gewesen war. „Er tat es“, wie sie selbst sagten, „mit guter Absicht, weil er fürchtete, unsere Gegenwart könnte sie an 328
ihren früheren Glanz erinnern, und weil er wünschte, sie jeden menschlichen Trostes zu berauben, damit sie sich ganz auf Gott verlassen sollte.“ Wenn sie seinen Befehlen nicht nachkam, strafte und schlug er sie, was sie zum Gedächtnis der Streiche, die Christus erlitten hatte, mit Freuden ertrug. Einmal entbot er sie zu sich nach Oldenburg, um zu entscheiden, ob sie in ein dort befindliches, über die Massen strenges Kloster eintreten sollte. Die Nonnen baten ihn, dass er Elisabeth gestatten möge, sie zu besuchen. Er gab die Erlaubnis in der Erwartung, dass sie keinen Gebrauch davon machen würde wegen der Exkommunikation, die jeden traf, welcher in die heiligen Mauern eindrang. In der Annahme, sie dürfe es, ging sie jedoch hin, während ihre Begleiterin Irmengard draussen stehen blieb, empfing den Schlüssel und öffnete die Tür. Zur Strafe befahl Konrad beiden, sich niederzulegen, um sich von seinem treuen Begleiter, Bruder Gerhard, mit einem dicken Stock schlagen zu lassen, so dass sie die Zeichen der Züchtigung noch Wochen lang an sich trugen. Mit Recht durfte im nächsten Jahrhundert der geheimnisvolle Gottesfreund im Oberland von der hl. Elisabeth sagen: sie habe sich statt Gott einem Manne unterworfen, der weit unter ihr gestanden habe sowohl an natürlicher Fähigkeit als auch an den Gaben der göttlichen Gnade [1]).

Die Bedeutung von alle dem liegt nicht nur in dem Verfahren Konrads, der rohe Gewalt, geistige und körperliche Folterung als den sichersten Weg zum Seelenheile ansah, sondern auch in der Anmassung, womit er ganz unbedenklich die Rolle eines rächenden Gottes übernahm, um die Menschheit für ihre Schwachheiten und

---

1) Kaltner, pp. 96, 121. — De dictis IV. Ancillarum (Mencken. Scriptt. Rer. Germ. II, 2017, 2033, 2029). — Theodor. Vit. S. Eliz. (Ib. 2000–1). — Jundt, Les Amis de Dieu, p. 95. — *Über das Verhältnis Konrads von Marburg zu Elisabeth von Thüringen vgl. neuerdings Huyskens im Historischen Jahrbuch XXVIII (1907) S. 763ff., und in den Annalen des Hist. Vereins für den Niederrhein 86 (1908) S. 6ff.; Wenck, in der Historischen Zeitschrift 69 (1892), 224ff., Die Wartburg (1907) S. 181ff. und Neues Archiv der Gesellschaft für ältere deutsche Geschichtskunde XXXIV (1909), 427ff.

Sünden zu strafen. Der wahnsinnige Enthusiasmus eines so gearteten Mannes, der, von glühendem Fanatismus beseelt und mit unverantwortlicher Macht ausgerüstet, sich als in persönlichem Kampfe mit Satan stehend betrachtete, musste notwendigerweise zu einer Katastrophe führen. Es wäre jedoch ungerecht, ihn verantwortlich zu machen für all das Unheil, das er anrichtete. Die Schuld tragen vielmehr diejenigen, welche mit kaltem Blute ein solches Werkzeug auswählten, seinen wahnsinnigen Eifer auf die höchste Spitze trieben und ihn dann losliessen, so dass er seinen Wahnwitz an schutzlosen Kreaturen auslassen konnte.

Konrad hatte schon lange die Aufmerksamkeit auf sich gezogen; seine Eigenschaften waren denjenigen wohlbekannt, welche sich seiner bedienten. Durch seine feurige Beredsamkeit vermochte er die Leidenschaften der Menge zu erregen. Deshalb hatte er schon
329 1214 den ehrenvollen Auftrag erhalten, in Deutschland den Kreuzzug zu predigen, um dessentwillen hauptsächlich das grosse Laterankonzil zusammentrat[1]). Von dieser Zeit an blieb sein Eifer ungeschwächt, und es beruht wohl auf Wahrheit, wenn behauptet wird, dass er an den überlieferten gelegentlichen Ketzerverfolgungen teilnahm. Genauere Kunde darüber fehlt uns allerdings. Seine Mission als Prediger brachte ihn in direkte Beziehungen zu Rom. Der Erfolg, womit er Tausende veranlasste, das Kreuz zu nehmen, trug ihm ein grosses Ansehen bei der Kurie ein, das zweifellos noch durch seine Uneigennützigkeit, die keinen Dank begehrte, erhöht wurde. Sie ging allmählich dazu über, ihn als ihren Vertreter in wichtigen Angelegenheiten zu verwenden, wobei ihn seine unermüdliche Tatkraft immer wertvoller machte. Im Jahre 1220 erhielt er den Auftrag, den Kaiser Friedrich II. und die Fürsten durch Kirchenstrafen zur Ausführung des lange versprochenen, aber immer wieder aufgeschobenen Kreuzzuges zu zwingen. Konrad wurde der Leiter der zu diesem Zweck eingerichteten Kreuzzugspredigt, wobei er ermächtigt wurde, überall in Deutschland Mitarbeiter anzunehmen. In den bei dieser Gelegenheit an ihn gerichteten Briefen wird er als „Scholasticus" angeredet, was wohl beweist, dass er damals die Stelle eines Leiters der Stiftsschulen in Mainz bekleidete[2]). Im Jahre 1227 erhielt er einen noch grösseren Beweis des Vertrauens, das man in ihn setzte. Im März dieses Jahres hatte Gregor IX. den päpstlichen Thron bestiegen mit dem festen Entschlusse, die wachsende Macht der Ketzerei

1) *Das ist ungewiss (Hauck a. a. O. IV, 879 Anm. 7).
2) *Vgl. dazu Winkelmann, Kaiser Friedrich II., I (1889) S. 38, Anm. 4.

zu zermalmen und, wenn möglich, ihr durch Beseitigung der in der Kirche herrschenden Verderbnis den Boden unter den Füssen zu entziehen. Wir haben gesehen (I, S. 366), wie er am 20. Juni 1227 in Florenz den Versuch machte, eine Art Inquisition einzuführen und einem Dominikaner ihre Geschäfte zu übertragen. In Deutschland war, wie es scheint, niemand vorhanden, auf den man sich verlassen konnte, als Konrad. Am 12. Juni, acht Tage vor der Ernennung des Johann von Salerno, richtete Gregor ein Schreiben an Konrad, worin er seinen Eifer bei der Ketzerverfolgung höchlich belobte — ein Eifer, über dessen Betätigung uns leider keine Nachricht mehr erhalten ist. Um seine Bemühungen wirksamer zu machen, ermächtigte ihn der Papst, zu seinem Beistande zu ernennen, wen immer er für geeignet ansehe, und mit Hilfe dieser Mitarbeiter eifrig nach allen zu fahnden, die von der Ketzerei angesteckt seien, damit das Unkraut aus dem Weinberge des Herrn immer mehr ausgerottet werde. Wenn auch in jener Zeit die Inquisition selbst noch eine Zukunftsidee war, so erhielt dadurch Konrad doch schon jetzt eine formlose Vollmacht als Generalinquisitor für Deutschland. Einer der Beweggründe für diesen Schritt Gregors lag, wie man annehmen darf, in dem Wunsche, an die Stelle der bischöflichen Jurisdiktion, von der bis jetzt die örtlichen und gelegent- 330
lichen Verfolgungen ausgegangen waren, die päpstliche zu setzen[1]).

Acht Tage später, am 20. Juni, erhielt Konrad einen anderen Auftrag, welcher seine Macht und seinen Einfluss wiederum bedeutend vermehrte. Die deutsche Kirche war ebenso verderbt und schlecht wie die der Nachbarländer. Alle Versuche, sie zu reinigen, waren bis jetzt fehlgeschlagen. Im November 1225 hatte der Kardinallegat Konrad von Porto ein grosses Nationalkonzil in Mainz zusammenberufen, welches feierlich eine Reihe sorgfältig ausgearbeiteter reformatorischer Kanones annahm, die sich aber als ebenso zwecklos wie alle früheren und späteren erwiesen. Es waren schärfere Massregeln nötig, und Konrad von Marburg mit seiner strengen, unbeugsamen Tugend erschien als das geeignete Werkzeug, um das unheilbare Geschwür auszubrennen, welches die Lebenskraft der deutschen Kirche verzehrte. Gregor IX., der durch seine frühere Tätigkeit als Legat jenseits der Alpen mit dem Zustande der deutschen Kirche bekannt geworden war, entwirft ein schlimmes Bild von ihrer Priesterschaft. Sie sei der Wollust, der Völlerei, einem in jeder Beziehung

1) Chron. Sanpetrin. Erfurtens. (Mon. Germ. Hist. SS. xxx, 391). — Kaltner, pp. 86—7. — Epistt. Saecul. XIII. T. I. Nr. 117, 118, 126, 362. — Trithem. Chron. Hirsaug. ann. 1214.

gemeinen Lebenswandel ergeben, wie das Vieh wälze sie sich in ihrem eigenen Miste; sie begehe gewohnheitsmässig Verbrechen' vor denen die Laien zurückschreckten; sie verderbe das Volk mit ihrem schlechten Beispiele und sei die Ursache, dass der Name des Herrn gelästert werde. Diese beklagenswerten Übelstände zu verbessern, erteilte er am 20. Juni 1227 Konrad die Vollmacht, die Verordnungen des Kardinallegaten mit Gewalt auszuführen. Als besonders dringend wurde ihm eine Reform der Klöster ans Herz gelegt[1]).

So mit nahezu unbegrenzten Vollmachten ausgestattet, war Konrad jetzt der einflussreichste Geistliche in Deutschland. Und wir können es wohl verstehen, wenn ein Zeitgenosse mit Bewunderung erklärt, dass er über ganz Deutschland wie ein Stern leuchtete. Um diese Zeit jedoch war die Energie seiner ungezügelten impulsiven Natur noch im wesentlichen auf die Peinigung der hl. Elisabeth gerichtet. Von seiner Inquisitionstätigkeit ist zunächst keine Spur vorhanden, und das einzige, was wir von seiner reformatorischen Tätigkeit wissen, ist, dass er das Nonnenkloster von Nordhausen reorganisierte, und zwar durch das einfache Mittel, die Nonnen, die alle ein gottloses Leben führten, zu vertreiben. Und doch waren seine Dienste als Ketzerverfolger niemals dringender von nöten. Kaiser Friedrich war in demselben Jahre, am 29. September, wegen des Hinausschiebens
331 seines Kreuzzuges exkommuniziert worden, wodurch Kirche und Staat in heftigen Streit miteinander gerieten, die Ketzer aber mit frischen Hoffnungen erfüllt wurden. Überall verdoppelten ihre Missionare ihre Tätigkeit, das Land galt allgemein als mit Ketzern angefüllt. In jeder Diözese hatten sie einen Bischof, dem sie den Namen des jeweiligen katholischen Inhabers dieses Amtes beilegten; sie behaupteten sogar, einen Papst zu besitzen, der Gregor heisse, so dass sie beim Verhör schwören konnten, sie teilten den Glauben des Bischofs und des Papstes Gregor. Im Jahre 1229 wurden in Strassburg wieder Waldenser entdeckt, was zu jahrelangen Verfolgungen führte viele hartnäckige Ketzer wurden verbrannt und die, welche sich unterwarfen, mit Kirchenstrafen belegt[2]).

Solche örtlichen Massregeln waren indessen offenbar nicht ausreichend, und die Versuche, ein nachdrückliches allgemeines Ver-

1) Hartzheim III, 521. Cf. Concil. Frizlar. ann. 1246, ib. p. 574. — Ripoll, I, 21. — *Hefele-Knöpfler, Konziliengeschichte V (1886), 940.

2) Vita S. Elisabethae (Canisii Thesaur. I, 116). — Johann Rothe, Düringische Chronik (Thüringische Geschichtsquellen III, 365 ff.). — Kaltner, pp. 108, 130—33. — Gesta Trevirorum c. 104 (ed. Wyttenbach und Müller I, 317 ff.; Mon. Germ. Hist. SS. XXIV, 400). — Trithemii Chron. Hirsaug. ann. 1230. — *Ann. Marbacenses (l. c. SS. XVII, 176 a. a. 1231).

folgungssystem einzuführen, waren bis dahin überall fehlgeschlagen. Im Jahre 1231 war Gregor IX. eifrig damit beschäftigt, eine wirksamere Methode ausfindig zu machen, und Deutschland wurde dabei nicht vergessen. Am 20. Juni schickte er die römischen Statuten Annibaldos sowie alle in jenem Jahre erlassenen päpstlichen Ketzeredikte an die deutschen Bischöfe, indem er sie zugleich wegen ihrer Lauheit und Milde tadelte und ihnen befahl, die neuen Edikte ohne Schonung zur Ausführung zu bringen. Schon aber war hier eine Verfolgung in die Wege geleitet worden, kraftvoll genug, um eine Regelung der neu auftauchenden Frage der Konfiskationen notwendig zu machen. Am 2. Juni desselben Jahres hatte der Reichstag von Worms entschieden, dass die Allodialgüter und die bewegliche Habe der Ketzer den Erben, die Lehen dem Lehnsherrn und die etwa vorhandenen Leibeigenen dem Herrn zufallen sollten; die Kirche und die Verfolger waren also ausgeschlossen. Dank der ernstlichen Ermahnungen Gregors wurden jetzt die Bischöfe aus ihrer Trägheit ein wenig aufgerüttelt. Der Erzbischof von Trier stellte eine Untersuchung in seiner Stadt an und fand, dass daselbst drei Ketzerschulen in voller Tätigkeit waren. Er berief eine Synode, um denjenigen, die man ergriffen hatte, den Prozess zu machen, und er hatte die Genugtuung, drei Männer und eine Frau namens Lucardis zu verbrennen. Diese hatte in dem Rufe einer aussergewöhnlichen Frömmigkeit gestanden, aber eine nähere Untersuchung hatte ergeben, dass sie der gefürchteten Sekte der Luziferianer angehörte, die den Fall Satans beklagten, weil er mit Unrecht aus dem Himmel verbannt sei [1]).

Aber diese Erfolge entsprachen den Wünschen Gregors noch 332
nicht. Im Oktober desselben Jahres (1231) suchte er Konrad zu eifrigerer Pflichterfüllung dadurch anzuspornen, dass er seine Tätigkeit und seine Erfolge in der Ausrottung der Ketzerei in den höchsten Tönen lobte und ihn mit übertriebenem Wortreichtum zur Verdoppelung seiner Tätigkeit ermahnte. Ernste Arbeit war in der Tat dringender nötig denn je. Die Erzbischöfe von Trier und Mainz hatten berichtet, dass ein Apostel der Ketzerei im ganzen Lande Unkraut gesät habe, und dass diese Saat nicht nur in den grossen, sondern auch in den kleinen Städten und in den Dörfern aufgegangen sei. Überdies seien vielen Erzketzern bestimmte Gebiete zugewiesen worden, in denen ein jeder nach Kräften die Kirche zu untergraben suche. Konrad erhielt daher volle diskretionäre Gewalt. Er brauchte

1) Hartzheim III, 539, 540. — Potthast Nr. 8073—4. — Hist. Diplom. Friderici II. T. III, p. 466. — Gest. Treviror. c. 104 (a. a. O.).

nicht einmal die Verhandlungen anzuhören, sondern nur das Urteil zu fällen. Dieses aber sollte endgültig sein, eine Berufung dagegen nicht zugelassen werden. Man glaubte offenbar, Personen, die der Ketzerei verdächtig waren, keine Gerechtigkeit schuldig zu sein. Er wurde weiter ermächtigt, die Hülfe des weltlichen Armes in Anspruch zu nehmen, Beschützer der Ketzerei zu exkommunizieren und ganze Gebiete mit dem Interdikte zu belegen. Die jüngsten Dekrete des Hl. Stuhles sollten ihm als Richtschnur dienen; Ketzer, die bereit waren, abzuschwören, sollten in Gnaden absolviert, aber es sollte dafür gesorgt werden, dass sie kein weiteres Unheil anrichteten — eine zarte Umschreibung für ihre Verurteilung zu lebenslänglichem Gefängnis. Als Konrad diese ausgedehnten Machtvollkommenheiten erhielt, war er so gefährlich krank, dass man an seinem Leben verzweifelte, und ehe er sich ganz erholt hatte, starb die hl. Elisabeth am 29. November 1231. So hart seine Natur war, so ging ihm doch dieser Verlust sehr nahe, und geraume Zeit richtete er seine ganze Tatkraft auf das fruchtlose Bemühen, ihre Kanonisation durchzusetzen. Die Pausen aber, welche ihm diese Bemühungen liessen, benutzte er, um diejenigen Ketzer, die sich unglücklicherweise in seinem Bereiche fanden, seine Macht fühlen zu lassen. In Marburg selbst wurden viele Verdächtige ergriffen, darunter Ritter, Priester und Personen von Stand und Rang, von denen einige widerriefen, andere dagegen verbrannt wurden. Ausserdem benutzte er bei einer Reise nach Erfurt, im Jahre 1232, die Gelegenheit, um vier weitere Opfer den Flammen zu übergeben[1]).

Erfolge, die so weit hinter den gerechten Erwartungen Gregors zurückblieben, mussten diesen aber aufs schwerste enttäuschen. Noch
333 ein Mittel blieb übrig, der Versuch, unter den Dominikanern Männer ausfindig zu machen, die die Fähigkeit und den Willen besassen, sich furchtlos und ausschliesslich dem heiligen Werke zu widmen. Vom Ende des Jahres 1231 bis Ende 1232 erhielten daher verschiedene Dominikanerklöster die Vollmacht, ihre Mitglieder zur Übernahme dieser Aufgabe zu ermächtigen. Im Jahre 1230 hatte der Vertrag von Ceperano den Frieden zwischen dem Reich und dem Papsttum hergestellt, und Friedrich II. wurde nun mit Erfolg ersucht, dem neuen Unternehmen seine kaiserliche Sanktion zu erteilen. Er erliess im

---

1) Kaltner, pp. 135—6, 143. — Theod. Vit. S. Eliz. VIII, 1. — Vit. rythmica S. Elis. (Mencken SS. II, 2090). — Thür. Fortsetzung d. Sächs. Weltchronik (Mon. Germ. Hist., Deutsche Chroniken II, 292). — *Annales Erphordenses fratrum Praedicatorum a. a. 1232 (Monumenta Erphesfurtensia ed. Holder-Egger (1899) S. 82). — Trithem. Chron. Hirsaug. ann. 1232.

März 1232 von Ravenna aus an alle Bischöfe und Fürsten des Reiches den Befehl, bei der Ausrottung der Ketzerei tatkräftig mitzuwirken, und nahm alle zu dem Zwecke von dem Papste ausgesandten Bettelmönche unter seinen besonderen kaiserlichen Schutz. Die weltlichen Behörden erhielten Anweisung, alle die, welche ihnen von den Inquisitoren bezeichnet würden, zu verhaften und bis zur Verurteilung sicher zu bewahren, diejenigen, welche der Ketzerei oder deren Begünstigung überführt würden, schonungslos einem furchtbaren Tode zu übergeben, widerrufende und abschwörende aber einzukerkern. Rückfällige Ketzer sollten mit dem Tode bestraft werden und ihre Nachkommen bis zur zweiten Generation hinab unfähig sein, Lehen zu erhalten oder öffentliche Ämter zu bekleiden[1]).

Nun hatte man Gesetze und Diener für die Erzwingung derselben und durfte endlich auf einen Erfolg für den Glauben hoffen. Zauderte Konrad, so standen andere begeistert für das Werk bereit. Und so kam es wirklich. Auf dem Schauplatz erschien plötzlich der Dominikaner Konrad Dorso, der für einen bekehrten Ketzer galt, und der nun ohne besonderen Auftrag das Land von den Irrlehren zu säubern begann. Er hatte bei sich einen Laien namens Johann, einäugig und einhändig, einen alten Sünder, der sich rühmte, die Ketzer auf den ersten Blick erkennen zu können. Dieses Beweismittel genügte offenbar Dorso; denn er zog damit von Stadt zu Stadt, um seine Opfer in Masse zu verurteilen. Diejenigen von ihnen, welche er den weltlichen Behörden überlieferte, mussten infolge der Erregung, die im Volke herrschte, von diesen verbrannt werden. Bald trat allerdings ein Umschwung in der Stimmung ein. Aber der schlaue Mönch wusste sich die Hilfe der Adligen zu sichern dadurch, dass er seine Angriffe besonders gegen die wohlhabenderen Klassen richtete und bei jenen die Hoffnung auf einen Anteil an den konfiszierten Gütern erweckte. Als er darüber zur Rede gestellt wurde, soll er erwidert haben: „Ich würde hundert Unschuldige verbrennen, wenn ein Schuldiger dar- 331
unter wäre.“ Durch dieses glänzende Beispiel angefeuert, schlossen sich ihm viele Dominikaner und Franziskaner an, um sein Werk eifrig zu unterstützen[2]).

Ob, wie es heisst, Konrad Dorso, um seine Stellung zu befestigen, Konrad von Marburg aufsuchte und ihn überredete, sich der guten

1) Kaltner, p. 134. — Hist. Diplom. Frid. II. T. IV, pp. 300—2. *Vgl. den Erlass des Grafen Wilhelm v. Jülich vom 3. Mai 1232 (Lacomblet, Niederrhein. Urkundenbuch IV, Nr. 655).

2) Annal. Wormatiens. (Hist. Diplom. Frid. II. T. IV, p. 616.) — Kaltner, p. 138. — Sächsische Weltchronik ann. 1232. — Gesta Trevirorum a. a. O. — *Michael a. a. O. II, 326 ff.; Hauck a. a. O. IV, 882 ff.

Sache anzuschliessen, oder ob dieser von selbst, den Kampf von weitem witternd, sich aufraffte und voll Eifer herbeieilte, lässt sich nicht mit Sicherheit bestimmen. Soviel steht fest, dass er auf dem Plane erschien und nicht nur das Gewicht seines grossen Namens für die Sache einlegte, sondern auch, entsprechend der Heftigkeit und unversöhnlichen Strenge seines Charakters, dem Unternehmen eine noch grausamere Gestalt und grössere Ausdehnung verschaffte.

Die Ketzerei, deren man die unglücklichen Opfer dieser Metzelei anklagte, war nicht die der Waldenser, sondern die der Luziferianer, von deren hässlichen Religionsgebräuchen Magister Konrad dem Papste Gregor IX. eine ausführliche Schilderung sandte. Sie verdient hier wiederholt zu werden, da sie den Zauber und Hexenwahn ins Licht setzt, welcher jahrhundertelang so grauenvolles Unheil in allen Teilen Europas anrichtete. Bei der Verschlagenheit der Inquisitoren und der Leichtgläubigkeit des Volkes war es allerdings fast unvermeidlich, dass den Ketzerlehren solche Ausgestaltungen angedichtet wurden. Schon im Jahre 1022, als der Katharismus zuerst in Orleans auftauchte, erzählte man sich ganz ähnliche Geschichten von den höllischen Gebräuchen der Ketzer, die Walter Mapes in der zweiten Hälfte des zwölften Jahrhunderts wiederholte[1]). Dass Konrad diese wilden Phantasien in endlosen Wiederholungen von denjenigen zugetragen erhielt, die vor seinem Richterstuhle erschienen, braucht füglich nicht bezweifelt zu werden. Die Berichte über die Hexenprozesse späterer Zeit sind zu zahlreich und zu gut verbürgt, als dass man an dem eifrigen Bestreben derer, die keinen andern Ausweg sahen, zweifeln könnte, sich die Gunst ihres Richters dadurch zu sichern, dass sie ihm auf jede Suggestion eines Verbrechens willfährig antworteten und ihm erzählten, was er, wie sie merkten, gern hören wollte. Obwohl dem rohen Verfahren Konrads die raffinierte Methode seiner Nachfolger, sowie die Folter und ihre erfolgreiche Anwendung noch unbekannt waren, bewährte der Inquisitionsprozess seine allgemeine Fähigkeit zur Erwirkung solcher Geständnisse doch schon hier ebenso zuverlässig.

335 Wenn, so berichten diese Enthüllungen, ein Neuling in die Sekte aufgenommen wird und zum ersten Male einer Versammlung beiwohnt, so erscheint ihm eine Kröte, die er entweder auf das Hinterteil oder den Mund zu küssen hat. Wählt er diesen, so legt

1) Pauli Carnotens. Liber Aganonis vi, c. 3 (Guérard, Collection des documents inédits i [1840]). — Ademar. Cabannens. ann. 1022 (Mon. Germ. Hist. SS. iv, 143). — Gualteri Mapes de Nugis Curialium Dist. i, c. xxx.

ihm das Tier etwas in den seinigen. Bisweilen sieht das Tier aus wie eine Gans oder eine Ente, bisweilen aber ist es auch so gross wie ein Backofen. Dann kommt ein Mann auf ihn zu, wunderbar bleich, mit den schwärzesten Augen der Welt und so mager, als ob er nur aus Haut und Knochen bestände. Diesen küsst der Neuling gleichfalls auf die eiskalte Haut, und mit diesem Kuss ist jede Erinnerung an den katholischen Glauben aus seinem Herzen verschwunden. Alsdann setzen sich alle Teilnehmer zu einem Mahle nieder, worauf von einer stets gegenwärtigen Statue eine schwarze Katze, so gross wie ein Hund, mit gesenktem Schwanz herabsteigt. Sie geht rückwärts, und ihr Hinterteil wird zuerst von dem Neuling, dann von dem Meister der Versammlung und schliesslich von allen, die würdig und vollkommen sind, geküsst, während die Unvollkommenen und die, welche sich unwürdig fühlen, den Frieden vom Meister empfangen. Darauf nimmt jeder seinen Platz wieder ein, Lieder werden gesungen, und der Meister fragt seinen nächsten Nachbarn: „Was bedeutet das?“, worauf der Angeredete antwortet: „Den höchsten Frieden,“ und ein anderer hinzufügt: „Und dass wir gehorchen müssen.“ Dann werden alle Lichter ausgelöscht, und ein wechselseitiger Geschlechtsverkehr findet statt, worauf die Lichter wieder angezündet und die Plätze wieder eingenommen werden. Darauf tritt aus einer dunklen Ecke ein Mann hervor, der vom Kopf bis zu den Hüften wie die Sonne scheint und den ganzen Raum erleuchtet, aber von den Hüften abwärts schwarz ist wie die Katze. Der Meister ergreift einen Zipfel von der Kleidung des Neulings, hält ihm denselben hin und sagt: „Meister, ich gebe dir, was ich empfangen habe,“ worauf der leuchtende Mann antwortet: „Du hast mir gut gedient, du wirst mir noch mehr und noch besser dienen; ich überlasse deiner Sorge, was du mir gegeben hast.“ Darauf verschwindet er. Jedes Jahr um Ostern empfangen die Angehörigen der Sekte die katholische Hostie, tragen sie im Munde nach Hause und speien sie in die Abortgrube aus, um damit ihre Verachtung für den Erlöser auszudrücken. Sie behaupten, Gott habe Satan ungerechter- und verräterischerweise in die Hölle geworfen. Dieser sei der Schöpfer aller Dinge. Am Ende werde er Gott überwältigen und allen die Seligkeit bringen. Was Gott gefalle, müsse vermieden, was er hasse, geliebt werden.

Dieses durchsichtige Gewebe von Erfindungen fand dennoch überall Glauben und regte vor allem den leichtgläubigen alten Mann, der damals auf dem päpstlichen Stuhle sass, fast bis zum Wahnsinn auf. Er erwiderte, dass er sich wie von Wermut berauscht fühle, und

336 tatsächlich klingen seine Briefe wie die eines Rasenden. „Wenn sich gegen solche Menschen die Erde auftäte und die Sterne am Himmel ihre Bosheit offenbarten, so dass sich nicht nur die Menschen, sondern auch die Elemente zu ihrer Vernichtung vereinigten und sie zur ewigen Schande für die Völker von dem Erdboden vertilgten, ohne Geschlecht oder Alter zu schonen, so würde das noch keine genügende Strafe für ihre Verbrechen sein.“ Wenn sie nicht bekehrt werden könnten, so müsse man zu den stärksten Mitteln greifen; gegen Wunden, die nicht mit milden Mitteln zu heilen seien, müsse Feuer und Schwert angewandt werden. Und sogleich, am 10. Juni 1233, wurde Konrad angewiesen, einen Kreuzzug gegen die Luziferianer zu predigen, und der Erzbischof von Mainz, der Bischof von Hildesheim, der Kaiser und sein Sohn, König Heinrich, erhielten Befehl, ihre ganzen Kräfte aufzubieten, um die Elenden auszurotten[1]).

Die Mittel, welche Konrad von Marburg anwandte, um seinen Opfern diese Geständnisse zu entreissen, waren so einfach wie möglich. Das Inquisitionsverfahren war damals noch nicht geregelt, und die unbegrenzte Vollmacht, die ihm übertragen war, ermöglichte es seinem ungeduldigen Temperament, das gewünschte Ziel auf dem kürzesten Wege zu erreichen. Wie der päpstliche Poenitentiar, der Dominikaner Bernhard, und der Erzbischof von Mainz später amtlich dem Papste berichteten, als Konrads Tätigkeit beendet war, wurde der Angeklagte einfach vor die Wahl gestellt, entweder zu gestehen, was man verlangte, und dann seine Strafe auf sich zu nehmen, oder wegen Leugnens verbrannt zu werden. Das war im Grunde genommen das Wesen des Inquisitionsprozesses auf die einfachste Form gebracht. Konrad hatte für die Einkerkerung der Bestraften keine Gefängnisse zur Verfügung, auch die Strafe des Kreuztragens scheint ihm unbekannt gewesen zu sein; so kam er auf den Gedanken, den bekehrten Büssern zum Zeichen der Demütigung den Kopf zu rasieren. Diese aber mussten natürlich auch die Namen aller derjenigen angeben, die sie bei ihren scheusslichen nächtlichen Versammlungen gesehen hatten.

Bei dem Beginne seiner Inquisitionstätigkeit war Konrad einer Landstreicherin von etwa zwanzig Jahren, die sich mit ihren Verwandten gezankt hatte, in die Hände gefallen. Sie war zufällig nach Bingen gekommen, hatte bemerkt, was dort vorging, und wollte die Gelegenheit benutzen, um an den Ihrigen Rache zu nehmen. Sie

1) Raynald. ann. 1233, Nr. 41—6. — Epistt. Saecul. XIII. T. I. Nr. 583, 537. — Gest. Trevir. a. a. O. S. 319.

gab also vor, zu der Sekte zu gehören, ihr Gatte sei verbrannt worden, sie sehne sich daher gleichfalls nach dem Tode und sei bereit, wenn Konrad ihr glauben wolle, die Namen der Schuldigen zu nennen. Konrad ergriff voll Eifer diesen Köder und sandte die Frau mit 337
seinen Gehülfen nach dem Orte ihrer Herkunft, Clafeld (bei Siegen), wo sie ihre Verwandten auf den Scheiterhaufen brachte. Ein anderer, ein gewisser Amfried, gestand später, er sei schuld, dass Konrad eine Anzahl Unschuldiger verurteilt habe. An Leuten dieser Art fehlte es sicher nicht; es hiess sogar, dass schlaue Ketzer sich anklagen liessen und Strafen auf sich nahmen, um Katholiken anzuschuldigen und so das ganze Prozessverfahren verhasst zu machen. Da keinem die geringste Gelegenheit zur Verteidigung geboten wurde, so liessen sich standhafte Personen, um sich das Seelenheil zu erwerben, lieber verbrennen, als dass sie Lügen gestanden und andere fälschlich anklagten. Die Schwächeren aber, die ihr Leben retten wollten, erklärten, wenn sie gedrängt wurden, ihre Mitschuldigen namhaft zu machen, häufig: „Ich weiss nicht, wen ich anklagen soll, nennet mir die Namen derer, die ihr im Verdacht habt", oder sie erwiderten, wenn sie über einzelne Personen ausgefragt wurden, ausweichend: „Sie waren, wie ich war; sie waren in den Versammlungen, wie ich es war," was offenbar genügte zur Verurteilung. „So", fährt der offizielle Bericht an den Papst fort, „klagte der Bruder den Bruder an, das Weib den Mann, der Herr den Diener. Andere aber spendeten den geschorenen Büssern Geld, um von ihnen die Mittel und Wege zu erfahren, wie man die Fragen umgehen und sein Leben retten konnte. Daraus ergab sich eine Verwirrung, wie man sie seit Jahrhunderten nicht gekannt hatte. „Ich, der Erzbischof, habe zuerst allein und nachher mit den beiden Erzbischöfen von Trier und Köln den Magister Konrad ermahnt, in einer so grossen Sache mit mehr Mässigung und Vorsicht zu verfahren, aber er hat unsern Rat nicht beachtet" [1]).

---

1) Albericus Trium Font. ann. 1234 (Mon. Germ. Hist. SS. XXIII, 931 ff.). — Chronica regia Coloniensis ann. 1233, S. 264.

Hiernach könnte es scheinen, als ob um diese Zeit der Erzbischof Heinrich von Köln seine Amtsgeschäfte ausübte, obgleich Papst Gregor IX. ihn im Dezember 1231 suspendiert und seiner schändlichen Verbrechen wegen, die man sich, wie der Papst erklärte, schäme zu nennen und nur mit Entsetzen vernehmen könne, eine Untersuchung gegen ihn angeordnet hatte. Im April 1233 versuchte Gregor, ihn zum Rücktritt zu bewegen, worauf er im Juni eine Berufung an den Heiligen Stuhl einreichte. Die unmittelbare Folge hiervon war, dass der Papst von den Kölner Geistlichen dreihundert Mark Sterling einzog, um die Kosten des Verfahrens zu bestreiten, und im März des folgenden Jahres war zu dem gleichen Zweck eine neue Schatzung

338 Aus diesem Bericht ersehen wir, dass die deutschen Bischöfe, wenn sie auch nicht erfolgreich einschritten, um ihre Diözesanen zu schützen, wenigstens nicht an der unsinnig wütenden Verfolgung teilnahmen. Konrad hatte unter den Dominikanern und Franziskanern viel Beistand gefunden, während der Weltklerus sich von ihm ferngehalten hatte. Vergebens hatte Gregor IX. diesem und den Fürsten im Oktober 1232 geschrieben, dass die Ketzer, die früher in der Verborgenheit gelebt hätten, jetzt offen hervorträten wie zum Kampfe geharnischte Schlachtrosse, um ihre Irrtümer zu predigen und die Einfältigen und Unwissenden zu verderben. Der Glaube, sagte er, sei in Deutschland selten; daher sollten sie in ihren Provinzen nachdrücklich inquirieren, alle Ketzer und Verdächtigen ergreifen und nach den päpstlichen Dekreten vom Jahre 1231 gegen sie vorgehen. Der Appell traf aber taube Ohren. Die Bischöfe waren über das neue vom Papste eingeführte Gerichtsverfahren und dessen Eingriffe in ihre Unabhängigkeit anscheinend sehr ungehalten. Nicht genug, dass schon die Bettelmönche diese Unabhängigkeit bedrohten, kamen nun auch noch diese neuen Inquisitoren, ausgerüstet mit päpstlichen Vollmachten, und verdrängten ihre altehrwürdige Jurisdiktion aus allen Ecken ihrer Diözesen. Kein Wunder also, dass sie sich verletzt fühlten und abseits hielten. Die deutschen Bischöfe waren grosse weltliche Fürsten, die über die weltliche und die geistliche Gewalt verfügten. Die drei geistlichen Kurfürsten von Mainz, Trier und Köln nahmen als weltliche Herren denselben Rang ein wie die mächtigsten Fürsten des Reiches, und was die Bischöfe anging, so machte sie der grosse Umfang vieler Diözesen zu nicht minder zu respektierenden Machthabern. Sie hatten fortwährend von der Habsucht der römischen Kurie zu leiden und lagen wegen der Übergriffe derselben in beständigen Kämpfen mit ihr. Die Konstitutionen Friedrichs II. aus dem Jahre 1232 hatten zwar

nötig. Im April 1235 war der Erzbischof noch immer exkommuniziert und von seinen Amtsgeschäften suspendiert. Dann scheint er sich rehabilitiert zu haben. Im März 1238 wurde er dazu verurteilt, für Schulden, die vor vielen Jahren von seinem Vorgänger gemacht worden waren, einem römischen Banquier dreizehnhundert Mark Sterling zu zahlen. Im März 1239 befand sich sein Nachfolger Konrad von Hochstaden als erwählter Erzbischof in Rom; bei dieser Gelegenheit legte Gregor der Provinz die Zahlung einer Summe von achttausend Mark zur Deckung der Schulden des Erzbistums auf. (Epistt. Select. Saecul. XIII. T. I. Nr. 457, 472, 523, 529–30, 555, 579, 637, 723, 748). Man sieht aus diesem Beispiel, welcher Art die Beziehungen zwischen Rom und den grossen deutschen Bistümern damals waren: unersättliche Habgier auf der einen, fruchtlose Bemühungen, sich ihrer zu erwehren, auf der andern Seite. — *Vgl. Knipping, Regesten der Erzbischöfe von Köln III, 1 (1909), Nr. 746 ff.; Schaube, Handelsgeschichte der romanischen Völker (1906) S. 422 ff.

ihre weltliche Macht noch dadurch vermehrt, dass sie zu fast unumschränkten Herren der Bischofsstädte erhoben und diesen die Stadtrechte und Freiheiten entzogen wurden, aber gleichzeitig war, wie wir gesehen haben, der päpstlichen Inquisition die kaiserliche Sanktion erteilt und ihr überall der Vorrang eingeräumt worden. Es war daher nicht zu verwundern, dass die Bischöfe sich beschwert und beunruhigt fühlten und sich der Mitwirkung enthielten, soweit sie 339
es ohne eigene Gefahr tun konnten, und dass ihre berechtigte Eifersucht sie veranlassen musste, die erste sichere Gelegenheit zu ergreifen, um die mächtig gewordenen Eindringlinge zu vernichten [1]).

Zum Glück für das deutsche Volk sorgte die blinde Rücksichtslosigkeit Konrads dafür, dass sie auf diese Gelegenheit nicht lange zu warten brauchten. Mit den Niedrigen und Hilflosen beginnend, war er sehr bald auch gegen die höheren Klassen vorgegangen. In seinen Augen waren der niedrigste Bauer und der höchste Adlige gleich, und er selbst trug keinen Augenblick Bedenken, gegen den einen wie gegen den anderen vorzugehen. Aber seine Zeugen hatten es anfangs nicht gewagt, die Hochgeborenen und Mächtigen anzuklagen. Doch ist es sehr wohl möglich, dass, als die Verfolgung eine gefährlichere Gestalt annahm, einige von ihnen auf den Gedanken kamen, der sicherste Weg, um Wandel zu schaffen, sei der, die Grossen des Landes mit hineinzuziehen. Es wurden Gerüchte verbreitet, welche die Rechtgläubigkeit der Grafen von Arnsberg, Looz und Sayn verdächtigten. Konrad stellte sofort Verhöre in dieser Richtung an, um Beweise gegen sie zu bekommen. Dann lud er die Beschuldigten vor seinen Richterstuhl. Der Graf von Sayn, einer der mächtigsten Adligen der Trierer Diözese, war eine besonders vornehme Beute. Seine ausgedehnten Besitzungen waren durch Burgen geschützt, die wegen ihrer Festigkeit berühmt waren. Er selbst galt für einen strengen und grausamen Mann. Man beschuldigte ihn, dass er einen Krebs zum Reiten benutze, und man sah voraus, dass er sich trotzig zur Wehr setzen würde. Nun hatte Siegfried, der Erzbischof von Mainz, um sich den Anschein des Gehorsams gegen die päpstlichen Gebote zu geben, ein Provinzialkonzil für den 13. März 1233 berufen. Das erste, was dieses nach seinem Zusammentritt tat, war, dass es das Überhandnehmen der Ketzerei beklagte, von der kaum ein Dorf im Lande frei sei. Dann bat es die Bischöfe, ihr Möglichstes zur Unterdrückung des Übels zu tun, und befahl ihnen, in ihren Diözesen die kurz vorher erlassenen Dekrete des Papstes und des Kaisers zur

1) Hist. Diplom. Frid. II. T. IV, pp. 285—7, 300—2.

Ausführung zu bringen. Diese Dekrete sollten auf den Diözesansynoden vorgelesen und erläutert werden, so dass die Ketzer, erschreckt, sich bekehren möchten. Dann missbilligte das Konzil die Gepflogenheit, das Eigentum der Verdächtigen mit Beschlag zu belegen, bevor ihre Schuld bewiesen war; es befahl den Bischöfen, Gefängnisse für Falschmünzer und unverbesserliche Kleriker zu beschaffen, erwähnte aber nichts von der Einkerkerung von Ketzern, obgleich Gregor IX. erst einige Wochen vorher ihnen besonderen Befehl erteilt hatte, Rückfällige auf Lebenszeit einzusperren. Weiter versuchte es, der bischöflichen Jurisdiktion Geltung zu verschaffen, indem es die Bestimmung erliess, dass die Inquisitoren erst von dem Bischof schriftliche Er-
340 laubnis erhalten müssten, bevor sie die ihnen verliehenen Vollmachten in seiner Diözese ausüben dürften. Endlich fasste es in der Voraussicht, der Graf von Sayn und die anderen beschuldigten Adligen würden Widerstand leisten, den Beschluss, dass, wenn irgendein Magnat im Vertrauen auf die Festigkeit seiner Burgen und die Hilfe seiner Untertanen nach dreimaliger Vorladung nicht erscheinen würde, sein Bischof einen Kreuzzug mit Ablässen gegen ihn predigen und kriegerisch gegen ihn vorgehen sollte [1]).

Obwohl man also ostentativ den Geboten des Papstes und des Kaisers gehorchte, war es bei dem Vorgehen der Bischöfe in Wirklichkeit doch darauf abgesehen, die Macht der Inquisitoren zu beschränken. Was die Androhung eines Kreuzzugs bedeutete, kann man aus den Schritten beurteilen, welche in dem Falle des Grafen von Sayn tatsächlich unternommen wurden. Dieser verschlagene Edelmann wusste, dass er sich auf den bischöflichen Schutz verlassen konnte, wenn er seinerseits den Bischöfen eine tatkräftige Unterstützung versprach. Ausserdem erfreute er sich eines genügenden Ansehens bei König Heinrich, um durch ihn Siegfried von Mainz zu veranlassen, auf den 25. Juli zur Prüfung seiner Angelegenheit ein Konzil zu berufen. Der König und seine Fürsten sowie die Bischöfe erschienen, so dass die Versammlung mehr einem Reichstage als einem Kirchenkonzile glich. Der Graf behauptete, er sei unschuldig, und erbot sich, dies durch Eideshelfer zu beweisen. Der anwesende Konrad fand plötzlich seine Lage verändert. Denn die Versammlung war in der Tat ein nationaler Protest gegen die Obergewalt der päpst-

1) Annal. Wormatiens. (Hist. Dip. Frid. II. T. IV, pp. 616—17; *Quellen zur Geschichte der Stadt Worms III (1893), 167). — Kaltner, pp. 19, 146—8. — Epistt. Select. Saec. XIII. Nr. 514. — *Hefele-Knöpfler, Konziliengeschichte V, 1026 ff. — Finke, Konzilienstudien zur Geschichte des 13. Jahrhunderts (1891) S. 18 ff., 30 ff.

lichen Inquisition, und aus dem mit unumschränkter Richtergewalt ausgestatteten Inquisitor war ein blosser Ankläger geworden. Er führte seine Zeugen vor; aber in dieser erlauchten Gesellschaft verloren die einen den Mut und zogen sich zurück; die andern waren jetzt mutig genug zu erklären, dass sie sich, um ihr eigenes Leben zu retten, gezwungen gesehen hätten, den Grafen anzuklagen; denen aber, welche standhaft blieben, wurde bald nachgewiesen, dass sie persönliche Feinde des Angeklagten waren. Die ganze Versammlung schien von dem gemeinsamen Wunsche beseelt zu sein, dem willkürlichen Treiben Konrads ein Ende zu machen, und seine Anklage brach völlig in sich zusammen. Nur König Heinrich, der vielleicht damals schon mit seiner Empörung gegen seinen Vater rechnete und ängstlich bemüht war, weder die Adligen noch die Kurie vor den Kopf zu stossen, wünschte die Angelegenheit zu weiterer Prüfung zu vertagen. Der Graf aber drängte energisch auf ein sofortiges Urteil; da legte sich der Erzbischof von Trier ins Mittel, indem er ausrief: „Herr Graf, der König wünscht, dass der Fall verschoben wird," und dann sich zum Volke wendend: „Ich verkündige euch, dass der Graf von Sayn von hier fortgeht als guter Katholik und nicht schuldig befunden worden ist." Konrad murrte verdriesslich: „Wenn 341
er überführt worden wäre, wäre es anders gekommen," und zog sich zurück. Der Graf willigte schliesslich ein, dass die Angelegenheit nach Rom berichtet wurde, und hochgestellte Geistliche wurden beauftragt, die Akten dem Hl. Stuhle zur endgültigen Entscheidung vorzulegen [1]).

Sinnlos vor Wut über seine Niederlage, begann Konrad von Marburg sogleich, in den Strassen von Mainz einen Kreuzzug gegen einige Adlige zu predigen, welche vorgeladen worden, aber nicht erschienen waren. Hiergegen erhoben sowohl der Erzbischof als auch der König Einspruch, und er musste seine Tätigkeit einstellen. In der ihm eigenen Leidenschaftlichkeit entschloss er sich nun kurzerhand, die undankbare Welt zu verlassen und seine Tage in einsamer Zurückgezogenheit in Marburg zu beschliessen. Der König und der Erzbischof boten ihm beide bewaffnete Begleitung dorthin an. Er lehnte sie ab und nahm nur einen Schutzbrief an. Mit diesem in der Tasche zog er seinem Schicksal entgegen, das ihn in der Nähe von Marburg erwartete. Dort lauerten ihm nämlich die, gegen welche er den

---

1) Gest. Treviror. c. 105 (a. a. O. S. 321). — Sächsische Weltchronik, ann. 1233 (Mon. Germ. Hist., Deutsche Chroniken II, 292). — Annal. Wormatiens. (loc. cit.). — Chronica regia Coloniensis ann. 1233.

Kreuzzug gepredigt hatte, auf und erschlugen ihn am 30. Juli 1233, ohne sich von seinen Bitten um Gnade erweichen zu lassen. Sein treuer Begleiter, Bruder Gerhard, wies die Gelegenheit zur eignen Rettung zurück, warf sich auf den Leichnam seines geliebten Herrn und kam mit ihm um. Zum Andenken wurde an dem mutmasslichen Orte dieser Mordtat, in Kappeln bei Marburg, eine Kapelle errichtet. Der Leichnam wurde nach Marburg gebracht und an der Seite der hl. Elisabeth begraben. Und als die Gebeine der letzteren in die prächtige Elisabethkirche überführt wurden, wurden die seinigen gleichfalls dort beigesetzt [1]).

Den Ruf, den Konrad unmittelbar nach seinem Tode zurückliess, offenbart der Bericht eines Zeitgenossen, dass er ihm in einer Vision in dem Zustande ewiger Verdammnis erschienen sei. Neuere Geistliche beurteilen jedoch seine Tätigkeit milder. Der liebenswürdige Alban Butler nennt ihn sogar einen tugendhaften, aufgeklärten Priester, der durch seine Predigten dem Glauben grosse Dienste geleistet habe, und der durch seinen Eifer und seine Uneigennützigkeit wie durch seine Liebe zur Armut und zum strengen Lebenswandel ein Vorbild für seine Zeitgenossen geworden sei. Allein die Kirche hat ihn seltsamerweise noch nicht zu einem Märtyrer und
342 Heiligen gestempelt und hat es unterlassen, ihm einen Platz neben den ihm verwandten Geistern, dem hl. Petrus Martyr und dem hl. Peter Arbues, einzuräumen [2]).

Da Konrads Tun und Treiben der Hauptbeweggrund für den Zusammentritt des Konzils von Mainz gewesen war, so löste sich dieses schnell auf, nachdem er aus der Versammlung verschwunden war. „So", sagt ein zeitgenössischer Geistlicher, „legte sich dieser Sturm, diese furchtbarste Verfolgung, welche die Gläubigen seit den Tagen der Ketzer Constantius und Julianus Apostata heimgesucht hatte. Das Volk begann wieder aufzuatmen. Der Graf von Sayn wurde eine Schutzmauer für das Haus des Herrn. Er sorgte dafür, dass diese Raserei, welche gegen Schuldige und Unschuldige, gegen Bischöfe und Fürsten, gegen Fromme und Katholiken, gegen Bauern und Ketzer in gleicher Weise wütete, ein Ende nahm." Die Mörder fühlten offenbar, dass sie nichts von der öffentlichen Meinung zu

1) Sächsische Weltchronik, loc. cit. — Gest. Trevir. loc. cit. — Alberic. Trium. Font. ann. 1233. — (*Chron. Erfordiens. ann. 1233 Mon. Germ. Hist. SS. xxx, 391; vgl. Monumenta Erphesfurtensia ed. Holder-Egger (1899) S. 84, 230). — Trithem. Chron. Hirsaug. ann. 1233. — Kaltner, pp. 160—1.

2) Alberic. Trium Font. ann. 1233. — Alban Butler, Vies des Saints, 19 Novembre. — *Vgl. Michael a. a. O. II, S. 325—333.

fürchten brauchten. Denn sie erklärten aus freien Stücken, dass sie sich hinsichtlich der Ketzerei, deren Konrad sie beschuldigt hatte, dem Urteil der Kirche, hinsichtlich des Totschlags den weltlichen Gerichten unterwerfen wollten, und sie willigten ein, sich auf dem Reichstage, der für den Februar 1234 nach Frankfurt berufen wurde, zum Verhöre einzufinden[1]).

Gregor IX., der im Juni einen Kreuzzug gegen die Ketzer hatte predigen lassen und Fürsten und Bischöfe zu schärferer Verfolgung aufgefordert hatte, konnte nicht umhin, sein Bedauern zum Ausdruck zu bringen, als ihm Konrad, der Scholasticus von Speier, als Abgesandter der Versammlung zu Mainz Briefe vom Könige und den Bischöfen vorlegte, worin das willkürliche Verfahren seines Inquisitors dargelegt wurde. Er befahl, dass Briefe abgefasst würden, in denen ein mehr ordnungsmässiger Strafprozess gegen Ketzer vorgeschrieben war. Bevor aber der Gesandte die Erlaubnis zur Abreise erhalten hatte, brachte der eigentliche Urheber der Wirren, Konrad Dorso, die traurige Botschaft von dem Märtyrertode des Magisters. Bei dieser Nachricht konnte der leicht erregbare Papst seinen Zorn nicht bezwingen. Die Briefe, welche eben geschrieben worden waren, wurden zurückgenommen und zerrissen und dem unglücklichen Gesandten die Entziehung aller seiner Pfründen angedroht. Auf die Vorstellungen des hl. Kollegiums hin legte sich Gregors Zorn soweit, dass er die Erlaubnis erteilte, die Briefe noch einmal zu schreiben, und den Gesandten ungeschädigt abreisen liess. Doch suchte er sich dann damit zu trösten, dass er Briefe an die deutschen Bischöfe richtete und darin seinem Ärger ausgiebig Luft machte. Der Tod Konrads sei ein Donnerschlag, der das Heiligtum der Christenheit erschüttert habe. Er könne keine Worte finden, stark genug, um 343
die himmlischen Tugenden und Verdienste des Märtyrers gebührend zu würdigen, und keine Strafe ausfindig machen, die für die Mörder zu streng sei. Den Bischöfen warf er offen ihre Gleichgültigkeit in der Angelegenheit vor und befahl ihnen an, sofort durchgreifende Massregeln zu treffen. Der Dominikanerprovinzial Konrad aber erhielt am 21. Oktober 1233 Befehl, in Gemeinschaft mit den Bischöfen die Inquisition durchzuführen und einen Kreuzzug gegen die Ketzer zu predigen[2]).

1) Gest. Treviror. a. a. O. S. 322. — Hartzheim III, 549.

2) Epistt. Select. Saecul. XIII. T. I. Nr. 533, 537, 558, 560—1. — Annales Erfordiens. ann. 1234 (Monumenta Erphesfurtensia l. c. S. 85). — Annales Wormatienses a. 1233 (Böhmer, Fontes rerum Germanicarum II, 176; Mon. Germ. Hist. SS. XVI, 29; Quellen zur Gesch. der Stadt Worms III, 170).

Diesem Ärger und grimmigen Zorn zum Trotz bewahrten die deutschen Prälaten eine herausfordernde Ruhe. Zwar predigte der fanatische Bischof Konrad von Hildesheim einen Kreuzzug, wie der Papst befohlen hatte, und reinigte der Landgraf Konrad von Thüringen, von ihm angetrieben, eifrig sein Land von den Ketzern, zerstreute ihre Versammlungen und machte Wilnsdorf, das als ihr Hauptquartier galt, dem Erdboden gleich, während sein Bruder Heinrich Raspe und der Graf Hartmann von Kiburg (Zürich), demselben Antriebe folgend, ihre Besitzungen dem päpstlichen Schutze anvertrauten und das Kreuz nahmen. Aber diese entgegenkommenden Schritte wurden in Deutschland mit ungünstigen Augen angesehen, und niemand folgte, als der Ruf zur Rache erscholl. Das erste, was von dem am 2. Februar 1234 zu Frankfurt zusammengetretenen Reichstage berichtet wird, war vielmehr, dass König Heinrich in eigener Person den Bischof von Hildesheim anklagte, den Kreuzzug gepredigt zu haben. Das wurde als ein Ärgernis behandelt, und obwohl der Bischof auf einstimmiges Verlangen freigesprochen wurde, so war die Auflehnung gegen die päpstlichen Bestrebungen nichtsdestoweniger bedeutsam. Dann wurde die Angelegenheit des zum Märtyrer gewordenen Konrad vorgenommen, diese Frage aber als eine Glaubenssache von den Geistlichen gesondert erörtert. Fünfundzwanzig Erzbischöfe und Bischöfe waren gegenwärtig und verurteilten ihn fast einstimmig; nur der Bischof von Hildesheim und ein Dominikaner, namens Otto, verteidigten ihn eifrig. Einer der Bischöfe erklärte sogar, Magister Konrad müsse ausgegraben und als Ketzer verbrannt werden. Man scheint aber zu keinem Entschlusse gekommen zu sein; denn die Verhandlungen wurden unterbrochen dadurch, dass man unter Vorantragung eines Kreuzes eine lange Reihe von Unglücklichen hereinführte, denen Konrad im vorhergehenden Jahre zur Strafe das Haar hatte scheeren lassen, und die nun in beweglichen Worten klagten, wie grausam sie von ihm
344 behandelt worden seien. Die Schilderung rief einen solchen Sturm der Entrüstung hervor, dass seine Verteidiger froh sein mussten, mit dem Leben davonzukommen. Am folgenden Montage fand auf dem Richtplatze vor den Mauern der Stadt die feierliche Reinigung des Grafen von Sayn statt. Acht Bischöfe, zwölf Cisterzienser- und drei Benediktiner-Äbte, zwölf Franziskaner- und drei Dominikanermönche, viele andere Kleriker und zahlreiche Adlige unterstützten seinen Eid der Ableugnung: eine stattliche Kundgebung der deutschen Hierarchie, die deren Wunsch, jede Sympathie mit dem Vor-

gehen Konrads von sich abzuweisen, an den Tag legte. Der Graf von Solms, den Konrad zum Geständnis gezwungen hatte, unterzog sich demselben Reinigungsakte, indem er mit Tränen in den Augen erklärte, nur die Furcht vor dem Tode habe ihn getrieben, sich schuldig zu bekennen. Dann ging der Reichstag dazu über, Gesetze für die Zukunft aufzustellen; hierbei wurde die Frage der Ketzerei nur flüchtig gestreift, was die Erregung Gregors kaum beschwichtigt haben wird. Es wurde einfach befohlen, jeder, der ein richterliches Amt bekleide, solle sich alle Mühe geben, das Land von der Ketzerei zu säubern, gleichzeitig aber wurde eingeschärft, der Gerechtigkeit den Vorzug vor ungerechter Verfolgung zu geben[1]).

Zwei Monate später, am 2. April 1234, wurde zu Mainz ein Konzil abgehalten, das den Schlussakt des Dramas bilden sollte. Der Graf von Sayn und andere Angeklagte wurden einer Art Verhör unterworfen, für unschuldig erklärt, in ihrer Ehre rehabilitiert und wieder in den Besitz ihrer Güter eingesetzt. Konrads unglückliche Zeugen, welche zum Meineid gezwungen worden waren, mussten eine siebenjährige Busse auf sich nehmen. Diejenigen aber, welche Unschuldige angeklagt hatten, wurden boshafterweise zum Papste geschickt, um aus seinen Händen die Strafe zu empfangen. In demselben Sinne richtete man die Frage an ihn, was mit denjenigen geschehen solle, welche Konrad zu Unrecht verbrannt habe. Was die Mörder anging, so wurden sie einfach exkommuniziert[2]).

Das alles war eine direkte Herausforderung für den Hl. Stuhl; aber Gregor IX. war klug genug, seine Entscheidungen nicht sofort zu treffen. Er war in Streitigkeiten mit den Römern verwickelt und fand es ratsam, jetzt keine Kraftprobe mit der gesamten deutschen Kirche anzustellen. Er entsandte daher seinen Poenitentiar Bernhard, um eine Untersuchung an Ort und Stelle vorzunehmen. Dieser schickte in Gemeinschaft mit dem Erzbischof Siegfried von Mainz an den Papst einen Bericht, dem wir zum grössten Teil unsere Kenntnis dieser Angelegenheit verdanken. Beim Empfange sprach Gregor lebhaft sein 345
Bedauern aus, Magister Konrad mit so ausserordentlichen Vollmachten betraut zu haben, die zu einem so beklagenswerten Ende geführt hätten. Aber seine Entscheidung traf er immer noch nicht. Dagegen richtete er gegen Ende des Jahres 1234 einen ernsten Appell an die deutschen Bischöfe, ihm in seinem Streite mit den

1) Epistt. Select. Saecul. XIII. T. I. Nr. 503, 572. — Annales Erfordiens. (a. a. O. S. 86). — Alberic. Trium Font. ann. 1234. — Gest. Treviror. a. a. O. S. 322.
2) Alberic. Trium Font. ann. 1233.

Römern zu helfen. Dieser wurde erst durch einen im April 1235 mit ihnen geschlossenen Frieden beendet. Nun waren seine Hände frei. Aber erst im Juli getraute er sich, seinem Unwillen Luft zu machen, indem er in den heftigsten Ausdrücken das Konzil von Mainz schalt, weil es, ohne dass irgendwelche Verteidiger des Glaubens zugegen gewesen seien, gewagt habe, diejenigen freizusprechen, die Konrad verfolgt hatte, und weil es ihm die Mörder zur Absolution zugeschickt habe, ohne vorher von ihnen volle Genugtuung für ihr abscheuliches Verbrechen gefordert zu haben. Sein Urteil lautete dahin, dass sie sich dem im folgenden März nach Palästina aufbrechenden Kreuzzug anzuschliessen und genügende Bürgschaft für ihren Gehorsam zu geben hätten. Mittlerweile aber sollten sie barfüssig und nackt bis auf die Beinkleider und mit einem Strick um den Hals und einer Rute in den Händen alle grösseren Kirchen in dem Umkreise des Verbrechens besuchen. Sobald dort das Volk zahlreich zusammengeströmt sei, sollten sie von allen Priestern gegeisselt werden, während der Geisselung die Busspsalmen singen und öffentlich ihre Schuld bekennen. Erst dann könnten sie auf Absolution rechnen[1]).

Es gewährt einige Genugtuung zu erfahren, dass auch den unmittelbaren Urheber der Verwirrung das verdiente Schicksal traf. Auf seiner Rückkehr von Rom versuchte Konrad Dorso seine unterbrochene Tätigkeit wieder aufzunehmen. Aber die Stimmung des Volkes hatte sich geändert, und die Opfer waren nicht mehr so geduldig. Als er in Strassburg den Junker Heinz von Müllenheim vorlud, erledigte dieser die Anklage kurzerhand dadurch, dass er ihn erschlug. Sein Helfershelfer, der einäugige Johann, nahm ein noch schimpflicheres Ende. Er wurde in Friedberg erkannt und aufgehängt[2]).

346 So endigte dieses furchtbare Drama, das in den Herzen des deutschen Volkes einen Eindruck des Grauens hinterliess, der nicht

---

1) Alberic. Trium Font. ann. 1233 (Mon. Germ. Hist. SS. xxiii, 932). — Epistt. Select. Saecul. xiii. T i. Nr. 607, 611—12, 636, 647.

Es liegt kaum ein Grund vor, der von Philipp Mousket (Chronique Rimée, 28831—42. — Bouquet, xxii, 55) erzählten Geschichte Glauben zu schenken: Gregor habe einen Kardinal Otho nach Deutschland geschickt, der mehrere in die Angelegenheit verwickelte Geistliche zu degradieren unternahm. Es habe sich aber ein solcher Sturm der Entrüstung erhoben, dass der Kardinal des Nachts nach Tournay habe entfliehen und von da nach Rom zurückkehren müssen. Aber selbst wenn sie unbegründet ist, offenbart die Verbreitung eines solchen Gerüchtes die Spannung, welche zwischen Rom und Deutschland herrschte.

2) Kaltner, p. 173. — Annal. Wormatiens. (Hist. Diplom. Frid. II. T. iv, p. 617; Quellen zur Geschichte von Worms iii, 169).

leicht zu verwischen war. Die Zahl der Opfer Konrads von Marburg kann man nur mutmassen. Einige Chronisten sprechen ganz unbestimmt von einer zahllosen Menge, während einer behauptet, dass etwa tausend Unglückliche verbrannt worden seien. Obgleich diese Zahl wahrscheinlich übertrieben ist, da Konrads wahnsinnige Tätigkeit nicht länger als ein Jahr gedauert haben kann, so muss doch die Zahl der Opfer eine beträchtliche gewesen sein, da sie einen so tiefen Eindruck auf ein durchaus nicht empfindliches Geschlecht machte[1]).

Ein Gutes hatte dieses blutige Drama jedenfalls. Der allgemeine Abscheu, den Konrads wahnsinniger Fanatismus erweckt hatte, machte es den Bischöfen verhältnismässig leicht, ihre Jurisdiktion zu behaupten und die Inquisition in engen Grenzen zu halten. Eine Zeitlang wurde dies noch erleichtert durch die offenen Streitigkeiten zwischen Friedrich II. und dem Papsttum. Aber auch nach dem Tode Friedrichs, während des grossen Interregnums und den Regierungszeiten derjenigen Kaiser, welche mehr oder weniger von dem Hl. Stuhle abhängig waren, verging mehr als ein ganzes Jahrhundert, ehe die Päpste ernstliche Anstrengungen machten, ihre in den anderen Ländern so eifrig und so kraftvoll organisierte Inquisition auch in Deutschland aufzurichten. Wir hören kaum von Versuchen in dieser Richtung und nur selten von Ernennungen oder von Aufträgen an deutsche Inquisitoren. Man scheint stillschweigend eingesehen zu haben, dass der deutsche Boden für dieses Institut nicht sehr geeignet war, bis zu dem Zeitpunkte, wo es in den Ländern, in denen es am üppigsten geblüht hatte, in Verfall geriet.

Auf die Erregung, welche durch die Greueltaten Konrads von Marburg hervorgerufen war, folgte natürlich eine Reaktion. Im Jahre 1233 wurde Bischof Berthold von Chur ermordet, angeblich von Ketzern, woraus hervorgeht, wieweit die Verfolgung um sich gegriffen hatte, und von wie gefährlichen Neigungen zum Widerstand sie begleitet war. Während des Jahres 1234 waren Dominikaner und Franziskaner, wie berichtet wird, tätig; der Erfolg waren zahlreiche Verbrennungen. Aber die Lehre, welche man der Haltung der deutschen Bischöfe verdankte, war nicht vergebens gewesen. Im Jahre 1235 wurden die Mönche in Strassburg von den Behörden

---

1) Annales Erfurt. a. a. 1232 (*Monumenta Erphesfurtensia, ed. Holder-Egger S. 82). — Chron. S. Petri Erford. a. a. 1232 (ebd. S. 229, vgl. ebd. S. 448). — Sächsische Weltchronik c. 376 (Mon. Germ. Hist., Deutsche Chroniken II, 249). — Trithem. Chron. Hirsaug. ann. 1232.

aufgefordert, die Bekehrungen auf dem Wege der Predigt zu versuchen und nicht die Leute zu verbrennen, ohne sie auch nur gehört
347 zu haben. Verdrossenheit und Reaktion dauerten fort. Aus den Klagen des Grafen von Salins im Jahre 1248 und den fruchtlosen Bemühungen des Papstes Innocenz IV., die Inquisition in Besançon einzuführen, haben wir gesehen, dass an der Westgrenze Deutschlands viele Waldenser lebten, und dass diese nichts zu fürchten hatten (Bd. I, 593; II, 132). Um dieselbe Zeit hören wir von einer ketzerischen Demonstration in der Nähe von Schwäbisch-Hall, von der wir vielleicht annehmen dürfen, dass sie von den Waldensern ausging. Dem Papsttum war es geglückt, in der Person Wilhelms von Holland einen Gegenkaiser gegen Friedrich II. aufzustellen, und gegen Friedrichs Sohn Konrad bereitete sich ein Kreuzzug vor. Die Kaiserlichen sahen natürlich die waldensischen Lehren, welche die Schlüsselgewalt und die Gehorsamspflicht gegen die Interdikte leugneten, mit günstigen Augen an und mochten auch nichts gegen die Behauptung einzuwenden haben, dass sündhafte Priester die Sakramente nicht verwalten könnten. Solche Ansichten schrieb man den im Jahre 1248 mit grosser Kühnheit auftretenden Ketzern von Schwäbisch-Hall zu, welche bei den Adligen aufmerksames Gehör und bei König Konrad günstige Aufnahme fanden, aber in jener wechsel- und unruhvollen Zeit schnell wieder von der Bildfläche verschwanden[1]).

Deutlichere Angaben sowohl über die Ketzerei als auch über die Inquisition verdanken wir David von Augsburg und dem jetzt allgemein unter dem Namen des Passauer Anonymus bekannten Schriftsteller. Wann dieser seine Schrift verfasst hat, lässt sich nicht mit absoluter Gewissheit feststellen, wahrscheinlich um 1266. Sein Wirkungskreis war die ausgedehnte Diözese Passau, die sich von der Isar bis an die Leitha, von Böhmen bis Steiermark erstreckte und das ganze östliche Bayern und das nördliche Österreich umfasste. Die ihm erteilten Instruktionen scheinen das Vorhandensein einer organisierten Inquisition mit einem vollständig ausgebildeten Prozessverfahren vorauszusetzen, obwohl seine Schilderung von dem Umsichgreifen der Ketzerei andrerseits ein Beweis dafür ist, dass sie keine wirksame Tätigkeit entfaltete. Er erzählt uns, dass er oft mit der Prüfung und Inquisition gegen die „Schulen“ oder Gemeinden der Waldenser zu tun gehabt habe. Es waren ihrer einundvierzig

---

1) Kaltner, pp. 171, 173. — Annal. Marbacenses ann. 1233 (Mon. Germ. Hist. SS. XVII, 177). — Potthast, Nr. 13000, 15995. — Albert. Stadens. Chron. ann. 1248 (Mon. Germ. Hist. SS. XVI, 371 f.).

in der Diözese, zehn davon allein in der Pfarrei Kematen, wo die Ketzer den Pfarrpriester erschlugen, ohne dass einer von ihnen für dieses Verbrechen bestraft wurde. Ebenso gab es etwa vierzig Waldenserpfarren, die unter einem in Anzbach (N.-Ö.) wohnenden Bischofe standen. In Neuhofen befand sich eine besondere Schule für Aussätzige. Alles dies spricht deutlich für ein durch Verfolgung wenig gestörtes, blühendes Wachstum der Ketzerei. Es ist beachtenswert,
dass die Orte, welche als Sitz dieser Kirchen aufgezählt werden, 348
meistens unbedeutende Dörfer waren. Die grösseren Städte hat man anscheinend gemieden, und die Ketzer gehörten meist den niedrigeren Klassen, dem Bauern- und Handwerkerstande, an. Wie gründlich sie in der Bibel bewandert waren, und wie ernst und hingebend sie sich dem Werk der Bekehrung widmeten, haben wir schon gesehen. Nach der Schilderung, die unser Gewährsmann von den Lehren der Ortlieber und Runkarier gibt, müssen diese einen stattlichen Teil der Ketzer, mit denen er es zu tun hatte, gebildet haben. Wie hoffnungsfreudig sie in die Zukunft schauten, geht daraus hervor, dass sie glaubten, der jüngste Tag werde kommen, wenn der Kaiser und der Papst zu ihrer Sekte bekehrt sein würden. Im J. 1265 wurden Waldenser in der Diözese Regensburg ergriffen. Die Verfolgung war also im Gange. Trotzdem aber setzten sie ihre proselytische Tätigkeit in Süddeutschland und Österreich mit wachsendem Erfolge bis tief in das 14. Jahrhundert fort[1]).

Dieser Fortschritt war tatsächlich nur zu hemmen, wenn man die Unterdrückung im ganzen Reiche systematisch organisierte. Eine solche Organisation konnte jedenfalls nur von dem Papsttum ausgehen. Der tiefe Eindruck aber, den die Greueltaten Konrads von Marburg in den Gemütern zurückgelassen hatten, rechtfertigte die deutschen Fürstbischöfe mehr als hinreichend, wenn sie, unabhängig gesinnt wie sie waren, von der päpstlichen Jurisdiktion über die Ketzer nichts wissen wollten. Die bischöfliche Inquisition, die sie selbst von Amts wegen vornahmen, konnte allerdings nur gelegentlich stattfinden und musste schon deshalb unwirksam bleiben. Wenn ein eifriger Bischof Dominikaner- oder Franziskanermönchen einen Inquisitionsauftrag

---

1) Anonymus Passaviensis, Contra Waldenses c. 3, 6, 9, 10 (Magna Bibliotheca veterum Patrum XIII, 299, 301–2, 308–9). — W. Preger, Beiträge zur Geschichte der Waldesier (1875) S. 9, 49. — Preger, Der Traktat des David von Augsburg über die Waldesier (1878). — *Haupt, Waldensertum und Inquisition im südöstlichen Deutschland (1890), S. 14ff.; Michael a. a. O. II (1899), S. 278ff; Schönbach, Das Wirken Bertholds von Regensburg gegen die Ketzer (1904), S. 100ff.

erteilte, so konnte sich dieser nur auf einige wenige Jahre und nur auf den Bereich seiner Diözese erstrecken. Zu erreichen war bei dieser Art des Vorgehens natürlich nicht viel mehr, als dass die gefährlichen Elemente aus dem einen Territorium weggeschoben wurden, um in dem eines duldsameren Nachbarn eine Zuflucht zu finden. In dieser Hinsicht vernachlässigten die Bischöfe jedoch keineswegs vollständig ihre Pflichten. Denn die Verfolgung ging, wie wir später sehen werden, stetig weiter, bald an dem einen, bald an dem andern Orte. Aber sie blieb doch immer nur eine örtliche und vorübergehende und entbehrte der unerbittlichen Energie, welche allein die so vielen Menschen innewohnende instinktive Sehnsucht, im Einklang mit den eigenen Überzeugungen selig zu werden, unterdrücken kann. Vergebens schleuderte im Jahre 1261 ein Provinzialkonzil von Mainz nach dem Beispiel der päpstlichen Bullen einen kräftigen Bannfluch gegen alle Ketzer, vergebens gebot es allen Bischöfen der Provinz, sich in ihren Diözesen die Ausrottung der Ketzer eifrig angelegen sein zu lassen und zu dem Zweck die in bezug auf die Person und das Eigentum der Ketzer erlassenen päpstlichen Verordnungen und die Statuten eines früheren Provinzialkonzils zur Ausführung zu bringen[1]). Diese Massregel beweist nur einerseits, dass es an einer päpstlichen Inquisition fehlte, andrerseits, dass man die Sorge für die Reinheit des Glaubens wirklich zu den Obliegenheiten der Bischöfe rechnete, wenn diese ihre Pflicht auch oft nicht erfüllten, so dass bei dem Mangel des unerlässlichen Zusammenwirkens die Bemühungen einzelner Eiferer unwirksam blieben.

Ausserdem dauerte es nach dem Tode Friedrichs II. noch auffallend lange, bis das deutsche Recht dem Papst in Sachen der Ketzerei die oberste Richtergewalt allgemein zuerkannte. In der Kanzlei Rudolfs von Habsburg (1273—1292) befand sich allerdings eine Formel für die Anerkennung und Bestätigung der von Inquisitoren vorgelegten päpstlichen Mandate, woraus hervorgeht, dass dies doch wenigstens hier und da vorgekommen sein muss. Der König ruft darin Gott zum Zeugen an, dass sein Hauptwunsch bei der Annahme der Krone gewesen sei, den Glauben beschützen zu können. Er spricht von der Ausübung der inquisitorischen Jurisdiktion sowohl über die Ketzer selbst als auch über ihre Nachkommen, fügt aber vorsichtigerweise eine Schutzklausel ein, dahinlautend, dass der

1) Concil. Magunt. ann. 1261, cap. 1 (Hartzheim, III, 596). — *Finke, Konzilienstudien zur Geschichte des 13. Jahrhunderts (1891), S. 18ff.; A. Hauck, Die angeblichen Mainzer Statuten von 1261 (1908).

Angeklagte von Rechts wegen als schuldig befunden und ordnungs- 340
mässig verurteilt sein müsse. Bedeutungsvoller ist die Tatsache, dass in den Gesetzbüchern, welche die im Mittelalter in Deutschland herrschenden Gewohnheitsrechte zusammengefasst haben, nirgendwo von der Anerkennung eines solchen Instituts, wie die Inquisition es war, die Rede ist. Der Sachsenspiegel (um 1230), welcher das Stammesrecht der norddeutschen Territorien enthält, bestimmt zwar den Feuertod für die Ungläubigen, Giftmischer oder Zauberer, sagt aber nichts von der Art und Weise, wie der Prozess geführt werden soll. In einer anderen Bestimmung heisst es, dass nur diejenigen Häuser zerstört werden sollen, wo Raub oder Notzucht begangen worden sei. Das Zerstören der Wohnungen und Zufluchtsstätten der Ketzer war also da, wo dieses Recht galt, unbekannt. Das ganze Gesetzbuch kümmert sich überhaupt auffallend wenig um die kirchlichen Ansprüche und verdiente durchaus das päpstliche Anathem, mit dem es belegt wurde, als die römische Kurie auf seine praktische Wirkung aufmerksam geworden war[1]).

Der Schwabenspiegel (um 1270), das in Süddeutschland geltende Gesetzbuch, zeigt sich der Kirche entgegenkommender, kennt aber keine andere Jurisdiktion über die Ketzer als die der Bischöfe. Er gibt zu, dass ein Kaiser, dessen Rechtgläubigkeit verdächtig sei, vom Papste in den Bann getan werden könne. Er bestimmt, dass die Ketzer zu verbrennen seien, und dass, wenn sich das Vorhandensein von Ketzern herausstelle, die geistlichen Gerichtshöfe nach ihnen forschen und gegen sie vorgehen sollen. Werden sie überführt, so soll der weltliche Richter sie ergreifen und dem Gesetze gemäss das Urteil gegen sie vollstrecken. Falls der Richter dies versäume oder sich weigere, solle der Bischof die Exkommunikation über ihn aussprechen und sein Herr ihn mit der Strafe für Ketzerei belegen. Wenn aber ein weltlicher Fürst die Ketzerei nicht bestrafe, solle er von dem bischöflichen Gerichtshofe exkommuniziert werden, und, wenn

1) Cod. epistolaris Rudolfi, ed. Bodmann I, pp. 148—9, Lipsiae, 1806 (*geschrieben 1277—81, vgl. Starzer-Redlich, Eine Wiener Briefsammlung aus der 2. Hälfte des 13. Jhs. (1894), S. XXV). — Sachsenspiegel, II. XIII., III. I. — Raynald ann. 1374, Nr. 12 (*das dort gedruckte Breve Gregors XI. an K. Karl IV. vom 15. Oktober 1374 liegt im Vatik. Archiv, Reg. Vatic. 270 fol. 62 vor. Vgl. auch Finke im Historischen Jahrbuch XI (1890), 501).

Die Ursache des päpstlichen Verdammungsurteils liegt wahrscheinlich in einer Stelle (II. 3) des Sachsenspiegels, welche besagt, dass der Papst keine Dekretalen erlassen könne, die im Widerspruch mit den örtlichen Gesetzen und Verfassungen ständen. Die Niedersachsen liessen sich aber durchaus nicht aus der Fassung bringen, sondern fuhren nach wie vor fort, ihre Stellung zu wahren (Richtsteig Landrechts (um 1335) II, 24).

er sich hiervon nicht innerhalb eines Jahres reinige, solle der Bischof
350 an den Papst berichten. Dieser solle ihm Rang und Ehren absprechen und der Kaiser das Urteil vollstrecken durch Einziehung alles Lehns- und Allodialbesitzes. Aus alle dem geht hervor, dass man die damals geltenden Gesetze der Kirche über die Ketzerei anzunehmen bereit war. Eine vollständige Unkenntnis des Inquisitionsprozesses ergibt sich aber aus der Bestimmung, dass jeden die Talion treffen solle, welcher einen anderen gewisser Verbrechen, einschliesslich der Ketzerei, anklage, ohne seine Behauptung beweisen zu können. Wenn die Ankläger sich der Gefahr des Scheiterhaufens aussetzten, konnte natürlich von einer allgemeinen Verfolgung nicht die Rede sein [1]).

Um die Wende des dreizehnten und vierzehnten Jahrhunderts erregten die gefährlichen Glaubensmeinungen gewisser halbklösterlicher Körperschaften, die sich lange der Gunst der frommen Gläubigen und des Schutzes der Kirche erfreut hatten, und die unter dem Namen Beguinen, Begarden, Lollarden, Celliten u. a. bekannt sind, die Aufmerksamkeit. Unendlich viel gelehrte Spielerei ist verschwendet worden, um den Ursprung dieser Benennungen zu erklären. Die Beguinen und Begarden selbst leiten ihren Ursprung her von der hl. Begga, der Mutter Pipins von Landen, die in Andenne ein Nonnenkloster nach der Regel der Benediktiner gründete. Andere sehen ihren geistigen Stammvater in Lambert-le-Bègue oder Lambert dem Stammler, einem Priester an der Christophkirche zu Lüttich, der sich um das Jahr 1180 dadurch einen Namen machte, dass er die dortigen Domherren der Simonie bezichtigte. Der Verkauf der Pfründen war offen einem Metzger namens Udelin als Makler übertragen worden. Als nun Lambert dem Volke die Schändlichkeit dieses Handels zu Gemüte führte, verhaftete ihn der Bischof als einen Unruhstifter, und die Geistlichen fielen über ihn her und zerfleischten ihn mit ihren Fingernägeln. Seine Beziehungen zu den Beguinen rührten daher, dass er ihnen in seinem Hause bei der Christophkirche, das bis in die neuesten Zeiten der grösste und reichste Beguinenhof der Provinz geblieben ist, Schutz gewährt hatte. Am einleuchtendsten aber ist wohl die Ableitung der Namen Begarde und Beguine von dem deutschen Worte beggan, d. h. entweder bitten

---

1) Schwabenspiegel, Ed. Senckenberg c. 29, 116 § 12, 351; Ed. Schilter c. 111, 166, 308. — *Eine Ketzerverbrennung in Bern 1277 vgl. Mon. Germ. Hist. SS. xvii, 201; Justinger, Berner Chronik S. 37; eine solche in Freiburg i. B. um 1280 vgl. Acta Sanctorum, April Bd. iii, 438.

(betteln) oder beten, während Lollard herkommt von lullen, d. h. 351
Gebete murmeln [1]).

Zahlreich waren die Gründe, aus denen sich viele Menschen nach einem klösterlichen Leben sehnten, ohne dass sie die feierlichen und unwiderruflichen Gelübde abzulegen brauchten, die sie von der Welt vollständig abschnitten. Das war besonders bei Frauen der Fall, welche vom Schicksal ihrer natürlichen Beschützer beraubt worden waren und nun den Schutz suchten, den in jenen wilden Zeitläuften die Kirche allein gewähren konnte. So wurden Gesellschaften, ursprünglich nur von Frauen, gebildet, die für die Dauer ihres gemeinsamen Lebens Keuschheit und Gehorsam einfach versprachen, zu dem gemeinsamen Unterhalt entweder durch Arbeit oder durch Betteln beisteuerten, eifrig ihre religiösen Gebräuche erfüllten und die Pflichten der Gastfreundschaft und Krankenpflege überall ausübten, wo ihnen der Zufall Gelegenheit dazu bot. Die natürliche Heimstätte dieses fruchtbaren Gedankens waren die Nie-

1) Hist. Monast. S. Laurent. Leodiens. Lib. v, c. 54. — Mag. Chron. Belgic. (ed. Pistorius-Struve, SS rerum Germ. III) p. 193. — Mosheim, De Begardis, Lipsiae, 1790, pp. 98–100, 114. — *Vgl. jetzt Fredericq, Corpus inquisitionis Neerlandicae II (1896), S. 9–36; Fredericq, Geschiedenis der Inquisitie in de Nederlanden II (1897), S. 11 ff. Für den ganzen Abschnitt über die Beghinen und Begarden ist der Artikel von H. Haupt in der Realencyklopädie (hrsg. von Hauck) ³II (1897), 516 ff. zu vergleichen, der viele Ergänzungen und Berichtigungen bietet. Für Lambert le Bègue vgl. ebd. ³XI, 225 f.

Gewöhnlich werden die Worte Lollard und Begard als Synonyme angewendet, aber es ist ein Unterschied zwischen ihnen. Die Gesellschaften der Lollarden wurden ums Jahr 1300 während einer Pest in Antwerpen gegründet. Sie waren Laienbrüder, die sich der Pflege der Kranken und der Irrsinnigen, vornehmlich aber der Bestattung der Toten widmeten. Das dafür nötige Geld erwarben sie teils durch Arbeit, teils durch Betteln. Ihren Namen erhielten sie von ihrer Art und Weise, die Leichengesänge leise und langsam herzulallen. Sie selbst nannten sich später Alexianer, von ihrem Schutzpatron, dem hl. Alexius, oder auch Celliten, weil sie in Zellen wohnten. Sie waren auch als „Matemans“ und in Deutschland als „Nollbrüder“ bekannt. Mit Lollard bezeichnete man allmählich einen Menschen, der geheime Zügellosigkeit unter äusserer Frömmigkeit verbarg, und schliesslich wurde das Wort auf alle Bettelbrüder übertragen, die nicht einem bestimmten Orden angehörten. Die Celliten breiteten sich von den Niederlanden über die Rheinlande und durch ganz Deutschland aus. Nachdem sie, ähnlich wie die Begarden, lange von der Kirche verfolgt worden waren, erkannten die Städte endlich ihren Wert und suchten ihnen, soweit sie konnten, Schutz zu gewähren. Im Jahre 1472 setzte es Karl der Kühne beim Papste Sixtus IV. durch, dass dieser sie durch eine Bulle in die anerkannten religiösen Orden aufnahm und so der bischöflichen Jurisdiktion entzog. Im Jahre 1506 gewährte ihnen Julius II. dann besondere Vorrechte. Die Gesellschaften der Alexianerbrüder existieren noch heute. Sie widmen sich der Krankenpflege und haben sowohl in Amerika als auch in Europa blühende Krankenhäuser. (Mosheim, De Beghardis pp. 461, 469. — Martini Append. ad Mosheim pp. 585–88. — Hartzheim IV, 625–6. — Addis u. Arnold's Catholic Dictionary, Newyork, 1884, p. 886.) — *Vgl. Buddensieg in der Realencyklopädie ³XI (1902), 616 ff.; Haupt ebd. ³II, S. 522.

derlande, und schon aus dem Jahre 1065 besitzen wir eine Urkunde, welche von einem Beguinenkonvent in Vilvorde in der Nähe von Brüssel ausgestellt ist[1]). Da die Kreuzzüge immer neue Scharen der männlichen Bevölkerung entführten, so wuchs die Zahl der ihres Ernährers oder Beschützers beraubten Frauen gewaltig, und dementsprechend nahmen auch die Beguinenkolonien zu. Mit der Zeit folgten die Männer diesem Beispiel, und bald war Deutschland, Frankreich und Italien voll von solchen Gesellschaften. Hierzu trug nicht wenig das unsinnige Lob bei, das die Franziskaner der Armut spendeten, sowie das Verdienst, das die ausserordentliche Popularität der Bettelorden dem gewohnheitsmässigen Betteln beilegte. Sich
352 den Lebensunterhalt durch Betteln zu verdienen, kam an und für sich schon der Heiligkeit nahe, wie wir es in dem Falle Konrads von Marburg und der hl. Elisabeth gesehen haben. Um das Jahr 1245 gab ein gewisser Wilhelm Cornelis aus Antwerpen eine Präbende auf, um in Zukunft zu lehren, wie hervorragend tugendhaft der sei, welcher in Armut lebe. Er trieb dieses Lob jedoch zu weit, indem er behauptete, Armut verzehre jede Sünde, wie das Feuer den Rost; eine Hure, die arm sei, sei besser als ein gerechter und enthaltsamer Mann, der reich sei. Er wurde zwar ehrenvoll in der Kirche der Jungfrau Maria bestattet; als aber vier Jahre später diese Ansichten dem Bischof Nikolaus von Cambrai zu Ohren kamen, liess er seine Gebeine ausgraben und verbrennen[2]).

Derartige Übertreibungen kennzeichnen die in jener Zeit vorherrschenden Neigungen, die wir würdigen müssen, um zu begreifen, wie Europa die Scharen von frommen Bettlern dulden konnte, die Schwärmen gleich im Lande hausten und entweder in Gemeinschaft lebten oder vereinzelt umherzogen und die Einwohner aussogen. Von diesen beiden Klassen waren die wandernden am gefährlichsten. Aber in beiden lag der Keim zu späteren Unruhen, obgleich die sesshaften Beguinen sich nicht viel von den Tertiariern der Bettelmönche unterschieden. Sie stellten sich häufig unter die Leitung der Dominikaner oder Franziskaner, und schliesslich gingen die, welche die Stürme der Verfolgung überlebten, zum grössten Teil in den Tertiariern des einen oder anderen Ordens auf.

Das schnelle Wachstum dieser Gesellschaften im dreizehnten Jahrhundert ist leicht zu erklären. Sie entsprachen nicht nur den

---

1) *Diese Urkunde ist eine Fälschung. Beguinen sind vor 1170, d. h. vor Lambert le Bègue, nicht nachweisbar (Haupt a. a. O.).

2) Miraei Opp. Diplom. II, 948 (Ed. Foppens). — D'Argentré, Coll. Judic. I, I, 138. — *Fredericq, Corpus I, S. 113—121.

religiösen Bedürfnissen der Zeit, sondern erfreuten sich auch des höchsten Schutzes. In Flandern waren die Grafen stets bereit, ihnen beizustehen. Gregor IX. und seine Nachfolger nahmen ihre Einrichtung unter den besonderen Schutz des Hl. Stuhles. Ludwig der Heilige schenkte ihnen Häuser in Paris und andern Städten und hinterliess ihnen reiche Vermächtnisse, und seine Söhne ahmten das Beispiel nach. Angesichts solcher Ermutigung wuchs ihre Zahl ins Ungeheure. In Paris waren ganze Scharen von ihnen. In Köln und Umgegend wurden sie im Jahre 1240 auf zweitausend geschätzt, ebenso viele gab es allein in dem Beguinenhof Nivelles in Brabant. Philipp von Montmirail, ein frommer wohltätiger Ritter, soll fünftausend über 353
ganz Europa zerstreute Beguinen unterhalten haben. Der grosse Beguinenhof in Gent, der im Jahre 1234 von den Gräfinnen Johanna und Margareta von Flandern gegründet wurde, wird im siebzehnten Jahrhundert beschrieben als eine Art von kleiner Stadt, die mit Wall und Graben umgeben war, offene Plätze, Versammlungshäuser, Wohnungen, Krankenhaus, Kirche und Friedhof enthielt und von achthundert oder tausend Frauen bewohnt war, von denen die jüngern in Konventen, die älteren in Einzelhäusern lebten. Sie waren durch keine dauernden Gelübde gebunden, sondern konnten zu jeder Zeit fortgehen und heiraten; nur so lange sie Insassen waren, mussten sie der Grossmeisterin gehorchen. Die Kolonie stand unter dem erblichen Protektorat der Grafen von Flandern und unter der Oberaufsicht des Dominikanerpriors von Gent. Wie angesehen die Beguinen im dreizehnten Jahrhundert waren, ergibt sich daraus, dass Philipp Mousket den Konrad von Marburg zu ihnen zählt und ihn „uns bégins mestre sermonnière“ nennt[1]).

Diejenigen, welche in Gemeinschaft lebten, konnten einer gesunden Oberaufsicht und festen Regeln unterworfen werden. Anders aber war es mit denjenigen, welche ein freies Leben führten entweder an einem Orte oder auf der Wanderschaft von einem Orte zum andern und sich ihren Lebensunterhalt entweder durch Arbeit, häufiger aber durch Betteln erwarben. Ihr gewöhnlicher Ruf in den Strassen: „Brot durch Gott!“ wurde ein den Bewohnern der deutschen Städte unangenehm bekanntes Schiboleth, das die Kirche wiederholt, aber ohne Erfolg, zu unterdrücken suchte. Ein Vorkommnis

1) Miraei Opp. Dipl. I, 429; II, 998, 1013; III, 398, 523. — Mosheim, De Beghardis pp. 43, 105, 127, 131—2. — Wadding. ann. 1485, Nr. 27. — B. de Jonghe, Belgium Dominican. ap. Ripoll. II, 170. — Chron. Rimée de Ph. Mousket, 28817 (Bouquet XXII, 54).

aus dem Jahre 1240 zeigt, in wie gutem Rufe ihre Frömmigkeit stand, und welche Vorteile daraus entsprangen. Als eine gewisse Sibylla von Marsal bei Metz, heisst es, sah, wie viele Frauen unter der Leitung der Dominikaner als Beguinen in einer Art von klösterlichem Leben ein angenehmes Dasein führten, entschloss sie sich, dem Beispiel derselben zu folgen. Sie erschien fleissig in der Frühmesse und beim Hochamt und kam dadurch bald in den Ruf einer besonderen Frömmigkeit. Dann stellte sie sich, als ob sie fastete und von Himmelsspeise lebte, bekam Verzückungen und Erschei-
354 nungen und täuschte die ganze Gegend, den Bischof von Metz selbst nicht ausgenommen. Als aber ein Zufall den Betrug enthüllte, waren die Beguinen, die sie als eine heiligmässige Schwester verehrt hatten, aufs peinlichste berührt, und das Volk war so wütend, dass einige sie verbrannt, andere lebendig begraben sehen wollten; der Bischof aber schloss sie in ein Kloster, „in pace", wo sie natürlich bald starb [1]).

Die Kirche erkannte bald die Gefahr, die diesen Praktiken anhaftete, wenn sie nicht scharf kontrolliert wurden. Auf der einen Seite zeigte sich, wie bei Sibylla von Marsal, erheuchelte Frömmigkeit, auf der anderen die weit ernster zu nehmende Gelegenheit, sich verbotenen religiösen Spekulationen hinzugeben. In einem aus dieser Zeit stammenden Traktate, worin der Verfasser, ein Bettelmönch, die Schäden der Kirche offen aufdeckt, wird darauf hingewiesen, dass die Beguinen für die Kirche noch einmal eine ernste Gefahr werden könnten, obwohl er nur daran Anstoss nimmt, dass sie die hl. Schriften in der Volkssprache lesen und erklären. Ausserdem weist er auf ein Gerücht hin, dass es unter ihnen eine mit den Stigmata Behaftete gebe, d. h. eine, die zu Visionen und Verzückungen hinneige. Im Jahre 1250 und in den folgenden Jahren ersuchten die Beguinen von Köln wiederholt um den Schutz der päpstlichen Legaten sowohl gegen die Geistlichkeit als auch gegen die Laien [2]). Schon im Jahre 1259 missbilligte ein Konzil von Mainz in scharfen Worten die schlimme Sekte der Begarden und Begutten (Beguinen), die durch die Strassen zögen und schrieen: „Brot durch Gott!", in Höhlen und an anderen geheimen Orten predigten und verschiedenen von der Kirche gerügten

1) Chron. Senonens. Lib. IV, c. 18 (D'Achery II, 634–6).
Der Ruf „Brot durch Gott" war schon ein alter Brauch. Diese Worte waren die ersten, welche die im Jahre 1221 von dem hl. Franziskus nach Deutschland entsandten Franziskaner lernten. — Fratr. Jordani Chron. c. 27 (Analecta Franciscana I, 10).

2) Collectio de Scandalis Ecclesiae (Döllinger, Beiträge zur politischen, kirchlichen und Kulturgeschichte III, p. 199). — Haupt, in der Zeitschrift für Kirchengeschichte VI, 1885, p. 544.

Praktiken ergeben seien. Alle Priester sollten sie ermahnen, diese Sitten und Gebräuche aufzugeben, und die Hartnäckigen aus ihren Pfarreien vertreiben[1]). Im Jahre 1227 (1277) untersagte ihnen ein Konzil von Trier das Predigen in den Strassen wegen der Ketzereien, die sie verbreiteten. Im Jahre 1287 verbot ferner das Konzil von Lüttich allen, die nicht in den Beguinenhöfen lebten, das Gewand der Beguinen zu tragen und die Vorrechte derselben zu geniessen. Um dieselbe Zeit suchten in Schwaben einige Mitglieder von Begarden- und Beguinen-Gemeinschaften ihre Mitbrüder zu überreden, dass sie Gott besser in der „Freiheit des Geistes" dienen könnten. Da die Bischöfe dazu übergingen, alle diese Gesellschaften aufzulösen, baten einige von ihnen um die Erlaubnis, die Augustinerregel anzunehmen[2]).

Alles das deutet darauf hin, dass die Anhänger Ortliebs, die sich „Brüder des freien Geistes" nannten, die Kleidung und den Namen der Begarden und Beguinen angenommen hatten und dass letztere mehr und mehr den Lehren Amalrichs von Bena zuneigten. Unter den Lollarden, Begarden oder Beguinen waren zwar verhältnismässig 355
wenige von dieser Ketzerei angesteckt, aber sie wurden alle für die Irrtümer einiger verantwortlich gemacht, und die Gruppen beiderlei Geschlechts, welche ein sehr geordnetes Leben führten und die Rechtgläubigkeit unverfälscht bewahrten, waren doch zahllosen Drangsalierungen ausgesetzt aus Mangel an einer unterscheidenden Benennung. Wenn einmal Ketzer, die man als besonders gefährlich ansah, unter dem Namen Begarden und Beguinen mit dem Anathem belegt wurden, so konnten die, welche eben diesen Namen trugen, der gemeinsamen Verantwortung unmöglich entgehen, auch wenn sie die Irrtümer der Ketzer nicht teilten. Das wurde noch bedenklicher, als Johann XXII. sich in eine Controverse mit den Franziskanerspiritualen einliess, sie zu offener Empörung trieb und die neue so von ihm selbst ins Leben gerufene Ketzerei mit der ganzen Schonungslosigkeit seiner jähzornigen Natur verfolgte. In Frankreich wurden die Tertiarier der Franziskaner von dem Volke gewöhnlich als Beguinen bezeichnet. Das wurde nun auch der Name, den man diesen ketzerischen Spiritualen gewöhnlich beilegte, und

1) Hartzheim IV. 577 (*Die Bestimmungen dieses angeblichen Mainzer Konzils von 1259 gehören in den Anfang des 14. Jahrhunderts, um 1310; vgl. Finke, Konzilienstudien a. a. O. S. 38f.).

2) Concil. Trevirens. ann. (1227, 1277), c. 66 (Martene Ampl. Coll. VII, 114—5; *auch die Bestimmungen dieser Synode, die in das Jahr 1227 oder 1277 verlegt wird, gehören wohl in das Jahr 1310, vgl. Hefele-Knöpfler, Konziliengeschichte ²V, 944. 950; ²VI, 180) — Concil. Leodiense 1287 c. 29 (Hartzheim III, 717). — Mosheim p. 199.

den auch die Avignoner Päpste zu ihrer Bezeichnung annahmen. Das hat nicht nur zu grosser Verwirrung auf seiten der Ketzerforscher geführt, sondern auch eine Zeitlang für die tugendhaften und rechtgläubigen Beguinen beiderlei Geschlechts viel Unglück und Leiden zur Folge gehabt. Die häretischen Begarden nahmen zwar selbst den Titel „Brüder des freien Geistes" an, und die aufrührerischen Franziskaner machten hartnäckig geltend, dass sie die einzigen rechtmässigen Vertreter ihres Ordens seien; sie legten sich die Bezeichnung Spiritualen vor allem bei, um sich von ihren mehr weltlichen Interessen dienenden Mitbrüdern, den Konventualen, zu unterscheiden. Aber es dauerte lange, bis sich die Behörden diese Unterschiede zu eigen machten, und in den Augen der Kirche schloss im Grossen und Ganzen die Verurteilung der Begarden und Beguinen alle gleichmässig ein.

Wir haben es hier nur zu tun mit den Brüdern des freien Geistes. Der Ursprung ihrer Lehren geht, wie wir gesehen haben, auf die Spekulationen der Amalricianer zurück, die von Ortlieb von Strassburg nach Deutschland übertragen wurden. Ihre Irrtümer sind in so zahlreichen Quellen aus einem so weiten Zeitraum überliefert, und zwar in den Grundzügen so übereinstimmend, dass in bezug auf die Hauptgrundsätze ihres Glaubens kaum ein Zweifel bestehen kann. Es konnte allerdings nicht ausbleiben, dass in einer Sekte, die sich über ein so weites Gebiet ausdehnte, und die sich so hartnäckig viele Generationen hindurch behauptete, sich mit der Zeit Unterabteilungen herausbildeten, jenachdem der eine oder andere Häresiarch in seinen Spekulationen weiter ging als seine Genossen und eine besondere Schule gründete, deren Abirrungen keine zentrale Autorität kontrol-
356 lieren konnte, weil eine solche nicht vorhanden war. Viele von den ihnen zugeschriebenen besonders abstossenden Zügen kann man jedoch ruhig auf die Rechnung von scharfsinnigen Scholastikern setzen, die mit den einzelnen Ketzern ins Gericht gingen und sie nötigten, Konsequenzen zuzugeben, die man zwar logischerweise aus den anerkannten Vordersätzen ableiten konnte, an die sie jedoch nicht gedacht hatten. Die Sekte entfaltete eine rege geistige Tätigkeit; ihre in der Volkssprache geschriebenen frommen Traktate und Bücher waren weit verbreitet und dienten als Grundlage für die Missionstätigkeit. Sie sind begreiflicherweise vollständig verschwunden, und was sie lehrten, können wir nur aus den über sie ausgesprochenen Verdammungsurteilen ersehen.

Die Grundlagen ihrer Glaubenslehre waren pantheistischer

Natur. Alles, was ist, ist Gott. In der Laus ist ebensoviel Gottheit wie in dem Menschen oder in irgendeinem anderen Geschöpf. Alles geht von ihm aus und kehrt zu ihm zurück. Da also die Seelen beim Tode zu Gott zurückkehren, so gibt es weder ein Fegefeuer noch eine Hölle, und aller äussere Kultus ist nutzlos. So wurde mit einem Schlage die Wirksamkeit aller priesterlichen Handlungen und aller Sakramente vernichtet. Um ihre Verachtung für die letzteren zu bezeigen, war ihnen kein Ausdruck zu stark, und sie äusserten wohl, die Eucharistie schmecke ihnen wie Mist. Da der Mensch von Natur Gott ist, so hat er alles, was göttlich ist, in sich, und jeder kann mit Recht behaupten, dass er selbst das Universum geschaffen habe. Einer von den Anklagepunkten, die gegen Meister Eckart erhoben wurden, war der, dass er erklärt habe, sein kleiner Finger habe die Welt erschaffen. Ja, noch mehr, der Mensch vermag sich so mit Gott zu vereinigen, dass er alles tun kann, was Gott tut. Er braucht also keinen Gott. Er kann nicht sündigen. Alles, was er tut, ist sündlos. In diesem Zustande der Vollkommenheit klagt er über nichts, freut sich über nichts, ist frei von jeder Tugend und allen tugendhaften Handlungen. Niemand ist gezwungen, für sein Brot zu arbeiten. Da alles Gemeingut ist, so kann jeder nehmen, was er braucht oder wünscht[1]).

Die praktischen Folgen dieser Lehren vernichteten nicht nur die Kirche, sondern bildeten auch eine Gefahr für die moralische und gesellschaftliche Ordnung. Der erhabene Mystizismus der Lehrer
mochte diese selbst bewahren vor den schlimmen Folgen, welche aus 357
dem Vertrauen auf ihre Unfähigkeit zur Sünde entsprangen. In ihrem strengen Stoizismus erlaubten sie den geschlechtlichen Umgang nur zu dem einzigen Zwecke der Erzeugung von Nachkommenschaft. Sie lehrten, dass eine Frau, die sich verheirate, den Verlust der Jungfrauschaft tief beklagen müsse, und dass niemand vollkommen sei, der im Zustande der Nacktheit dem anderen Geschlechte gegenüber Scham oder Leidenschaft empfinde. Dass die Tugend nicht selten auf derartige Proben gestellt wurde, gestattet die Geschichte des

1) C. 3, Clement. V. III. — Johann von Ochsenstein (oder von Zürich) (Mosheim, De Beghardis pp. 255–61). — Concil. Colon. ann. 1306, c. 1, 2 (Hartzheim IV, 100–2). — Vitodurani Chron. ann. 1344 (Eccard. Corp. Hist. I, 1906–7; *hrsg. von Wyss im Archiv für schweizerische Geschichte 1856, S. 43ff., 222) — Alvar. Pelag. de Planctu Eccles. Lib. II, art. 52. — Conr. de Monte Puellarum contra Beghardos (Mag. Bib. Pat. XIII, 342–3). — Trithem. Chron. Hirsaug. ann. 1356. — D'Argentré, Coll. Iudic. I. I, 377. — Nider, Formicarius III., v. — W. Preger, Meister Eckart u. d. Inquisition, pp. 45–7. — Haupt, in der Zeitschrift für Kirchengeschichte VI, 1885, 557–8. — *Vgl. insbesondere Haupt in der Realencyklopädie ³III (1897), 467ff.

missgeleiteten Enthusiasmus von den Zeiten der ersten Christen an nicht zu bezweifeln. Auch den Begarden gelang es zwar so vortrefflich, die Sinne abzutöten, dass ein feindlicher Kontroversschriftsteller es nur auf den den Dämonologen wohlbekannten erkältenden Einfluss des Satans zurückführen kann, wenn die solchen Versuchungen ausgesetzten Menschen eine so wunderbare Selbstbeherrschung an den Tag legten. Aber nicht allen Naturen war dieser seltene Triumph der Kasteiung möglich. Die, welche nicht über die Verlockungen der Sinne erhaben waren, konnten leicht auf den Gedanken kommen, sich für vollkommen, für unfähig zur Sünde und für berechtigt zu halten, ihre Sinnenlust zu befriedigen. In seiner Polemik gegen die Verbindlichkeit des Alten Testaments hat der hl. Paulus Wendungen gebraucht, die, wenn man sie ausser ihrem Zusammenhange betrachtet, als Rechtfertigung hierfür angeführt werden können, was denn auch geschah: Röm. VIII, 2: Denn das Gesetz des Geistes, der da lebendig macht in Christo Jesu, hat mich freigemacht von dem Gesetze der Sünde und des Todes; I. Tim. 1. 9: Und weiss solches, dass dem Gerechten kein Gesetz gegeben ist; Gal. V. 18: Regiert euch aber der Geist, so seid ihr nicht unter dem Gesetze. Auf Grund dieser Stellen verlangten die Brüder des freien Geistes Befreiung von allen Fesseln des Gesetzes. Eine solche Lehre aber war sehr verführerisch für Leute, die eine Entschuldigung und eine Gelegenheit für die Befriedigung ihrer Sinnenlust haben wollten. Und die Beweise dafür, dass sich die Sektierer, wenigstens in einigen Fällen, der gröbsten Sinnenlust hingaben, sind zu zahlreich und bestimmt, als dass wir daran zweifeln könnten. Es verdient erwähnt zu werden, dass sie für sich selbst die Bezeichnung Illuminaten erfanden, um das innere Licht anzudeuten, dessen sie sich erfreuten, eine Bezeichnung, welche länger als drei Jahrhunderte bedeutsam geblieben ist[1]).

Als ein Zweig dieser Sekte können die Luziferianer angesehen werden, auf die wir oben schon wiederholt hingewiesen haben. Der
358 Pantheismus sah natürlich auch in Satan eine Emanation Gottes und nahm an, dass er seinerzeit wieder mit der Gottheit vereinigt werden würde. Dass sein Sturz eine Ungerechtigkeit sei, war eine naheliegende Folgerung. Im Jahre 1311 wurden Ketzer, die als Luzi-

---

1) Nider, Formicarius III., VI. — Concil. Colon. ann. 1306, c. 1 (Hartzheim IV, 101). — Trithem. Chron. Hirsaug. ann. 1356.

Poggio berichtet, dass zu seiner Zeit eine Anzahl Geistliche in Venedig auf Grund dieser Lehre von der Unfähigkeit zur Sünde im Zustande der Nacktheit viele Frauen verführt hätten. Poggii Dial. contra Hypocrisim.

ferianer beschrieben werden, in Krems in der Diözese Passau entdeckt. Ihre Ausrottung übernahmen der Bischof Bernhard, der Erzbischof Konrad von Salzburg und der Herzog Friedrich von Österreich in Verbindung mit der Inquisition, welche in jenen Gegenden noch in etwa fortbestanden zu haben scheint. Die Verfolgung dauerte bis zum Jahre 1315, aber ohne ihr Ziel zu erreichen; denn die Sekte tauchte in späteren Jahren noch mehrfach auf. Ihre Anhänger verwarfen alle äusseren Kultushandlungen, erfreuten sich aber nicht der Unfähigkeit zur Sünde, wie die Illuminaten; denn nach ihrer Meinung begaben sich zwei ihrer Geistlichen jedes Jahr in das Paradies, um von Enoch und Elias die Macht zu empfangen, ihre Anhänger zu absolvieren und dann diese Macht ihrerseits anderen in jeder Gemeinde zu übertragen. Diejenigen, welche man entdeckte, erwiesen sich als verstockt; sie waren taub gegen alle Vorstellungen und gingen dem Flammentode mit der grössten Seelenruhe entgegen. Von diesen Irrtümern war besonders Böhmen angesteckt. In den ersten Jahren des sechzehnten Jahrhunderts behauptet Trithemius, es gebe ihrer noch Tausende in jenem Königreiche. Das ist zweifellos eine Übertreibung, wenn nicht gar ein vollständiger Irrtum. Indessen wurden im Jahre 1338 und 1395 wieder welche, und zwar in Österreich, entdeckt und viele von ihnen verbrannt[1]).

Die Neigung zum Mystizismus, welche in der Lehre der Brüder des freien Geistes ihren vollkommenen Ausdruck fand, hatte einen grossen Einfluss auf die Entwicklung derjenigen religiösen Anschauungen in Deutschland, die, wenn auch äusserlich noch rechtgläubig, der Ketzerei sehr nahe kamen. Wenn es richtig ist, dass, wie Altmeyer behauptet, in Zeiten der Trübsal das Gefühl die Herrschaft über den Verstand erlangt und die Seele sich nach einem direkten Verkehr mit dem göttlichen Wesen sehnt, was das Hauptkennzeichen des Mystizismus ist, so fehlte es in Deutschland während des 14. Jahrhunderts gewiss nicht an Ungemach, welches die Entwicklung des 359

1) *Scriptores rerum Austriacarum II, 533 ff.; Friess, im Archiv für österreich. Geschichte 64, S. 254 ff.; Mon. Germ. Hist. SS. IX, 825 ff.; Müller, Die Waldenser (1886) S. 154. — Trithem. Chron. Hirsaug. ann. 1315. — Schrödl, Passavia Sacra, Passau, 1879, pp. 242—3, 247, 284.

H. Haupt (Waldensertum und Inquisition im südöstlichen Deutschland, 1890, S. 21, 39 ff.) legt dar, dass diese Ketzer Waldenser waren. Da die Chronisten und Inquisitoren die Neigung haben, alle Ketzer zu vermengen, und da man mit Hilfe der Folter alle gewünschten Geständnisse erpressen konnte, so ist es unmöglich, eine genaue Klassifikation vorzunehmen, aber es ist ausserordentlich wahrscheinlich, dass viele von diesen als Luziferianer und Brüder des freien Geistes bezeichneten Ketzern in Wirklichkeit Waldenser waren. Denn diese blühten, wie wir später sehen werden, sowohl in Nord- als auch in Süddeutschland weiter.

Mystizismus rechtfertigte. Allein eine solche Erscheinung hängt doch mehr von den geistigen Eigenschaften eines Volkes als von äusseren Umständen ab. Bonaventura war der Vater der Mystik, aber eine Sekte gründete er in seiner Heimat nicht. In dem hundertjährigen Kriege mit England hatte Frankreich manche harte Prüfung zu bestehen, der Mystizismus hat jedoch nie auf seinem Boden geblüht. In Deutschland aber ist die Neigung zu mystischer Ausprägung des religiösen Gefühls während des 14. Jahrhunderts die hervorstechendste geistige Erscheinung der Zeit. Es gab wenige Namen in dem ersten Viertel des Jahrhunderts, die geachteter waren als der des Meisters Eckart (1260—1327), eines hervorragenden Mitgliedes des grossen Dominikanerordens. Ich habe schon im ersten Bande (S. 405) erzählt, wie er in den Verdacht geriet, die Irrtümer der Begarden zu teilen, wie seine Ordensbrüder sich vergebens bemühten, ihn zu retten, und wie der Erzbischof Heinrich von Köln einen entschiedenen Sieg über die damals schwache und schlecht organisierte Inquisition der Dominikaner davontrug, indem er es durchsetzte, dass ein Mitglied dieses Ordens seiner bischöflichen Inquisition unterworfen wurde. Wenn die achtundzwanzig Artikel, die schliesslich am 27. März 1329 von Johann XXII. als ketzerisch verdammt wurden, richtig aus Eckarts Lehren wiedergegeben sind, dann kann allerdings kein Zweifel bestehen, dass er von den pantheistischen Spekulationen der Brüder vom freien Geiste gründlich angesteckt war, dass er die Behauptung von der gemeinsamen Divinität in Gott und dem Menschen anerkannte und die gefährlichen Schlussfolgerungen teilte, dass Sünde und Tugend in den Augen Gottes dasselbe sei. Ausserdem konnte einer Hierarchie, welche auf das Priestertum gegründet war, nichts revolutionärer erscheinen als die Verwerfung des äusseren Kultus. Diese aber war die notwendige Folge aus der Lehre, dass äussere Handlungen keinen Wert haben, dass es vielmehr nur auf die inneren Vorgänge in der Seele ankomme, und dass niemand bedauern solle, eine Sünde begangen zu haben, oder etwas von Gott erbitten[1]).

---

1) Altmeyer, Les Précurseurs de la Réforme aux Pays-Bas, I, 94. — Raynald. ann. 1329, Nr. 71.

Hinsichtlich der Beziehungen Meister Eckarts zu den Brüdern des freien Geistes vgl. Preger, Vorarbeiten zu einer Geschichte der deutschen Mystik (Zeitschrift für die hist. Theol. 1869, pp. 68—78). Dass die Bulle Johanns XXII. „In agro dominico" (Ripoll VII, 57; cf. Herman. Korner, Chron. bei Eccard. Corp. Hist. II. 1036—7, der die Bulle ohne Eckarts Namen bringt, und zwar nach Heinrich v. Herford), welche Meister Eckarts Irrtümer verdammte, bis vor wenigen Jahren als eine allgemein gegen die Brüder vom freien Geiste gerichtete Bulle gegolten hat, ist ein hinlänglicher Beweis für den Zusammenhang beider Lehren. Preger kommt jedoch nach einer gründ-

Die Bedeutung der Ansichten Eckarts liegt nicht so sehr in 360
seinem eigenen unmittelbaren Einflusse als in dem seiner Jünger. Er war der Begründer der Schule der deutschen Mystiker, deren Tätigkeit es zuzuschreiben ist, dass die Spekulationen Amalrichs von Bena, vielfach umgestaltet, die religiöse Entwicklung des vierzehnten und fünfzehnten Jahrhunderts so tief beeinflussten. Alle Führer auch der merkwürdigen, als „Gottesfreunde" bekannten Gruppe waren direkt oder indirekt von Meister Eckart inspiriert, und alle verraten in grösserem oder geringerem Grade ihre Verwandtschaft mit den Brüdern des freien Geistes, obwohl sie es verstanden, sich offiziell im Rahmen der Rechtgläubigkeit zu bewegen.

Johann von Ruysbroeck (1294—1381) hatte, so menschenfreundlich und milde er auch sonst dachte, vor den Brüdern des freien Geistes einen solchen Abscheu, dass er sie des Scheiterhaufens für würdig hielt. Aber obwohl er ihren Pantheismus verwarf, lehrte er doch wie sie, dass am letzten Ende das Leben des Einzelwesens in der unendlichen göttlichen Substanz aufgehe, und dass die Vollkommenen, von göttlicher Liebe erfüllt, für sich und die Welt tot und folglich unfähig zur Sünde seien. Kein Wunder also, dass Gerson diese Anschauungen für ebenso gefährlich ansah wie die Lehren der Begarden, denen sie so nahe verwandt waren. Und obwohl Ruysbroeck Bedenken tragen mochte, die Folgerungen zu ziehen, zu denen kühnere Forscher unbedingt kommen mussten, so waren diese doch in den Augen der Kirche ein ausreichender Hinderungsgrund, um seine im Jahre 1624 beantragte Kanonisation abzulehnen, trotz der ununbestrittenen Wunder, die sich an seinem Grabe vollzogen haben sollten. Sein ausgezeichnetster Schüler war Gerhard Groot (1340—1384), der über die metaphysischen Spitzfindigkeiten seines Lehrers zum Teil noch hinausging, seine Tatkraft aber in praktische Bahnen lenkte, woraus die „Brüder vom gemeinsamen Leben" hervorgingen. Groot sah die Verderbtheit des Klerus und die Irrtümer der Ketzer mit gleich strengen Augen an. Als um 1370 die Inquisition in Deutschland wieder nachdrücklich eingeführt wurde und die Brüder des freien Geistes sich

lichen Untersuchung über Eckarts Schriften (Geschichte der deutschen Mystik im Mittelalter, Bd. I, 309 ff., 436 ff., 478) zu dem Schlusse, dass seine Theosophie eine christliche und keine pantheistische war, trotz mancher gewagter Ausdrücke, die die Anklage wegen Ketzerei veranlassten. — *Vgl. H Denifle im Archiv für Literatur- und Kirchengeschichte des MA. II (1886), 417 ff., V (1889) 349 ff.; Jostes, Meister Eckhart und seine Jünger (1895); Deutsch, in der Realencyklopädie [3]V (1898), 143 ff; H. Büttner, Übersetzung von Meister Eckeharts Schriften und Predigten I (1903); M. Pahncke, Untersuchungen zu den deutschen Predigten Eckharts (1905); Bäumker, in der Kultur der Gegenwart, hrsg. v. Hinneberg I, 5 (1909), S. 373 ff.

nach neuen Zufluchtsstätten umsahen, kamen einige von ihnen nach Holland, wo sie infolge der weiten Verbreitung des mystischen Pantheismus für ihre Lehren einen fruchtbaren Boden zu finden hoffen konnten. Groots eigene Ansichten glichen aber den ihrigen grade genug, dass er doppelten Anstoss an ihren kühneren Schlüssen nehmen musste. Er versuchte, diese mit besonderem Eifer zu unterdrücken. Dazu bot ihm das Kloster der Augustiner-Eremiten in Dordrecht Gelegenheit, da es in dem Rufe stand, von der Ketzerei angesteckt zu sein, und er scheute keine Mühe, dahinter zu kommen und die Schuldigen zu bestrafen. Bartholomäus, einer der Augustiner, war besonders verdächtig, und Groot nahm sich vor, ihm heimlich mit einem Notar zu folgen und seine Worte zu protokollieren. In dieser oder ähnlicher Weise erlangte er seine Beweise. Da es in Holland eine Inquisition nicht gab, so setzte Gerhard Groot durch, dass Bartholomäus um das Jahr 1380 vor den Bischof Florenz von Utrecht geladen wurde. Die Verhandlung fand vor dem bischöf-
361 lichen Vikar statt. Bartholomäus leugnete die ihm zugeschriebenen Ausdrücke und wurde entlassen mit dem Befehl, diese Ableugnung in Kampen und Zwolle zu wiederholen, wo er, wie behauptet wurde, seine Ketzereien geäussert hatte. Diese unerwartete Milde erregte den Unwillen Groots, welcher genügenden Einfluss besass, um Bischof Florenz zu veranlassen, den Fall noch einmal aufzunehmen und ihn persönlich zu untersuchen. Bartholomäus suchte seinem Verfolger dadurch zu entgehen, dass er einen Tag vor dem Termine erschien. Groot aber wurde benachrichtigt, warf sich in einen Wagen, reiste die Nacht durch und kam beizeiten in Utrecht an. Diesmal gelang ihm seine Absicht. Bartholomäus wurde als Ketzer verurteilt, schwur ab und musste zur Strafe Kreuze in Form einer Schere tragen. Aber den Augustinern fehlte es nicht an Freunden, und sie übten Vergeltung an denen, welche an dem Ausgang des Prozesses teilgehabt hatten. So wurden einige Frauen, die als Zeugen gedient hatten, von den Richtern von Kampen mit einer Geldstrafe belegt. Auch verbannten sie auf zehn Jahre den Werner Keynkamp, einen Freund Groots, der in der Folgezeit dreimal Prior von Niederlassungen der Brüder vom gemeinsamen Leben war. Groot selbst entging seinem Schicksal nicht; um ihn mundtot zu machen, nahm Bischof Florenz bald darauf alle seine Predigtaufträge zurück. Nun versuchte Groot, vom Papst Urban VI. einen Auftrag als Prediger und Inquisitor zu bekommen, und schickte zehn Gulden nach Rom, um die dazu erforderlichen Bullen zu bezahlen. Zum Glück für seinen

Ruf starb er im Jahre 1384, bevor der Bote von Rom zurück war, und Holland blieben die Folgen erspart, die sein unbedachter, vom Kampfe entflammter und mit der unverantwortlichen Macht der Inquisition bewaffneter Eifer gehabt haben würde. Sein Nachfolger, Florenz Radewyns, übernahm seine milderen Eigenschaften, so dass unter ihm die Brüderschaften vom gemeinsamen Leben bedeutende Fortschritte machten und sich schnell durch die ganzen Niederlande und Deutschland ausbreiteten. Obwohl sie gelegentlich von der Inquisition verfolgt wurden, traf auf dem Konzil von Konstanz, wo Matthäus Grabow die Verurteilung der Beguinen erstrebte, — wir werden sogleich mehr davon hören — der Papst Martin V. eine Entscheidung zu ihren Gunsten. Darnach blühten sie ungehindert weiter und verdienten ihren Lebensunterhalt, indem sie als Lehrer und Abschreiber von Manuskripten die Kultur verbreiten halfen. Nach der Reformation starben diese Brüderschaften schnell aus; doch blieb das Haus zu Emmerich in der Nähe von Düsseldorf bis zum Jahre 1811 bestehen, wo Napoleon seine Pforten schliessen liess. Die damals ausgewiesenen vier Brüder beobachteten die Regeln weiter, bis der letzte, Gerhard Mulder, am 15. März 1854 zu Zeevenar starb. Ein Zweig dieser Bruderschaften nahm jedoch die Regel der Regularkanoniker des hl. Augustinus an. Ihr Kloster 362
Windesheim wurde ein Musterhaus, dessen Beispiel man überall befolgte, und dem Orden wurde die Ehre zu teil, zwei Männer wie Thomas von Kempen und Erasmus hervorzubringen. Das Buch von der Nachfolge Christi ist die vollkommenste Blüte des gemässigten Mystizismus, der auf Johann von Ruysbroeck zurückführt. Ins praktische Leben übersetzt, trug dieser Mystizismus bedeutend bei zu der geistigen Bewegung, die in der Reformation ihren Höhepunkt erreichte; denn er lehrte, dass die äusseren Werke überflüssig seien, und dass die Erlangung des Seelenheils nur vom Menschen allein abhange. In diesem Sinne wirkten die Brüder vom gemeinsamen Leben. Nach ihrer Meinung war das Dogma weniger wichtig als die innere Selbstzucht, welche die Menschen befähige, wahre Kinder Gottes zu werden. Durch ihre Predigten unter dem Volke und ihre Lehren in den Schulen untergruben Männer wie Heinrich Harphius, Johann Brugmann, Dionysius van Leeuwen, Johann Pupper van Goch und Johann Wessel von Groningen unbewusst die Macht der Hierarchie, obgleich sie selbst tatsächlich niemals wegen Ketzerei beschuldigt oder verfolgt wurden [1]).

1) Mosheim, De Beghardis, pp. 305, 433–57. — Jundt, Les Amis de

Weniger dauerhaft, obgleich eine Zeitlang bekannter, war die Gesellschaft der „Gottesfreunde“, die sich in den oberen Rheinlanden bildete. Der hervorragendste Schüler Meister Eckarts war Johann Tauler (1300—1361), der von den Lehren seines Meisters genug beibehalten hatte, dass er zweifellos der Ketzerei angeklagt worden wäre, wenn damals eine deutsche Inquisition ihres Amtes gewaltet hätte. Dass er unbehelligt blieb, ist der klarste Beweis dafür, dass damals die Inquisitionsmaschinerie ausser Gebrauch gesetzt war. Sein erleuchteter Quietismus verstieg sich zu einer Höhe, auf der die ganze Persönlichkeit des Gläubigen in dem Abgrund der Göttlichkeit unterging. Keine menschliche Sprache könne, so lehrte er, den Grad der Innigkeit ausdrücken, womit man sich Gott so hinzugeben vermöge, dass alles Gefühl für die eigene Kraft verloren gehe. Kein Priester, kein Vermittler sei nötig zwischen ihm und Gott. Die Seele des einzelnen Menschen könne in so innige Beziehungen zur Gottheit treten, dass sie tatsächlich in dem göttlichen Wesen aufgehe; der Mensch könne sich so vollständig unter den Einfluss des Hl. Geistes begeben, dass er sozusagen von ihm inspiriert und seine Handlungen
363 gleichsam die Taten der dritten Person der Dreifaltigkeit würden. Alles dies sei dem Laien ohne priesterliche Vermittlung möglich. Der Mensch sei ganz allein für sich selbst verantwortlich und könne eins werden mit Gott ohne die Vermittlung des Priesters[1]).

Einen wie glänzenden Ruf Tauler als erster Prediger seiner Zeit auch haben mochte, so beugte er sich doch wie ein kleines Kind vor dem geheimnisvollen Laien, der als „der Gottesfreund im Oberland“ bekannt ist. Er stand auf der vollen Höhe seiner Manneskraft, war wenigstens fünfzig Jahre alt, und ganz Strassburg hing an seinen Lippen, als eines Tages ein Fremder vor ihm erschien und mit seinen geheimen Schwächen scharf ins Gericht ging. Von pharisäischem

---

Dieu, pp. 65—66. — Gersoni Opp. Ed. 1494, xv. Z-xvi. B. — D'Argentré, Coll. Judic. I. ii, 152. — Altmeyer, Les Précurseurs de la Réforme aux Pays-Bas, i, 107—117, 166—188. — Acquoy, Gerardi Magni Epistolae, Amstelod. 1857, pp. 28, 32—5, 37—8, 40—2, 48—9, 52—4, 57—60, 69, 83, 101. — Von der Haardt, iii, 107—20. — Bonet-Maury, Gérard Groot, pp. 37—38, 49—54, 62—64, 83—5. — *L. Schulze in der Realencyklopädie ³iii (1897) 472—507; Narratio de inchoatione domus clericorum in Zwolle, ed. Schoengen (1908); über Johann v. Ruysbroeck vgl. Realenyklopädie ³xvii, 267; über Gerhard Groot ebd. ³vii, 185.

1) J. Tauleri Institt. c. 12. — Vitae D. Johannis Tauleri Historia.

Kein Wunder, dass Taulers Schriften von der Kirche verschieden beurteilt und behandelt worden sind. Ihre Neigung zum Illuminismus und Quietismus wurde anerkannt. Im Jahre 1603 schlug die Indexcongregation vor, eine gereinigte Ausgabe seiner und Savonarolas Werke zu veranstalten, der Plan wurde aber nie ausgeführt. — Reusch, Der Index der verbotenen Bücher i, 370, 469, 523, 589.

Hochmut und Stolz auf seine Gelehrsamkeit und seine Kenntnis der scholastischen Theologie erfüllt, müsse er erst wieder wie ein Kind werden, müsse alles Vertrauen auf die eigene Kraft ablegen und kindlich auf Gott allein vertrauen, ehe er sich für die Lenkung der Seelen eigne. Überwältigt von der geheimnisvollen Macht seines Besuchers, demütigte der Doktor der Theologie seinen Stolz und, dem Befehle des Fremden, der ihm niemals seinen Namen enthüllte, gehorchend, hörte Tauler zwei Jahre lang auf zu predigen und die Beichte zu hören[1]). Aus diesem Kampfe mit sich selbst ging er als ein neuer Mensch hervor und wurde Mitglied der berühmten Schar der Gottesfreunde, deren Auswahl und Vereinigung sich der namenlose Fremde zur Aufgabe gemacht hatte[2]).

Diese Gesellschaft war nicht zahlreich. Denn zu einer Höhe sich zu erheben, auf der man nur wünscht, was Gott wünscht, und nur abweist, was Gott abweist, das vermögen nur besonders begnadete Seelen. Aber ihre Mitglieder waren zu finden von den Niederlanden bis nach Genua und vom Rheine bis nach Ungarn hin. Furcht- 364
bar waren die Kämpfe und geistigen Konflikte, das Schwanken zwischen Hoffnung und Verzweiflung, die ekstatischen Verzückungen und die hässlichen Anfechtungen, womit Gott die Neophyten prüfte, welche in die heitere, reine Atmosphäre des mystischen Illuminismus gelangen wollten, — Kämpfe und Prüfungen, die eine merkwürdige Ähnlichkeit mit denjenigen aufweisen, welche der standhafte John Bunyan jahrelang durchzumachen hatte. Wenn sie endlich alle diese Prüfungen für die Aufnahme glücklich bestanden hatten, dann zog sie Gott zu sich heran, er erleuchtete ihre Seelen, so dass sie eins wurden mit ihm, dann waren sie Gott durch seine Gnade, wie er

1) *Über Tauler unterrichtet jetzt am besten Cohrs in der Realencyklopädie ^{3}xix (1907), 451—459.

2) Jundt kommt nach einer Reihe von eingehenden und scharfsinnigen Untersuchungen zu dem Ergebnis, dass der geheimnisvolle „Gottesfreund im Oberland", dessen Persönlichkeit der Gegenstand so vieler Erörterungen gewesen ist, Johann von Rutberg war, dass er eine zeitlang in Chur gewohnt habe, und dass die Einsiedelei, wo er seine Tage beschloss, in der Pfarrei Ganterschwyl, im Kanton St. Gallen, lag. (Jundt, Amis de Dieu, Paris, 1879, pp. 334—42.) Ch. Schmidt (Précis de l'Histoire de l'Eglise de l'Occident, Paris 1885, p. 304) sieht das Geheimnis noch immer als ungelöst an. H. Denifle sucht sogar zu beweisen, dass der Gottesfreund nur eine Erfindung des Rulman Merswin war. Dass dem aber nicht so ist, dafür hat meiner Meinung nach Preger (Die Zeit einiger Predigten Taulers, München, 1887) hinreichende Beweise beigebracht. — *Jundt, Rulman Merswin et l'ami de Dieu de l'Oberland (1890). Für die neuerdings durch K. Rieder, Der Gottesfreund vom Oberland, eine Erfindung des Strassburger Johanniterbruders Nikolaus von Löwen (1905), wieder eröffneten Controversen über Rulman Merswin vgl. Strauch, in der Realencyklopädie ^{3}xvii (1906), 203—227.

Gott ist von Natur. Der Aufgenommene befand sich dann im Zustande absoluter Sündlosigkeit und konnte sich der Sicherheit freuen, dass er nun für sein ganzes Leben so bleiben und beim Tode sofort in den Himmel kommen werde, ohne ein Fegefeuer durchmachen zu müssen [1]).

In vielen von ihren Glaubenssätzen und Übungen spiegelt sich seltsamerweise der Hinduismus wieder, was um so auffallender ist, als ein Zusammenhang zwischen ihnen nicht bestehen kann, es sei denn, dass die Gottesfreunde zufällig einige Elemente der mystisch-arabischen Form der aristotelischen Philosophie aufgenommen hätten, welche die scholastischen Anschauungen so stark beeinflusst hat [2]). Wie die alte brahmanische „tapas“ oder die ernste Betrachtung den Menschen der göttlichen Natur teilhaftig machte, so machten die inneren Übungen die Gottesfreunde der Gottheit ähnlich, und die wunderbaren Kräfte, die sie sich dadurch erwarben, finden wir in den „rishis“ und „rahats“ der Hindus wieder. Und wie die Gottesfreunde in heissem Bemühen das rebellische Fleisch dem Geiste untertan machten, so suchten die Hindus das nämliche Ziel zu erreichen durch die barbarischen Peinigungen des Yoga-Systems. Rulman Merswin (1307—1382) pflegte sich mit einer Peitsche aus Draht zu geisseln und rieb dann Salz in die Wunden. Auch die religiösen Ekstasen der Gottesfreunde finden ihr Gegenstück in der „samahdi“ oder dem Zustande empfindungsloser Glückseligkeit der Hindus, und das höchste Gut wonach sie strebten, war dasselbe wie das der Sankhya-Schule, nämlich die Abtötung des Willens und die Befreiung von allen Leidenschaften und Wünschen, selbst dem der Erlösung. Allein diese Ähnlichkeiten waren modifiziert durch die Allmacht und Allgegenwart Gottes, wie der Christ sie verstand, und von dem praktischer veranlagten Charakter des Europäers, der die Glaubensgenossen nicht in die Dschungeln und Wälder schickte, sondern ihnen, wenn sie Laien waren, befahl, ihrem weltlichen Beruf nachzugehen, wenn sie reich waren, nicht ihres Besitzes sich zu entäussern, sondern gute Werke damit zu tun und ihre Pflichten sowohl gegen den Menschen als auch gegen Gott zu erfüllen. Rulman Merswin
365 war ein Bankier und ging eifrig seinem Geschäfte nach, während er zugleich die Gemeinschaft vom „Grünen Wörth“ gründete und die Abhandlungen schrieb, in denen die Gläubigen Trost und Hilfe fanden. Aber das Oberhaupt der ganzen Gruppe und seine unmittelbaren

1) Jundt, pp. 37—9, 60—2, 83, 106—7, 166, 313.
2) Vgl. Rénan, Averroès et l'Averroïsme, 3. Aufl., S. 95 u. 144—6.

Schüler gründeten eine Einsiedelei in der Wildnis, wo sie sich der Aufgabe widmeten, den Zorn Gottes zu beschwichtigen. Die namenlose Schlechtigkeit der Menschen rief nach göttlicher Rache. Erdbeben, Pestilenz, Hungersnot, alle Warnungen des Himmels waren unbeachtet geblieben, und nur die Fürbitten der Gottesfreunde hatten wiederholt Aufschub bewirkt. Das grosse Schisma im Jahre 1378 vermehrte noch das allgemeine Elend; 1379 kündigte ihnen ein Bote des Himmels an, dass Gott noch eine Gnadenfrist von einem Jahre bewilligt habe, dass dann aber ohne weiteren Aufschub die letzte Strafe eintreten werde. Doch wurden im Jahre 1380 dreizehn von ihnen auf geheimnisvolle Weise zu einer „göttlichen Versammlung" berufen, in welcher ihnen ein Engel einen Brief vorlegte, wonach Gott auf die Fürbitte der hl. Jungfrau noch eine dreijährige Frist bewilligt habe, vorausgesetzt, dass sie sich für „Gefangene Gottes" erklärten, als Einsiedler lebten und vollständiges Schweigen beobachteten, das nur zweimal in der Woche vom Mittag bis zum Abend unterbrochen werden durfte und auch dann nur, um das Nötigste zu erbitten oder geistlichen Rat zu erteilen. Hierin willigten sie ein und verschwanden in der Tat bald darauf den Blicken[1]).

Die Gottesfreunde sind nicht nur bedeutsam als eine charakteristische Ausprägung der religiösen Bestrebungen jener Zeit, sondern sie erwecken auch noch unser besonderes Interesse durch die Beziehungen, welche sie einerseits zur Kirche und andrerseits zu den Brüdern des freien Geistes hatten. Sie waren ein Ausläufer dieser letzteren Gruppe, wenn sie auch die beklagenswerten sittlichen Ausschreitungen der verwandten Sekte vermieden. Der „neunte Fels", welcher die höchste Höhe des asketischen Illuminismus der Begarden war, erscheint mit demselben Namen auch in dem bemerkenswertesten der Werke Rulman Merswins, das man bis vor kurzem Heinrich Suso zugeschrieben hat. Kein Wunder, dass Johann Nider (1380—1438) die Gottesfreunde mit den Begarden verwechselte, obgleich Merswins „Bannerbüchlein" zu dem Zwecke geschrieben wurde, die Irrtümer der letzteren aufzudecken. Sie unterschieden sich, wie wir gesehen haben, in manchen Stücken von den üblichen Lehren der Kirche, und sie gingen in ihren Abweichungen über diejenigen hinaus, welche im siebzehnten Jahrhundert so scharf an Michael v. Molinos und den Illuminaten getadelt wurden[2]). Diese Irrtümer vermehrten sie noch um einige, die ihnen eigentümlich

1) Jundt, pp. 143, 164, 308–9, 312—13, 316–17.
2) *Vgl. Lea, Molinos and the Italian Mystics (American Historical Review XI (1906), 243ff.).

waren. Viele Juden und Moslemiten, lehrten sie, würden gerettet;
366 denn Gott verlasse niemanden, der ihn suche; und wenn sie auch des Segens der christlichen Taufe nicht teilhaftig werden könnten, so taufe sie doch Gott selbst im Geiste durch die Leiden der Todesangst. Aus demselben Grunde und um der göttlichen Gerechtigkeit nicht vorzugreifen, weigerten sie sich, den Ketzer der menschlichen Gerechtigkeit auszuliefern. Man könne ihn, so lehrten sie, in der Welt dulden, solange Gott es zu tun für gut halte. Doch hatten sie einen Grundsatz, der sie vor den weltlichen und geistlichen Folgen ihrer Irrtümer bewahrte, und der uns einen wertvollen Aufschluss gibt über die Beziehungen zwischen der Kirche und der Ketzerei. Obwohl sie die Verderbtheit und Weltlichkeit der Kirche in den schärfsten Ausdrücken anklagten, leisteten sie Rom doch unbedingten Gehorsam; und dieses konnte vieles übersehen und verzeihen, solange sie die Suprematie des Hl. Stuhles nicht in Frage stellten. Im Juni 1377 kam der „Gottesfreund aus dem Oberland“ auf den Gedanken, mit einem Genossen den Papst Gregor XI. zu besuchen und ihn vor den Gefahren zu warnen, die das Christentum bedrohten [1]). Sie sprachen zu ihm mit dem grössten Freimut. Obwohl Gregor anfangs unwillig war, so erkannte er doch schliesslich in ihnen die Gesandten des Hl. Geistes, erwies ihnen grosse Ehren und ermahnte sie, ihre früher gehegte aber wieder aufgegebene Absicht auszuführen und eine grosse Gesellschaft ihrer Anhänger zu gründen. So erbarmungslos Gregor mit der Verfolgung der Waldenser, der Begarden und der Überreste der Katharer vorging, so wenig fand er gegen den Mystizismus und Illuminismus seiner Besucher einzuwenden. Er nahm sogar keinen Anstoss an ihrer prophetischen Drohung, dass er innerhalb eines Jahres sterben würde, wenn er die Kirche nicht reformiere. Tatsächlich starb er am 27. März 1378. Wenn wir aber Gerson Glauben schenken dürfen, bedauerte er auf dem Sterbebette nicht, diese Warnungen unbeachtet gelassen zu haben, sondern beklagte nur, zu leichtgläubig den Visionen männlicher und weiblicher Propheten Gehör gegeben und so den Weg zu dem grossen Schisma geebnet zu haben, welches, wie er voraussah, ausbrechen würde, sobald er von dem Schauplatze abgetreten sei [2]).

---

1) *Diese Romreise ist wohl nur erdichtet.

2) Mosheim, De Beghardis p. 256. — Jundt, pp. 13, 42—3, 147, 155—60, 282—7, 347. — Nider Formicar. III, 2. — Gerson de Exam. Doctrinarum P. II. Cons. 3.

Dass die Gottesfreunde in ihrer Unterredung mit Gregor eine freimütige Sprache geführt haben sollen, wäre an sich nicht unwahrscheinlich.

Nach diesem flüchtigen Überblick auf die im ganzen doch rechtgläubig gebliebenen Zweige des Mystizismus können wir zu der Geschichte der Brüder vom freien Geiste zurückkehren, welche die pantheistischen Lehren in ihrer unreifen Gestalt beibehielten und vor den berechtigten Schlussfolgerungen nicht zurückschreckten. Um das Ende des dreizehnten Jahrhunderts begann man den Wert 367
der so lange als etwas Erhabenes angesehenen Armut anzuzweifeln. Im Jahre 1274 versuchte das Konzil von Lyon die nicht autorisierten Bettelgesellschaften zu unterdrücken. Im Jahre 1286 verurteilte Honorius IV. die Segarellisten und etwa zehn Jahre später, 1297, zeigte Bonifaz VIII. durch seine Verfolgung der Cölestiner und der strengeren Franziskaner, dass die Armut nicht mehr als die oberste der Tugenden angesehen wurde. Um dieselbe Zeit befahl er durch eine Bulle, gewisse anscheinend mit den Brüdern des freien Geistes identische Ketzer energisch zu verfolgen, welche lehrten, dass Männer und Frauen nackt gehen und nicht mit den Händen arbeiten dürften, wenn sie vollkommen werden wollten. Um die nämliche Zeit hören wir auch von der ersten Verfolgung in Deutschland. Eine kurze Notiz aus dem Jahre 1290 belehrt uns, dass der Lektor des Baseler Franziskanerklosters zwei Begarden und zwei Beguinen in Colmar und mehrere andere in Basel, die er für Ketzer hielt, verhaften liess. Die Provinzialkonzilien von Trier und Mainz, welche im Jahre 1310 stattfanden, erliessen mehrere scharfe Bestimmungen gegen die umherziehenden Begarden und Beguinen und verlangten, dass sie sich wie die übrigen Christen verhalten sollten. Dieses letztere Konzil aber erliess gleichzeitig Regeln für die anerkannten Beguinengemeinden. Man machte also einen deutlichen Unterschied zwischen denjenigen, welche ein geordnetes Leben führten, das man kontrollieren konnte, und den umherziehenden Bettlern, welche in Spelunken predigten und unklare, aber verdächtige Lehren ausstreuten[2]).

Heinrich von Virneburg, dem Erzbischof von Köln (1304—22), war es vorbehalten, den Kampf gegen sie zu eröffnen, der so lange dauern sollte. Kurze Zeit nach seiner Wahl im Jahre 1306, berief er ein Provinzialkonzil, dessen zwei erste Kanones diese Sektierer behandeln, und zwar mit einer Ausführlichkeit, die beweist, welche Be

---

Apokalyptische Inspiration war eine gewöhnliche Erscheinung in dieser Zeit, und auch die hl. Brigitta von Schweden und die hl. Katharina von Siena nahmen den Päpsten gegenüber durchaus kein Blatt vor den Mund.

2) Raynald. ann. 1296, Nr. 34. — Annal. Colmar. maiores ann. 1290 (Mon. Germ. Histor. SS. XVII, 217). — Hartzheim IV, S. 139, 200.

deutung man ihnen jetzt beilegte. Schon durch ihre Kleidung unterschieden sie sich von der grossen Masse des Volkes. Sie trugen lange Mäntel und Gewänder mit Kapuzen, waren dreist genug, sich mit den Franziskanern und Dominikanern in öffentliche Disputationen einzulassen, und zugleich starrköpfig genug, um sich vor den Argumenten ihrer Gegner nicht zu beugen. Was aber schlimmer war, ihre Ausdauer in der Bettelei brachte so reichen Lohn, dass dadurch
368 die Almosen, von denen die anerkannten Bettelmönche leben mussten, in empfindlicher Weise verkürzt wurden. Hieraus geht hervor, dass es an einer päpstlichen Inquisition fehlte, und dass sich Deutschland tatsächlich einer religiösen Duldung erfreute, welche man ausserhalb der Grenzen dieses Reiches nicht kannte. Man darf aber wohl voraussetzen, dass die Begarden die gefährlicheren und abstossenderen Seiten ihrer Lehren nicht öffentlich kundgaben; denn die Irrtümer, die das Konzil ihnen zuschreibt, sind ziemlich harmloser Natur. Immerhin aber erklärte der Erzbischof sie für exkommunizierte Ketzer, die man mit Hilfe des weltlichen Armes unterdrücken müsse, wofern sie nicht innerhalb von vierzehn Tagen widerriefen. Man gab ihnen einen Monat Zeit, um ihre Kleidung und ihre Lebensweise anders einzurichten; alsdann sollten sie ihr Brot durch ehrliche Arbeit verdienen. Das war alles wohlgemeint, hatte aber, wie es scheint, nicht den geringsten Erfolg. Die Begarden griffen die Bettelmönche nach wie vor mit solchem Eifer und solchem Erfolge an, dass die Franziskaner, die durch den Tod des Kardinals Matteo Rosso im Jahre 1305 ihres Protektors beraubt worden waren, sich um Hilfe an ihren Ordensgeneral Gonsalvo wandten, der, der Dringlichkeit der Lage entsprechend, ihnen im Jahre 1308 den bedeutendsten Lehrmeister des Ordens, Duns Scotus, als Beistand schickte. Dieser würde zwar mit der Begeisterung aufgenommen, die seine Bedeutung verdiente; aber unglücklicherweise starb er schon im November desselben Jahres, und die Begarden konnten, ohne wirksamen Widerstand zu finden, nach wie vor ihren Bekehrungseifer betätigen [1]).

Um diese Zeit scheinen sie besonders rührig gewesen zu sein und weit und breit die Aufmerksamkeit auf sich gelenkt zu haben. Wir haben schon (S. 136) gesehen, wie im Jahre 1310 die Beguine Margarete Porete vom Hennegau zu Paris verbrannt wurde und ihren Märtyrertod mit unerschütterlicher Standhaftigkeit ertrug. In demselben

---

1) Concil. Colon. ann. 1306, c. 1, 2 (Hartzheim IV, 100—2). — Wadding. ann. 1305, Nr. 12. — Mosheim, De Beghardis pp. 232—4. — *Fredericq, Corpus I, 150, 185; Schwamborn, Heinrich II., Erzbischof von Köln (1904) S. 65.

Jahre fanden die beiden schon erwähnten Provinzialkonzilien in Mainz und in Trier statt. Hier wurden sie der unautorisierten Auslegung der hl. Schrift bezichtigt und alle Pfarrpriester angewiesen, sie aufzufordern, ihre schlimme Lebensweise binnen vierzehn Tagen bei Strafe der Exkommunikation aufzugeben. Im Jahre 1309 hören wir ferner von gewissen, Lollarden genannten Heuchlern, die im ganzen Hennegau und in Brabant mit grossem Missionserfolge umherzogen und auch unter den adligen Damen Bekehrungen vornahmen[1]).

Dieser Missionseifer scheint die Aufmerksamkeit auf die Sekte gelenkt zu haben; denn das allgemeine Konzil von Vienne, das im 369
Oktober 1311 zusammentrat, sprach ausdrücklich das Verdammungsurteil über sie aus. Man hatte ihre Ketzerei offenbar aufmerksam studiert, denn den ersten ziemlich vollständigen Bericht über ihre Lehren verdanken wir dem Kanon, durch den sie hier geächtet wurden. Den Bischöfen und Inquisitoren wurde befohlen, mit Eifer zu tun, was ihre Pflicht sei, nämlich allen Anhängern der Sekte nachzuspüren und für ihre Bestrafung zu sorgen, wofern sie nicht aus freien Stücken abschwören wollten. Leider war der Eifer des Papstes Clemens V. damit noch nicht zufrieden. Es war allerdings auch nicht leicht, die frommen Frauen, welche unter dem Namen Beguinen in Gemeinden lebten, von ihren umherziehenden Schwestern zu unterscheiden. In einem anderen Kanon heisst es deshalb, die Beguinenhöfe seien angesteckt von denen, die über die Dreifaltigkeit und das Wesen Gottes disputierten und der Rechtgläubigkeit zuwiderlaufende Anschauungen verbreiteten. Solche Gemeinwesen müssten also aus der Welt verschwinden. Da man aber offenbar gleichzeitig fühlte, dass diese Bestimmung eine gewisse Ungerechtigkeit enthalte, so fügte man am Schlusse des Erlasses die damit im Widerspruche stehende Erklärung hinzu, dass gläubige Frauen mit oder ohne das Gelübde der Keuschheit in Häusern zusammenleben und sich den Bussübungen sowie dem Dienste Gottes widmen dürften. Darin lag ein bedauerlicher Mangel an Klarheit; denn auf diese Weise blieb es dem freien Ermessen der Bischöfe überlassen, die aus diesem Kanon sich ergebenden Pflichten so zu deuten, wie es ihren Wünschen entsprach[2]).

Die Clementinischen Konstitutionen, die diese Bestimmungen enthalten, wurden nicht noch zu Lebzeiten des Papstes Clemens V. veröffentlicht, sondern erhielten erst durch seinen Nachfolger

1) Concil. Trevirens. ann. 1310, c. 51 (Martene Thesaur. IV, 250); *Fredericq l. c. I, 154, 187; Hefele-Knöpfler l. c. — Hocsemii Gest. Pontif. Leod. Lib. I, c. 31 (Chapeaville, II, 350).

2) C. 3, Clement. V. III; C. 1, Clement. III. XI.

Johann XXII. im Oktober 1317 gesetzliche Kraft. Anscheinend warteten die Bischöfe die Veröffentlichung ab; denn erst im August 1317, kurz vor der Bekanntgabe dieser Gesetze, hören wir von einer plötzlichen Verfolgung, und zwar von seiten des Bischofs von Strassburg, Johann von Dürbheim. Dieser ging indessen nicht vor auf Grund der Kanones von Vienne, sondern auf Grund derjenigen, welche im Jahre 1310 das Konzil von Mainz angenommen hatte, dessen Erzbischof er unterstellt war[1]). Aber ein Hinweis auf die von dem Hl. Stuhle vorgesehenen Kirchenstrafen zeigt, dass ihm die Beschlüsse von Vienne bekannt waren. Die Begarden hatten es offenbar nicht für nötig gehalten, sich der Öffentlichkeit zu entziehen; denn der Bischof bedrohte alle mit der Exkommunikation, welche nicht innerhalb dreier Tage die auffallende Kleidung der Sekte ablegen würden, und liess ausserdem die Häuser konfiszieren, in denen sie ihre Versammlungen abhielten; er verbot, ihre Hymnen und Schriften zu
370 lesen, zu besitzen oder anzuhören, und ordnete an, dass diese binnen vierzehn Tagen zur Verbrennung abzuliefern seien. Zu der Sekte gehörten viele Kleriker, die die heiligen Weihen empfangen hatten, Mönche, verheiratete Leute und andere. Ihre Lehren müssen also nicht nur unter den umherziehenden Bettlern weitverbreitet gewesen sein; die letztern aber versahen wahrscheinlich den Missionsdienst, vermittelten die Bekehrungen und leisteten den Gläubigen geistlichen Beistand. Bischof Johann liess es aber nicht bei Drohungen bewenden. Er nahm eine Visitation seiner Diözese vor und traf dabei viele Sektierer an. Deshalb organisierte er eine Inquisition von gelehrten Theologen und liess durch diese Verhöre anstellen. Die, welche widerriefen, mussten Kreuze tragen, — für Deutschland das erste authentische Beispiel der Anwendung dieser Strafe, die ausserhalb der deutschen Grenzen schon so lange bestand; die, welche sich als hartnäckig erwiesen, wurden dem weltlichen Arme zur Verbrennung ausgeliefert. Hier wurde also zum ersten Male die Inquisition von einem Bischof auf deutschem Boden regelrecht ausgeübt. Die Begarden verliessen in Scharen die Diözese, und im Juni 1318 hatte Johann die Genugtuung, den anderen Suffraganbischöfen der Mainzer Provinz seinen Erfolg melden und ihnen den Rat erteilen zu können, seinem Beispiele zu folgen. Aber diese scharfe Verfolgung dauerte nicht lange. Im Jahre 1319 erklärte Johann seiner Geistlichkeit in

1) *Im Juni 1312 hatte inzwischen auch K. Heinrich VII. die Ketzergesetze K. Friedrichs II. erneuert (Böhmer, Regesta imperii 1246—1313, S. 302, Nr. 488).

einem Rundschreiben, die Clementinischen Konstitutionen seien wohl an anderen Orten, aber nicht in der Diözese Strassburg in Kraft. Er befahl allen geistlichen Würdenträgern bei Strafe der Amtsentsetzung, die Beguinen aufzufordern, binnen vierzehn Tagen ihre Kleidung abzulegen und sich nach den Gebräuchen der Kirche zu richten. Diejenigen, welche sich weigerten, sollten von den Inquisitoren auf ihre Rechtgläubigkeit verhört werden[1]).

Die Resultate, welche die Veröffentlichung der Clementinen 371
zeitigte, entsprachen überhaupt nicht ganz den Erwartungen ihres Urhebers. Der gegen die Ketzer gerichtete Kanon wurde wenig beachtet, und erst nach fünf Jahren hören wir von ernsten Verfolgungen auf seiner Grundlage. Die Ketzer waren arme Leute und boten keine Aussicht auf Beute, die die bischöflichen Beamten zu der undankbaren Mühe der Verfolgung und Prozessierung hätte verlocken können. Von den Bischöfen besassen ferner wenige den Glaubenseifer des Johann von Dürbheim, um sich von ihren weltlichen Sorgen und Vergnügungen ablenken zu lassen. Die Beguinenhöfe waren allerdings eine bequeme Beute. Dort gab es etwas zu holen, wenn man nur geschickt vorging. Ausserdem standen viele dieser Niederlassungen unter der Oberaufsicht der Bettelorden und waren entweder ihrem Wesen nach oder tatsächlich Tertiarierhäuser; ihre Vernichtung konnte die stets vorhandene Eifersucht zwischen dem Weltklerus

---

1) Mosheim, De Beghardis, pp. 255—61, 268—9. — Haupt, Zeitschrift für Kirchengeschichte VI (1885), 561—4.

Abschriften vieler Verordnungen des Konzils von Vienne waren damals in Umlauf, aber Clemens V., der eine Revision derselben vorzunehmen wünschte, liess sie vernichten oder ausliefern. In der neuen Form wurden sie von einem am 21. März 1314 abgehaltenen Konsistorium angenommen und an einige Universitäten geschickt. Aber da Clemens V. am 20. April starb, trat eine neue Verzögerung ein. Johann XXII. unterzog sie einer abermaligen Revision, und schliesslich wurden sie am 25. Oktober 1317 veröffentlicht. — Ehrle im Archiv für Literatur- und Kirchengeschichte IV (1888), 439 ff. Der Widerspruch, der sich in den die Beguinen betreffenden Verordnungen findet, ist zweifellos auf diese wiederholten Revisionen zurückzuführen. — *Für das Konzil von Vienne vgl. Hefele-Knöpfler l. c. VI, 515; Finke, Papsttum und Untergang des Templerordens I (1907), 345 ff.

Die Art und Weise, wie Johann von Dürbheim zu seinem Bistum Strassburg gelangte, wirft ein grelles Licht auf das damals bei der päpstlichen Kurie herrschende Verfahren. Bei dem Tode des Bischofs Friedrich (1305) war das Kapitel geteilter Meinung und zog vier Bewerber in engere Wahl. Hierzu gehörte auch Johann von Ochsenstein, ein Günstling des Kaisers Albrecht, welcher, um sein Ziel sicher zu erreichen, seinen Kanzler Johann von Dürbheim, den Bischof von Eichstädt, sowie den Abt Philipp von Päris (Diöz. Basel) an Clemens V. schickte. Die Gesandten kehrten mit päpstlichen Briefen zurück, wodurch der Kanzler zum Bischof von Strassburg, der Abt zum Bischof von Eichstädt ernannt wurde. — Closeners Chronik (Chr. d. deutschen Städte, VIII, 91).

und den Orden befriedigen. Dazu kam, dass zwischen Johann XXII. und den Franziskanern Streit ausgebrochen war, infolgedessen die Tertiarier dieses Ordens, welche in Frankreich im Volksmunde als Beguinen bekannt waren, eine willkommene Beute wurden. Daher übersahen die meisten Bischöfe die die Beguinenhöfe betreffende Schutzklausel des Kanons und legten diesen wörtlich so aus, als ob dadurch ihre schonungslose Vernichtung verlangt werde. Sie fielen mit solcher Härte über die Bettelmönche her, dass diese, wenn sie zum Schutze ihrer Tertiarier einschritten, als Begünstiger und Beschützer der Ketzerei exkommuniziert wurden. So hob eine Verfolgung an, die zwar unblutig, aber doch sehr beklagenswert war. In ganz Frankreich, Deutschland und Italien wurden die armen Geschöpfe in die Welt hinausgetrieben, ohne dass sie wussten, wovon sie leben sollten. Wer Gelegenheit fand, heiratete, viele aber wurden der Prostitution in die Arme getrieben, andere kamen ohne Zweifel elendiglich um. Selbst die halbklösterliche Kleidung, die sie zu tragen pflegten, wurde geächtet, und bei Strafe der Exkommunikation mussten sie helle Farben anlegen. Es hat in der Kirchengeschichte viele grausamere Verfolgungen gegeben, aber wenige, die durch die Plötzlichkeit ihres Beginnes und durch ihren weiten Umfang grösseres Elend hervorgerufen haben, und keine, das dürfen wir mit Sicherheit behaupten, die so frivol, so unbegründet, so ohne einen Schatten von Berechtigung ins Werk ge-
372 setzt wurde. Welchen Eindruck sie auf das Volk machte, ersieht man aus dem damals verbreiteten Gerüchte, Clemens V. habe im Jahre 1314 auf seinem Totenbette drei Dinge bitter bereut: den Kaiser Heinrich VII. vergiftet sowie den Templerorden und die Beguinen vernichtet zu haben [1].

Auf dem grossen Laterankonzil 1215 hatte die Kirche erklärt, dass nur solche Kongregationen, deren Regel die Approbation gefunden habe, existieren dürften. Nun waren die Beguinen, fast unbewusst, diesem Kanon zum Trotz allmählich gross geworden. Es blieb ihnen nichts übrig, als sich einem anerkannten Orden anzuschliessen, um den Schwierigkeiten zu entgehen. Darum versprach auch

---

1) Guill. Nangiac. Contin. ann. 1317. — Ripoll II, 169. — Wadding. ann. 1319, Nr. 11; Ejusd. Regest. Johann. PP. XXII., Nr. 81. — Johann von Winterthur, *hrsg. von G. Wyss, S. 43ff. — Chron. S. Petri Erford. ann 1314 (*Mon. Erphesfurtensia l. c. S. 346). — Gesta archiepiscoporum Magdeburgensium a. a. 1317 (Mon. Germ. Hist. SS. XIV, 430). — Chron. Egmondan. ann. 1317 (Matthaei Analect. IV, 161). — Mosheim, De Beghardis, pp. 251, 269.

Johann XXII. in der Erkenntnis des Unheils, das die unvorsichtige Gesetzgebung des Konzils von Vienne angerichtet hatte, im Jahre 1319, dass diejenigen, welche Tertiarier der Bettelorden werden würden, von weiterer Verfolgung ausgenommen sein sollten. Eine grosse Anzahl benutzte diesen Ausweg, aber ihr Zusammenhang mit dem Orden war mehr dem Namen nach als in Wirklichkeit vorhanden. Sie behielten ihre Selbstverwaltung, ihre Arbeitsgewänder und ihr persönliches Eigentum. In einer Bulle vom 31. Dezember 1320 und in anderen späteren Datums machte Johann einen Unterschied zwischen denjenigen, die fromm und gehorsam in ihren Häusern lebten, und denjenigen, welche umherzogen und Glaubensfragen erörterten. Nach den ihm erstatteten Berichten beliefen sich die ersteren allein in Deutschland auf zweihunderttausend. Er tadelte die Bischöfe in scharfen Worten, sie verfolgt zu haben wegen des schlechten Lebenswandels einer verhältnismässig geringen Anzahl von Menschen, um derentwillen Clemens V. die so falsch ausgelegte Verordnung erlassen habe. In Zukunft solle man sie in Frieden lassen. Diese Massregel machte wenigstens der Verfolgung in Strassburg im Jahre 1321 ein Ende[1]).

So konnten die unschuldigen Beguinen wieder aufatmen und die Lücken in ihren Reihen bald wieder ausfüllen. Aber die schuldigen Mitglieder bekamen die Wirkungen des Clementinischen Kanons so scharf zu fühlen, wie es die in solchen Dingen übliche Nachlässigkeit und Gleichgültigkeit der deutschen Prälaten nur eben erlaubte. Erzbischof Heinrich von Köln war einer der wenigen, welche
ein wirkliches Interesse an der Sache bekundeten, und grosser Er- 373
folg belohnte seine Bemühungen. Die Lollarden und Begarden wagten es nicht mehr, sich öffentlich sehen zu lassen, und bei dem Mangel an einer organisierten Untersuchungsbehörde war es nicht leicht, sie zu entdecken. Aber im Jahre 1327 hatte der Erzbischof das Glück, den gefährlichsten Häresiarchen der Gegend zu ergreifen. Der Holländer Walter, bekannt als der „Lollarde“, war der rührigste und erfolgreichste der Begarden-Missionare. Er hatte keine hohe Schulbildung genossen, verstand nichts vom Lateinischen, besass aber einen scharfen Verstand, eine schlagfertige Beredsamkeit, eine unermüdliche Begeisterung und Überredungsgabe. Erleichtert wurde seine proselytische Tätigkeit durch seine zahlreichen Schriften

1) Mosheim, pp. 189—90. — Martini, Append. ad Mosheim, pp. 630—2, 638—40. — C. 1. Extrav. Commun. III, 9. — Ripoll II, 169—70. — Haupt, in der Zeitschrift für Kirchengeschichte VI (1885), 517, 524.

in der Volkssprache, welche eifrig von Hand zu Hand gingen. Er war in Mainz, wo er viele Anhänger hatte, tätig gewesen und war von da nach Köln gekommen, wo er zufällig dem Erzbischof in die Hände fiel. Er machte aus seinem Glauben kein Geheimnis, weigerte sich abzuschwören und hiess den Tod für seine Überzeugungen willkommen. Man wandte vergebens die härtesten Foltern an, um ihn zu zwingen, die Namen seiner Glaubensgenossen zu nennen. Seine Standhaftigkeit war nicht zu erschüttern. In heiterer Freude bestieg er den Scheiterhaufen und kam in den Flammen um[1]).

Die bischöfliche Inquisition war nicht so wirksam, wie es der Eifer des Erzbischofs wünschen mochte; so wie sie einmal war, konnte man aber von ihr nur unbedeutende Erfolge erwarten. Im Jahre 1324 wurde in Köln ein der Ketzerei ergebener Priester entdeckt, den man seiner Würde entkleidete und den Vorschriften gemäss verbrannte. Das Jahr 1325 hatte namhaftere Ergebnisse infolge der zufälligen Entdeckung einer Versammlung von Begarden. Es war die gewöhnliche Geschichte: ein Ehemann hatte Verdacht gegen die eheliche Treue seiner Frau geschöpft und war ihrer Spur gefolgt, die ihn zu einem nächtlichen Konventikel führte; hier wurde er Zeuge jener geschlechtlichen Orgien, von denen das Volk glaubte, dass sie bei solchen Zusammenkünften an der Tagesordnung seien. Diesmal gelang der bischöflichen Inquisition die Entdeckung einer stattlichen Anzahl von Schuldigen. Das Urteil erfolgte schnell und sicher. Diejenigen, welche nicht abschwören wollten, etwa fünfzig an der Zahl, wurden zum Tode verurteilt und teils auf dem Scheiterhaufen verbrannt, teils in den Fluten des Rheins ertränkt, eine neue Art der Ketzerbestrafung, welche zeigt, dass man sich bis dahin in Deutschland noch immer nicht ganz klar war, wie man mit Ketzern umzugehen habe. Es ist leicht möglich, dass einige dieser Unglücklichen ihre Irrtümer mit dem Ansehen des grossen Dominikanerpredigers Meister Eckart zu decken suchten und so die Häscher auf seine Fährte brachten, die
374 ihn dann auch zu Tode hetzten. Möglich ist es aber auch, dass die Jagd auf dieses edlere Wild den Erzbischof von der Verfolgung der geringen Leute ablenkte. Denn die nächsten paar Jahre bringen keine Kunde von weiteren Opfern, obgleich wir hören, dass die Ketzerei noch keineswegs unterdrückt war[2]).

---

1) *Johann v. Victring a. a. 1327 (Böhmer, Fontes rerum Germanicarum I, 401). — Trithem. Chron. Hirsaug. ann. 1322. — *Nach den Annales Agrippinenses (Mon. Germ. Hist. SS. xvi, 737) fand die Verbrennung des Ketzers Walter in Köln erst im J. 1336 statt. Vgl. auch Fredericq, Corpus I, Nr. 177.

2) Gesta Treviror. ann. 1324 (ed. Wyttenbach u. Müller II, 244). — Chron.

Erzbischof Heinrich starb im Januar 1332, ohne dass er weitere nachweisbare Erfolge verzeichnen konnte. Sein Nachfolger Walram, Graf von Jülich, fing die Sache der Verfolgung systematischer an. Er versuchte eine dauernde bischöfliche Inquisition zu organisieren, indem er einen Kommissar ernannte, der die Pflicht haben sollte, nach Ketzern zu forschen, und zugleich die Macht, diejenigen zu versöhnen und zu absolvieren, welche widerrufen würden; er war also tatsächlich ein Inquisitor, nur mit anderem Namen. Auch dieser Versuch brachte nicht den entsprechenden Erfolg. Im März 1335 musste Walram verkünden, dass sich das Übel sowohl in der Stadt als auch in der Diözese bedeutend vermehrt habe, und alle Bischöfe und Geistlichen auffordern, seine Inquisition zu unterstützen durch die strenge Ausführung der Verordnungen des Erzbischofs Heinrich. Diese Massregel nützte jedoch ebensowenig wie die früheren. Die Ketzer wurden so dreist, dass sie offen die Kleidung ihrer Sekte trugen und den Gebräuchen derselben folgten. Der Inquisitor aber war so nachlässig oder so bestechlich, dass er Absolutionen erteilte, ohne den Beweis der Rechtgläubigkeit zu verlangen. Daher gab im Oktober desselben Jahres der Erzbischof einen neuen Hirtenbrief heraus, worin er alle solche Absolutionen für null und nichtig erklärte und die beständige Zunahme der Ketzerei beklagte [1]).

Der Eifer der Erzbischöfe von Köln fand Nachahmer. In ganz Westfalen waren die Bischöfe Ludwig von Münster, Gottfried von Osnabrück, Gottfried von Minden und Bernhard von Paderborn tätig, um die Ketzerei in ihren Diözesen auszurotten. Im Jahre 1335 machte Bischof Berthold von Strassburg einen energischen Versuch, die Clementinischen Dekretalen auszuführen, und in demselben Jahre wurden einige Opfer in Metz verbrannt. Der Erzbischof Otto von Magdeburg war anfangs toleranter. Im Jahre 1336 wurden eine Anzahl Beguinen, die zu den „Brüdern des erhabenen Geistes" zählten, in seiner Stadt entdeckt. Als sie verhört wurden, bekannten sie unbedenklich
ihren Glauben, welcher frommen Ohren wie die furchtbarste Gottes- 375
lästerung klingen musste. Als sie nach einer Einschliessung von einigen Tagen ihre Irrtümer äusserlich widerriefen, liess er sie ein-

---

Egmondan. (Matthaei Analect. IV. 233—4). — *Johann v. Winterthur (hrsg. von G. Wyss) S. 105; vgl. auch das Schreiben des Erzbischofs Heinrich an die Stadt Köln aus dem April 1326 (Ennen-Eckertz, Quellen zur Geschichte der Stadt Köln IV, Nr. 130) und den Erlass des Papstes Johann XXII. an den Erzbischof Heinrich d. d. 1331 April 11 (Sauerland, Vatikanische Regesten zur Geschichte der Rheinlande II (1903) Nr. 2030).

1) Hartzheim IV, 436, 438.

fach laufen. In demselben Jahre jedoch treffen wir auch das erste Beispiel eines in Norddeutschland wirkenden bischöflichen Inquisitors. Es war Bruder Jordanus, ein Augustinereremit, welcher auf Grund seiner Ernennung durch den Erzbischof Otto zusammen mit drei Gefährten dieses Amt ausübte. Er war im Inquisitionsverfahren nicht recht bewandert. Als er zu Angermünde in der Uckermark auf ein Nest von Luziferianern stiess, bot er ihnen freundlicher Weise die Gelegenheit zur kanonischen Reinigung. Vierzehn von ihnen konnten aber die nötige Anzahl von Eideshelfern nicht beibringen und wurden demgemäss verbrannt. Später scheint Bruder Jordanus sich nach Erfurt begeben zu haben, um hier im Jahre 1350 dem Prozess eines Begarden namens Konstantin beizuwohnen, obwohl die Verhandlungen von einem Vertreter des Erzbischofs von Mainz geführt wurden. Man hatte es nicht von vornherein auf die Bestrafung des Ketzers abgesehen, da er in gutem Rufe stand und als Schreiber wohl zu gebrauchen war. Er behauptete, er sei der Sohn Gottes und wolle drei Tage nach seinem Tode auferstehen. Es lag also guter Grund vor, ihn für verrückt zu erklären, worauf denn auch das menschenfreundliche Bemühen der Richter abzielte. Zu diesem Zwecke wurde ihm eine lange Bedenkzeit bewilligt; aber er erklärte hartnäckig, er sei gesund, lehnte alle Bekehrungsversuche ab und starb deshalb auf dem Scheiterhaufen [1].

Sobald man nach Ketzern spürte, scheint man stets eine reichliche Anzahl gefunden zu haben. Im Jahre 1336 wurde auch eine zahlreiche Sekte in Österreich entdeckt, deren Anhänger, nach ihrer Beschreibung zu urteilen, wohl Luziferianer waren. Die Gebräuche, die sie bei ihren nächtlichen, unterirdischen Versammlungen beobachteten, haben grosse Ähnlichkeit mit denjenigen, welche die Bussfertigen Konrads von Marburg enthüllten, ein Beweis, wie diese Vorstellungen sich traditionell bis zum Ausbruch des Hexenwahns fortpflanzten. Es wird erzählt, dass sie zahllose Seelen angesteckt hatten. Aber da man von dem Mittel des Scheiterhaufens und anderer grausamer Qualen keinen zu sparsamen Gebrauch machte, so gelang es, sie auszurotten. Im nächsten Jahre verführten in Brandenburg drei böse Geister, welche die Dreifaltigkeit darzustellen vorgaben,

---

1) Mosheim, De Beghardis, pp. 272, 298—300. — Martini Append. ad Mosheim, p. 537. — Haupt, Zeitschrift für K.-G. vi (1885), p. 534. (*Gesta aep. Magdeb., Mon. Germ. Hist. SS. xiv, 434 f.; Wattenbach, Sitzungsberichte der Berliner Akademie 29 (1887), 518; Joh. v. Winterthur ed. Wyss, S. 136.) — Chron. de S. Thiebaut de Metz (Calmet, ii. Pr. cl. xxi). — Chron. S. Petri Erford. a. a. 1350, *Mon. Erphesfurt. a. a. O., S. 381, 396.

viele gewöhnlichen Leute zur Teufelsanbetung. Obgleich ein Franziskaner sie mit einer geweihten Hostie austrieb, verharrten die Betörten bei ihrem Irrtum und zogen den Feuertod dem Widerrufe 376
vor. Aber auch ohne ihr übernatürliches Beiwerk muss die Ketzerei, die wahrscheinlich luziferianischer Art war, etwas Begeisterndes für ihre Anhänger gehabt haben; denn auf dem Richtplatze erklärten sie, dass die Flammen, welche man angezündet habe, um sie zu verzehren, goldene Wagen seien, welche kämen, um sie in den Himmel zu fahren. Ein anderes Beispiel von Luziferianismus ist aus dem Jahre 1340 in Salzburg überliefert, wo ein Priester namens Rudolf in der Domkirche einen Kelch mit dem Blute Christi auf den Boden warf, ein Sakrileg, das er schon vorher in Reichenhall begangen hatte. Bei dem Verhöre leugnete er die Transsubstantiation und behauptete, dass Satan und seine Engel schliesslich gerettet werden würden. Er blieb bei seiner Meinung und wurde folglich verbrannt[1]).

Die Brüder vom freien Geiste waren indessen auch noch keineswegs ausgerottet. Im Jahre 1339 wurden drei betagte Häresiarchen dieser Sekte zu Konstanz gefangen genommen und vom Bischof verhört. Man überführte sie widerlicher geschlechtlicher Vergehen, während sie ihren Abscheu vor den Gebräuchen der Kirche in den empörendsten Worten zum Ausdruck brachten. Sie blieben standhaft, bis man sie zum Richtplatz führte. Dort widerriefen sie und wurden zu lebenslänglicher Gefangenschaft bei Wasser und Brot verurteilt. Im Jahre 1342 wurden zwei weitere in Würzburg zum Widerrufe gezwungen. Im ganzen aber trat die Verfolgung nur vereinzelt auf, an vielen Orten wurde tatsächlich Duldung geübt. So heisst es, dass in Schwaben im Jahre 1347 die Ketzerei der Begarden sich ungehindert ausbreitete. Es war eben unmöglich, sie auszurotten, selbst wenn Versuche dazu gemacht worden wären, und sie würde vielleicht die Kirche ihrer Herrschaft beraubt haben, wenn nicht schliesslich Theologen aufgestanden wären, die fähig und willens waren, sie zu bekämpfen[2]).

Um diese Zeit blühte Konrad von Megenberg, ein Regensburger Domherr, einer der gelehrtesten Männer seiner Zeit, der eine Ab-

---

1) *Joh. v. Wintherthur ed. Wyss S. 129; Joh. v. Victring (Böhmer, Fontes i) S. 438; vgl. Haupt, Waldenser a. a. O. S. 27. — Dalham Concil. Salisburg. p. 157.

2) *Joh. v. Winterthur a. a. O. S. 43: 1347 (Schwaben), S. 222: 1339 (Konstanz), S. 236: 1340 (Nürnberg); für Würzburg 1342 (Konrad Hager) vgl. Monumenta Boica 40 (1870), S. 386 ff.; Realencyklopädie ^{3}vii, 339, 712.

handlung gegen diese Sekte verfasste. Trotz der Verurteilung durch das Konzil von Vienne, behauptete er, blühe und mehre sie sich unaufhörlich, weil es keine Bischöfe gebe, die sie bekämpften. Die Ketzer seien meistens unwissende Bauern und Handwerker, die in der Kleidung der Sekte umherzögen. Oft seien es auch Waldenser,
377 die sich so verkleideten. Sie suchten die Gastfreundschaft der Beguinen auf, die sie verführten, indem sie ihnen einredeten, der Mensch könne durch einen frommen Lebenswandel wie Christus werden. Einer von ihnen sei ihm in Regensburg in die Hände gelaufen; er habe seine Sicherheit nicht lange genossen; denn der Bischof habe ihn verhaftet und, da er hartnäckig bei seinen Irrtümern geblieben sei, in ein Gefängnis geworfen, wo er gestorben sei. Ein andrer, Johann von Mecheln, verbreitete seine ketzerischen Ansichten in ganz Süddeutschland und lockte durch seine Beredsamkeit Scharen von Anhängern, Adlige und Geistliche, an, obwohl er sich, wie Konrad erklärt, bei einer Disputation mit ihm äusserst unwissend erwies. In den Niederlanden scheint dieselbe Duldsamkeit geherrscht zu haben. Denn um diese Zeit wurde zu Brüssel Hadewig Bloemaert, die mehrere Traktate über den Geist der Freiheit und über die Liebe schrieb, als etwas Übermenschliches verehrt. Wenn sie das Abendmahl nehme, werde sie, so behaupteten ihre Jünger, von zwei Seraphim begleitet. Sie überwand die gelehrtesten Theologen, bis es Johann von Ruysbroek gelang, sie zu widerlegen. Trotzdem wurde sie nach ihrem Tode, um das Jahr 1336, von ihren Jüngern als eine Heilige verehrt, und wunderbare Heilungen wurden auf ihre Fürbitte vollbracht. Die kleine Sekte, welche sie gründete, bestand bis zum Anfang des fünfzehnten Jahrhunderts, wo sie der Kardinal Peter d'Ailly durch den Inquisitor Heinrich Selle von Herenthals aufheben liess. Von anderen Bekämpfungsmitteln als der Predigt hören wir hier nichts. Wahrscheinlich aber beschränkte man sich doch nicht darauf; denn die Ketzer verschworen sich, Selle zu überfallen und zu ermorden. Und es würde ihnen ihr Anschlag wahrscheinlich gelungen sein, wenn der in ihre Hände gefallene Inquisitor nicht plötzlich auf wunderbare Weise verschwunden wäre[1]).

---

1) Conrad. de Monte Puellarum Contra Begehardos (Mag. Bib. Pat. XIII, 342). — Mosheim, De Beghardis p. 307. — P. Fredericq, Corp. Doc. Inq. Neerland. I, 187, 267. — *H. Haupt, in der Realencyclopädie ³III, 260. — Fredericq hält die Ketzerin Bloemaert für identisch mit der mystischen Dichterin Schwester Hadewijck, der Tochter des reichen Brüsseler Bürgers Willem Bloemaert (De geheimzinnige ketterin Bloemaerdinne, Amsterdam 1895).

Seit der umstrittenen Wahl Ludwigs des Bayern im Jahre 1314 waren die Beziehungen zwischen dem Reich und dem Papsttum wieder gespannte geworden. Auf den Sieg bei Mühldorf im Jahre 1322, welcher Ludwig die Krone sicherte, folgte im Jahre 1323 ein offener Bruch mit Johann XXII., und auf diesen Bruch ein Kampf auf Leben und Tod. Jeder von ihnen erklärte seinen Feind für einen Ketzer, der alle Rechte verwirkt habe. Den Interdikten, welche Johann über Deutschland herabregnen liess, begegnete Ludwig überall, wo er seine Macht durchsetzen konnte, mit einer grausamen Verfolgung aller Geistlichen, die ihnen gehorchten [1]). Dieser Zustand der Dinge konnte natürlich die Verfolgung der Ketzerei nicht begünstigen. Er mag 378
auch, wenigstens zum Teil, die Straffreiheit erklären, die die Ketzer an so vielen Orten genossen, und die Unmöglichkeit, die Inquisition in irgendeiner allgemeinen Form zu organisieren und einzuführen. Obgleich das Papsttum von der Unterstellung ausging, dass der Kaiserthron unbesetzt sei, und behauptete, während einer solchen Vakanz stehe die Regierung des Reiches dem Papste zu, konnten solche Ansprüche praktisch doch nicht durchgeführt werden. Mit dem Tode Ludwigs im Jahre 1347 und der Anerkennung seines Gegenkönigs Karls IV., des „Pfaffenkaisers", durfte Rom allerdings hoffen, dass alle Hindernisse beseitigt, der Widerstand der Bischöfe gegen die Inqui-

1) Karl Müller, Der Kampf Ludwigs des Baiern mit der römischen Kurie, Tübingen, 1879, I, 234 ff.

Als der kühne Denker Marsilius von Padua zum Besten seines Herrn, des Königs Ludwig des Bayern, die Grundsätze des römischen Staatsrechts, welche die französischen Monarchen in Stand gesetzt hatten, über ihre Lehnsleute zu siegen und von der Kirche unabhängig zu werden, auch in Deutschland einführen wollte, behandelte er die Frage der Ketzerverfolgung in einer Weise, welche einige Forscher verleitet hat, ihn für einen Anwalt der Duldung zu erklären. Das ist ein Irrtum. Zwar bestreitet er, dass sich aus den hl. Schriften oder der apostolischen Gewalt das Recht zur zeitlichen Bestrafung der Übertretung des göttlichen Gesetzes herleiten lasse, und behauptet, Christus allein sei der Richter darüber und habe seine Strafen für die jenseitige Welt vorbehalten; aber diese Behauptung soll nur eine Prämisse für den Schluss sein, dass die Verfolgung der Ketzerei Sache der menschlichen Gesetzgebung sei und vom weltlichen Herrscher angeordnet und durchgeführt werden müsse. Obgleich der Ketzer, so argumentiert er, gegen das göttliche Gesetz sündigt, wird er bestraft für die Übertretung eines menschlichen. Der Priester habe nur als Sachverständiger den Grad der Schuld festzustellen; mit der Bestrafung und den daraus folgenden Konfiskationen habe er nichts zu tun (Defensor Pacis P. II, c. IX, X; P. III, c. II, Conclus. 3, 30). Diese ganze Argumentation bildet nur einen Teil seines allgemeinen Planes, der Kirche jedes Aufsichtsrecht über weltliche Dinge zu nehmen. Ludwig war nie in der Lage, diese Theorien praktisch durchzuführen. Sie hatten auch keinen Einfluss auf die herrschende öffentliche Meinung oder auf den Gang der Ereignisse und haben nur insofern Interesse, als sie eine Episode in der Entwicklung der politischen Anschauungen darstellen.

sition gebrochen und das Feld für eine andauernde und systematische Verfolgung frei sein würde, die Deutschland bald von dem Vorwurf der Duldung reinigen werde. Wenn Clemens VI. im Jahre 1348 dem jungen Kaiser wegen des Mangels an Würde in der Wahl seiner Kleider, die zu kurz und zu eng für seine Stellung seien, väterliche Vorhaltungen machen konnte, so durfte man zuversichtlich annehmen, dass der jugendliche Herrscher auch allen Befehlen des Papstes zur Unterdrückung der Ketzerei gehorchen würde. Noch in demselben Jahre, am 1. Mai 1348, erfolgte die Ernennung des Johann Schadeland, eines Doktors im Dominikanerkloster zu Strassburg, zum päpstlichen Inquisitor für ganz Deutschland [1]).

Kaum aber hatten der Papst und der Kaiser ihre Stellungen gesichert und Vorbereitungen für die Ausnutzung dieser Lage getroffen, als eine Katastrophe eintrat, welche aller menschlichen Berechnung spottete. Das düstere vierzehnte Jahrhundert war fast zur Hälfte verstrichen, als ein Elend über Europa kam, das alle
379 Schrecken wahrmachen zu wollen schien, welche die apokalyptischen Propheten von der Rache Gottes wegen der Sünden der Menschen angedroht hatten. Im Jahre 1347 brach von Osten her eine Pest, der „schwarze Tod", über Europa herein und breitete sich allmählich während der Jahre 1348 und 1349 über Frankreich, Spanien, Ungarn, Deutschland und England aus. Kein Winkel Europas blieb verschont. Auf offenem Meere soll man Schiffe mit reichen Ladungen schwimmend getroffen haben, deren Besatzungen bis auf den letzten Mann umgekommen waren. Zweifellos sind die zeitgenössischen Angaben, welche behaupten, zwei Drittel oder drei Viertel oder fünf Sechstel aller Einwohner Europas seien der Pest zum Opfer gefallen, übertrieben. Immerhin aber erzählt Boccaccio, ein Augenzeuge, dass in Florenz von März bis Juli 1348 100000 Menschen gestorben seien, dass die Ernte auf den Feldern verfaulte, dass ganze Paläste in der Stadt ausstarben, dass Eltern ihre Kinder, Kinder ihre Eltern im Stiche liessen. In Avignon wurde die Ziffer der Toten auf 100000 geschätzt. Clemens VI. schloss sich in die Gemächer seines Palastes ein, liess, um die Pest abzuhalten, grosse Feuer ringsherum anzünden und niemanden zu sich kommen. In Paris sollen fünfzigtausend umgekommen sein, in St. Denis und Strassburg je sechzehntausend. Dass

---

1) Werunsky, Excerpta ex Registris Clementis VI. et Innocentii VI., 1885, pp. 8, 40, 63. — Schmidt, Päpstliche Urkunden und Regesten aus den J. 1295—1352 die Gebiete der Provinz Sachsen betreffend, 1886, p. 383. — *Über den Inquisitor Johann Schadeland vgl. die Zusammenstellung bei Sauerland a. a. O. IV (1907), Einleitung S. 97.

diese Ziffern, wenn auch unbestimmt, doch nicht unwahrscheinlich sind, geht aus der Tatsache hervor, dass im Jahre 1348 in Béziers nach dem Tagebuche Mascaros, welcher für den erledigten Posten eines „escudier" gewählt worden war, alle Konsuln der Stadt, alle ihre „escudiers" oder Beisitzer und alle „clavars" oder Zolleinnehmer weggerafft wurden, und dass von je tausend Einwohnern nur hundert mit dem Leben davonkamen. Dazu gesellte sich eine Judenverfolgung, gleich als ob die Natur noch nicht Elend genug angerichtet habe und die Menschen auch ihr Teil an dem Zerstörungswerke haben wollten. Die Juden wurden beschuldigt, die Pest durch Vergiftung der Brunnen und Weiden verursacht zu haben, und der blinde Hass der Bevölkerung wurde nicht gemildert durch die Beobachtung, dass sie aus denselben Brunnen tranken wie die Christen und mit ihnen unter der Pest litten. Vom Atlantischen Ozean bis nach Ungarn wurden sie gemartert und mit Feuer und Schwert umgebracht. In Erfurt sollen dreitausend umgekommen sein, in Bayern wurde die Zahl auf zwölftausend geschätzt[1]).

---

1) Boccaccio, Decamerone, Giorn. I. — Math. von Neuburg. Chron. ann. 1348—9 (Böhmer, Fontes IV, 261 ff.). — Trithem. Chron. Hirsaug. ann. 1348. — Aventinus, Annal. Boiorum Lib. VII, c. 20. — Grandes Chroniques V, 485—6. — Guillel. Nangiac. Contin. ann. 1348—9. — Froissart, Lib. I. P. II. ch. 5. — Meyeri Annal. Flandr. ann. 1349. — Henrici de Rebdorf Chron. ann. 1347 (Böhmer, Fontes IV, 560). — Mascaro, Memorias de Bezes, ann. 1348. — Gesta Treviror. ann. 1349. — Chron. Cornel. Zantfliet (Martene Ampl. Coll. V, 253—4). — Chron. S. Petri Erfurt. ann. 1349, 1350 (Monum. Erphesfurt. a. a. O. S. 395 ff.). — *Hecker, Die grossen Volkskrankheiten des Mittelalters, S. 20 ff.; Hoeniger, Der Schwarze Tod in Deutschland, S. 6 ff.; Lechner, Das grosse Sterben in Deutschland 1348—51 (1884).

Solche gegen die Juden erhobenen Anklagen waren nichts neues. (*Für die Lage der Juden bis zum Ende der Stauferzeit vgl. jetzt G. Caro, Sozial- und Wirtschaftsgesch. der Juden im Mittelalter I, 1908). Im Jahre 1321 wurden in Languedoc alle Aussätzigen verbrannt, weil man sie beschuldigte, sie hätten sich von den Juden bestechen lassen, die Brunnen zu vergiften. Zweifellos wandte man die Folter gegen die Angeklagten an, um die Geständnisse zu erlangen, die dann ohne Folter wiederholt wurden. Man erzählte sich, der König von Granada habe, von den Christen hart bedrängt, einflussreichen Juden grosse Summen geschenkt, damit sie in dieser Weise Verheerung unter den Christen anrichteten. Die Juden aber hätten sich der Aussätzigen bedient, aus Furcht, selbst in Verdacht zu kommen. Diese hätten an verschiedenen Orten Europas vier grosse Versammlungen abgehalten, auf denen sämtliche Spitäler, mit Ausnahme von zweien in England, vertreten gewesen seien. Dort sei die Sache beschlossen und das Gift verteilt worden. König Philipp der Lange war um diese Zeit grade in Poitou, als ihm die Nachricht überbracht wurde. Hals über Kopf eilte er nach Paris zurück und erliess den Befehl, alle Aussätzigen des Königreiches zu ergreifen. Scharen von ihnen wurden ebenso wie viele Juden verbrannt. Bei dem königlichen Schlosse Chinon, in der Nähe von Tours, wurde ein grosser Graben angelegt und mit brennendem Holz angefüllt; hundertundsechzig Juden wurden hier an einem einzigen Tage verbrannt. Viele von ihnen,

380 Aber nicht bloss durch die Ermordung der Juden suchte das Volk den Zorn Gottes zu beschwichtigen. Der ganze Scharen gleichzeitig erfassende Enthusiasmus, der uns so oft begegnet ist, war noch keineswegs erloschen. Im Jahre 1320 scharten sich in Frankreich die Pastoureaux, ungebildete Massen, von neuem zusammen (I, 301), um, mit Fahnen als ihrer einzigen Ausrüstung versehen, zur Eroberung des Heiligen Landes auszuziehen. Zahllose Scharen zogen durch das Land. Anfangs friedlich, fielen sie bald, um ihre Frömmigkeit zu zeigen, über die Juden her und offenbarten schliesslich auch ihre Abneigung gegen die Hierarchie, indem sie die Geistlichen und Kirchen plünderten, bis man sie entweder mit dem Schwert in der Hand auseinandertrieb oder am Galgen aufknüpfte. Im Jahre 1334 verstand es der grosse Dominikanerprediger Venturino von Bergamo, bei den Bewohnern der Lombardei ein so lebhaftes Gefühl für die Notwendigkeit der Versöhnung mit Gott zu entflammen, dass er zur Erlangung der Sündenvergebung eine Pilgerfahrt nach Rom organisieren konnte. Die Zahl der Teilnehmer wurde verschieden geschätzt, es ist von zehntausend bis drei Millionen Büssern die Rede. Sie waren
381 weiss gekleidet und trugen schwarze Mäntel mit einer weissen Taube und einem Olivenzweige auf der einen, einem weissen Kreuze auf der anderen Seite. So wanderten sie friedlich in Scharen nach der heiligen Stadt. Venturino aber wurde, als er nach Avignon zu Johann XXII. ging, um für seine Begleiter die Sündenvergebung zu erlangen, der Ketzerei angeklagt und einem Verhöre durch die Inquisition unterworfen[1]).

Männer und Frauen, stimmten fröhliche Lieder an, als ob es zu einer Hochzeit ging, und sprangen dann in die Flammen. Mütter warfen ihre Kinder hinein aus Furcht, dass sie ergriffen und von den anwesenden Christen getauft würden. Dem königlichen Schatz sollen aus dem Eigentum der verbrannten und verbannten Juden einhundertundfünfzig tausend Livres zugeflossen sein. — Guillel. Nangiac. Contin. ann. 1321. — Grandes Chroniques v, 245—51. — Chron. Cornel. Zantfliet ann. 1321.

1) Amalr. Augerii Hist. Pontif. Roman. ann. 1320 (Muratori, S. R. I., III, ii, 475. — Johann S. Victor. Chron. ann. 1320 (Ib. p. 485). — Chron. Anon. ann. 1330 (Ib. p. 499). — Pet. de Herentals ann. 1320 (Ib. p. 500). — Guillel. Nangiac. Contin. ann. 1320. — Grandes Chroniques, v, 245—6. — Cronaca di Firenze ann. 1335 (Baluz. et Mansi iv, 114). — Villani, Lib. xi, c. 23. — Lami, Antichità Toscane, p. 617.

Venturino wurde von der Anklage der Ketzerei freigesprochen; aber der Papst nahm Anstoss an seiner freimütigen Sprache. Es wurde ihm verboten, zu predigen und Beichte zu hören, und er wurde verurteilt, zu Friesach im Gebirge in der Zurückgezogenheit zu leben (Villani l. c.). Später ging er als Missionar nach Smyrna, wo er 1346 starb. Er hatte mit wunderbarem Erfolge in allen Ländern Europas, Spanien, England und Griechenland eingeschlossen, gepredigt. Wenn er predigte, strahlte sein Gesicht in himmlischem Glanze. Seine Wunder waren zahlreich (Raynaldus, Ann. 1346, Nr. 70).

Bei solchen Zeit- und Volksströmungen ist es nicht zu verwundern, dass die tiefen Erregungen, die die Schreckensgeissel des schwarzen Todes verursachte, in ebenso massenhaften Bussepidemieen ihren Ausdruck fanden. Deutschland hatte weniger gelitten als das übrige Europa, die Zahl der Umgekommenen wurde hier nur auf den vierten Teil der Bevölkerung geschätzt. Aber die religiöse Empfindlichkeit des Volkes war gereizt worden durch die gegen Ludwig den Bayer geschleuderten Interdikte, und Erdbeben waren ausserdem als schreckenerregende Vorzeichen der Pest vorangegangen. Es lag wohl nahe anzunehmen, dass Gott, der Sünden der Menschen überdrüssig, das ganze Geschlecht ausrotten wolle, und dass nur ganz aussergewöhnliche Sühnopfer seinen Zorn noch abwenden könnten. Bei dieser geistigen Spannung bedurfte es nur eines Anstosses, um die ganze Bevölkerung in Erregung zu versetzen. Im Frühjahr 1349 war das Land plötzlich mit Scharen von Flagellanten bedeckt, denjenigen gleich, welche etwa ein Jahrhundert vorher, wie wir gesehen haben (I, 304), ihre Sünden durch öffentliche Geisselungen zu sühnen suchten. Die einen behaupteten, das Beispiel sei in Ungarn gegeben worden, andere meinten, die Bewegung sei an verschiedenen Stellen zugleich entstanden. Wie dem auch sein mag, sie brachte das im Volke vorhandene unbestimmte Gefühl der Sehnsucht so gründlich zum Ausdruck und breitete sich so schnell aus, dass sie das Ergebnis eines allgemeinen, gleichzeitigen Antriebs zu sein schien. Alles ging dabei, wenigstens im Anfang, sittsam und ordentlich her. Die Scharen der Geissler waren mässig gross und standen alle unter einem Anführer und zwei Unterführern. Bettelei war streng ver- 382
boten, niemand wurde in die Reihen aufgenommen, der dem Führer nicht Gehorsam versprach, und der kein Geld hatte, um seine eigenen Ausgaben zu bestreiten. Diese wurden auf vier Pfennige für den Tag geschätzt. Indessen wurde auch die in den Städten allgemein angebotene Gastfreundschaft, soweit sie sich auf Nachtquartier und Essen erstreckte, angenommen. Mehr als zwei Nächte wurden nie an einem Orte verbracht. Mönche und Priester, Adlige und Bauern, Frauen und Kinder, sie alle wurden in gemeinsamer Zerknirschung zusammengeführt, um einen beleidigten Gott zu versöhnen. Rohe, kunstlose Hymnen begleiteten ihre Geisselungen:

„Nu tretent herzu, die bussen wellen.
Fliehen wir die heissen hellen.
Luzifer ist ein bose geselle“, usw.

Die Geisselungen wurden zu bestimmten Zeiten vorgenommen und bestanden darin, dass die Männer sich bis in die Mitte des

Körpers entblössten und die mit vier eisernen Spitzen versehenen Geisseln so kräftig schwangen, dass sie, wie ein Augenzeuge behauptet, zweimal die Geissel anziehen mussten, um die Spitze wieder aus dem Fleisch zu lösen. Sie nahmen an, dass, wer diese Übung dreiunddreissig und einen halben Tag fortsetze, allen Sündenmakel von seiner Seele wasche und so rein werde wie ein neugeborenes Kind.

Von Polen bis an den Rhein stiessen die Flagellantenzüge auf wenige Hindernisse, ausser in einzelnen Städten, wie Erfurt, wo die Behörden ihnen den Eintritt untersagten, und in der Kirchenprovinz Magdeburg, wo Erzbischof Otto (1327—61) sie unterdrückte. Sie ergossen sich über Holland und Flandern; aber als sie auch in Frankreich eindrangen und bis zur Stadt Troyes gekommen waren, verwehrte ihnen König Philipp VI. von Valois den Weitermarsch. Die Hüter der öffentlichen Ordnung konnten in der Tat nicht ohne Besorgnis eine solche Demonstration des Volkes mit ansehen, die, regelrecht organisiert, gefährlich zu werden drohte. Als die Flagellanten von Strassburg eine dauernde Bruderschaft daselbst bilden wollten, verweigerte ihnen der grade anwesende Kaiser Karl IV. energisch die Erlaubnis dazu. Schon hatten diese umherziehenden Banden durch das Zuströmen von zweifelhaften Elementen einen bedenklichen Charakter angenommen. An vielen Plätzen bekundeten sie ihren religiösen Eifer dadurch, dass sie erbarmungslos über die Juden herfielen. Auch fehlte es nicht an Anzeichen dafür, dass sie eine feindliche Stellung zur Kirche einnahmen, die sich in Angriffen auf Geistliche und kirchliches Vermögen kundgab. Die Kirche ihrerseits aber sah mit missgünstigen Augen auf eine religiöse Bewegung, die nicht von ihr selbst ausgegangen war. Und ihr Misstrauen konnte auch dadurch nicht beseitigt werden, dass man täglich während
383 der Geisselungen einen von einem Engel in die Kirche des h. Petrus in Jerusalem gebrachten Brief vorlas, der verkündigte, dass Gott, empört über die Nichtheiligung der Sonn- und Freitage, die Christenheit gegeisselt habe, und dass er die Welt vollständig zerstört haben würde, wenn nicht die Engel und die heilige Jungfrau Fürbitten für die Menschen eingelegt hätten. Ausserdem enthielt der Brief die Botschaft, dass eine allgemeine Geisselung von dreiunddreissig und einhalb Tagen den Zorn Gottes zu besänftigen vermöge. Für die Kirche lag in der Tat die Gefahr offener Feindseligkeit und Insubordination vor. Zogen sich doch die Bettelmönche, die von dieser selbständigen Volksbusse abzuraten versuchten, den bittersten und ganz offen zutage tretenden Hass der Büsser zu. In Tournay be-

zeichnete sie der Wortführer der Flagellanten als Skorpione und Antichristen, und an der Grenze bei Meissen wurden zwei Dominikaner, die eine Schar von Flagellanten zur Vernunft zu bringen versuchten, mit Steinen geworfen. Der eine war behende genug, um zu entkommen, während der andere zu Tode gesteinigt wurde[1]).

Als sich in Basel etwa hundert der angesehensten Bürger zu einer Bruderschaft vereinigten und eine Geisslerfahrt nach Avignon unternahmen, erregten sie bei den dortigen Bürgern grosse Bewunderung, und die meisten Kardinäle waren geneigt, in dieser neuen Form der Busse ein neues bedeutsames Zuchtmittel zu erblicken. Clemens VI. aber sah tiefer und erkannte die Gefahr, die eine solche ungeordnete, selbständige Bekundung religiösen Eifers sowie die Bildung von nicht anerkannten Gesellschaften und Kongregationen für die Kirche mit sich bringen musste, falls man sie erlauben würde. Was sollte ausserdem werden aus dem so nützlichen und einträglichen Berufe des Hl. Stuhles, die aufgespeicherten Heilsschätze zu verwalten, wenn die Menschen sich durch selbstgewählte Bussen von der Sünde reinigen konnten? Die Bewegung trug den Keim einer Revolution in sich, die ebenso drohend und gefährlich war wie diejenige, welche von den „Armen von Lyon“ oder von einer der bis dahin so erfolgreich bekämpften Sekten ausging. Die Sorge für die Selbsterhaltung forderte also, dass die neue Bewegung um jeden Preis sofort unterdrückt wurde. Vom Standpunkte der Weltklugheit
waren solche Gründe unwiderlegbar. Aber einige Mitglieder des 384
Heiligen Kollegiums blieben bei ihrer Meinung und setzten wenigstens durch, dass Clemens seine erste Absicht, die Flagellanten ins Gefängnis zu werfen, nicht ausführte. Augenscheinlich zogen sich die Verhandlungen über das der Bewegung gegenüber einzuschlagende Verfahren in die Länge; denn erst am 20. Oktober 1349 wurde die Verdammungsbulle veröffentlicht. Zur Begründung des Urteils war hier ausgeführt, dass es eine Nichtachtung der Schlüsselgewalt und eine

---

1) Chron. S. Petri Erford. a. a. 1349 (Mon. Erphesfurd. l. c. S. 395 ff.). — Gesta archiep. Magdeburgensium ann. 1348 (Mon. Germ. Hist. SS. XIV, 435). — *Math. von Neuburg, Chron. ann. 1349 (Böhmer, Fontes IV, 263). — Closeners Chronik (Chronik der d. Städte, VIII, 105 ff.). — Trithem. Chron. Hirsaug. ann. 1348. — Hermann. Korner Chron. ann. 1349 (*ed. J. Schwalm, 1895, S. 56 ff.). — Guillel. Nangiac. Contin. ann. 1349. — Grandes Chroniques, v, 492—3. — Froissart, Liv. I. P. II. ch. 5. — Gesta Treviror. ann. 1349. — Meyeri Annal. Flandriae ann. 1349. — Chron. Aegid. li Muisis (De Smet, Corp. Chron. Flandr. II, 349—51). — Henr. de Rebdorf, Annal. ann. 1347 (Böhmer, Fontes IV, 561). — Fredericq, Corp. Doc. Inq. Neerland. I, 190 ff., II, 96 ff. — *Fredericq, De secten der geeselaars ende der dansers in de Nederlanden tijdens de 14. eeuw (1897) S. 6 ff.; Haupt, in der Realencyklopädie [3]VI, 437 ff.

Geringschätzung der Kirchenzucht bedeute, wenn diese neuen nicht approbierten Gesellschaften Kleider trügen, die sie von den übrigen Menschen unterschieden, wenn sie Vereinigungen mit eignen Statuten bildeten und Handlungen vornähmen, die mit den anerkannten Kirchengebräuchen im Widerspruche ständen. Auch wurden die Grausamkeiten, die man an den Juden verübt hatte, sowie die Angriffe auf das Eigentum und die Jurisdiktion der Kirche nicht verschwiegen. An alle Bischöfe erging deshalb die Aufforderung, die Gesellschaften sofort zu unterdrücken. Diejenigen, welche den Gehorsam verweigerten, sollten bis auf weiteres gefangengesetzt und, wenn nötig, sollte die Hilfe des weltlichen Armes angerufen werden [1]).

Was Clemens VI. von den Wirkungen, die dieses neue Buss- und Zuchtmittel auf die Gläubigen haben würde, vorausgesehen hatte, traf ein. Als der Gegenstand später auf dem Konzil von Konstanz 1417 erörtert wurde, neigte der hl. Vincenz Ferrer zu einem den Flagellanten günstigen Urteil, und sein hohes Ansehen sowie die Dienste, die er der Kirche geleistet hatte, indem er dahin wirkte, dass Spanien den Peter von Luna (Benedikt XIII.) fallen liess, nötigten, ihm mit Achtung zu begegnen. Aber Gerson nahm ihn vorsichtig ins Gebet und schrieb eine Abhandlung, worin er nachwies, welche Übelstände dieser Brauch mit sich brachte. Die Erfahrung, sagte er, habe gelehrt, dass die Mitglieder der Sekte der Flagellanten die sakramentale Beichte und das Sakrament der Busse verachteten, sowie dass sie ihre besondere Form der Busse nicht nur höher stellten als die von der Kirche vorgeschriebene, sondern auch höher als das Martyrium; denn sie vergössen, wie sie sagten, ihr Blut selbst, während das der Märtyrer von anderen vergossen worden sei. Das führe direkt zum Ungehorsam und zur Untergrabung der Ehrfurcht, welche man der Kirche schuldig sei, und gebe der Ketzerei reiche Nahrung. Einige der von Gerson angeführten Tatsachen lassen ausserdem darauf schliessen, dass es infolge der neuen Bussübungen häufig zu Zusammenstössen zwischen dem Volke und den Priestern kam, wobei den letztern übel mitgespielt wurde [2]).

Hieraus geht hervor, wie unwirksam das Verbot des Papstes Clemens VI. geblieben war, und wie hartnäckig sich die Sache behauptete,
385 bis sie den Charakter einer neuen Ketzerei angenommen hatte. Als die Verdammungsbulle in die Hände der deutschen Bischöfe kam,

---

1) *Math. v. Neuburg, Chron. ann. 1349 (Böhmer, Fontes IV, 265). — Trithem. Chron. Hirsaug. ann. 1348. — *Sauerland a. a. O. III, Nr. 798.

2) Von der Hardt. T. III. pp. 95—105.

ging ihnen ein Licht auf über die Gefahren, welche sie abzuwenden suchte, und sie schickten sich zu ihrer energischen Durchführung an. Von den Kanzeln herab wurden nun die Flagellanten als eine von dem Hl. Stuhle verdammte gottlose Sekte bezeichnet. Diejenigen, welche demütig zur Kirche zurückkehren würden, sollten in Gnaden wieder aufgenommen werden, die Verstockten aber die ganze Strenge der kanonischen Gesetze erfahren. Dieses Vorgehen lichtete zwar die Reihen bedeutend. Aber es blieben der Hartnäckigen noch genug übrig, um eine neue Ernte von Märtyrern zu liefern. Viele wurden hingerichtet oder hatten mannigfaltige Qualen auszustehen, und nicht wenige fanden in modrigen Gefängnissen den Tod. Selbst Geistliche konnten nicht daran gehindert werden, sich der verbotenen Sekte anzuschliessen. Auf einem Provinzialkonzil exkommunizierte Wilhelm von Gennep, Erzbischof von Köln, alle Kleriker, die sich den Flagellanten angeschlossen hatten. Das wurde aber so vollständig missachtet, dass er auf der Frühjahrssynode 1353 allen Dechanten und Kirchenrektoren befehlen musste, ihre Kapitel zu versammeln, seine Befehle zu verlesen und Vorkehrungen zu treffen für die öffentliche und namentliche Exkommunikation aller Ungehorsamen, der nach vierzehn Tagen die Suspension von dem Amte folgen solle. Wir werden später sehen, mit welcher Hartnäckigkeit das Fieber des Flagellantismus immer wieder ausbrach, obwohl die Kirche ihn kurz und bündig als Ketzerei betrachtete. Inzwischen, darüber besteht kein Zweifel, benutzten die Brüder des freien Geistes erfolgreich die Aufregung der Gemüter und die daraus entstehenden Störungen in Kirche und Gesellschaft. Bei dem ersten Erscheinen der Geisselscharen schlossen sich ihnen an vielen Orten die als Lollarden, Begarden und Celliten bekannten Ketzer an. Dasselbe Schicksal der Verfolgung rief bei ihnen gemeinsame Interessen hervor, und sie verbanden sich zu eng miteinander, als dass sie sich nicht gegenseitig hätten Hilfe leisten sollen [1]).

Bis jetzt also hatte die Orthodoxie noch nicht den Sieg davongetragen, den die unbestrittene Herrschaft des frommen Kaisers Karls IV. hatte erwarten lassen. Ende 1352 bestieg Innocenz VI. den päpstlichen Thron und nahm sofort den Versuch wieder auf, die päpstliche Inquisition in Deutschland einzuführen, indem er im Juli 386
1353 den Bruder Johann Schadeland von neuem zum Inquisitor ernannte und den deutschen Bischöfen die ernste Ermahnung zugehen

1) Trithem. Chron. Hirsaug. ann. 1348. — Hartzheim IV, 471—2. — Meyeri Ann. Flandr. ann. 1349.

liess, ihn auf jede Weise zu unterstützen. Der unheilbringende Wahnsinn der Begarden sei von neuem ausgebrochen, und es sei dringend nötig, ihn zu unterdrücken. Da die Inquisition in ihren Diözesen keine eignen Gefängnisse habe, so müsse man ihr die bischöflichen Kerker zur freien Verfügung stellen. Wir hören dann nur im allgemeinen, dass Bruder Johann energisch und nicht ohne Erfolg vorging. Aber die Überlieferung schweigt von den Einzelheiten seiner Tätigkeit und seinen Erfolgen, und wir dürfen daraus schliessen, dass die Bischöfe, wie gewöhnlich, nichts mit ihm zu tun haben wollten. Es ist nicht einmal ein Beleg dafür da, dass er Anteil hatte an der Verurteilung Bertholds von Rohrbach, eines Hauptführers der Begarden, der im Jahre 1356 seine Ketzerei in den Flammen büsste. Berthold war früher einmal in Würzburg ergriffen worden und hatte aus Furcht vor dem Scheiterhaufen widerrufen. Man hätte ihn nun auf Lebenszeit einschliessen müssen. Aber die geistlichen Gerichtshöfe in Deutschland wussten, wie gewöhnlich, nicht, welche Strafe sie dem Ketzer auferlegen sollten, und liessen ihn frei. Er lenkte seine Schritte insgeheim nach Speier und hatte dort viel Glück in der Ausbreitung seiner Lehren, wurde aber von neuem verhaftet. Nach den Regeln der Inquisition hätte es nun für ihn als rückfälligen Ketzer keine Gnade mehr geben sollen. Aber man nahm es in Deutschland nicht genau damit, und wiederum kam er gelinder davon, als die Gesetze es erlaubten. Man bot ihm Wiederaufnahme in die Kirche an. Dieses Mal verliess ihn sein Mut nicht. „Mein Glaube“, sagte er, „ist ein Geschenk Gottes: ich habe weder das Recht noch den Wunsch, seine Gnade zurückzuweisen.“ Dass der Versuch des Papstes Innocenz VI., die Inquisition in Deutschland einzuführen, missglückte, können wir auch aus der Haltung ersehen, welche der Erzbischof Wilhelm von Gennep auf seiner 1357 abgehaltenen Kölner Frühjahrssynode einnahm. Er beklagt hier zwar die Zunahme der so gefährlichen Sekte der Begarden, welche seine ganze Stadt und Diözese zu vergiften drohe, erwähnt aber nichts von der päpstlichen Inquisition und den entsprechenden Kirchengesetzen. Er weist auch auf die von seinen Vorgängern ergriffenen Massregeln hin und schärft demgemäss allen Pfarrpriestern ein, gegen die Ketzer vorzugehen bei Strafe der Verfolgung wegen Pflichtversäumnis, während Exkommunikation alle diejenigen treffen sollte, welche die Begarden mit Almosen unterstützen würden [1]).

1) Raynald, ann. 1353, Nr. 26, 27. — Trithem. Chron. Hirsaug. ann. 1356. — Naucleri Chron. ann. 1356 (*Haupt, Religiöse Sekten in Franken (1882), S. 8). — Hartzheim IV, 483 (vom 25. Februar 1357).

Aber ohne Rücksicht auf den bisherigen Misserfolg wurde der Versuch wiederholt. Aus einem Urteilsspruch vom 6. Juni 1366 ergibt sich, dass damals der Dominikaner Heinrich de Agro als Inquisitor der 387
Kirchenprovinz Mainz und der Diözesen Bamberg und Basel tätig war. Diese letztere gehörte zur Kirchenprovinz Besançon. Er hatte eine eifrige Inquisition in der Diözese Strassburg unternommen. Aber der dortige Bischof, Johann von Luxemburg, hatte seine Tätigkeit mit eifersüchtigen Blicken verfolgt und hatte ihm, um ihn nicht frei und unabhängig schalten und walten zu lassen, seinen Vikar Tristram nicht bloss als Vertreter des Bischofs bei dem Urteil, sondern als wirklichen Mitinquisitor beigegeben. Den Vorschriften der Inquisition gemäss wurde das Urteil vom 6. Juni in einer Versammlung von Sachverständigen gefällt. In diesem Falle war das Opfer eine Frau, Metza von Westhoven, eine Beguine, welche schon beinahe ein halbes Jahrhundert vorher während der Verfolgung des Bischofs Johann von Dürbheim verhört worden war und abgeschworen hatte. Da es für eine rückfällige Ketzerin keine Gnade gab, nahm das Urteil diesmal seinen Lauf [1].

*Die Ernennung dieses Dominikaners Heinrich de Agro war am 11. Oktober 1364 erfolgt. Wenn Papst Clemens VI. im Jahre 1348 den Dominikaner Johann Schadeland allein zum Inquisitor für Deutschland ernannt und Innocenz VI. ihn am 15. Juli 1353 in diesem Amt bestätigt hatte [2], so ernannte nun an diesem Tage Papst Urban V. vier Dominikaner zu Inquisitoren für Deutschland [3] und beauftragte zugleich die Bischöfe Johann von Strassburg und Johann von Hildesheim, die Amtsbezirke der einzelnen näher zu bestimmen und dafür zu sorgen, dass die Kosten ihrer Tätigkeit durch die deutschen Bischöfe gedeckt würden. Wenige Tage später, am 22. Oktober, empfahl der Papst einer Anzahl von deutschen Bischöfen und Städten, die Inquisitoren tatkräftig zu unterstützen. Von diesen war dann in den nächsten Jahren Heinrich de Agro in der Kirchenprovinz Mainz und in den Diözesen Bamberg und Basel tätig. Ludwig de Caliga ist in den Diözesen Köln und Trier, Walter Kerlinger in der Kirchenprovinz Magdeburg und in den Diözesen Bremen, Camin, Halberstadt, Hildesheim, Verden und Paderborn nachweisbar. Johann de

1) Mosheim, De Beghardis, pp. 333—4.

2) *Vgl. oben S. 429, 436; Ripoll II, 243. Schadeland starb erst am 1. April 1373 (Hartzheim, Bibliotheca Coloniensis S. 198).

3) *'In Maguntina, Treverensi, Coloniensi, Salzburgensi, Bremensi, Magdeburgensi, Rigensi, Caminensi, Bambergensi, Basiliensi civitatibus, diocesibus et provinciis'.

Moneta scheint im Südosten des Reichs, in der Salzburger Kirchenprovinz, gewirkt zu haben[1]). Es ist anzunehmen, dass dieses Vorgehen Papst Urbans V. mit Zustimmung Kaiser Karls IV. erfolgte. Denn die hier zum ersten Male getroffene umfassendere Einrichtung der päpstlichen Inquisition auf deutschem Boden wurde ständig. Urban V. erneuerte am 15. April 1368 den Inquisitionsauftrag für Ludwig von Caliga und Heinrich de Agro und bevollmächtigte beide zugleich, Stellvertreter zu ernennen. Die einzigen Ketzer, auf die sich ihre Tätigkeit zunächst richten sollte, waren die Begarden. Erst 1372 wurde daneben ausdrücklich auf die Flagellanten hingewiesen, welche die Sakramente der Kirche verschmähten". Den Bischofen und weltlichen Behörden wurde befohlen, ihnen wirksamen Beistand zu leisten und ihnen so lange alle Gefängnisse zur Verfügung zu stellen, bis auch die deutsche Inquisition ihre eignen besitze[2]). Das war die umfassendste Massregel, welche bis dahin für die Organisation des Hl. Offiziums in Deutschland getroffen war, und sie erwies sich sogleich als sehr wirksam. In der Wahl der Inquisitoren hatte man nicht fehlgegriffen. Von Ludwig von Caliga ist zwar wenig bekannt; aber Walter Kerlinger war ein einflussreicher Mann, Kaplan und Günstling des Kaisers, welcher nicht nur Freude an der Verfolgung hatte, sondern auch Ehrgeiz genug besass, um die Gelegenheit, seinem Amte Ansehen zu verschaffen, auszunutzen. 1369 wurde er zugleich Dominikanerprovinzial von Sachsen, und er hat sein Doppelamt bis zu seinem Tode im Jahre 1374 verwaltet. Er verlor keine Zeit, mit seinem Werke zu beginnen. Schon im Jahre 1367 verbrannte er
388 mehrere Begarden in Erfurt. Seinen unermüdlichen Anstrengungen wird allgemein die zeitweilige Unterdrückung dieser Sekte zugeschrieben[3]).

---

1) *Vgl. die bei Schmidt und Kehr, Päpstliche Urkunden und Regesten aus den Jahren 1353—78, die Gebiete der Provinz Sachsen betr. (1889), Nr. 632, 634, 635, 637, 638 teils verzeichneten, teils gedruckten Urkunden des Vatikanischen Archivs von 1364 Okt. 11—25. Das Schreiben vom 11. Oktober befindet sich auch noch im Vatik. Archiv, Reg. Vatic. 246 fol. 367.

2) Mosheim, De Beghardis, pp. 335—7 (*vgl. Schmidt-Kehr a. a. O. II, Nr. 815[a]). *Das betr. Rundschreiben des Papstes vom 15. April 1368 fordert alle geistlichen und weltlichen Fürsten auf, 'Henrico de Agro ord. Praed. et Ludovico de Caliga ord. Praed. aliisque inquisitoribus heretice pravitatis' gegen die Begarden beizustehen (Vatik. Archiv, Reg. Vatic. 249 fol. 97). Der Druck bei Mosheim nennt nur Ludwig de Caliga, das Regest bei Schmidt-Kehr nur Heinrich de Agro).

3) Gesta archiep. Magdeburgensium a. a. 1367 (Mon. Germ. Hist. SS. XIV, 441). — Herm. Korner, Chron. a. a. 1369 (*ed. J. Schwalm, 1895, S. 285). — Catalogus Praedic. Provinc. Saxon. (Martene Ampl. Coll. VI, 344). — *Am 3. Dezember 1368 quittierte 'Ludwig de Caliga ord. Praed., inquisitor heretice

Zunächst merkte man zwar von einer herzhaften Unterstützung des Unternehmens nichts, weder auf seiten der geistlichen noch der weltlichen Machthaber Deutschlands, und ohne diese konnte das Verfolgungsgeschäft doch keine rechten Früchte bringen. Als aber im Jahre 1368 der Kaiser seinen Zug nach Italien unternahm, wurde die Gelegenheit benutzt, um ihn nachdrücklich an seine versäumten Pflichten zu erinnern. Nur selten fand ein Kaiser die aufrichtige Unterstützung des Papsttums. In diesem Falle aber können wir füglich annehmen, dass man dem Kaiser zu verstehen gab, die Inquisition könne, wenn er mit dem Papste Hand in Hand gehe, zugleich gute Dienste leisten, um den Unabhängigkeitssinn der grossen Fürstbischöfe zu brechen. So kam es, dass die Inquisition in dem Augenblicke, wo sie in den Ländern ihrer Geburt ihre Rolle ausgespielt hatte, in Deutschland zum ersten Male regelrecht organisiert und lebensfähig gemacht wurde. Von Lucca aus erliess der Kaiser am 9. und 10. Juni 1369 zwei Edikte, welche den Inquisitoren ein Mass von Unterstützung bewilligten, wie es bis dahin in der Gesetzgebung noch nicht dagewesen war und eben durch seine Überfülle eine Vorstellung gibt von dem zu überwindenden Widerstand. Allen Bischöfen, Fürsten und Magistraten wird befohlen, die unter dem Namen „Willige Arme“ oder „Konventschwestern“ bekannte Sekte der Begarden und Beguinen, die unter dem vergebens untersagten Rufe: „Brot durch Gott!“ bettelnd umherzögen, als Geächtete zu behandeln und aus dem Lande zu treiben. Jeder, der ihnen Almosen gebe, solle auf den Befehl Walter Kerlingers und seiner Stellvertreter oder andrer Inquisitoren verhaftet und zur heilsamen Abschreckung für andere bestraft werden. Mit besonderm Nachdruck wird den Bischöfen anbefohlen, die ganze ihnen zu Gebote stehende Macht zur Ausrottung der Ketzerei anzuwenden. In den stärksten Ausdrücken und unter Androhung von entsprechenden Strafen gegen ihre Person und ihre Temporalien werden sie aufgefordert, auf das Geheiss Walter Kerlingers, seiner Stellvertreter und aller anderen Inquisitoren die ihnen bezeichneten Ketzer zu verhaften und in Gewahrsam zu nehmen. Sie sollen den Inquisitoren in jeder Weise beistehen, sollen

---

pravitatis per Coloniensem et Treverensem dioceses auctoritate sedis apostolice deputatus' dem Erzbischof Kuno von Trier (zugleich als Administrator des Erzstifts Köln) über den Empfang von 125 Goldgulden, welche er 'ex parte Coloniensis et Treverensis ecclesiarum ratione sumptuum et expensarum in usibus dicti officii per me factarum mihique auctoritate sedis apostolice solvi deputatarum' empfangen hatte (Staatsarchiv Koblenz, Diplomatar. Boemundi II., Cunonis et Werneri II, fol. 287; vgl. Trierer Stadtbibliothek Msc. 2140 p. 2514).

sie gastfrei und höflich aufnehmen und behandeln und ihnen auf ihren Reisen eine Schutzbegleitung stellen. Ausserdem werden alle Inquisitoren unter den besonderen kaiserlichen Schutz genommen. Alle
389 ihnen von früheren Kaisern oder Herrschern anderer Länder übertragenen Vollmachten, Freiheiten und Immunitäten werden ihnen bestätigt, ungeachtet etwaiger entgegenstehender Gesetze und Gewohnheiten. Zur Durchführung dieser Privilegien werden zwei Herzöge (von Sachsen und Braunschweig), zwei Grafen (von Schwarzburg und Nassau) und zwei Ritter (von Hohenstein und Witzleben) zu Konservatoren und Hütern bestellt. Sie sollen handeln, sobald ihnen eine Klage von den Inquisitoren zugestellt wird. Sie sollen dafür sorgen, dass diesen ein Drittel der den ketzerischen Begarden und Beguinen konfiszierten Güter zugewiesen wird, und sollen direkt und ohne Scheu, ohne alle Berufung, gegen jeden vorgehen, der sie in irgendeiner Weise behindert oder belästigt, und die Schuldigen an ihrer Person und ihrem Eigentum exemplarisch bestrafen. Jede Zuwiderhandlung gegen dieses Edikt soll mit einer Geldstrafe von einhundert Mark geahndet werden, wovon die eine Hälfte dem Fiskus, die andere der geschädigten Partei zufallen soll. Ausserdem soll das gesamte Eigentum eines jeden, der einen der Inquisitoren oder ihrer Agenten direkt oder indirekt, offen oder heimlich behindere oder belästige, zum Besten des kaiserlichen Schatzes konfisziert, ihm selbst aber alle Ehren, Würden, Privilegien und Immunitäten entzogen werden[1]).

So waren durch diese bedrohlichen Edikte die Beamten der Inquisition zur Ausübung ihres Berufes gewappnet. Um dem Institut aber Dauer zu verleihen, fehlten noch zwei Dinge: Häuser für seine Gerichtsverhandlungen und Gefängnisse für seine Gefangenen. Die Summen, die der Kaiser ausgesetzt hatte, reichten dafür nicht aus, und von den Fürsten und Bischöfen war in dieser Hinsicht nichts zu erwarten. Es mussten also Opfer zur Bestreitung dieser Ausgaben gefunden werden, die zu schwach waren, um Widerstand leisten zu können, aber doch genug besassen, um einen Versuch zu lohnen. Grade diese Bedingungen erfüllten aber die orthodoxen Begarden und Beguinen, die seit ihrer Verfolgung im Anschluss an die Publikation der Clementinen durch die frommen Gaben allmählich wieder zu Wohlstand gekommen waren. Sie wurden daher als Opfer aufs

1) Mosheim, De Beghardis pp. 343—55. — *Böhmer-Huber, Regesten des Kaiserreichs unter Karl IV., Nr. 4756, 4761; Additamentum, Nr. 7284, 7285. Beide Erlasse des Kaisers auch bei Fredericq, Corpus a. a. O. I, Nr. 210, 211.

Korn genommen, und eine Woche nach dem Erlass der eben erwähnten Edikte, am 17. Juni 1369, folgte ein anderes, worin in Bezug auf diese armen Geschöpfe erklärt wurde, die Armut, die sie pflegten, und von der sie behaupteten, sie sei die vollkommenste Lebensform, sei in Wirklichkeit ein Sakrileg. Lasse man ihre Gemeinden ungestört, so würden sie Pflanzschulen der Irrlehren werden. Die Inquisition aber, so hiess es weiter, habe keine Häuser, keine Wohnungen, keine festen Türme, um die Angeklagten im Gewahr-
sam zu halten, und um die Abschwörenden lebenslänglich einzu- 380
schliessen. So komme es, dass viele Ketzer unbestraft blieben und die unheilvolle Saat immer weiter ausgestreut werde. Daher sollten die Häuser der Begarden der Inquisition übergeben werden, damit sie in Gefängnisse verwandelt würden; diejenigen der Beguinen aber sollten verkauft und der Erlös in drei Teile geteilt werden: der eine sollte zur Ausbesserung der Strassen und Wälle der Städte verwandt, ein anderer den Inquisitoren zu frommen Zwecken, unter diesen zum Unterhalt der Gefangenen, der dritte gleichfalls den Inquisitoren für die Kosten ihres Amtes übergeben werden. Die Opfer sollten aber drei Tage vorher benachrichtigt werden, ehe man sie von ihren Heimstätten vertreibe[1]).

Wenn die Inquisition in Deutschland überhaupt dauernd hätte festen Fuss fassen können, so würde diese skrupellose Massregel ihr zweifellos dazu verholfen haben. Dank der Gunst des Kaisers und der Energie Kerlingers war ihr Anfang schliesslich recht verheissungsvoll. Das letzte Edikt erwähnt Kerlingers Vollmacht, noch zwei weitere Inquisitoren zu ernennen; es spricht ferner von seinen erfolgreichen Bemühungen, die ketzerischen Brüder des freien Geistes in den Kirchenprovinzen Magdeburg und Bremen, sowie in Thüringen, Hessen, Sachsen und an anderen Orten vollständig zu vernichten. Wenn das wahrscheinlich auch eine Übertreibung ist, so erfahren wir doch aus anderen Quellen, dass Kerlinger eine eifrige, mit Erfolg gekrönte Tätigkeit entfaltete, in Magdeburg und Erfurt eine Anzahl Ketzer verbrannte und die übrigen zwang, sich äusserlich der Rechtgläubigkeit anzubequemen oder die Flucht zu ergreifen. In Nordhausen liess er im Jahre 1369 vierzig Begarden ergreifen. Von diesen waren sieben hartnäckig und wurden verbrannt, die übrigen

---

1) Mosheim, De Beghardis pp. 356—62 (*vgl. Böhmer-Huber l. c. Additamentum Nr. 7286). Mosheim vermutet, dass der hier gemachte Unterschied zwischen den Häusern der Begarden und denjenigen der Beguinen darin begründet war, dass die ersteren grösser waren und in Städten standen, die letzteren kleiner und zahlreicher und in Städten und Dörfern zerstreut waren.

schwuren ab und nahmen die Busse auf sich. Das war wohl ein besonderes Beispiel seiner erfolgreichen Wirksamkeit, und wir dürfen Gregor XI. glauben, wenn er später, im Jahre 1372, behauptet, in den mittleren Provinzen seien die Ketzer von der Inquisition vernichtet oder von dort nach auswärts, nach Brabant, Holland, Stettin, Breslau und Schlesien, vertrieben worden. Dort aber seien sie nun in so grosser Anzahl beieinander, dass sie sich zu behaupten hofften, weshalb er die Bischöfe und Adligen aufforderte, das hl. Offizium bei seinen letzten Arbeiten wirksam zu unterstützen, um so das gute Werk zu Ende zu führen. Anscheinend hatte sich Kerlinger nicht damit beeilt, durch die Ernennung zweier Amtsgenossen seine Vollmacht zu teilen. Jetzt nahm ihm Gregor diese ihm früher übertragene Pflicht ab, indem er
391 selbst die deutsche Inquisition von neuem nach dem Beispiel in anderen Ländern organisierte und dauernd zu befestigen suchte. Er vermehrte am 23. Juli 1372 die Zahl der Inquisitoren auf fünf und übertrug die Ernennung und Absetzung derselben dem General und dem deutschen Provinzial der Dominikaner oder einem von beiden. Kerlinger und Ludwig von Caliga sollten aber zu diesen fünf gehören, und kein Machthaber, weder der Kaiser noch der Bischof, sollte in die freie Ausübung ihrer Amtsgeschäfte eingreifen dürfen[1]).

Eine noch weitere Ausdehnung der Macht der Inquisition, die Karl IV. gewährte, war zwar für den Augenblick von keiner grossen Bedeutung, ist aber das erste Anzeichen einer spätern Entwicklung und insofern für uns von höchstem Interesse. Ein Hauptmittel für die Propaganda der Begarden bestand darin, dass sie geschriebene Traktate und Andachtsbücher unter den Laien verbreiteten. In der Volkssprache verfasst, richteten sich diese Schriften an eine Gruppe der Bevölkerung, die zwar nicht ganz ungebildet, aber auch nicht imstande war, die in lateinischer Sprache verfassten orthodoxen Werke mit Vorteil zu benutzen. Um dieses wirksame Mittel der Missionstätigkeit zu unterdrücken, betraute der Kaiser gleichfalls am 17. Juni 1369 die Inquisition mit einer Art literarischen Zensur, auf die wir später noch zurückkommen werden. Weniger interessant für uns, aber wahrscheinlich wichtiger für jene Zeit war die Ermächtigung der Inquisitoren, Notare zu ernennen, ein Recht, das

1) Gesta archiep. Magdeburg. (Mon. Germ. Hist. SS. xiv, 441). — Herm. Korner, Chron. a. a. 1369 (a. a. O. S. 285). — Raynald. ann. 1372, Nr. 34. — Ripoll ii, 275. — Mosheim, De Beghardis pp. 380—3 (*wo irrtümlicher Weise statt diocesis Treverensis 'Traiectensis' gedruckt ist; danach ebenso der Abdruck bei Fredericq, Corpus a. a. O. i, Nr. 215). *Vgl. auch den Erlass Gregors XI. vom 27. Juli 1372 bei Schmidt-Kehr a. a. O. Nr. 1044, und vom 29. Januar 1373, im Vatik. Archiv, Reg. Vatic. 265 fol. 15, 18v (Avin. iv. Kal. Febr. a. iii.).

man ersichtlich als eine besondere Gunst ansah. Der Leser wird sich erinnern, wie eifersüchtig man dieses Recht wahrte (I, 422). Offenbar hatte sich den Inquisitoren bei ihren Unternehmungen der Mangel an solchen Beamten in unangenehmer Weise fühlbar gemacht. Jetzt wurden sie ermächtigt, für jede Diözese einen zu ernennen und ihn zu ersetzen, wenn durch Tod oder Unbrauchbarkeit eine Vakanz eintrat[1]).

Was die Besitzergreifung der Beguinenhöfe angeht, so führte sie Kerlinger rücksichtslos durch. Von den in Mühlhausen befindlichen, die in grosser Blüte gestanden hatten, übergab er am 16. Februar 1370 vier, vermutlich den städtischen Anteil an dem Raub, dem Magistrate zu öffentlicher Verwendung. Es scheint aber, als ob ihm doch Schwierigkeiten in den Weg gelegt worden seien. Die Eifersucht der Bischöfe sah diese dauernde Niederlassung der Inquisition in ihren Diözesen und die Erwerbung von Gefängnissen und Eigentum an Grund und Boden, wodurch sie sich unabhängig machte, mit ungünstigen Augen an. Mosheim nimmt nicht ohne Grund an, die 392
Bischöfe hätten, da diese Häuser von Gaben herrührten, die zu frommen Zwecken bestimmt waren, geltend machen können, sie ständen unter ihrer Jurisdiktion und unterlägen keinem kaiserlichen Edikte. Adlige und Bürger hatten ausserdem ihre harmlosen Insassen mit freundlichen Augen zu betrachten gelernt und hatten nicht den Wunsch, an der Beute teilzunehmen. Doch welches auch immer ihre Beweggründe gewesen sein mögen, auf alle Fälle fand Kerlinger den Weg zu der von ihm gewünschten allgemeinen Konfiskation versperrt. Im Jahre 1372 sah er sich genötigt, Gregor XI. an die Existenz der Begarden und Beguinen genannten Ketzer zu erinnern und ihn zu bitten, das kaiserliche Edikt zu bestätigen, laut dessen ihre Wohnungen konfisziert werden sollten. Da Gregor keinen Grund hatte anzunehmen, dass es sich bei dieser Petition um etwas anderes handele als um die selbstverständliche Konfiskation von Ketzergut, so erteilte er am 9. Juni 1372 die Bestätigung[2]).

So war die Inquisition nach einem fast anderthalbhundertjährigen unsteten Kampfe endlich als eine organisierte Körperschaft in Deutschland eingerichtet. Wenigstens wurde eine Zeitlang das Amt eines Inquisitors, sobald eine Vakanz eintrat, regelmässig neu besetzt.

1) Mosheim, De Beghardis pp. 368—74, 378—9. — Böhmer, Regest. Karl IV., Nr. 4761 (*Additam. Nr. 7287; vgl. auch Schmidt-Kehr a. a. O. Nr. 1028 vom 28. Mai 1372).

2) Mosheim, De Beghardis pp. 364—66 (*Schmidt-Kehr a. a. O. Nr. 1030). — Martini Append. ad. Mosheim pp. 541—2.

Bei dem Tode Kerlingers im Jahre 1374 wurde sein Nachfolger in dem Amte des Provinzials von Sachsen, Hermann von Hetstede, auch zum Inquisitor ernannt, und denselben Titel erhielt im Jahre 1376 Hetstedes Nachfolger, Heinrich Alberti[1]. Das Hl. Offizium scheint fast ausschliesslich in Dominikanerhänden gewesen zu sein; selten hören wir, dass das Amt von Franziskanern verwaltet wurde. Das fromme Werk machte schnelle Fortschritte. Im Jahre 1372 hatte Kerlinger einen Ketzer von aussergewöhnlich hohem Range zu richten, nämlich den Bischof Albert von Halberstadt, der öffentlich fatalistische Lehren vortrug, vielleicht eine Prädestinationslehre nach Art derjenigen, welche Wiclif zu entwickeln begann. Diese Lehre hatte eine grosse Abnahme der guten Werke zur Folge; denn sie griff diese an der Wurzel an, die Anrufung der Heiligen, die Messen für die Toten und die Freigebigkeit gegen die Geistlichkeit. Ihre Folgen drohten so ernste Gestalt anzunehmen, dass Gregor XI. am 15. März Kerlinger befahl, in Gemeinschaft mit dem Propst Herbord von Erfurt und einem Augustinermönch Rudolf den Bischof zur Abschwörung zu zwingen und im Falle des Ungehorsams ihn an den päpstlichen Hof zur Aburteilung zu verweisen. In demselben Jahre berichtet Gregor
393 mit grosser Genugtuung, dass es den Inquisitoren gelungen sei, die Begarden aus Mittel- und Norddeutschland zu vertreiben; er ermunterte den Kaiser, ihre Bemühungen mit frischem Eifer zu unterstützen. Auch an die Fürsten, Bischöfe und Magistrate schickte er Enzykliken, worin er ihnen befahl, alles aufzubieten, um das gute Werk dadurch zu vollenden, dass man die Ketzer auch in den Gegenden vernichtete, wo sie Zuflucht genommen hätten. Zu Anfang des nächsten Jahres übertrug er dem Dominikaner Johann von Boland, einem kaiserlichen Kaplan, das Inquisitionsamt in den Diözesen Trier, Köln und Lüttich und legte ihm die Verfolgung insbesondere der Begarden und Beguinen ans Herz. Auch der Kaiser tat das Seinige, indem er ihn am 17. Februar 1378 mit allen den Vollmachten ausstattete, die in seinen Verordnungen des Jahres 1369 aufgezählt waren, während die Herzöge von Luxemburg, Limburg, Brabant und Jülich, die Grafen von Berg und Cleve, die Grafen von der Mark,

1) *Am 24. November 1374 stellte P. Gregor XI. dem Inquisitor Hermann von Hetstede ein Empfehlungsschreiben aus (Schmidt-Kehr a. a. O. II, Nr. 1197, vgl. auch Nr. 1236, 1238, 1244). Am 22. April 1376 gab er ihm die Vollmacht, sechs Notare zu ernennen, 'cum, sicut accepimus, in Alamanie partibus, in quibus heretice pravitatis inquisitor existis, rari reperiantur tabelliones, qui sciant et velint tabellionatus officium in tuis processibus exercere' (Vatik. Archiv, Regist. Vatic. 287 fol. 179). Für Heinrich Alberti vgl. Römische Quartalschrift VIII, 373.

von Kirchberg und Spanheim über die Ausführung des Edikts wachen sollten [1]).

Wenn auch diese ganze Inquisitionstätigkeit in Deutschland sich hauptsächlich gegen die Brüder des freien Geistes richtete, so wurden die Flagellanten doch nicht ganz vernachlässigt. Im Jahre 1361 erweckte eine Demonstration dieser Schwärmer in dem ferngelegenen Neapel die Sorge des Papstes Innocenz VI. Im Jahre 1369 brach aus Ungarn eine Flut von Frauen dieser Art hervor, mit denen man aber in Sachsen kurzen Prozess machte. Im Jahre 1372 erschienen wieder Flagellanten in verschiedenen Teilen Deutschlands. Sie behaupteten, ihre Busse sei besonders wirksam und ersetze die Sakramente der Kirche, so dass es Gregor XI. für geboten hielt, den Inquisitoren Vorschriften für ihre Unterdrückung zu übermitteln. In den Jahren 1373 und 1374 nahm diese unausrottbare Neigung eine neue Form an, die unter dem Namen Veitstanz bekannt ist und bei der Einweihung einer Kirche in Aachen ausbrach. Scharen beiderlei Geschlechts, meistens arme, einfache Leute, zogen von den Rheinlanden aus nach Flandern, tanzend und singend, wie wenn sie von Furien besessen wären. Unter dem Einflusse einer starken geistigen Erregung sprangen und tanzten die Menschen, bis sie in Krämpfen zu Boden fielen. Um die Unglücklichen wieder zur Besinnung zu bringen, sprangen dann die Genossen auf ihrem Körper herum, oder sie schnürten ihnen mit Hilfe eines Stockes ein Tuch, das sie trugen, fest um den Leib, und drehten sie dann um sich selbst. Man glaubte allgemein, diese Unglücklichen seien vom Teufel besessen und ihr Wahnsinn sei ungefährlich, wurde aber eines anderen belehrt, als eine Schar solcher Tänzer sich in Herestal versammelte und dort
beratschlagte, wie sie am besten alle Priester, Domherren und Geist- 394
lichen von Lüttich umbringen könnten. Trotzdem man aber die Gefahr dieser Krankheit erkannte, konnte sie sich doch über einen grossen Teil Deutschlands mehrere Jahre lang ausbreiten. Obgleich sie nicht an und für sich Ketzerei war, so führte sie doch an einigen Orten zu ketzerischen Ansichten über die Sakramente; denn das Volk sah die Ursache der Krankheit in der Unwirksamkeit der

1) Catalogus Praedic. Prov. Saxon. (Martene Ampl. Coll. VI, 344). — Raynald. ann. 1372, Nr. 33, 34. — Mosheim, De Beghardis pp. 388—92. — Martini Append. ad Mosheim pp. 647—8. — *Vgl. Schmidt-Kehr a. a. O. Nr. 1003, 1028, 1081—84, 1189, 1232, 1236, 1244, 1245; Wilmans, Zur Geschichte der römischen Inquisition in Deutschland während des 14. und 15. Jahrhunderts (Historische Zeitschrift 41, S. 201); Böhmer-Huber, Additamenta Nr. 7461.

Taufe, die ihrerseits eine Folge der unter den Priestern allgemein herrschenden Unsitte des Konkubinats sei [1]).

Kaum aber hatte sich die Inquisition organisiert und ihre Tätigkeit begonnen, als die Willkür, womit sie vorging, lebhaften Widerspruch hervorrief. Die ketzerischen Begarden und Beguinen waren wohl das Hauptziel ihrer Tätigkeit, die rechtgläubigen aber das ihrer Habgier. Die Leiden dieser letztern erregten bald Mitleid, und dieses fand einen so entschiedenen Ausdruck, dass Gregor XI. ihm sein Ohr nicht verschliessen konnte. Demgemäss machte er im April 1374 in einem Schreiben den Erzbischöfen von Mainz, Trier und Köln Mitteilung von diesen Klagen und forderte sie auf, ihm über das Leben und den Umgang der betreffenden Personen Bericht zu erstatten. Seien sie unschuldig, so sollten sie beschützt und gut behandelt, seien sie aber schuldig, bestraft werden. Von Köln und Worms, wahrscheinlich aber auch von anderen Bischöfen lief die Antwort ein, dass die verfolgten Gemeinschaften aus gläubigen Katholiken beständen. Auch die Kölner städtischen Behörden schritten ein, indem sie sich im Frühjahr 1375 energisch bei dem Papste darüber beschwerten, dass ein Dominikaner-Inquisitor das arme Volk drangsaliere, und um Einstellung dieses Verfahrens ersuchten. Die Opfer, sagten sie, seien Leute von geringer Bildung, denen aber der Richter so schwierige Fragen vorlege, dass die geschicktesten Theologen sie nicht beantworten könnten. Dabei führten die Unglücklichen ein so erbauliches Leben, dass selbst die Geistlichen sie gegen die Drohungen der Inquisition in Schutz nähmen. So wurde dem Verfahren hier ein Riegel vorgeschoben, aber die besondere Kleidung, welche die frommen Leute stets getragen hatten, lieferte den Vorwand für eine Fortsetzung der Verfolgung. Daher richtete man einen neuen Appell an Gregor, welchen dieser im Dezember 1377 damit beantwortete, dass er den Bischöfen empfahl, der Kleidung wegen keine Belästigung derselben zuzulassen, so lange ihre Träger gute Katholiken und den kirchlichen Behörden gehorsam seien. So waren die deutschen Bischöfe vollständig mit päpstlicher Autorität ausgestattet, um die Unterneh-
395 mungen der Inquisitoren zu durchkreuzen. Diejenigen aber, welche, wie der Bischof Lambert von Strassburg, selbst Lust zur Verfolgung

1) Martene Thesaur. II, 960-1. — Chron. Cornel. Zantfliet (Martene Ampl. Coll. V, 293, 301—2). — Raynald. ann. 1372, Nr 33. — Meyeri Annal. Flandriae ann. 1373. — Magnum Chron. Belgic. ann. 1374. — Trithem. Chron. Hirsaug. ann. 1374. — P. de Herentals Vit. Gregor. XI. ann. 1375 (Muratori S. R. I. III. II, 674—5). — *P. Fredericq, Corp. Doc. Inq. Neerland. I. 231 ff.; ders., De sekten der geeselaars en der dansers, 1897.

hatten, wagten nicht, noch weiter vorzugehen. Die regulären Begarden- und Beguinengemeinden waren also jetzt der Duldung sicher, und wenn die häretischen Brüder des freien Geistes es verstanden, an dieser Wohltat teilzunehmen, so machte das den Bischöfen wahrscheinlich wenig Kopfzerbrechen [1]).

Für die Inquisition, die kaum Wurzel in dem Lande geschlagen hatte, war das alles sehr entmutigend, aber es sollte noch schlimmer kommen. Im Jahre 1378 starb sowohl Gregor XI. als auch Karl IV. Die Wahl Urbans VI. hatte die grosse Kirchenspaltung zur Folge, und Wenzel, Karls Sohn und Nachfolger, war bekanntermassen gleichgültig gegen die von der Kirche vertretenen Interessen der Religion. So ihrer beiden notwendigsten Stützen beraubt, konnte die Inquisition der Eifersucht der Bischöfe nicht mehr die Spitze bieten. Im Jahre 1381 gab es anscheinend keine Inquisitoren in den ausgedehnten Diözesen Regensburg, Bamberg und Meissen; denn der Erzbischof von Prag als päpstlicher Legat befahl den Bischöfen, solche zu ernennen, und drohte, es selbst zu tun, wenn sie dem Befehle nicht nachkämen. Doch gab die Inquisition ihre Tätigkeit nicht ganz auf. Im Jahre 1392 zog ein päpstlicher Inquisitor namens Martin durch Schwaben nach Würzburg, wo er eine Anzahl Bauern und einfacher Leute antraf, die der Sekte der Flagellanten und Begarden angehörten. Es steckten aber keine Märtyrer in ihnen; denn die ihnen auferlegte Busse, sich dem damals gepredigten Kreuzzuge gegen die Türken anzuschliessen, nahmen sie willig auf sich. Übrigens ist es das erstemal seit beinahe einem Jahrhundert, dass wir von einer solchen Strafe wieder hören. Darauf ging Martin nach Erfurt, das noch immer ein Ketzerherd war, und stiess dort auf zahlreiche Anhänger derselben Sekte. Einige von ihnen waren hartnäckig und wurden demgemäss verbrannt, andere nahmen eine Busse auf sich, die übrigen suchten ihr Heil in der Flucht. Am 12. Juli 1393 wurde in Köln durch den päpstlichen Inquisitor Albert von Kempen ein unter dem Namen Martin von Mainz bekannter Begardenführer, ein ehemaliger Benediktinermönch und Jünger des berühmten Nikolaus von Basel, verbrannt. In den Akten seines Prozesses werden andere Mitglieder der Sekte erwähnt, die nicht lange vorher in Heidelberg verbrannt worden waren [2]).

---

1) Mosheim, De Beghardis pp. 394—8. — Haupt, in der Zeitschrift für K.-G. VI (1885), 525—6, 553—4, 563—4 (*Ennen, Quellen zur Gesch. der Stadt Köln V, S. 88). — Haemmerlin Glossa quarumd. Bullarum per Beghardos impetratarum (Basil. 1497, c. 4 sqq.).

2) Höfler, Prager Concilien, pp. 26—7 (*Vgl. den Erlass des Bischofs

Um diese Zeit hören wir nach längerer Unterbrechung wieder
396 von Verfolgungen der Waldenser. Die päpstlichen und die bischöflichen Inquisitoren hatten ihre Aufmerksamkeit eine Zeitlang auf die Begarden konzentriert, während die Anhänger des Peter Waldes weniger bemerkt worden waren, zweifellos, weil sie sich äusserlich der Rechtgläubigkeit anbequemten. Durch Entfernung aus ihren Pfarreien um die Osterzeit gelang es ihnen jedoch bisweilen, sich fünf oder sechs Jahre lang hintereinander dem Abendmahle zu entziehen. Sie gingen ruhig und friedlich ihrer Arbeit nach, predigten bei Nacht in Kellern, Mühlen, Ställen und an anderen einsamen Orten und gewannen auf diese Weise viele Anhänger unter den Bauern und Handwerkern, welche, wie Peter von Pilichdorf[1]) zu seiner Betrübnis gesteht, nun Gelegenheit hatten, den frommen Lebenswandel dieser Leute mit der empörenden Zügellosigkeit des katholischen Klerus zu vergleichen[2]). So vermehrten sie sich im stillen, bis ganz Deutschland

---

Konrad von Regensburg vom 17. Juli 1378, Reg. Boica x, 15). — Trithem. Chron. Hirsaug. ann. 1392. — Jundt, Les Amis de Dieu, p. 3. — Haupt, a. a. O. S. 510; *Waldensertum S. 58 Anm. — *Flade, Das römische Inquisitionsverfahren in Deutschland bis zu den Hexenprozessen (1902) S. 39.

1) *Vgl. über ihn Allgemeine deutsche Biographie 25, S. 475.

2) Vor einiger Zeit wurde zu St. Florian in Österreich ein Brief entdeckt, welchen die Waldenser der Lombardei im Jahre 1368 an einige ihrer deutschen Brüder richteten, als gewisse Mitglieder aus der Sekte austraten mit der Begründung, die Waldenser seien unwissend, besässen keine göttliche Autorität und liessen sich mit Geld erkaufen. Offenbar hatte sich die österreichische Waldenserkirche an die Hauptkirche in der Lombardei gewandt, um eine Widerlegung dieser Anschuldigungen zu erhalten. Diese Widerlegung, sowie die Erwiderung, die einer der Abgefallenen darauf gab, bieten uns wertvolle Aufklärungen über die damals geltenden Glaubenssätze der Sektierer. Sie leiteten, wie es scheint, ihren Ursprung von der Urkirche ab und behaupteten, ihre Vorfahren hätten sich der Konstantinischen Schenkung widersetzt und hätten, als Sylvester das gefährliche Geschenk nicht habe zurückweisen wollen, eine Stimme vom Himmel gehört, die gesagt habe: „Heute ist Gift in die Kirche Gottes gesäet worden." Da sie bei ihrer Meinung geblieben seien, seien sie ausgestossen und verfolgt worden und hätten seitdem in bescheidener Zurückgezogenheit und stiller Betrübnis die echten Grundsätze der alten Kirche bewahrt. Sie behaupteten, Peter Waldes sei zum Priester ordiniert worden und besitze die volle von Gott ihm übertragene priesterliche Gewalt. Nichts aber verlautet von der apostolischen Nachfolge. Der Apostat Sigfried machte ihnen den Vorwurf, sie nähmen nur die Beichte ab und schickten zum Empfange der anderen Sakramente ihre Jünger in die katholischen Kirchen. Von der Transsubstantiation ist garnicht die Rede, sie müssen sie also anerkannt haben. Die häufigen Berufungen auf Augustinus und den hl. Bernhard zeigen, dass sie die Autorität der Kirchenväter achteten. Es werden auch zwei Franziskaner erwähnt, die kurz vorher sich der Sekte angeschlossen hatten, ein Priester, der das gleichfalls getan hatte und verbrannt worden, sowie ein Bischof Bastardi, der aus demselben Grunde nach Rom vorgeladen worden, aber nie von dort zurückgekehrt sei. — Comba, Histoire des Vaudois d'Italie, I, 213—55 (*Comba. Histoire des Vaudois, 1901, S. 190 ff.).

von ihnen und der ihnen nahe verwandten Sekte der „Winkeler“ erfüllt war. Um das Jahr 1390 wurden sie in Mainz entdeckt, wo sie hundert Jahre lang in aller Stille ungestört gelebt hatten. Der Erzbischof Konrad II. nahm die Angelegenheit selbst in die Hand. Im 397
Jahre 1392 betraute er den Bischof Friedrich von Toul, den Dechanten von St. Stephan in Mainz, Nikolaus von Saulheim, und den Pfarrer der dortigen Domkirche, Johann Wasmod von Homburg, mit dem Amte eines bischöflichen Inquisitors, denen sich der päpstliche Inquisitor anschliessen könne, wenn er wolle. Diesen Inquisitoren wurde die Vollmacht übertragen, gemäss den Vorschriften der Inquisition alle Ketzer zu verhaften, zu verhören, zu foltern, zu verurteilen und dem weltlichen Arme zu überliefern, eine Pflicht, der sie mit Eifer nachkamen. Es war schon eine Anzahl Waldenser in dem bischöflichen Gefängnisse, und nach den übrigen wurde eifrig geforscht. Da man von der Folter ausgiebigen Gebrauch machte, so erlangte man die gewünschten Geständnisse und Beweise. Die Hartnäckigen wurden dem weltlichen Arme übergeben. So wurden im Jahre 1392 bei einem in Bingen veranstalteten Autodafé sechsunddreissig Unglückliche verbrannt, ein Beweis, dass auch die päpstliche Inquisition nicht wirksamer hätte sein können. Ein offenbar bei dieser Gelegenheit über das Verhör der Waldenser verfasster kleiner Traktat zeigt, dass man hier vortrefflich in die Methode des Inquisitionsverfahrens eingedrungen war, und dass die bischöflichen Beamten von ihren Nebenbuhlern nicht viel zu lernen hatten[1]).

1) Index Errorum Waldensium (Magna Bibliotheca Patrum XIII, 340). — Petri Herp. Annal. Francofurt. ann. 1389 (Senckenberg, Selecta Juris II, 19). — Gudeni Cod. Diplom. III, 598–600. — Serrarii Hist. Mogunt. Lib. V, p. 707. — Hist. Ordin. Carthus. (Martene, Ampl. Coll. VI, 214). — Modus examinandi Haereticos (Magna Bibliotheca Patrum XIII, 341—2). — *Haupt, Der waldensische Ursprung des Codex Teplensis (1886), S. 36; Falk, Waldensertum in Mainz, Katholik 83 (1903) S. 263. Zu der Zeit dieser Mainzer Verfolgung gab es dort auch einen päpstlichen Inquisitor. Die Register der Generale des Dominikanerordens enthalten folgende Angaben: 1390 April 4 'absolvit fr. Joannem Arnoldi ab officio inquisitoris Maguntinensis ad instantiam sui'; 1390 April 10 'fecit inquisitorem heretice pravitatis in inquisitione Maguntina et in omnibus terminis ut in forma fr. Nicholaum Boeckeler'. 1399 war dieser noch im Amt (Rom, Archiv des Dominikanerordens, Reg. general. IV, 1 fol. 130 ff.).

Johann Wasmod schrieb später eine Abhandlung gegen die Begarden (abgedruckt von Haupt, in der Zeitschrift für Kirchengesch. VII (1885), 567—76; *vgl. auch Allgemeine deutsche Biographie 41, 230). Sie interessiert uns hauptsächlich deshalb, weil sich nach ihr die Glaubenssätze der Begarden mit denjenigen der Waldenser ziemlich decken. Es findet sich nichts darin von Pantheismus, nichts von einer Vereinigung mit Gott, nichts von der Leugnung der Sakramente, der Hölle und des Fegefeuers. Entweder verwechselt Wasmod die beiden Sekten, oder die Waldenser verbargen sich in der äusseren Erscheinung der Begarden, oder es gab unter den Begarden eine Gruppe, welche zwar eine von Rom abgesonderte Kirche bildeten, ohne

Sobald man aber einmal wieder auf die geheime Ketzerei der Waldenser aufmerksam geworden war, wurden diese bald überall entdeckt. In einer kurzen aus dem Jahre 1391 stammenden Liste werden
398 Polen, Ungarn, Bayern, Schwaben und Sachsen als ihre Wohnsitze aufgeführt. Aus dem Traktate, der unter dem Namen des Peter von Pilichdorf bekannt ist, eines Mannes, der sowohl mit der Feder als auch durch die Tat lebhaft an der Unterdrückung dieser plötzlich wiederentdeckten Ketzerei teilnahm, erfahren wir, dass im Jahre 1395 die Niederlande, Westfalen, Preussen und Polen nicht von ihr angesteckt waren, dass sie aber in Thüringen, Meissen, Böhmen, Mähren, Österreich und Ungarn Tausende von Anhängern zählten. Seltsamerweise fehlt in der Liste Pommern, wo die Waldenser doch, an den Ufern der Ostsee entlang von Stettin bis Königsberg, dicht gesät waren. Dort hatte die Ketzerei wenigstens schon ein Jahrhundert lang tiefe Wurzeln geschlagen, und der katholische Klerus an Ort und Stelle scheint den harmlosen Sektierern, welche sich äusserlich den Gebräuchen der Kirche anbequemten, nicht unfreundlich gesinnt gewesen zu sein. Selbst wenn ihnen im Beichtstuhl, wie es hier und da vorkam, ketzerische Bemerkungen entschlüpften, wurden dieselben verständiger und freundlicher Weise überhört. Dass es aber vorher nicht immer so friedlich hergegangen war, geht aus dem Geständnis der Sophie Myndekin aus Flieth hervor, die erklärte, sie gehöre seit fünfzig Jahren zu der Sekte, ihr Mann sei in Angermünde verbrannt worden, sie selbst nur wegen ihrer Schwangerschaft dem nämlichen Schicksal entronnen, ihr bischen Hab und Gut habe man konfisziert. Auch diese Waldenser waren arme Leute, meist Bauern und Tagelöhner. Wenn auch hier und da in den Prozessakten Männer von adliger Herkunft erwähnt werden, so waren doch alle diejenigen, welche zu bewaffneter Lehnsfolge verpflichtet waren, von der Sekte ausgeschlossen; denn Krieg und Blutvergiessen war

sich jedoch den unterscheidenden Lehren der Amalricianer anzuschliessen. Nach Wasmod waren sie sehr vorsichtig in der Aufnahme von Neophyten. Den Gehorsam derselben stellten sie auf eine harte Probe. Sie mussten faules Fleisch essen und schmutziges, madenhaltiges Wasser usw. trinken und so ihr Leben aufs Spiel setzen. Eines ihrer stärksten Argumente für ihre Sache fanden sie in der Verderbnis der Kirche, die dadurch der Schlüsselgewalt beraubt sei. Ein deutlicher Hinweis auf den Begardismus findet sich in der Behauptung, dass diese Ketzer bei den Behörden der Städte in grosser Gunst ständen und von ihnen beschützt würden Die weitere Behauptung, dass die Bullen zugunsten der Beguinen mit Geld erkauft worden seien, ist nicht sehr schmeichelhaft für Rom.

*Für die Vermengung der Ketzerbezeichnungen in dieser Zeit vgl. Haupt, Waldensertum und Inquisition S. 50f.

ihnen nach ihren Glaubenssätzen streng verboten. Sie wurden jährlich von ihren Geistlichen besucht. Das waren zum Teil Handwerker, zum Teil aber auch gelehrte, in der heiligen Schrift gutbewanderte, wohl aus Böhmen kommende Männer, die predigten, die Beichte abnahmen und Absolution erteilten, und die zur strengsten Amtsverschwiegenheit verpflichtet waren. Es wurden auch Kollekten veranstaltet, und der Erlös wurde an die Zentralstelle der Sekte geschickt. Sie gehörten also tatsächlich dem grossen Verbande der Waldenser an[1]).

Man hatte sie lange unbehelligt gelassen, bis einer ihrer Geistlichen, bekannt als Bruder Klaus, der sie im Jahre 1391 besucht und viele Beichten gehört hatte, offenbar über die gegen sie im Werke befindliche Bewegung erschreckt wurde, abfiel und, wie es scheint, die Namen seiner Beichtkinder verriet. Die Kirche beeilte sich, die Früchte
seiner Reue zu sammeln. Peter Zwicker, Provinzial des Cölestiner- 399
ordens, wurde zum Inquisitor ernannt und kam im Anfang des Jahres 1393, mit Vollmachten vom Erzbischof von Prag und den Bischöfen von Lebus und Camin ausgerüstet, nach Stettin, wo er Vorladungen ergehen liess, sowohl allgemeine von den Kanzeln der verseuchten Gegend herunter als auch solche an einzelne Personen. Infolgedessen entstand natürlich eine grosse Aufregung; einige der Verdächtigen flohen. In Klein-Wurbitz versuchte man sogar eine schwache Demonstration gegen die Gerichtsdiener der Inquisitoren; aber an einen ernstlichen Widerstand dachte niemand, die grosse Mehrzahl fügte sich in das Unvermeidliche. Der Inquisitor war, wie gewöhnlich, milde gegen diejenigen, welche aus freien Stücken bekannten und abschwuren. Alle leisteten die ihnen abverlangten Eide, sogar denjenigen, Ketzer und Ketzerei verfolgen zu wollen. Nur gelegentlich zögerte einmal der eine oder andere. Die Folter scheint ganz unnötig gewesen zu sein. Hartnäckigkeit kam nicht vor, und Scheiterhaufen brauchten nicht errichtet zu werden. Sie mussten Kreuze tragen und andere Strafen auf sich nehmen. Wenn, wie das meistens der Fall war, die Eltern als Mitglieder der Sekte gestorben waren, mussten die Kinder die Begräbnisstätte angeben,

1) Gretseri Prolegomena c. 6 (Magna Bibliotheca Patrum XIII, 292). — Refutat. Waldens. (Ib. p. 335). — P. de Pilichdorf c. 15 (Ib. p. 315). — Wattenbach, Über Ketzergerichte in Pommern und der Mark Brandenburg (Sitzungsberichte der Berliner Akad. 1886) S. 48—9, 51. — *G. Brunner, Ketzer und Inquisition in der Mark Brandenburg im spätern Mittelalter (1904). Vgl. auch Finke, Waldenserprozess in Regensburg 1395, in der Deutsch. Zeitschr. für Geschichtswissenschaft IV (1890), 345; Flade, Zur Waldenser- u. Beghinengeschichte der sächsischen Lande (Beiträge zur sächs. Kirchengeschichte (1898), S. 215ff.

vermutlich zum Zwecke der Ausgrabung der Gebeine. Mit dieser Arbeit hatte der Inquisitor Peter von Januar 1393 bis Februar 1394 zu tun. Eins seiner Register, das vierhundertunddreiundvierzig Fälle umfasst, war in den Händen des Flacius Illyricus. Bruchstücke desselben sind neuerdings in Wolfenbüttel entdeckt und ihrem Inhalte nach beschrieben worden[1]).

Von Pommern eilte Peter Zwicker nach dem Süden, wo er die Waldenser ebenso zahlreich, aber weniger unterwürfig fand. Wir haben gesehen, dass sie bereits um die Mitte des dreizehnten Jahrhunderts in Österreich zahlreich und eifrig in ihrer Tätigkeit waren, und haben auch gesehen, wie energisch die Inquisition sie zu unterdrücken suchte. Diese Tätigkeit hatte sich gesteigert, als nach dem grossen Interregnum der der Kirche ergebene Rudolf von Habsburg den Thron bestieg. Mit dem Beginn des vierzehnten Jahrhunderts, wo die bischöflichen und päpstlichen Inquisitoren gradezu wetteiferten in der Verteidigung des Glaubens, nahm die Verfolgung noch schärfere Formen an. Trotzdem aber breitete sich die Ketzerei nach wie vor aus, so dass sich ums Jahr 1315 die Sekte in Österreich einer Mitgliederzahl von 80000 rühmen konnte. Daher war ihre Verfolgung auch nicht ganz ohne Gefahr; wurde doch, wie wir hören, um das Jahr 1318 der Dominikaner-Inquisitor Arnold in Krems auf der Kanzel ermordet. Und später, im Jahre 1338, wo eine grosse Anzahl entdeckt wurde, rächten sie sich an ihren Verfolgern, indem sie zahlreiche Kleriker, Ordens- und Weltgeistliche, umbrachten. Der Verfolgung geschah aber kein Abbruch; sie wurde mit grösserem oder geringerem Nachdruck fortgesetzt, wenn auch die darüber vorhandenen Quellen dürftig und unvollkommen fliessen. Heinrich von Olmütz war als Inquisitor zwischen 1365 und 1380 in Steiermark tätig, und Martin von Prag wirkte um dieselbe Zeit erfolgreich in Bayern; seine Tätigkeit wurde belohnt mit Opfern und Bekehrungen. Um 1391 fand in Erfurt der Cölestiner Peter Zwicker Zeit und Gelegenheit, eine Anzahl hervorragender Waldenser zu bekehren, die sogar in den katholischen Priesterstand eintraten, und aus demselben Jahre besitzen wir zufällig eine Liste von zwölf Aposteln oder Missionslehrern, die zu zweien umherzogen, um ihre Gemeinden zu besichtigen und ihre Lehren auszubreiten. Sie waren sämtlich bescheidene Leute, Bauern und Handwerker, die aus allen Teilen Deutschlands

---

1) Wattenbach, a. a. O. S. 49—50, 54—55. — Flacius Illyricus, Catalogus Testium Veritatis Lib. xv, pp. 1506, 1524; Lib. xviii, p. 1803. (Ed. 1608). — *Haupt, in der Allgemeinen Deutschen Biographie, 45, S. 535.

herkamen. Selbst ihre Feinde stellen ihnen das Zeugnis aus, dass sie ein einfaches Leben führten und eine strenge Moral predigten [1]).

Wahrscheinlich infolge eines Inquisitionsauftrages des Bischofs von Passau, Georg von Hohenlohe, begab sich der Inquisitor Peter Zwicker von Pommern nach Steiermark. Er fand das Land so voll von Waldensern, dass er in einer kurzen im Jahre 1395 über seine Tätigkeit verfassten Denkschrift der Befürchtung Ausdruck gab, die Ketzer würden die Oberhand bekommen; denn sie nähmen schon zur Gewalt ihre Zuflucht und scheuten sich nicht vor Mord, Brand und Totschlag, um die Gläubigen einzuschüchtern. Er hatte jedoch wenig Grund zu dieser Befürchtung. Allerdings hatten die Waldenser von Wolfern im Jahre 1393 ihren Pfarrpriester mit seiner ganzen Familie im Hause verbrannt, während diejenigen von Steyer im Jahre 1395 ihrem Pfarrer die Scheune anzündeten, weil er die Inquisitoren in seinem Hause aufgenommen hatte, und bei Nacht an den Stadttoren einen halb verbrannten Kienspan und ein blutiges Messer zur Warnung befestigten. Diese Demonstrationen wurden grausam gerächt. Im Jahre 1397 wurden zu Steyer mehr als tausend Waldenser in Untersuchungshaft genommen, etwa hundert davon verbrannt, die übrigen auf verschiedene Weise bestraft. Wie erbarmungslos in diesem Falle der Gerichtshof vorging, ersieht man daraus, dass sogar ein zehnjähriges Kind zum Kreuztragen verurteilt wurde. Von der Ausdehnung der Ketzerei und dem Nachdruck, womit sie verfolgt wurde, bekommt man einen Begriff durch den Bericht des Peter von Pilichdorf, der zum Jahre 1395 mitteilt, dass von Thüringen bis Mähren innerhalb zweier Jahre tausend Bekehrungen vorgekommen seien, und dass die Inquisitoren, welche in Österreich und Ungarn wirkten, bald ein zweites Tausend zu erreichen hofften. In der Tat finden wir im Jahre 1401 die Inquisitoren Peter Zwicker und Martin von Prag unter den Waldensern Ungarns bei der Bekehrungsarbeit. In demselben Jahre war Peter auch in Steiermark tätig, im Jahre 1403 in

1) Haupt, Waldensertum und Inquisition, S. 19ff., 26, 60—78. — Döllinger, Beiträge zur Sektengeschichte des Mittelalters, II, 328, 367. — *Friess, in der Österreich. Vierteljahrsschrift für katholische Theologie XI (1872), S. 267 (eine Abschrift, 15. Jhs., dieses Verhörs aus dem Jahre 1391 beruht in der Vatikanischen Bibliothek, Cod. Palat. 677, fol. 43ff.). Über Salzburg und Passau unterrichten auch folgende Erlasse des Ordensgenerals der Dominikaner Raimund von Capua: 1390 März 18 'dedit licentiam fratri Henrico dicto Sleht recipiendi officium inquisicionis per dominum Patthaviensem imponendum, salve iure inquisitoris apostolici et fratris Joannis Stauder'; 1390 April 20, 'fecit inquisitorem heretice pravitatis per totam provinciam Salzburgensem et in omnibus terminis suis ut in forma fratrem Joannem Stauder'; 1390 Oktober 31, 'concessit fratri Henrico de Vienna officium inquisicionis in diocesi

Wien, und diesen unversöhnlichen Verfolgungseifer betätigte er bis zu seinem einige Jahre später erfolgten Tode[1]).

400 Um das Jahr 1400 fand in Strassburg eine heftige Verfolgung einer als die „Winkeler“ bekannten Sekte statt. Es hatte sich herausgestellt, dass sie in dieser Stadt selbst vier „Versammlungen“ und andere in Mainz und Hagenau besassen. In ihren Geständnissen erwähnten sie Kameraden an vielen anderen Orten, wie in Nördlingen, Regensburg, Augsburg, Dischingen, Solothurn, Bern, Weissenburg, Speyer, Holzhausen, Donauwörth, Friedberg und Wien. Man darf sie wohl unbedenklich den Waldensern beizählen. Im Jahre 1374 war einer von ihnen in den Schoss der Kirche zurückgekehrt. Da man fürchtete, er möchte die kleine Gemeinde verraten, so liess man ihn durch gedungene Mörder umbringen und legte diesen zur Erlangung der Absolution eine Busse auf. Einige Jahre später wurde der Inquisitor Johann Arnoldi mit einer ähnlichen Rache bedroht und verliess die Stadt. Im Jahre 1400 nahm man die Verfolgung gegen sie wieder auf, indem man etwa dreissig Familien vor Gericht stellte, während es vielen andern gelang, unentdeckt zu bleiben. Es war nur ein Adliger unter ihnen, Blumstein, der abschwur und zwanzig Jahre später wichtige bürgerliche Ämter bekleidete. In den Akten eines Prozesses wird erwähnt, dass Mitglieder der Sekte in Regensburg verbrannt worden seien. Die Strassburger hatten mehr Glück. Der Inquisitor Nikolaus Böckeler soll sich haben bestechen lassen und einigen der Schuldigen nur eine Privatbusse auferlegt haben. Während die Dominikaner den Feuertod der Ketzer forderten, legten sich die städtischen Behörden bei den bischöflichen Beamten ins Mittel, so dass Verbannung die härteste Strafe war, die verhängt wurde. Von der Folter aber hatte man freien Gebrauch gemacht, um Geständnisse zu erlangen[2]).

401 Es gab in Deutschland offenbar viel zu tun für die Inquisition[3]),

Salzburgensi'; 1396 Februar 28, 'fecit inquisitorem heretice pravitatis in provincia Salzburgensi fr. Joannem Stauder, absolvens omnem alium ibidem per quemcumque factum' (Rom, Archiv des Dominikanerordens, Registra generalium IV, 1 fol. 130ff.).

1) W. Preger, Beiträge, pp. 51, 53—4, 68, 72. — P. de Pilichdorf cap. 15 (Mag. Bibl. Patrum, XIII, 315). — Döllinger, Beiträge, II, 346. — H. Haupt, a. a. O. S. 78, 84, 86, 90—1, 93.

2) *K. Müller, Die Waldenser, S. 165; Röhrich, Mitteilungen aus der evangelischen Kirche des Elsasses I (1855), 63; F. Cohrs, in der Realencyklopädie ^{3}XXI (1908), S. 371. Einen zusammenfassenden Überblick über die Verbreitung und Verfolgung der Waldenser in Deutschland während des 14. und 15. Jahrhunderts bietet neuerdings H. Böhmer ebd. ^{3}XX (1908), S. 824, 831.

3) *In Bern und Freiburg i. Ü. fand 1399 eine Verfolgung der Waldenser durch die Inquisitoren Johann von Landau und Humbert Franconis aus dem

aber sie scheint ihr Augenmerk jetzt wieder mehr darauf gerichtet zu haben, ihren Misserfolg in dem Kampf mit den Begarden gutzumachen als gegen die Waldenser vorzugehen. Bei der allgemeinen Erregung, die in den Fragen der Ketzerei herrschte, war es nicht schwer, die Begarden von neuem zum Gegenstand des Verdachts und der Verfolgung zu machen. Bis zu einem gewissen Grade waren die Bischöfe und die meisten Inquisitoren hierin eins. Aber die Verdächtigten besassen auch Freunde unter den Bischöfen. Diese schrieben gegen Ende des Jahres 1393 an Bonifaz IX., lobten ihre Frömmigkeit, ihren Gehorsam und ihre guten Werke und baten um Schutz für sie. Hierauf antwortete Bonifaz am 7. Januar 1394 in einem Erlass an die deutschen Bischöfe, worin er ihnen befahl zu untersuchen, ob diese Personen von den von Clemens V. und Johann XXII. verurteilten Irrtümern angesteckt seien und ob sie zu irgendeinem nicht approbierten religiösen Orden gehörten. Sei das nicht der Fall, so sollten sie nachdrücklich beschützt werden. Eine von dem Erzbischof von Magdeburg am 20. Oktober 1396 veranlasste Abschrift dieses Erlasses zeigt, dass man ihn in den Wirren, die bald darauf infolge eines plötzlichen Wechsels der päpstlichen Politik eintraten, verwertete und sich auf ihn berief. Aber die Inquisition parierte dieses Vorgehen gegen ihre Unternehmungen. Sie stellte dem Papste vor, dass die Begarden und Beguinen schon seit hundert Jahren unter dem äusseren Scheine der Rechtgläubigkeit ihre Irrtümer zu verbergen verstanden hätten. Infolgedessen seien fast jedes Jahr in den verschiedenen Städten des Reiches hartnäckige Ketzer verbrannt worden. Aber die Unterdrückung derselben werde durch gewisse päpstliche, zu ihren Gunsten erlassene Verordnungen erschwert. Es war nicht schwer, Bonifaz umzustimmen. Durch eine Bulle vom 31. Januar 1396 setzte er die Erlasse Urbans V., Gregors XI. und Kaiser Karls IV. wieder in Kraft und befahl der Inquisition, die Begarden, Lollarden und Swestrionen mit allem Ernst zu verfolgen. Dadurch besass man wiederum die Vollmacht, sowohl gegen die orthodoxen Vereinigungen als auch gegen die ketzerischen „Brüder vom freien Geiste“ vorzugehen, und ein wilder Verfolgungssturm brach über sie los. Daran beteiligten sich nun auch mehrere Bischöfe, wie aus den Akten einer um diese Zeit in Magdeburg abgehaltenen Synode hervorgeht, welche den Priestern befahl, sie zu exkommunizieren und des Landes zu

Dominikanerorden statt. Die Angeklagten (etwa 200) schwuren ab und wurden zu Geldstrafen verurteilt (Berner Chronik von C. Justinger, hrsg. von Studer, 1871, S. 186; Recueil diplomatique du canton de Fribourg v (1853), 144—178; Ochsenbein, Aus dem Schweizer Volksleben, 1881, S. 105ff.).

verweisen. Infolgedessen aber wurden auch ihre Freunde wieder aufgebracht, und Bonifaz IX. musste seine Bulle wiederholen mit einem Zusatze, welcher ebenso wie die widersprechenden Bestimmungen der Clementinischen Dekretalen zeigt, welche Verlegenheit daraus entstand, dass die Bezeichnung Beguinen sowohl orthodoxe als auch häretische Elemente umfasste. Nachdem der Papst hier seine Befehle zur Unterdrückung derselben wiederholt hat, fügt er
402 hinzu, es gebe auch fromme unter dem Namen Begarden, Lollarden und Swestrionen bekannte Organisationen. Ihnen solle erlaubt werden, ihre besondere Kleidung zu tragen, zu betteln und ihre bisherige Lebensweise fortzusetzen. Jeder Inquisitor, der sie behellige, solle mit der Exkommunikation bestraft werden, es sei denn, dass die Ordinarien der Diözesen die Verfolgten für schuldig befunden hätten [1]).

Durch eine solche Entscheidung wurde natürlich die Sache oft dem diskretionären Ermessen der Ortsbehörden überlassen. Allein der Verfolgungseifer war wieder erwacht, und die Inquisition beeilte sich, diese Stimmung für die Befestigung ihrer Stellung auszunutzen. Unter dem Vorgeben, die Bullen Gregors XI. vom 23. Juli 1372 hätten sich mit der Zeit abgenutzt, baten sie zunächst Bonifaz IX. um die Erneuerung derselben. Dieser entsprach zwar am 1. Dezember 1395 dem Gesuche, war aber vorsichtig genug hinzuzufügen, dass er damit nicht etwa neue Privilegien erteilen wolle. Im Jahre 1400 hatten sie einen neuen Erfolg zu verzeichnen. Sie hatten dem Papste vorgestellt, für die weite Dominikanerprovinz Sachsen mit ihren volkreichen Städten reichten die vorhandenen Inquisitoren nicht hin. Am 13. Juni 1400 erhöhte er daher ihre Zahl für das genannte Gebiet allein auf sechs. Diese Vermehrung war wirklich begründet; denn die Provinz umfasste grosse Teile der erzbischöflichen Provinzen Mainz, Köln, Magdeburg und Bremen, wozu noch Rügen und Camin hinzukam. Camin war ein eximiertes Bistum, und Rügen bildete einen Teil der Diözese Roeskilde, die dem Metropoliten von Lund in Schweden unterstellt war [2]). Es ist dies übrigens das einzige Beispiel einer inquisitorischen Jurisdiktion in einem skandinavischen Gebiete, abgesehen von einem unfruchtbaren Versuche, den man im Jahre 1421 während der Hussitenunruhen dort machte [3]). Eine Woche

---

1) Martini Append. ad Mosheim pp. 652—66, 674—5. — Mosheim pp. 409—10, 430—1. — Hartzheim v, 676. — Haupt, Zeitschrift für K.-G. vi (1885), 565—7.

2) Mosheim, De Beghardis pp. 383—4. — Martini Append. ad Mosheim pp. 656—7 (*Fredericq, Corpus i, Nr. 240, 243, 244).

3) *Am 9. Mai 1403 ernannte Bonifaz IX. den Clemens Rauwaldi, Guardian des Minoritenklosters zu Wiborg zum "inquisitor heretice pravitatis

später, am 18. Juni 1400, erliess Bonifaz IX. eine andere Bulle, durch welche er den Prälaten und weltlichen Fürsten Deutschlands befahl, dem Dominikaner Eylard Schöneveld und den anderen Inquisitoren allen Beistand zu leisten und ihnen insbesondere ihre Gefängnisse zur Verfügung zu stellen, da die Inquisition, wie er erfahre, in jenen Gegenden keine eignen besitze. Kerlingers Plan, solche mit dem Eigentum der Begarden zu erwerben, war also doch wohl fehlgeschlagen. Eylard machte sich in den an der Ostsee gelegenen Ländern energisch ans Werk. Sie waren seinen Vorgängern wegen der Entfernung wahrscheinlich entgangen. Im Jahre 1402 liess er in Lübeck durch die städtischen Behörden einen „Häresiarchen" namens Wilhelm verhaften, der nur weisse Gewänder trug und sich für einen Apostel ausgab. Eylard hatte demnach wohl keine eignen Familiaren. Der Angeklagte wurde mehrere Male vor zahlreichen Geistlichen, 403
Mönchen und Laien verhört und schliesslich verbrannt. Die Geheimhaltung des Inquisitionsverfahrens war also unbekannt oder blieb unbeachtet. Wilhelm hatte einen Genossen Bernhard, einen Begarden, der nach Wismar floh; Schöneveld folgte ihm dahin und liess ihn im Jahre 1403 verbrennen. In demselben Jahre nahm er in Stralsund einen Priester gefangen, der alle Ermahnungen zum Widerrufe zurückwies und infolgedessen den Scheiterhaufen besteigen musste. In Rostock verurteilte er wegen Ketzerei eine Frau, die ihren Sohn, einen Cisterziensermönch, als er sie zum Widerruf drängte, unter den bittersten Vorwürfen zurückwies. Sie kam gleichfalls in den Flammen um[1]).

Um diese Zeit hatte, wie es scheint, die Ketzerei auch mit einer von den weltlichen Behörden ausgehenden Verfolgung zu kämpfen. Als im Jahre 1400 die Flagellanten in den Niederlanden eine Demonstration veranstalteten, wurden sie vom Magistrat von Maastricht ausgewiesen, und als sich das Volk auf ihre Seite schlug, machte der energische Bischof von Lüttich der Ruhestörung ein Ende. Auch der Herr von Perweis warf eine Anzahl dieser Friedensstörer ins Gefängnis, während die Stadt Tongern ihnen ihre Tore verschloss, so dass die Seuche nicht weiter um sich greifen konnte. Das Jahr 1400 bedeutete für die Beguinen das Ende der Duldung, die sie fünfzehn

---

in provincia regni Dacie, in qua nonnulli errores hereticales et suspecti pullulare dicuntur' (Rom, Vatik. Archiv, Reg. Vatic. 320, fol. 121, Rome apud S. Petrum VII. Id. Maii a. XIV.).

1) Mosheim, De Beghardis pp. 225—8 (*Flade a. a. O. S. 85ff.). — Herm. Korner Chron. ann. 1402—3 (*hrsg. von J. Schwalm, 1895, S. 99f., 364ff.). — Raynald. ann. 1403, Nr. 23. — *Eine Ketzerverbrennung in Rostock 1394, vgl. Blätter für die Geschichte Rostocks II, 98ff.

Jahre lang ziemlich ungestört genossen hatten. Ihr gefürchtetster Feind war der Dominikaner Johann Mülberg, dessen Name durch die Reinheit seines Lebens und den Nachdruck, womit er die sittlichen und geistigen Irrtümer seiner Zeit bekämpfte, in ganz Deutschland weit und breit berühmt war. Er wurde, nachdem er von der Geistlichkeit, die seine Angriffe erbittert hatten, aus Basel vertrieben worden und in der Verbannung gestorben war, vom Volke als Heiliger und Märtyrer betrachtet. Um das Jahr 1400 hatte er in Basel auch einen Kampf mit den Beguinen begonnen, infolgedessen in der Stadt zehn Jahre lang Unruhe herrschte. Anfangs ein Zwischenspiel in dem Gegensatz zwischen den Dominikanern und Franziskanern, dehnte sich der Streit aus auf die Geistlichkeit und die städtischen Behörden, und schliesslich wurde die ganze Bürgerschaft in denselben verwickelt. Im Jahre 1405 wurden die Beguinen vertrieben, aber die Franziskaner erreichten es bei dem Papste, dass er sie wieder in ihre Rechte einsetzte, und dass alles zurückgenommen wurde, was man gegen sie ausgesagt hatte. Schliesslich lösten aber infolge einer feurigen Rede des Johann Pastoris der Bischof Humbert und der Stadtrat die Gesellschaften auf und stellten ihnen die Wahl, entweder auf ihr gemeinsames Leben und ihre besondere Kleidung zu verzichten oder die Stadt zu verlassen, ein Beispiel, dem die Städte
404 Bern und Strassburg folgten. Ein Teil der Beguinen entschied sich für das erstere, ein anderer für das letztere. Viele von ihnen suchten heimlich Zuflucht in Mainz. Sie wurden im Jahre 1406 entdeckt, und der Erzbischof Johann II., der sie für Ketzer hielt, gab Befehl zu ihrer Verfolgung. Diese wurde in die Hände des Magisters Heinrich vom Stein gelegt, der sich der Aufgabe mit Nachdruck widmete. Die Flüchtlinge von Strassburg, meist Frauen, wurden in das Gefängnis geworfen. Darunter befand sich eine 'Begutte', die gleichfalls eingekerkert wurde, und ein aus Rotenburg stammender Jüngling, der auf einem öffentlichen Platze auf ein Fass steigen und in Gegenwart der Bevölkerung das Busskreuz anlegen musste, ein Autodafé, das allerdings weit weniger eindrucksvoll war als diejenigen, welche Bernhard Guidonis abzuhalten pflegte [1]).

---

1) Chron. Cornel. Zantfliet ann. 1400 (Martene Ampliss. Coll. v, 358; *vgl. Fredericq, Corpus II, Nr. 117, 118; III, Nr. 41; vgl. auch Redlich, Jülich-Bergische Kirchenpolitik am Ausgange des Mittelalters I (1907), Einleitung, S. 52 f.). — Haupt, Zeitschrift für K.-G. VI (1885), 513—15. — Chron. Glassberger ann. 1410 (Analecta Franciscana II, 233—5). — Martini Append. ad Mosheim p. 559. — Mosheim p. 455. — Serrarii Lib. V (Scriptt. Rer. Mogunt. I, 724; *Chroniken der deutschen Städte XVIII, 242).

Im Jahre 1399 brach in Italien infolge einer das Land verheerenden

Kurz vorher waren die „Brüder des freien Geistes“ ihres grössten Führers, des Nikolaus von Basel, beraubt worden. Als Wandermissionar hatte er viele Jahre lang die Lehren der Sekte verbreitet und viele Proselyten gemacht. Die Inquisition war ihm eifrig auf 405
der Spur gewesen, aber durch Schlauheit und List war er stets den Häschern entschlüpft. Um das Jahr 1397 musste er aber anscheinend mit zweien seiner Jünger, Johann und Jakob, nach Wien fliehen, wo sie entdeckt und ergriffen wurden. Der berühmte Heinrich von Hessen (Langenstein) übernahm es, sie zu bekehren und schmeichelte sich, dass es ihm gelungen sei. Sie wurden aber alle rückfällig und um das Jahr 1409 in Wien verbrannt. Es war vielleicht der Cölestiner Peter Zwicker, damals Inquisitor in Passau, welcher die Genugtuung hatte, die Kirche von diesem gefährlichen Erzketzer zu befreien, der an seine göttliche Inspiration so fest glaubte, dass er seinen Willen für identisch mit demjenigen Gottes ansah. Bald darauf hatte Konstanz Gelegenheit, ein ähnliches Martyrium mitanzusehen. Dort hatte ein Begarde, namens Burginus, eine äusserst strenge Sekte gegründet. Der Bischof liess ihn mit seinen Anhängern gefangen nehmen, und da er von seinen Lehren nicht ablassen wollte, nahm die Gerechtigkeit ihren Lauf[1]).

Pest eine Bewegung aus, die derjenigen der Flagellanten sehr ähnlich war. Nach dem weissen Gewande, das die Pilger trugen, wurden sie die „Bianchi“ genannt. Ihre Lieblingshymne „Stabat Mater“ ist durch sie zuerst unter dem Volke bekannt geworden. Der einzige Hinweis auf die bei ihnen übliche Geisselung ist darin zu finden, dass sich ihnen in Genua die alten Bruderschaften oder Gilden der 'Verberati' anschlossen, welche, im Jahre 1306 gegründet, die Geissel öffentlich gebrauchten. Der Erzbischof von Genua und viele der lombardischen Bischöfe nahmen der Bewegung gegenüber eine freundliche Haltung an. Es wurde ein allgemeiner Friede verkündet, Feinde versöhnten sich, selbst der Streit der Guelfen und Ghibellinen schwieg einen Augenblick. Wenn wir hören, dass fünfundzwanzig Tausend Menschen von Modena nach Bologna einen Pilgerzug veranstalteten, so können wir leicht begreifen, warum argwöhnische Herrscher, wie Galeazzo Visconti und die Signoria von Venedig solchen Trupps den Eintritt in ihre Staaten verboten. Dieselbe Besorgnis fühlte wahrscheinlich Papst Bonifaz IX., als die Bewegung auch Rom ergriff und die ganze Bevölkerung mit Einschluss einiger Kardinäle weisse Kleider anlegte und in feierlichem Zuge durch die benachbarten Städte marschierte. Er liess einen der Führer in Acquapendente ergreifen. Ein ausgiebiger Gebrauch der Folter hatte die gewünschte Wirkung: der Gefangene erklärte, dass die ganze Geschichte Schwindel sei. Der Unglückliche wurde verbrannt, und die Bewegung brach in sich zusammen. — Georgii Stella, Annal. Genuens. ann. 1399 (Muratori, S. R. I. xvii, 1170). — Matthaei de Griffonibus, Memor. Historial. ann. 1399 (Ib. xviii, 207). — Cronica di Bologna ann. 1399 (Ib. xviii, 565). — Annal. Estens. ann. 1398 (Ib. xviii, 956—8). — Theod. a Niem, De Schismate, Lib. ii, c. 26. — *Haupt, in der Realencyklopädie ^{3}vi (1899), 439f.

1) Nider, Formicarius Lib. iii, c. 1, 2 (*Denifle, in den Historisch-polit. Blättern 75 (1875), S. 24ff., 93ff.; Haupt, Waldensertum und Inquisition S. 79—93).

Dass um 1400 in den Niederlanden auch die Sekte der Turlupiner und Begarden die Aufmerksamkeit wieder stark auf sich lenkte und durch ihre Verführungskunst für sehr gefährlich angesehen wurde, geht hervor aus den zahlreichen Anspielungen, die Gerson auf diese Sektierer machte. Bei all seiner Neigung zum Mystizismus hielt sich dieser doch den Blick frei für die Erkenntnis der Gefahr, welche diejenigen liefen, die nach seiner Beschreibung sich durch den allzu starken Wunsch täuschen liessen, so sanft wie Gott zu werden, und die infolgedessen die tollen Verzückungen ihrer eignen Herzen für Willensäusserungen Gottes ansahen. Indem sie so die göttliche Ordnung und das Gebot Christi missachteten, folgten sie ihren eignen Neigungen und wurden schuldig durch ihre eigne Anmassung. Er hasste besonders die geistige Intimität beider Geschlechter, wobei sie vor lauter Frömmigkeit nicht merkten, dass sie am Rande eines Abgrundes standen. Besonders sei deshalb, sagt er, Maria von Valenciennes (S. 143) zu meiden, denn sie bezeichne die Leidenschaften ihres Herzens als göttliche Neigungen und behaupte, dass derjenige, welcher die Vollkommenheit göttlicher Liebe erreiche, befreit sei von der Beobachtung aller Vorschriften. So waren die „Brüder vom freien Geiste“ im fünfzehnten Jahrhundert praktisch dasselbe wie zur Zeit Ortliebs und Amalrichs von Bena [1]).

Ein Jünger der Maria von Valenciennes war wahrscheinlich Ägidius Cantor, der in Brüssel die Sekte der „homines intelligentiae“
406 gründete, ein Name, der nur gewählt wurde, um ihren Zusammenhang mit den geächteten Brüdern des freien Geistes zu verbergen; denn in dem mystischen Pantheismus und Illuminismus ihrer Lehren stimmten sie im wesentlichen mit diesen überein. Wohin diese in der Praxis führten, ersieht man daraus, dass sich Ägidius eines Tages, als er einem Armen Nahrungsmittel brachte, von dem Geiste getrieben fühlte, ein Stück des Weges nackend zurückzulegen. Eine so offene Bekundung seiner Anschauungen würde ihm sicher die Häscher auf den Leib gebracht haben, wenn es damals in Brabant ein tätiges Verfolgungsinstitut gegeben hätte. So konnte er seine Lehren in Frieden bis zu seinem Tode ausbreiten. Sein Nachfolger als Führer der Sekte war ein Carmeliter Wilhelm von Hildernissen. Schliesslich

— Haupt, Zeitschrift für Kirchengeschichte VI (1885), 510—11. — *Ein grosser Waldenserprozess fand in den Jahren 1429 und 1430 wiederum in Freiburg i. d. Schweiz (vgl. oben S. 455, Anm. 3) statt. Inquisitor war der Dominikaner Ulrich de Torrente (Ochsenbein, Aus dem schweizerischen Volksleben (1881), S. 154 ff.).

1) Gersoni de Consolat. Theolog. Lib. IV. Prosa III.; Ejusd. de Mystica theol. speculat. P. I, consid VIII.; Ejusd. de Distinct. verarum visionum a falsis, Signum V. — *Fredericq, Corpus II, Nr. 116.

wurde im Jahre 1411 Peter von Ailly, damals Bischof von Cambrai, darauf aufmerksam. Zum Glück nahm der Bischof selbst die Untersuchung in die Hand und kümmerte sich dabei nicht um das Verfahren, das die Inquisition einzuschlagen pflegte. Er ernannte besondere Kommissare, die ein Verhör anstellten. Sowohl die Namen als auch die Aussagen der Zeugen wurden Wilhelm unterbreitet, der sich verteidigte, so gut er konnte. Für das Urteil zog Ailly den Dominikanerprior von St. Quentin hinzu, der Inquisitor in dem Bezirk von Cambrai war, und der Spruch fiel ebenso ungewöhnlich aus, wie das Verfahren es gewesen war. Wilhelm verlangte nicht nach dem Martyrium und schwur die Ketzerei ab. Er sollte sich mit sechs Eideshelfern reinigen und dann drei Jahre lang in einem bischöflichen Schlosse eingesperrt werden. Gelinge ihm die Reinigung nicht, so sollte er in einem Kloster seines Ordens gefangen gehalten werden, und zwar so lange, wie es dem Erzbischofe gefiel. Dieser Spruch war ebenso seltsam als unlogisch. Es gelang Wilhelm, die geforderte Anzahl Eideshelfer zu finden, und er verschwand von der Bildfläche, ohne dass darum der Sekte Abbruch geschehen wäre. Noch 1428 hören wir von der Verfolgung eines zu diesen mystischen Schwärmern zählenden Häresiarchen [1]).

Dass Clemens VI. Recht hatte, als er die Gefahr vorhersah, die unter der Frömmigkeit der Flagellanten lauerte, zeigte sich im Jahre 1414. Die Sekte bestand noch immer; ihre rohen Lehren in bezug auf die Wirksamkeit der Geisselung hatten sich mittlerweile zu einer Priesterfeindschaft entwickelt, die von einer Verständigung gar nichts wissen wollte. Ein in Mitteldeutschland lebender Apokalyptiker namens Konrad Schmid brachte um das Jahr 1360 die Glaubenslehren in ein vollständiges System, und weder sein Tod noch seine falsche Prophezeiung, dass im Jahre 1369 die Welt untergehen würde, konnte 407
den Eifer seiner Jünger vermindern. Der seltsame Zusammenhang zwischen den Flagellanten und Begarden ergibt sich aus der Tatsache, dass diese Geisselbrüder oder „Brüder des Kreuzes", wie sie sich selbst nannten, Konrad für die Verkörperung Enochs hielten und einen Begarden, der um 1364 in Erfurt verbrannt worden war, als Elias verehrten. Wie sie glaubten, hatte ein Engel die Seelen beider vom Himmel gebracht und sie Schmid und diesem Begarden schon im Mutterleibe eingehaucht. Schmid sollte beim jüngsten Gericht, das ihrer Meinung nach sehr nahe bevorstand, den Vorsitz

1) Baluz. et Mansi I, 288—93. — Altmeyer, Les Précurseurs de la Réforme aux Pays-Bas, I, 84. — *Fredericq, Corpus I, Nr. 249; Haupt, in der Realencyklopädie [3]VIII (1900), S. 311.

führen, während der Antichrist von dem Papste und den Priestern, deren Herrschaft zu Ende gehe, repräsentiert werden würde.

In dem oben (S. 433) erwähnten, den Befehl zur Geisselung enthaltenden Briefe, der 1343 von einem Engel gebracht und auf den Altar von St. Peter gelegt worden war, habe Gott, so glaubten sie, der Kirche alle geistliche Macht entzogen und sie den Brüdern des Kreuzes übertragen. Von da an hätten alle Sakramente ihre Kraft verloren; wer an ihnen teilnehme, begehe eine Todsünde. Die Taufe mit Wasser sei ersetzt worden durch eine solche mit Blut, das von der Geisselung herkomme. Das Sakrament der Ehe sei nur eine Entheiligung, die Eucharistie ein Betrug, wodurch die Priester ein Stück Brot für einen Pfennig verkauften. Wenn man glaube, es sei der Leib Christi, so sei man schlimmer als Judas Ischariot, der diesen für dreissig Silberlinge verkauft habe. Die Geisselung sei ein Ersatz für alles. Auch der Eid sei eine Todsünde. Die Sakramente dürfe nur der Gläubige nehmen, und einen Eid dürfe er nur leisten, wenn es sich darum handle, die Sekte nicht zu verraten; er müsse dann aber das Verbrechen durch Geisselung sühnen. Das Wachstum eines solchen Glaubens, in dem sich die Verachtung und der Hass gegen die Geistlichkeit kundgab, beweist, dass die Kirche dem Volke noch ebenso wie im zwölften Jahrhundert als eine Fremde und Bedrückerin erschien. Sie hatte inzwischen nichts gelernt und stand Christus so fern wie je.

Konrad Schmid hatte seine Irrtümer in Thüringen verbreitet, wo seine Anhänger im Jahre 1414 zu Sangerhausen entdeckt wurden. Dorthin eilte der (von den Chronisten jetzt Heinrich genannte) Inquisitor Schöneveld; er war wahrscheinlich identisch mit Eylard Schöneveld, den wir einige Jahre vorher an den Ufern der Ost-
408 see tätig gesehen haben. Dem an die Fürsten von Thüringen und Meissen gerichteten Befehle, ihm beizustehen, kamen diese um so bereitwilliger nach, als sie gleichfalls ein lebhaftes Interesse an der Unterdrückung einer Ketzerei hatten, welche die Gesellschaftsordnung umzustossen drohte. Offenbar zeigte man aber bei dieser Gelegenheit mehr Nachdruck als Gerechtigkeit. Nach der Zahl der Opfer zu schliessen, muss man von der Folter willkürlichen Gebrauch gemacht und das Verhör der Angeklagten sehr oberflächlich geführt haben. Man machte eben kurzen Prozess; hatten doch, bevor Schöneveld den Schauplatz seiner Tätigkeit verliess, einundneunzig Personen in Sangerhausen, vierundvierzig in dem benachbarten Orte Winkel und noch viel mehr in anderen Dörfern ihr Leben in den Flammen verloren Die Ketzerei war indessen so hartnäckig, dass selbst

eine solche Massenexekution sie nicht zu unterdrücken vermochte.
Zwei Jahre später, 1416, wurden die noch vorhandenen Anhänger
derselben entdeckt, und Schöneveld wurde abermals an Ort und Stelle
gesandt. Die Angeklagten wurden verhört. Denen, welche abschwuren,
legte er Bussen auf, die Hartnäckigen händigte er dem weltlichen
Arme aus. Die Sitzungen wurden beschleunigt, er nahm sich nicht
einmal die Zeit, der Hinrichtung derer, die er verurteilt hatte, beizu-
wohnen. Nach seiner Abreise trieben die Fürsten alle, Bussfertige
und Unbussfertige, zusammen und verbrannten sie samt und sonders,
etwa dreihundert an der Zahl, an einem Tage. Dieses furchtbare Bei-
spiel hatte die gewünschte Wirkung. Von da ab war die Sekte der
Flagellanten bedeutungslos. Im nächsten Jahre kam, wie wir gesehen
haben, diese Art der Selbstzüchtigung noch auf dem Konzil von Kon-
stanz zur Sprache, wo der h. Vincenz Ferrer sie billigte, während
Gerson bescheiden auf ihre Gefahren hinwies. Als aber im Jahre
1434 ein Bischof Andreas die Fragen namhaft machte, die das Konzil
von Basel zu erledigen habe, und die Ketzereien aufzählte, welche
zu unterdrücken seien: nämlich die der Hussiten, der Waldenser,
der Fraticellen, der Wiclifiten, der Manichäer Bosniens, der Begarden
und der schismatischen Griechen, waren die Flagellanten nicht
darunter. Die Ursachen allerdings, welche zur Entstehung dieser
Ketzerei Anlass gegeben hatten, dauerten noch ungeschwächt fort,
und heimlich besass sie noch immer Freunde. Wirklich wurden
auch in den Jahren 1453 und 1454 in Thüringen von neuem „Brüder
des Kreuzes“ entdeckt. Aber auch die Inquisition war wieder
schnell zur Hand. Ausser den von Konrad Schmid verbreiteten
Irrtümern war es nicht schwer, den Angeklagten die üblichen Ge-
ständnisse über gemeine geschlechtliche, in unterirdischen Kon-
ventikeln begangene Exzesse zu entlocken. Selbst luziferianische
Lehren wurden eingestanden, z. B., dass Satan seinerzeit seinen
Platz im Himmel wiedergewinnen und Christus daraus verjagen
werde. Wenn man aber hört, dass sie, nach der Ursache ihres Un-
glaubens gefragt, den schlechten Lebenswandel der Priester an-
führten, so haben wir Grund, an der Zuverlässigkeit dieser Protokolle
zu zweifeln. Die Mittelpunkte der Sekte waren Aschersleben, Sonders-
hausen und Sangerhausen. Letzterer Ort sah im Jahre 1454 zwei-
undzwanzig Männer und Frauen als hartnäckige Ketzer den Scheiter- 409
haufen besteigen; 1481 wurden noch einmal einige in Anhalt be-
straft, dann verschwand die Sekte allmählich[1]).

1) Theod. Vrie, bei v. d. Hardt, Concil. Constant. I, S. 126 ff. — Marieta,

Die Angelegenheit der Begarden und Beguinen kam auf dem Konzil von Konstanz bei verschiedenen Gelegenheiten zur Sprache. Um sich vor den unaufhörlichen Belästigungen zu schützen, denen sie ausgesetzt waren, hatten sich beide zum grossen Teil, wenigstens dem Namen nach, als Tertiarier an die Bettelorden angeschlossen, und zwar hauptsächlich an die Franziskaner, deren Skapulier sie annahmen. In einem Reformplan, der sorgfältig zur Verhandlung auf dem Konzil vorbereitet wurde, wurde nachdrücklich darauf hingewiesen. Sie lebten, heisst es hier, in Wäldern und Städten, frei von jedem Zwang, nach ihren eignen unschicklichen Neigungen und wahrscheinlich auch nach eignen religiösen, der Ketzerei nahe verwandten Anschauungen. Und obwohl stark an Körper und fähig, ihren Lebensunterhalt durch Arbeit zu verdienen, lebten sie von Almosen zum Schaden der Armen und Elenden. Man schlug daher vor, allen denjenigen, welche sich durch keine Gelübde an die Orden gebunden und keinen Regeln unterworfen hatten, das Tragen des Skapuliers zu verbieten. Man bezeichnete es auch als notwendig, wegen ihrer eigenartigen Lebensweise häufige Visitationen ihrer Gemeinschaften vorzunehmen. An die städtischen Behörden und die Adligen wurde der Befehl gerichtet, bei Strafe des Interdikts solche heilsamen Revisionen nicht zu stören. Wahrscheinlich zur Abwehr dieses Angriffes liefen von dem Klerus und den deutschen Stadtverwaltungen zahlreiche die Rechtgläubigkeit, Frömmigkeit und Nützlichkeit dieser Gesellschaften bekundende schriftliche Zeugnisse bei Martin V. ein, der dieselben zur Prüfung dem Kardinal Angelo von S. Peter und S. Marcellinus übergab und von diesem einen günstigen Bericht darüber empfing. Gegen Ende des Konzils, 1418, wurde ein noch heftigerer Angriff gegen sie gerichtet von einem Dominikaner aus

---

Los Santos de España, Lib XI, c. XXVIII. — Gobelinus Person, Cosmidromius Æt. VI, c. 93 (*hrsg. von M. Jansen, 1900, S. 202). — Chron. S. Ægidii in Brunsvig (Leibnitz, SS. R. Brunsv. III, 595). — Gieseler, Lehrbuch der Kirchengeschichte, II, III, 317—18. — Herm. Korner, Chron. ann. 1414—16 (*hrsg. v. J. Schwalm, 1895, S. 115, 391). — *Förstemann, Die christlichen Geisslergesellschaften S. 163; H. Haupt, in der Allgemeinen deutschen Biographie 31, S. 683 und in der Realencyklopädie ³VI (1899), S. 440; vgl. Rose, Verzeichnis der lat. Handschriften der Kgl. Bibliothek in Berlin, II (1901), Cod. 538, 557. — Andrea Gubernac. Concil. P. IV, c. 11. (Von der Hardt VI, 194). — Gesta archiepiscoporum Magdeburgens. ann. 1454 (Mon. Germ. Hist. SS. XIV, 471). — Haupt, Zeitschrift für Kirchengeschichte VIII (1887), 114—18. — Herzog, Abriss, II, 405.

Als im Jahre 1448 in Italien infolge von Pest und Hungersnot den Menschen wieder ihre Sünden zum Bewusstsein kamen, trieb die Beredsamkeit Frà Robertos, eines Franziskaners, ganze Scharen zur Reue, und die Strassen füllten sich wiederum an mit Flagellanten, die, weinend über ihre Sünden, sich selbst züchtigten. (Illescas, Historia Pontificalis II, 130.)

Wismar, Matthäus Grabow, welcher Martin V. vierundzwanzig Artikel 410
vorlegte, um zu beweisen, dass es Pflicht sei, alle solchen ausserhalb der approbierten religiösen Orden stehenden Gesellschaften aufzuheben. Um diesen Beweis in dem bewährten Stile scholastischer Logik zu liefern, musste er sinnlose allgemeine Grundsätze aufstellen, so den, dass es dem Selbstmord gleichkomme und daher eine Todsünde sei, die auch der Papst nicht die Macht habe zu erlassen, wenn irgendeine weltliche Person ihr Eigentum als Almosen verschenke. Grabows Vorschläge und Schlüsse wurden dem Kardinal Antonius von Verona zur Begutachtung übergeben, nach dessen Tode sie in die Hände des Kardinals Petrus von Venedig übergingen, und als dieser Rom verlassen musste, in die des Kardinals Antonius von S. Susanna. Man ersuchte auch den Kardinal Peter d'Ailly und den Kanzler Gerson um ihre Meinung. Der erstere äusserte sich dahin, die Schrift sei ketzerisch und verdiene ins Feuer geworfen zu werden; die Rechtsgelehrten müssten angerufen werden zu entscheiden, was mit dem Verfasser zu geschehen habe. Gerson aber war der Meinung, die Lehre sei Gift und Gotteslästerung, der Urheber derselben müsse, wenn er sie nicht zurücknehme, verhaftet werden. Das Urteil des Kardinals Antonius von S. Susanna vom 26. Mai 1419 verdammte die Schriften als ketzerisch zur Verbrennung und Grabow zu strengem Gewahrsam, wofern er seinen Sinn nicht ändere und widerrufe. Ausserdem wurde er für immer aus der Kirchenprovinz Köln und vor allem aus Utrecht verbannt. Der Geist des Märtyrers aber steckte nicht in ihm, und so schwur er seine Artikel öffentlich ab. Der Sieg der Beguinen war vollständig, sie durften endlich auf Duldung hoffen. Daher wuchsen und blühten ihre Gesellschaften wieder auf, und unter ihrem Schutz konnten auch die Brüder des freien Geistes ihre Ketzereien weiter ausstreuen [1]).

Von da ab war die Aufmerksamkeit der Kirche hauptsächlich auf Huss und seine Lehre gerichtet, den furchtbarsten Feind, mit dem sie seit dem Katharismus des zwölften Jahrhunderts zu tun hatte. Der Hussitismus soll in dem folgenden Kapitel behandelt werden, für den Augenblick brauche ich nur zu bemerken, dass die gefähr-

---

1) Concil. Constant. Decret. Reform. Lib. III. Tit. x, c. 13; Tit. v, c. 5 (Von der Hardt, I, 715—17). — Hemmerlin, Glosa quarund. Bullarum (Basileae, 1497). – De rebus Matthaei Grabow (Von der Hardt, III, 107—20). —*P. Fredericq, Corp. Doc. Inquis. Neerland., II, 216 sqq., 399. — *H. Keussen, Der Dominikaner Matthäus Grabow und die Brüder vom gemeinsamen Leben (Mitteilungen aus dem Kölner Stadtarchiv XIII, 1888, S. 29—47) veröffentlicht die Akten des Prozesses gegen Grabow im Wortlaut; vgl. dazu Zeitschrift für Kirchengeschichte XVI (1896) S. 526.

liche Lehre, die sich im geheimen durch ganz Deutschland ausgebreitet hatte, energische Abwehrmassregeln erheischte und eine gründlichere Organisation des hl. Offiziums herbeiführte. Die Bulle, welche Martin V. am 22. Februar 1418 gegen die Wiclifiten und Hussiten richtete, ist nicht nur an die Bischöfe adressiert, sondern auch an die in die Diözesen und die Städte Salzburg, Prag, Gnesen, Olmütz, Leitomischl, Bamberg, Meissen, Passau, Breslau, Regensburg, Krakau, Posen und Neutra abgeordneten Inquisitoren. Das darf man nicht wörtlich dahin verstehen, als ob an jedem dieser Orte ein organisierter Inquisitionsgerichtshof gewesen wäre. Aber es deutet darauf hin, dass in den verseuchten oder der Verseuchung
411 ausgesetzten Gebieten die Kirche ihre wirksamsten Waffen in Anwendung bringen wollte. Ausserdem sahen sich die Bischöfe durch die wachsende Gefahr veranlasst, ihre alte Eifersucht in etwa aufzugeben. In demselben Jahre 1418 befahl das Konzil der grossen Kirchenprovinz Salzburg nicht nur den Bischöfen, die Ketzerei auszurotten und den Kirchengesetzen gegen die weltlichen Machthaber, welche ihre Pflicht in dieser Beziehung versäumten, Geltung zu verschaffen, sondern es gebot auch allen Fürsten und Machthabern, jeden zu ergreifen und ins Gefängnis zu stecken, der von den Bischöfen und den Inquisitoren als der Ketzerei verdächtig bezeichnet wurde. So erkannte der Episkopat die Inquisition nicht nur endlich an, sondern kam ihr auch zu Hilfe[1]).

Indessen war die Aufmerksamkeit der Verfolger doch nicht so ausschliesslich von den Hussiten in Anspruch genommen, dass sie darüber die Brüder des freien Geistes vergessen hätten und entschlüpfen liessen[2]). Sie hörten vielmehr auch jetzt nicht auf, die ortho-

---

1) Von der Hardt, IV, 1518. — Concil. Salisburg. XXXIV, c. 32 (Dalham, Concil. Salisb. p. 186).

2) *Zwei namhaftere gegen andere Ketzereien wirkende deutsche Inquisitoren dieser Zeit waren die beiden Dominikaner Jakob von Soest und Heinrich Kalteysen. Jakob von Soest war seit 1409 in den Kirchenprovinzen Köln und Bremen sowie im Bistum Paderborn als Inquisitor tätig (vgl. Wilmans in der Historischen Zeitschrift 41, 193ff.; Ribbeck, in der Zeitschrift des westf. Altertumsvereins 46, 132ff.; Landmann, ebd. 54, 79ff.; Finke, ebd. 46, 188ff., 47, 220ff., und im Historischen Jahrbuch XI (1890), 501). Für Heinrich Kalteysen, der als Inquisitor in den Kirchenprovinzen Mainz, Köln und Trier tätig war, vgl. Quétif-Echard, Scriptores ordinis Praedicatorum I, 828; Steyll, Ephemerides Dominicano-sacrae II, 514, 547; Chroniken der deutschen Städte III, 409ff., XVIII, 249; Roth, im Centralblatt für Bibliothekwesen XI (1894), 320ff. Nachdem er im Jahre 1431 als 'inquisitor heretice pravitatis per provincialem provincie Theotonie ord. Praed. in Cameracensi et Leodiensi diocesibus auctoritate apostolica deputatus' insbesondere in Lille gewirkt hatte (vgl. oben S. 155), erfolgte am 16. März 1435 durch den General des Dominikaner-

doxen Beguinen zu belästigen, trotzdem das Konzil von Konstanz die Duldung derselben verlangt hatte. Im Jahre 1431 sah sich Eugen IV. genötigt, zu ihrem Schutze einzugreifen. In einer an die deutschen Bischöfe gerichteten Bulle erinnert er an die von seinen Vorgängern zu ihren Gunsten erlassenen Verordnungen und tadelt die Belästigungen, denen sie trotzdem von seiten der Inquisitoren ausgesetzt seien. Die ohne festen Wohnsitz herumziehenden Beguinen sollten gezwungen werden, in den Häusern der Gemeinschaft zu wohnen, und die, welche sesshaft waren und ein ruhiges und frommes Leben führten, sollten nachdrücklich beschützt werden. Diese Bulle ist vielleicht das einzige Beispiel, wo die bischöfliche Gewalt über die der Inquisitoren gestellt wird. Denn es wird den Bischöfen befohlen, den Bestimmungen der Bulle mit Hilfe der Kirchenstrafen, und zwar ohne Berufung, Geltung zu verschaffen, selbst dann, wenn diejenigen, welche gegen die Beguinen vorgingen, besondere Immunitäten genössen. Dadurch wurden die Bischöfe gradezu ermächtigt, gegebenenfalls die Inquisitoren zu exkommunizieren. Diese energische Sprache des Papstes erbitterte den Züricher Chorherrn Felix Hemmerlin, der die Beguinen verabscheute. Er schrieb mehrere heftige Traktate gegen sie und erklärte, die dem Papste schuldige Ehrfurcht beiseite setzend, die Gunst Eugens IV. komme daher, dass dieser einst in Padua selbst ein Begarde gewesen sei. In einer seiner zahlreichen Schriften wider sie, die wahrscheinlich um 1436 verfasst ist, führt er mehrere kurz vorher in einer bestimmten Gegend vorgekommene Fälle an, um zu beweisen, dass, trotzdem der Papst die Beguinen beschützte, die Brüder des freien Geistes eifrig verfolgt wurden, und dass, wenn die Angaben aus dem ganzen Reiche vorlägen, die Zahl der Opfer keine kleine sein würde. So wurde
in Zürich einem gewissen Burchard mit seinen Jüngern der Prozess 412
gemacht. Sie wurden zur Strafe des Kreuztragens verurteilt, und

---

ordens Bartholomäus Texerii seine Ernennung zum Inquisitor in den Kirchenprovinzen Mainz, Köln und Trier, und zwar auf Grund der Bullen Gregors XI. vom 23. Juli 1372 und Bonifaz' IX. vom 1. Dezember 1395 (oben S. 443, 457) als des ersten 'de numero quinque expressorum', welche in diesen für die deutsche Dominikanerprovinz festgesetzt worden war. Diese Fünfzahl der Inquisitoren für die deutschen Gebiete, soweit sie im Bereich der Dominikanerprovinz Teutonia lagen, wurde also damals noch als massgebend betrachtet; die Festsetzung der Zahl der Inquisitoren in der Dominikanerprovinz Saxonia (für deren Ausdehnung vgl. Quellen und Forschungen zur Geschichte des Dominikanerordens in Deutschland 1 (1907), 3) auf sechs im Jahre 1400 (oben S. 457) hatte dagegen wohl nur zeitweilige Geltung (München, Hof- und Staatsbibliothek Clm. 3684, fol. 130, wo im Datum 'tricesimo' durch einen Irrtum ausgefallen ist). Kalteysen starb am 2. Oktober 1465 in Koblenz.

als man später fand, dass sie rückfällig geworden waren, wurden alle verbrannt. In Uri bestiegen ein gewisser Karl und seine Anhänger gleichfalls den Scheiterhaufen. In Konstanz musste Heinrich von Tierrenz abschwören, in Ulm ein gewisser Johann mit zahlreichen Genossen öffentlich Busse tun. In Württemberg wurde ein grosser „Erzketzer“ bestraft, dessen Überführung nur mit unendlicher Mühe erreicht wurde. Jedes Jahr, behauptet Hemmerlin, kamen zahlreiche Begarden von Böhmen her und verführten viele Einwohner von Bern und Solothurn zur Ketzerei. Diese Nachricht legt den Gedanken nahe, dass Hemmerlin in seiner Leidenschaft die Hussiten mit den Begarden verwechselte, eine Vermutung, die durch seine weitere Behauptung bestätigt wird, in Oberdeutschland gebe es keine Ketzerei ausser der, welche durch die Füchse dieser gefährlichen Sekte eingeführt worden sei. Unmittelbar nach der friedlichen vom Baseler Konzil mit den Hussiten getroffenen Übereinkunft, wonach diese wenigstens eine Zeitlang nicht mehr als Feinde der Kirche angesehen wurden, schrieb (1437) der aus Schwaben stammende Dominikaner Johann Nider, die Ketzer seien nur gering an Zahl und Macht, hielten sich nur im verborgenen auf und seien nicht mehr zu fürchten. Trotzdem behauptet er bei der Schilderung der Irrlehren der Brüder vom freien Geiste, dass diese in Schwaben durchaus nicht selten zu treffen seien. Und er hat offenbar ein Mitglied dieser Sekte im Auge, wenn er erzählt, er habe auf der Reise, die er auf Veranlassung des Konzils von Basel mit dem Archidiakon von Barcelona zu den Hussiten machte, in Regensburg eine Ketzerin kennen gelernt, nämlich eine junge Frau von makellosem Charakter, die durchaus keinen Versuch machte, ihren Glauben weiter auszubreiten, aber auch nicht zu bewegen war, ihm untreu zu werden. Der Archidiakon riet, sie zu foltern, um ihren Sinn zu brechen; es geschah auch, aber ohne Erfolg, und sie war nicht zu bewegen, die Namen ihrer Genossen zu verraten. Als aber Nider sie am Abende in ihrer Zelle besuchte, fand er sie von Leiden erschöpft, und so gelang ihm ohne weitere grosse Mühe, sie zur Anerkennung ihres Irrtums und zu einem öffentlichen Widerruf zu bringen. Hieraus geht hervor, dass es damals zu Regensburg eine Inquisition kaum gegeben haben kann, und dass den Ortsbehörden sogar die Erinnerung an das Inquisitionsverfahren nicht geläufig war[1]).

1) Hemmerlin, Glossa quarundam bullarum per beghardos impetratarum; Contra anachoritas beghardos beginasque silvestres; Contra validos mendicantes (Opuscula et tractatus, Basileae, 1497). — Nider, Formicarius III, 5, 7, 9. (*L. Keller, Die Reformation und die älteren Reformparteien, 1885, S. 276 ff.).

Im Jahre 1446 hielt es das Konzil von Würzburg für nötig, die auf dem Konzil von Mainz im Jahre 1310 erlassene Verordnung zu erneuern, wonach alle umherziehenden Begarden, die den alten Ruf „Brot durch Gott!“ gebrauchten, in Höhlen und an geheimen Orten predigten, des Landes verwiesen werden sollten. Das ist ein Beweis
dafür, dass die alten Gewohnheiten noch immer fortlebten, die Verfol- 413
gung aber nachgelassen hatte. Im Jahre 1453 gliederte Nikolaus V. sie als Tertiarier ausdrücklich an die Bettelorden an. Einige von ihnen gehorchten und bildeten eine besondere Klasse, die nach ihrem Haupthause zu Zeppern im Bistum Lüttich „Zepperenser“ hiessen. Ihre Anzahl verminderte sich jedoch bedeutend, so dass Innocenz X. sie im Jahre 1650 mit den Tertiariern Italiens unter dem in der Lombardei residierenden Ordensgeneral vereinigte. Die weibliche Gruppe dieser Gesellschaften, die zur Unterscheidung die Beguinen genannt wurden, war glücklicher. Sie durften ihre besonderen Eigentümlichkeiten und ihre Gemeinwesen beibehalten. Sie blühen noch bis zum heutigen Tage, besonders in den Niederlanden, wo im Jahre 1857 der grosse Beguinenhof in Gent sechshundert Beguinen und zweihundert Mieter oder Pensionäre zählte[1]).

Aber es war noch immer eine beträchtliche Anzahl sowohl von ketzerischen Brüdern des freien Geistes als auch von den orthodoxen Begarden beiderlei Geschlechts da, welche sich dagegen auflehnten, ihrer gewohnten Unabhängigkeit beraubt und dem Zwange der Regel unterworfen zu werden. So wird von Bernhard, der im Jahre 1460 zum Abt von Hirsau gewählt wurde, berichtet, dass er unter anderen Reformmassregeln auch die Beguinen wegen ihres unreinen Lebens aus ihrem Hause in Altburg (bei Hirsau) vertrieb und durch Dominikaner-Tertiarier ersetzte. Das erbitterte die Begarden, welche in dem Hirsauer Walde in Einsiedeleien wohnten, und sie zettelten eine Verschwörung gegen den Abt an, die aber zu ihrem eigenen Schaden ausschlug. Im Jahre 1463 klagt die Synode von Konstanz darüber, dass Lollarden und Beguinen noch immer gegen das Verbot das Skapulier der Franziskaner trügen. Die Betreffenden sollten entweder das Recht dazu nachweisen oder es ablegen, und Lollarden mit gesunden Gliedern sollen von ehrlicher Arbeit und nicht von Bettelei leben. Dieser letztere Brauch war jedoch unaus-

1) Concil. Herbipolens. ann. 1446 (Hartzheim v, 336). — Mosheim, De Beghardis pp. 173—9, 190, 194—5. — Addis and Arnolds, Catholic Dictionary, p. 73 — *Im Oktober 1458 wurde in Mainz auf Veranlassung des Inquisitors Heinrich Kalteysen ein 'lolhardus ut pessimus hereticus' verbrannt (Städtechroniken XVIII, 249, irrig zum Jahre 1478).

rottbar; denn zwanzig Jahre später musste eine andere Synode dasselbe Gebot abermals aussprechen. Im Jahre 1491 wies eine Synode von Bamberg auf die Clementinischen Bestimmungen gegen die Beguinen hin, was doch vermutlich nicht ohne Grund geschah, und dem Minoriten Johann von Meissen, der im Jahre 1492 in Brünn starb, wird warmes Lob gespendet für seine mutige und unermüdliche Verfolgung der Hussiten und Begarden. Diese unbotmässigen Sektierer waren eben trotz beständiger Verfolgung nicht auszurotten und exi-
414 stierten weiter bis zur Reformation, wo sie zu denjenigen Elementen gehörten, welche eifrig zur Ausbreitung des Luthertums beitrugen [1]).

Die Lehre des Huss, die in Böhmen triumphierte, musste auch in ganz Deutschland einen Widerhall finden. In der Tat versuchten ihre Anhänger, ihren Bekehrungseifer auch unter den deutschen Volksstämmen zu betätigen. Aber hier wurde die Ausbreitung der Ketzerei strenge und erfolgreich unterdrückt. Das allgemeine Konzil von Siena, das unter dem Vorsitz von päpstlichen Legaten im Jahre 1423 abgehalten wurde, stand vollständig auf der Höhe der Gefahr. Es sprach sowohl den Inquisitoren als auch den bischöflichen Ordinarien einen scharfen Tadel aus wegen ihrer Lauheit, die allein schuld sei an der gefährlichen Ausbreitung der Ketzerei. Sie wurden scharf ermahnt, beständig auf der Hut zu sein, widrigenfalls ihnen vier Monate lang der Eintritt in die Kirche untersagt und sonstige geeignet erscheinende Strafen über sie verhängt werden würden. Ferner erhielten sie Befehl, die Ketzer mit Glocke, Buch und Kerze jeden Sonntag in allen Hauptkirchen zu verfluchen. Ablässe vom Hl. Lande wurden allen denen angeboten, welche bei der Ergreifung der Ketzer hilfreiche Dienste leisten würden, ebenso wie denjenigen Machthabern, welche zwar nicht imstande seien, sie festzunehmen, sie aber wenigstens aus ihren Gebieten vertreiben würden [2]). In der ernsten Sprache des Konzils spiegelt sich die allgemeine Besorgnis wieder. Diese veranlasste in Deutschland erneute Anstrengungen wider die Ketzerei, wenn auch nur einige Einzelfälle durch den Zufall der Überlieferung nachweisbar sind. So wurde im Jahre 1421 ein Priester, Heinrich Grünsleder, der die hussitischen Lehren angenommen hatte, zu Regensburg verbrannt, und im Jahre 1423 hatte dort ein andrer Priester, Heinrich Rathgeber, dasselbe Schicksal. Im Jahre 1425

1) Trithemius, Chron. Hirsaug. ann. 1460. — Hartzheim v, 464, 507, 560, 578. — Wadding. ann. 1492, Nr. 8. — Martini Append. ad Mosheim p. 579.

2) Concil. Senense ann. 1423 (Harduin VIII, 1016—17); *Pastor, Geschichte der Päpste I, 237 f.; Haupt, Hussit. Propaganda (Hist. Taschenbuch, 1887).

erduldete ein Priester Johann von Drändorf in Heidelberg den Feuertod, und 1426 wurde Peter Turnow in Speyer verbrannt. Beide vertraten Ansichten, die sich als eine Mischung von waldensischen und wiclifitischen Lehren darstellen[1]). Selbst nachdem das Konzil von Basel die Hussiten als rechtgläubig anerkannt hatte und diese auf Grund der Kompaktaten in denjenigen Staaten, wo sie im Besitz der weltlichen Macht waren, sich der Duldung erfreuten, wurden sie an anderen Orten doch immer noch als Ketzer verfolgt. Um 1450 wagte Johann Müller hussitische Lehren in Franken zu predigen, fand dort viel Beifall und gewann viele Anhänger. Er musste aber fliehen, und einhundertunddreissig seiner Jünger wurden ergriffen und nach Würzburg gebracht. Dort wurden sie von dem Abt Johann von Grumbach und dem Magister Antonius, dem Prediger an der Domkirche, überredet zu widerrufen. Trauriger war 415
das Schicksal Friedrich Reisers, eines im Jahre 1401 geborenen Schwaben, der in den Lehren der Waldenser erzogen worden war. Unter der Verkleidung eines Kaufmanns hatte er als Prediger an den verschiedenen Waldenserkirchen, die in Deutschland im geheimen weiterlebten, gedient. Zu Heilbronn wurde er 1430 bei einem Streifzug der Hussiten aufgegriffen und nach dem Berge Tabor gebracht. Dort erkannte er an, dass die beiderseitigen Lehren praktisch übereinstimmten und erhielt 1433 die Ordination aus den Händen des Taboritenbischofs Nikolaus. Er bemühte sich, eine Vereinigung der Kirchen zustande zu bringen, und zog als Missionar durch Deutschland, Böhmen und die Schweiz. Schliesslich liess er sich in Strassburg, das noch immer ein Zentrum der Ketzerei war, nieder und scharte eine Gemeinde von Gläubigen um sich. Er nannte sich „Friedrich, durch die Gnade Gottes Bischof derjenigen Gläubigen in der römischen Kirche, welche die Konstantinische Schenkung verwerfen". Er wurde im Jahre 1458 mit seinen Anhängern entdeckt und verhaftet. Als Inquisitoren fungierten hier die beiden Dominikaner Nikolaus Hanemann und Johann Wegrauf. Auf der Folter bekannte Reiser alles, was man von ihm verlangte, aber nur um das Gestandene zurückzunehmen, sobald er die Folterkammer verlassen hatte. Der Bürgermeister Hans Drachenfels samt dem Magistrat widersetzten sich ernstlich seiner Hinrichtung. Sie mussten aber nachgeben, und er wurde am 6. März 1458 verbrannt, zusammen

---

1) *Über Johann von Drändorf vgl. Haupt, in der Realencyklopädie ^{3}v (1898), 17, und in der Zeitschrift für die Geschichte des Oberrheins xv (1900), 479ff.; über Peter Turnow, Realencyklopädie ^{3}xx (1908), 164.

mit seiner treuen Dienstmagd Anna Weiler, einer alten Frau aus Nürnberg[1]).

Reiser war besonders erfolgreich gewesen bei den Nachkommen der pommerschen Waldenser, welche, wie wir gesehen haben, vor dem Inquisitor Peter Zwicker im Jahre 1393 abschwuren. Sie scheinen keineswegs ihre Ketzerei aufgegeben zu haben und konnten ohne Mühe zur Anerkennung derjenigen Punkte gebracht werden, in welchen sie von den Hussiten noch abwichen, nämlich der Anstellung von Bischöfen, Priestern und Dechanten, des Abendmahls in beiderlei Gestalt und der Verehrung des Wiclif, des Huss und des Hieronymus von Prag. In demselben Jahre 1458 wurde ein Schneider von Selchow, namens Matthäus Hagen, mit drei Anhängern verhaftet und auf Befehl des Kurfürsten Friedrich II. zum Verhör nach Berlin gebracht. Er war in Böhmen von Reiser zum Priester ordiniert worden und war in seine Heimat zurückgekehrt, um die Lehren der Sekte auszubreiten und die Sakramente in ihrer Form zu spenden. Seine Anhänger wurden schwach und schwuren ab, er aber blieb standhaft und wurde dem weltlichen Arme übergeben. Um die Sekte
416 auszurotten, wurde der Franziskaner Johann Cannemann, welcher auch Hagen verhört hatte, vom Bischof Stephan von Brandenburg als bischöflicher Inquisitor nach Angermünde geschickt. Er fand viele Sektierer, aber keinen Widerstand; alle unterwarfen sich willig und schwuren ab[2]).

Die Lehren der radikaleren Hussiten und der Waldenser hatten allerdings so viele gemeinsame Berührungspunkte, dass eine Verschmelzung der beiden Sekten leicht möglich war. Die Waldenser waren keineswegs ausgerottet. Als im Jahre 1467 der Rest der Taboriten oder böhmischen Brüder sich mit ihnen in Verbindung setzte, fanden die zu ihnen gesandten Boten sie ohne Mühe an den Grenzen zwischen Österreich und Mähren, wo sie eine mehr als zweihundertjährige Existenz geführt hatten[3]). Sie hatten einen Bischof

---

1) *A. Jung, in Timotheus, eine Zeitschrift zur Beförderung der Religion und Humanität ii, (1822), 267 ff. — Ullmann, Reformatoren vor der Reformation i, 355. — Flacius Illyricus, Catal. Test. Veritatis Lib. xix, p. 1836 (Ed. 1608). — Comba, Histoire des Vaudois d'Italie, i, 97. — *Haupt, Religiöse Sekten in Franken, S. 44 ff.; L. Keller, a. a. O. S. 261 ff.; Comba, Histoire des Vaudois (1901), S. 621.

2) Wattenbach, Sitzungsberichte der Berliner Akad. 1886, S. 57—8; Abhandlungen der Berliner Akademie 1888, S. 71 ff.

3) *Vgl. dazu und überhaupt für den Zusammenhang zwischen Waldensern und Hussiten Haupt, Waldensertum und Inquisition (1890), S. 98 ff.; Haupt, in der Zeitschrift für Kirchengeschichte xiv (1894), 1 ff.; xvi (1896), 115 ff.

namens Stephan, der unverzüglich einen anderen Amtsgenossen herbeiholte, um die Ordination der Brüder vorzunehmen. Die Ketzergemeinden waren also noch immer zahlreich und wohlorganisiert. Unglücklicherweise wurde man aufmerksam auf die Unterhandlungen, und die Kirche machte kurzen Prozess mit denen, welche sie erreichen konnte. Bischof Stephan wurde zu Wien verbrannt und die Herde zerstreut; viele fanden eine Zuflucht in Mähren. Andere flohen bis nach Brandenburg, wo es gleichfalls noch blühende Waldensergemeinden gab. Diese wurden bald darauf entdeckt, und Stahl, Feuer und Wasser taten schonungslos ihre Dienste, ohne sie jedoch ganz vom Erdboden zu vertilgen. Ein Teil derjenigen, welche entkamen, wanderte nach Böhmen aus, wo sie von den böhmischen Brüdern freudig willkommen geheissen und in ihre Gemeinschaften aufgenommen wurden. Die enge Verbindung zwischen den Brüdern und den Waldensern führte jetzt zu einer wirklichen Verschmelzung, die auch die Nomenklatur der Ketzerei um eine Bezeichnung vermehrte. Als im Jahre 1479 Sixtus IV. den Dominikaner Thomas Cognati als Inquisitor von Wien bestätigte, legte er ihm dringend ans Herz, keine Mühe zu scheuen, um die Hussiten und „Nikolinisten" zu unterdrücken. Diese letzteren, die ihren Namen von Nikolaus von Schlesien herleiteten, waren offenbar böhmische Brüder, Anhänger der extremen Richtung der den beiden Sekten gemeinsamen Lehre, dass nichts auf der Welt die Tötung eines Menschen rechtfertigen könne. So dauerte der Kampf fort. Obwohl die einst so drohend erscheinende Gefahr, dass die Lehren des Huss allgemein angenommen werden würden, beschworen war, blieben doch von den Hussiten und Waldensern noch romfeindliche Elemente genug übrig. Einen Kern von Unzufriedenen bildend, schufen sie später, als sich ein Mann wie Luther fand, um den von Tausenden heimlich genährten Überzeugungen Ausdruck zu verleihen, eine Stütze für ihn, stark 417
genug, um der römischen Kirche erfolgreich Trotz zu bieten[1]).

Es fehlte in der Tat im fünfzehnten Jahrhundert nicht an Vorzeichen für den unvermeidlichen Bruch, der in dem sechzehnten kommen sollte. Unter denen, welche kühn der Macht Roms widerstanden, nahm einen hervorragenden Platz ein Gregor von Heimburg, den Ullmann mit Recht als den „bürgerlichen Luther" des fünfzehnten Jahrhunderts bezeichnet. Geboren in Schweinfurt um das

1) Hist. Persecut Eccles. Bohem. pp. 71—2 (s. l. 1648). — Camerarii Hist. Frat. Orthodox. pp. 116—17 (Heidelbergae, 1605). — Ripoll III, 577 (*Haupt, Waldensertum und Inquisition S. 96).

Jahr 1400, tritt er zuerst in die Erscheinung auf dem Konzil von Basel, wo er sich im Dienste des Aeneas Sylvius befand. Dieser stand damals in der vordersten Reihe der Reformpartei, und Heimburg hielt unerschütterlich fest an den Grundsätzen, welche sein Herr allerdings später für den päpstlichen Purpur preisgab. Als Vorläufer der Humanisten sah er seine Aufgabe darin, den Samen der klassischen Bildung auszustreuen, und mit seiner Bewunderung für die Alten hatte er, wie Marsilius von Padua, auch die imperialistische Theorie von den Beziehungen zwischen Kirche und Staat angenommen. Mit unerschrockenem Mut verteidigte er bis zum letzten Atemzuge in Wort und Schrift die Rechte des Reiches und die höchste Autorität der allgemeinen Konzilien. Die Schlüsselgewalt, so führte er aus, sei den Aposteln in ihrer Gesamtheit verliehen worden. Ihre Vertreter aber seien die allgemeinen Kirchenversammlungen, die päpstliche Allgewalt sei eine Anmassung. Seine freimütigen Meinungsäusserungen brachten ihn natürlich in Konflikt mit seinem ehemaligen Herrn, und der Gegensatz wurde noch schärfer, als Pius II. die Fürstenversammlung nach Mantua berief (1459), um einen neuen Kreuzzug vorzubereiten. Gregor, den die Fürsten zu ihrem Wortführer gewählt hatten, erklärte kühn, der Kreuzzug bezwecke nur, die päpstliche Macht zu erhöhen und aus ganz Deutschland Geld herauszuziehen. Als Nikolaus von Cusa, ein Opportunist wie Pius II., 1450 zum Bischof von Brixen ernannt wurde und im Jahre 1457 Güter und Rechte in Anspruch nahm, welche Herzog Sigmund von Österreich als sein Eigentum betrachtete, liess ihn dieser auf Gregors Rat verhaften. Darauf belegte Pius im Juni 1460 Sigmunds Gebiete mit dem Interdikte und stachelte die Schweizer auf, ihn anzugreifen. Gregor aber verfasste eine Berufung an ein allgemeines Konzil, die Sigmund verbreiten liess, obwohl der Papst solche Berufungen verboten hatte. Des weiteren hatte er die Kühnheit, aus der Schrift, den Kirchenvätern und der Geschichte zu beweisen, dass die Kirche dem Staate unterworfen sei. Kein Wunder, dass Gregor das Schicksal der Exkommunikation seines Herrn teilte. Im Oktober 1460 wurde er für einen Ketzer erklärt, und allen Gläubigen wurde befohlen, sich
418 seines Eigentums zu bemächtigen und ihn zu bestrafen. Hiergegen protestierte er wiederholt energisch, und zwar in höchst dreisten und verachtungsvollen Ausdrücken sowohl gegen den Papst als auch gegen Nikolaus. Im Oktober 1461 entsandte Pius den Bruder Martin von Rotenburg, um den Glauben zu predigen und die Gläubigen vor den Irrtümern Sigmunds und seines „Erzketzers“ Gregor zu behüten.

Unter dem Vorgeben, Martin sei in persönlicher Gefahr, bot er jedem, der ihm in der Not Beistand leisten würde, einen Ablass von zwei Jahren und achtzig Tagen an. Auch befahl er den Behörden von Nürnberg, Gregors Eigentum mit Beschlag zu belegen und ihn entweder des Landes zu verweisen oder zur Bestrafung auszuliefern. Dann begegnet uns Heimburg wieder, wie er 1461 dem Erzbischof Diether von Mainz in seinem Streite mit Pius II. über eine unerhörte, einer Erpressung gleichkommende Einforderung von Annaten durch den Hl. Stuhl beistand. Aber Diether liess ab vom Streit (1463), Sigmund machte gleichfalls Frieden, der exkommunizierte Gregor wurde seinem Schicksal überlassen, und selbst die Stadt Nürnberg entzog ihm seinen Schutz. Da nahm er seine Zuflucht in Böhmen bei Georg Podiebrad, dem er wertvolle Dienste als Verfasser von Streitschriften leistete, so dass ihn Paul II. im Jahre 1469 als einen Ketzer der schlimmsten Sorte bezeichnete. Aber Podiebrad starb im Jahre 1471. Gregor ging nun nach Sachsen, wo ihn Herzog Albert beschützte und ihn mit Sixtus IV. aussöhnte. Ostern 1472 wurde er absolviert, starb aber schon im folgenden August, nachdem er ein Vierteljahrhundert in unaufhörlichem Kampfe mit dem Papsttume gelegen hatte [1]).

Wenn Gregor von Heimburg die Empörung der herrschenden Klassen gegen Rom verkörpert, so zeigt uns Hans Böhm von Niklashausen den rastlosen Geist des Widerspruchs gegen das Priestertum, wie er sich in den unteren Schichten der Bevölkerung ausbreitete. Hans Böhm, ein umherziehender Trommler oder Pfeifer aus Helmstadt bei Würzburg, hatte sich in Niklashausen bei Würzburg niedergelassen. Er hatte zweifellos die revolutionären Ideen der Hussiten in sich aufgenommen und scheint sich mit dem Pfarrpriester und einem Bettelmönche oder einem Begarden ins Einvernehmen gesetzt zu haben. Er empfing dann Offenbarungen von der hl. Jungfrau, welche den Volkswünschen so vollkommen entsprachen, dass sich im März 1476 schnell Scharen von Zuhörern um ihn versammelten. Die hl. Jungfrau, so behauptete er, verkündige ihrem Volke, dass Christus nicht länger den Stolz, den Geiz und die Sinnenlust der Priesterschaft dulden könne, und dass die Welt infolge der Ver- 419
derbnis des Klerus zugrunde gehen würde, wofern er sich nicht so-

---

1) Ullmann, op. cit. I, 179—93; *vgl. Voigt, Enea Silvio III, 253 ff., 340 ff.; Joachimsohn, Gregor von Heimburg (1891), und Tschackert, in der Realencyklopädie ^{3}VII (1899), 133 ff. — Æn. Sylvii Epist. 400 (Opp. 1571, p. 932). — Fasciculus Rerum Expetendarum et Fugiendarum II, 115-28 (Ed. 1690). — Freher et Struve II, 187—266. — Wadding. ann. 1461, Nr. 5. — Ripoll III, 466. — Chron. Glassberger ann. 1462 (Analecta Franciscana II, 255).

fort besserte. Zehnten und Steuern sollten vollständig freiwillig sein, Zölle und Abgaben sollten abgeschafft werden und die Jagd nicht länger einzelnen Personen vorbehalten bleiben. Rom habe kein Recht auf den Vorrang in der Kirche, das Fegefeuer sei eine Erfindung, er selbst habe die Macht, die Seelen aus der Hölle zu befreien und denen, die ihm nachfolgten, vollkommene Ablässe zu erteilen. Je mehr die Kunde von diesen Offenbarungen sich verbreitete, um so zahlreicher strömten aus den Rheinlanden, aus Bayern, Thüringen, Sachsen und Meissen die Volksscharen herbei, um dem gotterleuchteten Prediger zu lauschen, so dass bisweilen zwanzig- bis dreissigtausend Zuhörer da waren, denen er den Willen Gottes verkündete. Die Menschen blickten mit solcher Verehrung zu ihm auf, dass sie schon glückselig waren, wenn sie ihn nur berühren konnten. Teile von seinen Kleidern wurden als Reliquien verehrt. Sobald er erschien, riss man ihm seine Kleider in Stücke, so dass er täglich einen neuen Anzug brauchte. Dass niemand an der Wahrheit der Anklagen zweifelte, welche die hl. Jungfrau durch ihn gegen den Klerus erhob, ist ein deutlicher Beweis, in welchem Ansehen die Kirche bei dem Volke stand. Denn diese dichten Scharen von Zuhörern gehörten nicht etwa zu den gefährlichen Elementen der Gesellschaft, sondern waren friedliche, ordnungsliebende Leute, Männer und Frauen, die in den benachbarten Feldern, Wäldern und Höhlen wohnten, ohne dass man Raub oder Gewalt von ihnen zu fürchten brauchte. Sie hatten genügend Geld, um ihre Ausgaben zu bestreiten, und die Opfergaben an Gold und Silber, Juwelen, Kleidern und Wachskerzen, die dargebracht wurden, waren reich genug, um die Habgier der Mächtigen in Versuchung zu führen. Denn nach dem Sturze dieses Mannes teilten sich der Graf von Wertheim, der Herr von Niklashausen war, der Bischof von Würzburg und sein Metropolitan, der Erzbischof von Mainz, in die Beute. Dieser letztere verwandte einen Teil des Raubes dazu, um eine Citadelle in der Nähe von Mainz zu errichten. Als diese bald nachher durch Feuer zerstört wurde, sah man darin allgemein ein Zeichen des Unwillens der hl. Jungfrau.

Bischof Rudolf von Würzburg erliess wiederholt, aber vergeblich, Verbote gegen die Pilgerfahrten nach Niklashausen; schliesslich musste er energischere Massregeln ergreifen. Am 8. Juli wurde in jener Gegend alljährlich das Fest des hl. Kilian, des Märtyrers von Würzburg, gefeiert. Am vorhergehenden Sonntag, am 6. Juli 1476, gab Hans seinen Zuhörern den bedeutsamen Befehl, am folgenden Sonnabend bewaffnet zurückzukehren, aber Frauen und Kinder zu

Hause zu lassen. Offenbar stand man vor einer Wendung der Dinge.
Der Bischof aber wartete nicht länger, um eine Entscheidung her-
beizuführen. Er liess Hans Böhm am 12. Juli durch eine Abteilung
seiner Wache ergreifen und auf die benachbarte Feste Marienberg
bringen. Am nächsten Tage zogen ungefähr sechstausend seiner ge-
täuschten Anhänger, darunter viele Frauen und Kinder, unbewaffnet
vor das Schloss, in der festen Überzeugung, dass die Mauern auf 420
ihre Bitte hin fallen würden. Man forderte sie auf, sich zu zer-
streuen, und als sie sich weigerten, wurde ein von den Kanonen des
Schlosses unterstützter bewaffneter Ausfall gemacht, wobei viele
von ihnen erschlagen wurden. Auf der Folter gestand Hans alsbald,
dass seine Enthüllungen erdichtet seien, und dass er und seine Ver-
trauten durch falsche Wunder die Volkserregung immer von neuem
entfacht hätten. Das Geständnis rettete ihn nicht, er wurde zum
Scheiterhaufen verurteilt. Seine Beichte war kurz, am 19. Juli war
das Drama ausgespielt. Auf dem Hinrichtungsplatze erwarteten
seine Anhänger ein Einschreiten Gottes. Um aber einer etwaigen
Zauberei vorzubeugen, schor ihm der Henker von Kopf bis zu Fuss
die Haare ab. Entschlossen ging Hans auf den Scheiterhaufen los,
indem er eine Hymne anstimmte. Aber sein Mut verliess ihn. Als
die Flammen um ihn schlugen, wurde er von Todesangst ergriffen
und schrie laut auf. Um zu verhüten, dass seine Asche als Reliquie
aufgehoben wurde, sammelte man sie sorgfältig und warf sie in den
Fluss. Der Priester und der Begarde, die ihm als Vertraute gedient
hatten, suchten ihr Heil in der Flucht. Sie wurden aber gefangen und,
nachdem sie gebeichtet, freigelassen. Zwei Bauern jedoch, von denen
der eine den Zug vor das Schloss vorgeschlagen und der andere das
Pferd eines der Wächter, die Hans gefangen nahmen, verwundet
hatte, wurden enthauptet. Aber selbst der Tod des Erzketzers ver-
mochte seinen Anhängern die Augen nicht zu öffnen; drei Monate
später sah sich Diether von Mainz gezwungen, die Kirche von Niklas-
hausen mit dem Interdikt zu belegen, um so dem Wallfahren dorthin
ein Ende zu machen [1]).

Wenn Gregor von Heimburg und Hans von Niklashausen als Vertreter des Gegensatzes gelten können, in welchem die Laienwelt vom Höchsten bis zum Niedrigsten zu Rom stand, so ist Johann von Ruchrat aus Oberwesel ein Beweis dafür, dass dieser Geist selbst im Schosse der Kirche lebendig war. Er war einer der hervorragendsten

1) Trithemius, Chron. Hirsaug. ann. 1476. — Gudeni Cod. Diplom. iv, 419. — Ullmann, op. cit. i, 347 ff.; *Haupt, in der Realencyklopädie ³iii (1897), 271.

Theologen und Prediger, deren Deutschland sich damals rühmen konnte, in den Schulen als „das Licht der Welt“ und der „Meister der Widersprüche“ bekannt, ein kühner, mitunter heftiger Disputant, der in seinen Predigten kein Blatt vor den Mund nahm und seine Meinung in der schonungslosesten Weise aussprach. Wie Luther, dessen wirklicher Vorläufer er war, begann er seine Laufbahn mit einem Angriff auf die Ablässe. Veranlassung dazu hatte ihm wohl das Jubeljahr 1450 gegeben, wo das fromme Europa sich nach Rom drängte, um den Himmel im Sturme zu erobern. Schritt für Schritt ging er vor, um die Kirche ihrer Machtvollkommenheiten zu berauben, er verwarf die Autorität der Überlieferung und der Kirchenväter und wollte nur die Hl. Schrift als Grundlage der Autorität gelten lassen. Er verbannte sogar das Wort 'Filioque' aus dem Credo, während seine prädestinatorischen Ansichten die gesamten Heilsschätze der Kirche überflüssig machten. Wie wenig er sich um die Gefühle derjenigen kümmerte, deren Glauben er angriff, ersieht man aus seiner Bemerkung, wenn der hl. Petrus das Fasten eingesetzt habe, so habe er das wohl getan, um höhere Preise für seine Fische zu erzielen.

421 Dass Johann von Wesel sich so lange ungestört zu einem Häresiarchen entwickeln und in Basel und Worms seit 1460 von der Kanzel und dem Katheder herab Lehren ausstreuen konnte, die mindestens ebenso gefährlich waren wie die, welche die Waldenser, Wiclifiten und Hussiten in die Welt hinausgetragen hatten, beweist, wie rostig die Verfolgungsmaschinerie und wie gross die Redefreiheit geworden war. Und wenn nicht der Streit zwischen den Realisten und Nominalisten ausgebrochen wäre, der schliesslich die ganze scholastische Welt in Kriegszustand versetzte, wäre er wohl überhaupt unbehelligt geblieben und hätte seine Tage in Frieden beschliessen können. Er war aber ein Führer der Nominalisten, und die Dominikaner von Mainz waren als Thomisten entschlossen, ihn zum Schweigen zu bringen. Der Erzbischof von Mainz, Diether von Isenburg, der seinen Bischofsstuhl im Jahr 1460 hatte verlassen müssen, um ihn im Jahre 1475 bei dem Tode seines Nebenbuhlers Adolf von Nassau wieder einzunehmen, wünschte keinen neuen Konflikt mit Rom. Schon einmal war er in einen solchen geraten, als er die päpstliche Kurie wegen der Feilbietung des erzbischöflichen Palliums öffentlich an den Pranger gestellt hatte. Er wurde jetzt drohend daran erinnert für den Fall, dass er den seit 1477 in Mainz lebenden Johann von Wesel nicht opfern wolle, und so gab er im Jahre 1479 nach.

In der grossen erzbischöflichen Provinz Mainz war kein Inquisitor zur Stelle. Von dem Verhör durch die regulären bischöflichen Beamten aber war kein sicherer Erfolg zu erwarten. In Köln hatte der dem Dominikanerorden angehörige Inquisitor seinen Wohnsitz, Gerhard von Elten, den man herbeirief. Er kam, begleitet von seinem Ordensgenossen Jakob Sprenger, der zwar noch nicht Inquisitor war, es aber später wurde und, wie wir sehen werden, als solcher eine eifrige Tätigkeit im Verbrennen von Hexen entfaltete[1]). Mit ihm erschienen auch als Sachverständige und Beisitzer die Theologen von den Universitäten Heidelberg und Köln. Man hatte dieselben so sorgfältig ausgewählt, dass nach dem Berichte, den uns einer der Heidelberger Doktoren von dem Prozess hinterlassen hat, nur ein einziger Nominalist vertreten war. Dieser Theologe betrachtet die ganze Angelegenheit offenbar nur als einen Zwischenfall in dem scholastischen Streite und meint, der Angeklagte wäre frei gesprochen worden, wenn man ihm einen Verteidiger gegeben hätte, und wenn man nicht so hart mit ihm umgegangen wäre.

Die Verhandlungen bilden eine seltsame Parodie auf das Inquisitionsverfahren. Seine Formen hatte man grossenteils vergessen, aber das Prinzip, den Angeklagten von vornherein als schuldig anzusehen, wurde strenge festgehalten. Dagegen dachte man nicht daran, die Türen zu schliessen. Alles wurde öffentlich verhandelt vor einer zahlreichen Versammlung von Laien und Geistlichen. Unter den letzteren war einer der vornehmsten der Graf von Wertheim, der soeben seinen Teil an dem dem Hans von Niklashausen abgenommenen Raube in Empfang genommen hatte. Nach einer vor- 422
läufigen Zusammenkunft, worin die Geschäftsordnung festgestellt wurde, trat die Versammlung am 8. Februar 1479 unter dem Vorsitz des Inquisitors Gerhard von Elten und dem Erzbischof Diether als

1) *Gerhard von Elten ist als Inquisitor in den Jahren 1470—1481 nachweisbar. Vermutlich bildeten die Kirchenprovinzen Mainz, Köln und Trier seinen Amtsbezirk und war er der Nachfolger des im Jahre 1465 gestorbenen Inquisitors Heinrich Kalteysen (oben S. 467, Anm. 2). Vgl. für ihn Quétif-Echard l. c I, 858; Hartzheim, Bibliotheca Coloniensis S. 95; Finke, in der Zeitschrift des westfäl. Altertumsvereins 45, S. 113; Keussen, Matrikel der Universität Köln I, S. 314; Zaretzky, Der erste kölner Zensurprozess (1906), S. 3; Redlich, Akten zur Jülich-Bergischen Kirchenpolitik I (1907) S. 93*, S. 225, Anm. Er wurde (im Jahre 1481) vom Provinzial Jakob von Stubach und später, am 6. April 1482, auch vom Ordensgeneral abgesetzt, weil er 'officio inquisitionis non recte utebatur nec fungebatur' (Analecta ordinis Praedicatorum II (1895), 379—381). Über seinen Nachfolger Jakob Sprenger als Inquisitor vgl. die Zusammenstellung bei Hansen, Quellen und Untersuchungen zur Geschichte des Hexenwahns (1901) S. 400ff. Er ist in dieser Eigenschaft in den Jahren 1481—1489 nachweisbar, sein vorwiegend in Oberdeutschland wirkender Amtsgenosse Heinrich Institoris in den Jahren 1474—1505 (ebd. S. 381ff.).

seinem Stellvertreter zusammen. Gerhard eröffnete die Versammlung, indem er vorschlug, zwei oder drei Freunde des Angeklagten sollten diesem den Rat geben, seine Irrtümer zu bereuen und um Gnade zu bitten. In diesem Falle würde man ihm verzeihen, im anderen nicht. So wurde eine Abordnung zu dem Angeklagten geschickt, die es aber mit der Erledigung ihres Auftrages nicht sehr eilig zu haben schien. Der Inquisitor war erregt über die Verzögerung, schimpfte und drohte. Ein hoher Beamter wurde entsandt, um die Sache zu beschleunigen. In diesem Augenblick aber trat Johann von Wesel ein, bleich, von Alter gebeugt, auf einen Stab gelehnt und gestützt von zwei Franziskanern. Man liess ihn sich auf den Fussboden setzen, und der Inquisitor wiederholte die Ermahnung. Der Angeklagte wollte sich verteidigen. Man schnitt ihm aber das Wort kurzer Hand ab, drohte ihm und machte ihn auf die Folgen seines Verhaltens aufmerksam, bis er sich dazu verstand, um Verzeihung zu bitten. Ein langes ermüdendes Verhör folgte, dann wurde er zur Schlusssitzung für den folgenden Tag nochmals vorgeladen. Eine hauptsächlich aus den Kölner und Heidelberger Doktoren bestehende Kommission wurde eingesetzt, um zu bestimmen, was mit ihm zu geschehen habe. Am nächsten Tage wurde er wieder vorgeführt und von neuem verhört, wobei er seine Ansichten zu verteidigen suchte. „Wenn alle Menschen“, sagte er, „Christus verlassen, dann will ich ihn noch immer anbeten und ein Christ bleiben“, worauf der Inquisitor erwiderte: „Das sagen alle Ketzer, selbst wenn sie sich schon auf dem Scheiterhaufen befinden.“ Schliesslich wurde beschlossen, drei Doktoren sollten ihn mit frommem Zuspruch ermahnen, seine Irrtümer aufzugeben. Wie bei Huss hatte man es nicht auf seinen Tod, sondern auf seine Demütigung abgesehen.

Am 10. Februar versuchten die drei Beauftragten ihr Heil. „Wenn Christus“, sagte er zu ihnen, „hier wäre und wie ich behandelt würde, dann würdet ihr ihn als Ketzer verurteilen, er aber würde euch mit seinen Gründen widerlegen.“ Schliesslich wurde er doch dahin gebracht, seine Lehren als irrig anzuerkennen, indem die drei Doktoren die Verantwortung dafür auf ihr eignes Gewissen zu übernehmen versprachen. Obwohl er schon lange vor Beginn des Prozesses krank gewesen war, wurde ihm jeder Beistand vorenthalten. Alter, Schwachheit, das dunkle und modrige Gefängnis — vergebens hatte er gebeten, ihn daraus zu entlassen — brachen seine Widerstandskraft; er unterwarf sich, widerrief öffentlich und schwur ab.

Seine Bücher wurden vor seinen Augen verbrannt, er selbst wurde zu lebenslänglicher Gefangenschaft im Augustinerkloster zu Mainz verurteilt. Seine Demütigung und sein Unglück überlebte er nicht lange; 423
er starb im Jahre 1481. Der Prozess erweckte grosses Interesse unter allen deutschen Gelehrten, die empört waren über die Behandlung eines so hervorragenden und ausgezeichneten Mannes. Aber seine Schriften überlebten ihn und ermutigten in hohem Masse die ersten Reformatoren. Melanchthon zählt ihn zu denjenigen, welche durch ihre Werke zum Fortbestehen der Kirche Christi beigetragen haben [1]).

Aus diesem Falle geht klar hervor, dass die Inquisition in Deutschland zwar nicht ganz erloschen, aber ziemlich unwirksam war, und dass selbst da, wo sie noch dem Namen nach bestand, es einer besondern Anstrengung bedurfte, sie in Wirksamkeit treten zu lassen [2]). Doch hören wir wiederholt von der Ernennung eines Inquisitors, und aus der Laufbahn Jakob Sprengers wissen wir, dass das hl. Offizium insbesondere zur Ausrottung des Hexenwesens verwertet werden konnte [3]). Die Zauberei war tatsächlich die gefährlichste Ketzerei jener Zeit geworden, während andere geistige Verirrungen wenig beachtet wurden. In den ausführlichen von der Synode zu Bamberg im Jahre 1491 erlassenen Statuten verweilt der der Ketzerei gewidmete Abschnitt lang und breit bei den Einzelheiten des Hexenwesens und der Magie, erwähnt aber nur einen einzigen dogmatischen Irrtum, die Unwirksamkeit der Sakramente in unreinen Händen. Er bestimmt, dass alle, welche es versäumen, Ketzer an-

---

1) D'Argentré I. II. 291—8. — Ullmann, a. a. O. I, 149—346. — Trithemius, Chron. Hirsaug. ann. 1479. — Conr. Ursperg. Chron. Continuat. ann. 1479 (*ed. 1537 C. Hedio). — Melanchthon. Respons. ad Bavar. Inquis., Witebergae, 1559, Sig. B 3. — *O. Clemen, Leben und Schriften Johanns von Wesel, in der Deutschen Zeitschrift für Geschichtswissenschaft II (1898), S. 143 ff.; N. Paulus, im Katholik 78 (1898), S. 44 ff.; Realencyklopädie [3]XXI (1908), 127 ff.; Neues Archiv der Gesellschaft für ältere deutsche Geschichskunde 26, S. 595.

2) *Zur Geschichte der Inquisition in Deutschland insbesondere während des 15. Jahrhunderts liegt heute ein weit ergiebigeres gedrucktes und handschriftliches Quellenmaterial vor, als es Lea in seiner Darstellung hat benutzen können. Es wird in der in Vorbereitung befindlichen Geschichte der Inquisition in Deutschland zusammengefasst werden; es an dieser Stelle in grösserm Umfang nachträglich zu verwerten, ging aus sachlichen und räumlichen Gründen nicht an. Die im Archiv des Dominikanerordens in Rom vorhandenen Registra generalium, welche für die Zeit von 1474 ab besonders eingehend geführt worden sind, gestatten es vor allem auch, die zahlreichen Ernennungen von Inquisitoren für Deutschland genau zu verfolgen. Einzelne dieser Angaben sind in den Analecta ordinis Praedicatorum (1895—99) bereits veröffentlicht worden.

3) Vgl. dafür Band III, Kapitel 6 und 7.

zuzeigen, als Mitschuldige angesehen werden sollen; von der Inquisition aber schweigt er. Gelegentliche Erwähnungen beweisen jedoch, dass noch Inquisitoren vorhanden waren und häufig auch ihre Machtbefugnisse ausübten. Ich werde später Gelegenheit haben, auf den Fall des Hermann von Ryswick hinzuweisen, der im Jahre 1499 verurteilt wurde und abschwur, aus dem Gefängnisse entkam und im Jahre 1512 von dem Inquisitor im Haag als rückfälliger Ketzer verbrannt wurde. Hier möchte ich den Fall nur erwähnen als Beweis dafür, dass die Tätigkeit der Inquisition noch fortdauerte[1]).

Die Verfolgung des Johann Reuchlin entsprang wie diejenige des Johann von Wesel scholastischen Gegensätzen. Aber ihr Verlauf zeigt, wie vollständig in der Zwischenzeit die Macht der Inquisition verschwunden war. Reuchlin war ein Schüler des Johann Wessel von Groningen. Als Führer der Humanisten und als der erste Vertreter
424 der neuen Lehrmethode in Deutschland wurde er 1510 in eine heftige Fehde mit den Dominikanern verwickelt, welche als alte Thomisten entschlossen waren, bis zum Tode für die Scholastik zu kämpfen. Von dem Geiste, der die Gegenpartei beseelte, bekommen wir einen Begriff durch die grausamen Spässe, mit denen Sebastian Brant in dem vollendetsten Latein die Folterung und den Tod von vier Dominikanern schildert, die im Jahre 1509 zu Bern verbrannt wurden, weil sie sich in dem Streite über die unbefleckte Empfängnis angeblich Betrügereien hatten zu schulden kommen lassen[2]). Derselbe Geist mit leichterem Flügelschlage wehte in der schonungslosen Satire des Erasmus und der Epistolae obscurorum virorum. Als sich daher Reuchlin erhob, um die Juden und die jüdische Literatur gegen die Angriffe des getauften Juden Pfefferkorn in Schutz zu nehmen, wurde die günstige Gelegenheit, über ihn herzufallen, eifrig benutzt. Im Jahre 1513 kam der Inquisitor Jakob von Hochstraten, Prior des Dominikanerklosters in Köln, von dort nach Mainz zu einem ganz ähnlichen Zwecke wie einst im J. 1479 sein Vorgänger Gerhard von Elten[3]).

---

1) Ripoll ɪv, 5. — Synod. Bamberg. ann. 1491. Tit. 44 (Ludewig, Scriptt. Rer. Germ. I. 1242—44). — D'Argentré I. ɪɪ, 342. — *Fredericq, Corpus ɪ, S. 501 ff.

2) *Über den sog. Jetzerprozess in Bern (1507—09) vgl. jetzt R. Steck, Der Berner Jetzerprozess in neuer Beleuchtung (1902), und Akten des Jetzerprozesses nebst dem Defensorium (1904); Historische Zeitschrift 98 (1907), 623 ff.

3) *Seit der Zeit Jakob Sprengers (1481, vgl. oben S. 480) war regelmässig der Prior des Kölner Dominikanerklosters zugleich Inquisitor in den drei Kirchenprovinzen Mainz, Köln und Trier. Hochstraten ist als solcher 1508—1526 nachweisbar (N. Paulus, im Katholik 82 (1902), S. 22 ff., und Die deutschen Dominikaner im Kampfe gegen Luther (1903) S. 93).

Aber Reuchlin konnte, was einst Johann von Wesel nicht hätte wagen dürfen, vertrauensvoll nach Rom appellieren, wo ein feingebildeter Humanist, Leo X., den päpstlichen Stuhl inne hatte. Leo, der seiner Sache von Anfang an wohlwollend gegenüberstand, beauftragte den Bischof von Speier mit der Entscheidung. Schon das war ein schwerer Schlag gegen die Macht der Inquisition. Noch verächtlicher und schlimmer für sie war aber das Urteil des Bischofs. Reuchlin wurde im März 1514 von jedem Verdacht der Ketzerei freigesprochen, seine Verfolgung als ein frivoles Unternehmen bezeichnet, und die Kosten wurden Hochstraten zur Last gelegt; ausserdem wurde diesem die Exkommunikation angedroht, wenn er ungehorsam sein sollte. Dieses Urteil wurde im Jahre 1516 in Rom bestätigt und den Anklägern Reuchlins bei Strafe von dreitausend Mark Stillschweigen auferlegt. Mit ausgelassener Freude feierten die Humanisten ihren Sieg. Ulrich von Hutten liess unter dem Pseudonym Eleutherius Bizenus eine Abhandlung drucken, worin er in holprigen Hexametern ganz Deutschland aufforderte, dem Triumphe Reuchlins beizuwohnen. Hochstraten — dieser Schelm, der als Ankläger und Richter die Unschuldigen verfolgt, — erscheint darin in Ketten, die Hände auf den Rücken gebunden; Pfefferkorn, dem Ohren und Nase abgeschnitten sind, wird an einem Haken, der ihm durch die Fersen gezogen ist, fortgeschleppt, das Gesicht zur Erde gewendet, bis seine Gesichtszüge alles Menschliche verlieren. Die Dominikaner, heisst es weiter, sind schlimmer als die Türken und verdienen weit eher als diese bekämpft zu werden. Dann fragt der Verfasser in verwundertem Tone, welcher ungerechte Papst und welcher feige Kaiser diese Mönche beauftragt habe, dem Lande ihr Joch aufzulegen. Das waren mutige Worte, allerdings noch verfrüht. Der Streit aber hatte die Aufmerksamkeit von ganz Europa auf sich gezogen. Der Dominikanerorden selbst und alles, was mit ihm zusammenhing, sass auf der Anklagebank; er durfte eine solche Niederlage nicht stillschweigend hinnehmen. Hochstraten eilte nach Rom; die Dominikaner der grossen Universität Köln standen nicht an zu erklären, wenn der 425
Papst das Urteil aufrechterhalte, würden sie sich bei seiner Entscheidung nicht beruhigen, sondern an ein zukünftiges Konzil appellieren. Sie würden ferner verkünden, dass sie ihn nicht mehr als Papst anerkennten, und würden ein Schisma oder noch Schlimmeres herbeiführen. Das offenbart, wie schwach die Bande waren, welche diese Janitscharen noch mit dem Papsttum verknüpften. Leo X. wich dem Sturme, den er heraufbeschworen hatte,

und verschob die Durchführung des Urteils. Der Geist der Empörung wurde zwar immer mächtiger in Deutschland, und der unerschrockene Franz von Sickingen erhob seine Lanze, um die Ausführung der ersten Entscheidung zu erzwingen. Als indessen die lutherische Empörung eine immer drohendere Gestalt annahm, wurde auch die Hilfe der Dominikaner für Rom wieder mehr und mehr unentbehrlich. Am 23. Juni 1520 legte daher Leo X. die Sache bei, indem er die Entscheidung des Bischofs von Speyer aufhob, Reuchlin Stillschweigen gebot und ihm zugleich die Kosten des Verfahrens zur Last legte; ausserdem wurde Hochstraten wieder in sein Amt eingesetzt[1]).

Der Umschwung erfolgte aber doch zu spät, um die Inquisition jetzt in brauchbaren Zustand zu versetzen, wo man ihrer Dienste mehr bedurfte als jemals vorher. Hätte sie sich in Deutschland in wirksamem Zustande befunden, so würde die Laufbahn Luthers ein schnelles Ende gefunden haben, und hätte ein Inquisitor wie Bernhard Guidonis gelebt, als Luther am 31. Oktober 1517 seine Thesen gegen den Ablasshandel an die Türe der Schlosskirche zu Wittenberg nagelte und sie öffentlich verteidigte, so würde er ihn schnell zum Schweigen gebracht haben. Er hätte ihn entweder zum Widerruf gezwungen und ihn dadurch unschädlich gemacht, oder er hätte ihn, falls er hartnäckig geblieben wäre, der weltlichen Gewalt zur Verbrennung übergeben. So war es Hunderten von kühnen Denkern ergangen, und die wenigen, welche standhaft genug gewesen waren, um den Mitteln des hl. Offiziums zu trotzen, waren umgekommen. Glücklicherweise hatte die Inquisition, wie wir gesehen haben, niemals ganz festen Fuss in Deutschland gefasst und hatte grade jetzt jede Macht und jedes Ansehen verloren. Hochstratens Hände waren gebunden; Johann Eck, Luthers frühester literarischer Gegner, war selbst ein Humanist, der zwar mit Worten streiten und drohen, aber nicht handeln konnte. Johann Tetzel war zwar Inquisitor in Norddeutschland; aber er war sich seiner Ohnmacht bewusst und begnügte sich damit, zu disputieren und den verwegenen Neuerer als einen Erzketzer und einen dreisten, aufsässigen Schismatiker zu bezeichnen[2]).

1) Pauli Langii Chron. Citicens. (Pistorii Rer. Germ. Scriptt. I. 1276—7). — Gieseler, Lehrbuch der Kirchengeschichte II. IV, 532 sq. — Spalatini Annal. ann. 1515 (Menken II, 591). — Eleuth. Bizeni Joannis Reuchlin Encomion (sine nota, sed c. ann. 1516). — H. Corn. Agrippae Epist. II, 54 — *Geiger, Reuchlin S. 221 ff.; Pastor, Geschichte der Päpste IV[1], 218 ff.; Brecht, in der Zeitschrift für Kirchengeschichte 26 (1905), 281; Kawerau, in der Realencyklopädie [3]XVI (1905), 680 ff.

2) Tetzels Vorlegung, Vorl. XX (Gröne, Tetzel und Luther, oder Lebens-

In Frankreich war die Universität an die Stelle der fast ganz in Vergessenheit geratenen Inquisition getreten, und sie unterdrückte alle Glaubensirrungen, während die zentralisierte Monarchie, wenigstens bis zum Konkordat unter Franz I., die Kirche des Landes in hohem Masse unabhängig von dem Papsttum gemacht hatte. In Deutschland jedoch gab es keine Nationalkirche. Hier gab es nur Unterwerfung unter das Papsttum, und diese Abhängigkeit wurde in finanzieller Hinsicht immer drückender. Aber es war nichts da, was an die Stelle der Inquisition hätte treten können[1]). Die immer 426
weiter um sich greifende Freiheit der Rede hatte man so lange geduldet, als die Einkünfte von St. Peter dadurch nicht geschmälert wurden. Das erklärt vielleicht, warum man in Rom die Empörung Luthers besser würdigte als an Ort und Stelle. Nachdem dieser auf den Antrag des päpstlichen 'Promotor fiscalis' hin von dem Generalauditor der apostolischen Kammer als der Ketzerei verdächtig vorgeladen worden war, glaubte der Legat für Deutschland, Kardinal Cajetan, dass die Angelegenheit zu geringfügig sei, um dem Papste unterbreitet zu werden, und dass er sie selbst beilegen könne. Seinen Auftrag, Luther zu verhaften, führte er nicht aus. Ebensowenig teilte er diesem mit, dass er, wenn er vor dem Hl. Stuhle erscheinen und sich entschuldigen wolle, mit unverdienter Milde behandelt werden würde. Nachdem dann der Skandal fast ein Jahr gedauert hatte und immer grösser wurde, ersuchte Leo X. den Kardinal, Luther als notorischen Ketzer vor seinen Richterstuhl zu rufen, ihn gewissenhaft zu verhören und, je nach dem es die Lage erfordere, zu verurteilen oder zu absolvieren. Aber es war schon zu spät. Die Unbotmässigkeit hatte immer mehr um sich gegriffen, die Empörung war im Begriffe, sich zu organisieren. Luther folgte zwar im Oktober 1518 der Vorladung Cajetans nach Augsburg. Aber obwohl er sich hierbei als einen in allen Stücken gehorsamen Sohn der Kirche bekannte, verharrte er doch in Sachen der Lehre auf seinem unabhängigen Standpunkte und ging unversehrt von dannen. Der

---

geschichte und Rechtfertigung Tetzels S. 233). — *Vgl. Lea, A history of auricular confession and indulgences III (1896), 391ff.; N. Paulus, Johann Tetzel der Ablassprediger (1899), S. 3, 47, und dazu Korrespondenzblatt der Westdeutschen Zeitschrift 1899 S. 61, 1900 S. 22; Historische Vierteljahrsschrift V (1902), 256; Katholik 81 (1901), 453ff.; Theolog. Studien und Kritiken 74 (1901), 126; Zeitschr. für kathol. Theologie 31 (1907), 361.

1) *In Deutschland trat in den Jahren 1397—1492 auch die theologische Fakultät der Wiener Universität wiederholt auf als 'apostolica auctoritate heretice pravitatis inquisitrix' (Kink, Geschichte der Universität Wien I, S. 26; Friess, im Archiv für österreichische Geschichte 64 (1882), 154).

Legat hatte mehr Vertrauen in sein Disputationstalent als in die Gewalt gesetzt. Und wenn er es mit der letzteren hätte versuchen wollen, so würde ihm kein Werkzeug zur Verfügung gestanden haben, um die Befehle zu vereiteln, welche die Behörden von Augsburg zum Schutze Luthers erlassen hatten. Die Verfolgung war tatsächlich lahmgelegt, und die Revolution war nicht mehr zu unterdrücken [1]).

---

1) Ripoll IV, 378. — Lutheri Opp., Jenae, 1564, I, 185 sqq. — Henke, Neuere Kirchengeschichte, I, 42—6. — *K. Müller, Luthers römischer Prozess, in der Zeitschrift für Kirchengeschichte XXIV (1903), S. 47 ff.

Siebentes Kapitel.

Böhmen.

Die Legende, dass Peter Waldes auf seinen Missionsreisen 427
auch nach Böhmen gekommen und dort gestorben sei, ist historisch nicht begründet. Aber es besteht kein Zweifel, dass das Waldensertum verhältnismässig früh unter den Tschechen Verbreitung fand. Böhmen gehörte bis zum Jahre 1344 zu der grossen erzbischöflichen Provinz Mainz, deren Metropolit über ein so fern gelegenes Gebiet eine genügende Aufsicht nicht ausüben konnte. Von der Suprematie Roms merkten die unruhigen Geistlichen jener Gegenden kaum etwas. In dem letzten Jahrzehnt des zwölften Jahrhunderts bemerkte ein päpstlicher Legat, Kardinal Petrus, der dorthin gesandt worden war, um für die Eroberung des hl. Landes einen Zehnten zu erheben, mit Empörung, dass das Gesetz des Cölibats dem Weltklerus unbekannt war. Allein er wagte doch nicht, es denjenigen Dienern der Kirche aufzuzwingen, welche schon die Weihen empfangen hatten. Seine Bemühungen aber, den Postulanten das Gelübde der Keuschheit abzunehmen, riefen einen solchen Sturm der Entrüstung hervor, dass strenge Massregeln zur Unterdrückung desselben erforderlich waren. Nun mochten zwar in einer Kirche, die zum Teil unabhängig dastand, die Missbräuche, die anderwärts den Grund zur Empörung bildeten, nicht vorhanden sein; dafür aber lag andrerseits das Feld für fremde Missionsarbeit völlig frei und unbeschützt da[1]).

Wir haben gesehen, wie um die Mitte des dreizehnten Jahrhunderts nach der Schilderung des Inquisitors von Passau die waldensischen Kirchen in Österreich längs der Grenzen von Böhmen und Mähren blühten, und welch glühender Missionseifer ihre Mitglieder beseelte. Auch westlich davon, in der Diözese Regensburg,

1) Dubravius, Hist. Bohem. Lib. 14. (Ed. 1587, pp. 380—1).

waren sie anzutreffen. Es war unvermeidlich, dass die Ketzerei ihren Weg über die Grenze fand, zumal sie wenig Gefahr lief, von einer nur weltlichen Zielen und Gelüsten ergebenen Priesterschaft entdeckt und verfolgt zu werden, bis sie stark genug wurde, um offen ihr Gesicht zeigen zu können. Innocenz IV. war es, der zuerst,
428 im Jahre 1245, das Alarmsignal gab, indem er die Bischöfe von Ungarn aufforderte einzuschreiten, da er sich auf die böhmischen augenscheinlich nicht verlassen konnte, und es offenbar auch keine Inquisitionsmaschinerie gab, die er in Bewegung hätte setzen können. Die Ketzerei, so erklärte Innocenz, sei fest begründet und weit verbreitet. Nicht nur das einfache Volk, sondern auch die Fürsten und Magnaten hätten sie angenommen, sie sei vollständig organisiert und habe sogar ein Oberhaupt, das als Papst verehrt werde. Die Ketzer wurden alle für exkommuniziert erklärt, ihre Länder sollten zum Besten des ersten konfisziert werden, der sie in Besitz nahm, und jeder, der nach dem Widerruf rückfällig wurde, sollte den kanonischen Gesetzen gemäss ohne Prozess dem weltlichen Arme überliefert werden [1]).

Wir können nicht feststellen, ob infolge dieses Erlasses Versuche zur Ausrottung der Ketzerei gemacht wurden; aber wenn es geschah, erreichten sie ihr Ziel nicht. Im Jahre 1257 bat König Ottokar II. den Papst Alexander IV., das immer weiter um sich greifende Übel ausrotten zu helfen. Infolgedessen wurde die Inquisition in Böhmen zum ersten Mal eingeführt. Zwei Franziskaner, Lambert der Deutsche und Bartholomäus, Lektor in Brünn, waren es, die zu päpstlichen Inquisitoren für Böhmen und Mähren ernannt wurden. Wir dürfen füglich annehmen, dass sie ihre Pflicht taten, aber Spuren von ihrer Tätigkeit sind nicht überliefert. Auch gibt es keinen Anhaltspunkt dafür, dass ihre Posten neu besetzt wurden, als die

---

1) Palacky, Über die Beziehungen und das Verhältnis der Waldenser zu den ehemaligen Sekten in Böhmen (1869) S. 10. — Potthast Nr. 11818. (*Diese Bulle Innocenz' IV., angeblich aus dem Jahre 1245, bezieht sich eher auf Bosnien als auf Böhmen; vgl. Haupt, Waldensertum und Inquisition, S. 11, Anm. 3 und oben S. 336).

Palacky (S. 7–8) vermutet, dass diese Ketzer Katharer waren. Aber die Gründe, die er anführt, vermögen die wahrscheinlichere Annahme, dass sie waldensischen Ursprungs waren, nicht zu widerlegen. Doch hat er wohl recht, wenn er meint, dass die Erwähnung der Fürsten und Magnaten auf den Anfang der Verschwörung hindeute, welche schliesslich, im Jahre 1253, die Absetzung König Wenzels I. herbeiführte. Wenzel war ein eifriger Anhänger des Papsttums und Gegner Friedrichs II. Der Zusammenhang zwischen antipäpstlicher Politik und Ketzerei war zu eng, als dass wir, zumal bei den dürftigen geschichtlichen Angaben, die wir besitzen, die eine von der anderen scharf unterscheiden könnten.

ersten Inhaber starben oder sich zurückzogen. Das Institut war also, wie wir annehmen dürfen, wieder verschwunden. Und als nach einer langen Zwischenzeit die Verfolgung von neuem aufgenommen wurde, geschah es in einer Form, aus der wir entnehmen können, dass der Bischof von Prag, ebenso wie sein Metropolit von Mainz, nicht gesonnen war, die päpstlichen Übergriffe in seine Jurisdiktion zu ermutigen. Im Jahre 1301 beklagte eine Synode von Prag die Ausbreitung der Ketzerei und befahl jedem, der Kenntnis davon habe, den bischöflichen Inquisitoren Anzeige zu machen. Daraus können wir schliessen, dass die Ketzer eine rührige Tätigkeit entfalteten, dass sie bis dahin wenig belästigt worden waren, und dass man die systematische Gesetzgebung, welche in anderen Ländern für die 429
Entdeckung und Bestrafung der Ketzerei in Kraft war, in Böhmen tatsächlich nicht kannte[1]).

Im Jahre 1318 wurde der Bischof von Prag, Johann von Drasik, von Johann XXII. nach Avignon vorgeladen, um sich wegen der Anschuldigungen zu verantworten, welche Heinrich von Schönburg, Domherr von Wyssegrad, gegen ihn als Begünstiger der Ketzerei erhoben hatte. Die Klage hob hervor, dass die Ketzer sehr zahlreich seien und einen Erzbischof und sieben Bischöfe hätten, von denen jedem dreihundert Anhänger zur Seite ständen. Nach der Beschreibung, die von ihrer Glaubensform gegeben wird, müssen es sowohl Waldenser als auch Luziferianer gewesen sein. Die letzteren bildeten einen Teil der Sekte, welche, wie wir (S. 406) gesehen haben, um diese Zeit in Österreich blühte. Ihre Lehren sollen dort von böhmischen Missionaren eingeführt worden sein, und sie wurden mit denjenigen der Waldenser verschmolzen. Sie verwarfen danach den Eid als ungesetzlich; Beichte und Absolution konnten sowohl von den Laien als auch von den Priestern abgenommen und gespendet werden; die Wiedertaufe wurde als erlaubt bezeichnet, die göttliche Dreieinigkeit und die Auferstehung der Toten geleugnet; Jesus hatte nach ihrer Meinung nur einen Scheinleib; Luzifer sollte schliesslich zur Herrschaft gelangen. Natürlich fehlten auch die üblichen Beschuldigungen wegen geschlechtlicher Exzesse nicht, die sie angeblich bei ihren in Höhlen abgehaltenen nächtlichen Versammlungen ausübten. Offenbar hatten sie genügend Grund, eine Verfolgung zu befürchten, sonst hätten sie sich wohl offen versammelt. Der gute Bischof hatte augenscheinlich nur infolge wiederholten Drängens

1) Wadding. ann. 1257, Nr. 16. — Potthast Nr. 16819. — Höfler, Prager Konzilien, Einleitung, S. xix. — Haupt, Waldensertum und Inquisition, S. 13, 20.

des Königs Johann von Luxemburg die Unglücklichen durch seine Inquisitoren verfolgen lassen. Vierzehn von ihnen wurden überführt und dem weltlichen Arme ausgeliefert. Aber zum grossen Verdruss des Königs war der Bischof eingeschritten und hatte sie freigelassen, mit Ausnahme eines Arztes namens Richard, der gefangen gesetzt wurde. Ausserdem hatte er die Inquisitoren entlassen, die offenbar seine eignen Beamten und nicht vom Papst beauftragt waren. Damit hatte sich der Bischof schwere Vergehen zu Schulden kommen lassen, die er mit einer mehrjährigen Haft in Avignon büssen musste. Möglicherweise ist auch seine feindselige Haltung gegen die Franziskaner die Ursache der Angriffe gegen ihn gewesen[1]).

Da der Papst so auf das Vorhandensein der Ketzerei im Osten
430 Europas aufmerksam geworden war und die Unwirksamkeit der örtlichen Organe erkannt hatte, tat er sofort Schritte, um auch dort die Inquisition einzuführen. Am 1. Mai 1318 ernannte Johann XXII. den Dominikaner Peregrinus von Oppeln und den Franziskaner Nikolaus von Krakau zu Inquisitoren in den Diözesen Krakau und Breslau, während die Diözesen Prag und Olmütz dem Dominikaner Colda und dem Franziskaner Hartmann von Pilsen anvertraut wurden. Wie gewöhnlich wurde den weltlichen und geistlichen Machthabern befohlen, Hilfe zu leisten, wenn sie darum angegangen würden. Polen bedurfte unzweifelhaft ebensosehr wie Böhmen der Inquisitionskontrolle; denn Johann Muscata, der Bischof von Krakau (1295—1320), war nicht weniger nachlässig als sein Prager Kollege und zog sich im Jahre 1319 von Johann XXII. wegen seiner Nachlässigkeit und Gleichgültigkeit, wodurch die Ketzerei kühn und aggressiv in seiner Diözese geworden sei, einen strengen Tadel zu. Das scheint aber nicht viel genützt zu haben; denn im Jahre 1327 sah sich der Papst genötigt, den Dominikanerprovinzial von Polen zur Ernennung von Inquisitoren aufzufordern, um die Flut der Ketzerei einzudämmen, die, von Westen her eindringend, immer weiter um sich greife. Von Deutschland und Böhmen aus wurden offenbar Missionare ausgesandt, deren Bemühungen im Volke viel Anklang fanden. König Ladislaus wurde besonders aufgefordert, den Inquisitoren seinen Beistand zu leihen. Er leistete umgehend Folge, indem er den Gouver-

1) Palacky a. a. O. S. 11—13 (*Dudik, Iter Romanum II, 136 ff.). — Schrödl, Passavia Sacra (1879) S. 242. — Dubravius (Hist. Bohem. Lib. 20) berichtet, dass im Jahre 1315 König Johann vierzehn Dolcinisten in Prag verbrannte. Palacky nimmt wohl mit Recht an, dass diese Nachricht auf die obige Angelegenheit zu beziehen ist, und dass damals Hinrichtungen nicht stattfanden (*Haupt a. a. O. S. 24).

neuren seiner Städte befahl, ihnen den weltlichen Arm zur Verfügung zu stellen, ein tatkräftiges Vorgehen, das reichen Erfolg hatte [1]).

Unter diesen Ketzern mag es wohl einige Brüder vom freien Geiste gegeben haben, aber zum grössten Teile waren sie wahrscheinlich Waldenser, welche um jene Zeit eine vollständig organisierte Kirche in Böhmen hatten, von wo Sendboten nach Mähren, Sachsen, Schlesien und Polen ausgeschickt wurden. Sie betrachteten die Lombardei als ihr Hauptquartier; dorthin schickten sie ihre jungen Männer zur Ausbildung sowie das Geld, welches sie für die Unterstützung der Mutterkirche gesammelt hatten. Alles das konnte der Wachsamkeit der von Johann XXII. ernannten Inquisitoren nicht entgehen. Es wurden auch zweifellos wiederholt Massregeln zur Unterdrückung getroffen, obwohl uns zufällig nur ein Beispiel eines Inquisitionsprozesses aus dem Jahre 1330 erhalten geblieben ist. Mit dem offenen Bruche zwischen dem Papsttum und Ludwig dem Bayern 431
wurden die Schwierigkeiten der Unterdrückung grösser, wenn auch Böhmen unter Johann von Luxemburg dem Hl. Stuhle treu blieb. In Prag und Umgegend nahmen die Ketzer zu. Nach einer kurzen Tätigkeit scheint hier die Inquisition wieder verschwunden zu sein; ausserdem war Johann von Drasik, dessen Duldsamkeit wir kennen gelernt haben, noch immer Bischof von Prag (1301—43). Infolgedessen waren neue Anstrengungen nötig. Am 1. Juli 1335 ernannte Benedikt XII. den Dominikaner Gallus von Neuhaus zum Inquisitor in der Diözese Prag, am 22. August desselben Jahres den Franziskaner Peter von Naczeracz zum Inquisitor in der Diözese Olmütz. Wie gewöhnlich, erging wieder an alle Bischöfe der Befehl, ihnen beizustehen, und insbesondere wurde König Johann aufgefordert, das weltliche Schwert zu ergreifen, um die Feinde des Glaubens zu unterwerfen. Auch an seinen Sohn, den damaligen Verweser des Königreiches und spätern Kaiser Karl IV., erging eine ähnliche Aufforderung. Die Ketzer von Neuhaus waren so kühn geworden, dass sie sich gegen ihren Herrn, den Dynasten Ulrich III., empörten und so lebhafte Demonstrationen gegen ihn veranstalteten, dass er nach Avignon ging und den Papst

1) Wadding. ann. 1318, Nr. 2—6 (*Bullarium Franciscanum, ed. Eubel v, Nr. 321). — Ripoll II, 138—9, 174—6. — Schmidt, Päpstliche Urkunden und Regesten I (1886) S. 105, Nr. 29 (*Haupt a. a. O., S. 25). — Raynald. ann. 1319, Nr. 43. — *Vgl. Vatik. Archiv, Introitus et exitus 38, fol. 18: (1320) die 19. mensis Julii frater Colto, inquisitor heretice pravitatis in partibus Boemie, assignavit camere pro secreta restitucione sibi revelata in foro confessionis per manum fr. Henrici de ordine fratrum Praed. Ratispon. 48 denarios Prag. gross. argent.

veranlasste, zu ihrer Unterdrückung eine Kreuzzugsbulle mit Ablässen vom Hl. Lande verkünden zu lassen. Der Inquisitor Gallus entfaltete eine rührige Tätigkeit. Im Jahre 1344 befand er sich im Besitz von verschiedenen konfiszierten Häusern in Prag, wurde aber um diese Zeit angegriffen und schwer verwundet, so dass er froh sein musste, mit dem Leben davonzukommen[1]).

In dem von Böhmen abhängigen Schlesien stand um die nämliche Zeit Ketzerei und Verfolgung in voller Blüte. Bischof Heinrich von Breslau betraute einige Dominikaner und Franziskaner mit dem Amt der Inquisition. Ihre Arbeit war so erfolgreich, dass im Jahre 1315 fünfzig Personen in Schweidnitz verbrannt wurden, und weitere Autodafes feierte man in Breslau, Neisse und an anderen Orten. Aber damit wurde die Abneigung des Volkes gegen die Kirche nicht erstickt. Der kühne unter dem Namen Johann von Pirna bekannte Häresiarch war es, der dieser Stimmung bald darauf Ausdruck verlieh. Er war wahrscheinlich ein Fraticelle, da er lehrte, der Papst sei der Antichrist und Rom die Hure von Babylon und die Synagoge Satans. In Breslau nahmen die Behörden und das Volk seine Lehren an, die er offen in den Strassen predigte. Breslau war in kirchlicher Beziehung abhängig von Polen, und im Jahre 1341 wurde der seit dem 23. November 1330 als Inquisitor für die Diözese Breslau bestellte Dominikaner Johann von Schwenkenfeld aus Schweidnitz von Krakau aus entsandt, um dem wachsenden Übel zu steuern. Es traf sich, dass um diese Zeit Bischof Nanker von Breslau wegen des Schlosses Militsch in einen heftigen Streit mit dem Könige Johann von Böhmen verwickelt und, wie man sagte, im Laufe desselben von ihm vergiftet wurde. Das gab den Ketzern eine willkommene Gelegenheit, das Volk gegen den Inquisitor aufzuhetzen. Dieser floh nach Prag, wo er bald darauf, am 28. September 1341, ermordet wurde. Wegen dieses Verbrechens wurden die Einwohner später einer demütigenden Busse unterworfen, während die Gebeine des Johann von Pirna ausgegraben und verbrannt wurden. Die Rache

1) Palacky, op. cit. pp. 15—18. — Flacius Illyricus Catal. Testium veritatis Lib. xv, p. 1505 (Ed. 1608). — Raynald. ann. 1335, Nr. 61—2 (*die Bullen vom 1. Juli und 22. August befinden sich im Vatikanischen Archiv, Reg. Vatic. 119, Nr. 740—743, 764, 765, 769); vgl. auch Riezler, Vatikanische Akten zur Geschichte Ludwigs des Bayern, Nr. 1740, 1749, und Codex diplomaticus Moraviae vii, S. 157, 190. — Wadding. ann. 1335, Nr. 3—4. — H. Haupt a. a. O. S. 30ff. — *Emler, Regesta Bohemiae et Moraviae iv (1892) S. 38 zum Jahre 1334. Ein vom Inquisitor Gallus vorgenommenes Verhör in der Nähe von Neuhaus (um 1340) hat F. Menčik in den Sitzungsberichten der böhm. Gesellschaft der Wissenschaften (1891) S. 280ff. veröffentlicht. Vgl. dazu Haupt, in der Zeitschrift für Kirchengeschichte xiv, S. 3ff

des Himmels schien indessen noch nicht befriedigt zu sein; denn eine Feuersbrunst zerstörte fast die ganze Stadt; während derselben sah eine fromme Frau, wie ein Engel mit gezücktem Schwerte feurige Kohlen zwischen die Häuser warf. Schlesien blieb ein Mittelpunkt der Ketzer, und weder bischöfliche noch päpstliche Inquisitoren waren imstande, sie auszurotten [1]).

So waren Böhmen und die von ihm abhängigen Provinzen gründlich von der Ketzerei, vorwiegend der waldensischen, angesteckt, als mehrere Veränderungen eintraten, die diesem Lande grössere Bedeutung verschafften und seiner geistigen Tätigkeit einen mächtigen Aufschwung gaben. Im Jahre 1344 wurde Prag von seiner weitabgelegenen Metropole Mainz getrennt und zu einem Erzbistum erhoben, welchem der fromme Karl, damals Markgraf von Böhmen, in der Person des Arnest von Pardubitz einen eifrigen und aufge- 432
klärten Oberhirten verschaffte (1343—64). Zwei Jahre später (1346) wurde Karl von den Kurfürsten von Trier und Köln zum König der Römer gewählt, als Gegenkönig Ludwigs des Bayern und als Stütze des Papsttums. Einen Monat später bestieg er, infolge des ritterlichen Todes des blinden Königs Johann in der Schlacht bei Crécy, den böhmischen Thron. Noch einflussreicher und bedeutungsvoller in ihren Folgen war die Gründung der Universität Prag im Jahre 1347, die dank der doppelten Gunst von Papst und Kaiser sofort zu Glanz und Ansehen gelangte. Erzbischof Arnest übernahm das Amt ihres Kanzlers, gelehrte Professoren bestiegen die Lehrstühle; Studenten strömten aus allen Gegenden herbei, und bald wetteiferte die neue Bildungsstätte an Frequenz und Ansehen mit ihren älteren Schwestern Oxford, Paris und Bologna [2]).

Unter diesen Auspizien wurde Böhmen während der zweiten Hälfte des 14. Jahrhunderts eines der blühendsten Königreiche Europas. Die kostbaren Metalle, welche in seinen Bergwerken gewonnen wurden, verschafften ihm Reichtum; die Freiheit, welche seine Landbevölkerung genoss, erhob sie geistig und sittlich über das Niveau der Leibeigenen in anderen Ländern; von seiner Universität ging Bildung und Aufklärung aus. Auf dem ganzen Kontinent war Böhmen

---

1) H. Haupt a. a. O. S. 26, 73. — Krasinsky, Historical sketch of the Reformation in Poland (1838) I, 55—6. — Raynald. ann. 1341, Nr. 27. — Bzovii, Annales ann. 1341, Nr. 7, 8. — *Examen testium super vita et moribus beguinarum in Sweydnitz a. 1332 factum (Scriptores rerum Polonicarum XIII (1889) S. 233ff.); Heyne, Documentierte Geschichte des Bistums Breslau I (1860) S. 736ff., zum Jahre 1341.

2) Werunsky, Excerpta ex Registris Clem. VI., pp. 28, 47. — Raynald. ann. 1347, Nr. 11.

wegen der Pracht seiner Kirchen berühmt, die an Zahl und Grösse nirgends ihresgleichen hatten. In dem Kloster Königssaal, wo die böhmischen Könige begraben lagen, war ringsum an den Mauern des Gartens die ganze Heilige Schrift von der Genesis bis zur Offenbarung in Buchstaben eingegraben, die vom Boden aus immer grösser wurden, so dass man sie alle leicht lesen konnte. In den blutigen Kämpfen der späteren Generationen sah man auf die Regierungszeit König Karls als auf das goldene Zeitalter Böhmens gerne zurück. Aber der Reichtum und die Lebensverfeinerung waren mit Verderbnis der Sitten verbunden. Nirgendwo war die Geistlichkeit weltlicher und entarteter. Das Konkubinat war nahezu allgemein, und Simonie herrschte in allen Rangstufen der Hierarchie; die Sakramente wurden verkauft, und von Kirchenbussen konnte man sich mit Geld loskaufen. Alle Missbräuche, zu denen die Immunität der Geistlichen Gelegenheit bot, standen in Blüte, und das Land wurde überschwemmt von fahrenden Mönchen, denen die Tonsur einen Freibrief gab zu Raub und Streit, zu Würfelspiel und Trinkgelagen. Welchen Einfluss diese Zustände auf die böhmische Kirche ausübten, kann man aus einem einzigen Beispiele ersehen. Im Jahre 1344 machte Clemens VI. Arnest, der damals noch einfacher Bischof
433 von Prag war, auf die zahlreichen Fälle aufmerksam, wo in seiner Diözese minderjährigen Personen entweder durch die Mittel der Gewalt oder der Simonie kirchliche Benefizien verschafft worden waren. Der Abscheu, womit sich der gute Papst über diesen Missbrauch äussert, erhält eine seltsame Beleuchtung durch die Tatsache, dass er selbst vor nicht langer Zeit in Frankreich fünf Mitgliedern einer und derselben Familie im Alter von sieben, acht, neun, zehn und elf Jahren Dispens zur Übernahme von Domherrnstellen und anderen Pfründen erteilt hatte. Wahrscheinlich hatten die Böhmen nicht die geeigneten Mittel angewandt, um die Bestätigung der Kurie für eine solche Übertretung der Kirchengesetze zu erlangen, so dass Clemens jetzt dem Bischof Arnest den Befehl erteilte, die betreffenden Inhaber abzusetzen und ihnen eine gebührende Kirchenstrafe aufzuerlegen. Zugleich erhielt er samt dem päpstlichen Steuereinnehmer die Anweisung, sie zu zwingen, sich mit der päpstlichen Kammer über alle Einkünfte zu benehmen, welche sie so ungesetzlicherweise bezogen hätten. Sobald sie aber auf diese Weise ausgepresst seien, dürfe Arnest sie wieder in ihr Amt einsetzen [1]).

---

1) Aen. Sylvii Hist. Bohem. c. 36. — Naucleri Chron. ann. 1360. — *Monumenta Vaticana res gestas Bohemiae illustrantia, I (1342—52), hrsg. von

Solche schamlosen Beispiele habgieriger Simonie waren nicht geeignet, die Reinheit der böhmischen Kirche zu fördern oder ihre Achtung für den Heiligen Stuhl zu erhöhen, zumal durch die so häufig wiederholten päpstlichen Auflagen die Beziehungen zwischen dem Papsttum und den deutschen Kirchen bis zum äussersten gespannt wurden. Als im Jahre 1355 Innocenz VI., um seine italienischen Kriege führen zu können, für drei Jahre einen Zehnten von allen kirchlichen Einkünften des Reiches verlangte, wurde die ganze deutsche Kirche mehrere Jahre lang in heftigen Aufruhr und Unwillen versetzt. Einige Bischöfe verweigerten die Zahlung, und als das gesetzliche Verfahren gegen sie eingeleitet wurde, legten sie Berufung an die römische Kurie ein, die aber als leichtfertig mit Verachtung zurückgewiesen wurde. Die Bischöfe von Kamin und Brandenburg konnten nur durch die direkte Androhung der Exkommunikation zum Nachgeben gezwungen werden. Andere machten Armut geltend; sie wurden höhnend an die grossen Summen erinnert, die sie ihren armseligen Untertanen erfolgreich abgepresst hätten. Noch andere verhandelten mit der Kurie, so gut sie konnten, und man verständigte sich über jährliche Abzahlungen; wieder andere schlossen sich zusammen und bildeten Vereinigungen, die sich gegenseitig das Wort gaben, Widerstand bis zum äussersten zu leisten. Der 434
Bischof Friedrich von Regensburg tat sogar den kühnen Schritt, den päpstlichen Kollektor gefangen zu nehmen und auf ein sicheres Schloss zu führen. Dem Bischof Philipp von Cavaillon, dem päpstlichen Nuntius, der mit der Leitung des Geschäftes beauftragt war, und seinem Assistenten, dem Archidiakon Heinrich von Lüttich, wurde ein Hinterhalt gelegt, und sie waren froh, durch das tatkräftige Einschreiten des Erzbischofs Wilhelm von Köln mit dem Leben davonzukommen. Als im Jahre 1372 Gregor IX. dieselbe Auflage wiederholte, wurde auch der gleiche Geist des Widerstandes entflammt. Die Geistlichkeit von Mainz gab sich feierlich das Wort, die Steuer zu verweigern, und der Erzbischof Friedrich von Köln versprach seiner Geistlichkeit für den Fall, dass sie dem Papste den Gehorsam ver-

L. Klicman, 1903; II (1378—96), hrsg. von C. Krofta, 1903. — Höfler, Prager Konzilien, pp. 2, 3, 5, 7. — Loserth, Hus und Wiclif (1884) S. 261sqq. — Werunsky, Excerpta ex Registris Clem. VI. p. 1, 2, 3, 13, 25.

Dispensationen zur Bekleidung von Kirchenämtern durch Kinder waren ein alter Missbrauch, wie wir in einem früheren Kapitel (Bd. I, S. 28) gesehen haben. Im Jahre 1297 erteilte Bonifaz VIII. einem zwölfjährigen Knaben aus Florenz die Erlaubnis zur Übernahme einer Pfründe, mit der auch Seelsorge verbunden war. Faucon, Registres de Boniface VIII., Nr. 1761, p. 666. — *Vgl. Sauerland, Vatikanische Urkunden und Regesten zur Geschichte der Rheinlande III (1905), Einleit. S. 61ff.; Westdeutsche Zeitschrift XXVII (1908), 308ff.

weigern wollte, jeglichen Beistand, den die Rücksicht auf seine persönliche Sicherheit erlaubte. Diese einzelnen Zwischenfälle gewähren uns einen wertvollen Einblick in die verschlungenen Beziehungen zwischen dem Heiligen Stuhle und den christlichen Kirchen. Einerseits beherrschte die Menschen ein abergläubischer Schrecken vor der seit Jahrhunderten unbestrittenen Macht des Stellvertreters Christi und die Furcht vor den materiellen Konsequenzen, die eine erfolglose Auflehnung haben konnte. Andrerseits waren sie erbittert über die widerrechtliche Bedrückung, die fortwährend Grund zur Empörung gab, sowie über das öffentliche Zugeständnis einer Verkäuflichkeit und Verderbnis, welche die römische Kurie zu einem Herd der Ansteckung für ganz Europa machte. Zündstoff war also in reichem Masse vorhanden, und eine verstärkte Reibung konnte ihn in jedem Augenblicke zu hellen Flammen auflodern lassen [1]).

Böhmen war ein besonders gefährlicher Boden, da es von dem Sauerteig der Ketzerei gründlich durchdrungen war. Und doch scheinen die Inquisitoren, welche Benedikt XII. im Jahre 1335 ernannt hatte, die letzten päpstlichen Vertreter des Heiligen Offiziums gewesen zu sein, denn von Nachfolgern hören wir nichts mehr. Erzbischof Arnest jedoch machte sich bald nach seinem Amtsantritt entschlossen ans Werk, um die Sitten seiner Kirche zu reinigen und die Ketzerei auszurotten, und er fand in letzterer Beziehung die eifrige Unterstützung des „Pfaffenkaisers" Karls IV. Er hielt häufig Synoden ab, setzte eine Körperschaft von „Korrektoren" ein, deren Pflicht es war, alle Teile der Provinz zu besuchen und alle Übertretungen zu bestrafen, und er organisierte eine bischöfliche Inquisition zu dem Zwecke, die Ketzerei zu entdecken und zu verfolgen. Von seinen Synodalakten sind uns zwar nur Bruchstücke erhalten geblieben, aber die Häufigkeit und der Ernst, womit er auf der Erfüllung dieser letzteren Pflicht bestand, zeigen uns, wie stark die Ketzerei geworden
435 war, und wie viele der Kirche den Rücken gekehrt hatten. Auf der ersten Synode, deren Protokolle uns erhalten geblieben sind (1343), wurde diese Frage an erster Stelle behandelt. Die Archidiakone wurden angewiesen, in ihren Bezirken eine scharfe Untersuchung vorzunehmen, sowohl persönlich als auch durch die Dechanten und die Pfarrgeistlichen, doch so, dass sie keinen Verdacht erregten. Alle, welche

1) Werunsky, op. cit. pp. 89, 94, 98, 99, 102, 111, 120, 135, 136, 140, 141. — Gudeni Cod. Diplom. III, 509. — Hartzheim, Concil. Germ. IV, 510. — *Kirsch, Die päpstlichen Kollektorien in Deutschland während des 14. Jahrhunderts (1894) S. XX, XLII, 299 ff.; Lacomblet, Urkundenbuch für den Niederrhein III, Nr. 732; Sauerland a. a. O. V, Nr. 914, 928, 929, 943, 958, 1020 ff.

der Ketzerei schuldig oder verdächtig befunden würden, sollten sogleich dem Erzbischof oder dem Inquisitor angezeigt werden. Ähnliche Anweisungen erfolgten in den Jahren 1353 und 1355. Nach Arnests Tode (im Jahre 1364) entfaltete sein Nachfolger Johann Ocko, wie aus den Akten der Synoden hervorgeht, die er 1366 und 1371 abhielt, eine ebenso wachsame Tätigkeit. Die Umgebung von Pisek war besonders verseucht. Aus den Akten des Prager Konsistoriums von 1381 ergibt sich, dass ein Priester namens Johl aus Pisek nicht ordiniert werden konnte, weil sowohl sein Vater als auch sein Grossvater Ketzer gewesen waren. Welcher Art diese Ketzerei war, die so von Generation auf Generation überging, wird nicht gesagt, aber es war zweifellos die der Waldenser. In demselben Jahre 1381 hielt der Erzbischof Johann als päpstlicher Legat für seine eigene Provinz und für die Diözesen Regensburg, Bamberg und Meissen ein Konzil zu Prag ab, wo er in beweglichen Worten die Ausbreitung der Waldenser und Sarabiten (wahrscheinlich Begarden) beklagte und zugleich den Bischöfen, welche aus Nachlässigkeit oder Sparsamkeit keine Inquisitoren ernannt hatten, bittere Vorwürfe machte mit der Drohung, dass er selbst solche ernennen werde, wenn sie es nicht bald täten. Als zehn Jahre später die Kirche Ernst machte und energische Verfolgungsmassregeln ergriff, erklärten die verfolgten Waldenser in Brandenburg, dass ihre Lehrer aus Böhmen kämen[1]).

Es ist bemerkenswert, dass bei allen diesen zur Unterdrückung der Ketzerei unternommenen Massregeln nur von bischöflichen Inquisitoren die Rede ist. In der Tat gab es in Böhmen keine päpstliche Inquisition. Die Bulle, wodurch Gregor XI. im Jahre 1372 fünf Inquisitoren für Deutschland ernannte, beschränkt die Jurisdiktion derselben auf die Provinzen Köln, Mainz, Trier, Magdeburg, Salzburg und Bremen (S. 443). Die Kirchenprovinz Prag aber lässt sie absichtlich aus, obwohl man doch hätte erwarten können, dass der glaubenseifrige Karl IV. seinem eigenen Erbkönigreiche die Segnungen dieses Institutes sichern wollte [2]). Das ist noch um so auffallender, als 436
die geistige Bewegung, die von der Universität Prag ausging, eine Anzahl Männer hervorbrachte, die nicht nur berühmt waren wegen ihrer Gelehrsamkeit und ihrer Frömmigkeit, sondern auch wegen des unerschrockenen Mutes, womit sie die Sittenverderbnis der Kirche geisselten und mehrere ihrer einträglichsten Dogmen in

1) Höfler, Prager Konzilien, pp. 2, 5, 12, 14, 26—7. — Loserth, Hus und Wiclif, pp. 32—3, 37. — W. Preger, Beiträge, p. 51. — Flacius Illyricus Catal. Test. Veritatis Lib. xv, p. 1506 (Ed. 1608); *vgl. Haupt a. a. O. S. 34 ff.

2) Mosheim, De Beghardis, p. 381.

Frage zogen. Das Erscheinen dieser Vorläufer von Huss ist einer der bemerkenswertesten Charakterzüge jener Zeit in Böhmen und zeigt, wie der waldensische Geist der Empörung sich unbewusst unter der Bevölkerung ausgebreitet hatte.

Unter diesen Männern war einer der ersten Konrad von Waldhausen, der im Jahre 1369 starb. Die Angriffe, die er in seinen Predigten auf die Laster der Geistlichkeit und besonders der Bettelmönche machte, riefen einen um so tieferen Eindruck hervor, als er ein streng rechtgläubiger Mann war. Hervorragender in jeder Weise war aber Milicz von Kremsier, der im Jahre 1363 seine Ämter niederlegte — das eines Privatsekretärs des Kaisers, das eines Korrektors, welches ihm von dem Erzbischof Arnest übertragen worden war, sowie mehrere reiche Pfründen — um sich ausschliesslich dem Predigen zu widmen. In seinen Predigten, die er in tschechischer, deutscher und lateinischer Sprache hielt, griff er auf Schritt und Tritt mit kühnen Worten die Sünden und Verbrechen sowohl der Geistlichen als auch der Laienwelt an. Nach seiner Ansicht war das Unheil der Zeit so gross, dass er prophezeite, zwischen 1365 und 1367 werde der Antichrist erscheinen. In diesem letzteren Jahre ging er nach Rom, um Urban V. seine Ansichten über das gegenwärtige und zukünftige Schicksal der Kirche vorzutragen. Während er auf die Rückkehr des Papstes wartete, der noch in Avignon weilte, zeigte er durch einen Anschlag an dem Portale der Peterskirche eine Predigt über diesen Gegenstand an, was seine Verhaftung durch die Inquisition zur Folge hatte. Als aber im Oktober der Papst in Rom eintraf, wurde er wieder auf freien Fuss gesetzt und mit Auszeichnung behandelt. Bei seiner Rückkehr nach Prag führte er eine noch heftigere Sprache als vorher. Um ihn unschädlich zu machen, klagten ihn die Geistlichen bei dem Kaiser und dem Erzbischof an; aber der Versuch misslang. Dann stellten sie dem Papste zwölf gegen ihn gerichtete Anklageartikel zu und erlangten im Januar 1374 von Gregor XI. Bullen, die ihn für einen hartnäckigen Erzketzer erklärten, der ganz Böhmen, Polen, Schlesien und die Nachbarländer mit seinen Irrtümern erfüllt habe. Nach der Behauptung seiner Ankläger beschränkte sich Milicz nicht darauf, zu lehren, dass der Antichrist gekommen und die Kirche erloschen sei, sowie dass Papst, Kardinäle, Bischöfe und Prälaten nicht mehr das Licht der Wahrheit leuchten liessen, sondern erlaubte er auch seinen Anhängern eine ungezügelte Befriedigung ihrer Leidenschaften. In der Fastenzeit 1374
437 ging er nach Avignon, wo er mit Leichtigkeit seine Unschuld bewies

und am 21. Mai die Erlaubnis erhielt, vor den Kardinälen zu predigen. Er starb aber am 29. Juni, ehe seine Sache förmlich entschieden und das Urteil verkündet war. Sehr wahrscheinlich war er ein Joachite, einer von denen, welche, wie wir später sehen werden, an die apokalyptischen Prophezeiungen des Abtes Joachim von Flore glaubten und dessen Andenken verehrten[1]).

Dieser Geist der Aufregung und des Unwillens kam aber nicht bloss in den Klagen über kirchliche Missbräuche zum Ausdruck. Die Menschen wurden allmählich kühner und begannen einige der bis dahin nur mit Ehrfurcht betrachteten Dogmen anzuzweifeln, welche den Anlass zu solchen Missbräuchen gegeben hatten. Auf der Synode von 1384 wurde u. a. die Frage erörtert, ob die Heiligen die Gebete hören könnten, die man an sie richtete, und ob der Betende den Segen ihrer Fürsprache wirklich erfahre; der forschende Geist hatte sich also, wie die blosse Tatsache einer solchen Erörterung lehrt, schon an recht bedenkliche Gegenstände herangewagt. Der würdigste Vertreter dieser Bestrebungen war Matthias von Janow, dessen Dienste der Erzbischof Johann von Jenzenstein um 1380 bei seinen Bemühungen um die Reform der unheilbaren Verderbnis des Klerus benutzte. Matthias griff das Übel an der Wurzel an und kam so zu neuen Ketzereien, um derentwillen er dann verfolgt wurde, so dass selbst der Schutz des Erzbischofs zu seiner Sicherheit nicht ausreichte. So lehrte er, dass die Bilder von Christus und den Heiligen aus den Kirchen verbannt und verbrannt werden müssten, da sie Götzendienerei erzeugten; dass die Reliquien keinen Wert hätten und die Vermittlung der Heiligen nutzlos sei. Ausserdem vertrat er die Ansicht, dass jedermann täglich das Abendmahl nehmen müsse, eine Lehre, die ihre Schatten schon auf die späteren eucharistischen

1) Loserth, Hus und Wiclif, pp. 49, 50—2. — Loserth, in der Realencyklopädie ³XIII (1903), 68 ff. — Raynald. ann. 1374, Nr. 10—11. — *Am 13. Januar 1374 ersuchte Papst Gregor XI. die Erzbischöfe von Gnesen und von Prag sowie die Bischöfe von Breslau, Leitomischl, Olmütz und Krakau dringend, dafür zu sorgen, dass gegen den frühern Prager Kanonikus Millezius, der 'predicationis officio, quod sibi non competit, usurpato multos errores non solum temerarios et iniquos sed etiam hereticos et scismaticos . . . predicare in tua civitate et diocesi presumpsit hactenus et presumit', energisch vorgegangen werde, 'condolentes ab intimis (cum non sint aliquatenus toleranda) et de negligentia tue fraternitatis et aliorum antistitum, in quorum civitatibus et diocesibus idem Millezius et sui complices conversantur, ac inquisitorum heretice pravitatis in illis partibus deputatorum . . . . plurimum admirantes'. Am 10. Februar ersuchte er Kaiser Karl IV., den weltlichen Arm hierfür zu Verfügung stellen zu wollen (Vatik. Archiv, Reg. Vatic. 266, fol. 1 und 270, fol. 13, Avin. idus Januarii anno IV., IV. idus Februarii anno IV.). Eine Anzahl von Prager Inquisitoren um diese Zeit zählt auf W. Tomek, Geschichte der Stadt Prag V (1881), S. 116.

Streitigkeiten warf, welche in den hussitischen Wirren eine so grosse Rolle spielten. Alle diese Irrtümer musste er auf der Synode von 1389 öffentlich widerrufen. Die ihm auferlegte Strafe aber war sehr milde. Er durfte nur ein halbes Jahr lang ausserhalb seiner eignen Parochialkirche nicht predigen und keine Beichte hören — eine übel angebrachte Nachsicht, die er damit belohnte, dass er dieselben Irrtümer später noch kühner als vorher verkündete und nun sogar behauptete, dass auch die Laien zum Abendmahl in beiderlei Gestalt zuzulassen seien. Matthias stand nicht allein mit seinen heterodoxen Lehren. Auf derselben Synode von 1389 musste auch ein Priester namens Andreas dieselbe Ketzerei bezüglich der Bilder widerrufen, und einem anderen namens Jakob wurde für zehn Jahre das Predigen untersagt, weil er derartige Ansichten noch kräftiger
438 zum Ausdruck gebracht und sogar gelehrt hatte, dass die Fürbitten für die Toten nutzlos seien, dass die hl. Jungfrau ihren Verehrern nicht helfen könne, dass infolgedessen der Erzbischof zu Unrecht denjenigen einen Ablass gewährt habe, welche ihr Bild verehrten, und dass die Äusserungen der heiligen Kirchenlehrer nicht anerkannt zu werden brauchten[1]).

Andere ernste Männer, welche den Weg für die kommenden Ereignisse in Böhmen vorbereiteten, waren Heinrich von Oyta, Thomas von Stitny, Johann von Stekna und Matthäus von Krakau. Schritt für Schritt erweiterten sich die freien Anschauungen. Als im Jahre 1393 ein päpstlicher Ablass in Prag gepredigt wurde, wagte ihn der Pfarrer an der St. Martinskirche in der Altstadt, Wenzeslaus Rohle, als einen Betrug zu bezeichnen, freilich aus Furcht vor den Pharisäern nur durch die Blume. Das alles konnte natürlich den Waldensianismus nur begünstigen, wie man an der umfassenden Tätigkeit erkennen konnte, welche die Sektierer entfalteten. Böhmische Missionare waren es, welche die Gemeinden in Brandenburg und Pommern gründeten. Und ein wohlunterrichteter Schriftsteller behauptet, wie wir gesehen haben, im Jahre 1395, dass sie in Thüringen, Meissen, Böhmen, Mähren, Österreich und Ungarn nach Tausenden zählten, obgleich sich etwa tausend von ihnen innerhalb zweier Jahre in den Gebieten von Thüringen bis Mähren hätten bekehren lassen[2]).

---

1) Höfler, Prager Konzilien, pp. 33, 37—9. — Schweinitz, History of the Unitas Fratrum (Bethlehem, Pa., 1885, pp. 25—6). — *Goll, Quellen und Untersuchungen zur Geschichte der böhmischen Brüder I, 30.

2) Loserth, Hus und Wiclif, pp. 54, 56—7, 63—4, 68—9. — Montet, Hist. Lit. des Vaudois, p. 150. — Peter von Pilichdorf, Tract. contra Waldenses c. 15 (Magna Bibliotheca Patrum XIII, 315). — *Haupt a. a. O. S. 51 ff.

Während so Böhmen der Schauplatz einer Agitation war, deren Ende niemand voraussagen konnte, entstand in England eine ähnliche Bewegung, die einen noch schnelleren Verlauf nahm und dazu bestimmt war, einen entscheidenden Einfluss auf den Ausgang zu gewinnen. Seit der Begründung der Theokratie durch Gregor VII. hatte die Hierarchie niemals eine so grosse Gefahr zu bestehen gehabt als durch die Angriffe Johann Wiclifs (1320—84). Zum ersten Male sah ein Mann von scholastischer Bildung, der mit scharfem und klarem Verstande begabt und in allen Richtungen der Philosophie und Theologie jener Zeit bewandert war, sich veranlasst, die Herrschaft in Frage zu ziehen, welche die Kirche über das diesseitige und jenseitige Leben ihrer Mitglieder erlangt hatte. Es war nicht ein armer Bauer oder Handwerker, der herausfand, dass die von der Kanzel und dem Beichtstuhl aus verkündeten Lehren sowie das von der Priesterklasse dem Volke gegebene Beispiel im Widerspruch mit der Heiligen Schrift standen. Es war vielmehr ein Mann, der an Gelehrsamkeit und Kraft der Beweisführung den hervorragendsten Gelehrten des Mittelalters 439
gleichkam, der sich nicht nur auf Christus und die Apostel, sondern auch auf die Väter und Doktoren der Kirche, auf die Dekretalen und Kanones, auf Aristoteles und seine Kommentatoren stützen, der alle diese Autoritäten in jener den Schülern und Lehrern der Theologie so liebgewordenen Kunst der Dialektik handhaben und seine Lehren in einem philosophischen System zusammenfassen konnte, das den geistigen Bedürfnissen seiner Zeit angepasst war. Wohl hatte auch Wilhelm von Occam das alles überwuchernde päpstliche Kirchensystem mit kühnem Mute angegriffen; aber er war ein Parteigänger Ludwigs des Bayern und hatte mit Marsilius von Padua nur das Ziel im Auge, den Staat über die Kirche zu stellen. Mit der Unterwerfung des Kaisertums unter das Papsttum waren die Bemühungen beider untergegangen und ihre Arbeiten in Vergessenheit geraten. Die Ungläubigkeit der Averrhoisten aber hatte niemals unter dem Volke Wurzel geschlagen und war von der Kirche klugerweise mit verachtungsvoller Milde behandelt worden. Das Geheimnis des Einflusses Wiclifs bestand darin, dass ihn nur sein eifriges Suchen nach Wahrheit zu seinen Schlüssen geführt hatte. Seine Ansichten entwickelten sich allmählich, so wie er von einem Punkte zu dem anderen übergeleitet wurde. Er schonte weder die Fürsten noch die Bischöfe und bemühte sich vielleicht eifriger, die Armen zu unterweisen, als die Grossen durch seine Lehren zu beeinflussen. Männer aller Rangstufen, vom Bauern bis zum Gelehrten, erkannten ihn als einen

Führer an, der danach strebte, sie besser, stärker und tapferer zu machen in dem Kampfe gegen die Sünde. Kein Wunder also, dass sein Werk nicht bloss eine vorübergehende Bedeutung hatte, sondern dass der Ruf dieses Erzketzers in alle Schulen eindrang, und dass sein Name überall gleichbedeutend wurde mit Auflehnung gegen das Priestersystem, wie denn einfache Waldenser Spaniens und Deutschlands hinfort häufig Wiclifiten genannt wurden. Wenn aber seiner Lehre längere Dauer beschieden war, so war das vor allem seinen böhmischen Schülern zu verdanken; in seinem eigenen Lande wurde sie nach einer kurzen Periode schneller Ausbreitung durch die gemeinsamen Bemühungen von Kirche und Staat vollständig wieder ausgerottet.

Da Huss seine Lehren in fast allen Einzelheiten von seinem Meister Wiclif entlehnt hat, so müssen wir, um den Charakter der hussitischen Bewegung zu verstehen, einen kurzen Blick auf die Ansichten des englischen Reformators werfen. Ungefähr vier Jahre nach seinem Tode, in den Jahren 1388 und 1389, richtete man eine Anklage von 25 Artikeln gegen seine Anhänger, worauf diese eine in dem kräftigsten Englisch geschriebene Erwiderung verfassten, in der sie seine Lehren summarisch zusammenstellten. Es gibt wenige Dokumente jener Zeit, die ein interessanteres Bild bieten von der Verweltlichung und der Verderbtheit der Kirche und von dem heftigen Unwillen, der durch den hässlichen Kontrast zwischen der Lehre
440 Christi und der Lebensweise seiner vorgeblichen Stellvertreter hervorgerufen wurde. Bemerkenswert ist dabei, dass die einzige rein spekulative Abweichung, die die Wiclifiten sich zuschulden kommen liessen, die Eucharistie betrifft. Alle anderen beziehen sich auf die Lehren, welche der Kirche die Kontrolle über die Seelen und über den Geldbeutel der Gläubigen übertrugen, oder auf die Missbräuche, die durch die Verweltlichung und die Zügellosigkeit des Klerus erzeugt wurden. Es war eine wesentlich praktische Reform, die durchweg von gesundem Menschenverstand getragen wurde und sich in Anbetracht der Grösse der Missstände, welche auf der Christenheit lasteten, wunderbar frei von Übertreibungen hielt.

Nach dem erwähnten Dokumente waren die Lehren Wiclifs kurz folgende. Die Päpste der Epoche sind die Verkörperung des Antichrist. Die ganze Hierarchie, vom Papste abwärts, muss mit Recht verflucht werden wegen ihrer Habgier, ihrer Simonie, ihrer Grausamkeit, ihrer Herrschsucht und ihres schlechen Lebenswandels. Wenn die Priester sich nicht bessern, „werden sie tiefer als Judas

Ischariot verdammt werden." Dem Papste braucht man keinen Gehorsam zu leisten, seine Dekretalen sind null und nichtig. Um die Exkommunikation durch ihn oder durch seine Bischöfe braucht man sich nicht zu kümmern. Die Ablässe, die jedem für Geld angeboten oder den Kreuzfahrern für die Erschlagung christlicher Mitbrüder verliehen werden, sind eitel Lug und Trug. Die Schlüsselgewalt in frommen Händen wird nicht geleugnet. „Sicherlich, so wie Priester von heiligem Lebenswandel und tüchtiger Kenntnis der Hl. Schrift die Schlüssel des Himmels besitzen und Stellvertreter von Jesus Christus sind, so haben lasterhafte Priester, die die Hl. Schrift nicht kennen aber voll Stolz und Begierde sind, die Schlüssel der Hölle und sind die Stellvertreter Satans." Die Ohrenbeichte mag nützlich sein, notwendig ist sie nicht, denn die Menschen sollen ihr Vertrauen auf Christus setzen. Die Bilderverehrung ist wider das Gesetz, Darstellungen der Dreieinigkeit sind zu verbieten. „Es scheint, dass diese Bilderopfer eine schlaue Erfindung des Antichrist und seiner Geistlichen sind, um den Armen Almosen zu entlocken ... Sicherlich, diese Bilder tun an und für sich der Seele des Menschen weder Gutes noch Böses — aber sie können, wenn es kalt ist, dem Menschen Wärme verschaffen, indem man sie ins Feuer wirft." Die Anrufung der Heiligen ist nutzlos. Der beste von ihnen kann nur tun, was Gott angeordnet hat; viele von diesen gewohnheitsmässig Angerufenen sind in der Hölle, denn in den neueren Zeiten werden die Sünder leichter kanonisiert als heilige Männer. Dasselbe ist mit ihren Festtagen der Fall. Diejenigen der Apostel und der frühesten Heiligen dürfen gefeiert werden, die übrigen nicht. Der Gesang ist beim Gottesdienst zu unterlassen. Das Gebet ist ebenso wirksam an irgendeinem andern Orte wie in der Kirche, denn die Kirchen sind nicht heilig. „Alle diese Kirchen sind arg beschmutzt und von Gott 441
verflucht, weil darin die Ehre verkauft wird und weil auf die Bücher falsche Eide geleistet werden. Sie sind Räuberhöhlen und Wohnungen des bösen Feindes." Geistliche dürfen nicht in Pracht und Üppigkeit leben, sondern wie die Armen, „indem sie durch ihren Umgang ein Beispiel der Frömmigkeit geben". Der Kirche müssen alle Temporalien genommen werden; was zum Unterhalt ihrer Mitglieder nötig ist, muss Gemeingut sein. Zehnten und Opfer dürfen sündigen Priestern nicht gegeben werden. Es ist Simonie, wenn ein Priester Bezahlung erhält für seine geistlichen Dienstleistungen, doch darf er sich seine Arbeit in ehrlichen Berufen, z. B. als Lehrer oder Buchbinder, bezahlen lassen. Es ist auch keinem verboten, bei der Messe

ein Opfer zu spenden, vorausgesetzt, dass er dadurch nicht mehr erlangen will, als was ihm von dem Opfer zukommt. Alle Pfarrpriester und Vikare, die ihren Beruf nicht erfüllen, sind abzusetzen, besonders diejenigen, welche nicht ihre Residenzpflicht erfüllen. Ferner müssen alle Priester und Diakone eifrig predigen, ohne dazu einer besondern Erlaubnis oder eines besondern Auftrages zu bedürfen [1]).

Alle diese Glaubenssätze, die man den Wiclifiten vorwarf, wurden von ihnen als richtig anerkannt und in der schärfsten Weise verteidigt, aber zwei Artikel wiesen sie als falsch zurück. Wiclifs Lehren hatten, wie man sieht, eine so nahe Verwandtschaft mit denjenigen der Waldenser, dass ihm die Orthodoxen natürlicherweise auch zwei ausgesprochen waldensische Irrtümer zuschrieben, nämlich erstens, dass alle Eide wider das Gesetz seien, und zweitens, dass Priester, die im Zustande der Todsünde sich befinden, die Sakramente nicht spenden könnten. Auf den ersten Punkt erwiderten seine Anhänger, dass sie zwar alles unnötige Schwören verwürfen, aber zugäben, dass „wenn es zur Förderung der Wahrheit nötig sei, der Mensch wohl schwören dürfe, wie es einst Gott in dem Alten Testamente getan habe“. Bezüglich des zweiten Punktes erklärten sie, dass der sündige Priester denjenigen die Sakramente wohl wirksam spenden könne, welche sie würdig empfangen, dass er sich selbst aber dadurch die Verdammnis zuziehe. Da auch die Fraticellen um diese Zeit eine grosse Bedeutung erlangt hatten, so lag die weitere Anschuldigung nahe, die Wiclifiten hielten den vollständigen Verzicht auf Eigentum zum Seelenheil für unbedingt erforderlich. Das aber leugneten sie mit der Erklärung, der Mensch könne sich recht wohl auf ehrliche Weise ein Vermögen erwerben und es behalten, vorausgesetzt, dass er einen guten Gebrauch davon mache [2]).

Alle diese antipriesterlichen Lehren folgten unmittelbar aus
12 der Augustinischen Lehre von der Prädestination, die Wiclif mit konsequenter Logik durchführte, indem er alle menschliche Vermittlung, die Fürsprache der Heiligen, die Rechtfertigung durch die guten Werke und den ganzen Apparat, welchen die Kirche zum

1) *Loserth, Wiclifs Lehre vom wahren und falschen Papsttum, in der Historischen Zeitschrift 99 (1907), 237 ff.; Loserth, Die ältesten Streitschriften Wiclifs; Studien über die Anfänge der kirchenpolitischen Tätigkeit Wiclifs und die Überlieferung seiner Schriften (1908); Realencyklopädie [3]xxi (1908), 225 ff.

2) Arnolds, English Works of Wyclif, iii, 454—96. Vgl. Vae octuplex (Ib. ii, 380); Of Mynystris in the Chirch (Ib. ii, 394); Vaughans Tracts and Treatises, p. 226; Trialogi iii, 6, 7; Trialogi Supplem. c. 2. — Loserth, Mitteilungen des Vereines für Gesch. der Deutschen in Böhmen, 1886, S. 384 ff.

Kauf und Verkauf des Seelenheils in Bewegung setzte, verwarf. Hierin wie in seinen übrigen Lehren folgte ihm Huss. Aber der Unterschied zwischen seinen Grundsätzen und den orthodoxen der Thomisten und andrer Scholastiker war zu fein, als dass die Kirche sie leichter Hand hätte verurteilen können[1]).

Wiclifs einziger spekulativer Irrtum von Bedeutung lag, wie gesagt, in seiner Bemühung, das Geheimnis der Eucharistie mit der handgreiflichen Tatsache in Einklang zu bringen, dass auch nach der Konsekration das Brot Brot und der Wein Wein blieb. Er leugnete ihre Verwandlung in den Leib und das Blut Christi nicht; sie seien, sagte er, wirklich gegenwärtig bei dem Opfer; aber er leugnete die Transsubstantiation und stellte eine Theorie auf, dass Brot und Wein zwar blieben, was sie waren, dass aber die göttlichen Elemente mit ihnen verbunden würden. In diese gefährlichen Spitzfindigkeiten folgte Huss seinem Lehrer nicht. Es war der einzige Punkt, wo der Böhme von dem Gedankengange des Engländers abwich; und doch diente er, wie wir sehen werden, später zum Hauptvorwande, um ihn auf den Scheiterhaufen zu schicken[2]).

Wiclifs Laufbahn als Ketzerführer war ohne Beispiel. Das erklärt zum grossen Teil, was sonst unbegreiflich sein würde, wie seine Lehren in Böhmen immer weiter um sich greifen und geduldet werden konnten, und wie Huss in aller Unschuld nicht glauben wollte, dass man ihn selbst als einen Ketzer betrachten könne. Schon 1377, als Wiclif die Bestrebungen Eduards III., die päpstlichen Einkünfte zu schmälern, unterstützte, sah sich Gregor XI. veranlasst, seine sofortige Verfolgung als Ketzer zu befehlen; aber die politische Lage war derart, dass sie die Ausführung dieses Befehls unmöglich machte. Er wurde niemals auch nur exkommuniziert und konnte in Frieden sein Leben am letzten Tage des Jahres 1384 auf seinem Rektorat zu Lutterworth beschliessen. Rom tat keine weiteren Schritte; erst in Prag warf man später die Frage seiner Ketzerei auf. Obgleich im Jahre 1409
Alexander V. dem Erzbischof Zbinco befahl, nicht zuzugeben, dass 44
Wiclifs Irrtümer gelehrt oder seine Bücher gelesen würden, so ent-

1) Trialogi II, 14; IV, 22. — Jo. Hus, De Ecclesia, c. 1. (Monument. I, fol. 196—7, Ed. 1558.) — Wil. Wodford adv. Jo. Wiclefum (Fascic. Rerum expetend. et fugiend. I, 250, Ed. 1690). Unter denjenigen Neuerungen, welche das Konzil von Prag im Jahre 1412 als Irrtümer aufzählte und verurteilte, befindet sich die Prädestinationslehre nicht (Höfler, Prager Konzilien, S. 72), dagegen spielt sie in dem Verfahren gegen Huss auf dem Konzil von Konstanz eine Rolle (P. Mladenowic Relatio, Palacky Documenta, p. 317).

2) Wiclif, De eucharistia (*vgl. Johannis Wyclif, Latin Works, hrsg. von Buddensieg, Loserth, Lane Poole, Dziewski (1883—92) Bd. VIII).

schied doch im nächsten Jahre 1410, als Johann XXIII. seine Schriften einer Kommission von vier Kardinälen zur Begutachtung vorlegte und diese eine Versammlung von Theologen zur Prüfung derselben berief, eine Majorität, dass der Erzbischof Zbinko kein Recht gehabt habe, sie zu verbrennen. Erst auf dem Konzil von Rom im Jahre 1413 wurde ihre Verurteilung in aller Form und autoritativ ausgesprochen, und dem Konzil von Konstanz (1415) war es vorbehalten, Wiclif als einen Erzketzer zu bezeichnen, die Ausgrabung seiner Gebeine zu befehlen und seine Lehren mit der Autorität der allgemeinen Kirche als Irrlehren zu kennzeichnen. Huss durfte wohl mit Recht bis zum letzten Augenblicke an die Echtheit der um das Jahr 1403 nach Prag gebrachten, in Wirklichkeit aber gefälschten Briefe glauben, in denen die Universität Oxford Wiclif für vollkommen rechtgläubig erklärte, und er konnte mit ruhigem Gewissen behaupten, dass dessen Bücher in England noch immer gelesen und anerkannt würden[1]).

Die Heirat Annas von Luxemburg, der Schwester Wenzels von Böhmen, mit Richard II. von England im Jahre 1382 hatte einen lebhaften Verkehr zwischen beiden Ländern zur Folge, der bis zu dem Tode der Königin Anna im Jahre 1394 fortdauerte. Während der durch Wiclifs Controversen veranlassten Aufregung besuchten viele Böhmen England und brachten die Schriften des Engländers mit nach Prag, wo sie grossen Beifall fanden. Huss erzählt uns, dass sie seit etwa 1390 an der Universität Prag gelesen und von da an beständig studiert wurden. Bei der in ganz Deutschland herrschenden Empörung über die schamlose Simonie und den Ablassverkauf, welcher die späteren Jahre Bonifaz' IX. kennzeichnete, sowie bei der grossen Zahl von Waldensern, die im geheimen ihre Ansichten verbreiteten, war es erklärlich, dass viele rechtgläubige Böhmen jetzt denselben Weg wie Wiclif betraten. Soweit wie der kühne Engländer hatte seither noch kein Böhme sich vorgewagt. Jetzt erhielt die Bewegung, welche seit der Mitte des Jahrhunderts begonnen hatte, einen neuen Anstoss dadurch, dass die Werke Wiclifs in zahllosen Abschriften verbreitet und gelesen wurden. Eine Handschrift in der Hofbibliothek

---

1) Raynald. ann. 1377, Nr. 4—6. — Lechler, Leben Wiclifs II, 288—90, 343—7. — Loserth, Hus und Wiclif, pp. 101—2, 121. — Palacky, Documenta Mag. Johannis Hus, p. 189, 203, 313, 374—6, 426—8, 467. — Harduin. Concil. VIII, 203. — Von der Hardt III. XII, 168; IV, 153, 328. — Jo. Hus Replica contra P. Stokes (Monumenta I, 108a); *von der im Erscheinen begriffenen czechischen Ausgabe: Mag. Joannis Hus, Opera omnia (Prag, 1904ff.) liegen seither drei Bände vor. — Höfler, Prager Konzilien, S. 53.

zu Wien zählt neunzig Abhandlungen Wiclifs auf, die in Böhmen 444
bekannt waren. Hier müssen wir also auch die Überreste seiner umfangreichen Werke suchen, von denen der grössere Teil in der Heimat mit Erfolg unterdrückt worden war. Es dauerte nicht lange, so wurde er als der fünfte Evangelist verehrt und ein Bruchstück von seinem Grabsteine in Prag als Reliquie aufbewahrt. Noch deutlicher aber redet von seinem bestimmenden Einflusse die Tatsache, dass Huss nicht nur seinen Argumenten getreulich folgte, sondern bisweilen sogar die Anordnung und selbst den Wortlaut seiner Traktate beibehielt [1]).

Johann von Husinec, gewöhnlich Huss genannt, welcher der Hauptvertreter und der erste Märtyrer des Wiclifismus in Böhmen wurde, soll im Jahre 1369 geboren sein. Da seine Eltern arm waren, musste er sich schon früh sein Brot selbst verdienen. Im Jahre 1393 erlangte er den Grad eines Baccalaureus der freien Künste, 1394 wurde er Baccalaureus der Theologie, 1396 wurde er Magister der freien Künste; die Doktorwürde aber erlangte er niemals, obwohl er schon im Jahre 1398 Vorlesungen an der Universität Prag hielt. Im Jahre 1401 wurde er Dekan der philosophischen Fakultät und im Jahre 1402 Rektor. Seltsamerweise bekannte er sich zu der Philosophie der Realisten und erlangte grossen Beifall durch seine Controversen mit den Nominalisten. Die ersten Jahre seiner Laufbahn liessen kaum ahnen, dass er dereinst ein Reformator werden würde. Im Jahre 1392, wo er nichts als trockene Krusten zu beissen hatte, gab er seine letzten vier Groschen für einen Ablass aus. Im Jahre 1400 wurde er zum Priester ordiniert und zwei Jahre später zum Prediger an der Bethlehemskapelle ernannt, wo er durch seine ernste Beredsamkeit bald zum geistlichen Führer des Volkes wurde. Nicht lange darauf begann er die Schriften Wiclifs zu studieren, wodurch sein Gefühl für die üblen Wirkungen einer verderbten Kirche verschärft wurde. Und als kurze Zeit nach seiner Konsekration (im Jahre 1403) Erzbischof Zbinco von Hasenburg ihn zum Prediger für die jährlichen Synoden ernannte, benutzte Huss die günstige Gelegenheit, um der versammelten Geistlichkeit eine Reihe der schroffsten Angriffe gegen ihre Verweltlichung und ihren schändlichen Lebenswandel ins Gesicht zu schleudern, infolge deren sie dem allgemeinen Hasse und der Ver-

1) Loserth a. a. O. S. 79, 114, 161 ff. — Mitteilungen des Vereins für Gesch. der Deutschen in Böhmen (1886) 395 ff. — Joh. Hus, Monument. I, 25 a, 108 a. — Nider, Formicarius Lib. III, c. 9, fol. 50 a. — Von der Hardt IV, 328. — Gobelin. Person, Cosmidromius Aetat. VI, c. 86—7 (*hrsg. von M. Jansen, 1900, S. 144 ff.).

achtung des Volkes anheimfiel. Im Oktober 1407, nach einer besonders kräftigen Strafrede, wurde der Unwille unter den Geistlichen so stark, dass sie eine formelle Klage gegen ihn bei dem Erzbischof
445 Zbinco einreichten, worauf er seiner Stellung enthoben wurde. Um diese Zeit sah man in ihm den Führer der Bestrebungen, die Kirche zu reinigen und sie zu ihrer alten Einfachheit zurückzuführen. Seine Mitarbeiter in dieser Richtung waren Stephan von Palecz, Stanislaus von Znaim, Johann von Jessinetz, Hieronymus von Prag und viele andere durch Gelehrsamkeit und Frömmigkeit ausgezeichnete Männer. Einigen von ihnen war er an geistigen Gaben nicht gewachsen, aber sein furchtloser Sinn, seine unbeugsame Gerechtigkeit, sein reines Leben und sein freundliches Wesen gewannen ihm die liebevolle Verehrung des Volkes und machten ihn zu seinem Abgott[1]).

Die Leidenschaften wurden erregt und der Streit heftiger. Die alte Eifersucht und der langgenährte Hass zwischen den Deutschen und Tschechen trugen dazu bei, den religiösen Streit unversöhnlich zu machen. Die Geistlichkeit hatte sich durch ihre Laster und ihre Bedrückungen das Volk entfremdet. Den feurigen Strafreden in der Bethlehemskapelle wurde begierig gelauscht, und Wiclifs Lehre, dass das ganze Priestersystem keine Existenzberechtigung habe, wurde als eine Offenbarung mit Freuden begrüsst und schnell durch alle Volksklassen verbreitet. König Wenzel war geneigt, sie zu unterstützen, so weit es seine Trägheit und seine Bequemlichkeit gestatteten, und die Königin Sophie war noch günstiger dafür gestimmt. Die Geistlichkeit und ihre Gönner dagegen konnten nicht ruhig zusehen, dass sie ihrer Vorrechte und ihres Wohlstandes beraubt wurden, obwohl von der römischen Kurie, deren Einfluss damals durch das Schisma geschwächt wurde, eine wirksame Unterstützung kaum erwartet werden konnte. Zunächst wurden die Prediger, welche die Laster des Klerus angriffen, als Ketzer in das Gefängnis geworfen oder des Landes verwiesen, und die Schriften Wiclifs, die den Schlüssel

---

1) Loserth a. a. O. S. 13, 75—8, 98—100. — Jo. Hus, Monument. II, 25—52. — *Lechler, Johannes Hus (1889); Loserth, in der Realencyklopädie [3] VIII (1900), 472 ff. — Für die Predigten von Huss (hrsg. Prag 1907/08) vgl. Mitteilungen des Instituts für österr. Geschichtsforschung 29 (1908), 672 ff.

Selbst Aeneas Sylvius (Hist. Bohem. c. 35) erkennt an, dass Huss durch die Reinheit seines Lebens sich auszeichnete, und der Jesuit Balbinus behauptet, dass ihm seine strenge Lebensweise, seine Bescheidenheit, seine Freundlichkeit gegen alle, selbst gegen die Niedrigsten, die allgemeine Gunst gewonnen habe. Kein Mensch habe geglaubt, dass ein so frommer Mann andere täuschen oder selbst getäuscht werden könne, sodass das Andenken dieses ungetreuen Sohnes der Kirche in Prag wie das eines Heiligen verehrt werde (Bohuslai Balbini Epitome Rer. Bohem. Lib. V, c. V, p. 431).

zu der Stellung der Gegner bildeten, scharf angegriffen, wobei man aber auf verzweifelten Widerstand stiess. Ihr schwacher Punkt bestand darin, dass sie die Transsubstantiation durch die Lehre von dem Nebeneinandersein der irdischen und göttlichen Elemente ersetzten. Obgleich Huss und seine Anhänger diese Ansicht verwarfen, so diente sie doch als die ungedeckte Stelle, von wo aus die ganze feindliche Linie durchbrochen werden konnte. Die Synode von 1405 stellte die Lehre von der Transsubstantiation in der unbedingtesten Form fest. Jeder, der anders lehrte, wurde für einen Ketzer erklärt und sollte dem Erzbischof zur Bestrafung angezeigt werden. Aber Wiclifs Ansichten fanden, wie man auch aus einem 446
im Jahre 1400 verfassten Traktate des Thomas von Stitny ersicht, hartnäckige Verteidiger; denn das Gebot der Anzeige wurde im Jahre 1406 in einer noch drohendern Form wiederholt. Schon im Jahre 1403 hatte die Universität Prag eine Reihe von fünfundvierzig Artikeln aus den Werken Wiclifs in aller Form verdammt. Um diese entspann sich ein leidenschaftlicher Kampf. Im Jahre 1408 wurde das Anathem gegen sie wiederholt, und im Juli 1410 verbrannte der Erzbischof Zbinco feierlich in dem Hofe seines Palastes zweihundert der verbotenen Bücher. Das Volk aber rächte sich dafür, indem es durch die Strassen zog und Spottlieder sang des Inhalts, der Bischof habe Bücher verbrannt, die er nicht lesen könne. Seine Unwissenheit war allgemein bekannt, man behauptete sogar, er habe das Alphabet erst nach seiner Erhebung auf den erzbischöflichen Stuhl kennen gelernt [1]).

In dem 1408 wiederausbrechenden Streite zwischen den Gegenpäpsten hielt es König Wenzel für politisch klug, neutral zu bleiben; er veranlasste die Universität, Boten an die Kardinäle zu schicken, die sowohl Benedikt XIII. als auch Gregor XII. die Gefolgschaft aufgesagt hatten. Zu dieser Abordnung gehörten auch Stephan von Palecz und Stanislaus von Znaim; die ganze Gesellschaft fiel jedoch in Bologna dem päpstlichen Legaten Balthasar Cossa (dem späteren Johann XXIII.) in die Hände, der sie alle, als der Ketzerei verdächtig, ins Gefängnis

1) Palacky, Documenta, pp. 3, 56. — Berger, Johannes Hus und König Sigmund, S. 5. — Loserth, a. a. O. S. 82, 98—100, 103—105, 111—12, 270. — Höfler, Prager Konzilien, S. 43—6, 51—3, 57, 60, 61—2. — Hist. Persecutionis Ecclesiae Bohem. p. 29.

Wiclif blieb bis zuletzt die Hauptautorität der Hussiten. Noch ein halbes Jahrhundert später beriefen sich auf ihn die beiden Parteien, in welche sie sich gespalten hatten. Vgl. Peter Chelcickys Erwiderung an Rokyczana, bei Goll, Quellen und Untersuchungen zur Geschichte der böhmischen Brüder, II, 83—4.

warf, und es bedurfte keiner geringen Anstrengungen, sie wieder frei zu bekommen. Dieses Abenteuer kühlte den Eifer von Stephan und Stanislaus ab, sie änderten nach und nach ihre Stellung und wurden, wie wir sehen werden, aus den wärmsten Freunden die gefährlichsten und unversöhnlichsten Feinde des Huss[1]).

In dieser Angelegenheit hatte die Universität die Wünsche des Königs nicht mit dem Eifer unterstützt, welchen er erwartet hatte, und er war deshalb mit ihr unzufrieden. Diese Stimmung des Königs benutzte nun Huss, um in dem Institut, das bisher das Haupthindernis für seine Reformpläne gewesen war, eine Revolution hervorzurufen. Die Universität war, nach der gewöhnlichen Regel, in vier „Nationen" geteilt. Da jede dieser Nationen eine Stimme hatte, so sahen sich
447 die Böhmen beständig von den Fremden überstimmt. Man schlug daher vor, die Verfassung der Universität Paris anzunehmen, wo die französische Nation drei Stimmen und alle auswärtigen Nationen zusammen nur eine hatten. Wenzel schwankte, wie er sich zu diesem Vorschlag stellen sollte, was die Entscheidung verzögerte; aber im Januar 1409 unterzeichnete er das Dekret, welches die Veränderung anordnete. Da gaben sich die deutschen Studenten und Professoren das Wort, entweder die Zurücknahme der Verordnung durchzusetzen oder die Universität zu verlassen. Da sie das erstere nicht erreichen konnten, verliessen sie die Stadt in grossen Scharen, gründeten die Universität Leipzig und verbreiteten in ganz Europa das Gerücht, Böhmen sei ein Ketzernest. Der Damm war nun durchbrochen, und die Flut des Wiclifismus brach herein über das Land, ohne einen Widerstand zu finden, der das weitere Vordringen hätte hemmen können. Vergebens befahlen Alexander V. und Johann XXIII. dem Erzbischof Zbinco, die Ketzerei zu unterdrücken, vergebens hielt der streitlustige Prälat Versammlungen ab und sandte drohende Dekrete in die Welt. Die Flut riss alles nieder, und schliesslich, im Jahre 1411, verliess Zbinco seinen undankbaren Sitz, um sich an Wenzels Bruder Sigmund, der kurz vorher zum Könige der Römer gewählt worden war, zu wenden, starb aber unterwegs[2]).

Damit war das letzte Hindernis gefallen. Der neue Erzbischof, Albik von Unicow, bisher Leibarzt des Königs Wenzel, war alt und schwach und mehr darauf bedacht, Geld aufzuhäufen als den Glauben zu verteidigen. Er trug, wie es hiess, immer den Schlüssel zu seinem

1) Loserth a. a. O. S. 105—6. — Palacky, Documenta, pp. 345—6, 363—4.
2) Loserth a. a. O. S. 106—10, 123—4. — Palacky, Documenta, pp. 181, 347, 350—62. — Höfler, Prager Konzilien, S. 64—70. — Raynald. ann. 1409, Nr. 89.

Weinkeller bei sich, hatte nur eine alte Köchin und verkaufte gewöhnlich die Geschenke, die ihm gemacht wurden. Da er in einer so kritischen Zeit einem solchen Posten gar nicht gewachsen war, so dankte er im Jahre 1413 ab. Ihm folgte Konrad von Vechta, der sich nach kurzem Bedenken auf die Seite der Anhänger des Huss schlug. Während dieser Wirren scheint zwar die päpstliche Inquisition in Prag eingeführt worden zu sein, seltsamerweise aber an der hussitischen Bewegung nichts entdeckt zu haben, was ein Einschreiten ihrerseits erfordert hätte, obwohl sie doch gegen die Waldenser und andere anerkannten Ketzer vorzugehen verstand. Als im Jahre 1408 der König dem Erzbischof Zbinco befahl, der Ketzerei gründlich nachzuforschen, wurde der unter dem Namen Abraham bekannte Nikolaus von Vilenowič, Priester an der Kirche zum Hl. Geiste in Prag, wegen seiner waldensischen Ansichten vor den Richterstuhl der bischöflichen Inquisitoren Moritz und Jaroslav gezogen und wegen seiner Behauptung, er könne im Auftrage Christi ohne Erlaubnis des Erzbischofs predigen, ins Gefängnis geworfen. Huss verwandte sich für ihn. Seine 448
Befreiung aber liess auf sich warten, weil er sich weigerte, auf die Evangelien einen Eid zu leisten, den er schon im Namen Gottes geleistet hatte. Was diese Verwendung des Huss für Folgen hatte, zeigte sich auf dem Konzil von Konstanz, wo einer der gegen ihn vorgebrachten Anklagepunkte darin bestand, dass er die Waldenser und andere Ketzer begünstigt habe. Und doch gab ihm, als er im Begriff stand, seine verhängnisvolle Reise nach Konstanz anzutreten, der päpstliche Inquisitor Nikolaus, Bischof von Nazareth, ein notariell beglaubigtes ausdrückliches Zeugnis mit, dahin lautend, dass er ihn schon lange genau kenne, dass er niemals eine ketzerische Äusserung von ihm vernommen und dass ihn niemals jemand wegen einer Ketzerei vor Gericht angeklagt habe. Die hussitische und waldensische Bewegung waren zu nahe miteinander verwandt, als dass Huss nicht mit diesen anerkannten Ketzern hätte sympathisieren sollen, und bei der tatsächlichen geistlichen Anarchie dieser stürmischen Jahre muss sich der Einfluss des Waldensianismus immer fühlbarer gemacht haben, so dass die Sektierer ihr Haupt immer kühner und immer offener erheben konnten[1]).

So schien sich alles verschworen zu haben, um den Fortschritt der Revolution zu beschleunigen. Huss, der sich bis dahin hauptsäch-

---

1) Aeneae Sylvii Hist. Bohem. c. 35. — Loserth a. a. O. S. 137. — Palacky, Documenta, pp. 184-5, 342-3. — Palacky, Beziehungen, S. 19—20. — Jo. Hus Monumenta I, 2—3.

lich auf Angriffe gegen den Zustand der böhmischen Kirche beschränkt hatte, begann nun auch, solche gegen das Papsttum selbst zu richten, und fand in den Schriften Wiclifs eine reiche Rüstkammer von Argumenten, deren er sich sehr wirkungsvoll bediente. Auch in anderer Beziehung nahm er sich den Engländer zum Muster, nämlich in der Aussendung von Missionaren. Dieses Mittel war für den Zweck, den man dabei im Auge hatte, ganz besonders geeignet, da die Böhmen für Predigten ein sehr empfängliches und williges Ohr hatten. Schon seit dem Jahre 1371 hatte das unerlaubte Predigen, das durch die Nachlässigkeit des Klerus selbst sehr begünstigt wurde, häufig Anlass zu Klagen gegeben, aber die wiederholte Einschärfung des Verbotes zeigt, wie fruchtlos es bisher gewesen war. So wurde die Sehnsucht des Volkes nach religiöser Unterweisung, die die Kirche so vortrefflich zu ihren Gunsten hätte ausnutzen können, den Agitatoren überlassen, denen die Leute trotz des Anathema der Priester in Scharen zuströmten und voll Andacht lauschten. Die Folge war, dass die grosse Masse des Volkes, von den Adligen bis zu den Bauern, die neuen Lehren begierig annahm und bereit war, bis zum Tode für sie einzutreten [1]).

Die Dinge gingen mit Riesenschritten einem Bruch mit Rom ent-
449 gegen. Im Jahre 1410, bald nach seiner Thronbesteigung, machte Johann XXIII. dem Kardinal Otto Colonna Mitteilung von den Klagen über Huss, welche nach Rom gelangten. Colonna forderte diesen daher am 20. September auf, persönlich in Rom zu erscheinen. Huss sandte jedoch Vertreter, die vom Kardinal an den Papst appellierten, aber ins Gefängnis geworfen und strenge behandelt wurden. Ehe über die Berufung entschieden war, sprach Colonna im Februar 1411 die Exkommunikation über ihn aus, und am 15. März wurde sie in Prag in allen Kirchen, mit Ausnahme von zweien, verkündet. Das Volk aber blieb auf der Seite von Huss. Infolgedessen wurde das Interdikt über die Stadt verhängt, aber kein Mensch kümmerte sich darum, und Huss predigte weiter. Während so die Dinge eine immer drohendere Gestalt annahmen, führte ein neuer Zündstoff die Explosion herbei. Wie Wiclif zu neuer Feindschaft gegen das Papsttum aufgestachelt worden war durch den Kreuzzug, welchen der Bischof von Norwich auf Befehl Urbans VI. wegen der Unterstützung des Gegenpapstes Clemens' VII. gegen Frankreich gepredigt hatte, und wie Luther aus seiner Verborgenheit hervortreten sollte, als

1) Loserth, a. a. O. S. 120, 123–4. — Höfler, Prager Konzilien, pp. 5, 15, 18, 31, 32, 46, 57.

Leo X. Geld brauchte und Tetzel deshalb den Ablasshandel betrieb, so wurden die Böhmen zu energischem Widerstande gereizt, als Johann XXIII. gegen Ende des Jahres 1411 gegen den auf seiten Gregors XII. stehenden König Ladislaus von Neapel einen Kreuzzug mit Ablässen vom Hl. Lande predigen liess. Stephan von Palecz, bis dahin mit Huss verbunden, war damals Dekan der theologischen Fakultät. Die Bekanntschaft, die er mit dem Gefängnis zu Bologna gemacht hatte, liess ihm einen Widerstand gegen Johann XXIII. bedenklich erscheinen, und so erklärte er, dass niemand berechtigt sei, die Verkündigung des Ablasses zu verhindern. Huss war kühner, und es entstand eine Controverse zwischen ihnen, die ihre frühere Freundschaft in Feindschaft verwandelte und bittere Früchte tragen sollte. Am 16. Juni 1412 veranstaltete er in dem Carolinum eine Disputation, welche die Schlüsselgewalt, die Grundlage des ganzen päpstlichen Systems, in kräftigen, zündenden Worten angriff. Die Absolution, erklärte er, sei abhängig von dem subjektiven Zustande des Büssenden. Wie können die vielen Päpste, die Ablässe gewährt haben und selbst verurteilt sind, ihre Sündenvergebungen vor Gott rechtfertigen? Die Ablassverkäufer sind Diebe, welche vermittelst schlauer Lügen nehmen, was sie durch Gewalt nicht bekommen können. Der Papst und die gesamte streitende Kirche begehen oft Irrtümer, und eine ungerechte päpstliche Exkommunikation braucht nicht beachtet zu werden. Auf diese Disputation folgten andere Traktate und Predigten, welche die Erregung des Volkes bis zu ihrem Höhepunkte steigerten. Wenzeslaus Tiem, Dechant von Passau, dem die Predigt des Kreuzzugs in Böhmen anvertraut war, bot die Ablässe den Meistbietenden 450
an, was zu den üblichen Skandalen führte, die wohl danach angetan waren, den Unwillen des Volkes zu erregen[1]).

Einige Tage nach der Disputation zog die Menge unter der Führung Woks von Waldstein, eines Günstlings König Wenzels, nach dem Pranger hin und verbrannte dort die päpstlichen Ablassbullen. Allgemein bekannt ist die Erzählung, wonach Hieronymus von Prag eine führende Rolle bei diesen Vorgängen spielte; es wird berichtet, dass man die Bullen einer Prostituierten um den Hals band, die dann einen Wagen bestieg und den Pöbel mit unanständigen Gebärden anlockte. Die Teilnehmer an diesem Auftritt wurden nicht bestraft,

---

1) Loserth a. a. O. S. 121—3, 130. — Palacky, Documenta, pp. 19—21, 191, 233. — Mladenovic, Relatio (Palacky, p. 319). — Jo. Hus, Disputatio contra Indulgentias (Monument. i, 174—89); Ejusd. contra Bullam PP. Joannis (Ib. i, 189—91); Ejusd. Serm. xxii, de Remissione Peccatorum (Ib. ii, 74—5).

und Wok von Waldstein erfreute sich nach wie vor der Gunst des Königs. Das war eine förmliche Herausforderung des Papstes. Welche Stimmung in dem Volke herrschte, zeigte sich am 12. Juli, als in drei verschiedenen Kirchen drei junge Handwerker, Martin, Johann und Stanislaus, die Prediger, welche die Ablässe verkündeten, unterbrachen und als Lügner bezeichneten. Sie wurden verhaftet und, trotzdem Huss für sie eintrat, enthauptet. Viele andere wurden eingesperrt, einige auch gefoltert. Da nahm das Volk eine drohende Haltung an. Die drei Enthaupteten wurden als Märtyrer verehrt. Das Volk scharte sich zusammen und befreite die Gefangenen. Bald darauf suchte ein an den Türen seiner Kirche bettelnder Karmelitermönch die Freigebigkeit der Frommen dadurch zu erwecken, dass er auf einem Tische eine Sammlung von Reliquien mit den damit verbundenen Ablässen ausstellte. Ein Schüler des Huss nannte das einen Betrug und stiess den Tisch um, worauf ihn die Mönche festnahmen. Aber eine Schar von bewaffneten Männern drang in das Haus ein und befreite ihn, was nicht ohne Blutvergiessen abging[1]).

Johann XXIII. musste wohl oder übel den Fehdehandschuh aufheben, den man ihm so hingeworfen hatte. Die böhmischen Geistlichen richteten einen Appell an ihn und stellten ihm in beweglichen Worten die Bedrückungen vor, die sie zu leiden hätten, und die so weit gingen, dass viele von ihnen ermordet worden seien. Die Antwort liess nicht lange auf sich warten. Sie brachte für Huss die grosse Exkommunikation, die in Prag in ihrer ganzen furchtbaren Feierlichkeit verkündet wurde. Die Bethlehemskapelle sollte dem
451 Erdboden gleichgemacht, seine Anhänger sollten exkommuniziert werden; alle, welche nicht binnen dreissig Tagen ihre Ketzerei abschwören würden, sollten sich persönlich vor der römischen Kurie verantworten. Trotzdem predigte Huss weiter. Als man einen Versuch machte, ihn auf der Kanzel zu verhaften, nahm die versammelte Gemeinde eine so drohende Haltung an, dass man davon Abstand nehmen musste. Er appellierte an ein allgemeines Konzil und dann an Gott in einem Proteste, welcher in begeisterten Worten das gegen ihn ausgesprochene Urteil für null und nichtig erklärte. Bald darauf veröffentlichte er eine Abhandlung „De Ecclesia", worin er in den stärksten, Wiclif entlehnten Ausdrücken das Papsttum angriff. Der Papst, so heisst es darin, ist kein Papst und kein wahrer Nach-

---

1) Loserth a. a. O. S. 131. — Palacky, Documenta, p. 640. — Schweinitz, History of the Unitas Fratrum, pp. 41—2. — Stephani Cartus. Antihussus c. 5 (Pez, Thesaur. Anecd. IV. ɪɪ, 380, 382).

folger Petri, solange er dem Petrus nicht nachahmt. Ein Papst, der dem Geiz ergeben ist, ist der Stellvertreter des Judas Ischariot. Dasselbe gilt von den Kardinälen. Wofern sie nicht durch die Pforte des Herrn eintreten, sind sie Diebe und Räuber. Allein die Geistlichkeit gehorchte — und zwar zum grössten Teil gern — der Exkommunikationsbulle, und die Anwesenheit von Huss führte dazu, dass alle kirchlichen Handlungen in Prag aufhörten. Gottesdienst fand nicht statt, die Neugeborenen wurden nicht getauft, die Toten blieben unbeerdigt. Um die Spannung dieser Lage zu mildern, zog sich Huss auf das Ersuchen des Königs hin auf die Burg Kosí hrádek (s. von Prag) zurück, von wo er die Bewegungen seiner Anhänger in der Stadt leitete und eine eifrige schriftstellerische Tätigkeit entfaltete, deren wichtigste Frucht eben die Schrift „De Ecclesia“ war, die am 8. Juli 1413 öffentlich in der Bethlehemskapelle verlesen wurde [1]).

König Wenzel hatte seither vergebens versucht, die Wirren zu schlichten, in denen die Leidenschaften täglich heftiger wurden und die der Rassenhass zwischen Deutschen und Tschechen noch mehr verwickelte. Eine bunte Reihe von Disputationen, Beratungen und Gegenschriften, die die Parteien nur noch mehr erbitterten und die Eintracht in immer weitere Ferne rückten, füllte die erste Hälfte des Jahres 1413 aus. Es gab tatsächlich keinen Mittelweg, keinen Ausgleich, in dem die Streitenden sich hätten vereinigen können. Es war nicht mehr die Rede von der Besserung der Sitten der Geistlichkeit, über deren Notwendigkeit doch alle einig waren. Der Streit drehte sich jetzt um die Ursachen der Verderbnis der Geistlichkeit, die, wie Wiclif und Huss und ihre Jünger deutlich erkannten, grade aus denjenigen Grundsätzen entsprangen, auf welche der ganze Bau des römischen Kirchentums gegründet war. Die Schlüsselgewalt war 452
entweder eine für das Seelenheil der Menschen vitale Wahrheit, oder sie war eine Lüge, die die Geistlichen schlau erfunden und kühn verwertet hatten, um ihre Herrschgelüste und ihre Habgier zu befriedigen. Alle dialektische Spitzfindigkeit vermochte diese beiden sich gegenüberstehenden Postulate nicht zu versöhnen; das Argumentieren trug nur dazu bei, dass jede Partei noch eigensinniger bei ihrer Überzeugung blieb. Es konnte nur eine von beiden den schliesslichen Sieg davontragen, und nur durch Gewalt konnte der

1) Höfler, Prager Konzilien, pp. 73, 110. — Loserth a. a. O. S. 132—5. — J. Hus, Monumenta I, 17; Ejusd. de Ecclesia c. 14 (Monumenta I, 223; vgl. Wiclif, De Ecclesia c. 18, bei Loserth, p. 188). — Palacky, Documenta, pp. 458, 464—66.

Streit entschieden werden. Seiner fruchtlosen Bemühungen müde, machte Wenzel endlich der Sache ein kurzes Ende, indem er die Führer der Konservativen, Stephan von Palecz, Stanislaus von Znaim, Peter von Znaim und Johann Elias, verbannte. Stanislaus zog sich nach Mähren zurück, wo er in Wort und Schrift eine unglaubliche Tätigkeit in der Abfassung von Streitschriften entfaltete. Dann brach er nach Konstanz auf, starb aber unterwegs. Stephan überlebte ihn und rächte seinen Freund und sich selbst[1]).

Huss und seine Anhänger waren nun Herren des Schlachtfeldes. Obgleich er, abgesehen von einem Besuche, den er gelegentlich incognito dort abstattete, bis zu seiner Abreise nach Konstanz nicht wieder nach Prag zurückkehrte, konnte er, als er auf dem Konzil sich erhob, um seinen Anklägern entgegenzutreten, mit Recht sagen: „Ich bin aus freien Stücken hierhergekommen. Wäre es nicht mein Wille gewesen zu kommen, so hätten weder der König noch der Kaiser mich zwingen können. So zahlreich sind die böhmischen Barone, die mir gewogen sind und die mir ihren Schutz gewährt hätten!“ Und als der Kardinal Peter d'Ailly unwillig ausrief: „Sehet die Unverschämtheit dieses Mannes!“ und ein Murren durch die Versammlung lief, stand Johann von Chlum ruhig auf und sagte: „Er spricht die Wahrheit; denn ich könnte ihn, obgleich meine Macht klein ist im Vergleich zu derjenigen anderer in Böhmen, mit Leichtigkeit ein Jahr lang gegen die ganze Macht beider Monarchen verteidigen. Urteilt also, um wie viel mehr die es könnten, deren Streitkräfte grösser und deren Schlösser stärker sind als die meinigen“[2]).

Während so in Böhmen die Verteidiger der alten Ordnung der Dinge zum Schweigen gebracht und die Sitten der Geistlichkeit mit rauher Hand gebessert wurden, breitete sich in der ganzen Christenheit die Nachricht aus, dass das lange ersehnte allgemeine Konzil zur Beilegung des Schismas, zur Reformation der Kirche an Haupt und Gliedern und zur Unterdrückung der Ketzerei, endlich zusammen-
453 berufen werden sollte. Es hatte vieler Anstrengungen bedurft, um dieses Ziel zu erreichen. Bis dahin war es der Politik der italienischen Päpste, zuletzt noch in Pisa (1409), gelungen, die gefürchtete Entscheidung hinauszuziehen. Der Druck wurde jedoch immer stärker, bis man ihm nicht länger widerstehen konnte. Da jeder

1) Höfler, Prager Konzilien, pp. 73—100. — Loserth a. a. O. S. 142—5. — Palacky, Documenta, p. 510. — Mladenowic, Relatio (Palacky, Documenta, p. 246).

2) Von der Hardt IV, 313.

der sich feindlich gegenüberstehenden Stellvertreter Christi auf die Anhänger der beiden anderen einen Hagel von Bannflüchen herabsandte, wurde der geistliche Zustand der Gläubigen immer bedrängter; und eine Lösung dieser angstvollen Frage wurde zur dringendsten Notwendigkeit für alle, welche noch glaubten, was die römische Kirche seit tausend Jahren beharrlich gelehrt hatte. Durch diesen Streit war auch der politische Zustand Europas in hoffnungslose Verwirrung geraten, und Friede war nicht zu erwarten, solange ein so gefährliches Element der Zwietracht fortbestand. Das war besonders in Deutschland der Fall, wo ein jeder der unabhängigen Fürsten und Bischöfe sich einen Papst nach seinem Belieben auswählte, was zu bitteren und verwickelten Streitigkeiten führte. In zweiter Linie verlangten nach Abhilfe und Besserung die Missbräuche und die Verderbnis der Kirche, die Käuflichkeit und Zügellosigkeit des Klerus; denn ihr begegnete man überall, auf Schritt und Tritt, von den Höfen der Päpste an bis zu dem kleinsten Dorfe. Auch die Gefahr der Ketzerei machte ein Einschreiten dringend notwendig. England war innerhalb seiner Grenzen mit dem Lollardentum allein fertig geworden[1]), aber in Böhmen sahen die Dinge drohend aus; hier war Sigmund, der als der Erbe seines kinderlosen Bruders Wenzel zum Kaiser erwählt worden war, tief besorgt um die Beruhigung des Königreiches. Vergebens bemühte sich Johann XXIII., das Konzil in Italien abhalten zu lassen, wo er die Beratungen kontrollieren konnte. Die Nationen bestanden auf einem Orte, wo das Parlament der Christenheit frei und ungehindert zusammenkommen und ohne Störung beraten könne. Sigmund wählte die Bischofsstadt Konstanz. Johann, von Ladislaus von Neapel hart bedrängt und aus Rom vertrieben, musste nachgeben. Am 9. Dezember 1413 veröffentlichte er eine Bulle, welche die Versammlung auf den 1. November des folgenden Jahres dorthin berief. Nicht nur sollten alle Bischöfe und religiösen Körperschaften vertreten sein, sondern auch alle Fürsten und Herrscher persönlich oder durch Bevollmächtigte teilnehmen. Briefe König Sigmunds, die der Bulle beigefügt waren, gaben die sichere Gewähr, dass Staat und Kirche ihre Macht vereinigen würden, um das von allen ersehnte Ziel zu erreichen[2]).

---

1) *Am 18. August 1355 hatte der Papst Innocenz VI. den Bischof Johann von York darauf hingewiesen, dass in seiner Diözese Ketzereien in bezug auf die Wirkung der guten Werke und auf die Erbsünde verbreitet würden, und ihn ersucht, dagegen 'iuxta canonicas sanctiones' vorzugehen (Rom, Vatik. Archiv, Reg. Vatic. 230, fol. 17, Villanova xv. Kal. Sept. anno III).

2) Leonardi Aretini Commentarii (Muratori SS. R. I. XIX., 927—8). —

451 Seitdem Innocenz III. zwei Jahrhunderte vorher auf der Höhe seiner Macht die Vertreter der römischen Christenheit berufen hatte, um mit ihnen im Lateran Beratungen zu pflegen, hatte die Christenheit keine solche Versammlung gesehen. Dieses neue Konzil mochte sich nicht so vieler mit der Mitra geschmückten Häupter wie das frühere zu rühmen haben, aber es war eine weit wichtigere Versammlung. Ursprünglich zusammenberufen, um über die Ansprüche der Gegenpäpste zu Gericht zu sitzen, war schon sein blosses Dasein eine Anerkennung, dass es über dem Nachfolger Petri stehe. Von seiner Entscheidung gab es keine Berufung, und die Fragen, die ihm unterbreitet wurden, waren weit wichtiger als diejenigen, welche das Gewissen der Väter im Lateran beschäftigt hatten. Aus jedem Teil Europas schickte die Kirche ihre besten und würdigsten Vertreter, um in diesem für ihr Schicksal so kritischen Zeitpunkte ihre Meinung abzugeben, Männer wie den Kanzler Gerson und den Kardinal Peter d'Ailly von Cambrai, die ebenso ernst auf Reformen bedacht waren und ein ebenso scharfes Gefühl für das vorhandene Unrecht hatten wie Wiclif oder Huss selbst. Die Universitäten entsandten ihre gelehrtesten Doktoren der Theologie und des kanonischen Rechtes; die Fürsten und Machthaber waren entweder selbst anwesend oder liessen sich vertreten. Dazu kamen Scharen von Menschen jeder Lebensstellung, von dem Adligen bis zum Gaukelspieler. Schon die Grösse dieser Versammlung rief einen mächtigen Eindruck auf die Gemüter aller Zeitgenossen hervor, so dass bei der Schätzung der Zahl der Anwesenden die Phantasie seltsame Blüten getrieben hat. Ein Chronist versichert uns, dass ausser den Mitgliedern des Konzils sechzigtausendfünfhundert Personen, darunter etwa sechzehntausend Männer adligen Bluts vom Ritter und Knappen aufwärts bis zum Fürsten, anwesend waren. Derselbe Gewährsmann teilt uns mit, dass auch vierhundertundfünfzig Freudenmädchen erschienen waren. Aber eine amtliche, sorgfältig abgewogene Schätzung des Konzils berechnet diese Zahl auf nicht weniger als siebenhundert. Im Volke erzählte man sich, dass selbst „succubi" an dem nichtswürdigen Treiben in Konstanz teilgenommen hätten. So war die Kraft und die Schwäche, die Tugend und das Laster des fünfzehnten Jahrhunderts zusammengekommen, um, so

---

Harduin VIII., 231. — Theod. a. Niem, Vita Joann. XXIII. Lib. II, c. 37 (Von der Hardt II, 384). — Palacky, Documenta, pp. 512—18.

Für die in Deutschland durch das Schisma verursachte Verwirrung vgl. Haupt, in der Zeitschrift für Kirchengeschichte IV (1883), 356—8; *Pastor, Geschichte der Päpste I, 148 ff.

gut man konnte, dem Unheil abzuhelfen, das die Kirche zu zermalmen drohte. Nach vielen Zweifeln und langem Zögern erfüllte auch Johann XXIII. sein Versprechen und kam persönlich zur Versammlung, indem er sich auf seine Schätze von Gold verliess, mit denen er über seine Gegner und über das Konzil selbst zu triumphieren hoffte [1]).

Huss konnte nicht umhin, sein Schicksal in Konstanz zu versuchen. Sowohl für König Sigmund als auch für Wenzel musste es von 455
der höchsten Wichtigkeit sein, dass irgendeine autoritative Entscheidung dem Streite in der böhmischen Kirche ein Ende machte. Die Reformer hatten immer beteuert, ihre Wünsche einem allgemeinen, freien Konzile unterwerfen zu wollen, und Huss selbst hatte von dem päpstlichen Urteil der Exkommunikation an ein solches Konzil appelliert. Hätte er jetzt geschwankt, so hätte er damit sein Lebenswerk vernichtet und zugestanden, dass er den versammelten frommen und gelehrten Männern der Kirche nicht zu begegnen wagte, und dass er ein Ketzer sei. Seine zahlreichen Gegner unter den böhmischen Geistlichen, die durch seine bitteren Schmähungen empört worden waren, und die infolge der Agitation, an deren Spitze er gestanden hatte, ihrer Ämter verlustig gegangen waren, begaben sich sicherlich dorthin, um ihn anzuschwärzen und seine Sache falsch darzustellen. Alles musste also verloren sein, wenn er nicht erschien, um sich persönlich zu verteidigen. Sie hatten ihn schon lange verhöhnt, weil er es nicht gewagt habe, der an ihn ergangenen Aufforderung nachzukommen und vor dem Heiligen Stuhle sich einzufinden, und sie hatten seine Berufung von der päpstlichen Exkommunikation an Christus gradezu für eine Gotteslästerung erklärt [2]). Zögerte er, seine Sache dem Konzil zu unterwerfen, so bot er damit seinen Gegnern einen unschätzbaren Vorteil. So unglaublich es aber auch erscheinen mag angesichts seiner heftigen Angriffe auf die herrschende Simonie — trotz der Hartnäckigkeit, womit er die Gültigkeit seiner Exkommunikation leugnete, glaubte er, dass er sich in vollkommener Einheit mit der Kirche befinde, dass ihm das

1) Joh. Fistenport, Chron. (Flores temporum) ann. 1415 (Hahn, Collectio Monumentorum ineditorum I, 401). — Dacherii Hist. Magnatum (von der Hardt V. II, 50). — Theod. a Niem, Vita Joann. XXIII. Lib. I, c. 40 (ib. II, 388). — Nider, Formicarius, Lib. V. ap. IX. — *Finke, Bilder vom Konstanzer Konzil (1903), S. 9ff.

2) *Am 30. April 1414 hatte Papst Johann XXIII. den Bischof Johann von Leitomischl dringend ersucht, entschieden gegen Huss und seine Anhänger vorzugehen, sowie auf den Erzbischof Konrad von Prag, den Administrator Wenzel von Olmütz und die Inquisitoren entsprechend einzuwirken (Mitteilungen des Instituts für österr. Geschichtsforschung XXIII (1902) S. 598ff.).

Konzil die wohlwollende Zustimmung zu seinen Ansichten nicht versagen würde, und dass die Predigten, auf die er sich vorbereitet hatte, wenn er sie den versammelten Bischöfen vortrüge, wirkungsvoll genug sein würden, um die Reformen, zu deren Anwalt er sich gemacht hatte, auch durchzusetzen. Seine einfache Sinnesart konnte nicht begreifen, dass Männer, welche wohl ebenso heftig wie er selbst gegen herrschende Missbräuche und Verderbnisse gedonnert, jedoch nicht gewagt hatten, die Grundsätze anzugreifen, die die Quelle des Übels waren, entsetzt vor seinen kühneren dogmatischen Abweichungen zurückschrecken und ihn als einen Ketzer betrachten würden, welcher der Vorschrift der Inquisition unterworfen werden müsse, die nur die nackte Wahl zwischen Widerruf oder Scheiterhaufen liess[1]).

456 Als ihm daher der Wunsch des Königs Sigmund, er möchte in Konstanz erscheinen, zugleich mit dem Versprechen freien Geleites und jeglicher Bürgschaft für seine persönliche Sicherheit bekanntgegeben wurde, willigte er mit Freuden ein, und er war so ängstlich besorgt, bei der Eröffnung des Konzils zugegen zu sein, dass er nicht einmal den versprochenen Geleitsbrief abwartete, so dass er ihn erst nach seiner Ankunft in Konstanz empfing[2]). Dass seine Freunde vorher eine Besprechung abhielten und die Gefahr erwogen, die ihm dort drohen könne, ist nicht zu bezweifeln. Als Hieronymus von Prag später vor den Schranken des Gerichts stand, behauptete er, er habe Huss zu der Reise überredet, und in einem seiner Briefe aus der Gefangenschaft spricht dieser von den Warnungen, die ihm zugegangen seien. Er war offenbar selbst nicht ganz frei von bösen Ahnungen; hatte er doch bei seinem Schüler, dem Magister Martin, einen versiegelten Brief hinterlassen, der erst bei der Nachricht von seinem Tode geöffnet werden sollte. Darin weist er hin auf die Verfolgung, die er erduldet habe, weil er dem unordentlichen Leben der Geistlichkeit einen Zügel habe anlegen wollen, und er spricht die Erwartung aus, dass diese Verfolgung bald ihr Ende erreichen werde.

---

1) Stephani Cartus. Dial. Volatilis c. 11, 14, 21 (Pez, Thesaur. Anecd. IV. II, 465, 473, 492). — Die drei Predigten, die Huss zu dem Zwecke vorbereitet hatte, sind in seinen Werken gedruckt (Monumenta I, 44—56). Die erste handelt von der ausreichenden Wirksamkeit des Gesetzes Christi in bezug auf die Regierung der Kirche, in der zweiten setzt er ausführlich seinen Glauben auseinander, in der dritten spricht er über den Frieden und schreibt darin die Spaltungen und Wirren der Kirche dem Stolze, der Habsucht und den Lastern der Geistlichkeit zu.

2) *K. Müller, König Sigmunds Geleit für Hus (Historische Vierteljahrsschrift I (1898), 41 ff.).

Er trifft Anordnungen über seine paar Habseligkeiten, seinen grauen und seinen weissen Rock, die sechzig Groschen, die sein ganzes irdisches Vermögen bilden, und äussert Gewissensbisse über die Zeit, die er vor seiner Ordination mit Schachspielen vergeudet habe, wobei er sowohl als auch die Mitspieler die Ruhe verloren hätten. Eine unverstellte Einfalt und Herzensreinheit leuchtet, einem göttlichen Lichte gleich, aus den kurzen Worten seiner letzten Bitte hervor. Ein in der Volkssprache an seine Anhänger geschriebener Brief gibt auch der Befürchtung Ausdruck, seine Feinde möchten ihm auf dem Konzil durch falsches Zeugnis nach dem Leben trachten. Er bittet daher seine Freunde, für ihn zu beten, dass ihm Gott Beredsamkeit schenke, um die Wahrheit aufrecht zu erhalten und Standhaftigkeit bis zum letzten Augenblicke zu bewahren. Gleichwohl liess er die Vorsichtsmassregeln nicht ganz ausser acht. Er verschaffte sich nicht nur von dem Inquisitor Nikolaus, dem Bischof von Nazareth, das schon erwähnte Zeugnis seiner Rechtgläubigkeit vom 30. August 1414, sondern er liess auch am 26. August in lateinischer und böhmischer Sprache die Nachricht in der Stadt Prag anschlagen, er wolle vor dem Erzbischof, der damals eine Synode der böhmischen Geistlichkeit abhielt, erscheinen, und forderte alle, die gegen seinen Glauben etwas zu sagen hätten, auf, vorzutreten und ihn entweder vor dieser Versammlung oder in Konstanz anzuklagen. Er sei bereit, sich der Bestrafung wegen Ketzerei zu unterwerfen, wenn er überführt werde, aber er verlangte, dass die Ankläger, wenn sie ihre Behauptungen nicht zu beweisen vermöchten, der Talion unterworfen werden sollten. Als Johann von Jessinez, sein Vertreter, am anderen Tage an der Tür der Versammlung erschien, wurde ihm der Zutritt verweigert unter dem Vorwande, die Versammlung berate über nationale Angelegenheiten, er solle ein anderes Mal wiederkommen. In einer Versammlung der Adligen jedoch erlangte Huss eine Audienz 457
des Erzbischofs, der, zugleich päpstlicher Legat, erklärte, er finde keine Schuld an Huss, ausser dass er sich von der Exkommunikation reinigen müsse. Darüber liess sich dieser eine beglaubigte Urkunde ausstellen und schickte sie an König Sigmund mit der Erklärung, er sei bereit, unter dem königlichen Geleit nach Konstanz zu gehen, um öffentlich den Glauben zu verteidigen und, wenn nötig, für denselben zu sterben [1]).

Huss brach am 11. Oktober 1414 auf unter dem schützenden

1) Mladenowic, Relatio (Palacky, Documenta, p. 237). — Von der Hardt IV, 754. — Jo. Hus, Monumenta I, 2—4, 57, 68. · Palacky, Documenta, pp. 70, 73.

Geleite der Brüder Johann und Heinrich von Chlum und Wenzels von Duba, die alle drei seine Freunde und zu dem Zwecke von Sigmund abgeordnet waren. Der Reiterzug bestand aus mehr als dreissig Pferden und zwei Wagen. Vor ihm her zog mit einem eintägigen Vorsprung der Bischof Johann von Lübeck, welcher verkündigte, dass Huss in Ketten nach Konstanz gebracht werde, und das Volk warnte, ihn anzusehen, da er in den Herzen der Menschen lesen könne. Schon hatte sein Name ganz Deutschland erfüllt. Diese Ankündigung war ein weiterer Anlass dafür, dass Scharen von Menschen zusammenströmten, um ihn auf seinem Durchzuge zu betrachten. Die Aufnahme, die er fand, trug dazu bei, seiner verhängnisvollen Selbsttäuschung neue Nahrung zu geben. Überall, so schrieb er an seine Freunde, werde er als ein geehrter Gast und nicht als ein Exkommunizierter behandelt; wo er Rast gemacht habe, sei das Interdikt nicht verkündet worden, mit Magistratspersonen und Geistlichen habe er Glaubensfragen erörtert. In allen Städten liess er eine Bekanntmachung an den Kirchentüren anschlagen, dass er auf dem Wege nach Konstanz sei, um seinen Glauben zu verteidigen, und forderte jeden, der denselben angreifen wolle, auf, es vor dem Konzil zu tun. Als er am 19. Oktober Nürnberg erreichte, ging er, anstatt sich von seinem Wege zu entfernen, um den König Sigmund aufzusuchen und den versprochenen Geleitsbrief in Empfang zu nehmen, graden Wegs nach Konstanz, während Wenzel von Duba an den Hof zog und ihm das Dokument einige Tage nach seiner Ankunft einhändigte; es war datiert vom 18. Oktober [1]).

Am 3. November erreichte Huss Konstanz und wurde von zwölftausend Menschen begrüsst, die sich versammelt hatten, um den gefürchteten Ketzer und Reformator zu sehen. Das Konzil war noch nicht eröffnet worden. In einem Briefe vom 10. November berichtet ein Mitglied der Versammlung, es sei noch keiner von den
458 königlichen Gesandten angekommen; zwar sei Johann XXIII. mit seinen Kardinälen erschienen, von seinen Rivalen, Gregor XII. und Benedikt XIII., sei aber noch kein Vertreter eingetroffen. Was sollte man nun mit dem böhmischen Wiclifiten tun? Das war eine Frage, welche dem Papst und den Kardinälen viel Kopfzerbrechen machte. Nach langem Überlegen beschloss man, seine Exkommunikation zu suspendieren und ihm den freien Besuch der Kirchen zu gestatten. Zu gleicher Zeit ersuchte man ihn aber, bei den Feierlich-

1) Richentals Chronik des Konstanzer Konzils (1882) S. 76. Jo. Hus Epistt. III. VI. (Monumenta I, 57—8). — Monumenta I, 4a.

keiten des Konzils nicht zugegen zu sein, um Störungen zu vermeiden. Weiter hegte man auch grosse Besorgnis in bezug auf eine Rede, die er, wie man hörte, an die Geistlichkeit halten wollte. Huss selbst war vollständig blind in bezug auf seine Lage. Am 4. November, dem Tage vor der Eröffnung des Konzils, schrieb er an seine Freunde in der Heimat, man habe ihm angeboten, die Sache friedlich beizulegen, er hoffe jedoch, nach einem schweren Kampfe einen grossen Sieg davonzutragen. Am 16. erwähnte er, dass bei der Celebration der Messe der Papst einem jeden mit Ausnahme von ihm einen Dienst bei der Ceremonie zugewiesen habe, und meinte, es sei ein Versäumnis — offenbar in der Annahme, dass ihn seine Stellung zu Anerkennung und Auszeichnung berechtige [1]).

Er wusste, dass seine Gegner nicht untätig gewesen waren, aber er fürchtete sie nicht. Vor ihm waren nach Konstanz gekommen zwei seiner bittersten Feinde, Michael von Deutschbrod, bekannt unter dem Namen de Causis, und Wenzeslaus Tiem, Dechant von Passau. Sie erhielten einige Tage später Verstärkung durch einen noch schlimmern Gegner, Stephan von Palecz, der sich mit höchst gefährlichen Auszügen aus den Schriften des Huss reichlich versehen hatte. Wenzeslaus Tiem hatte die Bulle nach Prag gebracht, welche die Ablässe für den Kreuzzug gegen Ladislaus von Neapel anbot, und war seinerzeit bei deren einträglichem Vertrieb von Huss gehindert worden. Michael de Causis, der andere Gegner, war Priester an der St. Adalbertskirche in der Neustadt von Prag gewesen; er hatte durch die Behauptung, er könne einige stillgelegte Goldminen in der Nähe von Iglau nutzbringend ausbeuten, das Vertrauen König Wenzels gewonnen und zu dem genannten Zwecke eine beträchtliche Summe Geld vom König erhalten. Nachdem er einige Tage in den Minen gearbeitet hatte, machte er sich davon und reiste nach Rom, und zwar mit den ihm anvertrauten Geldern, die es ihm ermöglichten, sich das Amt eines päpstlichen Procurators „de causis fidei" zu kaufen, woher sein Beiname stammt. Schon im Jahre 1412 hatte er Anklagen gegen Huss nach Rom gesandt, die dieser für Lügen erklärte. Am Tage nach der Ankunft des Huss in Konstanz 459
heftete Michael einen Anschlag an die Kirchentüren des Inhalts, dass er ihn beim Konzil als Exkommunizierten und der Ketzerei Verdächtigen anklagen werde. Aber Huss nahm die Sache sehr leicht und folgte dem Rate seiner Freunde, bis zu der Ankunft Sigmunds, die man nicht vor Weihnachten erwartete, keine Notiz davon zu

---

1) Richentals Chronik p. 58. — Jo. Hus, Epistt. IV. VI. VII. (Monumenta I, 58—9).

nehmen. Mittlerweile gab Huss selbst reichlich Ursache zu böswilligen Deutungen. Das Gefühl der Unschuld und der Sicherheit war so gross in ihm, dass er nicht damit zufrieden war, sich vorsichtig zurückzuhalten. Fast unmittelbar nach seiner Ankunft begann er in seiner Wohnung selbst die Messe zu celebrieren. Dadurch wurde das Volk in Scharen angezogen und natürlich Anstoss erregt. Infolgedessen schickte der Bischof Otto von Konstanz seinen Vikar Johann Tenger und seinen Beamten Konrad Helye zu ihm und ersuchte ihn, davon abzulassen, da er schon lange vom Papste exkommuniziert worden sei. Aber Huss weigerte sich; er erklärte, er betrachte sich nicht als exkommuniziert und werde die Messe celebrieren, so oft es ihm beliebe. Der Bischof aber wollte Störungen vermeiden und begnügte sich trotz dieser Herausforderung damit, dem Volke den Besuch der Messe zu verbieten. Bald darauf begab sich Huss, mit einigen Lebensmitteln versehen, in einen verdeckten Wagen, der ausgeschickt werden sollte, um Heu zu holen. Als ihn nun die Ritter, die für ihn verantwortlich waren, nicht finden konnten, eilte Heinrich von Latzenbock aus Chlum zum Bürgermeister und verlangte, dass man ihn suchen lasse. Die Stadt geriet in Aufruhr, die Tore wurden verschlossen und Reiter und Fusssoldaten nach allen Richtungen auf die Suche geschickt. Es konnte nicht ausbleiben, dass dieser Vorgang übertrieben und zu einem Fluchtversuch umgedeutet wurde [1]).

Mit dem kühnen Böhmen war offenbar nicht so leicht umzugehen. In den Augen der Gläubigen war das Ärgernis schon gross genug, einen Priester frei umhergehen zu sehen, welcher der päpstlichen Exkommunikation offen getrotzt und die anerkannten Irrtümer Wiclifs verteidigt hatte. Ausserdem war es durchaus wahrscheinlich, dass er seinen kühnen Plan ausführen würde, der Geistlichkeit eine Predigt zu halten, worin die Laster des päpstlichen Hofes und die Pflichtvergessenheit der gesamten Geistlichkeit in beredten Worten schonungslos blossgestellt und aus der Hl. Schrift bewiesen werden würde, dass das ganze System mit den Geboten Jesu Christi durchaus nicht im Einklang stehe. Der Pfad, den der Papst und seine Kardinäle zu wandeln hatten, um das Konzil zu leiten, war voraussichtlich schon ohne diesen unruhigen und lästigen

1) Hus, Epistt. v. vi (Monumenta i, 58). — Monumenta i, 4b. — Laurentius Byzynius, Diarium Belli Hussitici ann. 1414 (Ludewig, Reliquiae Mss. vi, 124; *besser bei Höfler, Geschichtsschreiber der hussitischen Bewegung i (1856), 321ff.). — Palacky, Documenta p. 170. — Richentals Chronik, p. 76—77. — Mladenowic, Relatio (Palacky, p. 247—8). — Naucleri Chron. ann. 1414 (*Lechler a. a. O. S. 141).

Störenfried gewunden und dornig genug. Es war daher sicherer, 460
ihn sogleich zu entwaffnen, seinen Angriffen zuvorzukommen und ihn nach den bestehenden Gesetzen als einen der Ketzerei Angeklagten und auf seinen Prozess Wartenden zu behandeln. Stephan von Palecz und Michael de Causis und eine Menge anderer böhmischer Doktoren und Priester, mit denen Huss scharf ins Gericht gegangen war, hatten schon reichen Anklagestoff zusammengetragen, und bei dem Inquisitionsverfahren handelte es sich in erster Linie darum, sich zu versichern, dass der Angeklagte nicht entkommen konnte. Selbst wenn der Fall danach angetan gewesen wäre, eine Bürgschaft anzunehmen, so war doch zu bedenken, dass Huss das ganze Königreich Böhmen hinter sich hatte, und dass für ihn eine Bürgschaft in jeder Höhe gestellt und geopfert werden würde. Einmal in dem sicheren Schutz der Heimat, würde er aber eine Verurteilung wegen hartnäckiger Ketzerei verlachen. Das etwa waren die Gründe, von denen die Kardinäle sich leiten liessen, als sie den Entschluss fassten, ihn zu verhaften; aber die Art und Weise, wie der Plan ausgeführt wurde, zeugt entweder von einer unverantwortlichen Hinterlistigkeit oder von einer Unentschlossenheit, die das Ziel nur schrittweise zu erreichen sucht. Am Morgen des 28. November schickten die im Konsistorium mit dem Papste vereinigten Kardinäle die Bischöfe von Augsburg und Trient zusammen mit Heinrich von Ulm, dem Bürgermeister von Konstanz, in die Wohnung des Huss, um diesen aufzufordern, umgehend zur Verteidigung seines Glaubens vor ihnen zu erscheinen. Die Abgesandten grüssten ihn freundlich. Zwar protestierten sowohl er selbst als auch Johann von Chlum, da diese Vorladung eine Verletzung des Geleitsbriefes sei, und Huss erklärte, er sei nach Konstanz gekommen, um offen vor dem Konzil und nicht heimlich vor den Kardinälen zu erscheinen; doch willigte er sofort ein, der Aufforderung nachzukommen. Er fügte hinzu, dass er mit Rücksicht auf seinen Geleitsbrief nicht verhaftet werden könne. Johann von Chlum und einige Freunde begleiteten ihn nach dem Hause, das der Papst bewohnte. Als die Kardinäle ihm sagten, er sei angeklagt, weil er viele Ketzereien verbreitet habe, antwortete er, er wolle lieber sterben als einer einzigen überführt werden. Er sei freudigen Herzens nach Konstanz gekommen; wenn er im Irrtum befunden werde, wolle er gern abschwören. Darauf erwiderten die Kardinäle: „Ihr habt gut geantwortet." Ein weiteres Verhör stellte man nicht an. Aber Johann XXIII., der darauf ausging, das Konzil mit Sigmund zu entzweien, nahm Veranlassung, Johann von Chlum

zu fragen, ob Huss einen königlichen Schutzbrief habe, worauf Chlum erwiderte: „Heiliger Vater, Du weisst, dass es so ist.“ Der Papst stellte die Frage noch einmal und erhielt dieselbe Antwort. Aber keiner von den Kardinälen verlangte das Schriftstück zu sehen. Als die Morgensitzung vorüber war, hielt man Huss und Johann von Chlum unter Bewachung zurück. Der Nachmittag verging langsam
461 in gespannter Erwartung, während die Kardinäle noch eine andere Sitzung abhielten, worin Stephan von Palecz und Michael de Causis eine eifrige Tätigkeit entfalteten. Die Langeweile des Wartens wurde nur durch einen gutmütig aussehenden Franziskaner unterbrochen, der Huss anredete und ihn bat, ihn über die Transsubstantiation zu belehren. Und da er mit der erteilten Antwort zufrieden war, so fragte er ihn weiter über die Vereinigung der göttlichen und menschlichen Natur in Christus. Huss erkannte, dass er keinen einfachen Fragesteller vor sich habe, da dieser jetzt über den schwierigsten Gegenstand der Theologie Auskunft verlangt hatte. Er lehnte deshalb ein weiteres Gespräch ab. Als sich der Mönch zurückzog, teilten ihm die Wächter mit, dass es Magister Didaco gewesen sei, der als der spitzfindigste Theologe der Lombardei bekannt war. Als die Nacht hereinbrach, erhielt Johann von Chlum die Erlaubnis wegzugehen, während Huss zurückgehalten wurde. Bald darauf kamen Stephan und Michael frohlockend herbei und eröffneten ihm, dass er jetzt in ihrer Gewalt sei und nicht eher entkommen werde, bis er auch den letzten Heller bezahlt habe. Er wurde unter Bewachung nach dem Hause des Domcantors gebracht und der Obhut des Bischofs von Lausanne, des Verwalters der Apostolischen Kammer, anvertraut, acht Tage später dann nach dem Dominikanerkloster am See überführt. Hier wurde er in eine Zelle in der Nähe der Latrinen eingeschlossen, wo er bald von einem so heftigen Fieber befallen wurde, dass man an seinem Aufkommen zweifelte. Sein plötzlicher Tod würde aber höchst ungelegen gekommen sein, weshalb der Papst seine eignen Ärzte hinschickte, um ihn wiederherzustellen. Es war vergebens, dass seine Freunde in Prag vom Erzbischof Konrad die Erklärung erwirkten, dass Huss niemals in einem einzigen Worte vom Glauben abgewichen sei. Sein Schicksal war tatsächlich schon entschieden [1]).

1) Richentals Chronik p. 77. — Jo. Hus, Monumenta I, 5b. — Von der Hardt IV, 22, 32, 212. — Mladenowic, Relatio (Palacky, Documenta pp. 246—52).
Die besondere Strenge der Einschliessung in der Nähe der Latrinen war wohl berechnet. Als im Jahre 1317 Johann XXII. einige Franziskanerspiritualen der Obhut ihrer Mitbrüder auslieferte, schlossen sie den Bruder Franz Sancius in eine Zelle neben den Latrinen ein („posuerunt in quodam carcere juxta latrinas“). — Historia Tribulationum (Archiv für Lit. u. Kirchengeschichte II (1886), S. 146).

Als Johann von Chlum seine Freiheit wieder erlangt hatte, war sein erster Gedanke gewesen, zum Papste zu eilen und ihm Vorhaltungen zu machen. Sobald der Schutzbrief nach Konstanz gelangt war, hatte er ihn sofort Johann XXIII. vorgelegt, der nach der Lektüre desselben erklärt haben soll, wenn sein eigner Bruder von Huss erschlagen worden wäre, so würde dieser doch, solange er in Konstanz sei und soweit es von ihm, dem Papste, abhange, sicher sein. Jetzt aber lehnte er alle Verantwortlichkeit ab und schrieb den Kardinälen die Schuld zu[1]). Diese Frage des Geleits und seiner Ver- 462
letzung hat eine so lebhafte Erörterung hervorgerufen, und sie erläutert eine Phase der Beziehungen zwischen der Kirche und den Ketzern so gut, dass eine kurze Betrachtung derselben nicht unangebracht ist[2]).

Der für Huss ausgestellte königliche Geleitsbrief hatte die gewöhnliche Form, keine Einschränkung und keine Bedingung. Er war gerichtet an alle Fürsten und Untertanen des Reiches, geistliche und weltliche, sowie an alle Adligen, Behörden und Beamten, und machte diesen bekannt, Huss sei in den Schutz des Königs und des Reiches genommen, jedem sei anbefohlen, ihn ohne Hindernis durchziehen, bleiben und zurückkehren zu lassen und ihm jegliche Hilfe, deren er benötigen möchte, zu gewähren. Es war also kein einfaches „Viaticum" zum Schutz während der Reise von Böhmen, und er wurde auch von niemandem als solches angesehen. Dass er auch als ein Schutzbrief für die Dauer des Konzils und für die Rückkehr in die Heimat gelten sollte, ergibt sich daraus, dass er am 18. Oktober, nach der Abreise des Huss von Prag, ausgestellt worden war, wie denn auch Huss ihn erst nach seiner Ankunft in Konstanz empfing. Dass seine Einkerkerung sogleich als eine grobe Verletzung der königlichen Bürgschaft angesehen wurde, geht hervor aus den Protesten, welche Johann von Chlum am 15. Dezember, wahrscheinlich sobald man von Sigmunds Ankunft hörte, und wiederum am 24., als der König in der Nähe von Konstanz war und am nächsten Tage ankommen sollte, an die Kirchentüren anschlug. In diesem Anschlag hiess es, Huss sei unter dem königlichen Schutze und einem Geleitsbriefe nach Konstanz gekommen, um in öffentlicher Versammlung allen denen, welche seinen Glauben in Frage ziehen könnten, Rede und

1) Von der Hardt IV, 11—12, 22. — Mladenovic, Relatio (Palacky, p. 251).

2) *Nach den Untersuchungen von K. Müller a. a. O. S. 50ff. kommen für die Beurteilung dieser Sache ausser dem Geleitsbrief noch die Zusagen wesentlich in Betracht, welche Sigmund mündlich Huss erteilt hatte.

Antwort zu stehen; aber in Abwesenheit Sigmunds, der es nicht erlaubt haben würde, sei er unter Verletzung des königlichen Schutzbriefes in das Gefängnis geworfen worden. Die Gesandten des Königs hätten vergebens seine Freilassung gefordert. Wenn Sigmund komme, werde er jedermann seinen Verdruss und seinen Unwillen über die Verletzung seiner Bürgschaft deutlich zu erkennen geben[1]).

Die Unterstellung, dass der Schutzbrief ein blosser Pass und absichtlich in einer Form ausgestellt war, die nicht genügte, um Huss zu beschützen, ist eine neue Entdeckung, die zu machen man dem Scharfsinn der modernen Zeiten nicht überlassen haben würde, wenn sie während des lebhaften Streites, der über diese Frage in Konstanz geführt wurde, mit Erfolg hätte verwendet werden können. Dass damals niemand auf einen solchen Gedanken kam, ist
463 ein genügender Beweis dafür, dass eine Entschuldigung dieser Art unhaltbar ist. Eine solche Feststellung würde man als vollkommen genügend angesehen haben, als am 13. Mai 1415 die Böhmen in Konstanz eine Denkschrift überreichten, in welcher sie die Behandlung des Huss für eine Verletzung des Schutzbriefes erklärten. Aber in seiner Antwort dachte das Konzil nicht daran, sich auf diese Weise zu rechtfertigen. Denn die Dienste Sigmunds in dem Konflikt des Konzils mit Johann XXIII. waren noch zu neu und noch zu notwendig für die guten Väter, um ihm die Schande anzutun, öffentlich zu erklären, dass sie sich mit Recht über seinen Versuch, einen Ketzer zu beschützen, hinweggesetzt hätten. Sie nahmen daher zu einer Unwahrheit ihre Zuflucht, welche sie zu dem Zwecke erdichteten. Trotzdem es allbekannt war, dass der Schutzbrief zur Zeit der Verhaftung des Huss in Konstanz vorhanden war, behaupteten sie, glaubwürdige Zeugen hätten bewiesen, er sei erst vierzehn Tage nach jenem Ereignis ausgehändigt und daher sei durch ihr Vorgehen Treu und Glauben nicht verletzt worden. Dieses Argument, welches Sigmund selbst in der öffentlichen Sitzung vom 7. Juni für falsch erklärte, ist ein Zugeständnis, dass Treu und Glauben doch verletzt war, und diese einzige Tatsache ist mehr wert als alle Rettungsversuche, welche moderne Verteidiger unternommen haben[2]).

---

1) Palacky, Documenta, p. 238. — Von der Hardt IV, 12, 28. — Richentals Chronik, p. 76. — Jo. Hus Epistt. LVII (Monumenta I, 75). — Mladenowic, Relatio (Palacky, p. 253).

2) Von der Hardt IV, 189, 209.

Bergers ausführliche Zusammenstellung von Schutzbriefen und sein Vergleich zwischen diesen und dem für Huss ausgestellten (Johann Hus

Anfangs rechtfertigte Sigmund vollkommen das Vertrauen, das 464
Huss und Johann von Chlum in ihn gesetzt hatten. Er machte keinen Versuch zu behaupten, seine Briefe hätten Huss nicht vor

---

und König Sigmund, S. 180—208) beweisen nur, dass er ein fleissiger Sammler ist. Huss ging als Exkommunizierter nach Konstanz, um sich und seinen Glauben zu verteidigen, und Sigmund, der das wusste, gab ihm einen uneingeschränkten, bedingungslosen Geleitsbrief. Die einzigen zeitgenössischen Dokumente, mit denen dieser verglichen werden darf, sind erstens die Geleitsbriefe, welche das Konzil und Sigmund Johann XXIII. anboten, als sie ihn am 2. Mai 1415 aufforderten, nach Konstanz zurückzukehren, und zweitens der Geleitsbrief, den das Konzil am 17. April dem Hieronymus von Prag zur Verfügung stellte. Jeder dieser drei Briefe enthielt eine einschränkende Klausel; der erste: „justitia tamen semper salva"; der zweite: „in quantum idem dominus rex tenetur sibi dare de jure et servare alios salvosconductus sibi datos"; der dritte durch: „quantum in nobis est et fides exigit orthodoxa". (Von der Hardt, IV, 119, 143, 145.) Das kann keine noch so scharfsinnige Begründung hinwegdeuten. Der Hinweis in Sigmunds Geleitsbrief auf andere Briefe, die er dem Papste schon ausgestellt habe, bezieht sich auf diejenigen, welche Johann XXIII. von ihm und der Stadt Konstanz verlangt hatte, bevor er sich dahin getraute (Raynaldus ann. 1413, Nr. 22—3). Diese liess das Konzil mit derselben Kaltblütigkeit unbeachtet, wie denjenigen, den Huss erhalten hatte.

Sigmund hatte, wie wir sehen werden, kein Recht, zum Schutze eines Ketzers einen Geleitsbrief auszustellen; aber Bergers Argument, dass er deshalb dem Huss einen bedingungslosen Freibrief nicht hätte ausstellen können (Berger, op. cit. 92—3, 109), ist wertlos, da Berger selbst offen zugibt (S. 85), dass Sigmund stets bereit war, Verpflichtungen einzugehen, von denen er wusste, dass er sie nicht halten könnte. Der Unwille Sigmunds ist jedoch ein Beweis, dass er mit den Spitzfindigkeiten des kanonischen Rechtes unbekannt war. Aber selbst wenn sie ihm bekannt gewesen wären, so ist die Ausstellung des Briefes leicht durch die Tatsache zu erklären, die auch Berger scharf hervorgehoben hat (S. 100), dass ihm die im August ausgestellten Zeugnisse von der Rechtgläubigkeit des Huss (vgl. oben S. 522) vorgelegt worden waren (Palacky, Documenta p. 70). Er konnte also leicht auf den Gedanken kommen, dass er durch sein Wort keine Gefahr laufe, sich Unannehmlichkeiten zu bereiten. Für ihn war es von der grössten Bedeutung, dass Huss mit der Kirche ausgesöhnt werden sollte, und ein Mann von seinem Charakter konnte nicht begreifen, dass Huss infolge seiner peinlichen Gewissenhaftigkeit schliesslich doch zum Märtyrer werden musste.

Hefele (Konziliengeschichte, VII, 224), der Palacky folgt, lenkt die Aufmerksamkeit auf den Umstand, dass in dem Briefe, den die böhmischen Magnaten am 2. September 1415 an das Konzil richteten, kein Wort des Tadels wegen der Verletzung des Schutzbriefes gesagt wird, und schliesst daraus, sie hätten stillschweigend anerkannt, dass der Schutzbrief Huss vor einer Verurteilung als Ketzer nicht hätte schützen können. Das ist aber nicht der Fall. Denn die Magnaten erklärten nachdrücklich, Huss sei kein Ketzer, und wenn sie nicht auf den Geleitsbrief hinwiesen, so hat dies offenbar seinen Grund darin, dass sie sich auf gewisse frühere Briefe an Sigmund beriefen. Diese hatte das Konzil zwar verbrennen lassen, aber sie bestanden trotzig darauf, dass sie als in dem neuen Brief wiederholt angesehen werden sollten (Monumenta I, 78). Diese Briefe müssen wohl alles enthalten haben, was sie in dieser Frage zu sagen hatten. Sie waren vermutlich auch die Veranlassung zu dem beabsichtigten Dekrete vom 23. September 1415, wonach alle als Begünstiger der Ketzerei zu bestrafen sein sollten, die Sigmund verhöhnten, weil er die Verletzung seines Schutzbriefes geduldet habe.

der Verfolgung schützen sollen, sondern er blieb dabei, dass sie mit Unrecht verletzt worden seien. Sobald er von der Verhaftung hörte, befahl er die Freilassung des Huss mit der Drohung, dass er im Falle der Weigerung das Gefängnis erbrechen lassen würde. Bei seiner Ankunft in Konstanz am Weihnachtstage war sein Unwille grenzenlos, und gross war daher die Erregung, die in der Stadt herrschte. Er erklärte, er wolle Konstanz verlassen, und machte in der Tat Miene dazu; er drohte sogar, dem Konzile den königlichen Schutz zu entziehen. Aber die Kardinäle erklärten ihm einfach, dass sie selbst das Konzil aufheben würden, wenn er nicht nachgebe. Nun hatte aber die Christenheit zu grosse Hoffnungen auf diese Versammlung gesetzt, als dass er wagen durfte, sie in dieser Weise aufs Spiel zu setzen. Wenn er auch selbst wohl kaum eine religiöse Überzeugung hatte, so war doch das Zustandekommen des Konzils für ihn eine Ehrensache, und so errang das persönliche Interesse mit Leichtigkeit den Sieg über seine Gewissensbedenken. Zur Beurteilung seines Charakters steht uns besseres Material zur Verfügung als in bezug auf jeden anderen Fürsten des Jahrhunderts. Danach ist von Anfang bis zu Ende die Meinung der Zeitgenossen
465 gerechtfertigt, dass er durchaus kein Vertrauen verdiente. Während der langen Unterhandlungen zwischen dem Konzil von Basel und den Hussiten, an denen er teilnahm, war er wenigstens unparteiisch genug, um beide zu täuschen, indem er ihnen feierliche Versprechungen gab, ohne die Absicht zu haben, eine von ihnen zu erfüllen; er war daher in den Augen aller Parteien jeglicher Ehre bar. Unglücklich im Krieg und in chronischer Geldnot, war er stets bereit, jedes Mittel des Augenblicks zu benutzen, um einer Schwierigkeit aus dem Wege zu gehen und sein gegebenes Wort für die Erlangung eines augenblicklichen Vorteils zu opfern [1]).

---

1) Martene, Thesaurus II, 1611. — Von der Hardt II. x, 255; IV, 26. — Palacky, Documenta, p. 612. — Berger, Johann Huss und König Sigismund, pp. 133, 136. — Fistenport, Chron. ann. 1419 (Hahn, Collect. Monument. I, 404). — Aegid. Carlerii Lib. de Legationibus (Monumenta Conc. General. Saec. XV. T. I, pp. 531, 536—7, 595—6, 612—13, 662—73, 680—4, 688—93, 695—7). — Thomae Ebendorferi Diar. (ebd. p. 767). — Jo. de Turonis Regestr. (ebd. pp. 834—5).

Selbst in Frankreich machte man Sigmund den Vorwurf, dass er Huss einen Geleitsbrief ausgestellt und ihn dann doch preisgegeben habe, und beschuldigte ihn, dass er andere derartige Versprechungen ebensowenig gehalten habe (Martene, Ampl. Coll. II, 1444—5). Hätte er aber auf seinem Brief bestanden, so hätten ihn als einen Behinderer der Inquisition wahrscheinlich die Exkommunikation und schwere Strafen getroffen, und hätte er seine Drohung, Huss mit Gewalt zu befreien, ausgeführt, so hätte er auf Grund der Bulle 'Ad extirpanda' mit lebenslänglicher Absetzung und dem Verlust

Es kostete ihn also wenig, die Ehrenfrage beiseite zu setzen. Die Sache wurde vielmehr so schnell abgemacht, dass er, als am 1. Januar 1415 das Konzil ihn in aller Form darum bat, in dem Falle des Huss trotz des angeblichen Geleitsbriefes der Gerechtigkeit freien Lauf zu lassen, sofort in einem Dekret erklärte, das Konzil habe in allen Glaubenssachen freie Hand und könne gegen alle, welche im Rufe der Ketzerei ständen, vorgehen. Weiter verpflichtete er sich zu verhindern, dass die Freunde des Huss ihre Drohungen, ihren Schützling bis zum äussersten zu verteidigen, ausführten. Immerhin aber dauerte die Erörterung der Frage noch den ganzen Januar hindurch. Von Böhmen aus wurde er so hart bedrängt, dass er eine Zeitlang wieder unentschlossen hin und her schwankte, bis er am 8. April alle Geleitsbriefe ausdrücklich zurücknahm. Huss selbst trug kein Bedenken zu erklären, dass er verraten worden sei; denn Sigmund habe ihm die sichere Rückkehr nach Böhmen versprochen. Seine Freunde nahmen dieselbe Haltung ein. Im Februar hielten die böhmischen und mährischen Magnaten zu Meseritsch eine Versammlung ab und richteten an Sigmund eine Adresse, worin sie ihn in Worten, die mehr heftig als höflich waren, auf die Schmach und Schande hinwiesen, welche die Nichtbeachtung seines königlichen Wortes bewirken werde. Und als nach der Flucht Johanns' XXIII. im Mai neue 466
Hoffnungen bezüglich der Haltung des Konzils in ihnen aufgestiegen waren, hielten sie zu Brünn und Prag zwei ähnliche Versammlungen ab und liessen ihm abermals eine Adresse mit noch heftigeren Vorhaltungen zugehen. Alles war vergebens. Sigmund blieb bei seinem Entschluss, und er machte das anfängliche Schwanken dadurch wieder gut, dass er neuen Eifer entfaltete. Als am 7. Juni Huss zum zweiten Male vor dem Konzil verhört wurde, dankte Sigmund den Bischöfen, dass sie mit Rücksicht auf ihn selbst Huss so milde behandelten. Diesem aber gab er in strengen Worten den Rat, sich zu unterwerfen; denn auf menschliche Hilfe könne er nicht rechnen. „Wir werden Euch in Euren Irrtümern und Eurer Halsstarrigkeit nicht beschützen. Ehe wir das tun, wollen wir lieber mit eigner Hand das Feuer für Euch bereiten.“ Huss aber erklärte in der Schlusssitzung am 6. Juli: „Ich bin aus freien Stücken, im Vertrauen auf das von dem hier anwesenden König gegebene Wort nach Konstanz zum Konzil gekommen, um, frei von allem Zwang, meine Unschuld zu bezeugen und mich wegen meines Glaubens allen gegenüber zu verantworten,

---

aller seiner Besitzungen bestraft werden können (Magnum Bullarium Romanum, Ed. Luxemb. 1742, I, 92, 149).

welche denselben in Frage ziehen.“ Während dieser Worte heftete er seine Augen auf Sigmund, der tief errötete. Der Eindruck, den des Königs berechnete Treulosigkeit in Böhmen machte, war nicht wieder auszulöschen. Als im Jahre 1433 die Legaten des Konzils von Basel die Verantwortung für den Vorgang auf dem Konzil von Konstanz den falschen Zeugen zuschieben wollten, richtete Johann Rokyzana an sie die zutreffende Frage, ob das Konzil, das doch von dem Hl. Geiste inspiriert gewesen sei, von Meineidigen hätte irregeführt werden können, und wies auf die Verletzung des Geleitsbriefes in so deutlichen Worten hin, dass man sah, sie war weder vergeben noch vergessen. Das war ein Jahr vorher, im September 1432, auch praktisch zum Ausdruck gekommen, als das Konzil von Basel lebhaft wünschte, dass hussitische Abgeordnete kämen, diese aber von einer Reise nach Basel nicht eher etwas wissen wollten, als bis ihnen die ausgedehntesten Bürgschaften garantiert wurden. Drei Geleitsbriefe waren ihnen schon ausgestellt worden: einer von Sigmund, einer von dem Konzil und einer von der Stadt Eger. Aber damit waren sie nicht zufrieden; sie verlangten noch weitere von der Stadt Basel, dem Markgrafen von Brandenburg und den Pfalzgrafen und Herzögen von Bayern, von denen einer das Konzil unter seinen Schutz genommen hatte. Diese Bürgschaften waren sehr verschieden von denen, womit sich früher die Einfalt des Huss begnügt hatte. So verpflichteten sich Friedrich von Brandenburg und Johann von Bayern, eine genügende Anzahl Truppen zu stellen, um die Böhmen sicher nach Basel zu führen, sie während ihres Aufenthalts daselbst zu beschützen und sie an jeden Ort in Böhmen zurückzuführen, der ihnen bezeichnet werden würde. Die Fürsten garantierten ausserdem die Geleitsbriefe des Konzils und des Königs
467 und verpfändeten ihre Würden und Länder an die Böhmen für den Fall, dass ihre Bürgschaft ungestraft verletzt würde. Diese Vorsichtsmassregeln waren damals überflüssig; denn die starken böhmischen Aufgebote, die den Gesandten im Rücken standen, konnten einem gegebenen Worte ohne weiteres Achtung verschaffen. Aber als die Versöhnung schon stattgefunden hatte und Sigmund wieder auf dem Throne seiner Väter sass, wurden seine Bürgschaften noch immer für wertlos angesehen. Im April 1437 forderte er Johann Rokyzana dringend zum Besuche des Konzils auf. Als dieser erklärte, er fürchte, es möchte ihm ebenso ergehen wie dem Huss in Konstanz, rief der Kaiser heftig erregt aus: „Denkst Du, dass ich um Deinet- oder dieser Stadt willen etwas gegen meine Ehre täte? Ich habe

einen Geleitsbrief gegeben, und das Konzil hat dasselbe getan.“ Aber Rokyzana liess sich durch diese Berufung auf die kaiserliche Ehre, die in seinen Augen verwirkt war, nicht verleiten und verharrte standhaft bei seiner Weigerung [1]).

Der Streit, der sich über die Verletzung des Geleitsbriefes erhob, erklärt sich auf sehr einfache Weise. Deutschland und besonders Böhmen wussten damals so wenig von der Inquisition und der systematischen Verfolgung der Ketzerei, dass man überrascht und unwillig war, als die anerkannten Grundsätze des kanonischen Rechtes auf den Fall Huss angewandt wurden. Das Konzil aber konnte gar nicht anders handeln, wollte es nicht diese Grundsätze preisgeben. Einen Erzketzer wie Huss, der als solcher in der ganzen Christenheit bekannt war, ohne Bestrafung für seine Verbrechen zu entlassen, und zwar auf den nichtigen Vorwand hin, er habe sich auf das Versprechen der Sicherheit verlassen, für die die öffentliche Gewalt ihr Wort gegeben habe, das wäre selbst in den Augen der gewissenhaftesten Rechtsgelehrten des Konzils einer der widersinnigsten Fehler gewesen. Und in der Tat waren die besten Männer, welche in Konstanz versammelt waren, Männer wie Gerson, Peter d'Ailly, Zabarella, in diesem Punkte ebenso unbeugsam wie die schlimmsten Kreaturen der römischen Kurie. Der Grundsatz der inquisitorischen Praxis, dass der Ketzer keine Rechte habe, und dass 468
der von genügenden Zeugen der Ketzerei Angeklagte so lange als Ketzer anzusehen sei, bis er sich von der Anschuldigung gereinigt hatte, war schon zu lange in Kraft gewesen, als dass irgend jemand hätte Bedenken tragen können, ihn im vorliegenden Falle anzuwenden. Als Sigmund klagte, dass er durch die Einkerkerung des Huss entehrt sei, versicherten ihm die Kanonisten nach den Worten eines zeitgenössischen orthodoxen Bürgers von Konstanz unverzüglich, „ein Ketzer könne und dürfe sich nach keinem Gesetz eines

1) Von der Hardt IV, 32, 311—13, 329. — Martene, Thesaurus II, 1611. — Berger, Johann Huss und König Sigismund, S. 138. — Palacky, Documenta, 541, 543, 546—53. — Jo. Huss Epistt. XXXIII., liv., lix., lx. (Monumenta I, 68—9, 74—77). — Mladenowic, Relatio (Palacky, p. 314—15). — Narr. Hist. de Condemnatione (Monumenta II, 346a; von der Hardt IV, 393). — Aegid. Carlerii Lib. de Legat. (Monumenta Concil. Gen. Saec. XV. Tom. I, p. 435). — Martene, Ampl. Coll. VIII, 174—6, 179—83. — Jo. de Turonis Regestrum (Monumenta Conciliorum Gen. Saec. XV. T. I, p. 860).

Die Nachricht von dem Erröten Sigismunds ist von einigen neueren Schriftstellern bestritten worden. Die Frage ist so unwichtig, dass wir uns nicht darauf einzulassen brauchen; aber da es das einzige Moment in der ganzen Angelegenheit ist, das zu seinen Gunsten angeführt werden kann, so wollen wir hoffen, dass es wahr ist.

Geleitsbriefs erfreuen.“ Damit war zwar gleichsam schon im voraus das Urteil über den Angeklagten gefällt; aber das war durchaus nichts Ungewöhnliches, sondern kam, wie wir gesehen haben, bei allen Inquisitionsprozessen vor. Diese Worte wiederholte Sigmund tatsächlich, als er am 7. Juni in der Sitzung Huss anredete: „Viele behaupten, dass wir auf Grund des Gesetzes einen Ketzer oder einen der Ketzerei Verdächtigen nicht beschützen können.“ Als die Hinrichtung des Huss in ganz Böhmen den ärgsten Unwillen hervorrief, der in wenig schmeichelhaften Briefen an das Konzil zum Ausdruck kam, verteidigte dieses seine Haltung in einem Dekrete, das am 23. September 1415 in aller Form angenommen wurde, nämlich dass kein Schutzbrief von irgendeinem weltlichen Machthaber zum Schaden des katholischen Glaubens ausgestellt werden dürfe oder irgendeinen kompetenten Gerichtshof davon abhalten könne, einen Ketzer oder einen als solchen Verdächtigen zu verhören, zu richten und zu verurteilen, selbst wenn er nur im Vertrauen auf einen Schutzbrief an den Ort des Gerichts gekommen und ohne denselben ferngeblieben wäre. Das Konzil sorgte auch für eine so gründliche Anerkennung dieses Grundsatzes, dass man im Jahre 1432 bei der Konvention von Eger, welche die Grundlagen der Unterhandlungen zwischen den Hussiten und dem Konzil von Basel festsetzte, ausdrücklich sich dahin einigte, dass keine Kanones oder Dekretalen geltend gemacht werden dürften, um die Schutzbriefe, unter denen die böhmischen Gesandten vor dem Konzil erscheinen sollten, zu widerrufen, zu verletzen oder für ungültig zu erklären [1]).

---

1) Richentals Chronik, p. 78. — Von der Hardt IV, 313, 521—22. — Chron. Glassberger (Analecta Franciscana II) ann. 1415. — Martene, Ampl. Collect. VIII, 131—33. — Vgl. Noël Alexanders Rechtfertigung des Dekrets vom 23. September (Hist. Eccles. Ed. Paris, 1699. T. VIII, p. 496).

Neuere katholische Schriftsteller pflegen die Behauptung, die Kirche habe gelehrt, dass den Ketzern keine Treue zu halten sei, als eine protestantische Verleumdung zu bezeichnen. Vgl. z. B. van Ranst in seiner „Historia Haereticorum“ (IV. Ed. Venet. 1759, p. 263), sowie seinen scharfsinnigen Versuch, den Fall des Huss hinwegzudisputieren. Ich habe auf diese Frage schon hingewiesen (Band I, S. 256) und habe gezeigt, dass es ein anerkannter Rechtsgrundsatz der Kirche war, dass die den Ketzern gegebenen Versprechungen und die ihnen geleisteten Eide nichtig seien. Wir haben auch gesehen, wie der Grundsatz, dass der Verdacht der Ketzerei bei einem Lehnsherrn den Vasallen von dem Eide der Lehnstreue, der im Mittelalter als der bindendste galt (Lib. V, Extrav. VII. XIII, § 3), entbinde, durch die Bemühungen der Päpste in das öffentliche Recht von Europa aufgenommen wurde. Wenn aber auf diese Weise die Ketzerei sogar die Grundlage, auf der die ganze damalige Gesellschaftsordnung beruhte, vernichten konnte, dann konnte sie auch alle unbedeutenderen Sicherheiten gleichfalls wertlos machen. Und die Kirche sorgte dafür, dass diese Regel nicht in Vergessen-

Der Prozess des Huss ist oft mit beredten Worten der Entrüstung charakterisiert worden. In der Tat ist er das bemerkenswerteste Beispiel eines Inquisitionsprozesses, das die Annalen der 469

---

heit geriet. Als im Jahre 1327 Johann XXII. Ludwig den Bayer als Ketzer verurteilte, entband er nicht nur alle Vasallen von ihrem Lehnseid, sondern erklärte auch alle Verträge und Abmachungen mit ihm für nichtig (Martene, Thesaurus II, 702, 775—6, 791). Als es im Jahre 1463 Pius II. gefiel, Georg Podiebrad zum Ketzer zu erklären, löste er die Gemeinden Breslau und Namslau von ihrem Lehnseide und exkommunizierte alle, welche ihrem Fürsten Dienste und Hilfe leisten würden (Aen. Sylvii Epist. 401). Und als Friedrich III. ihn bat, Breslau zur Unterwerfung unter den Willen Georgs zu zwingen, erwiderte er, dass Ketzerei ebenso wirksam wie der Tod die Verträge aufhebe (Martene, Ampl. Coll. I, 1598—99). Als im Jahre 1469 Paul II. den Georg wiederum für einen Ketzer erklärte, verkündete er, jede Verpflichtung, jedes Versprechen, jeder Eid, der diesem Ketzer geleistet werde, sei null und nichtig; denn man brauche dem keine Treue zu halten, der Gott die Treue gebrochen habe. Als Georg den Wenzel von Biberstein aus dem Gefängnisse befreien wollte gegen die Bürgschaft von sechstausend Gulden, die Johann und Ulrich von Hasenburg aufbringen wollten, wurde den Bürgen auf Grund jenes päpstlichen Erlasses von dem Legaten Rudolf sofort verboten, den Angeklagten auszuliefern oder die Bürgschaft zu bezahlen (Ludewig, Reliquiae MSS. VI, 77). Dieses Verbot stand in voller Übereinstimmung mit den Kirchengesetzen jener Zeit — „Propterea si aliquis promisisset eis (haereticis) solvere sub poena vel juramento certo die, non tenetur" (Angeli de Clavasio Summa Angelica, s. v. Haereticus § 15).

Die Christenheit machte sich das Spiel, das so mit dem doppelsinnigen Worte 'fides' getrieben wurde, um diesen Grundsatz zu rechtfertigen, allen Ernstes zu eigen. Im April 1415 richtete Ferdinand von Aragon ernste Vorhaltungen an Sigmund, dass er die Aburteilung des Huss so lange hinausziehe, und drückte die Hoffnung aus, man werde nicht dulden, dass der Geleitsbrief zugleich zum Schutzbrief für den Ketzer werde, „quoniam non est frangere fidem in eo, qui Deo fidem frangit." — Andreae Ratisponensis Chron. ann. 1414 (Pez, Thesaur. Anecd. IV. III, 626. — Palacky, Documenta p. 540).

Alle Statuten und Gesetze, welche die Inquisition an der freien Tätigkeit hinderten, direkt oder indirekt, waren, wie wir oben wiederholt gesehen haben, ipso jure null und nichtig (vgl. auch Farinacci, De Haeresi Quaest. 182, Nr. 76); was somit Sigmund nicht einmal an der Spitze seines Reichstages hätte vollbringen können, das konnte er noch weit weniger durch einen einfachen Geleitsbrief bewirken: keine geistliche Jurisdiktion brauchte ihn zu respektieren (*Henner, Beiträge zur Organisation und Competenz der päpstlichen Ketzergerichte (1890), S. 214 ff.).

Wenn aber die Kirche auf diese Weise die Verpflichtungen missachtete, welche die Laien eingegangen waren, so kümmerte sie sich ebensowenig um ihre eigenen, sobald es sich um Ketzer handelte. Noch spät im sechzehnten Jahrhundert hob Pius V. durch die Bulle „Multiplices inter" alle Absolutionsbriefe und Freisprechungsdekrete auf, welche in Sachen der Ketzerei von Inquisitoren, Bischöfen, Päpsten und selbst von dem Konzil von Trient erlassen worden waren, ein Beweis, wie wenig Umstände man in solchen Fällen machte, und wie der Verdacht der Ketzerei den Menschen vollständig aller Rechte beraubte (Lib. V in Septimo III. X).

Aber selbst wenn dieser allgemeine Grundsatz nicht bestanden hätte, würde es Sigmund wenig Kopfzerbrechen gemacht haben, seine Gewissensbedenken zu beschwichtigen, falls er überhaupt solche hatte. Durch das mittelalterliche Kirchensystem waren die Begriffe von Recht und Unrecht so vollständig verwirrt worden, dass man die gewöhnlichen moralischen Begriffe

470 Geschichte zu verzeichnen haben. Diejenigen, welche mit dem Verfahren des Heiligen Offiziums, wie es sich im Laufe der Zeit entwickelt hatte, unbekannt waren, mussten in seiner offenkundigen Verweigerung der Gerechtigkeit nur hartnäckige Bosheit auf Seiten des Konzils erblicken, wohingegen die erhabene Duldergestalt des Huss ihre wärmsten Sympathien erweckte. Und doch waren die einzigen Abweichungen des Konzils von dem gewöhnlichen Gange der Verhandlungen bei derartigen Angelegenheiten Zeichen besonderer Milde gegen den Angeklagten. Er wurde nicht, wie man doch bei der gewöhnlichen Praxis in solchen Fällen hätte erwarten sollen, der Folter unterworfen, und dreimal erhielt er, auf das dringende Ersuchen Sigmunds, die Erlaubnis, vor der ganzen Körperschaft zu erscheinen, um sich in öffentlicher Sitzung zu verteidigen. Wenn wir daher sehen, dass seine Verurteilung gar nicht zu vermeiden war und dass er sich nur hätte retten können, wenn er seine Seele mit Meineid belastet und den Rest seiner Jahre in eine lebendige Lüge verkehrt hätte, dann bekommen wir einen Massstab für die ganze Schändlichkeit des Systems und können bis zu einem gewissen Grade das unendliche Unrecht ermessen, das Tausenden und aber Tausenden von unbekannten und vergessenen Opfern zugefügt worden ist. In dieser Hinsicht verdient der Prozess eine besondere Prüfung. Denn wenn er auch nichts Neues über das Verfahren bringt,

---

kaum noch kannte. Auf Grund der Schlüsselgewalt konnte jeder durch eine päpstliche Dispens von jedem unbequemen Gelübde oder Versprechen entbunden werden, so bindend auch die Form derselben sein mochte. Dieser Grundsatz galt zunächst nur von erzwungenen Eiden (Extrav. Lib. II. Tit. XXIV, cap. 8), erhielt aber später auch allgemeine Gültigkeit — „De papa non est dubium, quin ex causa posset remittere vel relaxare juramentum ad tempus vel in perpetuum (Astesani Summa de Casibus Conscientiae, P. I, Lib. I. Tit. XVIII), was damit begründet wurde, dass man sagte, alle Eide geschähen unter dem Vorbehalt der päpstlichen Zustimmung (ibid.). So wurde im Jahre 1346 Sigmunds Vater Karl, damals Markgraf von Mähren, durch Clemens VI. von einem lästigen Eide entbunden (Werunsky, Excerpta ex Regist. Clem. VI., p. 44). Für die Sünde des Meineids gaben die Päpste leicht Verzeihung, wenn sie in ihrem Interesse begangen war (Ludewig, op. cit. VI, 14). Es war nur eine berechtigte Vorsicht, wenn bei der Abschliessung von Verträgen die Parteien sich verpflichteten, keine päpstliche Dispensation nachzusuchen. (Hartzheim IV, 329; Preger, Der kirchenpolitische Kampf unter Ludwig dem Bayer, p. 59.) In dem Falle des Huss gab Sigmund zu, dass sein Wort durch die Ketzerei hinfällig geworden und dass eine Dispensation überflüssig sei; er hätte sie aber unschwer erlangen können, wenn er darum gebeten hätte. In Anbetracht dieser Tatsachen sind alle Versuche, den an Huss verübten Verrat hinweg zu argumentieren, nutzlos. Ebensowenig können wir aber andrerseits die guten Väter von Konstanz einer bewussten Mala fides beschuldigen; sie befolgten nur die Grundsätze, in denen sie aufgewachsen waren.

— abgesehen von den Zugeständnissen, die man Huss machte — so ist er doch ein lehrreiches Beispiel für die Art und Weise, wie es bei dem in den vorhergehenden Kapiteln geschilderten Inquisitionsverfahren praktisch zuging.

Verschlimmert wurde der Fall des Huss fast von Anfang an durch das Vorgehen seiner Freunde in der Heimat. Schon bald nach seiner Ankunft in Konstanz muss Jakob von Mies, der Nachfolger des 471
Michael de Causis an der St. Adalbertskirche, den Laien das Abendmahl in beiderlei Gestalt zu erteilen begonnen und so diejenige Seite der böhmischen Ketzerei ins Leben gerufen haben, durch die sie sich am deutlichsten und hartnäckigsten von den übrigen Ketzereien unterschied. Eifer für die Eucharistie war schon lange ein ausgesprochener Charakterzug der religiösen Frömmigkeit in Böhmen gewesen. Die Synode von 1390 versprach einen Ablass von vierzig Tagen allen, welche das Knie bei der Erhebung der Hostie beugen würden, und die häufige Teilnahme an dem Sakrament war wiederholt und nachdrücklich von denjenigen gefordert worden, welche als die Vorläufer des Huss angesehen werden. Matthias von Janow hatte es ferner gewagt zu empfehlen, dass den Laien der Kelch zurückgegeben werden möchte. Aber die Frage war während der stürmischen Jahre, wo Huss und seine Freunde für die Wiclifitischen Lehren gestritten hatten, in den Hintergrund getreten. Nach Aeneas Sylvius hatte ein gewisser Peter von Dresden, der von den waldensischen Irrtümern angesteckt war, im Jahre 1409 mit den andern Deutschen Prag verlassen, war aber wegen seiner Ketzerei aus der Heimat vertrieben worden und hatte seine Zuflucht wieder in Prag genommen, wo er sein Dasein als Lehrer der Jugend fristete. Er war es, der dem Jakob von Mies die Rückkehr zu dem alten Brauche der Kirche vorgeschlagen hatte, und die Ketzer, erfreut, eine Frage gefunden zu haben, in welcher ihr Recht klar auf der Hand lag, nahmen den Vorschlag eifrig an. Die Sitte dehnte sich auf die St. Michaels- und St. Martins-Kirche, auf die Bethlehems-Kapelle und andere Gotteshäuser aus, trotz des Widerstandes des Königs Wenzel und des Erzbischofs Konrad, die vergebens mit weltlichen Strafen und kirchlichen Interdikten drohten. Man setzte sich schnell mit Huss in Verbindung. Dieser billigte den Brauch, wie er es nicht gut anders konnte, und schrieb zur Rechtfertigung desselben eine Abhandlung, welche, als sie zur Kenntnis seiner Anhänger kam, der Bewegung einen neuen Antrieb gab. Vergebens verurteilte das Konzil am 15. Juni 1415 den Gebrauch des Kelches durch die Laien, erklärte es alle Priester, welche das Sakra-

ment in dieser Form spenden würden, für Ketzer, bestimmte es, dass sie dem weltlichen Arme ausgeliefert würden, und befahl es allen Bischöfen und Inquisitoren, diejenigen, welche die Gültigkeit des Abendmahles unter einer Gestalt leugneten, als Ketzer zu verfolgen. Die Utraquisten oder Calixtiner, wie sie sich nannten, waren mehr als ein Jahrhundert lang die herrschende Partei in Böhmen. Das Konzil, das sich sehr wohl seines Unrechts bewusst war und sich durch allerhand nichtige Gründe rechtfertigen zu müssen glaubte, entfaltete einen ganz besonderen Eifer, um diesen Ungehorsam zu bestrafen, der auch in Huss seinen Vertreter hatte [1]).

---

1) Mandata synodalia ann. 1390 (Höfler, Prager Konzilien, S. 40). — Aen. Sylvii Hist. Bohem. cap. 35. — Laur. Byzinius, Diarium Belli Hussitici ann. 1414 (Ludewig, Reliquiae MSS. VI, 125, 128—9). — Von der Hardt III, 335 ff.; IV, 288—91, 334, 342. — Jo. Huss Monumenta I, 42—44, 62, 72.

Die unnachgiebige Hartnäckigkeit, womit die Kirche des fünfzehnten und sechzehnten Jahrhunderts den Laien den Kelch verweigerte, selbst auf die Gefahr hin, dass dadurch die christliche Einheit schwer gefährdet und zahllose Wirren erzeugt wurden, ist vielleicht das eindrucksvollste Beispiel für den Eigensinn des Priestersystems, der das Wesentliche dem Unwesentlichen opferte. Niemand leugnete, dass in der alten Kirche allen Gläubigen das Abendmahl in beiderlei Gestalt gespendet wurde, ein Gebrauch, der in der griechischen Kirche ohne Unterbrechung fortbestand. Die Verweigerung des Kelches war ursprünglich ein manichäischer Gebrauch, eine Nachahmung des entsprechenden alten Izeshne-Ritus der Mazdeaner. So wurde das Abendmahl unter einer Gestalt ein Zeichen der Ketzerei und wurde als solche etwa um die Mitte des fünften Jahrhunderts von Leo dem Grossen verurteilt (Leon. PP. I. Serm. XLII, cap. 5) und abermals gegen Ende desselben von Gelasius I., dessen Dekretale über diese Frage Gratian, ohne Commentar und ohne Widerspruch zu finden, in das Decretum aufnahm (P. II. Dist. II, c. 12), ein Beweis, dass sie im zwölften Jahrhundert noch gültiges Gesetz war.

Als jedoch im zehnten und elften Jahrhundert der Glaube an die Transsubstantiation ein anerkanntes Dogma der Kirche wurde, war man infolge der gesteigerten Verehrung, die man für die geweihten Elemente empfand, naturgemäss genötigt, äusserst vorsichtig bei der Behandlung derselben zu Werke zu gehen, und war äusserst besorgt, dass irgendein Unfall dabei geschehen könnte. Die Poenitentialien füllten sich daher mit allerlei Bussen, die man den Priestern auferlegte, welche aus Achtlosigkeit eine Krume von dem Leibe oder einen Tropfen von dem Blute fallen liessen. Man fälschte Dekretalen, die man den ersten Päpsten zuschrieb, um den Schein zu erwecken, als ob diese Strafen althergebracht seien (Decreti III. II, 27. — Instituta Canon. Praemonstratens. Dist. III, cap. IV, bei Martene, De antiquis Ecclesiae Ritibus III, Appendix). Natürlich war der flüssige Teil der beiden Elemente solchen Unfällen oder der Zersetzung viel mehr ausgesetzt als der feste, und die ministrierenden Priester waren peinlich bemüht, eine solche Profanierung des Heiligsten und die daraus für sie selbst entstehenden Folgen zu vermeiden. Eine Synode von Lerida um 1240 gibt zahlreiche Einzelheiten über die Art und Weise, wie die mannigfachen Unglücksfälle, die bei der Spendung leicht vorkommen könnten, wieder gut zu machen seien. Wenn z. B. ein Tropfen von dem Blute auf das Gewand des Priesters fiel, musste die betreffende Stelle ausgeschnitten und als Reliquie aufbewahrt werden. Fiel er auf den Boden, so musste ihn der Priester auflecken, was für den Priester nicht grade angenehm war (Villanueva, Viaje Literario, XVI, p. 305). Dann

Wir haben gesehen, dass Huss am 28. November 1414 verhaftet 472
wurde. Michael de Causis, Stephan von Palecz und andere Feinde von ihm hatten formelle Anklageartikel gegen ihn vorgelegt. Sie

---

kam man auf den einfachen Gedanken, die Hostie in den mit Wasser vermischten Wein zu tauchen und so beide Elemente zusammen zu verabfolgen, was sicher und ohne Besorgnis geschehen konnte. Diese Neuerung wurde von der Kirche verurteilt, aber nur mit grosser Schwierigkeit unterdrückt. Der Verfasser des Micrologus, der unter Gregor VII. schrieb, widmet diesem Verbot ein besonderes Kapitel (Micrologi c. 19). Auch das grosse Konzil von Clermont im Jahre 1095 verbot diese Praxis, ausgenommen in Fällen, wo sie durch die Vorsicht oder die Notwendigkeit, Unfälle zu verhüten, gefordert würde (Conc. Claromont. ann. 1095, c. 28). Etwa zwanzig Jahre später stellte Paschalis II. die Regel auf, dass sie nur zulässig sei bei dem Abendmahl der unmündigen Kinder und der Kranken, die das Brot nicht schlucken könnten (Paschalis II. Epistola 535). Das im Jahre 1175 in London abgehaltene Konzil untersagte den Gebrauch gleichfalls (Harduin. VI. II, 1638). In einer böhmischen Urkunde vom Ende des zwölften Jahrhunderts wird der Priester, der dem Sterbenden das Viaticum bringt, angewiesen, die Hostie in den Wein zu tauchen, um so Unfälle zu verhüten und doch beide Elemente spenden zu können (Höfler, Prager Konzilien, Einleitung, S. IX). Mit der Zeit aber, wo die Verehrung des Sakramentes als des Fleisches und Blutes Christi weitere Fortschritte machte, wurde dieser Ausweg verboten, und es kam die Sitte auf, den Laien nur das Brot zu verabreichen, was weniger Gefahr mit sich brachte, während der Priester nach wie vor beide Elemente nahm. Um das Jahr 1270 erzählt uns Thomas von Aquin, dass in einigen Kirchen den Laien nur das Brot gegeben werde, aus Vorsicht, um der Verschüttung des Weines vorzubeugen, und seine dialektischen Darlegungen sind dem Versuche, die Anwesenheit von Fleisch und Blut in der Hostie zu erweisen, ebenbürtig (Summa III. LXXX, 12). Die Bequemlichkeit dieser Neuerung hatte zur Folge, dass sie weiter ausgedehnt wurde; aber sie blieb doch vorläufig auf einzelne Kirchen beschränkt, und es wurde kein massgebendes Dekret erlassen, das den Laien den Kelch entzogen hätte, bis der böhmische Streit das Konzil von Konstanz veranlasste, zu dieser Frage Stellung zu nehmen. Wie allgemein der Gebrauch geworden war ohne die Autorität des Gesetzes, geht daraus hervor, dass um 1345 Clemens VI. dem Herzog Johann von der Normandie, dem Sohne Philipps von Valois, das besondere Privilegium gewährte, beide Elemente zu empfangen (Martene, Ampl. Coll. I, 1456—7). Als die Frage auf dem Konzil von Basel gründlich behandelt wurde, erklärte der Redner des Konzils, Johann von Ragusa, offen, dass der hussitische Gebrauch mit der Überlieferung der Kirche übereinstimme, dass derselbe aber verändert werden könne, wenn es die Bequemlichkeit oder andere Gründe erheischten (Harduin. Concil. VIII, 1712, 1740); und der Kardinal von St. Peter erklärte dem Freiherrn Wilhelm von Kostka, dem Führer der Böhmen, dass der Kelch den Kindern und dem gewöhnlichen Volke nur aus Vorsicht versagt werde, indem er hinzufügte: „Wenn Ihr mich darum bätet, würde ich ihn Euch geben, aber nicht den Achtlosen“ (Petri Zaticensis Liber Diurnus; Monumenta Conciliorum Gen. Saec. XV. T. I, p. 315). Die endgültige Entscheidung des Konzils von Basel im Dezember 1437 gibt zu, dass es keine bindende Vorschrift in dieser Frage gebe; aber sie erklärt zugleich, dass die Kommunion der Laien unter einer Gestalt eine lobenswerte Sitte und ein Gesetz der Kirche sei, das nicht ohne zwingenden Grund abgeändert werden dürfe (Conc. Basiliens. Sess. XXX; Harduin VIII. 1234). Die Kirche fühlte wohl, wie vollständig unhaltbar ihre Stellungnahme in dieser Frage war. Aber sie war entschlossen, selbst auf die Gefahr hin, willkürlich und herrisch zu erscheinen, dieser ihrer Haltung die Anerkennung zu verschaffen. Das geht am deutlichsten aus folgender Tatsache

473 waren im Namen Michaels aufgesetzt und warfen ihm unter anderen Irrtümern und Vergehen folgendes vor. Er behaupte, 1. dass nach der Konsekration in der Eucharistie die Substanz erhalten bleibe,

---

hervor. Als der Inquisitor Capistrano im Jahre 1452 hörte, dass der Kardinallegat Nikolaus von Cusa dem Rokyzana zu Regensburg eine Audienz in dieser Frage geben wollte, drückte er demselben seine Meinung offen folgendermassen aus: „Wenn wir die Ketzer entschuldigen, verurteilen wir uns selbst... Ich habe es immer vermieden, mich mit den Böhmen in eine regelrechte Erörterung dieser Frage einzulassen. Denn sie studieren die alten Schriften und Gebräuche, um ihre Ketzerei zu rechtfertigen, und sie besitzen eine vollkommene Kenntnis der zweifellos zahlreichen Stellen, welche das Abendmahl in beiderlei Gestalt stützen." Dann weist er den Legaten auf die ihm zugegangenen Bullen Papst Nikolaus' V. hin, worin die Böhmen bezeichnet werden als Schismatiker und Ketzer sowie als ungehorsame Söhne der römischen Kirche, und er fügt bedeutungsvoll hinzu, dass der Schüler nicht über dem Lehrer, noch der Diener über dem Herrn stehe. Er habe niemals in dem Gesetze gelesen, dass Ketzer zu belohnen, sondern dass sie scharf mit Konfiskation ihrer Güter und den strengsten Mitteln zu bestrafen seien (Wadding, Annal. ann. 1452, Nr. 12). Man war also soweit gekommen, dass diejenigen, welche die in der Kirche bis zum dreizehnten Jahrhundert herrschenden Gebräuche als zu Recht bestehend anerkannten und ihnen treu blieben, als Ketzer verurteilt und ausgerottet werden sollten. Ungehorsam galt als Ketzerei, und Rom war ein Jahrhundert lang bemüht, Europa um dieser reinen Äusserlichkeit willen umzukehren.

Ein Zwischenakt in diesem Kampfe betraf das Abendmahl der Kinder. Dieser Gebrauch hatte in früher Zeit in der Kirche bestanden (Cyprian. de Lapsis c. 25); der hl. Innocenz I. und der hl. Gelasius I. hatten beide erklärt, dass, sobald die Kinder getauft seien, das Abendmahl nötig sei, um ihnen das ewige Leben zu sichern (Innocentii I. Epist. xxx, c. 5; Gelasii I. Epistola VII). In Übereinstimmung mit diesen Vorschriften verlangt der erste Ordo Romanus, der wahrscheinlich aus dem siebten oder achten Jahrhundert stammt, dass Kinder nach der Taufe nicht eher gespeist oder getränkt werden dürften, als bis sie das Abendmahl empfangen hätten. Der oben angeführte Brief Paschalis' II. zeigt, dass dieser Gebrauch noch im zwölften Jahrhundert bestand. Aber aus denselben Gründen, aus welchen den Laien der Kelch entzogen wurde, wollte man das Sakrament auch den Kindern vorenthalten, welche in jedem Augenblick unbewussterweise mit dem Leib und Blut Jesu Christi ein Sakrileg begehen konnten. In ihrer Begeisterung für die Eucharistie kamen aber die Böhmen natürlich auf das Kinderabendmahl zurück und bereiteten durch ihre Halsstarrigkeit in diesem Punkte den Baseler Konzilsvätern viel Kopfzerbrechen. Diese Frage blieb auch, nachdem die Versöhnung im Jahre 1436 zustande gekommen war, eine umstrittene. Welche Gefühle das Kinderabendmahl einflösste, zeigte der Bischof von Coutances. Er war als Legat des Baseler Konzils nach Prag gekommen und wurde von Schrecken erfüllt, als er am 28. April 1437 sah, wie Rokyzana einer Anzahl Kindern das Abendmahl spendete und eines derselben die Hostie aus dem Munde nahm und wegwarf, worauf Rokyzana sie ruhig wieder aufnahm und dem Kinde wieder in den Mund steckte. Dieser Zwischenfall wurde offenbar als das überzeugendste Argument gegen den Gebrauch vorgebracht. Die Ausdrücke, in welchen der Zwischenfall erzählt wird, zeigen, wie man sich darauf gefasst machte, dass er ein tiefes Entsetzen hervorrufen würde (Jo. de Turonis Regestrum, Monumenta Conciliorum Gen. Saec. xv. T. I, p. 863). Die Verehrung für die Elemente des Abendmahles wurde übrigens schliesslich bis ins Masslose getrieben. Auf dem Konzil von Konstanz wurde ernstlich behauptet, dass, wenn ein Laie nicht vorsichtig genug sei und seinen Bart

2. dass die Sakramente in den Händen sündiger Priester verunreinigt 474 würden, 3. dass unter denselben Bedingungen die Schlüsselgewalt aufhöre, 4. dass die Kirche keine weltlichen Besitztümer haben dürfe, 5. er missachte die Exkommunikation, 6. er bewillige den Laien den Kelch, 7. er verteidige die verurteilten fünfundvierzig Artikel Wiclifs und 8. er hetze das Volk gegen den Klerus auf, so dass, wenn man ihn nach Prag zurückkehren liesse, eine Priesterverfolgung stattfinden würde, wie sie die Welt seit den Tagen Konstantins nicht gesehen habe. Das war mehr als hinreichend, um einen Prozess wegen Ketzerei gegen ihn zu rechtfertigen. Das Verfahren nahm unverzüglich seinen Anfang damit, dass man am 1. Dezember die Kommissare ernannte, welche das Verhör führen sollten. Diese waren tatsächlich Inquisitoren; das Konzil als solches fungierte als die Sachverständigenversammlung, welche, wie wir wissen, das Endurteil zu bestätigen hatte. Mindestens einer von den Kommissaren, der Bischof Bernhard von Città di Castello, war mit der Angelegenheit schon vertraut; denn erst ein Jahr vorher hatte er als päpstlicher Nuntius in Polen bei der Vertreibung des Hieronymus von Prag mitgewirkt. Ausser den von Michael de Causis aufgestellten Artikeln brachten die Prokuratoren und Promotoren des Konzils noch eine Anklage vor, welche auf die Wirren in Prag, auf die Exkommunikation

---

mit dem Weine benetze, er samt seinem Barte verbrannt werden müsse (Von der Hardt III, 369). Ganz so widersinnig war Gerson nicht, aber er ging doch soweit, als Gründe für die Kelchentziehung geltend zu machen den teuren Preis des Weines und die Möglichkeit, dass er leicht sauer werden könne (ib. 771 ff.). Als im Jahre 1391 Johann Malkaw gegen das Konkubinat der Priester predigte, erklärte er in der Hitze der Rede, dass er eher eine geweihte Hostie ehrerbietig auf den Boden legen als sein Gelübde der Keuschheit verletzen würde. Deshalb zog ihn der Strassburger Inquisitor Nikolaus Böckeler vor Gericht, indem er eine Anklage wegen Ketzerei in bezug auf das Altarsakrament gegen ihn erhob (Haupt, Zeitschrift für Kirchengeschichte VI (1884), S. 366—7).

In älteren Zeiten hatte die Kirche keine solche übertriebene Verehrung für die Abendmahlselemente gefühlt. Als im Jahre 646 der Papst Theodor den flüchtigen Patriarchen von Konstantinopel, Pyrrhus, exkommunizierte, nahm er geweihten Wein aus dem Kelche und mischte ihn in die Tinte, womit er das Urteil unterzeichnete, und im Jahre 869 griff das Konzil von Konstantinopel bei Gelegenheit der Verurteilung des Photius zu demselben Mittel. — Chr. Lupi Dissert. de Sexta Synodo c. V (Opera III, 25). — *Hefele, Konziliengeschichte ²III, 208.

Natürlich wurden die wildesten Geschichten verbreitet, um den Gläubigen einen Abscheu vor den böhmischen Neuerungen einzuflössen. Es hiess, der Wein werde in Flaschen und Fässern konsekriert und die Sektierer hielten in Kellern Zusammenkünfte ab, wobei sie sich daran berauschten und dann allerlei geschlechtliche Greueltaten begingen (Laur. Byzinius, Diarium Belli Hussitici; Ludewig, Reliquiae mss. VI, 129—30).

475 des Huss und auf die Verbreitung Wiclifitischer Lehren durch ihn Bezug nahm [1]).

Anfangs wurden die Verhandlungen mit einem solchen Eifer geführt, dass man eine schnelle Erledigung des Falles erwarten konnte. Sobald sich Huss von seiner ersten Krankheit erholt hatte, legte man ihm eine Reihe von zweiundvierzig Irrtümern vor, die Palecz aus seinen Schriften ausgezogen hatte. Hierauf erwiderte er schriftlich „seriatim“, indem er auseinandersetzte, dass der Sinn einiger Stellen durch falsche Konstruktion entstellt worden sei, und indem er einige verteidigte, andere nur unter Einschränkungen und Bedingungen zugab. Alle seine Antworten zeugen von einer wunderbaren Gedächtniskraft, Schnelligkeit und Klarheit des Verstandes, obwohl man ihm den Gebrauch der Bücher und selbst der Abhandlungen, welche die Quellen der Anklagen bildeten, nicht erlaubte. Bisweilen kamen die Kommissare auch persönlich in sein Gefängnis, um ihn zu verhören. Ein Karthäusermönch schrieb am 19. Mai von Konstanz aus, dass er am Tage vorher bei einem solchen Verhör zugegen gewesen sei und niemals einen so kühnen und so dreisten Verbrecher gesehen habe, der so vorsichtig die Wahrheit verbergen könne.
476 Wir haben auch einen von Huss selbst herrührenden Bericht über eine dieser Unterredungen. Die Kommissare waren von Michael und Stephan als ihren Assistenten begleitet. Jeder Artikel wurde ihm vorgelesen; dann wurde er gefragt, ob das seine Glaubensmeinung sei. Er erwiderte, indem er den Sinn, in welchem er ihn verstand, auseinandersetzte. Dann fragten sie ihn, ob er seine Meinung verteidigen wolle, was er verneinte mit der Erklärung, dass er sich der Entscheidung des Konzils unterwerfe. Unterwürfiger und orthodoxer hätte man kaum sein können, und bei jedem anderen Prozessverfahren würde eine Überführung wohl unmöglich erschienen sein. Ketzerei aber war, wie wir wissen, ein Verbrechen. War sie einmal begangen, und mochte es auch durch Unwissenheit geschehen sein, so war der Kirche nicht mit einer einfachen Rückkehr in ihren Schoss gedient. Es musste der Glaube an die Irrtümer zugegeben und dann abgeschworen werden, bevor der Verbrecher als Büsser betrachtet werden konnte und ein Recht darauf erwarb, dass die Todesstrafe

---

1) Palacky, Documenta, pp. 194-204, 506. — Mladenowic, Relatio (Palacky, p. 252).

Das Konzil selbst erkannte den inquisitorischen Charakter seines Verfahrens an. In dem Urteil gegen Hieronymus von Prag bediente es sich des Satzes: „Haec sancta synodus Constantiensis in causa inquisitionis haereticae pravitatis per eamdem sanctam synodum mota.“ — Von der Hardt, IV, 766.

durch lebenslängliche Gefangenschaft ersetzt wurde. Huss wurde mehr wegen der Ketzereien verurteilt, die er nicht behauptet, als wegen derjenigen, die er bekannt hatte[1]).

Tausende von unglückseligen Opfern waren auf kaum den zehnten Teil des Beweismaterials hin überführt worden, das jetzt gegen Huss vorgebracht wurde. Stephan von Palecz, der sich des höchsten Ansehens erfreute, schwur vor den Kommissaren, dass es seit der Geburt Christi keine gefährlicheren Ketzer gegeben habe als Wiclif und Huss, und dass alle, welche den Predigten des letzteren beizuwohnen pflegten, glaubten, in der Eucharistie bleibe auch die Substanz des Brotes bestehen. Dieses Zeugnis des Palecz konnte von Dutzenden von anderen Zeugen bestätigt und erweitert werden. Sie waren bereit zu beweisen, dass Huss glaube, die Eucharistie bleibe ihrem Wesen nach Brot, die Sakramente würden in den Händen sündiger Priester verunreinigt, die Ablässe nützten nichts, die römische Kirche sei die Synagoge Satans, die Ketzerei werde durch Erörterungen und nicht durch Gewaltmittel verschwinden, und die päpstliche Exkommunikation brauche nicht beachtet zu werden. Viele dieser Irrtümer wies Huss mit Entrüstung von sich, aber es war vergebens. Vergebens auch schrieb er schon am 5. März 1415 im Gefängnisse seine Abhandlung „De sacramento corporis et sanguinis", worin er erklärte, dass eine vollkommene Transsubstantiation stattfinde, dass Gott das Wunder wirke ohne Rücksicht auf die Würdigkeit des Celebrierenden, dass in dem Brot und Wein der Leib und das Blut Christi enthalten seien, und dass er dies seit 1401, schon ehe er Priester gewesen sei, gelehrt habe. Vergebens auch 477
drückte er kurz vor seiner Hinrichtung seine fromme Begeisterung in einer Hymne aus, worin er ausrief:

„O quam sanctus panis iste,
Tu es solus Jesu Christe,
Caro, cibus, sacramentum,
Quo non maius est inventum!"

Vergebens auch verteidigte er diesen seinen Glauben mit grossem Ernst in einer öffentlichen Sitzung am 8. Juni. Die Zeugen beschworen doch das Gegenteil. Man versagte ihm das Recht, gewisse Zeugen zurückzuweisen, so dass er nur an Gott und sein Gewissen appellieren konnte. Die Richter erklärten ihn für einen Ketzer;

---

1) Palacky, pp. 204—24. — Mladenowic, Relatio (Palacky, p. 254). — Martene, Thesaurus II, 1635. — Jo. Hus, Epist. XL, VIII (Monumenta I, 72).

somit blieb ihm nur die Wahl, entweder ein Geständnis abzulegen und abzuschwören, oder verbrannt zu werden [1]).

Die einzig mögliche Methode der Verteidigung bestand für ihn, wie wir (Band I, S. 498) gesehen haben, darin, dass er die Zeugen wegen Todfeindschaft, d. h. einer Feindschaft, die ihm nach dem Leben trachtete, zurückwies. Aber das konnte ihm doch nichts helfen gegenüber den Irrlehren, welche die Kommissare — nach seiner Aussage fälschlicherweise — aus seinen Schriften ausgezogen hatten. Was die Zeugen angeht, so machten ihm die Kommissare während seiner Krankheit im Dezember ein ungewöhnliches Zugeständnis. Etwa fünfzehn von ihnen wurden in seine Zelle geführt, um in seiner Gegenwart ihre Aussagen zu beschwören. Einige sollen hierbei erklärt haben, sie wüssten nichts, andere zeigten sich als seine bitteren Feinde. Was diese letzteren Zeugen angeht, so kannte Huss einige dem Namen nach; andere waren ihm bekannt, weil ihre Namen unter den Aussagen standen, die sie schon vorher in Prag für Michael de Causis gemacht hatten, und die Huss vor seiner Abreise nach Konstanz auf irgendeinem Wege in die Hände gefallen waren. Mit Rücksicht darauf waren wahrscheinlich mehrere dieser Namen dem Artikel über die Fortdauer der Substanz des Brotes in der Eucharistie beigefügt, welcher ihm in der Sitzung vom 7. Juni vorgelegt wurde. Aber in dem endgültigen Urteil sind keine Namen erwähnt. Die Zeugen für jeden Artikel wurden hier nur mit dem Titel bezeichnet, z. B. ein Domherr von Prag, ein Priester von Leitomischl, ein Magister artium, ein Doktor der Theologie usw. Als Huss um Angabe eines der Namen bat, erhielt er eine abschlägige Antwort, was vollständig mit den Vorschriften übereinstimmte [2]).

Und doch war die Feindschaft der Belastungszeugen notorisch.
478 Auf dem Richtplatze erklärte Huss, dass er verurteilt worden sei auf Grund von Irrlehren, die er niemals bekannt habe, und die ihm von falschen Zeugen untergeschoben seien. Die in Konstanz anwesenden Böhmen richteten am 31. Mai 1415 eine Denkschrift an das Konzil, worin sie erklärten, dass die gegen ihn gemachten Aussagen von seinen Todfeinden herrührten. Vorübergehend hatten Huss

1) Epist. XXXII (Monumenta I, 68). — Von der Hardt IV, 420—8. — Jo. Huss, Monumenta I, 39—41. — Mladenowic, Relatio (Palacky, pp. 276—8, 302, 318). Schon im Jahre 1411 stellte Huss Johann XXIII. gegenüber energisch die Behauptung in Abrede, dass er nicht an die Verwandlung des Brotes glaube und die Unwirksamkeit der von unreinen Händen gespendeten Sakramente lehre (Palacky, p. 19. Vgl. p. 164—5, 170, 174—85).

2) Mladenowic, Relatio (Palacky, pp. 252—3). — Palacky, pp. 73, 174, 318, 560. — Von der Hardt, IV, 308, 420—8.

oder seine Freunde die Absicht, diese Zeugen als befangen abzulehnen. Als er aber die Kommissare um die Erlaubnis bat, sich einen Advokaten nehmen zu dürfen, welcher gegen die Zeugenaussagen die nötigen Einwände erheben könne, willigten sie anfangs ein, dann aber lehnten sie das Gesuch ab mit der Begründung, es sei gegen das Gesetz, einen verdächtigen Ketzer zu verteidigen. Das entsprach, wie wir wissen, auch durchaus der Wahrheit. Wenn diese Geltendmachung der Vorschriften auch hart erscheinen mag, so dürfen wir andrerseits nicht vergessen, dass die Freunde des Huss eine bis dahin noch nie dagewesene Freiheit genossen hatten, um zu seinen Gunsten zu wirken. Durch ihre wiederholt an das Konzil gerichteten Denkschriften und ihre Bemühungen bei Sigmund machten sie sich ohnehin des Verbrechens der Begünstigung schuldig, und wenn man das Gesetz gegen sie hätte anwenden wollen, so hätte man sie augenblicklich zum Schweigen bringen und mit strengen Strafen belegen können[1]).

Es war nicht viel Zeit notwendig, um mehr als ausreichende Beweise zur Verurteilung des Huss in die Hände zu bekommen. Wenn man danach getrachtet hätte, ihn zu verbrennen, so würde man diesen Wunsch schnell haben ausführen können. Wir haben indessen gesehen, dass die Inquisition überhaupt einen reuigen Bekehrten viel lieber sah als einen verbrannten Ketzer. Und in diesem Falle kam es ihr wahrscheinlich mehr als irgendsonst darauf an, dass der Angeklagte bekannte und sich unterwarf. Hätte Huss sich selbst als Erzketzer bekannt, so hätte er alle Bedeutung verloren, und seine Schüler wären, wie man wohl erwarten konnte, seinem Beispiele gefolgt. Wurde er aber zum Märtyrer, so konnte kein Mensch voraussagen, welche Folgen daraus entstehen würden, ob Schrecken oder Erbitterung. Man wandte daher zunächst die üblichen milderen Mittel der Inquisition an, um seinen Starrsinn zu brechen: langes Hinziehen der Verhandlungen, Einsamkeit, Verzweiflung. Wenn seine Richter hätten hart sein wollen, so hätten sie zur Folter ihre Zuflucht nehmen können, wie man in solchen Fällen zu tun pflegte. Dazu würden sie durch Gesetz und Gewohnheit vollständig berechtigt gewesen sein. Man würde auch das weniger gewalttätige, aber gleichfalls wirksame Mittel allmählicher Nahrungsentziehung haben anwenden können, aber man war mitleidig und sah davon ab. Die langsamere, aber darum 479
nicht minder qualvolle Tortur endloser Gefangenschaft blieb ihm

1) Mladenowic, Relatio (Palacky, pp. 253, 323). — Von der Hardt, IV, 188, 212, 289. — Epist. XLIX (Monument. I, 73a).

jedoch nicht erspart. Er blieb bis zum 24. März in dem Dominikanerkloster eingeschlossen. Zwar wurde ihm die Bitte, seine Freunde sehen zu dürfen, abgeschlagen, aber diese erhielten doch die Erlaubnis, ihm Schreibmaterial zu liefern, und nun verwandte er seine unfreiwillige Musse dazu, eine Anzahl Traktate zu verfassen, welche, da sie ohne die Hilfe von Büchern geschrieben wurden, zeigen, wie umfassend und genau seine Bekanntschaft mit der Heiligen Schrift und den Vätern war. Sein mildes Wesen gewann ihm die Sympathie aller, welche in Berührung mit ihm kamen, und dankbar erwähnte er später die Güte, womit er sowohl von seinen Wächtern als auch von den Schreibern der päpstlichen Kammer behandelt wurde. Sein gewinnender Charakter und wohl auch das Gold seiner Freunde verschafften ihm die Möglichkeit, mit seinen Freunden Briefe zu wechseln, obwohl jeder Verkehr mit dem Gefangenen untersagt war. Trotz der Wachsamkeit seiner Feinde gingen die Briefe hin und her, und zwar oft in die Lebensmittel versteckt. Michael de Causis aber schlich um das Tor herum, indem er zu sich sagte: „Mit Gottes Hilfe werden wir diesen Ketzer verbrennen, der mich so viele Gulden gekostet hat", und setzte es durch, dass die Frauen der Wächter, die er im Verdacht hatte, dass sie die Botendienste verrichteten, entlassen wurden. Auf einmal änderte sich die Lage, als der Streit zwischen dem Papst und dem Konzil seinen Höhepunkt erreichte. Als am 19. März 1415 Johann XXIII. heimlich aus Konstanz floh, lieferten die Wächter des Huss König Sigmund die Schlüssel aus und folgten ihrem Herrn. Darauf übergab das Konzil den Gefangenen der Obhut des Bischofs von Konstanz, der ihn bei Nacht gefesselt nach dem nicht weit unterhalb der Stadt am Rhein gelegenen Schlosse Gottlieben brachte. Seine Freunde waren darum eingekommen, ihm ein luftigeres Gefängnis zu geben. Die Bitte wurde nur allzu wörtlich erfüllt; denn er wurde nun in ein Zimmer hoch oben in dem Turme des Schlosses eingeschlossen. Seine Füsse waren gefesselt, aber er konnte sich während des Tages herumbewegen; während der Nacht jedoch wurde ihm ein Arm an die Wand gekettet. Jedes Entrinnen war unmöglich. Die Einschliessung war also offenbar eine Strafmassregel. Huss war somit von allem Verkehr mit seinen Mitmenschen abgeschlossen und nur der düsteren Selbstbetrachtung überlassen. Krankheit verschlimmerte bald die Härte der Gefangenschaft. Aus der modrigen Dominikanerzelle hatte man ihn in das windige Turmzimmer von Gottlieben gebracht und ihn dadurch den verschiedensten ungesunden Lebensbedingungen ausgesetzt. Der Gallenstein, ein Leiden, das ihm bisher

unbekannt war, quälte ihn sehr, Zahnweh und Kopfweh vereinigten sich, um seinen Zustand noch mehr zu verschlimmern. Eines Tages 480
wurde er von einem so heftigen Fieberanfall mit übermässigem Erbrechen ergriffen, dass ihn seine Wächter aus der Zelle trugen, da sie glaubten, er würde sterben. Trotzdem tritt in allen Briefen, die er in dem Gefängnis schrieb, die wunderbare Geduld des Mannes in hellem Lichte zutage. Für die Feinde, die ihn bis zum Tode verfolgten, kennt er nur Vergebung; für alle Leiden, mit denen es Gott gefallen hat, seinen Knecht heimzusuchen, nur Unterwerfung. Sein Herz fliesst über von Dankbarkeit für die treue Liebe, die ihm seine Freunde bewiesen haben. In rührender Weise bittet er sie alle, ihn nicht zu vergessen; er ermahnt sie in sanften Worten, die Pflicht der Nächstenliebe nicht zu versäumen, und zeigt ihnen, wie sie den Weg zu sittlicher und geistiger Vervollkommnung finden können. Er empfindet weder den Stolz des Märtyrers noch den Wunsch nach Vergeltung; alles ist fromme Ergebung, Liebe und Demut. Seit Christus hat kein Mensch ein ergreifenderes Beispiel von dem wahren Christengeiste gegeben als Johann Huss während einer Zeit, wo er furchtlos darauf wartete, für das zu dulden, was er für Wahrheit hielt. Er war einer von jenen wenigen Auserwählten, welche die Menschenwürde erhöhen und verherrlichen. Und doch war er nur ein Mensch, und erst nach einem langen Kampfe mit sich selbst gelang es ihm, den letzten Sieg zu gewinnen. Bisweilen, wenn alle Hilfe unmöglich zu sein schien, tröstete er sich in Träumen mit dem Gedanken, dass Gott ihn nicht untergehen lassen und dass er wie Daniel, Jonas und Susanna aus der Not gerettet werden würde [1]).

Ein Hoffnungsstrahl zeigte sich, als es zwischen dem Papst und dem Konzil zum Bruch kam. Kaum hatte Huss Kenntnis von der Flucht Johanns XXIII. bekommen, als er seine Freunde bat, sofort zu Sigmund zu eilen, um seine Befreiung zu erwirken. Die Antwort war, dass man ihn in den Turm von Gottlieben schickte. Als nun aber der Papst als Gefangener in dasselbe Schloss Gottlieben gebracht wurde und das Konzil ihn als einen Simonisten und Kirchenschänder vor sein Gericht zog, um ihn wegen persönlicher Laster und Verbrechen zu verurteilen, die unbeschreiblich waren und ein Ärgernis für die Christenheit bildeten, als dadurch alles,

---

1) Von der Hardt, iv, 47. — Mladenowic, Relatio (Palacky, p. 255). — Palacky, p. 541. — Jo. Hus Monumenta i, 7, 29—42. — Epistt. xi., xxvii., xxx., xxxi., xxxii., xxxvi., xlvii., li., lii., lvi. (Monumenta i, 60, 65—9, 72—5). — Laur. Byzinius, Diarium Belli Hussitici (Ludewig, Reliquiae MSS. vi, 128—9).

was die Wiclifiten je gegen die Kirche vorgebracht hatten, vor aller Welt bestätigt wurde, da hatte man wirklich Grund zu hoffen, dass Huss mit Ehren befreit werden würde. Johann XXIII. jedoch, erfüllt von der Weisheit der Kinder dieser Welt, versuchte
481 es gar nicht, sich zu verteidigen. Er gestand alles ein, was man ihm zur Last legte, unterwarf sich dem Konzil und wurde später, nachdem er einige Jahre lang die Gefangenschaft gekostet hatte, von Martin V. mit der hohen Würde eines Dekans des Heiligen Kollegiums belohnt. Huss dagegen, standhaft wie die Kinder des Lichtes, weigerte sich, durch ein Geständnis einen Meineid gegen sich selbst zu begehen, und konnte so seinem Schicksal nicht entrinnen [1]).

Das Konzil hatte sich versammelt, um die Kirche zu reformieren. Es tat das in der ihm gut dünkenden Weise. Auch diejenigen seiner Mitglieder, welche am eifrigsten waren, dachten nicht im entferntesten an revolutionäre Reformen im Sinne von Wiclif und Huss, die die Kirche zu der apostolischen Armut zurückführen und aller weltlichen Macht berauben wollten. Ausser den dogmatischen Irrtümern, welche von zahlreichen Zeugen bekundet wurden, fand sich in den Schriften des Huss reicher Stoff, um zu beweisen, dass er ein höchst gefährlicher Feind des ganzen Kirchensystems war. Er hatte zur Verteidigung eines der fünfundvierzig verurteilten Artikel Wiclifs seine Abhandlung „De ablatione bonorum“ geschrieben, welche ausführte, dass der weltliche Herr den Geistlichen, die gewohnheitsmässige Sünder seien, ihre weltlichen Einkünfte entziehen könne. Sein Traktat „De decimis“ verteidigte einen anderen Artikel, welcher bestritt, dass jemand, der in Todsünde lebe, ein weltlicher Herrscher, Prälat oder Bischof sein könne. Johann Gerson, einer der führenden Männer des Konzils, hatte als Kanzler der Universität Paris schon vor seinem Erscheinen in Konstanz eine Reihe von zwanzig derartigen gefährlichen Artikeln aus der Schrift des Huss „De ecclesia“ ausgezogen und hatte den Erzbischof Konrad von Prag dringend ersucht, die Wiclifitische Ketzerei durch Zuhilfenahme des weltlichen Armes auszurotten. Durch die Schlüsse, die Huss aus Wiclifs Lehre von der Prädestination gezogen hatte, zerstörte er das ganze Fundament des hierarchischen Systems. Unter den Kardinälen des Konzils befand sich Otto Colonna, der die päpstliche, von Huss verachtete Exkommunikation gegen ihn geschleudert hatte. Zabarella und Brancaccio hatten gleichfalls einen lebhaften Anteil genommen an der bei

1) Epist. LII (Monumenta I, 75). — Theod. a Niem, De vita Joann. XXIII. Lib. III, c. 5. — Raynald. ann. 1419, Nr. 5.

der Kurie gegen ihn ins Werk gesetzten Agitation. Alle diese und viele andere waren gründlich mit seinen revolutionären Lehren vertraut. Was sollte aus der einst von Gregor VII. gegründeten Theokratie werden, wenn solche Ansichten ungestraft vorgetragen werden durften, wenn der Verkünder derselben sie sogar verteidigen durfte und nur als ein Ketzer angesehen wurde, wenn er in einer scholastischen Disputation besiegt war. Der ganze Bau des Priestersystems
wäre unterminiert worden und das ganze kanonische Recht unbe- 482
achtet geblieben, wenn man einen solchen ungeheuerlichen Angriff zugelassen hätte. In den Augen der Konzilsväter konnte es kaum etwas Widersinnigeres geben. Dazu hatte Michael de Causis einen Brief aufgefangen, den Huss aus dem Gefängnis geschrieben hatte, und worin die Konzilsväter als Diener des Antichrist bezeichnet wurden. Als ihm der Brief von den Kommissaren vorgelegt wurde, erkannte er seine Echtheit an. Schliesslich war er jahrelang wegen Verdachtes der Ketzerei exkommuniziert geblieben, hatte während dieser Zeit beständig Gottesdienst abgehalten und den Papst einen Antichrist genannt, dessen Anathema man verachten müsse. Hierdurch allein schon hatte er, wie wir gesehen haben, sich selbst zu einem überführten Ketzer gemacht[1]).

Es war also eine trügerische Hoffnung zu glauben, dass das Konzil, weil es Johann XXIII. abgesetzt hatte, einen so verstockten Ketzer, den seine Tugenden sogar noch gefährlicher machten, auf freien Fuss setzen würde. Die Inquisition musste den einmal angefangenen Prozess zu Ende führen. Selbst vor der unfreiwilligen Rückkehr des Papstes, als der Streit mit ihm am heftigsten und zweifelhaftesten tobte, war der Prozess gegen Huss Schritt für Schritt aufmerksam verfolgt worden. Am 17. April wurden vier neue Kommissare ernannt. Die Ämter der ersten, die von dem Papste bestimmt waren, betrachtete man als erloschen. Die neue Kommission wurde eingesetzt mit dem ausdrücklichen Auftrage, den Prozess bis zum Endurteil zu führen. Es entstand nur ein Zweifel über die Frage, ob die Verurteilung Wiclifs, womit der Fall Huss aufs engste zusammenhing, im Namen des Papstes oder des Konzils erfolgen solle. Man wählte das letztere. Am 4. Mai 1415 wurde das Urteil verkündet. Es zeigte, dass die Versammlung es für ihre unzweifelhafte Pflicht ansah, die Ketzerei des Meisters zugleich mit der des Schülers zu vertilgen. Auch die energischen Massregeln, die man um diese Zeit gegen Hieronymus

---

1) Jo. Hus Monumenta I, 118, 128. — Epist. XLIII (Ib. 71a). — Palacky, Documenta, pp. 60, 185, 523–8. — Mladenowic, Relatio (Palacky, p. 301).

von Prag ergriff, waren ein nicht misszuverstehendes Anzeichen dafür, was man von dem Konzil zu gewärtigen hatte. Wie wenig aber die Freunde des Huss die wirkliche Sachlage durchschauten, und wie falsch die Hoffnungen waren, die sie auf den Bruch mit dem Papste gesetzt hatten, ersieht man aus ihren eifrigen Bemühungen, das Ende des Prozesses herbeizuführen in der Hoffnung, damit seine Freilassung zu erlangen. Sonst wäre es bei der Verschleppungsmethode der In-
463 quisition sehr wohl möglich gewesen, dass der Gefangene seinen einsamen Träumen noch viel länger überlassen geblieben wäre. Am 13. Mai reichten sie eine Denkschrift ein, worin sie sich über seine Behandlung beschwerten und insbesondere darüber Klage führten, dass er unter Verletzung des königlichen Schutz- und Geleitsbriefes in Fesseln gelegt und dem Hunger und Durst preisgegeben sei, ohne dass ein Verhör oder eine Verurteilung stattgefunden habe. Sie protestierten auch gegen die Erzählungen, welche man, um seiner Sache zu schaden, in Umlauf setzte, dass nämlich in Böhmen das Blut Christi in Flaschen herumgetragen werde, und dass Schuster dort die Beichte hörten und die Messe celebrierten. Am 16. Mai erwiderte das Konzil, dass Huss schon im Jahre 1411 vor den Heiligen Stuhl vorgeladen und exkommuniziert worden sei, und dass er sich seitdem nicht nur als Ketzer, sondern als Erzketzer erwiesen habe, indem er in der Exkommunikation verharrte und selbst in Konstanz verbotene Lehren predigte. Was den Geleitsbrief angeht, so behauptete man, wie wir sahen, er sei ihm erst nach der Verhaftung zugestellt worden. Diese ausweichende Antwort hätte ihnen die Augen darüber öffnen können, dass seine Sache schon im voraus entschieden war bei denen, die darüber zu befinden hatten. Trotzdem drangen die Böhmen am 18. Mai in einem zweiten Gesuch abermals auf schleunige Erledigung. In Konstanz erwartete man allgemein, dass am 22. eine Sitzung abgehalten und Huss darin verurteilt werden würde. Um diese Zeit aber wurde die Aufmerksamkeit vollständig in Anspruch genommen durch den Prozess gegen Johann XXIII. Dieser wurde schliesslich am 29. Mai abgesetzt und das Urteil ihm am 31. Mai zugestellt. Sigmund traf nunmehr Vorbereitungen für die Reise, die er im Juni nach Spanien machen wollte. Wenn also bei ihm noch Schritte für Huss getan werden sollten, so musste es ohne Säumen vor seiner Abreise geschehen. Wahrscheinlich bildeten sich die Böhmen ein, dass er auf die eine oder andere Weise ihren Führer noch retten würde. Wenigstens reichten sie am 31. Mai eine neue Denkschrift ein, worin sie ihre Klagen über den Geleitsbrief wiederholten und

um ein schleuniges öffentliches Verhör baten. Während über dieses Gesuch beraten wurde, trat Sigmund ein und verlangte energisch die öffentliche Sitzung, welche auch schliesslich versprochen wurde. Weiter verlangten die Freunde des Huss, dass ihm erlaubt würde, sich einige Tage ausserhalb des Gefängnisses von seinen harten Kerkerqualen zu erholen, und das Konzil schien geneigt, dem Gesuch zu willfahren. Noch an demselben Tage konnte Johann von Chlum zu seiner Freude nach Gottlieben den Befehl überbringen, dass Huss nach Konstanz gebracht werden solle. Am nächsten Tage aber, am 1. Juni, erschien daselbst eine besondere Abordnung des Konzils und legte Huss die gegen ihn vorgebrachten dreissig Artikel vor. Sie kehrte zurück mit der Meldung, Huss unterwerfe sich dem Konzil, aber nur insoweit, als man ihm nachweisen würde, dass die 484
von ihm wirklich verkündeten Lehren auf Irrtümern beruhten. Schliesslich wurde er in Ketten nach Konstanz gebracht und nun in dem Franziskanerkloster eingeschlossen[1]).

Nach den Regeln des Inquisitionsverfahrens lag keine Notwendigkeit vor, noch weiter mit dem Angeklagten zu verhandeln. Der Beweis für die gegen ihn erhobenen ketzerischen Anklagen war erbracht worden, und wenn er sie hartnäckig ableugnete, so war die Auslieferung an den weltlichen Arm die selbstverständliche Folge. Man hatte nicht die Absicht gehabt, eine solche Neuerung, wie ein öffentliches Verhör es war, in das Prozessverfahren einzuführen. Aber wenn nicht das Konzil, so sah doch Sigmund voraus, dass eine solche Weigerung jetzt einen verhängnisvollen Einfluss auf die öffentliche Meinung in Böhmen haben würde. Denn da man daselbst durchweg die Inquisitionsregeln wenig kannte, so konnte man behaupten, das Konzil habe sich gefürchtet, ihrem Vorkämpfer gegenüberzutreten, und ihn deshalb ungehört verurteilt. In Wirklichkeit konnte auch ein solches Verhör den Ausgang nicht weiter beeinflussen; denn der Fall war tatsächlich schon entschieden. Allein die Freunde des Huss konnten das nicht einsehen, und so scheiterte selbst der Versuch, aus ihrer Ungeduld Kapital zu schlagen, indem man zweitausend Gulden zur Bestreitung der Kosten einer solchen Sitzung forderte. Die folgenden drei Verhöre waren daher ganz unregelmässig; wir können sie kurz behandeln, da sie die Wichtig-

1) Von der Hardt IV, 100, 118, 136, 153, 189, 209, 212—13, 288—90, 296, 306. — Martene, Thesaur. II, 1635. — Harduin. VIII, 280. — Mladenowic, Relatio (Palacky, pp. 256—72).

keit durchaus nicht verdienen, die ihnen gewöhnlich zugeschrieben wird[1]).

Am 5. Juni hielt das Konzil eine allgemeine Versammlung in dem Franziskanerkloster ab. Anfangs hatte man die Absicht, das gewöhnliche Inquisitionsverfahren einzuschlagen und in Abwesenheit des Angeklagten die gegen ihn erwiesenen Artikel zu prüfen. Aber Peter Mladenowic eilte zu Johann von Chlum und Wenzeslaus von Duba, die sofort an Sigmund appellierten. Dieser schickte unverzüglich den Pfalzgrafen Ludwig und den Burggrafen Friedrich von Nürnberg zu dem Konzil mit dem Ersuchen, dass nichts geschehen solle, ehe Huss anwesend sei und seine Bücher zur Prüfung vorlägen. So hatte dieser endlich die lange gewünschte Gelegenheit, seinen Gegnern gegenüberzutreten und sich öffentlich zu verteidigen. Die Bücher, aus denen man seine Irrtümer ausgezogen hatte, wurden ihm vor-
485 gelegt, nämlich seine Abhandlung „De ecclesia“ und seine Traktate gegen Stephan von Palecz und Stanislaus von Znaim; er bekannte sich als Verfasser der Werke. Die Artikel wurden alle der Reihe nach vorgenommen. Man ersuchte ihn, auf jeden einfach mit ja oder nein zu antworten. Als er darum bat, einen Punkt erläutern zu dürfen, entstand eine unbeschreibliche Verwirrung in dem Saale, und als er weiter um Aufklärung darüber bat, worin er geirrt habe, wurde er aufgefordert, zunächst seine Ketzereien zu widerrufen — ein Verfahren, das durchaus dem Gesetze entsprach. Der Tag verging mit Auseinandersetzungen, die am 7. und 8. wieder aufgenommen wurden. An diesen Tagen war Sigmund anwesend. Huss verteidigte sich tapfer mit wunderbarer Geistesgegenwart und mit dialektischem Geschick. Aber diese Art des Verhörs war etwas ganz anderes als die freie Erörterung, von der er in seiner Naivetät bei seiner Abreise von Prag geträumt hatte. Obwohl der Kardinal Johann von Ostia, der den Vorsitz führte, sich bemühte, Wohlwollen zu zeigen, brach die Versammlung von Zeit zu Zeit, einem heulenden Pöbelhaufen gleich, in den Ruf aus: „Verbrennt ihn! Verbrennt ihn!“ Das Verhör wurde fortwährend unterbrochen; von allen Seiten drang man mit Fragen auf ihn ein, und seine Antworten gingen häufig in dem Lärm unter. Das Ganze war ein Hohn auf ein Gerichtsverfahren; aber es war damit erreicht, was Sigmund verlangt hatte, und die Kirche hatte gezeigt, dass sie sich nicht vor einer öffentlichen Diskussion mit dem Erzketzer fürchtete. Am Ende dieses dreitägigen

---

1) Epistt. XLIII., XLVII. (Monumenta I, 71, 72). — Von der Hardt, IV, 291, 306—7. — *Hefele, Konziliengeschichte VII, 149ff.; Lechler, Johannes Hus S. 89ff.

tumultuarischen Kampfes war Huss fast bis zur Ohnmacht erschöpft. Infolge von Zahnschmerzen hatte er in der letzten Nacht nicht schlafen können, ein Fieberanfall trat ein, dem seine Körperkräfte nach einer sechsmonatigen harten Gefangenschaft kaum noch gewachsen waren. Die Verhandlung endigte damit, dass ihn die Kardinäle dringend ersuchten zu widerrufen, und ihm milde Behandlung versprachen, wenn er sich der Gnade des Konzils anvertrauen wolle. Er bat um ein abermaliges Gehör, indem er erklärte, er wolle sich unterwerfen, wenn die Argumente und die Autoritäten, auf die er sich berufen habe, nicht ausreichend seien. Darauf erwiderte Kardinal Peter d'Ailly, die Doktoren hätten einstimmig entschieden, Huss müsse erklären, dass er gefehlt habe in der Veröffentlichung der ihm zugeschriebenen Artikel, er müsse schwören, in Zukunft niemals wieder an sie zu glauben, noch sie zu lehren, und er müsse sie öffentlich widerrufen. Huss bat die Versammlung um der Liebe Gottes willen, ihn nicht zu zwingen, etwas wider sein Gewissen zu tun; denn Abschwörung bedeute Ablegung eines Irrtums, in dem man vorher befangen gewesen sei, und viele von den gegen ihn vorgebrachten Irrlehren habe er niemals geteilt. Sigmund fragte ihn, warum er nicht Irrtümern entsagen wolle, welche, wie er behauptete, ihm nur durch Meineid zugeschrieben worden seien, worauf Huss ihm die technische Bedeutung der Abschwörung klarmachen musste. Ein Mitglied wollte nicht einmal etwas davon wissen, dass der Angeklagte zum Widerrufe zugelassen würde, weil ihm nicht zu 486
trauen sei. Aber das würde ganz gegen das Gesetz gewesen sein. Selbst der rückfällige Ketzer hatte stets das Recht, zu bekennen und zu widerrufen, und zu einer solchen offenkundigen Rechtsverweigerung konnte sich das Konzil nicht hinreissen lassen. Aber bei einer solchen Menge eifriger Verfolger war es unmöglich, die gesetzlichen Formen ganz streng zu beobachten. Es folgte noch eine Reihe freiwilliger, von verschiedenen Personen vorgebrachten Anklagen, die nicht unberücksichtigt bleiben durften und eine planlose Erörterung hervorriefen. Am Ende, als Huss entlassen wurde, gelang es Johann von Chlum, ihm freundschaftlich die Hand zu drücken und ihm ein liebevolles Wort zu sagen, was dem verlorenen und verachteten Ketzer Mut und Kraft für die noch härteren Prüfungen der nächsten Wochen gab[1]).

1) Jo. Hus Monumenta I, 25b. — Von der Hardt, IV, 307, 311—29. — Epistt. XII., XV., XXXVI. (Monument. I, 60—2, 69). — Palacky, pp. 275, 308—15. Der Versuch, Huss das unveräusserliche Recht des Widerrufs zu nehmen, stützte sich auf eine falsch übersetzte Stelle einer in böhmischer

Seine Gewissensstärke sollte noch auf die letzte Probe gestellt werden. Die von der Inquisition befolgte weise Politik, den Angeklagten lieber zum Widerruf zu bringen als einen Märtyrer aus ihm zu machen, empfahl sich in diesem Falle ganz besonders. Denn wenn auch Sigmund und das Konzil den Feuereifer und die Hartnäckigkeit der Böhmen unterschätzten, so konnte doch auch der blödeste Verstand einsehen, dass, wenn Huss eingestand, Ketzereien gelehrt zu haben, und demütig um Versöhnung mit der Kirche bat, dies den Mut seiner Anhänger bedeutend abkühlen würde, während niemand ahnen konnte, welch ein Brand sich an seinem Scheiterhaufen entzünden würde. Deshalb verdoppelte man die Anstrengungen, um ihn zum Geständnis und zum Widerruf zu bringen. Dazu hatte Sigmund schon den Weg vorbereitet, als er Huss in der öffentlichen Sitzung erklärte, dass er keine Gnade zu erwarten habe, und dass hartnäckiges Ableugnen ihn auf den Scheiterhaufen bringen würde. Aber er hatte ihm nicht auch zugleich gesagt, dass hinter den verführerischen Versprechungen von Gnade ein Urteil lauerte, welches nicht nur der Freude darüber Ausdruck gab, dass er demütig die Absolution nachsuchte, sondern ihn auch für einen gefährlichen, Ärgernis gebenden, das Volk aufhetzenden Ketzer erklären, der Priesterwürde entkleiden und zu lebenslänglicher Gefangenschaft verdammen würde. Ein anderes gab es nicht für das Konzil; denn das war die Strafe, welche,
487 wie wir wissen, die Kirchengesetze für reuige Ketzer vorsahen. Allein, um die edle Standhaftigkeit des Huss richtig zu würdigen, dürfen wir nicht vergessen, dass er hierauf anscheinend nicht aufmerksam gemacht worden ist[1]).

Für Huss lag das Hindernis zur Abschwörung nicht so sehr in den Ketzereien, welche er gelehrt hatte, als vielmehr in denen, welche er nicht gelehrt hatte. Auf Grund rechtskräftiger Aussagen hatten seine Richter ihn aller dieser Ketzereien für schuldig befunden. Er aber leugnete energisch, die schlimmsten, z. B. das Weiterbestehen der Brotsubstanz in der geweihten Hostie sowie die Unwirksamkeit der Sakramente in sündigen Händen, jemals geteilt oder gelehrt zu haben. Viele von den aus seinen Werken ausgezogenen Irrtümern wies er mit der Behauptung zurück, dass die betreffenden

---

Sprache an seine Jünger gehaltenen Ansprache. Darin, so behauptete man, habe er ihnen versichert, dass, wenn er gezwungen würde abzuschwören, er es nur mit den Lippen und nicht mit dem Herzen tun würde (Palacky, pp. 274, 311). In solchen Dingen war das Konzil im allgemeinen in den Händen seiner böhmischen Feinde.

1) Von der Hardt IV, 432—33.

Stellen verstümmelt oder entstellt worden seien. In den Augen des Gesetzes war diese Verleugnung blosse Verstocktheit, die seine Schuld nur verschlimmerte. Die erste Bedingung zur Aussöhnung war, dass er sich unter Eid für schuldig bekannte, diese Irrtümer geteilt zu haben, und dass er sie dann abschwur. Das hiess vor Gottes Angesicht in der feierlichsten Weise einen Meineid begehen, was für ein so empfindliches Gewissen wie das des Huss schlimmer als der Tod war. Aus diesem Dilemma gab es keinen Ausweg. Auf der einen Seite das mit diabolischem Scharfsinn ersonnene unabänderliche Prozessverfahren, auf der anderen die Reinheit des Gewissens, welche Huss ohne Bedenken alle die Ausflüchte zurückweisen liess, zu denen man ihn zu verleiten suchte [1]).

Einen Monat lang dauerte der Kampf. Niemals hat eine menschliche Seele herrlichere Beweise von Heldenmut, Milde und demütiger Nächstenliebe gezeigt. Er bat um einen Beichtvater und gab zu verstehen, dass er Stephan von Palecz, seinen Feind, der ihn zu Tode gehetzt hatte, vorziehen würde. Palecz kam und hörte seine Beichte; dann drängte er ihn, abzuschwören und die Demütigung ruhig hinzunehmen. „Die Demütigung der Verurteilung und Verbrennung ist grösser," erwiderte Huss, „wie sollte ich mich also fürchten vor der Demütigung? Aber gib mir einen Rat: Was würdest du tun, wenn du sicher wüsstest, dass du die Irrlehren, die dir zugeschrieben werden, niemals bekannt hast? Würdest du abschwören?" Palecz brach in Tränen aus und konnte nur stammeln: „Es ist schwer." Und abermals flossen ihm die Tränen, als ihn Huss wegen der harten Worte, die er in der Hitze des Streites gebraucht habe, und besonders darum, dass er ihn einen Fälscher genannt habe, um Verzeihung bat. Es wurde ihm ein andrer Beichtvater geschickt, der 488
ihn freundlich anhörte und ihm Absolution erteilte, ohne dass er vorher auf Abschwörung bestand, was ein ordnungswidriges, ja fast unglaubliches Zugeständnis war. Es erhielten noch viele andere die Erlaubnis, ihn zu besuchen, in der Hoffnung, dass es ihnen gelingen

1) Huss war durchaus nicht der erste, welcher infolge dieser formalen Notwendigkeit, zu bekennen und zugleich abzuschwören, zu leiden hatte. In dem Falle der englischen Tempelritter weigerten sich Wilhelm de la More, Präceptor von England, und Humbert Blanc, Präceptor von Aquitanien, abzuschwören, weil sie sich nicht zu Ketzereien bekennen wollten, deren sie niemals schuldig gewesen waren. Wilkins, Concilia Magnae Britanniae II, 390, 393. — *Zu den hier erörterten wichtigen Fragen bezüglich des Inquisitionsverfahrens vgl. jetzt auch die Ausführungen von Finke, Papsttum und Untergang des Templerordens I (1907) S. 145—151 über den Prozess gegen die Templer im Jahre 1307, auf den im 3. Band des vorliegenden Werkes (Kap. 5) näher eingegangen wird.

möchte, ihn zum Geständnis und Widerruf zu bringen. Einer derselben, ein gelehrter Doktor, empfahl ihm dringend sich zu unterwerfen. „Wenn das Konzil", meinte er, „zu mir sagte, dass ich nur ein Auge hätte, so würde ich bekennen, dass es so sei, obwohl ich weiss, dass ich zwei habe." Aber Huss liess sich durch solche Beispiele nicht irre machen. Ein Engländer wies ihn hin auf die englischen Doktoren, welche, dazu aufgefordert, alle ohne Ausnahme die Ketzereien Wiclifs abgeschworen hätten. Als aber Huss sich erbot zu beschwören, dass er niemals die ihm zugeschobenen Ketzereien geglaubt noch gelehrt habe, und dass er sie niemals glauben oder lehren wolle, zogen sich seine Ratgeber zurück, sie wussten nicht mehr, was sie sagen sollten[1]).

Der letzte und gefährlichste Versuch ging aber offiziell von dem Konzil selbst aus. In dem Schlussverhör am 8. Juni hatte ihm Kardinal Zabarella versprochen, dass ihm eine ganz engumschriebene Widerrufsformel vorgelegt werden solle. Er hielt sein Versprechen: der Wortlaut war geschickt abgefasst, um ihm die Sache zu erleichtern. Darin war gesagt, dass er noch einmal feierlich beteuere, vieles von dem, was ihm zugeschrieben werde, niemals geglaubt zu haben, dass er sich aber gleichwohl der Belehrung und den Befehlen des Konzils unterwerfe, indem er abschwöre, widerrufe, zurückziehe und jede barmherzige Busse annehmen wolle, wie es ihm das Konzil zu seinem Seelenheile vorschreibe. So vorsichtig das auch klang, um jede Schwierigkeit zu beseitigen, so lehnte Huss den Widerruf dennoch ohne Zögern ab. In einigen Dingen, sagte er, würde er die Wahrheit verleugnen, in andern gegen sich selbst meineidig werden. Es sei besser zu sterben, als, um einer augenblicklichen Strafe zu entgehen, für immer dem Zorne Gottes anheimzufallen. Dann redete ihn mit sanfter Überredungskunst einer der Väter des Konzils — vielleicht der Kardinal von Ostia, der höchste Würdenträger des Heiligen Kollegiums[2]) — als seinen „teuersten und geliebtesten Bruder" an und bat ihn, sich nicht allzusehr auf sein eigenes Urteil zu verlassen. Schwöre er ab, so sei er es nicht, der die Wahrheit verleugne, sondern das Konzil, und was den Meineid angehe, wenn von einem solchen überhaupt geredet werden könne, so falle die Verantwortung dafür auf das Haupt derer, die ihn erzwungen hätten. Aber auch in dieser Schlinge liess Huss sich nicht fangen. Mit solcher Kasuistik konnte er sein Gewissen nicht beruhigen, und mit

---

1) Epistt. xxx, xxxi, xxxii (Monumenta i, 67—8). — Von der Hardt iv, 342 – 5.
2) *Vgl. dazu Hefele a. a. O. vii, 184.

voller Überlegung wählte er den Tod. In der Erwartung, dass das Todesurteil täglich erfolgen könne, ordnete er in aller Ruhe seine kleinen, einfachen Angelegenheiten. Peter Mladenowic, der 489
Notar, der ihm eifrige Dienste geleistet hatte, sollte mit den ihm noch verbliebenen sechzig Groschen bezahlt, seine kleinen Schulden sollten reguliert und seine Bücher, offenbar das einzige sonstige Eigentum, sollten verteilt werden. Er liess seine zahlreichen Freunde herzlich grüssen und ermahnte sie, wenn sie etwas Gutes von ihm gelernt hätten, daran festzuhalten, wenn sie etwas Tadelnswertes an ihm gesehen hätten, es abzulegen. Man darf nicht glauben, dass er unempfindlich war. In beweglichen Worten schildert er vielmehr die seelischen Konflikte und die Todesangst, die er in seiner hoffnungslosen Gefangenschaft erduldete. Jeden Tag habe er erwartet, zu einem furchtbaren Tode hinausgeführt zu werden, aber der Geist sei Herr geworden über das Fleisch und sei Sieger in dem Kampfe geblieben. Da es ihm sehr am Herzen lag, sich bei seinen Schülern eine gute Meinung zu bewahren, spielte er ihnen am 18. Juni eine Abschrift der Klagepunkte wider ihn und einen Auszug aus seiner Verteidigung in die Hände. Von den Klagepunkten, die aus seinen Schriften stammten, nahm er keinen zurück, obgleich viele, wie er erklärte, falsch und verstümmelt seien. Von den durch Zeugen gegen ihn erhobenen Anklagen erklärte er die meisten für Lügen und schloss mit den pathetischen Worten: „Es bleibt mir nur übrig, entweder abzuschwören, zu widerrufen und mich einer furchtbaren Strafe zu unterziehen, oder verbrannt zu werden. Gott der Vater, der Sohn und der Heilige Geist gebe mir den Geist der Weisheit und Stärke, um bis zum Ende auszuharren und den Schlingen Satans zu entgehen“ [1]).

In der Hoffnung, dass er doch schwach werde, wurde das Endurteil aufgeschoben, bis die bevorstehende Abreise Sigmunds ein längeres Zögern unmöglich machte. Bis zum letzten Augenblicke aber wurden die Versuche, ihn umzustimmen, nicht aufgegeben. Am 1. Juli übernahm es eine Deputation von Bischöfen, ihn zu überreden, dass er vernünftigerweise sehr wohl widerrufen könne, aber er übergab ihr ein schriftliches Bekenntnis, worin er Gott zum Zeugen anrief, dass er viele von den fraglichen Artikeln niemals gelehrt habe. Was die übrigen angehe, so würde er sie verabscheuen, falls sich Irrtümer in ihnen finden sollten, aber abschwören

1) Mladenowic, Relatio (Palacky, p. 309). — Epistt. XXVII, XXIX, XXX, XXXVIII, XXXIX, XL, XLI (Monumenta I, 63—66, 67, 70). — Von der Hardt IV, 329—30. — Palacky, pp. 225—34.

könne er keinen von ihnen. Durch eine so unerwartete Festigkeit in Verlegenheit gesetzt und von dem ernstlichen Wunsche getrieben, die Katastrophe zu vermeiden, kam man überein, ihm noch ein letztes und zwar beispielloses Zugeständnis zu machen. Am 5. Juli liessen ihn Zabarella und Peter d'Ailly holen und boten ihm an, sie wollten ihm erlauben, dass er die durch Zeugen gegen ihn erwiesenen Artikel ablehne, wenn er die aus seinen Büchern ermittelten abschwöre. Das war tatsächlich eine Preisgabe des ganzen In-
490 quisitionsverfahrens. Aber Huss hatte bisher stets nachdrücklich betont, dass die meisten dieser Artikel falsch ausgezogen seien, um ihm so Irrlehren unterzuschieben, welche er niemals behauptet habe, und sein Entschluss blieb unerschütterlich. Als letztes Mittel, das einige Stunden später, aber noch an demselben Tage, versucht wurde, schickte Sigmund die Freunde Johann von Chlum und Wenzeslaus von Duba mit vier Bischöfen zu ihm, um ihn zu fragen, ob er bei seinem Entschluss bleiben oder widerrufen wolle; die Antwort war stets dieselbe: sein Entschluss sei unabänderlich. Als Johann von Chlum ihn freundschaftlich beschwor zu tun, was man von ihm verlange, erwiderte er mit Tränen in den Augen, er wolle gern alles widerrufen, was man ihm als irrtümlich nachweisen könne. Da erklärten ihn die Bischöfe für einen hartnäckigen Ketzer und verliessen ihn [1]).

So waren die ganz aussergewöhnlichen Anstrengungen des Konzils, sich selbst und ihn zu retten, gescheitert, und es blieb nur noch der unvermeidliche Schlussakt des Dramas übrig. Der nächste Tag, der 6. Juli 1415, sah das glänzendste Autodafé, von dem die Überlieferung berichtet. Der Dom von Konstanz war brechend voll. Es waren da der König Sigmund und seine Adligen, die hohen Würdenträger des Reichs mit ihren Abzeichen und die Prälaten in ihren glänzenden Gewändern. Während die Messe gesungen wurde, musste Huss als Exkommunizierter an der Tür warten. Dann wurde er hereingeführt und auf einen erhöhten Platz neben einem Tische geleitet, auf welchem

1) Mladenowic, Relatio (Palacky, pp. 316—17). — Von der Hardt IV, 345—6, 386. — Palacky, p. 560.

Um die Bedeutung der Zugeständnisse, die man Huss machte, in ihrem vollen Umfange zu würdigen, müssen wir daran denken, wie sorgfältig und ausführlich die von den Inquisitoren gewöhnlich angewandten Abschwörungsformeln gehalten waren. Jede Zweideutigkeit war sorgfältig vermieden, damit keiner den Strafen der Rückfälligkeit entging, und damit der Bussfertige genötigt war, seine Mitketzer zu verraten. Vergleiche Modus Procedendi, bei Martene, Thesaur. v, 1800—1. — Lib. Sententt. Inq. Tolosan. p. 215. — Bern. Guidonis, Practica Inquisitionis (ed. Douais, 1886), S. 92—3.

ein Kasten mit priesterlichen Gewändern stand. Nach einigen Präliminarien und einer Rede des Bischofs Jakob von Lodi, worin er dem König versicherte, dass ihm dieser Tag unsterblichen Ruhm bringen werde, wurden die Artikel, deren Huss schuldig befunden war, vorgelesen. Vergebens beteuerte dieser laut, dass er an die Transsubstantiation und an die Wirksamkeit der Sakramente in unreinen Händen glaube. Es wurde ihm befohlen, den Mund zu halten, und als er fortfuhr, erhielten die Wächter Befehl, ihn zum Schweigen zu bringen. Trotzdem hörte er nicht auf zu protestieren. Dann wurde das Urteil verlesen im Namen des Konzils, das ihn sowohl wegen seiner geschriebenen als auch wegen der durch mündliche Zeugen gegen ihn erwiesenen Irrtümer verurteilte. Man erklärte ihn für einen hartnäckigen und unverbesserlichen Ketzer, der nicht in den Schoss der Kirche zurückkehren wolle. Dann wurde der Befehl ausgesprochen, seine Bücher zu verbrennen, ihn selbst der Priesterwürde zu entkleiden und ihn dem weltlichen Arme zu übergeben.
Sieben Bischöfe legten ihm das Priestergewand an und ermahnten 491
ihn nochmals, zu widerrufen solange es noch Zeit sei. Er wandte sich zu der Menge und erklärte mit gebrochener Stimme, dass er Irrtümer nicht bekennen könne, die er niemals begangen habe, sonst lüge er vor Gottes Angesicht. Da unterbrachen ihn die Bischöfe und riefen, dass sie lange genug gewartet hätten, denn er sei ein verstockter Ketzer. Er wurde in der gewöhnlichen Weise seiner Würde entkleidet, seine Priestergewänder wurden ihm ausgezogen, seine Finger abgekratzt. Als man sich aber anschickte, seine Tonsur zu beseitigen, erhob sich ein alberner Streit unter den Bischöfen, ob man das Kopfhaar abrasieren oder aber die Schere anwenden solle. Man entschied sich für diese, es wurde ein Kreuz in sein Haar geschnitten. Dann wurde ihm auf den Kopf eine ellenhohe, kegelförmige Papiermütze gesetzt, auf welcher Teufel gemalt waren und geschrieben stand: „Haeresiarcha." Im Einklang mit dem allgemeinen Herkommen hielt man es nicht für nötig, dass noch ein Prozessverfahren der weltlichen Behörden erfolgte. Sobald ihn der geistliche Gerichtshof für einen Ketzer erklärt und ihn dem weltlichen Arme ausgeliefert hatte, nahmen die Gesetze gegen die Ketzerei von selbst ihren Lauf. Sigmund hätte zwar gern die Hinrichtung um sechs Tage verschoben, aber das wäre so ungewöhnlich gewesen, dass man wahrscheinlich höchst unliebsame Bemerkungen darüber gemacht haben würde. Im übrigen hatte man dem Delinquenten schon reichlich Gelegenheit geboten, sich eines anderen zu

besinnen; auch konnte er immer noch angesichts des auflodernden Scheiterhaufens widerrufen. Vernünftigerweise war von einer weiteren Hinausschiebung nichts zu hoffen, und Sigmunds bevorstehende Abreise mahnte zur Eile. Daher befahl er dem Pfalzgrafen Ludwig kurzer Hand, den Schuldigen zu übernehmen und mit ihm wie mit einem Ketzer zu verfahren. Ludwig wandte sich an Hans Hagen, den kaiserlichen Vogt von Konstanz, mit den Worten: „Vogt, nehmt ihn, wie wenn er von uns beiden gerichtet wäre, und verbrennt ihn als einen Ketzer.“ Dann wurde Huss abgeführt, und das Konzil wandte sich ruhig anderen Geschäften zu, nicht ahnend, dass es die bedeutungsvollste Tat des Jahrhunderts vollzogen hatte [1]).

Der Richtplatz war eine Wiese in der Nähe des Flusses. Zweitausend Bewaffnete, mit dem Pfalzgrafen Ludwig an ihrer Spitze, und eine grosse Menge Volks, darunter viele Adlige, Bischöfe und Kardi-
492 näle, begleiteten Huss dorthin. Man schlug einen Umweg ein, damit er an dem bischöflichen Palaste vorbeikam, vor welchem seine Bücher verbrannt wurden Darüber lächelte er. Mitleid von den Menschen war nicht mehr zu erwarten. So suchte er Trost von oben und sprach wiederholt zu sich selbst: „Jesus Christus, Sohn des lebendigen Gottes, sei mir gnädig!“ Als er den Scheiterhaufen erblickte, fiel er auf die Knie und betete. Man fragte ihn, ob er beichten wolle, worauf er erwiderte, dass er das gern tue, wenn noch Zeit dazu da sei. Es wurde ein grosser Kreis um ihn gebildet, und Ulrich Schorand, ein Kaplan, der für den Fall, dass er vor dem Ende doch vielleicht den Mut verlieren würde, dem Herkommen gemäss Vollmacht hatte, die Gelegenheit noch zu benutzen, um einen Widerruf entgegenzunehmen, trat vor und sagte: „Lieber Herr und Meister! Wenn Ihr Euren ketzerischen Unglauben, für den Ihr leiden müsst, widerrufen wollt, so will ich gern Eure Beichte anhören; wenn Ihr das aber nicht wollt, so wisst Ihr sehr wohl, dass nach dem kanonischen Gesetze niemand einem Ketzer das Sakrament spenden kann“. Huss gab zur Antwort: „Es ist nicht nötig, ich bin kein Todsünder.“ Seine Papierkrone fiel ab. Er lächelte, als seine Wächter sie ihm wieder aufsetzten. Den Wunsch, von seinen Gefängnisschliessern Abschied zu nehmen,

1) Mladenowic, Relatio (Palacky, pp. 318—21). — Von der Hardt IV, 389—96, 432—40. — Harduin. VIII, 408—10. — Richentals Chronik, p. 80. Richental behauptet, dass Huss dem weltlichen Arme mit der üblichen Bitte um Gnade übergeben worden sei, allein der Wortlaut des bei von der Hardt gedruckten Urteils enthält keine solche Klausel. Sie wird vielleicht auf das Ersuchen Sigmunds, der schon Vorwürfe genug zu hören bekommen hatte, weggelassen worden sein. In dem Urteil gegen Hieronymus von Prag fehlt die Formel aber gleichfalls (von der Hardt IV, 771).

erfüllte man ihm. Als sie herbeigeführt worden waren, dankte er ihnen für ihre Güte und sagte, sie hätten ihn mehr als Bruder denn als Gefangenen behandelt. Dann wandte er sich in deutscher Sprache an die Menge und erklärte, dass er dulde für Irrlehren, deren er nicht schuldig sei, die aber falsche Zeugen beschworen hätten. Eine solche Ansprache konnte man jedoch nicht gestatten, er wurde sofort zum Schweigen gebracht. Als er an den Pfahl gebunden und zwei Karren Reisigbündel und Stroh um ihn aufgehäuft waren, beschworen ihn der Pfalzgraf und der Vogt zum letzten Male, seine Irrtümer zu widerrufen. Selbst jetzt hätte er sich noch retten können. Aber er erwiderte nur, dass falsche Zeugen Irrlehren gegen ihn vorgebracht hätten, die er niemals bekannt habe. Da klatschten die beiden in die Hände und zogen sich zurück, und die Henkersknechte legten das Feuer an. Zweimal hörte man Huss ausrufen: „Jesus Christus, Sohn des lebendigen Gottes, erbarme Dich meiner.“ Dann erhob sich ein Wind, die Flammen und der Rauch schlugen ihm ins Gesicht und hinderten ihn an weiterem Sprechen. Aber man sah, dass er, solange man zwei oder drei Vaterunser beten konnte, seinen Kopf schüttelte und die Lippen bewegte. Die Tragödie war zu Ende. Die schmerzgeprüfte Seele war ihren Peinigern entflohen, und seine bittersten Feinde konnten dem Reformator das Zeugnis nicht verweigern, dass kein Philosoph des Altertums dem Tode mit grösserer Ruhe ins Antlitz gesehen habe. Kein Zittern in der Stimme hatte
einen inneren Kampf verraten. Als Pfalzgraf Ludwig sah, dass einer 493
der Henker den Mantel des Huss auf seinem Arme hatte, befahl er ihm, denselben in die Flammen zu werfen, damit er nicht als Reliquie verehrt würde, und versprach dem Manne, ihn zu entschädigen. In derselben Absicht liess man den Leichnam sorgfältig zu Asche werden und warf diese in den Rhein; sogar die Erde um den Pfahl herum wurde aufgegraben und weggeschafft. Aber noch lange machten sich die Böhmen an der Stelle zu schaffen und nahmen Stücke von dem Boden in der Nähe mit nach Hause, die sie dann als Reliquie ihres Märtyrers verehrten. Am nächsten Tage wurde eine feierliche Dankprozession veranstaltet, an welcher Sigmund und seine Gemahlin, die Fürsten und Adligen, neunzehn Kardinäle, zwei Patriarchen, siebenundsiebzig Bischöfe und sämtliche Geistlichen des Konzils teilnahmen. Einige Tage nachher verliess Sigmund Konstanz mit dem Gefühle, dass sein Werk vollbracht war. Er hatte die Abreise nach Spanien aufgeschoben, um die Angelegenheit beendet zu sehen [1]).

1) Richental, Chronik, p. 80—2. — Von der Hardt, IV, 445—8. — Mladenowic,

Die schon seit langer Zeit feststehende Lehre der Kirche, dass hartnäckige Ketzerei das einzige Verbrechen sei, für das es keine Verzeihung oder Entschuldigung gebe, schien im vorliegenden Falle selbst die verständigsten und lautersten Menschen aller Vernunft zu berauben. Man gab ohne weiteres zu, dass die verderbliche Ketzerei der Hussiten, wodurch viele christliche Seelen in ewiges Verderben gerieten, durch die Laster und die Simonie der römischen Kurie hervorgerufen sei, und dass das Übel nur durch eine gründliche Reform der Kirche beseitigt werden könne. Aber das Konzil war weit entfernt, aus dieser Erkenntnis die notwendigen Schlüsse zu ziehen. Die Gefühle, die seine Mitglieder beseelten, spiegeln sich wider in den gotteslästerlichen Worten seines Geschichtsschreibers, der ausführt, Christus verzeichne mit Befriedigung die hässlichen Einzelheiten der Hinrichtung und verkünde, dass für die verderbte Seele des Ketzers schon in dem zeitlichen Feuer die Qualen begonnen hätten, die sie für alle Ewigkeit in der Hölle werde erdulden müssen. Der Prozess war, wie schon erwähnt wurde, geführt worden nach den für solche Fälle allgemein geltenden Vorschriften. Die einzigen Abweichungen waren zugunsten des Angeklagten erfolgt. Für den unvermeidlichen Ausgang war allein das System, nicht die Richter verantwortlich; sie konnten ihr Gewissen tatsächlich für zufriedengestellt halten [1]).

494 Wie bitter enttäuscht waren aber die Rechtgläubigen, als sie erfuhren, dass man in Prag die Sache nicht mit gleich frommen Augen ansah. Es bedurfte erst der bestimmtesten Versicherungen von Augenzeugen, ehe sie an die unbegreifliche Tatsache glauben konnten, dass man in Böhmen vom König bis zum Bauern herab einstimmig den unglücklichen Mann, den sie als Ketzer verurteilt und hingerichtet hatten, für einen Märtyrer halte, dass man in den Strassen Volkslieder singe, in denen er gepriesen werde als ein Glaubensheld, der sein Blut für Christus vergossen habe, und dass er in den Heiligenkalender aufgenommen und sein Fest auf den 6. Juli, den Tag

---

Relatio (Palacky, p. 321—4). — Aen. Sylvii Hist. Bohem. c. 36. — Laur. Byzinius, Diarium Belli Hussitici (Ludewig, VI, 135—6). — Andreae Ratispon. Chron. (Pez, Thes. Anecdot. IV, III, 627).

1) P. d'Ailly (Theod. a Niem), De Necess. Reform. c. 28, 29 (von der Hardt, I, VI, 306—9). Theod. Vrie, Hist. Concil. Constant. Lib. VI, Dist. 11; Lib. VII, Dist. 3 (Ibid. I, 170—1, 181—2). — Es verrät nur einen Mangel an Bekanntschaft mit der kirchlichen Jurisprudenz im Mittelalter, wenn einige Geschichtsschreiber die Fälle des Huss und Hieronymus für Ausnahmefälle ansehen. Selbst ein so wohlunterrichteter Gelehrter wie Lechler trägt kein Bedenken zu erklären: Hussens Verbrennung war, mit dem Massstab des damaligen Rechtes gemessen, ein wahrer Justizmord (*Johannes Hus S. 107).

seiner Hinrichtung, gelegt worden sei. Es dauerte jedoch nicht lange, so erhielten die guten Väter den unzweifelhaften Beweis, dass sie den Charakter der Böhmen schwer verkannt, und dass sie das Übel, welches sie hatten ausrotten wollen, nur verschlimmert hatten. Sobald man in Konstanz von der herausfordernden Haltung Böhmens erfuhr, schrieb das Konzil, am 26. Juli, schleunigst an die dortigen Behörden und beteuerte, dass Huss und Hieronymus von Prag mit der grössten Milde behandelt worden seien, dass der erstere wegen seiner hartnäckigen Ketzerei dem weltlichen Arme habe übergeben werden müssen, und dass alle ähnlichen Ketzer in der nämlichen Weise behandelt werden würden. Den Böhmen aber liess man die väterliche Ermahnung zugehen, jetzt durch einen gleichen Verfolgungseifer die gute Meinung zu rechtfertigen, welche sich das Konzil nach dem Berichte des Bischofs von Leitomischl — sein volkstümlicher Beiname „Johann der Eiserne" kennzeichnet genügend seinen unbeugsamen Charakter — von ihrer Rechtgläubigkeit gebildet habe. Diese gute Meinung aber hielt nicht lange vor. Denn kaum hatten die böhmischen und mährischen Barone die Nachricht von der Hinrichtung empfangen, als sie eine Protestkundgebung einsandten, welche das Konzil sofort verbrennen liess. Sein Brief vom 26. Juli aber veranlasste die Einberufung einer Nationalversammlung, welche eine von nahezu fünfhundert Baronen, Rittern und Edelleuten unterzeichnete Adresse aufsetzte. Darin erklärten die Unterzeichner, dass sie an Hussens Reinheit und Rechtgläubigkeit glaubten, dass er ungerechterweise ohne Bekenntnis oder gesetzmässige Überführung hingerichtet worden sei, dass, wie sie vermuteten, Hieronymus dasselbe Schicksal erlitten habe, dass die gegen das Königreich geschleuderte Verleumdung wegen Ketzerei das Werk von Lügnern sei, dass jeder, der das behaupte, Sigmund ausgenommen, in seinen
Hals lüge und der gemeinste Verräter und der schlimmste Ketzer sei, 495
den sie als solchen vor dem zukünftigen Papste verfolgen würden. Ein noch gefährlicheres Zeichen der Rebellion aber bestand in dem von den Magnaten unterzeichneten Gelöbnis, dass sie allen Priestern gestatten wollten, frei über die Wahrheiten der Heiligen Schrift zu predigen, dass kein Bischof gegen sie einschreiten dürfe, solange sie keine Irrtümer lehrten, und dass auswärtige Exkommunikationen oder Interdikte weder angenommen noch beobachtet werden sollten[1]).

1) Loserth, Huss und Wiclif S. 156. — Epistt. XLI, LXII, LXIV (Monumenta I, 77—9, 81). — Von der Hardt, IV, 489—90, 494—7. — Palacky, Documenta, p. 580—4, 593—4. — Laur. Byzinius, Diarium Belli Hussitici (Ludewig, Reliquiae mss. VI, 136).

Diese gegenseitige Beschiessung aus weiter Ferne erbitterte aber die Leidenschaften nur noch mehr. So wurde wahrscheinlich durch die Unzufriedenheit der Böhmen das Konzil um diese Zeit veranlasst, auch in der Sache des Hieronymus von Prag energisch vorzugehen, von dem die böhmischen Adligen irrtümlicherweise geglaubt hatten, dass er das Schicksal des Huss schon geteilt habe[1]).

Hieronymus von Prag steht vor unserem Auge wie eine jener meteorischen, halb mythischen Gestalten, über die die Betrachtung kurz hinweggehen würde, wenn nicht die Einzelheiten ihrer Laufbahn mit einer Genauigkeit berichtet wären, die einen Zweifel an ihrer historischen Zuverlässigkeit nicht gestattet. Zu Prag geboren, empfing er seine erste Erziehung zu einer Zeit, wo die Gemüter der Menschen infolge der Wiclifschen Schriften und der grossen Kirchenspaltung in Verwirrung gebracht und von einem Zweifel zum anderen hin und her geworfen wurden. Um das Jahr 1400 geriet er unter den Einfluss des Huss, und von da ab unterstützte er diesen mutig und standhaft in seiner Auflehnung gegen die Verderbnis der Kirche. Schon auf den Universitäten Paris, Köln, Heidelberg und Krakau, die ihn alle mit akademischen Ehren schmückten, hatte er mit seinen scharfsinnigen Gedanken über die Lehre vom Universum die Schulen aus ihrer philosophischen Ruhe aufgerüttelt. In Paris hatte er sogar einen solchen Aufruhr unter den Gelehrten verursacht, dass der Kanzler der Universität, Johann Gerson, ihn auswies. Vermutlich stammt auch aus jener Zeit der Groll, womit Gerson später seinen alten Gegner so bitter verfolgte. Es gab kaum ein Land in der damals bekannten zivilisierten Welt, das dieser rastlose Geist nicht aufgesucht hätte. Angezogen von dem Ruhm
496 Wiclifs, hatte er sich nach Oxford begeben, hatte dort mit eigner Hand den Dialogus und Trialogus abgeschrieben und um das Jahr 1402 diese revolutionären Streitschriften nach Prag gebracht, wo sie dem schnell wachsenden Feuer der böhmischen Revolution neue Nahrung zuführten. Auf einer zweiten Reise dahin war er als Ketzer verhaftet, aber durch das Einschreiten der Universität Prag wieder auf freien Fuss gesetzt worden. In Palästina war er den Spuren des Heilandes nachgewandelt und hatte in frommer Verehrung am heiligen Grabe gekniet. In Littauen hatte er die Heiden zu bekehren, in

1) Das Blut der Böhmen war schon einige Tage vor der Verbrennung des Huss in Wallung geraten durch die Nachricht, dass in Olmütz ein Prager Student namens Johann, den die Leute für einen eifrigen Diener Gottes hielten innerhalb der kurzen Zeit von zwölf Stunden verhaftet, gefoltert, überführt und verbrannt worden sei. — Palacky, Documenta, p. 561.

Russland die schismatischen Griechen zurückzugewinnen gesucht, in Polen und Ungarn die Lehren des Wiclif und Huss verbreitet. 1410 wurde er aus Ungarn vertrieben und in Wien von dem päpstlichen Inquisitor und dem bischöflichen Offizial wegen Ausbreitung hussitischer Lehren und Verketzerung der dortigen Universität verhaftet und ins Gefängnis geworfen. Man leitete einen Prozess gegen ihn ein und setzte einen Tag für das Verhör fest, liess ihn aber unter Androhung der Exkommunikation gegen das eidliche Versprechen, dass er die Stadt nicht verlassen wolle, vorher wieder frei [1]). Da seiner Ansicht nach ein erzwungener Eid keine Gültigkeit hatte, entfloh er zunächst nach Olmütz, von wo er dem Bischof von Passau einen übermütigen Brief schrieb und vorschlug, er solle die Inquisitoren und Zeugen nach Prag schicken, um dort den Prozess beendigen zu lassen. Die Exkommunikation folgte ihm in der Tat nach Prag, blieb aber bei dem Aufruhr, der damals in Böhmen herrschte, ohne Wirkung, obgleich die Universität Wien ihrer Prager Schwester schrieb, wenn er länger als ein Jahr in der Exkommunikation verharre, mache er sich der Ketzerei schuldig und müsse verurteilt werden. Inzwischen aber hielten diejenigen, welche er in Wien bekehrt hatte, die Inquisition dort in Atem. Selbst die Universität, die für die Unglücklichen eintrat, zog sich den Verdacht der Ketzerei zu. In den stürmischen Ereignissen, die nun folgten, konnte sein ruheloser und aggressiver Geist nicht untätig bleiben. Welchen Eindruck seine rücksichtslose Kühnheit auf das Volk machte, zeigt die oben (S. 514) erwähnte Erzählung, dass er einer öffentlichen Dirne die päpstlichen Ablassbullen um den Hals gehängt und die Person dann auf einen freien Platz gefahren habe, um dort die Bullen zu verbrennen. Im Jahre 1413 stattete er wieder Polen einen Besuch ab. Dort gelang es ihm, in kurzer Zeit eine so beispiellose Erregung hervorzurufen, dass er sich schleunigst nach Prag zurückziehen musste. Sein ganzes Leben war ein einziger geistiger Kampf, von den philosophischen Streitigkeiten seiner Jugend an bis zu dem Ringen seines reiferen Alters mit den übermächtigen Gewalten der Hierarchie. Ohne die heiligen Weihen und ohne Priestergewand und Tonsur, hatte er als Laie vor andächtig lauschenden Versammlungen von Magyaren, Polen 497
und Tschechen gepredigt. Auch die weltlichen Waffen wusste er geschickt zu führen. Bei seinem Verhör gab er zu, einst in einem Kloster mit einigen Mönchen in Streit geraten zu sein und dabei einem der

1) *L. Klicman, Der Wiener Prozess gegen Hieronymus von Prag 1410–12 (Mitteilungen des Instituts für österr. Gesch. XXI (1900), S. 445ff.).

Umstehenden eine Waffe entrissen und sich siegreich gegen zwei mit Schwertern auf ihn eindringende Gegner verteidigt zu haben. Auch klagten ihn seine Gegner an, er habe einmal gegen einen Dominikanermönch einen Dolch gezückt und sei nur mit Gewalt daran gehindert worden, ihn zu erstechen. Alle seine Zeitgenossen aber bezeugen die wunderbaren Gaben, mit denen die Natur ihn ausgestattet hatte. Seine imposante Erscheinung, seine funkelnden Augen, sein blondes Haar, sein wallender Bart, der Wohllaut seiner tiefen, eindrucksvollen Stimme gaben ihm Gewalt und Einfluss über alle, mit denen er in Berührung kam, während die wunderbaren Schätze seiner Gelehrsamkeit, seine Schlagfertigkeit ohne gleichen und die Schärfe seines Verstandes ihn zu einem Feinde der Kirche machten, der dem standhaften und makellosen Huss an Gefährlichkeit nur wenig nachstand[1]).

Von Prag aus hatte Hieronymus das Schicksal seines Freundes mit täglich wachsender Spannung und Besorgnis verfolgt. Und als der Bruch zwischen Papst und Konzil den Gegnern der Verderbnis der Kirche, wie er annahm, Sicherheit vor Strafe gewährleistete, konnte er der Versuchung nicht länger widerstehen, nach Konstanz zu eilen, um zu der Rettung des Bedrängten beizutragen und die Bestrebungen zu unterstützen, welche die von ihm schon lange bekämpften Übelstände beseitigen zu können schienen. Am 4. April 1415 kam er heimlich an seinem Ziele an, fand aber bald, wie eitel seine Hoffnung und wie gefährlich der Aufenthalt daselbst war. Christian von Prachaticz, einer der Hauptanhänger des Huss, hatte ebenfalls kurz vorher einen Besuch in Konstanz gewagt, war aber auf Grund einiger gegen ihn vorgebrachten Artikel verhaftet und in Anklagezustand versetzt, jedoch auf die Intervention der böhmischen Gesandten hin wieder freigegeben worden gegen das eidliche Versprechen, sich wieder zu stellen, sobald er eine Aufforderung erhalte — eine Verpflichtung, der er sich indessen durch eine schleunige Flucht nach Böhmen entzog. Hieronymus begnügte sich deshalb damit, an die Stadtmauer eine Erklärung anzuschlagen, worin er versicherte, dass Huss ein rechtgläubiger Mann sei. Dann zog er sich sofort nach Überlingen zurück und bat um einen Geleitsbrief. Die Antwort war zweideutig. Trotzdem kehrte er, dem Falter gleich, der um das

1) Von der Hardt, IV, 634—91, 756. — Palacky, Documenta, p. 63, 336—7, 408—9, 417—20, 506, 572. — Loserth, Mitteilungen des Vereins für Geschichte der Deutschen in Böhmen, 1885, S. 108—9. — Schrödl, Passavia Sacra, p. 284—5.

verhängnisvolle Licht herumflattert, wieder nach Konstanz zurück, 498 um am 7. April einen anderen, an König Sigmund und das Konzil gerichteten Anschlag an die Kirchentüren zu heften. Darin erklärte er, dass er aus freien Stücken gekommen sei, um alle Anklagen wegen Ketzerei zu beantworten und, wenn er des Irrtums überführt werde, die Strafe zu erdulden. Zugleich aber bat er um ein sicheres Geleit für seine Hin- und Rückreise und betonte, dass, wenn er während seines Aufenthaltes eingekerkert oder gewalttätig behandelt werden würde, das Konzil eine Ungerechtigkeit begehe, deren er so viele gelehrte und weise Männer nicht für fähig halten könne. Diese unbedachte Herausforderung, die sich nur durch sein reizbares Temperament erklären lässt, hielt ihn jedoch nicht davon ab, zugleich Massregeln für seine Sicherheit zu treffen. Er änderte plötzlich seinen Entschluss und verliess, nachdem er zustimmende Briefe von den in Konstanz anwesenden Böhmen empfangen hatte, am 9. April wieder die Stadt. Es war keinen Augenblick zu früh; denn die Häscher waren schon auf der Suche nach seiner Wohnung, die sie einige Tage später im Hause Gutjar in der St. Paulusstrasse fanden, wo er in der Eile als bedeutsames Andenken ein Schwert zurückgelassen hatte. Dieses Mal spielte er aber nicht mehr mit seinem Schicksal, sondern begab sich schleunigst auf den Weg nach Böhmen. In Hirsau jedoch verleitete ihn sein ungestümes Temperament, sich in eine Diskussion einzulassen, worin er das Konzil als eine Synagoge Satans bezeichnete. Am 24. April wurde er verhaftet. Die bei ihm vorgefundenen Papiere verrieten ihn. Herzog Johann von Bayern hielt ihn im Schloss Sulzbach fest und teilte dem Konzil seine Gefangennahme mit, worauf dieses ihn sofort in Ketten nach Konstanz zurückbringen liess[1]).

Mittlerweile hatte das Konzil auf seine Herausforderung geantwortet, indem es ihn am 18. April als verdächtigen und übelbeleumdeten Ketzer, den unschädlich zu machen seine Hauptpflicht sei, in aller Form öffentlich aufforderte, binnen vierzehn Tagen zum Verhöre zu erscheinen, widrigenfalls man gegen ihn in contumaciam vorgehen würde. Ein Schutzbrief wurde ihm angeboten, aber ausdrücklich für nur im Rahmen der Glaubensinteressen gültig erklärt. Da man noch nicht wusste, dass er verhaftet war, so wurde er am 2. und 4. Mai von neuem vorgeladen und das Verfahren in

1) Von der Hardt, IV, 103—5, 134. — Palacky, Documenta, p. 541—2. (— Richental, Chronik. S. 78. — Laur. Byzinius, Diarium Belli Hussitici ann. 1415 Ludewig, Reliquiae mss. VI, 132).

contumaciam gegen ihn angeordnet. Am 24. Mai 1415 brachten
ihn dann seine Häscher gefesselt in die Stadt in das Franziskaner-
kloster, wo eine tumultuarische Versammlung des Konzils seine An-
kunft begrüsste. Hier stillte Gerson seinen Groll gegen den alten
Gegner, indem er ihn laut beschuldigte, in Paris, Heidelberg und
Köln falsche Lehren verbreitet zu haben, was die Rektoren der
499 beiden letztgenannten Universitäten bestätigten. Seine Antworten
waren scharf und schlagfertig, gingen aber unter in dem Lärm neuer
Anklagen, in die sich die Rufe: „Verbrennt ihn! verbrennt ihn!“
mischten. Von da wurde er in einen Turm auf dem Kirchhofe von
St. Paulus gebracht, wo man ihn mit Händen und Füssen an eine
Bank fesselte, die zu hoch für ihn war, um sich darauf zu setzen, und
wo er zwei Tage lang von Wasser und Brot leben musste, bis seine
Freunde den Ort seiner Gefangenschaft ausfindig machten und seine
Wächter bestachen, ihm bessere Nahrung zu geben. Er wurde bald
gefährlich krank und verlangte nach einem Beichtvater. Seine
Fesselung wurde dann zwar gelockert, aber das Gefängnis verliess
er nur noch, um verhört und hingerichtet zu werden[1]).

Stephan von Palecz, Michael de Causis und die übrigen waren um so schneller mit ihren Anklagen bei der Hand, als es durchaus nicht schwierig war, gegen ihn eine solche Menge von Zeugnissen zusammenzubringen, dass man damit leicht zwanzig Männer wie Hieronymus hätte überführen können. Sein Verhör verlief ganz nach den gewöhnlichen Vorschriften des Inquisitionsverfahrens. Die Kommissare fanden, dass er weit gelehrter und geschickter war als Huss. Aber so glänzend auch seine Verteidigung im Verhör war, sein nervöses Temperament machte ihn ungeeignet, so wie Huss die Qualen des in die Länge gezogenen Verfahrens zu ertragen. Bisweilen machte er die Fragesteller durch seine dialektischen Spitzfindigkeiten lächerlich, um ein anderes Mal wieder zwischen Verstocktheit und Unterwerfung zu schwanken. Schliesslich liess seine Spannkraft nach, während das Konzil, zweifellos infolge der rebellischen Haltung der Böhmen, die Zügel immer straffer anzog. Am 11. September wurde er dann vor die Versammlung geführt, wo er einen langen, ausführlichen Widerruf verlas. Das einschmeichelnde Wesen des Huss, sagte er, habe ihn angezogen, und seine ernste Auslegung der Wahrheiten der Heiligen Schrift habe ihn zu dem Glauben gebracht, dass ein solcher Mann keine Ketzerei lehren könne. Er habe auch nicht glauben können, dass die von dem Konzil verurteilten dreissig Artikel

1) Von der Hardt, IV, 119, 134, 139, 142, 148—9, 216—18.

wirklich von Huss herstammten, bis er ein Buch in Hussens eigener Handschrift in die Hand bekommen und durch einen genauen Vergleich der Artikel sich von der Übereinstimmung überzeugt habe. Aus eigenem Entschluss und freiem Willen verdamme er von diesen Artikeln die einen als ketzerisch, die anderen als irrtümlich, die dritten als skandalös, desgleichen auch die fünfundvierzig Artikel Wiclifs. Endlich unterwarf er sich vollständig dem Konzil, indem er alles verurteilte, was das Konzil verurteilte, und er bat zum Schluss um eine entsprechende Busse für seine Irrtümer. Er schrak sogar nicht vor einer noch tieferen Erniedrigung zurück, indem er nach Böhmen schrieb, dass Huss mit Recht hingerichtet worden sei, dass 500
er sich von den Irrtümern seines Freundes überzeugt habe, und dass er sie nicht verteidigen könne[1]).

Das war zwar keine in den strengen Formen gehaltene Abschwörung, wie sie von den Gefangenen der Inquisition gewöhnlich verlangt wurde; doch hätte man sich recht wohl damit begnügen können. Sie war zunächst vor einer geschlossenen Versammlung des Konzils vorgelesen worden, und so bedurfte es noch einer weiteren öffentlichen Demütigung. Bei der nächsten allgemeinen Versammlung, am 23. September, musste also Hieronymus die Kanzel besteigen und seinen Widerruf wiederholen. Zugleich erläuterte er einen Ausdruck, dessen er sich das erste Mal bedient hatte, nahm seine Lehre vom Universum zurück und schloss mit einem feierlichen Abschwörungseide, worin er ein ewiges Anathema zunächst im allgemeinen auf alle diejenigen herabrief, welche von dem Glauben abirrten, und dann für den gleichen Fall auf sich im besonderen. Man hatte ihm eröffnet, dass er nicht wieder nach Böhmen zurückkehren dürfe, sondern sich ein schwäbisches Kloster als Wohnsitz wählen müsse. Doch müsse er einen eigenhändigen und mit seinem Siegel versehenen Brief nach Böhmen schicken und darin erklären, dass seine und Hussens Lehre falsch seien und nicht befolgt werden dürften. Das versprach er zu tun, wie er es in der Tat schon getan hatte. Trotzdem musste er ins Gefängnis zurückkehren, wenn man ihn auch etwas weniger hart als vorher behandelte[2]).

---

1) Richentals Chronik, p. 79. — Theod. Vrie, Hist. Concil. Constant. Lib. VI. Dist. 12. — Theod. a Niem, De vita Joannis XXIII. Lib. III, c. 8. — Palacky, Documenta, pp. 596—9.

2) Von der Hardt, IV, 501—7. — Richentals Chronik, S. 79.

In den Anklageartikeln, die schliesslich der „promotor haereticae pravitatis" amtlich gegen ihn zusammenstellte, wird seine bestimmte Weigerung, nach Böhmen zu schreiben, obwohl er es versprochen hatte, zu einem besonderen

Wäre das Konzil weise gewesen, so hätte es ihn jetzt so milde wie möglich behandelt. Als entehrter Apostat konnte er kein Unheil mehr anrichten, und Grossmut wäre nunmehr kluge Politik gewesen. Die Kirchengesetze jedoch schrieben strenge Gefangenschaft für bekehrte Ketzer vor, da deren Sinnesänderung immer als zweifelhaft angesehen wurde, und die versammelten Väter waren zu bigott, um weise zu sein. So machten die Zeloten aus dem Apostaten einen Märtyrer und ermöglichten es ihm, durch Standhaftigkeit seine zeitweilige Schwäche wieder gutzumachen und den Einfluss auf den Geist seiner Anhänger zurückzuerobern, den er verwirkt hatte.

Die Reue kam bei ihm bald. Stephan von Palecz, Michael de Causis und seine anderen Feinde, die noch immer um sein Gefängnis herum-
601 strichen, erhielten Kenntnis von seiner Selbstanklage. Johann Gerson aber, dessen Feindschaft unersättlich gewesen zu sein scheint, war schnell bereit, sich zu ihrem Mundstück zu machen. In einer gelehrten Abhandlung über die wesentlichen Punkte eines Widerrufs machte er am 29. Oktober das Konzil auf die ungenügende Form der von Hieronymus abgegebenen Erklärung aufmerksam. Zugleich lieferten einige Karmeliter, die anscheinend von Prag angekommen waren, neuen Anklagestoff, und so erging an ihn die Forderung, noch einige Zusatzartikel zu beantworten. Mehrere Kardinäle allerdings, wie Zabarella, Peter d'Ailly, Giordano Orsini und Antonius von Aquileia, wirkten eifrig bei dem Konzil dahin, dass er auf freien Fuss gesetzt würde. Als ihnen aber die Deutschen und Böhmen eifrig widersprachen und sie beschuldigten, von den Ketzern und von König Wenzel bestochen worden zu sein, gaben sie die hoffnungslose Verteidigung auf. Demgemäss wurde am 24. Februar 1416 eine neue Kommission gebildet, um ihn nochmals einer Inquisition zu unterwerfen. Die ganze Entwicklung wurde von neuem aufgerollt, von den Wiclifitischen Ketzereien an bis zu den Tagen, wo er die Rebellion in Prag angestiftet und sich nicht von der zu Wien über ihn verhängten Exkommunikation befreit hatte. Am 27. April erstatteten die Kommissare ihren Bericht, und der „promotor haereticae pravitatis“, der Verfolger der Ketzerei, fügte ihm ein langes Sündenregister bei. Hieronymus aber, der nun zum Tode entschlossen war, hatte seine Kühnheit wiedererlangt. Trotz seines Widerrufs leugnete er jetzt nicht nur,

---

Anklagepunkte gemacht. Der Brief ist aber tatsächlich noch vorhanden und trägt das Datum des 12. September. In seiner letzten trotzigen Ansprache an das Konzil sagte er, er habe ihn aus Furcht vor dem Feuertode geschrieben und wünsche, ihn zu widerrufen (von der Hardt, IV, 688, 761).

ein Ketzer zu sein, sondern beklagte sich auch über ungerechte Gefangenschaft und verlangte, für den erlittenen Schaden sowie für die Kosten des Verfahrens entschädigt zu werden. Seine bewundernswerte dialektische Gewandtheit hatte offenbar den langsameren Verstand seiner Richter in die Enge getrieben. Ausserstande, es mit ihm aufzunehmen, ersuchten sie zum Schluss das Konzil, dem Angeklagten den Brotkorb höher zu hängen, da er nach ihrer Beschreibung im üppigsten Überfluss schwelgte. Durch das für die Ketzer als besonders geeignet erachtete Mittel des Hungerns sollte er zur Unterwerfung gebracht werden. Weiter ersuchten sie um die Erlaubnis, die Folter anwenden zu dürfen und den Angeklagten zu zwingen, auf alle ihm vorgelegten Glaubensfragen einfach mit ja oder nein zu antworten. Wenn er dann halsstarrig noch weiter leugne, was schon gegen ihn erwiesen sei oder noch erwiesen werde, so müsse er dem kanonischen Gesetze gemäss als hartnäckiger und unverbesserlicher Ketzer dem weltlichen Arme ausgeliefert werden. So wurde gegen Hieronymus, wie es gegen Huss geschehen war, der unabänderliche Grundsatz des Inquisitionsverfahrens angewandt, dass das Leugnen ketzerischer Meinungen lediglich ein Beweis für die Wahrheit der Anklage sei und eine Verschlimmerung der Schuld darstelle[1]).

Diesmal scheint das Konzil mehr als in dem Falle des Huss die 502
Rolle eines Inquisitionsgerichtshofes übernommen zu haben, während seine Kommissare nur als Untersuchungsrichter fungierten, vielleicht, weil Hieronymus diese wegen ihrer Feindschaft gegen ihn als Richter abgelehnt hatte. Wir finden keinen Beweis dafür, dass das Konzil in die überflüssige Schmach der Folter oder gar in das Zwangsmittel des Hungerns einwilligte. Es blieb dem Scharfsinn der Kommissare überlassen, dem Opfer das Geständnis zu entlocken. Am 9. Mai erstatteten sie abermals einen Bericht, wobei sie alles von Anfang bis zu Ende wiederholten. Weshalb, ist nicht ersichtlich; es tut wohl nur dar, dass ihre Weisheit zu Ende war. So hatte Hieronymus seinen Zweck, sie zu entwaffnen, erreicht und versprach ihnen nun, vor dem Konzil kurz und bündig antworten zu wollen. Das wurde ihm bewilligt, vielleicht, weil man neugierig war, ihn zu vernehmen, vielleicht auch, weil der bei Huss gegebene Präcedenzfall nicht ohne Einfluss auf den Beschluss der Konzilsväter war. Es wurde also am 23. Mai eine allgemeine Sitzung abgehalten, Hiero-

1) Von der Hardt, III. IV, 39; IV, 634—91. — Laur. Byzinius, Diarium Belli Hussitici (Ludewig, Reliquiae mss. VI, 137—8).

nymus vorgeführt und ihm anheimgegeben, den Abschwörungseid zu leisten. Das lehnte er jedoch ab mit der Erklärung, er wolle es tun, wenn ihm erlaubt würde, frei zu sprechen; wenn er aber nur ja oder nein sagen dürfe, nicht. Die Anklageartikel wurden verlesen. Bei einigen schwieg er, die übrigen bejahte oder verneinte er, gelegentlich machte er einen Einwand, im ganzen aber antwortete er mit bewundernswerter Schlagfertigkeit auf das Geschrei und die Unterbrechungen, womit man ihn von allen Seiten bedrängte. Damit ging der Tag langsam zur Neige, und die Beendigung des Verhörs wurde auf den 26. Mai verschoben. Hier bot sich dasselbe Bild, bis die Reihe der Artikel erschöpft war. Nunmehr fasste der erste der Kommissare, der Patriarch Johann von Konstantinopel, noch einmal alles zusammen, indem er erklärte, Hieronymus sei zwar der vierfachen Ketzerei überführt, da er aber wiederholt darum gebeten habe zu sprechen, so solle ihm das gewährt werden, um falsches Gerede über das Konzil zum Schweigen zu bringen; er solle überdies, wenn er bereit sei zu bekennen und zu bereuen, in Gnaden wieder aufgenommen werden; wenn er sich aber verstockt zeige, müsse man der Gerechtigkeit freien Lauf lassen[1]).

Von der nun folgenden Szene hat uns Poggio Bracciolini, der dem Konzil als päpstlicher Sekretär beiwohnte, in einem Briefe an Leonardo Aretino einen anschaulichen Bericht hinterlassen. Die schnelle Auffassung und Schlagfertigkeit des Angeklagten, der bereits dreihundertundvierzig Tage in dem Unrat und dem Gestank eines ungesunden Kerkers gelegen hatte, hatte schon tiefen Eindruck auf Poggio gemacht; jetzt aber rief er voll Bewunderung aus: „Er
503 stand da, kühn und furchtlos, den Tod nicht nur verachtend, sondern sich nach ihm sehnend wie ein zweiter Cato. O herrlicher Mann, du verdienst ein unsterbliches Andenken bei den Menschen! Wenn er Glaubensansichten hatte, die den Vorschriften der Kirche widersprechen, so preise ich ihn dafür nicht, aber ich bewundere seine Gelehrsamkeit, seine Kenntnis so vieler Dinge, seine Beredsamkeit und den Scharfsinn seiner Antworten.“ Inmitten einer stürmischen und lärmenden Menge strömten ihm die Worte so beredt von den Lippen, dass Poggio offenbar glaubte, er würde freigesprochen worden sein, wenn er nicht den Tod gesucht hätte[2]).

Seine Ansprache war eine höchst geschickte Verteidigung. Scheinbar sorglos über die gefährlichen Punkte seiner Laufbahn

1) Von der Hardt, IV, 690—1, 732—33, 748—56.
2) Von der Hardt, III, 64—9.

hinweggleitend — sein ganzes Leben war nämlich unter Anklage gestellt — erklärte er in der einleuchtendsten Weise, was nicht mehr verkannt werden konnte, dass die böhmischen Unruhen nur aus den politischen Gegensätzen entstanden. Bezüglich seines Widerrufs hatten ihm die Richter eine milde Behandlung versprochen, wenn er sich der Gnade des Konzils anvertrauen würde. Er sei, sagte er, nur ein Mensch mit menschlicher Furcht vor dem schrecklichen Feuertode, aus Schwachheit habe er sich überreden lassen, habe abgeschworen, habe, wie man es von ihm verlangte, nach Böhmen geschrieben und die Lehren des Huss verurteilt. Hier erreichte seine mannhafte, sich selbst opfernde Verteidigung ihren Höhepunkt. Huss, sagte er jetzt, sei ein gerechter und heiliger Mann gewesen, an dem er bis zu seinem letzten Atemzuge festhalten werde. Keine Sünde von allen, die er je begangen habe, laste so schwer auf seinem Gewissen wie seine feige Abschwörung, die er nun feierlich zurücknehme. Wiclifs Lehren seien wahrer und tiefgründiger als die irgendeines Mannes vor ihm, und nur die Furcht vor dem Pfahl habe ihn getrieben, solch einen Meister zu verdammen. Nur seine Lehre vom Sakrament nehme er aus, da er diese nicht billigen könne. Dann ging er über zu einer gewaltigen Schmährede auf die Laster der Geistlichkeit und besonders der römischen Kurie, welche Wiclif und Huss zu ihren Reformbestrebungen getrieben hätten. Die guten Konzilsväter mochten einen Augenblick ganz verdutzt sein durch die erregte Selbstaufopferung dieses Mannes, der so mit voller Überlegung sein Leben in die Schanze schlug; sie kamen aber bald wieder zur Besinnung und bestimmten ruhig den folgenden Samstag für das endgültige Urteil. Wenn er auch ein rückfälliger Ketzer sei, wie er selbst bekannt habe, und also auf weitere Rücksicht keinen Anspruch habe, so wollten sie ihm doch mit ungewöhnlicher Gnade und Barmherzigkeit vier Tage Bedenkzeit geben, um zu überlegen und zu bereuen. Er hatte aber vor einer Zuhörerschaft gesprochen, die weit zahlreicher war als die in der Halle des Konzils versammelte, und seine Worte wurden Saatkörner, aus denen bewaffnete Krieger emporwuchsen [1]).

Am 30. Mai 1416 wurde der Schlussakt der Tragödie schnell erledigt. Das Konzil vereinigte sich schon früh am Morgen, um 10 Uhr 50
stand Hieronymus bereits am Pfahl. Nach der Messe hielt Bischof Jakob von Lodi eine Predigt, derselbe, der auch bei der Hinrichtung des Huss geredet hatte. Die Brutalität, womit er den Triumph über diesen

1) Von der Hardt, IV, 754—62.

zweiten unglücklichen Gefangenen feierte, übertraf noch die Roheit seiner ersten Leistung. Die Liebe und die zarte Rücksicht, womit Hieronymus behandelt worden sei, sagte er, hätten sein Herz erweichen müssen, wenn es die Erinnerung an seine Verbrechen nicht vermocht hätte. Dann zog er einen Vergleich zwischen der Gunst, die ihm erwiesen worden sei, und der Strenge, womit verdächtige Ketzer gewöhnlich behandelt würden. Dabei rief er aus: „Du wurdest nicht gefoltert; ich möchte, es wäre geschehen, denn dann würdest Du alle Deine Irrtümer haben ausbrechen müssen. Eine solche Behandlung würde Dir die von der Sünde verschlossenen Augen geöffnet haben.“ Die anwesenden Adligen ermahnte er, sich zu merken, wie Huss und Hieronymus — zwei niedrig geborene Menschen, Plebejer von dem tiefsten Stande und unbekannter Herkunft — es gewagt hätten, das edle Königreich Böhmen in Verwirrung zu bringen, und welche Übelstände aus der Anmassung dieser beiden Bauern entsprungen seien. Darauf erwiderte Hieronymus in einigen würdevollen Sätzen, indem er seine Gewissenhaftigkeit beteuerte und bedauerte, dass er Wiclif und Huss verleugnet habe. Kardinal Zabarella, sagte er, sei im Begriffe gewesen, ihn umzustimmen, aber seine Richter hätten gewechselt, und er sei nicht gewillt, seine Sache vor neuen zu verteidigen. Nun wurde ihm seine Abschwörung vorgelesen, er erkannte sie an, fügte aber hinzu, sie sei ihm durch die Furcht vor dem Feuer entrissen worden. Hierauf ersuchte der 'Promotor' um ein endgültiges schriftliches Urteil. Der erste Kommissar, Johann von Konstantinopel, las es vor. Es war sehr lang und verurteilte ihn, weil er Wiclif und Huss verteidigt habe und ein rückfälliger und mit dem Bannfluch beladener Ketzer sei. Das Konzil gab einstimmig das „Placet“ ab. Niemand dachte daran, um Gnade für ihn zu bitten. Er wurde dem weltlichen Arme übergeben mit dem Ersuchen, dem vorliegenden Urteil entsprechend seine Pflicht zu tun. Da Hieronymus keine Weihen besass, so brauchte die Ceremonie der Degradation nicht stattzufinden. Aber eine grosse Papierkrone mit darauf gemalten Teufeln wurde auch für ihn gebracht. Er schleuderte seine Mütze unter die Versammlung und setzte die Krone auf, indem er ausrief: „Als Jesus Christus, unser Gott, für mich starb, trug er eine Dornenkrone. Statt dessen trage ich diese hier freudigen Herzens um seinetwillen.“ Nach diesen Worten wurde er zur Hinrichtung abgeführt, und zwar an denselben Platz, wo Huss gelitten hatte [1]).

1) Von der Hardt, III, 55-60; IV, 763—71. — Theod. Vrie, Hist. Conc. Constant. Lib. VII. Dist. 4.

Die Einzelheiten der Hinrichtung waren im allgemeinen die- 550
selben wie bei Huss, ausser dass Hieronymus entblösst und nur mit einem Lendentuch bekleidet wurde. Er sang das Glaubensbekenntnis und eine Litanei. Als man seine von den Flammen erstickte Stimme nicht mehr hören konnte, sah man seine Lippen sich noch bewegen wie in stillem Gebete. Nachdem sein Bart verbrannt war, bildete sich an der Stelle desselben eine Hautblase von der Grösse eines Eies, ein Zeichen, dass er noch am Leben war, und dass sein Todeskampf infolge seiner ausserordentlichen Stärke und Lebenskraft ungewöhnlich lange dauerte. Ein Augenzeuge behauptet, dass er furchtbar geschrien habe; aber andere Zeugen, und zwar gleichfalls ihm unfreundlich gesinnte, erzählen, er habe unaufhörlich gebetet, bis seine Stimme von dem Feuer erstickt worden sei. Auf Poggio, der auch zugegen war, machte der heitere Mut, den Hieronymus bis an sein Ende bewahrte, einen tiefen Eindruck. Als er an den Pfahl gebunden wurde, bot ihm der Henker an, das Feuer von hinten anzuzünden, wo er es nicht sehen könne, aber er wollte nichts davon wissen. „Komm nach vorne“, sagte er, „und zünde das Feuer an, wo ich es sehen kann. Hätte ich es gefürchtet, so würde ich nicht hier sein.“ Auch Aeneas Sylvius stellt ihn wegen seiner unübertroffenen Standhaftigkeit im Tode mit Huss auf dieselbe Stufe. Als alles vorüber war, wurden sein Bettzeug, seine Schuhe, seine Mütze und alle seine persönlichen Habseligkeiten aus seinem Kerker hergebracht und in das Feuer geworfen, damit keine Reliquie von ihm übrig blieb. Die Asche wurde in den Rhein gestreut[1]).

Es handelte sich nur noch darum, die Unterwerfung des Johann von Chlum, des mutigen Verteidigers des Huss, zu sichern. Er war in Konstanz geblieben und befand sich in der Gewalt des Konzils. Welche Mittel man anwandte, um ihn gleichfalls zu demütigen, erfahren wir nicht. Aber am 1. Juli 1416 schwur er, den wahren Glauben verteidigen zu wollen, er bekannte, dass Huss und Hieronymus mit Recht gelitten hätten, und verlangte, dass Briefe mit diesen seinen Erklärungen abgefasst würden, damit er sie nach Böhmen schicken könne[2]).

---

1) Von der Hardt, III, 64—71; IV, 771—2. — Richental, Chronik, S. 83. — Theod. Vrie, Hist. Conc Constant. Lib. VIII. Dist. 3. — Laur. Byzinius, Diarium Belli Hussitici (Ludewig, Reliquiae mss. VI, 141). — Aen. Sylvii Hist. Bohem. c. 36 (*Pastor, Geschichte der Päpste I, 26).

2) Chron. Glassberger (Analecta Franciscana II), ann. 1416.

Achtes Kapitel.

Die Hussiten.

Nach anderthalbjähriger mühevoller Arbeit hatte das Konzil
506 von Konstanz über Huss und Hieronymus entschieden. Das dabei eingeschlagene Verfahren war das einzige, das die Kirche kannte, und also auch das einzige, das dem Konzil zu Gebote stand. Schon zwei Jahrhunderte früher war zwar die Verderbnis der Kirche die anerkannte Ursache und Entschuldigung für die Empörung der Albigenser und Waldenser gewesen, aber die Empörung war rücksichtslos niedergeworfen worden, ohne dass man sich ernstlich Mühe gegeben hätte, ihre Ursache zu beseitigen. Jetzt hatte wiederum die ungehemmte kirchliche Verderbnis eine Empörung hervorgerufen, und wiederum wurde dieselbe Politik befolgt: man liess die einträglichen Missbräuche unverändert bestehen und bestrafte diejenigen, welche sie nicht dulden wollten und die Grundsätze verwarfen, aus denen sie folgerichtig hervorgingen. Vergebens hatte der Kardinal Peter d'Ailly die versammelten Väter darauf hingewiesen, dass die Ketzereien Böhmens nicht ausgerottet werden könnten, wenn man nicht die Missbräuche der römischen Kurie unterdrücke[1]). Die Kurie war zu mächtig, um sich einer solchen Operation unterwerfen zu lassen, und das für die Unterwerfung der Albigenser und der folgenden Ketzereien begründete und seitdem herkömmlich gewordene Prozessverfahren lieferte das einzige vorhandene Vorbild und Mittel, dessen das Konzil sich bedienen konnte. Wieder war eine religiöse Empörung hervorgerufen worden, und wiederum wurde sie so lange genährt und gesteigert, bis nur noch das Schwert des Kreuzfahrers als anerkanntes Gegenmittel übrig blieb.

Die in Konstanz versammelten Prälaten und Doktoren konnten keinen Augenblick im Zweifel darüber sein, was sie zu tun hatten.

1) P. de Alliaco, De necessitate reformationis, cap. XXIX (von der Hardt, I, VII, 308).

Das kanonische Recht und die Praxis der Inquisition hatten schon seit langer Zeit den Grundsatz aufgestellt, dass, sobald man mit Argumenten nichts mehr ausrichten konnte, der einzige Weg, der Ketzerei zu begegnen, — und Opposition gegen die verfassungsmässigen Autoritäten der Kirche galt als Ketzerei — der der Gewalt war. Der ungehorsame Sohn der Kirche, der sich nicht unterwerfen wollte, wurde, wenn pflichtgemässe Ermahnung sich als vergeblich erwiesen hatte, ausgestossen, und diese Ausstossung hatte zur Folge, dass er schon in diesem Leben einen heilsamen Vorgeschmack von den Strafen im jenseitigen bekam, um so als warnendes Beispiel zu dienen. So konnte also das Konzil gar nicht anders, als die Kluft zwischen der Kirche und Böhmen zu erweitern, den durch die Hinrichtung des Huss und des Hieronymus verursachten Unwillen zu befestigen und zu verstärken und das als Ketzerei zu kennzeichnen, 507
was damals die Mehrzahl der Böhmen als ihren Glauben bekannte.

Das Konzil hatte sofort nach der Hinrichtung des Huss vorgeschlagen, auf ganz Böhmen das Inquisitionsverfahren anzuwenden; auf Anregung des Bischofs Johann von Leitomischl aber hatte es am 26. Juli 1415 vorerst eine Warnung abgehen lassen, was, wie wir gesehen haben, die Erbitterung der Böhmen nur noch steigerte. Am 31. August übertrug es dem Bischof Johann die inquisitorischen Vollmachten, alle Ketzerei in Böhmen zu unterdrücken. Falls er sein Amt ausserhalb seiner Diözese nicht ohne Gefahr ausüben könnte, sollte er ermächtigt sein, alle Verdächtigen nach Leitomischl vorzuladen. König Wenzel stellte ihm pflichtgemäss einen Schutzbrief aus. Schon aber hatten die erzürnten Böhmen begonnen, das Gebiet des Bischofs zu verheeren, und dieser war klug genug, seine Person dort nicht in Gefahr zu bringen. Die Kirchengesetze liessen sich offenbar auf ein so erbittertes Volk nicht mit Gewalt anwenden. Nachdem am 23. September das Konzil den Widerruf des Hieronymus vernommen, schlug es einen anderen Weg ein, indem es den Patriarchen Johann von Konstantinopel und den Bischof Johann von Senlis zu Kommissaren (oder vielmehr zu Inquisitoren) ernannte, um alle hussitischen Ketzer vor Gericht zu bringen. Sie wurden ermächtigt, jeden Ketzer oder der Ketzerei Verdächtigen durch einen öffentlichen Erlass vor ihren Richterstuhl an der römischen Kurie zu fordern. Ein solcher Erlass sollte entweder an den von den Ketzern häufig besuchten und bewohnten Orten, oder, wenn das zu gefährlich sei, in den benachbarten Gebieten angeschlagen werden und entweder einen allgemeinen Charakter tragen oder an bestimmte Personen gerichtet

sein. Dieses Verfahren entsprach durchaus den Vorschriften der Inquisition, und wenn es sich darum gehandelt hätte, die Gesamtheit des böhmischen Volkes in absentia gesetzmässig zu verurteilen, so wäre dies der richtige Weg gewesen. Aber da dieses Volk reif war für die Empörung und Huss und Hieronymus von ihm mit derselben Inbrunst verehrt wurden, wie die Heiligen Petrus und Paulus in Rom, so diente dieser Weg nur dazu, die extreme Partei zu stärken. Das zeigte sich, als am 30. Dezember 1415 die Böhmen dem Konzil eine von vierhundertundfünfzig böhmischen Adligen unterzeichnete Adresse überreichen liessen, worin sie ihre Klagen wegen der Hinrichtung des Huss wiederholten und dem Konzil jeglichen Gehorsam aufkündigten. Der so kühn hingeworfene Fehdehandschuh wurde in Konstanz am 20. Februar 1416 aufgenommen, indem man sämtliche Unterzeichner und anderen Anhänger des Huss und Wiclif aufforderte, binnen fünfzig Tagen vor dem Konzil zu erscheinen und sich wegen ihrer Ketzerei zu verantworten, widrigenfalls gegen sie in contu-
508 maciam werde vorgegangen werden. Da man es nicht für geraten hielt, ihnen diese Vorladung persönlich oder an irgendeinem anderen Orte in Böhmen zuzustellen, so liess man sie in Konstanz, Regensburg, Wien und Passau an die Kirchentüren anschlagen. Das geschah nach den gesetzlichen Formen. Die Vorladungen wurden angeschlagen, und diese Tatsache wurde am 5. Mai in Konstanz, am 3. in Passau, am 10. in Wien und am 14., 21. und 24. Juni in Regensburg protokolliert. Am 3. Juni wurden die Übeltäter für halsstarrige Ketzer erklärt, und am 4. September wurde die weitere Verfolgung der Angelegenheit dem Patriarchen Johann von Konstantinopel anvertraut[1]).

Weitere Versuche in dieser Richtung scheint man jedoch nicht gemacht zu haben, da es längst augenscheinlich geworden war, dass man mit dem Inquisitionsverfahren nichts ausrichten konnte, wo es sich um eine ganze Nation handelte. Schon am 27. März 1416 hatte sich das Konzil, ohne das Resultat seiner gerichtlichen Schritte abzuwarten, entschlossen, an die Gewalt zu appellieren, falls überhaupt noch genügender Eifer für die Rechtgläubigkeit in Böhmen vorhanden war, um auf einen Erfolg dieses Appells rechnen zu können. So wurde der fanatische Johann von Leitomischl mit den Vollmachten eines Legaten versehen und mit Briefen an die Herren

---

1) Palacky, Documenta, pp. 566—7, 572—9, 602—3. — Von der Hardt, IV, 528, 609—12, 724, 781—2, 823—40. — Aen. Sylvius, Hist. Bohem. c. 35. — Theod. a Niem, Vit. Joannis XXIII. Lib. III, c. 12.

von Hasemburg, Johann von Michaelsburg und andere Barone abgesandt, von denen man wusste, dass sie der Bewegung des Volkes feindlich gegenüberstanden. In beweglichen Worten erinnerte das Konzil daran, wie geduldig und rücksichtsvoll es Huss behandelt habe, und wie dieser nur durch seine eigne Herzenshärtigkeit umgekommen sei. Trotzdem hätten seine Anhänger an das Konzil Schmäh- und Verleumdungsbriefe gerichtet und damit ein zugleich verabscheuungswürdiges und lächerliches Beispiel gegeben. Die Ketzerei nehme beständig zu und ergreife schliesslich das ganze Land, Priester und Mönche würden beraubt, vertrieben, angefallen und erschlagen. Die Barone wurden daher aufgefordert, zusammen mit dem Legaten alle diese Feinde der Kirche ohne Rücksicht auf Freundschaft und Verwandtschaft zu verbannen und auszurotten. Die Entsendung des Bischofs Johann war aber ein Schlag ins Wasser trotz der Briefe, in denen Sigmund am 21. und 30. März den katholischen Adligen für ihre Hingebung an die Sache des Glaubens dankte und die hussitischen Magnaten warnte, die Christenheit würde, wenn sie in ihrer feindseligen Haltung verharrten, zu einem Kreuzzug gegen sie aufgeboten werden. Die Universität Prag antwortete am 23. Mai in einer öffentlichen Erklärung, worin sie die vollkommene Rechtgläubigkeit und die über alles hervorragenden Verdienste des Johann Huss hervorhob. Sein ganzes Leben, das er in ihrer Mitte zugebracht habe, sei rein und makellos gewesen, seiner Gelehrsamkeit und Beredsam- 509
keit sei nur seine Nächstenliebe und seine Demut gleichgekommen. Er habe sie alle in jeder Beziehung durch seine Frömmigkeit übertroffen und die Kirche in ihrer ursprünglichen Reinheit und Einfachheit wieder herstellen wollen. Auch Hieronymus, den die Universität schon als hingerichtet betrachtet zu haben scheint, wurde in ähnlicher Weise wegen seiner Gelehrsamkeit und strengen Rechtgläubigkeit gelobt; in einem ruhmvollen Tode, hiess es, habe er über seine Feinde triumphiert. Mit diesen Worten brachte die Universität auf massvolle Weise die in Böhmen vorherrschende Meinung zum Ausdruck. Die eifrigeren Anhänger des Huss erklärten sogar unumwunden, dass sich sein Martyrium nur mit demjenigen Christi vergleichen lasse [1]).

Es gab offenbar keinen Mittelweg, welcher die sich widerstreitenden und so hartnäckig vertretenen Meinungen versöhnen

1) Epistt. LXIII, LXV (Jo. Hus, Monumenta I, 79—80, 82). — Palacky, Documenta, p. 611—14, 621. — Ludewig, Reliquiae Mss. VI, 69. — Stephani Cartus. Epist. ad Hussitas, P. I, c. 5 (Pez, Thesaur. Anecd. IV. II, 521).

konnte. Und da die katholischen Adligen Böhmens sich nicht zu entschliessen vermochten, einen verheerenden Bürgerkrieg zu unternehmen, so wandte sich das Konzil naturgemäss an Sigmund. Das geschah im Dezember 1416 in einem Klageschreiben, worin hervorgehoben wurde, dass die Hinrichtung des Huss und des Hieronymus die Ketzerei nicht nur nicht unterdrückt, sondern sogar noch kühner als vorher gemacht habe. Gleich als ob die von der Kirche dem Satan überantworteten Männer die Auserwählten Gottes seien, würden die beiden Ketzer wie Heilige und Märtyrer verehrt, ihre Bilder in den Kirchen aufbewahrt und ihre Namen in der Messe angerufen. Die orthodoxen Geistlichen würden vertrieben, und ihr Los sei trauriger als das der Juden. Die Barone und Adligen verweigerten den Geboten des Konzils den Gehorsam und duldeten nicht, dass sie veröffentlicht würden. Es werde gelehrt, das Abendmahl in beiderlei Gestalt sei notwendig für das Seelenheil, und überall werde auch danach verfahren. Daher wird Sigmund ersucht, seine Pflicht zu tun und diese rebellischen Ketzer mit Gewalt zum Gehorsam zu zwingen. Sigmund erwiderte, dass er das Schriftstück an König Wenzel weitergegeben habe, und dass, wenn es diesem an Macht fehle, die Ketzer zu unterdrücken, er ihm mit aller Kraft beistehen wolle. Sigmund war gar nicht in der Lage, einen derartigen Versuch zu machen. Als er jedoch nach neun Monaten sah, dass sein Bruder vollständig unfähig war, dem Sturme zu trotzen, benutzte er eine sich bietende Gelegenheit, um diesen selbst anzugreifen. Am 3. September 1417 richtete er ein Rundschreiben an die Gläubigen in Böhmen, worin er ein ergreifendes Bild entwarf von den Exzessen, welche an den böhmischen Geistlichen verübt worden seien. Durch neronische Grausamkeiten, hiess es darin, habe man sie gezwungen, ihren Glauben abzuschwören.
510 Sein Bruder sei nicht frei von dem Verdachte, dass er die Ketzer begünstige, da niemand zu begreifen vermöge, wie sich unter einem so mächtigen Könige ein so gottloses Treiben breit machen könne, wenn derselbe nicht stillschweigend seine Zustimmung gebe. Das Konzil habe sich entschlossen, gegen ihn vorzugehen, es aber auf seine, d. h. Sigmunds, dringende Vorstellungen noch aufgeschoben. Seit drei Jahren sei er angestrengt tätig, die Verfolgung abzuwenden. Zum Schluss spricht er die Erwartung aus, dass niemand die Ketzerei unterstütze, vielmehr jeder sich ihre Unterdrückung angelegen sein lasse[1]).

1) Von der Hardt. IV, 1077—82, 1410—13. — Palacky, Documenta, S. 652—4. Zweifellos hatten viele von den Geistlichen, welche Rom treu

Bald darauf, am 11. November 1417, wurde durch die Erhebung Martins V. auf den päpstlichen Stuhl das unheilvolle Schisma beendigt. Auf Betreiben dieses fähigen und entschlossenen Papstes, der schon als Kardinal Otto Colonna im Jahre 1411 Huss verurteilt und exkommuniziert hatte, brachte es die wiedervereinigte Kirche schnell dahin, dass der Konflikt zwischen ihr und Böhmen unvermeidlich wurde. Im Februar 1418 veröffentlichte das Konzil sein Ultimatum in Gestalt von vierundzwanzig Artikeln. König Wenzel sollte schwören, die Ketzereien des Wiclif und Huss zu unterdrücken. Des weiteren wurden genaue Anweisungen gegeben, um in ganz Böhmen die alte Ordnung der Dinge wiederherzustellen. Priester und katholische Laien, welche vertrieben worden waren, sollten wieder eingesetzt und entschädigt, die Bilder- und Reliquienverehrung sollte wieder aufgenommen und die früheren Kirchengebräuche sollten wieder beobachtet werden. Alle, die von der Ketzerei angesteckt seien, sollten diese abschwören, während ihre führenden Doktoren, Johann von Jessinetz, Jakob von Mies, Simon von Rokyzana und sechs andere sich zum Verhör nach Rom begeben sollten. Das Abendmahl in beiderlei Gestalt müsse besonders abgeschworen werden, und alle, welche die Lehren des Wiclif und Huss befolgten oder Huss und Hieronymus als Heilige betrachteten, sollten als rückfällige Ketzer verbrannt werden, d. h. ohne dass ihnen die Gelegenheit zum Widerruf oder die Hoffnung auf Gnade gegeben würde. Schliesslich sollte jeder, wenn er dazu aufgefordert würde, den bischöflichen Offizialen Hilfe leisten, und zwar bei Strafe, sonst als Begünstiger der Ketzerei behandelt zu werden. Das war die Anwendung geltender Gesetze, welche, wie man sich erinnern wird, widerspenstige Gemeinden schon oft hatten fühlen müssen. Zur Durchführung dieser Forderungen versprach Sigmund, die rebellische Gegend mit vier Bischöfen und einem Inquisitor zu besuchen und alle zu verbrennen, welche nicht widerrufen würden [1]).

Auf dieses Ultimatum des Konzils folgte schnell, am 22. Februar 1418, eine Bulle Martins V. an die Bischöfe und Inquisitoren 511
Böhmens und Mährens sowie der umliegenden Gebiete, Passau, Salzburg, Regensburg, Bamberg, Meissen, Schlesien und Polen. Darin gab der Papst seinem Verdruss und seiner Überraschung Ausdruck,

---

blieben, schwer zu leiden. Im Jahre 1417 beklagt Stephan von Olmütz, dass sie aus ihren Pfründen vertrieben, überfallen und erschlagen würden. — Stephani Cartusiensis Epist. ad Hussitas P. I. c. 3. (Pez, Thesaur. Anecd. IV. II, 517.)

1) Von der Hardt IV, 1514—18. — Palacky, Documenta pp. 676—77.

zu hören, dass der jammervolle Tod des Huss und Hieronymus die Ketzer noch nicht zur Reue gebracht, der Teufel sie vielmehr zu noch grösseren Sünden verleitet habe. Die Bischöfe und Inquisitoren erhielten den Auftrag, sie ausfindig zu machen und dem weltlichen Arme zu überliefern. Die, welche sich lässig in dieser Aufgabe zeigten, sollten abgesetzt und durch tatkräftigere Nachfolger ersetzt werden. Den weltlichen Machthabern wurde befohlen, alle Ketzer zu ergreifen und in Ketten zu legen und im Fall der Überführung gehörig zu bestrafen. Dann folgte eine lange Reihe von Anweisungen über die Verhöre, die Bussen, die Konfiskationen: alles in genauer Übereinstimmung mit der schon lange geübten Inquisitionspraxis. Wenn aber diese Bulle dazu bestimmt war, den von Sigmund versprochenen Kriegszug zu fördern, so erwies sie sich als nutzlos; denn dieses Versprechen des Königs war ebensoviel oder vielmehr ebensowenig wert wie seine früheren. Das nächste, was wir von ihm erfahren, ist ein Brief, den er im Dezember 1418 an Wenzel schrieb, und worin er diesen unglücklichen Monarchen mit einem Kreuzzuge bedrohte, falls er die Ketzerei nicht unterdrücke[1]).

Das flüchtige Bild, das uns diese Dokumente von der Lage Böhmens liefern, ist vielleicht etwas zu schwarz gehalten, im ganzen aber entspricht es der Wirklichkeit. Fast das ganze Königreich hatte sich dem Gehorsam gegen die Kirche entzogen, wenn auch die deutschen Bergleute in den Gruben von Kuttenberg die eingeborenen Ketzer schon zu erschlagen anfingen. Die von Huss angenommene Lehre Wiclifs war siegreich, und da der Druck einer centralen Autorität nicht vorhanden war, so benutzte man die ungewohnte Freiheit, um die gegen das Priestertum herrschende Feindseligkeit immer weiter zu entwickeln. Der Utraquismus oder das Abendmahl in beiderlei Gestalt war mit einer fast unerklärlichen Begeisterung aufgenommen worden. Durch das Interdikt, welches der Erzbischof Konrad von Prag am 1. November 1415 ausgesprochen und am 1. Februar 1416 erneuert hatte, wurde sie nur noch mehr entfacht. Als im Jahre 1417 die Universität Prag eine feierliche Erklärung zugunsten dieser Lehre erliess und jede menschliche Verordnung, welche das Gebot Christi und den Gebrauch der ältesten Kirche verändere, für null und nichtig erklärte, wurde diese Lehre bald das unterscheidende Merkmal, welches die Hussiten von den Katholiken
512 trennte. Es waren aber auch schon andere Neuerungen eingeführt

1) Von der Hardt, IV, 1518–31. — Palacky, pp. 684–6.

worden, und Übereinstimmung über die Schranken, welche die Konservativen und die Fortschrittler zwischen sich aufgerichtet hatten, war ausgeschlossen. Schon 1416 machte Christian von Prachatitz dem Wenzel Koranda Vorwürfe, dass er das Fegefeuer und den Nutzen der Gebete für die Toten und der Fürsprache der Heiligen leugne, der hl. Jungfrau die Verehrung versage, Reliquien und Bilder verwerfe, den neugeborenen Kindern das Abendmahl erteile, alle Riten und Ceremonien abschaffe und die Kirche zu ihrer ursprünglichen Einfachheit zurückführe. Andere lehrten, dass der Gottesdienst an jedem anderen Orte ebensogut abgehalten werden dürfe wie in geweihten Kirchen, und dass die Taufe von Laien in Teichen und fliessenden Gewässern vorgenommen werden könne. Schon hatte sich die Sekte gebildet, welche die Ansichten Wiclifs in die Praxis übersetzte und unter dem Namen Taboriten bekannt wurde. Auf der anderen Seite bemühten sich die konservativeren Elemente, die sog. Calixtiner oder Utraquisten, welche mit dem Erreichten zufrieden waren, einem Eifer Einhalt zu gebieten, der die ganze alte Ordnung der Dinge über den Haufen zu werfen drohte. Angesichts dieser Lage rüsteten sich die verschiedenen Parteien, Stellung zu nehmen, und am 25. Januar 1417, wahrscheinlich kurz vor der Erklärung, die sie zugunsten des Utraquismus erliess, veröffentlichte die Universität Prag ein neues Dokument, worin sie, um den häufigen Streitigkeiten über das Vorhandensein des Fegefeuers, den Gebrauch der Segenspendungen und andere Kirchengebräuche ein Ende zu machen, jedermann verpflichtete, an das Fegefeuer und an den Nutzen der Fürsprache der Heiligen, der Gebete und der Almosen für die Toten, der Bilder Christi und der Heiligen, des Weihrauchs, der Besprengungen, des Glockenläutens, des Friedenskusses, sowie der Segnung der Taufbecken, des Salzes, des Wassers, des Wachses und des Feuers, der Palmen, der Eier, des Käses und anderer essbarer Dinge zu glauben. Jeder Anderslehrende dürfe nicht angehört werden, solange er nicht die Richtigkeit seiner Lehren vor der Universität befriedigend nachgewiesen habe. Im September 1418 musste sie diese Erklärung erneuern und zugleich die Lehren verurteilen, welche alle Eide, alle richterlichen Todesurteile und die von sündigen Priestern gespendeten Sakramente verwarfen und bewiesen, dass die waldensischen Lehren reissende Fortschritte unter den Taboriten machten[1]).

---

1) Palacky, Documenta, pp. 631—2, 633—8, 654—6, 679. — Laurentius Byzinius, Diar. Bell. Hussit. (Ludewig, VI. 138—9). — Jo. Huss, Monumenta II, 364. — Ægid. Carlerii Lib. de Legationibus concilii Basiliensis pro reductione Bohemorum (Monumenta Concil. General. Saec. XV. T. I, pp. 385—6).

Aus alledem können wir entnehmen, welche Fragen die Gemüter der Menschen beschäftigten, und in welchen Punkten die ver-
513 schiedenen Parteien voneinander abwichen. Jede Meinung wurde zu hartnäckig verteidigt und gegenseitige Duldung zu wenig geübt, um eine friedliche Erörterung zu ermöglichen, und so stiegen die Wogen immer höher, bis sie schliesslich zu blutigen Tumulten führten. Der Geist der Unruhe erfasste immer weitere Kreise, und Männer und Frauen der fortschrittlichen Gruppe strömten von allen Seiten des Reiches nach einem Berge in der Nähe von Bechin, den sie Tabor nannten, zusammen und empfingen dort das Abendmahl in beiden Gestalten. An Festtagen und am Tage der Maria Magdalena waren diese Versammlungen grösser als an gewöhnlichen Tagen, und am 22. Juli 1419 wurde die Menge auf vierzigtausend geschätzt. Mit der Zahl wuchs auch der Mut, und schon war die Rede davon, König Wenzel abzusetzen und Nikolaus, den Herrn von Hussinetz, zu seinem Nachfolger zu wählen, der die Sache des Volkes bei dem Könige vertreten hatte und deshalb verbannt, aber dadurch beim Volke um so beliebter geworden war. Von diesem Gedanken wurden sie aber abgebracht durch ihren obersten geistigen Führer, den Priester Wenzel Koranda, der darauf hinwies, dass sie durch einen Thronwechsel kaum gewinnen würden, da der König träge und dem Trunke ergeben sei, sie also unter ihm machen könnten, was sie wollten. Man gab deshalb diesen Plan auf, aber darum war der Friede doch nicht gesichert. Auf das Geheiss des Königs nämlich versuchten die Behörden, einer Prozession, die das Abendmahl herumtrug, den Weg zu versperren. Infolgedessen brach am 30. Juli in der Neustadt Prag ein Tumult aus. Unter der Führung des Johann Ziska, den sein Feuereifer und seine kaltblütige Kühnheit schnell an die Spitze der Bewegung gestellt hatten, machte das Volk einen Aufstand, stürzte auf das Rathaus und warf die dort versammelten Ratsherren zum Fenster hinaus, worauf ein Pöbelhaufe über sie herfiel und sie kurzer Hand erschlug. Das versetzte König Wenzel in eine solche Aufregung und Bestürzung, dass er einen Schlaganfall erlitt und daran am 16. August 1419 starb [1]).

Wie schwach auch immer die Autorität dieses Königs gewesen war, so hatte sie doch die feindlichen Sekten, welche sich gegenseitig in Stücke zu zerreissen drohten, etwas im Zaume gehalten. Zwei

1) Laurentius Byzinius, Diar. Bell. Hussit. (Ludewig, VI. pp. 142—44). — Æn. Sylvii Hist. Bohem. c. 36, 37. — *Lindner, Deutsche Geschichte unter den Habsburgern und Luxemburgern (1273—1437) II (1893), 317 ff.

Tage nach seinem Tode fiel der Pöbel über die Kirchen und Klöster her und zerstörte die Bilder und Orgeln. Ganz besonders hatte er es auf diejenigen abgesehen, in denen den Laien der Kelch verweigert worden war. Priester und Mönche wurden gefangen genommen und binnen weniger Tage das Dominikaner- und Karthäuser-Kloster verbrannt. Die Königin Sophie, unterstützt von den treugebliebenen
Baronen, versuchte vergebens, die Ordnung aufrechtzuerhalten. Es 514
brach ein Bürgerkrieg aus, bis am 13. November die Königin mit den beiden Stadtteilen von Prag einen Waffenstillstand schloss, welcher bis zum 23. April 1420 dauern sollte. Darin versprach die Königin, das Gesetz Gottes und das Abendmahl in beiderlei Gestalt aufrechtzuerhalten, während sich die Bürger verpflichteten, weiter keine Bilder und Klöster zu zerstören. Die gegenseitige Erbitterung war indessen zu gross, um sich beherrschen zu können. Während die Königin Sophie die Stadt Pilsen belagerte, kam Ziska nach Prag und zerstörte in der Altstadt und ihrer Nachbarschaft Kirchen und Klöster. Der Bürgerkrieg brach wieder aus, in welchem auf beiden Seiten entsetzliche Grausamkeiten verübt wurden. Deutsche Bergleute von Kaurzim und Kuttenberg warfen alle Calixtiner, deren sie habhaft werden konnten, in verlassene Bergwerke, und einige Bayern kamen dem Rackzo von Ryzmberg zu Hilfe, wobei sie einen eifrigen Calixtiner, den Priester Nakvasa, an einen Baum banden und verbrannten. Ziska blieb nicht hinter dieser Greueltat zurück, zahlreiche Klöster samt den darin befindlichen Mönchen gingen vielmehr auf sein Geheiss in Flammen auf. Wie zügellos der Krieg auf allen Seiten geführt wurde, ersieht man daraus, dass hüben wie drüben Gefangenen die Hände und Füsse abgeschnitten wurden[1]).

Sigmund war nun der rechtmässige König von Böhmen, und er kam, um seine Erbschaft in Besitz zu nehmen. Zunächst aber sandte er Boten nach Prag, welche vorschlagen sollten, den unter Wenzel durchgeführten Gebrauch des Kelches aufzugeben, eine allgemeine Nationalversammlung zu berufen, Beratung zu pflegen und dann über die strittigen Punkte an den Hl. Stuhl zu berichten. Die Barone und Geistlichen beratschlagten miteinander und kamen überein, die Vorschläge anzunehmen. Am Weihnachtstage des Jahres 1419 kam dann der König nach Brünn, und die Magnaten und Vertreter der Städte strömten dorthin, um ihm zu huldigen. Zwar bestanden die Abgesandten von Prag auf dem Gebrauche des Kelches, — weshalb

1) Laurentius Byzinius, Diar. Bell. Hussit. (Ludewig, VI. 145—52, 154—56). — Hist. Persecut. Eccles. Bohem. pp. 37—8. — Camerarii Hist. Frat. Orthod. p. 49.

für die Dauer ihres Aufenthaltes daselbst die Stadt Brünn mit dem Interdikt belegt wurde — aber als er ihnen befahl, die Ketten von den Strassen von Prag zu entfernen sowie die Befestigungswerke zu zerstören, welche man gegen die Burg errichtet hatte, erhob niemand Widerspruch; und als sie am 3. Januar 1420 nach Prag zurückkehrten, führten sie die Befehle wirklich aus. Aber die dem Könige zur zweiten Natur gewordene Treulosigkeit kam bald wieder zum Vorschein. Er wechselte alle Schlossverwalter und Beamten, die den Hussiten günstig gesinnt waren. Die Katholiken, welche geflohen oder vertrieben worden waren, kehrten zurück und hatten bald die Genugtuung, über ihre Feinde zu triumphieren. Den Dekreten des
515 Konzils nachkommend, erliess der König ein Edikt, durch welches er allen Inhabern einer Amtsgewalt befahl, die Wiclifiten und Hussiten sowie alle, welche den Kelch bei dem Abendmahl benutzten, auszurotten. Trotzdem blieb das Land zunächst immer noch ruhig und machte keine Miene, Widerstand gegen ihn zu organisieren, ausser dass der vorsorgliche Ziska und seine Anhänger, in der Voraussicht, dass sie eines Tages doch den Zorn des Königs zu fühlen bekommen würden, sich eifrig daran machten, den Berg Tabor zu befestigen. Schon von Natur aus fest, wurde dieser bald vollständig uneinnehmbar, und ein ganzes Menschenalter hindurch blieb er die Hochburg der extremen Partei, welche in der ganzen Welt als die Taboriten berühmt wurde. Zum grössten Teil Bauern, zeigten sie der Ritterschaft Europas, was freie Männer vermögen, wenn religiöser Eifer und Rassenhass sie beseelt. Ihre Bauernwagen bildeten einen Wall, den die tapfersten Ritter nicht mit Erfolg anzugreifen lernten. Bisweilen nur mit eisernen Dreschflegeln bewaffnet, trugen die kühnen Eiferer kein Bedenken, sich auf die bestgeführten Truppen zu werfen, und sie erdrückten diese oft durch die blosse Wucht des Angriffs. Wild und undiszipliniert, grausam und von fanatischem Mut beseelt, wurden sie bald zum Schrecken für ganz Deutschland[1]).

Zwar würde wahrscheinlich nichts den späteren offenen Ausbruch der Feindseligkeiten haben verhüten können. Für den Augenblick aber schien es, als ob Sigmund auf friedliche Weise in den Besitz seines Königreiches gelangen und eine etwaige Empörung nur wenig Aussicht auf Erfolg haben würde. Plötzlich aber änderte sich die Situation vollständig. Blinder Fanatismus liess sich zu einer

1) Ægidii Carlerii Lib. de Legation. (Mon. Concil. General. Saec. xv. T. I, p. 387). — Laurentius Byzinius, Diar. Bell. Hussit. (Ludewig, VI. 152—4, 157—8, 168, 172). — *Deutsche Reichstagsakten VII, 386, 390.

zwecklosen Handlung hinreissen, die ganz Böhmen in hellen Aufruhr versetzte. In Schlesien waren Wirren ausgebrochen, die Sigmund im Januar 1420 nach Breslau riefen. Dort traf er einen päpstlichen Legaten, den Martin V. ermächtigt hatte, einen Kreuzzug mit Ablässen vom Hl. Lande zu verkünden. Nun beging ein dort zufällig anwesender Prager Kaufmann, Johann Krasa, die Unvorsichtigkeit, in kühnen Worten seiner Meinung von der Unschuld des Huss Ausdruck zu geben. Er wurde verhaftet, blieb bei seiner Überzeugung und sollte, so lautete das Urteil des Legaten und der im Gefolge Sigmunds befindlichen Bischöfe, zur Strafe mit den Fersen an den Schwanz eines Pferdes gebunden, zum Richtplatz geschleift und dort verbrannt werden. Während er im Gefängnis lag, machte er die Bekanntschaft eines Prager Studenten, Nikolaus von Bethlehem, den die Stadt Prag ausgesandt hatte, um dem Könige Sigmund die Aufnahme in ihre Mauern anzubieten, wenn er sich dem Gebrauche des Kelches nicht mehr widersetze. Anstatt Gehör für seine Vorschläge zu finden, wurde er als Ketzer vor Gericht gezogen und in das Gefängnis geworfen, um hier das Ergebnis der Untersuchung abzuwarten. Krasa ermutigte ihn, tapfer auszuhalten. Beide wurden am 15. März 1420 aus 516
dem Gefängnis geführt, um ihre Strafe zu erdulden. Als Nikolaus mit den Füssen an den Schwanz des Pferdes gebunden werden sollte, verliess ihn sein Mut, und er widerrief. Krasa aber blieb standhaft. Als er zur Hinrichtung fortgeschleppt wurde, folgte ihm der Legat und ermahnte ihn zu bereuen, aber vergebens. Halbtot wurde er an den Pfahl gebunden und verbrannt. Zwei Tage später, am 17. März 1420, verkündete der Legat den Kreuzzug. Der Würfel war gefallen. Die Kirche wollte es so, und ein neuer Albigenserkrieg war unvermeidlich[1]).

Nun gab es in Böhmen kein Zaudern mehr. Die Ereignisse in Breslau vereinigten alle, mit Ausnahme einiger Barone und einiger noch zurückgebliebenen Deutschen, zum gemeinsamen Widerstande gegen Sigmund. Auf den Kanzeln donnerten die Prediger gegen

---

1) Laurentius Byzinius, Diar. Bell. Hussit. (Ludewig, VI. 159). — Raynald. ann. 1420, Nr. 13. — Hist. Persecut. Eccles. Bohem. pp. 39—40. — Ægidii Carlerii Lib. de Legation., loc. cit. — *Grünhagen, Die Hussitenkämpfe der Schlesier 1420—35 (1872), S. 13ff.; Reichstagsakten VII, 403, 404; Bernhardt, Die Inanspruchnahme des deutschen Reichs durch die Hussitenfrage 1419—23 (1901).

Auch die demokratische Partei Böhmens erhielt eine Warnung durch König Sigmund, indem er dreiundzwanzig Breslauer Bürger, die sich an einem ähnlichen Aufstande wie dem in Prag beteiligt hatten, am 7. März enthaupten liess. — Bezold, König Sigmund und die Reichskriege gegen die Husiten, München 1872, S. 37.

ihn als den roten Drachen der Apokalypse. Am 3. April verbanden sich die Bürger des utraquistisch gesinnten Prag durch einen feierlichen Eid mit den Taboriten, um sich gegen ihn bis zum äussersten zu verteidigen, und trafen flink alle Vorbereitungen, um eine Belagerung auszuhalten. Sigmunds Streitkräfte waren für eine Eroberung des tatsächlich einmütigen Königreichs ganz unzureichend. Nachdem er bis Kuttenberg vorgerückt war, musste er sich zurückziehen, um die Vereinigung der Kreuzfahrer abzuwarten. Diese aber brauchten viel Zeit, um sich zu organisieren; und erst im folgenden Jahre, 1421, konnte die wütende Schar auf Böhmen losgelassen werden. Das Heer war zahlreich genug, um jeden Widerstand zu zermalmen. Ganz Europa, von Russland bis Spanien und von Sizilien bis England, war in dieser Masse von hundertfünfzigtausend Menschen vertreten. Die wiedervereinigte Kirche hatte die ganze Christenheit aufgestachelt, um die Empörung niederzuwerfen. Die Schätze des Heils wurden verschwenderisch ausgeteilt, um diejenigen auszurotten, welche die Unschuld des Huss und Hieronymus zu verteidigen und das Abendmahl so zu nehmen wagten, wie es alle Christen bis vor zweihundert Jahren getan hatten. Der Krieg wurde ein Verzweiflungskampf. Fünfmal während des Jahres 1421 brachen die Kreuzfahrer in Böhmen ein, und fünfmal wurden sie mit grossen Verlusten zurückgeschlagen. Für die Orthodoxie entstand dabei kein Gewinn; Sigmund beraubte vielmehr die Kirchen ihres wert-
617 vollen Schmuckes und gab zur Erklärung dafür an, es geschehe nicht aus Mangel an Devotion, sondern aus kluger Vorsicht, damit die Schätze nicht in die Hände der Hussiten fielen. Auf beiden Seiten wurden Grausamkeiten verübt, wie man sie zum Glück nur aus den wilden Kriegen kennt, die um der Religion willen geführt worden sind. Während der Belagerung von Prag wurden alle Böhmen, die man gefangen nahm, als Ketzer verbrannt, mochten sie nun den Gebrauch des Kelches angenommen haben oder nicht. Andrerseits verlangten am 19. Juli die Belagerten, dass ihnen die Stadtverwaltung sechzehn deutsche Gefangene auslieferte, welche sie vor die Mauern führten, in Fässer steckten und dann vor den Augen des feindlichen Heeres verbrannten. Von der Erbarmungslosigkeit des Kampfes können wir uns ein Bild machen, wenn wir erfahren, dass es dem Bischof Georg von Passau, der in dem Gefolge Albrechts von Österreich war, als gute Tat angerechnet wurde, dass durch seine Vermittlung vielen böhmischen Gefangenen das Leben gerettet wurde[1]).

1) Laurentius Byzinius, Diar. Bell. Hussit. (Ludewig a. a. O. VI, 161—3,

Es ist nicht unsere Aufgabe, diesen blutigen Kampf, in welchem die Hussiten zehn Jahre lang allen vom Papste und vom Kaiser gegen sie aufgebrachten Streitkräften Trotz boten, in seinen Einzelheiten zu verfolgen. Bei dem Erscheinen der Kreuzfahrer stellten die Hussiten eine geschlossene Front dar, aber im Innern der Linie gab es Parteien, die sich um so bitterer befehdeten, je höher ihr religiöses Gefühl gespannt war. Sobald einmal auf Grund der Lehren von Wiclif und Huss das Recht des eigenen Urteils anerkannt war, liess es sich nicht mehr zurückhalten; auch konnte man von Menschen, die verfolgt wurden, nicht erwarten, dass sie aus dieser Verfolgung die Lehre der Duldung entnahmen. In dem wilden Tumulte auf geistigem, sittlichem und gesellschaftlichem Gebiete, welcher Böhmen durchwühlte, gab es keine Lehre, die zu extrem gewesen wäre, um Gläubige zu finden.

Im Jahre 1418 sollen vierzig „Pikarden" mit Frauen und Kindern nach Prag gekommen und dort von der Königin Sophie und anderen Personen von Stand und Rang gastfreundlich aufgenommen worden sein. Sie hatten keine Priester, sondern einer unter ihnen las ihnen aus gewissen kleinen Büchern vor. Das Abendmahl nahmen sie in einer Gestalt. Sie entschwinden unsern Blicken jedoch wieder, ohne eine Spur von ihrem Einfluss zu hinterlassen. Es waren zweifellos Begarden, die, aus ihrer Heimat vertrieben, nun ausserhalb des Bereichs der Orthodoxie eine Zuflucht suchten. Allein ihr Name erhielt sich und wurde in Böhmen noch lange gebraucht, um die stärkste Verachtung gegen diejenigen auszudrücken, welche die Transsubstantiation leugneten. Kurz darauf aber machten sich die Brüder vom freien Geiste in einer gefährlicheren Weise bemerkbar. Ein Fremder, 518
welcher, wie man sagte, aus Flandern kam, und dessen Name „Pichardus" offenbar ein Beweis dafür ist, dass auch er ein Begarde war, verbreitete ihre Lehren und verkündete unter anderem, dass Nacktheit eine Bedingung für die Reinheit sei, was, wie wir gesehen haben, eine der Extravaganzen dieser Sekte war. Eine solche Lehre hätte man in einem geordnetern Zustand der Gesellschaft nicht dulden können; in Böhmen jedoch fand sie ohne grosse Schwierigkeit bei beiden Geschlechtern eine ganz ansehnliche Anzahl von Anhängern. Sie siedelten sich auf einer Insel in dem Flusse Luschnitz an und legten sich den Namen „Adamiten" bei. Vielleicht hätte die Sekte ein

167—70, 181). — Andreae Ratisponensis Chronicon generale (Eccard, Corp. Hist. I, 2147). — Schrödl, Passavia Sacra, p. 289. — Naucleri Chron. p. 933 (Ed. 1544). — Hist. Persecut. Eccles. Bohem. pp. 43—44. — *Deutsche Reichstagsakten VIII, 28 ff., 57, 98.

ungestörtes Leben führen können, hätten sich ihre Mitglieder nicht durch ihren Fanatismus, oder möglicherweise um Vergeltung für einen Angriff zu üben, dazu verleiten lassen, einen Streifzug auf das Land zu unternehmen und etwa zweihundert Bauern zu erschlagen, die sie als Kinder des Teufels bezeichneten. So wurde die Aufmerksamkeit Ziskas auf sie gelenkt; er überfiel im Oktober 1421 die Insel und rottete ihre Bewohner aus. Fünfzig von ihnen, Männer und Frauen, wurden zu Klokot verbrannt. Diejenigen, welche entkamen, wurden verfolgt, und einer nach dem anderen teilte das gleiche Schicksal. Sie erduldeten es mit heiterem und ungebeugtem Mute, indem sie lachend und singend den Scheiterhaufen bestiegen [1]).

Als die gewaltsame Unterdrückung der Gedankenfreiheit seitens der Kirche plötzlich aufhörte, war es unvermeidlich, dass sich unklare Geister extravaganten Spekulationen hingaben. So herrschte unter den Zeloten, welche sich später zu der Sekte der Taboriten entwickelten, anfangs eine starke Neigung zu apokalyptischen Offenbarungen, die den Anschauungen jener Zeit entsprachen. Nach ihrer Meinung sollte zunächst eine Periode zügelloser Rache eintreten, während deren man nur in fünf ausdrücklich bezeichneten Städten Zuflucht finden könne. Darauf würde die Zeit der zweiten Wiederkunft Christi, das Reich des Friedens und der Liebe unter den Auserwählten folgen, und die Erde würde zum Paradiese werden. Anfangs glaubte man, Gott selbst würde die Schlechten verderben; als aber die Leidenschaften immer wilder wurden, hielt man es für die Pflicht der Tugendhaften, die Bösen erbarmungslos niederzumachen. Die Mitglieder dieser Sekte, die Chiliasten oder Millenarier, hatten als Führer einen gewissen Martin Huska, der wegen seiner Beredsamkeit den Beinamen Loquis führte. Zu ihnen gehörten Koranda und andere hervorragende taboritische Priester. Bei gewissen Einzelheiten ihrer Lehre ist der Einfluss der Waldenser unverkennbar. Sie machten sich dadurch besonders verhasst, dass sie
519 die Transsubstantiation leugneten. Deshalb waren sie überall, wo ihre Gegner stark waren, erbarmungsloser Verfolgung ausgesetzt. Eines ihrer führenden Mitglieder, ein Schuhflicker aus Prag namens Wenzel, wurde am 23. Juli 1421 in einem Fasse verbrannt, weil er sich weigerte, bei der Erhebung der Hostie aufzustehen. Und bald darauf teilten drei Priester dasselbe Schicksal, weil sie sich weigerten,

1) Palacky, Beziehungen, S. 20—1. — Æneae Sylvii Hist. Bohem. c. 41. — Dubravii Hist. Bohem. Lib. 27. — *Vgl. Haupt, in der Realencyklopädie ^{3}I (1896), 165.

vor dem Sakramente Kerzen anzuzünden. Martin Loquis selbst wurde im Februar des nämlichen Jahres verhaftet, aber auf die Vermittlung der Taboriten wieder freigegeben. Darauf brach er mit einem Gefährten auf, um sich mit Prokop in Mähren zu vereinigen. Bei Chrudim jedoch wurden die Reisenden festgenommen und zu Hradisch verbrannt, nachdem man sie zwei Monate lang vergebens gefoltert hatte, um sie von ihren Irrtümern abzubringen und sie zu zwingen, die Namen ihrer Genossen zu verraten. Als eine besondere Sekte verschwinden die Chiliasten bald wieder, aber ihre Mitglieder liessen sich unter die Taboriten aufnehmen und übten auf deren Lehrmeinungen einen tiefen Einfluss aus. Unter den Delegierten, die im Jahre 1432 nach Basel geschickt wurden, war der Vertreter der „Waisen“, Peter von Saaz, früher ein Chiliast gewesen[1]).

So verschwanden allmählich diese kleineren Sekten, und es organisierten sich die böhmischen Reformer in zwei ausgesprochenen Parteien, den Gemässigten, welche nach ihrem wesentlichen Merkmale, der Spendung des Kelches an die Laien, als die Calixtiner oder Utraquisten bekannt sind, und den Extremen oder Taboriten.

Die Calixtiner betrachteten die Lehren des Huss und des Jakob von Mies als einen Abschluss. Als man nach dem Tode König Wenzels die Notwendigkeit fühlte, über ihre Grundlehren eine bestimmte Erklärung abzugeben, nahm die Universität Prag am 1. August 1420 mit allen gegen eine Stimme vier Artikel an, welche mehr als ein Jahrhundert lang das unterscheidende Merkmal dieser Sekte wurden. In der knappen Form, in der sie von der Universität verkündet wurden, klangen sie höchst einfach: 1. Freie Predigt des Wortes Gottes; 2. Abendmahl in beiderlei Gestalt für die Laien; 3. Beseitigung jeder Herrschaft der Geistlichen über weltlichen Besitz und Rückkehr derselben zu dem evangelischen Leben Christi und der Apostel; 4. Bestrafung aller Vergehungen gegen das göttliche Gesetz, und zwar ohne Ansehen der Person oder des Standes. Diese vier 520
Artikel wurden sofort von der streng calixtinischen Gemeinde in Prag angenommen und der Welt in verschiedenen Formen verkündet, die ihren Inhalt und ihre Bedeutung klarer und bestimmter und zugleich vollständiger zum Ausdruck brachten. Jeder wurde für

1) Laurentius Byzinius, Diar. Bell. Hussit. (Ludewig a. a. O. VI, 202—7). — Palacky, Beziehungen, S. 31. — J. Goll, Quellen und Untersuchungen zur Geschichte der Böhmischen Brüder, Prag, 1882, II, 10—11, 57—60. — Hist. Persecut. Eccles. Bohem. pp. 46—8. — Palacky, Vorrede zu den Monumenta Conciliorum Generalium Saec. xv, I, p. xx, und das Tagebuch des Peter von Saaz ebd. S. 292ff. — *Reichstagsakten x (1906), 586, 591.

einen Ketzer erklärt, der nicht die drei Glaubensbekenntnisse, das Apostolische, das des Athanasius und das von Nicäa, sowie die sieben Sakramente der Kirche annahm und an das Dasein des Fegefeuers glaubte. Übertretungen des göttlichen Gesetzes sollten den Tod nach sich ziehen, sowohl den des Übeltäters selbst als auch den seiner Mitschuldigen. Als solche Vergehen werden angeführt bei den Laien; Hurerei, Schwelgerei, Diebstahl, Totschlag, Meineid, Lüge, überflüssige, trügerische und abergläubische Künste, Geiz, Wucher usw. bei den Geistlichen: simonistische Erpressungen, z. B. Sporteln für das Spenden der Sakramente, für das Predigen, das Begraben, das Glockenläuten, die Konsekrierung der Kirchen und Altäre, sowie der Verkauf von Pfründen, das Konkubinat und die Hurerei, Streitigkeiten, die Drangsalierung und Ausplünderung des Volkes durch leichtfertige Vorladungen, übertriebene Steuerforderungen usw. [1]).

Auf dieser Grundlage ging die calixtinische Kirche dazu über, sich auf einem in Prag 1421 abgehaltenen Konzil zu organisieren. Vier der angesehensten Doktoren, Johann von Przibram, Prokop von Pilsen, Jakob von Mies und Johann von Neuburg, wurden zu obersten Aufsehern des Klerus für das ganze Königreich mit absoluter Strafgewalt ernannt. Niemand durfte irgendeine neue Lehre vortragen, die nicht vorher diesen Männern oder einer Provinzialsynode zur Prüfung vorgelegt worden war. Die Transsubstantiation wurde nachdrücklich betont, ebenso die Siebenzahl der Sakramente. Die tägliche Teilnahme an dem Abendmahl wurde allen, auch den Kindern und den Kranken, empfohlen. Der Kanon der Messe wurde vereinfacht und in seiner ursprünglichen Form wiederhergestellt. Die Ohrenbeichte wurde vorgeschrieben, ebenso der Gebrauch des Chrisma und des Weihwassers bei der Taufe. Die Geistlichen sollten sich von den Laien unterscheiden durch Tonsur, Kleidung und Lebenshaltung. Jeder Priester sollte ein Exemplar der Hl. Schrift oder wenigstens des Neuen Testamentes besitzen. Auch wurden strenge Verordnungen erlassen für die Erhaltung der Sittlichkeit bei dem Klerus, und es wurde den Laien verboten, einen Geistlichen, der überführt war, zu beschützen [2]).

So hielt die calixtinische Kirche so weit wie möglich an dem

---

1) Ægidii Carlerii Lib. de Legationibus concilii Basiliensis pro reductione Bohemorum (Mon. Conc. Gen. Saec. xv. T. I, p. 389). — Epist. LXVI, LXVII (Jo. Hus, Monumenta I, 82—4). — Laurentius Byzinius, Diar. (Ludewig a. a. O VI, 175—81).

2) Conciliabulum Pragense ann. 1421 (Hartzheim V, 199—201). — Johann de Przibram, Professio Cath. Fidei (Cochlaei Hist. Hussit. pp. 501 sqq.).

alten orthodoxen System fest. Sie nahm alle katholischen Dogmen, 521
sogar die Schlüsselgewalt bei dem Sakrament der Busse, an; sie protestierte nur gegen die Missbräuche, welche aus den weltlichen Bestrebungen der Geistlichkeit sich herausgebildet hatten. Es war eine puritanische Reform, und sie begründete eine puritanische Gesellschaft. Als nach der in Basel auf Grund der vier Artikel zustande gekommenen Versöhnung Sigmund im Jahre 1436 in Prag Hof hielt, beklagten sich die Böhmen lebhaft, dass die Stadt infolge des vielen Würfelspielens, des Wirtshausbesuches und der öffentlichen Dirnen ein wahres Sodoma würde. Es muss ihnen seltsam ins Ohr geklungen haben, als ihnen ein christlicher Prälat, der Bischof Philibert von Coutances, der als Legat des Baseler Konzils mit der Durchführung der daselbst getroffenen Abmachungen betraut war, ruhig erklärte, dass es schön sei, wenn öffentliche Sünden ausgerottet werden könnten, dass aber die Prostitution geduldet werden müsse, um grösseres Übel zu verhüten[1]).

Die Calixtiner suchten sich also streng in den Grenzen der Orthodoxie zu halten und sahen es als eine schwere Beleidigung an, Ketzer genannt zu werden. Nach der Aussöhnung vom Jahre 1436 war eine ihrer beständigsten Klagen, dass sie noch immer als solche gekennzeichnet würden, und dass das Konzil von Basel die Christenheit nicht durch öffentliche Erlasse bestimmen wollte, sie als gläubige Söhne der Kirche zu betrachten. Nachdem eine Reihe von Päpsten sich wiederholt geweigert hatte, die Verständigung von Basel zu bestätigen, vielmehr Georg Podiebrad und alle, welche diesen als König anerkannten, als verstockte Ketzer exkommuniziert worden waren, schickte im Jahre 1464 Georg an Ludwig XI. von Frankreich eine Gesandtschaft, bestehend aus dem Gesandten Kostka von Postupitz und seinen Begleitern, welche mehr als einmal überrascht und peinlich berührt wurden, wenn sie fanden, dass die Bewohner der Städte, durch welche sie kamen, sie als Ketzer betrachteten. Die Stellung der böhmischen Calixtiner war eine Anomalie, für die es kein weiteres Beispiel in der Geschichte der christlichen Kirche im Mittelalter gibt[2]).

---

1) Jo. de Turonis, Regestrum actorum in legationibus a sacro concilio in Boemiam (Monumenta Conciliorum Generalium Saec. xv. T. I, p. 833, 858).
In den Kreuzzugsbullen des Papstes wurden jedoch diese Puritaner den Völkern Europas geschildert als Menschen, welche nicht nur alle politische und soziale Ordnung umkehrten, sondern auch die Ehe verurteilten und sich jeder Art von Zügellosigkeit und Bestialität hingäben. — Martin V., Bulle 'Permisit Deus', 25. Okt. 1427 (Fascic. Rer. Expetendarum et Fugiend. II, 613).

2) Jo. de Turonis, Regestrum (Mon. Conc. Gen. Saec. xv. T. I, pp. 843, 858, 865). — Wratislaw, Diary of an Embassy from George of Bohemia,

522 In der geistigen und religiösen Erregung, welche Böhmen damals bis auf den Grund erschütterte, konnten die ernsten Köpfe nicht müssig gleichsam auf der Schwelle der Reform stehen bleiben. Die alten waldensischen Ketzer, welche den Fortschritt der wiclifitischen und hussitischen Lehren mit Freuden begrüsst hatten, suchten natürlich zu verhüten, dass die in ihrer Entwicklung bereits zum Stillstand gekommenen calixtinischen Anschauungen die herrschenden wurden. Ausserdem gab es, wie wir gesehen haben, eine Fülle von Eiferern, welche bereit waren, die ganze Theologie der Priesterkirche zu verwerfen. Unter der tatkräftigen Führerschaft von Ziska, Koranda, Nikolaus von Pilgram und anderen unerschrockenen Männern schlossen sich die fortschrittlich Gesinnten schnell zu einer mächtigen Partei zusammen, welche, nachdem sie die unpraktischen Schwärmer abgeschüttelt hatte, mit einem bestimmten Glaubensbekenntnis und Programm hervortrat und als die Taboriten bekannt wurde. Vor längeren Jahren hat eine lebhafte Controverse über die Frage stattgefunden, ob die Waldenser die Lehrer oder die Schüler der Taboriten waren [1]). Ohne bestreiten zu wollen, dass die furchtlose Tatkraft dieser letzteren die Entwicklung der Waldenser mächtig förderte, dürfen wir gewiss annehmen, dass die heimlichen Waldensergemeinden Böhmens stark ihre Hand im Spiele hatten nicht nur bei der Auflehnung des Huss, sondern auch bei dem weiteren Bestreben, diese Auflehnung bis zu ihren logischen Konsequenzen durchzuführen. Es steht fest, dass enge und freundschaftliche Beziehungen zwischen den Waldensern und Taboriten bestanden, obwohl es in den Augen aller Böhmen als ein Vorwurf galt, auch nur mit dem Namen der ersteren bezeichnet zu werden. In der Tat gab es zwischen der wiclifitischen und waldensischen Lehre so viele Berührungspunkte, dass ihr beiderseitiges Verhältnis kaum anders sein konnte. Es wurde schon auf die Unterstützungen hingewiesen, welche im Jahre 1432 die waldensischen Kirchen der Dauphiné den Hussiten zukommen liessen, und auf die tatsächliche Verschmelzung, die in ganz Deutschland zwischen der hussitischen und waldensischen Glaubensrichtung eintrat (S. 176, 471). Als Prokop der Grosse im Jahre 1433 das Konzil von Basel verliess, hatte er die Kühnheit, in seine Ansprache ein mutiges Wort für die Waldenser einfliessen zu

---

London, 1871. — *Bachmann, Deutsche Reichsgeschichte im Zeitalter Friedrichs III. und Max' I., I, 542ff.; Pastor, Geschichte der Päpste II, 154ff.

1) *Vgl. über die durch Preger veranlasste Controverse J. Müller, in der Realencyklopädie ³III (1897), 446ff.

lassen, indem er sagte, er habe an ihnen ihre Keuschheit, Bescheidenheit und ähnliche Tugenden rühmen hören. Aber die Verfolgung lichtete ihre Reihen derart, dass sie im Jahre 1430 weder Bischof noch Priester hatten. Nikolaus von Pilgram, der taboritische Bischof, war in der römischen Kirche konsekriert worden und hatte also das Recht, die apostolische Nachfolge anderen zu übertragen. Daher konsekrierte er im Jahre 1433 in Prag zwei seiner Anhänger, den Deutschen Friedrich Reiser und einen Italiener namens Johannes, zu Bischöfen für die Waldenser. In der malerischen Schilderung, welche Aeneas Sylvius von den während seines nächtlichen Aufenthaltes auf dem Berge Tabor im Jahre 1451 gemachten Beobachtungen hinterlassen hat, konstatiert er, dass dort zwar alle Ketzereien eine Zu- 523
flucht fänden, die Waldenser aber als die Stellvertreter Christi und Feinde des Hl. Stuhles ganz besonders in Ehren gehalten würden[1]).

Als im Jahre 1421 die Calixtiner ihre Stellung präzisierten, taten die Taboriten dasselbe. Verschiedene den Waldensern eigentümliche Irrlehren zogen die Aufmerksamkeit auf sich und fanden Verbreitung und Anklang beim Volke, so die Leugnung des Fegfeuers, die Unwirksamkeit des Sakramentes in sündigen Händen, die vollständige Verwerfung der Todesstrafe und des Eides — alles Beweise, welche Einflüsse hier wirksam gewesen waren. Die Auffassung der Taboriten war den Glaubenslehren, die im Jahre 1395 der Inquisitor Peter Zwicker aus dem Coelestinerorden den Waldensern in Österreich zuschrieb (S. 452), so auffallend ähnlich, dass unbedingt ein Zusammenhang zwischen ihnen anerkannt werden muss. Obwohl die Taboriten die vier Artikel der Calixtiner annahmen, führten sie die Kirche doch zu dem Zustande äusserster apostolischer Einfachheit zurück. Die kirchliche Überlieferung wurde vollständig verworfen, alle Bilder sollten verbrannt werden. Ein äusseres Unterscheidungszeichen zwischen Laien und Priestern sollte es nicht geben; die letzteren trugen Bärte wie andere Männer auch, die Tonsur wurde abgeschafft und die gewöhnliche Kleidung für sie eingeführt. Alle Priester waren ausserdem Bischöfe und konnten die Konsekration vollziehen; sie tauften in fliessendem Wasser ohne das Chrisma und celebrierten die Messe überall, indem sie einfach die Worte der

---

1) Æneae Sylvii Hist. Bohem. c. 35; Ejusd. Epist. 130 (Opp. Ed. 1571, p. 678). — Petrus Zatecensis, Lib. Diurnus de gestis Boemorum in concilio Basileensi (Monumenta Concil. Gen. Saec. xv. T. I, p. 352). — Concil. Bituricense ann. 1432 (Harduin VIII. 1459). — Goll, Quellen und Untersuchungen zur Geschichte der Böhmischen Brüder I, 106 (*vgl. oben S. 472).

Konsekration und das Vaterunser mit lauter Stimme in der Volkssprache hersagten und den Leib des Herrn in kleinen Stücken Brot, das Blut aber in jedem beliebigen Gefässe, das zur Hand war, spendeten. Das Weihen der hl. Gefässe, des Öls und des Wassers war verboten. Das Fegfeuer, welches Huss noch angenommen hatte, wurde geleugnet. Und um ihre Verachtung für die Fürsprache der Heiligen zu bekunden, assen sie an den Fasttagen und Heiligentagen mehr als gewöhnlich. Die Ohrenbeichte wurde verspottet. Für lässliche Sünden genügte die Beichte vor Gott, für Todsünden die öffentliche Beichte vor den Mitbrüdern, wenn der Priester eine angemessene Strafe für sie bestimmte. Gleichzeitig hielten die ungebildeten und unkultivierten Taboriten alles menschliche Wissen für eine Schlinge der Sünde. Die, welche die freien Künste studierten, wurden als Heiden und als Sünder gegen das Evangelium angesehen, und alle Schriften der Doktoren, mit Ausnahme derjenigen, deren Inhalt aus der Bibel geschöpft war, sollten nach ihrer Meinung vernichtet werden[1]).

524 Welche Ansichten sie über das Abendmahl hatten, lässt sich nicht genau feststellen. Lorenz von Brezowa, ein Calixtiner, der ihnen bitterfeindlich gesinnt war, behauptet, sie hätten das Brot und den Wein mit lauter Stimme und in der Volkssprache konsekriert, um dem Volke die Gewissheit zu geben, dass es den wirklichen Leib und das wirkliche Blut des Herrn empfing, woraus hervorgehen würde, dass sie an die Transsubstantiation glaubten. Im Jahre 1431 erliessen Prokop der Grosse und andere Führer der Taboriten eine Proklamation, welche ihre Lehre definierte. Sie erklärten, dass sie weder an das Fegfeuer, noch an die vermittelnde Kraft der hl. Jungfrau und der Heiligen, noch an die Messe für die Toten, noch an die Absolution durch Ablässe usw. glaubten. Wider die Transsubstantiation aber wurde kein Wort gesagt. In der Klage, welche im Jahre 1436 die Legaten des Konzils von Basel über die Nichtbeachtung der Compactaten erhoben, war einer ihrer Beschwerdepunkte, dass Böhmen noch immer Wiclifiten beherberge, welche an das Fortbestehen der Substanz des Brotes glaubten, sie sagten aber nichts von dem Vorhandensein irgendeiner schlimmeren Glaubensform. Dagegen erklärte der

---

1) Goll, Quellen und Untersuchungen, II, 40—1. — Preger, Beiträge zur Geschichte der Waldesier, S. 68—71. — Laurentius Byzinius, Diarium (Ludewig a. a. O. VI, 183—4, 194—202). — Johannes de Przibram, Profesio Fidei (Cochlaei Hist. Huss, p. 507). — Huss, Sermo de Exequiis (Monumenta II, 50). Zu beachten ist auch die Feststellung der Übereinstimmung der waldensischen und hussitischen Lehren durch Aeneas Sylvius (Hist. Bohem. c. 35). — *Lindner a. a. O. II, 322ff.

taboritische Bischof Nikolaus von Pilgram nachdrücklich, Christus sei nur im Geiste gegenwärtig, die geweihten beiden Elemente verdienten keine Verehrung, und die alten Heiden, welche Maulwürfe, Fledermäuse und Schlangen angebetet hätten, seien weniger schlimme Götzendiener gewesen als die Christen, welche vor der Hostie die Knie beugten; denn jene Tiere lebten doch wenigstens. Während der Verhandlungen im Januar 1433 legten die Legaten des Konzils eine Reihe von achtundzwanzig den Böhmen zugeschriebenen Artikeln vor und verlangten, dass die Vertreter derselben endgültig mit ja oder nein darauf antworten sollten. Einer dieser Artikel betraf die Leugnung der Transsubstantiation, und die Böhmen waren nicht zu bewegen, eine entschiedene Antwort darauf zu geben. Peter Chelcicky warf den Taboriten vor, dass sie ihren Glauben über diesen Punkt verheimlichten. Wahrscheinlich aber herrschte über ihn keine vollständige Übereinstimmung. Die Chiliasten der Sekte leugneten zweifellos die Transsubstantiation; andere wiederum hatten die wiclifitische Ansicht angenommen, dass das Brot bleibe, was es sei; wieder andere mögen den orthodoxen Glauben bewahrt haben. Alle aber wiesen die Bezeichnung „Pikarden", wie die Böhmen diejenigen nannten, welche nicht an die vollständige Verwandlung der beiden Elemente glaubten, entrüstet zurück. Sicher ist, dass die Frage bei den Verhandlungen mit dem Konzil von Basel keine hervorragende Rolle spielte. Und in der 525
Schilderung, welche Aeneas Sylvius im Jahre 1451 von den Taboriten auf dem Berge Tabor gibt, behauptet er nur, dass einige von ihnen töricht genug seien, die Lehre Berengars zu vertreten, dass nämlich der Leib Christi nur bildlich in dem Sakramente enthalten sei[1]).

1) Laurentius Byzinius (loc. cit. p. 195). — Martene, Ampl. Coll. VIII, 19—27, 249—51, 596—99. — Jo. de Turonis, Regest. (Mon. Conc. Gen. Saec. XV. T. I, p. 842, 846). — Jo. de Ragusio, Tractatus quomodo Bohemi reducti sunt ad unitatem ecclesiae (ibid. T. I, pp. 272—4, 278, 285). — Goll, Quellen, II, 17—18, 61—4. — Æn. Sylvii Epist. 130 (Ed. 1571, p. 661).

Im Jahre 1436 war selbst Rokyzana nur mit grosser Mühe zu der Erklärung zu bewegen, dass er nicht an das Bestehenbleiben der Brotnatur glaube. — Jo. de Turonis, Regest. (loc. cit. pp. 426—7). — In seinem „Tractatus de Septem Sacramentis" (Cochlaeus, Hist. Hussit. pp. 473—4) behauptet er indessen mit aller Entschiedenheit das Vorhandensein des Leibes und des Blutes Jesu Christi beim Abendmahl. In Anbetracht der übertriebenen, abergläubischen Verehrung der Eucharistie durch die Calixtiner ist die Behauptung des Kardinals Julian Cesarini im Jahre 1431, die Hussiten pflegten ihre Verachtung für sie dadurch zum Ausdruck zu bringen, dass sie dieselbe in dem Blute der Erschlagenen mit Füssen träten, ein gutes Beispiel für die Geschichten, welche man erfand, um den Abscheu des Volkes gegen die Sekte zu erregen (Cochlaeus, op. cit. p. 240).

Bei einem so scharfen Unterschiede in der religiösen Überzeugung war es unmöglich, dass die Eintracht zwischen den Taboriten und Calixtinern erhalten blieb. Sie zankten sich und hielten Konferenzen ab und verfolgten einander; aber den Scharen von Kreuzfahrern, die Europa wiederholt gegen sie aussandte, stellten sie eine geschlossene Front entgegen, so dass Sigmunds Hoffnung, den Thron seiner Väter wiederzuerobern, in immer weitere Ferne gerückt wurde. Der Tod des Ziska, 1424, änderte wenig an dieser Sachlage, ausser dass seine unmittelbaren Anhänger sich zu einer besonderen Partei unter dem Namen der „Waisen“ organisierten; sie machten aber auch fernerhin in allen Stücken gemeinsame Sache mit den Taboriten. Nach ihm übernahm das Führeramt der Kriegerpriester Prokopius Rasa oder der Grosse, dessen militärisches Geschick die Kreuzfahrerscharen Europas dauernd im Schach hielt. Die Lehren des Huss pflanzten sich ausserdem weiter fort in die benachbarten Länder, besonders nach dem Süden und Osten, so dass, wie wir später sehen werden, die Inquisition alle ihre Kräfte anspannen musste, um sie in Ungarn und den Donauprovinzen auszurotten. In Polen war ihr Missionseifer so gross, dass sich König Ladislaus V. am 6. April 1424 veranlasst sah, in einem Edikte allen seinen Untertanen zu befehlen, sich zur Ausrottung der Ketzer zusammenzuschliessen. Jeder Pole, der von einem Aufenthalt in Böhmen zurückkehrte, sollte sich einem Verhöre durch die Inquisitoren oder die bischöflichen Offizialen unterwerfen, und alle, welche bis zum 1. Juni nicht zurükkehren würden, sollten für Ketzer erklärt, ihr Vermögen konfisziert und
526 ihre Kinder den üblichen Rechtsunfähigkeiten unterworfen werden[1]). Die Kirche selbst aber war vollständig ratlos. Sie hatte zwar einst über eine ähnliche Empörung in Languedoc triumphiert und hatte der Welt in blutigen und feurigen Schriftzügen gezeigt, wie sie ihre Siege ausnutzte. Aber jetzt stand sie vor einer ganz anderen Aufgabe. Die Gewalt hatte versagt, und die Kirche musste eine Versöhnungsformel ausfindig machen, welche ihren Anspruch auf Unfehlbarkeit nicht allzusehr gefährdete.

Die Gerechtigkeit erfordert hervorzuheben, dass sie nicht ohne Zwang nachgab. Der ewigen Abwehr von Angriffen, die sich ins Endlose zu wiederholen schienen, müde, ging Prokop im Jahre 1427 zur Offensive über. Er wollte den Frieden erzwingen, indem er den angrenzenden Staaten das Elend des Krieges zu fühlen gab. So trug er in einer Reihe von erbarmungslos durchgeführten blutigen

1) Herburt. de Fulstin, Statuta Regni Poloniae, Samoscii, 1597, p. 191.

Kriegszügen, die er bis zum Jahre 1432 fortsetzte, Elend und Verwüstung in alle benachbarten Provinzen. 1429 nahm er auf einem Streifzug durch Franken, Sachsen und das Vogtland über hundert Schlösser und befestigte Städte ein und brachte eine ungeheure Beute mit nach Böhmen zurück. Meissen, die Lausitz, Schlesien, Bayern, Österreich und Ungarn — alle bekamen der Reihe nach die Wucht des hussitischen Schwertes zu fühlen. Aber der jedesmalige schnelle Rückzug der Angreifer zeigt, dass es ihnen nicht auf Eroberung, sondern nur auf Vergeltung ankam. Kein Wunder also, dass sich ein allgemeiner Schrei nach Frieden hören liess unter denen, auf welche jetzt die Schläge zurückfielen, die das Papsttum zur Behauptung seiner Suprematie führte[1]).

Inzwischen aber blieb die Kirche durch eine andere, noch viel beunruhigendere Frage in Anspruch genommen. Die Christenheit hörte nicht auf, nach der Reform zu verlangen, um die sie in Konstanz betrogen worden war. Geschicktes Hinausziehen hatte die nach der Reform verlangenden Väter ermüdet, so dass sie schliesslich im Jahre 1418 in die Auflösung des Konzils willigten, in der Hoffnung, dass die Versprechungen, die bei der Wahl Martins V. gemacht worden waren, erfüllt werden würden. Sie trafen indessen die Vorsichtsmassregel, für eine fortgesetzte Reihe von Konzilien zu sorgen, von denen sie erwarten konnten, dass sie das unbeendigt gelassene Reformwerk wiederaufnehmen und durchführen würden. Der Plan, den sie zu dem Zwecke ausarbeiteten, zeigt, wie tief das Misstrauen war, das sie gegen das Papsttum fühlten. Man bestimmte, 527
dass zunächst in fünf Jahren, dann wieder in sieben Jahren und schliesslich in regelmässigen Zwischenräumen von zehn Jahren ein allgemeines Konzil abgehalten werden sollte, und man traf sorgfältige Bestimmungen, um den zu erwartenden Ausflüchten der Päpste vorzubeugen[2]).

Was Deutschland angeht, so machte Martin V. den Versuch, die beiden bei seiner Wahl übernommenen Pflichten — die Unterdrückung

---

1) Balbinus, Epitome Rer. Hung. pp. 475—6. — Sommersberg, in Silesiacarum Rerum Scriptt. I, 75 (*vgl. Juritsch, Der dritte Kreuzzug gegen die Hussiten 1427 (1899); Kroker, Sachsen und die Hussitenkriege, im Neuen Archiv für sächsische Geschichte, XXI). — Ein Volkslied aus jener Zeit schildert das Elend in folgenden Versen:

„Meissen und Sachsen verderbt,
Schlesien und Lausitz zerscherbt,
Bayern ausgenehrt,
Österreich verhert,
Mähren verzert,
Böheimb umgekehrt.“

(Balbinus S. 478.)

2) Concilii Constant. Decretum Frequens (von der Hardt IV, 1435).

der Ketzerei und die Reformation der Kirche — zu erfüllen, indem er in den Jahren 1421 und 1422 den Kardinal Branda als Legaten dorthin sandte. Dieser sollte, um das erste Ziel zu erreichen, einen neuen Kreuzzug predigen, da derjenige des Jahres 1421 bei Saaz ein so verhängnisvolles Ende genommen hatte. Was den zweiten Teil seiner Mission betrifft, so schildern sowohl der päpstliche Auftrag als auch das Dekret, welches der Legat Branda den erhaltenen Instruktionen gemäss erliess, die Laster der deutschen Geistlichkeit in ebenso scharfen Ausdrücken, wie sie Huss und seine Anhänger gebrauchten; sie stellen eine glänzende Rechtfertigung der böhmischen Empörung dar. Wundern muss man sich nur, dass Papst und Kaiser erwarten konnten, die Völker würden sich mit den Diensten von Menschen zufrieden geben, die mit übernatürlicher Macht ausgestattet zu sein und im Namen des Erlösers zu sprechen behaupteten und dabei doch tief in aller Art von Habgier, Unreinheit und Sinnenlust steckten. Das von Branda erlassene Dekret enthielt nur eine Wiederholung der Heilmittel, welche schon seit Jahrhunderten vergebens angewandt worden waren. Es griff nur die Symptome, aber nicht die Ursache der Krankheit an und musste daher unwirksam bleiben[1]).

Fünf Jahre waren seit dem Ende des Konzils von Konstanz verstrichen, und nichts war erreicht, um die Ketzerei zu unterdrücken oder die Kirche zu reformieren. Es war nun die Frage, ob das nach Verlauf der gegebenen Frist im Jahre 1423 zusammentretende Konzil von Siena das unbeendigt gebliebene Werk von Konstanz würde vollenden können. Unter dem Vorsitz von vier päpstlichen Legaten gab es seine Meinung dahin ab, die Zahl der anwesenden Prälaten und Fürsten sei zwar zu klein, um die Reform in Angriff zu nehmen, aber ausreichend, um die Versprechungen der Sündenvergebung zu bestätigen, die Martin V. allen denjenigen gemacht hatte, welche bei der Ausrottung der Ketzer helfen würden. Alle Fürsten der Christenheit wurden aufgefordert, unverzüglich ihre Hilfe bei dem guten Werke zu leisten, wenn sie der Rache Gottes und den von den Gesetzen vorgesehenen Strafen entgehen wollten. Jeglicher Handelsverkehr mit den Ketzern wurde verboten, besonders in Lebensmitteln, Kleidungsstücken, Waffen, Pulver und Blei. Jeder, der mit ihnen
528 Handel trieb, und jeder Fürst, der eine Verbindung mit ihnen über seine Länder hin erlauben würde, sollte den gegen die Ketzerei verfügten Strafen unterliegen. Eine solche mittels kirchlicher Censuren

1) Ludewig, Reliquiae MSS. xi, 385, 409. — *Bezold a. a. O. S. 73ff.; Deutsche Reichstagsakten viii, 67, 109ff.

durchgeführte Handelsblockade sollte Böhmen von der übrigen Welt abschliessen und durch Hunger zur Unterwerfung bringen[1]).

Was die kirchliche Reform anging, so wurde allen ernstgemeinten Versuchen in dieser Richtung von den päpstlichen Legaten in geschickter Weise ein Riegel vorgeschoben. Das ist nicht weiter auffallend, da es sich um eine Reform der Kirche an Haupt und Gliedern handelte und das Haupt die anerkannte stärkste Quelle des Übels war. Ein von den gallikanischen Abgesandten vorgelegter Reformplan schilderte mit bitterem Unwillen die Missbräuche an der Kurie — den Verkauf der Pfründen und Würden an den Höchstbietenden, ohne Rücksicht, ob er geeignet war oder nicht, was den Untergang der Pfründen und die Ausplünderung des Volkes zur Folge hatte; ferner die päpstlichen Dispensationen, welche die widersinnigste Pfründenhäufung in den Händen eines einzelnen ermöglichten, sowie die anderen Kunstgriffe, wodurch sich Rom auf Kosten der Religion bereicherte; weiter die Centralisierung aller Jurisdiktion in Rom zum Schaden des in weiter Ferne wohnenden Rechtsuchenden; endlich die päpstlichen Dekrete, welche die heilsamen Verordnungen der allgemeinen Konzilien aufhoben und bewiesen, dass die Reformverordnungen, mit denen Martin V. nach seiner Wahl zum Papste die Angriffe des Konstanzer Konzils pariert hatte, nichts als leere Redensarten gewesen waren. Die Enttäuschung des Konzils von Siena, als es seine Bemühungen vereitelt sah, führte zu einer gefährlichen Erregung der Konzilsväter. Ein französischer Minorit, Wilhelm Joselmus, hielt eine Rede, worin er seinen Zuhörern klar machte, dass der Papst der Diener und nicht der Herr der Kirche sei. Die Legaten schuldigten ihn der Ketzerei an und befahlen den Behörden von Siena, ihn zu verhaften. Diese aber, von anderem Schlage als der König Sigmund, erwiderten, sie hätten allen Mitgliedern des Konzils einen Schutzbrief ausgestellt, an den sie gebunden seien. Als man schliesslich zu der Einsicht kam, dass bei dem mächtigen Einflusse des Papsttums eine Reform nicht möglich sei, machte man den Versuch, den siebenjährigen Zwischenraum bis zu dem nächsten Konzil auf zwei oder drei Jahre abzukürzen. Alle die verschiedenen Nationen hatten diesem Antrag schon zugestimmt, als die päpstlichen Legaten die Bestätigung hintertrieben, indem sie das Konzil plötzlich am 7. März 1424 auflösten trotz eines

---

1) Concil. Senense ann. 1423 (Harduin. VIII, 1015). — *Das Konzil von Siena bestimmte auch, dass in allen Ländern, in denen Ketzereien verbreitet waren, Inquisitoren angestellt werden sollten (Hefele, Konziliengeschichte VII, 397).

Protestes, der unzweideutig zum Ausdruck brachte, dass sie alle Reformgesetze verhindert hätten. Der siebenjährige Zwischenraum blieb aber gesichert, und das nächste Konzil wurde für das Jahr 1431 nach Basel angesagt. Die Reformer trösteten sich, als sie erfuhren, dass
529 von den vier päpstlichen Vertretern, die sich an dieser Knebelung des Konzils beteiligt hatten, drei innerhalb eines Jahres eines schrecklichen Todes starben; offenbar hatte der Himmel Rache für ihre Schlechtigkeit genommen. Der Papst aber gab sich den Anschein, als ob er die Lücke, die hierdurch in das Werk der Reform gerissen war, gleich wieder ausfüllen wollte, indem er eine Kommission von drei Kardinälen ernannte, welche das Werk weiterführen sollten; er ersuchte die Christenheit, ihnen alle Klagen und Vorschläge zuzusenden. Die Massregel hatte genau den Erfolg, den der Papst damit beabsichtigte, nämlich gar keinen. Ebenso illusorisch war eine bald darauf erlassene Verordnung, die dem übertriebenen Prunk und Luxus der Kardinäle einen Zügel anlegen wollte und ihnen verbot, die „Protektion" irgend eines Fürsten oder Machthabers zu übernehmen oder Gunstbezeugungen für andere als für die Armen oder für ihre eignen Diener und Verwandten zu erbitten; die Verordnung diente nur dazu, die Bedeutung des Hl. Kollegiums als eines Faktors des Hl. Stuhles zu vermindern und die des Papstes zu erhöhen[1]).

Die Zeit, welche für den Zusammentritt des Baseler Konzils bestimmt war, der März des Jahres 1431, nahte mit schnellen Schritten heran, ohne dass Martin V. irgend etwas unternahm, das auf die Zusammenberufung hinzielte. Er, der seine Wahl einem allgemeinen Konzile verdankte, war bekannt dafür, dass er sogar das blosse Wort Konzil nicht hören konnte. Schliesslich, am 8. November 1430, erschien an den Türen des päpstlichen Palastes und auf den besuchtesten Plätzen Roms ein anonymer Anschlag, angeblich von zwei christlichen Fürsten ausgehend, worin auf die Notwendigkeit hingewiesen wurde, den Dekreten des Konstanzer Konzils gemäss ein Konzil abzuhalten, und zum Schlusse in drohendem Tone gesagt wurde: wenn der Papst und die Kardinäle das Konzil hintertreiben oder auch nur sich weigern würden, dasselbe zu fördern, so müssten sie als Begünstiger der Ketzerei angesehen werden; sollte

---

1) Jo. de Ragusio, Initium et Prosecutio Concilii Basiliensis (Mon. Conc. Gen. Sæc. xv. T. I, pp. 28—30, 32—35, 53—61, 64). — Concil. Senense (Harduin. VIII, 1025—6). — Acta Conc. Basil. (Harduin. VIII, 1108—10). — Raynald. ann. 1425, Nr. 3, 4.

Der Delegierte der Universität Paris auf dem Konzil von Siena war der Dominikaner Johann von Ragusa, der später eine wichtige Rolle in Basel spielte.

ferner der Papst das Konzil nicht selbst oder durch seine Stellvertreter eröffnen, so würden die anwesenden Konzilsmitglieder durch göttliches Gesetz gezwungen sein, ihm den Gehorsam zu kündigen; die Christenheit aber müsse ihnen alsdann gehorchen und der Papst und die Kardinäle müssten als Begünstiger der Ketzerei kurzerhand abgesetzt werden. Es war klar, dass die Christenheit das Konzil haben wollte mit oder ohne den Papst, und Martin V. musste, nachdem er bis zum letzten Augenblick Widerstand geleistet hatte, nachgeben. Am 1. Januar 1431 noch hatte er den Kardinal Julian Cesarini zum Legaten ernannt, um gegen die Hussiten einen neuen Kreuzzug mit vollkommenen Ablässen zu predigen. Ihm liess er nun am 1. Februar 530
auch den Auftrag zugehen, die Eröffnung und Leitung des Konzils zu übernehmen. Unter den Männern, welche es sich am ernstesten hatten angelegen sein lassen, den Zusammentritt des Konzils zu fördern, befand sich auch der Kardinal Gabriel Condulmaro von Siena. Hätte er die Zukunft voraussehen können, so würde er wohl seinen Eifer gemässigt haben. Denn Martin starb drei Wochen darauf, und am 3. März wurde der Kardinal von Siena zu seinem Nachfolger gewählt. Er nahm den Namen Eugen IV. an[1]).

Kardinal Cesarini setzte seine doppelte Mission fort und predigte den fünften Kreuzzug gegen die Hussiten. Der Erfolg war glänzend; denn die verheerenden Streifzüge der Böhmen hatten Deutschland aufgestachelt zu einem ernsthaften Versuche, die lästigen Rebellen zu unterdrücken. So fand er sich bald an der Spitze eines Heeres, dessen Stärke auf achtzig- bis hundertunddreissigtausend Mann geschätzt wurde. Die Böhmen ersuchten König Sigmund um einen Schutzbrief nach Basel und erboten sich, über die strittigen Fragen dort in eine Erörterung einzutreten, wobei die Hl. Schrift als die entscheidende Autorität gelten sollte. Das wurde abgelehnt mit dem Bemerken, dass sie sich den Beschlüssen des Konzils ohne Einschränkung unterwerfen müssten. Sie zogen es deshalb vor, die

1) Jo. de Ragusio, Initium et prosecutio concilii Basiliensis (Mon. Conc. Gen. Sæc. xv. T. i, pp. 66—7). — Cochlaei Hist. Hussit. pp. 237—9.

Die Abneigung der Päpste gegen allgemeine Konzilien war nicht unnatürlich. Am 9. Juni 1435 schaffte das Baseler Konzil mit tatsächlicher Einmütigkeit die Annaten ab und beschloss, dass in Zukunft für die Verleihung einer Pfründe und für die Bestätigung der Bischöfe und Pfarrer, ausser den geringen Sporteln für die Schreiber, keine Zahlungen geleistet werden sollten. Die Bischöfe von Otranto und Padua protestierten zwar im Namen des Papstes, fanden aber damit keine Beachtung, so dass sie aufstanden und das Konzil verliessen. Einige wenige folgten ihrem Beispiel, während die übrigen Gott dankten und ihre Freude darüber kundgaben. — Aegid. Carlerii, Lib. de Legationibus (op. cit. i, 568).

Entscheidung den Waffen anheimzustellen und erliessen einen Protest an die Christenheit, worin sie mit derber Offenherzigkeit ihre Haltung erklärten, die weltliche Macht des Papsttums angriffen und die zu ihrer Unterwerfung angepriesenen Ablässe lächerlich machten. Das Dokument gelangte am 10. August in die Hände des Konzils, fast genau an dem Tage (14. August), wo die Kreuzfahrer bei Taus ohne Schwertstreich die Flucht ergriffen, als sie den Schlachtgesang der gefürchteten Hussiten vernahmen. Die Ernennung des Kardinals Cesarini zum Kriegsführer war schliesslich doch ein Missgriff gewesen, und es blieb ihm nun nichts anderes übrig, als es mit friedlichen Massregeln zu versuchen. Auch die deutschen Fürsten, besorgt und erschöpft, gaben deutlich zu erkennen, dass sie den Willen hatten, mit ihren unbesiegbaren Nachbarn zu einem Einvernehmen zu kommen. Es war eine bittere Notwendigkeit, aber es gab keine andere Wahl. Am 15. Oktober also entschloss sich das
31 Konzil, die Böhmen zu einer Besprechung einzuladen und ihnen einen Schutz- und Geleitsbrief auszustellen. Abgesandt wurde er freilich erst am 26. November[1]).

Mittlerweile war der unvermeidliche Streit zwischen dem Papst und dem Konzil ausgebrochen und hatte gleich eine heftige Form angenommen. Am 18. Dezember 1431, kaum drei Wochen nach der Zustellung der Einladung an die Böhmen, schritt der Papst zum äussersten; er löste das Konzil auf und berief ein neues, das achtzehn Monate später in Bologna zusammentreten sollte und dessen Vorsitz er persönlich führen wollte. Deutschland war wie vom Blitz getroffen. Sigmund protestierte energisch, und das Konzil, seiner Unterstützung sicher, verweigerte den Gehorsam. Auch Kardinal Cesarini wurde gewonnen und machte sich sogar zum Dolmetscher dieser Stimmung. Er hatte Gelegenheit gehabt, den Gemütszustand der Bevölkerung nördlich von den Alpen zu beobachten, und er wusste, welchem Sturme das Schifflein Petri ausgesetzt sein würde. Man kann mit Sicherheit behaupten, dass, seitdem das Papsttum die Herrschaft über die Kirche erlangt hatte, wenige Päpste von einem Untergebenen eine so derbe Lektion erhalten haben, wie die war, worin Cesarini seine Gründe für den Ungehorsam auseinandersetzte. Sein Brief vom 13. Januar 1432 enthält eine so lebendige Schilderung

1) Martene, Ampl. Coll. VIII, 15—18. — Chron. Cornelii Zantfliet (Ibid. V, 425—7). — Jo. de Ragusio, Tractatus quomodo Bohemi reducti sunt ad unitatem ecclesiae (Mon. Conc. Gen. Sæc. XV. T. I, pp. 135, 138). — *Concilium Basiliense; Studien und Quellen zur Geschichte des Konzils von Basel (hrsg. von J. Haller) II (1896), 300ff., V (1904), 34—52; Deutsche Reichstagsakten X (1906), S. 554ff.

der Zeit, dass wir nicht umhinkönnen, sie in kurzen Zügen wiederzugeben. Die Schlechtigkeit der Geistlichen in Deutschland, sagt er, ist so gross, dass die Laien im höchstem Grade gegen die Kirche erbittert sind; es ist daher sehr zu befürchten, dass, wenn eine Reform nicht eintritt, sie ihre offenen Drohungen, sich wie die Hussiten gegen die Geistlichen zu erheben, ausführen werden. Dieser schmachvolle Zustand hat die Böhmen kühn gemacht und ihnen einen willkommenen Vorwand für ihre Ketzerei gegeben. Auch wenn man diese unterdrückt, wird alsbald eine neue ausbrechen, wenn der Klerus nicht reformiert wird. Die Böhmen sind zum Konzil eingeladen worden. Sie haben geantwortet und werden erwartet. Was werden nun die Ketzer sagen, wenn das Konzil aufgelöst wird? Wenn die Kirche das Erscheinen der Eingeladenen nicht zu erwarten wagt, wird sie dann nicht selbst ihre Niederlage eingestehen? Wird man nicht in dieser Niederlage die Hand Gottes sehen? Eine Schar von Kriegern ist vor ihnen geflohen, und nun flieht auch die ganze Kirche, ein Beweis, dass sie weder durch Waffen noch durch Argumente besiegt werden können. Wehe dann über die unglückliche Geistlichkeit, wo immer sie sich befindet! Wird man sie nicht für unverbesserlich halten, dazu bestimmt, im eignen Schmutz zu leben? Es sind so viele Konzilien in unseren Tagen abgehalten worden, von denen keines eine Reform gebracht hat. Von dem gegenwärtigen haben die Nationen ein besseres Ergebnis erwartet. Wenn es auf diese Weise aufgelöst wird, wird 532
es von uns heissen, dass wir Gott und die Menschen verlachen. Und wenn es keine Hoffnung auf unsere Besserung gibt, so werden uns die Laien mit Recht angreifen, wie es die Hussiten schon getan haben. Schon hört man allenthalben davon, schon beginnen sie das Gift auszuspeien, welches uns vernichten soll. Sie werden glauben, Gott ein wohlgefälliges Opfer darzubringen, wenn sie uns erschlagen oder ausplündern, uns, die wir dann Gott und den Menschen in gleichem Masse verhasst sind. Da, wo man jetzt nur wenig Achtung vor uns hat, wird auch der letzte Rest schwinden. Das Konzil hat unsere Feinde noch einigermassen zurückgehalten; wenn sie aber alle Hoffnung verlieren, werden sie uns öffentlich verfolgen. Die ganze Verantwortlichkeit für das Unheil wird aber auf die römische Kurie fallen, welche eine Versammlung aufhebt, die zusammengekommen ist, um Reformen zu bewirken. Vor kurzem erst hat die Stadt Magdeburg ihren Erzbischof und Klerus verjagt; ihre Bürger ziehen umher mit Wagen wie die Böhmen, sie sollen nach einem hussitischen Anführer geschickt haben, und sie stehen ausserdem mit

vielen anderen Gemeinden jener Gegend in Verbindung. Die Bürger von Passau haben ihren Bischof gleichfalls verjagt und belagern eines seiner Schlösser. Beide Städte sind nicht weit von der böhmischen Grenze, und wenn sie sich, wie zu fürchten steht, vereinigen, werden sich ihnen sofort viele andere Städte anschliessen. In Bamberg herrscht wilde Zwietracht zwischen den Bürgern auf der einen und dem Bischof und dem Domkapitel auf der anderen Seite, was besonders gefährlich werden kann, weil die Ketzer so nahe sind. Wenn das Konzil aufgelöst wird, werden sich diese Streitigkeiten vermehren, und viele andere Gemeinden werden mit hineingezogen werden [1]).

Wenn wir hier auch einen gebührenden Abzug an rhetorischer Übertreibung machen müssen, so ist dieses Gemälde im ganzen doch nach der Natur entworfen. Die hussitischen Ideen breiteten sich rasch in Deutschland aus und fanden in der Verstimmung über die unheilbare Verderbnis des Klerus einen geeigneten Boden. Um diese Zeit klagte Felix Hemmerlin in Zürich über die zahllosen Seelen, welche von den Sendboten, die alljährlich von Böhmen nach Bern und Solothurn kamen, zur Ketzerei verführt wurden. Um diese Zeit werden auch zahlreiche Ketzerverbrennungen aus Flandern gemeldet, wo man die Verfolgung seit langer Zeit kaum gekannt hatte, und es ist sicher, dass hussitische Missionare auch sonst eine erfolgreiche Propaganda entfalteten. Wenn sich also die Hoffnungen, die man auf das Konzil gesetzt hatte, nicht erfüllten, so konnte sich
533 die Kirche wohl auf eine allgemeine Empörung gefasst machen. Getragen von der Zustimmung der ganzen Christenheit diesseits der Alpen, kümmerte sich daher das Konzil nicht um die vom Papst verfügte Auflösung und ging entschlossen seinen Weg. Sigmund ermutigte es zu weiterem Widerstande und erliess im November 1432 eine feierliche Erklärung, dass er es gegen jeden Angreifer beschützen werde. Eugen IV. seinerseits verharrte jedoch bei seinem Willen bis zum Februar 1433, wo er in die Fortdauer der Beratungen einwilligte, aber im Juli erklärte er das Konzil wiederum für aufgelöst und wiederholte diesen Befehl im September. Da entschloss sich das Konzil zu entscheidenden Schritten und ging dazu über,

1) Harduin. VIII, 1575—8. — Raynald. ann. 1431, Nr. 26. — Epist. Cardinalis Juliani (Aen. Sylv. Opp. Ed. 1571, pp. 66—9). — *Vgl. Voigt, Enea Silvio I, 54; Pastor, Geschichte der Päpste I, 219; Hofmann, Die Hussiten und das Baseler Konzil 1431 und 1432 (in Český časopis historický, hrsg. von J. Goll und J. Pekař VII, 1901).

Der Brief des Kardinals Julian Cesarini und die Kommentarien des Aeneas Sylvius über das Konzil von Basel wurden später auf den Index expurgatorius gesetzt (Reusch, Der Index der verbotenen Bücher I, 40).

dem Papste den Prozess zu machen; infolgedessen nahm er im Dezember die Bullen zurück. Als dann der Streit abermals ausbrach, beschloss das Konzil im Januar 1438 die Suspension des Papstes, erklärte ihn im Juni 1439 für abgesetzt und vollzog im November desselben Jahres die Wahl des Herzogs Amadeus von Savoyen, der als Papst den Namen Felix V. annahm [1]).

In die Einzelheiten der nun folgenden endlosen Verhandlungen zwischen dem Konzil und den Hussiten einzutreten, ist nicht erforderlich. Die letzteren erreichten ihren Zweck. In einer Besprechung, die sie am 18. Mai 1432 in Eger abhielten, waren sie übereingekommen, dass die Verhandlungen über die schwebenden Fragen auf der Grundlage der Hl. Schrift und der ersten Kirchenväter geführt werden sollten. Die vier Artikel, welche die gemeinsame Grundlage für Calixtiner und Taboriten bildeten, wurden als ihre Forderungen aufgestellt, und sie hielten in allen den ermüdenden Erörterungen, die in Basel, Prag, Brünn und Stuhlweissenburg bis zu der Schlussbesprechung zu Iglau im Juli 1436 gepflogen wurden, unentwegt daran fest. Die Verhandlungen nahmen oft einen leidenschaftlichen und erbitterten Charakter an, und die guten Baseler Väter waren bisweilen empört über die freimütige Sprache der böhmischen Delegierten. Als Johann von Ragusa die Hussiten als Ketzer bezeichnete, wies das einer der calixtinischen Delegierten, Johann Rokyzana, mit Entrüstung zurück und verlangte, dass, wenn einer sie der Ketzerei anklagen wolle, er die Talion anbieten und seine Behauptung beweisen solle. Prokop, der Vertreter der Taboriten, schloss sich dem an und erklärte, dass er nicht nach Basel gekommen sein würde, hätte er gewusst, dass man ihn dort so beleidigen wolle. Zeit und Geschick waren erforderlich, um die Böhmen zu beschwichtigen, und Johann von Ragusa und der Erzbischof Amadeus von Lyon mussten in aller Form um Entschuldigung bitten. Bei einer anderen Gelegenheit beschwerte sich der Inquisitor Heinrich Kalteysen aus Coblenz, ein Mitglied des Dominikanerordens, dass Ulrich von Znaim, ein Vertreter der „Waisen“, gesagt habe, die Mönche seien vom Teufel in die Welt gebracht worden. Ulrich stritt das ab, und Prokop legte sich ins Mittel, indem er erklärte, Ulrich habe offenbar dem Legaten sagen wollen, dass, wenn die Bischöfe von den Aposteln und 534

1) Hemmerlin, Lollardorum Descriptio (vgl. oben S. 469). — Duverger, La Vauderie dans les États de Philippe le Bon (1885) p. 24 (*Fredericq, Corpus I, S. 305 ff.; Haupt, Hussitische Propaganda in Deutschland, im Historischen Taschenbuch, 1887). — Harduin. VIII, 1141, 1172—82, 1263, 1280, 1582, 1606. — Martene, Ampl. Coll. VIII, 80—2.

die Priester von den zweiundsiebzig Jüngern abstammten, die übrigen Kleriker nur vom Teufel herkommen könnten. Dieser Scherz erregte allgemeines Lachen, das sich noch steigerte, als Rokyzana dem Inquisitor zurief: „Doktor, machet den Prokopius doch zum Provinzial Eures Ordens.“ Solche Spässe erhalten erst ihre rechte Beleuchtung, wenn man sie vergleicht mit dem Rufe: „Verbrennt ihn, verbrennt ihn“, womit man in Konstanz über Huss herfiel. Man ging jetzt so weit, die Hussiten dringend aufzufordern, Mitglieder des Konzils zu werden. Sie waren jedoch zu klug, um in diese Falle zu gehen[1]).

Durch unbeugsame Festigkeit erreichten die Böhmen ihren Zweck, nämlich die Anerkennung der vier Artikel, welche in der Geschichte unter dem Namen der Compactaten berühmt wurden und die Magna Charta der böhmischen Kirche blieben, bis sie von der Gegenreformation beseitigt wurden. Der Friede wurde in Prag am 26. November 1433 geschlossen und durch Handschlag der Legaten des Konzils und der Vertreter der drei böhmischen Sekten bestätigt. Aber damit waren noch nicht alle Schwierigkeiten beseitigt. Die vier Artikel waren kurz gefasst und enthielten nur einfache Erklärungen, die eine sehr mannigfaltige Auslegung zuliessen. Den Dialektikern des Konzils gelang es ohne Schwierigkeit, an ihnen so lange herumzudeuteln, bis sie praktisch alle Bedeutung verloren hatten. Andrerseits konnten die Hussiten mit der nämlichen Leichtigkeit alles hineinlegen, was sie nur wünschen konnten. Kaum war daher der Handschlag erfolgt, als die Böhmen behaupteten, die Erlaubnis des Abendmahls in beiderlei Gestalt bedeute, dass sie es auch den unmündigen Kindern weiter spenden und jedem aufzwingen könnten, — ein Standpunkt, den das Konzil durchaus nicht billigen konnte. Das ist nur ein Beispiel für die zahllosen Fragen, welche die Wortführer noch dreissig schlimme Monate in emsiger Arbeit zusammenhielten. Die Angelegenheit konnte so wenig als erledigt angesehen werden, dass das Konzil im April 1434 von der Christenheit einen halben Zehnten zu einem Kreuzzuge gegen die Hussiten erhob, wobei es Gelegenheit erhielt, den Eifer der katholischen Adligen Böhmens durch reiche Spenden anzufeuern[2]).

1) Martene, Ampl. Coll. VIII, 131—33. — Petrus Zatecensis, Liber Diurnus (Mon. Conc. Gen. Saec. XV. T. I, p. 304—5, 324, 328—31, 348); *Hefele, Konziliengeschichte VII, 465ff. — Naucleri Chron. ann. 1434 (*vgl. oben S. 467, Anm. 2). — *Die Verhandlung mit dem seit dem 24. April 1432 auf dem Konzil anwesenden Inquisitor Kalteysen fand im Februar und April 1433 statt (Concilium Basileense II, 99, 331ff., V (1904), 42ff.; Deutsche Reichstagsakten X (1906), 518, 587).

2) Aegid. Carlerii Lib. de Legationibus (Ibid. T: I, pp. 447—71, 495—7). —

Wahrscheinlich würde man überhaupt zu keinem Ergebnis 535
gelangt sein, wenn nicht Ereignisse eingetreten wären, welche den Weitergang der Verhandlungen in Frage zu stellen drohten. Wenn die Taboriten darin eingewilligt hatten, auf der Grundlage der ihrem Standpunkte so wenig entsprechenden vier Artikel zu verhandeln, so war es nur geschehen in dem Vertrauen, dass die praktische Anwendung derselben ihnen einen viel weiteren Spielraum gewähren würde. Die vorläufige Einwilligung hatten sie am 26. November gegeben; als sie aber sahen, welche Auslegung die Legaten den Artikeln gaben, zogen sie sich zurück. Da die Verhandlungen ihrem Ende entgegengingen, so mussten sie genau wissen, wozu sie sich verpflichteten. So entstanden, nachdem die Legaten im Januar 1434 von Prag abgereist waren, leidenschaftliche Erörterungen zwischen ihnen und den Calixtinern über die Frage, ob die Unterhandlungen fortgesetzt werden sollten oder nicht. Die beiden Parteien waren sowohl durch politische als auch durch religiöse Unterschiede getrennt. Die Taboriten, zum grössten Teile Bauern und armes Volk, wünschten keine Adligen oder Vornehmen in ihren Reihen. Auch scheinen sie republikanische Neigungen gehabt zu haben, da sie den vier Artikeln zwei andere hinzufügen wollten, von denen der eine die Unabhängigkeit Böhmens und der andere die Rückerstattung alles konfiszierten Eigentums vorsah. Die gegenseitige Erbitterung wurde so heftig, dass beide Parteien zu den Waffen griffen, um im Kampfe zu entscheiden, wer von ihnen die Oberhand behalten sollte. Die Taboriten hatten schon eine Zeitlang Pilsen, das auf der Seite Sigmunds stand, belagert, als sie erfuhren, dass ihre Freunde in der Neustadt Prag hingeschlachtet worden waren, und zwar ohne Unterschied des Alters oder Geschlechtes in einer Anzahl, wie es hiess, von zweiundzwanzigtausend. Sogleich hoben sie am 9. Mai die Belagerung von Pilsen auf, um Rache für diese Bluttat zu nehmen, zogen sich aber nach einer Demonstration vor den Mauern Prags nach Mähren zurück. Mittlerweile hatten die Calixtiner ein Bündnis mit

---

Martene, Ampl. Coll. VIII, 305–10, 356–415, 698–704. — Hartzheim, V, 768–9. — Kukuljević, Jura Regni Croatiae (Zagrabiae, 1862), I, 192. — Batthyani, Leges Eccles. Hung. III, 419. — Die Frage des Kinderabendmahles bietet einen Beleg für die kasuistische Geschicklichkeit der Orthodoxen. Als nach der Aussöhnung König Sigmund in Prag regierte, wurde das Kinderabendmahl von dem Legaten des Konzils verboten mit der Begründung, dass die Compactaten nur denjenigen dieses Vorrecht zubilligten, welche es seither genossen hätten, und dass also Kinder, die seitdem geboren seien, kein Recht darauf hätten. — Jo. de Turonis Regestrum (Mon. Conc. Gen. Saec. XV. T. I, p. 865).

den katholischen Baronen geschlossen, welche, von dem Konzil mit reichen Hilfsgeldern unterstützt, ihren Verbündeten ein gewaltiges Hilfskontingent stellten. Der Zusammenstoss erfolgte bei Lipan (Böhmisch-Brod), am Sonntag den 30. Mai 1434. Die Schlacht tobte den ganzen Tag und die Nacht hindurch bis zur dritten Stunde am Montag morgen. Als sie vorüber war, lagen Prokop, Lupus und dreizehntausend der tapfersten Taboriten tot auf dem Schlachtfelde. Wie mörderisch der Kampf gewesen ist, ersieht man aus der Tatsache, dass nur siebenhundert Gefangene gemacht wurden. Die Behauptung der Sieger, dass ihnen die Schlacht nur zweihundert Mann gekostet habe, können
536 wir füglich bezweifeln, und sie übertreiben hoffentlich, wenn sie sich rühmen, von den später Gefangengenommenen mehrere tausend verbrannt zu haben. Die Macht der Taboriten aber war vollständig gebrochen. Zwar hielten sie den Berg Tabor noch besetzt, bis sie Georg Podiebrad im Jahre 1452 vernichtete; in ihrem unbesiegbaren Mute dachten sie sogar daran, im Dezember nach der Schlacht bei Lipan abermals an die Waffen zu appellieren; aber sie waren seitdem nur noch ein lästiges, unbotmässiges Element, kein politischer Faktor mehr im Staate. Die Glückwunschbriefe, welche einige der Sieger dem Könige Sigmund schickten, und die überströmende Freude, womit sie die Nachricht dem Konzil mitteilten, zeigen, dass der Sieg den Katholiken gehörte [1]).

Selbst nach der tatsächlichen Ausschaltung der Taboriten blieben aber noch zahlreiche Streitfragen zu erledigen. Einmal hatten die Dinge sogar ein so wenig verheissungsvolles Aussehen, dass man im August 1434 die einleitenden Schritte tat, um mit dem Erlös des kurz vorher erhobenen halben Zehnten einen Kreuzzug zu organisieren. Eine Quelle endloser Schwierigkeiten bildete der persönliche Ehrgeiz Johann Rokyzanas. Gelehrt, fähig, ein kühner Disputant und

1) Martene, Ampl. Coll. VIII, 710—19. — Harduin. VIII, 1604, 1650—2. — Aegid. Carlerii Lib. de Legationibus (Mon. Con. Gen. Saec. XV. T. I, pp. 522, 529—39, 544). — Raynald. ann. 1435, Nr. 22—3. — Naucleri Chron. ann. 1434. — *Acta Taboritarum, bei Döllinger, Beiträge zur Sektengeschichte II, 673 ff.

Den demokratischen Zug der unbotmässigen Taboriten kann man aus einem Vorkommnis aus dem Monat September 1433 ersehen. Prokop sandte eine Abteilung aus, um einen Einfall in Bayern zu machen, und ernannte zum Führer derselben einen Hauptmann namens Pardus. Die Leute aber meuterten, bevor sie abzogen, und als Prokop einschritt, schlug ihn ein Mann mit einem Stuhle zu Boden. Dieser Mann wurde dann zum Führer erwählt, und unter ihm verloren die Taboriten zweitausend ihrer besten Veteranen. — Aegid. Carlerii l. c. pp. 466—7.

Die seit 1487 erfolgende Überführung der böhmischen Bauern in den Stand der Leibeigenen kann als die letzte Folge der Unterwerfung der Taboriten angesehen werden.

tüchtig in den Geschäften, hatte er sich in den Kopf gesetzt, Erzbischof von Prag zu werden, ein Ziel, an dem er unentwegt festhielt. Er nahm einen leitenden Anteil an den Unterhandlungen und liess sein Talent so viel als möglich leuchten, indem er sein Feld geschickt bestellte, Einwände erhob und Schwierigkeiten beseitigte, je nachdem die augenblickliche Lage es erheischte. Zunächst versuchte er eine Klausel in die Artikel einzuschieben, welche dem Volk und der Geistlichkeit das Recht gab, einen Erzbischof zu wählen, der dann von dem Kaiser und dem Papste anerkannt und bestätigt werden sollte. Da dieser Antrag verworfen wurde, so traf er mit Sigmund ein geheimes Übereinkommen, dass die Wahl zunächst vollzogen
werden und der Kaiser alles tun sollte, um die Bestätigung des Papstes 537
zu sichern, sowie dass das Pallium, die Bestätigung und der Notar nichts kosten sollten. Obwohl man hinter diese Machenschaft kam und sowohl die Legaten als auch das Konzil selbst dagegen protestierten, gelang es ihm im Jahre 1435, seine Wahl durch die böhmische Nationalversammlung durchzusetzen zum grossen Verdruss der Orthodoxen, welche mit Recht fürchteten, dieses Beispiel möchte die Wiedereinführung des ursprünglichen Verfahrens bei der Bischofswahl zur Folge haben. Sigmund gab wiederum heimlich seine Zustimmung, während die Legaten erklärten, die Wahl sei ungültig und müsse als eine Übertretung der Compactaten kassiert werden. Die Frage hätte beinahe die ganze Verhandlung zum Scheitern gebracht, und man wäre gewiss nicht zur Einigung gekommen, hätten nicht Sigmund und sein Schwiegersohn und Erbe, Albrecht von Österreich, erklärt, sie würden Schreiben über die Anerkennung Rokyzanas als Erzbischof veröffentlichen und ihm für seine neue Würde Gehorsam erzwingen. Das verfehlte seinen Eindruck nicht. Nach weiteren vierzehn Tagen hörte der lange Streit auf, die Verhandlungen wurden zum Abschluss gebracht, und am 5. Juli 1436 wurden unter allgemeiner Freude die Unterschriften zu den Compactaten ordnungsmässig vollzogen. Sigmund, wieder auf den Thron seiner Väter eingesetzt, gab sich nun den Anschein, als ob er diesmal sein Versprechen halten wolle, und ersuchte das Konzil brieflich um die Bestätigung Rokyzanas. Zugleich aber tat er den Legaten kund, dass seiner Meinung nach das Konzil die Bestätigung ablehnen müsse, er selbst wünsche jedoch mit seinen neuen Untertanen nicht plötzlich zu brechen. Natürlich blieb die Bestätigung aus. Rokyzana rief dann zwar Gott zum Zeugen an, dass er das Erzbistum nicht begehrt habe, indessen die Politik seines ganzen Lebens war auf nichts weiter ge-

richtet gewesen. So schnell es der Anstand erlaubte, vergass Sigmund sein Versprechen, ihm Gehorsam zu verschaffen, und die Lage des unbestätigten Erzbischofs wurde bald so gefährlich, dass er am 16. Juni 1437 heimlich aus Prag floh und im Exil blieb, bis Sigmund und Albrecht das Zeitliche gesegnet hatten. Erst im Jahre 1440 kehrte er zurück, wurde nun der mächtigste Mann in Böhmen und blieb es bis zu seinem Tode im Jahre 1471, indem er das Erzbistum verwaltete, bei allen Päpsten der Reihe nach um die Bestätigung nachsuchte und die Politik des Königreichs, die innere wie die äussere, soweit es ging, diesem Ziele unterordnete — nicht die kleinste der Anomalien in der selbst eine Anomalie darstellenden calixtinischen Kirche [1]).

538 Ein Friede, wobei sich alle Parteien gegenseitig misstrauten und dessen Bedingungen von einer jeden grundverschieden interpretiert wurden, war kaum imstande, eine so tiefgehende Zwietracht zu heilen. Schon am Tage nach der feierlichen Bestätigung der Compactaten zeigte eine verhängnisvolle Störung, wie oberflächlich die Versöhnung war. Es war in der Kirche zu Iglau, wo die Schlusskonferenzen abgehalten worden waren. Am Hochaltar celebrierte vor einer ungeheuren Menschenmenge der Bischof Philibert von Coutances die Messe und sprach dann das Dankgebet. Dann wurde der Vertrag in böhmischer Sprache vorgelesen, worauf Rokyzana zum grossen Verdruss der Legaten eine Erläuterung desselben in der nämlichen Sprache gab. Die Messe hatte er auf einem Seitenaltar celebriert. Als der Vertrag verlesen war, rief er aus: „Wenn jemand das Abendmahl in beiderlei Gestalt wünscht, so komme er zu diesem Altar, um es zu empfangen.“ Die Legaten stürzten zu ihm hin und verboten ihm das zweimal, aber Rokyzana beachtete sie garnicht und spendete das Sakrament acht oder zehn Personen. Der Zwischenfall rief auf beiden Seiten einen lebhaften Eindruck hervor. Die Böhmen verlangten, dass ihnen eine Kirche in Iglau angewiesen würde, wo sie während ihres Aufenthaltes das Abendmahl in beiderlei Gestalt empfangen könnten. Die Legaten lehnten das Gesuch ab, obwohl der Kaiser es unterstützte. Die Böhmen drohten dann zwar abzureisen, mussten sich aber schliesslich damit begnügen, ihren Gottesdienst, wie sie es bisher getan hatten, in Privathäusern abzuhalten [2]).

---

1) Martene, Ampl. Coll. VIII, 354—6. — Ægid. Carlerii Lib. de Legationibus (Mon. Conc. Gen. Saec. XV. T. I, pp. 368—9, 516—17, 519, 595, 597, 600, 632—4, 662—4, 674—6, 678, 684—6, 688). — Th. Ebendorferi Diarium (ibid. pp. 767—9, 776—9, 782—3). — Jo. de Turonis Regest. (ib. 834—5, 837—8, 848, 868). — *Concilium Basileense (hrsg. von J. Haller) IV (1903), 58, 76, 126, 218.

2) Th. Ebendorferi Diarium (loc. cit. 82). — Jo. de Turonis Regest. (Ib.

Nachdem Sigmund seine Stellung als König von Böhmen gefestigt hatte, folgte eine endlose Reihe von Zänkereien aus Anlass der Wiedereinführung von Riten und Ceremonien der römischen Kirche und der Beseitigung der einfachern Form des Gottesdienstes, wie sie seit zwanzig Jahren geherrscht hatte. Nach und nach wurden die Konsekrationen, die Firmungen, die Bilder, die Reliquien, das Weihwasser und die Segnungen von neuem eingeführt, selbst die verhassten religiösen Orden wurden unter der Hand wieder eingeschmuggelt. Auch die kanonischen Stunden und Gesänge wurden in den Kirchen wieder eingerichtet, kurz, alles getan, um das Volk wieder an die Rückkehr der alten Ordnung der Dinge zu gewöhnen. Am Fronleichnamstage, dem 30. Mai 1437, zog eine prächtige Prozession mit erhobener Hostie durch die Strassen von Prag, mit dem Legaten, dem Erzbischof von Kalocsa und dem Bischof von Zengg an der Spitze, während der Kaiser, die Kaiserin, die Adligen und eine Menge Bürger ehrerbietig folgten. Als ein stummer Protest kam 539
Rokyzana, von nur drei Priestern begleitet, mit Hostie und Kelch dem feierlichen Aufzuge entgegen. Den ernsten Puritanern, die so lange gegen die Maitresse gekämpft hatten, musste die imposante Ceremonie wie bitterer Hohn vorkommen; denn die Kaiserin Barbara, die in dem Zuge einen Ehrenplatz einnahm, war wegen ihrer schamlosen Lasterhaftigkeit allgemein bekannt; ausserdem war sie eingestandenermassen eine Atheistin und glaubte nicht an die Unsterblichkeit der Seele [1]).

Drei Wochen nach dieser Feier war Rokyzana auf der Flucht und suchte Schutz bei Georg Podiebrad zu Hradecz, und zwar nicht ohne Grund, wenn Aeneas Sylvius recht hat mit seiner Behauptung, dass Sigmund ihn habe verhaften und nach Gebühr bestrafen lassen wollen. Dann aber nahm die Reaktion wieder ihren Anfang. Wäre Sigmund am Leben geblieben, so hätte er vielleicht allen Widerstand überwinden und das Land zum Gehorsam gegen Rom zwingen können. Seine Macht hatte beständig zugenommen. Im März setzte die Übergabe von Königgrätz, der Hochburg der Taboriten, die Hussiten in Bestürzung. Bald darauf belagerte man Zion, die Bergfeste des Johann Rohacz, eines mächtigen Barons, der sich nicht hatte unterwerfen wollen. Er wurde schliesslich gefangen genommen, nach Prag gebracht und mit sechzig seiner Getreuen und

821—22). — Naucleri Chron. ann. 1436 (*vgl. Bretholz, in den Mitteilungen des Instituts für österr. Geschichtsforschung XXI (1900), 674 ff.).

1) Jo. de Turonis Regest. (loc. cit. pp. 862, 865). — Æn. Sylvii Hist. Bohem. c. 59. — Naucleri Chron. ann. 1437.

einem Priester vor den Augen des Kaisers gehängt. Die Überlieferung erzählt, dass Sigmund noch an demselben Tage von einem eiterigen Geschwür befallen wurde, welches sich beständig verschlimmerte und im Dezember 1437 seinem Leben ein Ende machte. Fast zu gleicher Zeit erfolgte in Basel durch das Konzil die Entscheidung über die Frage des Abendmahls in beiderlei Gestalt. Sie umging in geschickter Weise den Widersinn, der in dem Verbote des Kelches lag, indem sie dasselbe einfach für ein Gesetz der Kirche erklärte, das man nicht ohne Grund verändern dürfe. Da Albrecht von Österreich, der Schwiegersohn und Nachfolger Sigmunds, ein eifriger Katholik war, so war im Januar 1438 das Konzil mutig genug, ein Edikt zu erlassen, das die strenge Durchführung der gegen die Irrtümer des Wiclif, des Huss und des Hieronymus gerichteten unversöhnlichen Bulle Martins V. vom 22. Februar 1418 forderte. Dieser Schritt zeigte den Taboriten und den unzufriedenen Parteien in Böhmen, was sie im Grunde von den Compactaten zu erwarten hatten, und belebte von neuem ihre Tatkraft. Nach einer fruchtlosen Berufung an das Konzil schloss man ein Bündnis mit Polen, dessen jugendlicher König Casimir als Bewerber um den böhmischen Thron zu-
540 gelassen wurde. So gestärkt, setzten sie dem König Albrecht, der bis zu seinem plötzlichen Tode, am 27. Oktober 1439, nicht imstande war, sich die Anerkennung seines ganzen Königreichs zu verschaffen, einen wirksamen Widerstand entgegen. Vier Monate später wurde ihm ein Sohn, Ladislaus Postumus, geboren, dessen lange Minderjährigkeit, verbunden mit den gewohnten Ruhestörungen, die Calixtiner abermals sowohl über die Taboriten als auch über die Katholiken die Oberhand gewinnen liess. Ein im Jahre 1441 zu Kuttenberg abgehaltenes Konzil organisierte die nationale Kirche auf calixtinischer Grundlage. Es wurden mit den Taboriten verschiedene Konferenzen abgehalten, und die schwebenden Fragen der im Januar 1444 abgehaltenen Nationalversammlung vorgetragen. Die nachdrückliche Entscheidung derselben zugunsten der calixtinischen Lehre gab der Organisation der Taboriten den Gnadenstoss. Die von ihnen noch behaupteten Städte ergaben sich eine nach der anderen, die Mitglieder zerstreuten sich, und die meisten von ihnen suchten und fanden Anschluss bei den Calixtinern. Als selbständige Sekte dürften sie vollständig verschwunden sein, als im Jahre 1452 Georg Podiebrad den Berg Tabor eroberte und die Überreste der Sekte zerstreute [1]).

---

1) Æn. Sylvii Epist. LXXI. (Opp. inedita, Atti della Accademia dei

Was nach dem Tode König Albrechts II. an centraler Gewalt in Böhmen noch vorhanden war, ruhte in den Händen der beiden Statthalter Ulrich Ptacek, der die Calixtiner, und Ulrichs von Rosenberg, des Siegers von Lipan, der die Katholiken vertrat. Im Oktober 1443 schickte sich König Friedrich III. an, nach Böhmen aufzubrechen, wo er die Regentschaft zu übernehmen gedachte, aber seine Erwartungen wurden getäuscht. Ptacek starb im August 1444. Die Wahl seines Nachfolgers fiel auf Georg Podiebrad, einen mächtigen Baron, der, obwohl erst vierundzwanzig Jahre alt, wegen seines militärischen Geschicks und seines Scharfsinns schon einen grossen Ruf erlangt hatte. Rokyzana, dem er zweifellos seine Wahl mitverdankte, übte einen grossen Einfluss auf ihn aus. Nach einer langen Zwischenzeit erschien auch Rom wieder auf dem Schauplatze. Im Jahre 1447 hatte Nikolaus V. den päpstlichen Thron bestiegen. Er schickte im Mai 1448 den Kardinal Johann Carvajal von Sant' Angelo als Legaten nach Prag. Ihn ersuchten die Böhmen ernstlich, die Compactaten zu bestätigen und Rokyzana als Erzbischof anzuerkennen. Er versprach, ihnen eine Antwort zu geben; da er sich aber in der schwierigen Situation nicht zurecht finden konnte, so zog er es vor, mit Ulrich von Rosenberg heimlich die Stadt zu verlassen. Der Unwille des Volkes hierüber war indessen so gross, dass es Georg Podie- 541
brad am 2. September 1448 gelang, durch einen ziemlich blutigen Staatsstreich sich zum Herrn von Prag zu machen. Bald wurde er unbestrittener Herr von Böhmen. Als Ladislaus im Jahre 1452 als König anerkannt wurde, sicherte sich Georg die Regentschaft. Und als der junge Monarch am 23. November 1457 im jugendlichen Alter von siebzehn Jahren starb, wurde Georg bald darauf zum Könige gekrönt. Bis kurz vor seinem Tode, im Jahre 1471, übte nun unter diesem Rokyzana einen fast unbegrenzten Einfluss aus[1]).

Die damalige Stellung Böhmens als eines Gliedes der römischen Kirche hatte nicht ihresgleichen in der Geschichte. Nach dem ersten Bruche zwischen Eugen IV. und dem Konzil von Basel verschwindet der Name des Papstes aus den über die Wieder-

---

Lincei, 1883, p. 465). — Jo. de Turonis Regest. (Mon. Conc. Gen. Saec. xv. T. i, pp. 855, 857). — Camerarii Hist. Frat. Orthod. pp. 57—8. — Naucleri Chron. ann. 1436, 1438. — Concil. Basiliens. Sess. xxx. (Harduin. VIII, 1244). — Petitiones Bohemorum (Fascic. Rer. Expetend. et Fugiend. i, 319, Ed. 1690). — Martene, Ampl. Coll. viii, 942—3. — Æn. Sylvii Epist. 101 (Ed. 1571, p. 591). — Chron. Cornelii Zantfliet (Martene, Ampl. Coll. v, 445). — Schweinitz, History of the Unitas Fratrum, pp. 91—2, 94.

1) Æn. Sylvii Hist. Boh. c. 58. — Ejusd. Epist. xix. (Opp. inedita p. 397). — Raynald. ann. 1448, Nr. 3—5.

herstellung der Glaubenseinheit gepflogenen Verhandlungen. Diese wurden auf beiden Seiten in einer Weise geführt, als wenn die Autorität des Konzils unbeschränkt und die päpstliche Zustimmung oder Bestätigung bedeutungslos gewesen wäre, wenn auch auf der im Januar 1436 zu Stuhlweissenburg abgehaltenen Konferenz, auf welcher die schwebenden Fragen tatsächlich erledigt wurden, ein päpstlicher Legat zugegen war. Als dann das Baseler Konzil langsam seinem Ende entgegenging, ohne Macht und ohne Ansehen, wollte der siegreiche Papst weder die Gültigkeit seiner Beschlüsse anerkennen, noch sie ohne weiteres ratifizieren. Die Böhmen wiesen darauf hin, dass dies in bezug auf die Compactaten schon geschehen sei, konnten aber keinen bestimmten Beweis dafür beibringen. Zwar hatte Eugen IV., um sich den Gehorsam Deutschlands zu erkaufen, im Jahre 1447 einen Teil der Beschlüsse des Konzils genehmigt, aber die Compactaten konnte man nicht unter seine vorsichtig abgefassten Dekrete beziehen. Als nun im Jahre 1447 Nikolaus V. den Thron bestieg, schickten die Böhmen eine Deputation nach Rom, um ihm ihre Huldigung darzubringen. Darauf kam dann auch ein päpstlicher Legat nach Prag, der aber, wie wir gehört haben, in der baldigen Abreise das beste Mittel sah, um den Schwierigkeiten aus dem Wege zu gehen. Nachdem Felix V. zur Abdankung gebracht worden war, erliess Nikolaus V. am 18. und 23. Juni 1449 drei Bullen, welche die Beschlüsse des Konzils zum Teil billigten, jedoch wieder nicht als eine Bestätigung der Compactaten angesehen werden konnten. Ihr Wortlaut zeigt, dass es ihnen in erster Linie auf die materiellen Interessen der Pfründen und der Stellenbesetzungen ankam. Doch sollten die Zweifel, welche die Böhmen bezüglich der päpstlichen Absichten noch haben konnten, bald zerstreut werden [1]).

12 Rom hatte tatsächlich niemals die Absicht gehabt, den von dem Konzile geschlossenen Kompromiss anzuerkennen. Während sich

1) Aegid. Carlerii Lib. de Legation. (Monum. Conc. Gen. Saec. xv. T. I, pp. 691, 694). — Cochlaei Hist. Hussit. Lib. XII, ann. 1462. — Wadding. ann. 1452, Nr. 1—4. — Raynald. 1446, Nr. 3, 4; ann. 1447, Nr. 5—7. — Harduin. VIII, 1307—9.

Nach der Auslegung Pius' II. (Aen. Sylvius) vom Jahre 1464 hätte der Papst die Erlaubnis zum Gebrauch des Kelches nur denen erteilt, welche daran bis zu dem Zeitpunkte, wo das Baseler Konzil eine endgültige Entscheidung über diese Frage treffen würde, schon gewöhnt waren. Wenn man indessen nach dieser Auffassung verfahren wäre, würden die so Bevorrechteten mit der Zeit ausgestorben sein; auch wäre damit die Übereinkunft gebrochen worden, wonach der Kelch den Kindern und den Erstkommunikanten gegeben und so der Brauch verewigt werden sollte. — Æn. Sylvii Epist. LXXI. (Opp. inedita p. 465). — *Chmel, Geschichte K. Friedrichs IV., II, 448 ff.; Pastor, Geschichte der Päpste II, 301.

dieses eifrig bemühte, die Hussiten zurückzugewinnen, sah Eugen IV.
nur darauf, wie er sie innerhalb seines Machtbereiches mit den
herkömmlichen Mitteln ausrotten konnte. Zwischen Böhmen und
Ungarn hatten lange Zeit hindurch enge Beziehungen bestanden,
und die Lehren des Huss hatten sowohl in diesem letzteren Reiche
als auch in den südlich gelegenen slavischen Gebieten weite Ver-
breitung gefunden. Schon 1413 hören wir darüber klagen, dass
die Lehren des Wiclif von den aus Prag zurückkehrenden Studenten
nach Kroatien gebracht wurden. Da Sigmund zugleich König von
Ungarn war, so nahm man an, dass die Compactaten auch auf die
ungarischen Hussiten Anwendung finden sollten, weshalb sie in allen
vier Sprachen, der ungarischen, böhmischen, deutschen und lateini-
schen, veröffentlicht wurden. Wir haben gesehen, wie Sigmund
seine böhmischen Untertanen täuschte; seine ungarischen überliess
er ebenso leichten Herzens Rom. Sechs Wochen nach der Unterzeich-
nung der Compactaten zu Iglau, am 22. August 1436, ernannte
Eugen IV. den unermüdlichen Ketzerverfolger Jakob della Marca aus
dem Franziskanerorden (vgl. oben S. 193, 305) zum Inquisitor von
Ungarn und Österreich. Er war schon auf seinem Arbeitsfelde an-
wesend; denn im Januar desselben Jahres sehen wir ihn an der
Konferenz zu Stuhlweissenburg teilnehmen. Jakob verlor keine
Zeit; ehe noch das Jahr zu Ende ging, hatte er Ungarn von einem
Ende zum andern durchzogen und überall Proben von einer er-
barmungslosen Strenge gegeben. Der Erzbischof von Gran, das
Kapitel von Kalocsa und der Bischof von Waradein verkündeten
mit lauten Worten sein Lob. Ihre Diözesen, behaupteten sie, seien
von so zahlreichen Ketzern durchseucht gewesen, dass man einen
Aufstand hätte befürchten müssen, weit grauenvoller als die böh-
mischen Kriege; aber dieser heilige Mann habe sie ausgerottet. Wie
gross die Zahl der Opfer war, die er vom Leben zum Tode beförderte,
erfahren wir nicht, doch muss sie, nach den Ausdrücken zu
schliessen, die gebraucht werden, und nach dem Schrecken, den er
einflösste, eine recht beträchtliche gewesen sein. Denn seine Ge-
fährten erklärten, dass er auf seiner Expedition die Unterwerfung
von fünfundfünfzigtausend Bekehrten entgegengenommen habe. Der
Bischof von Waradein versicherte voll Entzücken, dass der Erfolg 543
nicht grösser hätte sein können, selbst wenn ihn der Apostel Paulus
in eigner Person begleitet hätte. Dringend ersuchten ihn deshalb
die Bischöfe von Csanad und Siebenbürgen, auch ihren von Ketzern
überfüllten Diözesen einen Besuch abzustatten. Nach dem Berichte

des letzteren waren die Hussiten von der Moldau aus in sein Bistum eingedrungen, ein Beweis, dass diese Ketzerei in Südosteuropa eine weite Verbreitung erlangt haben muss[1]).

Aber plötzlich, im Jahre 1437, erlitt die Tätigkeit des Jakob della Marca eine Unterbrechung. Er hatte die Fraticellen Italiens, die wilden Katharer Bosniens und die noch verwegeneren Hussiten Ungarns zermalmt und wollte nun auch die orthodoxen im Konkubinate lebenden Priester von Fünfkirchen angreifen und sie zwingen, ihre unrechtmässigen Gefährtinnen fortzuschicken. Der Widerstand, den er hier fand, war indessen selbst für seinen eisernen Willen und seine gestählten Nerven zu stark, obwohl er die Macht des Papstes und des Kaisers und die Autorität der Inquisition hinter sich hatte. Die Priester setzten dem Versuche, in ihre althergebrachten Privilegien einzugreifen, einen solchen Sturm der Entrüstung entgegen, dass er sein Werk aufgeben und sein Leben durch die Flucht retten musste. Er wandte sich an Eugen IV., Eugen an Sigmund. Dieser schrieb dem Bischof Heinrich von Fünfkirchen einen Brief und befahl ihm kategorisch, Jakob zurückzurufen und ihm allen Beistand zu leisten. Ebenso versicherte er diesen selbst brieflich seiner Unterstützung. So gedrängt, erteilte Bischof Heinrich Instruktionen dahin, dass Jakob mit allem Nötigen versorgt werden solle. Trotzdem scheint der Versuch, die Priester zur Keuschheit zu zwingen, aufgegeben worden zu sein. In Ungarn war die übliche Strafe für dieses Vergehen eine Busse von fünf Mark. Die 1450 und 1480 in Gran abgehaltenen Synoden klagen darüber, dass die Archidiakone diese Strafgelder nicht nur für sich behielten, sondern auch, dass sie die Sünder sogar zu ihren Vergehen ermutigten, um so durch sie einen Profit zu machen. Tatsächlich gab es, wie an vielen anderen Orten so auch in Ungarn, eine Art von Freibriefen zur Sünde, und das erklärt einerseits den Unwillen, den Jakobs Eingriff hervorrief und andrerseits den geringen Erfolg, den er damit hatte[2]).

Der Inquisitor scheint sich hinfort nicht weiter in das Privatleben der orthodoxen Geistlichkeit gemischt, sondern seine ganze Tatkraft der leichteren Aufgabe der Ketzerausrottung gewidmet zu

1) Loserth, Mitteilungen des Vereins für Gesch. der Deutschen in Böhmen, 1885, pp. 102—4, 107. — Wadding, ann. 1436, Nr. 1—11. — Aegid. Carlerii Lib. de Legation. (Mon. Conc. Gen. Saec. xv. T. i, p. 691). — *Haupt, Waldensertum und Inquisition im südöstlichen Deutschland S. 79.

2) Wadding. ann. 1437, Nr. 6–12 (*vgl. auch Eubel, Bullarium Franciscanum vii (1904) Nr. 1732). — Synodi Strigonenses ann. 1450, 1480 (Batthyani, Leges Ecclesiae Hungaricae iii, 481, 557).

haben. Zu Anfang des Jahres 1437 hören wir von seiner Tätigkeit südlich von der Donau, wo der Bischof von Sirmium seine Erfolge rühmte. Dadurch dass er alle, die sich nicht bekehren wollten, dem Tode überlieferte, habe er die Diözese vor einem Aufstande der Hussiten bewahrt, in welchem die ganze Geistlichkeit erschlagen worden wäre. 541
Eugen IV. belohnte seine Dienste, indem er ihn „den kraftvollen und den rücksichtslosesten Ketzervertilger“ nannte und ihm das Recht verlieh, Hilfsinquisitoren zu ernennen. So wurde er gleichsam Generalinquisitor für das weite ihm anvertraute Gebiet. Dass er im Jahre 1438 von dem Archidiakon von Fünfkirchen, Simon von Bacska, exkommuniziert wurde, war wahrscheinlich die Folge des Streites wegen der Priesterkonkubinen; das Anathema musste auf Befehl des Königs Albrecht und des Erzbischofs von Gran sofort wieder zurückgenommen werden. Seine Tätigkeit wurde dann eine Zeitlang unterbrochen durch seine Berufung auf das Konzil von Ferrara, das Eugen IV. im Jahre 1438 abhielt, um die Versammlung der ihm feindlich gesinnten Baseler Konzilsväter aufzulösen. Er kehrte aber bald wieder nach Ungarn zurück. Auf seine Bemühungen ist es wohl zurückzuführen, dass am 25. April 1438 die polnischen Barone und Städte in einem feierlichen Bündnisse übereinkamen, die Ketzerei auszurotten, gerade bevor Polen in Böhmen einschritt, um die Hussiten vor dem König Albrecht zu schützen. Im Jahre 1439 erlitt Jakob auf seinem unmittelbaren Arbeitsfelde eine Schlappe. In Sirmium hatte er einen Priester und drei Gefährten als überführte Ketzer dem weltlichen Arme ausgeliefert. Ihre Freunde aber scharten sich zahlreich zusammen, erbrachen das Gefängnis und führten die Schuldigen heraus, und zwar unter dem Schutz des darum angegangenen Erzbischofs von Kalocsa, was schwer zu verstehen ist, wenn die Ketzerei dieser Leute sich nicht etwa auf das Konkubinat beschränkte. Jakob wandte sich an den König Albrecht II. Dieser schrieb dem Erzbischof im Juni einen scharfen Brief, und da derselbe ohne Erfolg blieb, im August abermals einen. Wie die Angelegenheit endigte, wissen wir nicht. Albrecht II. starb schon im Oktober desselben Jahres zum grossen Schaden der Kirche, und im Jahre 1440 verliess Jakob Ungarn, weil seine Gesundheit erschüttert war. Einen Nachfolger scheint er nicht sofort gefunden zu haben, und bei dem Mangel einer organisierten Verfolgung fing das Unkraut bald wieder an, unter dem Weizen zu blühen. Im Januar 1444 wies Eugen IV. wiederum klagend auf die Ausbreitung der Lehre des Huss in dem ganzen Donaugebiete hin, ernannte Fabianus von Bacsa, den Vikar der Franziskanerobservan-

ten, zum Inquisitor für das ganze slavonische Vikariat, worin Ungarn einbegriffen war, und übertrug ihm das Recht, Unterinquisitoren zu ernennen. Diese wurden ermächtigt, vollständig unabhängig von den Ortsbischöfen zu handeln. Ferner wurden allen, die ihnen beistehen würden, Ablässe vom Hl. Lande versprochen, während jeden, der seine Hilfe versagte, die Exkommunikation treffen sollte, die allein vom Papste oder dem Inquisitor aufgehoben werden könne. Im Juli 1446 wies Eugen VI. abermals darauf hin, dass trotz der Tätigkeit
545 der Mönche der Hussitismus in Ungarn und in der Moldau blühe, und kam auf die Frage zurück, die einst den Jakob della Marca in so grosse Verlegenheit gebracht hatte. Nicht nur, so behauptete er, lebten viele Priester offen im Konkubinate, sondern sie lehrten auch, dass der Geschlechtsverkehr zwischen unverheirateten Personen keine Sünde sei. Man hatte ihn gefragt, ob das eine Ketzerei sei, die vor den Richterstuhl der Inquisition gehöre. Diese Frage bejahte er, und deshalb ermächtigte er Fabiano und seine Vertreter, sie als solche zu behandeln. Offenbar war es nicht so sehr dieser Verkehr selbst als vielmehr seine Rechtfertigung, was er als so verbrecherisch betrachtete[1]).

Wenn Rom, solange ihm durch den Streit mit den Baseler Konzilsvätern noch die Hände gebunden waren, eine so eifrige Tätigkeit zur Unterdrückung der Lehren des Huss entfaltete und sich so wenig um die Compactaten bekümmerte, so kann man sich leicht denken, dass, nachdem Felix V. abgedankt hatte und die päpstliche Suprematie nicht mehr in Frage gezogen wurde, Nikolaus V. nicht gesonnen war, Wechsel einzulösen, die das Konzil ausgestellt hatte, oder die Calixtiner für etwas anderes als für Ketzer zu halten. Vergebens boten die Böhmen ihren Gehorsam an unter der einzigen Bedingung, dass die Compactaten bestätigt und die Rechte Rokyzanas auf das Erzbistum Prag stillschweigend anerkannt würden. Offenbar lag das einzige Hindernis für die Vereinigung in dem Gebrauche des Kelches durch die Laien und in dem Abendmahl der Kinder. Von diesem Punkte abgesehen, unterschied sich die calixtinische Kirche um diese Zeit nur wenig von den übrigen lateinischen Kirchen, wenn auch gelegentlich die Frage der sequestrierten Kirchengüter auftauchte. Das Papsttum jedoch hatte seinen Standpunkt eingenommen.

---

1) Wadding. ann. 1437, Nr. 13—21; ann. 1438, Nr. 12—16; ann. 1439, Nr. 41—6; ann. 1440, Nr. 7; ann. 1444, Nr. 41; ann. 1446, Nr. 10. — Herburt de Fulstin, Statuta Regni Poloniae (Samoscii, 1597) p. 192. — Raynald. ann. 1446, Nr 10. — Theiner, Monumenta Slavorum Meridion. I, 394.

Es würde, wie es tatsächlich auch schon mehr als einmal versucht hatte, eher die ganze Christenheit in einen Krieg gestürzt als zugegeben haben, dass das Konzil von Basel recht daran tat, den Frieden durch das Zugeständnis des Abendmahls in beiderlei Gestalt zu erkaufen. Im Hintergrunde stand jedoch ausserdem noch die Frage der Bestätigung Rokyzanas. Aeneas Sylvius berichtet, dass er im Jahre 1451 Georg Podiebrad von der Unmöglichkeit dieser Bestätigung überzeugt und von ihm das Versprechen erhalten habe, einen dahingehenden Versuch nicht mehr zu machen. Er selbst habe sich verpflichtet, dass er, wenn Georg verschiedene geeignete Männer vorschlagen wollte, den Papst veranlassen würde, einen von ihnen auszuwählen, um so den Frieden wiederherzustellen. Dieses Verfahren behandelte die Compactaten als bedeutungslos und war 546
wohl ohne Autorisation. Aber weder Georg noch Rokyzana gab die Hoffnung auf. Der Versuch wurde immer und immer wieder erneuert, bald bei dem Papste, bald bei Kaiser Friedrich III., bald bei dem deutschen Reichstage, wenn auch stets vergebens. Gelegentlich, wenn es galt, irgendeinen Vorteil zu erlangen, liess man neue Hoffnung durchblicken, aber nur, um sie wieder zuschanden zu machen, sobald der Zweck erreicht war. Die päpstlichen Abgesandten schilderten dem Hl. Stuhle Rokyzana als den schlechtesten und perfidesten Erzketzer, dessen Anerkennung die Vernichtung von alledem bedeuten würde, was in Böhmen an Katholizismus noch vorhanden war, und so dachte man niemals im entferntesten daran, ihn zu bestätigen[1]).

---

1) Æn. Sylvii Epistt. 130, 246—7, 259, 404 (Ed. 1571, pp. 667, 782–3, 788, 947). — Wadding. ann. 1455, Nr. 2; ann. 1456, Nr. 11—12.

Im Jahre 1468 beklagte sich Georg Podiebrad in einem Briefe an seinen Schwiegersohn Matthias Corvinus über seine Behandlung durch den Hl. Stuhl und sagte: „Tatsächlich hat es früher in Böhmen viele Irrtümer hinsichtlich des Sakramentes und auch der Ornamente und der Kleidung, die bei der Verwaltung der Riten anzulegen waren, sowie hinsichtlich der Verehrung der Heiligen gegeben; aber durch die Gnade des Himmels sind diese Irrtümer jetzt bis auf ein geringes Mass verschwunden, so dass es kaum noch einen Unterschied von der römischen Kirche gibt. Wenn man das, was vor dreissig oder vierzig Jahren Gebrauch war, mit dem heutigen Zustand vergleicht, so wird man sehen, wie wenig zu tun übrig bleibt im Vergleich zu dem, was schon geschehen ist." — D'Achery, Spicilegium III, 834.

Ein grosser Rückschritt geschah im Jahre 1454, wo mit Rokyzanas Zustimmung im Namen des Königs Ladislaus Edikte veröffentlicht wurden, die anordneten, dass in dem Messkanon die Episteln und Evangelien in der lateinischen, nicht mehr in der Volkssprache gelesen werden sollten, dass die Beichte dem Abendmahl unbedingt vorausgehen müsse, dass die Kinder das Abendmahl nicht ohne gehörige Vorbereitung empfangen dürften, dass das Blut der Eucharistie wegen der Gefahr von unglücklichen Zufällen nicht aus den Kirchen herausgetragen werden solle, dass es niemand spenden dürfe, der nicht einen ordnungsmässigen Ausweis als Priester besitze, und dass keine

Als Ulrich von Rosenberg und sein Genosse Meinhard von Neuhaus im Herbst 1448 gestürzt waren und die gesamte Staatsgewalt in den Händen Georg Podiebrads konzentriert, also keine weitere Hoffnung auf die katholische Partei in Böhmen mehr zu setzen war, entschloss sich Nikolaus V., wieder zu den alten Mitteln zu greifen und zu versuchen, was wohl ein Missionar und Inquisitor auszurichten vermöchte. Für diese Aufgabe stand ihm ein wunderbar geeignetes Werkzeug zur Verfügung in der Person des Johann von Capistrano, des Generalvikars der Franziskaner von der strengen Observanz. Er hatte seine Laufbahn als Inquisitor im Jahre 1426 begonnen und stand jetzt in seinem sechsundsechzigsten Lebensjahre, ohne etwas von seiner Lebenskraft und seinem unbeugsamen Willen eingebüsst zu haben. Von Gestalt war er klein und unscheinbar und durch den
547 strengen Lebenswandel so abgemagert, dass er nur noch aus Haut, Knochen und Nerven zu bestehen schien. Selten kostete er Fleisch, zum Schlaf gönnte er sich nur vier Stunden, die übrigen zwanzig reichten kaum hin für seine rastlose und unermüdliche Tätigkeit. Sein frommer und selbstverleugnender Lebenswandel hatte ihm beneidenswerte Kräfte eines Wundertäters verliehen, und sein Ruf als Prediger war so gross, dass die Menschen in Scharen herbeiströmten, um seinen beredten Worten zu lauschen. Im Jahre 1451 war er in Italien mit der Inquisition gegen Fraticellen, Juden und Sarazenen beschäftigt, unterbrach aber dieses blutige Werk, um dem Rufe Nikolaus' V. zu folgen und die Bekehrung der Hussiten zu versuchen. Nichts, was die dramatische Wirkung seiner Mission erhöhen konnte, wurde verabsäumt. Bevor er diese übernahm, begab er sich nach Assisi, um dort die heilige Jungfrau um ihre Zustimmung zu bitten. Das himmlische Licht, das dort über ihn ausgegossen wurde, war ein Zeichen, dass sein Apostelamt bestätigt wurde. Er nahm die ihm für seine Inquisitionstätigkeit übertragenen und auf die böhmischen Gebiete ausgedehnten Vollmachten an und reiste ab. Überall auf seinem Wege kamen die Menschen zusammen, um den Gottesmann zu sehen und zu hören, und überall bezeugten die Wunder, die er wirkte, den göttlichen Ursprung seiner Sendung. In Brescia sprach er zu einer Menge, die auf hundertundzwanzigtausend Seelen geschätzt wurde, und obgleich Mauern und Bäume, auf die sich die Menschen haufenweise gesetzt hatten, zusammenstürzten, wurde nicht einer verletzt.

Heirat geschlossen werden dürfe, ohne dass das Aufgebot während des Gottesdienstes erfolgt sei. — Chron. Cornelii Zantfliet, ann. 1454 (Martene, Ampl. Coll. v, 486—7).

In der Nähe von Treviso wollte die Reisegesellschaft über den Silefluss setzen, hatte aber nach Art der echten Franziskaner von der strengen Observanz kein Geld, um die Überfahrt zu bezahlen, und der mürrische Fährmann wollte sie nicht umsonst übersetzen. Da breitete Capistrano ruhig das Gewand des hl. Bernardino, das er bei sich hatte, über das Wasser aus, worauf dieses zurückwich, bis alle trockenen Fusses hindurchgegangen waren, um alsdann in sein gewohntes Bett zurückzukehren. Da ihm die Kunde von solchen Zeichen und Wundern voranging, konnte es nicht ausbleiben, dass sein Weg durch Venedig und Wien einem Triumphzug glich. Dass Scharen von sechzigtausend oder hunderttausend Menschen zusammenströmten, um ihn predigen zu hören, war etwas Gewöhnliches. Die Menschen kamen fünfhundert Meilen weit her, um seinen Worten zu lauschen; die Zahl derer, die nach Wien zusammengeströmt waren, wurde auf dreihunderttausend berechnet; die Kranken wurden zu Tausenden zu ihm gebracht, und die Wunderheilungen, die er vollbrachte, nach Hunderten gezählt. Der Apparat, den die Kirche in Bewegung setzte, war offenbar klug ersonnen; er erfüllte vortrefflich seinen Zweck und rief die Wirkung hervor, die man gewünscht hatte[1]).

Vergebens erbat indessen König Friedrich III. für Capistrano die Erlaubnis, Prag besuchen zu dürfen. Podiebrad und Rokyzana lehnten es energisch ab, und Capistranos Eifer zum Martyrium war nicht gross genug, um ihn ihren Willen verachten zu lassen. Mit könig- 548
lichen Schutzbriefen an die katholischen Adligen und ihren Führer, Ulrich von Rosenberg, versehen, lenkte er im Juli seine Schritte nach den sichereren Gefilden Mährens, wo Podiebrads und Rokyzanas Einfluss vorausichtlich nicht so stark war. Hier konnte er sehen, wie wenig Grund vorhanden war für die fortwährenden Klagen der Katholiken über die angebliche tyrannische Unduldsamkeit der Calixtiner. Selbst auf böhmischem Gebiete scheinen die Katholiken und Hussiten in friedlicher Harmonie miteinander gelebt zu haben. Der Bischof von Olmütz war ein Katholik, und Capistrano stiess, wie es scheint, bei seinen Bemühungen, die sogenannten Ketzer zu bekehren, auf kein Hindernis. Seine Tätigkeit begann er zu Brünn am 1. August 1451, und im Mai 1452 hatte er, wie aus einem noch vorhandenen Verzeichnis der Namen und Daten hervorgeht, schon mehr als elftausend Bekehrungen vorgenommen, obwohl ihm hier nur der

1) Wadding. ann. 1451, Nr. 1—16; ann. 1452, Nr. 34. — *E. Jacob, Johannes von Capistrano I, (1902); II, Tractate und Reden Capistranos, Erster und zweiter Teil (1905, 1907). — *Eubel, Bullarium Franciscanum VII (1904) Nr. 1710.

Weg der Überredung offen stand und die Anwendung des Inquisitionsverfahrens nicht gestattet war. Da die Bekehrungen freiwillig waren, so machte er dem reuigen Ketzer den Weg zur Kirche möglichst bequem, indem er ihm nur eine heilsame Busse auferlegte und ihm erlaubte, alle seine Besitztümer und Würden zu behalten. Hatte er es mit einem verstockten Ketzer zu tun, so stand ihm kein anderes Mittel als das der Wunderwirkung zur Verfügung. Es war eine ganz abnorme, im Mittelalter tatsächlich beispiellose Situation, dass Ketzer und Katholiken friedlich nebeneinander wohnten, und dass die ersteren, obwohl die herrschende Klasse, nicht nur die Katholiken duldeten, sondern auch einem Manne wie Capistrano erlaubten, im Lande umherzuziehen, Menschen der Ketzerei zu bezichtigen und ungehindert Bekehrungen vorzunehmen. Allerdings war es für ihn oft recht ärgerlich, dass er nur auf die Mittel der Überredungskunst beschränkt war und seinen Argumenten nicht durch Kerker und Scheiterhaufen stärkere Geltung verschaffen konnte. Diesen einzigartigen Zustand der Dinge kann ein Vorfall veranschaulichen, der ihm in Breslau begegnete. Obwohl Schlesien zu Böhmen gehörte, hatte es einen katholischen Bischof; gegenseitige Duldung wurde stillschweigend geübt [1]). Nun kam im Sommer 1453 Capistrano dahin und versuchte, die Hussiten zu bekehren. Um seine Wunderkraft lächerlich zu machen, legten diese Söhne Belials eines Tages einen jungen Mann auf eine Bahre, brachten ihn an die Stelle, wo der Inquisitor predigte, und baten diesen, den angeblich toten Jüngling aufzuerwecken. Capistrano aber antwortete ernst: „Lasst ihm seinen Teil bei den Toten in Ewigkeit“ und ging seines Weges. Die Ketzer sagten darauf zu der Menge: „Wir haben heiligere Menschen unter uns“, und einer von ihnen ging zu dem Sarge hin, rief den Darinliegenden an mit den Worten: „Peter, stehe auf“ und fügte mit leiser
549 Stimme hinzu: „Es ist Zeit aufzustehen.“ Er erhielt aber keine Antwort; denn der unglückliche Jüngling war wirklich tot. Zu derselben Zeit aber, wo ihm die Hussiten das Leben schwer machten, fand Capistrano keine Schwierigkeit, sein Inquisitionsamt erbarmungslos auszuüben, wenn die Opfer unglückliche Juden waren. Es wurde erzählt, ein Landgeistlicher habe acht geweihte Hostien an Juden zur Verwendung bei ihren höllischen Gebräuchen verkauft. Capistrano liess die Beschuldigten ergreifen, foltern, bis sie gestanden, und dann verbrennen, während eine in die Angelegenheit verwickelte Frau mit

---

1) *Vgl. aber für das Jahr 1449 (Glogau) Heyne, Dokumentierte Geschichte des Bistums Breslau III, 57 ff.

glühenden Zangen gemartert wurde. Eine alte Jüdin, die zum Christentum übertrat, wurde bald darauf erschlagen. Man beschuldigte ihre ehemaligen Glaubensgenossen der Mordtat, ebenso legte man ihnen die Ermordung eines christlichen Knaben zur Last. Capistrano hielt abermals ein Strafgericht mit ihnen ab und verbrannte diesmal nicht weniger als einundvierzig. Aus diesen Tatsachen kann man leicht entnehmen, wie es den Hussiten ergangen sein würde, hätte er mit ihnen verfahren können, wie er wollte. Dafür aber bekamen wahrscheinlich die Hussiten in Polen und in der Moldau, wohin er unter der Oberleitung des Ungarn Ladislaus drei seiner Hilfsinquisitoren entsandte, die volle Strenge der kanonischen Gesetze zu fühlen[1]).

Allen diesen Vorgängen jedoch hatten die calixtinischen Führer nicht ganz gleichgültig zugeschaut. Als Capistrano sein Missionswerk begann, schrieb ihm Rokyzana einen freundlich gehaltenen Brief, worin er ihm Vorhaltungen darüber machte, dass er das Abendmahl in beiderlei Gestalt, das vom Konzil von Basel den Böhmen zugestanden worden war, als Ketzerei ansehe und verurteile. Die Folge war ein Briefwechsel, worin Capistrano in bezug auf den Gebrauch des Kelches und die päpstliche Suprematie einen hochfahrenden Ton anschlug. Es fanden auch Verhandlungen wegen einer Besprechung statt, und einmal sah es so aus, als ob ein Ausgleich zustande kommen könnte. Capistrano jedoch ging einer Disputation unter verschiedenen Vorwänden aus dem Wege, in Wirklichkeit aber, wie wir aus einem vertraulichen Briefe an den Kardinallegaten Nikolaus von Cusa erfahren (oben S. 541), weil er wusste, dass die Calixtiner das Gewicht der Hl. Schrift und der Tradition auf ihrer Seite hatten. Beide Parteien verloren allmählich die Geduld und veröffentlichten schliesslich Briefe, in denen sie sich gegenseitig verhöhnten. Trotzdem auf diese Weise freundschaftliche Unterhandlungen unmöglich geworden waren, konnte Capistrano im Jahre 1452 Podiebrad ruhig um einen Geleitsbrief nach Prag bitten und ihn bei der Verweigerung desselben auffordern, ihm als apostolischem Kommissar und Inquisitor die gebührende Hilfe und Unterstützung zu leisten[2]).

1) Wadding. ann. 1451, Nr. 17—20; ann. 1452, Nr. 18, 26; ann. 1453, Nr. 2—8. *In Böhmen und Schlesien war etwas später (1463—66) als Inquisitor der dem Albrechtskloster in Breslau angehörige Dominikaner Gregor Heinze (Scriptores rerum Silesiacarum III, 337; VIII, X), dann (1466—68) der Inquisitor Nikolaus Jacquier aus dem Dominikanerorden tätig (Stenzel, Scriptores rerum Silesiacarum III, 327; vgl. Quétif-Echard, Scriptores ordinis Praedicatorum I, 847).

2) Wadding. ann. 1451, Nr. 24—36; ann. 1452, Nr. 1, 12. — Sommersberg, Silesiacarum Rerum Scriptt. I, 81—5. — Cochlaei Hist. Hussit. Lib. X, ann. 1451.

Als sich im Frühjahre 1452 die deutschen Fürsten zu einem
550 Fürstentage versammelten, reichten die Böhmen die Klage bei ihnen ein, dass, obgleich sie im Frieden und Gehorsam mit dem Hl. Stuhle lebten, die Bestimmungen der Compactaten, wonach niemand als Ketzer bezeichnet werden solle, weil er an dem Abendmahl in beiderlei Gestalt teilnehme, von einem Mönche namens Capistrano verletzt würden, der als angeblicher apostolischer Kommissar und Inquisitor ihr Gebiet durchziehe und alle Utraquisten für Ketzer erkläre. So werde der Friede, der mit so viel Blut erkauft sei, offen gebrochen. Sollte Capistrano bei diesem seinem Tun und Treiben verharren, so würden trotz ihres Wunsches nach Frieden alle die alten Wirren von neuem ausbrechen. Das war ein Zeichen zum Kampfe, und Capistrano seinerseits schürte eifrig die Glut. An den Papst schrieb er einen Brief, dass gewisse von dem Kardinallegaten gemachte Kompromissvorschläge durchaus schimpflicher Natur seien, und sprach hoffnungsfreudig von Unterhandlungen, welche er mit den deutschen Fürsten in betreff eines neuen Kreuzzuges gegen die Hussiten führe. Nikolaus von Cusa wurde heftig getadelt, weil er es gewagt habe, von Konferenzen und ausgleichenden Bedingungen zu reden. Dies hatte zur Folge, dass Nikolaus sofort auf die Seite der Verfolger sich schlug und ganz wesentlich zur Hervorrufung eines neuen Konfliktes beitrug, indem er im Juni 1452 in einer an die Böhmen gerichteten Encyklika offen erklärte, wer nicht mit der Kirche sei, sei gegen sie; die Compactaten müssten aufgegeben werden, da sie die Einigkeit nicht gebracht hätten, um derentwillen sie geschlossen worden seien, und es könne von nichts anderem als von reinem und einfachem Gehorsam gegen den Hl. Stuhl die Rede sein. Um die Erbitterung vollständig zu machen, bedurfte es nur noch der ausgesuchten Insolenz, womit er den Böhmen versicherte, dass die Kirche eine zu fromme Mutter sei, um ihren Kindern etwas zu gestatten, was sie als schädlich erkannt habe [1]).

Die Früchte der Unglückssaat Capistranos blieben nicht aus. Die Kluft zwischen Rom und Böhmen wurde beständig grösser, und wenn es gelang, die deutschen Fürsten zu demselben Kampfeseifer anzustacheln, wie dieser apostolische Missionar ihn an den Tag legte, so konnte man sich auf die Greuel der früheren Hussitenkriege wieder gefasst machen. Während des ganzen Restes des Jahres 1452 befand sich Capistrano auf Reisen durch Deutschland, wahrscheinlich,

1) Wadding. ann. 1452, Nr. 2--4, 13—14. — Cochlaei Hist. Hussit. Lib. XI, ann. 1452.

um diese menschenfreundlichen Zwecke zu fördern. In Leipzig hielt
er sich ziemlich lange auf, so dass es seiner Beredsamkeit gelang,
sechzig Professoren und Studenten für seinen strengen Orden zu ge- 551
winnen[1]). Seine Bemühungen aber, einen Kreuzzug gegen Böhmen
zustande zu bringen, wurden durch die Einnahme Konstantinopels
im Mai 1453 vereitelt. Der ungeheuere Eindruck, den dieses Ereignis in der ganzen Christenheit hervorrief, die allgemeine Bestürzung über das siegreiche Vordringen der Türken und die Notwendigkeit, Europa gegen sie zu verteidigen, liessen alle kleineren Fragen sofort verstummen. Das Bedürfnis eines neuen Kreuzzuges war gebieterisch rege geworden; aber jetzt durften die Kräfte eines solchen nicht gegen Böhmen und die Utraquisten vergeudet werden.

Die unfreiwillige Musse des Sommers 1453 benutzte Capistrano, wie wir gesehen haben, um in aller Ruhe zu Breslau Juden zu verbrennen. Von da ging er nach Polen, wo er in Krakau einen Arzt, Magister Paulus, ins Gefängnis warf, den er im Verdacht hatte, ein Sendling Rokyzanas zu sein. Er wandte sich abermals an Podiebrad wegen eines Geleitsbriefes nach Prag; sein Ersuchen wurde jedoch kurzerhand abgelehnt unter Hinweis auf die frühere Verweigerung und auf den Wunsch des Königs Ladislaus, den Frieden seines Reiches nicht gestört zu sehen. Am 15. Mai 1454 verliess er Krakau und ging nach Breslau und Olmütz, von wo aus er noch immer hoffte, seinen Einfluss auf Böhmen geltend machen zu können, jenen Zauberkreis, in den ihm nicht erlaubt wurde einzudringen. Rokyzana aber trug sich um diese Zeit mit der Hoffnung, dass die Furcht vor den Türken und die dadurch bedingte Notwendigkeit einer Einigung aller Christen seinen Traum, in seinem erzbischöflichen Amte bestätigt zu werden, erfüllen würde. Er machte daher die schon erwähnten grossen Zugeständnisse in den strittigen Punkten und bot seinen ganzen Einfluss bei dem Kaiser auf, um durch ihn die päpstliche Bestätigung zu erlangen. Das gleiche bezweckte sicherlich auch der Brief, den Ladislaus am 13. Juni an den Bischof von Olmütz schrieb, und worin er diesen ersuchte, Capistrano eine grössere Mässigung anzuempfehlen; denn mit seinen heftigen Anschuldigungen der Böhmen stifte er mehr Unheil als Segen. Allein auch die gewichtigsten Interessen der Christenheit konnten Rokyzana das so heiss begehrte erzbischöfliche Pallium nicht verschaffen, trotzdem durch eben diese Interessen der Feuereifer Capistranos

1) Chron. Glasberger, ann. 1452 (Analecta Franciscana, II).

von den Ketzern abgezogen und auf die Ungläubigen hingelenkt wurde[1]).

Am 26. Juli 1454 empfahl Aeneas Sylvius dem Capistrano in einem kurzen, bündigen Briefe, seinen Traum, nach Prag zu gelangen, aufzugeben und nach Frankfurt zu gehen, wo er von Nutzen sein könne. Die Fürsten hatten im April zu Regensburg einen Reichstag
552 abgehalten und daselbst einen gemeinsamen Kreuzzug beschlossen, dessen Führung Herzog Philipp von Burgund übernehmen wollte. Die endgültigen Abmachungen sollten im Oktober in Frankfurt getroffen werden, und dort bedurfte Aeneas Sylvius der Hilfe des unermüdlichen Capistrano. Der Briefwechsel, welchen um diese Zeit die beiden Männer miteinander führten, zeigt, wie sehr man fürchtete, die Türken möchten über ganz Europa hereinbrechen, und welche Verwirrung und Unsicherheit überall herrschte, aber auch welche selbstsüchtigen Wünsche alle gemeinsamen Massregeln zu verhindern drohten. In Frankfurt gingen ihre schlimmsten Befürchtungen in Erfüllung. Der Eifer der Fürsten hatte sich abgekühlt, und sie erklärten, der Papst und der Kaiser hätten nur die Absicht, ihnen ihr Geld abzulocken, nicht zu kämpfen. Sie verlangten, die Sache solle auf einem allgemeinen Konzil erledigt, und hier sollten zugleich die Missbräuche des Hl. Stuhles abgestellt werden. Kurz, beide Parteien suchten aus der Not Europas für sich möglichst viel herauszuschlagen — der Papst, Geld zu bekommen, und die Fürsten, ihre Unabhängigkeit wieder zu erlangen. Alles, was Aeneas und Capistrano von den Fürsten erreichen konnten, war das Versprechen, Pfingsten 1455 mit dem Kaiser zusammen bestimmen zu wollen, was geschehen könne. Im Februar und März 1455 begannen sie sich in Neustadt bei Wien zu versammeln, wo Podiebrad wiederum alles versuchte, um Rokyzanas Bestätigung durchzusetzen. Was den Kreuzzug anging, so schien die ganze Tatkraft der Christenheit durch die kleinlichen Eifersüchteleien und die ehrgeizigen Bestrebungen ihrer Herrscher gelähmt zu sein. Trotzdem sah es so aus, als ob die Dinge, dank der unermüdlichen Beredsamkeit des Aeneas Sylvius und des Capistrano, schliesslich eine greifbare Form annehmen wollten, als am 12. April die Nachricht eintraf, dass Nikolaus V. am 24. März gestorben war. Sofort fiel alles wieder zusammen, die Fürsten verschoben die Angelegenheit bis zum nächsten Jahre und reisten ab —

1) Wadding. ann. 1453, Nr. 9—10; ann. 1454, Nr. 12—13, 17—19. — Chron. Cornelii Zantfliet (Martene, Ampl. Coll. v, 486—7). — Æn. Sylvii Epist. 404 (Ed. 1571, p. 947).

ein beredtes Beispiel dafür, wie nützlich doch für die auseinanderstrebenden Kräfte jener Zeit das Papsttum war, indem es die Stelle des fehlenden gemeinsamen Oberhauptes ausfüllte[1]).

Capistranos ungestüme Tatkraft richtete sich jetzt vollständig auf den Kampf mit den Türken, und die Hussiten konnten frei aufatmen. Tatsächlich flösste auch die Lage zu viel Besorgnis ein, als dass man an die Verfolgung der letzteren denken konnte. Man sollte glauben, dass in diesen gefährlichen Zeitumständen die unbeugsame Härte Roms sich nachgiebiger gezeigt hätte. Aber die Anerbietungen und Zugeständnisse, welche Podiebrad und Rokyzana machten, blieben auch jetzt erfolglos.

Am 8. April 1455 wurde Calixtus III. zum Papst gewählt mit einer Eile, welche zeigte, für wie gefährlich man ein Interregnum hielt. Er schickte sofort Legaten aus, um den Kreuzzug in ganz 553
Europa zu predigen, und liess Kriegsschiffe auf dem Tiber bauen. Die Ungarn, welche mit Recht über den drohenden Einfall Muhamets II. erregt waren, baten Capistrano, zu ihnen zu kommen und seine Beredsamkeit in den Dienst des Kreuzzuges zu stellen. Calixtus III. erteilte ihm die Erlaubnis und bestätigte alle von Nikolaus V. ihm übertragenen Privilegien. So ausgerüstet, ging Capistrano an die Aufgabe, welche das Werk seines Lebens beschliessen sollte. Aber auch diese neuen Pflichten, die seiner feurigen Seele eine noch grössere Spannkraft verliehen, vermochten seine Aufmerksamkeit doch nicht ganz von den verhassten Hussiten abzulenken. Die Umstände schienen die Versöhnung zu begünstigen, welche aus politischen Gründen so notwendig war. Ausserdem war Aeneas Sylvius, dessen schlaue Diplomatie es dahin gebracht hatte, dass ihn die Böhmen als ihren Freund ansahen, grade zum Kardinal befördert worden. Sie hofften nicht nur die Bestätigung der Compactaten, sondern auch den Kardinalshut für Rokyzana zu erlangen. Als Capistrano das hörte, schrieb er am 24. März 1456 von Buda aus an den Papst, indem er ihm in den kräftigsten Worten abriet. Die Hussiten, sagte er, sind die schlimmsten Menschen, sie fürchten weder Gott noch die Menschen. Das Herz kann kaum die Irrtümer fassen, von denen sie erfüllt sind, oder die Greuel verstehen, welche sie im geheimen ausüben. Die Compactaten sind ihr einziges Bollwerk; wenn diese bestätigt werden, werden die heimlichen Anhänger des Huss, deren Zahl sowohl im

1) Wadding. ann. 1454, Nr. 7—12; ann. 1255, Nr. 2—7. — Æn. Sylvii Epist. 405 (p. 947). — Ejusd. Epistt. XXXIX—XLIII, XLVI, LVIII, LX (Opp. inedita pp. 415—24, 426—9, 440—1, 448). — *Pastor a. a. O. I, 480ff.

Lande selbst als auch in Ungarn, in Transsylvanien, in der Moldau und in den umliegenden Provinzen sehr gross ist, offen als solche hervortreten. Die Warnung erreichte ihren Zweck, und die Anerbietungen wurden verworfen[1]).

Plötzlich kam die Nachricht, dass der gefürchtete Muhamet II. vorrücke und Belgrad belagere. Die Kunde traf den König Ladislaus von Ungarn und Böhmen in Buda-Pesth und erschreckte ihn dermassen, dass er, unter dem Vorwande eines Jagdausfluges, mit seinem Onkel, dem Grafen von Cilli, schimpflicherweise nach Österreich floh. Johann Hunyady aber, der Graf von Transsylvanien, der Regent des Königreiches gewesen war, organisierte die durch einige deutsche Kreuzfahrer verstärkten ungarischen Streitkräfte und marschierte an der Seite Capistranos, des päpstlichen Führers im Kreuzzuge, dem Feinde entgegen. Der Sieg bei Belgrad ist ein ruhmreicher Tag in den Annalen Ungarns. Mit einer Flottille bahnte sich Hunyady am 14. Juli 1456 auf der Donau einen Weg durch die belagernden Truppen zur Stadt hinein. Bis zum 22. Juli wurde sie ebenso tapfer angegriffen wie verteidigt, dann wurde ein von den Türken ge-
554 machter wilder Sturmangriff zurückgeschlagen. Die Belagerten verfolgten den sich zurückziehenden Feind, verbrannten eines seiner Lager, vernagelten einige seiner Kanonen und nahmen die übrigen mit zurück in die Stadt, wo sie während des übrigen Teiles dieses denkwürdigen Tages gute Dienste leisteten. Muhamet aber sammelte seine Streitkräfte zu einem letzten verzweifelten Versuche, der jedoch missglückte; dann floh er in der Nacht davon, vierundzwanzigtausend Mann und dreihundert Kanonen auf dem Schlachtfelde zurücklassend. Sein Heer war vollständig aufgelöst, Europa konnte wieder aufatmen. Die Niederlage, welche durch den heldenhaften Widerstand von Scanderbeg in Albanien noch verschlimmert wurde, hemmte den weiteren Fortschritt der türkischen Invasion. Allein der Sieg kostete auch den beiden Helden, denen er zu verdanken war, das Leben. Der Verwesungsgeruch der Leichname verursachte in dem siegreichen Heere eine epidemische Krankheit, welcher Johann Hunyady am 11. August zum Opfer fiel, und welche die Sieger daran hinderte, ihren Vorteil auszunutzen. Capistrano hatte sich mit seiner ganzen selbstlosen Begeisterung in den Kampf gestürzt, seine Beredsamkeit hatte die Christen bis zum höchsten Grade religiöser Schwärmerei entflammt, so dass sie nur noch ihm gehorchen

---

1) Wadding. ann. 1455, Nr. 8—13; ann. 1456, Nr. 9—12.

wollten, und sein Eifer war unermüdlich. Er hatte ganze Tage verbracht, ohne sich Zeit zum Essen zu nehmen, und ganze Nächte, ohne sich Ruhe zu gönnen. Während der letzten siebzehn Tage vor dem Siege soll er nur sieben Stunden im ganzen geschlafen haben. Er stand jetzt im einundsiebzigsten Jahre, und sein Körper war durch den strengen Lebenswandel geschwächt; als die Spannung vorüber war, bezahlte die erschöpfte Natur den Tribut. Am 6. August stellte sich Fieber bei ihm ein, das seine letzten Kräfte langsam aufzehrte und ihn am 23. Oktober dahinraffte. Er war vielleicht das vollkommenste Muster eines treuen Sohnes der Kirche, wie es jenes Zeitalter hervorbrachte — ein rein künstliches Geschöpf, aus dem mit den menschlichen Schwächen zugleich eine Anzahl menschlicher Tugenden verschwunden waren und dessen ganze Natur mit ihren seltenen Gaben sich vollkommen selbstlos in den Dienst einer verfehlten Aufgabe stellte. Solche Menschen werden die Werkzeuge derer, die rücksichtslos weltliche Ziele verfolgen und sie zu diesen zu gebrauchen wissen. So hatte sich Capistrano vierzig Jahre lang dazu verwenden lassen, Elend über seine Mitmenschen zu bringen, ohne sich des Unheils bewusst zu werden, das er anstiftete. Eine schwache Seite war indessen, wie der scharfsichtige Aeneas Sylvius hervorhebt, an seiner Persönlichkeit zurückgeblieben, nämlich der Ehrgeiz. In den Briefen, in denen er und Hunyady ihren Sieg bei Belgrad schildern, liess keiner den Verdiensten des anderen Gerechtigkeit widerfahren. „Capistrano hatte“, nach den Worten des Aeneas Sylvius, „den Glanz der Welt verachtet, er war vor ihren Freuden geflohen, er hatte den Geiz in sich getötet, er hatte die Sinnenlust besiegt, aber den Ruhm hat er nicht zu verschmähen gewusst“[1]).

1) Wadding. ann. 1456, Nr. 16—67, 83—4. — Æn. Sylvii Hist. Bohem. cap. LXV. — *Pastor, Geschichte der Päpste II, 545 ff.

Sechs verschiedene Versuche sind zu verschiedenen Zeiten gemacht worden, um Capistrano zu kanonisieren; aber das Schicksal war ihm nicht günstig. Die ersten scheiterten an dem Widerstande des Legaten Nikolaus von Cusa, sowie an der Eifersucht der Dominikaner und der Franziskanerconventualen. Wiederholt kamen auch Anträge aus Deutschland, aber sie blieben unbeachtet. Im Jahre 1462 liessen der Markgraf Friedrich III. von Brandenburg, zahlreiche Bischöfe sowie die Magistrate der Städte von Krakau bis Regensburg durch einen Franziskanerbruder in demselben Sinne gehaltene, dringende Briefe nach Rom gehen. Den Boten aber ereilte unterwegs der Tod, so dass er sie einem Ritter von Assisi anvertrauen musste. Dieser nahm sie mit nach Hause und reiste dann nach Deutschland ab, wo er ebenfalls starb. Seine Nachkommen bewahrten den Schrein, der die Dokumente enthielt, in aller Frömmigkeit auf, bis ihn um die Mitte des siebzehnten Jahrhunderts Lukas Wadding zufällig entdeckte und seinen Inhalt mit nach Rom

55 Der einzige Mann, der würdig war, seinen Platz einzunehmen, war sein Freund und Nebenbuhler Jakob della Marca. Dieser wurde demgemäss im Jahre 1457 mit denselben Vollmachten als Inquisitor und Kreuzfahrer wie Capistrano ausgestattet und auf das Arbeitsfeld ausgesandt, das er schon zwanzig Jahre vorher einmal bestellt hatte. Die Türkengefahr war noch zu drohend, als dass er seine Gedanken auf die frühere Aufgabe hätte richten können; er widmete sich also ganz und gar der anderen Aufgabe, den Krieg gegen die Moslemiten zu predigen und zu organisieren, bis die Rücksicht auf seine Gesundheit ihn zwang, nach Italien zurückzukehren, wo er sich, wie wir gesehen haben, bald nachher (1462) gegen eine von eifrigen Dominikanern wider ihn erhobene Anklage auf Ketzerei zu verteidigen hatte (oben S. 194). An seine Stelle traten seine Schüler Johann von Tagliacozzo und Michael von Tussicino, auf welche im Jahre 1461 Bruder Gabriel von Verona folgte. Zwar setzten die Franziskaner noch eine Generation hindurch ihre Bemühungen fort, die Calixtiner zu bekehren, hatten aber, da ihnen nicht erlaubt war, das gewöhnliche Inquisitionsverfahren anzuwenden, wenig Erfolg, wovon später noch weiter die Rede sein wird[1]).

Tatsächlich wurden die Aussichten, Böhmen zum Gehorsam zurückzuführen, beständig geringer. In dem wildesten Aufruhr der
56 Hussitenkriege gab es wenigstens noch mächtige Barone und Städte, welche für Papst und Kaiser eintraten, und während des Interregnums hatte anfangs ein von Katholiken und Calixtinern gleichmässig ausgeübtes Doppelregiment bestanden. Unter der festen Hand Podiebrads aber unterwarfen sich die orthodoxen Gemeinden eine nach der anderen, und in geistlichen Dingen hatte Rokyzana die Entscheidung. Zwar gab es, abgesehen von dem Gebrauch des Kelches, nur wenige

---

nahm in der Hoffnung, dass die Briefe ihren Zweck doch noch erfüllen könnten. Leo X. hatte inzwischen eine Prüfung der von Capistrano vollbrachten Wundertaten vornehmen und ein systematisches Verzeichnis darüber aufstellen lassen. Danach hatte der Wundermann mehr als dreissig Tote ins Leben zurückgerufen, dreihundertundsiebzig Personen das Gehör wiedergegeben, einhundertunddreiundzwanzig Blinde, neunhundertundzwanzig Krüppel und Gichtbehaftete und zahllose andere Kranke verschiedener Art geheilt. Die Folge war, dass er zu dem niedrigeren Stande der Seligen zugelassen und seine Verehrung den Franziskanern seiner Diözese gestattet wurde. Im Jahre 1622 dehnte Gregor XV. den Kultus Capistranos auf den ganzen Franziskanerorden aus, und im Jahre 1690 nahm ihn Alexander VIII. in den Kalender der Heiligen auf. — Wadding. ann. 1456, Nr. 114—22; ann. 1462, Nr. 29—78. — *Lempp, in der Realencyklopädie[3] III (1897), 713 ff.; Wetzer-Welte, Kirchenlexikon[2] VI (1889), 1606 ff.

1) Wadding. ann. 1457, Nr. 5, 10; ann. 1461, Nr. 1—2; ann. 1465, Nr. 6; ann. 1467, Nr. 5.

dogmatische oder praktische Unterschiede zwischen den Kirchen; aber die Unabhängigkeit war ein Schutz gegen die Habgier der römischen Kurie, und die lauten Klagen, die sich damals von Deutschland aus verbreiteten, waren nicht danach angetan, den Verzicht auf diese Unabhängigkeit zu empfehlen. Die Bestimmungen des Konzils von Basel hatten, von Eugen IV. bestätigt, eine Zeitlang bis zu einem gewissen Grade als Schutz gegen römische Übergriffe gedient, jetzt aber wurden sie kühl als überlebt angesehen, und überall wurden Klagen laut, dass alle die alten Missbräuche ebenso kräftig blühten wie jemals vorher. Die Wahlen wurden nicht beachtet, oder es wurden schwere Summen für ihre Bestätigung verlangt, während gleichzeitig dem Lande durch die Erpressung der Zehnten oder den Verkauf der Ablässe das Geld entzogen wurde. Wenn die Böhmen auch infolge ihrer isolierten Stellung manche Unbequemlichkeiten ertragen mussten, so blieben ihnen andrerseits durch diese Isolierung die grossen Kosten erspart, welche die apostolische Fürsorge sich bezahlen liess. Die einzige Hoffnung Roms, Böhmen zurückzugewinnen, lag in der immer näher heranrückenden Grossjährigkeit des katholischen Jünglings Ladislaus. Als dieser jedoch am Vorabende seiner Heirat mit der Tochter Karls VII. von Frankreich gegen Ende des Jahres 1457 plötzlich starb — nicht ohne den Verdacht, dass eine Verbrecherhand dabei im Spiele gewesen — und als Georg Podiebrad bald darauf zum König gewählt und gekrönt wurde, da konnte es scheinen, dass, falls nicht Gott selbst sich noch ins Mittel legte, jede Hoffnung auf eine friedliche Rückkehr Böhmens geschwunden war[1]).

Anfangs sah es allerdings so aus, als ob man doch zu einer Verständigung gelangen könne. Ladislaus hatte kurz vor seinem Tode vorgeschlagen, eine Gesandtschaft nach Rom zu schicken, um eine Versöhnung zustande zu bringen, und Calixtus III. hatte Podiebrad gegenüber den lebhaften Wunsch zu erkennen gegeben, Rokyzana zu sehen, von dem man in Rom sehr wohl wusste, dass er sich eines hohen Ansehens erfreute. Ausserdem liess sich Podiebrad nach dem römischen Ritus krönen; da er keinen eignen Bischof hatte, so liess
er sich von seinem Schwiegersohn, Matthias Corvinus von Ungarn, 557

1) Æn. Sylvii Epist. 162, 324, 334—5, 337—40, 356, 369, 387 (Ed. 1571, pp. 714, 815, 821—22, 825, 831, 837, 840). — Ejusd. Hist. Bohem. c. 71—2. Pius II. trug kein Bedenken, in einem Schreiben bestimmt zu versichern, dass Ladislaus von Georg vergiftet worden sei, und behauptete, dass, wenn auch die Sache selbst in Dunkel gehüllt sei, hinzugezogene Wiener Ärzte den Tod auf Vergiftung zurückgeführt hätten. — Æn. Sylvii Epist. LXXI (Opera inedita p. 467).

die Bischöfe von Raab und Bakau senden, um seine Salbung vorzunehmen. In seinem Krönungseide schwur er, Calixtus III. und seinen Nachfolgern gehorchen zu wollen, die katholische Religion wiederherzustellen und die Ketzer zu verfolgen[1]). Dann schrieb er als ein gläubiger Sohn der Kirche an Calixtus und erhielt auch von diesem Briefe, in denen seine Anerkennung als König von Böhmen ausgesprochen wurde. Er schickte ferner Gesandte nach Rom mit dem Versprechen, dass Rokyzana folgen und die Unterwerfung Böhmens auf einer dauernden Grundlage regeln würde. Das alles waren aber nur kleine Zugeständnisse, um seine Stellung zu verbessern. Als dann einige Monate später Calixtus III. starb und Aeneas Sylvius ihm im August 1458 unter dem Namen Pius II. folgte, konnte man hoffen, dass ein verständiger Ausgleich zustande kommen würde. Seitdem Aeneas im Gefolge des Kardinals Capranica 1432 nach Basel gegangen und dort zum Wortführer der päpstlichen Gegner geworden war — und zwar, wie er selbst später erklärte, mehr aus Habgier als aus Überzeugung, und erfüllt von jener Feindseligkeit gegen die Kirche, wie sie damals die Laienwelt beherrschte, — hatte er sich fast ausschliesslich mit deutschen und böhmischen Angelegenheiten beschäftigt, und er kannte diese besser als irgendeiner seiner Zeitgenossen; auch hatte er teilgenommen an den Unterhandlungen, welche zu den Compactaten führten. Scharfsinnig und von klarem Verstande, nicht beschwert durch viele Gewissensbedenken, teilte er durchaus das ängstliche Streben des Papsttums, die Christenheit gegen die Türken zu vereinigen. Von einem solchen Manne konnte man wohl erwarten, dass er die Aussöhnung mit Böhmen als eine Lebensfrage erkennen würde. Daher schickte Georg Podiebrad schleunigst eine Gesandtschaft nach Rom, die von neuem seinen Gehorsam beteuern und um Bestätigung der Compactaten bitten sollte. Pius aber, der keinen Anstand nahm, eine feierliche Bulle zu erlassen, worin er alle seine früheren, während des Konzils von Basel vertretenen Ansichten verurteilte und verleugnete, war fest entschlossen, eher mit seiner eignen Vergangenheit als mit den Anschauungen seiner Vorgänger zu brechen. Seine Antwort war zweideutig. Georg, so erklärte er, könne seine Anerkennung als König erlangen, wenn er die Ketzerei ausrotte; zu weiteren Verhandlungen wolle er seine Legaten schicken. In-

1) *Georg Podiebrad, ohne eigne religiöse Überzeugung, hatte schon vor seiner Krönung insgeheim eidlich versprochen, die Compactaten zu beseitigen und das Hussitentum aufzugeben (Bachmann, Deutsche Reichsgeschichte im Zeitalter Friedrichs III. und Max' I., I, 88 ff.; Pastor, Geschichte der Päpste II, 151 ff.).

zwischen aber trat Podiebrad am 15. Mai 1461 wieder auf die Seite der Utraquisten und versprach, die Compactaten zu schützen. Pius II. liess ihn dann wohl noch als König und als seinen teuersten Sohn anreden, als er ihn durch seine Gesandten um seine Mitwirkung bei dem Kreuzzuge bat, tat aber am 11. April 1462 einen Schritt, von dem er nach seiner Kenntnis Böhmens sehr wohl wusste, dass er unbedingt einen Bruch hervorrufen musste. Unter Beseitigung Rokyzanas ernannte er dessen erklärten Feind Wenzel von Krumau, den orthodoxen Dechanten von Prag, zum Administrator des Erzbistums[1]). Sofort war alles in Aufruhr. Wenzel versuchte sich zu behaupten, aber die Macht blieb in Rokyzanas Händen. Georg liess den Fantinus, der sein Vertreter bei der Kurie gewesen war und nun als päpstlicher Geschäfts- 558
führer auftrat, verhaften und drei Monate lang gefangen halten. Kaiser Friedrich III., den Georg Ende 1462 durch einen kühnen Handstreich aus der Belagerung durch seine empörten Untertanen im Schlosse zu Wien befreit hatte, legte sich ins Mittel und hielt den Ausbruch des päpstlichen Zornes noch eine Weile auf. Aber Friedrichs dringendes Gesuch, ihn als König anzuerkennen, lehnte Pius rundweg ab. Georg, so erklärte eine Bulle Pius' II. vom 29. März 1463, sei ein Ketzer und als solcher unfähig, die Krone zu tragen. Der Lehnseid seiner Untertanen sei nichtig. Nur wenn er zur Kirche zurückkehre, könne er hoffen, des königlichen Thrones würdig erachtet zu werden. Am 16. Juni 1464 rief Pius das Kardinalskollegium zum Konsistorium zusammen und veröffentlichte eine weitere Bulle, welche alle Beschwerden der Kirche gegen Böhmen aufzählte, die Compactaten, die niemals von dem Hl. Stuhle bestätigt worden seien, für nichtig erklärte und Georg aufforderte, binnen drei Terminen von je sechzig Tagen vor ihm zu erscheinen, um sich wegen Ketzerei zu verantworten. Zwei Monate darauf war Pius tot, aber sein Nachfolger Paul II. setzte das eingeleitete Verfahren mit den alten Inquisitionswaffen fort. Im Jahre 1465 wurden drei Kardinäle ernannt, die über Georg als rückfälligen Ketzer zu Gericht sitzen sollten. Im August forderten sie ihn als einfachen Privatmann auf, binnen sechs Monaten vor ihrem Richterstuhle zu erscheinen. Ohne den Ablauf dieser Frist abzuwarten, veröffentlichte Paul in den ersten Tagen des Dezember eine Bulle, wodurch er alle Untertanen Georgs von ihrem Treueide entband, indem er als Grund für seine Eile angab, dass das

1) *Am 20. März 1461 hatte Pius II. ausserdem den Minoriten Gabriel von Verona, den frühern Begleiter des Capistrano, zum Inquisitor in Böhmen ernannt (vgl. oben S. 633).

Urteil durch Aufschub schwieriger würde. Mit der Hartnäckigkeit des angeblichen Ketzers wuchs der päpstliche Zorn. Im Jahre 1468 wurde er abermals aufgefordert, vor dem Richterstuhle der Kardinäle zu erscheinen, und im Februar 1469 wurde der Name des Hussiten Georg Podiebrad als der eines Sohnes der Verdammnis zusammen mit denen Rokyzanas und Gregors von Heimburg in die Bulle 'Coena Domini' aufgenommen, um so dreimal im Jahre während des Hochamtes in allen Domkirchen in lateinischer und in der Volkssprache verflucht zu werden[1]).

Alles das war keine leere Drohung. Es war nicht schwer, unter
59 unruhigen Untertanen eine Empörung anzustiften und Angriffe von seiten aufstrebender Nachbarn hervorzurufen. Bei all seiner Kraft und all seinem Geschick war es für Georg nicht leicht, seine Stellung zu behaupten. Als im Jahre 1468 die deutschen Fürsten eine fünfjährige Waffenruhe vereinbart hatten, um ihre Kraft gegen die Moslemiten zu sammeln, stürzte Paul II. das Reich dadurch in Verwirrung, dass er den Bischof von Ferrara aussandte, um gegen Böhmen einen Kreuzzug mit vollkommenen Ablässen zu predigen, und als besondere Gunst hinzufügen liess, dass alle, welche der Predigt beiwohnten, das Vorrecht haben sollten, sich einen Beichtvater zu wählen, der ihnen volle Absolution und Sündennachlass erteilen könne. Das Königreich wurde Matthias Corvinus von Ungarn übertragen. Dieser nahm das Kreuz und besetzte mit einem Kreuzfahrerheere Mähren. Die Folge war ein langer Krieg, während dessen Georg 1471 starb. Auf seinem Totenbette wurde er von der Exkommunikation losgesprochen. Zu seinem Nachfolger wurde Ladislaus II., der Sohn Casimirs von Polen, gewählt. Im Jahre 1475 verständigten sich die beiden Nebenbuhler. Beide wurden als Könige von Böhmen anerkannt. Matthias sollte für die Dauer seines Lebens Mähren, Schlesien und den grösseren Teil der Lausitz verwalten; derjenige, welcher den anderen überleben würde, sollte das ganze Königreich erhalten. Als dann Matthias 1490 starb, erlangte Ladislaus auch die übrigen drei Provinzen, und bald darauf fiel ihm auch Ungarn zu[2]).

1) Æn. Sylvii Hist. Bohem. c. 69. — Ejusd. Epist. LXXI (Opp. inedita pp. 461—70). — Ejusd. Tractatus (ib. pp. 566, 581). — Raynald. ann. 1457, Nr. 69; ann. 1458, Nr. 20—8; ann. 1459, Nr. 18—23; ann. 1463, Nr. 96—102. — Cochlaei Hist. Hussit. Lib. XII. — Dubravius, Hist. Bohem. Lib. 30. — Wadding. ann. 1462, Nr. 87. — Pii PP. II. Bull. In minoribus. — Sommersberg, Silesiac. Rer. Scriptt. II, 1025—6, 1031. — Wadding. ann. 1456, Nr. 12; ann. 1469, Nr. 4, 6. — Ludewig, Reliquiae MSS. VI, 61. — Martene Ampl. Coll. I, 1598—9. — D'Achery, Spicileg. III, 830—4. — Ripoll III, 466. — *Bachmann a. a. O. I, 227 ff., 409 ff., 496 ff.

2) Raynald. ann. 1468, Nr. 1—14. — Chron. Glassberger, ann. 1468 (Ana-

Ladislaus war ein guter Katholik, und Papst Sixtus IV., der seine Wahl unterstützt hatte, hoffte, dass nun endlich die Gelegenheit gekommen sei, die Halsstarrigkeit der Calixtiner zu brechen. Der König machte einen Versuch, aber blutige Tumulte in Prag, welche ihm beinahe das Leben kosteten, zeigten, dass, so geringfügig auch im übrigen der Unterschied zwischen Katholiken und Utraquisten war, die alte fanatische Begeisterung für den Kelch noch immer lebendig war. Schliesslich aber wurde auf dem Reichstage zu Kuttenberg, 1485, gegenseitige Duldung vereinbart, und Ladislaus, ein Mann von umgänglichem und versöhnlichem Wesen, brauchte keine weiteren Gefahren mehr zu fürchten. So wurde die abnorme Stellung, die Böhmen als Glied des abendländischen Christentums einnahm, noch seltsamer als vorher. Die grosse Mehrheit des Volks waren zwar Calixtiner und daher Ketzer, indessen die Kirche musste die Versuche aufgeben, sie auf den Weg des Heils zurückzuzwingen. Von Zeit zu Zeit wurden zwar noch Missionare und Inquisitoren hingeschickt, aber praktisch blieben ihre Bemühungen auf Überredung und Kontroverse beschränkt. Selbst Pius II. sah sich im Jahre 1463 veranlasst, den Generalvikar der Franziskaner-Observanten, Zeger, anzuweisen, seine Ordensbrüder sollten sich bei ihren Bekehrungsversuchen der 560
sonst üblichen Verfluchungen und Beleidigungen enthalten und es mit Güte und Beweisgründen versuchen. Dass diese Missionare meistens Franziskaner waren, gegen deren Orden das Volk grosse Abneigung empfand, erklärt auch vielleicht, warum es nicht gelang, die den Katholiken bewilligte Duldung praktisch durchzuführen. Georg Podiebrad selbst hatte den Franziskanern im Jahre 1460 erlaubt, nach Prag zurückzukehren, aber sie konnten ihren Eifer nicht zügeln und wurden im Jahre 1468 wieder vertrieben. Im Jahre 1482 kehrten sie unter Ladislaus zurück, waren aber froh, in den Unruhen des folgenden Jahres mit dem Leben davonzukommen; ihr Kloster wurde dem Erdboden gleichgemacht und erst 1629 wieder aufgebaut. Von Zeit zu Zeit wurden andere Franziskanerniederlassungen in Hradecz, Glatz und Neisse gegründet, sie waren aber von kurzer Dauer, da sie der Fanatismus des Volkes schnell zerstörte. Als die Erfindung der Buchdruckerkunst die Kontroverserörterungen erleichterte, verdoppelte sich auch der polemische Eifer, um die Verderbtheit der utraquistischen Ketzerei zu beweisen, allein die Utraquisten waren nicht zu bekehren. Als darauf Leo X. in der ersten Begeisterung für

lecta Franciscana, II). — Dubravius, Hist. Bohem. Libb. XXX—XXXI — Cochlaei Hist. Hussit. Lib. XII, ann. 1471.

sein päpstliches Amt es unternahm, Europa zu einem Türkenkrieg unter seiner eignen Führung anzufeuern, wies er seinen Legaten, den Erzbischof Thomas von Gran, an zu versuchen, ob er eine Versöhnung mit Böhmen zustande bringen könne. Der Kelch sollte den Laien unter den in Basel vereinbarten Bedingungen zugestanden und bloss den unmündigen Kindern und den Irrsinnigen entzogen werden, um ein Sakrileg zu verhüten. Das Predigen sollte nur den Geistlichen erlaubt sein. Auf die säkularisierten Kirchengüter könne man verzichten, wenn die Böhmen den Bischöfen und Priestern einen genügenden Unterhalt gewähren und zu dem Kreuzzuge wenigstens für ein Jahr fünf- oder zehntausend Mann stellen wollten. Doch sollten sie der Kirche das Recht einräumen, wieder Eigentum zu erwerben und zu übertragen. Bezüglich der übrigen strittigen Punkte könnten Zugeständnisse aber nicht gemacht werden. Das war der erste Versöhnungsversuch, zu dem Rom sich herbeiliess. Aber die Calixtiner widerstanden auch dieser Versuchung und blieben auf den Compactaten als der Magna Charta ihrer religiösen Unabhängigkeit bestehen. Als im Jahre 1526 König Ludwig an dem verhängnisvollen Tage von Mohacz fiel und das Haus Österreich den böhmischen Thron erlangte, musste Ferdinand I., ein wie guter Katholik er auch war, sich verpflichten, die Compactaten aufrechtzuerhalten[1]).

Man darf nicht glauben, dass in der utraquistischen Verkümmerung die Lehren des Wiclif und Huss vollständig vergessen worden seien. Ihre wirklichen Erben waren allerdings die Taboriten, und ob-

---

1) Wadding., ann. 1460, Nr. 55; ann. 1462, Nr. 87; ann. 1471, Nr. 5; ann. 1475, Nr. 28, 37—9; ann. 1489, Nr. 21; ann. 1491, Nr. 8, 78. — Chron. Glassberger, ann. 1463, 1466, 1479, 1483 (Analecta Franciscana II). — Dubravius, Hist. Bohem. Lib. XXXI. — Schweinitz, Hist. of the Unitas Fratrum, p. 168. — Camerarii Hist. Frat. Orthod. pp. 72—3. — Georgisch, Regest. Chron. Diplom. III, 158. — Hergenröther, Leonis X. Regesta, Nr. 4597. — *Am 5. Oktober 1495 wurde der Dominikaner Georg Koler vom Ordensgeneral Joachim Turriani zum Inquisitor in der Dominikanerprovinz Böhmen ernannt ('Fr. Georgius Koler fit inquisitor provincie Boemie, quolibet absoluto', Rom, Archiv des Dominikanerordens, Registra Generalium IV, 11 fol. 150; es ist das die erste Böhmen betr. Eintragung dieser Art in den Registern der Ordensgeneräle). Vom Jahre 1500 ab war dann der Inquisitor Heinrich Institoris aus dem Dominikanerorden längere Zeit in Böhmen tätig (Hansen, Quellen und Untersuchungen zur Geschichte des Hexenwahns S. 393 ff.). Gleichzeitig wirkte dort der Dominikaner Valentin von Brünn, der 1494—96 Provinzial von Böhmen gewesen war, auch als Inquisitor (Fontana, Monumenta Dominicana S. 402). Am 13. Juni 1526 wurde vom Generalvikar des Dominikanerordens Franz Silvestri 'mag. Balthasar O. Praed. instituitur inquisitor heretice pravitatis in provincia Bohemie seu in prefato regno, cum autoritate consueta tam pontificali quam imperiali' (Rom, Archiv des Dominikanerordens, Reg. generalium IV, 20 fol. 150).

gleich diese in ihrem zügellosen Enthusiasmus vergebens gegen den Geist der Zeit ankämpften und unter dem strammen Regimente Podiebrads schliesslich ganz verschwanden, so war die Saat, welche sie ausgestreut hatten, doch nicht ganz untergegangen. Die tiefreligiösen Überzeugungen, von denen diese armen und einfachen Leute durchdrungen waren, kann man aus der Satire erkennen, womit Aeneas Sylvius die Gastfreundschaft belohnte, die sie ihm noch kurz vor ihrer Unterdrückung im Jahre 1451 erwiesen hatten. Auf einer im Auftrage Friedrichs III. mit einigen Adligen unternommenen Reise kam er eines Abends in der Nähe des Berges Tabor an und hielt es 561
für sicherer, sich den Feinden seines Glaubens anzuvertrauen, als die Stunden der Dunkelheit in den offenen Dörfern zuzubringen. Er wurde mit schlichter Freundlichkeit aufgenommen und beherbergt. Zum Danke dafür entwarf der gewandte Gelehrte und elegante Hofmann ein Bild von ihnen, durch welches er sie vollständig lächerlich macht und ihre Armut mit brutalem Hohn und Spott übergiesst. Die meisten waren Bauern, viele von ihnen fast nackt und nur mit einem Hemd oder einem Schaffell bekleidet. So kamen sie ihm in Regen und Kälte entgegen, um ihn zu begrüssen. Der eine hatte keinen Sattel, der andere keinen Zügel, ein dritter keine Sporen. Dieser hatte nur ein Auge, jener nur einen Arm. Ziska war ihr Schutzheiliger, sein Bild war auf die Stadttore gemalt. Obgleich sie die Konsekration der Kirchen verlachten, hörten sie doch eifrig das Wort Gottes, und wenn jemand zu beschäftigt oder zu träge war, um nach dem hölzernen Hause zu gehen, wo man sich zum Predigen versammelte, so wurde er mit Hieben hingetrieben. Sie zahlten keine Zehnten, füllten aber ihren Priestern das Haus mit Korn, Bier, Holz, Gemüsen, Fleisch und allem, was zum Leben nötig war. So standhaft sie waren in der Verteidigung ihrer religiösen Unabhängigkeit, so zeigten sie sich doch nicht unduldsam, sondern gestatteten im Gegenteil eine weite und mannigfaltige Verschiedenheit der Meinungen [1]).

Wenn solche Menschen hinausgetrieben und unter das Volk zerstreut wurden, so konnte man mit Wahrscheinlichkeit erwarten, dass sie eher andere bekehren würden, als sich bekehren liessen, und dass sie auch fern von den Blicken der Öffentlichkeit ihren Überzeugungen treu blieben. Die reaktionäre Richtung, welche Rokyzana und Podiebrad während der folgenden Jahre einschlugen, musste selbst unter den ernsteren Calixtinern Unzufriedenheit er-

1) Æn. Sylvii Epist. 130 (Ed. 1571, pp. 661—2). — *Haupt, Waldensertum und Inquisition S. 102ff.

zeugen und neue Jünger und Lehrer auf den Plan rufen. Material für eine Sekte mit denjenigen Lehren, die eine Generation vorher Böhmen in Flammen gesetzt hatten, war genug vorhanden. Und obwohl diese Sekte schüchtern auftrat und ebenso vorsichtig wie geflissentlich jede Verwandtschaft mit den verhassten und gefürchteten Taboriten verleugnete, kann kein Zweifel darüber obwalten, dass sie zum grossen Teile aus denselben Elementen bestand.

Diese neuen Sektierer traten in organisierter Form zum erstenmal im Jahre 1457 auf. Ernste, demütige Christen, die in einer von den Taboriten verschiedenen Weise die Lehren Jesu zu verwirklichen suchten, waren sie noch näher als diese mit den Waldensern verwandt, und zwar wahrscheinlich infolge des Einflusses von Peter Chelcicky, der zwar streng genommen nicht zu ihnen gehörte, aber bis zu einem gewissen Grade doch ihr Lehrer war. Wie die Wal-
562 denser verwarfen sie den Eid und das Schwert, da es ihrer Meinung nach keinen Grund geben konnte, einem Menschen das Leben zu nehmen; sie waren mithin „Nicht-Widerstandleistende". Seit den Tagen Konstantins und Silvesters, so lehrten sie, habe die römische Kirche mit dem Streben nach Reichtum und weltlicher Macht ein falsches Ziel verfolgt. Die Sakramente seien wertlos in unreinen Händen. Die Priester könnten die Beichte hören und Bussen auferlegen, aber absolvieren könnten sie niemanden, sie könnten nur verkünden, dass Gott Verzeihung gewähren werde. Das Fegfeuer sei eine Erfindung schlauer Priester. Was das Mysterium der Eucharistie anging, so wählten sie vorsichtigerweise die Formel Peter Chelcickys, welcher die Schwierigkeit dadurch umging, dass er, ohne eine Erklärung zu geben oder eine solche auch nur wagen zu wollen, einfach behauptete, der Gläubige empfange den Leib und das Blut Christi. Sie verlachten den Aberglauben der Calixtiner, welche die Heiligkeit der Eucharistie in der sinnlosesten Weise übertrieben, das Sakrament durch die Strassen trugen, damit es angebetet würde, und der Meinung waren, dass derjenige, dessen Blick zufällig darauf falle, an diesem Tage vor Unheil sicher sei. Sie wurden auch bisweilen zu Märtyrern, wenn sie öffentlich den fanatischen Eifer derer verurteilten, welche die Eucharistie zum heiligsten Idole machten. Auf dieser Grundlage wurde die Brüderschaft der Liebe und Menschenfreundlichkeit, des geduldigen Ertragens und der Sanftmut gegründet, eine Gemeinschaft, welche dem christlichen Ideal näher kam als alles andere, was die Welt seit dreizehn Jahrhunderten gesehen hatte. Obwohl ihre Lebensweise höchst einfach war, pflegten die Brüder

keine übertriebene Askese. Der Himmel, meinten sie, könne nicht durch Abtötung des Fleisches erstürmt, sondern müsse durch gewissenhafte Erfüllung der Pflichten, die der Schöpfer dem Menschen auferlegt habe, gewonnen werden, und zwar in demütigem Gehorsam gegen den göttlichen Willen und in frommem Vertrauen auf Christus. Das war die „Unitas Fratrum", die Vereinigung der böhmischen oder mährischen Brüder. Dass eine so schutzlose Gesellschaft ohne Verteidigung und ohne Widerstand zu leisten die harten Wechselfälle jener Übergangszeit überdauern und sich vier Jahrhunderte hindurch bis auf unsere Tage erhalten konnte, ist ein Beweis dafür, dass Gewalt nicht notwendig das letzte Wort in den menschlichen Fragen zu sprechen braucht, und dass auch der Durchschnittsmensch einer höheren sittlichen Vervollkommnung fähig ist, als er unter der Herrschaft der seither vorwaltenden weltlichen und geistlichen Einflüsse zu erreichen vermocht hat[1]).

Anfangs scheinen sie sich der Gunst Rokyzanas erfreut zu 563
haben, dessen Lehren sie zu befolgen behaupteten, und dessen Neffe Gregor zusammen mit Michael, dem Pfarrer von Senftenberg, einer ihrer ersten Führer war. Rokyzana, dessen Politik bald hierhin, bald dorthin steuerte, je nachdem das Pallium sich ihm zu nähern oder von ihm zu entfernen schien, hielt sich jedoch von ihnen zurück, und als sie sich von den Calixtinern lossagten und sich zu einer eignen Sekte organisierten, hatte er nichts mehr gegen ihre Verfolgung einzuwenden. Vergebens erklärten sie, sie seien weder Waldenser noch Taboriten; denn das erste Wort enthielt einen bitteren Vorwurf, das zweite bedeutete Schrecken. Als sich ums Jahr 1461 Gregor und einige seiner Gefährten heimlich nach Prag wagten, wurden sie als taboritische Verschwörer angezeigt und der Folter unterworfen. Den

1) Goll, Quellen und Untersuchungen zur Geschichte der böhmischen Brüder I, 10, 32—33, 92, 99; II, 72, 87—88, 94. — Schweinitz, Hist. of the Unitas Fratrum, pp. 111—12, 159, 204—5. — Hist. Persecutionum pp. 58—60, 90. — Palacky, Die Beziehungen der Waldenser, pp. 32—33. — Camerarii Hist. Frat. Orthod. pp. 59—66. — *L. Keller, Die böhmischen Brüder und ihre Vorläufer (Monatshefte der Comeniusgesellschaft 1894, S. 171 ff.; J. Müller, in der Realencyklopädie ³III (1897), 446 ff.). — In Bezug auf die Ansichten der Calixtiner über die Eucharistie vgl. die Abhandlungen Rokyzanas und Johanns von Przibram in Cochlaei Hist. Hussit. pp. 474, 508; ebenso die Artikel des letzteren gegen Peter Payne (ib. 230).

Der Versuch der Brüder, ihre Ansichten über die Eucharistie zu erklären, ist schwer zu verstehen. Das Brot und der Wein verwandelte sich danach in den Leib und das Blut, was sie auch geglaubt haben würden, selbst wenn das Brot Stein gewesen wäre; und doch blieb ihrer Meinung nach die Substanz, was sie war, und war Christus in Wirklichkeit nicht gegenwärtig. — Fasciculus Rerum Expetend. et Fugiend. I, 165, 170, 174, 183, 185.

Grad ihrer religiösen Begeisterung offenbart es, wenn Gregor während der Folterung in eine Ohnmacht verfiel und darin eine himmlische Erscheinung hatte. Man darf es dem Rokyzana wohl glauben, dass er, als er seinen Neffen unempfindlich gegen die Folter sah, in Tränen ausbrach und ausrief: „O, mein Gregor, ich möchte, ich wäre an Deiner Stelle", und dass er bald darauf von Podiebrad die Erlaubnis für die Brüder erwirkte, sich in der Herrschaft Liticz niederzulassen. Hier blühte die Sekte rasch auf, und ihre Zahl nahm schnell zu, mochte sie Frieden geniessen oder der Verfolgung ausgesetzt sein [1]).

Mit den Sakramenten bewahrten sie auch den Glauben an die Notwendigkeit der apostolischen Succession für die Priesterweihe. Aber da nach ihrer Meinung die Sakramente in unreinen Händen unwirksam wurden, so stiegen Zweifel in ihnen auf in bezug auf die durch die römische Kirche vermittelte Amtsgewalt des Priesterstandes. Einige schlugen deshalb vor, Boten zu den sagenhaften Christen Indiens zu schicken. Aber diese Boten trafen zwei Männer, die schon im Osten gewesen waren. Was sie von ihnen über die Lage der orientalischen Kirchen vernahmen, gab ihnen die Gewissheit, dass die christlichen Kirchen des Orients die apostolische Succession bereits fallen gelassen hätten. So wandten sie ihr Augenmerk
564 auf die Griechen. Sie trafen einige in Prag, auch waren viele Böhmen in der Levante und den Donauprovinzen gewesen; von ihnen erfuhren sie, dass man in den dortigen christlichen Kirchen für die Ordination Gebühren bezahlen müsse, so dass sie also durch Simonie ungültig wurde. Weiter hörten sie von drei Böhmen, die ordiniert worden seien, ohne dass man sich auch nur nach ihrem Lebenswandel erkundigt habe; kurz, sie erlangten die Überzeugung, dass auch dort eine rechte Ordination nicht anzutreffen sei. Schliesslich wandten sie sich an die Waldenser, von denen es an der österreichischen Grenze eine Gemeinde gab. Diese leiteten ihren Ursprung von der ursprünglichen Kirche her und behaupteten, ihre Vorfahren hätten sich von Rom getrennt, als durch die konstantinische Schenkung das Papsttum unter Sylvester einen weltlichen Charakter angenommen habe, und sie hätten die apostolische Nachfolge rein und unbefleckt erhalten. Es blieb für die Brüder nur noch übrig, zu prüfen ob es der Wille Gottes sei, dass sie sich mit Hilfe dieser Waldenser zu einer besonderen Sekte organisieren sollten oder nicht. Im Jahre 1467 wurde deshalb eine Versammlung von etwa sechzig

1) Camerarii Hist. Frat. Orthod. pp. 84—9. — Hist. Persecut. p. 65. — *J. Müller a. a. O. S. 448.

ausgewählten Vertretern in Lhotka (bei Reichenau) abgehalten. Nachdem sie gefastet und ernste Gebete verrichtet hatten, nahmen sie zum Lose ihre Zuflucht, um zu entscheiden, ob sie sich von der römischen Priesterschaft trennen sollten oder nicht. Die Antwort fiel bejahend aus. Hierauf wählten sie neun Männer aus, von denen drei oder zwei oder einer oder, wenn es Gott so wolle, gar keiner für das Priesteramt ausersehen werden sollte. Dann nahm man zwölf Zettel, schrieb auf drei von ihnen: „Er ist", und auf neun: „Er ist nicht." Diese Zettel wurden zusammengemischt, worauf ein Jüngling neun davon unter die ausgewählten Männer verteilen musste. Es stellte sich heraus, dass alle drei mit „Er ist" beschriebenen Zettel verteilt worden waren, und die Versammlung dankte Gott in einem frommen Gebete dafür, dass er ihnen den zu befolgenden Pfad gezeigt habe. Michael von Senftenberg wurde zu dem waldensischen Bischof Stephan geschickt, welcher seinen Glauben und sein Leben prüfte und dann mit Tränen in den Augen Gott dankte, dass er ihm vergönnt habe, vor seinem Tode so fromme Männer zu schauen. Michael kehrte zurück, nachdem er zum Bischof konsekriert worden war. Dann stellte man genaue Nachforschungen über das Vorleben eines der drei Erwählten, namens Matthias, an, der nun von Michael in aller Form zum Bischof konsekriert wurde. Hierauf legte Michael seine Würde als waldensischer Bischof und als katholischer Priester nieder und wurde dann von neuem von Matthias ordiniert[1]).

So wurde jedes Band mit Rom zerschnitten, und enge Be- 565
ziehungen wurden mit den Waldensern angeknüpft. Die gegenseitige Zuneigung und die Übereinstimmung ihres Glaubens brachten die beiden Sekten einander näher, obgleich die Brüder mit ihrer

---

1) Goll, Quellen und Untersuchungen I, 30; II, 99—100). — Das Buch der Prager Magister (Cb. 104—5).

Bei den Calixtinern herrschten offenbar dieselben Zweifel und Besorgnisse bezüglich der apostolischen Nachfolge. Ein Brief der Kirche von Konstantinopel aus dem Jahre 1451, der warm für eine Vereinigung eintritt und ihnen Seelsorger verspricht, zeigt, dass man, um die Schwierigkeiten zu lösen, der griechischen Kirche Anerbieten gemacht hatte. Augenscheinlich aber waren die Böhmen noch nicht soweit, sich endgültig vom Katholizismus loszusagen (Flacius Illyricus, Catal. Test. Veritatis, Lib. XIX, p. 1834—5, Ed. 1608). Der Zweifel wurde von neuem erhoben nach dem Tode Rokyzanas. Schliesslich, im Jahre 1482, kam Agostino Luciano, ein italienischer Bischof, nach Prag, um eine reinere Religion zu suchen, und wurde mit Freuden aufgenommen. Er stand bis zu seinem Tode im Jahre 1493 in ihren Diensten. Dann kam der Bischof Philipp von Sidon, der aber nach drei Jahren vom Papste zurückgerufen wurde. Im Jahre 1499 ging eine Mission nach Armenien, wo einige von ihnen ordiniert wurden. — Hist. Persecutionum pp. 95—6.

strengen Tugend den älteren Ketzern den Vorwurf machten, dass sie ihren Glauben durch den Besuch der katholischen Messe verheimlichten, dass sie Reichtümer aufhäuften und die Armen vernachlässigten. Die Waldenser nahmen den Tadel freundlich auf, versprachen Besserung, und kurze Zeit darauf waren beide Sekten zu einer verschmolzen. Obwohl der Name „Unität der Brüder“ offiziell bestehen blieb, kam doch der verachtete Ausdruck Waldenser allmählich wieder zu Ehren und wurde in ihren Glaubensbekenntnissen und ihren apologetischen Abhandlungen offen zur Bezeichnung der Gesamtheit gebraucht. Auf die Mission, die im Jahre 1498 zu den italienischen und französischen Brüdern entsandt wurde, sowie auf die Stärkung, welche der Mut und das Selbständigkeitsgefühl der alten Alpengemeinden von der entschlossenen Standhaftigkeit ihrer neuen Glaubensgenossen empfingen, wurde schon hingewiesen[1]).

Gregor hatte die Kirche der Brüder nach den strengsten Grundsätzen organisiert. Zwar brauchten sich die Mitglieder bei ihrem Eintritt nicht ihres Eigentums zugunsten der Allgemeinheit zu entäussern, aber es kam das häufig vor. Das Verhalten eines jeden wurde aufs schärfste überwacht, jede Verfehlung mit Ausstossung geahndet, die nicht eher zurückgenommen wurde, als bis Beweise einer wirklichen Sinnesänderung vorlagen. Niemand durfte einen Eid schwören, selbst vor Gericht nicht; niemand ein Amt bekleiden, ein Wirtshaus halten, ein Geschäft betreiben, ausser für die notwendigen Bedürfnisse des Lebens. Wünschte ein Adliger beizutreten, so musste er seinen Rang und Stand ablegen und auf alle Ämter, die er bekleidete, verzichten. Als im Jahre 1479 zwei Barone und mehrere Ritter um Aufnahme baten, kamen diese Vorschriften streng zur Anwendung; einige unterwarfen sich ihnen, andere nahmen ihren Antrag zurück. Diese Strenge verursachte schliesslich heftige Meinungsverschiedenheiten, und auf der Synode von Brandeis im Jahre 1490 wurden die Grundsätze gemildert. Die puritanische Partei lehnte sich dagegen auf und war stark genug, auf einer späteren Synode die Zurücknahme dieses Beschlusses durchzusetzen.
566 Eine grosse Missstimmung griff um sich, bis man sich im Jahre 1494 auf der Synode von Reichenau aussöhnte und die Strenge der Vorschriften milderte. Allein zwei der puritanischen Führer, Jakob von Wodňan und Amos von Stekna, weigerten sich, den Kompromiss

1) Goll, a. a. O. II, 101. — Schweinitz, a. a. O. S. 156, 200–1. — Montet, Hist. Litt. des Vaudois, pp. 152, 156 (*vgl. J. Müller a. a. O. S. 454 und oben S. 473).

anzunehmen und gründeten die Sekte, welche als die Amositen oder die Kleine Partei bekannt ist; sie hat sechsundvierzig Jahre lang ein gesondertes Dasein behauptet [1]).

Während dieser Zeit hatten die Brüder mehrere scharfe Verfolgungen zu erdulden gehabt [2]). Bisweilen gezwungen, in den Bergen und Wäldern eine Zuflucht zu suchen, woher sie den Namen 'Jamnici' oder Höhlenbewohner erhielten, konnten sie sich allmählich einer langen Reihe von Märtyrern rühmen, welche im Kerker oder auf dem Scheiterhaufen Zeugnis ablegten von der Stärke ihrer Überzeugungen. Die kleine Schar nahm aber beständig zu. Im Jahre 1500 hielt man es für nötig, die Zahl der Bischöfe auf vier zu vermehren. In Böhmen und Mähren zählten die Brüder zwischen drei- und vierhundert Kirchen mit nahezu zweihunderttausend Mitgliedern. Es gab wenige Dörfer und kaum eine Stadt, wo sie nicht anzutreffen waren. Sie fanden mächtige Beschützer unter den Adligen, welche dadurch, dass die Bauern im Jahre 1487 zu Leibeigenen herabgedrückt wurden, tatsächlich unabhängig geworden waren und ihnen so in Zeiten der Verfolgung Schutz gewähren konnten. Die Brüder gaben sich eifrig mit der Erziehung der Jugend und mit dem Buchdruck ab. Jede Pfarrei hatte ihre Schule, und besonders in Jungbunzlau und Leitomischl gab es auch Gelegenheit zu einer höheren Ausbildung. Von den sechs böhmischen Druckereien besassen sie drei, während die Calixtiner zwei und die Katholiken nur eine hatten. Von den sechzig Büchern, die zwischen 1500 und 1510 in Böhmen erschienen, wurden fünfzig von den Brüdern gedruckt [3]).

Von dieser Zeit bis zum Tode des Königs Ladislaus im Jahre 1516 hatten sie, wenn auch mit Unterbrechungen, wieder eine drückende Verfolgung zu erdulden, besonders in Böhmen. In seinem Testamente hinterliess Ladislaus Anweisungen zu ihrer Ausrottung „um der Rettung seiner Seele und des wahren Glaubens willen". Aber die Minderjährigkeit seines Sohnes Ludwig, der damals erst zehn Jahre alt war, der Ausbruch von Ruhestörungen und die Streitigkeiten zwischen den Katholiken und den Calixtinern hatten für sie wieder den Frieden zur Folge. Die verbannten Pfarrer kehrten zurück, die Kirchen wurden wieder geöffnet, und der öffentliche Gottesdienst

---

1) Schweinitz, op. cit. pp. 122—7, 172—5, 180—1.

2) *U. a. durch den oben S. 639, Anm. 1, erwähnten Inquisitor Heinrich Institoris.

3) Hist. Persecut. Eccles. Bohem. pp. 63—66, 73—4. — Ripoll III, 577. — Camerarii, Hist. Frat. Orthod. pp. 104—22. — Schweinitz, op. cit. 170, 225—6.

wurde wieder aufgenommen. Auf dem Laterankonzil schilderte im Jahre 1515 Johann von Lasko, der Erzbischof von Gnesen und Abgesandte König Sigmunds von Polen, dem Papste Leo X. den beklagenswerten Zustand, worin sich die Kirche in ganz Böhmen, Ungarn und Polen befand. Die Ketzerei herrsche derartig vor, dass viele Pfarreien ohne Priester seien. Es sei unmöglich, die Berührung mit Ketzern zu vermeiden, und die Interdikte, welche diese unfreiwillige Duldung zur Folge habe, beraubten das Volk des Gottesdienstes und machten es gleichgültig gegen die Religion. Das ist ein Beweis, wie weit die Lehre des Huss alle östlichen Länder Europas durchdrungen hatte, und in welcher Blüte die von ihm ausgestreute Saat damals stand. Diese Saat war so üppig aufgegangen, dass man bei der tiefwurzelnden Unzufriedenheit, die allenthalben durch die Sittenlosigkeit und Gewalttätigkeit der römischen Kurie erzeugt wurde, auf einen einstigen Sieg dieser Lehre hoffen konnte. Leo X., den Ernst der Lage erkennend, ernannte eine Kommission von Kardinälen, um sie zu prüfen und geeignete Mittel zur Abhilfe vorzuschlagen. Bezeichnend ist es, dass in der daraufhin erlassenen Bulle von Verfolgung gar keine Rede ist, wohl aber von Zugeständnissen, und dass darin sogar das Celebrieren der Messe in Gegenwart von Ketzern und Schismatikern erlaubt wird[1]).

Mit dem Auftreten Luthers und den Verhandlungen zwischen
567 den Böhmen und den deutschen Protestanten überschreitet die Geschichte der Böhmischen Brüder die Grenzen unserer gegenwärtigen Aufgabe. Wir brauchen nur noch zu erwähnen, mit wie standhafter Treue sie die Angriffe der Gegenreformation aushielten, und wie es ihnen gelang, unserer eignen Zeit die Lehren zu übermitteln, die sie selbst von Peter Waldes und Johann Wiclif empfangen hatten. Ihren mit den sanfteren christlichen Tugenden gepaarten furchtlosen Glaubenseifer trugen sie auch über den Atlantischen Ozean, wo in den Annalen Pennsylvaniens der Name Mähren die festeste und sicherste Grundlage bedeutete, auf der sich die Ordnung der Gesellschaft aufbaute. Parkman hat den Gegensatz vortrefflich zum Ausdruck gebracht, welcher zwischen dem civilisierenden Einflusse der freundlichen mährischen Missionare und der Art und Weise besteht, wie ihre Nebenbuhler aus dem Jesuitenorden sich damit begnügten, das Kreuz als Fetisch an Stelle des Arzneibeutels der Medizinmänner zu setzen. Die gleiche gut geleitete Begeisterung herrscht noch bis zum

---

1) *J. Müller a. a. O. S. 455 ff. — Hergenröther, Leonis x. Regesta Nr. 16905.

heutigen Tage. So klein die mährische Kirche auch ist, so zählte sie doch im Jahre 1885 nicht weniger als dreihundertundneunzehn überall auf der Erde zerstreute Missionare mit über einundachtzigtausend bekehrten Eingeborenen als Kirchenmitgliedern; und je rauher und ungastlicher die Arbeitsfelder sind, desto strebsamer ist der Eifer der guten Brüder. Ohne sie würde man an den wilden Küsten Grönlands kaum ein christliches Wort predigen hören. An ihrem wahrhaft apostolischen Werke können wir erkennen, dass das Blut der Märtyrer von Konstanz nicht nutzlos vergossen wurde [1]).

---

1) Parkman's Montcalm, II, 144—5. — Die Statistik über die Missionserfolge der mährischen Brüder verdanke ich der Freundlichkeit des Bischofs Schweinitz.

Anhang.

I.

Exkommunikation der städtischen Behörden von Toulouse (1237 Juli 24).

Vgl. oben S. 26.

(Doat, XXI. fol. 146.)

Manifestum sit omnibus tam presentibus quam futuris, quod nos frater Stephanus de ordine fratrum Minorum et frater Guilhelmus A. de ordine fratrum Predicatorum, inquisitores instituti ad faciendam inquisitionem contra hereticos, fautores, receptatores et deffensores hereticorum Tholose et in tota diocesi Tholosana: Cum per diligentem inquisitionem a nobis factam constiterit nobis, R. Centulli et Sicardum de Tholosa et R. Rogerii et Alamannum de Roaxio et R. Embruni et Ondradam, uxorem Arnaldi Petrarii, infectos esse heretica pravitate (et) per sententiam diffinitivam eos esse hereticos condemnaverimus, Petrum de Tholosa, vicarium Tholose, et capitularios Tholose diligenter et legitime tam per nos quam per alios admonuimus, ut dictos hereticos caperent et de dictis hereticis facerent quod est de hereticis faciendum. Cum igitur vicarius et capitularii, neglectis et contemptis omnibus supradictis admonitionibus a nobis factis, non solum non ceperunt eos nec de terra eos fugaverunt vel eorum bona occupaverunt, ut tenentur, sed etiam in periculum animarum suarum et in prejudicium fidei, pacis et ecclesie R. Rogerii et Alamannum de Roaxio, predictos hereticos condemnatos, tolerant et sustinent, in stratis publicis circa Tholosam et aliis locis eorum jurisdictioni subditis capere viros religiosos et clericos ac eorum bonis propriis spoliare et ad redemptionem compellere et vulnerare et injuriis eos afficere, necnon et viros catholicos cum clericis commorantes occidere, mutilare et alia mala ecclesiis et ecclesiasticis viris inferre, maxime cum nos dicti inquisitores publice excommunicaverimus omnem hominem tam virum quam mulierem tanquam fautorem et deffensorem hereticorum, qui eis consilium vel auxilium aliquod occulte vel manifeste prestaret, et vicarius et capitularii supradicti contra prohibitionem nostram temere supradictos hereticos in supradictis malitiis fovent nequiter et sustentant; et cum insuper ipsi sacramento et constitutionibus ecclesie teneantur, hereticos ubique capere et totam terram eorum jurisdictioni subjectam a pravitate heretica extirpare, — non attendentes quod Scriptura dicit: Non est grandis differentia, utrum letum admittas vel differas, quoniam mortem languentibus probatur infligere qui hanc, cum possit, non excludit; et alibi dicatur canone, quod error cui non resistitur probatur, et negligere cum possit arguere perversos nihil aliud est quam fovere, nec caret scrupulo societatis occulte qui manifesto facinori distulit obviare, — maxime cum vicarius et capitularii supradicti alia vice tanquam fautores et deffensores hereticorum fuerint excommunicati, predictos vicarium et capitularios, habito diligenti consilio et tractatu, assidentibus nobis venerabili patre R. Dei gratia episcopo Tholosano, et B. abbate Mansi sub Verduno, et P. preposito Sancti Stephani, et P. priore ecclesie beate Marie deaurate, tanquam fautores et sustentatores hereticorum auctoritate, qua fungimur, excommunicationis vinculo innodamus.

Lata fuit hec sententia publice in ecclesia sancti Stephani Tholose, coram multis viris religiosis et capellanis parochialium ecclesiarum Tholose et aliis viris ecclesiasticis, IX. Kal. Augusti anno Domini MCCXXXVII.

II.

Erklärung des Bernhard Délicieux vor Philipp dem Schönen (Toulouse, 1304). Vgl. oben S. 93.

(Bibliothèque Nationale in Paris, MSS., fonds latin, No. 4270, fol. 138.)

Dixit etiam, se dixisse tunc ipse frater Bernardus, quod Deus fecerat magnam gratiam patriæ in adventu ipsius domini regis, eo quod dictus frater Guilhelmus Petri, ordinis Prædicatorum tunc prior provincialis, præsentibus inquisitoribus Tolosæ et Carcassonæ et multis aliis fratribus ejusdem ordinis, dixit et confessus est loquens in personam inquisitorum prædictorum, in præsentia ipsius regis et plurium quam quingentarum personarum in aula superiori ipsius domini regis existentium, quod in tota lingua occitana non erant hæretici nisi tantummodo in burgo Carcassonæ, Albiæ vel Corduæ, vel in circuitu per unam leucam vel duas, et quod illi non erant quadraginta, et si erant quadraginta non erant quinquaginta, et quod hoc dictus frater Guilhelmus dixit bis in præsentia prædictorum. Et ideo intulit tunc ipse frater Bernardus, ut dixit, quod patria, quæ hactenus fuerat diffamata testimonio ipsorum inquisitorum, ab infamia prædicta in adventu ipsius domini regis fuerat relevata, et sperabat frater Bernardus, ut dixit tunc se dixisse, quod ex quo tunc secundum verba eorum tota patria erat sana, excepta sex leucis et quinquaginta personis, quod leucæ illæ et personæ ac tres villæ prædictæ adhuc invenientur immunes a labe hæresis prædictæ. Dixit etiam, tunc se dixisse, quod si hodie viverent beati Petrus et Paulus, et contra eos impingeretur, quod hæreticos adorassent, si procederetur contra eos super hujusmodi adoratione, sicut per aliquos inquisitores istarum partium aliquando contra multos fuit processum, nec pateret eis via deffensionis. Si enim de fide interrogarentur, responderent sicut magistri et doctores, ubi autem diceretur eis, quod hæreticos adorassent, et quærerent quos hæreticos, et dicerentur eis sola nomina dictorum hæreticorum (quæ quidem nomina et cognomina multis conveniunt), et ipsi beati Petrus et Paulus dicerent „Istos nunquam novimus. Dicatis nobis, ubi sunt vel unde venerunt et quo iverunt, cujus linguæ, staturæ aut conditionis erant“, et nihil eis diceretur, per quod notitia dictorum hæreticorum, qui dicuntur adorati, haberi posset: si etiam quærerent, quo tempore facta fuerit hæc adoratio, et non diceretur dies, mensis nec annus: si etiam quærerent nomina testium, et non darentur eis, non est qui possit exprimere, ut dixit tunc se dixisse ipse frater Bernardus, quod hi apostoli, qui tam sancti sunt, a tali macula coram hominibus se possent deffendere, maxime cum si quis vellet eos deffendere statim impingeretur, quod erat fautor hæreticorum, sicut ipse frater Bernardus in se ipso et dicto vicedomino probavit.

III.

Supplikation der Kirchen von Albi an das Kardinalskollegium (1304—5).
Vgl. oben S. 98.

(Archives de l'Hôtel-de-ville d'Albi. — Doat, XXXIV. fol. 42.)

Illustrissimis dominationibus, patribus venerabilibus dominis cardinalibus sacrosanctæ Romanæ ecclesiæ sacroque cœtui eorumdem, capitulum et canonici ecclesiæ Albiensis et capitulum et canonici ecclesiæ s. Salvii de Albia, abbasque et monachi monasterii de Galliaco, Albiensis diocesis, et alii religiosi, quorum sigilla inferius sunt appensa, suarum sublimitatum imperiis subjectionem debitam et devotam. Juste pater supplicatur a filiis, dum cernunt fluctus tumescere et undis insiliantibus et ventis flantibus ex adverso naufragium imminere formidant, præsertim dum necessarium exigente qualitate causarum salus non pateat aut auxilium aliunde. Verum nostra patria quantis sit exposita præcipitiis et ruinis propter quæstiones et dissensiones, quibus ad invicem se collidunt patria et inquisitores hæreticæ pravitatis, novit ille qui nihil ignorat, et adeo excrevit turbatio, ut idem populus ad iracundiam concitatus non videatur aliud anhelare, nisi ut discriminibus se committens deducat in ore gladii nedum quos sibi putat adversarios, sed et alios, ac ad talia se convertat, quæ non poterunt aliquatenus reparari. Vestræ igitur paternitatis pedibus provoluti humiliter supplicamus, ut circa præmissa sic salutifere et celeriter succurratis quod, præclusa via periculis et ruinis, patria restituatur paci debitæ et quieti. Constet enim vobis, quod dictus populus et patria est catholica et fidelis, quantum nos humana fragilitas nosse sinit, et populus civitatis Albiæ et patriæ fidem catholicam corde credens ore profitetur eamdem, ut sic perveniat ad salutem, et bonis operibus astruit et confirmat. . . . Paternitatem vestram conservet altissimus ecclesiæ suæ sanctæ per tempora longiora. (Mit siebzehn Siegeln.)

IV.

Bulle Papst Clemens' V. zu Gunsten der Inquisition (1308 August 12).
Vgl. oben S. 101.

(Doat, XXXIV. fol. 112.)

Clemens episcopus, servus servorum Dei, ad perpetuam rei memoriam. Dudum venerabili fratri Petro episcopo Prenestino, tunc tituli sancti Vitalis, et dilecto filio nostro Berengario, tituli sanctorum Nerei et Achillei presbyteris cardinalibus, per nostros sub certa forma litteras duximus committendum, ut ipsi circa negotium inquisitionis heretice pravitatis in partibus Carcassonensi, Albiensi et Cordue super certis articulis seu dependentibus ab eisdem diligenter inquirerent et nonnulla etiam ordinarent; qui auctoritate litterarum hujusmodi quadam cura dictum officium ordinasse noscuntur. Quia vero nostre intentionis non extitit nec existit, ut occasione dicte commissionis seu alicujus mandati nostri super hiis cardinalibus ipsis facti inquisitoribus pravitatis predicte inquirendi vel conjunctim (vel divisim, cum episcopo seu episcopis ordinariis aut sine ipsis, prout eis licet secundum canonicas sanctiones) facultas aliquatenus restringatur, nos ordinationem, per quam dicti cardinales facultatem inquirendi per se divisim inquisitoribus ipsis restrinxisse dicuntur, utpote intentioni nostre et juri contrariam juribus carere decernimus et nullatenus observandam, ordinatione ipsorum cardinalium circa ceteros alios articulos in omnibus et per omnia in suo robore duratura. Nulli ergo omnino hominum liceat hanc paginam nostre constitutionis infringere, vel ei ausu temerario contraire. Si quis autem hec attemptare presumpserit, indignationem omnipotentis Dei et beatorum Petri et Pauli apostolorum ejus se noverit incursurum. Datum Pictavis, secundo Idus Augusti, pontificatus nostri anno tertio.

V.

Breve Papst Clemens' V. in betreff der Gefangenen von Albi (c. 1312)[1]).

Vgl. oben S. 102.

(Doat, XXXIV. fol. 89.)

Venerabili fratri Geraldo episcopo Albiensi et dilectis filiis inquisitoribus heretice pravitatis in partibus Albiensibus. Dudum venerabili fratri nostro Bertrando, tunc episcopo Albiensi, et inquisitoribus dictis nostras direximus litteras in hec verba:

Clemens episcopus, servus servorum Dei, venerabili fratri Bertrando episcopo Albiensi et dilectis filiis inquisitoribus heretice pravitatis in partibus Albiensibus salutem et apostolicam benedictionem. Significarunt nobis Isarnus Colli, P. Fransa, Jo. de Porta, Joannes Pays, Petrus de Raissaco, B. Casas, G. Salavert, G. de Landas, Isarnus de Cardalhaco, G. Borrelli, cives Albienses, quod ipsi olim de mandato venerabilis fratris nostri B(ernardi) Aniciensis, tunc Albiensis episcopi, et inquisitoris seu inquisitorum, qui erant tunc in partibus illis, occasione criminis hereseos fuerint carceri mancipati, et jam per octo annos et amplius tam Albie quam Carcassone diri carceris angustias sustulerunt, sicut adhuc sustinent, quamvis nulla super hoc facta fuerit condempnatio de eisdem. Cum autem ex parte dictorum civium pluries fuerimus cum instantia requisiti, ut ad condempnationem vel absolutionem eorumdem, prout jus exigit, faceremus procedi, nos volentes, quod circa illos vestri officii debitum exequamini, sicut decet, discretioni vestre per apostolica scripta mandamus, quatenus apud Albiam tu frater episcope per te vel per alium seu alios ad hoc idoneos, vos vero inquisitor vel inquisitores prefati personaliter predictos cives, ubicumque detineantur, adduci ad vestram presentiam sub fida custodia facientes, in eodem negotio quibuscumque processibus factis seu inchoatis per venerabiles fratres Leonardum Albanensem, Petrum nunc Prenestinum, tunc tituli S. Vitalis, et Berengarium Tusculanum episcopum, tunc tituli sanctorum Nerei et Achillei, et dilectos filios nostros Johannem tituli sanctorum Marcellini et Petri presbyteros ac Richardum sancti Eustachii diaconum cardinales, seu per dilectum filium Arnaldum abbatem Fontisfrigidi Cisterciensis ordinis, Narbonensis diocesis, nunc sancte Romane ecclesie vicecancellarium seu alios quoscumque,

---

1) Hauréau (Bernard Délicieux p. 194) druckt das oben transsumierte Breve vom 8. Februar 1310 (Doat, XXXII. fol. 60) ab, hat aber offenbar das folgende, wichtigere übersehen. Das erstere ist auch in dem Regestum Clementis papae V. (Band IV, S. 40, Nr. 5238) veröffentlicht. — *Vgl. auch oben S. 85 Anm. 1, und Regestum Clementis V., VII, S. 135, (Nr. 9163) vom 19. April 1313.

commissionum vigore per nos vel per felicis recordationis Benedictum papam undecimum predecessorem nostrum super facto heresis dictos cives tangente factarum, ab subrogatione prefati abbatis in locum predicti olim Albiensis episcopi facta nequaquam obstantibus, in eodem negotio, solum Deum habentes pre oculis, ad inquirendum contra illos, contra quos inquisitum non est, et contra illos etiam, contra quos inquisitum extitit, sed non plene, diligenter ac plenarie secundum formam que debet et consuevit in talibus observari, contra illos vero, contra quos plenarie inquisitum est, et contra predictos alios cum plene fuerit inquisitum, ad sententiam ratione previa procedatis, et alias contra illos vestri officii debitum exequamini, prout fuerit rationis, communicato tamen processu primitus et inquisitione predictis prefatis Prenestino et Tusculano episcopis, eorum consiliis inherentes. Per hoc tamen quoad alios ordinationi facte dudum de mandato nostro tam Carcassone quam Albie per dictos Prenestinum et Tusculanum episcopos tunc, ut predicitur, presbyteros cardinales et commissioni seu commissionibus tam per nos quam per predecessorem nostrum factis predictis, et quibuscumque aliis cardinalibus et processibus habitis per eosdem super facto hominum illorum de Albia et de diocesi Albiensi, contra quos per dictum Bernardum Aniciensem tunc Albiensem episcopum et inquisitorem seu inquisitores predictos condempnationis sententia lata fuit, nullatenus volumus prejudicium generari. Datum Avinione, sexto Idus Februarii pontificatus nostro anno V (1310 Februar 8).

Verum, sicut accepimus, presentatis prefato episcopo et inquisitoribus litteris supradictis, et quibusdam dicentibus, quod dicte littere fuerant a nobis subrepticie impetrate, — pro eo. videlicet, quod aliqui ex dictis civibus ante tempus date litterarum ipsarum decesserant, reliqui vero ipso tempore in carcere permanebant et sic predicta non potuerunt intimare, — in prefato negotio hucusque procedere neglexerunt. Nos itaque nolentes, quod propter hoc justitia retardetur, discretioni vestre auctoritate apostolica mandamus, quatenus premissis non obstantibus, nec obstante etiam, quod aliqui de predictis querelantibus non sint cives Albie, licet sint de diocesi Albie, nec si aliquem de predictis mori contingat vel ante decessisset, quam inquirere inchoaveritis vel inchoavissetis, vel post eorumdem mortem, in aliquo non obstante, tam de mortuis quam de vivis inquirere, et in eodem negotio procedere minime postponatis, juxta predictarum nostrarum tenorem litterarum. Quod si forsan vos, filii inquisitores, his nolueritis aut non potueritis aut non curaveritis interesse, tu, frater episcope, solus per te vel per alium seu alios in negotio eodem procedas, juxta litterarum continentiam earumdem.

VI.

Papst Johann XXII. ermächtigt die Inquisitoren von Carcassonne, gegen Bürger von Albi vorzugehen, trotz einer diesen früher zugestandenen Sicherheit (1318 März 30).

Vgl. oben S. 110.

(Archives de l'Inquisition de Carcassonne. — Doat, XXXII. fol. 138.)

Joannes episcopus, servus servorum Dei, dilectis filiis inquisitoribus hæreticæ pravitatis in partibus Carcassonæ constitutis salutem et apostolicam benedictionem. Ut commissum vobis negotium catholicæ fidei autore Domino prosperetur, in vestris manibus libenter apostolicæ sollicitudinis partes apponimus et quæque obstantia submovemus. Olim quidem felicis recordationis Clementi papæ quinto, prædecessori nostro, pro parte quorumdam hominum de partibus Carcassonæ suggesto, quod inquisitores pravitatis hæreticæ illarum partium, qui tunc erant et pro tempore fuerant, multa illis gravamina et injurias irrogarunt, iniquos contra eos et alios illarum partium processus contra justitiam facientes, idem prædecessor hujusmodi suggestionibus aurem accommodans, bonæ memoriæ Petro episcopo Prænestinensi tunc tituli Sancti Vitalis et venerabili fratri nostro Berengario episcopo Tusculanensi, tunc tituli SS. Nerei et Achillei presbiteris cardinalibus, qui partium illarum notitiam habebant et per partes illas transitum facere tunc habebant, suis dedit litteris in mandatis, ut de præmissis suggestionibus et aliis incidentibus se plenius informarent, et nihilominus interim personis prosequentibus negotium memoratum de securitate idonea, pendente dicto negotio, auctoritate apostolica providerent, nec permitterent eos per eosdem inquisitores aliquatenus molestari; præfati quoque cardinales hujusmodi commissionis prætextu Aymerico de Castro, burgensi Carcassonæ, et quibusdam aliis tunc negotium prosequentibus supradictum securitatem hujusmodi, pendente dicto negotio, apostolica auctoritate præstantes, illos sub sua protectione et sedis apostolicæ receperunt; quam receptionem idem prædecessor noster ratam habens et gratam, mandavit illam inviolabiliter observari, eisdem inquisitoribus districtius inhibendo, ne contra præfatum Aymericum et alios officii eorum prætextu procederent quoquomodo, donec præfatum negotium esset per sedem apostolicam terminatum et a sede ipsa aliud reciperent in mandatis. Quia vero præfati Aymericus et alii circa proposita et objecta per eos ulterius coram prædecessore præfato ac etiam coram nobis negotium ipsum prosequi neglexerunt et quasi negligunt, præfata protectione securi, nos nolentes, sicut etiam non debemus, propterea vestrum officium impediri, securitatem ipsam penitus revocantes discretioni vestræ per apostolica scripta mandamus, quatinus contra eumdem Aymericum et alios in decreta vobis provincia, Deum et justitiam habendo præ oculis, procedentes, non obstantibus securitate prædicta et aliis securitatibus, protectionibus, confirmationibus, ordinationibus et inhibitionibus quibuscumque dicti prædecessoris aut aliorum quorumlibet, juxta formam vobis traditam ac canonicas sanctiones et de peritorum consilio officii vestri debitum curetis exequi diligenter. Datum Avenione, tertio Kalendas Aprilis, pontificatus nostri anno secundo.

VII.

Exequatur für einen Inquisitor in der Champagne und Brie (1285 Februar 25). Vgl. oben S. 134.

(Archives de l'Inquisition de Carcassonne. — Doat, XXXII. fol. 127.)

Philippus regis Franciæ primogenitus, Dei gratia rex Navarræ, Campaniæ et Briæ, comes palatinus, dilectis et fidelibus suis universis baillivis, castellanis, vasallis, præpositis, communitatibus villarum et earum rectoribus, cæterisque communia officia gerentibus in nostris comitatibus Campaniæ et Briæ, ad quos præsentes litteræ pervenerint, salutem et dilectionem. Tenore præsentium vobis districte præcipiendo mandamus, quatenus dilecto fratri Guillelmo Altissiodorensi ordinis fratrum Prædicatorum, præsentium exhibitori, domini papæ inquisitori hæreticorum ac perfidorum judæorum in regno Franciæ, sine mora et qualibet difficultate plenarie obediatis, sicut vobis in citando, capiendo, detinendo, ad eos mittendo seu etiam ducendo et puniendo tam christianos quam judæos, quos idem frater inquisitor invenerit culpabiles contra statuta ecclesiæ et fidem domini nostri Jesu Christi, ipsum nihilominus, familiam et res ipsius custodientes et defendientes sicut nos et familiam et res nostras. In cujus rei testimonium præsentibus litteris nostrum fecimus apponi sigillum. Actum et datum Parisius, die dominica in crastino sancti Matthiæ apostoli, anno Domini MCC. octuagesimo quarto, mense Februarii.

VIII.

Urteilsspruch gegen Margarete la Porete in Paris (1310 Mai 31).
Vgl. oben S. 137.
(Paris, Archives nationales de France. — J. 428, No. 15.)[1]).

In Christi nomine amen. Anno ejusdem MCCC decimo, indictione octava, die dominica post Ascensionem Domini, pontificatus beatissimi patris domini C(lementis) divina providentia pape quinti anno quinto, in Gravia Parisius, facta ibidem congregatione sollempni, assistentibus mihi reverendo in Christo patre domino Parisiensi episcopo, magistris Johanne de Frogerio officiali Parisiensi, C. de Chenat, Johanne de Domnomartino, Xaverio de Charmoia, Stephano de Bertoudicuria, fratribus Martino de Abbatisvilla bachalario in theologia, Nicolao de Anessiaco ordinis Predicatorum, Johanne Ploiebauch, Johanne Marchandi preposito Parisiensi, G. de Choques et pluribus aliis ad hoc specialiter evocatis, presentibus etiam pluribus processionibus ville Parisius et populi multitudine copiosa, et me notario publico infrascripto, religiosus vir et honestus frater G(uillelmus) de Parisius, ordinis Predicatorum, inquisitor heretice pravitatis in regno Francie auctoritate apostolica deputatus, in scriptis tulit sententias infrascriptas sub hac forma:

In nomine Patris et Filii et Spiritus Sancti amen. Quia nobis fratri Guillelmo de Parisius ordinis Predicatorum, inquisitori heretice pravitatis in regno Francie auctoritate apostolica deputato, constat et constitit evidentibus argumentis te, Margaritam de Hannonia dictam Porete, super labe heretice pravitatis vehementer esse suspectam, propter quod citari te fecimus, ut compareas in judicio coram nobis, in quo existens personaliter a nobis hortata pluries canonice et legitime, ut coram nobis juramentum prestares de plena, pura et integra veritate dicenda de te et aliis super hiis, que ad nobis commissum inquisitionis officium pertinere noscuntur, que facere contempsisti licet a nobis fueris pluries super hoc et locis pluribus requisita, in hiis fuisti semper contumax et rebellis, pro quibus contumaciis et rebellionibus evidentibus et notoriis hoc exigentibus, de multorum peritorum consilio in te sic rebellem et contumacem sententiam majoris excommunicationis tulimus et in scriptis, quam, licet tibi notificata fuisset, post notificationem predictam fere

---

1) *Vgl. dazu Langlois in der Revue historique LIV (1894), 395.

per annum et dimidium in tue salutis dispendium sustinuisti animo pertinaci, licet tibi pluries obtulerimus, nos tibi absolutionis beneficium impensuros secundum formam ecclesie, si hoc humiliter postulares, quod usque nunc petere contempsisti nec jurare nec respondere nobis super premissis hactenus voluisti, propter que secundum sanctiones canonicas pro convicta et confessa, et pro lapsa in heresim seu pro heretica te habemus et habere debemus: Porro dum tu Margarita in istis rebellionibus obstinata maneres, ducti conscientia et volentes officii nobis commissi debitum exercere, inquisitionem contra te et processum fecimus super predictis, prout exegit ordo vite, ex quibus inquisitione et processu nobis constitit evidenter, quondam composuisse te librum pestiferum continentem heresim et errores, ob quam causam fuit dictus liber per bone memorie Guidonem, olim Cameracensem episcopum[1]), condemnatus et de mandato ipsius in Valencenis in tua combustus presentia publice et patenter; a quo episcopo tibi fuit sub pena excommunicationis expresse inhibitum, ne de cetero talem librum componeres vel haberes aut eo vel simili ютereris, addens et expresse ponens dominus episcopus in quadam littera suo sigillata sigillo, quod si de cetero libro utereris predicto vel si ea, que continebantur in eo, verbo vel scripto de cetero attemptares, te condempnabat tanquam hereticam et relinquebat justiciandam justicie seculari. Post vero dicta omnia dictum librum contra dictam prohibitionem pluries habuisti et pluries eo usa es, sicut ex ejus patet recognitionibus factis nedum coram inquisitore Lotharingie et coram reverendo patre et domino, domino Johanne tunc Cameracensi episcopo, nunc archiepiscopo Senonensi[2]), dictum eumdem librum, preter condempnationem et combustionem predictas, sicut bonum et licitum communicasti reverendo patri domino Johanni Cathalonensi episcopo et quibusdam personis aliis, prout ex fidedignorum juratorum et super hiis coram nobis evidentibus testimoniis nobis liquet. Nos igitur super premissis omnibus deliberatione prehabita diligenti communicatoque multorum peritorum in utroque jure consilio, Deum et sancta evangelia pre oculis habentes, de reverendi patris et domini, domini G. Dei gratia Parisiensis episcopi consilio et assensu, te Margaritam non solum sicut lapsam in heresim sed sicut relapsam finaliter condempnamus et te relinquimus justicie seculari, rogantes eam, ut citra mortem et membrorum mutilationem tecum agat misericorditer, quantum permittunt canonice sanctiones; dictum etiam librum tanquam hereticum et erroneum, upote errores et heresim continentem, judicio magistrorum in theologia Parisius existentium et de eorumdem consilio finaliter condempnamus ac demum excommunicari volumus et comburi, universis et singulis habentibus dictum librum precipientes districte et sub pena excommunicationis, quod infra instans festum apostolorum Petri et Pauli nobis vel priori fratrum Predicatorum Parisius, nostro commissario, sine fraude reddere teneantur. Actum Parisius in Gravia, presente predicto patre reverendo Parisiensi

---

1) Guido II., Bischof von Cambrai 1296 bis 1305.

2) Philipp (nicht Johann) von Marigny war Bischof von Cambrai 1306—1309; er wurde im Januar 1309 zum Erzbischof von Sens befördert, wo er die Templer, die ihre Geständnisse zurücknahmen, hinrichten liess (vgl. S. 657).

episcopo, clero et populo dicte civitatis ibidem sollempniter congregato, dominica infra Ascensionem Domini, anno Domini MCCC decimo.

Gutachten von fünf Pariser Professoren des kanonischen Rechts über den Fall der Margarete la Porete (1310 Mai 30).

Universis presentes litteras inspecturis, Guillelmus dictus Frater archidiaconus Laudonie in ecclesia Sancti Andree in Scocia, Hugo de Bisuncio canonicus Parisiensis, Johannes de Tollenz canonicus Sancti Quintini in Veromandua, Henricus de Bitunia canonicus Furnensis et Petrus de Vallibus curatus Sancti Germani Altissiodorensis de Parisius, et etiam regentes Parisius in decretis, salutem in actore salutis. Noveritis, virum venerabilem devotum et discretum fratrem Guillelmum de Parisius ordinis Predicatorum, inquisitorem heretice pravitatis in regno Francie auctoritate sedis apostolice deputatum, nuper processum qui sequitur nobis intimasse, consultationemque nobis fecisse inferius annotatam. Processus equidem talis est: Tempore, quo Margarita dicta Porete suspecta de heresi fuit in rebellione et in inobedientia, nolens respondere nec jurare coram inquisitore de hiis, que ad inquisitionis sibi commisse officium pertinent, ipse inquisitor contra eam nihilominus inquisivit et etiam depositione plurium testium invenit, quod dicta Margarita librum quemdam composuerat continentem hereses et errores, qui de mandato reverendi patris domini Guidonis quondam Cameracensis episcopi publice et sollempniter tanquam talis fuit condempnatus et combustus, et per litteram dicti episcopi fuit ordinatum, quod si talia sicut ea que continebantur in libro de cetero attemptaret verbo vel scripto, eam condempnabat et relinquebat justiciandam justicie seculari. Invenit etiam idem inquisitor, quod ipsa recognovit in judicio semel coram inquisitore Lotharingie et semel coram reverendo patre domino Philippo tunc Cameracensi episcopo, se post condempnationem predictam librum dictum habuisse et alios; invenit etiam idem inquisitor, quod dicta Magarita dictum librum vel suo consimilem, eosdem continentem errores, post ipsius libri condempnationem reverendo patri domino Joanni Dei gratia Cathalaunensi episcopo communicavit ac nedum dicto domino sed et pluribus aliis personis simplicibus, begardis et aliis, tanquam bonum. Consultatio autem ex predictis resultans per prefatum inquisitorem, ut pertactum est, nobis facta talis est, videlicet: Utrum in talibus dicta beguina debeat relapsa judicari? Nos autem fidei catholice zelatores veritatisque canonice professores qualescumque, consultationi predicte respondentes, dicimus quod ipsa beguina, supposita veritate facti precedentis, judicanda est relapsa et merito relinquenda est curie seculari. In cujus rei testimonium sigilla nostra presentibus apposuimus. Datum anno Domini MCCC decimo sabbato post festum beati Joannis ante portam latinam[1]).

---

1) In dem Regestum Clementis papae V. (*Bd. IV (1887) Nr. 5813) ist ein Breve vom 3. September 1310 an den päpstlichen Inquisitor von Langres verzeichnet mit dem Befehl, energisch gegen die Ketzer dieser Diözese vorzugehen, die sich nach dem Berichte des Bischofs vermehrten, so dass, wenn nicht schnelle Massregeln ergriffen würden, grosses Unheil für den Glauben

IX.

Erteilung eines Exequatur an den Inquisitor Heinrich Kalteysen durch Philipp den Guten von Burgund (1431 November 9).

Vgl. oben S. 155, 467.

(Paris, Bibliothèque Nationale, MSS. fonds Moreau, 444 fol. 10.)

Philippus universis et singulis seneschallis, baillivis, scultetis, officiariis et justiciariis nostris præsentibus et futuris et locatenentibus eorumdem per ducatus et districtus nostros infra dyoceses Cameracensem et Leodiensem constitutos, ad quos præsentes nostræ litteræ pervenerint, salutem et omne bonum. Cum religiosus dilectusque noster, frater (Henricus) Kaleyser sacræ theologiæ professor, ordinis fiatrum Prædicatorum, inquisitor hæreticæ pravitatis per provincialem provinciæ Theotoniæ in prædictis Cameracensi et Leodiensi dyocesibus auctoritate apostolica specialiter deputatus, pro Dei servitio et cultu seu exaltatione sanctæ fidei orthodoxæ, utque ipsum hæresis crimen a dictis partibus, quibus presidemus, si forsan alicubi vigeat seu inoleat, valeat extirpare, ad loca seu partes nostræ jurisdictioni subjectas et vobis commissas declinare officium (?) habeat seu etiam proficisci, nosque velut princeps catholicus, qui de manu altissimi multa bona variosque honores recognoscimus recipisse in prædictis et aliis, qui divinum continuo obsequium complacere ut convenit plurimum cupientes intendimus, ymo et volumus favorabilem dare locum, ipsumque inquisitorem tanquam Dei specialem ministrum nostris prosequi gratiis et favoribus optamus, — ideo vobis et cuilibet vestrum, qui super hoc fueritis requisiti seu fuerit requisitus, districte præcipiendo mandamus sub obtentu gratiæ nostræ, quatenus dictum fratrem Henricum inquisitorem, quotiescumque ad exercendum dictum officium ad dicta loca seu partes vobis commissas contigerit se transferre et supra prædictis sæculare brachium invocando vestrum auxilium postulare, eumdem inquisitorem favorabiliter admittatis et eidem in et supra prædictis sæculare brachium invocando vestrum auxilium impendatis, capiendo seu capi faciendo, quoscumque ipse inquisitor, debita informatione seu inquisitione prævia et juris ordine alias desuper observato, de memorato facinore suspectos vel diffamatos noverit et hæreticos quosque vobis duxerit nominandos, et captos etiam detinendo et infra jurisdictionem vestram ad locum, de quo dictus inquisitor vobis dixerit, deducendo, necnon pœna debita plectendo eosdem, sicut ipse decreverit et est fieri consuetum, si videlicet, quando et quotiens ac prout ipse inquisitor vos duxerit requirendos. Ut autem inquisitor præfatus suum inquisitionis officium securius et liberius exercere valeat, nostro suffultus præsidio et favore, inquisitorem

---

zu befürchten sei. Welcher Art die Ketzerei war, wird nicht gesagt, aber es war wahrscheinlich die der Brüder des freien Geistes, die Margarete la Porete in jener Gegend verbreitet hatte.

Dieser Vorfall hat auch insofern Interesse, als daraus hervorgeht, wie vollständig der französische Episkopat die Jurisdiktion über die Ketzerei der Inquisition überlassen hatte, obwohl er in diesem Augenblick in die Angelegenheit der Templer wiederholt eingriff (*vgl. dazu Finke, Papsttum und Untergang des Templerordens 1 (1907), 231ff.).

eumdem ipsiusque socium ac ejus notarium et familiam, res et bona eorum sub nostris protectione, defensione et salvagardia speciali atque securo conductu recepimus et recipimus per præsentes, mandantes vobis omnibus et singulis supradictis ut vestrum cuilibet, quatenus nostras protectionem, defensionem et salvagardiam securumque conductum hujusmodi dicto inquisitori ejusque socio ac notario, familiæ, bonis et rebus eorum inviolabiliter observando, nullam injuriam nullumque dispendium, gravamen aut dampnum aliquod ipsis inferre in personis ac bonis a quocumque permittatis, quinymmo provideatis eisdem de securo transitu et salvo conductu, si et prout per dictum inquisitorem inde fueritis requisiti. Datum in oppido nostro Bruxellensi, mensis Novembris die nona, anno Domini MCCCC tricesimo primo.

X.

Das Waldensertum in den Urteilen des Inquisitors Peter Cella (1241—1242).

Vgl. oben S. 163.

(Doat, XXI.)

Von den Urteilen Peter Cellas aus den Jahren 1241 bis 1242 wähle ich einige aus, welche die Entwicklung des Waldensertums um jene Zeit sowie seine Beziehungen zu dem Katharismus zeigen. Die beiden Sekten waren ganz verschieden von einander, aber das Volk in seinem Widerstreben gegen die bestehende Kirche sah beide häufig mit günstigen Augen an und betrachtete ihre Anhänger ohne Unterschied als „boni homines". Wir dürfen nicht vergessen, dass in der Sprache der Inquisition „Ketzer" damals immer Katharer bedeutet. Die folgenden Fälle stammen alle aus Gourdon und Montauban.

Galterus Archambaut vidit hereticos pluries in diversis locis, audivit predicationes eorum et comedit cum eis sepe, et adoravit eos sepe, et pacis osculum more hereticorum pluries recepit, et interfuit hereticationibus duabus, et adduxit Valdenses ad hereticos in domum suam, ubi disputaverunt, et conduxit hereticos, et fuit depositarius eorum, multociens adoravit eos et comedit cum eis, et dedit eis de bonis suis, et audivit predicationes eorum tociens quod non recordatur, et credebat, quod essent boni homines et quod esset salus cum eis, et si moreretur vellet mori in manibus eorum. — Stabit Constantinopoli per quinque annos, de cruce et via sicut alii, et tenebit pauperem quamdiu vixerit (fol. 196—7).

B. Bonaldi vidit P. de Vallibus Valdensem, et audivit predicationem ejus, et credidit aliquando, quod non debet homo jurare, et in domo sua propria recepit Joset de Noguer hereticum, et disputavit cum eo, et ipse commendavit sectam Valdensem. — Idem quod proxima, excepta cruce (id est: Ibit ad Podium, Sanctum Egidium, Sanctum Jacobum, Sanctum Salvatorem de Asturia, Sanctum Marcialem, Sanctum Leonardum, Sanctum Dyonisium, Sanctum Thomam Cantuariensem) (fol. 201).

Petrus de Verniolo habuit hereticos et Valdenses in fortia sua, et locutus est alteri eorum, consuluit Valdenses de infirmitate sua. — Ibit ad Podium, Sanctum Egidium et Sanctum Jacobum (fol. 202).

Pana tociens recepit Valdenses, quod non recolit, et fuit hospes Valdensium, et misit eis tociens panem, vinum et alia comestibilia, quod non scit numerum, et fuit in domo sua facta disputatio inter Valdenses et credentes hereticis, et diligebat P. de Vallibus tanquam angelum Dei. — Sicut proxima, excepto paupere et cruce (i. e. Ibit ad Podium, Sanctum Egidium, Sanctum Salvatorem de Asturia, Sanctum Marcialem, Sanctum Leonardum, Sanctum Dyonisium, Sanctum Thomam Cantuariensem) (fol. 203).

Petrona, uxor Raimundi Joannis, adduxit P. de Vallibus Valdensem ad domum suam et tenuit per octo dies, et dedit ad comedendum et bibendum, et audivit eum ibi, et tenuit per tres septimanas Geraldam Valdensem, et credebat quod esset bona mulier, et dedit ei de bonis suis, et vidit hereticos et audivit predicationem eorum, et misit eis panem, vinum et nuces. — Sicut Huga, excepta cruce (i. e. Ibit ad Podium, ad Sanctum Egidium, Sanctum Jacobum et Sanctum Salvatorem de Asturia, Sanctum Marcialem Lemovicensem, Sanctum Leonardum, Sanctum Dyonisium et Sanctum Thomam Cantuariensem), et tenebit pauperem per annum (fol. 204).

G. de Pradels vidit hereticos, audivit predicationem eorum, dedit eis de bonis suis, et pluries vidit et in diversis locis hereticos, et credebat, quod boni homines essent, pluries vidit Valdensem, et credidit, quod bonus homo esset, et dedit ei ad comedendum semel, et audivit predicationem ejus. — Portabit crucem per biennium (fol. 208).

G. Ricart pluries vidit hereticos et in diversis locis, et sepe audivit predicationem eorum, et interfuit appareilhamento, recepit osculum pacis ab eis, comedit cum eis, recepit pluries eos in domum suam, dedit eis ad comedendum, recepit ab eis forcipes, dedit eis unam capam, unam camisiam, unam tunicam, unam quartam frumenti, duxit Valdenses ad hereticos ad disputandum in die Pasche, associavit hereticos, fuit depositarius eorum, et multociens audivit predicationem hereticorum, credebat quod essent boni homines, et, si moreretur, vellet mori in manibus eorum, tociens adoravit eos, quod non recordatur. — Stabit Constantinopoli per tres annos, de cruce et via sicut alii, et tenebit pauperem quamdiu vixerit (fol. 208).

P. de Gaulenas vidit Valdenses et hereticos, et locutus est cum eis in quadam navi, et cum audisset hereses, quas dicebant, recessit ab eis. — Ibit ad Sanctum Jacobum (fol. 230).

P. Baco vidit Valdenses multociens et dedit eis eleemosynas et audivit predicationem Valdensium, et diligebat eos, et credebat quod essent boni homines, et frequenter dabat eis de suo, et interfuit cene Valdensium, et comedit de pane benedicto, vino et piscibus hereticorum, et accepit pacem ab eis; item dedit Valdensibus ad comedendum in domo sua; item interfuit disputationi hereticorum et Valdensium et dedit eis duodecim denarios. — Idem quod proximus (i. e. Ibit ad Podium, Sanctum Egidium, Sanctum Jacobum et Sanctum Thomam) et amplius ad Sanctum Dyonisium (fol. 231).

P. R. Boca dixit, quod vidit multociens Valdenses et in diversis locis, et etiam habuit eos in domo sua, et audivit ibi monitiones eorum; item credebat, quod essent boni homines; item pluries venit ad hereticos et audivit predicationem eorum, et alibi vidit hereticos et accepit pacem ab ipsis hereticis; item tercio vidit hereticos et adoravit eos; item quarto vidit hereticos et audivit predicationem eorum et adoravit eos; item recepit in porticu suo hereticum et duxit eum inde ad quemdam locum, et dedit cuidam heretico unam capam; item credidit a principio, quod Valdenses erant boni homines, et idem credidit postea de hereticis. — Stabit Constantinopoli tribus annis, de cruce et via sicut alii (fol. 232).

P. Lanes senior dixit, quod vidit Valdenses et dedit eis eleemosinam, et uxor sua dedit se Valdensibus in morte et fuit sepulta in cimiterio eorum, ipse tamen absens erat, ut dixit, et vidit alibi Valdenses. — Ibit ad Podium, Sanctum Egidium et Sanctum Jacobum (fol. 232).

Johannes Toset dixit, quod multociens vidit hereticos et in diversis locis, et fuit presens, quando quidam fecit se hereticum apud Rabastens, et tunc vidit multos hereticos ibi; item audivit predicationem hereticorum et adoravit eos bis; item dedit sorori sue heretice pluries denarios; item associavit hereticos; item associavit avunculum suum, quando fecit se hereticum apud Villamur; item consuluit Valdensibus pro infirmitate sua, et credidit quod essent boni homines. — Stabit tribus annis Constantinopoli, de cruce et via sicut alii (fol. 232—33).

Ramon Carbonel vidit multos Valdenses et in diversis locis, et induxit fratrem suum, ut solveret solidos ducentos Valdensibus legatos eis; item interfuit disputationi Valdensium et hereticorum; item interfuit cene Valdensium et comedit de pane et piscibus benedictis ab eis, de vino bibit et audivit predicationem eorum. — Ibit ad Podium, Sanctum Egidium, Sanctum Jacobum, Sanctum Dyonisium et Sanctum Thomam (fol. 234).

Jacobus Carbonel dixit, quod frequenter venit ad scholas Valdensium et legebat cum eis; item interfuit disputationi hereticorum et Valdensium et comedit de pane et pisce benedictis ab eis, de vino bibit, et tunc erat duodecim annorum vel circa, et credidit, quod Valdenses erant boni homines usque ad tempus, quo ecclesia condemnavit eos. — Ibit ad Podium, Sanctum Egidium, Sanctum Jacobum et Sanctum Dyonisium (fol. 234).

Bartholomeus de Posaca dixit, quod adduxit quemdam Valdensem ad uxorem suam infirmam, qui curam illius egit, et audivit predicationem Valdensium, et ex tunc dilexit eos, et venerunt pluries ad domum ejus, et faciebat eis eleemosinas dando eis panem et vinum, et multociens et in diversis locis audivit predicationem eorum; item interfuit cene Valdensium et comedit ut supra; item pluries (accepit) pacem ab eis. — Ibit ad Podium, Sanctum Egidium, Sanctum Jacobum et Sanctum Thomam (fol. 236).

Guillelmus de Catus dixit, quod cum frater suus et filia ejus infirmarentur, adduxit Valdenses ad domum suam, ut haberent curam eorum; item audivit expositionem evangelii a quodam Valdensi; item aliquando iverunt Valdenses ad restringendum dolium suum, et tunc dedit eis ad comedendum; item aliquando volebat eis facere eleemosinas, sed nolebant accipere; item aliquando accepit pacem ab eis et audivit admonitiones eorum; item credidit, quod essent boni homines, et ea quæ dicebant et faciebant placebant ei. — Ibit ad Podium, Sanctum Egidium, Sanctum Jacobum et Sanctum Dyonisium (fol. 236).

P. Austorcs audivit multociens predicationem Valdensium, dum predicarent publice in viis; item quidam apportavit sibi de pane pisceque benedicto a Valdensibus et comedit; item credidit, quod essent boni homines et quod homo posset salvari cum ipsis; item dixit, quod postquam audivit quod ecclesia condamnaverat eos, non dilexit eos. — Ibit ad Podium, Sanctum Egidium et Sanctum Jacobum (fol. 237—8).

Domina de Coutas vidit Valdenses publice predicantes, et dabat eis eleemosinas, et venit ad domum, in qua manebant, et audivit predicationem eorum, et multociens ivit ad eos pro quodam infirmo; item in die Parasceves venit bis ad Valdenses et audivit predicationem eorum, et confessa fuit Valdensi cuidam peccata sua, et accepit penitentiam a Valdense; item credebat, quod essent boni homines; item vidit hereticos et comedit cum eis cerasa; et dicebatur, quod esset reconciliata; item vidit alibi pluries hereticos; item comedit de pane signato a Valdensibus. — Idem quod proxima, excepta cruce (i. e. Ibit ad Podium, Sanctum Egidium, Sanctum Jacobum, Sanctum Thomam) (fol. 241).

B. Remon vidit Valdenses, et audivit predicationem eorum et credebat, quod essent boni homines; item ivit ad hereticos, volens tentare, qui essent meliores, Valdenses vel heretici, et ibi audivit predicationem eorum; item alibi locutus est cum hereticis, et adoravit eos, postquam fuerat confessus quedam de predictis fratri Guillelmo de Belvais; item adduxit sororem suam hereticatam a Tholosa usque ad Montemalbanum, et conduxit eam et alias hereticas usque ad quemdam mansum; item venit ad ipsas et portavit eis piscem et bibit cum eis; item rogavit quemdam, quod reciperet illas hereticas in manso suo, quod et fecit, et promisit ei quinquaginta solidos; item, alia vice comedit cum hereticis; item fecit donum dictis hereticis et audivit predicationem eorum et comedit cum eis; item, apportavit hereticis fructus; item fecit tunicam et capam sorori sue heretice; item vidit hereticos et credebat, quod essent boni homines et haberent bonam fidem, et comedit de pane signato ab eis; item disputavit cum quodam de fide hereticorum et Valdensium, et approbavit fidem hereticorum. — Stabit Constantinopoli tribus annis, de cruce et via sicut alii (fol. 242).

G. Macips vidit Valdenses, qui habuerunt curam ejus in infirmitate sua, et pluries venerunt ad domum ipsius et audivit admonitiones eorum, et dedit eis pluries eleemosinas, et credebat quod essent boni homines; item posuit fidejussorem quemdam hereticum pro eo pro quindecim solidis; item vidit hereticos et audivit admonitionem eorum; item vidit hereticos et audivit predicationem eorum, et promisit cuidam heretico servitium suum. — Ibit ad Podium, Sanctum Egidium, Sanctum Jacobum, Sanctum Salvatorem, Sanctum Dyonisium et Sanctum Thomam (fol. 246).

Guillelmus Laurencii vidit hereticos predicantes, et interfuit disputationi hereticorum et Valdensium, et fecit sibi fieri emplastrum a Valdensibus. — Ibit ad Podium, Egidium et Sanctum Jacobum (fol. 250).

J. Austorcs vidit hereticos multociens et adoravit eos multociens, et audivit predicationem eorum multociens, et comedit de pane benedicto ab hereticis et de nucibus; item vidit hereticos alibi; item dixit, quod multociens vidit et in diversis locis et temporibus, et quotiens videbat hereticos, adorabat eos semel; item vidit Valdenses et audivit predicationem eorum multociens, et dedit eis panem et vinum multociens, et credebat quod essent boni homines. — Stabit Constantinopoli tribus annis, de cruce et via sicut alii (fol. 256).

A. Capra dixit, quod multociens duxit quemdam Valdensem ad domum suam pro infirmitate sue uxoris, et dedit Valdensibus multociens panem et vinum et carnes; item dixit, quod portavit panem et piscem Valdensibus ad domum suam; item dixit, quod audivit predicationem Valdensium; item dixit se audivisse predicationem eorum in platea multociens; item in die Pasche dedit Valdensibus carnes et comedit de cena Valdensium. — Ibit ad Podium, Sanctum Egidium, Sanctum Jacobum et Sanctum Thomam (fol. 257).

B. Clavelz vidit Valdenses et audivit predicationem eorum in plateis et interfuit cene Valdensium et cenavit cum eis in die Jovis cene, et audivit ibi predicationem eorum, et dedit eis multociens panem et vinum, et credebat quod essent boni homines. — Ibit ad Podium, Sanctum Egidium, Sanctum Jacobum et Sanctum Dyonisium (fol. 258).

XI.

Erlasse König Karls I. von Neapel (1269—1271).

Vgl. oben S. 277.

1.

(Archivio di Napoli, Anno 1269, Reg. 3, Lettera A, fol. 64.)

Scriptum est comitibus, marchionibus, baronibus, potestatis et consulibus civitatum et villarum, comitatibus ac omnibus aliis potestatem et jurisdictionem habentibus et aliis amicis et fidelibus suis, ad quos presentes littere pervenerint, salutem et omne bonum. Cum dilecti nobis in Christo fratres Predicatores, in terris carissimi domini et nepotis nostri illustris regis Francie inquisitores heretice pravitatis auctoritate apostolica deputati, in Lombardiam et ad alias partes Italie, uti sane intelleximus, proficisci intendant seu mittere nuncios speciales ad explorandos ibi hereticos et alios pro heresi fugitivos, qui de terris predictis aufugerunt et se ad partes Italie transtulerunt, et pro ipsis hereticis et fugitivis ad loca unde aufugerint per se vel per eosdem nuncios reducendis, rogamus et requirimus, quatenus eisdem fratribus vel predictis eorum nuntiis presentium portatoribus in exigendis predictis vestrum impendatis consilium auxilium et favorem, ut per terras et potestates vestras ipsos salvo et secure cum rebus societatis et familia suis conducatis et conduci faciatis, eundo, redeundo et morando, ad salvamentum et liberationem eorum efficaciter intendentes, quocies sibi necesse fuerit et vos inde credederint requirendos. Datum apud Urbem veterem, penultimo Madii, primæ (?) indictionis.

2.

(Anno 1269, Registro 4, Lettera B, fol. 47.)

Scriptum est universis justitiariis secretis, baiulis, judicibus, magistris juratis ceterisque officialibus atque fidelibus suis per regnum Sicilie constitutis etc. Cum religiosus vir frater Benvenutus ordinis Minorum, inquisitor heretice pravitatis, Regebatium et Jacobucium familiares suos, latores presentium, pro capiendis quibusdam hereticis per diversas partes regni nostri morantibus, quorum nomina inferius continentur, mittat ad presens et petiverit, nostrum sibi ad hoc favorem et auxilium exhiberi, fidelitati tue precipiendo mandamus, quatenus ad requisitionem dictorum nunciorum vel alterius eorumdem omnes hujusmodi hereticos cum bonis eorum omnibus tam stabilibus quam mobilibus seseque moventibus capientes faciatis personas illorum in locis tutis cum summa diligentia custodiri, bona vero ipsorum ad opus nostre curie fideliter et solliciter conservari, attentius provisuri, ne in hoc aliquam adhibeatis negligentiam vel defectum, sicut divinam et nostram indignationem cupitis evitare. Et nihilominus de hiis, que ceperitis, faciatis fieri quatuor publica consimilia instrumenta, quorum uno penes vos retento alio penes eum qui bona ipsa custodierit dimisso, tercium ad cameram nostram et quartum ad magistros rationales magne nostre curie destinetis. Nomina vero hereticorum ipsorum sunt hec (sequuntur nomina 67). Datum in obsidione Lucerie, XII. Augusti, decime secunde indictionis.

3.

(Anno 1269, Reg. 6, Lettera D, fol. 135.)

Karolus etc. Berardo de Rajano militi etc. Cum te ad justitiariatum Aprutii et comitatus Molisii pro inveniendis et capiendis Patarenis hereticis ac receptatoribus et fautoribus eorum specialiter duximus destinandum, fidelitati tue districte precipiendo mandamus, quatenus ad partes illas te personaliter conferens, in inveniendis et capiendis ipsis omnem curam quam poteris et diligentiam et sollicitudinem studeas adhibere, ita quod possis exinde in conspectu nostre celsitudinis commendabili merito apparere. Nos enim scribimus omnibus officialibus nostris ceterisque in eisdem partibus constitutis, ut super hiis celeriter exequendis dent tibi consilium et auxilium opportunum. Datum Neapoli, XIII. Decembris, XIII. indictionis.

4.

(Anno 1270, Reg. 9, Lettera C, fol. 39.)

XIV. Martii Neapoli scriptum est Johannutio de Pando, magistro portulano et procuratori curie in principatu et terra laboris etc. Quia ex insinuatione fratris Mathei de Castro Maris, inquisitoris in regno Sicilie heretice pravitatis, intelleximus quod idem frater Matheus nuper invenerit in civitate Beneventana tres Patarenos, unum videlicet Lombardum nomine Andream de Vivi Mercato, alium nomine Judicem Johannem de Zeccano, et tertium Thomasium Russum nomine de Maula Saracena, quos judicavit relapsos et tradi fecit ignibus et comburi, quorum bona omnia sunt regie curie tanquam bona Patarenorum juste et rationabiliter applicata, devotioni tue mandamus, quatenus statim receptis presentibus de bonis omnibus tam stabilibus quam mobilibus et se moventibus ipsorum Paterenorum cum omni diligentia inquirere studeas, quibus inventis et captis debeas ea pro parte curie fideliter procurare, faciens redigi in quaterno uno transumptum inquisitionis ipsius, in quo quaterno contineantur etiam bona omnia que ceperis, quantitatem et qualitatem ipsorum in quibuscumque consistant et ubi ac valorem annuum eorumdem, quem quaternum cum litteris tuis continentibus processum tuum totum, quem in premissis hujusmodi sub sigillo tuo etc. sine dilatione transmittas, in quo quaterno similiter redigi facias formam presentium litterarum. Datum Neapoli ut supra.

5.

(Anno 1271, Reg. 10, Lettera B, fol. 96.)

Pro fratre Trojano, inquisitore heretice pravitatis. — Item scriptum est cabellotis seu credentiariis super ferro, pice et sale Neapolis, ut cum scriptum fuerit eis alias, ut de pecunia curie etc. fratri Trojano, inquisitori heretice pravitatis in justitiariatu provincie terre laboris et Aprutii, de proventibus ferri, picis et salis Neapolis ad requisitionem suam pro expensis suis, alterius socii fratris sui et unius notarii et trium aliarum personarum et equorum suorum pro mensibus Martii, Aprilis, Madii, Junii, Julii, et Augusti presentis XIV. indictionis ad rationem, de augustali uno per diem uncias auri XLVII ponderis generalis in principio videlicet dicti mensis Martii deberent ecclesie exhibere. Etiam mandatum est sub pena dupli, ut dictam pecuniam juxta continentiam predictarum litterarum eidem fratri Trojano vel nuncio etc. persolvant. Datum ut supra (apud Montem Flasconem, XVIII. Martii, XIV. indictionis).

XII.

Befehl König Karls II. von Neapel zur Verfolgung eines rückfälligen Ketzers (1306—1308).

(Archivio di Napoli, MSS. Chioccarelli, T. VIII.)

Scriptum est religioso viro fratri Roberto de Sancto Valentino, inquisitori in regno Siciliæ, post salutem. Olim religioso viro fratri Benedicto, prædecessori tuo in eodem inquisitionis officio, post salutem scripsisse dicimur in hæc verba. Veridica nuper accepimus relatione, quod te ex officio tuo contra hæreticæ pravitatis infectos inquirente Petrus de Bucclanico, ipsius castri archipresbyter, de pluribus articulis contra fidem catholicam inventus est labefactus. Cumque satis expediat, in contemptæ religionis vindictam ad reprimendum tam damnabile exemplum hæreticæ pravitatis te satis insurgere viribus ad celerem punitionem tam enormis criminis, fidelitati tuæ mandamus, quatenus statim receptis presentibus sic omni specie corruptionis procul ejecta in præmissis contra dictum archipresbyterum tam fideliter prosequaris processum, quod inde Deo placens honori ordinis tui deservias et apud nos, qui dicti negotii plenam habemus fidem et notitiam, dignas tibi laudes valeas vindicare. Datum apud Monasterium Regalis Vallis, die X. mensis Martii, IV. indictione (1306). — Noviter autem facta nobis assertio continebat, quod memoratus archipresbyter ad vomitum rediens in ejusdem hæreticæ pravitatis laqueum est relapsus, quod si veritate fulcitur, de tanta profecto obstinatione turbati devotionem tuam attenta exhortatione requirimus, ut tam ex processu dicti prædecessoris tui contra dictum archipresbyterum ab olim habito quam habendo per te, ut cupimus, denuo contra eum meritis (?) sive indagine in prædictis sic tuæ disciplinæ virga in dictum archipresbyterum proinde desæviat aspere, ut impunitate non gaudeat hostis fidei orthodoxæ, tuque propterea digna apud Deum et nos laude attollaris. Datum Neapoli apud Bartholomæum de Capua militem, logothetam et prothonotarium regni Siciliæ, anno Domini 1307 (1308) die ultima Augusti, VI. indictione, regnorum nostrorum anno 24.

XIII.

Eid des Dogen von Venedig im Jahre 1249.

Vgl. oben S. 283.

(Archivio di Venezia. Codice ex Brera No. 277.)

Promissio domini Marini Mauroceni.

In nomine Dei eterni amen. Anno ab incarnatione domini nostri Jesu Christi millesimo ducentesimo quadragesimo nono, mensis Junii die terciodecimo, intrante indictione septima, Rivoalto in palatio ducatus Veneciarum feliciter amen. . . . Ad honorem Dei et sacrosancte matris ecclesie et robur et defensionem fidei catholice studiosi erimus cum consilio nostrorum consiliariorum vel maioris partis, quod probi et discreti et catholici viri eligantur et constituantur super inquirendis hereticis in Venecia. Et omnes illos, qui dati erunt pro hereticis per dominum patriarcham Gradensem, episcopum Castellanum vel per alios episcopos provincie duchatus Veneciarum a Grado videlicet usque ad caput aggeris, comburi faciemus de consilio nostrorum consiliariorum vel maioris partis ipsorum. . . . Ego Marinus Maurocenus Dei gratia Dux manu mea subscripsi.

Capitulare super Patarenis et usurariis (1256).

(Archivio di Venezia, Capitolare di più magistrati riformato nell' anno 1376. Miscellanea, Codice No. 133, p. 121.)

Item juro, quod amodo usque ad unum annum et per totum ipsum annum simul cum meis (sociis) vel cum altero eorum studiosus ero bona fide sine fraude ad inquirendum et inveniendum Patarenos hereticos et suspectos de heresi tam Venetos quam forinsecos in civitate Rivoalti, et si quem talem vel tales invenero, secretum aput me habebo et, quam cito potero, bona fide sine fraude denunciabo domino Duci et consiliariis ejus vel aliis, quibus per dominum Ducem et suum consilium fuerit hoc commissum. Hec autem omnia observabo bona fide sine fraude, remoto odio vel amore, prece vel precio, et servitium inde non tollam nec faciam tolli. Item attendam et observabo ea, que continentur in capitulari maioris consilii. — Si autem secundo in eodem crimine quis fuerit depreensus, penam predictam incurrat et bannizetur et expellatur de Veneciis, si forinsecus fuerit, Venetus autem quociens inventus fuerit penam incurrat predictam, excepto quod de Veneciis non bannizetur nec expellatur. Postea anno domini millesimo ducentesimo quinquagesimo quinto (1256), indictione XIIII., mense Februarii, fuit hoc additum in presente capitulari.